NEUES GROSSES WÖRTERBUCH

SPANISCH DEUTSCH
DEUTSCH SPANISCH

Über 150.000 zuverlässige Angaben

BUCH UND ZEIT
BZ

Buch und Zeit Verlagsgesellschaft mbH · Köln

Chefredaktion: Ilse Hell
Redaktion: Alexandra Pawelczak, Julia Kotzschmar
Umschlaggestaltung: Inga Koch
ISBN 3-8166-0504-4

Inhaltsverzeichnis

Informationen für den Benutzer

In diesem Wörterbuch wird dem Benutzer mit über 75.000 treffenden Übersetzungen, Anwendungsbeispielen und Redewendungen zu rund 55.000 Stichwörtern der schnelle Zugriff auf einen umfassenden Grund- und Fachwortschatz der modernen Hoch- und Umgangssprache ermöglicht.

Gliederung der Stichwörter

Abkürzungen, die einer Erläuterung oder mehrerer Übersetzungen bedürfen (z.B. CD-ROM), werden als Stichwörter aufgeführt – andere gängige Abkürzungen befinden sich im Anhang auf den Seiten 598–599.

Homonyme (Wörter, die gleich lauten, aber eine unterschiedliche Herkunft und Bedeutung haben, z.B. *Mark* (Währung/Grenzgebiet/Gewebe)) werden mit hochgestellten Zahlen gekennzeichnet.

Um einen raschen Zugriff auf das gesuchte Wort zu ermöglichen, steht jedes Stichwort als eigener Eintrag. *nachdem* und *nachher* stehen zum Beispiel nicht zusammen mit *nach* in einem Abschnitt, sondern sind selbstständige Stichwörter mit Lautschriftangabe.

Bei spanischen und deutschen Substantiven, deren feminine Form ohne Wortstammveränderung und durch bloßes Anhängen einer Endung gebildet wird, steht die Endung der femininen Form jeweils in Klammern (z.B. *profesor(a), Lehrer(in)*). Bei Bildung der Femininform mit Wortstammveränderung (z.B. *Bauer/Bäuerin*) und bei Bildung der Femininform durch Ersetzen der Maskulinendung (z.B. *actor/actrice, Zeuge/Zeugin*) erhält das feminine Substantiv meist einen eigenen Eintrag.

Bei substantivierten Adjektiven (z.B. *Jugendliche(r)*) und erstarrten Partizipien (z.B. *Geliebte(r)*) wird ebenfalls sowohl die Maskulin- als auch die Femininform angegeben. Sie werden wie Adjektive dekliniert: *ein Jugendlicher, eine Jugendliche; mit einem Geliebten, mit einer Geliebten usw.*

Adjektive werden – mit Ausnahme von solchen wie *erste(r,s), jüngste(r,s)* – nur in der männlichen Form angegeben. Bei spanischen Adjektiven, die im Singular maskulin eine zweite Form besitzen (z.B. *ninguno* und *ningún*), befindet sich bei dieser ein entsprechender Verweis. Spanische Adverbien, die regelmäßig von einem Adjektiv abgeleitet werden (z.B. *facilmente, gentilmente*), sind nicht als einzelne Einträge aufgeführt, es sei denn, die adverbiale Bedeutung unterscheidet sich von der adjektivischen. Die Bildung der spanischen Adverbien kann im Anhang nachgelesen werden.

Alphabetisierung

Die fett gedruckten Stichwörter sind streng alphabetisch geordnet: Getrennt geschriebene und durch Bindestrich getrennte Stichwörter werden dabei behandelt, als würden sie zusammengeschrieben.

Die Buchstaben ä, ö, ü, á usw. werden wie a, o, u, a usw. alphabetisiert; ß wird wie ss eingeordnet.

Einige Stichwörter werden durch zusätzliche Informationen in Klammern genauer bestimmt (z.B. Angabe der Endung der Femininform). Diese Ergänzungen in Klammern werden bei der Alphabetisierung jedoch nicht berücksichtigt.

Aufbau eines Eintrages

Innerhalb eines Stichworteintrages wird das fett gedruckte Stichwort nicht wiederholt, sondern durch eine Tilde (~) ersetzt, es sei denn, es steht in einer Form, die eine andere Schreibweise nach sich zieht. Im Eintrag *amor* z.B. steht statt *amores* einfach *~es*, bei *Buch* ist die Pluralform *Bücher* ausgeschrieben. Diese Ausnahme bezieht sich auch auf die Großschreibung eines sonst kleingeschriebenen Wortes (z.B. am Satzanfang einer Wendung). Die Tilde bezieht sich nie auf eventuelle Klammerergänzungen im Stichwort.

Innerhalb eines Stichworteintrages sind die einzelnen Übersetzungen nach Wortart und Häufigkeit geordnet. Bedeutungsgleiche (synonyme) Übersetzungen werden durch Komma voneinander getrennt. Nicht bedeutungsgleiche Übersetzungen werden entsprechend der Häufigkeit ihrer Verwendung durchnummeriert und mit Strichpunkt abgetrennt.

Sind Auslassungszeichen (...) direkt an ein Wort angehängt (z.B. bei Präfixen), bedeutet dies, dass das Wort als Teil einer Zusammensetzung wiedergegeben wird.
Beispiel:
federal [fede'raːl] *adj* föderal, Bundes...
Neben der Übersetzung *föderal* sind auch Wortzusammensetzungen mit *Bundes...* möglich (z.B. *Bundesbank*).

Lautschrift

Der Stichwortangabe folgt jeweils in eckigen Klammern die dazugehörige Aussprache. Die Lautschrift richtet sich nach der international gebräuchlichen Phonetik. Eine Übersicht über die Lautschriftzeichen befindet sich auf Seite VIII. Das Betonungszeichen (') steht jeweils vor der Silbe, die betont werden muss. Die Lautschrift einsilbiger Wörter enthält kein Betonungszeichen.

Steht in einem Eintrag eine zusätzliche Lautschriftangabe, bedeutet dies, dass alle folgenden Bedeutungen entsprechend dieser Phonetikangabe ausgesprochen werden.

Wortart

Nach Stichwort und Lautschrift wird die Wortart des fett gedruckten Stichwortes in abgekürzter Form angegeben. Sie ist kursiv gedruckt. Die Abkürzungen werden auf Seite VII erläutert. Gibt es für ein Stichwort mehrere Bedeutungen mit unterschiedlichen Wortarten, so werden diese durch Strichpunkt voneinander getrennt aufgeführt.

Hat ein Stichwort sowohl eine maskuline als auch eine feminine Form oder werden für ein Wort zwei unterschiedliche Genera gleich häufig verwendet, so stehen die entsprechenden Angaben kursiv hinter dem betreffenden Wort.

Alle unregelmäßigen Verben sind mit der Abkürzung *v irr* gekennzeichnet. Die unregelmäßigen Formen der Verben beider Sprachen werden im Anhang (Seiten 583–586 sowie 594–597) aufgeführt. Aufgelistet werden ausschließlich die Formen des Stammverbs (die Formen zu *retener* sieht man bei *tener* nach, die Formen zu *ausschließen* stehen bei *schließen*).

Redewendungen
Die zahlreichen Wendungen und sprichwörtlichen Redensarten sind dem bedeutungstragenden Wort der Wendung – in der Regel dem Substantiv – zugeordnet.

Anhang
Die Kurzgrammatiken im Anhang ermöglichen es auch Anfängern, den vorhandenen Wortschatz stilsicher anzuwenden. So findet der Benutzer schnell eine Antwort auf jedes grundlegende grammatische Problem.

Abkürzungen

adj	Adjektiv
adv	Adverb
AGR	Landwirtschaft
ANAT	Anatomie
ARCH	Architektur
art	Artikel
ART	Kunst
ASTR	Astronomie
BIO	Biologie
BOT	Botanik
CHEM	Chemie
CINE	Film
ECO	Wirtschaft
etw	etwas
f	weiblich
fam	umgangssprachlich
fig	bildlich
FIN	Finanzwelt
FOTO	Fotografie
GAST	Gastronomie
GEO	Geografie
GEOL	Geologie
GRAMM	Grammatik
HIST	Geschichte
INFORM	Informatik
interj	Interjektion
interr	interrogativ
irr	unregelmäßig
jdm	jemandem
jdn	jemanden
jds	jemandes
jmd	jemand
JUR	Recht
konj	Konjunktion
LA	lateinamerikanisch
LING	Linguistik
LIT	Literatur
m	männlich
MATH	Mathematik
MED	Medizin
MET	Metallurgie
METEO	Meteorologie
MIL	Militär
MIN	Bergbau/Mineralogie
MUS	Musik
n	Neutrum
NAUT	Schifffahrt
num	Zahlwort
PHIL	Philosophie
PHYS	Physik
pl	Plural
POL	Politik
pref	Präfix
prep	Präposition
pron	Pronomen
PSYCH	Psychologie
rel	relativ
REL	Religion
SPORT	Sport
sup	Superlativ
TECH	Technik
TEL	Kommunikationswesen
THEAT	Theater
v	Verb
ZOOL	Zoologie

Lautschrift

Konsonanten

Ball	b	boca
	ƀ	abuscar
Nichte	ç	
dort	d	dinero
	đ	nudo
fliehen, vor	f	fiesta
geben	g	ganar
	ǥ	lugar
holen	h	
Journalist	ʒ	
jeder, Million	j	yerno
Kamm, Chor	k	caso
Lob	l	lengua
	ʎ	desarrollo
Maus	m	mayo
nehmen	n	nada
	ɲ	sueño
angeln, links	ŋ	banco
Post	p	punto
Rand	r	pero
	rr	torre
besser, Ruß	s	mesa
schwierig	ʃ	
treten, Pfad	t	toro
weben, Vase	v	
	w	huevo
Nacht	x	jefe
Hose	z	fantasma
	θ	civil, zumo
	ð	gozne

Vokale

blass	a	dama
Bahn, Saal	aː	
egal	e	meter
Weh, See	eː	
hätte, fett	ɛ	meter
Säge	ɛː	
Menge	ə	
ist	ɪ	
Vitamin	i	niño
Liebe	iː	
	ĭ	vaina
Moral	o	poco
Boot, Ton	oː	
von	ɔ	orden
ökonomisch	ø	
Öl	øː	
völlig	œ	
Zunge	u	uno
Zug	uː	
	ŭ	deuda
Stück	y	
Typ	yː	

Nasale

Orange	ɑ̃
annoncieren	ɔ̃
Cousin	ɛ̃

Diphthonge und Konsonantengruppen

beißen	aɪ	
Auge	au	
läuten, Heu	ɔy	
	tʃ	leche

Nur bei Fremdwörtern aus dem Englischen

online	ɒ
Homepage	əʊ

Spanisch – Deutsch

A

a [a] *prep* 1. *(dirección, lugar, distancia)* auf, nach; ~ *15 km de Munich* 15 km von München entfernt; *Voy ~ Munich.* Ich fahre nach München. *2. (temporal)* um, am; ~ *las dos* um zwei Uhr; *al dia siguiente* am folgenden Tag; *3. (modal)* ~ *gusto* gern, gemütlich; ~ *escala* nach Maßstab; ~ *la antigua* altmodisch; ~ *simple vista* mit bloßem Auge; ~ *prueba de ladrones* einbruchsicher; ~ *ruegos de su amigo* auf Bitten seines Freundes; ~ *disgusto* ungern; ~ *la fuerza* gewaltsam; ~ *pie* zu Fuß; *4. (destinación, causa)* ~ *su favor* zu seinen Gunsten; *5. (precio)* zu; ~ *100 pesetas* zu 100 Peseten; *¿A qué precio?* Zu welchem Preis? *6. (elíptico) paso ~ paso* Schritt für Schritt; *¡A su salud!* Auf Ihre Gesundheit! *¡A que no lo sabes!* Wetten, dass du es nicht weißt! *7.* ~ *alguien* jemandem, jemanden/etwas; *He visto ~ tu hermano.* Ich habe deinen Bruder gesehen. *He dado el libro ~ tu hermano.* Ich habe das Buch deinem Bruder gegeben. *respetar ~ alguien* jdn ehren; *amar ~ alguien* jdn lieben; *dar ~ alguien* jdm geben; *8. (parte de una conjunción)* ~ *pesar de* trotz

abacería [aƀa'θeria] *f* Kramladen *m*

abacero [aƀa'θero] *m* Krämer *m*

ábaco [a'ƀaθc'riɑ] *m MATH* Rechenbrett (mit Kugeln) *n*

abad(esa) [a'ƀađ/aƀa'đcsa] *m/f REL* Abt/Äbtissin *m/f*

abadejo [aƀa'đɛxo] *m ZOOL* Kabeljau *m*

abadía [aƀa'đia] *f REL* Abtei *f*

abajadero [aƀaxa'đero] *m* Abhang *m*

abajamiento [aƀaxa'mĭɛnto] *m* Erniedrigung *f,* Lageveränderung (nach unten) *f*

abajar [aƀa'xar] *v* herunternehmen, herablassen, heruntersenken, herunterbringen

abajo [a'ƀaxo] *adv* herunter, hinunter, hinab; *venirse* ~ einstürzen; ~ *con* nieder mit; *de arriba* ~ von oben nach unten; *más* ~ weiter unten; *echar* ~ zerstören, niederreißen

abalanzar [aƀalan'θar] *v* stoßen, schleudern

abaldonar [aƀaldo'nar] *v* schmähen, herabsetzen

abalear [aƀale'ar] *v* schwingen

abalorio [aƀa'lɔrio] *m* kleine (Glas)perle *f,* kleine (Glas)koralle *f*

abalsamar [aƀalsa'mar] *v* einbalsamieren

aballar [aƀa'ʎar] *v* lockern, anfahren

aballestar [aƀaʎes'tar] *v NAUT* schleudern, schleppen, treideln, anholen

abanderado [aƀande'rađo] *adj MIL* Fahnenträger *m,* Fähnrich *m*

abanderizar [aƀanderi'θar] *v MIL* führen

abandonado [aƀando'nađo] *adj 1.* verlassen; *2. (descuidado)* verwahrlost

abandonar [aƀando'nar] *v 1.* verlassen; *2. (dejar, dejar de)* aufgeben; ~ *un proyecto* ein Projekt aufgeben; *3. (desocupar)* räumen

abandono [aƀan'dono] *m 1.* Aufgabe *f; 2. (desalojo)* Räumung *f*

abanicar [aƀani'kar] *v 1.* fächeln; *2. (fam)* ohrfeigen

abanico [aƀa'niko] *m* Fächer *m,* Kaminschirm *m*

abaratar [aƀara'tar] *v* verbilligen

abarcar [aƀar'kar] *v* einschließen, umfassen; ~ *con la vista* überblicken; *Quien mucho abarca, poco aprieta.* Wer sich zu viel vornimmt, schafft wenig.

abarrar [aƀa'rrar] *v* schleudern, werfen

abastecer [aƀaste'θer] *v irr 1.* beliefern; *2. (alimentar)* verpflegen; *3. (mantener)* versorgen

abastecimiento [aƀasteθi'mĭento] *m 1.* Zufuhr *f,* Zulieferung *f; 2. (alimentación)* Verpflegung *f; 3. (mantenimiento)* Versorgung *f*

abatible [aƀa'tiƀle] *adj* herunterklappbar, biegbar; *Asientos ~s* herunterklappbare Sitze

abatido [aƀa'tiđo] *adj 1.* geknickt, niedergeschlagen; *2. (apocado)* kleinlaut

abatimiento [aƀati'mĭento] *m* Niedergeschlagenheit *f*

abdicación [aƀđika'θĭon] *f POL* Abdankung *f*

abdicar [aƀđi'kar] *v POL* abdanken

abdomen [aƀ'đomen] *m ANAT* Unterleib *m*

abducción [aƀđuk'θĭɔn] *f 1. (rapto)* Wegnehmen *n,* Entfernen *n,* Abduktion *f,* Wegbewegung *f; 2. (~ de órganos)* Herausnehmen (von Organen) *n*

abedul [aƀe'đul] *m 1. (árbol) BOT* Birke *f*

abeja [a'ƀɛxa] *f ZOOL* Biene *f*

abejar [aƀe'xar] *m 1. (colmenar)* Bienenstock *m,* Bienenstand *m; 2. (especie de uva)* (fig) Traube *f*

abejarrón [abexa'rrɔn] *m 1. (abejorro)* Hummel *f*, Stechfliege *f*, Bremse *f*; *2. (juego)* Brummbär *m*
abejear [abexe'ar] *v (revolar como las abejas)* schwirren, herumwimmeln
abejón [abɛ'xɔn] *m 1. ZOOL* Hummel *f*; *2. (zangón)* Drohne *f*
abejorro [abɛ'xɔrrɔ] *m 1. ZOOL* Hummel *f*; *2. ~ sanjuanero* Maikäfer *m*
abemolar [abemɔ'lar] *v (suavizar la voz)* sanfter sprechen
aberenjenado [aberen'xenado] *adj* dunkelviolett
aberración [abɛrra'θĭɔn] *f 1. ASTR* Aberration *f*; *2. (fig)* Verwirrung *f*
aberrar [abe'rrar] *v (desviarse)* abweichen
abertal [aber'tal] *adj* rissig, zerspalten
abertura [abɛr'tura] *f 1.* Öffnung *f*, Schlitz *m*; *2. (inauguración)* Eröffnung *f*
abestiarse [abesti'arse] *v (embrutecerse)* verrohen
abeto [a'beto] *m 1. BOT* Tanne *f*; *2. ~ falso* Fichte *f*
abetunado [abetu'nado] *adj (parecido al betún)* rabenschwarz, tiefschwarz
abiertamente [abĭɛrta'mente] *adv (francamente)* offen, frei, offenherzig
abierto [a'bĭɛrto] *adj 1.* offen, geöffnet; *~ al público* der Öffentlichkeit zugänglich; *¿A partir de cuándo está ~?* Ab wann ist geöffnet? *2. (paisaje)* frei; *3. (fig: persona)* offenherzig, aufgeschlossen
abigarrado [abiga'rrado] *adj (mal combinado)* verworren, falsch kombiniert
abigarramiento [abigarra'mĭɛnto] *m (conjunto abigarrado)* Unordnung *f*, Verwirrung *f*, Buntheit *f*
abigotado [abigo'tado] *adj (bigotudo)* schnurrbärtig
abismal [abiz'mal] *adj* tief, abgründig
abismar [abiz'mar] *v (sumergirse)* sinken, vertiefen
abismático [abiz'matiko] *adj (insondable)* abgrundtief
abismo [a'bizmo] *m* Tiefe *f*, Abgrund *m*, Kluft *f*
abjuración [abxura'θĭɔn] *f* Abschwörung *f*, Widerruf *m*
abjurar [abxu'rar] *v* abschwören
ablación [abla'θĭɔn] *f 1.(extirpación) MED* Wegnahme *f*, operative Entfernung *f*; *2. GEOL* Abtragung *f*, Abschmelzung (Gletscher) *f*
ablandabrevas [ablanda'brebas] *m (fam)* Nichtsnutz *m*
ablandamiento [ablanda'mĭɛnto] *m* Aufweichung *f*, Verweichlichung *f*
ablandar [ablan'dar] *v* erweichen, enthärten
ablandarse [ablan'darse] *v* sich besänftigen, sich erweichen lassen
abnegación [abnega'θĭɔn] *f* Opferbereitschaft *f*
abnegado [abne'gado] *adj* uneigennützig
abnegar [abne'gar] *v* entsagen, verzichten
abobado [abo'bado] *m* dumm, einfältig
abocado [abo'kado] *adj 1. estar ~ a* nahe vor etw stehen; *Estamos ~s al desastre.* Wir stehen vor einer Katastrophe.; *2. vino ~ GAST* süffig
abochornado [abotʃor'nado] *adj (avergonzado)* beschämt
abochornar [abotʃor'nar] *v* erhitzen, versengen
abochornarse [abotʃor'narse] *v (avergonzarse) ~ de/por* sich schämen, tief erröten (fig)
abofetear [abofete'ar] *v ~ a alguien* jdn ohrfeigen
abogacía [aboga'θia] *f* Anwaltschaft *f*, Anwaltsberuf *m*
abogada [abo'gada] *f 1. JUR* Rechtsanwältin *f*; *2. ~ defensora* Verteidigerin *f*
abogado [abo'gado] *m 1. JUR* Rechtsanwalt *m*, *2. ~ defensor* Verteidiger *m*
abogar [abo'gar] *v 1. (interceder) JUR* plädieren für; *2. (defender)* verfechten, eintreten für; *~ por su postura* seinen Standpunkt vertreten; *3. (favorecer)* befürworten
abolengo [abo'leŋgo] *m* Abstammung *f*, Herkunft *f*
abolición [aboli'θĭɔn] *f* Abschaffung *f*
abolicionista [aboliθio'nista] *adj* Abolitionist *m*, Gegner der Sklaverei (bzw der bestehenden Gesetze) *m*
abolir [abo'lir] *v irr* abschaffen; *~ una ley* ein Gesetz abschaffen
abolsado [abolsa'do] *adj (con forma de bolsa)* bauschig
abollado [abo'ʎado] *adj (desanimado)* lustlos, öde
abombado [abom'bado] *adj (atolondrado)* leichtfertig, unbesonnen
abombar [abom'bar] *v* wölben, ausbauchen, aufblähen
abominable [abomi'nable] *adj* abscheulich
abominación [abomina'θĭɔn] *f* Gräuel *m*

abonable [aƀɔ'naƀle] *adj* zahlbar, fällig (Wechsel)
abonado [aƀo'nađo] *m* Bezieher *m,* Abonnent *m*
abonar [aƀo'nar] *v 1.* bezahlen, begleichen, einzahlen; *~ en cuenta* gutschreiben; *2. AGR* düngen
abono [a'ƀono] *m 1.* Gutschrift *f,* Vergütung *f; 2. AGR* Dünger *m; 3. tarjeta de ~* Dauerkarte *f,* Zeitkarte *f; ~ mensual* Monatskarte *f*
aborigen [aƀo'rixen] *adj 1.* einheimisch; *m/f 2.* Ureinwohner(in) *m/f*
aborrecer [aƀɔrre'θɛr] *v irr* verabscheuen
aborrecido [aƀɔrre'θiđo] *adj (aburrido)* gelangweilt
aborrecimiento [aƀɔrreθi'mĭɛnto] *m* Abscheu *f,* Hass *m,* Abneigung *f*
abortar [aƀɔr'tar] *v 1. MED* abtreiben; *2. ~ un plan* einen Plan vereiteln
aborto [a'ƀɔrto] *m 1. MED* Fehlgeburt *f; 2. (~ provocado)* Abtreibung *f,* Schwangerschaftsabbruch *m*
abotonar [aƀoto'nar] *v* zuknöpfen
abra ['aƀra] *f (bahía) GEO* Bai *f,* Bucht *f*
abrasador [aƀrasa'dɔr] *adj* sengend, verzehrend
abrasar [aƀra'sar] *v 1. (destruir con fuego)* anzünden, verbrennen; *2. (estar muy caliente)* brennen (Sonne), heiß sein; *3. (producir un dolor ardiente)* einen stechenden Schmerz verursachen, höllisch wehtun
abrazar [aƀra'θar] *v* umarmen; *~ fuertemente a alguien* jdn fest an sich drücken
abrazo [a'ƀraθo] *m* Umarmung *f; dar un ~ a alguien* jdn umarmen
abrelatas [aƀre'latas] *m GAST* Büchsenöffner *m,* Dosenöffner *m*
abrenuncio [aƀre'nunθio] *m* (fam) Gott bewahre!
abreviación [aƀreƀĭa'θĭɔn] *f 1. (resumen)* Kurzfassung *f; 2. (acortamiento)* Abkürzung *f,* Kurzform *f*
abreviar [aƀre'ƀĭar] *v 1. (resumir)* zusammenfassen; *2. (acortar)* verkürzen, abkürzen
abreviatura [aƀreƀia'tura] *f* Abkürzung *f*
abribonarse [aƀriƀo'narse] *v (hacerse bribón)* zum Gauner werden, verlumpen
abrigo [a'ƀrigo] *m 1.* Mantel *m; ~ de piel* Pelzmantel *m; 2. (cobijo)* Unterschlupf *m,* Obdach *n*
abril [a'ƀril] *m* April *m*
abrir [a'ƀrir] *v irr 1.* öffnen, aufmachen; *~ el grifo* den Wasserhahn aufdrehen; *2. (con una llave)* aufschließen; *No logro ~ la puerta.* Ich bekomme die Tür nicht auf. *3. (fig: un negocio, una conferencia)* eröffnen; *4. (una cuenta bancaria) FIN* eröffnen; *5. (a la fuerza)* aufbrechen; *6. (destapando, tirando)* aufziehen, aufklappen
abrirse [aƀrir'se] *v irr 1.* sich öffnen, aufgehen; *~ paso* sich einen Weg bahnen; *~ paso duramente* sich durchboxen; *2. (capullos)* aufblühen
abrochar [aƀro'tʃar] *v (ropa)* zuknöpfen, zuschnallen, zuhaken
abrocharse [aƀro'tʃarse] *v* sich anschnallen; *~ el cinturón de seguridad* den Sicherheitsgurt anlegen
abrogación [abroga'θĭɔn] *f* Abschaffung *f,* Außerkraftsetzung *f,* Widerruf *m*
abrogar [aƀro'gar] *v (abolir)* abschaffen, aufheben, widerrufen
abrumar [aƀru'mar] *v* belasten
abrupto [a'ƀrupto] *adj 1.* abrupt; *2. (brusco)* schroff
absceso [aƀs'θeso] *m MED* Abszess *m*
absolución [aƀsolu'θĭɔn] *f 1. JUR* Freispruch *m; 2. REL* Absolution *f*
absolutamente [aƀsoluta'mente] *adv* absolut, durchaus; *~ nada* gar nichts
absolutismo [aƀsolu'tizmo] *m HIST* Absolutismus *m*
absoluto [aƀso'luto] *adj* absolut, uneingeschränkt
absolver [aƀsɔl'ƀɛr] *v irr 1. JUR* freisprechen; *2. REL* lossprechen
absorber [aƀsɔr'ƀɛr] *v* absorbieren, aufsaugen, einsaugen
absorción [aƀsɔr'θĭɔn] *f 1.* Absorbierung *f; 2. ECO* Absorption *f*
absorto [aƀ'sɔrto] *adj* versunken, vertieft
abstemio [aƀs'temĭo] *adj 1.* abstinent; *m 2.* Abstinenzler *m*
abstención [aƀsten'θĭɔn] *f* Abstinenz *f,* Enthaltung *f; ~ de voto* Stimmenthaltung *f*
abstenerse [aƀste'nɛrse] *v irr 1.* sich enthalten, verzichten; *Me abstengo de tomar alcohol porque tengo que conducir.* Ich trinke keinen Alkohol, weil ich fahren muss. *2. ~ de votar* sich der Stimme enthalten
absterger [aƀster'ger] *v irr limpiar las llagas MED* reinigen (Wunden)
abstinencia [aƀsti'nenθĭa] *f* Abstinenz *f,* Enthaltsamkeit *f*
abstinente [aƀsti'nente] *adj* enthaltsam
abstracción [aƀstrak'θĭɔn] *f* Abstraktion *f,* Abziehung *f*

abstracto [aƀs'trakto] *adj* abstrakt
abstraer [aƀstra'er] *v irr ~ un objeto* abstrahieren, entziehen, abziehen
abstraerse [aƀstra'erse] *v irr concentrarse en algo* sich vertiefen
abstraído [aƀstra'iđo] *adj* gedankenversunken
abstruso [aƀs'truso] *adj (de difícil comprensión)* unverständlich, verworren, kompliziert
absurdo [aƀ'surđo] *adj 1.* sinnlos, absurd, unsinnig; *una idea absurda* eine absurde Idee *f; m 2.* Unsinn *m,* Absurdität *f*
abuchear [aƀutʃe'ar] *v* buhen, auspfeifen
abuela [a'ƀwela] *f* Großmutter *f,* Oma *f*
abuelo [a'ƀwelo] *m 1.* Großvater *m,* Opa *m; 2. ~s pl* Großeltern *pl; ~s maternos/~s paternos* Großeltern mütterlicherseits/Großeltern väterlicherseits *pl*
abulia [abu'lia] *f (apatía)* Willenlosigkeit *f,* Willensschwäche *f*
abúlico [a'ƀuliko] *adj* willenlos, willensschwach
abultar [aƀul'tar] *v 1.* vergrößern; *2. (fig: exagerar)* übertreiben
abundancia [aƀun'danθi̯a] *f ~ de* Überfluss an *m*
abundante [aƀun'dante] *adj* ausgiebig, reichlich
abur [a'bur] *interj ¡Abur! (fam)* Leb wohl!
aburguesado [aƀurge'sađo] *adj* spießig
aburrido [aƀu'rriđo] *adj* langweilig, öde, eintönig
aburrimiento [aƀurri'mi̯ento] *m* Langeweile *f*
aburrirse [aƀu'rrirse] *v* sich langweilen
abusar [aƀu'sar] *v 1. ~ de* missbrauchen; *2. ~ de (violar)* vergewaltigen
abusivo [aƀusi'bo] *adj* missbräuchlich, unnütz
abuso [a'ƀuso] *m 1.* Missbrauch *m; ~ de la bebida* Alkoholmissbrauch *m; 2. (extralimitación)* Übergriff *m; 3. (exceso)* Exzess *m*
abyección [aƀjek'θi̯ɔn] *f 1. (bajeza)* Niederträchtigkeit *f,* Verworfenheit *f; 2. (humillación)* Verachtung *f,* Demütigung *f,* Erniedrigung *f*
acá [a'ka] *adv 1. (aquí)* hier, da; *2. (por aquí)* herbei
acabado [aka'bađo] *adj* fertig, vollendet
acaballadero [akaƀaʎa'đero] *m* Gestüt *n*
acabamiento [akaƀa'mi̯ento] *m* Vollendung *f*
acabar [aka'ƀar] *v 1. (terminar)* beenden, erledigen, vollenden; *2. ~ de hacer algo* soeben etw getan haben; *Acabo de llegar.* Ich bin gerade angekommen. *3. ~ con algo* etw vertilgen, etw vernichten; *4. ~ en algo* in etw enden; *La fiesta acabó en un caós.* Das Fest endete im Chaos. *5. ~ por hacer algo* schließlich etw tun
acabarse [aka'ƀarse] *v* ausgehen; *¡Se acabó!* Schluss jetzt!
acabóse [aka'ƀose] *m (desastre)* Ende *n; Es un ~.* Das ist doch die Höhe!
acacia [a'kaθi̯a] *f BOT* Akazie *f*
academia [aka'đemi̯a] *f* Akademie *f,* Privatlehranstalt *f*
académico [aka'đemiko] *adj* akademisch; *título ~* akademischer Titel *m*
acaecer [akae'θer] *v irr (producirse un hecho)* vorkommen, sich ereignen, geschehen
acaecimiento [akaeθi'mi̯ento] *m* Vorkommnis *n,* Ereignis *n*
acalenturarse [akalentu'rarse] *v (tener calentura)* sich erhitzen, warm werden
acalorarse [akalo'rarse] *v* in Wut geraten
acaloro [aka'loro] *m 1. (acaloramiento)* Erhitzung *f,* Erwärmung *f; 2. (fig: disgusto)* Aufwallung *f*
acampador [akampa'đor] *m* Camper *m*
acampar [akam'par] *v 1.* zelten, campen; *¿Podemos ~ aquí?* Können wir hier zelten? *2. MIL* kampieren
acantilado [akanti'lađo] *m* Steilküste *f*
acantilar [akanti'lar] *v* steil abfallen
acaparar [akapa'rar] *v 1.* hamstern, aufkaufen; *2. (fig: apropiarse de)* an sich reißen, für sich allein in Anspruch nehmen; *~ la palabra* keinen zu Wort kommen lassen
acapillar [akapi'ʎar] *v (atrapar)* fangen, erwischen
acaracolado [akarako'lađo] *adj (pelos)* lockig
acaramelado [akarame'lađo] *adj GAST* kandiert
acariciar [akari'θi̯ar] *v* streicheln, hätscheln, liebkosen
acarrear [akarrɛ'ar] *v (ocasionar algo malo)* Schaden verursachen
acarrear [akarrɛ'ar] *v* transportieren, befördern
acaso [a'kaso] *adv* vielleicht, etwa
acastañado [akasta'ɲađo] *adj (color de castaña)* kastanienfarben
acaudillar [akaudi'ʎar] *v* anführen, befehligen

accesible [akθe'siƀle] *adj 1.* zugänglich; *2. (fig: precio)* erschwinglich
acceso [ak'θeso] *m 1.* Zugang *m,* Anfahrt *f,* Auffahrt *f; 2. INFORM* Zugriff *m; 3. MED* Anfall *m*
accesorios [akθe'sorĭos] *m/pl 1.* Accessoires *pl; 2. TECH* Zubehörteile *pl,* Armaturen *pl*
accidentado [akθiđen'tađo] *adj 1. (terreno, pais)* holperig; *2. (persona)* verunglückt; *m 3.* Verunglückter *m*
accidental [akθiđen'tal] *adj* zufällig
accidente [akθi'đente] *m* Unfall *m,* Unglück *n; ~ de trabajo* Betriebsunfall *m; ~ de tráfico* Verkehrsunfall *m; Tuve un ~.* Ich hatte einen Unfall. *Ha ocurrido un ~.* Es ist ein Unfall passiert.
acción [ak'θĭɔn] *f 1.* Handlung *f,* Aktion *f; ~ heroica* Heldentat *f; 2. (operación)* Tätigkeit *f,* Operation *f; 3. FIN* Aktie *f; 4. (efecto)* Wirkung *f; radio de ~* Wirkungsbereich *m; ~ recíproca* Wechselwirkung *f*
accionamiento [akθĭona'mĭento] *m 1. TECH* Antrieb *m; 2. (puesta en marcha)* Betätigung *f*
accionar [akθĭo'nar] *v 1.* bewegen, treiben; *2. TECH* betätigen, schalten; *¡En caso de peligro ~ la palanca!* Bei Gefahr den Hebel betätigen!
accionista [akθĭo'nista] *m/f FIN* Aktionär(in) *m/f*
acebuche [aseƀu'tʃe] *m (olivo silvestre) BOT* wilder Ölbaum *m*
acechar [aθe'tʃar] *v* lauern, spähen
acecho [a'θetʃo] *m* Lauer *f; estar al ~* auf der Lauer liegen
acecinarse [aθeθi'narse] *v (persona)* (fig) mager werden
acedar [aθe'đar] *v 1. (agriar)* säuern, verwelken; *2. ~ a alguien (desazonar)* jdn verbittern, jdn verdrießen
acedía [aθe'đia] *f 1. ZOOL* Scholle *f; 2. MED* Sodbrennen *n*
aceitar [aθɛĭ'tar] *v* ölen
aceite [a'θɛĭte] *m 1.* Öl *n; ~ de hígado* Lebertran *m; 2. ~ comestible GAST* Speiseöl *n; ~ de mesa* Salatöl *n; ~ de oliva* Olivenöl *n; ~ vegetal* Pflanzenöl *n; ¡Aceite y vinagre, por favor!* Essig und Öl, bitte! *3. ~ para motores* Motoröl *n*
aceitoso [aθɛĭ'toso] *adj (oleoso)* ölig
aceituna [aθɛĭ'tuna] *f BOT* Olive *f*
aceituno [aθɛĭ'tuno] *m (olivo)* Ölbaum *m,* Olivenbaum *m*
aceleración [aθelera'θĭɔn] *f* Beschleunigung *f*
acelerador [aθelera'đɔr] *m* Gaspedal *n*
acelerar [aθele'rar] *v* beschleunigen
acelga [a'θɛlga] *f BOT* Mangold *m*
acendrado [aθen'đrađo] *adj (sin defecto)* geläutert, makellos
acendrar [aθen'drar] *v 1. ~ los metales* Metall reinigen; *2. (fig: perfeccionar)* zur Vollendung bringen, vervollkommnen, perfektionieren
acento [a'θento] *m 1. (dejo)* Akzent *m; 2. GRAMM* Betonung *f,* Akzent *m*
acentuación [aθentwa'θĭɔn] *f GRAMM* Betonung *f,* Tonfall *m*
acentuar [aθen'twar] *v* akzentuieren, betonen, hervorheben
aceptable [aθɛp'taƀle] *adj* annehmbar, akzeptabel, tragbar
aceptación [aθɛpta'θĭɔn] *f 1.* Annahme *f; 2. (reconocimiento)* Akzeptanz *f; 3. ECO* Akzept *n*
aceptar [aθɛp'tar] *v* annehmen, akzeptieren, eingehen; *Esto no lo puedo ~.* Das kann ich nicht annehmen. *No lo acepto.* Ich nehme es nicht an.
acequia [a'θekĭa] *f 1.* Wassergraben *m,* Bewässerungsgraben *m; 2. (arroyo)* Gosse *f,* Rinnstein *m*
acera [a'θera] *f* Bürgersteig *m,* Gehweg *m,* Trottoir *n*
acerbo [a'θerƀo] *adj 1. (áspero al gusto)* herb; *2. sufrimiento ~* grausam
acerca [a'θɛrka] *prep ~ de (fig: con referencia a)* über, hinsichtlich
acercamiento [aθɛrka'mĭento] *m* Annäherung *f; ~ de los pueblos* Völkerverständigung *f*
acercarse [aθɛr'karse] *v* sich nähern, herankommen; *~ sigilosamente* sich anschleichen, sich heranschleichen, sich anpirschen
acería [aθe'ria] *f (fábrica de fundición de aceros)* Stahlwerk *n,* Stahlhütte *f*
acero [a'θero] *m 1. MET* Stahl *m; 2. ~ inoxidable* Edelstahl *m*
acérrimo [a'θɛrrimo] *adj (muy fuerte)* entschieden, hartnäckig
acertado [aθɛr'tađo] *adj (adecuado)* treffend, zutreffend, angemessen
acertar [aθɛr'tar] *v irr 1.* erraten; *2. (hacer blanco, dar en)* das Ziel treffen
acertijo [aθɛr'tixo] *m* Rätsel *n*
acervo [a'θerƀo] *m 1. (trigo, legumbres)* Haufen *m,* Stapel *m; 2. el ~ cultural* Kulturgut

n; 3. (bienes de una colectividad) Kulturerbe *n*
acetato [aθe'tato] *m CHEM* Acetat, essigsaures Salz
acetre [a'θetre] *m (pequeño caldero)* Schöpfeimer *m*
achacar [atʃa'kar] *v (acusar a alguien)* jdm etw zuschreiben, Schuld zuschieben
achacoso [atʃa'koso] *adj* kränklich, anfällig; *estar ~* kränkeln/anfällig sein
aciago [aθi'ago] *adj (nefasto)* unheilvoll, unglückbringend
acíbar [a'θiƀar] *m 1. (planta) BOT* Aloe *f; 2. (fig: pena)* Unannehmlichkeit *f,* Bitterkeit *f*
aciberar [aθiƀe'rar] *v (triturar)* zermahlen, pulverisieren
acicalado [aθika'lađo] *adj* adrett, nett, geschniegelt
acicalar [aθika'lar] *v (dar un retoque)* etw überarbeiten
acicalarse [aθika'larse] *v (arreglarse con exagero)* sich herausputzen
acicate [aθi'kate] *m* Ansporn *m,* Antrieb *m*
acidez [aθi'đeθ] *f 1.* Säure *f; 2. ~ estomacal MED* Sodbrennen *n; 3. CHEM* Säuregehalt *m*
acidia [a'θiđia] *f (pereza)* Trägheit *f,* Faulheit *f*
ácido ['aθiđo] *adj 1.* sauer; *2. (seco)* herb; *m 3. CHEM* Säure *f; ~ carbónico* Kohlensäure *f; ~ clorhídrico* Salzsäure *f; ~ graso* Fettsäure *f; ~ sulfhídrico* Schwefelsäure *f*
acierto [a'θĭɛrto] *m 1.* Treffgenauigkeit *f; 2. (éxito)* Erfolg *m*
acinesia [aθi'nɛsia] *f 1. MED; 2. (sin movimiento)* Bewegungslosigkeit *f*
aclamación [aklama'θĭɔn] *f* Beifallsrufen *n,* Zuruf *m*
aclamar [akla'mar] *v* bejubeln
aclaración [aklara'θĭɔn] *f 1.* Aufklärung *f,* Erklärung *f,* Klarstellung *f; 2. (explicación)* Aufschluss *m*
aclarar [akla'rar] *v 1. (explicar)* erklären, erläutern, klarstellen; *2. (un malentendido)* klären
aclimatarse [aklima'tarse] *v* sich anpassen, sich akklimatisieren
acmé ['akmɛ] *f (en una enfermidad) MED* Höhepunkt *m,* Akme *f*
acné [ak'ne] *m MED* Akne *f*
acobardamiento [akoƀarđa'mĭɛnto] *m* Einschüchterung *f*
acobardar [akoƀar'đar] *v (amedrentar a alguien)* jdn einschüchtern
acobardarse [akoƀar'đarse] *v (desanimar) ~ de/ante/frente a/por/con* verzagen; *¡Te acobardas por todo!* Du verzagst aber auch bei allem!
acocear [akoθe'ar] *v 1. (caballo)* mit den Hinterfüßen treten; *2. (fig: insultar)* jdn beschimpfen
acocharse [ako'tʃarse] *v (agacharse)* sich kauern
acodar [ako'đar] *v 1. (dar forma de codo)* abknicken; *2. ~ plantas* absenken
acodo [a'kođo] *m BOT* Ableger *m*
acogedor [akɔxe'đor] *adj 1.* wohnlich, gemütlich; *2. (amable)* liebenswürdig
acoger [akɔ'xɛr] *v 1.* aufnehmen, empfangen; *2. (aprobar)* gutheißen
acogida [akɔ'xiđa] *f* Aufnahme *f,* Empfang *m*
acogido [akɔ'xiđo] *m 1.* Insasse *m; adj 2. ser bien ~* gut ankommen
acogimiento [akoxi'mĭɛnto] *m* Aufnahme *f,* Empfang *m*
acojonado [akoxo'nađo] *adj (acobardado)* ängstlich
acolchar [alɔl'tʃar] *v* polstern
acometedor [akomete'đɔr] *adj 1. (resuelto)* angriffslustig, entschlossen; *2. (agresivo)* aggressiv, angriffslustig
acometer [akome'tɛr] *v 1. (hostilmente)* angreifen, anfallen, sich stürzen auf; *2. (fig: iniciar) ~ algo* mit etw anfangen, etw beginnen, sich stürzen auf etw
acometida [akome'tiđa] *f* Angriff *m*
acometimiento [akometi'mĭɛnto] *m* Angriff *m,* Inangriffnahme *f*
acometividad [akometibi'đađ] *f (agresividad)* Streitlust *f,* Angriffslust *f*
acomodación [akomođa'θĭɔn] *f* Anpassung *f*
acomodadizo [akomođa'điθo] *adj* anpassungsfähig, sich jeder Situation einfügend
acomodado [akomo'đađo] *adj 1.* begütert, wohlhabend, reich; *2. (establecido)* gutbürgerlich
acomodar [akomo'đar] *v* unterbringen
acomodarse [akomo'đarse] *v 1.* sich anpassen, sich einfügen; *2. (ponerse cómodo)* es sich bequem machen
acomodo [ako'mođo] *m (ocupación)* Anstellung *f,* Stelle *f*
acompañamiento [akɔmpaɲa'mĭɛnto] *m 1.* Begleitung *f,* Anschluss *m,* Geleit *n; 2. MUS* Orchesterbegleitung *f*

acompañante [akɔmpa'ɲante] *m/f* Beifahrer(in) *m/f,* Begleiter(in) *m/f*
acompañar [akɔmpa'ɲar] *v 1. ~ a alguien* jdn begleiten, jdm Gesellschaft leisten; *2. (adjuntar)* anfügen; *3. (asistir)* beistehen; *~ a alguien a casa* jdn heimbringen
acompasadamente [akompasađa'mɛnte] *adv (fig)* langsam, im Takt; *Juan habla ~, le puedo comprender muy bien.* Juan spricht langsam. Ich kann ihn gut verstehen.
acompasar [akompa'sar] *v 1.(acomodar algo)* etw justieren, etw ordnen; *2. (fig: adecuar)* etw anpassen
acomplejar [akomple'xar] *v* jdm Komplexe verursachen
acomplejarse [akomple'xarse] *v ~ por algo* Hemmungen bekommen
acomunarse [akomu'narse] *v* sich verbünden
aconchar [akon'tʃar] *v ~ algo* anlehnen, stemmen
acondicionado [akonđiθio'nađo] *adj* beschaffen
acondicionador [akonđiθiona'đɔr] *m (aparato)* Klimaanlage *f*
acongojar [akongo'xar] *v (oprimir)* bedrücken, bekümmern
aconsejable [akɔnsɛ'xable] *adj* ratsam, empfehlenswert
aconsejado [akonse'xađo] *adj (prudente)* vorsichtig
aconsejar [akɔnsɛ'xar] *v ~ alguien* jdm raten, jdn beraten, jdm anraten
aconsonantar [akonsonan'tar] *v (palabras)* in Reime bringen, reimen
acontecer [akɔnte'θɛr] *v irr* geschehen, sich ereignen
acontecimiento [akɔntɛθi'mĭento] *m* Ereignis *n,* Begebenheit *f,* Vorfall *m*
acopiar [akopi'ar] *v (almacenar)* anhäufen, ansammeln
acoplarse [ako'plarse] *v* sich paaren
acoquinar [akoki'nar] *v ~ a alguien* jdn einschüchtern
acoquinarse [akoki'narse] *v (amedrentarse)* sich einschüchtern lassen
acordar [akɔr'dar] *v irr 1.* beschließen, entscheiden; *2. (ponerse de acuerdo)* vereinbaren
acordarse [akɔr'đarse] *v irr ~ de algo* sich an etw erinnern, einer Sache gedenken
acorde [a'kɔrđe] *adj 1.* einig, einmütig; *m 2.* Einklang *m; 3. MUS* Akkord *m*
acordeón [akɔrđe'ɔn] *m MUS* Akkordeon *n,* Ziehharmonika *f*
acordeonista [akorđeo'nista] *m/f (persona)* Akkordeonspieler
acordonar [akɔrđo'nar] *v 1.* verschnüren, einschnüren; *2. (personas, edificios) MIL* einschließen, umzingeln, umstellen
acorralar [akɔrra'lar] *v 1.* einpferchen; *2. (fig: poner en un aprieto)* in die Enge treiben, einschüchtern
acortamiento [akɔrta'mĭento] *m 1.* Abkürzung *f; 2. (reducción)* Verkürzung *f*
acortar [akɔr'tar] *v 1.* abkürzen; *2. (reducir)* verkürzen; *3. ~ la curva* die Kurve schneiden
acosar [ako'sar] *v* bedrängen; *~ a alguien con preguntas* jdn mit Fragen überhäufen
acoso [a'koso] *m (acosamiento)* Verfolgung *f,* Anfeindung *f,* Hetze *f*
acostada [akosta'đa] *f (dormida)* Rast *f,* Schlafende *f*
acostarse [akos'tarse] *v irr 1.* sich hinlegen; *2. (ir a dormir)* zu Bett gehen
acostumbrado [akɔstum'brađo] *adj 1.* üblich, gewohnheitsmäßig; *2. ~ a* gewöhnt an
acostumbrarse [akɔstum'brarse] *v 1.* sich einleben; *2. ~ a* sich gewöhnen an
acotación [akota'θĭɔn] *f 1.* Abgrenzung *f,* Einfriedung *f; 2. (nota marginal)* Randbemerkung *f*
ácrata ['akrata] *adj (de una sociedad sin gobierno)* anarchistisch
acre ['akre] *m 1. (medida)* Acker *m,* Morgen *m; adj 2. (algo áspero)* rau, schroff; *3. (fig: agresivo)* unliebenswürdig
acrecencia [akre'θenθia] *f (bienes adquiridos)* Zuwachs *m,* Vermehrung *f*
acrecentar [akreθen'tar] *v irr 1.* vermehren; *2. (aumentar)* vergrößern
acrecentarse [akreθen'tarse] *v irr* zunehmen
acreditado [akređi'tađo] *adj* anerkannt
acreditar [akređi'tar] *v ECO* akkreditieren, gutschreiben
acreedor(a) [akree'đɔr/akre'đora] *m/f ECO* Gläubiger(in) *m/f*
ácremente ['akremɛnte] *adv (ásperamente)* scharf, derb
acrianzado [akrian'θađo] *adj (bien educado)* wohlerzogen
acrianzar [akrian'θar] *v (educar)* erziehen, aufziehen
acribillar [akrіbi'ʎar] *v 1. (hacer muchos agujeros)* durchlöchern; *2. (fig: molestar)* jdn bedrängen, jdn quälen

acriminación [akrimina'θĭɔn] *f* Klage *f*, Anklage *f*, Beschuldigung *f*
acriminar [akrimi'nar] *v* anklagen, beschuldigen
acrimonia [akri'monia] *f* *1. (aspereza)* Schroffheit *f*; *2. (fig: carácter)* Bitterkeit *f*
acrobacia [akro'ƀaθĭa] *f* Akrobatik *f*
acróbata [a'kroƀata] *m/f* Akrobat(in) *m/f*
acromatóptico [akroma'tɔptiko] *adj* farbenblind
acta ['akta] *f/el* *1.* Akte *f*; *~ de interrogatorio* Vernehmungsprotokoll *n*; *2. JUR* Urkunde *f*; *~ de donación* Schenkungsurkunde *f*; *~ de matrimonio* Trauschein *m*, Heiratsurkunde *f*
actitud [akti'tuđ] *f* *1.* Haltung *f*; *2. (fig)* Einstellung *f*; *3. (opinión)* Meinung *f*
activamente [aktiƀa'mente] *adv* *1.* eifrig; *2. (enérgicamente)* tatkräftig
activar [akti'ƀar] *v* *1.* aktivieren, starten, vorantreiben; *2. ECO* ankurbeln, anheizen
actividad [aktiƀi'đađ] *f* *1.* Tätigkeit *f*, Beschäftigung *f*; *2. ~ comercial ECO* Gewerbe *n*; *3. (relativo a la laboriosidad)* Betriebsamkeit *f*; *4. (relativo a la eficiencia)* Wirksamkeit *f*; *~ secundaria* Nebenbeschäftigung *f*
activista [akti'ƀista] *m/f* *(de un grupo o de un partido)* Aktivist *m*
activo [ak'tiƀo] *adj* *1.* aktiv, tätig, fleißig; *2. (eficiente)* wirksam; *m* *3. ECO* Aktiva *pl*, Guthaben *n*
acto ['akto] *m* *1.* Handlung *f*, Tat *f*; *2. ~ sexual* Beischlaf *m*; *3. (ceremonia)* öffentliche Feierlichkeit *f*; *4. JUR* Akt *m*; *5. THEAT* Akt *m*; *~ criminal* kriminelle Handlung *f*; *~ conmemorativo* Gedenkfeier *f*
actor [ak'tɔr] *m* *THEAT* Schauspieler *m*, Darsteller *m*
actriz [ak'triθ] *f* *THEAT* Schauspielerin *f*, Darstellerin *f*
actuación [aktwa'θĭɔn] *f* *1. THEAT* Auftreten *n*; *2. (actividad)* Tätigkeit *f*; *3. JUR* Verhandlung *f*
actual [ak'twal] *adj* aktuell, gegenwärtig, zeitgemäß
actualidad [aktwali'đađ] *f* Gegenwart *f*
actualizar [aktwali'θar] *v* aktualisieren, modernisieren
actualmente [aktwal'mente] *adv* heutzutage
actuar [ak'twar] *v* handeln, verfahren, vorgehen
actuario [aktw'ario] *m* *(funcionario judicial) JUR* Protokollführer *m*, Urkundsbeamte(r) *m*
acuarela [akwa'rela] *f* *1. (pintura)* Wasserfarbe *f*; *2. ART* Aquarell *n*
acuario [a'kwarĭo] *m* *1.* Aquarium *n*; *2. ASTR* Wassermann *m*
acuático [akw'atiko] *adj* im Wasser lebend, Wasser...
acucia [a'kuθia] *f* *1. (prisa)* Eifer *m*, *2. (deseo)* Begierde *f*
acuclillarse [akukli'ʎarse] *v* kauern
acudir [aku'đir] *v* hinzueilen, herbeieilen
acueducto [akwe'đukto] *m* *(construcción)* Aquädukt *m*
ácueo ['akweo] *adj* *(acuoso)* wässrig
acuerdado [akwɛr'đađo] *adj* *(alineado)* ausgerichtet, aufgestellt
acuerdo [a'kwɛrđo] *m* *1.* Vereinbarung *f*, Einigung *f*, Abkommen *n*; *~ comercial* Handelsabkommen *n*; *~ monetario ECO* Währungsabkommen *f*; *~ de desarme MIL* Abrüstungsabkommen *n*; *2. JUR* Geschäft *n*, Vergleich *m*; *3. ponerse de ~* sich einigen, abmachen, absprechen; *estar de ~ con alguien* jdm zustimmen, mit jdm übereinstimmen
acuífero [aku'ifero] *adj* *GEO* wasserführend
acuitar [akwi'tar] *v* *(afligir)* betrüben
acular [aku'lar] *v* *(fam)* jdn in die Enge treiben
acumulación [akumula'θĭɔn] *f* *1.* Anhäufung *f*, Häufung *f*; *2. INFORM* Abspeicherung *f*
acumulador [akumula'đor] *m* *TECH* Akku *m*
acumular [akumu'lar] *v* *1.* horten, anhäufen; *2. INFORM* abspeichern
acumularse [akumu'larse] *v* *1. (amontonarse)* sich häufen; *2. (concentrarse)* sich verdichten
acuñación [akuɲa'θĭɔn] *f* Prägung *f*
acuñar [aku'ɲar] *v* *1. (monedas)* prägen; *2. (fig: palabras)* prägen
acupuntura [akupun'tura] *f* *MED* Akupunktur *f*
acusación [akusa'θĭɔn] *f* *1.* Anschuldigung *f*; *2. JUR* Anklage *f*
acusada [aku'sađa] *f* *JUR* Angeklagte *f*
acusado [aku'sađo] *adj* *1. JUR* angeklagt; *m* *2. JUR* Angeklagter *m*
acusador [akusa'đor] *m* *JUR* Ankläger *m*
acusar [aku'sar] *v* *1.* beschuldigen; *2. JUR* anklagen, belasten; *3. ~ de* anschuldigen, bezichtigen

acusativo [akusa'tiƀo] *m* *GRAMM* Akkusativ *m*
acusatoria [akusa'toria] *f* *JUR* Anklageschrift *f*
acuse [a'kuse] *m* *(denuncia)* Beschuldigung *f*, Anklage *f*, Anzeige *f*
acusón [aku'sɔn] *adj* *(fam: soplón)* *(fam)* Petzer *m*
acústica [a'kustika] *f* Akustik *f*
acústico [ak'ustiko] *adj* akustisch
achampañado [atʃampa'ɲađo] *adj* *(bebida)* champagnerartig
achaque [a'tʃake] *m* *1. (en la salud)* Kränklichkeit *f*, Unpässlichkeit *f*, Gebrechen *n*; *2. (menstruación)* (fam) Menstruation *f*; *3. (pretexto)* Vorwand *m*
achaques [a'tʃakes] *m/pl* *MED* Beschwerden *pl*
achatar [atʃa'tar] *v* abflachen
achicar [atʃi'kar] *v* *1. (disminuir)* verkleinern; *2. (acobardar a alguien)* jdn einschüchtern, jdn demütigen
achicar [atʃi'kar] *v* verkleinern
achispado [atʃis'pađo] *adj* angeheitert, benebelt, beschwipst
achisparse [atʃis'parse] *v* *(embriagarse)* sich beschwipsen
achocar [atʃo'kar] *v irr* *1. (herir a alguien)* jdn verletzen; *2. ~ a alguien contra algo* jmd gegen etw werfen
achuchar [atʃu'tʃar] *v* *1. (incitar)* aufhetzen, reizen; *2. (estrujar fuertemente)* zerquetschen, erdrücken; *¡No me achuches, eso me duele!* Drück nicht so, das tut weh! *Su vida sigue todavía muy achuchada.* Er führt immer noch ein gehetztes Leben. *3. ~ a alguien contra algo* jdn auf etw hetzen
achulado [atʃu'lađo] *adj* *(modales de chulo)* spaßhaft, geckenhaft
ad ['ađ] *pref* *(junto a)* mit, zusammen mit, bei
adagial [ađaxi'al] *adj* sprichwörtlich
adagio [a'đaxio] *m* *1. (frase hecha)* Sprichwort *n*; *2. (composición musical)* *MUS* Adagio *n*
adalid [ađa'liđ] *m* Vorkämpfer *m*
adamado [ađa'mađo] *adj* *1. (afeminado)* verweiblicht, feminisiert; *2. (elegante)* damenhaft
adán [a'đan] *m* *1. (de la Biblia)* Adam *m*; *2. ser un ~* liederlicher Kerl *m*, abgerissener Kerl *m*
adaptable [adap'taƀle] *adj* anpassungsfähig
adaptación [ađapta'θiɔn] *f* Anpassung *f*
adaptador [ađapta'đor] *m* *TECH* Adapter *m*
adaptar [ađap'tar] *v* anpassen
adaptarse [ađap'tarse] *v* sich anpassen; *~ a algo* sich an etw anpassen
adarvar [ađar'ƀar] *v* *(asombrar)* staunen
adarve [a'đarƀe] *m* *1. (muro)* Mauer *f*; *2. (protección)* Festungsanlage *f*
adatar [ađa'tar] *v* *(datar)* datieren, buchen, gutschreiben
addenda [ađen'đa] *m* *(añadido)* Zusatz *m*, Nachtrag *m*
adecentar [ađɛθen'tar] *v* *(poner en orden)* herrichten, zurechtmachen
adecuadamente [ađekwađa'mente] *adv* angemessen, sachgemäß
adecuado [ađe'kwađo] *adj* *1.* zweckmäßig, sachgemäß, angemessen; *2. ~ para* geeignet für
adefesio [ađɛ'fɛsio] *m* *1. (extravagancia)* Unsinn *m*, Albernheit *f*
adelantado [ađelan'tađo] *adj* fortgeschritten
adelantar [ađelan'tar] *v* *1.* überholen, vorangehen; *2. (anticipar)* vorverlegen; *3. SPORT* überrunden
adelantarse [ađelan'tarse] *v* *1.* vorausgehen; *2. (anticiparse) ~ a alguien* jdm zuvorkommen, jdm vorgreifen
adelante [ađe'lante] *adv* *1.* hervor, vorn, vorne; *más ~* später, weiter vorne; *interj 2. ¡Adelante!* Los!/Herein!
adelanto [ađe'lanto] *m* *1.* Vorschuss *m*; *2. (progreso)* Fortschritt *m*
adelgazar [ađelga'θar] *v* abnehmen, abmagern
ademán [ađe'man] *m* Gebärde *f*, Geste *f*, Handbewegung *f*
además [ađe'mas] *konj* außerdem, ferner, zusätzlich, zudem
adentro [a'đentro] *adv* *1.* drinnen, herein; *2. hacia ~* hinein
adepto [a'depto] *m* *(partidario)* Adept *m*, Anhänger *m*, Eingeweihter/Eingeweihte *m/f*
aderezar [ađere'θar] *v* würzen
aderezo [ađe'reθo] *m* Würze *f*
adestrar [ađes'trar] *v irr* *(adiestrar)* dressieren, abrichten
adeudar [ađew'đar] *v* schulden
adeudo [a'đewđo] *m* *ECO* Abbuchung *f*
adherencia [ađɛ'renθia] *f* *1. (cohesión)* Zusammenhängen *n*, Anhaften *n*; *2. (fig: enlace)* Anhänglichkeit *f*

adherente [ađɛ'rente] *adj 1. (pegado)* anhaftend, anklebend; *m 2. (complemento)* Anhängsel *n,* Anhänger *m*
adherir [ađe'rir] *v irr* kleben
adherirse [ađe'rirse] *v irr ~ a* sich anschließen, beitreten; *~ a la opinión* sich der Meinung anschließen
adhesión [ađe'sĭɔn] *f* Verbundenheit *f*
adicción [ađik'θĭɔn] *f MED* Sucht *f*
adición [ađik'θĭɔn] *f 1.* Zusatz *m,* Zugabe *f; 2. MATH* Addition *f,* Summe *f*
adicional [ađiθĭɔ'nal] *adj* weiter, zusätzlich
adicionar [ađiθĭɔ'nar] *v 1.* hinzufügen; *2. MATH* addieren, zusammenrechnen
adicto [a'đikto] *adj 1. MED* süchtig; *m 2. MED* Süchtiger *m*
adiestramiento [ađĭestra'mĭento] *m 1.* Einarbeitung *f; 2. (de animales)* Dressur *f*
adiestrar [ađĭes'trar] *v (animales)* dressieren, abrichten
adiestrarse [ađĭes'trarse] *v ~ en* sich einarbeiten
adinerado [ađine'rađo] *adj* betucht, vermögend, wohlhabend
adiós [a'đĭɔs] *interj ¡Adiós!* Auf Wiedersehen!
adiposo [ađi'poso] *adj 1. tejido ~* fetthaltig, Fett... *2. (con exceso de grasa)* fetthaltig
aditamento [ađita'mento] *m 1.* Zusatz *m; 2. (añadidura)* Zugabe *f*
aditivo [ađi'tiƀo] *adj (añadido)* zusätzlich, Zusatz...
adivina [ađi'ƀina] *f* Wahrsagerin *f*
adivinación [ađiƀina'θĭɔn] *f* Wahrsagerei *f*
adivinanza [ađiƀi'nanθa] *f* Rätsel *n*
adivinar [ađiƀi'nar] *v 1.* raten, erraten; *2. ~ el futuro* wahrsagen
adjetivar [ađxeti'ƀar] *v (calificar)* adjektivieren, bezeichnen
adjetivo [ađxe'tiƀo] *m GRAMM* Adjektiv *n*
adjudicar [ađxuđi'kar] *v* vergeben
adjuntar [ađxun'tar] *v* beifügen, anfügen
adjunto [ađ'xunto] *adv* anbei, beiliegend
administración [ađministra'θĭɔn] *f 1. POL* Behörde *f,* Verwaltung *f; ~ central* Hauptverwaltung *f; ~ municipal* Stadtverwaltung *f; mala ~* Misswirtschaft *f; ¿Dónde está la ~?* Wo ist die Verwaltung? *2. (gobierno)* Regierung *f*
administrador(a) [ađministra'đɔr/ađministra'đora] *m/f 1.* Verwalter(in) *m/f; 2. (gerente)* Geschäftsführer(in) *m/f*
administrar [ađminis'trar] *v 1.* bewirtschaften, verwalten; *2. (medicamentos) MED* verabreichen
admirable [ađmi'raƀle] *adj* bewundernswert, wundervoll
admiración [ađmira'θĭɔn] *f 1.* Verehrung *f,* Bewunderung *f; 2. (sorpresa)* Staunen *n*
admirador(a) [ađmira'đɔr/ađmira'đora] *m/f* Verehrer(in) *m/f*
admirar [ađmi'rar] *v* bewundern, verehren
admirarse [ađmi'rarse] *v* staunen, erstaunen
admisible [ađmi'siƀle] *adj* zulässig
admisión [ađmi'sĭɔn] *f 1.* Aufnahme *f; ~ de emergencia/~ de urgencia MED* Notaufnahme *f; 2. (acceso)* Zugang *m,* Zutritt *m; ~ prohibida* Zutritt verboten
admitir [ađmi'tir] *v 1.* bekennen, zugeben, eingestehen; *2. (una ley)* verabschieden
admonición [ađmoni'θĭɔn] *f* Verwarnung *f*
adobar [ađo'ƀar] *v 1. (aderezar)* anrichten, einlegen; *2. (guisar)* zubereiten; *3. (fig: amañar)* in Ordnung bringen
adobo [a'đoƀo] *m 1. (vianda)* Schmorfleisch *n; 2. (condimento)* Beize *f; 3. (arreglo)* Schminke *f,* Ausbesserung *f*
adolecer [ađole'θer] *v irr (padecer)* leiden, krank werden
adolecerse [ađole'θerse] *v (condolerse)* Mitleid haben
adolescente [ađoles'θente] *m/f* Jüngling *m,* Heranwachsende(r) *m/f,* Teenager *m*
adónde [a'đɔnde] *adv (interrogativo)* wohin; *¿Adónde va este autobús?* Wohin fährt dieser Autobus?
adonde [a'đɔnde] *adv (relativo)* wohin; *Voy ~ tu quieras.* Ich gehe, wohin du willst.
adopción [ađɔƀ'θĭɔn] *f* Adoption *f*
adoptado [ađɔp'tađo] *adj* angenommen
adoptar [ađɔp'tar] *v 1.* adoptieren; *2. (medidas)* ergreifen
adoquinado [ađoki'nađo] *m* Pflaster *n*
adoración [ađora'θĭɔn] *f* Anbetung *f,* Verehrung *f*
adorador(a) [ađora'đɔr/ađora'đora] *m/f* Verehrer(in) *m/f; ~(a) del sol* Sonnenanbeter(in) *m/f*
adorar [ađo'rar] *v* anbeten, anhimmeln, verehren
adormitado [ađɔrmi'tađo] *adj* schlaftrunken, schläfrig
adornar [ađɔr'nar] *v* schmücken, ausschmücken, verzieren

adorno [a'đɔrno] *m 1.* Zierde *f,* Dekor *m; 2. (ornamento)* Schmuck *m,* Ornament *n,* Verzierung *f*
adosar [ađo'sar] *v 1. ~ a* anbauen an; *2. ~ contra* anlehnen an
adquirible [ađki'riƀle] *adj* erwerbbar, käuflich
adquirir [ađki'rir] *v irr* erwerben, kaufen, ankaufen, anschaffen
adquisición [ađkisi'θĭɔn] *f 1.* Ankauf *m,* Kauf *m,* Anschaffung *f,* Besorgung *f; 2. ECO* Erwerb *m*
Adriático [ađri'atico] *m GEO* Adria *f*
adrolla [ađ'rɔʎa] *f (engaño)* Betrug *m,* Übervorteilung *f*
aduana [a'đwana] *f* Zoll *m; sujeto a ~* zollpflichtig
aduanar [ađwa'nar] *v* verzollen
aduanero [ađwa'nero] *m* Grenzbeamter *m,* Zollbeamter *m*
aducir [ađu'θir] *v irr (alegar)* hinzufügen, anführen
adueñarse [ađwe'ɲarse] *v ~ de algo* sich etw aneignen
adulador [ađula'đɔr] *adj 1.* schmeichlerisch; *2. (fam)* schleimig, schmierig
adulador(a) [ađula'đɔr/ađula'đora] *m/f* Schmeichler(in) *m/f*
adular [ađu'lar] *v* schmeicheln
adulteración [ađultera'θĭɔn] *f 1.* Verfälschung *f; ~ de alimentos* Lebensmittelverfälschung *f; 2. (de vino)* Panschen *n*
adulterar [ađulter'rar] *v* panschen
adulterio [ađul'terĭo] *m* Ehebruch *m*
adúltero [a'đultero] *adj 1. (infiel)* ehebrecherisch; *2. (fig: corrompido)* verbrecherisch (Mensch), verdorben (Mensch)
adulto [a'đulto] *m* Erwachsener *m*
adusto [a'đusto] *adj* finster
advenedizo [ađƀene'điθo] *adj (extranjero, forastero)* Fremdling *m*
advenedizo [ađƀene'điθo] *m* Emporkömmling *m*
advenir [adbe'nir] *v (suceder, ocurrir)* vorkommen, sich zutragen
adverbio [ađ'ƀɛrƀĭo] *m GRAMM* Adverb *n*
adversario [ađƀɛr'sarĭo] *m* Gegner *m,* Gegenspieler *m,* Widersacher *m*
adversidad [ađƀɛr'siđađ] *f* Missgeschick *n*
advertencia [ađƀɛr'tenθĭa] *f 1.* Warnung *f,* Mahnung *f; 2. (aviso, soplo)* Wink *m*
advertir [ađƀɛr'tir] *v irr* mahnen, warnen
adviento [ađ'ƀiento] *m* Advent *m*
aerodinámico [aerođi'namiko] *adj 1.* stromlinienförmig, windschnittig; *2. PHYS* aerodynamisch
aeromoza [aero'moθa] *f (LA)* Stewardess *f*
aeronáutica [aero'nawtika] *f* Luftfahrt *f*
aeronave [aero'naƀe] *f* Luftschiff *n*
aeroplano [aɛro'plano] *m (avión)* Flugzeug *n*
aeropuerto [aeropwɛrto] *m* Flughafen *m*
aerostática [aɛros'tatika] *f (equilíbrio de los gases)* Aerostatik *f*
aerotécnico [aɛro'tɛkniko] *m (especialista)* Flugtechniker *m*
aerovía [aɛro'ƀia] *f (ruta)* Flugroute *f*
afable [a'faƀle] *adj 1.* liebenswürdig, umgänglich, zugänglich; *2. ~ con* leutselig zu
afamado [afa'mađo] *adj* renommiert
afamar [afa'mar] *v ~ a alguien* jdn berühmt machen
afamarse [afa'marse] *v* Berühmtheit erlangen, berühmt werden, sich brüsten
afán [a'fan] *m 1.* Gier *f,* Eifer *m; ~ de* Gier nach; *~ de aventuras* Abenteuerlust *f; ~ de censuras* Nörgelei *f; ~ de creador* Schaffensdrang *m; ~ de placer* Vergnügungssucht *f; ~ de notoriedad* Geltungsbedürfnis *n; 2. (pena)* Mühe *f,* Sorge *f*
afanar [afa'nar] *v 1. (trabajar con afán)* abrackern, schuften; *2. (fam: robar)* (fam) stibitzen
afanarse [afa'narse] *v* sich abhetzen, sich abmühen, sich plagen
afear [afe'ar] *v 1. (deformar, deslucir)* verunstalten, verschandeln; *2. (censurar a alguien)* tadeln, jdm sein Verhalten vorhalten
afección [afɛk'θĭɔn] *f MED* Leiden *n*
afectado [afɛk'tađo] *adj 1.* betroffen, beteiligt; *2. (amanerado)* affektiert, zimperlich; *m 3.* Beteiligter *m*
afectar [afɛk'tar] *v 1.* betreffen; *2. (repercutir)* auswirken
afectivo [afɛk'tiƀo] *adj (emotivo)* empfindsam, sensibel, gefühlsbetont
afecto [a'fɛkto] *m 1.* Zuneigung *f,* Anhänglichkeit *f; 2. (pasión)* Affekt *m*
afectuosidad [afektuosi'đađ] *f* Herzlichkeit *f,* Zärtlichkeit *f*
afectuoso [afɛk'twoso] *adj* zärtlich
afeitado [afɛĭ'tađo] *m* Rasur *f*
afeitadora [afɛĭta'đora] *f máquina ~* Rasierapparat *m*
afeitarse [afɛĭ'tarse] *v* sich rasieren

afeite [a'feite] *m (aderezo)* Putz *m,* Schönheitsmittel *n,* Schminke *f*
aferrar [afe'rrar] *v 1. (coger fuertemente)* festhalten, verankern; *2. ~ las velas NAUT* bergen (Segel)
afestonado [afesto'nađo] *adj* ausgeschmückt, umrandet
Afganistán [afganis'tan] *m GEO* Afghanistan *n*
afgano [af'gano] *adj* afghanisch
afición [afi'θĭɔn] *f (inclinación, afecto)* Zuneigung *f,* Steckenpferd *n,* Anhänger *m; sentir ~ por algo* Zuneigung für etw empfinden; *tener ~ a algo* etw sehr gerne tun
afición [afi'θĭɔn] *f 1.* Zuwendung *f; 2. (ocupación favorita)* Liebhaberei *f*
aficionada [afiθĭo'nađa] *f* Anhängerin *f*
aficionado [afiθĭo'nađo] *adj 1.* dilettantisch; *2. (afecto)* zugetan; *m 3.* Amateur *m; 4. (de toros)* Anhänger *m,* Fan *m; 5. (a algo)* Liebhaber *m,* Dilettant *m; ~ a las faldas* Schürzenjäger *m; ~ a las artes* Kunstliebhaber *m; ~ a la buena cocina* Feinschmecker *m*
afilado [afi'lađo] *adj* scharf, spitz; *~ como un cuchillo* messerscharf
afilar [afi'lar] *v* schärfen, schleifen, spitzen
afiliación [afilĭa'θĭɔn] *f ~ (a)* Beitritt *m*
afiliarse [afi'lĭarse] *v* beitreten
afinar [afi'nar] *v 1.* verfeinern; *2. MUS* stimmen; *3. TECH* veredeln
afinidad [afini'đađ] *f 1. (aproximación)* Freundschaft *f,* Ähnlichkeit *f,* Übereinstimmung *f; 2. (en los átomos)* Affinität *f*
afirmación [afirma'θĭɔn] *f* Behauptung *f*
afirmar [afir'mar] *v 1.* behaupten; *2. (fig: asegurar)* beteuern, bejahen, bekräftigen; *~ bajo juramento JUR* beschwören
afirmarse [afir'marse] *v* sich durchsetzen, sich festigen
aflato [a'flato] *m 1. (viento)* Hauch *m,* Wind *m; 2. (fig: inspiración)* Eingebung *f*
aflicción [aflik'θĭɔn] *f 1.* Trauer *f,* Trübsal *f; 2. (plaga)* Heimsuchung *f*
afligido [afli'xiđo] *adj* traurig, trübselig, vergrämt
afligirse [afli'girse] *v* sich grämen, nahe gehen; *~ por* trauern um
aflojar [aflɔ'xar] *v* nachlassen, auflockern
aflojarse [aflɔ'xarse] *v* nachgeben
aflorado [aflo'rađo] *adj (primoroso)* blühend
aflorar [aflo'rar] *v (surgir)* zu Tage treten, hervorkommen
afluencia [a'flwenθĭa] *f* Andrang *m,* Zustrom *m,* Zulauf *m*
afluente [a'flwente] *m* Nebenfluss *m*
afluir [aflu'ir] *v 1. (río)* herbeiströmen, einmünden, zufließen; *2. (calle)* einmünden
afondar [afon'đar] *v (hundir)* versenken, versinken, untergehen
afondarse [afon'đarse] *v* versinken (Schiff), untergehen
afónico [a'foniko] *adj* stockheiser, stimmlos
afortunadamente [afɔrtunađa'mente] *adj* erfreulicherweise, glücklicherweise
afortunado [afɔrtu'nađo] *adj* erfolgreich, glücklich
afrenta [a'frenta] *f 1. (deshonra)* Schimpf *m,* Beleidigung *f; 2. (vergüenza)* Schmach *f*
Africa ['afrika] *f/el GEO* Afrika *n; ~ del sur* Südafrika *n*
africana [afri'kana] *f* Afrikanerin *f*
africano [afri'kano] *adj 1.* afrikanisch; *m 2.* Afrikaner *m*
afrontar [afrɔn'tar] *v (desafiar)* trotzen, sich entgegenstellen
afrontar [afrɔn'tar] *v* gegenüberstehen, gegenüberstellen; *~ un peligro* einer Gefahr ins Auge sehen
afrutado [afru'tađo] *adj* fruchtig
afuera [a'fwera] *adv 1. (local)* außerhalb, draußen, auswärts; *2. (dirección)* hinaus; *f 3. ~s pl* Stadtrand *m,* Randgebiet *n*
agacharse [aga'tʃarse] *v* sich bücken, sich ducken
agalla [a'gaʎa] *f ZOOL* Kieme *f*
agarrar [aga'rrar] *v 1.* anfassen, erfassen, ergreifen; *2. ~ al vuelo* auffangen; *3. (con fuerza)* packen
agarrarse [aga'rrarse] *v ~ de algo* sich an etw festhalten
agasajar [agasa'xar] *v* bewirten
agasajo [aga'saxo] *m* Bewirtung *f*
agencia [a'xenθĭa] *f* Agentur *f,* Firma *f,* Vermittlung *f; ~ comercial* Handelsvertretung *f; ~ matrimonial* Heiratsvermittlung *f; ~ de noticias* Nachrichtenagentur *f; ~ de colocación* Arbeitsvermittlung *f; ~ de publicidad* Werbeagentur *f; ~ de transportes* Spedition *f; ~ de viajes* Reisebüro *n*
agenda [a'xenda] *f 1.* Terminkalender *m; 2. (orden del día)* Tagesordnung *f; 3. (librito de notas)* Notizbuch *n*
agente [a'xente] *m/f 1.* Agent(in) *m/f,* Makler(in) *m/f; ~ de cambio y bolsa FIN* Börsenmakler(in) *m/f; ~ de la propiedad*

Immobilienmakler(in) *m/f; 2. ~ ejecutivo JUR* Gerichtsvollzieher *m; 3. ~ de policía* Polizist(in) *m/f; ~ de tráfico* Verkehrspolizist(in) *m/f; 4. ~ secreto POL* Geheimagent *m; m 5. ~ patógeno MED* Erreger *m,* Keim *m*
ágil ['axil] *adj 1.* behände, flink, gewandt; *2. (móvil)* beweglich; *3. (fig: versátil)* wendig, flott
agiotista [axio'tista] *m/f* Börsenspieler *m,* Spekulant *m*
agitación [axita'θĭɔn] *f 1.* heftige Bewegung *f,* Hektik *f; 2. POL* Unruhe *f,* Agitation *f*
agitadamente [axitađa'mente] *adv* hektisch
agitado [axi'tađo] *adj* hektisch, bewegt
agitar [axi'tar] *v 1.* schütteln, rütteln, umrühren; *2. ~ los animos contra alguien* gegen jdn hetzen; *3. (fig)* beunruhigen, bewegen
agitarse [axi'tarse] *v* sich bewegen, zappeln
aglomeración [aglomera'θĭɔn] *f 1.* Anhäufung *f; 2. (muchedumbre)* Menschenmenge *f; 3. ~ urbana* Ballungsgebiet *n*
aglomerado [aglome'rađo] *m ~ de carbón* Brikett *n*
agobiar [agoƀi'ar] *v 1. (doblar)* beugen, krümmen; *2. (oprimir)* unterdrücken, fertig machen
agobio [a'goƀĭo] *m* Mühsal *f*
agolpamiento [agɔlpa'mĭento] *m* Auflauf *m,* Gedränge *n*
agorafobia [agora'foƀĭa] *f MED* Agoraphobie *f,* Platzangst *f,* Klaustrophobie *f*
agorar [ago'rar] *v irr (predecir)* wahrsagen, (fam) unken
agorero [ago'rero] *m (adivinador)* Wahrsager *m,* Unglücksvogel *m*
agostar [agos'tar] *v (abrasar)* versengen
agostarse [agos'tarse] *v (marchitarse)* verdorren
agosto [a'gɔsto] *m* August *m*
agotado [ago'tađo] *adj 1. (cansado)* erschöpft; *Estoy ~.* Ich bin erschöpft. *2. (acabado, vendido por completo)* ausverkauft
agotador [agota'đor] anstrengend, zermürbend
agotamiento [agota'mĭento] *m 1.* Erschöpfung *f; 2. TECH* Ermüdung *f*
agotar [ago'tar] *v 1.* erschöpfen; *2. ~ todas sus fuerzas* sich verausgaben; *3. ~ posibilidades* Möglichkeiten erschöpfen
agradable [agra'đaƀle] *adj 1.* angenehm, nett; *2. (persona)* charmant, freundlich
agradar [agra'đar] *v* ansprechen, zusagen, gefallen, behagen
agradecer [agrađe'θɛr] *v irr* danken; *~ algo a alguien* sich bei jdm für etw bedanken
agradecidamente [agrađeθiđa'mente] *adv* dankbar
agradecido [agrađe'θiđo] *adj* dankbar, erkenntlich
agradecimiento [agrađeθi'mĭento] *m* Dankbarkeit *f,* Danksagung *f*
agrado [a'građo] *m* Wohlgefallen *n; ser del ~ de alguien* jdm zusagen
agrandamiento [agranđa'mĭento] *m* Ver-größerung *f*
agrandar [agran'dar] *v* vergrößern
agrario [a'grarĭo] *adj* landwirtschaftlich
agravación [agraƀa'θĭɔn] *f* Verschärfung *f,* Verschlimmerung *f*
agravante [agra'ƀante] *adj* gravierend
agravarse [agra'ƀarse] *v* sich zuspitzen, sich verschlimmern
agravio [a'graƀĭo] *m* Kränkung *f*
agredir [agre'đir] *v irr* angreifen
agregado [agre'gađo] *m 1.* Zusatz *m; 2. (funcionario)* Attaché *m*
agregar [agre'gar] *v* anfügen, beifügen, beilegen; *~ a* hinzufügen zu; *~ ordenadamente* zuordnen; *~ en* einfügen in
agresión [agre'sĭɔn] *f 1.* Aggression *f; 2. MIL* Angriff *m*
agresividad [agresiƀi'đađ] *f* Aggressivität *f*
agresivo [agre'siƀo] *adj* aggressiv, ausfallend, angriffslustig; *~ al medio ambiente* umweltschädlich
agresor [agre'sɔr] *m MIL* Angreifer *m*
agreste [a'greste] *adj* rustikal
agrícola [a'grikola] *adj* landwirtschaftlich
agricultor [agrikul'tɔr] *m* Landwirt *m*
agricultura [agrikul'tura] *f* Landwirtschaft *f,* Ackerbau *m*
agridulce [agri'đulθe] *adj* süßsauer
agrietado [agrĭe'tađo] *adj* rissig
agrio ['agrĭo] *adj* sauer; *La leche está agria.* Die Milch ist sauer.
agrupar [agru'par] *v* gruppieren, ansammeln
agua ['agwa] *f/el 1.* Wasser *n; ~ mineral* Mineralwasser *n; ~ del grifo* Leitungswasser *n; ~ salada/~ de mar* Salzwasser *n; ~ dulce* Süßwasser *n; ~ potable* Trinkwasser *n; ~ de manantial* Quellwasser *n; ~ industrial* Brauch-

wasser *n; ~ del radiador* Kühlwasser *n; ~ bendita REL* Weihwasser *n; 2. ~s pl* Gewässer *n; ~s bajas (de la costa)* Watt *n; ~s continentales/~s interiores* Binnengewässer *pl; ~s residuales* Abwasser *n*
aguacero [agwa'θero] *m* Regenguss *m,* Platzregen *m; ~ tormentoso* Gewitterschauer *m*
aguamanos [agua'manos] *m 1. (agua)* Wasser zum Händewaschen *n; 2. (recipiente)* Waschbecken *n*
aguantar [agwan'tar] *v* aushalten, ertragen, erdulden
aguantarse [agwan'tarse] *v* sich beherrschen; *~ de algo* sich etw verkneifen
aguante [a'gwante] *m (paciencia)* Ausdauer *f,* Geduld *f*
aguar [a'gwar] *v 1.* verwässern; *2. (fig)* panschen, verlängern
aguardar [agwar'dar] *v* harren, warten
aguardiente [agwar'đĭente] *m* Schnaps *m,* Branntwein *m*
aguazal [agwa'θal] *m* Wasserlache *f,* Pfütze *f*
agudamente [aguđa'mente] *adv* gellend, schrill
agudizar [aguđi'θar] *v* verschärfen
agudo [a'guđo] *adj 1.* akut; *dolores ~s* akute Schmerzen *pl; 2. (fig)* hell, grell; *3. (estridente)* schrill, gellend; *voz aguda* schrille Stimme *f*
agüero [a'guero] *m (predicción)* Vorzeichen *n,* Vorbedeutung *f; Ser ave de mal ~.* ein Unglücksrabe sein
aguijón [agi'xɔn] *m ZOOL* Stachel *m*
aguijonear [agixone'ar] *v* aufstacheln
águila ['agila] *f/el 1. ZOOL* Adler *m; 2. ~ ratonera* Bussard *m*
aguja [a'guxa] *f 1.* Nadel *f; ~ de coser* Nähnadel *f; Necesito ~ e hilo.* Ich brauche Nadel und Faden. *2. (de reloj)* Uhrzeiger *m*
agujerear [aguxere'ar] *v* bohren, lochen, durchlöchern
agujero [agu'xero] *m* Loch *n; ~ de la capa de ozono* Ozonloch *n*
aguzado [agu'θađo] *adj (puntiagudo)* spitz, spitzig
aguzar [a'guθar] *v 1.* spitzen, schleifen; *2. ~ el oído (fig)* die Ohren spitzen
aherrojar [aerro'xar] *v 1. (encadenar a alguien)* anketten, fesseln; *2. (fig: oprimir a alguien)* unterdrücken
aherrumbrar [aerrum'ƀrar] *v (oxidarse)* rosten, rostig werden, einrosten
ahí [a'i] *adv* da, dort
ahijada [ai'xađa] *f* Patenkind *n*
ahijado [ai'xađo] *m* Patenkind *n*
ahilar [ai'lar] *v* in Reihe aufstellen, ordnen
ahilarse [ai'larse] *v 1. (adelgazarse)* dünn werden, abmagern; *2. (desmayarse)* schwach werden, ohnmächtig werden
ahogarse [ao'garse] *v 1.* ersticken; *2. (en agua)* ertrinken
ahogo [a'ogo] *m* Beklemmung *f*
ahondar [aɔn'dar] *v* vertiefen
ahora [a'ɔra] *adv* jetzt, nun; *a partir de ~* von nun an, künftig; *~ mismo* augenblicklich, sofort
ahorcarse [aɔr'karse] *v* sich aufhängen, sich erhängen
ahorita [aɔ'rita] *adv (LA)* sofort
ahorrar [aɔ'rrar] *v* ansparen, einsparen, ersparen
ahorrativo [aɔrra'tiƀo] *adj 1.* sparsam; *2. (agarrado)* geizig
ahorro [a'ɔrro] *m* Ersparnis *f; ~ de tiempo* Zeitersparnis *f*
ahuecar [aue'kar] *v 1. (vaciar)* aushöhlen; *2. (fig: envanecerse)* (fam) sich aus dem Staub machen
ahuyentar [aujen'tar] *v* fortjagen, verjagen, verscheuchen
airado [aĭ'rađo] *adj* zornig, jähzornig, aufbrausend
aire ['aĭre] *m 1.* Luft *f; 2. ~ caliente* Warmluft *f; ~ frío* Kaltluft *f; 3. ~ acondicionado* Klimaanlage *f; 4. ~ comprimido TECH* Druckluft *f; 5. ~ de escape/~ de salida TECH* Abluft *f*
aireación [aĭrea'θĭɔn] *f* Lüftung *f*
airear [aĭre'ar] *v* lüften
airoso [aĭ'roso] *adj* graziös
aislado [aĭz'lađo] *adj* vereinzelt
aislamiento [aĭzla'mĭento] *m 1.* Isolation *f,* Isolierung *f,* Vereinsamung *f; 2. ~ celular JUR* Einzelhaft *f; 3. ~ térmico TECH* Wärmedämmung *f*
aislar [aĭz'lar] *v* absondern, isolieren
aislarse [aĭz'larse] *v* sich zurückziehen
ajado [a'xađo] *adj* welk
ajar [a'xar] *v* knittern, zerknittern, verwelken
ajedrez [axe'dreθ] *m* Schach *n; jugar al ~* Schach spielen; *¿Juega usted al ~?* Spielen Sie Schach?
ajeno [a'xeno] *adj 1.* fremd; *~ a la vida real* lebensfremd; *~ al mundo* weltfremd; *2. (indiferente) ~ a* unbeteiligt an

ajetrearse [axetre'arse] *v* sich abmühen, sich abstrampeln, sich plagen
ajetreo [axe'treo] *m* Hektik *f*
ajo ['axo] *m BOT* Knoblauch *m; ¿Tiene ~ la comida?* Ist Knoblauch im Essen?
ajuar [a'xwar] *m 1. ~ de novia* Aussteuer *f; 2. ~ para bebé* Babywäsche *f*
ajustable [axus'taƀle] *adj* einstellbar, verstellbar
ajustador [axusta'đɔr] *m* Maschinenschlosser *m,* Monteur *m*
ajustar [axus'tar] *v 1.* angleichen, einstellen, justieren; *2. TECH* verstellen, montieren
ajuste [a'xuste] *m 1.* Angleichung *f; 2. (fig) ~ de cuentas* Abrechnung *f; 3. JUR* Abfindung *f; hacer un ~ con alguien JUR* jdn abfinden, jdn entschädigen
al [al] *prep (a + el) ~ escribir* beim Schreiben; *darle el periódico ~ señor* dem Herrn die Zeitung geben
ala ['ala] *f/el 1. ZOOL* Flügel *m; 2. (fig: de partido, de edificio)* Flügel *m*
ala ['ala] *interj ¡Hala!* los!/vorwärts!
alabanza [ala'ƀanθa] *f 1.* Lob *n; 2. ~ propia* Selbstlob *n; 3. ser digno de ~s* Lob verdienen
alabar [ala'ƀar] *v* loben, preisen, rühmen
alambre [a'lambre] *m* Draht *m; ~ de púas* Stacheldraht *m*
alambrista [alam'brista] *m/f (LA)* Seiltänzer(in) *m/f*
álamo ['alamo] *m BOT* Pappel *f*
alarde [a'larđe] *m 1.* Paradepferd *n; 2. (presunción)* Protzerei *f; hacer ~ de algo* mit etw prahlen
alardear [alarđe'ar] *v* prahlen
alargado [alar'ǥađo] *adj* länglich
alargamiento [alarǥa'mĭento] *m* Dehnung *f,* Verlängerung *f*
alargar [alar'ǥar] *v* verlängern, dehnen
alarido [ala'riđo] *m (bramido)* Geschrei *n,* Geheul *n*
alarma [a'larma] *f* Alarm *m,* Notruf *m; ~ de incendio* Feueralarm *m; ~ de smog* Smogalarm *m; ~ en caso de catástrofe* Katastrophenalarm *m; ~ preventiva* Vorwarnung *f; ~ aérea MIL* Fliegeralarm *m*
alarmante [alar'mante] *adj* Besorgnis erregend, beunruhigend
alarmarse [alar'marse] *v* sich beunruhigen
alba ['alƀa] *f/el* Morgendämmerung *f*
albacea [alƀa'θea] *m JUR* Testamentsvollstrecker *m*
albaceazgo [alƀaθe'aθǥo] *m JUR* Amt des Testamentvollstreckers *n,* Testamentsvollstreckung *f*
Albania [alƀa'nĭa] *f GEO* Albanien *n*
albañil [alƀa'ɲil] *m* Bauarbeiter *m,* Maurer *m*
albarán [alƀa'ran] *m* Lieferschein *m*
albaricoque [alƀari'koke] *m BOT* Aprikose *f*
albazano [alƀa'θano] *adj* dunkelbraun
albergar [alƀer'ǥar] *v 1. (hospedar a alguien)* beherbergen, aufnehmen; *2. (fig: tener)* bei sich haben, mit sich führen
albergue [al'ƀɛrǥe] *m* Bleibe *f,* Herberge *f; ~ juvenil* Jugendherberge *f*
albino [al'ƀino] *adj 1. (blanquecino)* weißlich; *2. BOT* albino
albóndiga [al'ƀɔndiǥa] *f GAST* Fleischbällchen *n,* Frikadelle *f*
alborear [alƀore'ar] *v (por la mañana)* dämmern
albornoz [alƀɔr'nɔθ] *m* Bademantel *m*
alborotadizo [alƀorota'điθo] *adj* unruhig, leicht aufgeregt
alborotar [alƀoro'tar] *v 1.* toben, tollen; *2. (sublevar)* aufwiegeln, randalieren
alboroto [alƀo'roto] *m* Krawall *m,* Radau *m*
alborozar [alƀoro'θar] *v* mit Freude erfüllen, aufheitern
alborozo [alƀo'roθo] *m (euforia)* Freude *f,* Entzücken *n,* Jubel *m*
albriciar [alƀriθi'ar] *v* eine gute Nachricht bringen
álbum ['alƀun] *m 1.* Album *n; ~ fotográfico/~ de fotografías* Fotoalbum *n; 2. (libro genealógico)* Stammbuch *n*
alcachofa [alka'tʃofa] *f BOT* Artischocke *f*
alcahuetear [alkawete'ar] *v* kuppeln, verkuppeln
alcalde [al'kalde] *m* Bürgermeister *m; primer ~* Oberbürgermeister *m*
alcalino [alka'lino] *adj CHEM* alkalisch
alcamonías [alkamo'nias] *f/pl 1. (semillas)* Gewürzkörner *n/pl 2. (fig: chismes)* Klatschereien *f/pl*
alcance [al'kanθe] *m* Reichweite *f,* Tragweite *f; al ~ de* erreichbar; *~ de emisión* Sendebereich *m; ~ de la vista* Sichtweite *f*
alcantarilla [alkanta'riʎa] *f 1.* Abwasserkanal *m; 2. (tapada)* Gosse *f*
alcanzable [alkan'θaƀle] *adj* zugänglich, erreichbar

alcanzar [alkan'θar] *v 1.* reichen; *2. (conseguir)* erlangen, erreichen, herankommen; *~ el quorum* Beschlussfähigkeit erreichen; *3. ~ la cifra de* sich belaufen auf
alcaparra [alka'parra] *f BOT* Kaper *f*
alcázar [al'kaθar] *m 1. (fortaleza)* Festung *f; 2. NAUT* Alkazar *m,* marischer Palast *m*
alce ['alθe] *m ZOOL* Elch *m*
alcista [al'θista] *adj* steigend
alcoba [al'koƀa] *f* Schlafzimmer *n*
alcohol [alko'ɔl] *m 1.* Alkohol *m; sin ~* alkoholfrei; *2. CHEM* Spiritus *m; ~ para quemar* Brennspiritus *m*
alcoholero [alko'lero] *m 1. (fábrica de alcohol)* Erzeuger von Alkohol *m,* Verkäufer von Alkohol *m; 2. (vasija que contiene alcohol)* Gefäß zur Aufbewahrung von Alkohol *n*
alcohólico [alko'ɔliko] *adj 1.* alkoholisch; *m 2.* Alkoholiker *m*
alcoholismo [alkoo'lizmo] *m MED* Trunksucht *f,* Alkoholismus *m*
alcoholización [alkoliθa'θĭɔn] *f CHEM* Alkoholisierung *f*
alcor [al'kor] *m (altozano)* Hügel *m,* Anhöhe *f*
alcorán [alko'ran] *m (corán)* Koran *m*
alcucero [alku'θero] *adj (fig: goloso)* naschhaft
aldea [al'dea] *f (pequeña)* Dorf *n*
alear [ale'ar] *v 1. (mover las alas)* die Flügel schwingen, flattern; *2. (fusionar)* legieren
aleccionar [alɛkθĭɔ'nar] *v* unterweisen
alegar [ale'gar] *v ~ en/como* zu Gunsten jds anführen, plädieren
alegato [ale'gato] *m (defensa) JUR* Plädoyer *n,* Verteidigungsschrift *f*
alegoría [alego'ria] *f 1. (representación)* Allegorie *f; 2. (obra literaria)* Gleichnis *n*
alegórico [ale'gɔriko] *adj* sinnbildlich, allegorisch
alegrar [ale'grar] *v* erfreuen, erheitern
alegrarse [ale'grarse] *v* sich freuen
alegre [a'legre] *adj 1.* froh, lustig, heiter; *2. (bebido)* beschwipst, angeheitert
alegría [ale'gria] *f 1.* Freude *f,* Jubel *m; ~ anticipada/~ prematura* Vorfreude *f; ~ de vivir* Lebensfreude *f; 2. (vivacidad)* Munterkeit *f*
alegro [a'legro] *m MUS* Allegro *n*
alejado [alɛ'xađo] *adj 1.* weit, abgelegen; *prep 2. ~ de* fern von
alejar [alɛ'xar] *v* wegbringen
alejarse [alɛ'xarse] *v* sich entfernen, sich absetzen
alelarse [ale'larse] *v (ponerse bobo)* verdummen, verblöden
aleluya [ale'luja] *interj ¡Aleluya!* Halleluja
alemán [ale'man] *adj 1.* deutsch; *de habla alemana* deutschsprachig; *~ antiguo* altdeutsch; *m 2. (persona)* Deutscher *m; Soy ~.* Ich bin Deutscher. *3. (idioma)* Deutsch *n,* deutsche Sprache *f; ~ culto* Hochdeutsch *n*
alemana [ale'mana] *f* Deutsche *f*
Alemania [ale'manĭa] *f GEO* Deutschland *n*
alentada [alen'tađa] *f* Atemzug *m*
alentador [alenta'đɔr] *adj 1.* erfreulich; *2. (animador)* ermutigend
alentar [alen'tar] *v irr* ermutigen, anfeuern
alerce [a'lɛrθe] *m BOT* Lärche *f*
alergia [a'lɛrxia] *f MED* Allergie *f; Tengo ~ al polen.* Ich habe eine Allergie gegen Pollen.
alérgico [a'lɛrxiko] *adj 1. MED* allergisch; *~ a algo* auf etw allergisch; *m 2. MED* Allergiker *m*
alero [a'lero] *m (de un tejado)* Überdachung *f*
alerta [a'lɛrta] *adj* aufmerksam, wachsam
alertar [alɛr'tar] *v* alarmieren
aleta [a'leta] *f 1. (de buzo)* Schwimmflosse *f; 2. (de no nadador)* Schwimmflügel *m; 3. (de edificio) ARCH* Flügel *m; 4. ZOOL* Flosse *f*
aletear [ale'tear] *v* flattern
alevoso [ale'ƀoso] *adj* heimtückisch
alfabetizar [alfaƀeti'θar] *v* alphabetisieren, alphabetisch ordnen
alfabeto [alfa'ƀeto] *m* Alphabet *n*
alfarería [alfare'ria] *f* Töpferhandwerk *n*
alférez [al'fɛreθ] *m MIL* Leutnant *m*
alfiler [alfi'lɛr] *m* Anstecknadel *f,* Stecknadel *f*
alfombra [al'fɔmbra] *f* Teppich *m; ~ persa* Perser *m; ~ corta/~ pequeña* Brücke *f; ~ continua* Läufer *m*
alga ['alga] *f/el BOT* Alge *f; ~ marina* Tang *m*
álgebra ['alxeƀra] *m MATH* Algebra *f*
algo ['algo] *pron 1.* etwas; *adv 2.* etwas, ein wenig, ein bisschen; *~ lento* etw langsam; *~ es ~* besser als gar nichts
algodón [algo'đɔn] *m 1.* Baumwolle *f; 2. (artículo higiénico)* Watte *f*
alguacil [algwa'θil] *m 1.* Gerichtsdiener *m,* Büttel *m; 2. JUR* Gerichtsvollzieher *m*
alguien ['algĭen] *pron* jemand, irgendwer; *¿Hay ~ aquí?* Ist hier jemand?

algún [al'gun] *(véase „alguno")*
alguna [al'guna] *adj* irgendeine; *~ vez* gelegentlich
alguno [al'guno] *adj 1.* irgendein, mancher; *algún día* eines Tages; *pron 2.* jemand/etwas
alhaja [a'laxa] *f 1.* Kleinod *n; 2. ~s pl* Schmuck *m*
aliado [a'li̯ađo] *m 1.* Verbündeter *m; 2. ~s pl POL* Alliierte *pl*
alianza [a'li̯anθa] *f 1.* Allianz *f,* Vereinigung *f; 2. POL* Bund *m,* Bündnis *n,* Vereinigung *f; ~ secreta; ~ militar* Militärbündnis *n; 3. (anillo de boda)* Ehering *m*
aliarse [a'li̯arse] *v ~ con* sich verbünden mit
alicates [ali'kates] *m/pl* Kneifzange *f,* Zange *f; ~ para cortar alambre* Drahtzange *f*
aliciente [ali'θi̯ente] *m 1.* Anreiz *m,* Ansporn *m; 2. (atractivo)* Lockmittel *n,* Köder *m*
alienación [ali̯ena'θi̯ɔn] *f* Entfremdung *f*
alienado [ali̯e'nađo] *adj MED* geistesgestört
aliento [a'li̯ento] *m 1. (respiración)* Atem *m,* Hauch *m,* Puste *f; sin ~* atemlos; *2. (fig)* Anfeuerung *f*
aligerante [alixe'rante] *adj* entlastend
alimentación [alimenta'θi̯ɔn] *f* Verpflegung *f,* Ernährung *f,* Kost *f*
alimentar [alimen'tar] *v* ernähren, verköstigen, verpflegen; *~ con* füttern mit
alimento [ali'mento] *m 1.* Nahrung *f,* Speise *f; 2. (producto)* Ernährung *f; 3. ~s pl (sustento)* Alimente *pl; 4. ~s pl (comestibles)* Lebensmittel *pl, ~s congelados* Tiefkühlkost *f*
alineado [aline'ađo] *adj 1.* aufgereiht, aufgestellt; *2. no ~ POL* blockfrei
aliñar [ali'ɲar] *v* würzen
aliño [a'liɲo] *m* Würze *f*
alisar [ali'sar] *v 1.* ebnen, glätten; *2. TECH* abschleifen, polieren
aliso [a'liso] *m BOT* Erle *f*
alistarse [alis'tarse] *v* anheuern, sich einschreiben
aliviado [ali'bi̯ađo] *adj* erleichtert
aliviante [ali'bi̯ante] *adj* entlastend
aliviar [ali'bi̯ar] *v* mildern, abmildern, erleichtern, lindern
alivio [a'libi̯o] *m* Erleichterung *f,* Linderung *f*
alma ['alma] *f/el 1.* Seele *f; 2. (fig)* Gemüt *n; 3. MED* Psyche *f*
almacén [alma'θen] *m 1.* Speicher *m,* Magazin *n,* Warenlager *n; 2. (negocio de productos alimenticios)* Lebensmittelgeschäft *n; 3. ECO* Lager *n*
almacenamiento [almaθena'mi̯ento] *m* Lagerung *f; ~ definitivo* Endlagerung *f*
almacenar [almaθe'nar] *v 1.* einlagern, speichern; *~ en otro lugar* verlagern; *2. ECO* lagern
almadía [alma'dia] *f* Floß *n*
almanaque [alma'nake] *m* Almanach *m*
almendra [al'mendra] *f BOT* Mandel *f*
almidón [almi'đɔn] *m 1.* Stärke *f; 2. GAST* Stärkemehl *n*
almidonar [alminđo'nar] *v* stärken
almirante [almi'rante] *m MIL* Admiral *m*
almohada [almo'ađa] *f* Kopfkissen *n,* Kissen *n*
almorzar [almɔr'θar] *v irr* zu Mittag essen
almuerzo [almu'ɛrθo] *m* Mittagessen *n*
aló [a'lo] *interj ¡Aló! (LA)* Hallo!
alocución [aloku'θi̯ɔn] *f* Rede *f,* Ansprache *f*
alojamiento [alɔxa'mi̯ento] *m* Unterkunft *f,* Quartier *n; ~ y desayuno* Übernachtung mit Frühstück; *~ provisional* Notunterkunft *f*
alojarse [alɔ'xarse] *v ~ en* unterkommen bei, absteigen in
alondra [a'lɔndra] *f ZOOL* Lerche *f*
Alpes [al'pes] *m/pl GEO* Alpen *pl*
alpinismo [alpi'nizmo] *m (en los Alpes)* Bergsteigen *n*
alpinista [alpi'nista] *m/f* Bergsteiger(in) *m/f*
alpino [al'pino] *adj* alpin
alquilador(a) [alkila'đɔr/alkila'đora] *m/f* Vermieter(in) *m/f*
alquilar [alki'lar] *v 1.* mieten; *¿Puedo ~ un coche?* Kann ich ein Auto mieten? *2. (dar para ~)* vermieten
alquiler [alki'lɛr] *m 1. (importe a pagar)* Miete *f; tomar en ~* mieten; *2. (negocio de ~)* Vermietung *f; ~ de coches* Autovermietung *f*
alrededor [alrređe'đɔr] *adv 1.* ringsherum, rundherum; *2. ~ de* um, darum, umher; *prep 3. ~ de* gegen, um; *m 4. ~es pl (periferia)* Umgebung *f,* Randgebiet *n; 5. ~es pl (comarca)* Gegend *f*
Alsacia [al'saθa] *f GEO* Elsass *n*
alta ['alta] *f/el (despido)* Entlassung *f; dar de ~/dar el ~* einen Kranken gesundschreiben
altanería [altane'ria] *f* Hochmut *m*
altanero [alta'nero] *adj* gönnerhaft, hochmütig

altar [al'tar] *m REL* Altar *m; ~ nupcial* Traualtar *m*
altavoz [alta'ƀɔθ] *m* Lautsprecher *m*
alterable [alte'raƀle] *adj* veränderlich
alteración [altera'θĭɔn] *f* Abänderung *f,* Veränderung *f*
alterar [alte'rar] *v 1. (excitar)* aufregen; *2. (cambiar)* umändern, verändern
alterarse [alte'rarse] *v* sich aufregen
altercado [altɛr'kađo] *m 1.* Krach *m,* Gezanke *n,* Zank *m; tener un ~ con* aneinander geraten mit; *2. (de palabras)* Wortwechsel *m*
alternarse [altɛr'narse] *v* sich abwechseln, ablösen
alternativa [altɛrna'tiƀa] *f* Alternative *f*
alternativo [altɛrna'tiƀo] *adj* alternativ
alterno [al'tɛrno] *adj* abwechselnd
alteza [al'teθa] *f* Hoheit *f*
altiplano [alti'plano] *m* Hochebene *f*
alto ['alto] *adj 1. (grande)* hoch, groß; *en lo ~ de las montañas* hoch in den Bergen; *2. (sonido)* laut; *m 3.* Halt *m; interj 4. ¡Alto!* Halt!
altruismo [altru'izmo] *m* Aufopferungsbereitschaft *f,* Hilfsbereitschaft *f*
altruista [altru'ista] *adj* hilfsbereit, selbstlos
altura [al'tura] *f* Höhe *f,* Anhöhe *f; estar a la ~ de alguien* jdm gewachsen sein
alucinación [aluθina'θĭɔn] *f* Halluzination *f,* Sinnestäuschung *f,* Trugbild *n*
alucinar [aluθi'nar] *v 1.* halluzinieren; *2. (engañar)* blenden, täuschen; *3. (fig)* erstaunen
alud [a'lud] *m* Lawine *f*
alumbrado [alum'brađo] *m* Beleuchtung *f; ~ de techo* Deckenbeleuchtung *f; ~ público* Straßenbeleuchtung *f*
alumbramiento [alumbra'mĭento] *m 1. (luz)* Beleuchtung *f; 2. (parto) MED* Entbindung *f*
alumbrar [alum'brar] *v 1.* beleuchten, erleuchten, leuchten; *2. (fig)* erleuchten
aluminio [alu'minĭo] *m CHEM* Aluminium *n*
alumna [a'lumna] *f* Schülerin *f*
alumno [a'lumno] *m* Schüler *m; ~ oyente* Gasthörer *m*
alusión [alu'sĭɔn] *f* Andeutung *f,* Anspielung *f; por ~* andeutungsweise
alza ['alθa] *f/el 1.* Anstieg *m,* Steigerung *f; 2. (fig)* Aufstieg *m*
alzamiento [alθa'mĭento] *m POL* Erhebung *f,* Aufstand *m*
alzar [al'θar] *v 1.* heben, aufheben; *2. (precio, sonido, sentimiento)* steigen; *3. (fig)* erhöhen, erheben, anheben; *~ la vista* aufblicken; *¡Alzad las copas!* Erhebt die Gläser!
alzarse [al'θarse] *v* steigen, ragen
allá [a'ʎa] *adv* dort
allí [a'ʎi] *adv* dort; *por ~* dadurch, dorthin
ama ['ama] *f/el 1.* Herrin *f,* Besitzerin *f; ~ de casa* Hausfrau *f,* Hausherrin *f; ~ de llaves* Haushälterin *f; 2. (dueña)* Eigentümerin *f,* Besitzerin *f*
amabilidad [amaƀili'đađ] *f* Gefälligkeit *f,* Freundlichkeit *f,* Liebenswürdigkeit *f*
amable [a'maƀle] *adj* freundlich, liebenswürdig, gefällig; *poco ~* unfreundlich, unhöflich
amado [a'mađo] *adj ~ apasionadamente* heiß geliebt
amaestrar [amaes'trar] *v* abrichten, dressieren
amamantar [amaman'tar] *v* stillen
amanecer [amane'θer] *m irr 1.* Morgengrauen *n,* Tagesanbruch *m; v irr 2.* dämmern
amanerado [amane'rađo] *adj* affig, geziert
amansar [aman'sar] *v 1.* zähmen; *2. (calmar)* beruhigen
amante [a'mante] *m/f 1.* Geliebte(r) *m/f,* Liebhaber(in) *m/f; adj 2. ~ de la libertad* freiheitsliebend; *~ del orden* ordentlich
amañar [ama'ɲar] *v 1.* Geschick haben; *2. (la balanza, la factura)* fälschen
amar [a'mar] *v* lieben, lieb haben; *~ al prójimo* den Nächsten lieben
amargado [amar'gađo] *adj* verbittert
amargo [a'margo] *adj* bitter
amargura [amar'gura] *f 1.* Bitterkeit *f; 2. (fig)* Verbitterung *f*
amarillo [ama'riʎo] *adj* gelb
amasar [ama'sar] *v* kneten
ámbar ['ambar] *m MIN* Bernstein *m*
ambas ['ambas] *adj 1.* beide; *de ~s partes* beiderseitig; *pron 2.* beide
ambición [ambi'θĭɔn] *f* Ehrgeiz *m*
ambicionar [ambiθĭo'nar] *v* erstreben
ambicioso [ambi'θĭoso] *adj* ehrgeizig
ambiente [am'bĭente] *m 1.* umgebende Luft *f,* Atmosphäre *f; medio ~* Umwelt *f; ~ en la empresa* Betriebsklima *n; 2. (fig)* Umgebung *f,* Atmosphäre *f; 3. un apartamento de dos ~s pl (LA)* eine Zwei-Zimmer-Wohnung *f*
ambiguo [am'bigwo] *adj* doppeldeutig, mehrdeutig, doppelzüngig

ámbito ['ambito] *m 1.* Sachgebiet *n; 2. (marco)* Sphäre *f,* Rahmen *m*
ambos ['ambɔs] *adj 1.* beide; *pron 2.* beide; *de ~* beiderlei
ambulancia [ambu'lanθǐa] *f MED* Krankenwagen *m,* Rettungswagen *m; ¡Llame enseguida a una ~!* Rufen Sie schnell einen Krankenwagen!
ambulante [ambu'lante] *adj 1.* ambulant, umherziehend; *vendedor ~* Straßenverkäufer *m; 2. MED* ambulant
ambulatorio [ambula'torǐo] *m 1. MED* Ambulanz *f; adj 2. MED* ambulant
amedrentado [amedren'tađo] *adj* verängstigt
amenaza [ame'naθa] *f* Androhung *f,* Bedrohung *f,* Drohung *f; ~ de tormenta* Gewitterstimmung *f*
amenazador [amenaθa'đɔr] *adj* bedrohlich
amenazar [amena'θar] *v* bedrohen; *~ a alguien con algo* jdm etw androhen
ameno [a'meno] *adj* lauschig; *un lugar ~* ein lauschiges Plätzchen *n; una conversación amena* ein angenehmes Gespräch *n*
América [a'merika] *f GEO* Amerika *n; ~ del Sur* Südamerika *n; ~ del Norte* Nordamerika *n; ~ Central* Mittelamerika *n; ~ Latina* Lateinamerika *n*
americana [ameri'kana] *f* Jackett *n*
americano [ameri'kano] *adj 1.* amerikanisch; *m 2. (de Norteamérica)* Amerikaner *m*
amiga [a'miga] *f* Freundin *f*
amigo [a'migo] *m* Freund *m; el ~ intimo* der gute Freund *m; círculo de ~s* Freundeskreis *m; hacerse ~ de alguien* sich mit jdm befreunden, sich mit jdm anfreunden
aminoración [aminora'θǐɔn] *f* Minderung *f*
aminorar [amino'rar] *v* verringern, vermindern, mindern
amistad [amis'tađ] *f 1.* Freundschaft *f; trabar ~ con alguien* jdn kennen lernen, sich mit jdm anfreunden; *Esas no son buenas ~es para ti.* Das ist kein guter Umgang für dich. *2. círculo de ~es* Freundeskreis *m*
amnistía [amnis'tia] *f 1. POL* Amnestie *f; 2. JUR* Straferlass *m*
Amnistía Internacional [amnis'tia] *f POL* Amnesty International
amo ['amo] *m 1. (dueño)* Eigentümer *m,* Besitzer *m; 2. ~ de casa* Hausmann *m*
amoblar [amɔ'blar] *v irr 1.* ausstatten; *2. (LA)* möblieren
amolar [amo'lar] *v irr 1.* schleifen; *2. (fig)* auf die Nerven gehen
amoldar [amɔl'dar] *v* formen
amonestación [amonesta'θǐɔn] *f 1.* Ermahnung *f,* Verwarnung *f; 2. correr las amonestaciones* das Aufgebot bestellen
amonestar [amɔnes'tar] *v* ermahnen, verwarnen, abmahnen
amontonamiento [amɔntona'mǐento] *m* Anhäufung *f*
amontonar [amɔnto'nar] *v* anhäufen, stapeln, türmen
amontonarse [amɔnto'narse] *v* sich häufen
amor [a'mɔr] *m 1.* Liebe *f; mi ~* mein Schatz; *sin ~* lieblos; *por ~ a alguien* jdm zuliebe; *falta de ~* Lieblosigkeit *f; ~ al prójimo* Nächstenliebe *f; 2. ~es pl* Liebschaft *f; ~es prohibidos* verbotene Liebe *f; mal de ~es* Liebeskummer *m*
amorío [amo'rio] *m 1.* Affäre *f; 2. ~s pl* Liebschaft *f*
amorosamente [amoro'samente] *adv* liebevoll
amoroso [amo'roso] *adj* lieb, liebevoll
amortización [amɔrtiθa'θǐɔn] *f 1. ECO* Abschreibung *f,* Absetzung *f; 2. (de deudas) ECO* Tilgung *f,* Begleichung *f*
amortizar [amɔrti'θar] *v 1. ECO* absetzen, abschreiben; *2. (de deudas) ECO* begleichen, tilgen
amotinarse [amoti'narse] *v* meutern
amparar [ampa'rar] *v* schützen
amparo [ampa'ro] *m* Schutz *m*
ampliación [amplǐa'θǐɔn] *f 1.* Verbreiterung *f,* Vergrößerung *f; 2. ~ de estudios* Weiterbildung *f*
ampliamente [amplǐa'mente] *adv* weitläufig
ampliar [am'plǐar] *v* vergrößern, erweitern
amplio ['amplǐo] *adj 1.* ausführlich, breit, geräumig; *2. (fig)* umfassend, umfangreich, weitläufig
amplitud [ampli'tuđ] *f 1.* Breite *f; 2. ~ de miras* Weitblick *m*
ampolla [am'poʎa] *f 1.* Brandblase *f,* Blase *f; 2. ~ inyectable MED* Ampulle *f*
amputación [amputa'θǐɔn] *f MED* Amputation *f*
amputar [ampu'tar] *v MED* amputieren
amueblado [amwe'ƀlađo] *adj* möbliert
amueblar [amwe'ƀlar] *v* möblieren
amuleto [amu'leto] *m* Amulett *n; ~ de la suerte* Glücksbringer *m*

anabolizante [anaƀoli'θante] *m MED* Anabolikum *n*
anacronismo [anakro'nizmo] *m* Anachronismus *m*
añadidura [aɲađi'đura] *f* Zugabe *f*, Beigabe *f*, Zusatz *m*; *por* ~ zusätzlich
añadir [aɲa'đir] *v* 1. beifügen, zufügen, hinzufügen, dazutun; 2. *(anexar)* anfügen; 3. *(a la mezcla)* beimischen; 4. *(agrandar)* vergrößern
analfabeto [analfa'ƀeto] *m* Analphabet *m*
análisis [a'nalisis] *m* 1. Analyse *f*, Studie *f*; 2. ~ *de mercado ECO* Marktforschung *f*; 3. ~ *de sangre MED* Blutprobe; 4. ~ *sintáctico GRAMM* Satzanalyse *f*
analogía [analɔ'xia] *f* Analogie *f*, Übereinstimmung *f*
análogo [a'nalogo] *adj* analog, übereinstimmend; *ser* ~ übereinstimmen
ananá [ana'na] *(véase „ananás")*
ananás [ana'nas] *f* 1. *(fruta)* Ananas *f*; 2. *(planta) BOT* Ananaspflanze *f*
anaquel [ana'kɛl] *m* Regal *n*
anarquía [anar'kia] *f POL* Anarchie *f*
anarquista [anar'kista] *m/f POL* Anarchist(in) *m/f*
anatomía [anato'mia] *f MED* Anatomie *f*
ancho ['antʃo] *adj* 1. breit, weit; *estar a sus anchas* sich wohlfühlen; *m* 2. Breite *f*, Weite *f*
anchoa [an'tʃoa] *f ZOOL* Sardelle *f*
anchura [an'tʃura] *f* 1. Weite *f*; 2. ~ *de banda TECH* Bandbreite *f*
anciana [an'θĭana] *f* alte Frau *f*, Greisin *f*
anciano [an'θĭano] *m* 1. alter Mann *m*, Greis *m*; *asilo de ~s* Altenheim *n*; *adj* 2. betagt
ancla ['aŋkla] *f/el* Anker *m*; *echar ~s* ankern
andamio [an'damĭo] *m* Gerüst *n*
andar [an'dar] *v irr* gehen, laufen; ~ *de acá para allá* herumgehen; ~ *sobre seguro* sichergehen; *¿Cómo andas?* Wie geht es dir?
andarse [an'dar] *v irr* ~ *a* sich beschäftigen mit; ~ *por las ramas* ausschweifen
andén [an'den] *m* Bahnsteig *m*
andrajoso [andra'xoso] *adj* schäbig, zerlumpt
anécdota [a'nekđota] *f* Anekdote *f*
anemia [a'nemĭa] *f MED* Anämie *f*
anestesia [anes'tesĭa] *f MED* Anästhesie *f*, Betäubung *f*, Narkose *f*; ~ *local* Lokalanästhesie *f*; ~ *general* Vollnarkose *f*
anestesiar [aneste'sĭar] *v MED* betäuben
anestesista [aneste'sista] *m/f MED* Anästhesist(in) *m/f*
anexión [anɛk'sĭɔn] *f* 1. Aneignung *f*; 2. *POL* Annexion *f*, Anschluss *m*
anexionar [anɛksĭo'nar] *v POL* annektieren
anexo [a'nɛkso] *m* 1. Anhang *m*; 2. *(al edificio)* Anbau *m*; *adv* 3. anbei
anfiteatro [amfite'atro] *m THEAT* Amphitheater *n*
anfitrión [amfi'trĭɔn] *m* Gastgeber *m*
anfitriona [amfi'trĭona] *f* Gastgeberin *f*
ángel ['aŋxel] *m* Engel *m*; ~ *custodio/~ de la guarda* Schutzengel *m*
anglosajón [aŋglosa'xɔn] *adj* 1. angelsächsisch; *m* 2. Angelsachse *m*
angosto [aŋ'gɔsto] *adj* eng, schmal
anguila [aŋ'gila] *f ZOOL* Aal *m*
angular [aŋgu'lar] *adj* eckig, winklig
ángulo ['aŋgulo] *m* 1. *MATH* Winkel *m*; 2. *(fig)* ~ *visual* Blickwinkel *m*
angustia [aŋ'gustĭa] *f* Angst *f*; ~ *existencial* Existenzangst *f*; ~ *mortal* Todesangst *f*
angustiado [aŋgus'tĭađo] *adj* angsterfüllt
angustiar [aŋgus'tĭar] *v* ängstigen
anhelar [ane'lar] *v* 1. wünschen; ~ *algo* etw anstreben; ~ *la llegada de alguien* jdn herbeisehnen; 2. *(recordar)* ~ *algo* sich nach etw sehnen
anhelo [a'nelo] *m* Wunsch *m*, Verlangen *n*, Sehnsucht *f*; ~ *de libertad* Freiheitsdrang *m*
anidar [ani'đar] *v* nisten
anillo [a'niʎo] *m* 1. Ring *m*; ~ *de boda* Ehering *m*, Trauring *m*; ~ *de sello* Siegelring *m*; 2. ~ *de empaquetadura TECH* Dichtungsring *m*
animación [anima'θĭɔn] *f* 1. *(revivir)* Belebung *f*; 2. *(aplauso)* Anfeuerung *f*
animadamente [animađa'mente] *adv* angeregt
animado [ani'mađo] *adj* angeregt, belebt
animador(a) [anima'đɔr/anima'đora] *m/f* Animateur(in) *m/f*
animal [ani'mal] *m* 1. Tier *n*; ~ *de peluche* Plüschtier *n*; 2. ~ *dañino ZOOL* Schädling *m*; ~ *doméstico* Haustier *n*; ~ *de rapiña* Raubtier *n*; *adj* 3. animalisch
animar [ani'mar] *v* 1. *(alentar)* animieren, anfeuern, ermutigen; 2. *(revivir)* beleben, beseelen; 3. *(el estado de ánimo)* aufheitern
anímico [a'nimiko] *adj* seelisch
ánimo ['animo] *m* Gemüt *n*
aniquilar [aniki'lar] *v* vernichten, zerstören, zunichte machen

aniversario [aniƀɛr'sarĭo] *m* Jahrestag *m*, Jubiläum *n*
ano ['ano] *m ANAT* After *m*
anoche [a'notʃe] *adv* gestern Abend
anochecer [anotʃe'θer] *m irr 1.* Abenddämmerung *f*; *v irr 2.* dämmern
anomalía [anoma'lia] *f* Abnormität *f*, Anomalie *f*
anómalo [a'nomalo] *adj* abnorm, anomal
anonimato [anoni'mato] *m* Anonymität *f*
anónimo [a'nɔnimo] *adj* anonym
anorak [ano'rak] *m* Anorak *m*, Daunenjacke *f*
anormal [anɔr'mal] *adj* abartig, abnorm, anomal
anotación [anota'θĭɔn] *f 1.* Vermerk *m*; *2. (fig: pedido)* Vormerkung *f*; *3. (en el acta)* Aktennotiz *f*
anotar [ano'tar] *v 1.* aufschreiben, aufzeichnen, notieren; *2. (observar)* vermerken; *3. (reservar)* vormerken
ansiar [an'sĭar] *v* sehnen
ansiedad [ansĭe'đađ] *f* Beklemmung *f*, innere Unruhe *f*, Betrübnis *f*
ansioso [an'sĭoso] *adj* sehnsuchtsvoll, gespannt
antagónico [anta'ɡoniko] *adj* entgegengesetzt
antagonista [antaɡo'nista] *m/f* Gegenspieler(in) *m/f*, Gegner(in) *m/f*, Widersacher(in) *m/f*
antaño [an'taɲo] *adv* einst
Antártida [an'tartiđa] *m GEO* Südpol *m*, Antarktis *f*
ante[1] ['ante] *prep 1.* vor, eher als; *2. (en vista de)* angesichts; *adv 3. ~ todo* hauptsächlich, zunächst, vorab
ante[2] ['ante] *m* Wildleder *n*
anteayer [antea'jer] *adv* vorgestern
antebrazo [ante'ƀraθo] *m ANAT* Unterarm *m*
antecedente [anteθe'đente] *m 1.* Präzedenzfall *m*; *2. ~ penal JUR* Vorstrafe *f*; *3. (ascendiente)* Vorfahr *m*
antecesor [anteθe'sɔr] *m* Vorfahr *m*, Vorgänger *m*
anteguerra [ante'ɡɛrra] *f* Vorkriegszeit *f*
antena [an'tena] *f 1. TECH* Antenne *f*; *~ parabólica* Parabolantenne *f*; *2. ZOOL* Fühler *m*
anteojos [ante'ɔjos] *m/pl* Fernrohr *n*
antepasado [antepa'sađo] *m 1.* Ahne *m*, Vorfahr *m*; *2. ~s pl* Urahnen *pl*
anterior [ante'rĭɔr] *adj 1. (temporal)* früher, vorhergehend, vorig; *2. (local)* vordere(r,s)
anteriormente [anterĭɔr'mente] *adv* eher, früher
antes ['antes] *adv 1.* vorher, eher, früher; *Quisiera salir un día ~.* Ich möchte einen Tag früher abreisen. *konj 2. ~ de que* bevor, ehe
antesala [ante'sala] *f* Vorzimmer *n*
antialcohólico [antialko'oliko] *m* Antialkoholiker *m*
antiautoritario [antiaŭtori'tarĭo] *adj* antiautoritär
antibiótico [anti'ƀĭɔtiko] *m MED* Antibiotikum *n*
anticipado [antiθi'pađo] *adj* vorzeitig
anticipar [antiθi'par] *v 1.* vorwegnehmen; *2. (dinero)* auslegen; *3. (fecha)* vorverlegen
anticipo [anti'θipo] *m (del sueldo)* Vorschuss *m*
anticonceptivo [antikonθɛƀ'tiƀo] *m 1. MED* Verhütungsmittel *n*; *adj 2. MED* empfängnisverhütend
anticonstitucional [antkɔnstituθĭo'nal] *adj* verfassungswidrig
anticuado [anti'kwađo] *adj* altmodisch, unmodern, veraltet; *ser ~* überholt sein
anticuerpo [anti'kwerpo] *m 1. BIO* Antikörper *m*; *2. ~s pl MED* Abwehrstoffe *pl*
antídoto [an'tiđoto] *m 1.* Gegenmittel *n*; *2. MED* Gegengift *n*
antiguamente [an'tiɡwamente] *adv* ehemals, einst
antigüedad [antiɡwe'đađ] *f 1. HIST* Antike *f*; *2. ~es pl* Antiquitäten *pl*
antiguo [an'tiɡwo] *adj 1.* altertümlich, alt, antik; *2. (anterior)* ehemalig
antihigiénico [antii'xĭeniko] *adj* unhygienisch
antipatía [antipa'tia] *f* Abneigung *f*, Antipathie *f*
antipático [anti'patiko] *adj* unbeliebt, unsympathisch
antojos [an'tɔxos] *m/pl* Gelüst *n*
antónimo [an'tonimo] *m* Gegenteil *n*, Antonym *n*
antorcha [an'tɔrtʃa] *f* Fackel *f*
anual [a'nwal] *adj* jährlich, alljährlich
anuario [a'nwarĭo] *m* Jahrbuch *n*; *~ de comercio e industria* Branchenverzeichnis *n*
anudar [anu'đar] *v* knoten, knüpfen, verknoten
anulación [anula'θĭɔn] *f 1.* Annullierung *f*, Storno *m*; *~ de la inscripción* Abmeldung *f*;

2. (de un pedido) Abbestellung *f,* Storno *m*
anular¹ [anu'lar] *v* annullieren, abbestellen, stornieren; *~ la invitación* ausladen; *~ un pedido* eine Bestellung stornieren
anular² [anu'lar] *m ANAT* Ringfinger *m*
anunciación [anunθĭa'θĭɔn] *f 1.* Ankündigung *f; 2. (a María santisima) REL* Verkündigung *f*
anunciar [anun'θĭar] *v 1.* melden, ansagen, ankündigen; *2. (publicar)* annoncieren
anuncio [a'nunθĭo] *m 1. (de información)* Ankündigung *f,* Ansage *f,* Bekanntgabe *f; sin ~* unangemeldet; Fernsehreklame *f; 2. (de publicación)* Annonce *f,* Anzeige *f,* Inserat *n; poner un ~* annoncieren, inserieren; *~ de defunción* Todesanzeige *f; 3. ECO* Werbung *f,* Aushang *m*
año ['aɲo] *m* Jahr *n,* Jahrgang *m; ¿Cuántos ~s tienes?* Wie alt bist du? *~ Nuevo* Neujahr *n; ~ anterior* Vorjahr *n; ~ bisiesto* Schaltjahr *n; ~ civil* Kalenderjahr *n; ~ de nacimiento* Geburtsjahr *n; ~ escolar* Schuljahr *n*
añoranza [aɲo'ranθa] *f 1.* Sehnsucht *f; 2. (por la familia, por la tierra natal)* Heimweh *n*
añorar [aɲo'rar] *v ~ a alguien* sich nach jdm sehnen
aorta [a'ɔrta] *f ANAT* Aorta *f,* Hauptschlagader *f*
apacible [apa'θiƀle] *adj* leise, mild
apaciguamiento [apaθigwa'mĭento] *m* Beruhigung *f*
apaciguar [apaθi'gwar] *v* besänftigen
apagar [apa'gar] *v 1.* abschalten, ausmachen, ausschalten; *~ de un soplo* auspusten; *~ todas las luces* verdunkeln; *2. (incendio)* löschen; *3. (fig)* auslöschen
apagarse [apa'garse] *v* ausgehen, erlöschen
apalear [apale'ar] *v* verprügeln
apantallar [apanta'ʎar] *v* abschirmen
aparador [apara'đɔr] *m* Büfett *n*
aparato [apa'rato] *m* Apparat *m,* Gerät *n,* Vorrichtung *f; ~ de reproducción de discos compactos* CD-Player *m; ~ de radio TECH* Funkgerät *n; ~ gimnástico SPORT* Turngerät *n*
aparcamiento [aparka'mĭento] *m* Parkplatz *m; ¿Está vigilado el ~?* Ist der Parkplatz bewacht?
aparcar [apar'kar] *v* parken; *¿Se puede ~ aquí?* Darf man hier parken?
aparear [apare'ar] *v* paaren
aparecer [apare'θɛr] *v irr 1.* erscheinen, zum Vorschein kommen, auftreten; *2. (fig: surgir)* aufkommen
aparecerse [apare'θɛrse] *v irr (inesperadamente)* hineinplatzen, auftauchen
aparentar [aparen'tar] *v* vorspiegeln, vortäuschen, vorgeben
aparente [apa'rente] *adj* offenkundig, sichtbar
aparición [apari'θĭɔn] *f* Aufkommen *n,* Auftritt *m*
apariencia [apa'rĭenθĭa] *f* Anschein *m,* Erscheinung *f*
apartado [apar'tađo] *adj 1.* entfernt, abgelegen, separat; *m 2. ~ de correos* Postfach *n,* Schließfach *n*
apartamento [aparta'mento] *m* Wohnung *f,* Appartement *n*
apartar [apar'tar] *v* wegbringen, beseitigen, entfernen
apartarse [apar'tarse] *v* sich abwenden, sich absondern, abweichen
aparte [a'parte] *adv* extra, abseits, separat; *~ de* abgesehen von; *~ de ello* obendrein
apasionado [apasĭo'nađo] *adj* heißblütig, leidenschaftlich, stürmisch
apasionar [apasĭo'nar] *v ~ a alguien* jdn begeistern
apasionarse [apasĭo'narse] *v* sich begeistern
apatía [apa'tia] *f* Apathie *f*
apático [a'patiko] *adj* apathisch, willenlos
apátrida [a'patriđa] *adj* heimatlos, staatenlos
apedazar [apeđa'θar] *v (remendar)* flicken, verbessern, zusammenstückeln
apedrear [apeđre'ar] *v (lanzar piedras)* steinigen, mit Steinen bewerfen, hageln
apegado [ape'gađo] *adj* anhänglich
apegarse [ape'garse] *v ~ a* Zuneigung zu etw/jdm fassen
apego [a'pego] *m* Anhänglichkeit *f*
apelación [apela'θĭɔn] *f 1. JUR* Berufung *f; 2. ~ al crédito ECO* Kreditaufnahme *f*
apelar [ape'lar] *v ~ a/ante/contra* vor etw appellieren, gegen etw appellieren
apellido [ape'ʎiđo] *m* Nachname *m,* Familienname *m,* Zuname *m; del mismo ~* gleichnamig; *~ de soltera* Mädchenname *m*
apenar [ape'nar] *v* bekümmern
apéndice [a'pendiθe] *m 1.* Anhang *m,* Nachtrag *m; 2. ANAT* Blinddarm *m*
apendicitis [apendi'θitis] *f MED* Blinddarmentzündung *f*
aperitivo [aperi'tiƀo] *m 1.* Aperitif *m; 2. (entremés)* Vorspeise *f; adj 3.* appetitanregend

apertura [apɛr'tura] *f* *1.* Öffnung *f*; *2.* *(de un local, de un establecimiento)* Eröffnung *f*; *3.* *ECO* Erschließung *f*; *4.* *~ de la quiebra JUR* Konkurseröffnung *f*

apesadumbrado [apesađum'brađo] *adj* kummervoll

apetecible [apete'θiƀle] *adv* schmackhaft

apetito [ape'tito] *m* Appetit *m*; *falta de ~* Appetitlosigkeit *f*

apetitoso [apeti'toso] *adj* lecker, schmackhaft; *poco ~* unappetitlich

apiadarse [apĭa'đarse] *v* *~ de* sich erbarmen

apilar [api'lar] *v* anhäufen, stapeln, türmen, auftürmen; *~ de nuevo* umschichten

aplacar [apla'kar] *v* besänftigen

aplacarse [apla'karse] *v* *1.* *(tormenta)* abebben; *2.* *(calmarse)* sich beruhigen

aplanar [apla'nar] *v* ebnen, glätten

aplastar [aplas'tar] *v* *1.* zerdrücken, quetschen; *2.* *(fig: sofocar)* erdrücken

aplaudir [aplaw'đir] *v* klatschen, applaudieren

aplauso [a'plawso] *m* Beifall *m*, Applaus *m*; *dar ~* applaudieren

aplazamiento [aplaθa'mĭento] *m* Aufschub *m*, Verlegung *f*

aplazar [apla'θar] *v* *1.* verschieben; *~ hasta* vertagen bis; *~ para* verlegen auf; *2.* *ECO* stunden

aplicación [aplika'θĭɔn] *f* *1.* Verwendung *f*; *2.* *(asiduidad)* Fleiß *m*, Lerneifer *m*; *3.* *(en la moda)* Applikation *f*

aplicado [apli'kađo] *adj* *1.* fleißig, emsig; *2.* *(al arte, a la ciencia)* angewandt

aplicar [apli'kar] *v* *1.* *(utilizar)* verwenden; *2.* *(sobre una superficie)* auftragen; *3.* *MED* anlegen

apocado [apo'kađo] *adj* kleinlaut, kleinmütig

apoderado [apođe'rađo] *m* *1.* Bevollmächtigter *m*; *2.* *~ especial JUR* Handlungsbevollmächtigter *m*; *3.* *~ general ECO* Prokurist *m*

apoderamiento [apođera'mĭento] *m* *JUR* Bevollmächtigung *f*

apoderar [apođe'rar] *v* *JUR* bevollmächtigen

apólogo [a'pɔlogo] *m* Gleichnis *n*

apósito [a'pɔsito] *m* *MED* Verband *m*

apostar [apɔs'tar] *v irr* *1.* *~ por* tippen auf; *2.* *~ que* wetten, dass

apóstrofe [a'pɔstrofe] *m* Apostroph *m*

apoyar [apo'jar] *v* *1.* *~ en* aufstützen auf; *~ el codo en la mesa* den Ellbogen auf den Tisch aufstützen; *2.* *(fig: ayudar, asistir)* unterstützen, beistehen

apoyarse [apo'jarse] *v* *~ en* sich lehnen an

apoyo [a'pojo] *m* Unterstützung *f*, Beistand *m*, Rückhalt *m*

apreciable [apre'θĭaƀle] *adj* beachtlich, achtbar, nenneswert

apreciado [apre'θĭađo] *adj* angesehen, geachtet, geschätzt

apreciar [apre'θĭar] *v* *1.* berechnen, honorieren, bewerten; *2.* *(una persona)* schätzen, achten, mögen

aprecio [a'preθĭo] *m* *1.* Schätzung *f*, Wertschätzung *f*; *2.* *~ de si mismo* Selbstachtung *f*

apremiar [apre'mĭar] *v* *1.* mahnen; *2.* *(presionar)* bedrängen

aprender [apren'dɛr] *v* lernen

aprenderse [apren'derse] *v* *~ de memoria* auswendig lernen

aprendiz [apren'diθ] *m/f* Lehrling *m*, Auszubildende(r) *m/f*

aprendizaje [aprendi'θaxe] *m* Lehre *f*

apresar [apre'sar] *v* gefangen nehmen

aprestarse [apres'tarse] *v* *~ a* sich anschicken

apresurado [apresu'rađo] *adj* eilig, voreilig

apresurarse [apresu'rarse] *v* hetzen, sich beeilen

apretado [apre'tađo] *adj* *1.* beengt, dicht gedrängt; *2.* *(atrapado)* eingekeilt

apretar [apre'tar] *v irr* *1.* drücken, klemmen; *~ hacia abajo* herunterdrücken; *2.* *~ el tornillo TECH* die Schraube anziehen

apretujarse [apretu'xarse] *v* sich drängeln

aprieto [a'prĭeto] *m* *1.* Gedränge *n*; *2.* *(fig)* Bedrängnis *f*

aprobación [aproƀa'θĭɔn] *f* *1.* Zustimmung *f*, Billigung *f*; *2.* *(fig)* Anerkennung *f*, Beifall *m*; *3.* *(de una ley) JUR* Verabschiedung *f*

aprobar [apro'ƀar] *v irr* *1.* *(consentir)* bejahen, billigen, gutheißen; *2.* *(aceptar)* anerkennen, annehmen; *3.* *~ un examen* eine Prüfung bestehen

apropiación [apropĭa'θĭɔn] *f* Aneignung *f*

apropiado [apro'pĭađo] *adj* passend, angemessen, adäquat; *~ para* geeignet für

aprovechable [aproƀe'tʃaƀle] *adj* brauchbar, nutzbar

aprovechar [aproƀe'tʃar] *v* *1.* gebrauchen, ausnützen, nutzen, verwerten; *2. ¡Que aproveche!* Guten Appetit!
aprovecharse [aproƀe'tʃarse] *v ~ de* ausnützen; *~ de algo* sich etw zu Nutze machen; *~ de alguien* jdn ausnützen
aprovisionamiento [aprɔƀisĭɔna'mĭento] *m* Versorgung *f,* Zufuhr *f*
aprovisionar [aprɔƀisĭɔ'nar] *v ~ de* versorgen mit
aproximación [aprɔksima'θĭɔn] *f* Annäherung *f*
aproximadamente [aprɔksimađa'mente] *adv* zirka, etwa, ungefähr; *~ una semana* etwa eine Woche
aproximado [aprɔksi'mađo] *adj* rund, grob, annährend
aproximarse [aprɔksi'marse] *v* sich nähern, nahen
aptitud [apti'tuđ] *f* Eignung *f,* Tüchtigkeit *f*
apto ['apto] *adj 1. ~ para* fähig zu, geeignet für; *~ para el trabajo* erwerbsfähig; *2. ~ para menores JUR* jugendfrei
apud [a'puđ] *adj ~ acta JUR* aktenkundig
apuesta [a'pwesta] *f* Wette *f,* Einsatz *m*
apuntalar [apunta'lar] *v* stützen
apuntamiento [apunta'mĭento] *m 1.* Zielen *n; 2. (fig)* Andeutung *f; 3. JUR* Aktenauszug *m*
apuntar [apun'tar] *v 1.* notieren, aufschreiben, vormerken, vermerken; *2. ~ hacia* zielen auf; *3. (fig) ~ a* deuten auf; *4. ~ una basta* abstecken
apunte [a'punte] *m 1.* Notiz *f,* Vermerk *m; 2. (dibujo)* Aufzeichnung *f*
apurarse [apu'rarse] *v (LA)* sich beeilen, sich abhetzen
apuro [a'puro] *m 1.* Eile *f,* Bedrängnis *f; 2. (fig: situación)* Zwickmühle *f,* Klemme *f*
aquél [a'kɛl] *pron* derjenige/dasjenige, der/das
aquel [a'kɛl] *pron* jener/jenes
aquélla [a'keʎa] *pron* diejenige
aquella [a'keʎa] *pron* jene
aquéllo [a'keʎo] *pron* dasjenige
aquello [a'keʎo] *pron* jenes
aquí [a'ki] *adv* da, hier; *de ~* hiesig
aquietar [akĭe'tar] *v* beruhigen
Arabia [ara'ƀia] *f GEO* Arabien *n; ~ Saudita* Saudi-Arabien *n*
arancel [aran'θɛl] *m* Zolltarif *m,* Zoll *m*
arándano [a'raŋdano] *m BOT* Heidelbeere *f; ~ encarnado* Preiselbeere *f*
araña [a'raɲa] *f ZOOL* Spinne *f*
arañar [ara'ɲar] *v* kratzen
arañazo [ara'ɲaθo] *m* Schramme *f,* Kratzer *m*
arar [a'rar] *v AGR* pflügen
arbitraje [arƀi'traxe] *f (peritaje)* Schiedsspruch *m,* Schiedsverfahren *n*
arbitrariedad [arƀitrarĭe'đađ] *f* Willkür *f*
arbitrario [arƀi'trarĭo] *adj* eigenmächtig, eigenwillig, willkürlich
árbitro ['arƀitro] *m SPORT* Schiedsrichter *m,* Kampfrichter *m*
árbol ['arƀɔl] *m 1. BOT* Baum *m; ~ de mayo* Maibaum *m; ~ de Navidad* Weihnachtsbaum *m,* Christbaum *m; ~ genealógico* Stammbaum *m; ~ frondoso* Laubbaum *m; ~ frutal* Obstbaum *m; 2. TECH* Welle *f*
arbusto [ar'ƀusto] *m* Strauch *m,* Busch *m*
arca ['arka] *f/el* Truhe *f; ~ congeladora* Tiefkühltruhe *f*
archipiélago [artʃi'pĭelago] *m* Inselgruppe *f,* Archipel *m*
archivador [artʃi'ƀađɔr] *m* Ordner *m*
archivar [artʃi'ƀar] *v (las actas)* ablegen, archivieren
archivo [ar'tʃiƀo] *m* Archiv *n,* Datei *f*
arcilla [ar'θiʎa] *f GEOL* Ton *m*
arco ['arko] *m 1.* Bogen *m; ~ iris* Regenbogen *m; 2. ARCH* Bogen *m,* Gewölbebogen *m,* Brückenbogen *m; ~ del triunfo* Triumphbogen *m*
arder [ar'đɛr] *v* brennen, lodern
ardiente [ar'điente] *adj 1.* glühend; *2. (fig)* heißblütig, inbrünstig
ardor [ar'đɔr] *m 1.* Glut *f,* Hitze *f; 2. (fig)* Inbrunst *f,* Eifer *m*
arduo ['arđwo] *adj* schwer
área ['area] *f/el 1.* Gelände *n,* Raum *m,* Gebiet *n; 2. ~ de no fumar* Nichtraucherzone *f; 3. ~ de penalty/~ de castigo SPORT* Strafraum *m; 4. ~ de aprovechamiento* Einzugsgebiet *n; 5. ~s verdes* Grünanlage *f; 6. ~ de cultivos AGR* Anbaufläche *f*
arena [a'rena] *f 1.* Sand *m; 2. (corrida de toros) SPORT* Arena *f*
arenoso [are'noso] *adj* sandig
arenque [a'reŋke] *m ZOOL* Hering *m*
arete [a'rete] *m* Ohrring *m*
Argel [ar'xel] *m GEO* Algier *n*
Argelia [ar'xelĭa] *f GEO* Algerien *n*
argelino [arxe'lino] *adj 1.* algerisch; *m 2.* Algerier *m*
Argentina [arxen'tina] *f GEO* Argentinien *n*

argentino [arxen'tino] *adj 1.* argentinisch; *2. (voz)* glockenhell; *3. (de plata)* silbern; *m 4.* Argentinier *m*
argumento [argu'mento] *m* Argument *n*, Handlung *f*
aria ['arǐa] *f MUS* Arie *f*
aridez [ari'đeθ] *f* Dürre *f*
árido ['ariđo] *adj 1.* kahl; *2. (seco)* trocken
aristocracia [aristo'kratθǐa] *f* Aristokratie *f*
aristócrata [aris'tokrata] *m/f* Adlige(r) *m/f*, Aristokrat(in) *m/f*
aritmética [arit'metika] *f* Arithmetik *f*
arma ['arma] *f/el 1.* Waffe *f*; *~ atómica/~ nuclear* Atomwaffe *f*; *~ de fuego* Schusswaffe *f*; *2. (blasón)* Wappen *n*
armadura [arma'đura] *f 1. MIL* Panzerung *f*; *2. HIST* Rüstung *f*
armamento [arma'mento] *m 1.* Ausrüstung *f*; *2. MIL* Bewaffnung *f*; *3. HIST* Rüstung *f*
armar [ar'mar] *v 1.* bewaffnen; *2. (fig)* aufstellen
armario [ar'marǐo] *m* Schrank *m*; *~ de cocina* Küchenschrank *m*; *~ para libros* Bücherschrank *m*; *~ de ropa* Kleiderschrank *m*
Armenia [ar'menǐa] *f GEO* Armenien *n*
armisticio [armis'tiθǐo] *m* Waffenstillstand *m*
armonía [armo'nia] *f* Harmonie *f*; *estar en ~* harmonieren; *en ~* einträchtig
armónica [ar'monika] *f MUS* Mundharmonika *f*
armónico [ar'moniko] *adj* harmonisch
armonioso [armoni'oso] *adj 1. (melodioso)* harmonisch, wohlklingend; *2. (de buena proporción)* ausgeglichen, aufeinander abgestimmt, wohlproportioniert
armonizar [armoni'θar] *v* harmonisieren
aroma [a'roma] *m* Duft *m*, Aroma *n*, Wohlgeruch *m*
aromático [aro'matiko] *adj* aromatisch
arpa ['arpa] *f/el MUS* Harfe *f*
arqueólogo [arke'ologo] *m* Archäologe *m*
arquitecta [arki'tɛkta] *f* Architektin *f*
arquitecto [arki'tɛkto] *m* Architekt *m*
arquitectónico [arkitɛk'toniko] *adj* architektonisch
arquitectura [arkitɛk'tura] *f* Architektur *f*
arrabal [arra'ƀal] *m* Vorstadt *f*, Vorort *m*
arrancada [arran'kađa] *f* ruckartiges, schnelles Anfahren *n*
arrancar [arraŋ'kar] *v 1.* herausreißen, losreißen; *~ una hoja* ein Blatt abreißen; *~ de repente* ausbrechen, herausbrechen; *~ una confesión* ein Geständnis erzwingen; *~ de raíz* entwurzeln; *2. TECH* Motor anlassen, starten
arrastrar [arras'trar] *v 1.* ziehen, nachziehen; *2. (fuertemente)* zerren; *~ a alguien* jdn schleifen
arrastrarse [arras'trarse] *v* kriechen
arrebatador [arrɛƀata'đɔr] *adj* hinreißend, mitreißend
arrebatar [arrɛƀa'tar] *v* entreißen
arrebato [arrɛ'ƀato] *m* Anwandlung *f*, Erregung *f*
arrecife [arrɛ'θife] *m* Riff *n*
arreglado [arrɛ'glađo] *adj* ordentlich
arreglar [arrɛ'glar] *v 1. (poner orden)* aufräumen, ordnen; *2. (disponer)* einrichten, richten; *3. (reparar)* reparieren, kitten; *4. (preparar)* vorbereiten, bereitstellen; *5. (mejorar)* ausbessern, bereinigen, zurechtmachen; *6. (fig)* arrangieren
arreglarse [arrɛ'glarse] *v* sich schön machen; *~ el pelo* sich frisieren;
arreglo [a'rrɛglo] *m 1.* Anordnung *f*; *2. (acuerdo)* Absprache *f*, Arrangement *n*, Kompromiss *m*, Übereinkommen *n*; *3. (mejora)* Instandsetzung *f*, Ausgleich *m*; *4. (disposición)* Einrichtung *f*; *5. ECO* Akkord *m*, Abfindung *f*, Geschäft *n*; *6. JUR* Vergleich *m*
arremangarse [arrɛmaŋ'garse] *v 1.* sich aufraffen; *2. ~ la camisa* sich die Hemdsärmel hochkrempeln
arremetida [arrɛme'tiđa] *f* Ansturm *m*
arrendador(a) [arrenda'đɔr/arrenda'tora] *m/f 1.* Verpächter(in) *m/f*; *2. (LA)* Vermieter(in) *m/f*
arrendamiento [arrenda'mǐento] *m* Pacht *f*; *tomar en ~* pachten
arrendar [arren'dar] *v irr 1. (LA)* mieten; *2. (las áreas de cultivo)* pachten, verpachten
arrendatario [arrɛnda'tarǐo] *m 1.* Mieter *m*; *2. (de las áreas de cultivo)* Pächter *m*
arrepentido [arrɛpen'tiđo] *adj* reumütig
arrepentimiento [arrɛpenti'mǐento] *m* Reue *f*
arrepentirse [arrɛpen'tirse] *v irr ~ de* bereuen
arrestar [arres'tar] *v* verhaften, festnehmen
arresto [a'rresto] *m 1.* Arrest *m*; *~ domiciliario* Hausarrest *m*, Stubenarrest *m*; *2. JUR*

Verhaftung *f,* Arrest *m; ~ menor* Haftstrafe *f; ~ precautorio* Schutzhaft *f*
arriba [a'rriƀa] *adv 1.* oben; *~ mencionado* oben genannt; *2. hacia ~* hinauf, empor; *3. más ~* oberhalb
arribada [arri'ƀađa] *f* Landung *f*
arribar [arri'ƀar] *v* landen
arriesgado [arrĭez'gađo] *adj* halsbrecherisch, lebensgefährlich, riskant
arriesgar [arrĭes'gar] *v* riskieren, wagen, gefährden
arrodillarse [arrɔđi'ʎarse] *v* knien, sich niederknien
arrogancia [arrɔ'ganθĭa] *f* Anmaßung *f,* Arroganz *f,* Überheblichkeit *f*
arrogante [arrɔ'gante] *adj* anmaßend, arrogant, hochnäsig
arrojado [arrɔ'xađo] *adj* unerschrocken, wagemutig
arrojar [arrɔ'xar] *v* herauswerfen, schleudern, hinunterwerfen
arrojarse [arrɔ'xarse] *v* abspringen
arrojo [a'rrɔxo] *m* Mut *m*
arrollador [arrɔ'ʎađɔr] *adj* überwältigend
arrollar [arrɔ'ʎar] *v 1.* aufwickeln, zusammenrollen; *2. (fig)* sich hinwegsetzen über; *3. (atropellar)* überfahren
arroyo [a'rrɔjo] *m 1.* Bach *m; 2. (acequia)* Rinnstein *m; 3. (fig)* Gosse *f*
arroz [a'rrɔθ] *m BOT* Reis *m*
arruga [a'rruga] *f* Falte *f,* Runzel *f*
arrugado [arru'gađo] *adj* runzelig, zerknittert
arruinar [arrwi'nar] *v* ruinieren
arruinarse [arrwi'narse] *v 1.* untergehen, zerfallen; *2. ECO* abwirtschaften
arrumar [arru'mar] *v* verstauen
arsenal [arse'nal] *m MIL* Arsenal *n*
arte ['arte] *m 1.* Kunst *f; ~ culinario* Kochkunst *f; ~ de persuadir* Überredungskunst *f; 2. una obra de ~ ART* Kunstwerk *n; f 3. ~s plásticas pl ART* bildende Künste *pl*
arteria [ar'terĭa] *f ANAT* Arterie *f,* Schlagader *f; ~ radial* Pulsader *f; ~ de tráfico* Verkehrsader *f*
artesana [arte'sana] *f* Handwerkerin *f*
artesanal [artesa'nal] *adj* handwerklich; *feria ~* Handwerksmesse *f*
artesanía [artesa'nia] *f* Kunsthandwerk *n,* Kunstgewerbe *n*
artesano [arte'sano] *m* Handwerker *m*
ártico ['artiko] *m GEO* Arktis *f,* Nordpol *m*
articulación [artikula'θĭɔn] *f 1. ANAT* Gelenk *n; 2. TECH* Gelenk *n*
articulado [artiku'lađo] *adj* gelenkig, gegliedert, beweglich
artículo [ar'tikulo] *m 1. GRAMM* Artikel *m; 2. (de redacción)* Beitrag *m,* Zeitungsartikel *m; 3. ECO* Artikel *m; ~ burlón/~ humorístico* Scherzartikel *m; ~ de lujo* Luxusartikel *m; ~ invendible* Ladenhüter *m; 4. JUR* Artikel *m,* Paragraph *m; 5. ~s pl* Waren *pl,* Artikel *pl; ~s de cuero* Lederwaren *pl; ~s de escritorio* Bürobedarf *m,* Schreibwaren *pl; ~s de piel* Lederwaren *pl; ~s de tocador* Toilettenartikel *pl*
artificial [artifi'θĭal] *adj* künstlich, gekünstelt
artimaña [arti'maɲa] *f* Trick *m,* Masche *f*
artista [ar'tista] *m/f 1.* Künstler(in) *m/f; ~ callejero* Gaukler *m,* Straßenkünstler *m; 2. ~ de cabaret THEAT* Kabarettist(in) *m/f; 3. (de circo)* Artist(in) *m/f*
artístico [ar'tistiko] *adj* künstlerisch
arzobispo [arθo'ƀispo] *m REL* Erzbischof *m*
as [as] *m 1. (carta)* Ass *n; 2. (fig: campeón)* Meister *m,* Ass *n*
asa ['asa] *f/el* Handgriff *m,* Henkel *m*
asado [a'sađo] *m 1.* Braten *m; adj 2.* gebraten
asador [asa'đɔr] *m* Grill *m*
asaduras [asa'duras] *f/pl GAST* Innereien *pl*
asalariado [asala'rĭađo] *m* Erwerbstätiger *m,* Lohnempfänger *m*
asaltar [asal'tar] *v* überfallen, bestürmen; *~ a alguien* jdn anfallen, jdn überfallen
asalto [a'salto] *m* Überfall *m*
asamblea [asam'blea] *f 1.* Sitzung *f,* Versammlung *f; ~ general* Hauptversammlung *f; 2. ~ general del partido POL* Parteitag *m; ~ plenaria* Vollversammlung *f*
asar [a'sar] *v* braten; *~ a la parrilla* rösten, grillen; *~ a punto GAST* durchbraten
ascendente [asθen'dente] *adj* steigend
ascender [asθen'dɛr] *v irr* aufsteigen, hinaufsteigen, steigen
ascensión [asθen'sĭɔn] *f* Aufstieg *m,* Anstieg *m; Ascensión del Señor REL* Christi Himmelfahrt *f*
ascenso [as'θenso] *m 1.* Aufstieg *m; 2. (de puesto) ECO* Beförderung *f*
ascensor [asθen'sɔr] *m* Fahrstuhl *m,* Lift *m,* Aufzug *m*
asco ['asko] *m* Abscheu *m,* Ekel *m; tomar ~ a* sich ekeln vor; *sentir ~* sich ekeln; *¡Qué ~!* Pfui Teufel!

aseado [ase'ađo] *adj 1. (bien cuidado)* gepflegt, adrett; *2. (persona)* sauber, reinlich
asear [ase'ar] *v* sauber machen
asediar [ase'dĭar] *v 1.* belagern; *~ con preguntas a alguien* jdm mit Fragen zusetzen; *2. (molestar)* belästigen
asegurado [asegu'rađo] *m 1.* Versicherungsnehmer *m; adj 2.* versichert
aseguramiento [asegura'mĭento] *m 1.* Sicherung *f; 2. (fig: afirmación)* Versprechung *f,* Behauptung *f,* Bestätigung *f*
asegurar [asegu'rar] *v 1. (un coche, la casa)* versichern; *2. (fig: afirmar)* behaupten, zusichern, beteuern, versichern; *3. (poner a salvo)* absichern, sicherstellen; *4. (fijar)* festhalten, halten; *5. (contra)* sichern; *6. INFORM* abspeichern
asegurarse [asegu'rarse] *v 1.* sich absichern; *2. (fig)* sich vergewissern, sich versichern
asemejar [asemɛ'xar] *v ~ a alguien* jdm gleichen
asentamiento [asenti'mĭento] *m* Siedlung *f,* Ansiedlung *f*
asentar [asen'tar] *v irr 1.* setzen, stellen, aufbauen; *2. (inscribir)* eintragen, buchen; *3. (vestido)* passen, gut stehen
asentarse [asen'tarse] *v irr (en un lugar)* sich ansiedeln
asentimiento [asenti'mĭento] *m* Zustimmung *f*
asentir [asen'tir] *v irr (con la cabeza)* nicken
aseo [a'seo] *m* Sauberkeit *f,* Ordnung *f*
asequible [ase'kiƀle] *adj* erreichbar, erschwinglich
aserradero [asɛrra'đero] *m* Sägewerk *n*
aserrar [asɛ'rrar] *v irr* sägen
asesinar [asesi'nar] *v* ermorden
asesinato [asesi'nato] *m* Mord *m,* Ermordung *f; ~ con robo* Raubmord *m*
asesino [ase'sino] *m 1.* Mörder *m,* Attentäter *m; adj 2.* mörderisch
asesor(a) [ase'sɔr/ase'sora] *m/f* Berater(in) *m/f; ~ fiscal* Steuerberater *m*
asesoramiento [asesora'mĭento] *m* Beratung *f; ~ de empresa* Unternehmensberatung *f*
asesorar [aseso'rar] *v* beraten
asfixiarse [asfik'sĭarse] *v* ersticken
así [a'si] *adv 1.* so, dadurch; *¡Así lo espero!* Hoffentlich! *¡Está bien ~!* Stimmt so! *konj 2. ~ que* so; *3. ~ pues* somit; *4. ~ como* sowie
Asia ['asĭa] *f/el GEO* Asien *n*
asidero [asi'đero] *m 1.* Griff *m,* Handgriff *m; 2. (fig)* Anhaltspunkt *m*
asiento [a'sĭento] *m 1.* Sitz *m,* Sitzplatz *m; tomar ~* sich hinsetzen/Platz nehmen; *2. (puesto)* Posten *m; 3. ECO* Eintragung *f,* Buchung *f*
asignación [asigna'θĭɔn] *f* Zuweisung *f*
asignar [asig'nar] *v* zuweisen
asignatura [asigna'tura] *f* Fach *n,* Lehrfach *n; ~ voluntaria* Wahlfach *n; ~ obligatoria* Pflichtfach *n; ~ secundaria* Nebenfach *n*
asilo [a'silo] *m 1. (político)* Asyl *n; 2. (casa)* Hort *m,* Pflegeheim *n; ~ de ancianos* Altersheim *n; ~ nocturno* Obdachlosenasyl *n,* Nachtasyl *n; ~ para animales* Tierheim *n*
asimilar [asimi'lar] *v 1.* angleichen, gleichstellen; *2. (comprender)* geistig verarbeiten, erfassen, begreifen
asimismo [asi'mizmo] *adv* ebenfalls, zugleich
asir [a'sir] *v irr* anfassen, greifen, ergreifen, packen
asistencia [asis'tenθĭa] *f 1. (cuidado)* Pflege *f,* Hilfe *f; 2. (presencia)* Anwesenheit *f,* Besuch *m; 3. (ayuda)* Hilfe *f,* Aushilfe *f,* Beihilfe *f,* Beistand *m; ~ al parto* Geburtshilfe *f; ~ social* Sozialhilfe *f; ~ a una sesión* Beisitz *m; ~ técnica* Service *m,* Kundendienst *m; ~ a las urnas POL* Wahlbeteiligung *f*
asistente [asis'tente] *m/f (ayudante)* Gehilfe/Gehilfin *m/f,* Assistent(in) *m/f,* Helfer(in) *m/f; ~ durante el plazo de prueba* Bewährungshelfer(in) *m/f; ~ social* Sozialarbeiter(in) *m/f; ~ de vuelo* Steward(ess) *m/f*
asistir [asis'tir] *v 1. MED* behandeln; *2. (ayudar)* aushelfen, beistehen; *3. ~ a (dar cuidados)* pflegen; *4. (presencia) ~ a* besuchen; *5. ~ en el parto MED* entbinden
asma ['azma] *f/el MED* Asthma *n*
asno ['azno] *m* Esel *m*
asociación [asoθĭa'θĭɔn] *f 1. (grupo)* Verein *m,* Verband *m,* Zusammenschluss *m; ~ deportiva* Sportverein *m; ~ de padres de familia* Elternbeirat *m; 2. (fig: relación)* Zusammenhang *m,* Kombination *f,* Verknüpfung *f*
asociado [aso'θĭađo] *m ECO* Sozius *m,* Teilhaber *m*
asocial [aso'θĭal] *adj* asozial
asociar [aso'θĭar] *v* angliedern, verknüpfen, kombinieren; *~ algo con* etw assoziieren mit, etw verbinden mit

asociarse [aso'θĭarse] *v* sich zusammenschließen; ~ *con* sich anschließen an
asolamiento [asola'mĭento] *m* Verwüstung *f*
asolar [aso'lar] *v irr* verwüsten, zunichte machen
asombrarse [asɔm'brarse] *v* ~ *con/~de* sich wundern über, erstaunt sein über
asombro [a'sɔmbro] *m* Staunen *n*, Verwunderung *f*
asombroso [asɔm'broso] *adj* erstaunlich, verblüffend
aspavientos [aspa'ƀĭentos] *m/pl* Faxen *pl*, Gezeter *n*, Theater *n*
aspecto [as'pɛkto] *m* Aussehen *n*, Erscheinung *f*; ~ *físico* Gestalt *f*; ~ *negativo* Kehrseite *f*
aspereza [aspe'reθa] *f* Unebenheit *f*
áspero ['aspero] *adj 1.* rau; *2. (seco)* trocken; *3. (bronco)* barsch, rau; *4. (rudo, vulgar)* derb; *5. (superficie)* holperig, stachelig, hölzern
aspirador [aspira'đɔr] *m* Staubsauger *m*
aspirante [aspi'rante] *m/f* Anwärter(in) *m/f*, Bewerber(in) *m/f*
aspirar [aspi'rar] *v 1. (respirar)* einatmen; *2. (el polvo)* saugen, absaugen; *3. TECH* ansaugen; *4. (ambicionar)* ~ *a* sich bewerben um, anstreben, erstreben
asquear [aske'ar] *v* anekeln
asqueroso [aske'roso] *adj (fig)* abscheulich, widerlich, Ekel erregend; *un aspecto* ~ ein widerlicher Anblick *m*
astilla [as'tiʎa] *f* Span *m*, Splitter *m*
astilleros [asti'ʎeros] *m/pl* Werft *f*
astro ['astro] *m* Stern *m*, Gestirn *n*
astrología [astrolɔ'xia] *f* Astrologie *f*
astronauta [astro'nawta] *m/f* Astronaut(in) *m/f*, Raumfahrer(in) *m/f*
astronáutica [astro'nawtika] *f* Raumfahrt *f*
astronomía [astrono'mia] *f* Astronomie *f*
astucia [as'tuθĭa] *f* List *f*, Schläue *f*, Überlistung *f*
astuto [as'tuto] *adj* schlau, listig, pfiffig
asumir [asu'mir] *v 1.* ~ *la defensa* verteidigen; *2.* ~ *un cargo* eine Stelle übernehmen
Asunción [asun'θĭɔn] *f REL* Mariä Himmelfahrt *f*
asunto [a'sunto] *m* Affäre *f*, Angelegenheit *f*, Betreff *m*, Sache *f*
asustadizo [asusta'điθo] *adj* ängstlich, schreckhaft
asustado [asus'tađo] *adj* angsterfüllt, verängstigt
asustarse [asus'tarse] *v* sich ängstigen, sich erschrecken
atacar [ata'kar] *v 1.* angreifen; ~ *sorpresivamente* überfallen; *2. (fig)* bekämpfen; *3. (en público)* anprangern
atadura [ata'đura] *f* Bindung *f*
atajo [a'taxo] *m* Abkürzung *f*; *tomar un* ~ den Weg abschneiden
atañer [ata'ɲɛr] *v irr* anbelangen
ataque [a'take] *m 1.* Angriff *m*, Attacke *f*; ~ *sorpresivo* Überfall *m*; *2. MED* Anfall *m*; ~ *cardíaco* Herzanfall *m*; ~ *de apoplejía* Schlaganfall *m*; *3.* ~ *de cólera* Wutausbruch *m*; ~ *de rabia* Tobsuchtsanfall *m*; *4. MIL* Angriff *m*
atar [a'tar] *v* anbinden, zubinden, schnüren, verknüpfen
atardecer [atarđe'θɛr] *v irr* dämmern
atascado [atas'kađo] *adj 1.* verstopft; *El desagüe está ~.* Der Abfluss ist verstopft. *2. (fig)* verklemmt
atascarse [atas'karse] *v 1.* stecken bleiben; *2. (fig: al hablar)* sich verhaspeln
atasco [a'tasko] *m* Stau *m*
ateísmo [ate'izmo] *m* Atheismus *m*
atención [aten'θĭɔn] *f 1.* Achtsamkeit *f*, Achtung *f*, Aufmerksamkeit *f*; *poner* ~ aufpassen; *sin* ~ unachtsam, unaufmerksam; *sin llamar la* ~ unauffällig; *falta de* ~ Unachtsamkeit *f*; *interj 2. ¡Atención!* Achtung!
atender [aten'đɛr] *v irr 1. MED* behandeln; *2. (cuidar)* ~ *a* sorgen, pflegen, betreuen; *3. (escuchar)* ~ *a* hören, beachten; *4. (servir)* ~ *a alguien* jdm dienen, jdn bedienen; *5. (despachar)* ~ *a* abfertigen, versorgen
atenerse [ate'nɛrse] *v irr* ~ *a algo* sich an etw halten, etw einhalten
atentado [aten'tađo] *m 1.* Attentat *n*; ~ *con bombas* Bombenattentat *n*; ~ *con explosivos* Sprengstoffattentat *n*; *2. POL* Anschlag *m*
atentamente [atenta'mente] *adv* höflich; *saludar* ~ hochachtungsvoll grüßen
atento [a'tento] *adj 1.* aufmerksam, wachsam, achtsam; *2. (cortés)* höflich, zuvorkommend, gefällig
atenuar [ate'nwar] *v* mildern
ateo [a'teo] *adj* gottlos
aterrado [atɛ'rrađo] *adj* entsetzt
aterrizaje [atɛrri'θaxe] *m* Landung *f*; ~ *con avería/~ con daños* Bruchlandung *f*; ~ *forzoso/~ de emergencia* Notlandung *f*
aterrizar [atɛrri'θar] *v* landen

atesorar [ateso'rar] *v* *(dinero)* horten, anhäufen
atestado [ates'tađo] *m* Attest *n*, Zeugnis *n*
atleta [at'leta] *m/f* Athlet(in) *m/f*, Kämpfer(in) *m/f*, Wettkämpfer(in) *m/f*
atletismo [atle'tizmo] *m* *SPORT* Leichtathletik *f*
ático ['atiko] *m* Dachgeschoss *n*
atildado [atil'dađo] *adj* adrett
Atlántico [at'lantiko] *m* *GEO* Atlantik *m*
atlas ['atlas] *m* Atlas *m*
atlético [at'letiko] *adj* athletisch, sportlich
atmósfera [at'mɔsfera] *f* *PHYS* Atmosphäre *f*
atolondrado [atolɔn'drađo] *adj* kopflos, schusselig
atómico [a'tomiko] *adj* atomar
átomo ['atomo] *m* *PHYS* Atom *n*
atónito [a'tɔnito] *adj* fassungslos, sprachlos, verdutzt
atontado [atɔn'tađo] *v* *estar ~* benommen sein
atormentar [atɔrmen'tar] *v* peinigen, quälen
atornillar [atɔrni'ʎar] *v* schrauben
atosigar [atosi'gar] *v* bedrängen, hetzen; *~ alguien a preguntas* jdn mit Fragen löchern
atracadero [atraka'đero] *m* Anlegeplatz *m*
atracar [atra'kar] *v* *1. NAUT* anlegen, festmachen; *2. (atacar)* überfallen
atracción [atrak'θĭɔn] *f* *1.* Anziehung *f*, Reiz *m*; *~ terrestre* Erdanziehungskraft *f*; *2. (de clientes) ECO* Abwerbung *f*; *3. (turística)* Sehenswürdigkeit *f*
atraco [a'trako] *m* Überfall *m*, Raubüberfall *m*; *~ bancario* Banküberfall *m*
atractivo [atrak'tiƀo] *m* *1.* Charme *m*, Liebreiz *m*, Zauber *m*; *sin ~* reizlos; *adj* *2.* charmant, attraktiv, fesselnd; *3. lleno de ~s* reizvoll
atraer [atra'ɛr] *v* *irr* *1.* anlocken, anziehen; *2. ~ a alguien* jdn locken, jdn für sich gewinnen
atragantarse [atragan'tarse] *v* verschlucken
atrapar [atra'par] *v* erwischen, abfangen
atrás [a'tras] *adv* *1.* hinten, zurück, rückwärts; *tres años ~* vor drei Jahren; *2. (detrás)* dahinter; *3. por ~* hintenherum
atrasado [atra'sado] *adj* rückständig, überfällig; *ir ~ reloj* nachgehen
atrasarse [atra'sarse] *v* verspäten
atravesar [atraƀe'sar] *v* *irr* passieren, durchqueren, überqueren, überschreiten
atreverse [atre'ƀɛrse] *v* wagen; *~ a algo* sich etw trauen
atrevido [atre'ƀiđo] *adj* frech, gewagt
atribuir [atriƀu'ir] *v* *irr* beimessen, zuerkennen; *~ un valor exagerado* überschätzen
atribuirse [atribu'irse] *v* *irr* *~ algo* sich etw anmaßen
atrocidad [atroθi'đađ] *f* Grausamkeit *f*, Gräueltat *f*
atropellar [atrope'ʎar] *v* überfahren
atroz [a'trɔθ] *adj* grausam, grauenhaft
atuendo [a'twendo] *m* Aufzug *m*, Kleidung *f*, Erscheinen *n*
atún [a'tun] *m* *ZOOL* Thunfisch *m*
aturdido [atur'điđo] *adj* gedankenlos, kopflos, verstört
aturdimiento [aturđi'mĭento] *m* Gedankenlosigkeit *f*
audacia [aŭ'đaθĭa] *f* Vermessenheit *f*
audaz [aŭ'đaθ] *adj* kühn, wagemutig, verwegen
audible [aŭ'điƀle] *adj* hörbar, vernehmbar
audición [aŭđi'θĭɔn] *f* *JUR* Anhörung *f*
audiencia [aŭ'điènθĭa] *f* *1. JUR* Anhörung *f*; *2. (juzgado) JUR* Gericht *n*
audífono [aŭ'đifono] *m* *1. MED* Hörgerät *n*; *2. (LA)* Kopfhörer *m*
audiovisual [aŭđioƀi'swal] *adj* audiovisuell
auditor [aŭđi'tɔr] *m* *ECO* Wirtschaftsprüfer *m*, Rechnungsprüfer *m*
auge ['aŭxe] *m* *ECO* Aufschwung *m*
augurar [aŭgu'rar] *v* voraussagen
augurio [aŭ'gurĭo] *m* Omen *n*, Vorzeichen *n*, Vorbedeutung *f*
aula ['aŭla] *f/el* *1.* Aula *f*; *2. (salón)* Klasse *f*; *~ universitaria* Hörsaal *m*
aullar [aŭ'ʎar] *v* *(perro)* kläffen, jaulen
aumentar [aŭmen'tar] *v* *1. (agrandar, multiplicar)* vermehren, verstärken, vergrößern; *2. (fig: subir)* anheben, heraufsetzen, steigern; *3. ECO* erhöhen; *4. (poniendo un líquido)* verlängern, strecken; *5. (de peso)* zunehmen
aumento [aŭ'mento] *m* *1.* Anstieg *m*, Steigerung *f*, Zunahme *f*; *ir en ~* überhandnehmen; *~ de la población* Bevölkerungszuwachs *m*; *~ de familia* Familienzuwachs *m*; *2. (fig: multiplicación)* Vermehrung *f*; *3. ECO* Zuwachs *m*; *4. (fig: subida) ECO* Erhöhung *f*; *~ de precios ECO* Preiserhöhung *f*; *~ salarial* Lohnerhöhung *f*; *~ de sueldo* Gehaltserhöhung *f*
aún [a'un] *konj* noch

aunar [aŭ'nar] *v* zusammenfassen
aunque ['aŭŋke] *konj* obwohl, trotzdem, obschon
auricular [aŭriku'lar] *m 1. TEL* Hörer *m*, Hörmuschel *f*; *2. ~es pl* Kopfhörer *m*
ausencia [aŭ'senθĭa] *f 1.* Abwesenheit *f*; *2. (carencia)* Mangel *m*
ausentarse [aŭsen'tarse] *v* fernbleiben
ausente [aŭ'sente] *adj 1.* abwesend; *2. (fig)* geistesabwesend
austeridad [aŭsteri'đađ] *f 1.* Strenge *f*; *2. (rigor)* Stärke *f*; *3. (seriedad)* Ernst *m*
austero [aŭs'tero] *adj 1. (severo)* streng; *2. (serio)* ernst; *3. (escueto)* schmucklos
Australia [aŭs'tralĭa] *f GEO* Australien *n*
australiano [aŭstra'lĭano] *adj 1.* australisch; *m 2.* Australier *m*
Austria ['aŭstrĭa] *f GEO* Österreich *n*
austríaco [aŭs'triako] *adj 1.* österreichisch; *m 2.* Österreicher *m*
auténticamente [aŭ'tentikamente] *adv* authentisch
autenticidad [aŭtenti'θiđađ] *f* Echtheit *f*
auténtico [aŭ'tentiko] *adj* echt, authentisch, rein
autentificación [aŭtentifika'θĭɔn] *f JUR* Beurkundung *f*
autentificar [aŭtentifi'kar] *v JUR* beurkunden
autoadhesivo [aŭtoađe'siƀo] *m 1.* Aufkleber *m*; *adj 2.* selbstklebend
autobús [aŭto'ƀus] *m* Bus *m*, Omnibus *m*
autocar [aŭto'kar] *m* Reisebus *m*
autocontrol [aŭtokon'trol] *m* Haltung *f*, Selbstbeherrschung *f*
autocracia [aŭto'kraθĭa] *f POL* Alleinherrschaft *f*
autóctono [aŭ'tɔktono] *adj* einheimisch
autodeterminación [aŭtođetermina'θĭɔn] *f* Selbstbestimmung *f*
autodidacta [aŭtođi'đakta] *m/f* Autodidakt *m*
autodominio [aŭtođo'minĭo] *m* Selbstbeherrschung *f*
autoescuela [aŭtoes'kwela] *f* Fahrschule *f*
autógrafo [aŭ'tografo] *m* Autogramm *n*
automarginación [aŭtomarxina'θĭɔn] *f* Ausstieg *m*
autómata [aŭ'tomata] *m* Roboter *m*
automática [aŭto'matika] *f ~ de bebidas* Getränkeautomat *m*
automático [aŭto'matiko] *adj* automatisch; *totalmente ~* vollautomatisch
automatización [aŭtomatiθa'θĭɔn] *f TECH* Automation *f*
automóvil [aŭto'moƀil] *m* Auto *n*, Kraftfahrzeug *n*, Personenkraftwagen *m*
automovilista [aŭtomoƀi'lista] *m/f* Autofahrer(in) *m/f*, Kraftfahrer(in) *m/f*
autonomía [aŭtono'mia] *f ~ administrativa POL* Selbstverwaltung *f*
autónomo [aŭ'tonomo] *adj 1.* autonom; *2. (libre profesión)* freiberuflich
autopista [aŭto'pista] *f* Autobahn *f*
autor(a) [aŭ'tɔr/aŭ'tora] *m/f 1. (escritor(a))* Autor(in) *m/f*, Urheber(in) *m/f*, Verfasser(in) *m/f*; *2. (causante)* Täter(in) *m/f*, Verursacher(in) *m/f*; *~ del atentado* Attentäter *m*; *3. (donante)* Stifter(in) *m/f*; *~ clásico* Klassiker *m*
autoridad [aŭtori'đađ] *f 1.* Amt *n*, Behörde *f*; *~ pública* Obrigkeit *f*; *~ de extranjería* Auslandsbehörde *f*; *~ inspectora* Aufsichtsbehörde *f*; *~ judicial* Justizbehörde *f*; *2. (validez)* Geltung *f*, Ansehen *n*, Autorität *f*
autoritario [aŭtori'tarĭo] *adj* gebieterisch, herrisch, selbstherrlich
autorización [aŭtoriθa'θĭɔn] *f 1.* Berechtigung *f*, Ermächtigung *f*; *2. (permiso)* Erlaubnis *f*, Befugnis *f*, Genehmigung *f*; *3. JUR* Bevollmächtigung *f*
autorizado [aŭtori'θađo] *adj* zulässig, befugt, berechtigt; *~ para recibir* empfangsberechtigt; *~ para firmar* unterschriftsberechtigt; *no ~* unbefugt
autorizar [aŭtori'θar] *v 1. (permitir)* erlauben, zulassen, gestatten; *2. JUR* ermächtigen, berechtigen, zulassen
autoservicio [aŭtɔsɛr'ƀiθĭo] *m* Selbstbedienung *f*; *tienda de ~* Selbstbedienungsladen *m*
auto-stop ['awtostɔp] *m viajar por ~* per Anhalter fahren, trampen
autostopista [aŭtostɔ'pista] *m/f* Tramper(in) *m/f*, Anhalter(in) *m/f*
autovía [aŭto'ƀia] *f* Schnellstraße *f*
auxiliador(a) [aŭgsilĭa'đɔr/aŭgsilĭa'đora] *m/f* Helfer(in) *m/f*
auxiliar [aŭgsi'lĭar] *m 1.* Gehilfe *m*; *2. ~ de enfermería MED* Pfleger *m*; *médico* Sprechstundenhilfe *f*
auxilio [aŭ'gsilĭo] *m 1.* Abhilfe *f*, Hilfe *f*; *2. ~ en carretera TECH* Pannenhilfe *f*; *3. primeros ~s pl MED* erste Hilfe *f*
avanzado [aƀan'θađo] *adj* fortgeschritten, fortschrittlich, hochgradig

avanzar [aƀan'θar] *v* fortschreiten, vorankommen, vordringen
avaricia [aƀa'riθĭa] *f* Geiz *m*
avaro [a'ƀaro] *m 1.* Geizkragen *m; adj 2.* geizig
avasallador [aƀasaʎa'đɔr] *adj* überwältigend
ave ['aƀe] *f/el 1. ZOOL* Vogel *m; ~ rapaz* Raubvogel *m; 2. ~s de corral pl* Geflügel *n*
avecinarse [aƀeθi'narse] *v* sich nähern
avellana [aƀe'ʎana] *f BOT* Haselnuss *f*
avenida [aƀe'niđa] *f* Allee *f*
aventura [aƀen'tura] *f* Abenteuer *n; a la ~* aufs Geratewohl
aventurado [aƀentu'rađo] *adj* riskant, waghalsig
aventurar [aƀentu'rar] *v* wagen
aventurero [aƀentu'rero] *m 1.* Abenteurer *m; adj 2.* abenteuerlich, abenteuerlustig
avergonzarse [aƀɛrgon'θarse] *v irr ~ de* sich schämen wegen
avería [aƀe'ria] *f 1.* Panne *f,* Defekt *m; Tengo una ~.* Ich habe eine Panne. *2. (del motor) TECH* Motorschaden *m*
averiado [aƀe'rĭađo] *adj (defectuoso)* defekt, beschädigt
averiguación [aƀerigwa'θĭɔn] *f* Recherche *f,* Ermittlung *f*
averiguar [aƀeri'gwar] *v* ermitteln, recherchieren; *~ el secreto* dahinter kommen
aversión [aƀɛr'sĭɔn] *f* Widerwille *m,* Abneigung *f,* Aversion *f*
aviación [aƀĭa'θĭɔn] *f 1.* Flugwesen *n,* Luftfahrt *f; 2. ~ militar MIL* Luftwaffe *f*
avidez [aƀi'đeθ] *f* Gier *f; ~ de placeres* Vergnügungssucht *f*
ávido ['aƀiđo] *adj ~ de* gierig auf; *~ de placeres* vergnügungssüchtig; *~ de aprender/~ de saber* wissbegierig; *estar ~ de* hungern nach
avión [a'ƀĭɔn] *m* Flugzeug *n; ~ de reacción* Düsenflugzeug *n; ~ comercial* Verkehrsflugzeug *n; ~ de caza MIL* Jagdflugzeug *n*
avisar [aƀi'sar] *v 1.* ansagen, benachrichtigen; *2. ~ a alguien* jdn verständigen; *¡Avise a la policía!* Verständigen Sie die Polizei! *3. ~ con la luz intermitente TECH* blinken
aviso [a'ƀiso] *m 1.* Verständigung *f,* Anmeldung *f,* Ansage *f; sin ~* fristlos; *sin previo ~* unangemeldet, unerwartet; *estar sobre ~* auf der Hut sein; *2. (publicación)* Annonce *f; 3. (advertencia)* Warnung *f*
avispa [a'ƀispa] *f ZOOL* Wespe *f*
avispón [aƀis'pɔn] *m ZOOL* Hornisse *f*
avituallamiento [abitwaʎa'mĭento] *m* Nachschub *m*
avivar [aƀi'ƀar] *v* anfeuern, ermuntern
ay [aĭ] *interj ¡Ay!* Au! *¡Ay de mí!* Wehe mir!
ayer [a'jɛr] *adv* gestern; *~ al mediodía* gestern Mittag; *~ por la noche* gestern Abend/gestern Nacht
ayuda [a'juđa] *f 1.* Hilfe *f,* Mithilfe *f,* Beistand *m; ~ a los países en vías de desarrollo* Entwicklungshilfe *f; ~ mnemotécnica;* Gedächtnisstütze *f; 2. ~ finanziera FIN* Zuschuss *m*
ayudante [aju'đante] *m/f* Assistent(in) *m/f,* Gehilfe/Gehilfin *m/f*
ayudar [aju'đar] *v* helfen, aushelfen, beistehen; *dispuesto a ~ a alguien* jdm behilflich sein
ayunar [aju'nar] *v* fasten
ayunas [a'junas] *adv en ~* nüchtern
ayuntamiento [ajunta'mĭento] *m 1.* Rathaus *n; 2. (municipalidad)* Stadtrat *m*
azadón [aθa'đɔn] *m* Hacke *f*
azadonar [aθađo'nar] *v* hacken
azafata [aθa'fata] *f* Stewardess *f*
azar [a'θar] *m* Zufall *m; por ~* zufällig
Azores [a'θores] *f/pl (las islas) GEO* Azoren *pl*
azotar [aθo'tar] *v* peitschen, auspeitschen
azotea [aθo'tea] *f* Dachterrasse *f*
azteca [aθ'teka] *m 1. HIST* Azteke *m; adj 2. HIST* aztekisch
azúcar [a'θukar] *m 1. GAST* Zucker *m; ~ cande* Kandiszucker *m; ~ en polvo* Puderzucker *m; 2. caña de ~ BOT* Zuckerrohr *n*
azucarado [aθuka'rađo] *adj* kandiert
azucarar [aθuka'rar] *v* zuckern
azul [a'θul] *adj* blau; *~ claro* hellblau
azulejo [aθu'lɛxo] *m* Kachel *f,* Fliese *f*
azuzar [aθu'θar] *v ~ contra alguien* gegen jdn hetzen

B

baba ['baƀa] *f (saliva)* Geifer *m,* Schleim *m, Seguro que ha planteado esto com mala ~.* Das hat er sicherlich in ganz schlechter/böswilliger Absicht vorgeschlagen.
babero [ƀa'bero] *m* Lätzchen *n*
Babia ['baƀĭa] *m estar en ~* geistesabwesend sein
babor [ba'ƀɔr] *m NAUT* Backbord *n*
bacalao [baka'lao] *m 1. ZOOL* Dorsch *m,* Kabeljau *m,* Schellfisch *m; 2. (fam)* Techno-Musik *f*
bacanal [baka'nal] *f (orgía)* Bacchanal *n*
bacilo [ba'θilo] *m BIO* Bazillus *m*
bacinete [baθi'nete] *m 1. (en una armadura)* Sturmhaube *f*
bacteria [bak'terĭa] *f* Bakterie *f*
bactericida [bakteri'θiđa] *m (microbicida)* Bakterizid *n*
bache ['batʃe] *m* Schlagloch *n*
bachiller [batʃi'ʎer] *m* Abiturient *m*
bachillerato [batʃiʎe'rato] *m* Abitur *n*
bafle ['bafle] *m (altavoces)* Lautsprecher *m*
bagaje [ba'gaxe] *m 1. (equipaje) MIL* Gepäck *n; 2. (fig: conocimiento)* geistiges Rüstzeug *n*
bagatela [baga'tela] *f* Bagatelle *f*
bagatelizar [bagateli'θar] *v* bagatellisieren
bahía [ba'ia] *f* Bucht *f,* Meerbusen *m*
bailador(a) [baĭla'đɔr/baĭla'đora] *m/f* Tänzer(in) *m/f*
bailar [baĭ'lar] *v 1. (persona)* tanzen; *2. (cosa)* wackeln
bailarín [baĭla'rin] *m THEAT* Tänzer *m*
bailarina [baĭla'rina] *f THEAT* Tänzerin *f*
baile ['baĭle] *m 1.* Tanz *m; ~ de claqué* Stepptanz *m; ~s latinoamericanos pl* lateinamerikanische Tänze *pl; 2. (fiesta)* Ball *m; ~ de carnaval* Faschingsball *m*
baja ['baxa] *f 1.* Abfall *m,* Rückgang *m; 2. ~ del cambio FIN* Abschlag *m; 3. ~ presión TECH* Niederdruck *m; 4. METEO* Unterdruck *m; 5. estar en ~ ECO* abflauen
bajada [ba'xađa] *f 1. (descenso)* Absenkung *f,* Abstieg *m; 2. (salida)* Ausstieg *m; 3. SPORT* Abfahrt *f*
bajar [ba'xar] *v 1.* sinken, herabsteigen, absteigen; *2. (del coche, del tren, del autobús)* aussteigen; *3. ~ de peso* abnehmen; *4. hacer ~ ECO* drücken; *5. ~ la marea* abebben
bajeza [ba'xeθa] *f* Gemeinheit *f,* Niedertracht *f*
bajo ['baxo] *adj 1. (poco)* gering, niedrig; *2. (inferior)* untere(r,s), tief, nieder; *marea baja* Ebbe *f; prep 3.* unter; *diez grados ~ cero* minus zehn Grad; *m 4. MUS* Bass *m*
bajón [ba'xɔn] *m 1. (disminución)* Niedergang *m,* Abnahme *f; 2. (instrumento) MUS* Fagott *n,* Baßflöte *f*
bala ['bala] *f MIL* Kugel *f; a prueba de ~s* kugelsicher
baladí [bala'đi] *adj (banal, insignificante)* unbedeutend, wertlos, gering
balance [ba'lanθe] *m 1.* Balance *f; 2. ECO* Geschäftsabschluss *m; 3. (de una empresa) FIN* Bilanz *f*
balancear [balanθe'ar] *v 1.* wiegen, schaukeln; *2. (mantener el equilibrio)* balancieren; *3. (fig: vacilar)* zögern, zaudern
balanza [ba'lanθa] *f 1.* Waage *f,* Waagschale *f; 2. ECO* Bilanz *f; ~ de comercio exterior ECO* Außenhandelsbilanz *f*
balar [ba'lar] *v* meckern
balaustrada [balaws'trađa] *f* Balustrade *f*
balbucear [balƀuθe'ar] *v* lallen
balbuceo [balƀu'θeo] *m 1. (tartamudeo)* Stammeln *n,* Gestammel *n; 2. (fig: inicios de un suceso)* Anfang *m,* Initialphase *f*
balbucir [balƀu'θir] *v irr* lallen
balcón [bal'kɔn] *m* Balkon *m*
balda ['balđa] *f (estante)* Fach *n,* Schrankbrett *n*
baldadura [balđa'đura] *f (cansancio físico)* Lähmung *f,* Erschöpfung *f*
balde ['balđe] *m (LA)* Eimer *m*
baldío [bal'đio] *adj 1. terreno ~* unangebaut, brachliegend; *2. (vano)* zwecklos, umsonst; *Esfuerzos ~* zwecklose Anstrengungen
baldón [bal'đɔn] *m (borrón, estigma)* Schandfleck *m,* Schimpf *m,* Schande *f*
baldosa [bal'đosa] *f* Platte *f,* Fliese *f*
baldragas [bal'đragas] *m (bragazas)* Schwächling *m,* gutmütiger Tropf *m*
balneario [balne'arĭo] *m* Badeort *m,* Kurort *m*
balompié [balɔm'pĭe] *m SPORT* Fußballspiel *n*
balón [ba'lɔn] *m 1. (pelota)* Ball *m; 2. (fútbol) SPORT* Fußball *m*

balsa ['balsa] *f* Floß *n*
bálsamo ['balsamo] *m* Balsam *m*
báltico ['baltiko] *adj* baltisch
ballena [ba'ʎena] *f ZOOL* Wal *m; ~ azul* Blauwal *m*
ballet [ba'ʎɛt] *m THEAT* Ballett *n*
bambolear [bambole'ar] *v* pendeln
bambolla [bam'ƀoʎa] *f (fachada)* Pomp *m,* Fassade *f*
banal [ba'nal] *adj* banal, hausbacken, platt
banalidad [banali'đađ] *f* Banalität *f*
banana [ba'nana] *f BOT* Banane *f*
banca ['baŋka] *f FIN* Bankwesen *n*
bancada [ban'kađa] *f 1. (asiento)* Ruderbank *f,* ...bank *f; 2. (mesa)* Werkbank *f*
bancal [baŋ'kal] *m* Beet *n*
bancarrota [baŋka'rrɔta] *f* Pleite *f,* Bankrott *m*
banco ['baŋko] *m 1.* Sitzbank *f; 2. FIN* Bank *f,* Geldinstitut *n; Banco federal alemán FIN* Bundesbank *f; Banco mundial FIN* Weltbank *f; 3. ~ de arena NAUT* Sandbank *f; 4. (de peces) ZOOL* Schwarm *m; 5. ~ emisor ECO* Notenbank *f; 6. ~ de datos INFORM* Datenbank *f*
banda ['banda] *f 1. (grupo)* Bande *f; 2. MUS* Band *f; ~ de música* Musikkapelle *f; 3. (tira)* Streifen *m; ~ de guía* Leitplanke *f*
bandada [ban'dađa] *f (de pájaros) ZOOL* Schwarm *m*
bandazo [ban'daθo] *m 1. (movimiento brusco),* abruptes Kippen *n; 2. (fig: cambios bruscos)* abrupter Wechsel *m,* abrupte Änderung *f*
bandeja [ban'dexa] *f* Platte *f,* Tablett *n; ~ del horno* Backblech *n*
bandera [ban'dera] *f* Fahne *f,* Flagge *f*
bandido [ban'điđo] *m* Bandit *m*
bandolero [bando'lero] *m* Bandit *m*
bandullo [ban'duʎo] *m (tripas)* Eingeweide *n/pl,* Innereien *f/pl*
banquero [baŋ'kero] *m FIN* Bankier *m*
banqueta [baŋ'keta] *f ~ del bar* Barhocker *m*
banquete [baŋ'kete] *m* Bankett *n,* Festessen *n*
banquetear [baŋkete'ar] *v (opulento)* tafeln
banquetearse [baŋkete'arse] *v* schlemmen
banquillo [baŋ'kiʎo] *m* Bank *f*
bañador [baɲa'đɔr] *m* Badehose *f*
bañar [ba'ɲar] *v 1. ~ de, con oro* überziehen, glasieren; *2. (mar, río, lago)* baden
bañarse [ba'ɲarse] *v* baden
bañera [ba'ɲera] *f* Badewanne *f*
bañero [ba'ɲero] *m* Bademeister *m*
bañista [ba'ɲista] *m/f* Badegast *m*
baño ['baɲo] *m 1.* Bad *n; cuarto de ~* Badezimmer *n; 2. ~ público* Badeanstalt *f; 3. (servicio)* Toilette *f; ir al ~ (LA)* auf die Toilette gehen; *4. ~ de la torta GAST* Tortenguss *m,* Tortenglasur *f; ~ de azúcar* Zuckerguss *m*
baquetear [bakete'ar] *v (molestar)* plagen, quälen
baqueteo [bake'teo] *m* Quälerei *f*
bar [bar] *m* Kneipe *f,* Bar *f*
baraja [ba'raxa] *f conjunto de cartones* Spielkarten *f/pl; Romper la ~.* Vorhaben aufgeben; *Jugar con dos ~s.* doppeltes Spiel treiben
baranda [ba'randa] *f* Brüstung *f,* Geländer *n*
barandilla [baran'diʎa] *f 1.* Treppengeländer *n; 2. ~ de la escalera pl* Balustrade *f*
baratear [barate'ar] *v (saldar)* unter Preis verkaufen, verramschen, verschleudern; *En esta tienda baratean todo en verano.* In diesem Laden verkaufen sie im Sommer alles unter Preis.
baratija [bara'tixa] *f 1.* Kleinigkeit *f; 2. ~s pl* Kram *m,* Nippes *m*
baratísimo [bara'tisimo] *adj* spottbillig
barato [ba'rato] *adj* billig, preiswert
barba ['barƀa] *f* Bart *m*
bárbaro ['barƀaro] *m 1.* Barbar *m; adj 2.* barbarisch
barbear [barƀe'ar] *v (afeitar la barba)* rasieren
barbero [bar'ƀero] *m (peluquero)* Barbier *m,* Bader *m,* Herrenfriseur *m*
barbilla [bar'ƀiʎa] *f ANAT* Kinn *n*
barbudo [bar'ƀuđo] *adj* bärtig
barca ['barka] *f* Boot *n,* Kahn *m*
barco ['barko] *m* Schiff *n; ¿Cuándo zarpa el ~ ?* Wann legt das Schiff ab? *¿Dónde atraca el ~ ?* Wo legt das Schiff an? *~ de vapor* Dampfer *m; ~ naufragado* Schiffswrack *n; ~ pesquero* Fischerboot *n*
bardaje [bar'đaxe] *m (sodomita)* Sodomit *m*
barítono [ba'ritono] *m MUS* Bariton *m*
barniz [bar'niθ] *m* Lack *m*
barnizado [barni'θađo] *m* Lackierung *f*
barnizar [barni'θar] *v (embarnizar)* lackieren, glasieren, firnissen

barómetro [ba'rometro] *m TECH* Barometer *n*
barón [ba'rɔn] *m* Baron *m*
baronesa [baronesa] *f* Baronin *f*
barquillo [bar'kiʎo] *m 1. (LA)* Eistüte *f*, Waffel *f*; *2. GAST* Waffel *f*
barra ['barra] *f 1. JUR* Schranke *f*; *2. GAST* Theke *f*; *3. (bastón)* Stab *m*; *~ combustible TECH* Brennstab *m*; *4. hacer ~ (LA)* anfeuern
barraca [ba'rraka] *f 1.* Verschlag *m*, Baracke *f*; *2. ~ de tiro al blanco* Schießbude *f*
barracón [barra'kɔn] *m (barraca)* Schießbude *f*, Schaubude (Kirmes) *f*
barranco [ba'rraŋko] *m* Klamm *f*, Schlucht *f*
barrenadora [barrɛna'đora] *f TECH* Bohrmaschine *f*
barrenar [barre'nar] *v 1. (taladrar)* anbohren, ausbohren, durchbohren; *2. ~ leyes* (Gesetze) mißachten
barrer [ba'rrɛr] *v* fegen, kehren
barrera [ba'rrɛra] *f 1.* Absperrung *f*, Barriere *f*, Sperre *f*; *sin ~s* uneingeschränkt; *2. ~ de ferrocaril* Eisenbahnschranke *f*; *3. (barra) JUR* Schranke *f*
barreta [barre'ta] *f 1. ~ de chocolate* Riegel (Schokolade) *m*; *2. (remiendo)* Unterfütterung *f*
barriada [ba'rrĭađa] *f* Viertel *n*, Stadtviertel *n*
barricada [barri'kađa] *f* Barrikade *f*
barriga [ba'rriga] *f* Bauch *m*, Wanst *m*
barrigudo [barri'guđo] *adj* bauchig
barril [ba'rril] *m* Tonne *f*, Fass *n*
barrio ['barrĭo] *m 1.* Viertel *n*, Stadtviertel *n*; *irse al otro ~ (fam)* abkratzen; *~ periférico* Vorort *m*, Vorstadt *f*; *~ portuario* Hafenviertel *n*; *2. ~s pobres pl* Elendsviertel *n*
barro ['barrɔ] *m* Schlamm *m*, Kot *m*
barroco ['barrɔko] *adj ART* barock
barroso [ba'rrɔso] *adj 1. (enlodado)* lehmig, schlammig; *2. rostro ~* lehmfarben, bräunlich
barullo [ba'ruʎo] *m (confusión)* Wirrwarr *m*, Durcheinander *n*
basalto [ƀa'salto] *m MIN* Basalt *m*
basar [ba'sar] *v ~ en* zugrunde liegen, stützen
basarse [ba'sarse] *v ~ en* basieren auf, beruhen auf, zurückgehen auf
basca ['baska] *f 1. (náusea)* Übelkeit *f*, Brechreiz *m*; *2. (fig: arrebato)* Wutanfall *m*; *3. (de un perro)* Tollwut *f*
bascosidad [baskosi'đađ] *f (porquería)* Unrat *m*, Schmutz *m*, Ekelhaftigkeit *f*
báscula ['baskula] *f* Waage *f*
base ['base] *f 1.* Boden *m*, Grundfläche *f*; *2. (fig)* Basis *f*, Grundlage *f*, Unterlage *f*; *tomar como ~* zugrunde legen; *3. ~ de datos INFORM* Datenbank *f*; *4. CHEM* Base *f*; *5. ~ militar MIL* Militärbasis *f*, Stützpunkt *m*
básico ['basiko] *adj 1.* fundamental, grundlegend; *2. CHEM* basisch
bastante [bas'tante] *adv 1.* genug, ziemlich; *~ grande* ziemlich groß; *adj 2. (suficiente)* ausreichend, hinlänglich; *Es ~, gracias.* Danke, es reicht.
bastar [bas'tar] *v* genügen, ausreichen, langen; *¡Basta!* Aufhören!/Hör damit auf!
bastardo [bas'tarđo] *m* Bastard *m*
bastidor [basti'đɔr] *m 1. (de ventana)* Fensterrahmen *m*; *2. TECH* Chassis *n*; *3. THEAT* Kulisse *f*, Bühnenkulisse *f*; *entre ~es* hinter den Kulissen
bastilla [bas'tiʎa] *f* Saum *m*
basto ['basto] *adj 1. (grosero)* grob, roh, ungeschliffen; *2. (hecho con poco cuidado)* plump; *m 3. (palo en la baraja)* Baste *f*, Treff *n (im Lomberspiel)*
bastón [bas'tɔn] *m* Stock *m*, Prügel *m*
bastoncillo [baston'θiʎo] *m ~ de algodón* Wattestäbchen *n*
basura [ba'sura] *f* Abfall *m*, Müll *m*; *cubo de la ~* Abfalleimer *m*
basurero [basu'rero] *m* Mülldeponie *f*
bata ['bata] *f* Kittel *m*, Morgenrock *m*
batalla [ba'taʎa] *f* Schlacht *f*
batería [bate'ria] *f 1. TECH* Batterie *f*; *2. MUS* Schlagzeug *n*
batida [ba'tiđa] *f 1.* Razzia *f*; *2. (caza)* Treibjagd *f*
batido [ba'tiđo] *m GAST* Milchmixgetränk *n*
batidora [bati'đora] *f* Schneebesen *m*, Quirl *m*
batimán [bati'man] *m (en la danza)* Battement *n (französisch)*
batir [ba'tir] *v* mixen
batista [ba'tista] *f* Batist *m*
batuquear [batuke'ar] *v (batir)* schlagen, Krach machen
bautismo [baŭ'tizmo] *m REL* Taufe *f*
bautizar [baŭti'θar] *v 1. REL* taufen; *2. (fig: vino)* panschen
bávaro ['baƀaro] *adj* bayerisch
Baviera [ba'ƀiera] *f GEO* Bayern *n*
baya ['baja] *f BOT* Beere *f*

bazar [ba'θar] *m (tienda)* Basar *m,* Verkaufshalle *f*
bazo ['baθo] *m ANAT* Milz *f*
beatificar [beatifi'kar] *v REL* selig sprechen
beato [be'ato] *adj* scheinheilig
bebé [be'ƀe] *m* Baby *n*
bebedero [beƀe'đero] *m 1. (pilón)* Tränke *f; 2. (fuente)* Quelle *f; 3. (en las vasijas)* Schnauze (an Trinkgefäßen) *f,* Gußloch *n*
bebedor(a) [beƀe'đɔr/beƀe'đora] *m/f* Trinker(in) *m/f*
beber [be'ƀɛr] *v 1.* trinken; *¿Desea usted ~ algo?* Möchten Sie etw trinken? *¿Se puede ~ el agua?* Kann man das Wasser trinken? *2. (fam: ~ mucho)* saufen; *3. (animal)* saufen
beberse [be'ƀɛrse] *v ~ algo* etw trinken; *~ todo* austrinken
bebida [be'ƀiđa] *f 1.* Getränk *n; 2. ~s alcohólicas/~s espirituosas pl* Spirituosen *pl*
beca ['beka] *f* Stipendium *n*
becerra [be'θɛrra] *f BOT* Löwenmaul *n*
becerro [be'θɛrro] *m ZOOL* Kalb *n*
befa ['befa] *f (grosería)* Hohn *m,* Spott *m*
begonia [be'gonĭa] *f BOT* Begonie *f*
beige ['beĭge] *adj (color)* beige
beldad [bel'đađ] *f 1. (belleza)* Schönheit (auch Person) *f; 2. (mujer muy guapa)* schöne Frau *f,* Schönheit *f*
belén [be'len] *m REL* Krippe *f*
belga ['bɛlga] *adj 1.* belgisch; *m 2.* Belgier *m*
Bélgica ['belxika] *f GEO* Belgien *n*
belicoso [beli'koso] *adj* kriegerisch
belleza [be'ʎeθa] *f* Schönheit *f*
bello ['beʎo] *adj (bonito)* schön, süß
bellota [be'ʎota] *f BOT* Eichel *f*
bendecir [bende'θir] *v irr 1.* segnen; *2. REL* weihen
bendición [bendi'θĭɔn] *f REL* Segen *m*
bendito [ben'đito] *adj 1. (consagrado)* gesegnet, geweiht, heilig; *2. (dichoso)* verflucht, verdammt, verflixt *m; 3. (humilde)* naiver Mensch *m,* einfältiger Mensch *m*
beneficiar [benefi'θiar] *v* begünstigen
beneficiarse [benefi'θĭarse] *v ~ de* profitieren von
beneficio [bene'fiθĭo] *m 1.* Verdienst *m,* Nutzen *m,* Profit *m; 2. (acción)* Wohltat *f; 3. ECO* Gewinn *m,* Ausbeute *f,* Ertrag *m; ~ bruto* Bruttogewinn *m; 4. en ~ de* zum Vorteil von, zum Wohl von
beneficioso [benefi'θĭoso] *adj* bekömmlich, Gewinn bringend
benéfico [be'nefiko] *adj* wohltuend
benevolencia [benevo'lenθĭa] *f* Milde *f,* Wohlwollen *n*
benévolo [be'neƀolo] *adj* mild, wohlwollend
benigno [be'nigno] *adj MED* gutartig
benjamín [beŋxa'min] *m* Nesthäkchen *n*
beodez [beo'đeθ] *m (embriaguez)* Trunkenheit *f*
beodo [be'ođo] *adj* betrunken
berro ['bɛrrɔ] *m BOT* Kresse *f*
berza ['bɛrθa] *f BOT* Kohl *m*
besamanos [besa'manos] *m* Handkuss *m*
besar [be'sar] *v* küssen
beso ['beso] *m* Kuss *m*
bestia ['bestĭa] *f* Bestie *f,* Tier *n,* Vieh *n*
bestial [bes'tĭal] *adj* bestialisch
bestseller [best'seler] *m* Bestseller *m*
besuquear [besuke'ar] *v* knutschen
besuquearse [besuke'arse] *v* schmusen
betún [be'tun] *m* Schuhcreme *f*
bezo ['beθo] *m 1. (belfo)* dicke Lippe *f; 2. (en una herida)* Lefze (einer Wunde) *f,* Wundöffnung *f*
bibelot [biƀe'lot] *m (chucherías)* Ziergegenstand *m,* Nippsache *f,* Nippes *pl*
Biblia ['biƀlĭa] *f REL* Bibel *f*
bíblico [biƀliko] *adj REL* biblisch
bibliografía [biƀlĭogra'fia] *f* Bibliografie *f*
bibliómano [ƀi'ƀlĭomano] *m* Büchernarr *m,* Bibliomane *m*
biblioteca [biƀlĭo'teka] *f* Bibliothek *f,* Bücherei *f,* Leihbibliothek *f*
bibliotecaria [biƀlĭote'karĭa] *f* Bibliothekarin *f*
bibliotecario [biƀlĭote'karĭo] *m* Bibliothekar *m*
bíceps ['biθeps] *m ANAT* Bizeps *m*
bicicleta [biθi'kleta] *f* Fahrrad *n,* Rad *n; ir en ~* Rad fahren
bicho ['bitʃo] *m 1.* Kleintier *n; 2. (fam)* Viech *n; ~ raro* komischer Kauz *m; 3. ~s pl* Ungeziefer *n*
bidón [bi'đɔn] *m* Kanister *m; ~ de gasolina* Benzinkanister *m*
bien [bĭen] *adv 1.* gut, wohl, schön; *No estoy ~.* Mir ist nicht gut. *¡Qué ~!* Das ist schön! *más ~* eher, lieber; *muy ~* schön, prima; *2. (correcto)* richtig; *¡Está ~!* In Ordnung! *konj 3. ~ que* obgleich; *m 4.* Wohl *n; 5. ECO* Gut *n; ~ público* Gemeingut *n; ~ común* Gemeingut *n,* Gemeinwohl *n; 6. ~es pl* Güter *pl,* Habe *f,* Vermögen *n; ~es culturales* Kulturgut *n; ~es nacionales*

Staatseigentum *n; ~es de consumo ECO* Konsumgüter *pl,* Verbrauchsgüter *pl; ~es de producción* Produktionsgüter *pl; ~es raíces* Grundbesitze *pl*
bienaventurado [bĭenaƀentu'rađo] *adj REL* selig
bienaventuranza [bĭenaƀentu'ranθa] *f REL* Seligkeit *f*
bienestar [bĭenes'tar] *m 1.* Behaglichkeit *f,* Wohlbefinden *n; ~ común* emeinwohl *n; 2. (prosperidad)* Wohlstand *m*
bienhechor(a) [bĭene'tʃɔr/bĭene'tʃora] *m/f* Wohltäter(in) *m/f*
bienintencionado [bĭenintenθĭo'nađo] *adj (con buena intención)* in guter Absicht
bienquerer [bĭenke'rer] *v 1. (querer bien a alguien)* jdn schätzen, jdm wohlwollen; *m 2. (bienquerencia)* Wohlwollen *n*
bienvenido [bĭembe'niđo] *adj* willkommen
bife ['bife] *m (LA) GAST* Steak *n*
bifurcación [bifurka'θĭɔn] *f* Gabelung *f*
bifurcar [bifur'kar] *v* abzweigen
bigamia [bi'gamĭa] *f* Bigamie *f*
bigote [bi'gote] *m* Schnurrbart *m*
bigotudo [bigo'tuđo] *adj (mostachudo)* schnurrbärtig, schnauzbärtig
bikini [bi'kini] *m* Bikini *m*
bilateral [bilate'ral] *adj 1.* zweiseitig; *2. POL* bilateral
bilingüe [bi'liŋgwe] *adj* zweisprachig
billar [bi'ʎar] *m* Billard *n*
billete [bi'ʎete] *m 1. (de viaje)* Fahrkarte *f,* Fahrschein *m,* Bahnfahrkarte *f; ¿Hay un ~, válido un solo día?* Gibt es eine Tageskarte? *~ de ida y vuelta* Hin- und Rückfahrkarte *f; ~ mensual* Monatskarte *f; 2. ~ de banco FIN* Banknote *f,* Geldschein *m; 3. CINE* Kinokarte *f; ~ gratuito* Freikarte *f; 4. ~ de lotería* Los *n,* Lottoschein *m; ~ no premiado* Niete *f*
billón [bi'ʎɔn] *num* Billion *f*
bimestre [bi'mɛstre] *m* (Zeitraum von) zwei Monate(n) *m*
binario [bi'narĭo] *adj INFORM* binär
biofísica [bĭo'fisika] *f* Biophysik *f*
biografía [bĭogra'fia] *f* Biografie *f*
biología [bĭolɔ'xia] *f* Biologie *f*
biológico [bĭolɔ'xiko] *adj* biologisch
biólogo [bĭo'lɔgo] *m* Biologe *m*
biorritmo [bĭo'rritmo] *m* Biorhythmus *m*
biótopo [bĭo'topo] *m* Biotop *n*
bis [bis] *adv* noch einmal
bisabuelos [bisa'ƀwelos] *m/pl* Urgroßeltern *pl*
biscocho [bis'kotʃo] *m* Biskuit *m/n,* Zwieback *m*
bisemanal [bisema'nal] *adj* zweimal wöchentlich
bisexual [bisek'swal] *adj* bisexuell
bisiesto [bi'siesto] *m año ~* Schaltjahr *n*
bisnieto [biz'nĭeto] *m* Urenkel *m*
bisoñé [biso'ɲe] *m* Toupet *n*
bistec [bis'tɛk] *m 1. GAST* Beefsteak *n,* Steak *n; 2. ~ empanado* Schnitzel *n*
bisutería [bisute'ria] *f* Modeschmuck *m*
bit ['bit] *m (dígito binario) INFORM* Bit *n*
bizarro [bi'θarro] *adj 1. (apuesto)* stattlich, ansehnlich; *2. personaje ~* tapfer, edelmütig, ritterlich
bizcar [biθ'kar] *v* schielen
bizco ['biθko] *adj* schielend; *ser ~* schielen
blanco ['blaŋko] *adj 1. (color)* weiß; *2. en ~* leer; *3. FIN* blanko; *m 4.* Zielscheibe *f*
blancura [blan'kura] *f (blancor)* Weiße *n*
blando ['blando] *adj* weich, mürbe
blanquearse [blaŋke'arse] *v* bleichen
blanqueo [blaŋ'keo] *m ~ de dinero* Geldwäsche *f*
blasfemia [blas'femĭa] *f REL* Gotteslästerung *f*
bledo ['bleđo] *m 1. (pimiento)* Beermelde *f; 2. no importar a alguien un ~* keinen Pfifferling wert sein *m*
blefaritis [blefa'ritis] *f MED* Blepharitis *f,* Augenlidentzündung *f*
blindaje [blin'daxe] *m* Abschirmung *f*
blindar [blin'dar] *v* abschirmen, panzern
bloc [blɔk] *m* Block *m; ~ de papel de cartas* Briefblock *m*
bloque ['bloke] *m 1.* Block *m,* Klotz *m; 2. en ~* pauschal
bloquear [bloke'ar] *v 1.* absperren, versperren, blockieren; *2. (asegurar)* verriegeln; *3. ECO* sperren
bloquearse [bloke'arse] *v* klemmen
bloqueo [blo'keo] *m 1.* Absperrung *f,* Blockade *f; 2. (seguro)* Verriegelung *f*
bluff [bluf] *m* Bluff *m*
blusa ['blusa] *f* Bluse *f*
boato [bo'ato] *m (pompa)* Pomp *m,* Prachtaufwand *m,* Prunk *m*
bobada [bo'ƀađa] *f 1.* Albernheit *f,* Blödsinn *m; 2. ~s pl (fam)* Käse *m,* Quatsch *m*
bobear [boƀe'ar] *v (hacer boberías)* sich albern benehmen
bobinar [boƀi'nar] *v TECH* spulen
bobo ['boƀo] *m 1.* Einfaltspinsel *m,* Tropf *m; adj 2.* blöd, doof, albern

boca ['boka] *f 1. ANAT* Mund *m; 2. (hocico) ZOOL* Maul *n,* Schnauze *f; 3. ~ de incendio/~ de riego* Hydrant *m; 4. ~ de metro* U-Bahn-Eingang *m*
bocadillo [boka'điʎo] *m GAST* Sandwich *n*
bocado [bo'kađo] *m 1.* Bissen *m; 2. (golosina)* Happen *m,* Leckerbissen *m*
boceto [bo'θeto] *m* Skizze *f*
bocina [bo'θina] *f* Hupe *f*
bocón [bo'kɔn] *m 1. (que habla mucho)* Großmaul *n; 2. (especie de sardina)* Sardelle *f*
bochinche [bo'tʃintʃe] *m* Krawall *m*
bochorno [bo'tʃɔrno] *m* Schwüle *f*
bochornoso [botʃɔr'noso] *adj 1. METEO* schwül; *2. (vergonzoso)* beschämend, blamabel
boda ['bođa] *f* Hochzeit *f; ~s de oro* goldene Hochzeit *f*
bodega [bo'đega] *f* Kellerei *f*
bofetada [bofe'tađa] *f* Ohrfeige *f*
Bohemia [bo'emĭa] *f GEO* Böhmen *n*
bohemio [bo'emĭo] *adj 1.* böhmisch; *m 2.* Böhme *m; 3. (fig)* Künstlertyp *m*
boicot [bɔĭ'kɔt] *m* Boykott *m*
boite ['bwat] *f* Nachtlokal *n*
bola ['bola] *f* Ball *m,* Kugel *f*
bolchevismo [boltʃe'ƀismo] *m (comunismo)* Bolschewismus *m*
boletería [bolete'ria] *f (LA)* Fahrkartenschalter *m*
boletín [bole'tin] *m 1.* Bericht *m,* Bulletin *n; 2. ~ oficial* Amtsblatt *n; ~ de noticias* Nachrichten *pl*
boleto [bo'leto] *m 1. (LA: de entrada)* Eintrittskarte *f; 2. (para el transporte)* Fahrkarte *f,* Fahrschein *m, 3. CINE* Kinokarte *f*
bólido ['boliđo] *v* Rennwagen *m; ir como un ~* brausen
bolígrafo [bo'ligrafo] *m* Kugelschreiber *m*
Bolivia [bo'liƀĭa] *f GEO* Bolivien *n*
bolo ['bolo] *m* Kegel *m,* Kugel *f*
bolsa ['bɔlsa] *f 1.* Tüte *f,* Beutel *m; ~ de compras* Einkaufstasche *f, ~ de plástico* Plastiktüte *f; 2. (de dinero)* Geldbeutel *m; 3. ~ de trabajo* Arbeitsvermittlung *f*
Bolsa ['bɔlsa] *f FIN* Börse *f; ~ de mercancías* Warenbörse *f*
bolsillo [bɔl'siʎo] *m* Tasche *f*
bolso ['bɔlso] *m* Handtasche *f*
bomba ['bɔmba] *f 1.* Pumpe *f; ~ neumática/~ de aire* Luftpumpe *f; 2. MIL* Bombe *f*
bombardeo [bɔmbar'đeo] *m MIL* Bombardement *n,* Bombenangriff *m*
bombástico [bom'ƀastiko] *adj* bombastisch, schwülstig
bombear [bɔmbe'ar] *v* pumpen
bombero [bɔm'bero] *m* Feuerwehrmann *m; ¡Llame a los ~s!* Rufen Sie die Feuerwehr!
bombilla [bɔm'biʎa] *f* Glühbirne *f*
bombillo [bɔm'biʎo] *m (LA)* Glühbirne *f*
bombo ['bɔmbo] *m MUS* Pauke *f*
bombón [bɔm'bɔn] *m (de chocolate) GAST* Praline *f*
bombona [bɔm'bona] *f ~ de gas* Gasflasche *f*
bondad [bɔn'dađ] *f* Güte *f*
bondadoso [bɔnda'đoso] *adj* gutherzig, gutmütig, hilfreich
bóngalo ['bongalo] *m (chalet)* Bungalow *m*
bonhomía [bono'mia] *f (ingenuidad)* Gutherzigkeit *f,* Offenherzigkeit *f*
bonico [bo'niko] *adj (bueno)* niedlich, hübsch
bonificación [bonifika'θĭɔn] *f ~ por cantidad ECO* Mengenrabatt *m*
bonito [bo'nito] *adj 1. (hermoso)* hübsch, schön; *2. (simpático)* nett, reizend, niedlich; *m 3. ZOOL* Thunfisch *m*
bono ['bono] *m 1.* Bon *m; ~ de caja* Kassenzettel *m; 2. (de canje)* Gutschein *m; 3. FIN* Bonus *m*
bonvivant [bonƀi'ƀant] *m (sibarita)* Lebemann *m,* Schlemmer *m*
boom [bum] *m ECO* Boom *m,* Aufschwung *m*
boqueada [boke'ađa] *f* Öffnen des Mundes *n; dar las ~s* den Geist aufgeben
boquear [boke'ar] *v 1. (abrir la boca)* den Mund öffnen; *2. (pronunciar una palabra)* hervorbringen, aussprechen; *3. (fenecer)* zu Ende gehen, ausgehen (Vorrat)
boquete [bo'kete] *m* Öffnung *f,* Loch *n*
boquiabierto [bokia'ƀierto] *adj (atónito)* baff, sprachlos
borda ['bɔrđa] *f NAUT* Reling *f*
bordado [bɔr'đađo] *m 1. (balanceo de un barco)* Schaukeln (Schiff) *n; adj 2. salir ~* wunderbar gelungen
bordar [bɔr'đar] *v* sticken
borde ['bɔrđe] *m 1. (línea, zona)* Rand *m,* Kante *f,* Umrandung *f; 2. ~ del pan* Brotkruste *f; 3. al ~ de* kurz vor, beinahe
bordillo [bɔr'điʎo] *m ~ de guía* Leitplanke *f*
bordo ['bɔrđo] *m* Bord *m; an ~* an Bord *m*
borla ['bɔrla] *f* Quaste *f*
borrachera [bɔrra'tʃera] *f* Rausch *m*

borrachería [borratʃe'ria] *f (taberna)* Kneipe *f*
borracho [bɔ'rratʃo] *m 1.* Säufer *m; adj 2.* betrunken; *~ perdido* sternhagelvoll
borrador [bɔrra'đɔr] *m 1.* Radiergummi *m; 2. (esbozo)* Konzept *n,* Entwurf *m; ~ de una ley* Gesetzentwurf *m*
borrar [bɔ'rrar] *v 1.* radieren, wegradieren, ausradieren; *2. INFORM* löschen
borrico [bɔ'rriko] *m ZOOL* Esel *m*
borrón [bɔ'rrɔn] *m* Klecks *m; ¡Borrón y cuenta nueva!* Schwamm drüber!
borroso [bɔ'rrɔso] *adj* verschwommen
bosque ['bɔske] *m* Wald *m,* Forst *m*
bosquejo [bɔs'kɛxo] *m* Entwurf *m,* Skizze *f,* Vorlage *f*
bostezar [bɔste'θar] *v* gähnen
bóstrico ['bɔstriko] *m ZOOL* Borkenkäfer *m*
bota ['bota] *f 1.* Stiefel *m; ~ de esquiar* Skischuh *m; 2. ~ de vino* Weinschlauch *m*
botánica [bo'tanika] *f* Botanik *f*
botánico [bo'taniko] *adj* botanisch
bote ['bote] *m 1.* Boot *n,* Kahn *m; ~ de pedales* Tretboot *n; ~ de remos* Ruderboot *n; ~ neumático* Schlauchboot *n; ~ salvavidas* Rettungsboot *n; 2. (lanza)* Stoß *m; 3. (salto)* Sprung *m*
botella [bo'teʎa] *f 1.* Flasche *f; ~ de gas* Gasflasche *f; ~ retornable* Pfandflasche *f; ~ de vidrio* Glasflasche *f; 2. ~s utilizadas pl* Altglas *n*
botica [bo'tika] *f* Apotheke *f*
botín [bo'tin] *m* Beute *f,* Diebesgut *n*
botiquín [boti'kin] *m* Erste-Hilfe-Kasten *m,* Verbandskasten *m*
botón [bo'tɔn] *m* Knopf *m*
bouquet [bu'ket] *m ~ de novia* Brautstrauß *m*
bóveda ['boƀeđa] *f* Gewölbe *n,* Kuppel *f*
boxear [bɔkse'ar] *v SPORT* boxen
bóxer ['bɔkser] *m (perro de raza) ZOOL* Boxer *m*
boyar [bo'jar] *v (reflotar)* wieder flott werden, oben treiben, loskommen
boy-scout ['boiscaut] *m* Pfadfinder *m*
bozal ['boθal] *m* Maulkorb *m*
bracero [bra'θero] *m* Handlanger *m*
bragas ['bragas] *f/pl (de mujer)* Unterhose *f,* Schlüpfer *m; Estoy hecho unas ~. (fam)* Ich bin fix und fertig.
bragueta [bra'ɡeta] *f* Hosenschlitz *m*
braille ['braiʎe] *m (escritura para ciegos)* Blindenschrift *f,* Brailleschrift *f*
bramante [bra'mante] *m* Bindfaden *m,* Schnur *f*
bramar [bra'mar] *v 1.* tosen; *2. (toro)* brüllen
brandy ['brandi] *m* Branntwein *m*
brasa ['brasa] *f (ascua)* Kohlenglut *f,* glühende Kohlen *f/pl; Carne a la ~* gegrilltes Fleisch; *Pasar como sobre ~s por un asunto. (fig)* wegen einer Sache durch die Hölle gehen
brasier [bra'sier] *m (LA)* Büstenhalter *m*
Brasil [bra'sil] *m GEO* Brasilien *n*
brasileño [brasi'leɲo] *adj 1.* brasilianisch; *m 2.* Brasilianer *m*
brasilero [brasi'lero] *adj 1. (LA)* brasilianisch; *m 2. (LA)* Brasilianer *m*
bravo ['braƀo] *adj 1.* mutig, tapfer; *2. (perro)* bissig; *3. toro ~* Kampfstier *m; interj 4. ¡Bravo!* Bravo!/Hurra!
brazalete [braθa'lete] *m* Armband *n*
brazo ['braθo] *m 1. ANAT* Arm *m; 2. (de apoyo)* Lehne *f*
brea ['brea] *f* Pech *n,* Teer *m; ~ líquida* Teer *m*
brecha ['bretʃa] *f 1.* Bresche *f; 2. MED* Platzwunde *f*
brécoles ['brekoles] *m/pl BOT* Brokkoli *m*
brega ['breɡa] *f (afán)* harte Arbeit *f,* Mühe *f,* Plage *f*
bregar [bre'ɡar] *v* abplagen
breve ['breƀe] *adj 1. (temporal)* kurzzeitig, rasch, flüchtig; *en ~* demnächst, nächstens, in Kürze; *2. (conciso)* straff, bündig
brevedad [breƀe'đađ] *f* Kürze *f*
brevemente [breƀe'mente] *adv* flüchtig, kurzzeitig
brezal [bre'θal] *m GEOL* Heide *f*
bribón [bri'ƀɔn] *m* Halunke *m,* Schuft *m*
brigada [bri'ɡađa] *f 1. MIL* Brigade *f; 2. ~ de moralidad* Sittenpolizei *f*
brillante [bri'ʎante] *m 1.* Brillant *m; adj 2. (reluciente)* glänzend, strahlend, leuchtend; *3. (fig)* glorreich, bravourös, brillant
brillantez [briʎan'teθ] *f* Glanz *m*
brillar [bri'ʎar] *v 1.* blinken, glänzen, leuchten; *2. (sol)* scheinen
brillo ['briʎo] *m* Schein *m,* Glanz *m*
brincar [briŋ'kar] *v* hüpfen, springen
brindar [brin'dar] *v 1.* anbieten; *2. ~ por* anstoßen auf
brindis ['brindis] *m* Toast *m*
brío ['brio] *m (ímpetu)* Schneid *m,* Schwung *m,* Stärke *f*
briqueta [bri'keta] *f* Brikett *n*

brisa ['brisa] *f* Brise *f*
británico [bri'taniko] *adj* britisch
brocado [bro'kađo] *m* Brokat *m*
broche ['brotʃe] *m (adorno)* Brosche *f*
broma ['broma] *f* Scherz *m,* Witz *m,* Jux *m*
bromear [brome'ar] *v* spaßen, scherzen
bromista [bro'mista] *adj 1.* scherzhaft; *m 2.* Spaßvogel *m*
bromo ['bromo] *m CHEM* Brom *n*
bronca ['brɔŋka] *f* Krach *m,* Schlägerei *f*
bronce ['brɔnθe] *m MET* Bronze *f*
bronceado [brɔnθe'ađo] *adj* braun, gebräunt
broncearse [brɔnθe'arse] *v* sich sonnen
bronco ['brɔŋko] *adj* heiser
bronquial [brɔŋ'kĭal] *adj* bronchial
bronquios ['brɔŋkĭɔs] *m/pl ANAT* Bronchien *pl*
broqueta [bro'keta] *f* Bratspieß *m*
brotar [bro'tar] *v* quellen
brote ['brote] *m BOT* Trieb *m*
bruja ['bruxa] *f* Hexe *f*
brújula ['bruxula] *f* Kompass *m*
brumoso [brumo'so] *adj* diesig
bruñir [bru'ɲir] *v irr* polieren
brusco ['brusko] *adj 1.* brüsk, schroff; *2. (movimiento)* ruckartig, schlagartig; *3. (torpe)* plump
Bruselas [bru'selas] *f GEO* Brüssel *n*
brutal [bru'tal] *adj* bestialisch, brutal
brutalidad [brutali'đađ] *f* Brutalität *f*
bruto ['bruto] *adj 1. (bestia)* tierisch; *2. (fig)* dumm, grob, unvernünftig; *3. ECO* brutto; *m 4.* Lümmel *m,* Flegel *m*
bucal [bu'kal] *adj infección ~* Mund...
bucear [buθe'ar] *v* tauchen
bucle ['bukle] *m* Locke *f*
budín [bu'đin] *m GAST* Pudding *m*
buen [bwen] *adj* gut; *Es un ~ hombre.* Er ist ein guter Mann.
bueno ['bweno] *adj* gut, günstig, brauchbar; *Esto no está ~.* Das schmeckt nicht gut.
buey [bwɛĭ] *m ZOOL* Ochse *m*
bufa ['bufa] *f (broma)* Spaß *m,* Scherz *m*
búfalo ['bufalo] *m ZOOL* Büffel *m*
bufanda [bu'fanda] *f* Halstuch *n,* Schal *m*
bufete [bu'fete] *m 1. (aparador)* Büfett *n; 2. (de abogados)* Anwaltsbüro *n*
bufón [bu'fɔn] *m 1. (en la Edad Media)* Narr *m; adj 2.* skurril
buhardilla [buar'điʎa] *f* Mansarde *f*
búho ['buo] *m ZOOL* Uhu *m*
buitre ['bwitre] *m ZOOL* Geier *m*
bujía [bu'xia] *f TECH* Zündkerze *f*
buldog ['buldog] *m ZOOL* Bulldogge *f*
buldózer [bul'đɔθer] *m TECH* Bulldozer *m*
Bulgaria [bul'garĭa] *f GEO* Bulgarien *n*
búlgaro ['bulgaro] *adj 1.* bulgarisch; *m 2.* Bulgare *m*
bulón [bu'lɔn] *m TECH* Bolzen *m*
bulto ['bulto] *m 1.* Paket *n,* Gepäckstück *n; 2. ECO* Ballen *m*
bulla ['buʎa] *f* Krach *m,* Lärm *m*
bullicioso [buʎiθi'oso] *adj (alegre)* lärmend, unruhig
bungalow [bunga'lo] *m* Bungalow *m*
buque ['buke] *m* Schiff *n; ~ de carga* Frachter *m; ~ cisterna* Tanker *m*
burbuja [bur'ƀuxa] *f* Blase *f; ~s de jabón* Seifenblasen *pl; ~s de aire* Luftblasen *pl*
burbujear [burƀuxe'ar] *v* brodeln
burdel [bur'dɛl] *m* Bordell *n*
burgués [bur'ges] *adj 1.* bürgerlich; *m 2.* Spießbürger *m*
burguesía [burge'sia] *f* Bourgeosie *f,* Bürgertum *n*
burla ['burla] *f* Gespött *n,* Hohn *m,* Spott *m*
burladero [burla'dero] *m* Verkehrsinsel *f*
burlarse [bur'larse] *v ~ de* verspotten, verhöhnen, auslachen; *¡No te burles de mí!* Mach dich nicht über mich lustig!
burlesco [bur'lesko] *adj* skurril
burlón [bur'lɔn] *adj 1.* spöttisch, verschmitzt; *m 2.* Spaßvogel *m*
burocrático [buro'kratiko] *adj* bürokratisch
burro ['burrɔ] *m ZOOL* Esel *m*
bus [bus] *m* Bus *m*
busca ['buka] *f* Suche *f; en ~ de* auf der Suche nach
buscar ['buskar] *v* suchen, aufsuchen; *~ en libros* in Büchern nachschlagen; *~ pretextos* sich herausreden; *La policía busca al ladrón.* Die Polizei sucht nach dem Verbrecher.
buscavidas [buska'ƀiđas] *m/f (entrometido)* Schnüffler *m*
búsqueda ['buskeđa] *f* Fahndung *f,* Suche *f; ¡Envíe una operación de ~!* Schicken Sie einen Suchtrupp los!
busto ['busto] *m 1. ART* Büste *f; 2. ANAT* Oberkörper *m*
butaca [bu'taka] *f (sillón)* Lehnstuhl *m,* Sperrsitz *m,* Parterresitz *m*
butano [bu'tano] *m CHEM* Butan *n*
buteo [bu'teo] *m ZOOL* Bussard *m*
buzo ['buθo] *m* Taucher *m*
buzón [bu'θɔn] *m* Briefkasten *m*

C/CH

cabal [ka'ƀal] *adj 1.* völlig; *m 2. no estar en sus ~es (fam)* nicht ganz bei Trost sein
cabalgada [kaƀal'gada] *f* Ritt *m*
cabalgador [kaƀalga'dor] *m* Reiter *m*
cabalmente [kaƀal'mente] *adv* vollkommen, richtig, genau, wie es sich gehört
caballero [kaƀa'ʎero] *m 1.* Herr *m,* Kavalier *m; 2. (durante la Edad Media) HIST* Ritter *m*
caballerosidad [kaƀaʎerosıđađ] *f* Ritterlichkeit *f,* Ehrenhaftigkeit *f*
caballo [ka'ƀaʎo] *m 1. ZOOL* Pferd *n,* Gaul *m; ~ blanco* Schimmel *m; ~ padre m,* Feigling *m,* Hasenfuß *m*
cabaña [ka'ƀaɲa] *f* Hütte *f*
cabaret [kaƀa'ret] *m 1.* Nachtlokal *n; 2. THEAT* Kabarett *n*
cabe ['kabe] *prep* neben, bei
cabecear [kaƀeθe'ar] *v 1. (mover la cabeza)* nicken; *2. (asentir o negar con la cabeza)* durch Nicken zustimmen, durch Kopfschütteln ablehnen; *3. (golpear con la cabeza una pelota)* (Fußball) köpfen
cabecera [kabe'θera] *f* Kopfende *n,* Ehrenplatz *m,* Stirnseite *f*
cabello [ka'ƀeʎo] *m (de la cabeza)* Haar *n,* Kopfhaar *n*
caber [ka'ƀɛr] *v irr* passen; *~ en* hineinpassen in; *Todo cabe en él.* Er ist zu allem fähig.
cabeza [ka'ƀeθa] *f 1. ANAT* Kopf *m,* Haupt *n; de ~* kopfüber; *dolor de ~* Kopfschmerzen *pl; sentar ~* Vernunft annehmen; *2. (fig) ~ de familia* Familienoberhaupt *n; ~ de turco* Prügelknabe *m,* Sündenbock *m*
cabezada [kaƀe'θađa] *f 1. almohada* Kopfkissen *n; 2. (en un carruaje)* Kappzaum *m (Kutsche)*
cabezal [kaƀe'θal] *m* Kopfkissen *n*
cabezon [kaƀe'θon] *adj* großköpfig, dickköpfig, stur
cabida [ka'ƀiđa] *f* Fassungsvermögen *n*
cabildo [ka'ƀildo] *m* Stiftskapitel *n,* Stadtratssitzung *f,* Rathaus *n*
cabimiento [kaƀi'mĭento] *m (capacidad)* Fassungsvermögen *n,* Inhalt (eines Behälters) *m*
cabina [ka'ƀina] *f 1.* Kabine *f; ~ de baño* Ankleidekabine *f; 2. ~ telefónica* Telefonzelle *f; ¿Dónde está la ~ telefónica más cercana?* Wo ist die nächste Telefonzelle?
cabizbajo [kabis'ƀaxo] *adj* mit gesenktem Haupt, niedergeschlagen, verzagt
cable ['kaƀle] *m* Kabel *n,* Tau *n; ~ de unión* Verbindungskabel *n; ~ de conexión TECH* Anschlusskabel *n*
cablear [ka'ƀlear] *v* verkabeln
cabo ['kaƀo] *m 1.* Ende *n; 2. NAUT* Leine *f,* Tau *n; 3. GEO* Kap *n,* Landzunge *f*
cabotaje [kaƀo'taçe] *m* Küstenschifffahrt *f,* Küstenfahrzeug *n,* Kabotage *f*
cabra ['kaƀra] *f ZOOL* Ziege *f*
cabrón [ka'ƀrɔn] *m 1. ZOOL* Bock *m; 2. (fam)* Scheißkerl *m*
caca ['kaka] *f 1. (excremento)* Kot *m,* (fam) Kacke *f; 2. (algo sucio)* Schmutz *m; 3. (algo que no vale nada)* (fig) Mist *m,* Dreck *m; La película que vimos es pura ~.* Der Film, den wir gesehen haben, ist Mist.
cacahuete [kaka'wete] *m BOT* Erdnuss *f*
cacao ['kakao] *m* Kakao *m*
cacerola [kaθe'rola] *f* Kochtopf *m*
cacha ['katʃa] *f* Heft *n (Messer),* Griffschale *f,* Hinterkeule *f*
cachar [ka'tʃar] *v* zerbrechen, zerstückeln
caco ['kako] *m (ladrón)* geschickter Dieb *m*
cacto ['kakto] *m BOT* Kaktus *m*
cactus ['kaktus] *m BOT* Kaktus *m*
cacharro [ka'tʃarro] *m 1. (vasija)* irdener Topf *m; 2. (trasto)* Trödelkram *m,* wertloses Zeug *n; Su coche es un ~.* Sein Auto ist eine Schrottkiste. *3. ~s de una vajilla* Scherbe *f*
cachaza [ka'tʃaθa] *f 1. (lentitud)* Phlegma *n,* Gelassenheit *f; 2. (aguardiente)* ungefärbter Zuckerrohrschnaps *m*
cache ['katʃə] *adj* schlecht gekleidet, geschmacklos gekleidet, liederlich
cacheo [ka'tʃeo] *m* Filzung *f,* Leibesvisitation *f*
cachero [katʃ'ɛro] *adj* zudringlich, verlogen, betrügerisch
cachet [ka'tʃe] *m 1. (carácter)* Vornehmheit *f,* Eleganz *f; 2. (retribución)* Vergütung *f,* Entgelt *n; Este artista famoso exige un ~ muy alto.* Dieser berühmte Künstler verlangt eine sehr hohe Gage.
cachetada [katʃe'tađa] *f (LA)* Ohrfeige *f*
cachete [ka'tʃete] *m* Ohrfeige *f*
cachifollar [katʃifo'ʎar] *v 1. (estropear)* beschädigen; *2. (confundir a alguien)* jdn verwechseln

cachiporra [katʃi'porra] *f (porra)* Knüppel *m,* Keule *f*
cachivaches [katʃi'ƀatʃes] *m/pl* Plunder *m,* Ramsch *m,* Trödel *m*
cacho ['katʃo] *m 1.* Stück *n,* Brocken *m; 2. ZOOL* Horn *n*
cachorrillo [katʃɔ'rriʎɔ] *m* Taschenpistole *f*
cachorro [ka'tʃorro] *m ZOOL* Welpe *m*
cachudo [ka'tʃudɔ] *adj* verschlagen, gerieben
cacique [ka'θike] *m 1. (jefe de indios)* Kazike *m,* Indianerhäuptling *m; 2. (alguien que es autoritario)* Anführer *m*
cada ['kađa] *adj* jede(r,s); *~ tres días* alle drei Tage; *~ vez* jedes Mal
cadáver [ka'đaƀɛr] *m 1.* Leiche *f,* Leichnam *m,* Kadaver *m; 2. (de un animal) ZOOL* Aas *n*
cadena [ka'đena] *f 1.* Kette *f; ~ antideslizante* Schneekette *f; ~ de bicicleta* Fahrradkette *f; 2. ~ de montañas GEO* Gebirgskette *f; 3. ~ de montaje* Fließband *n; 4. ~ perpetua JUR* lebenslängliche Haftstrafe *f*
cadencia [ka'đeŋθĭa] *f 1.* Tonfall *m; 2. MUS* Kadenz *f*
cadenilla [kade'niʎa] *f* Kettchen *n*
cadera [ka'đera] *f ANAT* Hüfte *f,* Lende *f*
cadete [ka'đete] *m (de una escuela militar) MIL* Kadett *m; enamorarse como un ~ (fig)* sich unsterblich verlieben
cadi ['kađi] *m* Kadi *m*
cadmio ['kađmĭo] *m CHEM* Kadmium *n*
caducado [kađu'kađo] *adj* hinfällig, ungültig, abgelaufen
caducar [kađu'kar] *v 1. (perder validez)* verfallen, ungültig werden, ablaufen; *Mi pasaporte caducó hace dos días.* Mein Reisepass ist seit zwei Tagen abgelaufen. *2. (envejecer)* alt und hinfällig werden
caducidad [kađuθi'đađ] *f* Verfall *m,* Wegfall *m; fecha de ~* Verfallsdatum *n*
caduco [ka'đuko] *adj (débil)* altersschwach
caer [ka'ɛr] *v irr 1.* abstürzen, herabstürzen, herunterfallen, umfallen; *~ de golpe* niederstürzen; *~ al agua* über Bord fallen; *~ en la trampa (fig)* in die Falle hineintappen; *~ en pedazos* auseinander fallen; *2. (fig: acogida) ~ bien* gut ankommen, sympathisch sein; *María me cae bien.* Ich finde Maria sympathisch. *3. (fig: ropa) ~ bien* passen, gut stehen; *4. (rayo)* einschlagen; *5. ~ en olvido* in Vergessenheit geraten
caerse [ka'ɛrse] *v irr 1. (~ al suelo)* hinfallen; *2. (fig: perderse)* sinken, untergehen
café [ka'fe] *m 1.* Kaffee *m; ¡Un ~, por favor!* Einen Kaffee, bitte! *2. (local)* Café *n*
cafetal [kafe'tal] *m* Kaffeepflanzung *f,* Kaffeeplantage *f*
cafetera [kafe'tera] *f 1.* Kaffeekanne *f; 2. ~ automática* Kaffemaschine *f*
cafetín [kafe'tin] *m (tabernucho)* kleines Kaffeehaus *n*
cagado [ka'gađɔ] *adj* feig
cagalera [kaga'lera] *f 1. (fam: diarrea)* Durchfall *m; 2. (fam: canguelo)* Schiß *m,* große Angst *f; Tiene siempre una ~ de espanto cuando viaja de avión.* Auf Flugreisen hat er immer schreckliche Angst.
cagarse [ka'garse] *v (acobardarse)* Angst haben, sich in die Hose machen; *Me cago sólo de pensar en esto.* Allein beim Gedanken daran mache ich mir vor Angst schier in die Hose.
caible [ka'iƀlə] *adj* was leicht hinfällt, hinfällig
caída [ka'iđa] *f 1.* Absturz *m,* Sturz *m,* Fall *m; ~ de un avión* Flugzeugabsturz *m; 2. ~ del pelo* Haarausfall *m; 3. ~ de la temperatura* Temperatursturz *m*
caído [ka'iđa] *m* Gefallener *m*
caimán [kaĭ'man] *m ZOOL* Kaiman *m*
caja ['kaxa] *f 1.* Kasten *m,* Kiste *f,* Schachtel *f; ~ de cartón* Karton *m,* Pappkarton *m; ~ de herramientas* Werkzeugkasten *m; 2. (lata)* Büchse *f,* Dose *f; 3. (de dinero)* Kasse *f,* Kassenschrank *m,* Kassenschalter *m; ~ de caudales* Tresor *m; ~ fuerte* Safe *m,* Tresor *m; ~ fuerte de un banco* Banksafe *m; ¡Deposite esto en la ~ fuerte!* Legen Sie das bitte in den Safe! *~ registradora* Registrierkasse *f; 4. ~ de enfermedad MED* Krankenkasse *f; 5. FIN* Bank *f,* Kasse *f; ~ de ahorros* Sparkasse *f; ~ de ahorros para la construcción* Bausparkasse *f; 6. (estuche)* Gehäuse *n; ~ de cambios (de un auto) TECH* Schaltgetriebe *n*
cajero [ka'xero] *m 1.* Kassierer *m; 2. ~ automático/~ permanente* Geldautomat *m*
cajetilla [ka'xetiʎa] *f ~ de cigarros* Zigarettenpackung *f*
cajita [ka'xita] *f* Kästchen *n,* Kassette *f*
cajón [ka'xɔn] *m 1.* Schublade *f; 2. (caja)* Kasten *m,* große Kiste *f; 3. ~ de arena (para niños)* Sandkasten *m*
cajonera [kaxo'nɛra] *f* Sakristeischrank *m,* Krämerin *f*

cal ['kal] *f CHEM* Kalk *m*
cala ['kala] *f* kleine Bucht *f*
calabaza [kala'ƀaθa] *f BOT* Kürbis *m; dar ~s a alguien* jdm einen Korb geben
calabozo [kala'ƀoθo] *m* Kerker *m*
calabriada [kalaƀri'ađa] *f 1. (mezcla de vino tinto y blanco)* Rot- und Weißweinmischung *f; 2. (fig: mezcolanza)* Mischung *f*
calabriar [kalaƀri'ar] *v (mezclar)* mischen
calado [ka'lađo] *m 1. (dibujo a base de calar)* Pause *f; 2. (profundidad del agua) NAUT* Seetiefe *f*
calamar [kala'mar] *m ZOOL* Tintenfisch *m*
calambre [ka'lambre] *m MED* Krampf *m*
calamidad [kalami'đađ] *f 1. (catástofre)* Unheil *n,* Katastrophe *f,* Mißgeschick *n; 2. ser una ~* Katastrophe *f*
calamitoso [kalami'toso] *adj* unglücklich, erbärmlich, unheilvoll
cálamo ['kalamo] *m 1. (tallo liso)* Stengel *m,* Rohr *n; 2. (pluma de escribir)* (Schreib)-Feder *f*
calandrar [kalan'drar] *v* mangeln
calandria [ka'landrĭa] *f* Mangel *f*
calaña [ka'laɲa] *f 1. (abanico de caña) ; 2. (especie)* Art *f,* Sorte *f*
calar [ka'lar] *v* durchnässen, durchtränken; *calado hasta los huesos* patschnass, pudelnass
calavera [kala'ƀera] *f* Totenkopf *m*
calcar [kal'kar] *v 1. (presionar algo con un pie)* treten, mit dem Fuß drücken; *2. (imitar)* abklatschen, abzeichnen; *3. (reproducir)* kopieren
calcetín [kalθe'tin] *m* Socke *f*
calcio ['kalθĭo] *m CHEM* Kalzium *n*
calcomanía [kalkoma'nĭa] *f (LA)* Aufkleber *m*
calculación [kalkula'θĭɔn] *f MATH* Berechnung *f*
calculado [kalku'lađo] *adj* berechnet, angenommen
calculador [kalkula'đɔr] *adj 1.* berechnend; *m 2.* Rechner *m*
calculadora [kalkula'đora] *f 1. ~ analógica INFORM* Analogrechner *m; 2. ~ de bolsillo* Taschenrechner *m; 3. ~ digital INFORM* Digitalrechner *m*
calcular [kalku'lar] *v 1.* ausrechnen, berechnen, kalkulieren; *2. (tasar)* abschätzen, einschätzen; *Tienes que ~ cuánto dinero necesitas para las vacaciones.* Schätz mal ab, wie viel Geld du für deinen Urlaub brauchst. *3. ~ fracciones MATH* bruchrechnen
cálculo ['kalkulo] *m 1.* Kalkulation *f,* Schätzung *f; hacer un ~ aproximado* überschlagen; *2. MATH* Rechnung *f; ~ mental* Kopfrechnen *n; 3. MED* Stein *m; ~ biliar* Gallenstein *m; f ~ renal* Nierenstein *m*
calda ['kalđa] *f* Wärmen *n,* Heizung *f*
caldear [kalđe'ar] *v 1. (calentar)* erwärmen, erhitzen; *2. (excitar)* sich aufregen, sich erhitzen
caldera [kal'dera] *f* Kessel *m; las ~s de Pero Botero (fig)* die Hölle *f; ~ de calefacción* Heizkessel *m; ~ de vapor* Dampfkessel *m*
caldo ['kalđo] *m GAST* Bouillon *f,* Brühe *f; ~ de carne* Fleischbrühe *f; ~ de gallina/~ de pollo* Hühnersuppe *f*
calefacción [kalefak'θĭɔn] *f* Heizung *f; La ~ no funciona.* Die Heizung geht nicht. *~ central* Zentralheizung *f; ~ a distancia* Fernheizung *f; ~ de gas* Gasheizung *f; ~ individual* Etagenheizung *f*
calefactor [kale'faktor] *m* Heizofen *m,* Heizlüfter *m*
calendario [kalen'đarĭo] *m* Kalender *m; ~ de Adviento* Adventskalender *m; ~ de pared* Wandkalender *m*
calentador [kalenta'đɔr] *m 1. ~ de agua TECH* Boiler *m,* Warmwasserbereiter *m; El ~ de agua está descompuesto, tendré que bañarme con agua fría.* Der Boiler ist kaputt, ich werde mich wohl mit kaltem Wasser duschen müssen. *2. ~ de inmersión TECH* Tauchsieder *m*
calentar [kalen'tar] *v irr* anheizen, beheizen, erwärmen, erhitzen; *Hay que ~ la comida de nuevo.* Das Essen muss wieder erwärmt werden.
calentura [kalen'tura] *f (fiebre)* Fieber *n*
caleta [ka'leta] *f* Bucht *f,* Schlupfhafen *m*
caletre [ka'letre] *m (juicio)* Verstand *m,* Köpfchen *n; Su hijo tiene poco ~.* Sein Sohn hat wenig Köpfchen.
calibración [kalibra'θĭɔn] *f* Eichung *f,* Kalibrierung *f*
calibrar [kali'ƀrar] *v 1. TECH* eichen, ausmessen; *2. (fig)* einschätzen, taxieren
calibre [ka'liƀre] *m 1.* Kaliber *n,* Durchmesser *n; 2. TECH* Lehre *f*
calidad [kali'đađ] *f 1. (cualidad)* Beschaffenheit *f,* Eigenschaft *f,* Qualität *f; de alta ~* hochwertig; *de inferior ~* minderwertig; *en cuanto a la ~* qualitativ; *buena ~/mala ~* gute Qualität/schlechte Qualität *f; 2. (papel)* Eigenschaft *f,* Rolle *f; en ~ de amigo* als Freund; *3. (importancia)* Rang *m*

calidez [kali'đeθ] *f (calor) MED* Wärme *f,* Hitze *f*
cálido ['kalido] *adj 1. (caluroso)* warm, heiß; *El clima de Brasil es muy ~.* Brasiliens Klima ist sehr heiß. *2. (afectuoso)* herzlich; *3. colores ~s* warm (Farben); *4. tono ~* wohltemperiert; *Este locutor tiene una voz muy cálida.* Der Sprecher hat eine wohltemperierte Stimme.
caliente [ka'lĭente] *adj* warm, hitzig; *mantener ~* warm halten; *muy ~* heiß; *La sopa está demasiado ~.* Die Suppe ist zu heiß.
califa [ka'lifa] *m (jefe musulmán)* Kalif *m*
calificable [kali'fıkable] *adj* qualifizierbar, definierbar, benennbar
calificación [kalifika'θĭɔn] *f 1.* Benennung *f,* Bezeichnung *f,* Qualifikation *f; 2. (nota)* Prädikat *n,* Note *f,* Zensur *f; hoja de calificaciones* Zeugnis *n,* Schulzeugnis *n*
calificado [kalifi'kađo] *adj no ~* ungelernt
calificar [kalifi'kar] *v 1.* benennen, kennzeichnen; *2. (valorar)* benoten; *3. (clasificar)* beurteilen, ein Prädikat geben
calificativo [kali'fikatibo] *adj* bestimmend, bezeichnend, kennzeichnend
calma ['kalma] *f 1.* Ruhe *f,* Gelassenheit *f; 2. (del viento)* Windstille *f; 3. NAUT* Flaute *f*
calmadamente [kalmađa'mente] *adv* seelenruhig
calmante [kal'mante] *adj 1.* beruhigend, schmerzlindernd; *m 2. MED* Beruhigungsmittel *n*
calmar [kal'mar] *v 1.* beruhigen, besänftigen, erleichtern; *~ la sed* den Durst stillen; *2. (el dolor)* lindern; *Estas pastillas ~án sus dolores.* Diese Tabletten werden Ihre Schmerzen lindern.
calmarse [kal'marse] *v 1.* sich beruhigen; *¡Cálmate Mónica, ya no grites!* Beruhige dich, Monika, schrei nicht mehr! *2. (viento)* abflauen
calmo ['kalmo] *adj* ruhig
calor [ka'lɔr] *m 1.* Hitze *f,* Wärme *f; Hace mucho ~.* Es ist sehr heiß. *2. ~ de escape TECH* Abwärme *f*
caloría [kalo'rĭa] *f PHYS* Kalorie *f*
calumnia [ka'lumnĭa] *f* Verleumdung *f*
calumniar [kalumnĭar] *v* verleumden, anschwärzen
caluroso [kalu'roso] *adj* warmherzig
calva ['kalƀa] *f* Glatze *f*
calvo ['kalƀo] *adj* kahl, glattköpfig
calzada [kal'θađa] *f* Fahrbahn *f*
calzar [kal'θar] *v 1. ~ los pies* anziehen (Schuhe); *2. (un mueble)* unterkeilen, unterlegen
calzón [kal'θɔn] *m (LA)* Unterhose *f,* Schlüpfer *m*
calzonarias [kalθɔ'narĭas] *f* Hosenträger *m/pl*
callada [ka'jađa] *f* Schweigen *n,* Stille *f*
calladamente [kaʎađa'mente] *adv* stillschweigend
callado [ka'ʎađo] *adj* schweigsam, stillschweigend
callar [ka'ʎar] *v* schweigen, verschweigen; *¡Prefiero ~!* Ich ziehe es vor zu schweigen!
calle ['kaʎe] *f* Straße *f; ~ estrecha* Gasse *f; ~ central* Hauptstrasse *f; ~ lateral* Seitenstraße *f; ~ principal* Hauptstraße *f; ~ preferencial/~ de prioridad* Vorfahrtstraße *f; ~ de un solo sentido* Einbahnstraße *f; ~ transversal* Querstraße *f*
callejear [kaʎɛxe'ar] *v* bummeln, umherschlendern
callejeo [kaʎɛ'xeo] *m* Stadtbummel *m,* Bummel *m*
callejón [kaʎe'xɔn] *m* Gasse *f; ~ sin salida* Sackgasse *f*
callo ['kaʎo] *m MED* Hühnerauge *n*
cama ['kama] *f 1.* Bett *n; una ~ de matrimonio* Doppelbett *n,* Ehebett *n; ~ de campaña* Pritsche *f; ~ enrejada* Gitterbett *n; ~ plegable* Klappbett *n; 2. (lecho)* Lager *n*
cámara ['kamara] *f 1.* Kammer *f; ~ oscura FOTO* Dunkelkammer *f; 2. FOTO* Kamera *f; ~ de espejo reflector* Spiegelreflexkamera *f; ~ cinematográfica* Filmkamera *f; ~ lenta CINE* Zeitlupe *f; 3. Cámara de Comercio ECO* Handelskammer *f; Cámara de Industria y Comercio* Industrie- und Handelskammer *f; 4. Cámara Alta (en Alemania) POL* Bundesrat *m; (en Inglaterra)* Senat *m; 5. Cámara Baja (en Alemania) POL* Bundestag *m*
camarada [kama'rađa] *m 1.* Kamerad *m; 2. POL* Genosse *m*
camaradería [kamarađe'rĭa] *f* Kameradschaft *f*
camarera [kama'rera] *f 1. (en un restaurante)* Bedienung *f,* Kellnerin *f; 2. ~ de habitación* Zimmermädchen *n*
camarero [kama'rero] *m 1. (en un restaurante)* Kellner *m,* Ober *m; ¡Camarero, por favor!* Herr Ober! *2. (Hotel) ~ de planta* Etagenkellner *m*
camarógrafo [kama'rografo] *m CINE* Kameramann *m*
camarón [kama'rɔn] *m ZOOL* Garnele *f*

camarote [kama'rote] *m* Kabine *f,* Kajüte *f,* Koje *f*
cambiable [kam'bĭab̄le] *adj* austauschbar
cambiante [kam'bĭante] *adj* wechselhaft
cambiar [kam'bĭar] *v* *1.* wechseln, tauschen; *Me han cambiado las maletas.* Die Koffer sind vertauscht worden. *¿Puede usted ~me esto?* Können Sie das wechseln? *Quisiera ~ cien dólares en marcos alemanes por favor.* Ich möchte bitte einhundert Dollar in deutsche Mark wechseln. *Te cambio mi pelota por tu muñeca.* Ich tausche meinen Ball gegen deine Puppe. *Vamos a ~ el título del libro.* Wir werden den Titel des Buches umbenennen. *~ dinero* Geld wechseln; *2. ~ por* umtauschen in, austauschen durch, vertauschen mit, eintauschen in; *3. (transformar)* ändern, verändern, umwandeln; *4. ~ de sitio/~ de lugar* verstellen, verrücken, verschieben; *Cambiaron de lugar los libros y no los encuentro.* Die Bücher sind verstellt worden und ich finde sie nicht. *5. ~ de opinión/~ la manera de pensar* umdenken; *Ya es tiempo de ~ la manera de pensar.* Es wird Zeit umzudenken. *He cambiado de idea.* Ich habe es mir anders überlegt. *6. ~ repentinamente* umschlagen; *El clima cambió repentinamente.* Das Klima schlug um. *7. ~ de marcha/~ de velocidad TECH* schalten
cambiarse [kam'bĭarse] *v* *~ de ropa* sich umkleiden, sich umziehen
cambio ['kambĭo] *m* *1.* Wechsel *m,* Abwechslung *f,* Veränderung *f; 2. FIN* Kurs *m,* Geldwechsel *m; ~ de cierre* Abschlusskurs *m; tipo de ~* Wechselkurs *m; ¿Cómo está el ~?* Wie steht der Kurs? *3. (vuelta)* Wechselgeld *n; 4. (canje)* Austausch *m,* Umtausch *m; a ~* dafür, wogegen; *a ~ de* gegen; *~ brusco* Umschwung *m; ~ de aceite* Ölwechsel *m; ~ de ambiente* Tapetenwechsel *m; ~ de clima* Klimawechsel *m; ~ de estilo* Stilbruch *m; ~ del turno* Schichtwechsel *m; 5. ~ de régimen POL* Wende *f*
cambista [kam'bista] *m* Geldwechsler *m,* Bankier *m,* (LA) Weichensteller *m*
camello [ka'meʎo] *m* *1. ZOOL* Kamel *n; 2. (fam)* Dealer *m,* Drogenhändler *m*
camilla [ka'miʎa] *f* Bahre *f,* Tragbahre *f*
caminante [kami'nante] *m/f* Wanderer/Wanderin *m/f*
caminar [kami'nar] *v* gehen, laufen, wandern; *~ a pasitos cortos* trippeln; *~ con alguien* mit jdm mitgehen; *¿Quieres salir a ~?* Willst du spazieren gehen?
caminata [kami'nata] *f* Marsch *m,* Wanderung *f*
camino [ka'mino] *m* Weg *m; a medio ~* halbwegs; *en ~ a* unterwegs; *seguir su ~* weitergehen; *¿Cuánto tiempo estaremos de ~?* Wie lange werden wir unterwegs sein? *~ de peatones* Fußweg *m; ~ de regreso (a casa)* Heimweg *m; ~ errado* Abweg *m; ~ vecinal* Feldweg *m; Camino al Calvario REL* Kreuzweg *m*
camión [ka'mĭɔn] *m* Lastwagen *m,* Laster *m,* Lastkraftwagen *m*
camionero [kamĭo'nero] *m* *~ de larga distancia* Fernfahrer *m*
camisa [ka'misa] *f* Hemd *n; en mangas de ~* hemdsärmelig; *~ de dormir* Nachthemd *n*
camiseta [kami'seta] *f* *1.* T-Shirt *n; 2. (interior)* Unterhemd *n*
camisón [kami'sɔn] *m* Nachthemd *n*
camomila [kamo'mila] *f (hierba)* Kamille *f*
camorrista [kamɔ'rrista] *m* Raufbold *m*
camote [ka'mote] *m BOT* Süßkartoffel *f*
campamento [kampa'mento] *m* Lagern *n,* Lager *n,* Lagerplatz *m*
campanario [kampa'narĭo] *m* Glockenturm *m,* Kirchturm *m*
campanero [kampa'nero] *adj* Glockengießer *m,* Glöckner *m*
campanilla [kampa'niʎa] *f* *1. ~ de la puerta* Türglocke *f; 2. ~ de las nieves BOT* Schneeglöckchen *n*
campante [kam'pante] *adj* vortrefflich, zufrieden, stolz
campaña [kam'paɲa] *f* Kampagne *f; ~ publicitaria* Werbekampagne *f*
campar ['kampar] *v* lagern, kampieren
campechano [kampe'tʃano] *adj* burschikos
campeón [kampe'ɔn] *m SPORT* Meister *m,* Ass *n,* Champion *m; ~ del mundo/~ mundial SPORT* Weltmeister *m*
campeonato [kampeo'nato] *m SPORT* Meisterschaft *f; ~ mundial* Weltmeisterschaft *f; ~ de Europa* Europameisterschaft *f*
campesina [kampe'sina] *f* Bäuerin *f*
campesino [kampe'sino] *m* *1.* Bauer *m; adj 2.* bäuerlich
campestre [kam'pestre] *adj* ländlich, bäuerlich
camping ['kampiŋ] *m* Camping *n; hacer ~* zelten; *terreno de ~* Campingplatz *m*
campiña [kam'piɲa] *f (campo cultivable)* Ackerland *n*

campo ['kampo] *m 1. AGR* Land *n,* Feld *n; a ~ traviesa* querfeldein; *~ de cultivo AGR* Acker *m; 2. (terreno allanado)* Platz *m; ~ de entrenamiento* Übungsplatz *m; 3. SPORT* Spielfeld *n,* Sportplatz *m; ~ de golf SPORT* Golfplatz *m; 4. MIL* Lager *n,* Feld *n; ~ de batalla* Schlachtfeld *n; ~ de prisioneros de guerra* Gefangenenlager *n; 5. ~ de concentración POL* Konzentrationslager *n; 6. ~ de acción/~ de actividades* Aufgabenbereich *m,* Sachgebiet *n,* Tätigkeitsbereich *m; ~ de aplicación/~ de vigencia* Geltungsbereich *m*
camposanto [kampo'santo] *m* Friedhof *m,* Kirchhof *m*
camuflaje [kamu'flaxe] *m* Tarnung *f*
camuflar [kamu'flar] *v* tarnen
can ['kan] *m (perro)* Hund *m*
Canadá [kana'đa] *m GEO* Kanada *n*
canal [ka'nal] *m* Kanal *m; Canal de la Mancha GEO* Ärmelkanal *m*
canalete [kana'lete] *m* Paddel *n*
canalización [kanaliθa'θĭɔn] *f* Kanalisation *f*
canalón [kana'lɔn] *m* Dachrinne *f*
canalla [ka'naʎa] *m* Schuft *m,* Schurke *m*
canapé [kana'pɛ] *m 1. ~s (pastelitos o sandwiches)* Appetithappen *m; 2. (diván)* Kanapee *n,* Sofa *n,* Couch *f*
canario [ka'narĭo] *m ZOOL* Kanarienvogel *m*
canasta [ka'nasta] *f* Korb *m*
cancela [kan'θɛla] *f* Stornierung *f*
cancelación [kanθela'θĭɔn] *f 1. (del podido)* Abbestellung *f,* Absage *f,* Annullierung *f; 2. (de dinero)* Abzahlung *f*
cancelado [kanθe'lađo] *adj* ungültig, gestrichen
cancelar [kanθe'lar] *v 1. (pedido)* abbestellen, rückgängig machen, annullieren; *Quiero ~ la reserva.* Ich möchte die Buchung rückgängig machen. *2. (dinero)* abzahlen; *3. (deuda)* tilgen; *4. INFORM* löschen
cáncer ['kanθɛr] *m MED* Krebs *m; ~ mamario/~ de seno* Brustkrebs *m*
cancerógeno [kanθe'roxeno] *adj* Krebs erregend
canciller [kanθi'ʎɛr] *m POL* Kanzler *m; ~ federal* Bundeskanzler *m*
canción [kan'θĭɔn] *f* Lied *n; Por favor, toque una ~ típica de España.* Bitte spielen Sie ein typisch spanisches Lied. *~ de amor* Liebeslied *n; ~ de cuna* Gutenachtlied *n; ~ de moda,* Schlager *m; ~ navideña* Weihnachtslied *n; ~ popular* Volkslied *n*
cancionero [kanθĭo'nero] *m* Liederbuch *n*
cancha ['kantʃa] *f SPORT* Platz *m,* Spielfeld *n; ~ de tenis (LA)* Tennisplatz *m*
candado [kan'đađo] *m* Vorhängeschloss *n,* Vorlegeschloss *n,* (fig) Maulkorb *m*
candela [kan'đela] *f* Licht *n,* Kerze *f,* (Kohlen)feuer *n*
candelabro [kande'laƀro] *m* Kerzenständer *m,* Leuchter *m,* Kerzenleuchter *m*
candente [kan'dente] *adj* glühend
candidato [kandi'đato] *m 1.* Anwärter *m,* Bewerber *m,* Kandidat *m; 2. ~ a la presidencia* Präsidentschaftskandidat *m*
candidatura [kandiđa'tura] *f 1.* Bewerbung *f; 2. POL* Kandidatur *f*
candidez [kandi'đeθ] *f* Arglosigkeit *f,* Naivität *f*
cándido ['kandiđo] *adj* arglos, einfältig, naiv
candilejas [kandi'kexas] *f/pl THEAT* Rampenlicht *n*
canela [ka'nela] *f* Zimt *m*
canelón [kane'lɔn] *m* Eiszapfen *m*
cangrejo [kaŋ'grɛxo] *m 1. ZOOL* Krebs *m; 2. ~ de mar* Krabbe *f*
canguro [kaŋ'guro] *m 1. ZOOL* Känguru *n; 2. (fig)* Babysitter *m*
caníbal [ka'niƀal] *m* Kannibale *m*
canícula [ka'nikula] *f* Hochsommer *m*
canilla [ka'niʎa] *f 1. (LA)* Wasserhahn *m; 2. ANAT* Schienbein *n*
canje ['kaŋxe] *m* Umtausch *m*
canjear [kaŋxe'ar] *v* umtauschen, einlösen; *Iré a ~ este vale hoy mismo.* Ich werde diesen Gutschein noch heute einlösen.
canoa [ka'noa] *f* Paddelboot *n,* Kanu *n*
canon ['kanɔn] *m MUS* Kanon *m*
canoso [ka'noso] *adj* grauhaarig
cansadísimo [kansa'đisimo] *adj* fix und fertig, hundemüde, todmüde
cansado [kan'sađo] *adj 1.* abgespannt, erschöpft, müde; *Estoy ~.* Ich bin müde. *2. estar ~ de algo* einer Sache überdrüssig sein
cansancio [kan'sanθĭo] *m* Ermüdung *f,* Müdigkeit *f; ~ excesivo* Übermüdung *f*
cansar [kan'sar] *v ~ mucho* strapazieren; *El trabajo me cansa mucho.* Die Arbeit ermüdet mich sehr.
cantante [kan'tante] *m/f MUS* Sänger(in) *m/f; ~ de canciones de moda* Schlagersänger(in) *m/f; ~ de ópera* Opernsänger(in) *m/f*
cantar [kan'tar] *v 1. MUS* singen; *El borracho quiere ~ una canción.* Der Betrunkene will ein Lied singen. *2. (gallo) ZOOL* krähen;

El gallo comienza a ~ a las cuatro de la mañana. Der Hahn fängt um vier Uhr morgens zu krähen an.
cantera [kan'tera] *f* Fundgrube *f*, Steinbruch *m*
cántico ['kantiko] *m* Kirchenlied *n*
cantidad [kanti'đađ] *f 1. (número)* Anzahl *f*, Menge *f*, Quantität *f*; *2. ~ ofrecida ECO* Angebotsmenge *f*; *~ extraída* Fördermenge *f*; *3. (monto) FIN* Betrag *m*, Geldbetrag *m*, Summe *f*; *~ fija* Fixum *n*; *~ enorme* Unsumme *f*
cantina [kan'tina] *f* Kantine *f*
canto[1] ['kanto] *m MUS* Gesang *m*, Singen *n*; *~ coral* Choral *m*
canto[2] ['kanto] *m 1. (borde, lado)* Kante *f*; *2. ~ rodado* Kieselstein *m*; *cerrado a cal y ~* verriegelt und verrammelt
cantón [kan'ton] *m* Ecke *f*, Quartier *n*, Kanton (Schweiz) *m*
cantor(a) [kan'tɔr/kan'tora] *m/f* Sänger(in) *m/f*; *~ de cámara* Kammersänger(in) *m/f*
cánula ['kanula] *f MED* Kanüle *f*
caña ['kaɲa] *f 1. BOT* Rohr *n*; *~ de azúcar* Zuckerrohr *n*; *~ de la India* Bambus *m*; *2. ~ de pescar* Angelrute *f*
cáñamo ['kaɲamo] *m BOT* Hanf *m*
cañaveral [kaɲaƀe'ral] *m* Ried *n*
cañería [kaɲe'ria] *f* Leitung *f*, Rohr *n*, Röhre *f*; *~ de agua* Wasserleitung *f*
cañón [ka'ɲɔn] *m MIL* Geschütz *n*, Kanone *f*
caos ['kaɔs] *m* Chaos *n*, Verhau *m* (fam); *~ del tráfico* Verkehrschaos *n*
caóticamente [ka'otikamente] *adv* chaotisch
caótico [ka'otiko] *m 1.* Chaot *m*; *adj 2.* chaotisch
capa ['kapa] *f 1. (estrato)* Lage *f*, Schicht *f*; *~ de ozono* Ozonschicht *f*; *2. (porción extendida sobre otra)* Belag *m*, Kruste *f*; *3. (prenda)* Umhang *m*, Cape *n*; *defender a ~ y espada* mit Händen und Füßen verteidigen
capacidad [kapaθi'đađ] *f 1.* Fähigkeit *f*, Vermögen *n*, Fassungsvermögen *n*, Kapazität *f*; *~ de adaptación* Anpassungsfähigkeit *f*; *~ de carga* Belastbarkeit *f*; *~ de obrar JUR* Handlungsfähigkeit; *~ de reacción* Reaktionsvermögen *n*; *~ de réplica* Schlagfertigkeit *f*; *~ de trabajo* Arbeitsvermögen *n*; *~ intelectual* Denkvermögen *n*; *2. ~ de memoria INFORM* Speicherkapazität *f*; *3. ~ de rendimiento* Kondition *f*, Leistungsfähigkeit *f*; *4. ~ de resistencia MED* Widerstandskraft *f*; *5. ~ jurídica JUR* Rechtsfähigkeit *f*
capacitar [kapaθi'tar] *v* berechtigen, schulen, geeignet machen
capar [ka'par] *v* kastrieren, verschneiden; *Hoy van a ~ a los toros.* Heute werden die Bullen kastriert.
capataz [kapa'taθ] *m* Vorarbeiter *m*, Aufseher *m*, Werkmeister *m*
capaz [ka'paθ] *adj (~ de)* fähig; *~ de competir* wettbewerbsfähig, konkurrenzfähig
capciosidad ['kapθĭosiđađ] *f* Verfänglichkeit *f*
capcioso [kaƀ'θĭoso] *adj* verfänglich
capellán [kape'ʎan] *m REL* Kaplan *m*
capital [kapi'tal] *f 1.* Hauptstadt *f*; *~ de distrito* Kreisstadt *f*; *m 2. ECO* Kapital *n*; *~ social* Stammkapital *n*; *~ en acciones* Aktienkapital *n*; *~ propio* Eigenkapital *n*
capitalismo [kapita'lismo] *m* Kapitalismus *m*
capitalista [kapita'lista] *m/f 1.* Kapitalist(in) *m/f*; *2. (acreedor(a))* Geldgeber(in) *m/f*; *adj 3.* kapitalistisch
capitalmente [kapital'mente] *adv* tödlich, schwer, wesentlich
capitán [kapi'tan] *m* Kapitän *m*
capitanía [kapita'nia] *f* Hauptmannsrang *m*, Führerschaft *f*, Hafenbehörde *f*
capitel [ka'pĭtel] *m* Kapitell *n*, Turmspitze *f*
capitulación [kapitula'θĭɔn] *f* Kapitulation *f*
capitular [kapitu'lar] *v* kapitulieren
capítulo [ka'pitulo] *m* Kapitel *n*, Abschnitt *m*
capó [ka'pɔ] *m* Kühlerhaube *f*
capote [ka'pɔte] *m* Umhang *m*
capricho [ka'pritʃo] *m* Allüre *f*, Eigensinn *m*; *~ de la naturaleza* Laune der Natur *f*
caprichoso [kapri'tʃoso] *adj* kapriziös, launenhaft, sprunghaft
capricornio [kapri'kɔrnĭo] *m ZOOL* Steinbock *m*
cápsula ['kapsula] *f* Kapsel *f*
captar [kap'tar] *v TECH* empfangen; *¿Puedes ~ esta emisora con tu aparato?* Kannst du diese Sendung mit deinem Gerät empfangen?
captura [kap'tura] *f* Festnahme *f*, Einfangen *n*, Fang *m*
capturar [kaptu'rar] *v* ergreifen, fangen, festnehmen; *La policía no pudo ~ al ladrón.* Die Polizei konnte den Dieb nicht fassen.

capucha [ka'putʃa] *f* Kapuze *f*
capullo [ka'puʎo] *m BOT* Knospe *f*
cara ['kara] *f* Gesicht *n; ¡Qué ~!* So eine Unverschämtheit! *echar en ~* vorwerfen
carabina [kara'ƀina] *f 1.* Karabiner *m; ser la ~ de Ambrosio* ganz unbrauchbar sein; *2. (vigilante)* Anstandsperson *f*
carabinero [kara'ƀinero] *m* Grenzpolizist *m,* Grenzer *m,* Karabiner *m*
caracha [ka'ratʃa] *f MED* Krätze *f*
caracol [kara'kɔl] *m ZOOL* Schnecke *f*
carácter [ka'raktɛr] *m 1.* Charakter *m,* Wesen *n; de ~ firme* charakterfest; *sin ~* charakterlos; *~ aventurero* Abenteuerlichkeit *m; ~ confidencial* Vertraulichkeit *f; ~ efímero* Vergänglichkeit *f; ~ inofensivo* Harmlosigkeit *f; 2. ~ de control INFORM* Steuerzeichen *n; ~ especial* Sonderzeichen *n; 3. caracteres de imprenta pl* Blockschrift *f*
característica [karakte'ristika] *f 1.* Eigenschaft *f; 2. ~s de identidad pl* Kenndaten *pl*
característico [karakte'ristiko] *adj 1.* bezeichnend, charakteristisch, eigentümlich; *m 2. THEAT* Charakterdarsteller *m*
caramba [ka'ramba] *interj ¡Caramba!* Donnerwetter!
carámbano [ka'ramƀano] *m* Eiszapfen *m*
carambola [karam'ƀola] *f* Karambolieren *n,* Karambolespiel *n,* (fig) Betrug *m*
caramelo [kara'melo] *m* Bonbon *n*
carapacho [kara'patʃo] *m* Muschelschale *f,* Schildplatt *n*
caravana [kara'ƀana] *f* Wohnwagen *m,* Karawane *f*
carbohidrato [karƀoi'drato] *m CHEM* Kohlenhydrat *n*
carbón [kar'ƀɔn] *m* Kohle *f; ~ vegetal* Holzkohle *f*
carburador [karƀura'đɔr] *m TECH* Vergaser *m*
carcajada [karka'xađa] *f* Gelächter *n*
carcasa [kar'kasa] *f* Gehäuse *n*
cárcel ['karθɛl] *f* Gefängnis *n*
carcelero [karθe'lero] *m* Gefängniswärter *m*
carcinoma [karθi'noma] *f MED* Karzinom *n*
carcoma [kar'koma] *f* Holzwurm *m*
carcomer [karko'mɛr] *v* zernagen, zerfressen, anbohren
carcomido [karko'miđo] *adj* wurmstichig, altersschwach, morsch
cardar [kar'đar] *v* krempeln
cardenal [karđe'nal] *m 1. REL* Kardinal *m; 2. MED* Hämatom *n,* blauer Fleck *m*
cárdigan ['karđigan] *m* Jacke *f*
cardinal ['karđi'nal] *adj* hauptsächlich, wesentlich, Haupt...
cardiología [karđiolo'xĭa] *f MED* Kardiologie *f*
carecer [kare'θɛr] *v irr ~ de algo* an etw mangeln, einer Sache entbehren
carencia [ka'renθĭa] *f 1.* Mangel *m; 2. ~ de vitaminas* Vitaminmangel *m; ~ proteínica* Eiweissmangel *m; ~ de calcio* Kalziummangel *m*
careo [ka'rɛo] *m* Gegenüberstellung *f,* Konfrontation *f,* Kreuzverhör *n*
carero [ka'rɛro] *adj* teuer verkaufend, nicht preiswert
careta [ka'reta] *f* Larve *f,* Maske *f*
carga ['karga] *f 1. (peso, cargamento)* Ladung *f,* Last *f; 2. (fig)* Last *f,* Ballast *m,* Belastung *f; 3. ECO* Fracht *f; ~ aérea* Luftfracht *f; 4. TECH* Aufladung *f; 5. ~s sociales pl* Sozialabgaben *pl*
cargadero [karga'đero] *m* Verladeplatz *m*
cargado [kar'gađo] *adj* geladen; *~ de emoción* spannungsgeladen
cargamento [karga'mento] *m* Last *f*
cargar [kar'gar] *v 1. ~ con/~ de* beladen mit, aufladen mit, einladen in; *2. (fig)* belasten, bedrücken; *3. (aguantar)* aushalten, ertragen; *~ a* aufbürden; *4. ~ en cuenta ECO* anrechnen, abbuchen, belasten
cargo ['kargo] *m 1.* Amt *n; estar a ~ de* zuständig sein für; *tomar posesión de un ~* ein Amt übernehmen; *2. FIN* Last *f,* Verpflichtung *f; 3. ~ en cuenta ECO* Lastschrift *f*
carguero [kar'gero] *m* Frachter *m*
caricatura [karika'tura] *f* Karikatur *f; hacer la ~* karikieren
caricia [ka'riθĭa] *f* Liebkosung *f; hacer ~s* hätscheln, liebkosen
caridad [kari'đađ] *f* Barmherzigkeit *f*
caries ['karĭes] *f MED* Karies *f*
cariño [ka'riɲo] *m 1.* Zärtlichkeit *f,* Anhänglichkeit *f; necesitar mucho ~* liebesbedürftig sein; *2. (fam)* Liebling *m,* Schatz *m; 3. (regalo)* Geschenk *n*
cariñosamente [kariɲosa'mente] *adv* zärtlich
cariñoso [kari'ɲoso] *adj* herzlich, liebevoll, zärtlich
carísimo [ka'risimo] *adj* sehr teuer, überteuert, sehr lieb

carisma [ka'rizma] *m* Ausstrahlung *f,* Charisma *n*
caritativo [karita'tiƀo] *adj* barmherzig
carmín [kar'min] *m BOT* Scharlachrot *n,* Lippenstift *m*
carnaval [karna'ƀal] *m* Fasching *m,* Karneval *m*
carne ['karne] *f GAST* Fleisch *n; ~ picada* Hackfleisch *n; ~ de pavo* Putenfleisch *n; ~ ahumada* Rauchfleisch *n; ~ del asado* Bratenfleisch *n; ~ para caldo/~ para sopa* Suppenfleisch *n; ~ de cerdo* Schweinefleisch *n; ~ de res/~ de vaca* Rindfleisch *n; ~ de ternera* Kalbfleisch *n*
carné [kar'nɛ] *m ~ de identidad* Personalausweis *m*
carnero [kar'nɛro] *m ZOOL* Hammel *m*
carnet [kar'nɛ] *m ~ de conducir* Führerschein *m; ¿Necesito un ~ de conducir internacional?* Brauche ich einen internationalen Führerschein? *~ escolar* Schülerausweis *m; ~ de identidad* Personalausweis *m*
carnicería [karniθe'ria] *f 1.* Metzgerei *f; 2. (fig)* Massaker *n,* Gemetzel *n*
carnicero [karni'θɛro] *m* Metzger *m*
cabalgar [kaƀal'gar] *v* reiten
cabalgata [kaƀal'gata] *f* Ritt *m,* Kavalkade *f,* Reiterzug *m*
caballa [ka'ƀaʎa] *f ZOOL* Makrele *f*
caballería [kaƀaʎe'ria] *f 1. (animal)* Reittier *n,* Reitpferd *n; 2. (cuerpo militar)* Kavalleriekorps *n*
caballeriza [kaƀaʎe'riθa] *f* Pferdestall *m*
caro ['karo] *adj* kostspielig, teuer; *Esto es demasiado ~ para mi.* Das ist mir zu teuer.
carpa ['karpa] *f 1.* Zelt *n; ~ del circo* Zirkuszelt *n; 2. ZOOL* Karpfen *m*
carpeta [kar'peta] *f 1.* Mappe *f,* Aktenordner *m; 2. (en Peru: púpitre)* Schreibpult *n*
carpintero [karpin'tero] *m* Tischler *m,* Schreiner *m*
carraspear [karraspe'ar] *v* sich räuspern, hüsteln
carraspera [karras'pera] *f* Heiserkeit *f*
carrera [ka'rrɛra] *f 1. (fig: profesión)* Karriere *f,* Laufbahn *f; de ~* hauptberuflich; *2. TECH* Hub *m; 3. SPORT* Lauf *m,* Rennen *n,* Wettlauf *m; ~ ciclista* Radrennen *n; ~ de automóviles* Autorennen *n; ~ de caballos* Pferderennen *n; ~ de vallas* Hürdenlauf *m; ~ de fondo* Langlauf *m; ~ de esquí* Skirennen *n; ~ de relevos* Staffellauf *m; ~ al trote* Trabrennen *n; 4. (en las medias)* Laufmasche *f; 5. ~ armamentista POL* Wettrüsten *n*
carretera [karrɛ'tera] *f ~ rural* Landstraße *f; ~ de circulación rápida* Schnellstraße *f; ~ de circunvalación* Umgehungsstraße *f; ~ de enlace* Verbindungsstraße *f; ~ federal* Bundesstraße *f; ~ nacional* Fernstraße *f*
carretilla [karrɛ'tiʎa] *f 1.* Schubkarre *f; 2. ~ elevadora de horquilla TECH* Gabelstapler *m*
carril [ka'rril] *m* Schiene *f,* Spur *f; de un solo ~* einspurig; *~ para adelantar* Überholspur *f; ~ de aparcamiento* Standspur *f; ~ contrario* Gegenfahrbahn *f; ~ de marcha* Fahrspur *f*
carro ['karrɔ] *m 1.* Karren *m,* Karre *f; 2. ~ de combate MIL* Panzer *m; 3. (coche)* Auto *n,* Kraftwagen *m,* Personenkraftwagen *m; ~ usado* Gebrauchtwagen *m*
carrocería [karrɔθɛ'ria] *f TECH* Karosserie *f*
carroña [ka'rrɔɲa] *f ZOOL* Aas *n*
carroza [ka'rrɔθa] *f 1.* Kutsche *f; 2. (coche fúnebre)* Leichenwagen *m*
carrusel [karru'sɛl] *m* Karussell *n*
carta ['karta] *f 1.* Brief *m,* Zuschrift *f; ¿Hay ~s para mi?* Habe ich Post? *~ al director* Leserbrief *m; ~ certificada* Einschreibebrief *m; ~ de agradecimiento* Dankschreiben *n; ~ de amor* Liebesbrief *m; ~ de despedida* Abschiedsbrief *m; ~ de pésame* Kondolenzschreiben *n; ~ de reclamación* Mahnschreiben *n; ~ de recomendación* Empfehlungsschreiben *n; ~ urgente* Eilbrief *m; ~ requisitoria* Steckbrief *m; 2. (documento)* Urkunde *f; 3. ~ blanca FIN* Blankovollmacht *f; 4. ~ de crédito ECO* Akkreditiv *n; ~ de porte* Frachtbrief *m*
cártel ['kartɛl] *m ECO* Kartell *n*
cartel [kar'tɛl] *m* Plakat *n,* Poster *n,* Anschlag *m; en ~* auf dem Spielplan/auf dem Programm
carteo [kar'teo] *m* Briefwechsel *m*
cartera [kar'tera] *f 1. (de documentos)* Aktenmappe *f,* Mappe *f; ~ de negocios* Aktentasche *f; 2. (monedero)* Brieftasche *f; He perdido mi ~.* Ich habe meine Brieftasche verloren. *3. (LA)* Handtasche *f; ~ de colgar* Umhängetasche *f*
carterizta [karte'rista] *m* Taschendieb *m*
cartero [kar'tero] *m* Postbote *m,* Briefträger *m*
cartílago [kar'tilago] *m ANAT* Knorpel *m*
cartilla [kar'tiʎa] *f* Fibel *f,* Leitfaden *m*
cartón [kar'tɔn] *m* Karton *m,* Pappe *f; ~ ondulado* Wellpappe *f*

cartucho [kar'tutʃo] *m* Hülse *f*, Patrone *f*; *~ de fogueo* Platzpatrone *f*; *~ de tinta* Tintenpatrone *f*
casa ['kasa] *f 1.* Haus *n*, Wohnung *f*, Behausung *f*; *Quiero ir a ~.* Ich möchte nach Hause. *en ~* zu Hause; *un ama de ~* Hausfrau *f*; *~ con paredes entramadas* Fachwerkhaus *n*; *~ de cambio* Wechselstube *f*; *~ de campo* Ferienhaus *n*; *~ de empeño* Pfandhaus *n*; *~ de huéspedes* Gasthaus *n*, Pension *f*; *~ de juego* Spielbank *f*; *~ de muñecas* Puppenstube *f*; *~ en la playa (LA)* Ferienhaus *n*; *~ paterna* Elternhaus *n*; *~ prefabricada* Fertighaus *n*; *~ propia* Eigenheim *n*; *2. ~ de socorro* Unfallstation *f*; *3. ECO* Firma *f*
casa-cuna ['kasa'kuna] *f* Kinderhort *m*
casado [ka'sađo] *adj* verheiratet; *¿Está usted ~?* Sind Sie verheiratet? *Estoy ~.* Ich bin verheiratet.
casamiento [kasa'mĭento] *m* Heirat *f*, Hochzeit *f*, Vermählung *f*
casar [ka'sar] *v* trauen, vermählen
casarse [ka'sarse] *v ~ con* heiraten; *Patricia quiere ~ con un millonario.* Patricia will einen Millionär heiraten.
cascada [kas'kađa] *f (pequeña)* Wasserfall *m*
cascajo [kas'kaxo] *m* Steinschlag *m*
cascanueces [kaska'nweθes] *m* Nussknacker *m*
cascar [kas'kar] *v* knacken
cáscara ['kaskara] *f* Schale *f*; *~ de huevo* Eierschale *f*
cascarrabias [kaska'rrabĭus] *m* rabiater Kerl *m*, Spielverderber *m*
cascarrón [kaska'rron] *adj (fam)* barsch, brummig, rauh
casco ['kasko] *m 1.* Helm *m*; *~ protector* Helm *m*, Sturzhelm *m*; *2. ~ antiguo/~ viejo* Altstadt *f*; *3. (botella retornable)* Pfandflasche *f*; *4. (recipiente vacío)* leerer Behälter *m*; *5. (de un barco, de un avión)* Rumpf *m*; *6. ZOOL* Huf *m*
caserío [kase'rio] *m* Weiler *m*, Häusergruppe *f*
caseta [ka'seta] *f* Bude *f*, Festzelt *n*; *~ de perro* Hundehütte *f*
casete [ka'sete] *m 1. (cinta)* Musikkassette *f*; *2. (aparato)* Kassettenrekorder *m*
casi ['kasi] *adv* beinahe, fast, nahezu; *~ nada* kaum; *~ seguro* höchstwahrscheinlich
casilla [ka'siʎa] *f 1.* Hütte *f*; *sacar a alguien de sus ~s* jdn aus dem Häuschen bringen; *~ para perro* Hundehütte *f*; *2. (LA) ~ de correos* Schließfach *n*; *~ postal* Postfach *n*
casino [ka'sino] *m (de juego)* Kasino *n*
caso ['kaso] *m* Fall *m*, Angelegenheit *f*; *en cada ~* jeweils; *en ~ extremo* äußerstenfalls; *en este ~* in diesem Falle; *en la mayoría de los ~s* meistens, zumeist; *en ~ necesario* notfalls; *no hacer ~ de* sich hinwegsetzen über; *venir al ~* angebracht sein; *~ asistencial* Pflegefall *m*; *~ de defunción* Trauerfall *m*; *~ de emergencia* Notfall *m*; *~ de excepción* Ausnahmefall *m*; *~ de fallecimiento* Sterbefall *m*; *~ de muerte* Todesfall *m*; *~ especial/~ extraordinario* Sonderfall *m*; *~ extremo* Grenzfall *m*; *~ individual* Einzelfall *m*; *~ límite* Grenzfall *m*; *~ normal* Normalfall *m*; *~ particular* Einzelfall *m*
caspa ['kaspa] *f* Schuppen *pl*, Kopfschuppen *pl*
casquete [kas'ketə] *m* Helm *m*, Haube *f*
casquijo [kas'kixo] *m* Kies *m*
casquillo [kas'kiʎo] *m* Hülse *f*
casta ['kasta] *m* Kaste *f*, Rasse *f*
castaña [kas'taɲa] *f BOT* Kastanie *f*; *~ del marañón* Paranuss *f*
castaño [kas'taɲo] *adj (cabello)* braun, brünett
castellano [kaste'ʎano] *m* kastilisch, spanisch (Sprache)
castidad [kasti'đađ] *f* Unschuld *f*
castigar [kasti'gar] *v* strafen, bestrafen
castigo [kas'tigo] *m* Strafe *f*, Bestrafung *f*
castillo [kas'tiʎo] *m* Burg *f*, Schloss *n*; *¿Se puede visitar el ~?* Kann man das Schloss besichtigen? *~ feudal* Ritterburg *f*
casto ['kasto] *adj* unschuldig, keusch
castor [kas'tɔr] *m ZOOL* Biber *m*
castración [kastra'θĭɔŋ] *f MED* Kastrierung *f*, Entmannung *f*, Beschneiden *n*
casual [ka'swal] *adj* zufällig
casualidad [kaswali'đađ] *f* Zufall *m*; *por ~* zufällig
catalejo [kata'lɛxo] *m* Fernrohr *n*
catalepsia [kata'lepsĭa] *f MED* Katalepsie *f*, Starrsucht *f*
catalizador [kataliθa'đɔr] *m 1. CHEM* Katalysator *m*; *2. TECH* Katalysator *m*
catalogar [katalo'gar] *v 1.* katalogisieren; *2. ~ a alguien de (fig)* jdn abstempeln als
catálogo [ka'talogo] *m* Katalog *m*; *~ de exposición* Ausstellungskatalog *m*
cataplum [kata'plum] *interj* plumps, klatsch
catar [ka'tar] *v* kosten, probieren, schmecken

catarata [kata'rata] *f 1.* Wasserfall *m; 2. MED* Star *m*
catástrofe [ka'tastrofe] *f* Katastrophe *f,* Unglück *n*
catastrófico [katas'trofiko] *adj* katastrophal
catecismo [kate'θizmo] *m REL* Katechismus *m*
cátedra ['kateđra] *f* Lehrstuhl *m*
catedral [kate'đral] *f* Dom *m,* Münster *n,* Kathedrale *f; Vale la pena visitar las ~es españolas.* Es lohnt sich, die spanischen Kathedralen zu besuchen.
categoría [katego'ria] *f 1.* Art *f,* Klasse *f,* Sorte *f; de primera ~* erstklassig; *2. (fig)* Rang *m,* Niveau *n; de la misma ~* gleichrangig; *~ de sueldo* Gehaltsgruppe *f*
categóricamente [kate'gɔrikamente] *adv* kategorisch
categórico [kate'gɔriko] *adj* kategorisch
catéter [ka'tetɛr] *m MED* Katheter *m*
catolicismo [katoli'θizmo] *m REL* Katholizismus *m*
católico [ka'toliko] *adj 1. REL* katholisch; *Soy ~.* Ich bin katholisch. *~ apostólico y romano* römisch-katholisch; *m 2. REL* Katholik *m*
catre ['katrɛ] *m* Feldbett *n,* Pritsche *f*
cauce ['kaŭθe] *m 1. (de río)* Flussbett *n; 2. (fig: rumbo)* Richtung *f*
caución [kaŭ'θĭɔn] *f* Gewähr *f,* Bürgschaft *f,* Kaution *f*
caudal [kaŭ'đal] *m* Flut *f*
caudillo [kaŭ'điʎo] *m* Anführer *m,* Heerführer *m,* Führer *m*
causa ['kaŭsa] *f 1.* Grund *m,* Ursache *f; ~ y efecto* Ursache und Wirkung; *por tu ~* deinetwegen; *2. JUR* Sache *f*
causante [kaŭ'sante] *m/f 1.* Verursacher(in) *m/f; ser el ~* verschulden; *2. (autor(a))* Stifter(in) *m/f*
causar [kaŭ'sar] *v 1.* verursachen, bewirken, auslösen; *Tu me causas problemas.* Du bereitest mir Probleme. *2. (fig)* hervorrufen, veranlassen, anstiften; *~ alegría* erfreuen; *~ daño a alguien* jdm Schaden zufügen; *~ escándalo* anecken, Unruhe stiften; *~ impresión* wirken, beeindrucken; *~ inseguridad* verunsichern; *~ repugnancia* anwidern; *~ sensación* erregen, Eindruck machen; *Eso me causa repugnancia.* Das widert mich an.
cautela [kaŭ'tela] *f* Vorsicht *f,* Behutsamkeit *f,* Reserve *f*
cautelosamente [kaŭtelosa'mente] *adv* vorsichtig
cautivado [kaŭti'ƀađo] *adj* entzückt
cautivador [kaŭtiƀa'đɔr] *adj* entzückend, fesselnd, packend
cautivar [kaŭti'ƀar] *v* anziehen
cautiverio [kaŭti'ƀerĭo] *m* Gefangenschaft *f,* Haft *f*
cautividad [kaŭtiƀi'đađ] *f MIL* Kriegsgefangenschaft *f*
cautivo [kaŭ'tiƀo] *m* Gefangener *m*
cauto ['kaŭto] *adj* vorsichtig
cavar [ka'ƀar] *v* graben, hacken
caverna [ka'ƀerna] *f* Höhle *f*
cavidad [kaƀi'đađ] *f* Hohlraum *m*
cavilar [kaƀi'lar] *v* grübeln, sinnieren
caza ['kaθa] *f 1.* Jagd *f; ir de ~* auf die Jagd gehen; *2. ZOOL* Wild *n*
cazadero [kaθa'đero] *m* Jagdrevier *n*
cazador [kaθa'đɔr] *m 1.* Jäger *m; 2. ~ de herencias* Erbschleicher *m*
cazar [ka'θar] *v* jagen, erlegen
cazuela [ka'θwela] *f* Kochtopf *m*
cebo ['θeƀo] *m* Köder *m*
cebolla [θe'ƀoʎa] *f BOT* Zwiebel *f*
cebra ['θeƀra] *f ZOOL* Zebra *n*
cecear [θeθe'ar] *v* lispeln
ceder [θe'đɛr] *v 1.* nachgeben, nachlassen, vergeben; *¡Ceda el paso a los peatones!* Fußgängern Vorfahrt gewähren! *2. ECO* abflauen; *3. MED* abklingen; *4. ~ algo a alguien* jdm etw abtreten
cedro ['θeđro] *m BOT* Zeder *f*
cédula ['θeđula] *f 1.* Schein *m; ~ de sufragio* Stimmzettel *m; 2. ~ personal/~ de ciudadanía (LA)* Ausweis *m; 3. ~ hipotecaria FIN* Pfandbrief *m*
cegar [θe'gar] *v irr 1.* blenden; *El sol le cegó la vista.* Die Sonne blendete ihn. *2. (perder la vista)* erblinden
ceguera [θe'gera] *f* Blindheit *f*
ceja ['θɛxa] *f ANAT* Augenbraue *f,* Braue *f; tener a alguien entre ~ y ~ (fig)* jdn nicht ausstehen können
celda ['θɛlda] *f* Zelle *f,* Gefängniszelle *f*
celebración [θeleƀra'θĭɔn] *f 1.* Feier *f; ~ de la boda* Hochzeitsfeier *f; ~ de la Navidad* Weihnachtsfeier *f; 2. ~ de un contrato* Vertragsabschluss *m*
celebrar [θele'ƀrar] *v 1.* feiern, feierlich begehen; *Este año voy a ~ mi cumpleaños a lo grande.* Dieses Jahr werde ich meinen Geburtstag großartig feiern. *2. (tener lugar)* abhalten; *~ una reunión* tagen; *3. ~ la misa REL* Messe halten

célebre ['θeleƀre] *adj* bekannt, berühmt, renommiert
celebridad [θeleƀri'đađ] *f* *1.* Berühmtheit *f;* *2.* *~es pl* Prominenz *f*
celeste [θe'leste] *adj* hellblau, himmelblau
celestial [θeles'tĭal] *adj* *REL* himmlisch
celibato [θeli'ƀato] *m* *REL* Zölibat *n*
celo ['θelo] *m* *1.* Eifer *m,* Fleiß *m;* *2.* *(envidia)* Eifersucht *f,* Neid *m;* *3.* *estar en ~ ZOOL* läufig sein; *4.* *(cinta adhesiva)* Tesafilm *m;* *5.* *~s pl* Eifersucht *f*
celoso [θe'loso] *adj* eifersüchtig
célula ['θelula] *f* *1.* *BIO* Zelle *f;* *~ germinal* Keimzelle *f;* *2.* *~ solar TECH* Solarzelle *f*
cementar [θemen'tar] *v* zementieren
cementerio [θemen'terĭo] *m* Friedhof *m,* Kirchhof *m*
cemento [θe'mento] *m* Zement *m*
cena ['θena] *f* Abendessen *n,* Mahl *n;* *la Santa Cena REL* Abendmahl *n*
cenagal [θena'gal] *m* Morast *m*
cenagoso [θena'goso] *adj* matschig
cenicero [θeni'θero] *m* Aschenbecher *m*
ceniza [θe'niθa] *f* Asche *f*
cenizo [θe'niθo] *m* Pechvogel *m*
censo ['θenso] *m* Erhebung *f;* *~ de población/~ demográfico* Volkszählung *f*
censor [θen'sɔr] *m* Kritiker *m*
censura [θen'sura] *f* *1.* Kritik *f;* *2.* *POL* Zensur *f*
censurar [θensu'rar] *v* *1.* bemängeln; *2.* *POL* zensieren; *Censuraron el reportaje del periódico.* Der Zeitungsartikel wurde zensiert.
centavo [θen'taƀo] *m* *(LA)* Pfennig *m*
centella [θen'tεʎa] *m* Funke *m,* Blitz *m*
centelleo [θente'ʎeo] *m* Geflimmer *n*
centenario [θente'narĭo] *m* Hundertjahrfeier *f*
centésimo [θen'tesimo] *adj* hundertste(r,s)
centímetro [θen'timetro] *m* Zentimeter *m*
centinela [θenti'nela] *m* Posten *m,* Wache *f*
central [θen'tral] *adj* *1.* zentral, mittig; *la estación ~* Hauptbahnhof *m;* *f* *2.* *(institución)* Vermittlung *f,* Zentrale *f;* *3.* *~ de giros FIN* Girozentrale *f;* *4.* *~ de proceso de datos INFORM* Datenzentrale *f;* *5.* *~ interurbana TEL* Fernamt *n;* *~ telefónica* Fernmeldeamt *n,* Telefonzentrale *f;* *~ abastecedora de agua TECH* Wasserwerk *n;* *~ de calefacción* Heizkraftwerk *n;* *~ eléctrica TECH* Elektrizitätswerk *n;* *~ nuclear TECH* Kernkraftwerk *n*
centralmente [θentral'mente] *adv* zentral
centrar [θen'trar] *v* zentrieren; *Hay que ~ el encabezado del artículo.* Die Überschrift des Artikels muss zentriert werden.
centrarse [θen'trarse] *v* *~ en* sich konzentrieren auf
céntrico ['θentriko] *adj* zentral
centrifugar [θentrifu'gar] *v* schleudern
centro ['θentro] *m* *1.* Mitte *f,* Zentrum *n,* Mittelpunkt *m;* *~ de la ciudad* Innenstadt *f;* *2.* *~ de gravedad PHYS* Schwerpunkt *m;* *3.* *(institución)* Zentrum *n,* Institut *n,* Stelle *f,* Anstalt *f;* *~ de planificación familiar* Familienberatungsstelle *f;* *~ de investigación* Forschungszentrum *n;* *~ de prensa* Pressezentrum *n;* *~ vacacional* Ferienort *m,* Urlaubsort *m;* *4.* *~ de culturismo SPORT* Fitnesscenter *n;* *5.* *~ de rehabilitación MED* Rehabilitationszentrum *n;* *6.* *~ de cálculo/~ de computación* Rechenzentrum *n;* *~ de procesamiento de datos INFORM* EDV-Anlage *f;* *7.* *(fig: el núcleo)* Kern *m*
ceñido [θe'ɲiđo] *adj* *(ajustado)* eng, anliegend
ceñidor [θeɲi'đɔr] *m* Gurt *m*
cepillar [θepi'ʎar] *v* *1.* bürsten; *2.* *TECH* hobeln
cepillo [θe'piʎo] *m* *1.* Bürste *f;* *~ de dientes* Zahnbürste *f;* *~ para el cabello* Haarbürste *f;* *2.* *(de carpintero) TECH* Hobel *m*
cera ['θera] *f* Wachs *n*
cerámica [θe'ramika] *f* Keramik *f*
cerca ['θεrka] *prep* *1.* *~ a/~ de* nahe bei, an, bei; *adv* *2.* *~ de* etwa, rund; *f* *3.* Zaun *m,* Gartenzaun *m,* Umzäunung *f;* *~ de alambre* Drahtzaun *m;* *4.* *(vallado)* Umfassung *f,* Einfriedung *f*
cercado [θεr'kađo] *m* *1.* Zaun *m,* Gehege *n;* *2.* *(vallado)* Umfassung *f*
cercano [θεr'kano] *adj* *1.* nah, nahe, in der Nähe; *¿Dónde está la parada más cercana?* Wo ist die nächste Haltestelle? *m* *2.* *Cercano Oriente GEO* Naher Osten *m*
cercar [θεr'kar] *v* *1.* abriegeln, umzäunen; *2.* *(fig: rodear)* umgeben, einkreisen, umzingeln
cerda ['θεrđa] *f* *1.* Borste *f;* *2.* *ZOOL* Sau *f*
cerdo ['θεrđo] *m* *ZOOL* Schwein *n*
cereales [θere'ales] *m/pl* *1.* *AGR* Korn *n,* Getreide *n;* *2.* *GAST* Frühstücksflocken *pl*
cerebro [θe'reƀro] *m* *ANAT* Gehirn *n*
ceremonia [θere'monĭa] *f* Zeremonie *f,* Akt *m;* *sin ~* formlos; *~ de entrega de premio* Siegerehrung *f;* *~ oficial* Staatsakt *m*

ceremonioso [θeremo'nĭoso] *adj* förmlich, steif
cereza [θe'reθa] *f BOT* Kirsche *f*
cerilla [θe'riʎa] *f* Streichholz *n*, Zündholz *n*; *una caja de ~s* eine Schachtel Streichhölzer *f*
cero ['θero] *num 1.* null; *m 2.* Null *f*
cerquita [θɛr'kita] *adv (LA)* sehr nahe; *estar ~* einen Katzensprung entfernt sein
cerrado [θɛ'rrađo] *adj* geschlossen, gesperrt; *La puerta está cerrada.* Die Tür ist verschlossen. *tener ~* zuhalten
cerradura [θɛrra'đura] *f* Schloss *n*, Türschloss *n*; *La ~ está rota.* Das Schloss ist kaputt. *~ de seguridad* Sicherheitsschloss *n*
cerrajería [θɛrraxe'ria] *f* Schlosserei *f*
cerrajero [θɛrra'xero] *m* Maschinenschlosser *m*, Schlosser *m*
cerrar [θɛ'rrar] *v irr 1.* abdrehen, verschließen, zumachen; *~ el paso* den Weg absperren; *~ el pico* den Schnabel halten; *~ con llave* abschließen, zuschließen; *~ con cerrojo* verriegeln; *~ herméticamente* abdichten; *2. (un negocio) ECO* abschließen
cerrarse [θɛ'rrarse] *v irr* sich schließen; *~ de golpe* zuschnappen, zuschlagen
cerro ['θɛrrɔ] *m* Anhöhe *f*, Hügel *m*
cerrojo [θɛ'rrɔxo] *m* Riegel *m*, Türschloss *n*; *echar el ~* verriegeln, absperren
certamen [θɛr'tamen] *m* Preisausschreiben *n*, Wettbewerb *m*
certero [θɛr'tero] *adj* bestimmt
certeza [θɛr'teθa] *f* Sicherheit *f*, Bestimmtheit *f*, Gewissheit *f*
certificación [θɛrtifika'θĭɔn] *f* Bescheinigung *f*, Beglaubigung *f*
certificado [θɛrtifi'kađo] *m 1.* Bescheinigung *f*, Zeugnis *n*, Zertifikat *n*; *~ de bachillerato* Reifezeugnis *n*; *~ de (buena) conducta* Leumundszeugnis *n*, Führungszeugnis *n*; *~ de domicilio* Aufenthaltsbescheinigung *f*; *~ de fin de estudios* Abschlusszeugnis *n*; *~ de examen final* Schulzeugnis *n*; *~ de origen* Ursprungszeugnis *n*; *~ de procedencia* Abstammungsurkunde *f*; *~ de residencia* Aufenthaltsbescheinigung *f*; *2. (de estudios)* Zeugnis *n*, Schein *m*, Bescheinigung *f*; *3. ~ de exportación ECO* Ausfuhrbescheinigung *f*; *4. (general médico) MED* Attest *n*; *Por favor extiéndame un ~.* Bitte stellen Sie mir ein Attest aus. *~ de defunción* Totenschein *m*
certificar [θɛrtifi'kar] *v* bescheinigen, beglaubigen; *Hay que ~ los documentos.* Die Dokumente müssen beglaubigt werden.
cervecería [θɛrƀeθe'ria] *f* Brauerei *f*
cerveza [θɛr'ƀeθa] *f* Bier *n*; *Una ~ sin alcohol, por favor.* Ein alkoholfreies Bier, bitte. *~ negra* dunkles Bier *n*; *~ rubia* helles Bier *n*; *~ de barril* Bier vom Fass *n*
cerviz [θɛr'ƀiθ] *f ANAT* Genick *n*
cesar [θe'sar] *v* aussetzen, einstellen, nachlassen; *~ del trabajo* die Arbeit einstellen; *sin ~* pausenlos, unaufhörlich; *Las dos chicas no ~on de hablar ni un minuto.* Die zwei Mädchen redeten pausenlos miteinander.
cesárea [θe'sarea] *f MED* Kaiserschnitt *m*
cese ['θese] *m* Absetzung *f*, Einstellung *f*; *~ de alarma* Entwarnung *f*
césped ['θespeđ] *m BOT* Rasen *m*
cesto ['θesto] *m* Korb *m*
ciática ['θĭatika] *f ANAT* Ischias *m*
cicatero [θika'tero] *adj* knauserig
cicatriz [θika'triθ] *f* Narbe *f*; *lleno de cicatrices* narbig
cicatrizar [θika'triθar] *v. intr* verheilen, (Wunde) heilen, vernarben
ciclista [θi'klista] *m/f* Radfahrer(in) *m/f*
ciclo ['θiklo] *m 1.* Zyklus *m*, Kreislauf *m*; *2. ~ económico ECO* Konjunkturzyklus *m*
ciclomotor [θiklomo'tɔr] *m* Moped *n*
ciego ['θĭego] *adj 1.* blind; *a ciegas* blindlings, drauflos; *m 2.* Blinder *m*
cielo ['θĭelo] *m* Himmel *m*; *mover ~ y tierra* Himmel und Hölle in Bewegung setzen
cien [θĭen] *num* einhundert; *~ por ciento* hundertprozentig
ciencia ['θĭenθĭa] *f 1.* Wissenschaft *f*; *2. ~ médica MED* Heilkunde *f*; *3. ~s filosóficas pl* Geisteswissenschaften *pl*; *~s naturales* Naturwissenschaften *pl*
científicamente [θĭen'tifikamente] *adv* wissenschaftlich
científico [θĭen'tifiko] *m 1.* Wissenschaftler *m*; *adj 2.* wissenschaftlich
ciento ['θĭento] *num* hundert
cierre ['θĭɛrre] *m 1.* Verschluss *m*, Sperre *f*; *~ centralizado* Zentralverriegelung *f*; *2. ECO* Abschluss *m*; *~ de ejercicio* Geschäftsabschluss *m*; *~ de cuentas* Abschlussbilanz *m*, Jahresabschluss *m*; *3. (fig)* Büroschluss *m*; *~ de los comercios* Ladenschluss *m*; *4. (LA: cremallera)* Reißverschluss *m*
ciertamente ['θĭɛrtamente] *adv* bestimmt, wohl, allerdings
cierto ['θĭɛrto] *adj* bestimmt, gewiss; *por ~* übrigens; *resultar ~* sich bewahrheiten
ciervo ['θĭɛrƀo] *m 1. ZOOL* Hirsch *m*; *2. ~s pl ZOOL* Rotwild *n*

cifra ['θifra] *f* *1.* Ziffer *f*; *de varias ~s* mehrstellig; *~ índice* Kennziffer *f*; *~ no publicada* Dunkelziffer *f*; *2. ~ de ventas ECO* Geschäftsumsatz *m*
cifrar ['θifra] *v* *1.* chiffrieren, verschlüsseln, beziffern; *2. INFORM* kodieren
cigarrillo [θiga'rriʎo] *m* Zigarette *f*; *un cartón de ~s* eine Stange Zigaretten *f*
cigarro [θi'garro] *m* Zigarette *f*
cigüeña [θi'gweɲa] *f* *ZOOL* Storch *m*
cilindrada [θilin'drađa] *f* *TECH* Hubraum *m*
cima ['θima] *f* *1. GEO* Gipfel *m*, Kamm *m*; *2. (punta)* Spitze *f*
cimentación [θimenta'θĭɔn] *f* Fundament *n*
cimientos [θi'mĭentos] *m/pl* Fundament *n*
cinc [θink] *m* *CHEM* Zink *n*
cincel [θin'θɛl] *m* *(del escultor)* Meißel *m*
cinco ['θiŋko] *num* fünf
cincuenta [θin'kwenta] *num* fünfzig
cine ['θine] *m* *CINE* Kino *n*; *Me gustaría ir al ~.* Ich würde gerne ins Kino gehen.
cíngaro ['θingaro] *m* Zigeuner *m*
cínico ['θiniko] *adj* zynisch
cinta ['θinta] *f* *1.* Band *n*, Streifen *m*; *~ adhesiva* Klebeband *n*; *Pónle una ~ aislante a la conexión de cables.* Wickle ein Isolierband um das Kabel herum. *~ métrica* Metermaß *n*, Bandmaß *n*; *~ perforada* Lochstreifen *m*; *2. ~ magnética TECH* Magnetband *n*; *~ magnetofónica* Tonband *n*
cintura [θin'tura] *f* Taille *f*
cinturón [θintu'rɔn] *m* Gürtel *m*; *~ de seguridad* Sicherheitsgurt *m*; *uso obligatorio del ~* Anschnallpflicht *f*
ciprés [θi'pres] *m* *BOT* Zypresse *f*
circo ['θirko] *m* Zirkus *m*
circuito [θir'kwito] *m* *1.* Rundfahrt *f*, Rundgang *m*; *2. ~ de entrenamiento SPORT* Trimm-dich-Pfad *m*; *3. ~ eléctrico TECH* Stromkreis *m*
circulación [θirkula'θĭɔn] *f* *1.* Verkehr *m*; *en ~* im Umlauf; *~ de automóviles* Straßenverkehr *m*; *~ en sentido contrario* Gegenverkehr *m*; *~ por la derecha* Rechtsverkehr *m*; *~ prohibida* Fahrverbot *n*; *2. MED* Kreislauf *m*; *3. ~ de capital ECO* Kapitalverkehr *m*
circular [θirku'lar] *v* *1.* umkreisen; *hacer ~* herumreichen, weitergeben; *2. (fig)* kursieren, umgehen; *Circulan rumores.* Es kursieren Gerüchte. *f* *3.* Rundschreiben *n*
círculo ['θirkulo] *m* *1.* Kreis *m*, Ring *m*; *~ vicioso* Teufelskreis *m*; *2. ~ polar GEO* Polarkreis *m*; *3. (fig)* Kreis *m*, Verein *m*; *~ de amistades* Bekanntenkreis, Freundeskreis *m*
circundar [θirkun'dar] *v* *~ de* umgeben mit
circunscripción [θirkunskri'ƀir] *f* Kreis *m*
circunspección [θirkunspɛg'θĭɔn] *f* Umsicht *f*, Zurückhaltung *f*
circunspecto [θirkuns'pɛkto] *adj* umsichtig
circunstancia [θirkuns'tanθĭa] *f* *1. (hecho)* Fall *m*, Umstand *m*; *2. (situación)* Lage *f*, Situation *f*; *3. ~s pl* Umstände *pl*, Begleitumstand *m*; *en estas ~s* unter diesen Umständen
circunvalación [θirkunbala'θĭɔn] *f* *carretera de ~* Verkehrsring *m*, Umgehungsstraße *f*
circunvalar [θirkun'balar] *v* umgeben, umringen
ciruela [θi'rwela] *f* *BOT* Pflaume *f*, Zwetschge *f*; *~ amarilla* Mirabelle *f*
cirugía [θiru'xia] *f* *MED* Chirurgie *f*
cirujano [θiru'xano] *m* *MED* Chirurg *m*
cisne ['θizne] *m* *ZOOL* Schwan *m*
cisterna [θis'tɛrna] *f* *1.* Zisterne *f*; *2. (depósito)* Tank *m*
cisura [θi'sura] *f* Schnitt *m*, feiner Riß *m*, Einschnitt *m*
cita ['θita] *f* *1. (mención)* Zitat *n*; *2. (encuentro)* Termin *m*, Rendezvous *n*, Verabredung *f*; *¿Me podría dar una ~?* Könnte ich einen Termin haben? *~ amorosa* Schäferstündchen *n*; *~ de entrevista personal* Vorstellungstermin *m*; *lugar de la ~* Treffpunkt *m*
citación [θita'θĭɔn] *f* *JUR* Ladung *f*, Vorladung *f*
citar [θi'tar] *v* *1.* zitieren, anführen; *El conferencista citó a Aristoteles varias veces.* Der Redner zitierte mehrmals Aristoteles. *2. ~ a alguien* jdn herbestellen; *3. JUR* laden, vorladen
citarse [θi'tarse] *v* *~ con alguien* sich mit jdm verabreden; *Me cité con Miguel a las seis de la tarde.* Ich bin um 18 Uhr mit Miguel verabredet.
cítricos ['θitrikos] *m/pl* Zitrusfrüchte *pl*
ciudad [θĭu'đađ] *f* Stadt *f*; *¿Cómo se va al centro de la ~?* Wie geht man zur Stadtmitte? *¿Tiene usted un plano de la ~ para mi?* Haben Sie einen Stadtplan für mich?
ciudadanía [θiuđađa'nia] *f* Bürgerschaft *f*, Staatsbürgerschaft *f*

ciudadano [θiuđa'đano] *m 1.* Bürger *m,* Staatsbürger *m; ~ báltico* Balte *m; ~ honorario* Ehrenbürger *m; 2. ~s importantes/~s notables pl* Honoratioren *pl*
cívico ['θibico] *adj* bürgerlich, staatsbürgerlich, national, patriotisch
civil [θi'ƀil] *adj 1.* bürgerlich, zivil; *2. JUR* zivil
civilización [θi'ƀiliθaθion] *f* Zivilisation *f*
civilizado [θiƀili'θađo] *adj* zivilisiert
clamor [kla'mor] *m* Geschrei *n,* Jammergeschrei *n,* Klage *f*
clan [klan] *m* Sippe *f*
clandestinidad [klandestini'đađ] *f 1.* Heimlichkeit; *2. POL* Untergrund *m*
clandestino [klandes'tino] *adj* verstohlen, heimlich
clara ['klara] *f ~ de huevo* Eiweiß *n*
claramente ['klaramente] *adv 1. (fig)* eindeutig, verständlich; *2. (precisamente)* übersichtlich
claridad [klari'đađ] *f 1.* Helligkeit *f; 2. (fig)* Deutlichkeit *f,* Eindeutigkeit *f; falta de ~* Unklarheit *f*
clarificación [klarifika'θĭɔn] *f* Klärung *f*
clarificar [klarifi'kar] *v* klären
clarinete [klari'nete] *m MUS* Klarinette *f*
clarividencia [klaribi'tenθka] *f* Weitblick *m,* Scharfblick *m*
clarividente [klariƀi'đente] *m/f* Hellseher(in) *m/f*
claro ['klaro] *adj 1.* einleuchtend, anschaulich, verständlich; *¿Está todo ~?* Ist alles klar? *2. (fig)* deutlich, eindeutig, klar; *¡Claro que sí!* Selbstverständlich! Natürlich! *~ como el cristal* glasklar; *está ~* freilich; *poco ~* unklar; *poner en ~* klarstellen, klären, verdeutlichen; *3. (con luz)* heiter, hell, klar; *m 4.* Lichtung *f; 5. ~ de luna* Mondschein *m*
clase ['klase] *f 1. (tipo)* Art *f,* Klasse *f,* Sorte *f; de dos ~s* zweierlei; *de ninguna ~* keinerlei; *2. (calidad)* Rang *m,* Klasse *f; ~ turista* Touristenklasse *f; 3. (sociedad)* Schicht *f,* Klasse *f; de la ~ media* bürgerlich, mittelständisch; *~ media* Mittelstand *m; ~ social (LA)* Gesellschaftsschicht *f; 4. (alumnos)* Unterrichtsstunde *f,* Vorlesung *f,* Kurs *m; sin ~s* schulfrei; *5. ~s de baile pl* Tanzkurs *m; ~s de conducción/~s de manejo* Fahrstunde *f*
clásico ['klasiko] *adj 1.* klassisch; *2. (no sometido a la moda)* zeitlos; *m 3.* Klassiker *m*
clasificación [klasifika'θĭɔn] *f* Klassifikation *f; ~ por edad* Altersklasse *f*
clasificador [klasifika'đɔr] *m* Hefter *m,* Ordner *m*
clasificar [klasifi'kar] *v* einstufen
clasificarse [klasifi'karse] *v SPORT* sich qualifizieren
claudicar [klaŭđi'kar] *v* nachgeben
claustro ['klaŭstro] *m ARCH* Kreuzgang *m*
claúsula ['klaŭsula] *f 1. JUR* Klausel *f; 2. ~ de la nación más favorecida ECO* Meistbegünstigungsklausel *f*
clausurar [klaŭ'surar] *v* den Satz abschließen, abschließend sagen
clavar [kla'ƀar] *v 1.* annageln, nageln, festnageln; *2. (poste)* einschlagen, einrammen; *3. (fig)* ausbeuten, ausnehmen, neppen
clavel [kla'ƀɛl] *m BOT* Nelke *f*
clavícula [kla'ƀikula] *f ANAT* Schlüsselbein *n*
clavija [kla'ƀixa] *f 1.* Zapfen *m,* Stift *m,* Dübel *m; 2. TECH* Bolzen *m; 3. ~ de enchufe* Stecker *m; ~ de banana* Bananenstecker *m; ~ de unión* Verbindungsstecker *m; 4. (instrumentos de cuerda) MUS* Wirbel *m; 5. apretar las ~s a alguien* jdn unter Druck setzen
clavo ['klaƀo] *m TECH* Nagel *m; dar en el ~* den Nagel auf den Kopf treffen
claxon ['klaksɔn] *m* Hupe *f; tocar el ~* hupen
clemente [klɛ'mente] *adj* milde, nachsichtig, gütig
clérigo ['klerigo] *m REL* Geistlicher *m,* Priester *m*
clero ['klero] *m REL* Klerus *m*
cliché [kli'tʃɛ] *m* Klischee *n*
cliente ['klĭente] *m 1.* Kunde *m,* Klient *m; ~ habitual/~ fijo* Stammgast *m,* Stammkunde *m; 2. JUR* Mandant *m; 3. ECO* Auftraggeber *m*
clientela [klĭen'tela] *f* Kundschaft *f; ~ de paso/~ ocasional ECO* Laufkundschaft *f*
clima ['klima] *m* Klima *n; ~ de montaña* Gebirgsklima *n*
climático [kli'matiko] *adj* klimatisch
climax ['klimax] *m* Klimax *f,* Höhepunkt *m*
clínica ['klinika] *f MED* Klinik *f,* Krankenhaus *n; ¿Dónde está la ~ más cercana?* Wo ist das nächste Krankenhaus? *~ ginecológica* Frauenklinik *f; ~ psiquiátrica* Nervenheilanstalt *f*
clínicamente ['klinikamente] *adv* klinisch
clínico ['kliniko] *adj* klinisch
clip [klip] *m* Büroklammer *f,* Heftklammer *f,* Klammer *f*

clisé [kli'se] *m* Klischee *n*
clitoris ['klitoris] *m* Klitoris *f,* Kitzler *m*
cloaca [klo'aka] *f* *1.* Kloake *f; 2. (arroyo)* Gosse *f*
cloro ['kloro] *m CHEM* Chlor *n*
clorofluorcarburo [kloroflŭɔrkar'buro] *m (CFC) CHEM* Fluorkohlenwasserstoff *m*
club [kluƀ] *m 1.* Verein *m,* Klub *m; ~ nocturno* Nachtlokal *n; 2. ~ de gimnasia SPORT* Turnverein *m*
clueca ['klweka] *f* Glucke *f*
coacción [koak'θĭɔn] *f* Diktat *n,* Nötigung *f*
coaccionar [koakθĭɔ'nar] *v* nötigen
coadyuvar [koađju'ƀar] *v ~ a* beitragen zu
coagularse [koagu'larse] *v* gerinnen; *La sangre comienza a ~.* Das Blut fängt an zu gerinnen.
coalición [koali'θĭɔn] *f POL* Koalition *f,* Vereinigung *f*
coalicionista [koaliθĭo'nizta] *m/f POL* Koalitionspartner(in) *m/f*
coartada [koar'tađa] *f* Alibi *n*
cobarde [ko'ƀarđe] *adj 1.* feig; *m 2.* Angsthase *m,* Maultierstall *m,* Stallung *f*
cobardía [koƀar'đia] *f* Feigheit *f*
cobaya [ko'ƀaja] *m ZOOL* Meerschweinchen *n*
cobertizo [koƀer'tiθo] *m* Schuppen *m,* Verschlag *m*
cobertor [ko'ƀertor] *m* Bettdecke *f,* Überdecke *f*
cobertura [koƀɛr'tura] *f 1.* Bedeckung *f,* Überzug *m; 2. ECO* Deckung *f; sin ~* ungedeckt; *3. ~ de seguro* Versicherungsschutz *m*
cobijador [kobi'xador] *adj* Beschützer *m,* Beherberger *m*
cobijar [kobi'xar] *v* fürsorgen, Zuflucht bieten, beschützen
cobijo [ko'ƀixo] *m* Unterschlupf *m*
cobra ['kobra] *m ZOOL* Kobra *f*
cobrador [ko'brador] *m* Kassierer *m,* Kassenbote *m*
cobrar [ko'ƀrar] *v* kassieren, einkassieren, einlösen, einziehen; *Odio ~le dinero a un amigo.* Ich hasse es, von einem Freund Geld zu kassieren.
cobre ['koƀre] *m CHEM* Kupfer *n*
cobro ['koƀro] *m 1. ECO* Einzug *m,* Erhebung *f,* Inkasso *n; 2. ~s pendientes pl ECO* Außenstände *pl*
coca ['koka] *f BOT* Kokapflanze *f*
cocaína [koka'ina] *f* Kokain *n*
cocer [ko'θɛr] *v irr (cocinar)* abkochen, aufkochen, sieden, kochen, garen
cociente [ko'θĭente] *m ~ de inteligencia* Intelligenzquotient *m*
cocina [ko'θina] *f 1. (cuarto)* Küche *f; 2. (fogón)* Herd *m,* Küchenherd *m; ~ de gas* Gasherd *m; 3. (comida) GAST* Küche *f; la ~ francesa* die französische Küche *f*
cocinera [koθi'nera] *f* Köchin *f*
cocinero [koθi'nero] *m* Koch *m*
cocinilla [koθi'niʎa] *f* Kocher *m*
coco ['koko] *m BOT* Kokosnuss *f*
cocodrilo [koko'đrilo] *m ZOOL* Krokodil *n*
cóctel ['kɔktɛl] *m* Cocktail *m*
coche ['kotʃe] *m 1.* Auto *n,* Wagen *m,* Personenkraftwagen *m,* PKW *m; ~ antiguo* Oldtimer *m; ~ de alquiler* Leihwagen *m,* Mietwagen *m; ~ de auxilio (LA)* Abschleppwagen *m; ~ de carrera* Rennwagen *m; ~ de segunda mano* Gebrauchtwagen *m; ~ fúnebre* Leichenwagen *m; ~ patrulla* Streifenwagen *m; ~ pequeño* Kleinwagen *m; 2. (de ferrocarril)* Eisenbahnwagen *m; ~ de asientos-cama* Liegewagen *m; ~ directo* Kurswagen *m; ~ restaurante* Speisewagen *m; ¿Dónde está el ~ restaurante?* Wo ist der Speisewagen? *3. (de caballos)* Kutsche *f*
coche-cama ['kotʃe'cama] *m* Schlafwagen *m*
cochecito [kotʃe'θito] *m ~ de niño* Kinderwagen *m,* Wagen *m*
coche-grúa ['kotʃe'grua] *m* Abschleppwagen *m*
cochinada [kotʃi'nađa] *f* Sauerei *f,* Schweinerei *f*
cochinillo [kotʃi'niʎo] *m ZOOL* Ferkel *n*
cochino [ko'tʃino] *m 1. ZOOL* Schwein *n; 2. (fig)* Ferkel *n,* Sau *f,* Schmutzfink *m; adj 3.* schmutzig
codelincuente [kodeli'kwente] *m/f* Mittäter(in) *m/f,* Komplize/Komplizin *m/f*
codicia [ko'diθĭa] *f* Habgier *f*
codicioso [kođi'θĭoso] *adj* geldgierig, habgierig, raffgierig
codificar [kođi'fikar] *v 1.* verschlüsseln; *2. INFORM* kodieren
código ['kođigo] *m 1. JUR* Gesetzbuch *n; ~ civil* Bürgerliches Gesetzbuch *n; ~ penal* Strafgesetzbuch *n; 2. ~ postal* Postleitzahl *f; 3. ~ de indentificación bancaria FIN* Bankleitzahl *f; 4. INFORM* Code *m; ~ de barras* Strichcode *m*
codo ['kođo] *m ANAT* Ellbogen *m*

coeficiente [koefi'θĭente] *m* Ziffer *f*, Koeffizient *m*
coercitivo [koɛrθi'tiƀo] *adj* zwingend
coetáneo [koe'taneo] *adj 1. (contemporáneo)* zeitgenössisch; *2. (de la misma edad)* gleichaltrig; *m 3.* Zeitgenosse *m*
cofre ['kofre] *m* Kasten *m*
cofrecillo [kofre'θiʎo] *m* Kassette *f*
coger [kɔ'xɛr] *v 1. (agarrar)* anfassen, nehmen, ergreifen; *¡Coge el dinero y vete!* Nimm das Geld und geh! *2. (frutas)* pflücken; *3. (fig: atrapar)* abfangen, erwischen, packen; *~ al paso* aufgreifen; *~ al vuelo* auffangen; *~ de sorpresa* überraschen; *~ desprevenido* überrumpeln; *4. (fig: apropiarse)* kapern, kriegen; *5. (fig: comprender)* aufnehmen, erfassen
cogestión [koxɛs'tĭɔn] *f* Mitbestimmung *f*
cogote [ko'gote] *m ANAT* Nacken *m*
cohecho [ko'etʃo] *m* Bestechung *f*
cohete [ko'ete] *m 1.* Rakete *f*; *2. ~ luminoso* Leuchtrakete *f*
cohibido [koi'ƀiđo] *adj* gehemmt, verlegen
cohibir ['kohibir] *v* hemmen, beengen, einschüchtern
coincidencia [koinθi'đenθĭa] *f* Übereinstimmung *f*, Überschneidung *f*
coincidir [koinθi'đir] *v 1.* übereinstimmen; *Nosotros coincidimos en esta decisión.* Wir stimmen in dieser Entscheidung überein. *2. (~ en un punto)* überschneiden; *3. (fig) ~ con* zusammenfallen mit
coito ['kɔĭto] *m* Beischlaf *m*, Sexualakt *m*
cojear [kɔxe'ar] *v* hinken, humpeln
cojín [kɔ'xin] *m* Kissen *n*; *~ de tinta* Stempelkissen *n*
cojo ['kɔxo] *adj MED* lahm
col [kɔl] *f BOT* Kraut *n*, Kohl *m*; *GAST ~ de Bruselas* Rosenkohl *m*
cola ['kola] *f 1.* Schwanz *m*; *~ de caballo* Pferdeschwanz *m*; *2. (fila)* Warteschlange *f*; *formar ~* Schlange stehen; *3. (pegamento)* Leim *m*
colaboración [kolaƀora'θĭɔn] *f* Mitarbeit *f*, Zusammenarbeit *f*
colaborador(a) [kolaƀora'đɔr(a)] *m/f* Mitarbeiter(in) *m/f*
colaborar [kolaƀo'rar] *v 1.* mitarbeiten, zusammenarbeiten; *2. ~ en* mitwirken bei
colada [ko'lađa] *f* Aufwaschen *n*, Wäsche *f*, Wäschelauge *f*
colador [kola'đɔr] *m* Sieb *n*, Durchschlag *m*
colapso [ko'lapso] *m MED* Kollaps *m*, Zusammenbruch *m*; *~ nervioso* Nervenzusammenbruch *m*
colcha ['kɔltʃa] *f* Bettdecke *f*; *~ guateada* Steppdecke *f*
colchón [kɔl'tʃɔn] *m* Matratze *f*; *~ de plumas* Federbett *n*; *~ neumático* Luftmatratze *f*
colección [kolɛk'θĭɔn] *f* Sammlung *f*, Kollektion *f*; *hacer ~* sammeln; *~ de arte* Kunstsammlung *f*; *~ en un volumen* Sammelband *m*
coleccionar [kolɛkθĭo'nar] *v* sammeln
coleccionista [kolɛkθĭo'nista] *m/f* Sammler(in) *m/f*
colectar [ko'lɛktar] sammeln, einziehen (Steuern)
colectivo [kolɛk'tiƀo] *adj 1.* gemeinsam, kollektiv; *m 2. GRAMM* Kollektivum *n*; *3. (convenio)* Tarifverhandlung *f*
colector [kolɛk'tɔr] *m TECH* Kollektor *m*; *~ solar* Sonnenkollektor *m*
colega [ko'lega] *m/f* Kollege/Kollegin *m/f*, Kumpel *m*
colegial [kolɛ'xĭal] *adj 1.* kollegial; *m 2.* Schüler *m*
colegiatura [kolɛ'xiatura] *f* Studiengebühr *f*
colegio [ko'lɛxĭo] *m 1.* Schule *f*, Kollegium *n*; *2. ~ de Liceo (LA)* Gymnasium *n*; *3. ~ electoral POL* Wahllokal *n*
cólera ['kolera] *f 1.* Zorn *m*; *m 2. MED* Cholera *f*
colesterol [koleste'rɔl] *m MED* Cholesterin *n*
colgador [kɔlga'đɔr] *m* Kleiderbügel *m*, Kleiderhaken *m*
colgar [kɔl'gar] *v irr* anhängen, aufhängen; *~ el teléfono* auflegen; *Me han colgado. (fam)* Ich bin durchgefallen. *~ de la pared* an die Wand hängen; *~ en* aufhängen an
colgarse [kɔl'garse] *v irr ~ algo* sich etw umhängen
colibrí [ko'libri] *m* Kolibri *m*
cólico ['koliko] *m MED* Kolik *f*, Bauchschmerzen *pl*, Magenschmerzen *pl*
coliflor [koli'flɔr] *f BOT* Blumenkohl *m*
colimbo [ko'limbo] *m* Seetaucher *m*
colina [ko'lina] *f* Hügel *m*
colindante [kolin'dante] *adj* benachbart; *~ con* angrenzend an, aneinander grenzend, anliegend an
colindar [kolin'đar] *v ~ con* angrenzen an
colisión [koli'sĭɔn] *f* Zusammenstoß *m*, Karambolage *f*, Kollision *f*

colisionar [kolisĭo'nar] *v* zusammenstoßen
colmar [kɔl'mar] *v ~ de* überhäufen mit; *El pretendiente colmaba a Verónica de regalos.* Der Verehrer überhäufte Veronika mit Geschenken. *Se me está colmada la paciencia.* Ich verliere langsam die Geduld.
colmenero [kɔlme'nero] *m* Imker *m*
colmo ['kɔlmo] *m* Übermaß *n; ¡Esto es el ~!* Das ist der Gipfel!
colocación [koloka'θĭɔn] *f 1. (puesto)* Anstellung *f; 2. (fig: posición)* Platzierung *f,* Aufstellung *f; 3. ECO* Kapitalanlage *f; 4. (a la venta) ECO* Verkauf *m,* Absatz *m*
colocar [kolo'kar] *v 1. ~ a alguien en un sitio* jdn platzieren, jdn hinsetzen; *~ algo* etw verstauen; *2. (asignar puesto)* Platz zuweisen; *3. (horizontalmente)* legen; *4. (poner algo en un sitio)* anlegen, anbringen, auflegen; *5. (verticalmente)* hinstellen, absetzen; *6. FIN* anlegen
colocarse [kolo'karse] *v ~ en una fila* sich einordnen; *Para comprar los boletos debemos colocarnos en la fila.* Um die Karten zu kaufen, müssen wir uns in der Reihe anstellen.
Colombia [ko'lombĭa] *m GEO* Kolumbien *n*
colombiano [ko'lombĭano] *adj* kolumbianisch, aus Kolumbien kommend
colonia [ko'lonĭa] *f 1.* Ansiedlung *f; 2. POL* Kolonie *f*
colonialismo [kolonĭa'lizmo] *m POL* Kolonialismus *m*
colonización [koloniθa'θĭɔn] *f 1.* Kolonisierung *f; 2. (población)* Siedlung *f*
colono [ko'lono] *m* Siedler *m*
color [ko'lɔr] *m* Farbe *f; de ~es* farbig, bunt; *de un solo ~* einfarbig; *perder el ~* abfärben; *~ de cabello/~ de pelo* Haarfarbe *f*
coloración [kolora'θĭɔn] *f* Färbung *f*
colorado [kolo'rađo] *adj* rot
colosal [kolo'sal] *adj* kolossal, riesengroß, mächtig
coloso [ko'loso] *m* Koloss *m*
columna [ko'lumna] *f 1.* Säule *f,* Kolonne *f,* Kolumne *f; 2. ~ vertebral ANAT* Rückgrat *n,* Wirbelsäule *f; 3. (parte vertical)* Spalte *f; ~ de anuncios* Litfaßsäule *f; ~ de chismografía* Klatschspalte *f*
columpiarse [kolum'pĭarse] *v* schaukeln
columpio [ko'lumpĭo] *m* Schaukel *f*
collar [ko'ʎar] *m* Kette *f,* Halskette *f; ~ de perlas* Perlenkette *f; ~ de perro* Halsband *n*
coma ['koma] *f* Komma *n*
comadre [ko'mađre] *f* Gevatterin *f,* Hebamme *f,* weise Frau *f,* (fam) Kupplerin *f*
comadrear [komađre'ar] *v* klatschen, tratschen
comadreo [koma'đreo] *m* Klatsch *m,* Tratsch *m*
comadrona [koma'đrɔna] *f* Hebamme *f*
comandante [koman'dante] *m MIL* Befehlshaber *m,* Kommandant *m,* Major *m*
comandar [koman'dar] *v* kommandieren
comba ['kɔmba] *f* Biegung *f,* Krümmung *f*
combate [kɔm'bate] *m 1.* Kampf *m; 2. ~ de exhibición SPORT* Schaukampf *m; 3. MIL* Gefecht *n*
combatiente [kɔmba'tĭente] *m/f* Kämpfer(in) *m/f*
combatir [kɔmba'tir] *v* kämpfen, bekämpfen
combativo [kɔmba'tiƀo] *adj* kämpferisch
combinación [kɔmbina'θĭɔn] *f CHEM* Verbindung *f*
combinado [kɔmbina'đo] *m* Produkt einer Verbindung *n,* Kombinat *n,* Cocktail *m*
combinar [kɔmbi'nar] *v* kombinieren, vermischen
combustible [kɔmbus'tiƀle] *m 1.* Brennmaterial *n,* Brennstoff *m,* Kraftstoff *m; ~ carburante* Treibstoff *m; adj 2.* brennbar, feuergefährlich
combustión [kɔmbus'tĭɔn] *f TECH* Verbrennung *f*
comedero [kome'đero] *m* Krippe *f*
comedia [ko'međĭa] *f THEAT* Lustspiel *n,* Komödie *f*
comediante [kome'đĭante] *m/f* Komödiant(in) *m/f*
comedón [kome'đɔn] *m MED* Mitesser *m*
comedor [kome'đɔr] *m 1. (privado)* Esszimmer *n; 2. (público)* Speisesaal *m; ~ colectivo* Kantine *f*
comentador(a) [komenta'đɔr/komenta'đora] *m/f* Kommentator(in) *m/f*
comentar [komen'tar] *v* kommentieren; *El locutor de radio comentó los acontecimientos políticos.* Der Rundfunksprecher kommentierte die politischen Ereignisse.
comentario [komen'tarĭo] *m 1.* Kommentar *m; sin ~* ohne weiteres; *2. (glosa)* Glosse *f*
comentarista [komenta'rista] *m/f* Kommentator(in) *m/f*
comenzar [komen'θar] *v irr* anfangen, angehen, beginnen; *La escuela comienza a*

las ocho de la mañana. Die Schule fängt um acht Uhr an.

comer [ko'mɛr] *v 1.* essen, speisen, verzehren; *Mama tengo hambre. ¿Qué hay de ~?* Mama, ich habe Hunger. Was gibt es zu essen? *~ golosinas* naschen; *2. (animal)* fressen

comercial [komɛr'θĭal] *adj 1.* geschäftlich, kommerziell; *2. ECO* gewerblich

comercializable [komɛrθĭali'θaƀle] *adj ECO* absatzfähig, absetzbar

comercializar [komɛrθĭali'θar] *v* umsetzen, vermarkten

comerciante [komɛr'θĭante] *m/f ECO* Händler(in) *m/f,* Kaufmann/Kauffrau *m/f,* Geschäftsmann/Geschäftsfrau *m/f; ~ al por menor* Einzelhändler(in) *m/f; ~ al por mayor* Großhändler(in) *m/f*

comerciar [komɛr'θĭar] *v* handeln

comercio [ko'mɛrθĭo] *m 1. (negocio)* Geschäft *n; 2. ECO* Handel *m; ~ al por mayor* Großhandel *m; ~ al por menor* Einzelhandel *m; ~ de exportación* Exportwirtschaft *f; ~ exterior* Außenhandel *m; ~ interior/~ nacional* Binnenhandel *m; ~ intermediario* Zwischenhandel *m; ~ internacional/~ mundial* Welthandel *m; 3. ~ bursátil FIN* Börsenhandel *m; 4. (tienda)* Laden *m; hacer el ~ ambulante* hausieren; *~ de libros* Buchhandlung *f*

comestible [komes'tiƀle] *adj 1.* essbar, genießbar; *m 2. ~s pl* Esswaren *pl,* Lebensmittel *n; intoxicación de ~* Lebensmittelvergiftung *f*

cometa [ko'meta] *f 1.* Drachen *m; m 2. ASTR* Komet *m*

cometer [kome'tɛr] *v* begehen, verüben; *Todo ser humano comete errores.* Jeder Mensch macht Fehler. *~ un crimen/~ un delito* ein Verbrechen begehen; *~ un error* irren

comicidad [komiθi'đađ] *f* Komik *f*

comicios [ko'miθĭɔs] *m/pl POL* Wahl *f*

cómico ['komiko] *adj 1.* komisch, lustig, drollig; *m 2.* Komiker *m*

comida [ko'miđa] *f 1.* Essen *n,* Mittagessen *n,* Speise *f,* Mahlzeit *f; antes de la ~/después de la ~* vor dem Essen/nach dem Essen; *2. (alimentación)* Verpflegung *f; La ~ es buena.* Die Verpflegung ist gut. *~ casera* Hausmannskost *f; ~ congelada* Tiefkühlkost *f; ~ de gala* Festessen *n;* Diät *f; ~ opípara* Schlemmermahl *n; ~ integral* Vollwertkost *f*

comienzo [ko'mĭenθo] *m 1. (principio)* Anfang *m,* Beginn *m; 2. (parte de la acción)* Ansatz *m,* Anbruch *m,* Inangriffnahme *f; 3. (introducción)* Einleitung *f*

comillas [ko'miʎas] *f/pl* Anführungszeichen *n; entre ~* in Anführungszeichen

comino [ko'mino] *m BOT* Kümmel *m*

comisaría [komisa'ria] *f* Revier *n,* Polizeirevier *n*

comisario [komi'sarĭo] *m* Kommissar *m*

comisión [komi'sĭɔn] *f 1.* Abordnung *f,* Ausschuss *m; ~ de conciliación/~ de mediación* Vermittlungsausschuss *m; ~ examinadora* Prüfungsausschuss *m; 2. ~ investigadora POL* Untersuchungsausschuss *m; ~ parlamentaria* Parlamentsausschuss *m; 3. ECO* Kommission *f; 4. (ganancia porcentual)* Provision *f; 5. (adicional)* Spesen *pl*

comisionar [komisĭo'nar] *v* abordnen

comisionista [komisĭo'nista] *m/f 1.* Makler(in) *m/f; 2. (comercio)* Spediteur(in) *m/f; 3. ECO* Kommissionär(in) *m/f*

comité [komi'te] *m* Ausschuss *m,* Komitee *n; ~ de empresa ECO* Betriebsrat *m*

comitiva [komi'tiƀa] *f* Gefolge *n*

como ['komo] *adv 1. (característica)* als; *Yo ~ tu mejor amiga te diré siempre la verdad.* Ich als deine beste Freundin werde dir immer die Wahrheit sagen. *2. (comparación)* wie; *Pepe es tan grande ~ Juan.* Pepe ist so groß wie Juan. *3. ~ sigue* folgend, folgendermaßen; *4. (manera)* wie; *Cuéntamelo tal y ~ sucedió.* Erzähle mir genau, wie es geschehen ist. *konj 5. (porque)* da, weil; *Como no vino, me fui.* Da er nicht kam, ging ich.

cómo ['komo] *adv* wie; *¿Cómo se llama usted?* Wie heißen Sie? *¿Cómo se hace esto?* Wie macht man das? *¿Cómo está usted?* Wie geht es Ihnen? *¡Cómo llueve!* Was für ein Regen! *¡Cómo no!* Natürlich! Selbstverständlich! Warum nicht!

cómoda ['komođa] *f* Kommode *f*

cómodamente ['komođamente] *adv* gemütlich, gemächlich

cómodo ['komođo] *adj* bequem, gemütlich, behaglich; *~ de uso* benutzerfreundlich

compac ['kompak] *m INFORM* CD *f*

compactar [kɔmpak'tar] *v* verdichten, zusammendrängen, anhäufen

compacto [kɔm'pakto] *adj* massiv, kompakt, gedrungen; *disco ~* CD *f*

compadre [kɔm'pađre] *m* Gevatter *m,* (fig) Freund *m,* (fam) Angeber *n*

compañera [kɔmpa'ɲera] *f* Genossin *f,* Kameradin *f,* Kollegin *f*

compañerismo [kɔmpaɲe'rizmo] *m* Kameradschaft *f*

compañero [kɔmpa'ɲero] *m* *1.* Genosse *m,* Kamerad *m,* Kollege *m; Necesito un ~ para jugar al tenis.* Ich brauche einen Tennispartner. *~ de clase* Schulfreund *m,* Mitschüler *m; ~ de estudios* Kommilitone *m; ~ de juegos* Spielkamerad *m; ~ de la vida* Lebensgefährte *m; 2. (fam)* Kumpel *m*

compañía [kɔmpa'ɲia] *f* *1.* Gesellschaft *f,* Partnerschaft *f; ¿Quiere usted hacerme ~?* Wollen Sie mir Gesellschaft leisten? *2. ECO* Gesellschaft *f; ~ de aviación* Fluggesellschaft *f; ~ de transportes* Transportunternehmen *n; ~ distribuidora* Vertriebsgesellschaft *f; 3. MIL* Kompanie *f; 4. (de teatro)* Truppe *f*

comparable [kɔmpa'raƀle] *adj ~ con* vergleichbar mit

comparación [kɔmpara'θĭɔn] *f* Vergleich *m,* Gegenüberstellung *f; a modo de ~* vergleichsweise; *en ~* dagegen; *en ~ con* demgegenüber

comparar [kɔmpa'rar] *v* *1. ~ con* vergleichen mit; *¿Quiere ~ este modelo con el otro?* Wollen Sie dieses Modell mit dem anderen vergleichen? *2. (contraponer)* gegenüberstellen

compararse [kɔmpa'rarse] *v ~ con alguien* sich mit jdm vergleichen

comparativamente [kɔmparatiƀa'mente] *adv* vergleichsweise

comparecencia [kɔmpare'θenθĭa] *f JUR* Erscheinen *n,* Vorführung *f*

comparecer [kɔmpare'θɛr] *v irr* erscheinen, vorführen; *~ ante el juez* vor dem Richter erscheinen

comparsa [kɔm'parsa] *m CINE* Statist *m*

compartidor [kɔmpar'tiđor] *m* Mitteilhaber *m,* Mitverteiler *m*

compartim(i)ento [kɔmparti'm(ĭ)ento] *m;* Zugabteil *n,* Abteil *n; ~ de fumadores* Raucherabteil *n; ~ de congelación* Tiefkühlfach *n; ~ refrigerador* Kühlfach *n*

compartir [kɔmpar'tir] *v ~ algo con alguien* etw mit jdm teilen

compasión [kɔmpa'sĭɔn] *f* Mitleid *n,* Erbarmen *n,* Mitgefühl *n; sin ~* mitleidslos, unerbittlich

compatibilidad [kɔmpatiƀili'đađ] *f* *1.* Kompatibilität *f; ~ con* Vereinbarkeit mit *f; 2. (naturaleza)* Verträglichkeit *f*

compatible [kɔmpa'tiƀle] *adj* vereinbar, kompatibel

compatriota [kɔmpa'trĭota] *m/f* Landsmann/Landsmännin *m/f,* Mitbürger(in) *m/f*

compensación [kɔmpensa'θĭɔn] *f* *1.* Kompensation *f; 2. (indemnización)* Entschädigung *f,* Ersatzbefriedigung *f; como ~* als Ersatz; *3. ECO* Abfindung *f*

compensar [kɔmpen'sar] *v irr* *1.* kompensieren, wettmachen; *2. (indemnizar)* entschädigen, ersetzen

competencia [kɔmpe'tenθĭa] *f* *1.* Kompetenz *f; 2. ECO* Konkurrenz *f; 3. (pertinencia)* Zuständigkeit *f*

competente [kɔmpe'tente] *adj* *1.* kompetent, federführend; *2. (encargado de) ~ para* zuständig für

competición [kɔmpeti'θĭɔn] *f* *1.* Konkurrenz *f; 2. SPORT* Wettkampf *m*

competidor(a) [kɔmpeti'đɔr/kɔmpeti'đora] *m/f* *1.* Konkurrent(in) *m/f; 2. SPORT* Wettkämpfer(in) *m/f*

competir [kɔmpe'tir] *v irr ~ con* konkurrieren mit, wetteifern mit

competitivo [kɔmpeti'tiƀo] *adj* konkurrenzfähig, wettbewerbsfähig

complacencia [kɔmpla'θenθĭa] *f* Gefälligkeit *f,* Hilfsbereitschaft *f*

complaciente [kɔmpla'θĭente] *adj* freundlich, zuvorkommend, hilfsbereit

complejidad [kɔmplɛxi'đađ] *f* Schwierigkeit *f*

complejo [kɔm'plɛxo] *m* *1. (totalidad)* Komplex *m,* Ganzes *n; 2. (industria)* Gebäude *n,* Komplex *m; 3. PSYCH* Komplex *m; ~ de inferioridad* Minderwertigkeitskomplex *m; adj 4.* komplex, umfassend

complementar [kɔmplemen'tar] *v* ergänzen, vervollständigen

complementario [kɔmplemen'tarĭo] *adj* zusätzlich

completamente [kɔmpleta'mente] *adv* ganz, restlos, total; *~ automático* vollautomatisch; *~ desnudo* splitternackt; *~ despierto* hellwach; *~ liso* spiegelglatt

completar [kɔmple'tar] *v* ergänzen, vervollständigen; *~ la entrega* nachliefern

completo [kɔm'pleto] *adj* ganz, hundertprozentig, restlos; *por ~* völlig; *estar al ~* völlig ausgebucht sein

complicación [kɔmplika'θĭɔn] *f* Erschwernis *f,* Komplikation *f,* Verwicklung *f*

complicado [kɔmpli'kađo] *adj* *1.* kompliziert, kniffelig, schwer; *poco ~* unkompliziert; *2. (intrincado)* verzwickt, umständlich

cómplice ['kɔmpliθe] *m/f* Helfershelfer(in) *m/f,* Komplice *m,* Mittäter(in) *m/f*

complicidad [kɔmpliθi'đađ] *f JUR* Beihilfe *f*

complot [kɔm'plɔt] *m POL* Komplott *n*
componente [kɔmpo'nente] *m* Bestandteil *m,* Komponente *f*
componer [kɔmpo'nɛr] *v irr 1.* verfassen, setzen, kitten; *2. (mejorar)* ausbessern, ausarbeiten; *3. MUS* komponieren
componerse [kɔmpo'nɛrse] *v irr ~ de* sich zusammmensetzen aus, bestehen aus; *La colección de libros se compone de veinte volúmenes.* Die Büchersammlung besteht aus zwanzig Bänden.
comportable [kɔmpor'table] *adj* erträglich
comportamiento [kɔmporta'mĭento] *m* Verhalten *n,* Benehmen *n,* Betragen *n; ~ en carretera* Fahrverhalten *n*
comportarse [kɔmpor'tarse] *v* sich benehmen, sich betragen, sich verhalten; *~ mal* sich danebenbenehmen; *Miguel se comportó muy extraño al despedirse.* Als Miguel sich verabschiedete, benahm er sich sehr eigenartig.
composición [kɔmposi'θĭɔn] *f 1. (redacción)* Aufsatz *m; 2. (de palabras)* Zusammensetzung *f,* Zusammenstellung *f; 3. MUS* Komposition *f*
compositor(a) [kɔmposi'tɔr/kɔmposi'tora] *m/f MUS* Komponist(in) *m/f*
compost [kɔm'pɔst] *m AGR* Kompost *m*
compostura [kɔmpɔs'tura] *f* Reparatur *f*
compra ['kɔmpra] *f 1.* Ankauf *m,* Anschaffung *f,* Besorgung *f,* Kauf *m; hacer ~s* einkaufen; *ir de ~s* einkaufen gehen; *2. ~ al por mayor ECO* Großeinkauf *m; 3. ~ al contado FIN* Barkauf *m*
comprable [kɔmpra'raƀle] *adj 1.* käuflich; *2. (fig)* bestechlich
comprador(a) [kɔmpra'đɔr/kɔmpra'đora] *m/f ECO* Käufer(in) *m/f*
comprar [kɔm'prar] *v 1.* kaufen, einkaufen, anschaffen; *~ a crédito* anschreiben; *2. (algo a alguien)* abkaufen
comprender [kɔmpren'dɛr] *v 1. (entender)* begreifen, verstehen, einsehen; *hacer ~ algo a alguien* jdm etw nahe bringen; *2. (incluir)* einschließen
comprendido [kɔmpren'điđo] *adj* inbegriffen
comprensible [kɔmpren'siƀle] *adj* begreiflich, nachvollziehbar, verständlich; *~ para todos* emein verständlich
comprensión [kɔmpren'sĭɔn] *f* Verständnis *n; lleno de ~* verständnisvoll; *sin ~* verständnislos
comprensivo [kɔmpren'siƀo] *adj* einfühlsam, verständnisvoll
compresa [kɔm'presa] *f 1. MED* Kompresse *f,* Umschlag *m; 2. (paño higiénico)* Damenbinde *f*
comprobable [kɔmpro'ƀaƀle] *adj* nachweisbar
comprobación [kɔmproƀa'θĭɔn] *f* Nachweis *m,* Beobachtung *f*
comprobante [kɔmpro'ƀante] *m* Beleg *m; ~ de pago* Quittung *f*
comprobar [kɔmpro'ƀar] *v irr* feststellen, nachprüfen; *~ un cálculo* nachrechnen
comprometer [kɔmprome'tɛr] *v 1. ~ a* verpflichten zu; *Me comprometí a cuidar de los niños después de la clase.* Ich habe mich verpflichtet, nach der Schule auf die Kinder aufzupassen. *2. (poner en redículo)* kompromittieren, blamieren
comprometerse [kɔmprome'tɛrse] *v 1.* sich engagieren; *2. ~ con* sich verloben mit; *3. (meterse en) ~ en* sich einlassen auf
compromiso [kɔmpro'miso] *m 1. (obligación)* Bindung *f,* Verpflichtung *f; sin ~* frei bleibend, unverbindlich; *sin ~s* kompromisslos; *Tengo un ~.* Ich habe eine Verabredung. *~ matrimonial* Verlobung *f; 2. (acuerdo)* Ausgleich *m,* Kompromiss *m,* Mittelweg *m*
compuesto [kɔm'pwesto] *adj* zusammengesetzt; *estar ~ de* bestehen aus
computadora [kɔmpu'tađora] *f (LA) INFORM* Computer *m*
computar [kɔmpu'tar] *v* berechnen
cómputo ['kɔmputo] *m* Berechnung *f*
comulgar [ko'mulgar] *v* das heilige Abendmahl empfangen, einer Meinung sein
común [ko'mun] *adj 1. (en ~)* gemeinsam; *tener algo en ~* etw gemeinsam haben, etw teilen; *2. (frecuente)* durchschnittlich, weit verbreitet; *poco ~* ungemein, ungewöhnlich
comunal [komu'nal] *adj* kommunal
comunero [komu'nero] *adj* freundlich, leutselig
comunicación [komunika'θĭɔn] *f 1. (informe)* Bericht *m,* Meldung *f,* Mitteilung *f; 2. (conversación)* Kommunikation *f,* Verständigung *f,* Kontakt *m; 3. TEL* Verbindung *f; 4. ~ de datos INFORM* Datenübertragung *f*
comunicar [komuni'kar] *v 1. (informar)* melden, mitteilen, bekannt geben; *Por este medio nos comunicamos que ha aprobado el examen.* Hiermit teilen wir Ihnen mit, dass Sie die Prüfung bestanden haben. *2. (tener contacto)* sich verständigen, kommunizieren

comunicarse [komuni'karse] *v ~ con TEL* verbinden mit; *No he podido comunicarme por teléfono con José.* Ich konnte José telefonisch nicht erreichen.
comunicativo [komunika'tiƀo] *adj* aufgeschlossen, gesellig, gesprächig
comunidad [komuni'đađ] *f 1.* Gemeinde *f,* Gemeinschaft *f,* Gemeinsamkeit *f; 2. ~ religiosa REL* Glaubensgemeinschaft *f; 3. ~ de bienes JUR* Gütergemeinschaft *f; 4. ~ económica ECO* Wirtschaftsgemeinschaft *f; Comunidad Europea ECO* Europäische Gemeinschaft *f*
Comunión [komu'nĭɔn] *f la Santa ~ REL* Abendmahl *n,* Kommunion *f*
comunismo [komu'nizmo] *m POL* Kommunismus *m*
comunista [komu'nista] *m/f 1. POL* Kommunist(in) *m/f; adj 2. POL* kommunistisch
con [kɔn] *prep 1.* mit, bei, nach; *¿Con qué?* Womit? *~ el fin de* zwecks, um zu; *~ ello/~ eso* damit; *~ esto* hierbei, hiermit; *2. (mediante)* durch
concebible [kɔnθe'ƀiƀle] *adj* denkbar, erdenklich
concebir [kɔnθe'ƀir] *v irr 1.* entwerfen; *2. (recibir)* empfangen; *3. (entender)* begreifen
conceder [kɔnθe'đɛr] *v 1. (dar)* erteilen, gewähren, verleihen; *~ subvenciones* bezuschussen; *~ una moratoria ECO* stunden; *2. (aprobar)* zugestehen, zugeben; *3. (permiso)* bewilligen, zubilligen
concejo [kɔn'θɛxo] *m ~ municipal POL* Stadtrat *m*
concentración [kɔnθentra'θĭɔn] *f 1.* Konzentration *f,* Sammlung *f,* Versammlung *f; 2. (enriquecimiento)* Anreicherung *f; de alta ~* hochgradig
concentrado [kɔnθen'trađo] *m 1.* Konzentrat *n; adj 2. (enriquecido)* angereichert; *3. (aplicado)* strebsam
concentrarse [kɔnθen'trarse] *v* sich konzentrieren, sich verdichten
concepción [kɔnθeƀ'θĭɔn] *f 1.* Gestaltung *f,* Planung *f; 2. (idea, opinión)* Auffassung *f,* Vorstellung *f; 3. BIO* Empfängnis *f*
concepto [kɔn'θeƀto] *m 1. (concepción)* Auffassung *f; 2. (noción)* Begriff *m*
concerniente [kɔnθɛr'nĭente] *prep ~ a* bezüglich
concernir [kɔnθɛr'nir] *v irr* betreffen, anbelangen, angehen; *En lo que concierne a tu familia ...* Hinsichtlich deiner Familie
concertación [kɔnθɛrta'θĭɔn] *f POL* Absprache *f*
concertar [kɔnθɛr'tar] *v irr 1. (acordar)* verabreden, ausmachen; *~ algo* etw vereinbaren; *2. (contrato, seguro) ECO* abschließen
concesión [kɔnθe'sĭɔn] *f 1.* Konzession *f; 2. (de una industria) ECO* Gewerbeschein *m; ~ exclusiva* Alleinvertrieb *m; 3. (permiso)* Bewilligung *f; 4. (confesión)* Zugeständnis *n*
concesionario [kɔnθesĭo'narĭo] *m ~ de reparaciones* Autowerkstatt *f*
concha ['kɔntʃa] *f ZOOL* Muschel *f; ~ de caracol* Schneckenhaus *n*
conciencia [kɔn'θĭenθĭa] *f* Gewissen *n; sin ~* gewissenlos; *¡Te remuerde la ~!* Du hast Gewissensbisse!
concienzudo [kɔnθĭen'θuđo] *adj* gewissenhaft
concierto [kɔn'θĭɛrto] *m MUS* Konzert *n*
conciliación [kɔnθilia'θĭɔn] *f JUR* Vergleich *m*
conciliador [kɔnθilĭa'đɔr] *adj* versöhnlich
conciliante [kɔnθi'lĭante] *adj* versöhnlich
conciso [kɔn'θiso] *adj* bündig, knapp, prägnant
conciudadana [kɔnθiuđa'đana] *f* Mitbürgerin *f*
conciudadano [kɔnθiuđa'đano] *m* Mitbürger *m*
concluido [kɔŋklu'iđo] *adj* abgeschlossen, fertig
concluir [kɔŋklu'ir] *v irr 1.* abschließen, beenden, fertig machen; *Concluiremos el programa con una canción.* Wir schließen das Programm mit einem Lied ab. *~ un contrato JUR* einen Vertrag abschließen; *2. (deducir) ~ de* entnehmen aus, schließen aus, folgern aus, schlussfolgern aus
conclusión [kɔŋklu'sĭɔn] *f 1.* Folgerung *f,* Schlussfolgerung *f; sacar una ~* einen Schluss ziehen; *~ errónea/~ falsa* Trugschluss *m; 2. (terminación)* Vollendung *f,* Vertragsabschluss *m; en ~* abschließend; *3. ~ del contrato ECO* Vertragsabschluss *m; ~ de un negocio* Geschäftsabschluss *m*
concluyente [kɔŋklu'jente] *adj* beweiskräftig, schlüssig
concordancia [kɔŋkɔr'đanθĭa] *f* Übereinstimmung *f*
concordante [kɔŋkɔr'đante] *adj* übereinstimmend
concordar [kɔŋkɔr'dar] *v irr ~ con* harmonieren mit; *Los colores no concuerdan.* Die Farben harmonieren nicht miteinander.

concorde [kɔŋ'kɔrde] *adj* einträchtig
concreto [kɔŋ'kreto] *m 1. (LA)* Beton *m; adj 2.* konkret
concurso [kɔŋ'kurso] *m 1.* Wettbewerb *m,* Preisausschreiben *n; ~ deportivo* Sportveranstaltung *f; ~ radiofónico/~ de televisión* Quiz *n; 2. ~ de acreedores (privado) JUR* Konkurs *m*
conde(sa) [kɔn'de/kɔn'desa] *m/f* Graf/Gräfin *m/f*
condecoración [kɔndekora'θĭɔn] *f* Orden *m*
condena [kɔn'dena] *f 1.* Verurteilung *f; 2. JUR* Strafe *f*
condenada [kɔnde'nađa] *f JUR* Verurteilte *f*
condenado [kɔnde'nađo] *m JUR* Verurteilter *m*
condenar [kɔnde'nar] *v* verurteilen; *Al prisionero lo ~on a dos años de prisión.* Der Gefangene wurde zu zwei Jahren Gefängnis verurteilt.
condensación [kɔndensa'θĭɔn] *f* Kondensation *f*
condescendencia [kɔndesθen'denθĭa] *f* Nachgiebigkeit *f*
condescender [kɔndesθen'dɛr] *v irr* nachgeben
condescendiente [kɔndesθen'dĭente] *adj* nachgiebig
condición [kɔndi'θĭɔn] *f 1.* Bedingung *f,* Auflage *f,* Kondition *f; bajo la ~ de* unter der Voraussetzung, dass; *~ previa* Voraussetzung *f; 2. (estado, manera)* Verfassung *f,* Stand *m,* Kondition *f; 3. condiciones pl* Bedingungen *pl; condiciones de vida* Lebensbedingungen *pl; 4. condiciones pl ECO* Bedingungen *pl; condiciones de negocio* Geschäftsbedingungen *pl*
condicionado [kɔndiθĭo'nađo] *adj* bedingt
condimentar [kɔndimen'tar] *v* anmachen, würzen
condimento [kɔndi'mento] *m GAST* Gewürze *pl,* Würze *f*
condiscípulo [kɔndis'θĭpulo] *m* Mitschüler *m*
condolencia [kɔndo'lenθĭa] *f* Beileid *n,* Mitgefühl *n*
condolente [kɔndo'lente] *adj* mitfühlend
condón [kɔn'dɔn] *m* Kondom *n*
condonación [kɔndona'θĭɔn] *f JUR* Straferlass *m*
conducción [kɔnduk'θĭɔn] *f 1.* Leitung *f; 2. (manejo) TECH* Steuerung *f*
conducir [kɔndu'θir] *v irr 1.* fahren, Auto fahren, steuern; *No me gusta ~ de noche.* Ich fahre nachts nicht gerne Auto. *2. (fig: dirigir)* führen, durchführen, lenken, anleiten; *El alcohol lo condujo a la ruina.* Der Alkohol hat ihn in den Ruin geführt. *3. ~ a la ruina ECO* abwirtschaften; *4. TECH* leiten
conducta [kɔn'dukta] *f* Betragen *n,* Führung *f,* Haltung *f,* Benehmen *n*
conductor(a) [kɔnduk'tɔr/kɔnduk'tora] *m/f 1.* Autofahrer(in) *m/f,* Kraftfahrer(in) *m/f; 2. (chófer)* Chauffeur(in) *m/f*
conectar [konɛk'tar] *v 1.* anschalten, einschalten; *2. ~ a tierra TECH* erden
conejo [ko'nɛxo] *m ZOOL* Kaninchen *n*
conexión [konɛk'sĭɔn] *f* Anschluss *m,* Verbindung *f; ~ principal* Hauptanschluss *m*
confabulación [kɔmfaƀula'θĭɔn] *f POL* Komplott *n*
confederación [kɔmfeđera'θĭɔn] *f 1.* Bund *m,* Bündnis *n; ~ de sindicatos/~ sindical* Gewerkschaftsbund *m; 2. POL* Konföderation *f,* Vereinigung *f*
conferencia [kɔmfe'renθĭa] *f 1.* Konferenz *f,* Besprechung *f,* Unterredung *f; ~ sobre* Vortrag über *m; ~ cumbre POL* Gipfelkonferenz *f; ~ de la paz* Friedenskonferenz *f; ~ de prensa* Pressekonferenz *f; 2. ~ telefónica TEL* Telefongespräch *n; ~ de cobro revertido* R-Gespräch *n; Quisiera una ~ de cobro revertido.* Ich möchte ein R-Gespräch anmelden. *~ interurbana* Ferngespräch *n; ~ local/~ urbana* Ortsgepräch *n*
confesar [kɔmfe'sar] *v irr 1.* eingestehen, bekennen; *2. JUR* gestehen
confesarse [kɔmfe'sarse] *v irr REL* beichten
confesión [kɔmfe'sĭɔn] *f 1.* Bekenntnis *n,* Eigenständnis *n; 2. JUR* Geständnis *n; 3. REL* Glaubensbekenntnis *n; ~ religiosa* Konfession *f; 4. (pecado) REL* Beichte *f*
confeso [kɔm'feso] *adj JUR* geständig
confiado [kɔm'fĭađo] *adj* vertrauensvoll, zuversichtlich
confianza [kɔm'fĭanθa] *f 1.* Vertrauen *n,* Zutrauen *n; tener ~ en* Vertrauen haben in; *Tengo ~ en usted.* Ich vertraue Ihnen. *2. ~ en sí mismo* Selbstvertrauen *n; 3. (optimismo)* Zuversicht *f*
confiar [kɔm'fĭar] *v 1. ~ en alguien* jdm vertrauen; *La chica confía ingenuamente en el seductor.* Naiv vertraut das Mädchen dem Verführer. *2. ~ algo a alguien* jdm etw anvertrauen; *3. ~ a* überlassen

confidencia [kɔmfi'đenθĭa] *f* Vertraulichkeit *f*

confidencial [kɔmfiđen'θĭal] *adj* vertraulich

configuración [kɔmfigura'θĭɔn] *f* *INFORM* Konfiguration *f*

confirmación [kɔmfirma'θĭɔn] *f* *1.* Bestätigung *f*; *2. ~ del pedido ECO* Auftragsbestätigung *f*; *sujeto a ~* frei bleibend; *3. REL* Firmung *f*, Konfirmation *f*

confirmar [kɔmfir'mar] *v* bestätigen, bekräftigen; *~ por escrito* verbriefen

confiscación [kɔmfiska'θĭɔn] *f* Beschlagnahme *f*, Einzug *m*

confiscar [kɔmfis'kar] *v* *1.* beschlagnahmen; *2. (asegurar)* sicherstellen

confitería [kɔmfite'rĭa] *f* Konditorei *f*

confitura [kɔmfi'tura] *f* *GAST* Konfitüre *f*

conflicto [kɔm'flikto] *m* Konflikt *m*, Zerwürfnis *n*; *~ de conciencia* Gewissenskonflikt *m*

conformarse [kɔmfɔr'marse] *v* *~ con* sich abfinden mit; *Manolo no se conforma con el dinero que gana.* Manolo ist mit dem Geld, das er verdient, nicht zufrieden.

conforme [kɔm'fɔrme] *adj* *1.* einig, konform, übereinstimmend; *~ a* dementsprechend; *~ a la época* zeitgemäß; *~ a la ley* gesetzmäßig; *~ a la verdad* wahrheitsgetreu; *~ a las leyes naturales* naturgemäß; *~ al original* originalgetreu; *adv 2. ~ a lo prescrito* vorschriftsmäßig; *prep 3. ~ a* laut, nach, gemäß

conformidad [kɔmfɔrmi'đađ] *f* Einvernehmen *n*, Einverständnis *n*, Zustimmung *f*

confort [kɔm'fɔrt] *m* Bequemlichkeit *f*, Gemütlichkeit *f*, Komfort *m*

confortable [kɔmfɔr'tab̶le] *adj* bequem, gemütlich, komfortabel

confortador [kɔmfɔrta'đɔr] *adj* tröstlich

confortar [kɔmfɔr'tar] *v* trösten

confrontación [kɔmfrɔnta'θĭɔn] *f* *1.* Gegenüberstellung *f*, Konfrontation *f*; *2. ~ de hechos JUR* Beweisaufnahme *f*

confrontar [kɔmfrɔn'tar] *v* gegenüberstellen, konfrontieren

confundido [kɔmfun'điđo] *adj* verlegen

confundir [kɔmfun'dir] *v* *1.* verunsichern, verwirren; *2. ~ con* verwechseln mit

confusamente [kɔmfusa'mente] *adv* ratlos, unklar

confusión [kɔmfu'sĭɔn] *f* *1.* Verlegenheit *f*, Verwirrung *f*, Gewirr *n*; *2. (equivocación)* Durcheinander *n*, Verwechslung *f*

confuso [kɔm'fuso] *adj* durcheinander, unklar, verwirrt; *estar ~* betreten sein

congelador [kɔŋxela'đɔr] *m* Kühltruhe *f*

congelar [kɔŋxe'lar] *v* *1.* einfrieren, gefrieren; *2. ECO* einfrieren, sperren

congénito [kɔŋ'xenito] *adj* angeboren

conglomeración [kɔŋglomera'θĭɔn] *f* Andrang *m*

congratulaciones [kɔŋgratula'θĭones] *f/pl* Glückwünsche *pl*, Gratulation *f*

congratular [kɔŋgratu'lar] *v* *~ por* beglückwünschen zu

congregar [kɔŋgre'gar] *v* gruppieren

Congreso [kɔŋ'greso] *m* *POL* Abgeordnetenhaus *n*

congreso [kɔŋ'greso] *m* Kongress *m*, Tagung *f*

congruente [kɔŋ'grwente] *adj* deckungsgleich, kongruent

conjetura [kɔŋxe'tura] *f* Kombination *f*

conjeturar [kɔŋxetu'rar] *v* vermuten

conjugar [kɔŋxu'gar] *v* *GRAMM* konjugieren; *¿Puedes ~ los verbos en español?* Kannst du die Verben im Spanischen konjugieren?

conjuntamente [kɔŋxunta'mente] *adv* miteinander, zusammen

conjunto [kɔŋ'xunto] *m* *1. (totalidad)* Gesamtheit *f*, Komplex *m*; *en ~* zusammen, pauschal; *2. (fig)* Kombination *f*; *3. (vestimenta)* Anzug *m*; *4. MUS* Gruppe *f*, Band *f*

conjuración [kɔŋxura'θĭɔn] *f* Verschwörung *f*

conjurar [kɔŋxu'rar] *v* verschwören

conmemoración [kɔnmemora'θĭɔn] *f* Gedenkfeier *f*

conmemorar [kɔnmemo'rar] *v* gedenken

conmigo [kɔn'migo] *pron* mit mir

conmovedor [kɔnmob̶e'đɔr] *adj* bewegend, ergreifend, herzergreifend

conmover [kɔnmo'b̶ɛr] *v irr* rühren, bewegen

conmutar [kɔnmu'tar] *v* *TECH* umschalten

cono ['kono] *m* *MATH* Kegel *m*

conocedor(a) [konoθe'đɔr/konoθe'đora] *m/f* Kenner(in) *m/f*, Könner(in) *m/f*, Insider(in) *m/f*; *~ de la localidad* ortskundige Person *f*

conocer [kono'θɛr] *v irr* *1. (saber)* wissen, sich auskennen; *¿Conoce usted el camino a Madrid?* Kennen Sie den Weg nach Madrid? *No conozco este lugar.* Ich kenne mich hier nicht aus. *~ profundamente* beherrschen; *2.*

llegar a ~ kennen lernen; *Ayer conocí a un famoso cantante.* Gestern habe ich einen berühmten Sänger kennen gelernt. *3. (persona) ~ a alguien* jdn kennen

conocida [kono'θiđa] *f* Bekannte *f*

conocido [kono'θiđo] *m 1.* Bekannter *m; ¿Dónde están mis ~s?* Wo sind meine Bekannten? *adj 2.* bekannt, altbekannt

conocimiento [konoθi'mĭento] *m 1.* Erkenntnis *f,* Bewusstsein *n,* Kenntnis *f; sin ~* bewusstlos; *el tomar ~ de algo* Kenntnisnahme *f; perder el ~* das Bewusstsein verlieren; *~ del ser humano* Menschenkenntnis *f; ~ especializado* Sachkenntnis *f; 2. (personal)* Bekanntschaft *f; 3. ~ de embarque ECO* Frachtbrief *m; 4. ~s* Wissen *n; ~s a fondo/~s profundos* Beherrschung

conquista [kɔn'kista] *f* Eroberung *f*

conquistador [kɔnkista'đɔr] *m* Eroberer *m*

conquistar [kɔnkis'tar] *v* erobern; *Hernán Cortés conquistó México.* Hernán Cortés eroberte Mexiko.

consabidor(a) [kɔnsabi'đɔr/kɔnsabi'đoa] *m/f* Mitwisser(in) *m/f*

consagrar [kɔnsa'grar] *v REL* weihen, heiligen

consagrarse [kɔnsa'grarse] *v ~ a algo* sich etw verschreiben, sich etw hingeben

consciencia [kɔns'θĭenθĭa] *f* Bewusstsein *n*

consciente [kɔns'θĭente] *adj* bewusst; *~ de sí mismo* selbstbewusst; *~ de su responsabilidad* verantwortungsbewusst

consecuencia [kɔnse'kwenθĭa] *f* Folge *f,* Konsequenz *f; a ~ de* infolge

consecuente [kɔnse'kwente] *adj* konsequent, folgerichtig, zielbewusst

consecutivo [kɔnseku'tiƀo] *adj* anschließend

conseguir [kɔnse'gir] *v irr 1.* bekommen, erhalten; *2. (lograr)* erreichen, erzielen

consejera [konsɛ'xera] *f* Beraterin *f,* Ratgeberin *f*

consejero [kɔnsɛ'xero] *m* Berater *m,* Ratgeber *m*

consejo [kɔn'sɛxo] *m 1.* Rat *m,* Beratung *f,* Ratschlag *m; 2. (entidad)* Rat *m; ~ de administración* Verwaltungsrat *m; ~ de dirección* Vorstand *m; ~ de inspección* Aufsichtsrat *m; ~ de empresa* Betriebsrat *m; 3. ~ municipal* Gemeinderat *m*

consentimiento [kɔnsenti'mĭento] *m* Billigung *f,* Einwilligung *f,* Zustimmung *f*

consentir [kɔnsen'tir] *v irr* zulassen, bewilligen, erlauben

conserje [kɔn'sɛrxe] *m* Hausmeister *m,* Pförtner *m,* Portier *m*

conserva [kɔn'sɛrƀa] *f* Konserve *f*

conservabilidad [kɔnsɛrbabili'đađ] *f* Haltbarkeit *f*

conservable [kɔnsɛr'ƀaƀle] *adj* haltbar

conservación [kɔnsɛrƀa'θĭɔn] *f* Beibehaltung *f,* Erhaltung *f,* Wahrung *f*

conservador [kɔnsɛrƀa'đɔr] *adj* konservativ

conservar [kɔnser'ƀar] *v* aufbewahren, erhalten, aufheben; *¡Conservad nuestros bosques!* Erhaltet unsere Wälder!

considerable [kɔnsiđe'raƀle] *adj* bedeutend, beträchtlich, erheblich

consideración [kɔnsiđera'θĭɔn] *f* Rücksicht *f,* Anbetracht *m,* Überlegung *f; sin ~* rücksichtslos

considerado [kɔnsiđe'rađo] *adj* rücksichtsvoll, besonnen

considerar [kɔnsiđe'rar] *v 1.* bedenken, berücksichtigen; *2. (estimar)* erachten; *3. (opinar) ~ que* finden, dass, der Meinung sein, dass; *Yo considero que tienes razón.* Ich finde, dass du Recht hast. *4. ~ como* betrachten als

consigna [kɔn'signa] *f 1.* Gepäckaufbewahrung *f; 2. (contraseña)* Kennwort *n,* Parole *f*

consiguiente [kɔnsi'gĭente] *konj 1. por ~* also, daher, demnach; *adj 2.* entsprechend

consistencia [kɔnsis'tenθĭa] *f* Dichte *f,* Zusammenhalt *m*

consistente [kɔnsis'tente] *adj* dicht

consistir [kɔnsis'tir] *v ~ en/~ de* bestehen aus; *La felicidad consiste en la libertad de actuar.* Das Glück besteht in der Freiheit zu handeln.

consola [kɔn'sola] *f* Konsole *f*

consolación [kɔnsola'θĭɔn] *f* Trost *m*

consolador [kɔnsola'đɔr] *adj* tröstlich

consolar [kɔnso'lar] *v irr* trösten

consolidación [kɔnsolida'θĭɔn] *f ECO* Konsolidierung *f*

consorcio [kɔn'sɔrθĭo] *m ECO* Konzern *m,* Trust *m,* Konsortium *n*

conspiración [kɔnspira'θĭɔn] *f 1.* Verschwörung *f; 2. POL* Komplott *n,* Konspiration *f*

conspirador(a) [kɔnspira'đɔr(a)] *m/f* Verschwörer(in) *m/f*

constancia [kɔns'tanθĭa] *f* Standhaftigkeit *f*
constante [kɔns'tante] *adj* ständig, gleich bleibend, konstant
constar [kɔns'tar] *v 1. ~ de* bestehen aus; *2. hacer ~ en acta JUR* protokollieren
constelación [kɔnstela'θĭɔn] *f 1. ASTR* Sternbild *n; 2. (fig)* Konstellation *f*
consternación [kɔnstɛrna'θĭɔn] *f* Bestürzung *f*
consternado [kɔnstɛr'nađo] *adj* bestürzt, fassungslos
constipado [kɔnsti'pađo] *m MED* Erkältung *f*
constitución [kɔnstitu'θĭɔn] *f 1.* Aufbau *m; ~ física* Körperbau *m; 2. POL* Verfassung *f*
construcción [kɔnstruk'θĭɔn] *f 1.* Bau *m,* Bauart *f,* Bauwerk *n; ~ aeronáutica/~ de aviones* Flugzeugbau *m; ~ de carreteras* Straßenbau *m; ~ de puentes TECH* Brückenbau *m; ~ de viviendas* Wohnungsbau *m; ~ naval* Schiffbau *m; 2. ~es subterráneas pl* Tiefbau *m*
constructivo [kɔnstruk'tiƀo] *adj* aufbauend, baulich, bildend
constructor(a) [kɔnstruk'tɔr/kɔnstruk'tora] *m/f* Erbauer(in) *m/f*
construir [kɔnstru'ir] *v irr* erbauen, konstruieren
consuelo [kɔn'swelo] *m* Trost *m,* Zuspruch *m; sin ~* untröstlich
cónsul ['kɔnsul] *m/f POL* Konsul(in) *m/f*
consulado [kɔnsu'lađo] *m POL* Konsulat *n; ~ general* Generalkonsulat *n*
consulta [kɔn'sulta] *f* Rücksprache *f*
consultar [kɔnsul'tar] *v 1.* konsultieren, befragen; *~ con* beraten mit; *2. (en un libro)* nachschlagen; *Por favor, consulte el diccionario.* Bitte sehen Sie im Wörterbuch nach. *3. ~ el ordenador INFORM* abrufen
consultorio [kɔnsul'torĭo] *m* Praxis *f,* Sprechzimmer *n; ~ médico* Arztpraxis *f*
consumidor(a) [kɔnsumi'đɔr/kɔnsumi'đora] *m/f* Konsument(in) *m/f,* Verbraucher(in) *m/f; ~ final ECO* Endverbraucher(in) *m/f*
consumir [kɔnsu'mir] *v* konsumieren, verbrauchen, verzehren
consumisión [kɔnsumi'sĭɔn] *f* Verbrauch *m,* Verzehr *m*
consumo [kɔn'sumo] *m* Konsum *m,* Verzehr *m; ~ de corriente* Stromverbrauch *m*
contabilidad [kɔntaƀili'đađ] *f 1.* Buchhaltung *f; 2. ECO* Buchführung *f*
contabilizar [kɔntaƀili'θar] *v* verbuchen
contable [kɔn'taƀle] *m ECO* Buchhalter *m*
contacto [kɔn'takto] *m 1.* Berührung *f,* Kontakt *m; 2. ~ intermitente TECH* Wackelkontakt *m; 3. (fig: conexión)* Verbindung *f*
contador [kɔn'tađɔr] *m TECH* Zähler *m; Ponga el ~ a cero.* Stellen Sie den Zähler auf null. *~ de corriente* Stromzähler *m*
contador(a) [kɔnta'đɔr/kɔnta'đora] *m/f (LA) ECO* Buchhalter(in) *m/f; ~ público* Wirtschaftsprüfer *m*
contagiar [kɔnta'xĭar] *v MED* anstecken, übertragen
contagio [kɔn'taxĭo] *m MED* Ansteckung *f,* Übertragung *f*
contagioso [kɔnta'xĭoso] *adj MED* ansteckend, übertragbar
contaminación [kɔntamina'θĭɔn] *f* Kontamination *f,* Verschmutzung *f,* Verseuchung *f; ~ ambiental* Umweltverschmutzung *f*
contaminante [kɔntami'nante] *adj* umweltverschmutzend
contaminar [kɔntami'nar] *v 1. (inficionar)* verseuchen, anstecken; *2. (inmundicia)* verschmutzen
contar ['kɔntar] *v irr 1. (narrar)* berichten, erzählen; *2. (cifras)* nummerieren, zählen; *sin ~ con que* abgesehen davon, dass; *3. ~ con alguien* auf jdn zählen, mit jdm rechnen; *Cuento contigo mañana para la fiesta.* Für das Fest morgen rechne ich mit dir.
contemplación [kɔntɛmpla'θĭɔn] *f* Anschauung *f,* Betrachtung *f*
contemplar [kɔntɛm'plar] *v* ansehen, beobachten, schauen
contemporáneo [kɔntɛmpo'raneo] *m 1.* Zeitgenosse *m; adj 2.* zeitgenössisch
contenedor [kɔntene'đɔr] *m* Container *m*
contener [kɔnte'nɛr] *v irr 1.* beinhalten, enthalten, umfassen; *2. (fig)* eindämmen, zurückdrängen, zügeln
contenerse [kɔnte'nɛrse] *v irr* sich beherrschen, sich zurückhalten
contenido [kɔnte'niđo] *m 1.* Gehalt *m,* Inhalt *m; adj 2.* bescheiden, gemäßigt
contentar [kɔnten'tar] *v* zufrieden stellen
contentarse [kɔnten'tarse] *v* sich begnügen, sich zufrieden geben, vorlieb nehmen
contento [kɔn'tento] *m 1.* Zufriedenheit *f; adj 2.* erfreut, froh, vergnügt
contestación [kɔntesta'θĭɔn] *f* Antwort *f,* Antwortschreiben *n*
contestador [kɔntesta'đɔr] *m ~ telefónico/~ de llamadas* Anrufbeantworter *m*

contestar [kɔntes'tar] *v* antworten, erwidern, entgegnen; *¿Qué ha contestado?* Was hat er geantwortet?
contexto [kɔn'texto] *m* Kontext *m*
contextura [kɔntes'tura] *f* *1.* Gefüge *n,* Zusammensetzung *f;* *2. (cuerpo)* Figur *f*
contigo [kɔn'tigo] *pron* mit dir, bei dir
contiguo [kɔn'tigwo] *adj* *1. (al lado)* anliegend; *2. (después)* anschließend; *prep* *3. ~ a* neben
continental [kɔntinen'tal] *adj* kontinental
continente [kɔnti'nente] *m* Kontinent *m*
contingencia [kɔntiŋ'xenθĭa] *f* *~ asegurada* Versicherungsfall *m*
contingente [kɔntiŋ'xente] *m* Kontingent *n*
continuación [kɔntinwa'θĭɔn] *f* Folge *f,* Fortdauer *f,* Fortsetzung *f;* *a ~* darauf, anschließend, daraufhin
continuamente [kɔntinwa'mente] *adv* stets, dauernd, fortwährend
continuar [kɔnti'nwar] *v* dauern, fortfahren, fortsetzen; *~ existiendo* fortbestehen
continuo [kɔn'tinwo] *adj* andauernd, anhaltend, dauernd
contorno [kɔn'tɔrno] *m* Bord *n,* Kontur *f,* Umriss *m*
contra ['kɔntra] *f* *1.* Kontra *n,* Gegenteil *n,* Gegensatz *m;* *prep* *2.* gegen, wider
contrabandista [kɔntraƀan'dista] *m/f* Schmuggler(in) *m/f*
contrabando [kɔntra'ƀando] *m* Schmuggel *m;* *hacer ~* schmuggeln
contracción [kɔntrak'θĭɔn] *f* *1.* Zusammenziehung *f,* Schwund *m,* Kontraktion *f,* Schrumpfung *f;* *2. contracciones uterinas pl MED* Wehen *pl*
contractual [kɔntrak'tŭal] *adj* vertraglich
contradecir [kɔntrađe'θir] *v irr ~ a alguien* jdm widersprechen
contradicción [kɔntrađik'θĭɔn] *f* Widerspruch *m*
contradictorio [kɔntrađik'torĭo] *adj* entgegengesetzt, widersprüchlich
contraer [kɔntra'ɛr] *v irr* *1.* zusammenziehen; *2. ~ matrimonio* heiraten; *3. ~ deudas con ECO* sich verschulden bei
contraespionaje [kɔntraespĭo'naxe] *m MIL* Abwehr *f,* Gegenspionage *f*
contrafirmar [kɔntrafir'mar] *v* gegenzeichnen
contragolpe [kɔntra'golpe] *m* Rückschlag *m,* Gegenschlag *m*
contraindicación [kɔntraindika'θĭɔn] *f MED* Gegenanzeige *f*
contralto [kɔn'tralto] *m MUS* Altstimme *f*
contrapartida [kɔntrapar'tiđa] *f* Gegenleistung *f*
contrapedal [kɔntrape'dal] *m* Rücktritt *m*
contraponer [kɔntra'ponɛr] *v irr* gegenüberstellen
contraposición [kɔntraposi'θĭɔn] *f* Gegenüberstellung *f,* Gegenposition *f*
contraprestación [kɔntrapresta'θĭɔn] *f* Gegenleistung *f*
contrariedad [kɔntrarĭe'đađ] *f* Ärgernis *n,* Unannehmlichkeit *f,* Verdruss *m*
contrario [kɔn'trarĭo] *m* *1.* Gegner *m,* Andersdenkender *m;* *2. lo ~* Gegenteil *n;* *de lo ~* sonst, andernfalls, ansonsten; *por el ~* dagegen, hingegen; *adj* *3.* gegensätzlich, konträr, umgekehrt; *~ a la ley* gesetzwidrig, widerrechtlich
contrasentido [kɔntrasen'tiđo] *adj en ~* gegenläufig
contrastar [kɔntras'tar] *v* *1. ~ con* sich abheben von; *2. TECH* eichen
contraste [kɔn'traste] *m* Gegensätzlichkeit *f,* Kontrast *m,* Unterschied *m*
contrata [kɔn'trata] *f* Engagement *n*
contratante [kɔntra'tante] *m/f ECO* Vertragspartner(in) *m/f*
contratar [kɔntra'tar] *v* einstellen, engagieren
contratiempo [kɔntra'tĭempo] *m* Panne *f*
contrato [kɔn'trato] *m* *1. ECO* Vertrag *m;* *por ~* vertraglich; *~ de ahorro* Sparvertrag *m;* *~ de arrendamiento* Mietvertrag *m;* *~ de compraventa* Kaufvertrag *m;* *~ de empleo* Anstellungsvertrag *m;* *~ de inquilinato* Mietvertrag *m;* *~ en exclusiva* Exklusivvertrag *m;* *2. ~ matrimonial* Ehevertrag *m*
contravención [kɔntraƀen'θĭɔn] *f* Übertretung *f*
contraventana [kɔntraƀen'tana] *f* Fensterladen *m*
contribución [kɔntriƀu'θĭɔn] *f* *1.* Mitwirkung *f;* *2. (cuota)* Beitrag *m,* Steuer *f,* Umlage *f;* *~ a los gastos* Unkostenbeitrag *m;* *~ sobre la propiedad* Vermögenssteuer *f;* *~ territorial* Grundsteuer *f;* *3. (impuesto) ECO* Abgabe *f*
contribuir [kɔntriƀu'ir] *v irr* beisteuern, beitragen, mitwirken
contribuyente [kɔntriƀu'jente] *m/f FIN* Steuerzahler(in) *m/f*
contrito [kɔn'trito] *adj* zerknirscht

control [kɔn'trɔl] *m* *1.* Kontrolle *f,* Steuerung *f; perder el ~* die Kontrolle verlieren; *~ aduanero/~ de aduana* Zollkontrolle *f,* Grenzkontrolle *f; ~ de pasaportes* Passkontrolle *f; ~ de equipajes* Gepäckkontrolle *f; ~ de la natalidad* Geburtenkontrolle *f; ~ por radar* Radarkontrolle *f; ~ remoto* Fernsteuerung *f; 2. ~ de armamentos POL* Rüstungskontrolle *f; 3. ~ de Bolsas FIN* Börsenbehörde *f; 4. ~ de cuentas ECO* Buchprüfung *f; 5. (vigilancia)* Überprüfung *f,* Überwachung *f*
controlado [kɔntro'lađo] *adj* *1.* kontrolliert; *2. programa ~ INFORM* programmgesteuert
controlar [kɔntro'lar] *v* *1. (revisar)* beaufsichtigen, nachprüfen, überprüfen; *2. (dominar)* meistern, kontrollieren; *3. INFORM* steuern
controlarse [kɔntro'larse] *v* sich beherrschen, Maß halten, sich zusammennehmen
controversia [kɔntro'ƀersĭa] *f* Kontroverse *f*
controverso [kɔntro'ƀerso] *adj* kontrovers
controvertido [kɔntro'ƀertiđo] *adj* strittig, umstritten
contundente [kɔntun'dente] *adj* schlagkräftig
conturbado [kɔntur'ƀađo] *adj* verstört
convalecencia [kɔmbale'θenθĭa] *f* Genesung *f*
convalecer [kɔmbale'θɛr] *v irr* genesen, sich erholen
convencer [kɔnƀen'θɛr] *v ~ de* überzeugen von
convención [kɔmƀen'θĭɔn] *f* Konvention *f*
convencional [kɔmƀenθĭo'nal] *adj* herkömmlich, konventionell
conveniente [kɔmƀe'nĭente] *adj* passend, zweckmäßig, angebracht
convenio [kɔm'benĭo] *m* *1.* Abmachung *f,* Verabredung *f,* Absprache *f; 2. (acuerdo)* Vereinbarung *f,* Abkommen *n,* Übereinkommen *n; 3. ~ básico ECO* Manteltarif *m; ~ colectivo* Tarifvertrag *m; 4. ~ mercantil POL* Handelsabkommen *n; 5. ~ militar MIL* Militärbündnis *n; 6. POL* Konvention *f*
convenir [kɔmbe'nir] *v irr* *1.* verabreden, vereinbaren, abmachen; *2. ~ sobre/~ en* sich einigen über
convento [kɔm'bento] *m REL* Kloster *n*
conversación [kɔmbɛrsa'θĭɔn] *f* Gespräch *n,* Unterhaltung *f; ~ confidencial* vertrauliches Gespräch *n; ~ telefónica* Telefongespräch *n; ~ interurbana* Ferngespräch *n*
conversar [kɔmbɛr'sar] *v ~ con* plaudern mit, sich unterhalten mit
conversión [kɔmbɛr'sĭɔn] *f* *1.* Umrechnung *f; 2. ~ monetaria FIN* Geldwechsel *m; 3. (fig)* Verwandlung *f; 4. REL* Bekehrung *f*
convertir [kɔmbɛr'tir] *v irr 1. FIN* konvertieren; *2. REL* konvertieren; *3. ~ en (dinero)* umrechnen in; *4. ~ en (fig)* verwandeln in
convertirse [kɔmbɛr'tirse] *v irr 1. REL* bekehren; *2. ~ en* werden zu, sich verwandeln in
convicción [kɔmbik'θĭɔn] *f* *1.* Überzeugung *f; 2. JUR* Überführung *f*
convincente [kɔmbin'θente] *adj* überzeugend
convocar [kɔmbo'kar] *v* *1.* einberufen; *2. ~ una huelga* einen Streik ausrufen; *3. ~ a concurso ECO* einen Wettkampf ausschreiben
convocatoria [kɔmboka'torĭa] *f* Einberufung *f*
convulsión [kɔmbul'sĭɔn] *f* Zuckung *f*
convulsivo [kɔmbul'siƀo] *adj* krampfhaft
conyugal [kɔnju'gal] *adj* ehelich
cónyuge ['kɔnjuxe] *m/f* Gatte/Gattin *m/f,* Lebensgefährte/Lebensgefährtin *m,* Partner(in) *m/f*
cooperación [koopera'θĭɔn] *f* Zusammenarbeit *f,* Kooperation *f*
cooperador(a) [koopera'đɔr/koopera'đora] *m/f* Mitarbeiter(in) *m/f*
cooperativa [koopera'tiƀa] *f* Genossenschaft *f,* Kooperative *f*
coordinación [koorđina'θĭɔn] *f* Zuordnung *f,* Abstimmung *f,* Koordination *f*
coordinar [koorđi'nar] *v* koordinieren, zuordnen, abstimmen
copa ['kopa] *f* *1.* Glas *n,* Kelch *m; Nos tomamos una ~.* Wir trinken ein Gläschen. *~ graduable* Messbecher *m; ~ de helado GAST* Eisbecher *m; 2. (premio)* Pokal *m; 3. (cáliz) REL* Kelch *m; 4. BOT* Baumkrone *f*
copia ['kopĭa] *f* *1.* Kopie *f,* Abdruck *m,* Abschrift *f; 2. ~ pirata INFORM* Raubkopie *f; 3. (fig)* Nachbildung *f,* Kopie *f*
copiadora [kopĭa'đora] *f* Kopiergerät *n*
copiar [ko'pĭar] *v* nachbilden, nachmachen, abbilden
copiloto [kopi'loto] *m* Beifahrer *m,* Kopilot *m*
copioso [ko'pĭoso] *adj* reichlich

copo ['kopo] *m* Flocke *f*; ~ *de nieve* Schneeflocke *f*
coproducción [koproɗuk'θĭɔn] *f* Koproduktion *f*
copulación [kopula'θĭɔn] *f MED* Geschlechtsakt *m*
coquetear [kokete'ar] *v* flirten; ~ *con alguien* mit jdm anbändeln
coqueteo [koke'teo] *m* Flirt *m*
coqueto [ko'keto] *adj* kess, kokett
coraje [ko'raxe] *m* Mut *m*; ~ *civil* Zivilcourage *f*
coraza [ko'raθa] *f* Panzer *m*
corazón [kora'θɔn] *m ANAT* Herz *n*; *de buen* ~ gutherzig; *sin* ~ herzlos; *Ojos que no ven,* ~ *que no siente.* Aus den Augen, aus dem Sinn.
corazonada [koraθo'naɗa] *f* Vorahnung *f*; *tener una* ~ ahnen
corbata [kɔr'ƀata] *f* Krawatte *f*, Schlips *m*; ~ *de lazo* Fliege *f*
corcova [kɔr'koƀa] *f* Buckel *m*
corcho ['kɔrtʃo] *m 1. BOT* Kork *m*; *2. (de una botella)* Korken *m*
cordel [kɔr'ɗɛl] *m* Schnur *f*, Bindfaden *m*
cordero [kɔr'dero] *m 1. ZOOL* Lamm *n*; *2.* ~ *asado GAST* Lammbraten *m*
cordial [kɔr'ɗĭal] *adj* herzlich
cordillera [kɔrɗi'ʎera] *f* Gebirgskette *f*
cordón [kɔr'ɗɔn] *m 1.* Schnur *f*, Kordel *f*; *2.* ~ *umbilical ANAT* Nabelschnur *f*
cordura [kɔr'ɗura] *f* Vernunft *f*
coreografía [koreogra'fia] *f* Choreografie *f*
cornamenta [kɔrna'menta] *f* Geweih *n*
coro ['koro] *m* Chor *m*; ~ *de iglesia* Kirchenchor *m*
corona [ko'rona] *f 1.* Kranz *m*; *2. (nobleza)* Krone *f*
coronación [korona'θĭɔn] *f* Krönung *f*
corporación [kɔrpora'θĭɔn] *f* Innung *f*, Körperschaft *f*
corporal [kɔrpo'ral] *adj* körperlich
corpulento [kɔrpu'lento] *adj* behäbig, beleibt, dick
correa [kɔ'rrɛa] *f 1. (cinturón)* Gürtel *m*, Riemen *m*; *2. (cuerda)* Leine *f*; *3.* ~ *trapezoidal TECH* Keilriemen *m*
corrección [kɔrrɛk'θĭɔn] *f 1.* Korrektheit *f*, Richtigkeit *f*; *2. (arreglo)* Korrektur *f*, Verbesserung *f*; *3. (reprimenda)* Zurechtweisung *f*, Tadel *m*
correcto [kɔ'rrɛkto] *adj 1.* korrekt, richtig, einwandfrei; *2. (comportamiento)* fair
corredor [kɔrrɛ'ɗɔr] *m 1.* Flur *m*, Korridor *m*; *2. (agente) ECO* Makler *m*; *3.* ~ *de Bolsa FIN* Börsenmakler *m*; *4. SPORT* Läufer *m*
corregir [kɔrrɛ'xir] *v irr* verbessern, korrigieren, berichtigen
correo [kɔ'rrɛo] *m 1.* Post *f*; *a vuelta de* ~ postwendend; *en lista de ~s* postlagernd; *2. (persona)* Bote *m*, Kurier *m*; *3.* ~ *electrónico INFORM* E-Mail *f*; *por* ~ *electrónico* per E-Mail
correr [kɔ'rrɛr] *v 1.* laufen, rennen; *echar a* ~ anlaufen, anfangen zu rennen; ~ *prisa* es eilig haben; ~ *la voz* herumsprechen, weitersagen; *2. (líquido)* fließen, rinnen, strömen
correspondencia [kɔrrɛspɔn'denθĭa] *f 1.* Briefwechsel *m*, Schriftverkehr *m*, Korrespondenz *f*; ~ *comercial* Handelskorrespondenz *f*; *2. (tren)* Anschluss *m*
corresponder [kɔrrɛspɔn'dɛr] *v 1. (retribuir)* vergelten, revanchieren; *2.* ~ *a (sentimientos)* erwidern; *3.* ~ *a (pedido)* entsprechen; *4.* ~ *con alguien* mit jdm korrespondieren
correspondiente [kɔrrɛspɔn'dĭente] *adj* entsprechend
corresponsal [kɔrrɛspɔn'sal] *m/f* Korrespondent(in) *m/f*
corrida [kɔ'rriɗa] *f 1.* Lauf *m*; *2.* ~ *de toros* Stierkampf *m*
corriente [kɔ'rrĭente] *f 1.* Strömung *f*, Strom *m*; *¿Hay aquí mucha ~?* Gibt es hier eine starke Strömung? ~ *marítima* Meeresströmung *f*; *navegar contra la* ~ gegen den Strom schwimmen; *2. (de aire)* Luftzug *m*, Zug *m*; *3. (eléctrica) TECH* Strom *m*; ~ *alterna* Wechselstrom *m*; *adj 4.* laufend; *de uso* ~ gewöhnlich
corrimiento [kɔ'rrimiento] *m* ~ *de tierras* Erdrutsch *m*
corroborar [kɔrrɔƀo'rar] *v* bestätigen
corroer [kɔrrɔ'ɛr] *v irr 1.* beizen; *2. CHEM* ätzen
corromper [kɔrrɔm'pɛr] *v 1.* verderben; *2. (fig)* verführen, verderben
corrompido [kɔrrɔm'piɗo] *adj 1.* morsch, verdorben; *2. (fig)* korrupt
corrosión [kɔrrɔ'sĭɔn] *f CHEM* Korrosion *f*
corrupción [kɔrruƀ'θĭɔn] *f* Bestechung *f*, Korruption *f*, Verderben *n*
corrupto [kɔ'rrupto] *adj* korrupt, verdorben
cortacésped [kɔrta'θespeɗ] *m* Rasenmäher *m*

cortafuegos [kɔrta'fwegos] *m* Waldschneise *f*, Feuerschneise *f*
cortante [kɔr'tante] *adj* *1.* messerscharf, scharf; *2. (fig)* schroff
cortar [kɔr'tar] *v* *1.* abschneiden, ausschneiden, schneiden; *Me he cortado.* Ich habe mich geschnitten.; *2. ~ en capas delgadas TECH* hobeln; *3. (interrumpir)* unterbrechen; *4. (a hachazos)* abhacken; *5. (separar)* abschneiden, abschlagen; *6. ~ el cordón umbilical MED* abnabeln; *7. (el agua)* abstellen; *8. (obstruir)* versperren; *9. (madera, carne)* hacken; *~ un árbol* einen Baum fällen
corte [kɔr'te] *m* *1.* Einschnitt *m*, Schnitt *m*; *~ de pelo* Haarschnitt *m*; *~ transversal* Querschnitt *m*; *2. MED* Schnittwunde *f*; *f* *3. (nobleza)* Hof *m*; *hacer la ~ a alguien* jdm den Hof machen; *4. (LA) JUR* Gericht *n*; *~ de justicia* Gerichtshof *m*; *m* *5. (abreviación)* Kürzung *f*
cortés [kɔr'tes] *adj* höflich, zuvorkommend
cortesía [kɔrte'sia] *f* Höflichkeit *f*, Aufmerksamkeit *f*
corteza [kɔr'teθa] *f* *1.* Kruste *f*, Rinde *f*; *2. BOT* Baumrinde *f*, Borke *f*
cortina [kɔr'tina] *f* Gardine *f*, Vorhang *m*
corto ['kɔrto] *adj* *1.* kurz; *2. (duración)* flüchtig; *3. (fig: escaso)* gering
cortocircuito [kɔrtoθir'kwito] *m TECH* Kurzschluss *m*
corvo ['kɔrƀo] *adj* krumm
cosa ['kosa] *f* *1.* Ding *n*, Sache *f*; *Una ~ no quita la otra.* Das eine verhindert das andere nicht. *~ de poca importancia* Nebensache *f*; *~ intermedia* Mittelding *n*; *~ principal* Hauptsache *f*; *2. ~s pl* Zeug *n*; *todas las ~s* alles
cosechar [kose'tʃar] *v* ernten
coser [ko'sɛr] *v* nähen; *Eso es ~ y cantar.* Das ist kinderleicht.
cosmética [kɔz'metika] *f* Kosmetik *f*
cosmético [kɔz'metiko] *adj* kosmetisch
cósmico ['kɔzmiko] *adj* kosmisch
cosmonáutica [kɔzmo'naŭtika] *f* Raum-fahrt *f*
cosmopolita [kɔzmopo'lita] *m/f* *1.* Kosmopolit *m*; *adj* *2.* kosmopolitisch
cosmos ['kɔzmɔs] *m* Kosmos *m*
cosquillear [kɔskiʎe'ar] *v* kitzeln
cosquilloso [kɔski'ʎoso] *adj* kitzelig
costa ['kɔsta] *f* Küste *f*; *~ acantilada* Felsenküste *f*
costar [kɔs'tar] *v irr* kosten; *¿Cuánto cuesta?* Was kostet das?
coste ['kɔste] *m* *1.* Preis *m*, Kosten *pl*; *~ de (la) vida* Lebenshaltungskosten *pl*; *2. ~s pl* Kosten *pl*; *~s de calefacción* Heizkosten *pl*; *~s de transporte* Transportkosten *pl*; *3. ~s judiciales pl JUR* Gerichtskosten *pl*
costear[1] [kɔste'ar] *v* finanzieren; *¿Cómo te costeas los estudios?* Wie finanzierst du dein Studium?
costear[2] [kɔste'ar] *v ~ la orilla* an der Küste entlangfahren
costilla [kɔs'tiʎa] *f ANAT* Rippe *f*
costos ['kɔstos] *m/pl* Kosten *pl*
costoso [kɔs'toso] *adj* kostbar, kostspielig, teuer
costumbre [kɔs'tumbre] *f* *1.* Angewohnheit *f*, Sitte *f*, Brauch *m*; *como de ~* wie üblich; *de ~* geläufig, gewohnheitsgemäß; *por ~* gewöhnlich; *quitarse la ~ de algo* sich etw abgewöhnen; *¿Es ~ aquí?* Ist das hier Sitte? *2. mala ~* Laster *n*, Unart *f*, Unsitte *f*; *de malas ~s* lasterhaft; *3. ~s pl* Brauchtum *n*
costura [kɔs'tura] *f* Naht *f*; *sin ~* nahtlos
cotidiano [koti'đĭano] *adj* täglich, alltags
cotización [kotiθa'θĭɔn] *f FIN* Kurs *m*, Notierung *f*; *~ bursátil* Börsenkurs *m*
cotorrear [koto'rrear] *v* schwatzen
coyuntura [kojun'tura] *f ECO* Konjunktur *f*; *alta ~* Hochkonjunktur *f*, Boom *m*
crack [krak] *m FIN* Börsenkrach *m*
cráneo ['kraneo] *m ANAT* Schädel *m*
craso ['kraso] *adj* krass
cráter ['krater] *m* Krater *m*, Trichter *m*
creación [krea'θĭɔn] *f* Schöpfung *f*, Kreation *f*, Gebilde *n*
crear [kre'ar] *v* *1.* bilden, schaffen, konzipieren; *2. (inventar)* erfinden; *3. (fig: edificar)* aufbauen
creatividad [kreatiƀi'đađ] *f* Kreativität *f*
creativo [krea'tiƀo] *adj* kreativ
crecer [kre'θɛr] *v irr* *1.* heranwachsen, wachsen; *2. (criarse)* aufwachsen; *3. (fig: hincharse)* anschwellen
crecida [kre'θiđa] *f* Hochwasser *n*
crecido [kre'θiđo] *adj* erwachsen
crecimiento [kreθi'mĭento] *m* *1.* Wachstum *n*, Wuchs *m*; *2. (incremento)* Zunahme *f*
credencial [kređen'θĭal] *f* Beglaubigungsschreiben *n*, Ernennungsurkunde *f*, (LA) Ausweis *m*
credibilidad [kređiƀili'đađ] *f* Glaubhaftigkeit *f*, Glaubwürdigkeit *f*
crédito ['kređito] *m* *1. ECO* Kredit *m*; *~ en cuenta corriente/~ en descubierto* Dispositionskredit *m*; *~ documentario* Akkreditiv *n*;

2. (préstamo) ECO Darlehen *n; 3. (fiabilidad, confianza)* Glaubwürdigkeit *f,* Vertrauen *n; 4. ~s pl ECO* Außenstände *pl*

credo ['kređo] *m REL* Glaubensbekenntnis *n*

creencia [kre'enθĭa] *f REL* Glaube *m*

creer [kre'ɛr] *v irr* glauben; *~ a alguien* jdm glauben; *~ a alguien capaz de hacer algo* jdm etw zutrauen; *hacer ~ algo a alguien* jdm etw weismachen; *~ en alguien/~ algo* an jdn/an etw glauben; *No te creo nada.* Ich glaube dir nichts. *Yo creo an Dios.* Ich glaube an Gott.

creerse [kre'ɛr] *v irr ~ algo* sich etw einbilden; *¿Qué se ha creido?* Was fällt ihm ein?

creíble [kre'iƀle] *adj* glaubhaft

crema ['krema] *f 1.* Creme *f; 2. GAST* Rahm *m,* Sahne *f*

cremación [krema'θĭɔn] *f* Feuerbestattung *f,* Verbrennung *f*

cremallera [krema'ʎera] *f 1.* Reißverschluss *m; 2. TECH* Zahnstange *f*

cremoso [kre'moso] *adj* sahnig

crepitar [krepi'tar] *v* knattern, knistern

crepúsculo [kre'puskulo] *m* Dämmerung *f; ~ matutino* Morgendämmerung *f*

cresta ['kresta] *f 1. (de un gallo)* Kamm *m; 2. ~ de espuma* Schaumkrone *f*

creta ['kreta] *f GEOL* Kreide *f*

creyente [kre'jente] *m/f 1. REL* Gläubige(r) *m/f; adj 2. REL* gläubig

cría ['kria] *f 1.* Zucht *f; 2. (animal recien nacido)* Tierjunges *n; 3. (bebé)* Kind *n*

criada [kri'ađa] *f* Hausmädchen *n*

criado [kri'ađo] *m* Diener *m,* Dienstbote *m*

criador(a) [kria'đɔr/kria'đora] *m/f* Züchter(in) *m/f*

crianza [kri'anθa] *f (de los niños)* Erziehung *f*

criar [kri'ar] *v 1.* züchten; *~ a alguien* jdn aufziehen; *2. (educar)* erziehen

criatura [kria'tura] *f* Geschöpf *n,* Kreatur *f*

criba ['kriƀa] *f* Sieb *n*

cric [krik] *m TECH* Wagenheber *m*

crimen ['krimen] *m 1.* Verbrechen *n,* Missetat *f; 2. ~ capital JUR* Kapitalverbrechen *n; lugar del ~* Tatort *m*

criminal [krimi'nal] *m/f 1.* Kriminelle(r) *m/f,* Verbrecher(in) *m/f; ~ de guerra* Kriegsverbrecher *m; adj 2.* kriminell, verbrecherisch

criminalidad [kriminali'đađ] *f* Kriminalität *f; ~ económica JUR* Wirtschaftskriminalität *f*

crisis ['krisis] *f 1.* Krise *f; ~ de identidad* Identitätskrise *f; 2. ~ económica ECO* Wirtschaftskrise *f; ~ de venta* Absatzkrise *f; 3. ~ gubernamental POL* Regierungskrise *f*

crisma ['krisis] *f (fam)* Kopf *m; romperse la ~* sich den Hals brechen

crisol [kri'sɔl] *m* Schmelztiegel *m*

crisparse [kris'parse] *v* sich verkrampfen

cristal [kris'tal] *m 1.* Glas *n,* Fensterscheibe *f,* Glasscheibe *f; de ~* gläsern; *~ antibala* Panzerglas *n; ~ de aumento* Ver-größerungsglas *n; 2. ~es de gafas pl* Brillengläser *pl; 3. MIN* Kristall *m*

cristalino [krista'lino] *adj* kristallinisch, kristallklar, glasklar

cristiandad [kristĭan'dađ] *f REL* Christenheit *f*

cristiano [kris'tĭano] *m 1. REL* Christ *m; adj 2. REL* christlich

Cristo ['kristo] *m REL* Christus *m*

criterio [kri'terĭo] *m* Kriterium *n*

crítica ['kritika] *f 1.* Kritik *f; sin ~* kritiklos; *2. (censura)* Tadel *m*

criticar [kriti'kar] *v* kritisieren, bemängeln, tadeln; *~lo todo* nörgeln, meckern

crítico ['kritiko] *m 1.* Kritiker *m; adj 2.* bedenklich, kritisch

criticón [kriti'kɔn] *adj* Krittler *m,* Nörgler *m,* Meckerer *m*

cromo ['kromo] *m CHEM* Chrom *n*

cromosoma [kromo'soma] *m BIO* Chromosom *n*

crónica ['kronika] *f* Chronik *f,* Überlieferung *f*

crónico ['kroniko] *adj* chronisch

cronológico [krono'lɔxiko] *adj* chronologisch

cronómetro [kro'nometro] *m* Stoppuhr *f*

croquis ['krokis] *m* Skizze *f*

cruce ['kruθe] *m 1.* Kreuzung *f,* Übergang *m; 2. BIO* Kreuzung *f*

crucero [kru'θero] *m 1.* Kreuzfahrtschiff *n; 2. MIL* Kreuzer *m; ~ de combate* Schlachtkreuzer *m; 3. (viaje)* Kreuzfahrt *f*

crucifijo [kruθi'fixo] *m REL* Kruzifix *n*

crucifixión [kruθi'fiksiɔn] *f REL* Kreuzigung *f*

crucigrama [kruθi'grama] *m* Kreuzworträtsel *n*

crudo ['kruđo] *adj* roh

cruel [kru'ɛl] *adj* grausam, unbarmherzig

crueldad [kruɛl'dađ] *f* Grausamkeit *f,* Gräueltat *f,* Unbarmherzigkeit *f*

crujiente [kru'xĭente] *adj* knusprig

crujir [kru'xir] *v* knacken, knirschen
cruz [kruθ] *f 1.* Kreuz *n; la Cruz Roja* das Rote Kreuz; *~ gamada POL* Hakenkreuz *n; 2. (condecoración)* Orden *m*
cruzada [kru'θađa] *f HIST* Kreuzzug *m*
cruzar [kru'θar] *v 1.* kreuzen, durchqueren; *2. BIO* kreuzen; *3. ~ los brazos* die Arme verschränken
cuaderno [kwa'đerno] *m* Heft *n*
cuadra ['kwađra] *f (LA)* Block *m*
cuadrado [kwa'đrađo] *m 1.* Quadrat *n; adj 2.* quadratisch
cuadrangular [kwađran'gular] *adj* viereckig
cuadrar [kwa'đrar] *v* zusammenpassen, übereinstimmen
cuadriculado [kwađriku'lađo] *adj* kariert
cuadrilla [kwa'đrija] *f* Trupp *m,* Gruppe *f*
cuadro ['kwađro] *m 1. ART* Bild *n,* Gemälde *n; ~ al óleo* Ölgemälde *n; 2. ~ sinóptico* Tabelle *f; 3. ~ de conexiones TECH* Schaltbild *n; ~ de distribución* Schalttafel *f; 4. (dibujo)* Karo *n; de ~s* kariert
cuál [kwal] *pron (interrogación) ¿Cuál?* Welche(r,s)? *¿Cuál te gusta más?* Welches gefällt dir besser?
cual [kwal] *pron (rel) el ~/la ~/lo ~* derjenige/diejenige/dasjenige
cualitativo [kwalita'tiƀo] *adj* qualitativ
cualquier(a) [kwal'kĭer(a)] *adj* jede(r,s), x-beliebig, beliebig, irgendein
cuándo ['kwando] *adv (interrogación) ¿Cuándo?* Wann? *¿Cuándo vienes?* Wann kommst du? *¿A partir de ~?* Ab wann?
cuando ['kwando] *konj (temporal)* wenn, als; *Cuando me vió, se paró inmediatamente.* Als er mich sah, hielt er sofort an.
cuantía [kwan'tia] *f* Menge *f*
cuantioso [kwn'tĭoso] *adj* zahlreich
cuantitativo [kwantita'tiƀo] *adj* mengenmäßig, quantitativ
cuanto ['kwanto] *adv ~ antes* so bald wie möglich; *~ antes mejor* je eher, umso besser; *¡Ven ~ antes puedas!* Komm, sobald du kannst! *~ bien* so gut wie möglich
cuánto ['kwanto] *adv* wie viel, so viel; *¿Cuánto cuesta el billete?* Wie viel kostet eine Fahrkarte? *¡Cuánto tiempo sin vernos!* Wie lange haben wir uns nicht gesehen!
cuanto ['kwanto] *konj ~ más* je mehr; *Cuanto más tenemos, más queremos.* Je mehr wir haben, desto mehr wollen wir.
cuarenta [kwa'renta] *num* vierzig; *cantarle a alguien las ~ (fig)* jdm den Kopf waschen
cuarentena [kwaren'tena] *f* Quarantäne *f*
cuaresma [kwa'rezma] *f REL* Fastenzeit *f*
cuartel [kwar'tɛl] *m MIL* Kaserne *f*
cuarteto [kwar'teto] *m 1.* Quartett *n; 2. MUS* Quartett *n*
cuarto ['kwarto] *adj 1.* vierte(r,s); *m 2.* Raum *m,* Zimmer *n,* Stube *f; ~ de estar* Wohnzimmer *n; ~ de depósito* Kammer *f; ~ de los niños* Kinderzimmer *n; 3. MATH* Viertel *n; un ~ de litro de vino* ein Viertelliter Wein *m; ~ de hora* Viertelstunde *f*
cuatro ['kŭatro] *num* vier
Cuba ['kuƀa] *f GEO* Kuba *n*
cuba ['kuƀa] *f* Fass *n,* Kübel *m; estar como una ~* stockbetrunken sein
cubano [ku'ƀano] *adj 1.* kubanisch; *m 2.* Kubaner *m*
cubeta [ku'ƀeta] *f* Eimer *m,* Kübel *m*
cubierta [ku'ƀĭerta] *f 1.* Verdeck *n,* Deck *n; 2. (capa)* Deckblatt *n*
cubierto [ku'ƀĭerto] *m (servicio)* Gedeck *n,* Essbesteck *n,* Besteck *n; ¿Puede traer otro ~, por favor?* Können Sie bitte noch ein Gedeck bringen?
cubito [ku'ƀito] *m ~ de hielo* Eiswürfel *m*
cubo ['kuƀo] *m 1. MATH* Würfel *m; 2. (recipiente)* Eimer *m,* Kübel *m; a ~s* eimerweise; *~ de basura* Abfalleimer *m,* Mülleimer *m*
cubrir [ku'ƀrir] *v irr 1.* abdecken, verdecken; *2. (recubrir)* bekleiden, verhüllen, verhängen; *3. ~ de/~ con* beziehen mit; *4. (tapar) ~ con* zudecken mit
cuco ['kuko] *m 1. ZOOL* Kuckuck *m; 2. (fam)* Schlauberger *m*
cucurucho [kuku'rutʃo] *m* Tüte *f*
cuchara [ku'tʃara] *f* Esslöffel *m,* Löffel *m; ~ sopera* Suppenlöffel *m*
cucharilla [kutʃa'riʎa] *f* Teelöffel *m*
cucharón [kutʃa'rɔn] *m* Kelle *f,* Schöpflöffel *m*
cuchichear [kutʃitʃe'ar] *v* flüstern
cuchicheo [kutʃi'tʃeo] *m* Geflüster *n*
cuchilla [ku'tʃiʎa] *f* Klinge *f*
cuchillada [kutʃi'ʎađa] *f* Messerstich *m*
cuchillo [ku'tʃiʎo] *m* Messer *n; ¡Tráigame un ~, por favor!* Bringen Sie mir bitte ein Messer!
cuello ['kweʎo] *m 1.* Kragen *m; ~ alto* Rollkragen *m; 2. ANAT* Hals *m*
cuenta ['kwenta] *f 1. FIN* Konto *n; ~ bancaria* Bankkonto *n; ~ bloqueada* Sperrkonto *n; ~ corriente/~ de giros* Girokonto *n; 2. (factura)* Rechnung *f; ajustarle las ~s a alguien* mit jdm abrechnen; *La ~, por favor.* Die

Rechnung, bitte. *3. ~ de* Rechenschaft über *f; sin darse ~ de* unbewusst; *tomar en ~* berücksichtigen

cuento ['kwento] *m 1.* Geschichte *f,* Erzählung *f,* Märchen *n; 2. ~s pl* Gerede *n; dejarse de ~s* zur Sache kommen

cuerda ['kwɛrđa] *f* Band *n,* Schnur *f,* Seil *n; ~ de remolque* Abschleppseil *f*

cuerdo ['kwɛrđo] *adj* vernünftig

cuerno ['kwɛrno] *m 1.* Horn *n; 2. ~s pl* Geweih *n*

cuero [kwero] *m* Leder *n*

cuerpo ['kwɛrpo] *m 1.* Körper *m,* Leib *m; en todo el ~* am ganzen Körper; *hacer del ~* Stuhlgang haben; *2. ~ del delito JUR* Beweisstück *n,* Corpus Delicti *n; 3. (institución)* Körperschaft *f*

cuesta ['kwesta] *f* Abhang *m; ~ abajo* bergab; *~ arriba* bergauf

cuestión [kwes'tĭɔn] *f 1.* Angelegenheit *f,* Frage *f; en ~* vorliegend; *~ de conciencia* Gewissensfrage *f; ~ de honor* Ehrensache *f; ~ de gusto* Geschmacksache *f; 2. ~ de confianza POL* Vertrauensfrage *f; 3. ~ de culpabilidad JUR* Schuldfrage *f*

cuestionable [kwestĭɔ'nable] *adj* fraglich, zweifelhaft, strittig

cuestionar [kwes'tĭɔnar] *v* erörtern, diskutieren, in Frage stellen

cuestionario [kwestĭɔ'nario] *m* Fragebogen *m*

cueva ['kweƀa] *f* Höhle *f*

cuidado [kwi'đađo] *m 1. (para evitar un riesgo)* Vorsicht *f,* Achtung *f; tener ~* aufpassen; *¡Cuidado!* Achtung! *2. (aseo)* Pflege *f,* Sorgfalt *f; 3. (fig: atención)* Achtsamkeit *f,* Achtung *f,* Aufmerksamkeit *f*

cuidador [kwiđa'đɔr] *m* Pfleger *m*

cuidadoso [kwiđa'đoso] *adj* sorgfältig, vorsichtig, achtsam

cuidar [kwi'đar] *v* versorgen, pflegen; *Ve al cine, yo cuido de los niños.* Geh nur ins Kino, ich kümmere mich um die Kinder. *~ a alguien* für jdn sorgen, jdn pflegen

culebra [ku'leƀra] *f ZOOL* Schlange *f*

culebrón [kule'ƀrɔn] *m (fam)* endlose Fernsehserie *f*

culinario [kuli'narĭo] *adj* kulinarisch

culminación [kulmina'θĭɔn] *f* Abschluss *m,* Höhepunkt *m*

culo ['kulo] *m ANAT* Hintern *m*

culpa ['kulpa] *f* Verschulden *n,* Schuld *f; sin ~* schuldlos; *tener la ~ de* verschulden; *La ~ no es mía.* Das ist nicht meine Schuld.

culpable [kul'paƀle] *adj JUR* schuldig; *~ por imprudencia* fahrlässig

culpar [kul'paƀle] *v ~ de* beschuldigen

cultivador(a) [kultiƀa'đɔr/kultiƀa'đora] *m/f* Züchter(in) *m/f*

cultivar [kulti'ƀar] *v 1.* züchten, anpflanzen; *2. AGR* anbauen, bearbeiten; *3. (fig: aprender)* erlernen, kultivieren

cultivo [kul'tiƀo] *m* Anpflanzung *f,* Zucht *f,* Anbau *m*

culto ['kulto] *m 1.* Kult *m,* Verehrung *f; rendir ~ a alguien* jdn verehren; *2. REL* Gottesdienst *m; adj 3.* gebildet

cultura [kul'tura] *f* Kultur *f; ~ general* emeinbildung *f*

cultural [kul'tural] *adj* kulturell

cumbre ['kumƀre] *f 1.* Grat *m,* Kamm *m,* Spitze *f; 2. GEO* Gipfel *m; 3. POL* Gipfel *m*

cumpleaños [kumple'aɲos] *m* Geburtstag *m*

cumplido [kum'pliđo] *m* Kompliment *n*

cumplidor [kumpli'đɔr] *adj muy ~* übereifrig; *~ de su deber* pflichtbewusst

cumplimiento [kumpli'mĭento] *m 1.* Einhaltung *f,* Erfüllung *f; 2. lugar de ~ ECO* Erfüllungsort *m*

cumplir [kum'plir] *v 1.* erfüllen, erledigen; *2. (un castigo)* verbüßen; *3. (una ley)* befolgen

cuna ['kuna] *f* Babywiege *f,* Wiege *f*

cuneta [ku'neta] *f* Straßengraben *m*

cuña ['kuɲa] *f* Keil *m*

cuñada [ku'ɲada] *f* Schwägerin *f*

cuñado [ku'ɲađo] *m* Schwager *m*

cuota ['kwota] *f 1.* Beitrag *m,* Quote *f; ~ de socio* Mitgliedsbeitrag *m; ~ de protección* Schutzgebühr *f; 2. ECO* Rate *f*

cupé [ku'pe] *m* Zweisitzer *m*

cúpula ['kupula] *f ARCH* Kuppel *f*

cuquería [kuke'ria] *f* Schläue *f*

cura ['kura] *f 1. MED* Heilung *f,* Kur *f; ~ de adelgazamiento* Abmagerungskur *f,* Schlankheitskur *f; ~ de desintoxicación* Entziehungskur *f; ~ radical* Gewaltkur *f,* Radikalkur *f; 2. ~ espiritual REL* Seelsorge *f; m 3. REL* Pfarrer *m,* Priester *m*

curable [ku'raƀle] *adj* heilbar

curación [kura'θĭɔn] *f MED* Heilung *f*

curandero [kuran'đero] *m 1. MED* Heilpraktiker *m; 2. (despectivo)* Quacksalber *m,* Kurpfuscher *m*

curar [ku'rar] *v* heilen, verarzten, kurieren

curarse [ku'rarse] *v* ausheilen, verheilen; *~ completamente* auskurieren

curato [ku'rato] *m REL* Pfarramt *n*
curioso [ku'rĭoso] *adj 1. (raro)* merkwürdig, seltsam, kurios; *2. (indiscreto)* vorwitzig, neugierig; *m 3.* Schaulustige(r) *m*
currículo [ku'rrikulo] *m* Lehrplan *m*
curriculum [ku'rrikulum] *m ~ vitae* Lebenslauf *m*
cursi ['kursi] *adj* kitschig
cursilería [kursile'ria] *f* Kitsch *m*
cursillo [kur'siʎo] *m* Lehrgang *m*
curso ['kurso] *m 1.* Ablauf *m,* Verlauf *m; ~ de los acontecimientos* Hergang *m; ~ de un río* Flusslauf *m; 2. (materia)* Lehrgang *m,* Kurs *m; hacer pasar al ~ siguiente* versetzen; *~ de baile* Tanzkurs *m; ~ a distancia* Fernkurs *m; ~ de introducción* Einführungskurs *m; ~ nocturno* Abendkurs *m*
curva ['kurƀa] *f* Kurve *f,* Biegung *f,* Krümmung *f; lleno de ~s* kurvenreich; *~ en herradura* Haarnadelkurve *f*
curvatura [kur'ƀatura] *f* Biegung *f,* Krümmung *f*
cúspide ['kuspiđe] *f* Gipfel *m*
custodia [kus'todĭa] *f 1. (protección)* Obhut *f,* Gewahrsam *m,* Verwahrung *f; 2. (guarda)* Bewachung *f; 3. ~ de los hijos JUR* Sorgerecht *n*
custodiar [kusto'dĭar] *v 1. (vigilar)* bewachen; *2. (resguardar)* verwahren
cutáneo [ku'taneo] *adj* Haut...
cutícula [ku'tikula] *f ANAT* Nagelhaut *f*
cuy [kui] *m (en Perú) ZOOL* Meerschweinchen *n*
cuyo ['kujo] *pron* dessen, wessen
cura ['kura] *f 1. MED* Heilung *f,* Kur *f; ~ de adelgazamiento* Abmagerungskur *f,* Schlankheitskur *f; ~ de desintoxicación* Entziehungskur *f; ~ radical* Gewaltkur *f,* Radikalkur *f; 2. ~ espiritual REL* Seelsorge *f; m 3. REL* Pfarrer *m,* Priester *m*
chacal [tʃa'kal] *m ZOOL* Schakal *m*
chal [tʃal] *m* Schal *m*
chalarse [tʃa'larse] *v ~ por alguien (fam)* sich in jdn verknallen
chaleco [tʃa'leko] *m* Weste *f; ~ antibalas* kugelsichere Weste *f*
chalet [tʃa'lɛt] *m* Ferienhaus *n; ~ adosado* Reihenhaus *n; ~ unifamiliar* Einfamilienhaus *n*
champán [tʃam'pan] *m* Champagner *m*
champaña [tʃam'paɲa] *m* Champagner *m*
champiñón [tʃampi'ɲɔn] *m BOT* Champignon *m*
champú [tʃam'pu] *m* Shampoo *n*
chance ['tʃanθe] *m (LA)* Chance *f*
chancear [tʃanθe'ar] *v* spaßen, scherzen
chanceo [tʃan'θeo] *m (LA)* Scherz *m*
chancero [tʃan'θero] *m (LA)* Spaßvogel *m*
chancha ['tʃantʃa] *f (LA) ZOOL* Sau *f*
chancho ['tʃantʃo] *m (LA) ZOOL* Schwein *n*
chándal ['tʃandal] *m* Trainingsanzug *m*
chantaje [tʃan'taxe] *m* Erpressung *f*
chantajear [tʃanta'xear] *v* erpressen
chantajista [tʃanta'xista] *m/f* Erpresser(in) *m/f*
chanza [tʃan'θa] *f* Jux *m*
chao ['tʃao] *interj ¡Chao!* Tschüss!
chapa ['tʃapa] *f* Blech *n,* Furnier *n*
chaparrón [tʃapa'rrɔn] *m* Platzregen *m,* Regenguss *m,* Wolkenbruch *m*
chapucear [tʃapuθe'ar] *v* verpfuschen
chapucero [tʃapu'θero] *adj* stümperhaft
chapurrear [tʃapurrɛ'ar] *v (otra lengua)* radebrechen
chaqueta [tʃa'keta] *f* Jacke *f,* Jackett *n*
charco ['tʃarko] *m* Pfütze *f,* Lache *f*
charla ['tʃarla] *f* Unterhaltung *f,* Geplauder *n,* Gespräch *n*
charlar [tʃar'lar] *v ~ con* plaudern mit, sich unterhalten mit
charlatán [tʃarla'tan] *m* Quacksalber *m*
charnela [tʃar'nela] *f TECH* Scharnier *n*
chasco ['tʃasko] *v llevarse un ~ (fam)* hereinfallen
chasis ['tʃasis] *m 1.* Fahrgestell *n; 2. TECH* Chassis *n; ~ con ruedas* Fahrwerk *n*
chatarra [tʃa'tarra] *f* Alteisen *n*
chauvinismo [tʃawƀi'nismo] *m* Chauvinismus *m*
chauvinista [tʃawƀi'nista] *adj* chauvinistisch
chaval [tʃa'ƀal] *m (fam)* Bengel *m*
chavala [tʃa'ƀala] *f (fam)* Biene *f,* Mädchen *n*
cheque ['tʃeke] *m FIN* Scheck *m; ¿Acepta usted ~s?* Nehmen Sie Schecks? *~ bancario* Bankscheck *m; ~ cruzado* Verrechnungsscheck *m; ~ de gerencia (LA)* Bankscheck *m; ~ de viaje* Reisescheck *m; ¿Dónde puedo cambiar ~s de viaje?* Wo kann ich Reiseschecks einlösen? *~ en blanco* Blankoscheck *m; ~ postal* Postscheck *m*
chequeo [tʃe'keo] *m* Revision *f*
chequera [tʃe'kera] *f (LA)* Scheckbuch *n*
chic [tʃik] *adj* schick
chica ['tʃika] *f* Mädchen *n*
chicana [tʃi'kana] *f (LA)* Schikane *f*

chicanear [tʃikane'ar] *v* *(LA)* schikanieren

chicharra [tʃi'tʃarra] *f* Ratsche *f*, Knarre *f*, Summer *m*, Zikade *f*

chichón [tʃi'tʃɔn] *m* *MED* Beule *f*

chicle ['tʃikle] *m* Kaugummi *m*

chico ['tʃiko] *m* Bursche *m*, Junge *m*, Knabe *m*; *~ para recados* Laufbursche *m*

chicote [tʃi'kote] *m* kräftiger Bursche *m*, (fig) Zigarre *f*, (NAUT) Tauende *n*

chiflado [tʃi'flađo] *v estar ~ (fam)* spinnen

chiflar [tʃi'flar] *v intr* pfeifen, zischen, sich volllaufen lassen

chifle ['tsifle] *m* Pfeife *f*, Lockpfeife *f*

Chile ['tʃile] *m* *GEO* Chile *n*

chileno [tʃi'leno] *adj* *1.* chilenisch; *m* *2.* Chilene *m*

chillar [tʃi'ʎar] *v* *1.* quietschen; *2. (persona)* kreischen, schreien

chillido [tʃi'ʎiđo] *m* Aufschrei *m*

chimenea [tʃime'nea] *f* Kamin *m*, Schlot *m*, Schornstein *m*

chimpancé [tʃimpan'θe] *m* *ZOOL* Schimpanse *m*

China ['tʃina] *f* *GEO* China *n*

chinche ['tʃintʃe] *m* *ZOOL* Wanze *f*; *Me cae ~. (fam)* Er geht mir auf die Nerven.

chincheta [tʃintʃeta] *f* Reißzwecke *f*

chinelas [tʃi'nelas] *f/pl* Hausschuhe *pl*

chip [tʃip] *m* *INFORM* Chip *m*

chiquillo [tʃi'kiʎo] *m* Knirps *m*

chiquito [tʃi'kito] *m* *(LA)* Knirps *m*

chismear [tʃiz'me'ar] *v* klatschen, tratschen; *¿A quién no le gusta ~?* Wer klatscht nicht gern?

chismes ['tʃismes] *m/pl* Tratsch *m*

chismorrear [tʃismorre'ar] *v* tratschen

chismorreo [tʃismo'rreo] *m* Klatsch *m*, Tratsch *m*

chispa ['tʃispa] *f* *1.* Funke *m*; *echar ~s* Funken sprühen, sehr wütend sein; *2. (fam)* Schwips *m*

chiste ['tʃiste] *m* Spaß *m*, Witz *m*

chistoso [tʃis'toso] *adj* lustig, witzig

chivo ['tʃiƀo] *m* *~ expiatorio* Prügelknabe *m*, Sündenbock *m*

chocar [tʃo'kar] *v* *1.* aufprallen, zusammenstoßen; *~ contra alguien* jdn anfahren; *2. (fig)* schockieren; *~ a alguien* bei jdm anecken

chocolate [tʃoko'late] *m* *1. GAST* Schokolade *f*; *un ~ muy caliente* eine heiße Schokolade *f*; *2. (fam: hachís)* Stoff *m*, Hasch *n*

chofer ['tʃofɛr] *m* Autofahrer *m*, Chauffeur *m*

chopo ['tʃopo] *m* *BOT* Pappel *f*

choque ['tʃoke] *m* *1.* Aufprall *m*, Karambolage *f*, Zusammenstoß *m*; *~ frontal* Frontalzusammenstoß *m*; *2. (fig)* Schock *m*

chorizo [tʃo'riθo] *m* *1.* Wurst *f*; *2. (fam)* Gauner *m*, Straßenräuber *m*

chorrear [tʃɔrrɛ'ar] *v* triefen

chorro ['tʃɔrrɔ] *m* Strahl *m*; *~ de agua* Wasserstrahl *m*

choza ['tʃoθa] *f* Hütte *f*, Verschlag *m*

chubasco [tʃu'ƀasko] *m* Platzregen *m*

chucherías [tʃutʃe'rias] *f/pl* *1.* Nippes *pl*, Kram *m*; *2. (alimento)* Naschwerk *n*, Süßigkeiten *pl*

chucrut [tʃu'krut] *m* *GAST* Sauerkraut *n*

chulería [tʃule'ria] *f* *(fam)* Angabe *f*, Angeberei *f*

chuleta [tʃu'leta] *f* *1. (en la escuela)* Spickzettel *m*; *2. GAST* Kotelett *n*, Rippe *f*

chulo ['tʃulo] *m* *1. (fam)* Angeber *m*; *2. (fam: prostitución)* Zuhälter *m*

chupar [tʃu'par] *v* *1. (pasar por la boca)* lutschen; *2. (extraer)* saugen, absaugen, absorbieren

chupete [tʃu'pete] *m* *1.* Schnuller *m*; *2. (LA)* Lutscher *m*

chupetear [tʃupe'tear] *v* lutschen

chupón [tʃu'pɔn] *m* *1. (caramelo)* Lutscher *m*; *2. ~ de bebé* Schnuller *m*

chusma ['tʃusma] *f* Gesindel *n*, Pöbel *m*

D

dádiva ['dađiɓa] *f* Spende *f*
dado ['dađo] *m* Würfel *m*
dador(a) [da'đɔr/da'đora] *m/f* Spender(in) *m/f*
dalia ['dalĭa] *f* *BOT* Dahlie *f*
dálmata ['dalmata] *adj* dalmatinisch; *m* *ZOOL* Dalmatiner *m*
daltoniano [dalto'nĭano] *adj* farbenblind
dama ['dama] *f* Dame *f*; *~ de honor* Brautjungfer *f*
damasco [da'masko] *m (tela)* Damast *m*
danta ['danta] *f* *ZOOL* Tapir *m*, Elch *m*
Danubio [da'nuƀĭo] *m* *GEO* Donau *f*
danza ['danθa] *f* Tanz *m*
danzante [dan'θante] *m/f* Tänzer *m*
danzar [dan'θar] *v* tanzen
danés [da'nes] *adj 1.* dänisch; *m 2.* Däne *m*
dañado [da'ɲađo] *adj* beschädigt
dañar [da'ɲar] *v* beschädigen, Schaden anrichten
dañino [da'ɲino] *adj* schädlich, ungesund
daño ['daɲo] *m* Beschädigung *f*, Schaden *m*, Beeinträchtigung *f*; *hacer ~* wehtun; *~ causado por incendio* Brandschaden *m*; *~ personal* Personenschaden *m*; *~ total* Totalschaden *m*
dar [dar] *v irr 1.* hergeben, übergeben, geben, überreichen; *~ de alta* aus dem Krankenhaus entlassen; *~ de baja por enfermedad* krankschreiben; *~ el pecho* stillen; *~ instrucciones* Anweisungen geben; *~ las gracias* danken; *~ la vuelta* umdrehen, kehrtmachen; *~ un paseo* spazieren gehen; *~ vueltas a un problema* sich Gedanken machen; *~ a conocer* bekannt geben, offenbaren; *~ a luz* gebären; *2. (atribuir)* beimessen, zuschreiben; *~ dictamen sobre algo* etw begutachten; *~ poder a JUR* ermächtigen, bevollmächtigen; *3. (repartir)* erteilen; *4. (donar)* spenden
dardo ['darđo] *m* Speer *m*, Spieß *m*
darse ['darse] *v irr 1. ~ un gusto* sich gönnen; *2. ~ cuenta de algo* etw bemerken; *3. ~ prisa* sich beeilen; *4. ~ por satisfecho con algo* sich mit etw zufrieden geben, mit etw vorlieb nehmen; *5. ~las de algo* sich als etw aufspielen
data ['data] *f* Datum *n*, Ausstellungstag *m*, Zeitpunkt *m*
datar [da'tar] *v* datieren
dátil ['datil] *m* *BOT* Dattel *f*
dativo [da'tiƀo] *m* *GRAMM* Dativ *m*
dato ['dato] *m 1.* Angabe *f*; *2. ~s pl* Daten *pl*, Angaben *pl*; *~s personales* Personalien *pl*; *banco de ~s INFORM* Datenbank *f*
de [de] *prep 1. (punto de partida)* von, ab; *~ donde* woraus, woher; *El tren va ~ Hamburgo a Berlín.* Der Zug fährt von Hamburg nach Berlin. *2. (origen, procedencia)* von, aus; *~ allá* davon; *~ allí* davon, daher; *Vengo ~ Colombia./Soy ~ Colombia.* Ich komme aus Kolumbien. *3. (propiedad, posesión)* von; *~ tí* dein; *Esta es la casa ~ Jaime.* Das ist das Haus von Jaime. *4. (material)* aus; *reloj ~ arena* Sanduhr *f*; *una mesa ~ madera* ein Tisch aus Holz *m*; *5. ~ acá para allá* umher; *6. ~ acuerdo con* übereinstimmend mit, dementsprechend, gemäß; *7. ~ buen gusto* stilvoll, geschmackvoll; *8. ~ dos caras* zweiseitig; *9. ~ casualidad* unbeabsichtigt; *10. ~ colores* bunt; *11. ~ día* tagsüber; *12. en caso ~* wenn, falls, andernfalls; *13. ~ este modo* so; *14. ~ igual manera* ebenfalls, gleichfalls; *15. ~ improsivo* unverhofft, unvermittelt; *16. ~ maravillas* wundervoll; *17. ~ modo que* so dass
debajo [de'ƀaxo] *prep* unter, unten; *por ~ de* unterhalb; *~ del puente* unter der Brücke
debate [de'ƀate] *m 1.* Erörterung *f*, Debatte *f*; *2. POL* Debatte *f*
debatir [deƀa'tir] *v* anfechten, debattieren, erörtern
debe ['deƀe] *m* *ECO* Soll *n*; *El ~ asciende a una suma exorbitante.* Das Soll beläuft sich auf eine außergewöhnlich hohe Summe.
deber [de'ƀer] *m 1.* Pflicht *f*; *~ de discreción* Schweigepflicht *f*; *pl 2. ~es* Hausaufgaben *pl*; *v 3. (tener que)* müssen, sollen; *Debería hacerle una visita.* Eigentlich sollte ich sie besuchen. *4. ~ algo a alguien* jdm etw schulden, jdm etw verdanken; *5. (poder)* dürfen
debido [de'ƀiđo] *prep 1. ~ a* infolge, dank; *~ a la edad* altersbedingt; *adj 2.* ordnungsgemäß, pflichtgemäß; *3. ECO* schuldig
débil ['deƀil] *adj 1.* schwach, kraftlos; *Me encuentro ~.* Ich fühle mich schwach. *muy ~* klapprig; *2. (de carácter)* willensschwach; *3. (despacio)* leise; *4. (opaco)* matt
debilidad [deƀili'đađ] *f* Schwäche *f*; *~ de carácter* Charakterschwäche *f*

debilitación [deƀilita'θĭɔn] *f* Abschwächung *f*
debilitado [deƀili'tađo] *adj* schwach
debilitar [deƀili'tar] *v* abschwächen, auszehren, entkräften
débito ['deƀito] *m 1. ECO* Abbuchung *f; 2. (carga) FIN* Belastung *f; 3. (deudas) ECO* Schulden *pl*
debut [de'ƀut] *m* Debüt *n*
debutante [debu'tante] *m/f* Debütant/Debütantin *m/f,* Anfänger/Anfängerin *m/f*
década ['dekađa] *f* Jahrzehnt *n*
decadencia [deka'đenθĭa] *f* Dekadenz *f,* Niedergang *m,* Untergang *m,* Verfall *m*
decadente [deka'đente] *adj* dekadent
decaer [deka'ɛr] *v irr 1.* verkommen, sinken; *2. (fig)* untergehen, absinken; *Al llegar los españoles a México comenzó a ~ el reino azteco.* Als die Spanier nach Mexiko kamen, begann der Untergang des aztekischen Königreichs.
decaído [deka'iđo] *adj* schwächlich
decaimiento [dakai'miento] *m* Verfall *m,* Niedergeschlagenheit *f,* Mutlosigkeit *f*
decalitro [daka'litro] *m* Dekaliter *n*
decámetro [de'kametro] *m* Dekameter *n*
decano [de'kano] *m* Dekan *m*
decapitar [deka'pitar] *v* enthaupten, köpfen
decencia [de'θenθĭa] *f* Anstand *m*
decenio [de'θenĭo] *m* Jahrzehnt *n*
decente [de'θente] *adj* anständig, sittlich
decepción [deθep'θĭɔn] *f* Enttäuschung *f*
decibelio [deθi'ƀelĭo] *m PHYS* Dezibel *n*
decididamente [deθiđiđa'mente] *adv* entschieden, entschlossen
decidido [deθi'điđo] *adj* bestimmt, resolut, entschieden
decidir [deθi'đir] *v* beschließen, entscheiden
decidirse [deθi'đirse] *v* sich entscheiden, sich entschließen; *~ a hacer algo* sich entschließen, etw zu tun; *~ a favor de/~ en contra de* sich entschließen für/sich ent-schließen gegen
decimal [deθi'mal] *f MATH* Dezimalzahl *f*
décimo ['deθimo] *adj* zehnte(r,s)
decir [de'θir] *v irr 1.* sagen, bemerken, aussprechen, sprechen; *¿Qué ha dicho ella?* Was hat sie gesagt? *2. es ~* das heißt, nämlich; *3. ¡Diga! TEL* Hallo!
decisión [deθi'sĭɔn] *f 1.* Entscheidung *f,* Beschluss *m,* Entschluss *m; tomar una ~* eine Entscheidung treffen; *~ errónea* Fehlentscheidung *f; ~ previa* Vorentscheidung *f; 2. ~ judicial JUR* Gerichtsbeschluss *m*
decisivo [deθi'siƀo] *adj* ausschlaggebend, entscheidend, maßgebend
declamación [deklama'θĭɔn] *f* Deklamation *f,* Vortragskunst *f*
declamar [dekla'mar] *v* deklamieren, vortragen, (fig) schwülstig reden
declaración [deklara'θĭɔn] *f 1. (información)* Angabe *f; 2. (manifestación)* Erklärung *f,* Aussage *f; ~ amorosa/~ de amor* Liebeserklärung *f; 3. ~ de aduana ECO* Zollerklärung *f; ~ de entrada* Einfuhrerklärung *f; ~ de importación* Einfuhrerklärung *f; 4. ~ de guerra* Kriegserklärung *f; 5. ~ de impuestos* Steuererklärung *f; 6. ~ gubernamental POL* Regierungserklärung *f; 7. ~ obligatoria* Anmeldepflicht *f; 8. JUR* Aussage *f; tomar ~* vernehmen
declarado [dekla'rađo] *adj* eingetragen
declarar [dekla'rar] *v 1. (expresar)* äußern, bekunden, deklarieren; *2. ~ el lock-out ECO* aussperren; *3. (reconocer)* gestehen, angeben; *4. (en la aduana)* verzollen; *5. (testigo) JUR* bezeugen, aussagen; *Me niego a ~.* Ich verweigere die Aussage.
declararse [dekla'rarse] *v 1.* sich erklären; *2. ~ en huelga* streiken
declinación [deklina'θĭɔn] *f GRAMM* Deklination *f; no saber las declinaciones (fig)* nicht bis drei zählen können
declive [de'kliƀe] *m* Abhang *m*
decolorante [dekolo'rante] *m 1.* Bleichmittel *n; 2. CHEM* Entfärber *m*
decomisar [dekomi'sar] *v* beschlagnahmen
decomiso [deko'miso] *m* Beschlagnahme *f,* Einzug *m*
decoración [dekora'θĭɔn] *f* Dekoration *f*
decorado [deko'rađo] *m THEAT* Bühnenbild *n*
decorador(a) [dekora'đɔr/dekora'đora] *m/f* Dekorateur(in) *m/f*
decorar [deko'rar] *v* ausschmücken, ausstatten, dekorieren, schmücken
decorativo [dekora'tiƀo] *adj* dekorativ
decoro [de'koro] *m* Anstand *m,* Schicklichkeit *f*
decoroso [deko'roso] *adj* anständig, sittsam, dezent
decrecer [dekre'θɛr] *v irr* abklingen
decrépito [de'krepito] *adj* hinfällig
decretar [dekre'tar] *v 1.* verfügen; *2. (ley)* erlassen

decreto [de'kreto] *m 1.* Erlass *m; 2. JUR* Dekret *n; 3. POL* Mandat *n*
dedal [de'đal] *m* Fingerhut *m*
dedicado [deđi'kađo] *adj* strebsam
dedicar [deđi'kar] *v 1. (dedicatoria)* widmen; *El libro está dedicado a su madre.* Das Buch ist seiner Mutter gewidmet. *2. (tiempo, esfuerzo)* aufwenden
dedicarse [deđi'karse] *v ~ a algo* sich einer Sache widmen, sich mit etw befassen; *~ al bricolaje* basteln
dedicatoria [deđika'torĭa] *f* Widmung *f*
dedo ['deđo] *m 1. ANAT* Finger *m; no cuparse el ~ (fam)* nicht von gestern sein; *poner el ~ en la llaga (fig)* den wunden Punkt berühren; *2. ~ del pie ANAT* Zehe *f*
deducible [deđu'θiƀle] *adj 1.* nachvollziehbar; *2. ~ de los impuestos ECO* von der Steuer absetzbar
deducir [deđu'θir] *v irr 1. (fig)* folgern, schließen; *~ de* entnehmen, ableiten; *2. (restar)* abrechnen, abziehen; *a ~ de* abzüglich
defecto [de'fɛkto] *m 1.* Mangel *m,* Defekt *m,* Fehler *m; sin ~* fehlerlos; *2. ~ cardíaco* Herzfehler *m*
defectuoso [defɛk'tŭoso] *adj* defekt, fehlerhaft, lückenhaft
defender [defen'đɛr] *v irr* verteidigen, in Schutz nehmen; *~ una causa* plädieren; *~ una idea* verfechten
defenderse [defen'dɛrse] *v irr ~ contra* sich wehren gegen
defensa [de'fensa] *f 1.* Verteidigung *f,* Gegenwehr *f; sin ~* wehrlos; *2. ~ aérea MIL* Flugabwehr *f; 3. ~ civil (LA)* Katastrophenschutz *m; 4. ~ propia* Notwehr *f; 5. SPORT* Abwehr *f,* Deckung *f*
defensiva [de'fensiƀa] *f* Defensive *f*
defensivo [defen'siƀo] *adj* defensiv
defensor(a) [defen'sɔr/defen'sora] *m/f 1.* Vertreter(in) *m/f,* Befürworter(in) *m/f; 2. JUR* Verteidiger(in) *m/f*
deferente [defe'rente] *adj* ehrerbietig
deficiencia [defi'θienθĭa] *f* Mangel *m*
deficiente [defi'θĭente] *adj* mangelhaft
déficit ['defiθit] *m* Defizit *n,* Minus *n*
definición [defini'θĭɔn] *f* Definition *f*
definir [defi'nir] *v* definieren, bestimmen, erklären
definitivo [defini'tiƀo] *adj* endlich, abschließend, unwiderruflich
deformación [defɔrma'θĭɔn] *f* Deformation *f,* Verformung *f*
deformar [defɔr'mar] *v* deformieren, verformen, verunstalten
deforme [de'fɔrme] *adj* missgebildet, verkrüppelt
deformidad [defɔrmi'đađ] *f MED* Verkrüppelung *f,* Missbildung *f*
defraudación [defraŭđa'θĭɔn] *f* Veruntreuung *f; ~ de impuestos* Steuerhinterziehung *f*
defraudar [defraŭ'đar] *v* betrügen
defuera ['defuera] *adv* außerhalb, draußen, von draußen
defunción [defun'θĭɔn] *f* Tod *m,* Sterbefall *m,* Todesfall *m*
degeneración [dɛxenera'θĭɔn] *f 1.* Verfall *m; 2. (fig)* Degeneration *f*
degenerar [dɛxene'rar] *v* degenerieren; *~ en* ausarten zu
degollar [dezo'ʎar] *v irr* schlachten
degradación [degrađa'θĭɔn] *f* Erniedrigung *f*
degradante [degra'đante] *adj* entwürdigend, erniedrigend
degradar [degra'đar] *v ~ a alguien* jdn erniedrigen, jdn demütigen
degustación [degusta'θĭɔn] *f* Kostprobe *f*
degustar [degus'tar] *v* kosten, probieren
deificar [dɛĭfi'kar] *v* vergöttern
dejadez [dɛja'deθ] *f* Schlamperei *f*
dejar [dɛ'xar] *v 1.* zurücklassen, lassen; *~ abierta (la puerta)* offen lassen; *~ caer algo* etw fallen lassen; *~ de sobra* übrig lassen; *~ en paz* in Ruhe lassen; *2. ~ puesto* anbehalten, anlassen; *3. ~ tras de sí* zurücklassen; *4. (abandonar)* verlassen; *5. (al morir)* hinterlassen; *Mi abuela me dejó una casa al morir.* Meine Oma vererbte mir ein Haus, als sie starb. *6. ~ pasar* übersehen; *7. ~ en descubierto ECO* Konto überziehen; *8. ~ plantado a alguien* jdn versetzen
dejarse [dɛ'xarse] *v 1. ~ ver* erscheinen; *2. ~ engañar* hereinfallen
dejo ['dɛxo] *m 1. (acento)* leichter Akzent *m; 2. (fig: sabor)* Beigeschmack *m*
del [del] *art (de + el)* des; *~ mismo modo* ebenso, genauso; *~ otro lado* jenseits; *~ todo* ganz, durchgehend; *el hijo ~ presidente* der Sohn des Präsidenten *m*
delantal [delan'tal] *m* Schürze *f*
delante [de'lante] *adv 1.* vorn, vorüber, davor; *prep 2.* vor; *~ de la puerta* vor der Tür
delantera [delan'tera] *f* Vorderteil *n,* Vorderreihe *f,* Vordersitz *m*

delantero [delan'tero] *adj 1.* vordere(r,s); *m*
delatar ['delatar] *v* anzeigen, denunzieren
delator(a) [dela'tɔr/dela'tora] *m/f POL* Denunziant(in) *m/f*
delectivo [delek'tibo] *adj* ergötzlich, entzückt, wonnig
delegación [delega'θĭɔn] *f* Abordnung *f,* Delegation *f*
delegado [dele'gađo] *m 1. POL* Delegierter *m; 2. ~ de clase* Klassensprecher *m; 3. ~ de libertad vigilada JUR* Bewährungshelfer *m*
delegar [dele'gar] *v* abordnen, delegieren
deleite [de'lɛĭte] *m* Genuss *m,* Vergnügen *n*
deletrear [deletre'ar] *v* buchstabieren
delfín [dɛl'fin] *m ZOOL* Delfin *m*
delgadez [delga'đeθ] *f* Dünne *f,* Schlankheit *f,* Zartheit *f*
delgado [dɛl'gađo] *adj* schlank, dünn
deliberadamente [deliberađa'mente] *adv* überlegt, mit Vorbedacht, wissentlich
deliberado [delibe'rađo] *adj* absichtlich
deliberar [delibe'rar] *v 1.* überlegen; *2. ~ sobre* beraten über
delicadeza [delika'đeθa] *f 1.* Takt *m,* Zierlichkeit *f; sin ~* taktlos; *2. GAST* Delikatesse *f*
delicado [deli'kađo] *adj 1.* zierlich, zart; *2. (cuidadoso)* taktvoll; *3. (raro, difícil)* heikel
delicia [de'liθĭa] *f* Hochgenuss *m*
delicioso [deli'θĭoso] *adj 1. (alimento)* köstlich, lecker; *2. (fig)* goldig, himmlisch
delimitación [delimita'θĭɔn] *f* Abgrenzung *f,* Begrenzung *f*
delimitar [delimi'tar] *v* abgrenzen
delincuencia [deliŋ'kwenθĭa] *f* Kriminalität *f; ~ juvenil* Jugendkriminalität *f*
delincuente [delin'kwente] *m/f* Delinquent(in) *m/f,* Kriminelle(r) *m/f,* Missetäter(in) *m/f; ~ sexual* Triebtäter *m*
delineación [delinea'θĭɔn] *f* Gestaltung *f*
delineador [deli'nea'đor] *m* Zeichner *m*
delinear [deli'near] *v* zeichnen, entwerfen
delirio [de'lirĭo] *m* Delirium *n; ~ de grandeza* Größenwahn *m*
delito [de'lito] *m 1.* Verbrechen *n,* Missetat *f; ~ de tráfico* Verkehrsdelikt *n; lugar del ~* Tatort *m; ~ sexual* Sexualverbrechen *n; 2. JUR* Delikt *n,* Straftat *f,* Vergehen *n,* Verstoß *m*
delta ['delta] *f* Delta *n*
demagógico [dema'goxiko] *adj* demagogisch
demagogo [dema'gogo] *m* Demagoge *m*
demanda [de'manda] *f 1. ECO* Anfrage *f,* Nachfrage *f; ~ de empleo* Stellengesuch *n; 2. JUR* Erhebung *f,* Klage *f; ~ accesoria* Nebenklage *f; ~ judicial* Anklage *f*
demandante [deman'dante] *m/f JUR* Kläger(in) *m/f*
demandar [deman'dar] *v 1.* anfragen; *2. JUR* anklagen; *~ a alguien* jdn verklagen
demarcación [demarka'θĭɔn] *f* Abgrenzung *f*
demarcar [demar'kar] *v* abgrenzen
demás [de'mas] *adj* überdies, außerdem
demasía [dema'θĭa] *f* Überfluß *m,* Übermaß *n,* Übertreibung *f*
demasiado [dema'sĭađo] *adj 1.* zu sehr, allzu sehr, allzu viel; *2. (exagerado)* übertrieben; *adv 3.* zu sehr, allzu sehr, all zuviel
demencia [de'menθĭa] *f* Irrsinn *m,* Schwachsinn *m*
demente [de'mente] *adj* verrückt, irr
democracia [demo'kraθĭa] *f POL* Demokratie *f*
democrático [demo'kratiko] *adj POL* demokratisch
demografía [demogra'fia] *f* Demographie *f*
demográfico [demo'grafiko] *adj* demographisch
demoler [demo'lɛr] *v irr* abreißen, demolieren
demolición [demoli'θĭɔn] *f* Abbruch *m,* Abriss *m*
demoníaco [demo'niako] *adj* dämonisch
demonio [de'monĭo] *m* Teufel *m,* Dämon *m*
demora [de'mora] *f* Verzögerung *f,* Verzug *m,* Versäumnis *n*
demorar [demo'rar] *v* verzögern
demostrable [demɔs'trable] *adj* beweisbar, nachweisbar
demostración [demɔstra'θĭɔn] *f* Beispiel *n,* Beweisführung *f,* Darlegung *f*
demostrar [demɔs'trar] *v irr* beweisen, demonstrieren, nachweisen
demostrativo [demɔstra'tibo] *adj* anschaulich, demonstrativ
denegación [denega'θĭɔn] *f* Ablehnung *f,* Verneinung *f,* Verweigerung *f*
denegar [dene'gar] *v irr 1.* leugnen, verweigern, verneinen; *2. ~ a alguien algo JUR* jdm etw aberkennen
dengue ['dengue] *m* Zimperlichkeit *f,* Ziererei *f*
denigrante [deni'grante] *adj* herabsetzend
denigrar [deni'grar] *v* herabsetzen

denominar [denomi'nar] *v* heißen, nennen
denotación [denota'θĭɔn] *f* Bezeichnung *f*, Angabe *f*, Bedeutung *f*
denotar [de'notar] *v* bezeichnen, anzeigen, hindeuten
densamente [densa'mente] *adv* dicht
densidad [densi'đađ] *f* Dichte *f*; *~ demográfica* Bevölkerungsdichte *f*
densificar [densifi'kar] *v TECH* verdichten
denso ['denso] *adj* fest, dicht
dentado [den'tađo] *adj* gezackt
dentadura [denta'đura] *f ANAT* Gebiss *n*
dentista [den'tista] *m/f MED* Zahnarzt/ Zahnärztin *m/f*
dentro ['dentro] *adv 1.* drinnen, darin; *Quisiéramos sentarnos ~.* Wir möchten drinnen sitzen. *prep 2. ~ de* in, innerhalb, binnen
denuncia [de'nunθĭa] *f* Strafanzeige *f*, Anzeige *f*
denunciante [denun'θĭante] *m/f POL* Denunziant(in) *m/f*
denunciar [denun'θĭar] *v JUR* anzeigen; *~ públicamente* anprangern
deparar [depar'ar] *v* bereiten, zuteilen, darbieten
departamento [departa'mento] *m 1.* Abteilung *f*; *~ de personal* Personalabteilung *f*; *2. (del tren)* Abteil *n*; *3. (administración)* Bezirk *m*; *4. (LA)* Appartement *n*, Wohnung *f*
depauperación [depaŭpera'θĭɔn] *f* Verarmung *f*
dependencia [depen'dɛnθĭa] *f* Abhängigkeit *f*
depender [depen'dɛr] *v ~ de* abhängen von, ankommen auf, angewiesen sein auf
dependiente [depen'dĭente] *adj* abhängig, unselbstständig
depilar [depi'lar] *v* enthaaren
deplorable [deplo'raƀle] *adj* erbärmlich
deplorar [deplo'rar] *v* beklagen, bejammern
deponer [depo'nɛr] *v irr* bezeugen, als Zeuge aussagen
deportación [depɔrta'θĭɔn] *f* Ausweisung *f*, Verbannung *f*
deportar [depɔr'tar] *v* ausweisen, deportieren, verweisen
deporte [de'pɔrte] *m* Sport *m*; *~ de competición* Leistungssport *m*
deportista [depɔr'tista] *m/f* Sportler(in) *m/f*; *m ~ aficionado* Amateursportler *m*
deportivo [depɔr'tiƀo] *adj* sportlich
depositar [deposi'tar] *v* abstellen, aufbewahren, deponieren; *Deposite esto en la caja fuerte.* Schließen Sie das bitte in den Safe ein.
depósito [de'posito] *m 1.* Depot *n*, Verwahrungslager *n*, Lager *n*; *2. ~ de cadáveres* Leichenhalle *f*; *~ de mercancías* Warenlager *n*; *3. ~ de equipajes* Gepäckannahme *f*; *4. ~ de gasolina* Benzintank *m*; *5. ~ para vidrios* Altglascontainer *m*; *6. ~ de agua* Spülkasten *m*; *El ~ de agua del inodoro está estropeado.* *8.~s de ahorro pl ECO* Spareinlage *f*
depravación [depraƀa'θĭɔn] *f* Verderbnis *f*
depravar [depra'ƀar] *v* verderben
depreciación [depreθĭa'θĭɔn] *f 1.* Abwertung *f*; *2. ECO* Entwertung *f*
depreciar [depre'θĭar] *v* abwerten, entwerten
depresión [depre'sĭɔn] *f 1.* Depression *f*, Niedergeschlagenheit *f*; *2. (valle)* Talsohle *f*; *3. TECH* Unterdruck *m*
depresivo [depre'siƀo] *adj* depressiv
deprimente [depri'mente] *adj* deprimierend
deprimido [depri'miđo] *adj* niedergeschlagen, geknickt
deprimir [de'primir] *v* deprimieren, schwächen, herunterdrücken
depuración [depura'θĭɔn] *f* Reinigung *f*, Läuterung *f*, Säuberung *f*
depurar [de'purar] *v* reinigen, läutern
derecha [de'retʃa] *f* rechte Hand *f*; *a la ~* rechts
derecho [de'retʃo] *adj 1.* aufrecht, gerade; *estar ~* gerade stehen; *2. (antónimo de izquierdo)* rechte(r,s); *a la derecha* rechts; *adv 3.* gerade, geradezu, schnurstracks; *todo ~* geradeaus; *m 4.* Recht *n*, Anspruch *m*, Anrecht *n*; *tener ~ a algo* etw dürfen/zu etw berechtigt sein; *~s humanos pl* Menschenrechte *pl*; *5. ~ de manifestación POL* Demonstrationsrecht *n*; *6. ~ civil JUR* Zivilrecht *n*; *~ de asilo* Asylrecht *n*; *~ de guarda* Sorgerecht *n*; *~ internacional* Völkerrecht *n*; *~ penal* Strafrecht *n*; *7. (estudios de ~)* Jura *n*; *8. ~s pl* Gebühren *pl*; *~s de tramitación* Bearbeitungsgebühr *f*; *~s de peaje* Mautgebühr *f*; *~s de importación ECO* Einfuhrzoll *m*
deriva [de'riƀa] *f* Abdrift *f*; *estar a la ~/ir a la ~* abdriften
derivación [deriba'θĭɔn] *f* Ableitung *f*, Abstammung *f*, Herkunft *f*

derivar [de'ribar] *v* ableiten
dermatólogo [dɛrma'tologo] *m* Dermatologe *m,* Hautarzt *m*
dermatomicosis [dɛrmatomi'kosis] *f* *MED* Flechte *f*
derogación [deroga'θĭɔn] *f* Abschaffung *f*
derogar [dero'gar] *v* abschaffen, aufheben, außer Kraft setzen
derramamiento [dɛrrama'mĭento] *m* Vergießen *n*
derramar [dɛrra'mar] *v* ausschütten, verschütten, vergießen
derramarse [dɛrra'marse] *v* auslaufen, überlaufen
derrame [dɛ'rrame] *m* Auslaufen *n,* Erguss *m*
derrapar [dɛrra'par] *v* schleudern
derredor [dɛrrɛ'đɔr] *m* Umkreis *m; en ~* rundum, ringsherum
derrengarse [dɛrrɛŋ'garse] *v irr (fig)* sich abarbeiten
derretir [dɛrrɛ'tir] *v irr* auftauen
derretirse [dɛrrɛ'tirse] *v irr* schmelzen, zergehen, zerrinnen
derribar [dɛrri'bar] *v 1.* umwerfen, umstoßen, abreißen; *2. (un avión) MIL* abschießen
derribo [dɛ'rribo] *m* Abbruch *m,* Abriss *m*
derrocamiento [dɛrrɔka'mĭento] *m 1.* Umsturz *m; 2. POL* Entmachtung *f*
derrocar [derro'kar] *v* herabstürzen, niederreißen, stürzen (POL)
derrochador(a) [dɛrrɔtʃa'đɔr/dɛrrɔtʃa'đora] *m/f* Verschwender(in) *m/f*
derrochar [dɛrrɔ'tʃar] *v* verschwenden
derroche [dɛ'rrɔtʃe] *m* Vergeudung *f,* Verschwendung *f*
derrota [dɛ'rrɔta] *f* Niederlage *f*
derrotado [derro'tađo] *adj* vernichtet, ruiniert, geschlagen
derrotar [dɛrrɔ'tar] *v* besiegen, gewinnen, niederschlagen
derrumbamiento [dɛrrumba'mĭento] *m* Einsturz *m,* Zusammenbruch *m*
derrumbarse [dɛrrum'barse] *v* einstürzen, zusammenbrechen
derrumbe [dɛ'rrumbe] *m ~ bursátil FIN* Börsenkrach *m*
desabollar [desabo'ʎar] *v* ausbeulen
desabordamiento [desaborđa'mĭento] *m* Austreten *n (eines Gewässers),* Überflügelung *f,* überschäumende Freude *f*
desabordar [desa'borđar] *v* überlaufen, überfluten, überfließen
desabotonar [desabo'tonar] *v* aufknöpfen
desabrido [desa'briđo] *adj* fade
desabrochar [desabro'tʃar] *v* abschnallen
desacatar [desa'katar] *v* unehrerbietig behandeln, nicht achten, mißachten
desacato [desa'kato] *m* Unehrerbietigkeit *f,* Nichtachtung *f,* Mißachtung *f*
desacelerar [desaθele'rar] *v* verlangsamen
desacertar [desaθɛr'tar] *v irr* verfehlen
desacierto [desa'θĭɛrto] *m* Missgriff *m*
desaconsejar [desakɔnsɛ'xar] *v ~ a alguien de algo* jdn von etw abraten
desacostumbrado [desakɔstum'brađo] *adj* ungewohnt
desacostumbrarse [desakɔstum'brarse] *v ~ de algo* sich etw abgewöhnen
desacreditado [desakređi'tađo] *adj* berüchtigt, verrufen
desacreditar [desa'kređitar] *v* diskreditieren
desacuerdo [des'akwerđo] *m* Unstimmigkeit *f*
desafecto [desa'fekto] *adj* abgeneigt
desafiar [desafi'ar] *v* herausfordern
desafilado [desafi'lađo] *adj* stumpf
desafinación [desafina'θĭɔn] *f MUS* Verstimmung *f*
desafinar [desa'finar] *v* unrein klingen, falsch singen, verstimmt sein
desafío [desa'fio] *m* Herausforderung *f*
desaforar [desa'forar] *v* gesetzwidrig handeln
desafortunado [desafɔrtu'nađo] *adj* unglücklich, erfolglos
desagradable [desagra'đable] *adj* unangenehm, peinlich
desagradar [desagra'đar] *v* missfallen; *Me desagrada que esté en mi casa.* Es gefällt mir nicht, dass er in meinem Haus ist.
desagradecido [desagrađe'θiđo] *adj* undankbar
desagrado [desa'građo] *m* Missfallen *n*
desaguar [desa'gwar] *v* ablaufen, entwässern, trockenlegen
desagüe [de'sagwe] *m* Abfluss *m,* Ablauf *m*
desahogar [de'sahogar] *v* jdn aus einer Notlage befreien, *(fig)* sich Luft machen
desahogarse [de'sahogarse] *v* sich abreagieren, sich austoben
desahogo [desa'hogo] *m* Erleichterung *f,* Linderung *f*

desahuciar [desaŭ'θĭar] *v* ärztlich aufgeben, jdn aus der Wohnung weisen, zwangsräumen
desahucio [de'saŭθio] *m* Zwangsräumung *f*
desairadamente [desairađa'memte] *adv* linkisch, herabsetzend, unhöflich
desairar [desaĭ'rar] *v* zurückweisen
desajustar [desa'xustar] *v* in Unordnung bringen, eine Maschine verstellen, Fehleinstellung an einer Maschine vornehmen
desalentado [desalen'tađo] *adj* mutlos, kleinmütig
desalentador [desalenta'đɔr] *adj* entmutigend
desalentar [desalen'tar] *v irr* entmutigen
desalentarse [desalen'tarse] *v irr* verzagen
desalmado [desal'mađo] *adj* herzlos
desalmar [de'salmar] *v* abschwächen, Kraft wegnehmen, beunruhigen
desalojar [desalɔ'xar] *v* ausquartieren, räumen
desamarrar [desa'marrar] *v* abwassern (Flugzeug), starten, losmachen (Anker)
desamor [desa'mɔr] *m* Lieblosigkeit *f*
desamoroso [desamo'roso] *adj* lieblos
desamparado [desampa'rađo] *adj* hilflos, schutzlos
desamparar [desam'parar] *v* verlassen, schutzlos lassen, Besitz an etw aufgeben
desamparo [desam'paro] *m* Hilflosigkeit *f*
desangrar [de'sangrar] *v* ausbluten lassen, Blut abzapfen, *(fig)* jdn bluten lassen
desangrarse [desaŋ'grarse] *v MED* verbluten
desanimación [desanima'θĭɔn] *f 1.* Niedergeschlagenheit *f; 2. ECO* Flaute *f*
desanimado [desani'mađo] *adj* lustlos
desanimar [desani'mar] *v* entmutigen, wanken
desanimarse [desani'marse] *v* verzagen
desapasionado [desapa'sĭonado] *adj* kühl, gelassen, unparteiisch
desaparecer [desapare'θɛr] *v irr 1.* verschwinden, untertauchen; *2. (extinguirse)* aussterben
desaparecido [desapare'θiđo] *adj 1.* verschollen, verschwunden; *m 2.* Verschwundener *m*
desaparición [desapari'θĭɔn] *f* Verschwinden *n; denunciar por ~* als vermisst melden
desapego [desa'pego] *m* Abneigung *f*
desaprender [desapren'đɛr] *v* verlernen
desaprobación [desaproƀa'θĭɔn] *f* Missbilligung *f,* Tadel *m*
desaprobado [desapro'ƀađo] *adj* mangelhaft
desaprobar [desapro'ƀar] *v irr* missbilligen, tadeln
desaprovechar [desaproƀe'tʃar] *v* versäumen
desarmable [desar'maƀle] *adj* zerlegbar
desarmante [desar'mante] *adj* entwaffnend
desarmar [desar'mar] *v 1. (desmontar)* abbauen, abmontieren, zerlegen; *2. MIL* entwaffnen, abrüsten
desarraigar [desarraĭ'gar] *v 1. BOT* entwurzeln; *2. (fig)* ausrotten
desarreglado [desarre'glađo] *adj* unordentlich, liederlich, schlampig
desarrollar [desarrɔ'ʎar] *v* entwickeln, ausbauen
desarrollo [desa'rrɔʎo] *m 1.* Entwicklung *f,* Verlauf *m,* Werdegang *m; ~ ECO* Entwicklungshilfe *f; países en vías de ~* Entwicklungsländer *pl*
desarropar [desa'rropar] *v* entkleiden, ausziehen
desaseado [desase'ađo] *adj* ungepflegt
desaseo [desa'seo] *m* Unsauberkeit *f,* Schlamperei *f*
desasir [desa'sir] *v irr* loslassen
desasosegado [desasose'gađo] *adj* unruhig, ruhelos
desasosiego [desaso'sĭego] *m* Rastlosigkeit *f*
desastre [de'sastre] *m* Unheil *n,* Katastrophe *f*
desastroso [desas'troso] *adj* heillos, schrecklich
desatar [de'satar] *v* losbinden, lösen
desatención [desaten'θĭɔn] *f* Unaufmerksamkeit *f*
desatender [desaten'dɛr] *v* vernachlässigen
desatento [desa'tento] *adj 1.* zerstreut, unachtsam; *2. (descortés)* unhöflich
desatinado [desati'nađo] *adj* unsinnig, abwegig
desatino [desa'tino] *m* Unsinn *m*
desautorizado [desaŭtori'θađo] *adj* unbefugt
desavenencia [desaƀe'nenθĭa] *f* Uneinigkeit *f,* Zerwürfnis *n,* Zwist *m*

desavenido [desaƀe'niđo] *adj* uneinig
desayunar [desaju'nar] *v* frühstücken
desayuno [desa'juno] *m* Frühstück *n*
desazón [desa'gon] *m* Fadheit *f,* Verdruss *m, (fig)* Unbehagen *n*
desbaratarse [dezƀara'tarse] *v (planes)* zerschlagen
desbocarse [dezƀo'karse] *v (caballos)* scheuen
desbordarse [dezƀɔr'đarse] *v 1.* überlaufen; *2. (agua)* austreten
descabelladamente [deskabeʎađa'mente] *adj irr* unsinnig, verworren, *(fig)* liederlich
descabezar [deska'beθar] *v* köpfen
descalabro [deska'labro] *m* Widerwärtigkeit *f,* Verlust *m,* Mißgeschick *n*
descalcificar [deskalθifi'kar] *v* entkalken
descalificación [deskalifika'θĭɔn] *f SPORT* Disqualifikation *f*
descalzo [des'kalθo] *adj* barfuß
descansar [deskan'sar] *v* sich erholen, ruhen, rasten
descanso [des'kanso] *m* Erholung *f,* Ruhe *f; ¿Cuándo es su día de ~?* Wann haben Sie Ruhetag? *~ de mediodía* Mittagspause *f; lugar de ~* Rastplatz *m*
descapotable [deskapo'taƀle] *m* Kabriolett *n*
descarado [deska'rađo] *adj* schamlos, unverschämt
descarga [des'karga] *f 1. ~ de aguas residuales* Abwasserbeseitigung *f; 2. ~ eléctrica* Stromschlag *m; 3. TECH* Entladung *f*
descargar [deskar'gar] *v 1.* entladen, ausladen; *2. (fig)* abfeuern, ablassen; *3. ~ en el mar* verklappen
descarnado [deskar'nađo] *adj* mager
descaro [des'karo] *m* Frechheit *f,* Unverfrorenheit *f,* Unverschämtheit *f*
descarrilar [deskarri'lar] *v* entgleisen
descartar [deskar'tar] *v* ausschließen
descascarar [deskaska'rar] *v* schälen
descendencia [desθen'denθĭa] *f 1. (procedencia)* Abstammung *f; 2. (familia)* Nachwuchs *m*
descender [desθen'dɛr] *v irr 1.* hinuntersteigen; *2. (ser de) ~ de* abstammen von; *3. ir discendiendo* abklingen
descendiente [desθen'dĭente] *adj 1.* abstammend; *m/f 2.* Nachfahre *m*
descenso [des'θenso] *m 1.* Abfall *m,* Absenkung *f,* Abstieg *m; 2. ~ de los precios ECO* Preisrückgang *m; 3. SPORT* Abfahrt *f*
descentralizar [desθentrali'θar] *v* dezentralisieren
descifrar [desθi'frar] *v* enträtseln, entziffern
desclasificar [desklasifi'kar] *v* deklassieren
descolgar [deskɔl'gar] *v irr 1.* abhängen; *2. (el auricular)* abheben
descolorar [deskolo'rar] *v* entfärben
descolorido [deskolo'riđo] *adj* blass
descomponer [deskɔmpo'nɛr] *v irr 1.* zerlegen; *2. CHEM* abbauen
descomponerse [deskɔmpo'nerse] *v irr* verfaulen, vermodern, faulen
descompuesto [deskɔm'pwesto] *adj* faul
descomunal [des'komunal] *adv* ungeheuer, riesig, Mords...
desconcertado [deskɔnθɛr'tađo] *adj* ratlos, stutzig, verdutzt
desconcertar [deskɔnθɛr'tar] *v irr* verwirren, verblüffen
desconcierto [deskɔn'θĭerto] *m* Fassungslosigkeit *f,* Verblüffung *f*
desconectar [deskɔnɛk'tar] *v* ausschalten
desconectarse [deskɔnɛk'tarse] *v ~ de los problemas (fig)* abschalten
desconfiado [deskɔmfi'ađo] *adj* argwöhnisch, misstrauisch
desconfiar [deskɔmfi'ar] *v 1.* zweifeln; *2. ~ de* misstrauen; *Desconfío de él.* Ich misstraue ihm.
descongelar [deskɔnxe'lar] *v* abtauen
desconocedor [deskonoθe'đɔr] *adj 1.* unwissend; *2. ~ del mundo* weltfremd
desconocer [deskono'θɛr] *v irr* verkennen
desconocido [deskono'θiđo] *adj 1.* fremd, unbekannt; *m 2.* Fremder *m,* Unbekannter *m*
desconocimiento [deskonoθi'mĭento] *m* Unkenntnis *f*
desconsiderado [deskonside'rađo] *adj* rücksichtslos, schonungslos
desconsuelo [deskɔn'swelo] *m* Trostlosigkeit *f*
descontaminar [deskɔntami'nar] *v* entseuchen, dekontaminieren
descontar [deskɔn'tar] *v irr 1.* abrechnen; *2. ECO* abziehen, diskontieren
descontento [deskɔn'tento] *m 1.* Unzufriedenheit *f; adj 2. ~ de/~ con* unzufrieden mit

descortés [deskɔr'tes] *adj* unfreundlich, unhöflich, grob
descortesía [deskɔrte'sĭa] *f* Unhöflichkeit *f*
descoser [desko'sɛr] *v* auftrennen, lostrennen
descrédito [des'kređito] *m* Misskredit *m*, Verruf *m*
describir [deskri'ƀir] *v irr* beschreiben, darstellen, schildern
descripción [deskriƀ'θĭɔn] *f* Beschreibung *f*, Darstellung *f*, Schilderung *f*
descuartizar [deskŭarti'θar] *v (animales)* ausschlachten
descubierto [desku'ƀĭɛrto] *adj* bloß, entblößt, offen gelegt
descubridor(a) [deskuƀri'đɔr/deskuƀri'đora] *m/f* Entdecker(in) *m/f*
descubrimiento [deskuƀri'mĭento] *m* Entdeckung *f*, Fund *m*
descubrir [desku'ƀrir] *v irr 1. (encontrar)* entdecken, herausfinden, herausbekommen; *2. (destapar)* aufdecken; *~ las intenciones de* durchschauen; *~ el secreto* dahinter kommen
descuento [des'kwento] *m 1.* Ermäßigung *f*, Nachlass *m*; *~ para niños* Kinderermäßigung *f*; *2. ECO* Abzug *m*
descuidado [deskwi'đađo] *adj* achtlos, sorglos, fahrlässig, nachlässig
descuidar [deskwi'đar] *v* vernachlässigen
descuido [des'kwiđo] *m 1.* Vernachlässigung *f*, Sorglosigkeit *f*; *2. (imprudencia)* Achtlosigkeit *f*, Fahrlässigkeit *f*
desde ['dezđe] *prep 1.* ab, seit, von; *~ hace* seit; *~ entonces* seitdem; *~ que* seit, seitdem; *~ hace una semana* seit einer Woche; *2. ~ luego* freilich, selbstverständlich
desdecir [dezđe'θir] *v irr* widersprechen, in Widerspruch stehen mit, abweichen
desdén [dez'đen] *m* Geringschätzung *f*
desdeñoso [dezđe'ɲoso] *adj* abfällig
desdicha [dez'đitʃa] *f* Unglück *n*
desdoblar [dezđo'ƀlar] *v* ausbreiten
deseable [dese'aƀle] *adj 1.* erstrebenswert; *adv 2. (fig)* schmackhaft
deseado [dese'ađo] *adj* erwünscht
desear [dese'ar] *v* mögen, wollen, erwünschen, wünschen
desechable [dese'tʃaƀle] *adj* Einweg...
desechar [dese'tʃar] *v* ausrangieren
desecho [de'setʃo] *m 1.* Schutt *m*, Ausschuss *m*; *2. ~s pl* Abfall *m*, Müll *m*
desembarcadero [desembarka'đero] *m* Landungsplatz *m*, Landungsbrücke *f*
desembarcar [desembar'kar] *v 1.* landen, an Land gehen; *2. (mercadería)* ausladen
desembarco [desem'barko] *m* Landung *f*
desembocar [desembo'kar] *v* münden
desembolso [desem'bɔlso] *m* Ausgabe *f*, Auslage *f*
desempacar [desempa'kar] *v* auspacken
desempate [desem'pate] *m* Unentschieden *n*
desempeñar [desempe'ɲar] *v 1.* Pfand auslösen; *2. (administración)* bekleiden, versehen
desempleado [desemple'ađo] *adj* arbeitslos, erwerbslos
desempleo [desem'pleo] *m* Arbeitslosigkeit *f*
desempolvar [desempɔl'ƀar] *v* abstauben, entstauben
desencadenarse [deseŋkađe'narse] *v* ausbrechen, losbrechen
desenfadado [desemfa'đađo] *adj* ausgelassen
desenfreno [desen'freno] *m* Zügellosigkeit *f*, Ungestüm *n*
desenganchar [deseŋgan'tʃar] *v* abhaken
desengañado [deseŋga'ɲađo] *adj* enttäuscht, verbittert
desengañar [deseŋga'ɲar] *v* enttäuschen, ernüchtern
desengaño [deseŋ'gaɲo] *m* Enttäuschung *f*, Verbitterung *f*, Ernüchterung *f*
desengatillar [deseŋgati'ʎar] *v* ausrasten
desenmascarar [desenmaska'rar] *v* entlarven
desenterrar [desentɛ'rrar] *v irr* ausgraben, heben
desenvolver [desembɔl'ƀɛr] *v irr* auspacken, auswickeln
desenvolvimiento [desembɔlƀi'mĭento] *m* Entwicklung *f*, Entfaltung *f*
desenvuelto [desem'bwelto] *adj* ungezwungen, salopp
deseo [de'seo] *m 1.* Wunsch *m*, Anliegen *n*, Lust *f*; *2. ~s pl* Gelüste *pl*
deseoso [dese'oso] *adj* begierig
desequilibrado [desekili'ƀrađo] *adj* unausgeglichen
desequilibrio [desekili'ƀrio] *m* Missverhältnis *n*, Unausgeglichenheit *f*
deserción [desɛr'θĭɔn] *f MIL* Fahnenflucht *f*, Desertion *f*
desertar [desɛr'tar] *v MIL* desertieren, überlaufen

desesperación [desespera'θĭɔn] *f* Hoffnungslosigkeit *f*, Verzweiflung *f*
desesperado [desespe'rađo] *adj* verzweifelt, hoffnungslos
desesperar [desespe'rar] *v* verzweifeln
desfalcar [desfal'kar] *v* veruntreuen
desfalco [des'falko] *m JUR* Unterschlagung *f*, Veruntreuung *f*
desfallecido [desfaʎe'θiđo] *adj* schwächlich
desfavorable [desfaƀo'raƀle] *adj* nachteilig, ungünstig
desfiguración [desfigura'θĭɔn] *f* Unkenntlichkeit *f*
desfigurado [desfigu'rađo] *adj* entstellt, unkenntlich
desfigurar [desfigu'rar] *v* verunstalten
desfiladero [desfila'đero] *m* Engpass *m*, Klause *f*, Schlucht *f*
desfile [des'file] *m 1.* Umzug *m*, Zug *m*; *~ de carnaval* Karnevalszug *m*; *2. ~ de modas* Modenschau *f*; *3. ~ militar* Militärparade *f*
desflorar [desflo'rar] *v* entjungfern
desfogarse [desfo'garse] *v* sich austoben
desganado [desga'nađo] *adj* lustlos
desgarbado [dezgar'ƀađo] *adj* tölpelhaft, plump
desgastado [dezgas'tađo] *adj* verlebt, abgenutzt, verschlissen
desgastar [dezgas'tar] *v* abnutzen, verschleißen
desgaste [dez'gaste] *m* Abnutzung *f*, Verschleiß *m*
desglosar [dezglo'sar] *v* unterteilen
desglose [dez'glose] *m* Unterteilung *f*
desgracia [dez'graθĭa] *f* Unglück *n*, Ungnade *f*, Unheil *n*; *por ~* unglücklicherweise
desgraciadamente [dezgraθĭađa'mente] *adv* leider, unglücklicherweise
desgraciado [dezgra'θĭađo] *m 1.* Pechvogel *m*; *2. (LA)* Schurke *m*, Mistkerl *m*; *adj 3.* unglücklich
desguazar [dezgwa'θar] *v* verschrotten
deshabitado [desaƀi'tađo] *adj* unbewohnt
deshabituarse [desaƀitu'arse] *v ~ de algo* sich etw abgewöhnen
deshacer [desa'θɛr] *v irr 1.* auftrennen, auseinander nehmen, zerteilen; *2. (en un líquido)* verdünnen, auflösen
deshacerse [desa'θerse] *v irr 1.* zergehen, zerrinnen; *2. ~ de alguien* jdn abwimmeln
deshelar [dese'lar] *v irr* abtauen
desherbar [deser'ƀar] *v irr* jäten
desheredar [desere'đar] *v* enterben
deshilachado [desila'tʃađo] *adj* ausgefranst
deshincharse [desin'tʃarse] *v MED* abschwellen
deshollar [desɔ'ʎar] *v* häuten
deshollinador [desoʎina'đɔr] *m* Kaminkehrer *m*, Schornsteinfeger *m*
deshonra [de'sɔnrra] *f (deshonor)* Schande *f*, Schandfleck *m*
deshonrado [desɔn'rrađo] *adj* ehrlos
deshonrar [desɔn'rrar] *v* herabsetzen, entehren
deshonroso [desɔn'rroso] *adj* schändlich
deshuesar [deswe'sar] *v 1. (la carne)* Knochen auslösen; *2. (las frutas)* entkernen, entsteinen
desierto [de'sĭɛrto] *m 1.* Wüste *f*; *adj 2.* öde, wüst
designación [designa'θĭɔn] *f* Bezeichnung *f*, Ernennung *f*
desigual [desi'gwal] *adj* uneben, ungleich
desigualdad [desigwal'đađ] *f* Unebenheit *f*
desilusión [desilu'sĭɔn] *f* Enttäuschung *f*
desilusionado [desilusĭo'nađo] *adj* enttäuscht, verbittert
desilusionar [desilusĭo'nar] *v* enttäuschen, ernüchtern
desinfectante [desimfɛk'tante] *m MED* Desinfektionsmittel *n*
desinfectar [desimfek'tar] *v MED* desinfizieren, entseuchen
desinflado [desin'flađo] *adj* platt
desinflamar [de'sinflamar] *v* abschwellen lassen, abklingen lassen
desinflar [de'sinflar] *v* die Luft herauslassen
desintegración [desintegra'θĭɔn] *f 1. CHEM* Abbau *m*; *2. PHYS* Spaltung *f*
desinterés [desinte'res] *m* Desinteresse *n*
desinteresado [desintere'sađo] *adj 1.* uninteressiert; *2. (altruista)* selbstlos
desintoxicación [desintɔgsika'θĭɔn] *f* Entgiftung *f*; *cura de ~* Entziehungskur *f*
desistir [desis'tir] *v 1.* aufgeben, zurücktreten; *2. hacer ~ a alguien de algo* jdn von etw abbringen
desleal [dezle'al] *adj* treulos
deslealtad ['deslealtađ] *f* Untreue *f*, Treulosigkeit *f*, Illoyalität *f*
desliar [dezli'ar] *v* abbinden

desligar [dezli'gar] *v* losbinden, lösen
desliz ['desliθ] *m* Ausgleiten *n,* Ausrutschen *n, (fig)* Fehltritt *m*
deslizar [desli'θar] *v* schieben, gleiten, (Wort) fallen lassen
deslizarse [dezli'θarse] *v* rutschen, gleiten
deslucido [dezlu'θiđo] *adj* schäbig
deslumbrado [dezlumbra'đor] *adj* verblendet
deslumbrar [dezlum'brar] *v* blenden
deslustrado [dezlus'trađo] *adj* trüb, matt
desmán [des'man] *m* Unglück *n,* Übergriff *m,* Gewaltstreich *m*
desmantelar [dezmante'lar] *v* demontieren, abbauen
desmaquillar [dezmaki'ʎar] *v* abschminken
desmayado [dezma'jađo] *adj* besinnungslos, bewusstlos, ohnmächtig
desmayarse [dezma'jarse] *v* in Ohnmacht fallen, umkippen (fam)
desmedrar [dezme'đrar] *v* verkümmern
desmejorar [dezmɛxo'rar] *v* verschlechtern, verschlimmern
desmentido [dezmen'tiđo] *m* Dementi *n*
desmentir [dezmen'tir] *v irr* widerrufen, dementieren
desmenuzar [dezmenu'θar] *v 1.* zerkleinern, zerstückeln, zerlegen; *2. (fig: examinar detenidamente)* genau untersuchen, unter die Lupe nehmen
desmesura [dezme'sura] *f* Maßlosigkeit *f*
desmigajar [dezmiga'xar] *v* zerkrümeln, zerbröckeln
desmilitarizar [dezmilitari'θar] *v POL* entmilitarisieren
desmochar [dezmo'tʃar] *v* kappen
desmonetizar [dezmoneti'θar] *v (monedas) ECO* außer Kurs setzen
desmontable [dezmɔn'tabIe] *adj* abnehmbar, zerlegbar
desmontaje [dezmɔn'taxe] *m* Abbau *m*
desmontar [dezmɔn'tar] *v* abbauen, abmontieren, demontieren
desmonte [des'monte] *m* Planierung *f,* ausgehobene/abgetragene Erde *f,* Rodung *f*
desmoralización [dezmoraliθa'θĭɔn] *f* Demoralisierung *f*
desmoralizado [dezmorali'θađo] *adj* mutlos, mürbe
desmoralizar [dezmorali'θar] *v* demoralisieren, mutlos machen
desmoronamiento [dezmorona'mĭento] *m* Einsturz *m,* Verfall *m,* Zusammenbruch *m*
desmoronarse [desmoro'narse] *v* einstürzen, zerfallen, verfallen, abbröckeln
desnaturalizado [deznaturali'θađo] *adj* unnatürlich
desnivel [dezni'ƀɛl] *m* Gefälle *n*
desnudar [deznu'đar] *v* entkleiden, ausziehen
desnudarse [deznu'đarse] *v* sich freimachen, sich ausziehen
desnudo [dez'nuđo] *adj 1.* bloß, nackt; *m 2. ART* Akt *m*
desnutrición [deznutri'θĭɔn] *f* Unterernährung *f*
desobediencia [desoƀe'dĭenθĭa] *f* Ungehorsam *m*
desobediente [desoƀe'dĭente] *adj* unfolgsam, ungehorsam
desocupado [desoku'pađo] *adj* unbesetzt, frei
desocupar [desoku'par] *v* räumen, freimachen
desodorante [desođoro'dante] *m* Deodorant *n*
desolación [desola'θĭɔn] *f* Verheerung *f,* Verwüstung *f*
desolado [deso'lađo] *adj* wüst
desolador [desola'đor] *adj* trostlos
desolar [deso'lar] *v irr* veröden, verwüsten
desollar [deso'ʎar] *v irr* ausschlachten, schröpfen
desorden [des'ɔrđen] *m* Durcheinander *n,* Unordnung *f,* Schlamperei *f*
desordenado [desɔrđe'nađo] *adj 1.* durcheinander, unaufgeräumt; *2. (persona)* unordentlich, schlampig, liederlich
despabilado [despaƀi'lađo] *adj* munter
despachar [despa'tʃar] *v 1.* bearbeiten, ausfertigen, abfertigen, abschicken; *2. (servir)* bedienen
despacho [des'patʃo] *m 1. (oficina)* Büro *n,* Geschäftsstelle *f; 2. (envío)* Absendung *f,* Abgabe *f,* Versendung *f,* Ausfertigung *f; 3. ~ aduanero* Zollabfertigung *f,* Abfertigung *f*
despacio [des'paθĭo] *adv 1.* langsam, gemächlich; *Por favor, hable ~.* Bitte sprechen Sie langsam. *adj 2. (en tono bajo)* leise
desparramar [desparra'mar] *v* verstreuen
despectivo [despɛk'tiƀo] *adj* abfällig, abschätzig, herabsetzend
despedazar [despeđa'θar] *v* zerreißen
despedida [despe'điđa] *f* Abschied *m*

despedir [despe'đir] *v irr 1.* verabschieden; *2. (del trabajo)* entlassen, kündigen; *3. (un aroma)* ausströmen
despedirse [despe'đirse] *v irr* sich verabschieden
despegar [despe'gar] *v* abfliegen, abheben
despegue [des'pege] *m* Abflug *m,* Start *m*
despejado [despɛ'xađo] *adj* klar, heiter, wolkenlos, klug
despejar [despɛ'xar] *v (de)* abräumen, frei machen
despellejar [despeʎɛ'xar] *v* häuten
despensa [des'pensa] *f* Speisekammer *f*
despeñarse [despe'ɲarse] *v* herabstürzen
despepitar [despepi'tar] *v* entkernen
desperdiciar [despɛrđi'θĭar] *v* vergeuden; *No me gusta ~ mi tiempo con tonterías.* Ich mag meine Zeit nicht mit Blödsinn vergeuden.
desperdicio [despɛr'diθĭo] *m* Abfall *m,* Ausschuss *m; ~ de tiempo* Zeitverschwendung *f*
desperfecto [despɛr'fɛkto] *m* Mangel *m*
despertador [despɛrta'đɔr] *m* Wecker *m*
despertar [despɛr'tar] *v irr 1.* aufwecken; *2. (fig: animar)* ermuntern
despertarse [despɛr'tarse] *v irr* erwachen, aufwachen
despiadado [despĭa'đađo] *adj* erbarmungslos, mitleidslos, unbarmherzig
despido [des'piđo] *m* Entlassung *f,* Kündigung *f; ~ en masa* Massenentlassung *f*
despiece [des'pĭɛθe] *m* Abbau *m*
despierto [des'pĭɛrto] *adj 1.* wach; *2. (fig: animado)* lebhaft, munter, wach
despilfarrar [despilfa'rrađo] *v* verschwenden, verplempern
despilfarro [desfil'farrɔ] *m* Geldverschwendung *f,* Verschwendung *f*
despintar [despin'tar] *v* abschminken
despistado [despis'tađo] *adj* zerstreut
despistar [despis'tar] *v* irreführen
desplazar [despla'θar] *v* fortbewegen, verrücken, verlagern
desplegar [desple'gar] *v irr* ausbreiten
desplegarse [desple'garse] *v irr* sich ausbreiten, sich entfalten
despliegue [des'plĭege] *m* Ausbreitung *f,* Entfaltung *f; ~ de fuerzas* Kraftaufwand *m*
desplomarse [desplo'marse] *v* umfallen, zusammenbrechen
desplome [des'plome] *m* Zusammenbruch *m*
desplumar [desplu'mar] *v 1.* ausrupfen; *2. (fig: clavar) ~ a alguien* jdn ausnehmen
despoblado [despo'ƀlađo] *adj* wüst
despojar [despɔ'xar] *v* bestehlen
desposada [despo'sađa] *f (novia)* Braut *f*
desposado [despo'sađo] *m (novio)* Bräutigam *m; ~s* Brautpaar *n*
desposeimiento [desposɛĭ'mĭento] *m JUR* Aberkennung *f*
despotismo [despo'tizmo] *m* Herrschsucht *f*
despreciar [despre'θĭar] *v* verachten
despreciativo [despreθĭa'tiƀo] *adj* abfällig, abschätzig
desprecio [des'preθĭo] *m* Verachtung *f*
desprender [despren'dɛr] *v 1. (soltar)* ablösen; *2. (irradiar)* ausstrahlen
desprenderse [despren'dɛrse] *v (de)* sich abstoßen, sich losreißen
desprendido [despren'điđo] *adj* großzügig
desprendimiento [desprendi'mĭento] *m 1.* Ablösung *f,* Lösung *f; 2. ~ de piedras* Steinschlag *m; ~ de tierras* Erdrutsch *m*
despreocupación [despreokupa'θĭɔn] *f* Sorglosigkeit *f*
desprevenido [despreƀe'niđo] *adj* ahnungslos
desproporción [despropɔr'θĭɔn] *f* Missverhältnis *n*
después [des'pwes] *adv 1.* danach, dann, nachher; *un año ~* ein Jahr später, ein Jahr danach; *hasta ~* bis dann, bis gleich; *konj 2. ~ de que* nachdem, als, seit; *prep 3. ~ de* nach, hinter; *~ de un año* nach einem Jahr
despuntar [despun'tar] *v* abstumpfen
desquitarse [deski'tarse] *v ~ de* sich revanchieren
desquite [des'kite] *m* Revanche *f*
destacado [desta'kađo] *adj* hervorragend
destacar [desta'kar] *v* betonen, hervorheben
destacarse [desta'karse] *v* sich abzeichnen, sich profilieren, sich hervorheben
destapar [desta'par] *v* aufdecken
destape [des'tape] *f* Enthüllung *f*
destartalado [destarta'lađo] *adj* klapperig
destechar [deste'tʃar] *v* abdecken
destellar [deste'ʎar] *v* blinken, glitzern
desteñir [deste'ɲir] *v irr* entfärben, abfärben
desternillarse [destɛrni'ʎarse] *v ~ de risa* sich kaputtlachen, sich schieflachen

desterrar [destɛ'rrar] *v irr* ausweisen, verweisen, verbannen
destierro [des'tĭɛrrɔ] *m 1.* Ausweisung *f*, Verbannung *f*; *2. POL* Exil *n*
destilar [desti'lar] *v* destillieren, brennen
destinar [desti'nar] *v ~ a* bestimmen für, ausersehen für
destinatario [destina'tarĭo] *m* Empfänger *m*, Adressat *m*
destino [des'tino] *m 1.* Schicksal *n*, Los *n*; *2. lugar de ~* Ziel *n*, Bestimmungsort *m*
destitución [destitu'θĭɔn] *f 1.* Entlassung *f*, Amtsenthebung *f*; *2. POL* Entmachtung *f*
destituir [destitu'ir] *v irr (del cargo)* absetzen
destornillar [destɔrni'ʎar] *v TECH* abschrauben
destreza [des'treθa] *f* Geschicklichkeit *f*; *~ manual* Fingerfertigkeit *f*
destripar ['destripar] *v* ausweiden (Wild), aufschlitzen (Bauch, Polster)
destrozar [destro'θar] *v* kaputtmachen, zerbrechen
destrozarse [destro'θarse] *v* kaputtgehen, zerbrechen
destrucción [destrug'θiɔn] *f* Vernichtung *f*, Zerstörung *f*
destructivo [destruk'tiƀo] *adj* destruktiv, vernichtend
destruir [destru'ir] *v irr* vernichten, zerstören, vertilgen
desunido [desu'niđo] *adj* uneinig, zwiespältig
desunión [desu'nĭɔn] *f* Uneinigkeit *f*
desunir [desu'nir] *v* trennen
desvalijador [dezƀalixa'đɔr] *m* Einbrecher *m*, Plünderer *m*
desvalijar [dezƀali'xar] *v* ausrauben
desvalorización [dezƀaloriθa'θĭɔn] *f ECO* Entwertung *f*
desván [dez'ƀan] *m* Dachboden *m*
desvelar [dezƀe'lar] *v* wach halten
desventaja [dezƀen'taxa] *f* Nachteil *m*, Handikap *n*
desventajoso [dezƀenta'xoso] *adj* nachteilig, unvorteilhaft
desvergonzado [dezƀɛrgɔn'θađo] *adj* schamlos, unverschämt
desvergüenza [dezƀɛr'gwenθa] *f* Unverfrorenheit *f*, Unverschämtheit *f*
desvestir [dezƀes'tir] *v irr* entkleiden, ausziehen
desvestirse [dezƀes'tirse] *v irr* sich ausziehen, sich freimachen
desviación [dezƀĭa'θĭɔn] *f* Umleitung *f*
desviar [dez'ƀĭar] *v 1.* umleiten, umlenken; *2. (fig: despistar)* ablenken, abwehren, irreführen
desviarse [dez'ƀĭarse] *v* abweichen, ausweichen
desvío [dez'ƀio] *m* Umlenkung *f*
desvirtuar [dezƀirtu'ar] *v (un argumento)* entkräften
detallado [deta'ʎađo] *adj* ausführlich, detailliert, eingehend
detalle [de'taʎe] *m 1.* Einzelheit *f*, Detail *n*; *2. (de cortesía)* Aufmerksamkeit *f*, nette Geste *f*
detención [deten'θĭɔn] *f* Verhaftung *f*
detener [dete'nɛr] *v irr 1.* anhalten, aufhalten; *2. (contrarrestar)* hemmen, zurückhalten; *3. (arrestar)* verhaften, festnehmen, inhaftieren
detenerse [dete'nɛrse] *v irr* anhalten, stoppen, Halt machen, innehalten
detenido [dete'niđo] *adj 1.* verhaftet; *llevar ~ a alguien* jdn abführen; *2. (carácter)* zurückhaltend; *m 3.* Verhafteter *m*, Gefangener *m*
detergente [detɛr'xente] *m* Waschmittel *n*, Putzmittel *n*, Reinigungsmittel *n*
deteriorado [deterĭo'đađo] *adj* schadhaft, beschädigt, heruntergekommen
deteriorar [deterĭo'rar] *v* beschädigen, lädieren, ramponieren, verderben
deterioro [dete'rĭɔro] *m* Beschädigung *f*, Beeinträchtigung *f*, Verschlechterung *f*
determinación [determina'θĭɔn] *f 1.* Festlegung *f*, Bestimmung *f*; *2. (decisión)* Entscheidung *f*, Entschluss *m*
determinado [determi'nađo] *adj* entschlossen
determinante [determi'nante] *adj* entscheidend, maßgebend
determinar [determi'nar] *v* entscheiden
detestar [detes'tar] *v* verabscheuen
detrás [de'tras] *adv 1.* dahinter, hinten; *2. (siguiendo a alguien)* hinterher; *prep 3. ~ de* hinter
detrimento [detri'mento] *m* Beeinträchtigung *f*
deuda ['deŭđa] *f 1. ECO* Schuld *f*; *~ activa* Forderung *f*; *2. ~s pl ECO* Schulden *pl*
deudos ['deŭđos] *m/pl* Hinterbliebene *pl*
devaluar [deƀa'lwar] *v FIN* abwerten
devastación [deƀasta'θĭɔn] *f* Verheerung *f*, Verwüstung *f*, Zerstörung *f*
devastador [deƀasta'đɔr] *adj* verheerend

devastar [deƀas'tar] *v* zerstören, veröden, verwüsten

devoción [deƀo'θĭɔn] *f REL* Andacht *f*, Frömmigkeit *f*

devocionario [deƀoθĭo'narĭo] *m REL* Gebetbuch *n*

devolución [deƀolu'θĭɔn] *f* Rückgabe *f*, Rückerstattung *f*

devolver [deƀɔl'ƀɛr] *v irr 1.* wiedergeben, zurückgeben, zurückbringen; *2. (enviar de vuelta)* zurücksenden; *3. (desquitarse)* vergelten; *~ con creces* heimzahlen

devorar [deƀo'rar] *v (animal)* fressen, verschlingen

devoto [de'ƀoto] *adj REL* andächtig, fromm

día ['dia] *m 1.* Tag *m; otro ~* ein andermal; *todos los ~s* täglich; *¡Buenos ~s!* Guten Tag! Guten Morgen! *¡Que pase un buen ~!* Noch einen schönen Tag! *2. ~ de descanso* Ruhetag *m; ~ de la madre* Muttertag *m; ~ festivo* Feiertag *m; 3. ~ de entrega ECO* Liefertermin *m*

diabetes [dĭa'ƀetes] *f MED* Diabetes *m*, Zuckerkrankheit *f*

diablo ['dĭaƀlo] *m* Teufel *m*

diablura [dĭa'blura] *f* Teufelei *f*, Streich *m*

diabólico [dĭa'ƀoliko] *adj* teuflisch

diaconato [dĭako'nato] *m REL* Diakonie *f*

diadema ['dĭađema] *f* Diadem *n*

diáfano ['dĭafano] *adj 1.* durchscheinend, durchlässig, durchsichtig; *2. (fig)* offenherzig

diafragma [dĭa'fragma] *m 1. ANAT* Zwerchfell *n; 2. FOTO* Blende *f*

diagnosis [dĭag'nɔsis] *f* Diagnostik *f*

diagnosticar [dĭagnɔsti'kar] *v MED* diagnostizieren

diagonal [dĭago'nal] *f 1.* Diagonale *f; adj 2.* diagonal

diagrama [dĭa'grama] *m 1.* Diagramm *n; 2. ~ de circuito TECH* Schaltbild *n*

dialecto [dĭa'lɛkto] *m* Dialekt *m*

diálisis ['dĭalisis] *f MED* Dialyse *f*

diálogo ['dĭalogo] *m* Dialog *m*, Gespräch *n*

diamante [dĭa'mante] *m 1. MIN* Diamant *m; 2. (brillante)* Brillant *m*

diámetro [dia'metro] *m* Durchmesser *m*

diapositiva [dĭaposi'tiƀa] *f 1.* Lichtbild *n*, Dia *n; 2. FOTO* Dia *n*

diariamente [dĭaria'mente] *adv* täglich

diario ['dĭarĭo] *adj 1.* täglich, alltäglich; *m 2. (publicación)* Zeitung *f*, Tageszeitung *f; 3. (personal)* Tagebuch *n*

diarrea [dĭa'rrɛa] *f MED* Durchfall *m*

dibujante [diƀu'xante] *m ~ publicitario* Grafiker *m*

dibujar [diƀu'xar] *v 1.* zeichnen, aufzeichnen; *2. (copiar)* abzeichnen

dibujo [di'ƀuxo] *m 1.* Zeichnung *f*, Abbildung *f*, Aufzeichnung *f; 2. ~s animados pl CINE* Zeichentrickfilm *m*, Trickfilm *m*

diccionario [dikθĭo'narĭo] *m* Lexikon *n*, Wörterbuch *n; ser un ~ (fig)* ein wandelndes Lexikon sein

diciembre [di'θĭembre] *m* Dezember *m*

dictado [dik'tađo] *m* Diktat *n*

dictador [dikta'đɔr] *m POL* Diktator *m*

dictadura [dikta'đura] *f POL* Diktatur *f*

dictáfono [dik'tafono] *m* Diktafon *n*

dictamen [dik'tamen] *m 1.* Beurteilung *f*, Gutachten *n; emitir un ~* ein Gutachten erstellen; *2. ~ equivocado* Fehlentscheidung *f*

dictaminar [diktami'nar] *v* testen, untersuchen; *~ sobre* begutachten

dictar [dik'tar] *v 1.* diktieren; *2. (ley) JUR* erlassen; *3. (una sentencia) JUR* fällen

dictatorial [diktato'rĭal] *adj POL* diktatorisch

dicha ['dit∫a] *f* Glück *n*, Seligkeit *f*

dicho ['dit∫o] *m* Ausdruck *m*, Sinnspruch *m*, Sentenz *f*

dichoso [di't∫oso] *adj* selig

diecinueve [dĭeθi'nŭeƀe] *num* neunzehn

dieciocho [dĭeθi'ot∫o] *num* achtzehn

dieciséis [dĭeθi'sɛĭs] *num* sechzehn

diecisiete [dĭeθi'sĭete] *num* siebzehn

diente ['dĭente] *m 1. ANAT* Zahn *m; ~ de leche* Milchzahn *m; 2. ~ artificial MED* Zahnersatz *m; 3. (punta)* Zacke *f; 4. ~ de león BOT* Butterblume *f*, Löwenzahn *m*

diestra ['dĭestra] *f* rechte Hand *f*, Rechte *f*

diestro ['dĭestro] *m 1.* Rechtshänder *m; adj 2.* geschickt

dieta ['dĭeta] *f 1.* Diät *f*, Abmagerungskur *f; estar a ~* Diät halten; *2. ~s pl POL* Diäten *pl; 3. ~s (de viaje)* Reisespesen *pl*

diez [dĭeθ] *num* zehn

diezmar [dĭeθ'mar] *v* dezimieren

difamación [difama'θĭɔn] *f* Nachrede *f*, Verleumdung *f*

difamar [difa'mar] *v 1.* verleumden; *2. ~ a alguien* über jdn lästern

difamatorio [difama'torĭo] *adj* ehrenrührig

diferencia [dife'renθĭa] *f 1.* Unterschied *m*, Abweichung *f; 2. ECO* Saldo *m*

diferenciación [diferenθĭa'θĭɔn] *f* Differenzierung *f*

diferencial [diferen'θĭal] *m 1. (cantidad) MATH* Differenzial *n; 2. TECH* Differenzial *n*
diferenciar [diferen'θĭar] *v 1.* differenzieren, unterscheiden; *2. ~ entre* unterscheiden zwischen, auseinander halten
diferente [dife'rente] *adj* andere(r,s), unterschiedlich, verschieden
diferir [di'ferir] *v* hinausschieben, verschieben, abweichen, differieren
difícil [di'fiθil] *adj* kompliziert, schwierig, schwer
difícilmente [difiθil'mente] *adv* schwer, schwerlich, kaum
dificultad [difikul'tađ] *f* Schwierigkeit *f,* Behinderung *f,* Erschwernis *f; poner ~es a alguien* es jdm schwer machen
dificultar [difikul'tar] *v* behindern, erschweren
difteria [dif'terĭa] *f MED* Diphtherie *f*
difundir [difun'dir] *v* verbreiten
difunto [di'funto] *m 1.* Toter *m,* Verstorbener *m; adj 2.* tot
difusión [difu'sĭɔn] *f* Verbreitung *f*
digerible [dixe'riƀle] *adj* verdaulich, verträglich
digerir [dixe'rir] *v irr* verdauen
digestión [dixes'tĭɔn] *f* Verdauung *f*
digital [dixi'tal] *adj* digital
dignidad [digni'đađ] *f* Würde *f; ~ humana* Menschenwürde *f*
digno ['digno] *adj ~ de* wert, würdig, ehrenwert; *~ de admiración* bewundernswert; *~ de alabanza* lobenswert; *~ de confianza* vertrauenswürdig, verlässlich; *~ de crédito* glaubwürdig; *~ de lástima* bedauernswert; *~ de mención* nennenswert; *~ de ser amado* liebenswert; *~ de verse* sehenswert
dije ['dixe] *m* Anhänger *m*
dilatable [dila'table] *adj* ausdehnbar, ausweitbar, bekanntmachbar
dilatación [dilata'θĭɔn] *f* Ausdehnung *f,* Erweiterung *f*
dilatar [dila'tar] *v* erweitern, anschwellen, ausdehnen
dilema [di'lema] *m* Dilemma *n,* Zwickmühle *f*
diletante [dile'tante] *m/f 1.* Dilettant(in) *m/f; adj 2.* dilettantisch
diligencia [dili'xenθĭa] *f 1.* Fleiß *m; 2. ~s de prueba pl JUR* Beweisaufnahme *f*
diligente [dili'xente] *adj* eifrig, fleißig, geschäftig
dilucidar [diluθi'đar] *v* aufklären, verdeutlichen
dilución [dilu'θĭɔn] *f* Verdünnung *f*
diluir [dilu'ir] *v irr* auflösen, verdünnen
diluvio [di'luƀĭo] *m REL* Sintflut *f*
dimensión [dimen'sĭɔn] *f* Ausmaß *n,* Dimension *f,* Umfang *m*
diminuto [dimi'nuto] *adj* winzig
dimisión [dimi'sĭɔn] *f 1.* Rücktritt *m; 2. POL* Abdankung *f*
dimitir [dimi'tir] *v 1.* zurücktreten; *~ un cargo* ein Amt niederlegen, ein Amt aufgeben; *2. POL* abdanken
Dinamarca [dina'marka] *f GEO* Dänemark *n*
dinámica [di'namika] *f* Dynamik *f*
dinámico [di'namiko] *adj* dynamisch
dinamismo [di'namismo] *m* Tatendrang *m*
dinamita [di'namita] *f* Dynamit *n*
dínamo ['dinamo] *m TECH* Dynamo *m*
dinastía [dinas'tia] *f* Dynastie *f,* Herrschergeschlecht *n*
dinero [di'nero] *m* Geld *n; ~ en efectivo* Bargeld *n*
diócesis ['dĭoθesis] *f REL* Diözese *f*
Dios [dĭɔs] *m REL* Gott *m; ¡Gracias a ~!* Gott sei Dank!/Gottlob!
diosa ['dĭɔsa] *f* Göttin *f*
dióxido ['dĭoksiđo] *m 1. ~ de carbono CHEM* Kohlendioxyd *n; 2. ~ de sulfuro CHEM* Schwefeldioxyd *n*
dioxina [dĭɔ'ksina] *f CHEM* Dioxin *n*
diploma [di'ploma] *m* Diplom *n; ~ de honor* Ehrenurkunde *f*
diplomacia [diplo'maθĭa] *f POL* Diplomatie *f*
diputado [dipu'tađo] *m POL* Abgeordneter *m*
dique ['dike] *m* Deich *m,* Dock *n,* Damm *m; poner ~* eindämmen
dirección [dirɛk'θĭɔn] *f 1. (orientación)* Richtung *f,* Fahrtrichtung *f; 2. calle en ~ única* Einbahnstraße *f; 3. (residencia)* Adresse *f,* Anschrift *f; 4. (mando)* Führung *f,* Leitung *f,* Direktion *f; 5 ECO* Geschäftsleitung *f; 6. (guía)* Anleitung *f*
directamente [dirɛkta'mente] *adv 1.* direkt, geradewegs, geradezu; *2. (sin intermediarios)* unvermittelt
directivo [direk'tibo] *adj* leitend, anführend
directo [di'rɛkto] *adj* direkt, unvermittelt
director(a) [dirɛk'tɔr/dirɛk'tora] *m/f 1.* Direktor(in) *m/f,* Leiter(in) *m/f,* Führer(in) *m/f; 2. ~ de grabación* Aufnahmeleiter(in) *m/f; 3. ~ del banco FIN* Bankdirektor(in) *m/f;*

4. *~ de una empresa ECO* Manager(in) *m/f;* 5. *~ general* Generaldirektor(in) *m/f;* 6. *~ de coro MUS* Chorleiter(in) *m/f; ~ de orquesta* Dirigent(in) *m/f;* 7. *CINE* Regisseur(in) *m/f; ~ artístico THEAT* Dramaturg(in) *m/f; ~ de un teatro* Intendant(in) *m/f*

dirigente [diri'xente] *m* 1. Machthaber *m,* Anführer *m; adj* 2. leitend

dirigir [diri'xir] *v* 1. führen, lenken, leiten; 2. *~ la palabra* ansprechen; 3. *(fig)* leiten, führen

dirigirse [diri'xirse] *v ~ a alguien* sich an jdn wenden

dirimir [diri'mir] *v* austragen, beilegen

discernimiento [disθɛrni'mĭento] *m* Urteilsvermögen *n*

discernir [disθɛr'nir] *v irr* unterscheiden

disciplina [disθi'plina] *f* 1. *(materia)* Fach *n;* 2. *(educación)* Disziplin *f,* Zucht *f*

discípulo [dis'θipulo] *m REL* Jünger *m*

disco ['disko] *m* 1. Schallplatte *f; poner un ~* eine Platte auflegen; 2. *~ duro/~ fijo INFORM* Festplatte *f; ~ compacto* CD *f;* 3. *MATH* Scheibe *f;* 4. *~ de freno TECH* Bremsscheibe *f;* 5. *~ intervertebral ANAT* Bandscheibe *f*

disconformidad [diskɔnfɔrmi'đađ] *f* Unstimmigkeit *f*

discordancia [diskɔr'danθĭa] *f* Disharmonie *f*

discordia [dis'kɔrdĭa] *f* Zwietracht *f,* Zerrissenheit *f,* Zwist *m*

discoteca [disko'teka] *f* Diskothek *f*

discreción [diskre'θĭɔn] *f* Verschwiegenheit *f,* Diskretion *f,* Reserve *f; ~ profesional* Schweigepflicht *f*

discrepancia [diskre'panθĭa] *f* Diskrepanz *f,* Meinungsverschiedenheit *f*

discrepante [diskre'pante] *adj* andersgläubig, zwiespältig

discreto [dis'kreto] *adj* unaufdringlich, diskret

discriminación [diskrimina'θĭɔn] *f* Diskriminierung *f*

discriminar [diskrimi'nar] *v* benachteiligen, diskriminieren

disculpar [diskul'par] *v* entschuldigen, verzeihen

disculparse [diskul'parse] *v ~ por* sich entschuldigen für

discurso [dis'kurso] *m* Rede *f,* Ansprache *f*

discusión [disku'sĭɔn] *f* 1. Auseinandersetzung *f,* Debatte *f,* Streitgespräch *n;* 2. *(argumento)* Aussprache *f,* Besprechung *f,* Diskussion *f*

discutible [disku'tiƀle] *adj* zweifelhaft

discutido [disku'tiđo] *adj* umstritten

discutir [disku'tir] *v* diskutieren, debattieren; *~ con* besprechen mit; *~ sobre* sich auseinander setzen mit, diskutieren über

diseminado [disemi'nađo] *adj* zerstreut

diseminar [disemi'nar] *v* verstreuen, streuen

disensión [disen'sĭɔn] *f* Zerwürfnis *n*

diseñador(a) [diseɲa'đɔr/diseɲa'đora)] *m/f* Designer(in) *m/f; de modas* Modezeichner(in) *m/f*

diseñar [dise'ɲar] *v* entwerfen

diseño [di'seɲo] *m* Entwurf *m,* Muster *n*

disertación [disɛrta'θĭɔn] *f* Aufsatz *m*

disertar [disɛr'tar] *v ~ sobre* abhandeln

disformidad [disfor'miđađ] *f* Unförmigkeit *f,* Häßlichkeit *f*

disfraz [dis'fraθ] *m* Kostüm *n,* Verkleidung *f*

disfrazarse [disfra'θarse] *v* sich maskieren, sich verkleiden

disfrutar [disfru'tar] *v* genießen

disgustado [dizɡus'tađo] *adj* böse, ungehalten, verärgert

disgustar [dizɡus'tar] *v* verärgern, missfallen

disgusto [diz'ɡusto] *m* Missfallen *n,* Verdruss *m*

disidente [disi'đente] *m/f* 1. *POL* Dissident(in) *m/f; adj* 2. andersgläubig

disimulación [disimula'θĭɔn] *f* Verheimlichung *f,* Verhehlen *n,* Dissimulation *f*

disimulado [disimu'lađo] *adj* verstohlen

disimular [disimu'lar] *v* 1. *(ocultar)* kaschieren, tarnen, verhehlen; 2. *(con engaño)* vertuschen, überspielen, verstellen

disipar [disi'par] *v (las dudas)* beseitigen

dislocarse [dizlo'karse] *v ~ algo MED* sich etw verstauchen, sich etw ausrenken

disminución [dizminu'θĭɔn] *f* 1. Abbau *m,* Abnahme *f,* Rückgang *m;* 2. *(aminoración)* Verminderung *f,* Dämpfung *f,* Verringerung *f;* 3. *~ de los precios* Preisrückgang *m;* 4. *MED* Behinderung *f*

disminuido [dizminu'iđo] *m MED* Behinderter *m; ~ físico* Körperbehinderter *m*

disminuir [dizminu'ir] *v irr* 1. herabsetzen, abbauen, verringern; 2. *(mermar)* vermindern, vergehen, dämpfen; 3. *(recortar)* kürzen; 4. *(rebajar)* ermäßigen; 5. *(encoger)* schrumpfen

disnea [diz'nea] *f MED* Atemnot *f*

disolución [disolu'θĭɔn] *f* *1.* Verdünnung *f;* *2. CHEM* Lösung *f*
disoluto [diso'luto] *adj* ausschweifend
disolvente [disɔl'ƀente] *m* Verdünnungsmittel *n*
disolver [disɔl'ƀɛr] *v irr* auflösen, verdünnen
disonancia [diso'nanθĭa] *f* *1.* Disharmonie *f,* Missklang *m;* *2. (desacuerdo)* Zwiespalt *m*
disonante [diso'nante] *adj* zwiespältig
disparar [dispa'rar] *v* abschießen, abfeuern
disparate [dispa'rate] *m* Unsinn *m*
disparo [dis'paro] *m* Schuss *m*
dispensa [dis'pensa] *f* Entbindung *f,* Befreiung *f*
dispensar [dispen'sar] *v irr* *1. ~ aplauso* applaudieren; *2. (perdonar)* verzeihen, entschuldigen; *~ de algo* einer Sache entheben; *3. (librar)* entbinden, erlassen
dispensario [dispen'sarĭo] *m MED* Ambulanz *f*
dispersar [dispɛr'sar] *v* *1.* verstreuen, zerstreuen; *2. PHYS* streuen
disperso [dis'pɛrso] *adj* zerstreut
disponer [dispo'nɛr] *v irr* *1.* herrichten, disponieren, anordnen; *¡Disponga esto!* Veranlassen Sie das! *~ de otro modo* umdisponieren, umstellen, umplanen; *2. (preparar)* zurechtmachen, bereitstellen; *3. (fig: poseer)* *~ de* verfügen über
disponibilidad [disponiƀili'đađ] *f* Verfügbarkeit *f*
disponible [dispo'niƀle] *adj* *1. (en el almacén)* vorhanden, lieferbar, vorrätig; *2. (listo para uso)* einsatzbereit, abkömmlich
disposición [disposi'θĭɔn] *f* *1.* Verfassung *f,* Anordnung *f,* Bestimmung *f;* *2. (composición)* Aufbau *m,* Gliederung *f;* *3. (estar dispuesto a algo)* Bereitschaft *f;* *~ a transigir* Kompromissbereitschaft *f;* *4. JUR* Verfügung *f*
dispositivo [disposi'tiƀo] *m* *1.* Vorrichtung *f;* *2. ~ de seguridad TECH* Sicherung *f*
dispuesto [dis'pwesto] *adj ~ a* bereit zu; *~ a ayudar* hilfsbereit; *~ a servir* dienstbereit
disputa [dis'puta] *f* *1.* Streitgespräch *n,* Auseinandersetzung *f;* *2. (riña)* Gezanke *n,* Zank *m,* Krach *m*
disputable [dispu'taƀle] *adj* anfechtbar
disputar [dispu'tar] *v* *1.* bestreiten, streitig machen, streiten; *2. SPORT* austragen
disquete [dis'kete] *m INFORM* Diskette *f*
distancia [dis'tanθĭa] *f* Abstand *m,* Entfernung *f;* *¿Qué ~ hay a Madrid?* Wie weit ist es nach Madrid?
distanciar [distan'θkĭar] *v* entfernen, trennen
distanciarse [distan'θĭarse] *v ~ de* sich distanzieren von
distante [dis'tante] *adj* *1.* entfernt, fern; *2. (fig)* zurückhaltend, reserviert
distensión [disten'sĭɔn] *f* *1. POL* Entspannung *f;* *2. MED* Zerrung *f*
distinción [distin'θĭɔn] *f* Unterschied *m*
distinguido [distiŋ'giđo] *adj* vornehm, fein
distinguir [distiŋ'gir] *v* unterscheiden
distinguirse [distiŋ'girse] *v* *1.* sich auszeichnen, sich hervortun; *2. (diferenciarse)* sich unterscheiden
distinto [dis'tinto] *adj* unterschiedlich, andersartig; *~ de* verschieden von
distracción [distrak'θĭɔn] *f* *1. (entretenimiento)* Unterhaltung *f,* Abwechslung *f;* *2. (sin concentración)* Unachtsamkeit *f,* Unaufmerksamkeit *f,* Zerstreuung *f*
distraer [distra'ɛr] *v irr* zerstreuen
distraerse [distra'erse] *v irr* *1.* sich vergnügen; *2. (estar despistado)* nicht aufpassen
distraído [distra'iđo] *adj* geistesabwesend, schusselig, unachtsam
distribución [distriƀu'θĭɔn] *f* *1.* Aufteilung *f,* Verteilung *f;* *2. ECO* Vertrieb *m*
distribuidor [distriƀui'đɔr] *m* Verteiler *m;* *~ automático* Automat *m*
distribuir [distri'ƀuir] *v irr* *1.* austeilen, verteilen; *2. (repartir)* verteilen, austragen
distrito [dis'trito] *m* Bezirk *m,* Kreis *m;* *~ electoral* Wahlkreis *m;* *~ rural* Landkreis *m*
disturbio [dis'turƀĭo] *m* Ausschreitung *f*
disuadir [diswa'đir] *v* abraten, ausreden; *~ a alguien de algo* jdm von etw abraten, jdm etw ausreden; *Carmen disuade a su marido de su propósito.* Carmen bringt ihren Mann von seinem Vorhaben ab.
disuasión [diswa'sĭɔn] *f* Abschreckung *f*
disyunción [disjun'θĭɔn] *f* Trennung *f*
diurno ['dĭurno] *adj* täglich
diván [di'ƀan] *m* Liege *f*
divergencia [diƀɛr'xenθĭa] *f* Abweichung *f,* Gegensätzlichkeit *f*
diversidad [diƀer'siđađ] *f* Verschiedenheit *f,* Vielfalt *f*
diversión [diƀɛr'sĭɔn] *f* *1. (animación)* Aufheiterung *f,* Erheiterung *f;* *2. (entretenimiento)* Unterhaltung *f,* Abwechslung *f*

diverso [di'ƀɛrso] *adj 1.* ungleich, anders, verschieden; *2. ~s* manche, verschiedene, mehrere
divertido [diƀɛr'tiđo] *adj* köstlich, amüsant, spaßig
divertir [diƀɛr'tir] *v irr* aufheitern, belustigen, unterhalten
divertirse [diƀɛr'tirse] *v irr* sich amüsieren, sich unterhalten; *¡Que te diviertas!* Viel Vergnügen!
dividir [diƀi'đir] *v 1.* einteilen, zerteilen, teilen, spalten; *2. MATH* dividieren; *Nueve dividido entre nueve es igual a uno.* Neun geteilt durch neun ist eins.
divinidad [dibi'nitađ] *f* Göttlichkeit *f,* Gottheit *f,* (fig) göttliche Schönheit *f*
divinizar [diƀini'θar] *v* vergöttern
divino [di'ƀino] *adj REL* göttlich
divisa [di'ƀisa] *f 1. (lema)* Wahlspruch *m,* Devise *f; 2. ~s pl FIN* Devisen *pl*
divisar [dibi'sar] *v* erblicken, in der Ferne ausmachen, noch sehen können
divisible [diƀi'siƀle] *adj ~ por* teilbar durch
división [diƀi'sĭɔn] *f 1.* Einteilung *f,* Spaltung *f,* Teilung *f; 2. ~ de poderes POL* Gewaltenteilung *f; 3. MATH* Division *f*
divorciado [diƀɔr'θĭato] *adj* geschieden
divorciar [dibor'θĭar] *v* eine Ehe scheiden, (eng Zusammengehöriges) trennen
divorciarse [diƀɔr'θĭarse] *v* sich scheiden lassen
divulgación [diƀulga'θĭɔn] *f* Verbreitung *f*
divulgador [diƀul'gađor] *m* Verbreiter *m,* Bekanntmacher *f*
divulgar [diƀul'gar] *v* verbreiten, ausplaudern, weitersagen
divulgarse [diƀul'garse] *v* sich herumsprechen
dobladillo [doƀla'điʎo] *m* Saum *m*
doblado [do'blađo] *adj* uneben, gefalzt
dobladura [dobla'đura] *f* Falzung *f,* Verdoppelung *f,* Faltenbruch *m*
doblar [do'ƀlar] *v 1.* falten, umknicken, knicken; *2. (circulación)* abbiegen; *3. (un músculo)* beugen; *4. (duplicar)* verdoppeln; *5. CINE* synchronisieren
doblarse [do'ƀlarse] *v* krümmen
doble ['doƀle] *m 1.* Doppel *n; ¿Jugamos un partido ~?* Spielen wir ein Doppel? *2. (persona muy semejante)* Doppelgänger *m; adj 3.* doppelt, zweifach; *4. (fig: falso)* doppelzüngig
doblegable [doƀle'gaƀle] *adj* biegsam
doblegar [doƀle'gar] *v 1. (arquear)* biegen; *2. (dominar)* überwältigen
doblegarse [doƀle'garse] *v* sich beugen
doblete [do'blete] *m* Dublette *f,* Edelsteinimitation *f,* Doublé (Billard) *n*
doblez [do'ƀleθ] *m* Knick *m*
doce ['doθe] *num* zwölf
docena [do'θena] *f* Dutzend *n*
docientos [do'θientos] *adj* zweihundert
dócil ['doθil] *adj 1. (animal)* gehorsam, folgsam; *2. (que cede)* nachgiebig
docilidad [doθili'đađ] *f* Nachgiebigkeit *f*
dock [dok] *m* Dock *n*
doctor(a) [dɔk'tɔr/dɔk'tora] *m/f* Doktor(in) *m/f,* Arzt/Ärztin *m/f*
doctorado [dɔkto'rađo] *m* Promotion *f*
doctorarse [dɔkto'rarse] *v* promovieren
doctrina [dɔk'trina] *f* Lehre *f*
documentación [dokumenta'θĭɔn] *f 1. JUR* Beurkundung *f; 2. (carnet, pasaporte)* Ausweispapiere *pl; 3. ~ del automóvil* Fahrzeugbrief *m,* Fahrzeugschein *m*
documentado [dokumen'tađo] *adj JUR* urkundlich, belegt
documental [dokumen'tar] *m 1. CINE* Dokumentarfilm *m; adj 2. JUR* dokumentarisch, urkundlich
documentar [dokumen'tar] *v 1.* dokumentieren; *2. JUR* belegen, beurkunden
documento [doku'mento] *m 1.* Urkunde *f,* Dokument *n,* Unterlage *f; a base de ~s* urkundlich; *2. ~ de identidad* Personalausweis *m; 3. ~s de despido pl* Entlassungspapiere *pl*
dogma ['dɔgma] *m* Dogma *n,* Lehre *f*
dogmático [dɔg'matiko] *adj* dogmatisch
dólar ['dolar] *m* Dollar *m*
dolencia [do'lenθĭa] *f MED* Leiden *n*
doler [do'lɛr] *v irr* schmerzen, wehtun
Dolomitas [dolo'mitas] *f/pl GEO* Dolomiten *pl*
dolor [do'lɔr] *m MED* Schmerz *m; sin ~* schmerzfrei; *Tengo ~es de espalda.* Ich habe Rückenschmerzen. *~ de cabeza* Kopfschmerzen *pl*
dolorido [dolo'riđo] *adj* traurig, betrübt
doloroso [dolo'roso] *adj* schmerzhaft
domador(a) [doma'đɔr/doma'đora] *m/f* Dompteur(in) *m/f*
domar [do'mar] *v* bändigen, bezähmen
domesticar [domes'tikar] *v* zähmen
doméstico [do'mestiko] *adj (casero)* hausgemacht, häuslich, Haus... *animal ~* Haustier *n*

domiciliado [domiθi'lĭađo] *adv* ansässig
domiciliar [domiθiliar] *v* ansiedeln, heimisch machen, einbürgern
domicilio [domi'θilĭo] *m* Wohnort *m*
dominación [domina'θĭɔn] *m POL* Beherrschung *f,* Herrschaft *f,* Oberherrschaft *f*
dominador [do'minađor] *adj* herrisch, herrschsüchtig, beherrschend
dominante [domi'nante] *adj* dominant
dominar [domi'nar] *v* dominieren, meistern, beherrschen; *¿Dominas el español?* Beherrschst du Spanisch?
dominarse [domi'narse] *v* sich beherrschen, sich zusammennehmen
domingo [do'mingo] *m* Sonntag *m*
dominio [do'minĭo] *m 1.* Herrschaft *f,* Beherrschung *f; sin ~ de sí mismo* unbeherrscht; *2. ~ de sí mismo* Selbstbeherrschung *f,* Fassung *f*
don [dɔn] *m* Gabe *f; ~ divino* Gottesgabe *f*
donación [dona'θĭɔn] *f 1.* Spende *f,* Stiftung *f; 2. JUR* Schenkung *f*
donador(a) [dona'đɔr/dona'đora] *m/f* Spender(in) *m/f,* Stifter(in) *m/f*
donaire [do'naĭre] *m* Anmut *f,* Grazie *f*
donante [do'nante] *m/f 1.* Spender(in) *m/f; 2. ~ de órganos MED* Organspender(in) *m/f*
donar [do'nar] *v* spenden, stiften
donativo [dona'tiƀo] *m* Spende *f,* Geschenk *n*
doncella [dɔn'θeʎa] *f* Jungfrau *f*
donde ['dɔnde] *adv (rel)* wo; *En el país de ~ vengo hay muchas frutas.* In dem Land, aus dem ich komme, gibt es viele Früchte.
dónde ['dɔnde] *adv (interrogación)* wo; *a ~* wohin; *de ~* woher; *No sé ~ vive.* Ich weiß nicht, wo er wohnt.
dondequiera [dondekĭera] *adv* überall, wohin auch immer
doping ['dopin] *m SPORT* Doping *n*
doquier [do'kĭer] *adv por ~* überall
dorado [do'rađo] *adj* golden, Gold..., vergoldet
dorar [do'rar] *v 1.* vergolden; *2. (al freír) GAST* anbraten
dormido [dor'miđo] *adj* schläfrig, schlaftrunken
dormilón [dɔrmi'lɔn] *m* Langschläfer *m,* Schlafmütze *f*
dormir [dɔr'mir] *v irr* schlafen; *No puedo ~.* Ich kann nicht schlafen. *Me he quedado dormido.* Ich habe verschlafen.
dormirse [dɔr'mirse] *v irr* einschlafen
dormitar [dɔrmi'tar] *v* schlummern
dormitorio [dɔrmi'torĭo] *m* Schlafzimmer *n*
dorsal [dor'sal] *adj* Rücken..., dorsal
dorso ['dɔrso] *m 1.* Rücken *m; 2. ~ de la mano ANAT* Handrücken *m*
dos [dɔs] *num* zwei
dosel ['dɔsel] *m* Thronhimmel *m,* Baldachin *m,* Betthimmel *m*
dosificación [dosifika'θĭɔn] *f CHEM* Dosierung *f,* Zumessung *f,* zu verabreichende Menge *f*
dosificar [dosifi'kar] *v* dosieren
dosis ['dosis] *f* Dosis *f*
dotación [dota'θĭɔn] *f 1. ECO* Ausstattung *f,* Dotation *f; 2. MIL* Mannschaft *f,* Besatzung *f*
dotar [do'tar] *v 1.* ausrüsten, ausstatten; *2. ECO* dotieren
dote ['dote] *f 1. (don)* Gabe *f,* Begabung *f; 2. (ajuar de novia)* Mitgift *f*
draga ['draga] *f* Bagger *m,* Naßbagger *m*
dragado [dra'gađo] *m* Baggern *n,* Ausbaggern *n,* Baggerarbeiten *f/pl*
dragón [dra'gɔn] *m ZOOL* Drache *m*
drama ['drama] *m LIT* Drama *n*
dramático [dra'matiko] *adj* dramatisch
dramatizar [dramati'θar] *v* dramatisieren
dramaturgo [drama'turgo] *m LIT* Dramatiker *m*
drástico ['drastiko] *adj* drastisch, einschneidend
drenaje [dre'naxe] *m 1. ~ al exterior ECO* Abfluss *m; 2. TECH* Drainage *f; 3. ARCH* Drainage *f; 4. MED* Drainage *f*
drenar [dre'nar] *v 1.* entwässern, trockenlegen; *2. MED* drainieren
droga ['droga] *f* Droge *f,* Rauschgift *n*
drogadicto [droga'đikto] *m 1.* Drogensüchtiger *m; adj 2.* rauschgiftsüchtig, drogensüchtig
droguería [droge'rĭa] *f* Drogerie *f*
dúctil ['duktil] *adj* fügsam, gefügig
ducha ['dutʃa] *f* Dusche *f; habitación con ~* Zimmer mit Dusche *n*
ducharse [du'tʃarse] *v* sich abbrausen, sich duschen
ducho ['dutʃo] *adj* tüchtig, erfahren; *~ en los negocios* geschäftstüchtig
duda ['duđa] *f* Zweifel *m,* Ungewissheit *f,* Unschlüssigkeit *f*
dudar [du'đar] *v* bezweifeln, zweifeln
dudoso [du'đoso] *adj* zweifelhaft, zwielichtig, bedenklich
duela ['dwela] *f* Faßdaube *f*

duelo ['dwelo] *m* *1.* Duell *n;* *2. SPORT* Zweikampf *m*
duende ['dwende] *m* Kobold *m,* Zwerg *m*
dueña ['dweɲa] *f* Besitzerin *f,* Eigentümerin *f,* Inhaberin *f*
dueño ['dweɲo] *m* Besitzer *m,* Eigentümer *m,* Inhaber *m*
dueto ['dweto] *m* *MUS* Duett *n*
dulce ['dulθe] *m* *1. GAST* Süßspeise *f;* *2. ~s pl* Süßigkeiten *pl,* Konfekt *n;* *adj 3.* süß; *4. (manso, delicado)* zart, sanftmütig
dulzura [dul'θura] *f* Zärtlichkeit *f,* Sanftmut *f*
duna ['duna] *f* Düne *f*
dúo ['duo] *m* *MUS* Duett *n*
duodécimo [dŭo'đeθimo] *adj* zwölfte(r,s)
duodeno [dwo'đeno] *m* *ANAT* Zwölffingerdarm *m*
duplicación [duplika'θĭɔn] *f* Verdoppelung *f*
duplicado [dupli'kađo] *m* *1.* Doppel *n,* Duplikat *n;* *adj 2.* zweifach
duplicar [dupli'kar] *v* verdoppeln
duplo ['duplo] *adj* doppelt, zweifach
duque(sa) [du'ke(sa)] *m/f* Herzog(in) *m/f*
durabilidad [duraƀili'đađ] *f* *(de las cosas)* Dauerhaftigkeit *f*
durable [du'raƀle] *adj* dauerhaft
duración [dura'θĭɔn] *f* Andauer *f,* Beständigkeit *f;* *de larga ~* lange, langwierig; *~ de la vida* Lebensdauer *f*
duradero [dura'đero] *adj* haltbar, nachhaltig
duramente [dura'mente] *adv* hartherzig, hart
durante [du'rante] *prep* während; *~ el viaje* unterwegs; *~ muchos años* jahrelang
durar [du'rar] *v* *1.* dauern; *¿Cuánto tiempo duran las vacaciones?* Wie lange dauern die Ferien? *2. (aguantar)* aushalten, durchhalten
durazno [du'raθno] *m* *(LA) BOT* Pfirsich *m*
dureza [du'reθa] *f* *1.* Härte *f;* *2. TECH* Härte *f*
duro ['duro] *adj* *1.* fest, hart, zäh; *La carne está dura.* Das Fleisch ist zäh. *2. (fatigoso)* anstrengend

E

e [e] *konj (antes de i, hi sin diptongo)* und
ebanista [eba'nĭsta] *m* Möbeltischler *m,* Kunsttischler *m*
ebriedad [eƀrĭe'đađ] *f* Rausch *m*
ebrio ['eƀrĭo] *adj* betrunken
eclesiástico [ekle'sĭastiko] *m 1. REL* Geistlicher *m; adj 2.* kirchlich
eclipsar [eklip'sar] *v* überschatten
eclipse [e'klipse] *m ~ lunar/~ de luna* Mondfinsternis *f; ~ solar/~ de sol* Sonnenfinsternis *f*
eclosionar [eklosĭo'nar] *v ZOOL* schlüpfen
eco ['eko] *m* Echo *n*
ecografía [ekogra'fia] *f MED* Ultraschalluntersuchung *f*
ecología [ekolo'xia] *f* Ökologie *f*
ecológico [eko'loxiko] *adj* ökologisch
ecologista [ekolo'xista] *m/f 1.* Ökologe/Ökologin *m/f; adj 2. partidio ~ POL* die Grünen *pl*
economía [ekono'mia] *f 1.* Wirtschaft *f; ~ de mercado* Marktwirtschaft *f; ~ energética* Energiewirtschaft *f; ~ interior* Binnenwirtschaft *f; ~ mundial* Weltwirtschaft *f; ~ planificada* Planwirtschaft *f; 2. (de ahorro)* Sparsamkeit *f,* Einsparung *f*
económicamente [eko'nomikamente] *adv* wirtschaftlich, finanziell
económico [eko'nomiko] *adj 1.* wirtschaftlich, ökonomisch; *2. (barato)* billig, preiswert
economizar [ekonomi'θar] *v* einsparen, sparen
ecosistema [ekosis'tema] *m* Ökosystem *n*
ecuación [ekua'θĭɔn] *f MATH* Gleichung *f*
Ecuador [ekwa'đor] *m GEO* Äquator *m,* Ecuador *(Land)*
ecuánime [e'kwanime] *adj* ausgeglichen
ecuanimidad [ekwanimi'đađ] *f* Ausgeglichenheit *f*
ecuatoriano [ekwato'rĭano] *adj 1.* ecuadorianisch; *2.* Ecuadorianer *m*
eczema [ɛk'θema] *m MED* Ekzem *n*
echado [e'tʃađo] *adj* beherzigt, hochmütig, hochnäsig, unternehmungslustig
echar [e'tʃar] *v 1. (un líquido)* eingießen, einfüllen, einschenken; *~ gasolina* tanken; *2. (expulsar)* verstoßen, hinauswerfen, vertreiben; *~ abajo* niederreißen; *~ la culpa a alguien* die Schuld auf jdn schieben; *~ fuera* hinauswerfen; *~ una mano* zur Hand gehen, mithelfen, anpacken; *~ a perder* zugrunde richten; *3. (botar)* wegwerfen; *4. ~ a perder* ruinieren, verderben; *5. (dispersar)* streuen; *6. (crecer)* wachsen, sich ausbreiten, ansetzen; *~ raíces* Wurzeln schlagen; *7. ~ pestes contra alguien* über jdn schimpfen, jdn verfluchen; *8. (poner)* setzen, stellen, legen
echarse [e'tʃarse] *v 1.* sich hinlegen; *2. ~ a perder (fig)* vergammeln, verkommen
edad [e'đađ] *f 1.* Alter *n; a la ~ de* im Alter von; *de ~ avanzada* bejahrt, betagt; *de ~ escolar* schulreif; *¿Desde qué ~?* Ab welchem Alter? *la tercera ~* Senioren *pl,* Rentner *pl,* Alten *pl; 2. (era)* Zeitalter *n,* Epoche *f; Edad Antigua* Antike *f,* Altertum *n; Edad del Bronce* Bronzezeit *f; Edad de Piedra* Steinzeit *f; Edad Media* Mittelalter *n; Edad de Oro* goldenes Zeitalter *n; Edad Moderna* Neuzeit *f*
edema [e'đema] *m* Ödem *n*
edición [eđi'θĭɔn] *f 1.* Ausgabe *f; ~ príncipe* Erstausgabe *f; 2. (tirada)* Auflage *f; 3. (editorial)* Verlagswesen *n*
edificar [eđifi'kar] *v 1.* aufbauen, konstruieren, bauen; *2. (fig)* erbauen
edificio [eđi'fiθĭo] *m* Gebäude *n,* Hochhaus *n,* Bauwerk *n; ~ de la presidencia* Präsidium *n; ~ principal* Hauptgebäude *n*
editar [eđi'tar] *v* herausgeben, verlegen, herausbringen
editor(a) [eđi'tɔr/eđi'tora] *m/f* Herausgeber(in) *m/f,* Verleger(in) *m/f*
editorial [eđito'rĭal] *f 1.* Verlag *m; m 2. (artículo)* Leitartikel *m*
educación [eđuka'θĭɔn] *f 1.* Erziehung *f; tener el derecho a la ~* erziehungsberechtigt sein; *sin ~* ungezogen; *2. (instrucción)* Bildung *f; ~ profesional* Fachausbildung *f*
educado [eđu'kađo] *adj mal ~* ruppig, rüpelhaft, ungezogen
educador(a) [eđuka'đɔr/eđuka'đora] *m/f* Erzieher(in) *m/f*
educar [eđu'kar] *v* erziehen
educativo [eđuka'tiƀo] *adj* erzieherisch
EE.UU. ['ɛɛuu] *m Estados Unidos de Norte América GEO* Vereinigte Staaten von Nordamerika *f/pl,* USA *f*

efectivamente [efɛktiƀa'mente] *adv* wirklich, tatsächlich
efectividad [efektibi'đađ] *f* Wirklichkeit *f*, Auswirkung *f*, Wirksamkeit *f*
efectivo [efɛk'tiƀo] *m 1.* Bargeld *n; adj 2.* wirklich, effektiv, tatsächlich
efecto [e'fɛkto] *m 1.* Folge *f*, Wirkung *f*; *sin ~* wirkungslos; *~ de palanca PHYS* Hebelwirkung *f*; *~ invernadero* Treibhauseffekt *m*; *~ recíproco* Wechselwirkung *f*; *~ secundario* Nebenwirkung *f*; *~ ulterior* Nachwirkung *f*; *2. ~ de comercio ECO* Akzept *n*; *3. ~s personales pl* Habseligkeiten *pl*, persönliches Eigentum *n*
efectuar [e'fɛktwar] *v 1. (hacer, llevar a cabo)* ausführen, abwickeln; *2. (causar)* bewirken
efemérides [efe'meriđes] *f/pl* bemerkenswertes Ereignis *n*, Tagebuch *n*, Ephemeriden *f/pl*, Chronik *f*
efervecente [eferbe'θente] *adj* sprudelnd, aufbrausend
eficacia [efi'kaθĭa] *f* Wirksamkeit *f*, Leistungsfähigkeit *f*, Effizienz *f*
eficaz [efi'kaθ] *adj* wirkungsvoll
eficiencia [efi'θĭenθĭa] *f* Tüchtigkeit *f*, Wirksamkeit *f*; *~ económica ECO* Wirtschaftlichkeit *f*
eficiente [efi'θĭente] *adj* leistungsfähig
efímero [e'fimero] *adj* schnelllebig, vergänglich, flüchtig, ephemer
efusión [efu'sĭɔn] *f ~ sentimental* Gefühlsausbruch *m*
efusivo [efu'siƀo] *adj* warmherzig
egipcio [ɛ'xipθĭo] *adj 1.* ägyptisch; *m 2.* Ägypter *m*
Egipto [ɛ'xipto] *m GEO* Ägypten *n*
egocéntrico [ego'θentriko] *adj* ichbezogen, egozentrisch
egoísmo [ego'izmo] *m* Selbstsucht *f*, Egoismus *m*
egoísta [ego'ista] *adj 1.* egoistisch, selbstsüchtig; *m/f 2.* Egoist(in) *m/f*
egresado [egre'sađo] *m* Absolvent *m*
egreso [e'greso] *m* (ECO) Ausgabe *f*, Schulabschluß *m*, Studienabschluß *m*
eje ['ɛxe] *m* Achse *f*; *~ delantero TECH* Vorderachse *f*; *~ trasero* Hinterachse *f*
ejecución [ɛxeku'θĭɔn] *f 1.* Durchführung *f*, Ausführung *f*, Realisierung *f*; *2. (pena capital)* Hinrichtung *f*; *3. JUR* Vollstreckung *f*; *~ forzosa* Zwangsvollstreckung *f*
ejecutar [ɛxeku'tar] *v 1.* durchführen, ausführen, vollziehen, vollenden; *2. (ejercer la sentencia de muerte)* erschießen, hinrichten; *3. JUR* vollstrecken
ejecutor [ɛxeku'tɔr] *m 1. ~ testamentario JUR* Testamentsvollstrecker *m*; *2. (verdugo)* Henker *m*
ejecutoria [exeku'torĭa] *f* Vollstreckungsbefehl *m*, vollstreckbares Urteil *n*
ejemplar [ɛxem'plar] *m 1.* Exemplar *n*; *~ de muestra* Probeexemplar *n*; *~ de un libro* Abdruck *m*; *adj 2.* beispielhaft, exemplarisch, mustergültig
ejemplo [ɛ'xemplo] *m* Beispiel *n*, Modell *n*, Muster *n*; *por ~* zum Beispiel, beispielsweise; *sin ~* beispiellos
ejercer [ɛxɛr'θɛr] *v 1.* ausüben, durchführen; *~ una profesión* berufstätig sein; *2. ~ un negocio ECO* ein Geschäft betreiben
ejercicio [ɛxɛr'θiθĭo] *m 1.* Ausübung *f*; *2. (práctica)* Übung *f*; *3. (examen)* Prüfung *f*, Prüfungsaufgabe *f*; *4. SPORT* Leibesübung *f*; *Necesito ~.* Ich brauche Bewegung. *5. (del año en ~) ECO* Geschäftsjahr *n*
ejercitar [ɛxɛrθi'tar] *v* einüben, ausüben, üben
ejército [ɛ'xɛrθito] *m MIL* Armee *f*, Heer *n*, Streitkräfte *pl*; *~ de salvación* Heilsarmee *f*
el [ɛl] *art* der; *~ más bajo* der Unterste; *~ mismo* derselbe; *~ que* derjenige
él ['el] *pron* er; *por ~* seinetwegen
Él ['el] *m REL* Gott *m*
elaboración [ɛlaƀora'θĭɔn] *f 1.* Verarbeitung *f*, Herstellung *f*, Bearbeitung *f*, Ausarbeitung *f*; *2. INFORM* Verarbeitung *f*; *~ de datos* Datenverarbeitung *f*; *~ de textos* Textverarbeitung *f*
elaborar [ɛlaƀo'rar] *v* herstellen, anfertigen
elasticidad [elastiθi'đađ] *f* Elastizität *f*
elástico [ɛ'lastiko] *adj* elastisch
Elba ['elƀa] *m GEO* Elbe *f*
elección [elɛk'θĭɔn] *f 1.* Auswahl *f*; *2. a ~* wahlweise; *3. POL* Wahl *f*; *elecciones municipales* Kommunalwahlen *pl*; *elecciones generales* Parlamentswahlen *pl*
elector(a) [elɛk'tɔr/elɛk'tora] *m/f POL* Wähler(in) *m/f*; *~ primerizo* Erstwähler *m*
electricidad [elɛktriθi'đađ] *f* Elektrizität *f*
electricista [elɛktri'θista] *m/f* Elektriker(in) *m/f*
eléctrico [e'lɛktriko] *adj* elektrisch
electrodoméstico [elɛktrođo'mestiko] *m* Haushaltsgerät *n*
electrónica [elɛk'tronika] *f* Elektronik *f*

electrónico [elɛk'troniko] *adj* elektronisch
electrotecnica [elɛktro'tɛknika] *f* Elektrotechnik *f*
electrotécnico [elɛktro'tɛkniko] *m* Elektrotechniker *m*
elefante [ele'fante] *m ZOOL* Elefant *m*
elegancia [ele'ganθĭa] *f* Eleganz *f*, Grazie *f*
elegante [ele'gante] *adj* elegant, schick
elegible [elɛ'xiƀle] *adj* wählbar
elegido [elɛ'xiđo] *adj* gewählt
elegir [elɛ'xir] *v irr* aussuchen, auswählen
elemental [elemen'tal] *adj* grundlegend, elementar
elemento [ele'mento] *m* Element *n*, Glied *n*; *~ de combustión TECH* Brennelement *n*
elepé [ele'pe] *m* Langspielplatte *f*
elevación [eleƀa'θĭɔn] *f 1.* Erhöhung *f*, Anhöhe *f*; *2. (fig)* Erhebung *f*
elevado [ele'ƀađo] *adj* hoch; *gastos ~s ECO* hohe Kosten *pl*
elevador [ele'bađor] *m* Aufzug *m*, Hebebühne *f*, Elevator *m*
elevar [ele'ƀar] *v 1.* erhöhen, steigern; *2. (fig)* erheben
elevarse [ele'ƀarse] *v ~ a ECO* sich belaufen auf, betragen
eliminación [elimina'θĭɔn] *f 1.* Beseitigung *f*, Entfernung *f*; *~ de aguas residuales* Abwasserbeseitigung *f*; *~ de los desechos* Abfallbeseitigung *f*; *~ de los desechos tóxicos* Giftmüllentsorgung *f*; *2. MED* Absonderung *f*
eliminar [elimi'nar] *v 1.* entfernen, beseitigen; *2. (las perturbaciones, los errores)* beheben; *3. MED* absondern
elíptico [e'liptiko] *adj* elliptisch, ellipsen...
élite ['elite] *f* Elite *f*
elitista [eli'tista] *adj* elitär
ella ['eʎa] *pron* sie
ello ['eʎo] *pron* es; *por ~* darum
elocuente [elo'kwente] *adj* redegewandt, sprachgewandt
elogiable [elɔ'xĭaƀle] *adj* lobenswert
elogiar [elɔ'xĭar] *v* loben, preisen, rühmen
elogio [e'lɔxĭo] *m* Anerkennung *f*, Lob *n*; *~ de sí mismo* Selbstlob *n*
eludir [elu'đir] *v* vermeiden, umgehen; *~ una responsabilidad* kneifen, sich vor der Verantwortung drücken
emanar [ema'nar] *v* ausströmen; *~ de* herrühren
emancipación [emanθipa'θĭɔn] *f* Emanzipation *f*
emancipar [eman'θipar] *v* emanzipieren, befreien, gleichstellen
emanciparse [emanθi'parse] *v* sich emanzipieren
embajada [emba'xađa] *f POL* Botschaft *f*
embajador(a) [embaxa'đɔr/embaxa'đora] *m/f POL* Botschafter(in) *m/f*
embalaje [emba'laxe] *m* Verpackung *f*
embalar [emba'lar] *v* einpacken, verpacken
embalse [em'balse] *m* Stausee *m*
embancarse [emban'karse] *v* auflaufen, stranden
embanderar [embanđe'rar] *v* beflaggen
embarazada [embara'θađa] *adj* schwanger; *Estoy ~.* Ich bin schwanger.
embarazar [embara'θar] *v* behindern, hemmen, versperren
embarazo [emba'raθo] *m* Schwangerschaft *f*
embarazoso [embara'θoso] *adj* peinlich
embarcación [embarka'θĭɔn] *f* Boot *n*
embarcadero [embarka'đero] *m* Ladeplatz *m*, Löschplatz *m*, Landungsbrücke *f*
embarcar [embar'kar] *v* verschiffen
embargar [embar'gar] *v 1. JUR* beschlagnahmen; *2. ECO* pfänden
embargo [em'bargo] *m 1. JUR* Beschlagnahme *f*; *2. ECO* Pfändung *f*; *poner ~ sobre* pfänden; *3. POL* Embargo *n*, Sperre *f*; *sin ~* trotzdem, jedoch
embaucar [embaŭ'kar] *v* betrügen, täuschen
embeber [em'beber] *v* aufsaugen, einsaugen, tränken
embellecer [embeʎe'θɛr] *v irr* verschönern
embellecimiento [embeʎeθi'mĭento] *m* Verschönerung *f*
embestida [embes'tiđa] *f* Angriff *m*
embestir [embes'tir] *v irr* angreifen
emblanquecer [emblan'keθer] *v irr* bleichen, weiß anstreichen, tünchen
emblema [em'blema] *m* Emblem *n*, Sinnbild *n*, Wahrzeichen *n*
embobar [em'bobar] *v* verblüffen, erstaunen, verwirren, dumm machen
embocar [em'bokar] *v* in den Mund stecken, hineinstecken, einführen, einmünden
émbolo ['emƀolo] *m TECH* Kolben *m*
emborracharse [embɔrra'tʃarse] *v* sich betrinken, bechern *(fam)*

emborronar [embɔrrɔ'nar] *v* bekritzeln
emboscada [embɔs'kađa] *f* Hinterhalt *m*, Falle *f*
embotar [embo'tar] *v* abstumpfen
embotellamiento [emboteʎa'mĭento] *m* Verkehrsstau *m*, Verkehrsbehinderung *f*, Blockierung *f*
embragar [em'bragar] *v* anseilen (Last), einrücken, kuppeln
embrague [embra'ge] *m TECH* Kupplung *f*
embriagar [embrĭa'gar] *v* berauschen, entzücken
embriagarse [embrĭa'garse] *v 1. (con alcohol)* sich betrinken; *2. (fig: belleza, aroma)* sich berauschen
embriaguez [embrĭa'geθ] *f* Rausch *m*, Trunkenheit *f*
embrión [em'brĭɔn] *m BIO* Embryo *m*
embrollado [embro'ʎađo] *adj* verzwickt
embrollo [em'broʎo] *m* Verwicklung *f*
embromar [embro'mar] *v ~ a alguien* jdn necken, jdn narren, jdn an der Nase herumführen
embrujar [embru'xar] *v* verzaubern
embrujo [em'bruxo] *m* Zauber *m*
embuste [em'buste] *m* Schwindel *m*
embustero [embus'tero] *m* Betrüger *m*
embutido [embu'tiđo] *m GAST* Wurst *f*
emergencia [emɛr'xenθĭa] *f 1.* Not *f*, Ernstfall *m*, Notlage *f*; *2. ~ marítima NAUT* Seenot *f*
emerger [emɛr'xer] *v* auftauchen
emigración [emigra'θĭɔn] *f* Auswanderung *f*, Emigration *f*
emigrante [emi'grante] *m/f* Auswanderer/Auswanderin *m/f*, Emigrant(in) *m/f*
emigrar [emi'grar] *v* auswandern
eminencia [emi'nenθĭa] *f* Eminenz *f*
eminente [emi'nente] *adj* hervorragend, eminent
emisión [emi'sĭɔn] *f 1.* Sendung *f*; *2. ECO* Emission *f*; *3. PHYS* Emission *f*
emisora [emi'sora] *f* Sender *m*, Rundfunksender *m*
emitir [emi'tir] *v* senden, ausstrahlen, emittieren
emoción [emo'θĭɔn] *f* Aufregung *f*, Rührung *f*, Erschütterung *f*
emocionado [emoθĭo'nađo] *adj* gerührt
emocional [emo'θĭonal] *adj* emotional, Gemüts...
emocionante [emoθio'nante] *adj* aufregend, erschütternd, herzergreifend
emocionar [emoθio'nar] *v* bewegen, rühren
empacador [empa'kađor] *adj* hartnäckig, störrisch, widerspenstig
empachado [empa'tʃađo] *adj* verdorben, behindert
empalagar [em'palagar] *v* anekeln, jdm Ekel verursachen, jdm lästig werden
empalagoso [empa'lagoso] *adj* widerlich süß, lästig, zudringlich
empalmar [empal'mar] *v* miteinander verbinden, an den Enden zusammenfügen, anschließen
empalme [em'palme] *m* Verbindung *f*, Knotenpunkt *m*
empanada [empa'nađa] *f GAST* Pastete *f*
empanadilla [empana'điʎa] *f* Pastetchen *n*
empanar [empa'nar] *v GAST* panieren
empañar [empa'ɲar] *v 1. (con líquidos)* trüben; *2. (el cristal, las gafas)* beschlagen
empapar [empa'par] *v* eintauchen, eintunken, tunken
empapelar [empape'lar] *v* tapezieren
empaque [em'pake] *m* Aussehen *n*
empaquetadura [empaketa'dora] *f TECH* Dichtung *f*
empaquetar [empake'tar] *v* verpacken, einpacken; *¡Empaquételo, por favor!* Packen Sie es bitte ein!
emparejar [empare'xar] *v* paaren
empastar [empas'tar] *v* plombieren
empaste [em'paste] *m MED* Plombe *f*, Zahnfüllung *f*
empatado [empa'tađo] *adj SPORT* unentschieden
empatar [empa'tar] *v SPORT* ausgleichen
empellón [empe'ʎɔn] *m* Stoß *m*, Schub *m*
empeñar [empe'ɲar] *v* verpfänden, versetzen
empeñarse [empe'ɲarse] *v* sich verschulden; *~ por algo* sich für etw einsetzen; *~ en* beharren auf, sich versteifen auf
empeño [em'peɲo] *m 1.* Bestreben *n*, Eifer *m*; *2. (pignoración)* Verpfändung *f*
empeoramiento [empeora'mĭento] *m* Verschlechterung *f*, Verschlimmerung *f*
empeorar [empeo'rar] *v* verschlechtern
empeorarse [empeo'rarse] *v* sich verschlimmern, sich verschlechtern
empequeñecer [empekeɲe'θɛr] *v irr* verkleinern
empequeñecimiento [empekeɲeθĭ'mĭento] *m* Verkleinerung *f*

emperador [empera'đɔr] *m 1. POL* Kaiser *m; 2. ZOOL* Schwertfisch *m*
emperatriz [empera'triθ] *f* Kaiserin *f*
empezar [empe'θar] *v irr* anfangen, beginnen
empinado [empi'nađo] *adj* steil, jäh
empinar [em'pinar] *v irr* steil aufrichten, emporheben, hochheben
emplasto [em'plasto] *m MED* Pflaster *n*
emplazamiento [emplaθa'mĭento] *m* Standort *m*
empleado [emple'ađo] *m 1.* Angestellter *m,* Arbeitnehmer *m; ~ alto* Führungskraft *f; ~ público* Beamter *m; adj 2.* angestellt
emplear [emple'ar] *v 1. (utilizar)* anwenden, verwenden, benutzen, gebrauchen; *2. (dar ocupación)* einstellen, beschäftigen, anstellen
empleo [em'pleo] *m 1. (uso)* Gebrauch *m,* Anwendung *f,* Verwendung *f; ~ de la fuerza* Gewaltanwendung *f; 2. (trabajo)* Arbeit *f,* Stelle *f,* Beschäftigung *f; ~ de media jornada* Halbtagsbeschäftigung
emplomado [emplo'mađo] *adj* verbleit
empobrecimiento [empobreθi'mĭento] *m* Verarmung *f*
empollar [empo'ʎar] *v 1.* ausbrüten, brüten; *2. (fig)* büffeln
empollón [empo'ʎɔn] *m* Streber *m*
emprender [empren'đɛr] *v* unternehmen; *~ un viaje* eine Reise antreten
empresa [em'presa] *f ECO* Betrieb *m,* Unternehmen *n,* Firma *f; ~ artesanal* Handwerksbetrieb *m; ~ de construcción* Baufirma *f,* Bauunternehmen *n; ~ de transportes* Speditionsunternehmen *n,* Transportunternehmen *n,* Fuhrunternehmen *n; ~ de ventas por correo* Versandhaus *n; ~ industrial* Gewerbebetrieb *m*
empresarial [empresa'rĭal] *adj 1. ECO* betrieblich; *2. ciencias ~es* Betriebswirtschaftslehre *f*
empresario [empre'sarĭo] *m ECO* Arbeitgeber *m,* Unternehmer *m*
empréstito [em'prestito] *m FIN* Anleihe *f; ~ del Estado* Staatsanleihe *f*
empujar [empu'xar] *v* anschieben, schieben, drücken
empuje [em'puxe] *m 1.* Stoß *m; 2. PHYS* Schub *m*
empujón [empu'xɔn] *m* heftiger Stoß *m,* Stauchen *n,* Rippenstoß *m,* Schubs *m*
empuñar [em'puɲar] *v* ergreifen, packen, am Griff fassen
emulación [emulaθĭɔn] *f* Nachahmung *f*
emular [emul'ar] *v ~ a alguien* jdm nacheifern
en [en] *prep 1. (lugar, sitio, dirección)* an, auf, in; *~ la calle* auf der Straße; *~ la casa* zu Hause; *~ la pared* an der Wand; *2. (temporal)* in; *~ veinte segundos* in zwanzig Sekunden; *3. (relación)* an; *pensar ~ alguien* an jdn denken; *adv 4. (modo, manera)* auf; *~ español* auf Spanisch
enajenación [enaxena'θĭɔn] *f 1.* Veräußerung *f,* Verkauf *m; 2. (alienación) ~ mental* Entfremdung *f,* Unzurechnungsfähigkeit *f*
enajenar [enaxe'nar] *v* veräußern, verkaufen
enamorado [enamo'rađo] *m 1.* Verliebter *m; adj 2.* verliebt
enamorarse [enamo'rarse] *v ~ de* sich verlieben in
enano [e'nano] *m* Zwerg *m*
enardecer [enarđe'θɛr] *v irr* begeistern
encadenamiento [eŋkađena'θĭɔn] *m* Verkettung *f*
encadenar [eŋkađe'nar] *v* fesseln
encajar [eŋka'xar] *v ~ con* zusammenpassen mit
encaje [eŋ'kaxe] *m (tela de ~)* Spitze *f*
encallar [eŋka'ʎar] *v* stranden, scheitern
encamado [eŋka'mađo] *adj* bettlägerig
encamar [eŋ'kamar] *v* zu Bett bringen
encaminar [eŋka'minar] *v* auf den Weg bringen, hinleiten, hinlenken
encanecer [eŋkane'θɛr] *v irr* ergrauen
encantadísimo [eŋkanta'disimo] *adj* hocherfreut
encantar [eŋkan'tar] *v 1.* verzaubern; *2. (fig)* bezaubern
encanto [eŋ'kanto] *m* Charme *m,* Entzücken *n,* Liebreiz *m*
encapotado [eŋkapo'tađo] *adj* bewölkt
encapucharse [eŋkapu'tʃarse] *v* sich vermummen
encarcelar [eŋkarθe'lar] *v ~ a alguien* jdn ins Gefängnis einliefern, jdn inhaftieren, jdn einsperren, jdn gefangen halten
encarecimiento [eŋkareθi'mĭento] *m* Verteuerung *f*
encargar [eŋkar'gar] *v* auftragen; *~ con anticipación* vorbestellen
encargo [eŋ'kargo] *m* Anforderung *f,* Auftrag *m,* Bestellung *f; ~ anticipado* Vorbestellung *f*
encariñarse [eŋkari'ɲarse] *v ~ con* lieb gewinnen

encarnación [eŋkarna'θĭɔn] *f* *1.* Verkörperung *f;* *2. REL* Fleischwerdung *f*
encarnar [eŋkar'nar] *v* verkörpern
encarnizado [eŋkarni'θađo] *adj* verbissen
encausar [eŋ'ka sar] *v* verklagen, gerichtlich belangen
encendedor [enθende'đɔr] *m* Feuerzeug *n*
encender [enθen'dɛr] *v irr* *1. (hacer fuego)* anzünden; *2. (poner en funcionamiento, luz)* anschalten, einschalten, andrehen; *3. (quemar)* anbrennen; *4. (cigarro, puro)* anstecken
encenderse [enθen'derse] *v irr* sich entzünden
encendido [enθen'điđo] *m* *1. TECH* Zündung *f;* *~ defectuoso* Fehlzündung *f;* *adj* *2.* entzündet, angezündet
encerar [enθe'rar] *v* wachsen, bohnern
encerrar [enθe'rrar] *v irr* einschließen, einsperren
enchufe [en'tʃufe] *m* *1.* Stecker *m;* *2. (tomacorriente)* Steckdose *f;* *doble ~ TECH* Doppelstecker *m;* *3. tener ~s* gute Beziehungen haben, Vitamin B haben (fam)
encías [en'θias] *f/pl ANAT* Zahnfleisch *n*
enciclopedia [enθiklo'peđĭa] *f* Lexikon *n,* Enzyklopädie *f*
encima [en'θima] *adv* *1.* oben, darauf, oberhalb; *prep* *2. ~ de* auf, über; *estar por ~ de* darüber stehen; *~ de la puerta* über der Tür
encinta [en'θinta] *adj* schwanger
enclavado [eŋkla'bađo] *adj* eingeschlossen, eingefügt
encogerse [eŋkɔ'xerse] *v* eingehen, schrumpfen
encolar [eŋko'lar] *v* leimen
encolerizado [eŋkoleri'θađo] *adj* wütend, zornig
encomendar [eŋkomen'dar] *v irr* übertragen, beauftragen
enconado [eŋko'nađo] *adj* erbittert
encono [eŋ'kono] *m* Groll *m*
encontrar [eŋkɔn'trar] *v irr* *1.* finden; *¿Ha encontrado usted mi maleta?* Haben Sie meinen Koffer gefunden? *~ al llegar* vorfinden; *2. ~ a alguien* jdm begegnen, jdn antreffen
encontrarse [eŋkɔn'trarse] *v irr* *1. ~ con alguien* sich mit jdm treffen; *2. ~ en* sich befinden in, sich aufhalten in
encorvadura [enkorba'đura] *f* Krümmen *n,* Biegen *n,* Verkrümmung *f*
encorvarse [eŋkɔr'ƀarse] *v* sich krümmen
encremar [eŋkre'mar] *v* eincremen
encuadernación [eŋkwađɛrna'θĭɔn] *f* Bucheinband *m,* Einband *m*
encuadernar [eŋkwađɛr'nar] *v* einbinden, binden
encuadrar [eŋkwa'drar] *v* einrahmen, rahmen
encubrimiento [enkuƀri'mĭento] *m* Verheimlichung *f,* Verdunkelung *f*
encubrir [eŋku'ƀrir] *v irr* tarnen, verdecken, verhehlen, verdunkeln
encuentro [eŋ'kwentro] *m* *1.* Treffen *n,* Begegnung *f,* Zusammentreffen *n;* *ir al ~ de* entgegengehen; *2. (pelea)* Kampf *m;* *3. SPORT* Spiel *n*
encuesta [eŋ'kwesta] *f* Umfrage *f,* Befragung *f;* *~ demoscópica/~ de opinión* Meinungsumfrage *f*
encuestar [en'kwesta] *v* befragen
endeble [en'deƀle] *adj* schwach, fadenscheinig
endeudamiento [endeŭđa'mĭento] *m* *ECO* Verschuldung *f*
endeudarse [endeŭ'đarse] *v* *ECO* sich verschulden
endibia [en'diƀia] *f* *BOT* Chicorée *m*
endiosar [endĭo'sar] *v* vergöttern, verherrlichen
endosar [endo'sar] *v* *~le algo a alguien* jdm etw aufladen, jdm etw aufhalsen
endurecer [endure'θɛr] *v irr* abhärten, verhärten
endurecimiento [endureθi'mĭento] *m* Verhärtung *f*
enemigo [ene'migo] *m* *1.* Feind *m;* *~ mortal* Erzfeind *m;* *adj* *2.* feindlich
enemistad [enemis'tađ] *f* Feindschaft *f*
enemistado [enemis'tađo] *adj* verfeindet
enemistar [enemis'tar] *v* entzweien, verfeinden
energía [enɛr'xia] *f* *1. PHYS* Energie *f;* *~ atómica* Atomkraft *f,* Atomenergie *f;* *~ nuclear* Kernenergie *f;* *~ solar* Solarenergie *f,* Sonnenergie *f;* *2. (fig)* Tatkraft *f,* Schwung *m*
enérgico [e'nɛrxiko] *adj* drastisch, energisch, resolut
enero [e'nero] *m* Januar *m*
enfadado [emfa'đađo] *adj* böse, ungehalten, verärgert
enfadar [emfa'đar] *v* aufregen, verärgern; *Estoy muy enfadado.* Ich bin sehr verärgert.
enfadarse [emfa'đarse] *v* sich ärgern

enfado [em'fađo] *m* Ärger *m*
enfadoso [em'fađoso] *adj* ärgerlich
énfasis ['enfasis] *m 1.* Betonung *f; 2.* Nachdruck *m*
enfático [em'fatiko] *adj* nachdrücklich
enfermar [emfɛr'mar] *v* erkranken
enfermedad [emfɛrme'đađ] *f* Krankheit *f,* Erkrankung *f; ~ infantil* Kinderkrankheit *f; ~ hereditaria* Erbkrankheit *f; ~ mental* Geisteskrankheit *f; ~ tropical* Tropenkrankheit *f; ~ venérea* Geschlechtskrankheit *f*
enfermera [emfɛr'mera] *f MED* Krankenschwester *f,* Schwester *f*
enfermero [emfɛr'mero] *m MED* Krankenpfleger *m,* Sanitäter *m*
enfermizo [emfɛr'miθo] *adj MED* krankhaft, gebrechlich
enfermo [em'fɛrmo] *m 1.* Kranker *m; ~ del pulmón* Lungenkranker *m; ~ mental* Geisteskranker *m; adj 2.* krank; *estar ~* krank sein, kränkeln
enfilar [emfi'lar] *v* aneinander reihen
enfilarse [emfi'larse] *v* sich einordnen
enflaquecer [emflake'θɛr] *v irr* abmagern
enfocar [enfo'kar] *v* einstellen, richtig anfassen, (Problem) beleuchten
enfrascarse [emfras'karse] *v ~ en* sich versenken in
enfrentamiento [emfrenta'mĭento] *m* Konfrontation *f*
enfrentarse [emfren'tarse] *v ~ a/~ con* konfrontiert sein
enfrente [em'frente] *prep ~ de* gegenüber; *~ de la estación* gegenüber dem Bahnhof
enfriamiento [emfrĭam'mĭento] *m* Abkühlung *f*
enfriar [em'friar] *v* abkühlen; *~ bruscamente* abschrecken
enfriarse [em'friarse] *v* sich abkühlen, kälter werden
enfurecido [emfure'θiđo] *adj* wütend, rasend
engalanar [eŋga'lanar] *v* schmücken, putzen, verzieren
enganchador [eŋgan'tʃađor] *adj* verlockend, festgehalten, eingehakt
enganchar [eŋgan'tʃar] *v 1.* einhängen; *2. TECH* koppeln; *3. (alcohol, drogas)* süchtig machen, abhängig machen; *4. (persuadir)* bequatschen (fam)
engañador [eŋga'ɲađor] *adj* täuschend, betrügerisch
engañador(a) [eŋgaɲa'đɔr/eŋgaɲa'đora] *m/f* Betrüger(in) *m/f*
engañar [eŋga'ɲar] *v* betrügen, täuschen, hintergehen; *~ a alguien* jdn hereinlegen, jdm etw vormachen, jdn anschwindeln
engañarse [eŋga'ɲarse] *v ~ en* sich täuschen in
engaño [eŋ'gaɲo] *m* Betrug *m,* Täuschung *f*
engañoso [eŋga'ɲoso] *adj* betrügerisch, trügerisch; *ser ~* trügen
engarzar [engar'θar] *v* aufreihen, (Edelsteine) fassen, verketten
engastar [eŋ'gastar] *v* (Edelstein) fassen, (zwei Teile) einpassen, ineinanderpassen
engaste [eŋ'gaste] *m* Fassung *f*
engendramiento [eŋxendra'mĭento] *m* Zeugung *f*
engendrar [eŋxen'drar] *v* erzeugen, verursachen
engordar [eŋgor'đar] *v 1.* zunehmen; *2. (cebar)* mästen
engranaje [eŋgra'naxe] *m TECH* Getriebe *n; ~ de cambios* Wechselgetriebe *n*
engranar [eŋgra'nar] *v 1.* ineinander greifen; *2. TECH* eingreifen
engrapar [eŋ'grapar] *v* mit Klammern befestigen, verklammern
engrasar [eŋgra'sar] *v* schmieren
engreído [eŋgre'iđo] *adj* selbstgefällig
engreír [eŋgre'ir] *v irr (LA)* verwöhnen, verhätscheln
engrosamiento [engrosa'mĭento] *m* Verdickung *f,* Vergrößerung *f,* Übertreibung *f*
engrosar [eŋ'grosar] *v* dick machen, verdicken, übertreiben (fig)
engullir [eŋ'guʎir] *v* verschlingen, schlingen, schlucken
enhebrar [ene'ƀrar] *v* einfädeln
enhorabuena [enora'ƀwena] *f* Glückwunsch *m*
enigmático [enig'matiko] *adj* rätselhaft, schleierhaft, hintergründig
enjabonar [en'xabonar] *v* einseifen, abseifen, schmeicheln
enjambre [eŋ'xambre] *m ZOOL* Schwarm *m; ~ de abejas* Bieneschwarm *m*
enjuagar [eŋxwa'gar] *v* spülen, ausspülen
enjuague [eŋ'xwage] *m 1.* Spülung *f; 2. (higiene)* Mundwasser *n*
enlace [en'laθe] *m* Verbindung *f,* Anschluss *m; persona de ~* Verbindungsmann *m; ~ de tren* Zuganschluss *m,* Zugverbindung *f*
enlazar [enla'θar] *v* knüpfen
enlucir [enlu'θir] *v irr* verputzen

enmarañar [enmara'ɲar] *v* verfilzen
enmascaramiento [enmaskara'mǐento] *m* Tarnung *f*
enmascarar [enmaska'rar] *v* tarnen
enmendar [enmen'dar] *v irr* korrigieren, berichtigen
enmienda [en'mǐenda] *f* Änderung *f*, Korrektur *f*; *~ constitucional JUR* Verfassungsänderung *f*; *~ de la ley* Gesetzesänderung *f*
enojado [enɔ'xađo] *adj* böse; *estar ~ con alguien* auf jdn wütend sein, jdm zürnen
enojarse [enɔ'xarse] *v* sich ärgern
enojoso [enɔ'xoso] *adj* ärgerlich, unangenehm, lästig
enorme [e'nɔrme] *adj* enorm, riesengroß
enormemente [enɔrme'mente] *adv* massenhaft, maßlos, mächtig
enredado [enrrɛ'đađo] *adj* verworren, verzwickt
enredar [enrrɛ'đar] *v 1. (fig)* umgarnen; *2. (cabello)* verfilzen
enredarse [enrrɛ'đarse] *v ~ en algo (fig)* sich in etw verstricken
enriquecer [enrrike'θɛr] *v irr* anreichern
enrojecimiento [enrro'xeθimǐento] *m* Erröten *n*, Rotwerden *n*, Rötung *f*
enrollado [enrrɔ'ʎađo] *m ~ de carne GAST* Roulade *f*
enrollar [enrrɔ'ʎar] *v* wickeln
enronquecimiento [enrrɔkeθi'mǐento] *m MED* Heiserkeit *f*
enroscar [enrrɔs'kar] *v TECH* einschrauben, festschrauben
enroscarse [enrrɔs'karse] *v* sich zusammenrollen
ensalada [ensa'lađa] *f* Salat *m*; *~ de frutas* Obstsalat *m*; *~ mixta* gemischter Salat *m*
ensalzar [ensal'θar] *v* verherrlichen
ensanchamiento [ensantʃa'mǐento] *m* Erweiterung *f*
ensanchar [ensan'tʃar] *v* ausweiten, dehnen, erweitern
ensanche [en'santʃe] *m 1.* Dehnung *f*; *2. (ampliación)* Erweiterung *f*; *3. (a lo ancho)* Verbreiterung *f*, Ausweitung *f*
ensangrentado [ensaŋgren'tađo] *adj* blutig
ensañado [ensa'ɲađo] *adj* verbissen
ensayar [ensa'ʎar] *v 1. (tratar)* versuchen; *2. THEAT* proben; *3. TECH* prüfen
ensayo [en'saʎo] *m 1. (composición)* Aufsatz *m*, Essay *n*; *2. (intento)* Versuch *m*; *3. THEAT* Probe *f*; *~ general* Generalprobe *f*
enseguida [ense'gịđa] *adv* sofort
ensenada [ense'nađa] *f 1.* Bucht *f*; *2. GEOL* Meerbusen *m*
enseñanza [ense'ɲanθa] *f* Unterricht *m*, Unterrichtswesen *n*, Lehre *f*
enseñar [ense'ɲar] *v 1.* unterrichten, beibringen, lehren; *2. (mostrar, presentar)* vorzeigen, vorweisen, zeigen; *Enséñeme por favor donde está el mercado.* Zeigen Sie mir bitte, wo der Markt ist.
enseres [en'seres] *m/pl* Werkzeuge *pl*, Geräte *pl*
ensillar [ensi'ʎar] *v* satteln
ensimismado [ensimiz'mađo] *adj* gedankenverloren, selbstvergessen
ensombrecer [ensɔmbre'θɛr] *v irr* überschatten
ensordecedor [ensɔrđeθe'đɔr] *adj* ohrenbetäubend
ensortijado [ensɔr'tixađo] *adj* lockig
ensuciamiento [ensuθǐa'mǐento] *m* Verschmutzung *f*, Verunreinigung *f*
ensuciar [ensu'θǐar] *v* beschmutzen, verschmutzen, verunreinigen
entablado [enta'ƀlađo] *m* Podest *n*
entalladura [entaʎa'dura] *f* Kerbe *f*
entencia [sen'tenθǐa] *f irr JUR* Spruch *m*, Urteil *n*, Urteilspruch *m*; *~ absolutoria* Freispruch *m*
entender [enten'dɛr] *v irr* begreifen, verstehen, einsehen; *¿Entiende usted?* Verstehen Sie? *No lo entiendo. Das verstehe ich nicht.*
entenderse [enten'derse] *v irr* sich verstehen; *~ bien con alguien* sich mit jdm gut vertragen
entendido [enten'điđo] *m* Kenner *m*
entendimiento [entendi'mǐento] *m* Verstand *m*
enteramente [entera'mente] *adv* vollkommen, vollständig, völlig
enterarse [ente'rarse] *v ~ de algo* etw zur Kenntnis nehmen, etw erfahren
entereza [ente'reθa] *f* Charakterstärke *f*
enternecedor [entɛrne'θeđɔr] *adj* rührend, ergreifend
enternecer [entɛrne'θɛr] *v irr* ergreifen, rühren
entero [en'tero] *adj 1.* vollständig, völlig, ganz, voll; *2. (de carácter, de voz)* fest; *3. (relativo a la persona)* gesund, kräftig, aufrichtig, redlich
enterrar [ente'rrar] *v irr* beerdigen, begraben, bestatten

entierro [en'tĭɛrrɔ] *m* Beerdigung *f,* Begräbnis *n,* Beisetzung *f*
entonación [entona'θĭɔn] *f* Tonfall *m*
entonces [en'tɔnθes] *adv 1.* damals, zu jener Zeit, dann; *de ~* damalig; *desde ~* seitdem; *2. (siendo así)* dann
entornar [entɔr'nar] *v 1. (los ojos)* halb schließen; *2. (la puerta, la ventana)* anlehnen
entornillar [entɔr'niʎar] *v* schrauben
entorno [entɔrno] *m* Umgebung *f,* Umwelt *f,* Umfeld *n,* Umgegend *f*
entorpecer [entor'peθer] *v irr* behindern, hemmen, stören
entrada [en'trađa] *f 1.* Eingang *m,* Zugang *m,* Zutritt *m; ~ a escena THEAT* Auftritt *m; ~ de artistas* Bühneneingang *m; ~ principal* Haupteingang *m; ~ prohibida* Hausverbot *n; 2. (comienzo)* Beginn *m,* Anfang *m; ~ en funciones* Dienstantritt *m; ~ en vigor* In-Kraft-Treten *n; 3. (para vehículos)* Auffahrt *f,* Einfahrt *f; 4. (billete)* Eintrittskarte *f; ~ para niños* Eintrittskarte für Kinder *f; 5. ECO* Einnahme *f; 6. (en la frontera)* Einreise *f; 7. ~ en acción MIL* Einsatz *m; 8. INFORM* Eingabe *f; 9. GAST* Vorspeise *f*
entrado [en'trađo] *adj ~ en años* bejahrt
entrañable [entra'ɲaƀle] *adj* innig
entrañas [en'traɲas] *f/pl ANAT* Eingeweide *pl,* Körperinneres *n*
entrar [en'trar] *v 1.* hereinkommen, hineingehen, betreten; *2. ~ en (sin permiso)* eindringen in; *3. (el día, la noche)* anbrechen
entre ['entre] *prep* unter, zwischen, bei; *~ sí* untereinander
entrecortado [entrekɔr'tađo] *adj* stockend, holperig
entrega [en'trega] *f 1. (despacho)* Ablieferung *f,* Abgabe *f,* Zustellung *f; ~ por expreso* Eilzustellung *f; hacer ~* zustellen; *2. (dar)* Überlassung *f,* Überreichung *f; hacer ~ de* überreichen; *3. (con sacrificio personal)* Hingabe *f*
entregar [entre'gar] *v 1. (despachar)* abliefern, abgeben, zustellen; *2. (dar)* überbringen, übergeben, überreichen, einreichen; *~ en mano* aushändigen
entrelazar [entre'laθar] *v* einflechten
entremeses [entre'meses] *m/pl GAST* Vorspeise *f*
entremezclar [entremeθ'klar] *v* vermischen, untermischen, mischen
entrenador(a) [entrena'đɔr/entrena'đora] *m/f* Trainer(in) *m/f*
entrenamiento [entrena'mĭento] *m* Übung *f,* Schulung *f,* Training *n*
entrenar [entre'nar] *v* anlernen, trainieren
entresacar [entresa'kar] *v* aussondern
entretanto [entre'tanto] *adv* inzwischen, mittlerweile, unterdessen
entretener [entrete'nɛr] *v irr* animieren, unterhalten; *~ a alguien* jdn hinhalten
entretenerse [entrete'nerse] *v irr* sich unterhalten, sich beschäftigen
entretenimiento [entreteni'mĭento] *m 1.* Beschäftigung *f,* Zeitvertreib *m,* Unterhaltung *f; 2. TECH* Wartung *f*
entretiempo [entre'tĭempo] *m* Übergangszeit *f,* Vorsaison *f,* Nachsaison *f*
entrever [entre'ƀɛr] *v irr* ahnen
entrevista [entre'ƀista] *f* Interview *n,* Befragung *f*
entrevistar [entre'ƀistar] *v* befragen, interviewen
entrevistarse [entreƀis'tarse] *v ~ con alguien* mit jdm zusammentreffen, sich mit jdm besprechen, mit jdm ein Gespräch führen
entristecer [entriste'θɛr] *v irr* bekümmern
entristecerse [entriste'θɛr] *v irr ~ de/~ por* sich grämen über
entrometerse [entrome'terse] *v* sich einmischen
entumecer [entume'θɛr] *v irr* lähmen
enturbiar [entur'bĭar] *v* trüben
entusiasmado [entusĭas'mađo] *adj* begeistert, lebhaft
entusiasmar [entusĭas'mar] *v ~ a alguien* jdn begeistern
entusiasmarse [entusĭas'marse] *v* sich begeistern
entusiasmo [entu'sĭasmo] *m* Begeisterung *f,* Eifer *m*
enumerar [enume'rar] *v* nummerieren, aufzählen
enunciar [e'nunθĭar] *v* kurz äußern, darlegen, aussprechen
envasar [emba'sađo] *v* verpacken
envase [em'base] *m* Verpackung *f; ~ de vuelta* Leergut *n; ~ no retornable* Einwegverpackung *f*
envejecer [embɛxe'θɛr] *v irr* altern, ergrauen
envejecido [embɛxe'θiđo] *adj* veraltet, gealtert
envenenamiento [embenena'mĭento] *m MED* Vergiftung *f*

envenenar [embene'nar] *v* vergiften
envergadura [embɛrga'đura] *f* *1. ZOOL* Spannweite *f*; *2. TECH* Spannweite *f*; *3. (alcance, consecuencias)* Tragweite *f*; *Esto es un problema de gran ~.* Dies ist ein Problem von großer Tragweite.
envés [em'bes] *m* Rückseite *f*
enviado [em'bĭađo] *m* *~ especial POL* Abgesandter *m*
enviar [em'bĭar] *v* *1.* abschicken, zuschicken, versenden, einsenden; *~ por telefax* faxen; *2. (un recado)* übermitteln; *3. ECO* befördern; *4. (entregar)* aufgeben
envidia [em'biđĭa] *f* Neid *m*, Missgunst *f*
envidiable [embi'đĭaƀle] *adj* beneidenswert
envidiar [embi'đĭar] *v* beneiden; *no ~ algo a alguien* jdm etw gönnen
envidioso [embi'đĭoso] *adj* neidisch, missgünstig
envío [em'bio] *m* *1.* Absendung *f*, Versendung *f*, Zustellung *f*, Versand *m*; *~ por expreso* Expressgut *n*; *2. (entrega)* Aufgabe *f*, Übermittlung *f*; *3. ECO* Beförderung *f*
envoltura [embɔl'tura] *f* Hülle *f*, Umhüllung *f*, Packung *f*
envolver [embɔl'vɛr] *v irr* einpacken, umwickeln, einwickeln; *~ a alguien en* jdn hineinziehen in
epa ['epa] *interj* he!/hallo!/auf!
épica ['epika] *f* Epik *f*, erzählende Dichtung *f*
épico ['epiko] *adj* episch
epidemia [epi'đemĭa] *f* *MED* Epidemie *f*, Seuche *f*
epígrafe [e'pigrafe] *m* Inschrift *f*
epílogo [e'pilogo] *m* *1. THEAT* Nachspiel *n*; *2. (postdata, resumen)* Nachwort *n*, Epilog *m*
episcopal [episko'pal] *adj* *REL* bischöflich
episodio [epi'sođĭo] *m* Episode *f*
época ['epoka] *f* Zeit *f*, Epoche *f*, Periode *f*; *~ brillante* Glanzzeit *f*; *~ de posguerra HIST* Nachkriegszeit *f*; *~ de preguerra HIST* Vorkriegszeit *f*; *~ glacial HIST* Eiszeit *f*
equilibrado [ekili'ƀrađo] *adj* ausgeglichen
equilibrar [ekili'ƀrar] *v* *1.* ausgleichen, balancieren; *2. TECH* auswuchten
equilibrio [eki'liƀrĭo] *m* *1.* Gleichgewicht *n*; *2. (fig)* Ausgeglichenheit *f*
equino [e'kino] *adj* Pferde...
equipaje [eki'paxe] *m* Gepäck *n*
equipar [eki'par] *v* ausrüsten
equiparación [ekipara'θĭɔn] *f* Gleichstellung *f*
equiparado [ekipa'rađo] *adj* *~ a* gleichgestellt mit
equipo [e'kipo] *m* *1.* Ausrüstung *f*, Ausstattung *f*; *~ de camping* Campingausrüstung *f*; *~ estéreo* Stereoanlage *f*; *2. (delegación)* Besatzung *f*, Equipe *f*; *3. SPORT* Mannschaft *f*; *~ olímpico* Olympiamannschaft *f*
equitación [ekita'θĭɔn] *f* Reiten *n*, Reitkunst *f*, Reitsport *m*
equitativo [ekita'tibo] *adj* recht und billig, gerecht, rechtlich denkend
equivalente [ekiƀa'lente] *m* Gegenstück *n*
equivocación [ekiƀoka'θĭɔn] *f* Irrtum *m*, Missverständnis *n*, Verwechslung *f*
equivocado [ekiƀo'kađo] *adj* falsch, irrtümlich, verkehrt
equivocarse [ekiƀo'karse] *v* sich irren, sich täuschen; *Me he equivocado.* Ich habe mich verwählt. *Usted se ha equivocado al contar.* Sie haben sich verzählt! *~ al escribir* sich verschreiben; *~ al hablar* sich versprechen; *~ en el cálculo* sich verrechnen
era ['era] *f* *1.* Zeitalter *n*; *2. (área) BOT* Beet *n*
eremita [ere'mita] *m* Eremit *m*
ergotista [ɛrgo'tista] *adj* rechthaberisch
erguido [ɛr'giđo] *adj* aufrecht
erigir [eri'xir] *v* aufrichten
erizarse [eri'θarse] *v* sich sträuben
erizo [e'riθo] *m* *ZOOL* Igel *m*; *~ de mar* Seeigel *m*
ermita [ɛr'mita] *f* Wallfahrtskirche *f*, Einsiedelei *f*
ermitaño [ɛrmi'taɲo] *m* *1.* Einsiedler *m*; *2. ZOOL* Einsiedlerkrebs *m*
erótico [e'rotiko] *adj* erotisch
erotismo [ero'tizmo] *m* Erotik *f*
erradicar [ɛrrađi'kar] *v* ausrotten
errar [ɛ'rrar] *v irr* verfehlen
erróneo [ɛ'rrɔneo] *adj* ungenau, verkehrt, fälschlich
error [ɛ'rrɔr] *m* Fehler *m*, Irrtum *m*, Missgriff *m*; *~ de imprenta* Druckfehler *m*; *~ ~ judicial* Justizirrtum *m*; *~ mecanográfico* Tippfehler *m*
eructar [eruk'tar] *v* rülpsen
erudito [eru'đito] *m* *1.* Gelehrter *m*; *adj 2.* gelehrt
erupción [erup'θĭɔn] *f* *1.* Ausbruch *m*; *~ volcánica* Vulkanausbruch *m*; *2. ~ cutánea MED* Hautausschlag *m*

esa ['esa] *pron 1.* diese; *2. (aquella)* jene
esbelto [ez'ƀɛlto] *adj* schlank
esbozo [ez'ƀoθo] *m* Umriss *m,* Entwurf *m*
escabeche [eska'ƀetʃe] *m GAST* Marinade *f*
escabino [eska'ƀino] *m JUR* Schöffe *m*
escabroso [eska'ƀroso] *adj* schroff
escala [es'kala] *f 1.* Maßstab *m,* Skala *f; hacer ~* anlegen; *a ~* maßstabgerecht; *2. MUS* Tonleiter *f; 3. (parada)* Zwischenlandung *f*
escalafón [eskala'fɔn] *m* Rangliste *f*
escalera [eska'lera] *f* Leiter *f,* Treppe *f; ~ de caracol* Wendeltreppe *f; ~ de incendios* Feuertreppe *f; ~ mecánica* Rolltreppe *f*
escalofriante [eskalo'frĭante] *adj* gruselig
escalofrío [eskalo'frio] *m 1.* Schauer *m; 2. ~s pl* Gänsehaut *f; 3. ~s pl MED* Schüttelfrost *m; Tengo ~s.* Ich habe Schüttelfrost.
escalonamiento [eskalona'mĭento] *m* Abstufung *f,* Staffelung *f*
escalonar [eskalo'nar] *v* abstufen
escalope [eska'lope] *m GAST* Schnitzel *n*
escama [es'kama] *f ZOOL* Schuppe *f*
escamotear [eskamote'ar] *v* kaschieren
escándalo [es'kandalo] *m 1.* Skandal *m,* Anstoß *m,* Aufsehen *n; 2. (ruido)* Radau *m,* Szene *f*
escandaloso [eskanda'loso] *adj* skandalös, unerhört
Escandinavia [eskandi'naƀĭa] *f GEO* Skandinavien *n*
escapada [eska'pađa] *f* Eskapade *f,* Abstecher *m; hacer una ~* einen Abstecher machen
escapar [eska'par] *v* flüchten, fliehen
escaparate [eskapa'rate] *m* Schaufenster *n,* Auslage *f*
escaparse [eska'parse] *v 1.* ausbrechen, entkommen; *2. (fugarse)* austreten, entweichen
escape [es'kape] *m 1.* Flucht *f,* Entrinnen *n; 2. (derrame)* Leck *n; 3. TECH* Auspuff *m*
escápula [es'kapula] *f ANAT* Schulterblatt *n*
escarabajo [eskara'ƀaxo] *m ZOOL* Käfer *m; ~ de San Juan* Junikäfer *m*
escaramujo [eskara'muxo] *m BOT* Hagebutte *f*
escaramusa [eskara'musa] *f* Geplänkel *n,* Scharmützel *n*
escarcha [es'kartʃa] *f* Raureif *m*
escardar [eskar'đar] *v* jäten
escarlata [eskar'lata] *adj* scharlachrot
escarmiento [eskar'mĭento] *m 1.* Züchtigung *f,* Lehre *f; 2. (fig)* abschreckendes Beispiel *n*
escarpado [eskar'pađo] *adj* steil, abschüssig, jäh
escasamente [eskasa'mente] *adv* knapp, spärlich
escasez [eska'seθ] *f 1.* Not *f; 2. (carencia) ~ de* Knappheit an *f,* Verknappung an *f; ~ de agua potable* Trinkwasserknappheit *f; ~ de personal* Personalmangel *m*
escaso [es'kaso] *adj* knapp, spärlich, dürftig
escena [es'θena] *f* Szene *f; poner en ~* inszenieren
escenario [esθe'narĭo] *m* Schauplatz *m,* Szenerie *f*
escenografía [esθenogra'fia] *f THEAT* Bühnenbild *n*
escepticismo [esθepti'θizmo] *m* Skepsis *f*
escéptico [es'θɛptiko] *adj* skeptisch
esclava [es'klaƀa] *f* Sklavin *f*
esclavitud [esklaƀi'tuđ] *f* Sklaverei *f*
esclavo [es'klaƀo] *m* Sklave *m; ser el ~ de alguien* jdm verfallen sein
escoba [es'koƀa] *f* Kehrbesen *m,* Besen *m*
escobilla [es'koƀiʎa] *f* Bürste *f*
escocés [esko'θes] *adj 1.* schottisch; *m 2.* Schotte *m*
Escocia [es'koθĭa] *f GEO* Schottland *n*
escoger [eskɔ'xɛr] *v 1.* aussuchen, wahlen; *sin ~* wahllos; *2. (separar)* aussondern, aussortieren, heraussuchen
escolar [esko'lar] *adj* schulisch, Schul...
escolta [es'kolta] *f* Eskorte *f,* Geleitschutz *m*
escollo [es'koʎo] *m* Klippe *f*
escombrera [eskɔm'brera] *f* Mülldeponie *f,* Schutthalde *f*
escombros [eskɔm'bros] *m/pl* Trümmer *pl,* Schutt *m*
esconder [eskɔn'dɛr] *v* verdecken, verstecken, verbergen
esconderse [eskɔn'dɛrse] *v* sich verstecken
escondido [eskɔn'điđo] *adj* verborgen, geheim
escondite [eskɔn'dite] *m* Versteck *n; jugar al ~* Verstecken spielen
escopeta [esko'peta] *f* Gewehr *n,* Flinte *f*
escora [es'kora] *f* Schlagseite *f*
escorpión [eskɔr'pĭɔn] *m ZOOL* Skorpion *m*

escote [es'kote] *m* Ausschnitt *m,* Dekolleté *n*
escotilla [esko'tiʎa] *f NAUT* Luke *f,* Schiffsluke *f*
escribano [escri'bano] *m* Notar *m,* Urkundsbeamter *m,* Amtsschreiber *m*
escribir [eskri'ƀir] *v irr* schreiben; *~ a máquina* tippen
escrito [es'krito] *m 1.* Schreiben *n,* Niederschrift *f,* Schriftstück *n; ~ acusatorio* Anklageschrift *f; ~ de candidatura* Bewerbungsschreiben *n; adj 2.* schriftlich, geschrieben; *~ a mano* handschriftlich
escritor(a) [eskri'tɔr/eskri'tora] *m/f* Schriftsteller(in) *m/f,* Dichter(in) *m/f; ~ dramático* Dramatiker *m*
escritorio [eskri'torĭo] *m* Schreibtisch *m*
escritura [eskri'tura] *f 1.* Handschrift *f,* Schrift *f; ~ al tacto* Blindenschrift *f; Sagrada Escritura* Heilige Schrift *f; 2. ~s pl (escrito)* Schriftstück *n*
escrúpulo [es'krupulo] *m* Skrupel *m; falta de ~s* Skrupellosigkeit *f; sin ~s* bedenkenlos, gewissenlos, hemmungslos, skrupellos
escrupulosidad [eskrupulosi'đađ] *f* Gewissenhaftigkeit *f*
escrupuloso [eskrupu'loso] *adj* gewissenhaft, peinlich, penibel
escrutinio [eskru'tinĭo] *m POL* Stimmzählung *f*
escuálido [es'kwaliđo] *adj* mager
escúalo [es'kwalo] *ZOOL* Hai(fisch) *m*
escucha [esku'tʃa] *m 1. MIL* Späher *m,* Scout *m; f 2.* Zuhören *n; estar a la ~* ganz Ohr sein
escuchar [esku'tʃar] *v* anhören, zuhören, hören; *~ secretamente* belauschen
escudo [es'kuđo] *m* Schild *n*
escuela [es'kwela] *f* Schule *f; ~ de enseñanza básica* Hauptschule *f; ~ de formación profesional* Berufsschule *f; ~ de idiomas* Sprachenschule *f; ~ nocturna* Abendschule *f; ~ preparatoria* Vorschule *f; ~ primaria* Grundschule *f; ~ superior* Hochschule *f*
escueto [es'kweto] *adj* einfach, schmucklos
esculpir [eskul'pir] *v 1.* behauen, hauen, meißeln; *2. (en mármol)* aushauen, bearbeiten; *3. (en madera)* schnitzen
escultor(a) [eskul'tɔr/eskul'tora] *m/f* Bildhauer(in) *m/f*
escultura [eskul'tura] *f ART* Skulptur *f*
escupir [esku'pir] *v* ausspucken, spucken
escurridizo [eskurri'điθo] *adj* glitschig
escurrir [esku'rrir] *v* abtropfen, austropfen, auslaufen
escúter [es'kutɛr] *m* Motorroller *m*
ese ['ese] *pron 1.* diese(r,s); *en ~ mismo lugar* genau an diesem Ort; *2. (aquel)* jene(r,s)
ése ['ese] *pron* jene
esencia [e'senθĭa] *f* Inbegriff *m,* Kern *m*
esencial [esen'θĭal] *adj 1.* wesentlich; *m 2. lo ~* die Hauptsache *f*
esfera [es'fera] *f 1.* Sphäre *f; ~ de acción* Betätigungsfeld *n,* Wirkungsbereich *m; ~ íntima* Intimsphäre *f; 2. (de un reloj)* Zifferblatt *n; 3. MATH* Kugel *f*
esforzarse [esfɔr'θarse] *v irr* sich anstrengen, sich bemühen; *~ excesivamente* sich überanstrengen
esfuerzo [es'fwɛrθo] *m 1.* Anstrengung *f,* Bemühung *f,* Mühe *f; hacer un ~* sich aufraffen, sich zusammennehmen; *sin ~* mühelos; *2. (carga)* Belastung *f,* Beanspruchung *f*
esgrima [ez'ɡrima] *m SPORT* Fechten *n*
eslabón [ezla'ƀɔn] *m* Glied *n*
Eslovaquia [ezlo'ƀakia] *f GEO* Slowakei *f*
esmerado [ezme'rađo] *adj* akkurat, ordentlich
esmeralda [ezme'ralđa] *f MIN* Smaragd *m*
esmerarse [ezme'rarse] *v* sich anstrengen
esmero [ez'mero] *m* Gewissenhaftigkeit *f*
esmoquin [ez'mokin] *m* Smoking *m*
eso ['eso] *pron 1.* diese(r,s); *por ~* daher; *1. (aquello)* jene(r,s)
esófago [e'sofaɡo] *m ANAT* Speiseröhre *f*
espacial [espa'θĭal] *adj* räumlich
espacio [es'paθĭo] *m 1.* Platz *m,* Zwischenraum *m,* Raum *m; en el ~* räumlich; *~ de tiempo* Zeitraum *m; 2. ~ interplanetario ASTR* Weltraum *m,* Weltall *n,* All *n; 3. ~s naturales protegidos pl* Naturschutzgebiet *n*
espacioso [espa'θĭoso] *adj 1.* breit, großzügig; *2. (un jardín)* großzügig angelegt; *3. (un lugar)* geräumig
espada [es'pađa] *f* Degen *m,* Schwert *n*
espalda [es'palda] *f ANAT* Rücken *m*
España [es'paɲa] *f GEO* Spanien *n*
español [espa'ɲɔl] *adj 1.* spanisch; *m 2. (persona)* Spanier *m; 3. (idioma)* Spanisch *n*
espantadizo [espanta'điθo] *adj* schreckhaft
espantado [espan'tađo] *adj* entsetzt
espantar [espan'tar] *v* entsetzen, verscheuchen, verjagen

espantarse [espan'tarse] *v* sich scheuen
espantoso [espan'toso] *adj* schrecklich, schauderhaft, fürchterlich, erschreckend
esparcido [espar'θiđo] *adj* zerstreut
esparcir [espar'θir] *v* verstreuen
espárrago [es'parrago] *m BOT* Spargel *m; mandar a freír ~s (fig)* zum Teufel schicken
espasmo ['espazmo] *m MED* Krampf *m*
espasmódico [espaz'modiko] *adj* krampfhaft
especia [es'peθĭa] *f 1.* Würze *f; 2. ~s pl* Gewürze *pl*
especial [espe'θĭal] *adj* extra, speziell
especialidad [espeθĭa'liđađ] *f 1.* Spezialität *f; 2. (ramo de ~)* Zweig *m,* Fachgebiet *n,* Bereich *m*
especialista [espeθĭa'lista] *m/f 1.* Spezialist(in) *m/f; 2. médico ~/médica ~* Facharzt/Fachärztin *m/f*
especializado [espeθĭali'θađo] *adj* fachlich
especializarse [espeθĭali'θarse] *v ~ en* sich spezialisieren auf
especie [es'peθĭe] *f* Sorte *f*
especificación [espeθifika'θĭɔn] *f* Spezifizierung *f*
especificamente [espeθifi'kamente] *adv* spezifisch, ausdrücklich, genau bestimmt
especificar [espeθifi'kar] *v* spezifizieren
específico [espe'θifiko] *adj* spezifisch
espectacular [espɛktaku'lar] *adj* effektvoll, spektakulär
espectáculo [espɛk'takulo] *m* Schauspiel *n,* Show *f*
espectador(a) [espɛkta'đɔr/espɛkta'đora] *m/f 1.* Zuschauer(in) *m/f; 2. THEAT* Theaterbesucher(in) *m/f*
espectro [es'pɛktro] *m 1.* Spektrum *n; 2. (fantasma)* Spuk *m,* Geist *m,* Gespenst *n*
especulación [espekula'θĭɔn] *f* Spekulation *f*
especulador(a) [espekula'đɔr/espekula'tora] *m/f FIN* Spekulant(in) *m/f*
especular [espeku'lar] *v 1. ~ sobre* rätseln über; *2. FIN* spekulieren
espejo [es'pɛxo] *m* Spiegel *m*
espeluznar [espe'luθnar] *v irr* sich sträuben, sich entsetzen
espera [es'pera] *f* Erwartung *f*
esperanza [espe'ranθa] *f* Hoffnung *f,* Aussicht *f; tener la ~ de* Hoffnung haben; *sin ~* aussichtslos, hoffnungslos; *lleno de ~* hoffnungsvoll
esperar [espe'rar] *v 1.* erhoffen, abwarten, erwarten, hoffen; *2. ~ a alguien* auf jdn warten; *Espere, por favor.* Warten Sie bitte.
esperma [es'pɛrma] *m BIO* Sperma *n,* Samen *m*
espeso [es'peso] *adj 1.* dickflüssig; *2. (duro)* fest
espesor [es'pesor] *m* Dicke *f,* Stärke *f*
espesura [espe'sura] *f 1.* Dickicht *n; 2. PHYS* Dichte *f*
espía [es'pia] *m/f* Spion *m,* Spitzel *m*
espiar [es'piar] *v* ausspionieren, spionieren, belauschen
espina [es'pina] *f 1. BOT* Stachel *m,* Dorn *m; 2. ~ dorsal ANAT* Rückgrat *n; 3. ~ de pescado* Fischgräte *f,* Gräte *f*
espinaca [espi'naka] *f BOT* Spinat *m*
espinoso [espi'noso] *adj* dornig, stachelig
espionaje [espĭo'naxe] *m* Spionage *f*
espiral [espi'ral] *f* Spirale *f; en forma de ~* spiralförmig
espirar [espi'rar] *v (expirar)* ausatmen
espíritu [es'piritu] *m* Geist *m; ~ aventurero* Abenteuerlust *f; ~ emprendedor* Tatendrang *m*
espiritual [espiri'twal] *adj* geistlich
espléndido [es'plendiđo] *adj 1.* herrlich, stattlich; *2. (generoso)* großzügig
espliego [es'plĭego] *m BOT* Lavendel *m*
esponja [es'pɔŋxa] *f* Schwamm *m*
espontaneidad [espɔntanɛĭ'đađ] *f* Spontaneität *f*
espontáneo [espɔn'taneo] *adj* spontan, unaufgefordert, ungezwungen
esposa[1] [es'posa] *f* Ehefrau *f,* Gemahlin *f,* Gattin *f,* Frau *f*
esposa[2] [es'posa] *f ~s pl* Handschellen *pl*
esposo [es'poso] *m* Ehemann *m,* Mann *m,* Gemahl *m,* Gatte *m*
espuma [es'puma] *f* Schaum *m; hacer ~* schäumen; *~ de afeitar* Rasierschaum *m*
espumar [es'pumar] *v* schäumen
esputo [es'puto] *m* Spucke *f*
esqueleto [eske'leto] *m ANAT* Skelett *n,* Knochengerüst *n,* Gerippe *n*
esquema [es'kema] *m* Schema *n*
esquemático [eske'matiko] *adj* schematisch
esquí [es'ki] *m SPORT* Ski *m; ~ acuático* Wasserski *m*
esquiador(a) [eskia'đɔr/eski'đora] *m/f SPORT* Skifahrer(in) *m/f*
esquiar [eski'ar] *v SPORT* Ski fahren

esquimal [eski'mal] *m* Eskimo *m*
esquina [es'kina] *f* *1.* Ecke *f;* *2. (borde, punta)* Kante *f*
esquinado [eski'nađo] *adj* eckig, kantig
esquivar [eski'ƀar] *v* ausweichen
esquivarse [eski'ƀarse] *v* sich drücken; *Alberto siempre se esquivaba de limpiar la casa.* Alberto drückte sich immer davor, die Wohnung zu putzen.
esquivo [es'kiƀo] *adj* finster
esquizofrenia [eskiθo'frenĭa] *f MED* Schizophrenie *f*
ésta ['esta] *pron ~/éste/ésto* diese(r,s)
esta ['esta] *pron* diese(r,s)
estabilidad [estaƀili'đađ] *f* Stabilität *f*
estabilizar [estaƀili'θar] *v* stabilisieren
estable [es'taƀle] *adj* dauerhaft, gleich bleibend, stabil
establecer [estaƀle'θɛr] *v irr* ansiedeln, errichten
establecerse [estaƀle'θɛrse] *v irr 1. (en algún lugar)* sich niederlassen, sich ansiedeln; *2. (en la sociedad)* sich etablieren
establecimiento [estaƀleθi'mĭento] *m 1.* Gründung *f,* Niederlassung *f,* Anstalt *f;* *2. ECO* Betrieb *m;* *~ especializado* Fachgeschäft *n*
establo [es'taƀlo] *m* Stall *m*
estaca [es'taka] *f* Pfahl *m*
estación [esta'θĭɔn] *f 1. (del año)* Jahreszeit *f;* *2. (de trenes)* Bahnhof *m,* Station *f;* *~ central* Hauptstation *f;* *~ final* Endstation *f;* *3. ~ de radiodifusión* Rundfunk *m*
estacionar [estaθĭo'nar] *v* parken
estadio [es'tađio] *m 1.* Stadium *n;* *~ inicial* Anfangsstadium *n;* *2. SPORT* Stadion *n*
estadista [esta'đista] *m POL* Staatsmann *m*
estadística [esta'đistika] *f 1.* Erfassung *f;* *2. MATH* Statistik *f*
estadístico [esta'đistiko] *adj* statistisch
estado [es'tađo] *m 1.* Verfassung *f,* Zustand *m;* *en ~* schwanger; *~ de emergencia* Notstand *m;* *~ de salud* Gesundheitszustand *m,* Befinden *n;* *~ mental* Geisteszustand *m;* *~ natural* Naturzustand *m;* *2. (situación)* Status *m,* Stand *m;* *~ civil* Familienstand *m;* *~ de la cuenta FIN* Kontostand *m;* *3. POL* Staat *m,* Gemeinwesen *n;* *4. Estado Mayor MIL* Generalstab *m,* Stab *m;* *5. Estados Unidos de Norteamerica pl GEO* Vereinigte Staaten von Amerika *pl*
estafa [es'tafa] *f* Schwindel *m*
estafador(a) [estafa'đɔr/estafa'đora] *m/f* Betrüger(in) *m/f,* Gauner(in) *m/f,* Hochstapler(in) *m/f*
estafar [esta'far] *v ~ a alguien* jdn hereinlegen, jdn betrügen
estallar [esta'ʎar] *v 1.* explodieren, knallen; *hacer ~* sprengen; *2. (empezar)* ausbrechen; *3. (fig: reventar)* bersten
estallido [esta'ʎiđo] *m 1.* Knall *m;* *2. (comienzo)* Ausbruch *m*
estampa [es'tampa] *f 1.* Bild *n;* *2. REL* Heiligenbild *n*
estancamiento [estanka'mĭento] *m 1.* Stockung *f,* Stillstand *m;* *2. ECO* Stagnation *f*
estancar [estan'kar] *v 1.* stocken, stauen; *2. ECO* stagnieren
estancia [estan'θĭa] *f* Aufenthalt *m;* *¡Que tenga una ~ agradable!* Angenehmen Aufenthalt! *Deseo prolongar mi ~.* Ich möchte meinen Aufenthalt verlängern.
estandarizado [estandari'θađo] *adj* genormt
estandarte [estan'darte] *m* Banner *n,* Standarte *f*
estanque [es'taŋke] *m* Teich *m,* Weiher *m*
estantería [estante'ria] *f* Bücherregal *n,* Regal *n*
estar [es'tar] *v irr 1. (estado)* sein; *Estoy cansado.* Ich bin müde. *Estoy enfermo.* Ich bin krank. *2. (en un lugar)* sich befinden, sein; *¿Dónde está la salida?* Wo ist der Ausgang? *Estoy aquí en el centro de la ciudad.* Ich befinde mich hier in der Stadtmitte.
estatal [esta'tal] *adj* staatlich
estático [es'tatiko] *adj* statisch; *estar ~* ruhen
estatificación [estatifika'θĭɔn] *f POL* Verstaatlichung *f*
estatua [es'tatwa] *f 1.* Standbild *n,* Statue *f;* *2. ART* Figur *f*
estatura [esta'tura] *f* Körpergröße *f,* Größe *f,* Statur *f,* Wuchs *m*
estatuto [esta'tuto] *m JUR* Satzung *f,* Statut *n*
este[1] ['este] *m* Osten *m;* *del ~* östlich; *al ~ de* im Osten von
este[2] ['este] *art 1.* dieser, der; *pron 2.* dieser
estenografía [estenogra'fia] *f (taquigrafía)* Stenografie *f*
estepa [es'tepa] *f GEO* Steppe *f*
estereotipado [estereoti'pađo] *adj* stereotyp

estéril [es'teril] *adj BIO* unfruchtbar, steril
esterilizar [esterili'θar] *v* sterilisieren
estética [es'tetika] *f* Ästhetik *f*
esteticista [esteti'θista] *f* Kosmetikerin *f*
estético [es'tetiko] *adj* ästhetisch
estibar [es'tibar] *v* verstauen, stauen, stapeln
estilo [es'tilo] *m* Stil *m; ~ arquitectónico* Baustil *m*
estima [es'tima] *f* Wertschätzung *f,* Schätzung *f*
estimable [esti'maƀle] *adj* achtbar
estimación [estima'θĭɔn] *f 1.* Wertschätzung *f,* Schätzung *f; 2. ECO* Überschlag *m*
estimado [esti'mađo] *adj 1.* beliebt; *2. (de gran valor)* wert; *¡Estimados señores!* Sehr geehrte Damen und Herren!
estimar [esti'mar] *v 1. (valorar, considerar)* schätzen, achten, werten; *2. (opinar)* meinen
estimular [estimu'lar] *v 1.* anspornen, reizen, anregen; *2. ECO* anheizen, ankurbeln
estímulo [es'timulo] *m* Anregung *f,* Anreiz *m,* Ansporn *m,* Motivation *f*
estipulaciones [estipula'θĭones] *f/pl ECO* Vertragsbestimmungen *pl,* Vereinbarungen *pl*
estirado [esti'rado] *adj* gezogen, groß, ausgedehnt
estirar [esti'rar] *v (dilatar)* dehnen, strecken; *~ la piel quirúrgicamente* liften
estirarse [esti'rarse] *v* sich recken; *~ las piernas* sich die Beine vertreten
estirón [estĭ'ron] *m* Ruck *m*
estirpe [es'tirpe] *f* Stamm *m,* Geschlecht *n,* Herkunft *f*
esto ['esto] *pron (demonstrativo)* das, diese(r,s); *por ~* damit, hierdurch
estofar [esto'far] *v GAST* dünsten, dämpfen
estomacal [estoma'kal] *m* Magenbitter *m*
estómago [es'tomago] *m ANAT* Magen *m*
estorbar [estɔr'ƀar] *v* stören, im Weg stehen
estornino [estɔr'nino] *m ZOOL* Star *m*
estornudar [estɔrnu'đar] *v* niesen
estrado [es'trađo] *m* Podest *n,* Podium *n*
estrafalario [estrafa'larĭo] *adj 1. ir ~* auffällig gekleidet sein, ausgefallen gekleidet sein; *m 2.* skurril gekleidete Person *f,* Sonderling *m*
estrangular [estraŋgu'lar] *v 1.* erdrosseln, erwürgen; *2. MED* abbinden; *3. TECH* drosseln
estrategia [estra'tɛxĭa] *f* Strategie *f*
estrato [es'trato] *m 1. GEO* Schicht *f; 2. ~ social* Gesellschaftsschicht *f*
estrechar [estre'tʃar] *v 1.* einengen; *2. (apretujar)* drängen; *~ en los brazos a alguien* jdn an sich drücken
estrecharse [estre'tʃarse] *v* sich verengen
estrechez [estre'tʃɛθ] *f* Enge *f*
estrecho [es'tretʃo] *m 1. GEO* Meerenge *f; Estrecho de Gibraltar* Meerenge von Gibraltar *f; adj 2.* eng, beengt, schmal; *~ de miras* engstirnig; *3. (escaso)* knapp
estrella [es'treʎa] *f 1. ASTR* Stern *m; ~ fugaz* Sternschnuppe *f; 2. ~ de mar ZOOL* Seestern *m; 3. CINE* Star *m,* Diva *f*
estrellamar [estreʎa'mar] *f ZOOL* Seestern *m*
estrellarse [estre'ʎarse] *v* zerschellen, splittern
estremecedor [estremeθe'đɔr] *adj* erschütternd
estremecimiento [estremeθi'mĭento] *m* Schauer *m,* Erschütterung *f*
estreno [es'treno] *m 1.* Debüt *n; 2. THEAT* Erstaufführung *f,* Premiere *f*
estrés [es'tres] *m* Stress *m,* Belastung *f*
estribillo [estri'biʎo] *m MUS* Kehrreim *m,* Refrain *m*
estribor [estri'ƀɔr] *adv a ~* steuerbord
estricto [es'trikto] *adj* streng, strikt
estrofa [es'trofa] *f MUS* Strophe *f*
estropajo [estro'paxo] *m* Tuch *n,* Scheuerlappen *m,* Lappen *m*
estropeado [estrope'ado] *adj 1.* kaputt; *2. (pasado)* verdorben
estropear [estrope'ar] *1. (fig: echar a perder)* verpfuschen, verkümmern; *2. (afear, arruinar)* verschandeln; *3. (deteriorar, herir)* lädieren
estropearse [estrope'arse] *v 1. (dañarse)* kaputtgehen; *2. (alimentos)* verderben
estropeo [estro'peo] *m* Verschandelung *f*
estructura [estruk'tura] *f* Aufbau *m,* Struktur *f,* Gerüst *n; ~ ósea ANAT* Knochenbau *m*
estructuración [estruktura'θĭɔn] *f* Gliederung *f*
estructural [estruktu'ral] *adj* strukturell
estructurar [estruktu'ral] *v* strukturieren
estrujar [estru'xar] *v* ausdrücken, auspressen, quetschen
estuche [es'tutʃe] *m 1.* Etui *n,* Hülse *f; ~ del violín MUS* Geigenkasten *m; 2. (armazón)* Gehäuse *n*

estudiante [estu'đĭante] *m/f* Student(in) *m/f*
estudiar [estu'dĭar] *v 1. (aprender)* erlernen; *Quisiera ~ español.* Ich möchte Spanisch lernen. *~ una carrera universitaria* studieren; *2. (investigar)* erforschen
estudio [es'tuđĭo] *m 1.* Studium *n; 2. (investigación)* Erforschung *f; 3. (cuarto de trabajo)* Atelier *n,* Studio *n*
estufa [es'tufa] *f* Ofen *m*
estupefacción [estupefak'θĭɔn] *f* Bestürzung *f,* Verblüffung *f,* Erstaunen *n,* Betäubung *f*
estupefaciente [estupefa'θĭente] *m* Droge *f,* Rauschgift *n*
estupefacto [estupe'fakto] *adj* entgeistert, perplex
estupendo [estu'pendo] *adj* ausgezeichnet, toll; *¡Estupendo!* Klasse!
estupidez [estupi'đeθ] *f 1.* Blödsinn *m,* Dummheit *f; 2. (apatía)* Stumpfsinn *m*
estupro [es'tupro] *m* Schändung *f,* Vergewaltigung *f*
etapa [e'tapa] *f* Etappe *f; por ~s* stufenweise, etappenweise
eternidad [etɛrni'đađ] *f* Ewigkeit *f*
eternizar [etɛrni'θar] *v* verewigen
eterno [e'tɛrno] *adj* ewig, zeitlos
ética ['etika] *f* Ethik *f*
ético ['etiko] *adj* sittlich, ethisch
etílico [e'tiliko] *adj* alkoholisch
Etiopía [etĭo'pia] *f GEO* Äthiopien *n*
etiqueta [eti'keta] *f* Etikett *n,* Auszeichnung *f; poner ~* auszeichnen; *~ de precio* Preisschild *n*
étnico ['etniko] *adj* ethnisch
etnología [etnolɔ'xia] *f* Ethnologie *f,* Völkerkunde *f*
Eucaristía [eŭkaris'tia] *f REL* Eucharistie *f,* Abendmahl *n*
eureka [eure'ka] *interj* heureka!
euro [eŭ'ro] *m FIN* Euro *m*
eurocheque [eŭro'tʃeke] *m FIN* Eurocheque *m*
Europa [eŭ'ropa] *f GEO* Europa *n; ~ Central* Mitteleuropa *n; ~ Occidental* Westeuropa *n; ~ Oriental* Osteuropa *n*
europeo [eŭro'peo] *adj 1.* europäisch; *m 2.* Europäer *m*
evacuación [eƀakwa'θĭɔn] *f* Evakuierung *f,* Räumung *f*
evacuar [eƀa'kwar] *v 1.* ausräumen; *2. (desalojar)* räumen; *3. ~ a alguien* jdn aussiedeln
evadir [eƀa'đir] *v 1.* umgehen, ausweichen; *2. (fugarse)* entrinnen; *3. (emigrar)* abwandern
evaluable [eƀa'lwaƀle] *adj MATH* berechenbar
evaluación [eƀalwa'θĭɔn] *f 1.* Auswertung *f,* Bewertung *f; 2. (cálculo)* Berechnung *f; 3. ~ aproximativa ECO* Überschlag *m*
evaluar [eƀa'lwar] *v 1.* schätzen, bewerten; *2. (analizar)* auswerten
evangelio [eƀaŋ'xelĭo] *m REL* Evangelium *n*
evangelista [eƀaŋxe'lista] *adj REL* evangelisch
evaporar [eƀapo'rar] *v* verdampfen
evaporarse [eƀapo'rarse] *v* verdunsten
evasión [eƀa'sĭɔn] *f 1.* Ausbruch *m; 2. ~ de capitales ECO* Kapitalabfluss *m*
evasiva [eƀa'siƀa] *f* Ausrede *f*
eventual [eƀen'twal] *adj* gelegentlich, etwaig, eventuell
evidencia [eƀi'đenθĭa] *f 1.* Selbstverständlichkeit *f,* Eindeutigkeit *f; poner en ~* klarstellen, ans Licht bringen; *2. (prueba)* Beweis *m*
evidente [eƀi'đente] *adj* deutlich, eindeutig, offensichtlich
evitable [eƀi'taƀle] *adj* vermeidbar
evitación [eƀita'θĭɔn] *f* Vermeidung *f*
evitar [eƀi'tar] *v 1.* vermeiden, meiden, umgehen; *2. ~ algo a alguien* jdm etw ersparen
evolución [eƀolu'θĭɔn] *f 1.* Evolution *f; 2. (desarrollo)* Entwicklung *f,* Werdegang *m,* Verlauf *m; 3. (mejora)* Aufstieg *m*
evolucionar [eƀoluθĭo'nar] *v* verlaufen
ex [ɛks] *adj* bisherig, ehemalig; *~ marido* Exmann *m; ~ mujer* Exfrau *f*
exacción [ɛksak'θĭɔn] *f ECO* Abgabe *f*
exactitud [ɛksakti'tuđ] *f* Genauigkeit *f,* Exaktheit *f*
exacto [ɛk'sakto] *adj* genau, richtig, exakt; *ser ~* zutreffen
exagerado [ɛksaxe'rađo] *adj* übertrieben, übermäßig, überschwänglich
exagerar [ɛksaxe'rar] *v* übertreiben
examen [ɛk'samen] *m 1.* Prüfung *f,* Examen *n; ~ de admisión/~ de aptitud* Aufnahmeprüfung *f; ~ de conducción* Fahrprüfung *f; ~ de maestría* Meisterprüfung *f; ~ oficial* Gesellenprüfung *f; ~ escrito* Klausur *f; ~ final* Abschlussprüfung *f; 2. (inspección)* Untersuchung *f; ~ médico* ärztliche Untersuchung *f*

examinación [ɛgsamina'θĭɔn] *f 1. (control)* Überprüfung *f; 2. (observación)* Beobachtung *f*
examinador(a) [ɛksamina'đɔr/egsamina'tora] *m/f* Prüfer(in) *m/f*
examinar [ɛksami'nar] *v 1. (observar)* beobachten; *2. (inspeccionar)* nachsehen, untersuchen, einsehen; *3. (comprobar)* überprüfen; *4. (investigar)* erforschen; *5. MED* untersuchen
excarcelación [eskarθela'θĭɔn] *f* Entlassung *f*
excavación [eskaƀa'θĭɔn] *f* Ausgrabung *f*
excavadora [eskaƀa'đora] *f TECH* Bagger *m*
excedente [esθe'đente] *m 1.* Plus *n,* Überfluss *m,* Überschuss *m; adj 2.* überschüssig
exceder [esθe'đɛr] *v* übertreffen
excelencia [esθe'lenθĭa] *f* Herrlichkeit *f; por ~* vorzugsweise, par excellence
excelente [esθe'lente] *adj* ausgezeichnet, vortrefflich, vorzüglich
excéntrico [es'θentriko] *m 1.* Außenseiter *m; adj 2.* exzentrisch
excepción [esθɛƀ'θĭɔn] *f* Ausnahme *f; por ~* ausnahmsweise; *sin ~* ausnahmslos
excepcional [esθɛƀθĭo'nal] *adj* außergewöhnlich
excepcionalmente [esθɛƀθĭonal'mente] *adv* ausnahmsweise
excepto [es'θɛpto] *prep* außer, vorbehaltlich, ausgenommen
exceptuar [esθɛp'tuar] *v* eine Ausnahme machen, ausnehmen
excesivo [esθe'siƀo] *adj 1.* maßlos, überhöht, übermäßig; *2. (exorbitante)* unerschwinglich; *3. (abundante, lujoso)* üppig
exceso [es'θeso] *m* Ausschreitung *f,* Exzess *m,* Übermaß *n; ¿Cuánto debo pagar de ~ de equipaje?* Wie viel muss ich für das; *Übergepäck zahlen? ~ de empeño* Übereifer *m; ~ de oferta ECO* Überangebot *m; ~ de producción* Überproduktion *f; ~ de velocidad* Geschwindigkeitsüberschreitung *f*
excitación [esθita'θĭɔn] *f* Aufregung *f,* Erregung *f*
excitado [esθi'tađo] *adj* aufgeregt
excitante [esθi'tante] *adj 1.* aufregend; *m 2.* Aufputschmittel *n*
excitar [esθi'tar] *v* aufputschen
excitarse [esθi'tarse] *v* sich erregen, sich aufregen
exclamación [esklama'θĭɔn] *f* Ausruf *m*
exclamar [eskla'mar] *v* ausrufen
excluir [esklu'ir] *v irr 1.* ausnehmen, ausschließen; *2. (un tema de)* ausklammern; *~ de* ausschließen aus; *3. (eliminar) MATH* ausscheiden
exclusión [esklu'sĭɔn] *f* Ausschluss *m*
exclusivo [esklu'siƀo] *adj* exklusiv
excomulgar [eskomul'gar] *v REL* exkommunizieren
excoriación [eskorĭa'θĭɔn] *f MED* Hautabschürfung *f*
excrecencia [eskre'θenθĭa] *f 1.* Auswuchs *m; 2. (protuberancia) MED* Vorsprung *m*
excretar [eskre'tar] *v MED* ausscheiden
exculpar [eskul'par] *v JUR* entlasten
exculpatorio [eskulpa'torĭo] *adj JUR* entlastend
excursión [eskur'sĭɔn] *f* Ausflug *m,* Exkursion *f; ir de ~* einen Ausflug machen; *Me gustaría hacer una ~.* Ich würde gerne einen Ausflug unternehmen. *~ a pie* Wanderung *f; ~ en bicicleta* Radtour *f; lugar de ~* Ausflugsort *m*
excursionista [eskur'sĭɔn] *m/f* Wanderer/Wanderin *m/f*
excusa [es'kusa] *f 1. (disculpa)* Entschuldigung *f; 2. (pretexto)* Vorwand *m,* Ausrede *f*
excusable [esku'saƀle] *adj* entschuldbar
excusado [esku'sađo] *m* Klo *n,* Klosett *n,* Abort *m; ir al ~* austreten
excusar [esku'sar] *v* entschuldigen
excusarse [esku'sarse] *v ~ por* sich entschuldigen für
exención [ɛksen'θĭɔn] *f 1.* Erlass *m; 2. ECO* Befreiung *f*
exento [ɛk'sento] *adj ~ de derechos/~ de porte ECO* gebührenfrei; *~ de derechos aduaneros* zollfrei; *~ de deudas* schuldenfrei; *~ de impuestos* steuerfrei; *~ de interés* zinslos
exhalar [ɛk'salar] *v* ausatmen
exhaustivo [ɛksaws'tiƀo] *adj* tief schürfend, tief, erschöpfend
exhibición [ɛksiƀi'θĭɔn] *f 1. (exposición)* Ausstellung *f; 2. (presentación)* Vorführung *f*
exhibicionista [ɛksiƀiθĭo'nista] *m* Exhibitionist *m*
exhibir [ɛksi'ƀir] *v 1. (exponer)* ausstellen; *2. (presentar)* vorführen
exhortación [ɛksɔrta'θĭɔn] *f* Ermahnung *f*
exhortar [ɛksɔr'tar] *v* ermahnen
exhumación [ɛksuma'θĭɔn] *f* Ausgrabung *f*

exhumar [ɛksu'mar] *v (un cadáver)* ausgraben
exigencia [ɛksi'xenθĭa] *f* Forderung *f*, Anspruch *m*
exigente [ɛksi'xente] *adj* wählerisch; *muy ~* anspruchsvoll
exigir [ɛksi'xir] *v 1.* anfordern, abverlangen, beanspruchen; *~ demasiado de alguien* jdn überfordern, zu viel von jdm verlangen; *2. (fuerte)* fordern; *Te exijo que me escuches sin replicar.* Ich will, dass du mir zuhörst, ohne zu widersprechen. *3. (reclamar)* reklamieren
exiguo [ɛk'sigwo] *adj* spärlich
exiliar [ɛksi'liar] *v* verbannen
exilio [ɛk'silĭo] *m POL* Exil *n*, Verbannung *f*
eximir [ɛksi'mir] *v ECO* befreien
existencia [ɛksis'tenθĭa] *f 1.* Leben *n*, Dasein *n*, Existenz *f*; *2. ~ pl (surtido, provisión)* Vorrat *m*; *3. ~s pl ECO* Bestand *m*
existente [ɛksis'tente] *adj* vorhanden
existir [ɛksis'tir] *v 1. (ser, estar)* existieren, da sein, leben; *2. (suceder, encontrarse)* vorkommen
exitable [ɛksi'taƀle] *adj* reizbar
exitazo [ɛksi'taθo] *m* Knüller *m*, Riesenerfolg *m*
éxito ['ɛksito] *m* Erfolg *m*; *tener ~* Erfolg haben, gelingen; *sin ~* erfolglos; *~ de público* Publikumserfolg *m*; *~ grandioso* Riesenerfolg *m*
exitoso [ɛksi'toso] *adj (LA)* erfolgreich
exmarido [ɛksma'riđo] *m* Verflossener *m*
exnovio [ɛks'noƀĭo] *m* Verflossener *m*
éxodo ['ɛksođo] *m* Exodus *m*, Massenauswanderung *f*; *~ rural* Landflucht *f*
exoneración [ɛksonera'θĭɔn] *f ECO* Befreiung *f*
exonerar [ɛksone'rar] *v ECO* befreien; *~ de algo* von etw lossprechen; *Debido a sus excelentes notas ~on a Marcia de los exámenes finales.* Aufgrund ihrer hervorragenden Noten wurde Marcia von; *den Abschlussprüfungen befreit.*
exorbitante [ɛksɔrƀi'tante] *adj (precio)* unerschwinglich, übertrieben
exótico [ɛk'sotiko] *adj* exotisch
expansión [espan'sĭɔn] *f 1.* Expansion *f*; *2. ECO* Aufschwung *m*
expatriar [espa'trĭar] *v* verbannen, verweisen, ausweisen
expectación [espɛkta'θĭɔn] *f* Spannung *f*; *lleno de ~* erwartungsvoll
expectativa [espɛkta'tiƀa] *f* Erwartung *f*; *~ de la vida* Lebenserwartung *f*
expectorar [espɛkto'rar] *v MED* spucken
expedición [espeđi'θĭɔn] *f 1. (viaje)* Expedition *f*; *2. (remesa)* Versand *m*, Versendung *f*
expediente [espeđiente] *m 1.* Akte *f*; *2. JUR* Protokoll *n*
expedir [espe'đir] *v irr (enviar)* aufgeben, verschicken, wegschicken, versenden
experiencia [espe'rĭenθĭa] *f* Lebenserfahrung *f*, Praxis *f*, Erfahrung *f*; *por ~* erfahrungsgemäß
experimentado [esperimen'tađo] *adj* bewährt, erfahren, routiniert; *ser ~* bewandert sein
experimentalmente [esperimental'mente] *adv* versuchsweise
experimentar [esperimen'tar] *v 1.* erfahren, erleben; *2. (sentir)* fühlen; *3. PHYS* experimentieren
experimento [esperi'mento] *m 1.* Versuch *m*, Experiment *n*; *2. ~s en animales pl* Tierversuch *m*
experto [es'pɛrto] *m 1.* Experte *m*, Fachmann *m*, Könner *m*; *~ en informática* Informatiker *m*; *2. (perito)* Sachverständiger *m*, Gutachter *m*; *adj 3.* erfahren, sachkundig
expiación [espĭa'θĭɔn] *f* Sühne *f*
expiar [es'pĭar] *v* verbüßen, büßen
expiración [espira'θĭɔn] *f ECO* Ablauf *m*, Fälligkeit *f*
expirar [espi'rar] *v 1.* sterben; *2. (un plazo) ECO* ablaufen
explanar [espla'nar] *v* planieren
explicable [espli'kaƀle] *adj* erklärbar
explicación [esplika'θĭɔn] *f* Erläuterung *f*, Erklärung *f*
explicar [espli'kar] *v* erklären, erläutern; *¡Me lo puede ~ eso, por favor!* Können Sie mir das bitte erklären!
explícito [es'pliθito] *adj* ausdrücklich, explizit
exploración [esplora'θĭɔn] *f 1.* Erkundung *f*, Erforschung *f*; *~ del espacio* Weltraumforschung *f*; *2. MIL* Aufklärung *f*
explorador(a) [esplora'đɔr/esplora'đora] *m/f* Pfadfinder(in) *m/f*
explorar [esplo'rar] *v* auskundschaften, erforschen
explosión [esplo'sĭɔn] *f* Explosion *f*, Sprengung *f*; *hacer ~* explodieren; *~ de la población (fig)* Bevölkerungsexplosion *f*; *~ de una bomba* Bombenexplosion *f*

explosionar [esplosĭo'nar] *v* knallen, explodieren
explosivo [esplo'siƀo] *m 1.* Sprengkörper *m,* Sprengstoff *m; adj 2.* explosiv
explotación [esplota'θĭɔn] *f 1.* Verwertung *f; ~ abusiva* Raubbau *m; 2. (fig)* Ausbeutung *f; 3. MIN* Abbau *m*
explotar [esplo'tar] *v 1.* ausnutzen, nutzen, bewirtschaften, ausbeuten; *2. MIN* abbauen
expoliar [espo'lĭar] *v* berauben, ausbeuten
exponer [espo'nɛr] *v irr 1.* ausstellen, auslegen; *2. (declarar)* aussagen, vortragen, vorbringen; *3. (abandonar) ~ a* preisgeben, exponieren, aussetzen; *4. FOTO* belichten
exportación [espɔrta'θĭɔn] *f ECO* Ausfuhr *f,* Export *m*
exportador(a) [espɔrta'đɔr/espɔrđa'tora] *m/f ECO* Exporteur(in) *m/f*
exportar [espɔr'tar] *v ECO* ausführen, exportieren
exposición [esposi'θĭɔn] *f 1.* Ausstellung *f,* Messe *f; ¿Cuánto tiempo dura la ~?* Wie lange dauert die Ausstellung? *~ de arte* Kunstausstellung *f; 2. (explicación, demonstración)* Referat *n,* Darstellung *f; 3. ~ a radiaciones* Bestrahlung *f*
exposímetro [espo'simetro] *m FOTO* Belichtungsmesser *m*
expositor [esposi'tɔr] *m* Schausteller *m*
expresamente [espresa'mente] *adv* besonders, eigens
expresar [espre'sar] *v 1.* sagen, aussprechen, äußern, sprechen; *2. (demostrar)* beweisen
expresión [espre'sĭɔn] *f* Ausdruck *m,* Äußerung *f; ~ facial* Gesichtsausdruck *m; ~ idiomática* Redewendung *f*
expresionismo [espresĭo'nizmo] *m ART* Expressionismus *m*
expresivo [espre'siƀo] *adj* viel sagend, ausdrucksvoll
expreso [es'preso] *m (tren)* Zug *m,* Schnellzug *m*
exprimir [espri'mir] *v* ausdrücken, auspressen
expropiar [espro'pĭar] *v JUR* enteignen
expuesto [es'pwesto] *adj (fig)* ausgesetzt
expulsado [espul'sađo] *adj 1.* vertrieben; *m 2.* Vertriebener *m*
expulsar [espul'sar] *v 1.* ausweisen, verweisen, vertreiben; *2. (excluir)* ausschließen, ausstoßen; *3. POL* abschieben
expulsión [espul'sĭɔn] *f 1.* Ausweisung *f,* Verdrängung *f; 2. POL* Abschiebung *f; 3. (exclusión) SPORT* Ausschluss *m; 4. MED* Abgang *m*
exquisito [eski'sito] *adj* köstlich, vortrefflich, vorzüglich
éxtasis ['estasis] *m* Ekstase *f*
extender [esten'dɛr] *v irr (estirar, agrandar)* ausstrecken, herausstrecken, ausbreiten, ausdehnen
extenderse [esten'dɛrse] *v irr* sich ausbreiten, reichen; *Las clases se extienden a lo largo del semestre.* Der Unterricht; *erstreckt sich über das ganze Semester.*
extendido [esten'diđo] *adv muy ~* weit verbreitet
extensible [esten'siƀle] *adj* ausziehbar, dehnbar
extensión [esten'sĭɔn] *f* Ausdehnung *f,* Dehnbarkeit *f; cable de ~ TECH* Verlängerungskabel *n*
extenso [es'tenso] *adj* ausführlich, weit
extenuar [estenu'ar] *v* auszehren, entkräften
exterior [este'rĭɔr] *m 1.* Äußeres *n; 2. (de un país)* Ausland *n; adj 3.* äußere(r, s), äußerlich
exterminar [estɛrmi'nar] *v* ausrotten, vertilgen
externamente [estɛrna'mente] *adv* außerhalb
externo [es'tɛrno] *adj* äußere(r, s), äußerlich, extern
extinción [estin'θĭɔŋ] *f* Auslöschung *f,* Erlöschen *n; en vías de ~* vom Aussterben bedroht
extinguido [estiŋ'giđo] *adj* ausgestorben
extinguidor [estiŋgi'đɔr] *m (LA)* Feuerlöscher *m*
extinguir [estiŋ'gir] *v 1.* auslöschen, vertilgen; *2. (apagar)* ausmachen, löschen
extinguirse [estiŋ'girse] *v 1.* erlöschen, aussterben; *2. BOT* absterben
extintor [estin'tɔr] *m ~ de incendios* Feuerlöscher *m*
extirpación [estirpa'θĭɔn] *f* Ausrottung *f*
extirpar [estir'par] *v 1.* ausrotten; *2. (desarraigar)* herausreißen, entwurzeln
extorsión [estɔr'sĭɔn] *f* Erpressung *f*
extorsionar [estɔrsĭo'nar] *v* erpressen
extorsionista [estɔrsĭo'nista] *m/f* Erpresser(in) *m/f*
extra ['ɛkstra] *m 1. ECO* Zulage *f; 2. CINE* Komparse *m,* Statist *m; adj 3.* extra
extracción [estrak'θĭɔn] *f 1.* Förderung *f; 2. ~ de sangre MED* Blutabnahme *f*

extracto [es'trakto] *m 1.* Extrakt *n; 2. (compendio)* Übersicht *f; ~ de cuenta ECO* Kontoauszug *m*

extradición [estradi'θĭɔn] *f JUR* Auslieferung *f*

extraditar [estradi'tar] *v JUR* ausliefern

extraer [estra'ɛr] *v irr 1.* herausziehen, herausreißen; *~ con la bomba* abpumpen; *2. MIN* gewinnen, fördern; *La empresa extrae cobre de la mina.* Die Firma fördert Kupfer aus; *dem Bergwerk.*

extralimitación [estralimita'θĭɔn] *f* Übergriff *m*

extrañar [estra'ɲar] *v (LA)* vermissen

extranjerismo [estranxe'rizmo] *m* Fremdwort *n*

extranjero [estran'xero] *m 1.* Ausland *n; 2. (persona)* Ausländer *m; adj 3.* ausländisch, fremd

extraño [es'traɲo] *adj* merkwürdig, absonderlich, seltsam

extraordinario [estraɔrđi'narĭo] *adj 1.* besondere(r, s), außerordentlich, außergewöhnlich; *2. (raro)* selten, einmalig

extrapolación [estrapola'θĭɔn] *f* Hochrechnung *f*

extravagancia [estraƀa'ganθĭa] *f* Extravaganz *f*

extravagante [estraƀa'gante] *m 1.* komischer Kauz *m; adj 2.* extravagant

extraviar [estraƀi'ar] *v* verlegen, verlieren

extraviarse [estraƀi'arse] *v* sich verirren, sich verlaufen, sich verfahren

extravío [estra'ƀio] *m* Verirrung *f,* Verlegung *f*

extremadamente [estremada'mente] *adv* extrem, ungemein

extremidades [estremi'đađes] *f/pl ANAT* Gliedmaßen *pl*

extremismo [estre'mismo] *m POL* Extremismus *m*

extremista [estre'mista] *adj POL* extremistisch

extremo [es'tremo] *adj 1.* extrem, äußerst, entgegengesetzt; *m 2. (cabo, borde)* Ende *n,* Rand *m; Extremo Oriente GEO* Fernost *m,* Ferner Osten *m*

extrovertido [estroƀɛr'tiđo] *adj* aufgeschlossen

exuberancia [ɛksuƀe'ranθĭa] *f* Überschwang *m*

exuberante [ɛksuƀe'rante] *adj* üppig

eyaculación [ejakula'θĭɔn] *f BIO* Ejakulation *f*

eyacular [eja'kular] *v* ejakulieren, ausspritzen, abreißen, zerstören

F

fábrica ['faƀrika] *f* Anlage *f,* Fabrik *f,* Werk *n; ~ de gas* Gaswerk *n*
fabricación [faƀrika'θĭɔn] *f* Anfertigung *f,* Herstellung *f*
fabricante [faƀri'kante] *m/f* Hersteller(in) *m/f,* Fabrikant(in) *m/f*
fabricar [faƀri'kar] *v* herstellen, anfertigen, erzeugen; *~ cerveza* Bier brauen
fábula ['faƀula] *f* Fabel *f; de ~* märchenhaft
fabuloso [faƀu'loso] *adj* toll, märchenhaft, fabelhaft
facción [fa'kθĭɔn] *f* Bande *f,* Zusammenrottung *f,* (POL) Parteigruppe *f*
facciones [fak'θĭones] *f/pl* Gesichtszüge *pl*
faceta [fa'θeta] *f* Facette *f,* Aspekt *m*
fácil ['faθil] *adj* leicht, mühelos, glatt; *~ de comprender* verständlich; *~ de usar* benutzerfreundlich
facilidad [faθili'đađ] *f* Leichtigkeit *f*
facilitar [faθili'tar] *v 1.* beschaffen, verschaffen, vermitteln; *2. (aliviar)* erleichtern
factible [fak'tible] *adj* durchführbar, machbar
factor [fak'tɔr] *m* Faktor *m; ~ de inseguridad* Unsicherheitsfaktor *m*
factoría [fakto'rĭa] *f* Werk *n*
facturación [faktura'θĭɔn] *f ECO* Umsatz *m*
facturar [faktu'rar] *v ECO* anrechnen
facultad [fakul'tađ] *f 1.* Fakultät *f; 2. (capacidad)* Fähigkeit *f,* Vermögen *n; ~ visual MED* Sehkraft *f*
facultar [fakul'tar] *v* befugen, ermächten, befähigen
facultativamente [fakultatiƀa'mente] *adv* wahlweise
facultativo [fakulta'tibo] *aj* fakultativ, beliebig, freiwillig
fachada [fa'tʃađa] *f (de una casa)* Fassade *f,* Vorderfront *f*
fachoso [fa'tʃoso] *adj* häßlich, lächerlich aussehend
faena [fa'ena] *f* Arbeit *f; hacer una ~ a alguien* jdm übel mitspielen
falacia [fa'lacĭa] *f* Trug *m,* Betrug *m*
falda ['falda] *f 1.* Rock *m; ~ de combinación* Unterrock *m; 2. (regazo)* Schoß *m*
faldero [fal'dero] *adj perro ~* Schoßhund *m*
falsamente [falsa'mente] *adv* fälschlicherweise
falsear [false'ar] *v* fälschen, frisieren, verdrehen
falsedad [false'đađ] *f* Unaufrichtigkeit *f,* Unwahrheit *f*
falsificación [falsifika'θĭɔn] *f* Verfälschung *f,* Fälschung *f; ~ de documentos* Urkundenfälschung *f*
falsificar [falsifi'kar] *v* verfälschen, fälschen
falso ['falso] *adj 1. (falsificado)* unecht, falsch; *2. (insincero, desleal)* unaufrichtig, unehrlich
falta ['falta] *f 1.* Mangel *m; hacer ~* nötig sein; *por ~ de* mangels; *sin ~* sicherlich, ganz bestimmt; *2. (violación) JUR* Verletzung *f*
faltar [fal'tar] *v 1.* fehlen, ausstehen, fernbleiben; *¡Lo que faltaba!* Schöne Bescherung! Das fehlte noch! *Aquí falta algo.* Da fehlt was. *2. ~ a (atentar contra) JUR* verletzen
falto ['falto] *adj* mangelhaft; *~ de recursos* mittellos; *~ de delicadeza* geschmacklos
falla ['faʎa] *f GEOL* Fehler *m,* Materialfehler *m,* Störung *f*
fallar [fa'ʎar] *v 1.* misslingen, missglücken, scheitern; *2. (una sentencia) JUR* urteilen, fällen
fallecer [faʎe'θɛr] *v irr* sterben
fallecido [faʎe'θiđo] *m 1.* Toter *m,* Verstorbener *m; adj 2.* tot, verstorben
fallecimiento [faʎeθi'mĭento] *m* Todesfall *m,* Tod *m*
fallo ['faʎo] *m 1. (deficiencia, resultado)* Ausfall *m,* Fehler *m; 2. TECH* Versagen *n; 3. (del juicio) JUR* Urteilsspruch *m,* Urteil *n,* Spruch *m*
fama ['fama] *f 1. (nombre, reputación)* Ansehen *n,* Ruf *m; de mala ~* anrüchig, berüchtigt, verrufen; *2. (celebridad)* Berühmtheit *f*
familia [fa'milĭa] *f* Familie *f; de ~ numerosa* kinderreich
familiar [fami'lĭar] *m 1.* Familienangehöriger *m,* Verwandter *m; adj 2.* vertraut, heimisch, familiär
familiaridad [familĭari'đađ] *f* Vertrautheit *f*
famoso [fa'moso] *adj* bekannt, berühmt

fan [fan] *m* Fan *m*
fanático [fa'natiko] *m 1.* Fanatiker *m; adj 2.* fanatisch
fanfarrón [famfa'rrɔn] *m 1.* Angeber *m,* Aufschneider *m; adj 2.* protzig
fanfarronada [famfarrɔ'naɗa] *f* Angeberei *f,* Angabe *f*
fanfarronear [famfarrɔne'ar] *v* angeben, aufschneiden, tönen
fango ['faŋgo] *m* Schlamm *m,* Lehm *m*
fangoso [faŋ'goso] *adj* matschig, schlammig
fantasear [fantase'ar] *v* fantasieren
fantasía [fanta'sia] *f* Fantasie *f,* Einbildungskraft *f; sin ~* fantasielos; *lleno de ~* fantasievoll
fantasma [fan'tazma] *m* Geist *m,* Gespenst *n,* Phantom *n*
fantástico [fan'tastiko] *adj* fantastisch
farándula [fa'ranɗula] *f* Komödiantentum *n,* Beschwatzen *n,* Betrug *m*
fardo ['farɗo] *m ECO* Ballen *m*
faringe [fa'riŋxe] *f ANAT* Rachen *m*
farmacéutico [farma'θeŭtiko] *m 1.* Apotheker *m; adj 2.* pharmazeutisch
farmacia [far'maθĭa] *f 1.* Apotheke *f; 2. (estudios de ~)* Pharmazie *f*
fármaco ['farmako] *m MED* Droge *f*
farmacología [farmakolɔ'xia] *f* Pharmakologie *f*
faro ['faro] *m 1. (del coche)* Scheinwerfer *m; Los ~s non funcionan.* Die Scheinwerfer funktionieren nicht. *~ antiniebla* Nebelscheinwerfer *m; 2. NAUT* Leuchtturm *m; 3. ~s de luz corta pl* Abblendlicht *n*
farol [fa'rɔl] *m* Laterne *f*
farsa ['farsa] *f* Posse *f*
farsear [far'sear] *v* (fig) eine Komödie spielen, heucheln, (fig) Theater spielen
fascinación [fasθina'θĭɔn] *f* Faszination *f,* Entzücken *n*
fascinado [fasθi'naɗo] *adj* faszinierend
fascinante [fasθi'nante] *adj* faszinierend
fascismo [fas'θizmo] *m POL* Faschismus *m*
fase ['fase] *f* Phase *f,* Stufe *f*
fastidiar [fasti'dĭar] *v* ärgern, stören
fastidio [fas'tiɗĭo] *m* Ärger *m,* Plage *f*
fastidioso [fasti'ɗĭoso] *adj* störend, widerwärtig
fatal [fa'tal] *adj* schicksalhaft, unheilvoll, verhängnisvoll
fatalidad [fatali'ɗaɗ] *f* Verhängnis *n,* Missgeschick *n*
fatalismo [fata'lizmo] *m* Fatalismus *m*
fatiga [fa'tiga] *f 1.* Ermüdung *f,* Müdigkeit *f; 2. TECH* Ermüdung *f*
fatigado [fati'gaɗo] *adj* müde
fatigar [fati'gar] *v* strapazieren
fatigarse [fati'garse] *v* ermüden
fatigoso [fati'goso] *adj* ermüdend, mühevoll, zermürbend
fatuo ['fatwo] *adj* eingebildet
fauces [faŭθes] *f/pl* Schlund *m,* Dummkopf *m*
fauna ['faŭna] *f* Fauna *f*
favor [fa'ƀɔr] *m 1. (ayuda)* Gefallen *m; ¿Me podrias hacer un ~?* Könntest du mir einen Gefallen tun? *por ~* bitte; *2. (gracia)* Gunst *f; estar a ~ de algo* etw bejahen, etw unterstützen; *en ~ de alguien* zugunsten von jdm, zu jds Gunsten
favorable [faƀɔ'raƀle] *adj* günstig; *no muy ~* ungünstig
favorecer [faƀɔre'θɛr] *v irr* bevorzugen, begünstigen; *Este seguro de la vida le favorece a usted y a su familia.* Diese Lebensversicherung begünstigt Sie und Ihre Familie.
favorecimiento [faƀɔreθi'mĭento] *m* Begünstigung *f*
favorito [faƀɔ'rito] *m* Liebling *m,* Favorit *m,* Spitzenreiter *m*
fax [faks] *m TEL* Telefax *n,* Telefaxgerät *n,* Fax *n*
faz [faθ] *f* Gesicht *n*
fe [fe] *f REL* Glaube *m; de buena ~* gutgläubig, redlich
fealdad [feal'daɗ] *f* Hässlichkeit *f*
febrero [fe'ƀrero] *m* Februar *m*
fecundación [fekunda'θĭɔn] *f BIO* Befruchtung *f*
fecundar [fekun'dar] *v BIO* befruchten, bestäuben
fecundidad [fekundi'ɗaɗ] *f* Fruchtbarkeit *f*
fecundo [fe'kundo] *adj* fruchtbar
fecha ['fetʃa] *f* Datum *n; según la ~ fijada* termingerecht; *¿Qué ~ es hoy?* Welches Datum ist heute? *~ clave* Stichtag *m; ~ de caducidad* Haltbarkeitsdatum *n; ~ de expedición* Ausstellungsdatum *n; ~ de nacimiento* Geburtsdatum *n; ~ de vencimiento* Verfallsdatum *n*
fechar [fe'tʃar] *v* datieren
fechoría [fetʃo'ria] *f* Missetat *f*
federación [feɗera'θĭɔn] *f POL* Föderation *f*
federal [feɗe'ral] *pref POL* Bundes...

felicidad [feliθi'đađ] *f* Glück *n,* Seligkeit *f; ¡Muchas ~es!* Herzlichen Glückwunsch!
felicísimo [feliθi'đađ] *adj* überglücklich, glückselig
felicitación [feliθita'θǐɔn] *f* Glückwunsch *m,* Wunsch *m,* Gratulation *f*
felicitar [feliθi'tar] *v ~ a alguien por* jdn beglückwünschen zu, jdm gratulieren zu
feliz [fe'liθ] *adj* glücklich, glückselig
felpudo [fɛl'puđo] *m* Matte *f*
femenino [feme'nino] *adj 1.* weiblich, feminin, fraulich; *2. GRAMM* feminin
feminismo [femi'nizmo] *m* Feminismus *m*
feminista [femi'nista] *f* Feministin *f*
fenecer [fene'θer] *v* abschließen, aufhören, sterben
fénix [fɛnik] *m* Phönix *m,* einzigartige Erscheinung *f*
fenómeno [fe'nɔmeno] *m* Phänomen *n,* Erscheinung *f; ~ concomitante* Begleiterscheinung *f; ~ natural* Naturereignis *n; ~ secundario* Randerscheinung *f*
feo ['feo] *adj 1.* hässlich; *2. (de poco gusto)* geschmacklos
féretro ['feretro] *m* Bahre *f,* Sarg *m*
feria ['ferǐa] *f* Messe *f,* Rummelplatz *m; ~ del libro* Buchmesse *f*
feriado [fe'rǐato] *adj* Feiertag *m,* Ruhetag *m*
fermentación [fɛrmenta'θǐɔn] *f* Gärung *f*
fermentar [fɛrmen'tar] *v* aufgehen, gären
fermento [fer'mento] *m* Ferment *n,* Gärstoff *m,* Hefe *f*
ferocidad [fero'θiđađ] *f* Grausamkeit *f*
feroz [fe'roθ] *adj* wild, grausam
férreo ['fɛrrɛo] *adj* eisern
ferrífero [fɛ'rrifero] *adj* eisenhaltig
ferrocarril [fɛrrɔka'rril] *m* Eisenbahn *f*
fértil ['fertil] *adj* fruchtbar
fertilidad [fɛrtili'đađ] *f* Fruchtbarkeit *f*
fertilizar [fɛrtili'đađ] *v BIO* bestäuben
ferviente [fɛr'ƀǐente] *adj* inbrünstig
fervor [fɛr'ƀɔr] *m* Inbrunst *f*
festejar [fes'tɛxar] *v* feiern, begehen
festín [fes'tin] *m* Bankett *n*
festival [festi'ƀal] *m* Festival *n*
festivo [fes'tiƀo] *adj* feierlich; *en tono ~* feierlich
fetiche [fe'titʃe] *m* Götze *m,* Fetisch *m*
fetidez [fe'tiđeθ] *f* Gestank *m,* Stinken *n*
feto ['feto] *m BIO* Fötus *m*
fiabilidad [fiaƀili'đađ] *f* Verlass *m,* Verlässlichkeit *f,* Zuverlässigkeit *f*
fiable [fi'aƀle] *adj* verlässlich
fiador(a) [fia'đɔr/fia'đora] *m/f* Bürge *m*
fiambre ['fǐambre] *m 1.* Belag *m; 2. ~s pl* Aufschnitt *m*
fianza [fi'anθa] *f 1.* Kaution *f,* Gewähr *f; ¿A cuánto asciende la ~?* Wie hoch ist die Kaution? *2. ECO* Sicherheit *f; 3. (caución) JUR* Bürgschaft *f*
fiar [fi'ar] *v* bürgen
fiarse [fi'arse] *v ~ de* sich verlassen auf; *~ de alguien* jdm trauen
fibra ['fiƀra] *f* Faser *f; ~ de vidrio* Glasfaser *f; ~ quìmica* Chemiefaser *f; ~ sintética* Kunstfaser *f*
ficción [fi'kθǐɔn] *f* Fiktion *f,* Vorspiegelung *f,* Erdichtung *f*
ficha ['fitʃa] *f* Karteikarte *f*
fichero [fi'tʃero] *m 1.* Kartei *f; 2. INFORM* Datei *f*
fidelidad [fiđeli'đađ] *f* Treue *f*
fideos [fi'đeos] *m/pl GAST* Nudeln *pl; sopa de ~* Nudelsuppe *f*
fiduciario [fiđuθǐarǐo] *adj* fiduziarisch, treuhänderisch, Treuhand...
fiebre ['fǐeƀre] *f MED* Fieber *n; ~ del heno* Heuschnupfen *m; ~ intestinal* Darmgrippe *f*
fiel ['fǐɛl] *m 1. REL* Gläubiger *m; adj 2.* treu; *3. REL* gläubig
fieldad [fi'elđađ] *f* Treue *f,* Anhänglichkeit *f*
fieltro ['fǐɛltro] *m* Filz *m*
fiera [fǐera] *f* Raubtier *n,* Bestie *f,* wildes Tier *n*
fiero [fǐero] *adj* wild, ungestüm
fiesta ['fǐesta] *f* Fest *n,* Party *f,* Feier *f; de ~* festlich; *~ de cumpleaños* Geburtstagsfeier *f; ~ de despedida* Abschiedsfeier *f; ~ familiar* Familienfeier *f; ~ nacional* Nationalfeiertag *m; ~ popular* Volksfest *n*
figura [fi'gura] *f* Figur *f,* Gestalt *f*
figurarse [figu'rarse] *v (imaginarse)* sich vorstellen
figurativo [figura'tiƀo] *adj* bildlich
figurilla [figu'riʎa] *f 1.* Statuette *f, 2. (fig)* Knirps *m*
fija ['fixa] *f 1.* Fugenkelle *f,* Türangel *f,* Fensterangel *f, 2. (fam)* ein sicherer Tip *m*
fijación [fixa'θǐɔn] *f 1.* Befestigung; *2. (determinación)* Bestimmung *f; 3. FOTO* Fixieren *n; 4. CHEM* Verdichtung *f*
fijamente [fixa'mente] *adv* starr
fijar [fi'xar] *v 1.* festsetzen, anbringen, befestigen; *2. (determinar)* ausmachen, bestimmen; *~ una cita* ein Treffen anberaumen; *3. FOTO* fixieren

fijarse [fi'xarse] *v ~ en* achten auf
fijo ['fixo] *adj 1.* bestimmt, gewiss, sicher; *2. (inmóvil, vígido)* fest, starr; *3.* sicher
fila ['fila] *f* Linie *f,* Reihe *f; ~ india* Gänsemarsch *m*
filamento [fila'mento] *m* Faser *f,* Faden *m,* Draht *m*
filántropo [fi'lantropo] *m* Menschenfreund *m*
filarmónico [filar'mɔrniko] *adj* philharmonisch
file [fa'il] *m INFORM* Datei *f*
filete [fi'lete] *m GAST* Filet *n; Deseo mi ~ poco hecho/medio hecho/muy hecho.* Ich möchte mein Steak blutig/halb durch/durch.
filetear [file'tear] *v* filetieren, mit Streifen absetzen, Gewinde schneiden
filiación [filĭa'θĭɔn] *f* Mitgliedschaft *f*
filial [fi'lĭal] *f ECO* Tochtergesellschaft *f*
Filipínas [fili'pĭnas] *m GEO* Philippinen *f/pl*
filmación [filma'θĭɔn] *f CINE* Verfilmung *f*
filmar [fil'mar] *v 1.* filmen; *2. CINE* verfilmen
filme ['filme] *m* Film *m*
filo ['filo] *m* Schneide *f,* Schärfe *f*
filoecológico [filoeko'loxiko] *adj* umweltfreundlich
filólogo [fi'lɔlogo] *m* Philologe *m*
filón [fi'lɔn] *m 1.* Fundgrube *f,* Goldgrube *f; 2. MIN* Ader *f*
filosofía [filoso'fia] *f* Philosophie
filosófico [filo'sofiko] *adj* philosophisch
filósofo [fi'losofo] *m* Philosoph *m*
filtración [filtra'θĭɔn] *f 1. CHEM* Filtrieren *n; 2. JUR* Unterschlagung *f*
filtrado [fil'trađo] *m CHEM* Filtern *n,* Gefilterte *n*
filtrar [fil'trar] *v* filtern
filtro ['filtro] *m* Filter *m/n*
fin [fin] *m 1.* Ende *n,* Schluss *m,* Ausgang *m; por ~* endlich, schließlich; *~ del mundo* Weltuntergang *m; ~ de semana* Wochenende *n; 2. (finalidad)* Zweck *m,* Bestimmung *f; a ~ de que* damit
finado [fi'nađo] *m* Verstorbener *m*
final [fi'nal] *m 1.* Ende *n,* Finale *n,* Schluss *m,* Ausgang *m; al ~* schließlich, endlich; *2.* Schluß *m,* Ausgang *m,* Ausklang *m; f 2. SPORT* Finale *n; adj 3.* abschließend, Schluss..., Abschluss..., End...
finalidad [finali'đađ] *f* Zweck *m,* Bestimmung *f*
finalización [finaliθa'θĭɔn] *f* Schlussstrich *m,* Vollendung *f*
finalizar [finali'θar] *v* aufhören, beenden
finalmente [final'mente] *adv* endlich, schließlich, zuletzt
financiación [finanθia'θĭɔn] *f* Finanzierung *f*
financiar [fina'θĭar] *v* finanzieren
financiero [finan'θĭero] *m 1.* Geldgeber *m; adj 2.* finanziell
finanzas [fi'nanθas] *f/pl* Finanzen *pl*
finca ['fiŋka] *f* Anwesen *n,* Bauernhof *m,* Hof *m*
fingimiento [fiŋxi'mĭento] *m* Vorspiegelung *f,* Vortäuschung *f*
fingir [fiŋ'xir] *v* fingieren, vorspiegeln
finiquitar [fini'kitar] *v* Rechnungsabschluß machen, saldieren, liquidieren
finísimo [fi'nisimo] *adj* hochfein, allerfeinst, sehr erhaben
finito [fi'nito] *adj* begrenzt, endlich
Finlandia [fin'landĭa] *f GEO* Finnland *n*
finura [fi'nura] *f* Feinheit *f,* Liebenswürdigkeit *f,* Höflichkeit *f*
firma ['firma] *f 1.* Unterschrift *f; ~ en blanco* Blankounterschrift *f; 2. (compañía) ECO* Firma *f*
firmamento [firma'mento] *m ASTR* Firmament *n*
firmante [fir'mante] *m/f* Unterzeichnete(r) *m/f*
firmar [fir'mar] *v* unterschreiben, unterzeichnen, signieren; *¿Tengo que ~ esto?* Muss ich das unterschreiben? *~ por poder* per Prokura zeichnen
firme ['firme] *adv 1.* kräftig, fest; *adj 2. (sólido)* fest, standhaft; *3. (duradero)* beständig; *4. (fig: carácter)* zuverlässig
firmeza [fir'meθa] *f* Entschiedenheit *f,* Standhaftigkeit *f,* Stehvermögen *n*
fiscal [fis'kal] *m 1. JUR* Staatsanwalt *m; adj 2.* steuerlich, Steuer...
fiscalía [fiska'lia] *f* Staatsanwaltschaft *f*
fiscalización [fiskaliθa'θĭɔn] *f* Überwachung *f,* Überprüfung *f,* Kontrolle *f*
fiscalizar [fiskali'θar] *v irr* staatsanwaltliche Befugnisse ausüben, kontrollieren, beschlagnahmen
fisco ['fisko] *m JUR* Fiskus *m*
física ['fisika] *f* Physik *f*
físico ['fisiko] *m 1.* Physiker *m; adj 2.* physikalisch, physisch
fisiología [fisĭolɔ'xia] *f* Physiologie *f*
fisión [fi'sĭɔn] *f PHYS* Spaltung *f*

fisioterapia [fisĭote'rapĭa] *f MED* Heilgymnastik *f,* Krankengymnastik *f*
fisura [fi'sura] *f MED* Platzwunde *f*
flácido ['flaθiđo] *adj* schlaff, welk
flaco ['flako] *adj* mager, dünn, hager
flacura [fla'kura] *f* Magerheit *f,* Erschlaffung *f,* Mattigkeit *f*
flagelar [flaxe'lar] *v* auspeitschen
flagelo [fla'gelo] *m* Geißel *f*
flagrante [fla'grante] *adv en* ~ in flagranti
flamante [fla'mante] *adj* nagelneu, glänzend
flamear [flame'ar] *v 1.* flackern; *2. GAST* flambieren
flamenco [fla'meŋko] *m 1. ZOOL* Flamingo *m; 2. (baile)* Flamenco *m; adj 3. GEO* flämisch
flanco ['flanko] *m MIL* Flanke *f,* Seitenflügel *m*
flanquear [flaŋke'ar] *v* überflügeln
flaquear [flake'ar] *v* schlappmachen, wanken, nachgeben (fig)
flaqueza [fla'keθa] *f* Schwäche *f,* Mangel *m*
flash [flaʃ] *m FOTO* Blitzlicht *n*
flash-back [flaʃ-ƀak] *m CINE* Rückblende *f*
flatulencias [flatu'lenθĭas] *f/pl MED* Blähungen *pl*
flauta ['flaŭta] *f MUS* Flöte *f*
flecha ['fletʃa] *f* Pfeil *m; rápido como una ~* pfeilschnell
flema ['flema] *f* Schleim *m,* Phlegma *n,* Trägheit *f*
flequillo [fle'kiʎo] *m 1. ZOOL* Pony *n; 2. (cabello)* Pony *m*
fletar [fle'tar] *v ECO* verfrachten
flete ['flete] *m ECO* Fracht *f; ~ aereo* Luftfracht *f; ~ marítimo* Seefracht *f*
flexibilidad [flɛksiƀili'đađ] *f* Flexibilität *f,* Dehnbarkeit *f*
flexible [flɛk'siƀle] *adj 1.* schmiegsam, wendig; *2. (adaptable)* anpassungsfähig, flexibel; *3. (fig: dúctil)* gefügig
flexión [flɛk'sĭɔn] *f* Biegung *f*
flirtear [flirte'ar] *v* flirten
flirteo [flir'teo] *m* Flirt *m*
flojamente ['flɔxamente] *adv* schlapp, schwach, nachlässig
flojo ['flɔxo] *adj 1. (suelto)* locker, gelockt, lose; *2. (débil)* flau, matt, schlaff; *El café está ~.* Der Kaffee ist schwach. *3. (perezoso)* faul, träge
floppy ['flopi] *m INFORM* Floppy-Disc *f,* Diskette *f*
flor [flɔr] *f 1. BOT* Blume *f,* Blüte *f; estar en ~* blühen; *2. ~ retórica LIT* Floskel *f*
florecer [flɔre'θɛr] *v irr 1. BOT* blühen, florieren; *2. (fig)* aufblühen
florecimiento [floreθi'miento] *f* Blühen *n,* Wachsen *n,* Gedeihen *n*
florero [flo'rero] *m* Vase *f*
florido [flo'rito] *adj* blühend, erlesen, blumig, schwülstig
florista [flo'rista] *m/f* Blumenhändler(in) *m/f,* Florist(in) *m/f*
flota ['flota] *f NAUT* Flotte *f*
flotador [flota'đor] *m* Schwimmer *m,* Korkschwimmer *m,* Schwimmer an den Fischnetzen *m*
flotante [flo'tante] *adj* schwimmend, treibend, fluktuierend
flotar [flo'tar] *v* schweben, treiben, schwimmen
flotilla [flo'tiʎa] *f* Flotille *f,* Geschwader *n*
fluidez [flui'đeθ] *f 1.* Fließen *n; hablar con ~* fließend sprechen; *2. PHYS* Flüssigkeit *f*
fluido [flu'iđo] *adj 1.* dünnflüssig, flüssig, fließend; *m 2.* Flüssigkeit *f*
fluir [flu'ir] *v irr* fließen, rinnen, stromen
flujo ['fluxo] *m 1.* Fluss *m,* Flut *f; ~ y reflujo* Ebbe und Flut; *2. MED* Abgang *m,* Ausfluss *m*
fluvial [flu'ƀĭal] *adj* Fluß...
fo [fo] *interj* pfui!
fobia ['fobĭa] *f* Phobie *f,* krankhafte Angst *f,* (fig) heftige Abneigung *f*
foca ['foka] *f ZOOL* Robbe *f,* Seehund *m*
foco ['foko] *m 1. MATH* Brennpunkt *m; 2. ~ de crisis POL* Krisenherd *m; 3. ~ inflamatorio MED* Entzündungsherd *m; 4. (LA)* Glühbirne *f,* Birne *m*
fofo ['fofo] *adj* schwammig, weich
fogata [fo'gata] *f* Lagerfeuer *n*
fogón [fo'gɔn] *m* Herd *m*
fogoso [fo'goso] *adj 1. (persona)* heißblütig; *2. (impetuoso, violento)* ungestüm
folio ['folĭo] *m* Großformat *n,* Folio *n,* Blatt *n*
folklore [fɔlk'lore] *m* Brauchtum *n,* Folklore *f*
follaje [fo'ʎaxe] *m* Laub *n*
folletín [foʎe'tĭn] *m* Feuilleton *n,* kleine Broschüre *f*
folleto [fo'ʎeto] *m* Prospekt *m,* Broschüre *f,* Flugblatt *n*
follón [fo'ʎɔn] *m* Rummel *m*

fomentar [fomen'tar] *v* fördern
fomento [fo'mento] *m 1.* Förderung *f; 2. MED* Packung *f*
fonda ['fɔnda] *f* Gasthaus *n,* Wirtshaus *n,* Gästehaus *n*
fondear [fon'đear] *v* ausloten, gründlich durchsuchen
fondista [fɔn'dista] *m/f* Gastwirt(in) *m/f*
fondo ['fɔndo] *m 1.* Tiefe *f,* Grund *m,* Boden *m; en el ~* eigentlich, im Grunde genommen; *sin ~* bodenlos, grundlos; *un barril sin ~* ein Fass ohne Boden *n; ir al ~ de una cosa* einer Sache auf den Grund gehen; *2. (fig)* Hintergrund *m; 3. ~s pl ECO* Fonds *m,* Mittel *pl; ~s de inversión ECO* Investmentfonds *pl*
fondue [fon'di] *m GAST* Fondue *n*
fonética [fo'netika] *f* Phonetik *f*
fonético [fo'netiko] *adj* phonetisch
fontanero [fɔnta'nero] *m* Klempner *m*
forastero [foras'tero] *adj* ortsfremd
forjar [fɔr'xar] *v* schmieden
forma ['fɔrma] *f 1. (configuración)* Bildung *f,* Gestalt *f,* Form *f; de ~ perfecta* formvollendet; *sin ~* formlos; *2. (manera)* Art *f,* Weise *f; en debida ~* ordnungsgemäß; *3. (manera)* Form *f*
formación [fɔrma'θĭɔn] *f 1. (intelectual)* Ausbildung *f,* Bildung *f,* Schulung *f; ~ profesional* Berufsausbildung *f; 2. (colocación)* Aufstellung *f; 3. GEO* Formation *f; 4. MIL* Formation *f*
formal [fɔr'mal] *adj 1.* formal, formell, seriös; *2. (confiable)* zuverlässig, verlässlich; *3. JUR* förmlich
formalidad [fɔrmali'đađ] *f 1.* Formalität *f,* Förmlichkeit *f,* Korrektheit *f; 2. (confiabilidad)* Verlässlichkeit *f,* Zuverlässigkeit *f; falta de ~* Unzuverlässigkeit *f*
formar [fɔr'mar] *v 1. (dar forma)* gestalten, formen; *2. (el intelecto)* ausbilden, bilden; *3. ~ un conjunto* zusammengehören
formarse [fɔr'marse] *v 1. (educarse)* heranbilden, sich bilden; *2. ~ un juicio sobre algo* etw beurteilen
formatear [fɔrmate'ar] *v INFORM* formatieren
formato [fɔr'mato] *m ~ oblongo* Querformat *n*
formidable [fɔrmi'đaƀle] *adj* toll
formón [for'mɔn] *m* Stemmeisen *n*
fórmula ['fɔrmula] *f* Formel *f*
formular [fɔr'mular] *v* aufsetzen, formulieren, vorbringen
formulario [fɔrmu'larĭo] *m 1.* Formular *n; ~ de inscripción* Anmeldeformular *n; 2. (para rellenar)* Vordruck *m*
fornicación [fɔrnika'θĭɔn] *f* Unzucht *f*
foro ['foro] *m* Forum *n*
forofo [fo'rofo] *m* Fußballfan *m*
forrado [fɔ'rrađo] *adj* gefüttert; *~ de dinero (fig)* betucht
forrar [fo'rrar] *v* füttern, ausschlagen
forro ['fɔrrɔ] *m* Futter *n*
fortalecer [fɔrtale'θεr] *v irr 1. (hacer más seguro)* festigen; *2. (hacer más fuerte)* bestärken, stärken; *3. (hacer más resistente)* abhärten
fortaleza [fɔrta'leθa] *f* Burg *f,* Festung *m*
fortificación [fɔrtifika'θĭɔn] *f MIL* Befestigung *f*
fortificar [fɔrtifi'kar] *v* stärken, befestigen
fortín [fɔr'tin] *m MIL* Bunker *m*
fortuito [fɔr'twito] *adj* zufällig
fortuna [fɔr'tuna] *f 1. (riqueza)* Vermögen *n; 2. (suerte)* Glück *n; por ~* glücklicherweise
forúnculo [fo'runkulo] *m MED* Furunkel *m*
forzar [fɔr'θar] *v irr* erzwingen, zwingen
forzoso [fɔr'θoso] *adj* notgedrungen, zwangsläufig, zwingend
fosa ['fosa] *f* Grube *f,* Grab *n*
fósforo ['fɔsforo] *m* Streichholz *n,* Zündholz *n*
fósil ['fosil] *m 1. MIN* Versteinerung *f,* Fossil *n; adj 2. MIN* fossil
foto ['foto] *f* Foto *n,* Lichtbild *n; hacer una ~* fotografieren; *¿Nos harías una ~?* Würdest du ein Bild von uns machen? *~ de pasaporte* Passbild *n; ¿Dónde me puedo sacar ~s de pasaporte?* Wo kann man Passbilder machen lassen?
fotocopia [foto'kopĭa] *f* Fotokopie *f*
fotocopiar [fotoko'pĭar] *v* fotokopieren
fotografía [fotogra'fia] *f 1.* Lichtbild *n; 2. FOTO* Aufnahme *f*
fotografiar [fotografi'ar] *v* fotografieren
fotógrafo [fo'tografo] *m* Fotograf *m*
fotómetro [fo'tometro] *m FOTO* Belichtungsmesser *m*
foyer [fo'ʎεr] *m* Foyer *n*
frac [frak] *m* Frack *m*
fracasado [fraka'sađo] *m* Versager *m*
fracasar [fraka'sar] *v* missglücken, misslingen, versagen; *hacer ~* vereiteln
fracaso [fraka'sar] *m* Misserfolg *m,* Niederlage *f*

fracción [fra'θĭɔn] *f* *1.* Bruchteil *m; 2. MATH* Bruch *m; ~ dezimal* Dezimalbruch *m*
fractura [frak'tura] *f 1. MED* Bruch *m,* Fraktur *f; ~ ósea* Knochenbruch *m; ~ de la pierna* Beinbruch *m; 2. POL* Fraktion *f*
fragancia [fra'ganθĭa] *f 1. (olor agradable)* Duft *m,* Wohlgeruch *m; 2. (perfume)* Parfüm *n*
frágil ['fraxil] *adj* brüchig, zerbrechlich
fragilidad [fraxili'đađ] *f* Zerbrechlichkeit *f*
fragmento [frag'mento] *m 1.* Fragment *n; 2. (de vidrio)* Scherbe *f*
fraguar [fra'gwar] *v* schmieden, aushecken, ausbrüten
fraile ['fraĭle] *m REL* Mönch *m,* Ordensbruder *m*
frambuesa [fram'ƀwesa] *f BOT* Himbeere *f*
francamente ['frankamente] *adv* rückhaltlos, treuherzig, bedingungslos
Francia ['franθĭa] *f GEO* Frankreich *n*
franco ['franko] *adj 1.* aufrichtig, aufgeschlossen, freimütig; *2. ECO* frei; *~ de porte* portofrei; *~ a bordo* frei Schiff; *m 3. (moneda de Francia, Bélgica)* Franc *m; 4. (moneda de Suiza)* Franken *m*
francotirador [frankotira'đɔr] *m* Scharfschütze *m,* Heckenschütze *m*
franela [fra'nela] *f* Flanell *m*
franja ['franxa] *f* Franse *f,* Streifen *m*
franquear [fraŋke'ar] *v* frankieren, frei machen; *sin ~* unfrankiert
franqueo [franŋ'keo] *m* Porto *n*
franqueza [fraŋ'keθa] *f* Aufrichtigkeit *f,* Offenheit *f*
franquicia [fraŋ'kiθia] *adj en ~ aduanera* zollfrei
frasco ['frasko] *m* kleine Flasche *f,* Flakon *m,* Pulverhorn *n*
frase ['frase] *f* Satz *m; ~ hecha* Redewendung *f,* Redensart *f,* Schlagwort *n*
fraternal [fratɛr'nal] *adj* brüderlich
fraterno [fra'tɛrno] *adj* brüderlich
fraude ['fraŭđe] *m* Betrug *m,* Schwindel *m; ~ fiscal JUR* Steuerhinterziehung *f*
fray ['fraĭ] *m* Klosterbruder *m*
frazada [fra'θađa] *f* Decke *f*
frecuencia [fre'kwenθĭa] *f 1.* Häufigkeit *f; 2. TECH* Frequenz *f*
frecuente [fre'kwente] *adj* häufig
fregadero [frega'đero] *m* Spülbecken *n*
fregar [fre'gar] *v irr 1. (lavar)* abspülen, abwaschen, spülen; *2. (limpiar)* putzen
freír [fre'ir] *v irr* anbraten, braten; *Eso me tiene frito.* Das geht mir auf den Wecker.
frenar [fre'nar] *v* bremsen
freno ['freno] *m* Bremse *f; poner ~ a alguien* jdn zügeln; *Por favor, revise los ~s.* Die Bremsen nachsehen, bitte. *~ de emergencia* Notbremse *f; ~ de mano* Handbremse *f*
frente ['frente] *f 1. ANAT* Stirn *f; ~ a* gegenüber; *estar ~ a* gegenüberstehen; *de ~* geradeaus; *m 2. MIL* Front *f; romper el ~* die Front durchbrechen
fresa[1] ['fresa] *f BOT* Erdbeere *f*
fresa[2] ['fresa] *f TECH* Fräse *f*
fresco ['fresko] *adj 1. (insolente)* frech; *2. (temperatura)* frisch, kühl; *Hace ~.* Es ist frisch. *3. (ligero)* leicht; *4. (nuevo)* frisch, neu; *m 5. ART* Deckengemälde *n,* Fresko *n*
frialdad [frial'dađ] *f (fig)* Kälte *f*
fríamente ['friamente] *adv* lieblos
fricción [frik'θĭɔn] *f TECH* Reibung *f*
frígido ['frixiđo] *adj* kalt, frigide
frigorífico [frigo'rĭfiko] *m* Kühlschrank *m,* Kühlanlage *f,* (LA) Gefrierfleischfabrik *f*
frío ['frio] *m 1.* Kälte *f; tener ~* frieren; *quedarse ~* sprachlos sein; *adj 2.* nasskalt, kühl
fritar [fri'tar] *v* frittieren, braten
frívolo ['friƀolo] *adj* leichtfertig, lose
frontera [frɔn'tera] *f* Grenze *f; ~ nacional* Landesgrenze *f*
frontispicio [frɔntis'piθĭo] *m* Giebel *m*
frontón [fron'tɔn] *m* Giebel *m*
frotación [frota'θĭɔn] *f* Reibung *f*
frotar [fro'tar] *v* abreiben
fructosa [fruk'tosa] *f CHEM* Fruchtzucker *m*
fruslería [fruzle'rĭa] *f* Bagatelle *f,* Firlefanz *m*
frustración [frustra'θĭɔn] *f* Frustration *f,* Vereitelung *f*
frustrar [frus'tar] *v* vereiteln
fruta ['fruta] *f BOT* Obst *n; ~ de hueso* Steinobst *n; ~ seca* Dörrobst *n,* Backobst *n*
frutero [fru'tero] *adj* Obsthändler *m,* Obstschale *f*
fruto ['fruto] *m 1. BOT* Frucht *f; 2. (resultado)* Ergebnis *n,* Resultat *n*
fuego ['fwego] *m 1.* Brand *m,* Feuer *n,* Glut *f; ¡Fuego!* Feuer! Es brennt! *2. ~s artificiales pl* Feuerwerk *n*
fuel ['fuɛl] *m* Heizöl *n*
fuente ['fwente] *f 1.* Springbrunnen *m,* Brunnen *m,* Quelle *f; 2. ~ de información* Informationsquelle *f; 3. ~ de riquezas* Goldgrube *f; 4. (recipiente)* Schale *f*

fuera ['fwera] *adv 1.* auswärts, draußen, heraus; *prep 2. ~ de* außer, ausgenommen; *~ de competencia* konkurrenzlos; *~ de lo común* ungewöhnlich; *~ de lugar* unangebracht; *konj 3. ~ de ello* außerdem, ferner
fueraborda [fwera'bɔrđa] *f TECH* Außenbordmotor *m*
fuero ['fwero] *m JUR* Gerichtsstand *m*
fuerte ['fwɛrte] *adj 1. (vigoroso, resistente)* kräftig, stark, rüstig; *2. (poderoso)* mächtig; *3. (fijo)* fest; *4. (alto volumen)* laut
fuertemente [fwerte'mente] *adj* stark, kräftig, mächtig
fuerza ['fwɛrθa] *f 1.* Kraft *f,* Stärke *f; sin ~* kraftlos; *~ de la tecla* Tastenzwang *m; ~ creadora* Schaffenskraft *f; ~ de atracción* Anziehungskraft *f; ~ de carácter* Charakterstärke *f; ~ motriz TECH* Antriebskraft *f; 2. (poder)* Macht *f; ~ superior* Übermacht *f; 3. (violencia, presión)* Zwang *m; 4. ~s armadas MIL* Streitkräfte *pl,* Heer *n; ~s aéreas* Luftwaffe *f*
fuga ['fuga] *f 1. (huída, evasión)* Flucht *f,* Ausbruch *m; 2. (orificio)* Leck *n; tener ~* lecken; *3. ~ de capitales ECO* Kapitalabwanderung *f,* Kapitalabfluss *m*
fugacidad [fuga'θiđađ] *f* Vergänglichkeit *f*
fugar [fu'gar] *v* entfliehen
fugarse [fu'garse] *v* flüchten, ausbrechen
fugaz [fu'gaθ] *adj* vergänglich
fugitivo [fuxi'tiƀo] *m 1.* Flüchtiger *m,* Ausreißer *m; adj 2.* flüchtig
fulano [fu'lano] *adj* Kerl *m,* Typ *m*
fulgor [ful'gor] *m* Schimmer *m,* Glanz *m*
fumador(a) [fuma'đɔr(đora)] *m/f* Raucher(in) *m/f; compartimiento de ~es* Raucherabteil *n; ~* Nichtraucher *m; Soy no ~.* Ich bin Nichtraucher.
fumar [fu'mar] *v* rauchen; *~ como una chimenea* wie ein Schlot rauchen; *¿Le importa si fumo?* Macht es Ihnen etwas aus, wenn ich rauche? *¿Fuma usted?* Rauchen Sie? *¿Puedo ~?* Darf ich rauchen?
función [fun'θĭɔn] *f 1.* Funktion *f; en funciones* amtierend; *2. THEAT* Vorstellung *f; ~ de gala* Galavorstellung *f; 3. ~ benéfica* Wohltätigkeitsveranstaltung *f*
funcional [funθĭo'nal] *adj* funktional, funktionell
funcionar [funθĭo'nar] *v 1.* funktionieren; *no ~* versagen; *2. hacer ~ TECH* betätigen
funcionaria [funθĭo'narĭa] *f* Beamtin *f*
funcionario [funθĭo'narĭo] *m 1.* Beamter *m; ~ de Hacienda* Finanzbeamter *m; ~ judicial* Justizbeamter *m; ~ público* Staatsbeamter *m; 2. POL* Funktionär *m*
funda ['funda] *f* Bezug *m; ~ de almohada* Kissenbezug *m*
fundación [funda'θĭɔn] *f 1.* Gründung *f; 2. (construcción, creación)* Errichtung *f; 3. (institución)* Stiftung *f; 4. (argumentación)* Begründung *f*
fundado [fun'dađo] *adj* berechtigt, fundiert, stichhaltig
fundador(a) [fundađɔr(đora)] *m/f 1.* Gründer(in) *m/f; 2. (donador(a))* Stifter(in) *m/f*
fundamental [fundamen'tal] *adj 1.* grundsätzlich, fundamental, grundlegend; *2. (de suma importancia)* lebenswichtig
fundamentalista [fundamenta'lista] *m/f POL* Fundamentalist(in) *m/f*
fundamento [funda'mento] *m* Grundlage *f,* Fundament *n*
fundar [fun'dar] *v 1.* gründen, errichten, aufbauen; *2. (una institución)* stiften
fundición [fundi'θĭɔn] *f 1. TECH* Guss *m; 2. TECH* Gießerei *f*
fundirse [fun'dirse] *v* schmelzen, zergehen
funeral [fune'ral] *m* Begräbnis *n,* Bestattung *f,* Beerdigung *f*
funeraria [fune'rarĭa] *f* Bestattungsinstitut *n*
funesto [fu'nesto] *adj* katastrophal
funicular [funiku'lar] *m TECH* Drahtseilbahn *f,* Seilbahn *f*
furia ['furĭa] *f* Wut *f; estar hecho una ~* kochen vor Wut
furioso [fu'rĭoso] *adj* wütend, rabiat, rasend; *estar ~* toben; *Estoy ~.* Ich bin wütend.
furor [fu'rɔr] *m* Wut *f*
furtivo [fur'tiƀo] *adj* verstohlen
fuselaje [fuse'laxe] *m* Rumpf *m*
fusible [fu'siƀle] *m TECH* Sicherung *f*
fusil [fu'sil] *m* Gewehr *n*
fusión [fu'sĭɔn] *f* Fusion *f,* Zusammenschluss *m*
fustigar [fusti'gar] *v* peitschen
fútbol ['futƀol] *m SPORT* Fußballspiel *n*
futbolista [futƀo'lista] *m/f SPORT* Fußballspieler(in) *m/f*
fútil ['futil] *adj* bedeutungslos, nichtig
futre ['futre] *m* Modenarr *m,* Geck *m*
futurista [futu'rista] *adj* futuristisch
futuro [fu'turo] *m 1.* Zukunft *f; en el ~* zukünftig; *adj 2.* zukünftig, künftig

G

gabán [ga'ƀan] *m* Mantel *m,* Überzieher *m*
gabarra [ga'ƀarra] *f* Schute *f,* Frachtkahn *m*
gacha ['gatʃa] *f* Brei *m,* breiartige Masse *f,* Mehlbrei *m*
gachó [ga'tʃɔ] *m* Mann *m,* Bursche *m,* Kerl *m*
gafete [ga'fete] *m* Metallhaken *m,* Haken mit Klammer *m*
gafo ['gafo] *adj* krallenfingrig (Leprasymptom)
gago ['gago] *adj* stotternd
gaguear [ga'gwear] *v* stottern, näseln
gaita ['gaita] *f MUS* Schalmei *f,* Dudelsack *m,* Drehleier *f*
gaitero [gai'tero] *adj* aufgekratzt, vergnügt, grellbunt
gala ['gala] *f* Festkleidung *f,* Prunk *m,* Gala...
galán [ga'lan] *adj* Galan *m,* Verehrer *m,* stattlicher junger Mann *m*
galapago [ga'lapagos] *m ZOOL* Süßwasserschildkröte *f*
Galápagos [ga'lapagos] *m GEO* Galapagosinseln *f/pl*
galaxia [ga'laθĭa] *f ASTR* Galaxis *f,* Milchstraße *f*
galera [ga'lera] *f NAUT* Galeere *f,* Sklavenschiff *n*
galgo ['galgo] *m ZOOL* Windhund *m*
galo ['galo] *adj* gallisch, französisch
galopar [ga'lopar] *v* galoppieren
galvanizado [galbani'θađo] *m MIN* Verzinkung *f,* Galvanisieren *n*
Gana ['gana] *m GEO* Ghana
ganable [gana'ble] *adj* gewinnbar, erzielbar, erreichbar
ganadería [ganađe'ria] *f* Viehzucht *f,* Viehhandel *m,* Stierzucht *f*
gañote [ga'ɲote] *m* Gurgel *f,* Schlund *m*
garabato [gara'bato] *m* Haken *m,* Anziehungskraft *f,* Gekritzel *n*
garaje [ga'raxe] *m* Garage *f,* Parkhaus *n;* ~ *subterráneo* Tiefgarage *f*
garante [ga'rante] *m* Bürge *m*
garantía [garan'tia] *f 1.* Garantie *f,* Gewähr *f; ¿Cuánto tiempo tiene ~?* Wie lange gibt es Garantie dafür? *2. ECO* Akkreditiv *n; La ~ bancaria venció ayer.* Das Akkreditiv lief gestern ab.
garantizar [garanti'θar] *v* bürgen, garantieren, gewährleisten; ~ *por escrito* verbriefen; *¿Me lo puede ~?* Können Sie mir das garantieren?
garañón [gara'ɲɔn] *m ZOOL* Hengst *m*
garbanzo [gar'ƀanθo] *m BOT* Kichererbse *f*
garbo ['garƀo] *m* Grazie *f,* Pfiff *m,* Anmut *f*
garboso [gar'ƀoso] *adj* graziös
gargajo [gar'gaxo] *m* Spucke *f*
garganta [gar'ganta] *f 1. ANAT* Hals *m,* Kehle *f; Necesito algo contra el dolor de ~.* Ich brauche etw gegen Halsschmerzen. *2. GEO* Schlucht *f; 3. (barranco)* Klamm *f*
gargantilla [gargan'tiʎa] *f* Halsband *n*
garra ['garra] *f ZOOL* Kralle *f,* Pranke *f,* Tatze *f*
garrafa [ga'rrafa] *f* Karaffe *f*
gárgara ['gargara] *f MED* Gurgeln *n*
garrapata [garra'pata] *f ZOOL* Zecke *f,* (fig) Schindmähre *f*
garrapatear [garrapate'ar] *v* kritzeln
garza [gar'θa] *f ZOOL* Reiher *m*
garzota [gar'θota] *f* Buschreiher *m,* Reiherbusch am Hut *m*
gas [gas] *m 1.* Gas *n;* ~ *biológico* Biogas *n;* ~ *de escape* Abgas *n;* ~ *tóxico* Giftgas *n;* ~ *líquido* Flüssiggas *n;* ~ *natural* Erdgas *n;* ~ *noble* Edelgas *n; 2. ~es lacrimógenos pl* Tränengas *n*
gaseosa [gase'osa] *f* Brause *f*
gasoil [ga'sɔĭl] *m* Dieselöl *n*
gasolina [gaso'lina] *f (combustible)* Benzin *n;* ~ *sin plomo* bleifrei; *echar ~* auftanken, tanken
gasolinera [gasoli'nera] *f* Tankstelle *f; ¿Dónde está la ~ más cercana?* Wo ist die nächste Tankstelle?
gasolinero [gasoli'nero] *m* Tankwart *m*
gastable [gas'table] *adj* verbrauchbar, verwendbar, abnützbar
gastado [gas'tađo] *adj 1.* schäbig, abgenutzt; *2. (relativo a personas)* müde, gealtert
gastar [gas'tar] *v 1.* ausgeben; *No quiero ~ tanto.* Ich möchte nicht so viel ausgeben. *2. (derrochar, desperdiciar)* verschwenden, vergeuden; ~ *salvia (fam)* umsonst reden; ~ *el tiempo* die Zeit vergeuden; *3. (desgastar)* verzehren, abnutzen; *4. (utilizar)* aufwenden

gasto ['gasto] *m 1.* Ausgabe *f; ~ de la casa* Haushaltungskosten *pl; 2. ~s pl* Aufwand *m,* Kosten *pl,* Auslagen *pl,* Unkosten *pl; ~s adicionales* Nebenkosten *pl; ¿Qué ~s nos esperan?* Welche Unkosten kommen auf uns zu? *3. ~s ECO* Spesen *pl,* Aufwendungen *pl; ~s de adquisición* Anschaffungskosten *pl; ~s de materiales* Materialkosten *pl*

gastronomía [gastrono'mia] *f* Gastronomie *f*

gata ['gata] *f 1. ZOOL* Katze *f; 2. (LA) TECH* Wagenheber *m*

gatear [gate'ar] *v (niños)* krabbeln

gatillo [ga'tiʎo] *m* Abzug *m,* Drücker *m*

gato ['gato] *m ZOOL* Kater *m; dar ~ por liebre* übers Ohr hauen

gaveta [ga'ƀeta] *f* Schublade *f*

gaviota [ga'ƀĭota] *f ZOOL* Möwe *f*

gavilla [ga'biʎa] *f* Garbe *f*

gel [xɛl] *m* Gel *n*

gelatina [xela'tina] *f 1.* Gelatine *f; 2. (de pescado o carne) GAST* Aspik *m; 3. (de dulce) GAST* Götterspeise *f*

gemelo [xe'melo] *m 1.* Zwilling *m; 2. (botón)* Manschettenknopf *m; 3. ~s (de largavista) pl* Fernglas *n; ~s de teatro* Opernglas *n*

gemido [xe'miđo] *m* Gewimmer *n*

gemir [xe'mir] *v irr* ächzen, stöhnen

gen [xen] *m BIO* Gen *n*

generación [xenera'θĭɔn] *f 1.* Generation *f; 2. (procreación)* Zeugung *f*

generador [xenera'đɔr] *m TECH* Generator *m*

general [xene'ral] *m 1. MIL* General *m; adj 2.* emein, generell; *en ~* im emeinen; *por lo ~* durchweg, generell

generalidad [xenerali'đađ] *f* emein-heit, emeingültigkeit

generalización [xeneraliza'θĭɔn] *f* Veremeinerung *f*

generalizado [xenerali'θađo] *adj* veremeinert

generalizar [xenerali'θar] *v* veremeinern

género ['xenero] *m 1.* Sorte *f,* Gattung *f; 2. GRAMM* Geschlecht *n; 3. ECO* Artikel *m*

generosidad [xenerosi'đađ] *f* Freizügigkeit *f*

generoso [xene'roso] *adj* großzügig, spendabel

Génesis ['xenesis] *f* Genese *f,* Genesis (Schöpfungsgeschichte) *f,* Entstehung *f,* Entwicklung *f*

genética [xe'netika] *f BIO* Genforschung *f*

genético [xe'netiko] *adj BIO* genetisch, Erb...

genial [xe'nĭal] *adj* genial

genio ['xenĭo] *m* Genie *n; tener mucho ~* aufbrausend sein

genitales [xeni'tales] *m/pl ANAT* Genitalien *pl*

gente ['xente] *f* Leute *pl*

gentil [xen'til] *adj* liebenswürdig, nett, freundlich

gentileza [xenti'leθa] *f* Liebenswürdigkeit *f*

gentío [xen'tio] *m* Auflauf *m,* Gedrängel *n,* Schwarm *m*

gentuza [gen'tuθa] *f* Gesindel *n,* Pack *n*

genuinidad [xenwini'đađ] *f* Echtheit *f*

genuino [xe'nwino] *adj 1. (verdadero)* echt; *2. (puro)* rein

geofísica [xeo'fisika] *f GEO* Geophysik *f*

geografía [xeogra'fia] *f* Erdkunde *f,* Geografie *f*

geográfico [xeo'grafiko] *adj* geografisch

geógrafo [xe'ografo] *m* Geograf *m*

geología [xeolɔ'xia] *f* Geologie *f*

geólogo [xe'ɔlogo] *m* Geologe *m*

geometría [xeome'tria] *f MATH* Geometrie *f*

geométrico [xeo'metriko] *adj MATH* geometrisch

geranio [xe'ranĭo] *m BOT* Geranie *f*

gerencia [xe'renθĭa] *f 1.* Leitung *f; 2. ECO* Geschäftsleitung *f*

gerente [xe'rente] *m/f* Leiter(in) *m/f,* Manager(in) *m/f,* Geschäftsführer(in) *m/f; Quisiera hablar con el ~.* Ich möchte den Geschäftsführer sprechen. *~ del banco* Bankdirektor(in) *m/f*

germen ['xɛrmen] *m BIO* Keim *m*

germinar [xer'minar] *v* keimen

gestación [xesta'θĭɔn] *f MED* Schwangerschaft *f*

gestante [xes'tante] *f MED* Schwangere *f*

gesticular [xestiku'lar] *v* gestikulieren

gestión [xes'tĭɔn] *f* Schritt *m,* Formalität *f,* Maßnahme *f; mala ~ económica ECO* Misswirtschaft *f*

gestionar [xestĭo'nar] *v ECO* betreiben

gesto ['xesto] *m* Miene *f,* Gebärde *f,* Geste *f*

gibosidad [xiƀosi'đađ] *f* Buckel *m*

gigante [xi'gante] *m 1.* Riese *m; adj 2.* riesig

gigantesco [xigan'tesko] *adj* riesig, gigantisch, riesengroß

gimnasia [xim'nasĭa] *f 1. SPORT* Gymnastik *f,* Turnen *n; hacer ~* turnen; *2. ~ terapéutica MED* Krankengymnastik *f,* Heilgymnastik *f*
gimnasio [xim'nasĭo] *m SPORT* Turnhalle *f*
gimnasta [xim'nasta] *m/f SPORT* Turner(in) *m/f*
ginecología [xinekolɔ'xia] *f MED* Gynäkologie *f*
ginecólogo [xine'kɔlogo] *m MED* Gynäkologe *m,* Frauenarzt *m*
gira ['xira] *f* Tournee *f*
girar [xi'rar] *v 1.* drehen; *2. TECH* rotieren; *3. (entorno)* kreisen
girasol [xira'sɔl] *m BOT* Sonnenblume *f*
giratorio [xira'torĭo] *adj* drehbar
giro ['xiro] *m 1. (vuelta)* Drehung *f; 2. (de un idioma)* Redewendung *f; 3. ECO* Giro *n,* Überweisung *f; ~ combinado* Sammelauftrag *m; ~ postal* Postanweisung *f*
gitano [xi'tano] *m* Zigeuner *m*
glacial [gla'θĭal] *adj* eisig, eiskalt, frostig
glaciar [gla'θĭar] *m* Gletscher *m*
glándula ['glandula] *f ANAT* Drüse *f*
global [glo'ƀal] *adj* global, pauschal
globo ['gloƀo] *m 1.* Luftballon *m,* Ballon *m; 2. ~ terráqueo* Erdkugel *f*
gloria ['glorĭa] *f* Ruhm *m*
glorificación [glorifika'θĭɔn] *f* Verherrlichung *f*
glorioso [glo'rĭoso] *adj* glorreich, ruhmreich
glosa ['glosa] *f* Glosse *f*
glosario [glo'sarĭo] *m* Glossar *n*
glucosa [glu'kosa] *f 1.* Traubenzucker *m; 2. CHEM* Glykose *f*
gobernante [goƀɛr'nante] *m/f* Herrscher(in) *m/f,* Machthaber(in) *m/f*
gobernar [goƀɛr'nar] *v irr 1. POL* herrschen, regieren; *2. (barco)* steuern
gobierno [go'ƀĭɛrno] *m POL* Obrigkeit *f,* Regierung *f; ~ de coalición* Koalitionsregierung *f; ~ nacional* Landesregierung *f*
gol [gol] *m SPORT* Tor *n*
golf [gɔlf] *m SPORT* Golf *n*
golfo ['gɔlfo] *m 1.* Meerbusen *m,* Golf *m; 2. corriente del ~ GEO* Golfstrom *m; crisis del Golfo* Golfkrise *f; 3. (relativo a una persona)* Gammler *m,* Spieler *m,* Müßiggänger *m*
golondrina [golɔn'drina] *f ZOOL* Schwalbe *f*
golosina [golo'sina] *f 1.* Schleckerei *f; 2. ~s pl* Süßigkeiten *pl*
golosinar [golosi'nar] *v* naschen
goloso [go'loso] *m 1.* Leckermaul *n,* Schleckermaul *n; adj 2.* gefräßig, verlockend
golpe ['gɔlpe] *m 1.* Schlag *m,* Hieb *m,* Streich *m; no dar ~* keinen Finger krumm machen; *2. de ~* plötzlich, unerwartet, auf einmal; *de ~ (enseguida)* auf Anhieb (fam); *3. ~ certero* Treffer *m; 4. ~ del destino* Schicksalsschlag *m; 5. ~ de fortuna* Glücksfall *m; 6. ~ de estado/~ militar POL* Putsch *m,* Staatsstreich *m*
golpear [gɔlpe'ar] *v 1. (a la puerta)* klopfen; *2. (pegar)* schlagen; *~ a alguien* jdn prügeln
golpista [gɔl'pista] *m/f POL* Putschist(in) *m/f*
gollete [go'ʎete] *m* Hals *m*
goma ['goma] *f* Gummi *m; ~ de borrar* Radiergummi *m; ~ espuma* Schaumgummi *m*
góndola ['gɔndola] *f* Gondel *f*
gordo ['gɔrdo] *adj* fett, dick
gorjear [gɔrxe'ar] *v* zwitschern
gorjeo [gɔr'xeo] *m* Gezwitscher *n*
gorra ['gɔrra] *f* Mütze *f,* Kappe *f*
gorrear [gɔrre'ar] *v* schmarotzen
gorrión [gɔ'rrĭɔn] *m ZOOL* Sperling *m,* Spatz *m*
gorro ['gɔrrɔ] *m* Mütze *f; ~ de baño* Badekappe *f*
gorrón [gɔ'rrɔn] *m* Schmarotzer *m*
gota ['gota] *f 1.* Tropfen *m; Se parecen como dos ~s de agua.* Sie gleichen sich wie ein Ei dem anderen. *2. MED* Gicht *f; 3. ~s nasales pl MED* Nasentropfen *pl*
gotear [gote'ar] *v* tropfen; *El grifo gotea.* Der Wasserhahn tropft.
gotera [go'tera] *f* Regenrinne *f*
gozar [go'θar] *v* genießen
gozne ['gɔđne] *m* Scharnier *n,* Gelenk *n*
gozo ['goθo] *m* Genuss *m*
gozoso [go'θoso] *adj* genüsslich
grabación [graƀa'θĭɔn] *f 1.* Aufzeichnung *f; 2. MUS* Aufnahme *f; 3. (sobre material)* Gravur *f; 4. (estampado)* Prägung *f*
grabado [gra'ƀađo] *m ART* Stich *m*
grabar [gra'ƀar] *v 1.* aufzeichnen; *2. MUS* aufnehmen; *3. (estampar)* ausprägen
grabarse [gra'ƀarse] *v ~ algo en la memoria* sich etw einprägen
gracia ['graθĭa] *f 1.* Grazie *f,* Reiz *m; sin ~* reizlos; *2. (gracilidad)* Zierlichkeit *f; 3. REL* Gnade *f; 4. ~s pl* Dank *m; ~s a* dank; *¡Gracias!* Danke! *¡Muchas ~s!* Vielen Dank!

grácil ['graθil] *adj* zierlich
gracioso [gra'θĭoso] *adj (divertido)* lustig, amüsant, humorvoll
grada ['građa] *f* Stufe *f*
gradación [građa'θĭɔn] *m ~ de los colores* Farbabstufung *f*
grado ['građo] *m 1.* Grad *m; 2. MIL* Dienstgrad *m; 3. ~s centígrados pl* Celsiusgrad *m*
graduable [građw'aƀle] *adj* verstellbar
graduación [gra'đwaθĭɔn] *f* Abstufung *f*, Grad *m*
graduado [gra'đwađo] *m 1.* Absolvent *m; adj 2.* graduiert
gradual [gra'đwal] *adj* allmählich, graduell
graduar [gra'đwar] *v 1.* abstufen; *2. (ajustar, regular)* verstellen
gráfico ['grafiko] *m 1.* Grafik *f; adj 2.* grafisch, bildlich, plastisch
grafista [gra'fista] *m/f* Grafiker(in) *m/f*
gramática [gra'matika] *f* Grammatik *f*
gramatical [gramati'kal] *adj* grammatisch
gramo ['gramo] *m* Gramm *n*
gran [gran] *adj 1.* groß; *~ ciudad* Großstadt *f; 2. Gran Bretaña GEO* Großbritannien *n; 3. (magnífico)* großartig; *un ~ espectáculo* ein großartiges Spektakel *n*
grande ['grande] *adj* groß; *Esto no es suficientemente ~.* Das ist nicht groß genug.
grandeza [gran'deθa] *f* Größe *f*
grandioso [gran'dĭoso] *adj* grandios, großartig
granero [gra'nero] *m* Kornkammer *f*, Scheune *f*
granito [gra'nito] *m MIN* Granit *m*
granizar [grani'θar] *v* hageln
granizo [grani'θo] *m* Hagel *m*
granja ['graŋxa] *f* Bauernhof *m*, Hof *m; ~ avícola* Hühnerfarm *f*, Geflügelfarm *f*
grano ['grano] *m 1. MED* Pickel *m; 2. (semilla)* Korn *n; ~ de arena* Sandkorn *n; 3. ~ de café* Kaffeebohne *f*, Bohne *f*
granuja [gra'nuxa] *m* Schuft *m*
granular [granu'lar] *adj* körnig
grapa ['grapa] *f* Heftklammer *f*
grasa ['grasa] *f* Fett *n; ~ vegetal* Pflanzenfett *n*
grasiento [gra'sĭento] *adj* schmierig
graso ['graso] *adj* fett
grasoso [gra'soso] *adj* schmierig, fett
gratificación [gratifika'θĭɔn] *f 1.* Belohnung *f*, Gratifikation *f; ~ por un hallazgo* Finderlohn *m; 2. FIN* Bonus *m*
gratificar [gratifi'kar] *v* belohnen
gratis ['gratis] *adj* gratis, unentgeltlich
gratitud [grati'tuđ] *m* Dankbarkeit *f*
grato ['grato] *adj* angenehm
gratuito [gra'twito] *adj* unentgeltlich, kostenlos, frei
grava ['graƀa] *f* Kies *m*
gravable [gra'ƀaƀle] *adj FIN* abgabenpflichtig
gravación [graƀa'θĭɔn] *f FIN* Belastung *f*
gravamen [gra'ƀamen] *m* Steuer *f*, Besteuerung *f*
grave ['graƀe] *adj 1. (cuerpo)* schwer; *2. (acción, situación)* ernst; *3. (enfermedad)* schwer; *~mente enfermo* schwer krank
gravidez [graƀi'đeθ] *f* Schwangerschaft *f*
gravitación [graƀita'θĭɔn] *f PHYS* Schwerkraft *f*
gravoso [gra'ƀoso] *adj* beschwerlich, drückend (fig)
graznar [graθ'nar] *v (patos)* quaken
Grecia ['greθĭa] *f GEO* Griechenland *n*
gremio ['gremĭo] *m* Innung *f*, Verband *m*, Zunft *f*
griego ['grĭego] *adj 1.* griechisch; *m 2.* Grieche *m; 3. (idioma)* Griechisch *n*
grieta ['grĭeta] *f 1.* Riss *m*, Felsspalte *f*, Spalte *f; 2. (en vidrio, en porzelana)* Sprung *m*
grifo ['grifo] *m* Wasserhahn *m*
grillo ['griʎo] *m ZOOL* Grille *f*
gringo ['griŋgo] *m (LA: despectivo)* Amerikaner *m*, Gringo *m*
gripe ['gripe] *f MED* Grippe *f; Tengo ~.* Ich habe Grippe.
gris [gris] *adj* grau
gritar [gri'tar] *v* schreien, ausrufen; *¡Alguien está gritando socorro!* Da schreit jemand um Hilfe! *~ a alguien* jdn anbrüllen
griterío [grite'rio] *m* Gebrüll *n*
grito ['grito] *m* Schrei *m*, Ausruf *m*, Ruf *m*
grosella [gro'seʎa] *f BOT* Johannisbeere *f; ~ espinosa* Stachelbeere *f*
grosero [gro'sero] *m 1.* Grobian *m*, Lümmel *m; adj 2.* ruppig, rüpelhaft, vulgär; *3. (brusco)* brüsk
grotesco [gro'tesko] *adj* grotesk, skurril
grúa ['grua] *f 1.* Kran *m; 2. (para remolque)* Abschleppwagen *m*
grueso ['grweso] *adj* dick, beleibt
gruñir [gru'ɲir] *v irr 1.* knurren; *2. (de un oso)* brummen, murren
gruñón [gru'ɲɔn] *adj* griesgrämig, mürrisch, brummig

grupo ['grupo] *m 1.* Gruppe *f; en ~s* scharenweise; *2. ~ de destino ECO* Zielgruppe *f; 3. ~ de trabajo* Arbeitsgemeinschaft *f; 4. ~ de viaje/~ turístico* Reisegesellschaft *f; Soy de este ~ turístico.* Ich gehöre zu dieser Reisegesellschaft. *5. ~ empresarial ECO* Konzern *m; 6. ~ marginal* Randgruppe *f; 7. ~ salarial ECO* Gehaltsgruppe *f; 8. ~ sanguíneo MED* Blutgruppe *f; 9. (complejo)* Komplex *m; 10. ~ parlamentario POL* Fraktion *f*

guante ['gwante] *m* Handschuh *m*

guapísimo [gwa'pisimo] *adj* bildhübsch

guapo ['gwapo] *adj* gut aussehend, hübsch

guarda ['gwarđa] *m* Wärter *m,* Wachmann *m,* Wächter *m; ~ forestal* Förster *m*

guardabarros [gwarđa'ƀarrɔs] *m* Schutzblech *n,* Kotflügel *m*

guardado [gwar'dađo] *v estar ~* verborgen sein

guardaespaldas [gwarđaes'paldas] *m* Leibwächter *m*

guardar [gwar'đar] *v 1.* bewachen, beaufsichtigen, hüten; *~ cama* das Bett hüten; *2. (conservar, respetar)* einhalten, bewahren, wahren; *~ las distancias* Abstand wahren; *~ silencio* schweigen; *~ miramientos* Rücksicht nehmen; *3. (quedarse con)* zurückbehalten, beibehalten

guardarropa [gwarđa'rrɔpa] *m 1.* Kleiderschrank *m; 2. (en el teatro)* Garderobe *f*

guardarse [gwar'darse] *v ~ de* sich vorsehen, sich hüten

guardería [gwarđe'ria] *f ~ infantil* Kinderhort *m,* Krippe *f*

guardia ['gwarđĭa] *m 1. (persona)* Wache *f,* Polizist *m; estar en ~* auf der Hut sein; *estar de ~* Dienst haben; *f 2. (cuerpo)* Garde *f,* Polizei *f; Guardia Civil* Guardia Civil *f,* paramilitärisches Polizeicorps *n; 3. (protección, vigilancia)* Obhut *f,* Bewachung *f*

guardián [gwar'đĭan] *m* Wärter *m,* Wachmann *m,* Wächter *m*

guarecer [gware'θɛr] *v irr* verdecken

guarida [gwa'riđa] *f 1.* Höhle *f,* Wildlager *n; 2. (de un animal)* Bau *m; 3. (fig)* Versteck *n,* Schlupfwinkel *m*

guarismo [gwa'rizmo] *m* Ziffer *f*

guarnecer [gwarne'θɛr] *v irr* einfassen

guarnición [gwarni'θĭɔn] *f 1. TECH* Dichtung *f,* Abdichtung *f; 2. (accesorios)* Zubehör *n; 3. (decoración)* Garnierung *f,* Verzierung *f; 4. GAST* Beilage *f; 5. MIL* Garnison *f,* Besatzung *f*

guarro ['gwarrɔ] *m (fam)* Ferkel *n,* Sau *f*

guasa ['gwasa] *f* Spott *m*

guata ['gwata] *f* Watte *f*

Guatemala [gwate'mala] *m GEO* Guatemala

guau ['gwau] *interj* wau

gubernamental [guƀɛrnamen'tal] *adj* staatlich

guepardo [gwe'parđo] *m ZOOL* Gepard *m*

guerra ['gɛrra] *f* Krieg *m; ~ civil POL* Bürgerkrieg *m; ~ mundial HIST* Weltkrieg *m; ~ relámpago MIL* Blitzkrieg *m; ~ atómica* Atomkrieg *m*

guerrero [gɛ'rrɛro] *adj 1.* kriegerisch; *m 2.* Krieger *m*

guerrillero [gɛrri'ʎero] *m POL* Partisan *m*

guía ['gia] *f 1. (libro)* Reiseführer *m; ¿Tiene usted una ~ en alemán?* Haben Sie einen deutschsprachigen Reiseführer? *2. ~ telefónica* Telefonbuch *n; Es mejor que comprobemos el número de Juan en la ~ telefónica.* Es ist besser, wenn wir die Nummer von Juan im Telefonbuch nachschauen. *3. TECH* Führung *f; m/f 4. (persona)* Leiter(in) *m/f,* Anführer(in) *m/f; ¿Dónde está nuestro ~?* Wo ist unser Reiseleiter? *~ de montaña* Bergführer(in) *m/f; ~ turístico* Fremdenführer *m*

guiar ['gia] *v 1.* anführen, führen; *2. (dirigir)* anleiten, leiten; *3. INFORM* steuern

guijarro [gi'xarrɔ] *m 1.* Kieselstein *m; 2. ~s pl GEOL* Geröll *n*

guión [gi'ɔn] *m 1. CINE* Drehbuch *n; 2. (escritura)* Bindestrich *m,* Gedankestrich *m*

guisante [gi'sante] *m BOT* Erbse *f*

guisar [gi'sar] *v* kochen

guita ['gita] *f* Bindfaden *m*

guitarra [gi'tarra] *f MUS* Gitarre *f; tocar la ~* Guitarre spielen

guitarrista [gita'rrista] *m/f MUS* Gitarrist(in) *m/f*

gusano [gu'sano] *m ZOOL* Wurm *m*

gustar [gus'tar] *v 1.* ansprechen, zusagen; *Esto no me gusta.* Das gefällt mir micht. *Me ha gustado mucho.* Es hat mir sehr gefallen. *2. ~ a alguien* jdm gefallen; *María, creo que le gustas mucho a Pablo.* Maria, ich glaube, du gefällst Pablo gut.

gustillo [gus'tiʎo] *m* Beigeschmack *m*

gusto ['gusto] *m 1.* Belieben *n; Esto es cuestión de ~.* Das ist Geschmackssache. *2. (sabor)* Geschmack *m; de mal ~* geschmacklos; *tener ~ a* schmecken nach; *3. (placer)* Vergnügen *n; por ~* umsonst

gustosamente [gus'tosamentɛ] *adv* gern, mit Vergnügen

H

habana [a'ƀana] *m color* hellbraun
habanera [aƀa'nera] *f (Tanz),* Habanera *f* Seemannslied *n*
habanero [aƀa'nero] *adj* aus Havanna
habano ['aƀano] *m* Havannazigarre *f*
haber [a'ƀer] *v 1.* haben, sein; *2.* müssen
habilidoso [aƀili'đoso] *adj* geschickt
habilitado [aƀili'tađo] *m* Bevollmächtigter *m,* Kassenleiter *m*
habitable [aƀi'table] *adj* bewohnbar, beziehbar
hablado [a'ƀlato] *adj (bien ~)* beredt, höflich
hablar [a'ƀlar] *v* sprechen, reden
habón [a'ƀɔn] *f BOT* Quaddel *f*
hachazo [a'tʃaθo] *m* Axthieb *m,* Beilhieb *m,* (LA) tiefe Wunde *f*
hacienda [a'θĭenda] *f* Gutshof *m,* Gut *n*
hada ['ađa] *f* Fee *f*
Haiti [a'iti] *m GEO* Haiti *n*
haitiano [ai'tĭano] *adj* aus Haiti
hala ['ala] *interj* heda!/auf!/los!
halagador [ala'gađor] *adj* schmeichelnd
halagar [ala'gar] *v* schmeicheln
halago [a'lago] *m* Schmeichelei *f*
halcón [al'kɔn] *m ZOOL* Falke *m*
halógeno [a'loxeno] *m CHEM* Halogen *n*
hall [xɔl] *m* Diele *f,* Halle *f*
hallado [a'ʎađo] *adj* gefunden, erfunden
hallar [a'ʎar] *v 1.* finden, wieder finden; 2. *(de casualidad)* antreffen; 3. *~ alojamiento* unterkommen
hallarse [a'ʎarse] *v 1. ~ en* sich befinden in, sich aufhalten in; 2. *(en frente de)* gegenüberstehen
hallazgo [a'ʎađgo] *m 1.* Fund *m,* Entdeckung *f; 2. MED* Befund *m*
hallulla [a'ʎuʎa] *f (LA)* Aschenbrot *n*
hamaca [a'maka] *f 1. (suspendida)* Hängematte *f; 2. (silla)* Liegestuhl *m; Quisiera una ~.* Ich möche einen Liegestuhl.
hambre ['ambre] *m 1.* Hunger *m; pasar ~* hungern; 2. (miseria) Hungersnot *f*
hambriento [am'brĭento] *adj* hungrig
hambruna [am'bruna] *f (LA)* Hungersnot *f*
hamburguesa [ambur'gesa] *f GAST* Hamburger *m*
hampa ['ampa] *f* Gaunertum *n*
hámster ['amstɛr] *m ZOOL* Hamster *m*
handicap ['xanđikap] *m* Handikap *n*
hangar [an'gar] *m* Hangar *m*
haragán [ara'gan] *m 1.* Faulpelz *m; adj 2.* faul
harapo [a'rapo] *m* Lumpen *m*
Hardware [xarđ'ƀare] *m INFORM* Hardware *f*
harén [a'rɛn] *m* Harem *m*
harina [a'rina] *f* Mehl *n*
harinoso [ari'noso] *adj* mehlig
hartar [ar'tar] *v* sättigen
hartazgo [ar'taθgo] *m* Übersättigung *f*
harto ['arto] *adj 1.* satt; *~ de* überdrüssig; *estar ~ de algo* etw satt haben; *2. (persona)* übersättigt
hasta ['asta] *prep 1.* bis; *~ ahora* bisher, bislang; *adv 2.* sogar
hastiar [asti'ar] *v 1.* langweilen; *2. (dar asco)* anwidern, anekeln
hatajo [ata'xo] *m* kleine Herde *f*
Haya ['aʎa] *f La ~ GEO* Den Haag *n*
haza ['aθa] *f* Stück Acker *n*
hazaña [a'θaɲa] *f* Heldentat *f*
hebilla [e'ƀiʎa] *f* Schnalle *f*
hebra [e'ƀra] *f* Faden *m,* Fiber *f,* Faser *f*
hebreo [e'ƀreo] *adj* hebräisch
hectárea [ek'tarea] *f* Hektar *n*
hectolitro [ekto'litro] *m* Hektoliter *m*
hectómetro [ek'tometro] *m* Hektometer *m*
hechicero [etʃi'θero] *adj 1.* bezaubernd, zauberhaft; *m 2.* Zauberer *m*
hechizar [etʃi'θar] *v* bezaubern
hechizo [e'tʃiθo] *m* Zauber *m*
hecho ['etʃo] *m 1.* Tatsache *f,* Gegebenheit *f; de ~* tatsächlich; *2. ~s pl* Sachverhalt *m*
hechura [e'tsura] *f* Anfertigung *f,* Verfertigung *f,* Machart *f*
heder [e'đɛr] *v* stinken
hediondez [e'đĭonđeθ] *f* Gestank *m*
hediondo [e'đĭonđo] *adj* stinkend
hedor [e'đɔr] *m* Gestank *m*
hegemonía [exemo'nĭa] *f* Vormachtstellung *f*
helada [e'lađa] *f* Frost *m*
heladería [elađe'ria] *f GAST* Eisdiele *f*
helado [e'lađo] *adj 1.* eisgekühlt, eisig, eiskalt; *m 2. GAST* Eis *n,* Speiseeis *n; un ~ variado* ein gemischtes Eis *n; una copa de ~* ein Eisbecher *m; un café ~* ein Eiskaffee *m*

helar [e'lar] *v irr* frieren
helarse [e'larse] *v irr 1.* gefrieren, erfrieren; *2. (completamente)* zufrieren
helecho [e'letʃo] *m BOT* Farn *m*
helera [e'lera] *f* Darre *f,* (LA) Kühlschrank *m*
helero [e'lero] *m GEOL* Gletscher *m*
hélice ['eliθe] *f 1. NAUT* Schiffsschraube *f,* Schraube *f; 2. (de avión)* Propeller *m; Durante el vuelo dejó de funcionar una ~.* Während des Fluges fiel ein Propeller aus.
helicóptero [eli'kɔptero] *m* Hubschrauber *m*
helio ['elĭo] *m CHEM* Helium *n*
hematoma [ema'toma] *m MED* Bluterguss *m*
hembra ['emƀra] *f 1.* Weib *n; 2. ZOOL* Weibchen
hemisferio [emis'ferĭo] *m* Halbkugel *f*
hemofílico [emo'filiko] *m 1. MED* Bluter *m; adj 2.* Bluter...
hemoglobina [emo'gloƀina] *f BIO* Hämoglobin *n*
hemorragia [emo'rraxĭa] *f MED* Blutung *f; ~ cerebral* Gehirnblutung *f*
hemorroides [emo'rrɔĭđes] *f MED* Hämorriden *pl*
hendedura [ende'đura] *f* Spalt *m*
hender [en'dɛr] *v irr* aufspalten
hendidura [endi'đura] *f* Ritze *f,* Spalt *m*
heno ['eno] *m BOT* Heu *n*
hepático [e'patiko] *adj* hepatisch, Leber..., leberkrank
hepatitis [epa'titis] *f MED* Hepatitis *f*
heptagonal [ek'tagonal] *adj* siebeneckig
herbicida [erƀi'θiđa] *m* Unkrautvertilgungsmittel *n*
herbívoro [ɛr'ƀiƀoro] *m ZOOL* Pflanzenfresser *m; adj 2.* pflanzenfressend
heredad [ere'dad] *f* Grundstück *n,* Stammgut *n,* Landgut *n*
heredado [here'đađo] *adj* vererbt
heredar [ere'đar] *v* erben
heredero [ere'đero] *m 1.* Erbe *m; ser ~ de alguien* jdn beerben; *2. ~ único JUR* Alleinerbe *m*
hereditario [eređi'tarĭo] *adj 1.* erblich; *2. BIO* vererblich
hereje [e'rɛxe] *m 1. REL* Ketzer *m; adj 2. REL* ketzerisch
herejía [ere'xia] *f* Häresie *f,* Irrlehre *f*
herencia [e'renθĭa] *f* Erbe *n,* Erbschaft *f*
herida [e'riđa] *f* Verletzung *f,* Wunde *f,* Verwundung *f; ~ de bala* Schussverletzung *f*
herido [e'riđo] *adj 1.* wund, verletzt; *Ella está gravemente herida.* Sie ist schwer verletzt. *m 2.* Verletzter *m; Hay ~s.* Es gibt Verletzte. *~ grave/~ de gravedad* Schwerverletzter *m; Hay ~s graves.* Es gibt Schwerverletzte.
herir [e'rir] *v irr 1.* verletzen, verwunden; *Trabajando en el taller me herí.* Beim Arbeiten in der Werkstatt habe ich mich verletzt. *2. (fig)* kränken
hermana [ɛr'mana] *f 1.* Schwester *f; ~ política* Schwägerin *f; 2. REL* Ordensschwester *f*
hermanastra [erma'nastra] *f* Stiefschwester *f*
hermanastro [erma'nastro] *m* Stiefbruder *m*
hermano [ɛr'mano] *m 1.* Bruder *m; ~ político* Schwager *m; 2. REL* Ordensbruder *m; 3. ~s pl (ambos sexos)* Geschwister *pl*
hermético [ɛr'metiko] *adj 1.* hermetisch, luftdicht; *2. (fig: inaccesible)* unzugänglich
hermosear [ɛrmose'ar] *v* verschönern
hermoso [ɛr'moso] *adj* schön
hermosura [ɛrmo'sura] *f* Schönheit *f*
hernia ['ɛrnĭa] *f MED* Leistenbruch *m*
héroe ['eroe] *m* Held *m*
heroico [ɛ'rɔĭko] *adj 1.* heldenhaft; *m 2. (LA)* Heroinsüchtiger *m*
heroína [ero'ina] *f 1.* Heldin *f; 2. CHEM* Heroin *n*
heroísmo [ero'ismo] *m* Heldentum *n*
herpes [ɛr'pes] *m MED* Herpes *n*
herradura [ɛrra'đura] *f* Hufeisen *n*
herramienta [ɛrra'mĭenta] *f* Werkzeug *n*
herrar [e'rrar] *v irr* mit Brandzeichen versehen, brandmarken
herrería [ɛrrɛ'ria] *f* Schmiede *f*
herrero [ɛ'rrɛro] *m* Schmied *m*
herrumbre [ɛ'rrumbre] *f CHEM* Rost *m*
hervidor [ɛr'ƀi'đor] *m* Kocher *m*
hervir [ɛr'ƀir] *v irr* abkochen, aufkochen
heterogéneo [eterɔ'xeneo] *adj* heterogen
hexagonal [ɛksago'nal] *adj* sechseckig
hexagono [ɛks'agono] *m* Sechseck *n*
hiato [ĭato] *m* Hiatus *m,* (fig) Spalt *m*
hibernación [iƀɛrna'θĭɔn] *f ZOOL* Winterschlaf *m*
híbrido [i'brido] *adj* hybrid, Bastard...
hidalgo [i'đalgo] *m HIST* spanischer Edelmann *m*
hidrante [i'đrante] *m* Hydrant *m*
hidrato [i'đrato] *m ~ de carbono CHEM* Kohlehydrat *n*

hidraúlica [i'đraŭlika] *f PHYS* Hydraulik *f*
hidroala [iđro'ala] *m* Tragflächenboot *n*
hidrocarburo [iđro'karƀuro] *m CHEM* Kohlenwasserstoff *m; ~ fluorado* Fluorkohlenwasserstoff *m*
hidrocefalía [iđroθe'falĭa] *f MED* Hydrozephalus *m,* Wasserkopf *m*
hidrocultivo [iđrokul'tiƀo] *m BOT* Hydrokultur *f*
hidrofobia [iđro'foƀĭa] *f MED* Tollwut *f*
hidrógeno [i'đrɔxeno] *m CHEM* Wasserstoff *m*
hidroterapia [iđrote'rapĭa] *m MED* Hydrotherapie *f,* Wassertherapie *f*
hidróxido [i'đrɔθiđo] *m CHEM* Hydroxid *n*
hiedra ['jeđra] *f BOT* Efeu *m*
hiel ['ĭel] *f* Galle *f,* Bitterkeit *f*
hielo ['jelo] *m* Eis *n; whisky con mucho ~* Whisky mit viel Eis *m*
hiena ['jena] *f ZOOL* Hyäne *f*
hierba ['jɛrƀa] *f BOT* Gras *n,* Kraut *n; mala ~* Unkraut *n*
hierro ['jɛrrɔ] *m MET* Eisen *n; echar al ~ viejo* verschrotten; *~ para soldar TECH* Lötkolben *m*
hígado ['igađo] *m ANAT* Leber *f*
higiene [i'xĭene] *f* Hygiene *f; ~ personal* Körperpflege *f*
higiénico [i'xĭeniko] *adj* hygienisch
higo ['igo] *m BOT* Feige *f*
hija ['ixa] *f* Tochter *f; ~ política* Schwiegertochter *f*
hijastra [i'xastra] *f* Stieftochter *f*
hijastro [i'xasro] *m* Stiefsohn *m*
hijo ['ixo] *m* Sohn *m; de muchos ~s* kinderreich; *~ acogido* Pflegekind *n; ~ político* Schwiegersohn *m*
hijuela [i'xwula] *f* kleine Tochter *f,* Erbteilungsschein *m,* Erbteil *m*
hilar [i'lar] *v* spinnen
hilera [i'lera] *f* Reihe *f*
hilo ['ilo] *m 1.* Faden *m,* Garn *n; ¿Tiene usted aguja e ~?* Haben Sie Nadel und Faden? *perder el ~* den Faden verlieren; *2. ~ torcido* Zwirn *m; 3. sin ~s TECH* drahtlos
hilvanar [ilƀa'nar] *v* heften
hilván [il'ban] *m* Heftnaht *f,* Heftfaden *m*
himen ['imen] *m ANAT* Hymen *n,* Jungfernhäutchen *n*
himno ['imno] *m* Hymne *f; ~ nacional* Nationalhymne *f*
hincadura [inka'đura] *f* Einschlagen *n*
hincapíe [inka'pie] *m* Aufstemmen des Fußes *n,* Beharren *n,* Nachdruck *m*
hincar [in'kar] *v* einschlagen
hincón [in'kɔn] *m* Anlegepfahl *m*
hincha ['intʃa] *m SPORT* Anhänger *m*
hinchar [in'tʃar] *v* aufblasen
hincharse [in'tʃarse] *v MED* anschwellen
hindú [in'du] *m/f 1.* Inder(in) *m/f; m 2. REL* Hindu *m*
hinojo [i'nɔxo] *m BOT* Fenchel *m*
hiperfunción [ipɛrfun'θĭɔn] *f* Überfunktion *f*
hipermétrope [ipɛr'metrope] *adj* weitsichtig; *Soy ~.* Ich bin weitsichtig.
hipersensible [ipɛrsen'siƀle] *adj* überempfindlich
hípica ['ipika] *f SPORT* Pferdesport *m*
hipnosis [iƀ'nosis] *f* Hypnose *f*
hipnotizar [iƀnoti'θar] *v* hypnotisieren
hipo ['ipo] *m* Schluckauf *m*
hipocampo [ipo'kampo] *m ZOOL* Seepferdchen *n*
hipocresía [ipokre'sia] *f* Heuchelei *f*
hipócrita [i'pokrita] *adj 1.* falsch, scheinheilig; *m 2.* Heuchler *m; ser ~* heucheln
hipódromo [i'pođromo] *m SPORT* Pferderennbahn *f,* Rennbahn *f*
hipofunción [ipofun'θĭɔn] *f* Unterfunktion *f*
hipopótamo [ipo'potamo] *m ZOOL* Nilpferd *n*
hipoteca [ipo'teka] *f ECO* Hypothek *f*
hipotecar [ipo'tekar] *v ECO* belasten
hipotecario [ippte'karĭo] *adj* hypothekarisch, Hypotheken...
hipótesis [i'potesis] *f* Hypothese *f; como ~* hypothetisch
hipotético [ipo'tetiko] *adj* hypothetisch
hirviendo [ir'ƀĭendo] *adj* kochend
hirviente [ir'biente] *adj* kochend
hisopo [i'sopo] *m* Ysop *m,* Weihwedel *m*
hispano [is'pano] *adj* spanisch
Hispanoamérica [ispanoa'merika] *f GEO* Lateinamerika *n*
histeria [is'terĭa] *f PSYCH* Hysterie *f*
histérico [is'teriko] *adj PSYCH* hysterisch
historia [is'torĭa] *f* Geschichte *f; ~ de amor* Liebesgeschichte *f*
Historia [is'torĭa] *f ~ Contemporánea HIST* Zeitgeschichte *f*
historiador(a) [istorĭa'đɔr/istorĭa'đora] *m/f* Historiker(in) *m/f*
histórico [is'toriko] *adj* geschichtlich, historisch

historiografía [istorĭogra'fia] *f* Geschichtsschreibung *f*
hocico [o'θiko] *m* Maul *n,* Schnauze *f*
hockey ['xɔke] *m 1. SPORT* Hockey *n; 2. ~ sobre hielo SPORT* Eishockey *n*
hogar [o'gar] *m 1.* Herd *m,* Feuerstelle *f; 2. (fig)* Daheim *n,* Heim *n,* Zuhause *n*
hogareño [oga'reɲo] *adj* häuslich
hogaza [o'gaθa] *f* Brotlaib *m,* Laib *m*
hoguera [o'gera] *f* Lagerfeuer *n*
hoja ['oxa] *f 1. BOT* Blatt *n; ~ de trébol* Kleeblatt *n; 2. (de papel)* Papierblatt *n; ¿Tiene una ~ para mí?* Haben Sie ein Blatt für mich? *~ informativa* Merkblatt *n; 3. (plástica, metálica)* Folie *f; 4. ~ de afeitar* Rasierklinge *f; 5. ~s pl BOT* Laub *n*
hojalata [oxa'lata] *f* Blech *n,* Weißblech *n*
hojalatero [oxala'tero] *m* Klempner *m*
hojaldre [o'xaldre] *m GAST* Blätterteig *m*
hojear [ɔxe'ar] *v* umblättern, durchblättern
hola ['ola] *interj ¡Hola!* Hallo!
Holanda [o'landa] *f GEO* Holland *n*
holandés [olan'des] *adj 1.* holländisch, niederländisch; *m 2.* Holländer *m,* Niederländer *m*
holding ['xoldin] *m ECO* Dachgesellschaft *f*
holgazán [ɔlga'θan] *adj 1.* faul; *m 2.* Faulenzer *m,* Faulpelz *m*
holgazanear [ɔlgaθane'ar] *v* faulenzen
hollín [o'ʎin] *m* Ruß *m*
hombre ['ɔmbre] *m 1.* Mensch *m; ¡Hombre!* Mensch! *2. (de sexo masculino)* Mann *m; ~ de pelo en pecho* Draufgänger *m; ~ ama de casa* Hausmann *m; 3. ~ de negocios ECO* Geschäftsmann *m; 4. ~ de paja (fig)* Strohmann *m*
hombrecillo [ɔmbre'θiʎo] *m* Knirps *m*
hombría [om'bria] *f* Männlichkeit *f,* Rechtschaffenheit *f*
hombro ['ɔmbro] *m ANAT* Schulter *f; llevar a ~* auf der Schulter tragen
homenaje [ome'naxe] *m* Huldigung *f*
homenajear [omenaxe'ar] *v* ehren
homeopatía [omeopa'tia] *f MED* Homöopathie *f*
homicidio [omi'θiđĭo] *m JUR* Totschlag *m; ~ involuntario* fahrlässige Tötung *f*
homónimo [o'monimo] *adj* homonym, gleichlautend
homosexual [omosɛk'swal] *adj* homosexuell
homosexualidad [homosɛkswali'đađ] *f* Homosexualität *f*
honda [ɔnđa] *f* Schleuder *f,* Steinschleuder *f*
hondo ['ɔndo] *adj* tief
hondura [on'đura] *f* Tiefe *f*
Honduras [on'đuras] *m GEO* Honduras *n*
honestidad [ones'tiđađ] *f* Ehrlichkeit *f,* Ehrbarkeit *f,* Redlichkeit *f*
honesto [o'nesto] *adj* ehrlich, redlich
hongo ['oŋgo] *m 1. BOT* Pilz *m; 2. MED* Pilz *m*
honor [o'nɔr] *m* Ehre *f; sin ~* ehrlos
honorable [onɔ'raƀle] *adj* ehrbar, achtbar
honorario [onɔ'rarĭo] *adj 1.* ehrenamtlich; *m 2. ~s pl* Honorar *n*
honorífico [onɔ'rifiko] *adj* ehrenamtlich, ehrenvoll
honra ['ɔnra] *f* Ehre *f*
honradez [ɔnrra'deθ] *f* Ehrbarkeit *f,* Ehrlichkeit *f,* Redlichkeit *f*
honrado [ɔn'rađo] *adj* ehrlich, ehrbar
honrar [ɔn'rrar] *v* ehren
honroso [ɔn'rroso] *adj* ehrenvoll
hora ['ora] *f 1.* Stunde *f; a cualquier ~* jederzeit; *~ de clases* Schulstunde *f; media ~* halbe Stunde *f; 2. (tiempo, del reloj)* Zeit *f,* Uhrzeit *f; a cada ~* stündlich; *~s y ~s* stundenlang; *¿Qué ~ es?* Wie spät ist es? *~ de llegada* Ankunftszeit *f; ~ de salida* Abfahrtszeit *f; ~ local* Ortszeit *f; ~ de cierre* Feierabend *m; 3. ~s de consulta pl* Sprechstunde *f; ~s extras* Überstunde *f; ~s de visita* Besuchszeit *f; ~s punta* Hauptverkehrszeit *f,* Stoßverkehr *m*
horadar [ora'đar] *v* bohren
horario [o'rarĭo] *m* Zeitplan *m,* Stundenplan *m; ~ de atención al público* Parteienverkehr *m; ~ de trabajo* Arbeitszeit *f; ~ de trenes* Fahrplan *m; ~ de verano* Sommerzeit *f; ~ de vuelo* Flugplan *m*
horca ['ɔrka] *f* Galgen *m*
horda [rđa] *f* Horde *f,* Bande *f,* Schar *f*
horizontal [oriθɔn'tal] *adj* waagerecht, horizontal
horizonte [ori'θɔnte] *m* Horizont *m*
hormiga [ɔr'miga] *f ZOOL* Ameise *f*
hormigón [ɔrmi'gɔn] *m* Beton *m*
hormigonar [ɔrmigo'nar] *v* betonieren
hormona [ɔr'mona] *f BIO* Hormon *n*
hornear [ɔr'near] *v* backen
hornilla [or'niʎa] *f* Herdloch *n,* Ofenloch *n,* Nistloch, im Taubenschlag *n*
horno ['ɔrno] *m 1.* Backofen *m,* Röhre *f,* Ofen *m; 2. ~ alto TECH* Hochofen *m; 3. ~ microondas* Mikrowellenherd *m,* Mikrowelle *f*

horóscopo [o'rɔskopo] *m* Horoskop *n*
horrible [ɔ'rriƀle] *adj* fürchterlich, schauderhaft, schrecklich
horripilante [ɔrripi'lante] *adj* haarsträubend, gruselig
horror [ɔ'rrɔr] *m* Entsetzen *n,* Grauen *n*
horrorizarse [ɔrrɔri'θarse] *v* entsetzt sein
horroroso [ɔrrɔ'roso] *adj* schrecklich, grauenhaft
hortaliza [ortza'liθa] *f* Gemüse *n*
horticultura [ɔrtikul'tura] *f* Gartenbau *m*
hosco ['ɔsko] *adj* finster
hospedaje [ɔspe'đaxe] *m* Unterkunft *f*
hospedar [ɔspe'đar] *v* bewirten
hospedarse [ɔspe'đarse] *v* absteigen
hospedería [ɔspeđere'ria] *f* Herberge *f*
hospedero [ɔspe'đero] *m* Wirt *m*
hospital [ɔspi'tal] *m* Krankenhaus *n,* Hospital *n; ~ militar MIL* Lazarett *n*
hospitalario [ɔspita'larĭo] *adj* gastfreundlich
hospitalizar [ɔspitali'θar] *v* einliefern
hostal [ɔs'tal] *m* Hotel *n,* Herberge *f*
hostelero [ɔste'lero] *m* Gastwirt *m*
hostia ['ɔstĭa] *f REL* Hostie *f*
hostigación [ɔstiga'θĭɔn] *f* Anfeindung *f*
hostigar [ɔsti'gar] *v* anfeinden
hostil [ɔs'til] *adj* feindlich, feindselig
hostilidad [ɔstili'đađ] *f* Feindseligkeit *f*
hostilizar [ɔstili'θar] *v* anfeinden
hotel [ɔ'tɛl] *m* Hotel *n*
hotelero [ote'lero] *m* Hotelier *m*
hoy [ɔĭ] *adv* heute; *~ al mediodía* heute Mittag; *~ en día* heutzutage
hoyo ['ojo] *m* Grube *f*
hucha ['utʃa] *f* Sammelbüchse *f,* Sparbüchse *f*
hueco ['weko] *m 1.* Lücke *f; 2. (el espacio vacío)* Hohlraum *m,* Raum *m; 3. (LA)* Loch *n; adj 4.* hohl
huelga ['wɛlga] *f* Streik *m,* Ausstand *m; hacer ~* streiken; *~ de aviso* Warnstreik *m; ~ general* Generalstreik *m; ~ de hambre* Hungerstreik *m*
huella ['weʎa] *f* Abdruck *m,* Fährte *f,* Spur *f; sin dejar ~* spurlos; *~ dactilar* Fingerabdruck *m*
huérfano ['wɛrfano] *m* Waise *f; ~ de padre/~ de madre* Halbwaise *f*
huerta ['wɛrta] *f* Gemüsegarten *m*
huerto ['wɛrto] *m* Gemüsegarten *m*
hueso ['weso] *m ANAT* Knochen *m*
huésped ['wespeđ] *m/f* Besucher(in) *m/f,* Gast *m; m ~ de honor* Ehrengast *m*
huevera [we'ƀera] *f* Eierbecher *m*
huevo ['weƀo] *m* Ei *n; un ~ duro* ein hartes Ei *n; un ~ pasado por agua* ein weiches Ei *n; ~ frito* Spiegelei *n; ~s revueltos* Rühreier *pl*
huida [u'iđa] *f* Flucht *f*
huir [u'ir] *v irr 1.* entfliehen, entkommen; *2. (fam)* durchgehen; *3. ~ de* fliehen vor
hulla ['uʎa] *f MIN* Steinkohle *f*
humanidad [umani'đađ] *f 1. (la raza humana)* Menschheit *f; 2. (carácter)* Menschlichkeit *f,* Humanität *f*
humanismo [uma'nizmo] *m HIST* Humanismus *m*
humanista [uma'nista] *adj* humanistisch
humano [u'mano] *adj 1.* menschlich, human; *2. ser ~* Mensch *m*
humareda [uma'ređa] *f* Qualm *m*
humear [ume'ar] *v* rauchen, qualmen
humedad [ume'đađ] *f* Feuchtigkeit *f,* Nässe *f; ~ atmosférica METEO* Luftfeuchtigkeit *f*
humedecer [umeđe'θɛr] *v irr* anfeuchten
húmedo ['umeđo] *adj* feucht, nasskalt, klamm
humildad [umil'đađ] *f* Demut *f*
humilde [u'milde] *adj* demütig
humillación [umilla'θĭɔn] *f* Erniedrigung *f,* Demütigung *f*
humillante [umi'ʎante] *adj* entwürdigend, erniedrigend
humillar [umi'ʎar] *v 1.* erniedrigen, demütigen; *2. (herir)* verletzen, kränken
humo ['umo] *m* Rauch *m,* Qualm *m; La estufa echa ~.* Der Ofen qualmt.
humor [u'mɔr] *m* Laune *f,* Humor *m; estar de buen ~* gut gelaunt sein; *estar de mal ~* schlecht gelaunt sein; *~ negro* Galgenhumor *m*
hundimiento [undi'mĭento] *m* Untergang *m,* Versenkung *f*
hundirse [un'dirse] *v* versinken, untergehen
húngaro ['uŋgaro] *adj 1.* ungarisch; *m 2.* Ungar *m*
Hungría [uŋ'gria] *f GEO* Ungarn *n*
huracán [ura'kan] *m* Hurrikan *m,* Orkan *m*
huraño [u'raɲo] *adj (persona)* menschenscheu
hurgar [ur'gar] *v* wühlen
hurtar [ur'tar] *v* stehlen, rauben
hurto ['urto] *m* Diebstahl *m; ~ de automóviles* Autodiebstahl *m*
husmear [uzme'ar] *v* herumschnüffeln, schnüffeln

I

i [i] *f* 1. *~ latina* I *n;* 2. *~ griega* Ypsilon *n*
ibérico [i'ƀeriko] *adj* iberisch, (fig) typisch spanisch
iceberg [iθ'bɛrg] *m* Eisberg *m*
iconografía [ikonogra'fĭa] *f* Grundriß *m*
ictericia [ikte'riθĭa] *f MED* Gelbsucht *f*
icterodes [ikte'roɗes] *adj MED* gelbsüchtig, ikteroid
idea [i'ɗea] *f* Idee *f,* Einfall *m*
idealidad [iɗeali'ɗaɗ] *f* Idealität *f*
idiomático [iɗio'matiko] *adj* idiomatisch, mundartlich
idiopático [iɗio'patiko] *adj* von sich aus entstanden, idiopathisch
idiotez [iɗĭo'teθ] *f* Idiotie *f,* Dummheit *f*
idiotismo [iɗĭo'tismo] *m* Dummheit *f,* Stumpfsinn *m,* Idiotie *f*
idolatrar [iɗola'trar] *v* vergöttern
ignaro [ig'naro] *adj* unwissend, ungebildet
ignavia [ig'navĭa] *f* Trägheit *f*
igneo ['igneo] *adj* feurig, Feuer...
ignición [igni'θĭɔn] *f* Glühen *n,* Verbrennen *n,* Zündung *f*
ignicola [ik'niĭola] *adj* feueranbetend
ignito ['ignito] *adj* feurig, glühend
ignominia [igno'minĭa] *f* Schmach *f*
iguala [i'gwala] *f* Vereinbarung *f*
igualado [igwa'laɗo] *adj* ausgeglichen
igualdad [igwal'ɗaɗ] *f* 1. Übereinstimmung *f;* 2. *~ de derechos* Gleichberechtigung *f;* 3. *~ de oportunidades* Chancengleichheit *f*
igualmente [igwal'mente] *adv* ebenfalls
iguana [i'gwana] *f ZOOL* Leguan *m*
igüedo [i'gweto] *m ZOOL* Bock *m,* Ziegenbock *m*
ilación [ila'θĭɔn] *f* Gedankenverbindung *f,* Schlußfolgerung *f*
ilativo [ila'tibo] *adj* folgernd
ilegal [ile'gal] *adj* gesetzwidrig
ilegalidad [ilega'liɗaɗ] *f* Illegalität *f*
ilegible [ilɛ'xiƀle] *adj* unleserlich
ilegitimidad [ilexiti'miɗaɗ] *f* Illegitimität *f,* Unrechtmäßigkeit *f,* Unehelichkeit *f*
ilegítimo [ilɛ'xitimo] *adj* 1. unrechtmäßig, illegitim, 2. *(persona)* unehelich
íleo ['ileo] *m MED* Darmverschluß *m*
ileso [i'leso] *adj* unversehrt, unverletzt
iletrado [ile'traɗo] *adj* 1. ungebildet; *m* 2. Analphabet *m*
iliberal [i'liberal] *adj* engherzig, illiberal
ilícitamente [iliθita'mente] *adv* widerrechtlich
ilícito [i'liθito] *adj* widerrechtlich
ilimitado [ilimi'taɗo] *adj* 1. unbegrenzt, grenzenlos, uferlos; 2. *(de tiempo)* unbefristet
ilocalizable [ilokali'θaƀle] *adj* unauffindbar
ilógico [i'lɔxiko] *adj* unlogisch
iluminación [ilumina'θĭɔn] *f* Beleuchtung *f*
iluminado [ilumi'naɗo] *adj* 1. hell, beleuchtet; 2. *(fig)* aufgeklärt
iluminar [ilumi'nar] *v* 1. beleuchten; 2. *(fig)* erleuchten
ilusión [ilu'sĭɔn] *f* 1. Illusion *f; Me hace mucha ~.* Das freut mich sehr. 2. *(engaño)* Täuschung *f;* 3. *(deseo)* Wunschtraum *m*
ilusionar [ilusĭo'nar] *v* blenden, täuschen
ilusorio [ilu'sorĭo] *adj* illusorisch
ilustración [ilustra'θĭɔn] *f* Illustration *f*
ilustrado [iluss'traɗo] *adj* illustriert, bebildert, gebildet
ilustrar [ilus'trar] *v* 1. *(hacerlo más claro con un ejemplo)* veranschaulichen; 2. *(completar con imágenes o fotos)* illustrieren
imagen [i'maxen] *f* 1. *(reproducción)* Abbildung *f; viva ~* Abbild *n, Ebenbild n;* 2. *~ invertida* Spiegelbild *n;* 3. *(fig: sociedad)* Image *n;* 4. *CINE* Bild *n*
imaginable [imaxi'naƀle] *adj* denkbar
imaginación [imaxina'θĭɔn] *f* 1. *(concepción)* Vorstellung *f;* 2. *(ilusión)* Einbildung *f;* 3. *(fantasía, fuerza imaginativa)* Fantasie *f*
imaginar [imaxi'nar] *v* 1. *(concebir)* konzipieren; 2. *(idear, inventar)* erdichten
imaginario [imaxi'narĭo] *adj* eingebildet
imaginarse [imaxi'narĭo] *v ~ algo* sich etw vorstellen, sich etw ausdenken
imaginativa [imaxina'tiba] *f* Einbildungskraft *f,* Vorstellungskraft *f*
imaginativo [imaxina'tiƀo] *adj* einfallsreich, fantasievoll
imán [i'man] *m* Magnet *m*
imbécil [im'beθil] *m/f* 1. Trottel *m; adj* 2. blöd
imbecilidad [imbeθili'ɗaɗ] *f* Blödsinn *m*
imborrable [imbo'raƀle] *adj* unverwischbar, unauslöschlich, unvergeßlich

imbuir [im'bwir] *v irr* einprägen
imitación [imita'θĭɔn] *f* Imitation *f*, Nachahmung *f*
imitado [imi'tađo] *adj* imitiert
imitar [imi'tar] *v* nachahmen, imitieren, nachmachen
impaciencia [impaθĭen'θĭa] *f* Ungeduld *f*
impaciente [impa'θĭente] *adj* ungeduldig
impacto [im'pakto] *m* Einschlag *m*, Aufschlag *m*, Einschuß *m*, Einschlagloch *n*
impagable [impa'gaƀle] *adj* unbezahlbar
impalpable [impal'paƀle] *adj* unfühlbar
impar [im'par] *adj 1.* ungleich; *2. MATH* ungerade
imparable [impa'raƀle] *adj* unaufhaltsam
imparcial [impar'θĭal] *adj* unparteiisch
impartible [impar'tiƀle] *adj* unteilbar
impartir [impar'tir] *v* gewähren, erteilen
impasible [impa'siƀle] *adj* unempfindlich, gefühllos, gleichmütig
impecable [impe'kaƀle] *adj* einwandfrei
impedido [impe'điđo] *m 1.* Körperbehinderter *m*, Invalide *m*; *adj 2. (inválido)* gehbehindert; *3. (paralítico)* gelähmt
impedimento [impeđi'mento] *m* Behinderung *f*, Verhinderung *f*
impedir [impe'đir] *v irr 1.* verhindern, behindern; *~ a alguien hacer algo* jdn daran hindern, etw zu tun; *2. (proteger)* verhüten
impender [im'penđer] *v irr* Geld ausgeben, Geld investieren
impenetrable [impene'traƀle] *adj* undurchdringlich
impensable [impe'saƀle] *adj* undenkbar
imperceptible [impɛrθɛp'tiƀle] *adj* unmerklich
imperdible [impɛr'điƀle] *m* Sicherheitsnadel *f*
imperdonable [impɛrdo'naƀle] *adj* unverzeihlich
imperfección [impɛrfɛk'θĭɔn] *f 1.* Schönheitsfehler *m*; *2. MED* Gebrechen *n*
imperfecto [impɛr'fɛkto] *adj 1.* mangelhaft; *m 2. GRAMM* Imperfekt *n*
imperial [impe'rĭal] *adj* kaiserlich
imperialismo [imperĭa'lizmo] *m POL* Imperialismus *m*
imperio [im'perĭo] *m 1.* Imperium *n*, Reich *n*; *2. (dominio)* Herrschaft *f*
imperiosamente [imperĭosa'mente] *adv* gebieterisch, dringend
imperioso [impe'rĭoso] *adj* gebieterisch
impermeabilizar [impɛrmeaƀili'θar] *v* abdichten, wasserdicht machen
impermeable [impɛr'meaƀle] *adj 1.* undurchlässig, dicht; *m 2.* Regenmantel *m*
impersonal [impɛr'sonal] *adj* unpersönlich
impertinencia [impɛrti'nencĭa] *f* Frechheit *f*
impertinente [impɛrti'nente] *adj 1. (molesto)* zudringlich; *2. (curioso)* vorwitzig
imperturbable [impɛrtur'ƀaƀle] *adj* unentwegt
ímpetu ['impetu] *m* Wucht *f*, Schwung *m*
impetuoso [impe'twoso] *adj* ungestüm
implacable [impla'kaƀle] *adj 1.* unerbittlich; *2. (irreconciliable)* unversöhnlich
implicar [impli'kar] *v* hineinziehen
implorar [implo'rar] *v* anflehen
imponente [impo'nente] *adj* großartig
imponer [impo'nɛr] *v irr* auferlegen, verhängen; *~ contribuciones* besteuern; *~ un castigo disciplinario* maßregeln
imponerse [impo'nɛrse] *v irr* sich behaupten, sich durchsetzen
impopular [impopu'lar] *adj* unbeliebt
importable [impor'taƀle] *adj* importierbar, einführbar
importación [impɔrta'θĭɔn] *f* Import *m*
importancia [impɔr'tanθĭa] *f 1.* Wichtigkeit *f*; *de ~* bedeutend, wichtig; *sin ~* unwichtig, belanglos; *2. (valor)* Stellenwert *m*
importante [impɔr'tante] *adj* wichtig
importar [impɔr'tar] *v ECO* importieren
importe [im'pɔrte] *m 1. ECO* Betrag *m*; *~ exento de impuestos* Freibetrag *m*; *~ fijo* Fixum *n*; *~ parcial* Teilbetrag *m*; *~ restante* Restbetrag *m*; *~ total* Gesamtbetrag *m*; *2. (individual de cuenta)* Posten *m*
importunar [impɔr'tunar] *v* stören
importunidad [impɔr'tunar] *f* Belästigung *f*
importuno [impɔr'tuno] *adj* lästig
imposibilitado [imposibili'tađo] *adj* verhindert
imposible [impo'siƀle] *adj* unmöglich
imposición [imposi'θĭɔn] *f 1. ECO* Einlage *f*; *2. (contribuciones)* Besteuerung *f*
impotencia [impo'tenθĭa] *f 1.* Ohnmacht *f*; *2. MED* Impotenz *f*
impotente [impo'tente] *adj 1. (desmayado)* ohnmächtig; *2. (sin poder)* machtlos; *3. MED* impotent
imprecar [impre'kar] *v* fluchen
impregnar [impreg'nar] *v 1.* imprägnieren; *2. (con líquido)* tränken
imprenta [im'prenta] *f* Druckerei *f*

impresionante [impresĭo'nante] *adj* eindrucksvoll, imponierend, imposant
impresión [impre'sĭɔn] *f 1. (fig)* Eindruck *m; 2. (de texto)* Aufdruck *m; 3. (tipográfica, reproducción)* Abdruck *m,* Druck *m*
impresionar [impresĭo'nar] *v* beeindrucken, imponieren; *Su inteligente forma de hablar me impresionó.* Seine intelligente Art zu sprechen hat mich beeindruckt.
impreso [im'preso] *m 1. (material)* Drucksache *f; 2. (formulario)* Vordruck *m; ¿Dónde hay ~s para eso?* Wo gibt es Formulare dafür? *~ para giro* Überweisungsformular *n*
impresor(a) [impre'sɔr/impre'sora] *m/f* Drucker(in) *m/f*
impresora [impre'sora] *f INFORM* Drucker *m; ~ láser* Laserdrucker *m*
imprevisible [impreƀi'siƀle] *adj* unabsehbar, unvorhersehbar
imprevisto [impre'ƀisto] *adj* unvermutet
imprimir [impri'mir] *v* drucken, bedrucken
improbable [impro'ƀaƀle] *adj* unwahrscheinlich
improcedente [improθe'đente] *adj* unzulässig
impropio [im'propĭo] *adj* unpassend
improvisación [improƀisa'θĭɔn] *f* Improvisation *f,* Stegreif *m*
improvisar [improvi'sar] *v* improvisieren
imprudencia [impru'đenθĭa] *f 1.* Leichtsinn *m; 2. JUR* Fahrlässigkeit *f*
imprudente [impru'đente] *adj* leichtsinnig, unvorsichtig, unbesonnen
impudicia [impu'điθia] *f* Unzucht *f*
impudor [im'pušor] *m* Schamlosigkeit *f*
impuesto [im'pwesto] *m 1. FIN* Steuer *f; sujeto a ~* abgabenpflichtig; *~ de automóviles* Kraftfahrzeugsteuer *f; ~ industrial* Gewerbesteuer *f; ~ sobre el valor añadido* Mehrwertsteuer *f; ~ sobre las ventas* Umsatzsteuer *f; ~ sobre sucesiones* Erbschaftssteuer *f; ~ sobre sueldos y salarios* Lohnsteuer *f; ~ sobre el patrimonio* Vermögenssteuer *f; ~ sobre la renta* Einkommenssteuer *f; 2. ~s municipales pl FIN* Gemeindesteuer *f*
impugnable [impug'naƀle] *adj JUR* anfechtbar
impugnación [impugna'θĭɔn] *f JUR* Anfechtung *f*
impugnar [impug'nar] *v 1.* widerrufen, bestreiten; *2. JUR* anfechten
impulsar [impul'sar] *v* treiben, anstoßen
impulsivo [impul'siƀo] *adj* impulsiv
impulso [im'pulso] *m 1.* Anstoß *m,* Impuls *m; 2. (fig: energía)* Schwung *m; 3. TECH* Antrieb *m*
impuntual [impun'twal] *adj* unpünktlich
impureza [impu'reθa] *f* Unreinheit *f*
imputable [impu'taƀle] *adj JUR* zurechnungsfähig
imputación [imputa'θĭɔn] *f* Beschuldigung *f; ~ infundada* Unterstellung *f*
imputar [impu'tar] *v 1. (atribuir)* beimessen; *2. (culpar)* beschuldigen
impávido [im'paƀiđo] *adj (persona)* unerschütterlich, furchtlos, mutig
impúdico [im'puđiko] *adj* schamlos
inabordable [inabor'đaƀle] *adj* unzugänglich, unnahbar, unbezwingbar
inacabable [inaka'baƀle] *adj* unendlich
inaccesible [inakθe'siƀle] *adj* unzugänglich
inacción [inak'θĭɔn] *f* Untätigkeit *f*
inaceptable [inaθɛ'taƀle] *adj* unannehmbar, unzumutbar
inactivo [inak'tiƀo] *adj* untätig
inadaptado [inadap'tađo] *adj 1.* nicht angepasst, schwer erziehbar; *2. (pobre en relaciones sociales)* kontaktarm
inadecuado [inađe'kwađo] *adj* unangemessen, unsachgemäß, unzweckmäßig
inadmisible [inađmi'siƀle] *adj* unannehmbar, unzulässig
inadoptable [inađop'taƀle] *adj* unannehmbar
inadvertencia [inađƀɛr'tenθĭa] *f* Versehen *n; por ~* versehentlich
inadvertido [inađƀɛr'tiđo] *adj* unbeachtet, unbemerkt
inafectado [inafek'tađo] *adj* unberührt
inaguantable [inagwan'taƀle] *adj* unerträglich
inajenable [inaxe'naƀle] *adj* unverkäuflich, unveräußerlich, unübertragbar
inalcazable [inalka'θaƀle] *adj* unerreichbar
inalienable [inalĭe'naƀle] *adj* unveräußerlich
inalterable [inalte'raƀle] *adj 1.* unabänderlich; *2. (relación)* unerschütterlich
inanimado [inani'mađo] *adj* leblos
inapelable [inape'laƀle] *adj JUR* unanfechtbar
inapetencia [inape'tenθĭa] *f* Appetitlosigkeit *f*
inaplazable [inapla'θaƀle] *adj* unaufschiebbar

inaplicable [inapli'kaƀle] *adj* unanwendbar
inaprensivo [inapren'sibo] *adj* unfassbar, rücksichtslos
inasistencia [inasis'tenθĭa] *f* Mangel an Pflege *m*
inatendible [inaten'điƀle] *adj* nicht behandelbar, nicht zu pflegen
inaudito [inaŭ'đito] *adj* unerhört
inauguración [inaŭgura'θĭɔn] *f* *1.* Eröffnung *f*, Neueröffnung *f*; *2. (uso)* Einweihung *f*; *3. (de una escultura)* Enthüllung *f*; *4. THEAT* Erstaufführung *f*
inaugurar [inaŭgu'rar] *v* *1. (abrir)* eröffnen; *2. (usar)* einweihen; *3. (descubrir una escultura)* enthüllen
inca [iŋ'ka] *m* Inka *m*
incalculable [iŋkalku'laƀle] *adj* unberechenbar
incandescente [iŋkandes'θente] *adj* glühend; *estar ~* glühen
incansable [iŋkan'saƀle] *adj* rastlos
incapacidad [iŋkapaθi'đađ] *f* Unfähigkeit *f*
incapacitación [iŋkapaθita'θĭɔn] *f* *JUR* Entmündigung *f*
incapacitado [iŋkapaθi'tađo] *adj* arbeitsunfähig, behindert
incapacitar [iŋkapaθi'tar] *v* *JUR* entmündigen
incautación [iŋkauta'θĭɔn] *f* Sicherstellung *f*, Beschlagnahme *f*
incauto [iŋ'kauto] *adj* unvorsichtig
incendio [in'θendĭo] *m* *1.* Brand *m*; *2. ~ provocado* Brandstiftung *f*; *3. extintor de ~s* Feuerlöscher *m*
incentivar [inθen'tiƀar] *v* anspornen
incentivo [inθen'tiƀo] *adj* *1.* anregend; *m* *2.* Ansporn *m*, Reiz *m*, Antrieb *m*
incertidumbre [inθɛrti'đumbre] *f* Ungewissheit *f*
incesable [inθe'saƀle] *adj* unablässig
incesante [inθe'sante] *adj* pausenlos
incesto [in'θesto] *m* Inzest *m*
incidental [inθi'đental] *adj* beiläufig
incidente [inθi'đente] *m* Vorfall *m*
incidir [inθi'đir] *v* auswirken, schneiden
incienso [in'θĭenso] *m* *REL* Weihrauch *m*
incierto [in'θĭɛrto] *adj* ungewiss, fraglich
incineración [inθinera'θĭɔn] *f* *1.* Verbrennung *f*; *~ de basuras* Müllverbrennung *f*; *2. (cremación)* Feuerbestattung *f*
incinerar [inθine'rar] *v* verbrennen
incipiente [inθi'pĭente] *adj* beginnend
incisión [inθi'sĭɔn] *f* Einschnitt *m*, Zäsur *f*
incisivo [inθi'sibo] *adj* schneidend, Schneide...
incitación [inθita'θĭɔn] *f* Anregung *f*
incitar [inθi'tar] *v* anregen, anfachen
inclinación [iŋklina'θĭɔn] *f* *1. (fig)* Neigung *f*, Zuneigung *f*; *tener ~ por algo* eine Neigung zu etw haben; *tener una ~ por alguien* Zuneigung für jdn empfinden; *tener la ~ a hacer algo* die Neigung haben, etw zu tun; *2. (en una construcción)* Schräge *f*, Schräglage *f*; *3. (reverencia)* Verbeugung *f*, Verneigung *f*
inclinado [iŋkli'nađo] *adj* *1.* schief; *2. no estar ~ a* nicht abgeneigt sein von
inclinar [iŋkli'nar] *v* *1.* neigen, beugen; *2. (la cabeza)* senken; *3. TECH* schwenken; *4. (fig)* bewegen; *Ciertas razones me inclinan a suponer que sabes de la verdad.* Gewisse Gründe bewegen mich dazu anzunehmen, dass du die Wahrheit weißt.
inclinarse [iŋkli'narse] *v* *1.* sich neigen, sich beugen; *~ ante alguien* sich vor jdm verbeugen; *2. (fig) ~ por algo* zu etw neigen
incluido [iŋklu'iđo] *adj (implícito)* inbegriffen; *¿Está ~ el desayuno?* Ist das Frühstück im Preis inbegriffen?
incluir [iŋklu'ir] *v irr* 1. *(englobar)* einbeziehen; *irr 2. (adjuntar)* beilegen; *3. (añadir, insertar)* einfügen; *4. (tener en cuenta)* hinzuziehen; *~ en el cálculo* einkalkulieren
inclusive [iŋklu'siƀe] *adj* *1.* inbegriffen; *adv 2.* einschließlich
incluso [iŋ'kluso] *adv* *1.* einschließlich, sogar; *prep 2.* inklusive
incógnito [iŋ'kɔgnito] *adv* inkognito
incoherente [iŋkoe'rente] *adj* zusammenhangslos
incoloro [iŋko'loro] *adj* farblos
incomodar [iŋkomo'đar] *v* belästigen
incomodidad [iŋkomođi'đađ] *f* Umständlichkeit *f*
incómodo [iŋ'komođo] *adj* *1. (molesto)* umständlich; *2. (poco acogedor)* unbequem, ungemütlich
incomparable [inkompa'raƀle] *adj* unvergleichlich
incompatible [iŋkɔmpa'tiƀle] *adj ~ con* unvereinbar mit
incompetencia [iŋkɔmpe'tenθĭa] *f* Inkompetenz *f*
incompetente [iŋkonpe'tente] *adj* inkompetent, unfähig, unmaßgeblich
incompleto [iŋkɔm'pleto] *adj* unvollständig, lückenhaft, mangelhaft

incomplicado [iŋkɔmpli'kađo] *adj* unkompliziert
incomprensible [iŋkɔmpren'siƀle] *adj* unverständlich
incomunicado [iŋkomuni'kađo] *adj* isoliert; *quedar ~* von der Außenwelt abgeschnitten sein
inconciliable [iŋkɔnθi'liaƀle] *adj* unvereinbar
incondicional [iŋkɔndiθio'nal] *adj 1.* bedingungslos, unbedingt; *2. (sin consideración alguna)* rückhaltlos
inconforme [iŋdɔn'fɔrme] *m* Außenseiter *m*
inconsciencia [iŋkɔns'θienθia] *f* Bewusstlosigkeit *f*
inconsciente [iŋkɔns'θiente] *adj 1.* unbewusst; *2. (desmayado)* bewusstlos
inconsecuencia [iŋkɔnse'kwenθia] *f* Inkonsequenz *f*
inconsiderado [iŋkɔnsiđe'rađo] *adj* rücksichtslos
inconsolable [iŋkɔnso'laƀle] *adj* untröstlich, trostlos
inconstitucional [iŋkɔnstituθio'nal] *adj JUR* verfassungswidrig
incontable [iŋkɔn'taƀle] *adj* unzählig
incontenible [iŋkɔnte'niƀle] *adj* unaufhaltsam
incontestable [iŋkɔntes'taƀle] *adj* unbestreitbar
incontinente [iŋkɔti'nente] *m ~ nocturno* Bettnässer *m*
inconveniente [iŋkɔnbe'niente] *m* Nachteil *m; sin ~* unbedenklich
incorporar [iŋkɔrpo'rar] *v 1. (cosas)* einarbeiten, einfügen; *2. (cuerpo)* aufrichten
incorporarse [iŋkɔrpo'rarse] *v* eintreten, betreten; *~ a un partido* einer Partei beitreten
incorrecto [iŋkɔ'rrɛkto] *adj* falsch
incorregible [iŋkɔrrɛ'xiƀle] *adj* unbelehrbar, unverbesserlich
incorruptible [iŋkɔrrup'tiƀle] *adj* unbestechlich
incrédulo [iŋ'kređulo] *adj* ungläubig
increíble [iŋkre'iƀle] *adj* unglaublich
incrementar [iŋkrement'ar] *v 1. (reproducir)* vermehren; *2. (reforzar)* verstärken
incrementarse [iŋkremen'tarse] *v* wachsen
incremento [iŋkre'mento] *m 1.* Anstieg *m,* Verstärkung *f,* Zunahme *f; 2. ~ de ECO* Zuwachs an *m; ~ demográfico* Bevölkerungszuwachs *m; 3. (reproducción)* Vermehrung *f*
increpar [iŋkre'par] *v ~ a alguien* jdn anfahren, jdn anschreien
incriminar [inrimi'nar] *v JUR* belasten
incrustar [iŋ'rustar] *v* einlegen, einbetten
incubación [iŋkuƀa'θiɔn] *f 1. ZOOL* Ausbrüten *n; 2. MED* Inkubationszeit *f*
incubadora [iŋkuƀa'dora] *f MED* Brutkasten *m*
incubar [iŋku'ƀar] *v ZOOL* ausbrüten
inculpación [iŋkulpa'θiɔn] *f JUR* Anklage *f,* Beschuldigung *f*
inculpar [iŋkul'par] *v JUR* anklagen
inculto [iŋ'kulto] *adj* ungebildet, roh
incumbencia [iŋkum'benθia] *f* Zuständigkeit *f*
incumbir [iŋkum'bir] *v* angehen
incumplimiento [iŋkumpli'miento] *m* Nichtbeachtung *f,* Nichterfüllung *f*
incurable [iŋku'raƀle] *adj* unheilbar
incursión [iŋkur'siɔn] *f POL* Invasion *f*
indecente [inde'θente] *adj* unanständig
indeciso [inde'θiso] *adj* unentschieden
indefenso [inde'fenso] *adj* schutzlos
indeformable [indefɔr'maƀle] *adj* formbeständig
indemnización [indemniθa'θiɔn] *f 1.* Entgelt *n,* Entschädigung *f,* Schadenersatz *m; Exijo ~ por daños y perjuicios.* Ich verlange Schadenersatz. *~ por daño personal* Schmerzensgeld *n; 2. ECO* Ausgleich *m,* Abfindung *f*
indemnizar [indemni'θar] *v* entschädigen, ersetzen; *~ a alguien con algo* jdn mit etw abfinden
independencia [indepen'denθia] *f* Selbstständigkeit *f,* Unabhängigkeit *f; ~* de Unabhängigkeit von *f*
independiente [indepen'diente] *adj* selbständig; *¿Hay una entrada ~?* Gibt es einen separaten Eingang? *~ de* unabhängig von
indescriptible [indeskrip'tiƀle] *adj* unbeschreiblich
indeseable [indese'aƀle] *adj* unerwünscht
indeterminado [indetermi'nađo] *adj* unbestimmt
India ['india] *f GEO* Indien *n*
indicación [indika'θiɔn] *f 1.* Hinweis *m,* Andeutung *f,* Wink *m; 2. ~ de las fuentes* Quellenangabe *f; 3. ~ del lugar* Ortsangabe *f*
indicado [indi'kađo] *adj ~ para* geeignet für; *poco ~* unzweckmäßig
indicador [indika'đɔr] *m 1. ~ de camino* Wegweiser *m; 2. ~ luminoso* Leuchtanzeige *f*

indicar [indi'kar] *v* *1.* angeben, besagen; *2. (mostrar)* anzeigen; *3. (sugerir)* andeuten

índice ['indiθe] *m* *1.* Inhaltsverzeichnis *n,* Index *m; ~ comercial* Branchenverzeichnis *n; 2. MATH* Index *m,* Kennziffer *f; 3. ANAT* Zeigefinger *m*

indicio [in'diθĭo] *m* *1.* Anzeichen *n,* Indiz *n; 2. (sospecha)* Verdachtsmoment *n*

indiferencia [indife'renθĭa] *f* *1.* Gleichgültigkeit *f,* Kälte *f; 2. (dejadez)* Lässigkeit *f*

indiferente [indife'rente] *adj* gleichgültig, teilnahmslos, lässig

indígena [in'dixena] *m/f* Eingeborene(r) *m/f*

indigencia [indi'xenθĭa] *f* Not *f*

indigente [indi'xente] *adj* bedürftig

indigestión [indixes'tĭɔn] *f MED* Verdauungsstörung *f; He cogido una ~.* Ich habe mir den Magen verdorben.

indigesto [indi'xesto] *adj MED* schwer verdaulich

indignación [indigna'θĭɔn] *f* Entrüstung *f*

indignado [indig'nađo] *adj* empört

indignarse [indig'narse] *v ~ por algo/~ de algo* sich über etw entrüsten; *Él se indignó por tu comportamiento.* Er entrüstete sich über dein Verhalten.

indigno [in'digno] *adj* unwürdig; *~ de un ser humano* menschenunwürdig

indio ['indĭo] *m* *1. (aborigen americano)* Indianer *m; hacer el ~ (fig)* sich albern benehmen; *2. (de la India) GEO* Inder *m*

indirecto [indi'rɛkto] *adj* indirekt

indisciplinado [indisθpli'nađo] *adj* disziplinlos, undiszipliniert

indiscreción [inđiskre'θĭɔn] *f* Indiskretion *f*

indiscreto [indis'kreto] *adj* *1.* indiskret, naseweis; *m 2.* Schaulustiger *m*

indiscutible [indisku'tiƀle] *adj* unbestreitbar, unstreitig

indispensable [indispen'saƀle] *adj* unentbehrlich, unabdingbar

indispuesto [indis'pwesto] *adj* *1.* unwohl; *2. (malhumorado)* verdrießlich

individual [indiƀi'đwal] *adj* individuell

individualista [indiƀiđwa'lista] *m/f* Individualist(in) *m/f*

individualmente [indiƀiđwal'mente] *adv* einzeln, individuell

individuo [indi'ƀidwo] *m* Individuum *n*

índole [in'đole] *f* Wesen *n,* Veranlagung *f*

indolencia [indo'lenθĭa] *f* Lässigkeit *f*

indolente [indo'lente] *adj* lässig

indomable [indo'maƀle] *adj* unbändig

indómito [in'domito] *adj* unbändig

Indonesia [indo'nesĭa] *f GEO* Indonesien *n*

inducción [inđuk'θĭɔn] *f* Anstiftung *f*

inducir [indu'θir] *v irr ~ a* verleiten zu

indudable [indu'đaƀle] *adj* sicher

indulgencia [indul'xenθĭa] *f* *1. (piedad)* Gnade *f; 2. (tolerancia)* Nachsicht *f*

indulgente [indul'xente] *adj* *1.* gnädig, glimpflich; *2. (tolerante)* nachsichtig; *ser ~ con alguien* jdm gegenüber nachsichtig sein

indultar [indul'tar] *v JUR* begnadigen

indulto [in'dulto] *m JUR* Begnadigung *f*

industria [in'dustrĭa] *f* Industrie *f; ~ agraria AGR* Agrarindustrie *f; ~ de armamentos MIL* Rüstungsindustrie *f; ~ de automóviles* Automobilindustrie *f; ~ farmacéutica MED* Pharmaindustrie *f; gran ~* Großindustrie *f; ~ pesada* Schwerindustrie *f; ~ química CHEM* Chemieindustrie *f; ~ textil* Textilindustrie *f*

industrial [indus'trĭal] *adj* *1. ECO* industriell, gewerblich; *m 2. ECO* Industrieller *m*

industrialización [industrĭali'θaθĭɔn] *f* Industrialisierung *f*

inédito [i'neđito] *adj* unveröffentlicht

inefable [ine'faƀle] *adj* unaussprechlich

inefectivo [inefɛk'tiƀo] *adj* unwirksam

ineficacia [inefi'kaθĭa] *f* Wirkungslosigkeit *f*

ineficaz [inefi'kaθ] *adj* unwirksam, wirkungslos

ineludible [inelu'điƀle] *adj* unvermeidlich, unumgänglich

inepto [i'nɛpto] *adj MIL* untauglich

inequívoco [ine'kiƀoko] *adj* eindeutig

inercia [i'nɛrθĭa] *f PHYS* Trägheit *f*

inerte [i'nɛrte] *adj* *1.* regungslos; *2. PHYS* träge

inesperado [inespe'rađo] *adj* unerwartet

inestabilidad [inestaƀili'đađ] *f POL* Unruhen *f*

inevitable [ineƀi'taƀle] *adj* unvermeidlich

inexacto [inɛk'sakto] *adj* ungenau

inexistencia [inɛksis'tenθĭa] *f* Nichtvorhandensein *n,* Nichtbestehen *n*

inexperto [ines'pɛrto] *adj* unerfahren

inexplicable [inespli'kaƀle] *adj* unbegreiflich, unerklärlich

inexplotable [inɛkplo'taƀle] *adj* nicht verwertbar, nicht abbaufähig

inexpresivo [inespre'siƀo] *adj* ausdruckslos

infalible [imfa'liƀle] *adj* todsicher

infamante [imfa'mante] *adj* entehrend
infamia [im'famĭa] *f* Niedertracht *f*
infancia [im'fanθĭa] *f* Kindheit *f*
infante [im'fante] *m* Infant *m*
infantil [imfan'til] *adj* kindisch
infarto [im'farto] *m MED* Infarkt *m; ~ de miocardio* Herzinfarkt *m*
infección [imfek'θĭɔn] *f MED* Infektion *m*
infectado [imfek'tađo] *adj MED* infiziert; *~ del SIDA* aidsinfiziert
infecundo [imfe'kundo] *adj* unfruchtbar
infeliz [imfe'liθ] *adj* unglücklich
inferior [imfe'rĭɔr] *adj 1.* untere(r,s), Unter... *2. (fig)* geringe(r,s); *m 3.* Untergebener *m*
inferioridad [imferĭori'đađ] *f* Minderwertigkeit *f; complejo de ~* Minderwertigkeitskomplex *m*
infernal [imfɛr'nal] *adj* höllisch, teuflisch
infestación [imfesta'θĭɔn] *f* Verseuchung *f*
infidelidad [imfiđeli'đađ] *f* Untreue *f; ~ matrimonial* Seitensprung *m*
infiel [im'fĭɛl] *adj* treulos, untreu
infierno [im'fĭɛrno] *m* Hölle *f*
infinidad [imfini'đađ] *f* Unendlichkeit *f*
infinito [imfi'nito] *adj 1.* endlos, unendlich, grenzenlos; *m 2. lo ~* Unendlichkeit *f*
inflación [imfla'θĭɔn] *f ECO* Inflation *f*
inflado [im'flađo] *adj* geschwollen
inflador [imfla'đɔr] *m* Luftpumpe *f*
inflamable [imfla'mabˠle] *adj* brennbar
inflamación [imflama'θĭɔn] *f MED* Entzündung *f; ~ de las venas* Venenentzündung *f*
inflamar [imfla'mar] *v* entzünden
inflamarse [imfla'marse] *v 1.* auflodern, zünden; *2. MED* sich entzünden
inflar [im'flar] *v 1.* aufpumpen; *2. (soplar)* aufblasen
inflexible [imflɛk'sible] *adj* unbeugsam
inflexión [imflɛk'sĭɔn] *m* Biegung *f*
influencia [imflu'enθĭa] *f 1.* Einfluss *m; 2. (poder)* Macht *f*
influenciar [imfluen'θĭar] *v* beeinflussen
influir [imflu'ir] *v irr* beeinflussen; *~ sobre alguien* auf jdn abfärben
influyente [imflu'jente] *adj 1.* einflussreich; *2. (poderoso)* mächtig
información [imfɔrma'θĭɔn] *f 1.* Auskunft *f,* Information *f; Necesito una ~.* Ich brauche eine Auskunft. *2. (artículo periodístico)* Berichterstattung *f; ~ gráfica* Bildbericht *m; 3. (averiguación)* Erkundigung *f*
informal [imfɔr'mal] *adj 1.* formlos; *2. (persona)* unsolide
informar [imfɔr'mar] *v* berichten, informieren, mitteilen; *~ a alguien* jdn verständigen; *Ayer el periodista informó sobre la guerra del golfo.* Gestern berichtete der Journalist vom Golfkrieg.
informarse [imfɔr'marse] *v 1. ~ de/~ sobre* sich erkundigen nach, sich informieren über; *Me informé de la posibilidad de alquilar un coche durante el viaje al extranjero.* Ich erkundigte mich nach der Möglichkeit, ein Auto während der Auslandsreise zu mieten. *2. (preguntar) ~ de* nachfragen nach
informática [imfɔr'matika] *f* Informatik *f*
informático [imfɔr'matiko] *m* Informatiker *m*
informe [im'fɔrme] *m 1.* Bericht *m,* Mitteilung *f,* Nachfrage *f; ~ sobre la situación* Lagebericht *f; 2. (juicio) JUR* Gutachten *n*
infortunio [imfɔr'tunĭo] *m* Missgeschick *n*
infracción [imfrak'θĭɔn] *f* Übertretung *f*
infraestructura [imfraestruk'tura] *f* Infrastruktur *f*
infravalorar [imfraba'lorar] *v* unterbewerten
infringir [imfriŋ'xir] *v JUR* überschreiten
infructuoso [imfruk'twoso] *adj* erfolglos
infundado [imfun'dađo] *adj* unbegründet
infusión [imfu'sĭɔn] *f MED* Infusion *f*
ingeniería [imxenĭe'ria] *f* Ingenieurwesen *n*
ingeniero [iŋxe'nĭero] *m* Ingenieur *m; ~ de construcción* Bauingenieur *m*
ingenioso [iŋxe'nĭoso] *adj* erfinderisch
ingenuidad [iŋxenwi'đađ] *f* Naivität *f*
ingenuo [iŋ'xenwo] *adj* einfältig, naiv
ingerir [iŋxe'rir] *v irr* einnehmen
ingestión [iŋxes'tĭɔn] *f* Aufnahme *f*
Inglaterra [iŋgla'terra] *f GEO* England *n*
ingle ['iŋgle] *f ANAT* Leiste *f*
inglés [iŋ'gles] *adj 1.* englisch; *m 2. (persona)* Engländer *m; 3. (idioma)* Englisch *n; No hablo ~.* Ich spreche kein Englisch.
inglesa [iŋ'glesa] *f* Engländerin *f,* Britin *f*
ingrávido [iŋ'grabiđo] *adj PHYS* schwerelos
ingredientes [iŋgre'dĭentes] *m/pl* Zutaten *pl*
ingresar [iŋgre'sar] *v 1. ~ en (incorporarse)* beitreten; *2. (en una cuenta bancaria)* einzahlen; *Ayer ingresé todo el dinero en el banco.* Gestern zahlte ich das ganze Geld bei der Bank ein. *3. hacer ~* einweisen

ingreso [iŋ'greso] *m 1. (admisión)* Aufnahme *f*, Beitritt *m; 2. (ganancias) FIN* Einnahme *f; ~ neto* Nettoeinkommen *n; 3. (en caja) FIN* Einzahlung *f; 4. ~s pl ECO* Einkommen *n*, Auskommen *n*, Einkünfte *pl*
inhabitado [inaƀi'tađo] *adj* unbewohnt
inhalar [ina'lar] *v* einatmen
inhibición [iniƀi'θĭɔn] *f PSYCH* Hemmung *f*
inhibido [ini'ƀiđo] *adj (persona)* verklemmt
inhumación [inuma'θĭɔn] *f* Beisetzung *f*
inhumano [inu'mano] *adj* unmenschlich
inhumar [inu'mar] *v* bestatten
iniciación [iniθia'θĭɔn] *f* Inangriffnahme *f*, Anbahnung *f*
iniciador(a) [iniθia'đɔr/iniθia'đora] *m/f* Initiator(in) *m/f*
inicial [ini'θĭal] *adj 1.* anfänglich; *2. letra ~* Anfangsbuchstabe *m*
iniciar [ini'θĭar] *v* unternehmen, starten
iniciativa [iniθia'tiƀa] *f 1.* Initiative *f*, Anstoß *m; ~ propia* Eigeninitiative *f; 2. ~ popular POL* Volksbegehren *n*
inicio [i'niθĭo] *m 1. (introducción)* Einleitung *f; 2. (comienzo)* Start *m*
inimaginable [inimaxi'naƀle] *adj* unfassbar, unvorstellbar
inimputable [inimpu'taƀle] *adj JUR* unzurechnungsfähig
ininterrumpido [inintɛrrum'piđo] *adj* pausenlos, ständig, ununterbrochen
injertar [iŋxɛr'tar] *v 1. AGR* verpflanzen; *2. MED* transplantieren, verpflanzen
injerto [iŋ'xɛrto] *m MED* Transplantation *f*
injuria [iŋ'xurĭa] *f* Beleidigung *f*
injuriar [iŋxu'rĭar] *v* beleidigen
injurioso [iŋxu'rĭoso] *adj* ausfallend
injusticia [iŋxus'tiθĭa] *f* Ungerechtigkeit *f*, Unrecht *n*
injustificable [iŋxustifi'kaƀle] *adj* ungerechtfertigt, unbegründet
injusto [iŋ'xusto] *adj* ungerecht, unrecht
inmaculado [inmaku'lađo] *adj* makellos
inmadurez [inmađu'reθ] *f* Unreife *f*
inmaduro [inma'đuro] *adj (persona)* unreif
inmediaciones [inmedĭa'θĭones] *f/pl* Umgebung *f*
inmediatamente [inmedĭata'mente] *adv* sofort, unmittelbar, fristlos
inmediato [inme'dĭato] *adj* unverzüglich
inmensidad [inmensi'đađ] *f* Maßlosigkeit *f*
inmenso [in'menso] *adj* immens, massenhaft, maßlos
inmigración [inmigra'θĭɔn] *f* Einwanderung *f*
inmigrar [inmi'grante] *v* einwandern
inminente [inmi'nente] *v* bevorstehend; *ser ~* bevorstehen
inmiscuirse [inmisku'irse] *v irr ~ en* sich einmischen in; *no ~ en* sich heraushalten aus
inmisión [inmi'sĭɔn] *f* Immission *f*
inmobiliario [inmoƀi'lĭarĭo] *adj* Immobilien...; *agente ~* Immobilienmakler *m*
inmoderado [inmođe'rađo] *adj* unmäßig
inmodestia [inmo'đestĭa] *f* Unbescheidenheit *f*
inmodesto [inmo'đesto] *adj* unbescheiden
inmoral [inmo'ral] *adj* unmoralisch
inmoralidad [inmorali'đađ] *f* Unmoral *f*
inmortal [inmɔr'tal] *adj* unsterblich
inmortalidad [iŋmɔrtali'đađ] *f* Unsterblichkeit *f*
inmortalizar [inmɔrtali'θar] *v* verewigen
inmóvil [in'moƀil] *adj* bewegungslos, ruhig, regungslos; *estar ~* ruhen
inmovilidad [inmoƀili'đađ] *f* Ruhe *f*
inmovilizado [inmoƀili'θađo] *adj* bewegungsunfähig
inmovilizar [inmoƀili'θar] *v* stilllegen
inmueble [in'mweƀle] *m 1.* Grundstück *n; 2. ~s pl ECO* Immobilien *pl*
inmundicia [inmun'diθĭa] *f* Schmutz *m*
inmundo [in'mundo] *adj* schmutzig
inmune [in'mune] *adj ~ contra* immun gegen
inmunidad [inmuni'đađ] *f 1. MED* Immunität *f; 2. (~ parlamentaria) POL* Immunität *f*
inmunodeficiencia [inmunodefi'θĭenθĭa] *f MED* Immunschwäche *f*
inmutarse [inmu'tarse] *v* sich aufregen; *¡No te inmutes!* Reg dich nicht auf!
innato [in'nato] *adj* angeboren
innecesario [inneθe'sarĭo] *adj* unnötig
innoble [in'noƀle] *adj* niederträchtig
innovación [innoƀa'θĭɔn] *f* Innovation *f*
innovativo [innoƀa'tiƀo] *adj* innovativ
innumerable [innume'raƀle] *adj* unzählig
inobservancia [inoƀser'ƀanθĭa] *f* Nichtbeachtung *f*
inocencia [ino'θenθĭa] *f* Unschuld *f*
inocente [ino'θente] *adj 1.* unschuldig; *2. (simple, tonto)* naiv; *3. (infantil)* kindlich
inodoro [ino'đoro] *adj* geruchlos

inofensivo [inofen'siƀo] *adj* unschädlich
inoficial [inofi'θĭal] *adj* inoffiziell
inolvidable [inɔlƀi'đaƀle] *adj* unvergesslich
inoperable [inope'raƀle] *adj* unwirksam
inoportunamente [inopɔrtuna'mente] *adv* ungelegen
inoportuno [inopɔor'tuno] *adj* unpassend, unangebracht, ungelegen
inorgánico [inɔr'ganiko] *adj* unorganisch
inoxidable [inɔkis'đaƀle] *adj* rostfrei
inquietante [iŋkĭe'tante] *adj* Besorgnis erregend, beunruhigend, unheimlich
inquietarse [iŋkĭe'tarse] *v* sich beunruhigen; *Me inquieta que los chicos no hayan regresado todavía del colegio.* Es beunruhigt mich, dass die Kinder noch nicht von der Schule zurückgekommen sind.
inquieto [iŋ'kĭeto] *adj (con temor)* bange
inquietud [iŋkĭe'tuđ] *f* Unruhe *f*
inquilino [iŋki'lino] *m* Mieter *m*
insatisfecho [insatis'fetʃo] *adj* unzufrieden, unbefriedigt
insaturado [insatu'rađo] *adj CHEM* ungesättigt
inscribirse [inskri'ƀirse] *v irr* sich einschreiben, sich anmelden
inscripción [inskriƀ'θĭɔn] *f 1.* Anmeldung *f,* Einschreibung *f; 2. (de moneda, de un edificio)* Aufschrift *f; 3. (epigrafía)* Inschrift *f; poner una ~ en* beschriften
insecto [in'sɛkto] *m ZOOL* Insekt *n*
inseguridad [inseguri'đađ] *f 1.* Unsicherheit *f,* Zweifel *m; 2. (sin merecer confianza)* Unzuverlässigkeit *f*
inseguro [inse'guro] *adj 1.* unsicher; *hacer ~* verunsichern; *2. (que no merece confianza)* unzuverlässig
insensatez [inse'guro] *f* Unvernunft *f*
insensato [insen'sato] *adj* unvernünftig
insensible [insen'siƀle] *adj 1.* gefühllos, herzlos; *2. ~ a* unempfindlich für
inseparable [insepa'raƀle] *adj* unzertrennlich
insertar [insɛr'tar] *v* einsetzen, einfügen
inservible [insɛr'ƀiƀle] *adj* untauglich
insidioso [insi'đĭoso] *adj* hinterhältig
insignificancia [insignifi'kantĭa] *f* Geringfügigkeit *f,* Belanglosigkeit *f*
insignificante [insignifi'kante] *adj* belanglos, geringfügig, unbedeutend
insinceridad [insinθeri'đađ] *f* Unaufrichtigkeit *f*
insincero [insin'θero] *adj* unaufrichtig
insinuación [insinwa'θĭɔn] *f* Andeutung *f*
insinuar [insinu'ar] *v* andeuten, einbinden; *~ algo a alguien* jdm etw nahe legen
insípido [in'sipiđo] *adj* geschmacklos
insistencia [insis'tenθĭa] *f* Nachdruck *m*
insistente [insis'tente] *adj* eindringlich
insistir [insis'tir] *v ~ en algo* auf etw pochen, auf etw bestehen; *El jefe insiste en su decisión.* Der Chef beharrt auf seiner Entscheidung.
insobornable [insɔƀor'naƀle] *adj* unbestechlich
insolación [insola'θĭɔn] *f MED* Sonnenstich *m,* Hitzschlag *m*
insolencia [inso'lenθĭa] *f* Frechheit *f*
insolente [inso'lente] *adj* frech, patzig
insoluble [inso'luƀle] *adj* unlösbar
insolvencia [insɔl'ƀenθĭa] *f ECO* Zahlungsunfähigkeit *f*
insomne [in'sɔmne] *adj* schlaflos
insomnio [in'somnĭo] *m* Schlaflosigkeit *f*
insonoro [inso'noro] *adj* schalldicht
insoportable [insopɔr'taƀle] *adj* unerträglich, unausstehlich, ungenießbar
inspección [inspɛk'θĭɔn] *f 1* Kontrolle *f,* Aufsicht *f,* Inspektion *f; ~ aduanera* Zollkontrolle *f; 2. ~ del lugar del hecho JUR* Lokaltermin *m*
inspeccionar [inspɛk'θĭonar] *v* nachsehen, überwachen, kontrollieren
inspiración [inspira'θĭɔn] *f* Eingebung *f*
inspirado [inspi'rađo] *adj* angeregt
inspirar [inspi'rar] *v* inspirieren
instalación [instala'θĭɔn] *f 1.* Installation *f; 2. (montaje) TECH* Einbau *m; 3. ~ de red de cables* Verkabelung *f; 4. ~ sanitaria* Sanitäranlage *f; 5. ~ trasportadora* Förderanlage *f; 6. (mudanza)* Einzug *m; 7. instalaciones de irrigación pl* Bewässerungsanlage *f*
instalar [insta'lar] *v 1. TECH* einbauen, montieren; *2. (montar)* aufstellen, installieren
instalarse [insta'larse] *v* sich einrichten; *~ en un piso* in eine Wohnung einziehen
instancia [ins'tanθĭa] *f 1.* Gesuch *n; 2. JUR* Instanz *f*
instantáneo [instan'taneo] *adj* augenblicklich, sofortig
instante [ins'tante] *m* Augenblick *m,* Moment *m; en este ~* soeben
instigar [insti'gar] *v* aufhetzen
instintivo [instin'tiƀo] *adj* instinktiv
instinto [ins'tinto] *m* Instinkt *m,* Trieb *m; ~ de conservación* Selbsterhaltungstrieb *m*
institución [institu'θĭɔn] *f* Anstalt *f*

instituto [insti'tuto] *m 1.* Institut *n; 2. ~ bancario ECO* Geldinstitut *n; 3. ~ cultural/~ de cultura* Kulturinstitut *n; 4. (escuela)* Schule *f; ~ de enseñanza media* Gymnasium *n; ~ laboral* Berufsschule *f*

instrucción [instruk'θĭɔn] *f 1. (enseñanza)* Lehre *f; 2. (clase)* Unterricht *m; ~ profesional* Ausbildung *f; 3. (aclaración)* Belehrung *f; 4. (indicación)* Angabe *f,* Weisung *f; 5. JUR* Ermittlung *f; ~ del sumario* Ermittlungsverfahren *n; 6. instrucciones para el uso pl* Gebrauchsanweisung *f*

instructivo [instruk'tiƀo] *adj* lehrreich

instruido [instru'iđo] *adj* gebildet; *ser ~* belesen sein

instruir [instru'ir] *v irr 1.* ausbilden; *2. (enseñar)* unterrichten, beibringen; *~ a alguien en algo* jdn etw lehren; *3. ~ el sumario contra alguien JUR* gegen jdn ermitteln

instrumento [instru'mento] *m 1. TECH* Instrument *n,* Gerät *n; ~ de medición* Messinstrument *n; 2. ~ musical MUS* Musikinstrument *n*

insubordinación [insuƀɔrdina'θĭɔn] *f* Ungehorsam *m*

insubstancialidad [insuƀstanθĭali'đađ] *f* Banalität *f*

insuficiencia [insufi'θĭenθĭa] *f* Unzulänglichkeit *f; ~ auditiva MED* Hörfehler *m*

insuficiente [insufi'θĭente] *adj* mager, ungenügend, mangelhaft

insultar [insul'tar] *v* beleidigen, schimpfen

insulto [in'sulto] *m* Beleidigung *f*

insurreccional [insurrɛg'θĭonal] *adj* aufständisch

insurrección [insurrɛg'θĭɔn] *f 1.* Aufstand *m,* Rebellion *f; 2. POL* Aufruhr *m*

insurrecto [insu'rrɛkto] *adj 1.* abtrünnig, rebellisch; *m 2.* Rebell *m*

insustancial [insustan'θĭal] *adj* unbedeutend, billig

insustituible [insustitu'iƀle] *adj* unabkömmlich

intachable [inta'tʃaƀle] *adj* tadellos

intangible [intan'xiƀle] *adj* unantastbar

integración [integra'θĭɔn] *f* Integration *f*

integrar [inte'grar] *v* eingliedern

integridad [integri'đađ] *f 1. (moral)* Ehrbarkeit *f; 2. (totalidad)* Vollständigkeit *f*

íntegro ['integro] *adj 1.* vollständig; *2. (honrado)* rechtschaffen, bieder

intelecto [inte'lɛkto] *m* Verstand *m*

intelectual [intelɛk'twal] *adj 1.* intellektuell; *m 2.* Intellektueller *m*

inteligencia [inteli'xenθĭa] *f 1.* Verstand *m,* Intelligenz *f; 2. (ingenio)* Geist *m*

inteligente [inteli'xente] *adj* intelligent

inteligentemente [intelixente'mente] *adv* verständig, klug

intención [inten'θĭɔn] *f* Absicht *f,* Vorhaben *n,* Ziel *n; con ~* absichtlich; *sin ~* unabsichtlich; *tener la ~ de hacer algo* beabsichtigen, etw zu tun; *mala ~* böse Absicht *f*

intencionado [intenθio'nađo] *adj* absichtlich, geflissentlich, gezielt

intencional [intenθĭo'nal] *adj* absichtlich

intensidad [intensi'đađ] *f* Intensität *f; ~ de sonido* Lautstärke *f*

intensificar [intensifi'kar] *v 1.* verstärken, ausbauen; *2. (profundizar)* vertiefen

intensivo [inten'siƀo] *adj* intensiv

intenso [in'tenso] *adj 1.* intensiv; *2. (sonido)* lautstark; *3. (alto grado)* hochgradig

intentar [inten'tar] *v* versuchen

intento [in'tento] *m* Versuch *m,* Vorstoß *m; ~ de suicidio* Selbstmordversuch *m*

interacción [intɛrak'θĭɔn] *f* Wechselwirkung *f*

intercambiar [intɛrkam'bĭar] *v* tauschen

intercambio [intɛr'kambĭo] *m 1.* Tausch *m; 2. (de ambas partes)* Austausch *m; ~ de alumnos* Schüleraustausch *m; ~ de experiencias* Erfahrungsaustausch *m; 3. ~ de ideas* Gedankenaustausch *m; 4. ~ de opiniones* Meinungsaustausch *m; ~ cultural* Kulturaustausch *m*

interceder [intɛrθe'đɛr] *v ~ por* eintreten für

interceptar [intɛrθɛp'tar] *v 1.* abfangen; *2. TEL* abhören, abhorchen

intercesión [intɛrθe'sĭɔn] *f* Vermittlung *f,* Fürsprache *f*

intercontinental [intɛrkontinen'tal] *adj* interkontinental

interés [inte'res] *m 1.* Interesse *n; falta de ~* Desinteresse *n; ~ público* Gemeinwohl *n; de ~ común* gemeinnützig; *2. ECO* Zins *m; sin intereses* zinslos; *3. intereses comunes pl* gemeinsame Interessen *pl*

interesado [intere'sađo] *adj 1.* interessiert, berechnend; *m 2.* Interessent *m*

interesante [intere'sante] *adj* interessant, wissenswert; *El tema de la energía solar es ~ para los físicos.* Das Thema Sonnenenergie ist für die Physiker interessant.

interesar [intere'sar] *v 1.* interessieren; *2. (concernir)* betreffen; *Esto no me interesa.* Das geht mich nichts an.

interesarse [intere'sarse] *v* ~ *por* sich interessieren für, sich kümmern um
interface [intɛr'feis] *f* Schnittstelle *f*
interferir [intɛrfe'rir] *v irr* dazwischenfunken
interino [inte'rino] *adj* provisorisch
interior [inte'riɔr] *adj 1.* innere(r,s), innerlich; *m 2.* Inneres *n; en el* ~ drinnen, innen; ~ *del país* Inland *n,* Hinterland *n*
interlínea [intɛr'linea] *f* Zeilenabstand *m*
interlocutor(a) [intɛrloku'tɔr/intɛrloku'tora] *m/f 1.* Gesprächspartner(in) *m/f; 2. (en un diálogo)* Wortführer(in) *m/f*
interminable [intɛrmi'naƀle] *adj* endlos
internacional [intɛrnaθĭo'nal] *adj* international
internado [intɛr'nađo] *m* Internat *n*
Internet [intɛr'net] *m INFORM* Internet *n; vía* ~ per Internet, via Internet
internista [intɛr'nista] *m/f MED* Internist(in) *m/f*
interno [in'tɛrno] *adj* intern, innere(r,s)
interpelar [intɛrpe'lar] *v* anfragen, interpellieren
interponerse [intɛrpo'nɛrse] *v irr* dazwischentreten
interpretación [intɛrpreta'θĭɔn] *f 1.* Interpretation *f; 2. (traducción)* Dolmetschen *n; 3. (reproducción)* Wiedergabe *f*
interpretar [intɛrpre'tar] *v 1.* auslegen, interpretieren; *2. (traducir)* dolmetschen; *3. (cantar) MUS* vortragen, singen; *(sinfonía)* spielen; *4. (reproducir)* wiedergeben
intérprete [in'tɛrprete] *m/f 1.* Dolmetscher(in) *m/f;* ~ *simultáneo* Simultandolmetscher *m; 2. CINE* Darstel-ler(in) *m/f*
interrogante [intɛrrɔ'gante] *adj* fragend
interrogar [intɛrrɔ'gar] *v 1.* ausfragen, fragen; *2. JUR* verhören, vernehmen
interrogatorio [intɛrrɔga'torĭo] *m JUR* Verhör *n;* ~ *contradictorio* Kreuzverhör *n*
interrumpir [intɛrrum'pir] *v* unterbrechen; ~ *a alguien* jdn unterbrechen, jdm hineinreden; ~ *bruscamente* abbrechen
interrupción [intɛrruƀ'θĭɔn] *f 1.* Unterbrechung *f; 2. (de un viaje)* Abbruch *m*
interruptor [intɛrrup'tɔr] *m TECH* Schalter *m;* ~ *de la luz* Lichtschalter *m*
intersección [intɛrsɛk'θĭɔn] *f 1.* Überschneidung *f; 2. (cruce)* Kreuzung *f*
intervalo [intɛr'ƀalo] *m* Intervall *n*
intervención [intɛrƀen'θĭɔn] *f 1.* Intervention *f,* Eingreifen *n; 2. (intromisión)* Eingriff *m;* ~ *quirúrgica MED* Operation *f*
intervenir [intɛrƀe'nir] *v irr 1.* eingreifen, dazwischentreten, intervenieren; *2.* ~ *en algo* sich in etw einschalten; *3.* ~ *quirúrgicamente MED* operieren, einen chirurgischen Eingriff machen; *4. TEL* abhören
interviú [intɛr'ƀiu] *m* Interview *n*
intestino [intes'tino] *m 1. ANAT* Darm *m;* ~ *delgado* Dünndarm *m;* ~ *grueso* Dickdarm *m; 2.* ~*s pl* Gedärm *n*
intimidad [intimi'đađ] *f 1.* Intimität *f; 2. (confianza)* Vertrautheit *f*
intimidado [intimi'đađo] *adj* verschüchtert
íntimo ['intimo] *adj 1. (de confianza)* vertraut, intim; *2. (interior)* innere(r, s), innig, innerlich; *3. (amigo)* eng befreundet
intolerancia [intole'ranθĭa] *f* Intoleranz *f*
intolerante [intole'rante] *adj* intolerant
intoxicación [intɔksika'θĭɔn] *f MED* Vergiftung *f;* ~ *de la sangre* Blutvergiftung *f*
intranquilo [intran'kilo] *adj* unruhig
intransigente [intransi'xente] *adj* unnachgiebig, kompromisslos
intrépido [in'trepiđo] *adj* unerschrocken
intriga [intri'ga] *f 1.* Intrige *f; 2.* ~*s pl* Machenschaften *pl*
introducción [introđuk'θĭɔn] *f* Einleitung *f,* Einführung *f*
introducir [introđu'θir] *v irr 1.* einführen, einleiten; *2. INFORM* eingeben
intuición [intwi'θĭɔn] *f* Intuition *f; por* ~ gefühlsmäßig
inundación [inunđa'θĭɔn] *f* Überschwemmung *f,* Hochwasser *n,* Überflutung *f*
inundar [inun'đar] *v* durchfluten, überschwemmen; *Mi habitación está inundada.* Mein Zimmer steht unter Wasser.
inútil [i'nutil] *adj 1.* nutzlos, sinnlos, zwecklos; *m 2.* Nichtsnutz *m,* Taugenichts
inutilidad [inutili'đađ] *f* Nutzlosigkeit *f*
invadir [imba'đir] *v 1.* überwuchern; *2. MIL* einfallen; *3. (fig)* überfluten
inválido [im'baliđo] *adj 1.* ungültig; *m 2.* Invalide *m,* Schwerbehinderter *m*
invariable [imba'rĭaƀle] *adj* gleich bleibend, unabänderlich, unveränderlich
invasión [imba'sĭɔn] *f 1. MIL* Einfall *m,* Invasion *f; 2.* ~ *de los Bárbaros HIST* Völkerwanderung *f; 3. (entrada forzada)* Eindringen *n*
invención [imben'θĭɔn] *f* Erfindung *f*
inventar [imben'tar] *v* erfinden
inventario [imben'tarĭo] *m 1.* Inventar *n,* Lagerbestand *m; 2. ECO* Inventur *f*

invento [im'bento] *m* Erfindung *f*
inventor(a) [imben'tɔr/imben'tora] *m/f* Erfinder(in) *m/f*
invernadero [imbɛrna'đero] *m* Gewächshaus *n; efecto ~* Treibhaus-effekt *m*
invernal [imbɛr'nal] *adj* winterlich
invernar [imbɛr'nar] *v irr* überwintern
inverosímil [imbero'simil] *adj* unwahrscheinlich, unglaublich, unglaubwürdig
inverosimilitud [imberosimili'tuđ] *f* Unwahrscheinlichkeit *f*
inversión [imbɛr'sĭɔn] *f FIN* Investition *f*, Anlage *f; ~ de capital* Kapitalanlage *f*
inversor(a) [imbɛr'sɔr/imbɛr'sora] *m/f FIN* Anleger(in) *m/f*
invertido [invɛr'tiđo] *adj (al revés)* verkehrt, umgekehrt
invertir [invɛr'tir] *v irr 1.* aufwenden; *2. FIN* anlegen, investieren
investigación [imbestiga'θĭɔn] *f* Erforschung *f*, Nachforschung *f*, Recherche *f; ~ nuclear PHYS* Kernforschung *f*
investigar [imbes'tigar] *v ~ algo* etw erforschen, nach etw forschen
invierno [im'bĭɛrno] *m* Winter *m*
invisible [imbi'siƀle] *adj* unsichtbar
invitación [imbita'θĭɔn] *f* Einladung *f*, Aufforderung *f; Muchas gracias por la ~.* Vielen Dank für die Einladung.
invitado [imbi'tađo] *m* Gast *m; ~ de honor* Ehrengast *m*
invitar [imbi'tar] *v* einladen, auffordern
invocar [imbo'kar] *v* anflehen
involuntario [imbolun'tarĭo] *adj* unbeabsichtigt, unfreiwillig, unwillkürlich
invulnerable [imbulne'raƀle] *adj* unverwundbar; *ser ~ contra* gefeit sein gegen
inyección [injɛk'θĭɔn] *f MED* Injektion *f*
inyectar [injɛk'tar] *v MED* spritzen
ir [ir] *v irr 1.* gehen, kommen; *~ tras de alguien* jdm folgen; *~ y venir* pendeln; *~ delante* vorangehen; *~ al encuentro* entgegengehen; *2. ~ a buscar* holen; *~ a ver a alguien* jdn aufsuchen; *3. (fig) ~ a parar en* hineingeraten in, landen in; *4. ~ en coche* mit dem Auto fahren; *5. ~ mal* schlecht gehen
ira ['ira] *f* Wut *f*, Zorn *m*
Irak [i'rak] *m GEO* Irak *m*
Irán [i'ran] *m GEO* Iran *m*
irascible [iras'θiƀle] *adj* jähzornig
iris ['iris] *m 1. ANAT* Regenbogenhaut *f*, Iris *f; 2. arco ~* Regenbogen *m*
Irlanda [ir'lanđa] *f GEO* Irland *n*
ironía [iro'nia] *f* Gespött *n*, Ironie *f*
irradiar [irra'đĭar] *v 1. MED* bestrahlen; *2. (fig)* ausstrahlen; *~ sosiego* Ruhe ausstrahlen
irreconciliable [irrɛkɔnθi'lĭaƀle] *adj* unversöhnlich
irreconocible [irrɛkɔno'θiƀle] *adj* unkenntlich
irreflexivo [irrɛflek'siƀo] *adj* leichtsinnig, gedankenlos, leichtfertig, unbesonnen
irregular [irrɛgu'lar] *adj 1.* unregelmäßig; *2. (de forma ~)* ungleichmäßig
irregularidad [irrɛgulari'đađ] *f* Unregelmäßigkeit *f*
irrelevante [irrɛle'ƀante] *adj* belanglos
irremplazable [irrɛmpla'θaƀle] *adj* unabkömmlich
irreprochable [irrɛpro'tʃaƀle] *adj* tadellos
irrescindible [irrɛsθin'điƀle] *adj 1. (contrato)* unkündbar; *2. (no anulable)* nicht annullierbar
irresistible [irrɛsis'tiƀle] *adj* hinreißend
irresoluto [irrɛso'luto] *adj* unschlüssig
irrespetuosidad [irrespetwosi'đađ] *f* Nichtachtung *f*
irrespetuoso [irrespe'twoso] *adj* respektlos
irresponsable [irrespɔ'saƀle] *adj* unverantwortlich, verantwortungslos
irrevocable [irrɛƀo'kaƀle] *adj* unkündbar
irritable [irri'taƀle] *adj* jähzornig, reizbar
irritación [irrita'θĭɔn] *f* Gereiztheit *f*
irritar [irri'tar] *v* reizen, ärgern, erregen; *Tu impuntualidad me irrita.* Deine Unpünktlichkeit erzürnt mich.
irrompible [irrɔm'piƀle] *adj* unzerbrechlich
irrumpir [irrum'pir] *v* hereinbrechen
irse ['irse] *v irr 1.* weggehen, davongehen, fortgehen; *2. (en coche)* davonfahren
isla ['isla] *f 1.* Insel *f; 2. Islas Británicas pl GEO* Britische Inseln *pl*
islam [is'lam] *m REL* Islam *m*
Islandia [is'lanđia] *f GEO* Island *n*
Israel [izrra'el] *m GEO* Israel *n*
Italia [i'talĭa] *f GEO* Italien *n*
italiano [ita'lĭano] *adj 1.* italienisch; *m 2. (persona)* Italiener *m; 3. (idioma)* Italienisch *n*
izar [i'θar] *v* hissen
izquierdista [iθkĭɛr'đista] *m/f POL* Linke(r) *m/f*
izquierdo [iθ'kĭɛrđo] *adj* linke(r,s); *ser un cero a la izquierda* eine Null sein; *por la izquierda* links

J/K

jabalí [xaba'li] *m ZOOL* Wildschwein *n*
jabalina [xađa'lina] *f 1. ZOOL* Wildsau *f; 2. SPORT* Speer *m; lanzamiento de ~* Speerwerfen *n*
jabonar [xabo'nar] *v* einseifen, abseifen
jactarse [xak'tarse] *v* prahlen
jadear [xađe'ar] *v* keuchen, schnaufen
jaguar [xa'gwar] *m ZOOL* Jaguar *m*
jaiba [xai'ba] *f ZOOL* Krebs *m*
jalea [xa'lea] *f 1.* Gelee *n; 2. (de carne o pescado) GAST* Aspik *m*
jaleo [xa'leo] *m (fam)* Rummel *m*
jamaica [xa'maika] *m GEO* Jamaika *n*
jamás [xa'mas] *adv* niemals, je, nie; *~ oído* nie gehört, unbekannt
jamón [xa'mɔn] *m GAST* Schinken *m*
japonés [xapo'nes] *adj 1.* japanisch; *m 2.* Japaner *m*
Japón [xa'pɔn] *m GEO* Japan *n*
jaque ['xakwe] *m* Schach *n,* Schachspiel *n,* (fig) Maulheld *m*
jaqueca [xa'keka] *f MED* Migräne *f,* Kopfschmerzen *pl,* Kopfweh *n*
jarabe [xa'rađe] *m 1.* Sirup *m; 2. ~ contra la tos* Hustensaft *m*
jararca [xarar'ka] *m* Hierarch *m,* hoher Würdenträger *m,* Bonze *m*
jardín [xar'đin] *m* Garten *m; ~ infantil* Kindergarten *m*
jardinería [xarđine'ria] *f* Gärtnerei *f*
jarra ['xarra] *f* Kanne *f; ~ de cerveza* Bierkrug *m*
jarro ['xarro] *m* Krug *m,* Kanne *f; ~ de leche* Milchkanne *f*
jarrón [xa'rrɔn] *m* Vase *f*
jaula ['xaŭla] *f* Käfig *m,* Vogelbauer *n*
jauría [xaŭ'ria] *f* Meute *f*
jefa ['xefa] *f* Chefin *f,* Leiterin *f*
jefatura [xefa'tura] *f 1.* Leitung *f; 2. (de administración)* Direktion *f,* leitende Behörde *f; ~ superior de policía* Polizeipräsidium *n*
jefe ['xefe] *m 1.* Chef *m,* Leiter *m,* Oberhaupt *n*
Jehová [xao'ba] *m REL* Jehova *m,* Jahwe *m*
jerarquía [xerar'kia] *f* Hierarchie *f*
jeringa [xe'riŋga] *f MED* Spritze *f*
jeringuilla [xeriŋ'giʎa] *f MED* Spritze *f; Insisto en una ~ estéril.* Ich bestehe auf eine sterile Spritze.
jersey [xɛr'se] *m* Pullover *m*
Jesucristo [xesu'kristo] *m REL* Christus *m*
jíbaro ['xibaro] *adj* wild, verwildert
jinete [xi'nete] *m/f* Reiter(in) *m/f*
jirafa [xi'rafa] *f ZOOL* Giraffe *f*
jockey [xo'kei] *m* Jockey *m*
jocoso [xo'koso] *adj* drollig
Jordania [xɔr'danĭa] *f GEO* Jordanien *n*
jornada [xɔr'nađa] *f 1.* Arbeitstag *m; ~ flexible* Gleitzeit *f; 2. (congreso)* Tagung *f,* Symposium *n*
joroba [xo'rođa] *f* Buckel *m*
joven ['xođen] *adj 1.* jung; *el más ~* der Jüngste *m; m/f 2.* Jugendliche(r) *m/f,* Bursche *m,* Jüngling *m*
jovial [xo'đĭal] *adj* gemütlich, heiter, jovial
jovialmente [xođĭal'mente] *adv* jovial
joya ['xoja] *f 1.* Juwel *n,* Kleinod *n; ~ de oro* Goldschmuck *m; 2. ~s pl* Schmuck *m*
joyería [xoje'ria] *f* Schmuckgeschäft *n,* Juweliergeschäft *n*
joyero [xo'jero] *m* Juwelier *m*
jubilación [xuđila'θĭɔn] *f* Pension *f,* Rente *f,* Altersversorgung *f; ~ anticipada* Vorruhestand *m*
jubilar [xu'bilar] *v* in den Ruhestand versetzen, pensionieren, berenten
júbilo ['xuđilo] *m* Jubel *m*
judaísmo [xuđa'izmo] *m REL* Judentum *n*
judía [xu'đia] *f 1. BOT* Bohne *f; 2. ~s verdes pl* Brechbohnen *pl*
judicial [xuđi'θĭal] *adj JUR* gerichtlich
judío [xu'đio] *adj 1. REL* jüdisch; *m 2. REL* Jude *m*
juego ['xwego] *m 1.* Spiel *n; hacer ~s malabares* jonglieren; *~ de azar* Glücksspiel *n; ~ de naipes* Kartenspiel *n; ~ de palabras* Wortspiel *n; ~ limpio* faires Spiel *n; 2. ~ de café* Kaffeeservice *n; 3. TECH* Spiel *n; 4. ~s olímpicos pl SPORT* Olympische Spiele *pl*
juerga ['xwɛrga] *f* lautes Vergnügen *n; ir de ~* einen Kneipenbummel machen
jueves ['xweđes] *m* Donnerstag *m; los ~* donnerstags; *No es cosa del otro ~.* Das ist nichts Besonderes.
juez ['xweθ] *m/f JUR* Richter(in) *m/f; llevar ante el ~* dem Richter vorführen; *~ de primera instancia* Amtsrichter(in) *m/f*
jugada [xu'gađa] *f* Spielzug *m,* Streich *m*

jugador(a) [xuga'đɔr/xuga'đora] *m/f* *SPORT* Spieler(in) *m/f*, Kämpfer(in) *m/f*
jugar [xu'gar] *v irr* spielen; *¿Juega usted a las cartas?* Spielen Sie Karten? *~ a los bolos* *SPORT* kegeln; *~ al póker* pokern
juglar [xu'glar] *m* Gaukler *m*
jugo ['xugo] *m* Saft *m*; *~ de frutas* Fruchtsaft *m*; *~ de naranja* Orangensaft *m*; *~ de manzana* Apfelsaft *m*
jugoso [xu'goso] *adj* saftig
juguete [xu'gete] *m* Spielzeug *n*
jugueteo [xuge'teo] *m* Spielerei *f*
juguetería [xugete'ria] *f* Spielwarengeschäft *n*
juicio ['xwiθĭo] *m* *1.* Urteil *n*, Beurteilung *f*, Ermessen *n*; *a mi ~* meiner Meinung nach, meines Erachtens; *perder el ~* den Verstand verlieren; *2.* *(facultad de razonar)* Urteilsvermögen *n*; *3.* *JUR* Verhandlung *f*; *~ oral* Hauptverhandlung *f*
juicioso [xwi'θĭoso] *adj* besonnen, einsichtig, verständig
julio ['xulĭo] *m* Juli *m*
junco ['xunko] *m* *BOT* Binse *f*
jungla ['xuŋgla] *f* Dschungel *m*
junio ['xunĭo] *m* Juni *m*
júnior ['xuniɔr] *m* Junior *m*
junta ['xunta] *f* Versammlung *f*; *~ directiva* *ECO* Vorstand *m*; *~ consultativa* Beirat *m*
juntar [xun'tar] *v* *1.* *(recolectar)* sammeln; *2.* *(reunir)* versammeln; *3.* *(unir)* verbinden; *4.* *(lo uno con lo otro)* aneinander fügen; *~ las manos* die Hände falten
juntarse [xun'tarse] *v* sich vereinigen, sich sammeln, zusammenkommen; *~ a alguien* sich jdm anschließen
junto ['xunto] *adj* *1.* gemeinsam, zusammen, nebeneinander; *adv* *2.* dabei; *~ a* daneben; *prep* *3.* *~ a* neben
juntura [xun'tura] *f* *TECH* Gelenk *n*
júpiter ['xupiter] *m* *ASTR* Jupiter *m*
jura ['xura] *f* *~ del cargo* *JUR* Amtseid *m*
jurado [xu'rađo] *m* *1.* *~ calificador* Jury *f*; *2.* *JUR* Geschworener *m*, Schwurgericht *n*; *adj* *3.* *JUR* eidesstattlich
juramento [xura'mento] *m* *1.* Schwur *m*; *2.* *JUR* Eid *m*; *~ declarativo* Offenbarungseid *m*; *tomar ~ a alguien* jdn vereidigen
jurar [xu'rar] *v* *1.* *~ por* schwören bei; *2.* *JUR* beschwören
jurídica [xu'riđika] *adj* *JUR* rechtlich; *por vía ~* auf dem Rechtsweg
jurídicamente [xu'riđikamente] *adv* *JUR* rechtlich
jurídico [xu'riđiko] *adj* *JUR* juristisch
jurisconsulto [xuriskon'sulto] *m* Jurist *m*
jurisdicción [xurizđig'θĭɔn] *f* *1.* Amtsbezirk *m*; *~ competente* Gerichtsstand *m*; *2.* *JUR* Gerichtsbarkeit *f*
jurisprudencia [xurispru'đenθĭa] *f* *1.* *JUR* Jura *n*; *2.* *JUR* Rechtsprechung *f*
jurista [xu'rista] *m/f* Jurist(in) *m/f*
justamente [xusta'mente] *adv* *1.* eben; *2.* *(precisamente)* ausgerechnet
justicia [xus'tiθĭa] *f* Gerechtigkeit *f*, Justiz *f*
justificable [xustifi'kaƀle] *adj* vertretbar
justificación [xustifika'θĭɔn] *f* Berechtigung *f*, Rechtfertigung *f*
justificado [xustifi'kađo] *adj* berechtigt, gerechtfertigt
justificante [xustifi'kante] *m* *FIN* Beleg *m*
justificar [xustifi'kar] *v* *1.* rechtfertigen; *2.* *JUR* belegen
justificativo [xustifika'tiƀo] *m* *JUR* Beleg *m*
justo ['xusto] *adj* *1.* gerecht, rechtschaffen; *2.* *(acertado)* treffend; *ser ~* zutreffen; *¡Justo!* Genau!
justo [xus'to] *adj* gerecht, richtig, genau, knapp
juvenil [xuƀe'nil] *adj* jugendlich
juventud [xuƀen'tuđ] *f* Jugend *f*, Jugendzeit *f*
juzgado [xuθ'gado] *m* *JUR* Gericht *n*; *~ comarcal* Bezirksgericht *n*; *~ municipal* Amtsgericht *n*
juzgar [xuθ'gar] *v* *1.* richten, urteilen; *2.* *~ de* beurteilen als; *3.* *(estimar)* erachten
karate [ka'rate] *m* *SPORT* Karate *n*
kefir ['kefir] *m* Kefir *m*, Kefirpilz *m*
kermesse [kermese] *f* Kirchweihfest *n*, Kirmes *f*, Wohltätigkeitsfest *n*
kerosina [kero'sina] *f* *CHEM* Kerosin *n*
ketchup ['kettʃuƀ] *m* *GAST* Tomatenketchup *n*
kilo ['kilo] *m* Kilo *n*, Kilogramm *n*
kilogramo [kilo'gramo] *m* Kilogramm *n*
kilómetro [ki'lometro] *m* Kilometer *m*; *~ por hora* Stundenkilometer *m*
kilovatio [kilo'ƀatĭo] *m* Kilowatt *n*
kindergarten [kinđɛr'garten] *m* *(jardín infantil)* Kindergarten *m*
kiosco ['kĭɔsko] *m* Kiosk *m*
kirsch [kirs] *m* *GAST* Kirschwasser *n*
kiwi ['kiwi] *m* *BOT* Kiwi *f*
knock out [knok'aut] *m* K.O. *m*, Niederschlag *m*

L/LL

la [la] *art 1.* die; *~s dos* beide; *pron 2.* sie; *~ cual* welche
laberinto [laƀe'rinto] *m 1.* Labyrinth *n,* Gewirr *n; 2. (fig)* Verhau *m,* Gewirr *n*
labial [la'ƀĭal] *adj* Lippen..., labial
lábil ['laƀil] *adj* labil
labilidad [laƀili'đađ] *f* Labilität *f*
labio ['laƀĭo] *m* Lippe *f*
labor [la'ƀɔr] *f* Arbeit *f; hacer ~es* Handarbeiten machen
laborar [laƀɔ'rar] *v* arbeiten
laboratorio [laƀora'torĭo] *m* Labor *n*
labrado [la'ƀrađo] *adj* bearbeitet, gemustert, geschliffen
labrador(a) [laƀra'đɔr/laƀra'tora] *m/f* Bauer/Bäuerin *m/f,* Landwirt(in) *m/f*
labranza [la'ƀranθa] *f* Ackerbau *m,* Feldarbeit *f*
labrar [la'ƀrar] *v AGR* bearbeiten, ackern
labriego [la'ƀrĭego] *m* Bauer *m*
laca ['laka] *f* Lack *m; ~ para el cabello* Haarspray *m*
lacerar [laθe'rar] *v* schädigen, zerreißen
lacio ['laθĭo] *adj* welk, schlaff, kraftlos, glatt (Haar)
lacónico [la'koniko] *adj* wortkarg
lacrar [la'krar] *v* versiegeln
lacre ['lakre] *m* Siegelwachs *m*
lacrimal [lakri'mal] *adj* Tränen...
lactante [lak'tante] *m* Säugling *m*
lactar [lak'tar] *v (a un bebé)* stillen
ladear [la'đear] *v* zur Seite neigen, ausweichen, vom geraden Weg abkommen
ladilla [la'điʎa] *f* Filzlaus *f*
lado ['lađo] *m* Seite *f; por un ~* einerseits; *por otro ~* andererseits; *por los dos ~s* zweiseitig; *por todos ~s* allseits; *~ anterior/~ delantero* Vorderseite *f; ~ interior* Innenseite *f*
ladrar [la'đrar] *v* bellen, kläffen
ladrillo [la'điʎo] *m 1.* Ziegel *m,* Backstein *m; 2. ~s vítreos pl* Glasbaustein *m*
ladrón [la'đrɔn] *m 1.* Dieb *m,* Räuber *m; ¡Ladrón!* Haltet den Dieb! *adj 2.* diebisch
lagartija [lagar'tixa] *f ZOOL* Mauereidechse *f*
lagarto [la'garto] *m ZOOL* Eidechse *f*
lago ['lago] *m GEOL* See *m; ~ de Constanza* Bodensee *m*
lágrima ['lagrima] *f* Träne *f*
lagrimear [lagrime'ar] *v* tränen
laguna [la'guna] *f 1. GEOL* Lagune *f; 2. (fig)* Bildungslücke *f; ~ en la memoria* Gedächtnislücke *f*
laico ['laĭko] *adj 1.* laienhaft, unprofessionell; *2. REL* weltlich; *m 3. REL* Laie *m*
lambón [lam'ƀon] *adj* Schmeichler *m,* Speichellecker *m*
lamentable [lamen'taƀle] *adj 1.* kläglich; *2. (digno de compasión)* bedauernswert
lamentablemente [lamentable'mente] *adv* leider
lamentación [lamenta'θĭɔn] *f 1.* Klage *f,* Jammer *m; 2. lamentaciones pl* Gejammer *n*
lamentar [lamen'tar] *v* bedauern
lamentarse [lamen'tarse] *v 1.* jammern; *2. ~ de/~ por* sich beklagen über
lamento [la'mento] *m* Jammer *m*
lamer [la'mɛr] *v* lecken
lámina ['lamina] *f* Blech *n*
laminilla [lami'niʎa] *f* Lamelle *f*
lámpara ['lampara] *f 1.* Lampe *f; ~ de mesa* Tischlampe *f; ~ de pie* Stehlampe *f; 2. (luz)* Leuchte *f; ~ de señales* Leuchtanzeige *f*
lamparilla [lampari'ʎa] *f 1.* kleine Lampe *f,* Nachtlicht *n, 2. BOT* Zitterpappel *f*
lamparoso [lampa'roso] *adj* schlampig
lampazo [lam'paθo] *m BOT* Klette *f*
lana ['lana] *f* Wolle *f; ~ de acero* Stahlwolle *f; ~ de oveja* Schafwolle *f*
lancha ['lantʃa] *f* Boot *n; ~ a motor* Motorboot *n; ~ pesquera* Fischerboot *n*
langosta [laŋ'gɔsta] *f 1. ZOOL* Heuschrecke *f; 2. (de mar)*
languidecer [laŋgiđe'θɛr] *v irr 1.* sich verzehren *2. ECO* abflauen
languidez [laŋgi'đeθ] *f ECO* Flaute *f*
lánguido ['laŋgiđo] *adj* matt
lanilla [la'niʎa] *f* feiner Wollstoff *m*
lanudo [la'nuđo] *adj* wollig, zottig
lanza ['lanθa] *f 1.* Lanze *f,* Spieß *m,* Speer *m; 2. (de vehículo) TECH* Deichsel *f*
lanzadera [lanθa'đera] *f ~ espacial* Raumfähre *f*
lanzamiento [lanθa'mĭento] *m 1.* Abwurf *m; 2. (de un barco) NAUT* Stapellauf *m; 3. (introducción)* Einführung *f*
lanzar [lan'θar] *v 1.* lancieren, schleudern; *2. ~ algo nuevo* etw Neues einführen; *~ a un artista* einen Künstler fördern; *3. algo al mercado ECO* etw auf den Markt werfen

lapicero [lapi'θero] *m 1.* Bleistift *m; 2. (LA)* Kugelschreiber *m*
lápida ['lapiđa] *f* Grabstein *m*
lapidario [lapi'đarĭo] *adj 1.* lapidar, kurz, *2.* Edelstein...
lápiz ['lapiθ] *m* Bleistift *m,* Stift *m; ~ de color* Buntstift *m; ~ labial* Lippenstift *m*
lapso ['lađso] *m 1.* Fehler *m,* Lapsus *m; 2. (tiempo)* Zeitraum *m,* Zeitabschnitt *m*
lapsus [lap'sus] *m* Fehlleistung *f*
laquear [la'kwear] *v* lacken, lackieren
largarse [lar'garse] *v* türmen, abhauen
largo ['largo] *m adj 1.* lang, weit; *a lo ~ de* entlang, längs; *2.* Länge *f,* Weite *f; Eso va para ~.* Das wird noch lange dauern.
lárice ['lariθe] *m BOT* Lärche *f*
laringe [la'riŋxe] *f ANAT* Kehlkopf *m*
larva ['larđa] *f ZOOL* Larve *f*
lascivia [las'θiđĭa] *f* Unzucht *f*
lástima ['lastima] *f* Mitleid *n; tener ~ de alguien* jdn bemitleiden; *que da ~* Mitleid erregend; *¡Qué ~!* Schade! *verdadera ~* jammerschade
lastimar [lasti'mar] *v ~ a alguien* jdm wehtun
lastimoso [lasti'moso] *adj* jämmerlich, kläglich
lastre ['lastre] *m* Ballast *m*
lata ['lata] *f 1.* Blechdose *f,* Dose *f; una ~ de cerveza* eine Dose Bier *f; 2. (de hojalata)* Büchse *f,* Konservendose *f; 3. (bidón)* Kanister *m; 4. (fig)* Unsinn *m,* Blödsinn *m; ¡Qué ~!* Wie langweilig! *dar la ~ a alguien* jdm auf den Wecker fallen
latente [la'tente] *adj* latent
lateral [late'ral] *adj* seitlich
latido [la'tiđo] *m* Schlag *m; ~ del corazón* Herzschlag *m*
látigo ['latigo] *m* Peitsche *f*
latín [la'tin] *m* Latein *n*
latino [la'tino] *adj* lateinisch, romanisch
Latinoamérica [latinoa'merika] *f GEO* Lateinamerika *n*
latón [la'tɔn] *m MET* Messing *n*
latoso [la'toso] *adj* lästig, langweilig, unausstehlich
latrocinio [latro'θinĭo] *m* Diebstahl *m*
laurel [laŭ'rɛl] *m BOT* Lorbeer *m*
lava ['lađa] *f GEOL* Lava *f*
lavable [la'đađle] *adj* waschbar
lavabo [la'đađo] *m 1.* Waschbecken *n,* Becken *n; 2. (servicio)* Toilette *f; ir al ~* austreten; *¿Dónde está el ~ de señoras?* Wo ist die Damentoilette?
lavado [la'đađo] *m 1.* Wäsche *f; de fácil ~* pflegeleicht; *~ de cerebro (fig)* Gehirnwäsche *f; 2. MED* Spülung *f*
lavadora [lađa'đora] *f* Waschmaschine *f*
lavamanos [lađa'manos] *m* Becken *n*
lavanda [la'đanda] *f BOT* Lavendel *m*
lavaplatos [lađa'platos] *m* Spülmaschine *f*
lavar [la'đar] *v 1.* abspülen, spülen; *2. (ropa)* waschen; *¿Dónde puedo lavar?* Wo kann ich waschen?
lavarse [la'đarse] *v* sich waschen; *¿Dónde puedo lavarme?* Wo kann ich mich waschen?
laxante [lak'sante] *m MED* Abführmittel *n*
laya ['laja] *f* Spaten *m*
lazo ['laθo] *m 1. (para el cabello)* Haarband *n,* Band *n; 2. (nudo corredizo)* Schleife *f*
le [le] *pron (dat)* ihm, ihr
leal [le'al] *adj* treu, loyal, fair
lealtad [leal'tađ] *f* Loyalität *f,* Treue *f*
lección [lɛk'θĭɔn] *f 1.* Unterrichtsstunde *f; tomar la ~ a alguien* jdn abfragen; *2. (fig)* Denkzettel *m; 3. (enseñanza)* Lehre *f*
lector(a) [lɛk'tɔr/lɛk'tora] *m/f 1.* Leser(in) *m/f; 2. (profesión)* Lektor(in) *m/f*
lectura [lɛk'tura] *f 1.* Lektüre *f; 2. (acto público)* Lesung *f; 3. (ponencia científica)* Vorlesung *f; 4. unidad de ~ (de disquetes) INFORM* Diskettenlaufwerk *n,* Laufwerk *n*
leche ['letʃe] *f GAST* Milch *f; ~ condensada* Kondensmilch *f; ~ cuajada* Dickmilch *f; ~ desnatada* Magermilch *f; ~ en polvo* Trockenmilch *f; ~ entera* Vollmilch *f*
lechería [letʃe'ria] *f* Molkerei *f*
lecho ['letʃo] *m 1.* Bett *n; ~ matrimonial* Ehebett *n; 2. ~ de un río* Flussbett *n; 3. ~ de la uña ANAT* Nagel-bett *n*
lechuga [le'tʃuga] *f BOT* Kopfsalat *m*
leer [le'ɛr] *v irr 1.* lesen; *algo para ~* etw zu lesen; *~ por encima* überfliegen; *2. (controlar)* ablesen; *3. ~ algo a alguien* jdm etw vorlesen
legado [le'gađo] *adj 1.* vererblich; *m 2.* Nachlass *m,* Vermächtnis *n*
legal [le'gal] *adj 1.* gesetzlich, gesetzmäßig, legal; *2. JUR* rechtskräftig
legalidad [legali'đađ] *f* Gesetzlichkeit *f*
legalizar [legali'θar] *v 1.* legalisieren; *2. (ante el notario)* beglaubigen
legar [le'gar] *v (herencia)* vererben
legendario [lɛxen'đarĭo] *adj* legendär
legible [lɛ'xiđle] *adj* leserlich
legislación [lɛxisla'θĭɔn] *f POL* Gesetzgebung *f; ~ social* Sozialgesetzgebung *f*
legislativo [lɛxisla'tiđo] *adj POL* gesetzgebend

legislatura [lɛxisla'tura] *f POL* Legislaturperiode *f*
legítima [lɛ'xitima] *f JUR* Pflichtteil *m*
legitimación [lɛxitima'θĭɔn] *f* Legitimation *f*
legitimarse [lɛxiti'marse] *v* sich ausweisen
legitimizar [lɛxitimi'θar] *v* legitimieren
legítimo [lɛ'xitimo] *adj 1.* echt, rein, legitim; *2. hijo ~* eheliches Kind *n*
lego ['lego] *m REL* Laie *m*
legua ['legwa] *f* Meile *f*
legumbre [le'gumbre] *f 1. ~ seca BOT* Hülsenfrucht *f; 2. ~s pl* Gemüse *n*
leitmotiv [laitmo'tif] *m LIT* Leitmotiv *n*
lejanía [lɛxa'nia] *f* Ferne *f*
lejano [lɛ'xano] *adj 1.* fern, weit, weitläufig; *adv 2.* weit
lejía [lɛ'xia] *f CHEM* Lauge *f*
lejos ['lɛxos] *adv* weit; *más ~* weiter weg
lema ['lema] *m* Devise *f,* Leitspruch *m*
lencería [lenθe'ria] *f* Wäschegeschäft *n*
lengua ['leŋgwa] *f 1. ANAT* Zunge *f; 2. (idioma)* Sprache *f; irse de la ~* sich verplappern; *~ extranjera* Fremdsprache *f; ~ materna* Muttersprache *f; ~ universal* Weltsprache *f; 3. ~ de tierra GEO* Landzunge *f*
lenguado [leŋ'gwađo] *m ZOOL* Seezunge *f*
lenguaje [leŋ'gwaxe] *m 1.* Sprache *f; ~ coloquial* Umgangssprache *f; ~ de sordomudo* Taubstummensprache *f; 2. ~ de programación INFORM* Programmiersprache *f*
lente ['lente] *m 1.* Linse *f; 2. ~s pl (LA)* Brille *f; ~s de sol pl* Sonnenbrille *f*
lenteja [le'tɛxa] *f BOT* Linse *f*
lentilla [len'tiʎa] *f* Kontaktlinse *f*
lento ['lento] *adj* langsam, schleppend
leña ['leɲa] *f 1.* Brennholz *n; 2. ~ menuda* Reisig *n*
leñador [leɲa'đɔr] *m* Holzfäller *m*
leño ['leɲo] *m* Holzscheit *n*
león [le'ɔn] *m ZOOL* Löwe *m*
leopardo [leo'parđo] *m ZOOL* Leopard *m*
leotardos [leo'tarđos] *m/pl* Strumpfhose *f*
leporino [lepo'rino] *adj* hasenartig, Hasen...
lepra ['lepra] *f MED* Lepra *f,* Aussatz *m*
les [les] *pron* ihnen, Ihnen
lesbiana [les'ƀĭana] *adj* lesbisch
lesión [le'sĭɔn] *f 1.* Verletzung *f; 2. ~ cardíaca MED* Herzfehler *m; 3. ~ corporal JUR* Körperverletzung *f*
lesionar [lesĭo'nar] *v* verletzen
letal [le'tal] *adj* tödlich
letanía [leta'nia] *f REL* Litanei *f*
letargo [letar'go] *m* Lethargie *f*
letra ['letra] *f 1. (del abecedario)* Buchstabe *m,* Type *f; 2. (escritura)* Handschrift *f,* Schrift *f; ~ de molde* Druckschrift *f,* Type *f; ~ de palo* Blockschrift *f; ~ menuda* Kleingedrucktes *n; 3. ECO* Akzept *n; ~ de crédito* Akkreditiv *n; ~ de cambio* Wechsel *m; 4. ciencias de ~s* Philologie *f*
leucemia [leŭ'θemĭa] *f MED* Leukämie *f*
levadura [leƀa'đura] *f 1.* Hefe *f; 2. ~ química* Backpulver *n*
levantamiento [leƀanta'mĭento] *m 1.* Aufstand *m; 2. ECO* Inventur *f*
levantar [leƀan'tar] *v 1. (elevar)* erheben; *2. (alzar)* heben; *~ del suelo* vom Boden aufheben; *3. (erigir)* aufrichten; *4. (construir)* bauen; *5. ~ acta JUR* protokollieren
levantarse [leƀan'tarse] *v* aufstehen
leve ['leƀe] *adj* leicht
levemente [lebe'mente] *adj* geringfügig
léxico ['leksiko] *m 1. (diccionario)* Wörterbuch *n; 2. (vocabulario)* Wortschatz *m*
ley [lɛĭ] *f JUR* Gesetz *n; do ~* gesetzlich; *~ del aborto JUR* Abtreibungsgesetz *n; ~ de protección de menores* Jugendschutzgesetz *n; ~ orgánica* Grundgesetz *n*
leyenda [le'jenda] *f* Legende *f,* Sage *f*
liar [li'ar] *v 1.* schnüren; *2. (el cigarillo)* drehen
Líbano ['liƀano] *m GEO* Libanon *m*
libélula [li'ƀelula] *f ZOOL* Libelle *f*
líber ['liƀer] *m* Bast *m*
liberación [liƀera'θĭɔn] *f* Befreiung *f*
liberal [liƀe'ral] *adj* großzügig, liberal
liberalismo [liƀera'lizmo] *m POL* Liberalismus *m*
liberar [liƀe'rar] *v 1.* befreien; *2. (descargar)* entladen
liberarse [liƀe'rarse] *v ~ de* sich befreien von, sich lösen von
libertad [liƀɛr'tađ] *f 1.* Freiheit *f; ~ de decisión* Entscheidungsfreiheit *f; ~ de prensa* Pressefreiheit *f; ~ de religión* Glaubensfreiheit *f; 2. JUR* Haftentlassung *f; poner en ~* freilassen, entlassen; *~ vigilada* Bewährung *f*
libertar [liƀɛr'tar] *v* aussetzen, freilassen
Libia ['liƀĭa] *f GEO* Libyen *n*
libra ['liƀra] *f* Pfund *n; Libra Esterlina* Pfund Sterling *n*
libraco [li'ƀrako] *m* Schmöker *m*
librar [li'ƀrar] *v 1. ~ de* befreien von; *2. (eximir)* verschonen; *3. REL* erlösen; *4. ~ una*

letra ECO einen Wechsel ziehen; *5. (vacar)* frei haben; *Libro los sábados.* Ich habe samstags frei.
librarse [li'ƀrarse] *v* sich befreien
libre ['liƀre] *adj 1.* frei; *~ de deudas* schuldenfrei; *~ de franqueo* portofrei; *~ de impuestos* steuerfrei; *2. (independiente)* freischaffend; *3. (vacío)* leer; *4. (abierto)* offen
librería [liƀre'ria] *f 1.* Buchhandlung *f; 2. (estante)* Bücherregal *n,* Bücherschrank *m*
libreta [li'ƀreta] *f* Schreibheft *n; ~ de ahorro* Sparbuch *n; ~ de apuntes* Notizbuch *n; ~ de notas (LA)* Schulzeugnis *n*
libro ['liƀro] *m 1.* Buch *n; ~ de bolsillo* Taschenbuch *n; ~ de cocina* Kochbuch *n; ~ de lecturas* Lesebuch *n; ~ especializado* Sachbuch *n; ~ ilustrado* Bilderbuch *n; 2. ~ de cánticos REL* Gesangbuch *n*
licencia [li'θenθĭa] *f* Konzession *f,* Lizenz *f,* Genehmigung *f; ~ de armas* Waffenschein *m; ~ de exportación* Ausfuhrgenehmigung *f; ~ de importación* Einfuhrgenehmigung *f*
licenciamiento [liθenθĭa'mĭento] *m MIL* Entlassung *f*
licenciar [liθen'θĭar] *v 1.* erlauben, eine Genehmigung erteilen; *2. MIL* entlassen
licenciarse [liθen'θĭarse] *v* ein Studium mit Staatsexamen abschließen
lícito ['liθito] *adj* zulässig
licor [li'kɔr] *m GAST* Likör *m; ~ estomacal* Magenbitter *m*
licuar [li'kwar] *v* verflüssigen
lidia ['liđia] *f* Stierkampf *m*
lidiar [li'đĭar] *v* streiten, kämpfen
liebre ['lĭeƀre] *f ZOOL* Hase *m*
lienzo ['lĭenθo] *m ART* Leinwand *f*
ligadura [liga'đura] *f 1.* Verbindung *f; 2. MED* Ligatur *f,* Abbindung *f*
ligar [li'gar] *v 1.* anschließen, verknüpfen, knüpfen; *2. MED* abbinden
ligarse [li'garse] *v ~ con alguien* mit jdm anbändeln
ligereza [lixe'reθa] *f* Leichtfertigkeit *f*
ligero [li'xero] *adj 1.* leicht; *a la ligera* leichtfertig, salopp; *tomar algo a la ligera* etw leicht nehmen; *2. (hábil)* flink, gewandt, hurtig; *3. (superficial)* leichtfertig, lose
lila ['lila] *f 1. BOT* Flieder *m; adj 2.* lila
lima ['lima] *f* Feile *f; ~ gruesa* Raspel *f; ~ para las uñas* Nagelfeile *f*
limitación [limita'θĭɔn] *f* Beschränkung *f,* Einschränkung *f; ~ de cultivos AGR* Anbaubeschränkung *f; ~ de velocidad* Geschwindigkeitsbeschränkung *f*
limitado [limi'tađo] *adj* beschränkt
limitar [limi'tar] *v 1.* einengen, einschränken; *2. (restringir) ~ a* beschränken auf; *3. (lindar con) ~ con* angrenzen an
limitarse [limi'tarse] *v ~ a* sich beschränken auf
límite ['limite] *m* Grenze *f; sin ~s* grenzenlos, unbeschränkt; *~ de edad* Altersgrenze *f; ~ de las nieves perpetuas* Schneegrenze *f*
limítrofe [li'mitrofe] *adj ~ con* angrenzend an
limón [li'mɔn] *m BOT* Zitrone *f*
limonada [limo'nađa] *f* Limonade *f*
limosna [li'mɔzna] *f* Almosen *n*
limosnero [limɔz'nero] *m (LA)* Bettler *m*
limpiabrisas [limpĭa'ƀrisas] *m/pl* Scheibenwischer *m*
limpiachimeneas [limpĭatʃime'neas] *m* Kaminkehrer *m,* Schornsteinfeger *m*
limpiar [lim'pĭar] *v* putzen, abwischen, reinigen
limpieza [lim'pĭeθa] *f 1. (acción)* Reinigung *f,* Säuberung *f; ~ en seco* chemische Reinigung *f; 2. (fig: calidad)* Sauberkeit *f*
limpio ['limpĭo] *adj* rein, sauber, reinlich; *Hoy no han limpiado todavía mi habitación.* In meinem Zimmer ist heute noch nicht sauber gemacht worden.
linaje [li'naxe] *m* Geschlecht *n; ~ noble* Adelsgeschlecht *n*
lince ['linθe] *m ZOOL* Luchs *m*
linchamiento [lintʃa'mĭento] *m* Lynchjustiz *f*
lindar [lin'dar] *v ~ con* grenzen an
lindo ['lindo] *adj* hübsch, niedlich, süß
línea ['linea] *f 1.* Linie *f,* Strich *m,* Streifen *m; ~ directa* Luftlinie *f; 2. ~ ferroviaria* Bahnlinie *f; ¿Qué ~ va a Madrid?* Welche Linie fährt nach Madrid? *~ de prueba* Teststrecke *f; 3. (renglón)* Zeile *f; 4. ~ principal TECH* Hauptanschluss *m*
lineal [line'al] *adj* linear
linear [line'ar] *m SPORT* Linienrichter *m*
lino ['lino] *m 1.* Leinen *n; 2. BOT* Flachs *m*
linotipista [linoti'pista] *m/f* Setzer(in) *m/f*
linterna [lin'tɛrna] *f* Laterne *f; ~ de bolsillo* Taschenlampe *f*
lío ['lio] *m* Schlamassel *m,* Durcheinander *n*
liquidación [likiđa'θĭɔn] *f* Beseitigung *f; 2. (ventas)* Ausverkauf *m; ~ total* Räumungsverkauf *m; 3. (ajuste) ECO* Ausgleich *m; ~ de impuestos* Steuerbescheid *m; 4. (de cuentas)* Abrechnung *f; 5. (cierre anual)* Jahresabschluss *m; 6. (cierre)* Auflösung *f*

liquidar [liki'đar] *v* *1. (liberarse de)* beseitigen; *2. ECO* abrechnen; *~ un negocio* ein Geschäft auflösen; *3. (saldar)* abbezahlen
liquidez [liki'đeθ] *f* *1.* Flüssigkeit *f;* *2. FIN* Liquidität *f*
líquido ['likiđo] *adj* *1.* flüssig; *m* *2.* Flüssigkeit *f;* *~ de freno* Bremsflüssigkeit *f*
lírica ['lirika] *f* *LIT* Lyrik *f*
lirio ['lirĭo] *m* *BOT* Lilie *f*
lisiado [li'sĭađo] *m* *1.* Krüppel *m;* *adj* *2. MED* verkrüppelt, verstümmelt; *~ de guerra* kriegsversehrt
liso ['liso] *adj* glatt
lisonja [li'sɔŋxa] *f* Schmeichelei *f*
lisonjear [lisɔŋxe'ar] *v* schmeicheln
lista ['lista] *f* *1.* Liste *f;* *hacer una ~* auflisten; *~ de precios* Preisliste *f;* *¿Tiene usted una ~ de precios?* Haben Sie eine Preisliste? *2. ~ de platos GAST* Speisekarte *f;* *3. (nómina, registro, catálogo)* Verzeichnis *n*
listo ['listo] *adj* *1. (terminado)* fertig; *2. (preparado)* parat, bereit; *tener ~* bereithalten; *~ para la imprenta* druckfertig; *~ para viajar* fahrbereit; *3. (inteligente)* gescheit; *4. (astuto)* schlau; *5. (vivo)* lebhaft
literal [lite'ral] *adj* buchstäblich, wörtlich
literario [lite'rarĭo] *adj* literarisch
literatura [litera'tura] *f* Literatur *f;* *~ técnica* Fachliteratur *f;* *~ trivial* Trivialliteratur *f*
litigar [liti'gar] *v* *JUR* prozessieren
litigio [li'tixĭo] *m* *JUR* Rechtsstreit *m*
litro ['litro] *m* Liter *m*
liturgia [li'turxĭa] *f* *REL* Liturgie *f*
liviano [li'bĭano] *adj* leicht
lívido ['libiđo] *adj* blass, bleich; *~ de espanto* schreckensbleich
living ['libiŋ] *m* Wohnzimmer *n*
liza ['liθa] *f* Kampfplatz *m,* Turnierplatz *m*
lo [lo] *art* *1.* das; *pron* *2.* es; *~ que* was; *~ cual* welcher, welches; *3. (LA)* ihn
lobo ['lobo] *m* *ZOOL* Wolf *m*
lóbulo ['lobulo] *m* *~ de la oreja ANAT* Ohrläppchen *n*
local [lo'kal] *m* *1.* Lokal *n;* *~ del club* Klubhaus *n;* *adj* *2.* örtlich, heimisch, lokal, ortsansässig; *adv* *3.* örtlich
localidad [lokali'đađ] *f* *1.* Ort *m,* Ortschaft *f;* *2. ~es pl* Örtlichkeiten *pl*
loco ['loko] *m* *1.* Narr *m,* Irrer *m;* *cada ~ con su tema* jedem das Seine; *~ homicida* Amokläufer *m;* *adj* *2.* verrückt, irre; *como ~* wie verrückt; *~ por* versessen auf
locomotora [lokomo'tora] *f* Lokomotive *f*
locuaz [lo'kwaθ] *adj* redselig
locución [loku'θĭɔn] *f* Redensart *f*
locura [lo'kura] *f* Irrsinn *m,* Wahnsinn *m*
locutor(a) [loku'tɔr/loku'tora] *m/f* Sprecher(in) *m/f;* *~ de radio* Ansager(in) *m/f;* *~ de televisión* Fernsehmoderator(in) *m/f*
lodo ['lođo] *m* Schlamm *m,* Lehm *m;* *~ de clarificación* Klärschlamm *m*
logia ['lɔxĭa] *f* Loge *f*
lógica ['lɔxĭka] *f* *1.* Logik *f;* *falta de ~* Denkfehler *m;* *por ~* logisch; *2. (consecuencia)* Konsequenz *f*
lógico ['lɔxĭko] *adj* logisch
logística [lo'xistika] *f* Logistik *f*
lograr [lo'grar] *v irr* bewerkstelligen, erzielen; *~ evitar algo* um etw herumkommen
logro ['logro] *m* Errungenschaft *f*
loma ['loma] *f* Hügel *m,* Anhöhe *f*
lombarda [lɔm'barđa] *f* *BOT* Rotkohl *m*
lomo ['lomo] *m* *GAST* Lende *f*
longevidad [lɔŋxebi'đađ] *f* Langlebigkeit *f*
longevo [lɔŋ'xebo] *adj* langlebig
longitud [lɔŋxi'tuđ] *f* Länge *f;* *~ de onda PHYS* Wellenlänge *f*
loro ['loro] *m* *ZOOL* Papagei *m*
losa ['losa] *f* Fliese *f*
lote ['lote] *m* *1.* Anteil *m,* Los *n;* *2. ECO* Posten *m;* *3. (en la lotería)* Gewinn *m*
lotería [lote'ria] *f* Lotterie *f*
lozanía [loθa'nia] *f* Munterkeit *f*
lucero [lu'θero] *m* Stern *m;* *~ de la tarde* Abendstern *m*
lucidez [luθi'đeθ] *f* Klarheit *f*
luciérnaga [lu'θĭɛrnaga] *f* *ZOOL* Glühwürmchen *n*
lucifer [luθi'fer] *m* Luzifer *m,* Teufel *m*
lucio ['luθĭo] *m* *ZOOL* Hecht *m*
lucrativo [lukra'tibo] *adj* Gewinn bringend
lucro ['lukro] *m* Profit *m*
lucha ['lutʃa] *f* *1.* Kampf *m,* Wettstreit *m;* *estar en ~ contra alguien* im Kampf sein gegen jdn; *~ antiparasitaria* Schädlingsbekämpfung *f;* *2. SPORT* Wettkampf *m,* Wettstreit *m;* *3. ~ por* Engagement für *n*
luchador [lutʃa'đɔr] *m* *1.* Kämpfer *m;* *adj* *2.* kämpferisch
luchar [lu'tʃar] *v* *1.* kämpfen; *~ contra* bekämpfen; *2. ~ por* kämpfen für; *~ por algo* sich für etw engagieren; *3. SPORT* ringen
luego ['lwego] *adv* *1.* danach, dann, darauf; *¡Hasta ~!* Tschüss! Auf Wiedersehen! *2. desde ~* natürlich, freilich

lugar [lu'ɡar] *m 1.* Ort *m,* Platz *m,* Stelle *f,* Raum *m; en ~ de* anstatt, statt, anstelle; *del ~* ortsansässig; *en primer ~* erst, zuerst, zunächst; *en último ~* zuletzt; *tener ~* stattfinden, abspielen; *no tener ~* ausfallen; *¿Cómo se llama este ~?* Wie heißt dieser Platz? *~ común* Gemeinplatz *m; ~ de los hechos* Tatort *m; 2. (puesto)* Stelle *f; 3. (sitio)* Sitz *m*

lúgubre ['luɡuƀre] *adj* düster

lujo ['luxo] *m* Luxus *m*

lujoso [lu'xoso] *adj* luxuriös, aufwändig

lujuria [lu'xurĭa] *f* Unzucht *f,* Wollust *f*

lumbre ['lumbre] *f* Glut *f,* Feuer *n*

lumbrera [lum'brera] *f 1.* Dachfenster *n; 2. (fam)* Leuchte *f,* Intelligenzbolzen *m*

luminoso [lumi'noso] *adj* licht, leuchtend

luna ['luna] *f 1.* Mond *m; estar en la ~* in den Wolken schweben; *~ llena* Vollmond *m; ~ nueva* Neumond *m; 2. ~ de miel* Flitterwochen *pl; 3.* Glasscheibe *f*

lunático [lu'natiko] *adj 1.* launenhaft; *2. (fig)* verrückt, irrsinnig, wahnsinnig

lunes ['lunes] *m* Montag *m; los ~* montags

lupa ['lupa] *f* Lupe *f*

lúpulo ['lupulo] *m BOT* Hopfen *m*

lustre ['lustre] *m* Glanz *m,* Politur *f*

luxación [luɡsa'θĭɔn] *f MED* Verrenkung *f,* Luxation *f*

luxar [luɡ'sar] *v* verrenken, auskugeln

Luxemburgo [luɡθem'burɡo] *m GEO* Luxemburg *n*

luz [luθ] *f 1.* Licht *n; poner la ~ de carretera* aufblenden; *La ~ no funciona.* Das Licht geht nicht. *~ de cruce* Abblendlicht *n; ~ del día* Tageslicht *n; ~ de estacionamiento* Standlicht *n; ~ de freno* Bremslicht *n; ~ infraroja* Infrarotlicht *n; ~ de neón* Neonlicht *n; ~ de profusión* Flutlicht *n; ~ de vela* Kerzenlicht *n; ~ larga* Fernlicht *n; ~ relámpago* Blitzlicht *n; ~ roja* Rotlicht *n; ~ trasera* Rücklicht *n; 2. (brillo)* Schein *m*

llaga ['ʎaɡa] *f* Wunde *f*

llama ['ʎama] *f 1.* Flamme *f; 2. ZOOL* Lama *n*

llamada [ʎa'mađa] *f 1.* Anruf *m; ~ de emergencia/~ socorro* Notruf *m; 2. ~ telefónica TEL* Telefonanruf *m; 3. MIL* Appell *m; ~ a filas* Einberufung *f; 4. ~ de datos INFORM* Datenabruf *m,* Abruf *m*

llamamiento [ʎama'mĭento] *m* Berufung *f; ~ a filas MIL* Einberufung *f*

llamar [ʎa'mar] *v 1.* rufen; *~ por teléfono* anrufen; *~ la atención* auffallen; *~ a alguien* nach jdm rufen; *2. (nombrar)* nennen; *3. (convocar)* aufrufen; *4. (a la puerta)* anklopfen; *5. ~ datos INFORM* abrufen; *6. ~ a filas MIL* einberufen

llamarse [ʎa'marse] *v (por nombre)* heißen; *¿Cómo se llama usted?* Wie heißen Sie?

llamear [ʎame'ar] *v* lodern

llano ['ʎano] *adj 1.* eben, flach; *2. (sin adorno)* schlicht; *m 3. GEOL* Ebene *f*

llanta ['ʎanta] *f 1.* Felge *f; 2. (LA)* Autoreifen *m; ~ de repuesto* Ersatzreifen *m*

llanto ['ʎanto] *m* Weinen *n,* Klage *f*

llanura [ʎa'nura] *f GEOL* Ebene *f,* Flachland *n*

llave ['ʎaƀe] *f 1.* Schlüssel *m; ¡Mi ~, por favor!* Meinen Schlüssel, bitte! *~ duplicada* Nachschlüssel *m; ~ de la puerta* Türschlüssel *m; ~ de contacto* Zündschlüssel *m; ~ del gas* Gashahn *m; 2. ~ inglesa TECH* Engländer *m*

llegada [ʎe'ɡađa] *f 1.* Ankunft *f; lugar de ~* Ankunftsort *m; 2. (de viaje)* Anreise *f; 3. (entrada)* Einfahrt *f; 4. ECO* Eingang *m*

llegar [ʎe'ɡar] *v 1.* ankommen, eintreffen, anreisen; *~ a* gelangen an, gelangen zu; *~ al alma* rühren; *~ a ser* werden; *~ a un acuerdo* übereinkommen; *~ corriendo* herbeieilen; *~ tarde* sich verspäten; *¿Cuándo llega el tren?* Wann kommt der Zug an? *~ a las manos* handgreiflich werden; *2. (entrar)* eintreten

llenar [ʎe'nar] *v 1.* einfüllen, füllen, stopfen; *a medio ~* halb voll; *~ el depósito* voll tanken; *2. ~ de/~ con* füllen mi

lleno ['ʎeno] *adj 1. ~ de* voll von, erfüllt von; *2. (fam)* satt; *3. muy ~* dicht gedrängt

llevar [ʎe'ƀar] *v 1.* bringen, mitbringen; *Lléveme al aeropuerto, por favor.* Bringen Sie mich bitte zum Flughafen. *Llévemelo al hotel, por favor.* Bringen Sie es mir bitte ins Hotel. *2. (cargar)* tragen; *¿Puede usted ayudarme a ~ eso?* Können Sie mir das tragen helfen? *3. (consigo)* mitnehmen; *4. ~ a (causar)* führen zu; *5. (ropa puesta)* tragen; *6. ~ a cabo* abhalten, verwirklichen, ausführen

llorar [ʎo'rar] *v* weinen, heulen; *~ de* weinen vor; *~ por alguien* um jdn weinen, jdn beweinen; *~ la muerte de* trauern um

llorón [ʎo'ron] *adj* weinerlich, heulend

llover [ʎo'ƀɛr] *v irr* regnen; *Llueve a cántaros.* Es gießt. *Está lloviendo.* Es regnet. *Va a ~.* Es wird regnen.

llovioso [ʎo'ƀĭoso] *adj* regnerisch, nieselnd

lloviznar [ʎoƀi'nar] *v* nieseln

lluvia ['ʎuƀĭa] *f* Regen *m*

M

macabro [ma'kaƀro] *adj* makaber
Macedonia [maθe'ðonĭa] *f GEO* Mazedonien *n*
maceta [ma'θeta] *f* Blumentopf *m*
macizo [ma'θiθo] *adj* klobig, massiv, dick
mácula ['makula] *f* Makel *m*
machacar [matʃa'kar] *v* zerdrücken
macho ['matʃo] *m 1.* Kerl *m,* Macho *m; 2. ZOOL* Männchen *n; ~ cábrio ZOOL* Bock *m*
madera [ma'đera] *m 1.* Unheil *n,* Übel *n; No hay ~ que por bien no venga.* Auch das Unglück hat sein Gutes. *adj 2.* schlecht, übel; *estar de ~ humor* schlechte Laune haben; *adv 3.* schlecht, unwohl, übel; *sentirse muy ~* sich hundeelend fühlen; *un poco ~* flau; *~ hecho* stümperhaft; *~ visto* unbeliebt, verpönt; *dejar ~ a alguien* jdn blamieren, jdn schlecht machen; *Me siento ~.* Mir ist schlecht.
madre ['mađre] *f* Mutter *f*
maldad [mal'dađ] *f* Bosheit *f*
maldecir [malde'θir] *v irr* verfluchen, verdammen, fluchen
maldición [maldi'θĭɔn] *f* Fluch *m*
maleante [male'ante] *m/f* Übeltäter(in) *m/f*
malentender [malentɛ'dɛr] *v irr* missverstehen
malentendido [malenten'diđo] *m* Missverständnis *n*
malestar [males'tar] *m* Unbehagen *n*
maleta [ma'leta] *f* Koffer *m; ¿Dónde está mi ~?* Wo ist mein Koffer? *Todavía tengo que hacer la ~.* Ich muss noch packen.
maletero [male'tero] *m 1.* Kofferraum *m; 2. (persona)* Gepäckträger *m*
malévolo [ma'leƀolo] *adj* böswillig
maleza [ma'leθa] *f BOT* Gebüsch *n*
malformación [malfɔrma'θĭɔn] *f* Missbildung *f*
malgastar [malgas'tar] *v* verpulvern
malhechor(a) [male'tʃɔr/male'tʃora] *m/f* Übeltäter(in) *m/f*
malicia [ma'liθĭa] *f* Bösartigkeit *f,* Tücke *f*
malicioso [mali'θĭoso] *adj 1.* hämisch, schadenfroh, tückisch; *2. JUR* böswillig
maligno [ma'ligno] *adj 1.* boshaft; *2. MED* bösartig
malintencionado [malintenθĭo'nađo] *adj* böswillig, tückisch
malo ['malo] *adj 1.* böse, gemein, boshaft; *2. (peligroso)* gefährlich; *3. (defectuoso)* schlecht, schäbig; *¡Qué mala pata! (fig)* Was für ein Pech!
malograr [malo'grar] *v irr (estropear)* beschädigen
malograrse [malo'grarse] *v irr* missglücken, schief gehen
malsano [mal'sano] *adj* ungesund
maltratar [maltra'tar] *v 1.* misshandeln; *2. (estropear)* verschandeln
maltrato [mal'trato] *m* Misshandlung *f; ~ a los animales* Tierquälerei *f*
malvado [mal'ƀađo] *adj 1.* verrucht, schäbig, arg; *m 2.* Giftzahn *m*
mamá [ma'ma] *f* Mama *f*
mamífero [ma'mifero] *m ZOOL* Säugetier *n*
manada [ma'nađa] *f* Herde *f,* Rudel *n*
manager ['manaxer] *m/f* Manager(in) *m/f*
manantial [manan'tĭal] *m* Brunnen *m,* Quelle *f*
manar [ma'nar] *v* fließen, quellen
mancha ['mantʃa] *f 1.* Fleck *m,* Klecks *m,* Tupfen *m; ~ de grasa* Fettfleck *m; 2. (fig)* Schandfleck *m,* Makel *m*
manchado [ma'tʃađo] *adj* fleckig
manchar [man'tʃar] *v* beflecken, beschmutzen, verunreinigen
mandamiento [manda'mĭento] *m REL* Gebot *n*
mandante [man'dante] *m/f JUR* Mandant(in) *m/f*
mandar [ma'ndar] *v 1.* anordnen, befehlen; *~ sobre* herrschen über; *2. (enviar)* schicken, verschicken, zuschicken, senden; *3. (a un especialista) MED* überweisen
mandato [man'dato] *m 1.* Befehl *m,* Anordnung *f,* Verordnung *f; 2. JUR* Mandat *n; 3. POL* Mandat *n*
mandíbula [man'diƀula] *f ANAT* Kiefer *m*
mando ['mando] *m 1.* Kommando *n; tener el ~* kommandieren; *estar al ~* an der Macht sein; *2. MIL* Befehlsgewalt *f; 3. ~ presidencial POL* Präsidialgewalt *f; 4. TECH* Antrieb *m; ~ a distancia* Fernbedienung *f*
manecilla [mane'θiʎa] *f ~ del reloj* Uhrzeiger *m*
manejable [manɛ'xaƀle] *adj* handlich, griffig

manejar [manɛ'xar] *v 1.* fahren, Auto fahren; *2. (maniobrar)* handhaben, hantieren, umgehen; *3. TECH* bedienen

manejo [ma'nɛxo] *m 1.* Handhabung *f; 2. TECH* Bedienung *f*

manera [ma'nera] *f 1. (forma)* Weise *f; ~ de pensar* Denkart *f,* Einstellung *f; ~ de proceder* Verfahrensweise *f; ~ de tratar* Behandlung *f; ~ de vivir* Lebenswandel *m; de ~ particular* sonderbar; *¿De qué ~?* Wie? *de la misma ~ que* genauso wie; *2. ~s pl* Benehmen *n,* Manieren *pl*

manga ['maŋga] *f* Ärmel *m; de ~s largas* langärmelig; *sin ~* ärmellos

mango[1] ['maŋgo] *m* Griff *m,* Stiel *m*

mango[2] ['maŋgo] *m (fruta) BOT* Mango *f*

manguerilla [maŋge'riʎa] *f* Schlauch *m*

maní [ma'ni] *m (LA) BOT* Erdnuss *f*

manía [ma'nia] *f* Manie *f*

maniaco [ma'nĭako] *adj MED* manisch, gemütskrank; *~ depresivo* manisch-depressiv

manicura [mani'kura] *f* Maniküre *f*

manifestación [manifesta'θĭɔn] *f 1.* Aussage *f,* Meldung *f; 2. POL* Demonstration *f; ~ de protesta* Protestkundgebung *f*

manifestar [manifes'tar] *v irr 1. (informar)* melden, sagen; *2. (llamar)* aufrufen; *3. (declarar)* aussagen, vorbringen; *4. (demostrar)* beweisen; *5. (expresar)* ausdrücken

manifestarse [manifes'tarse] *v irr POL* demonstrieren

manifiesto [mani'fĭesto] *adj 1.* offenbar, offenkundig; *2. (a primera vista)* vordergründig; *m 3.* Aufruf *m,* Manifest *n*

manija [ma'nixa] *f (LA)* Griff *m,* Klinke *f*

maniobra [ma'nĭoƀra] *f* Manöver *n*

maniobrar [manĭo'ƀrar] *v 1.* manövrieren, steuern, rangieren; *2. (cambiar de marcha en el auto)* schalten; *3. TECH* betätigen

manipulación [manipula'θĭɔn] *f* Manipulation *f*

manipular [manipu'lar] *v 1.* handhaben; *2. (fig: ejercer influencia)* manipulieren

maniquí [mani'kɪ] *m 1. (modelo)* Mannequin *n; 2. (muñeca)* Schaufensterpuppe *f*

manjar [man'xar] *m* Delikatesse *f*

mano ['mano] *f* Hand *f; estar a ~ (LA)* quitt sein; *por su ~* eigenhändig; *tener a ~* zur Hand haben

manojo [ma'nɔxo] *m* Bund *m,* Bündel *n; ~ de nervios (fig)* Nervenbündel *n*

mansión [man'sĭɔn] *f* Anwesen *n*

manso ['manso] *adj* zahm, gutwillig

manta ['manta] *f* Zudecke *f,* Decke *f*

mantel [man'tɛl] *m* Tischdecke *f,* Decke *f*

mantener [mante'nɛr] *v irr 1. (guardarse)* behalten; *~ consultas* beraten; *~ la puerta abierta* die Tür aufhalten; *~ en secreto* geheim halten; *2. (sustentar)* versorgen, unterhalten; *3. (conservar)* beibehalten, bewahren; *4. (cumplir)* einhalten

mantenerse [mante'nɛrse] *v irr 1.* seinen Lebensunterhalt bestreiten; *2. ~ despierto* sich wach halten; *3. ~ firme* durchhalten; *4. ~ al margen de algo* sich aus etw heraushalten

mantenimiento [manteni'mĭento] *m 1. (conservación)* Beibehaltung *f; 2. (manutención financiera)* Unterhalt *m; 3. TECH* Wartung *f; 4. (de cumplir)* Einhaltung *f*

mantequilla [mante'kiʎa] *f* Butter *f*

manuable [ma'nwaƀle] *adj* handlich

manual [ma'nwal] *m 1.* Handbuch *n; 2. (volante)* Handzettel *m; adj 3.* manuell

manufactura [manufak'tura] *f* Fertigung *f*

manutención [manuten'θĭɔn] *f* Unterhalt *m,* Versorgung *f*

manzana [man'θana] *f 1.* Apfel *m; 2. (edificio)* Häuserblock *m*

manzanilla [manθa'niʎa] *f 1. BOT* Kamille *f; 2. (bebida)* Kamillentee *f*

manzano [man'θano] *m* Apfelbaum *m*

maña ['maɲa] *f* Geschicklichkeit *f*

mañana [ma'ɲana] *f 1.* Morgen *m,* Vormittag *m; por la ~* morgens, vormittags, früh; *por las ~s* jeden Morgen; *adv 2.* morgen; *¡Hasta ~!* Bis morgen!

mapa ['mapa] *m* Landkarte *f*

maquillaje [maki'ʎaxe] *m* Schminke *f*

maquillar [maki'ʎar] *v* schminken

máquina ['makina] *f 1.* Maschine *f; ~ de afeitar* Rasierapparat *m; ~ de cigarrillos* Zigarettenautomat *m; ~ de cocina* Küchenmaschine *f; ~ de coser* Nähmaschine *f; ~ de escribir* Schreibmaschine *f; ~ fotográfica* Fotoapparat *m; 2. ~s de oficina pl* Büromaschine *f*

maquinista [maki'nista] *m/f 1. (de tren)* Lokomotivführer(in) *m/f,* Maschinenführer(in) *m/f; 2. (mecánico)* Maschinist(in) *m/f*

mar [mar] *m* Meer *n,* See *f; ~ Egeo* Ägäis *f; ~ Báltico* Ostsee *m; ~ del Norte* Nordsee *m; ~ Mediterráneo* Mittelmeer *n*

maravilla [mara'ƀiʎa] *f* Wunder *n*

maravillarse [maraƀi'ʎarse] *v* staunen, sich wundern

maravilloso [maraƀi'ʎoso] *adj* wunderbar, fabelhaft, märchenhaft

marca ['marka] *f 1. (de identificación)* Marke *f; ~ registrada* geschütztes Warenzeichen *n; 2. (característica peculiar)* Merkmal *n; ~ característica* Wahrzeichen *n; 3. (signo)* Mal *n; 4. (récord) SPORT* Rekord *m,* Bestleistung *f; ~ mundial* Weltrekord *m; 5. (distintivo)* Kennzeichen *n,* Markierung *f; 6. (señal)* Abzeichen *n*

marcación [marka'θĭɔn] *f* Bezeichnung *f*

marcado [mar'kađo] *adj 1.* ausgeprägt, markant; *2. (indicado)* gezeichnet

marcapasos [marka'pasos] *m MED* Herzschrittmacher *m*

marcar [mar'kar] *v 1.* bezeichnen, kennzeichnen, zeichnen; *~ el billete* die Fahrkarte entwerten; *~ el número* die Nummer wählen; *~ un gol* ein Tor schießen; *2. (área)* abstecken, markieren; *3. (tomar marcaciones) TECH* peilen; *4. (grabar)* prägen

marco[1] ['marko] *m 1.* Rahmen *m; ~ para cuadro* Bilderrahmen *m; ~ de ventana* Fensterrahmen *m; 2. (bastidor)* Gestell *n; 3. (encuadramiento)* Umrahmung *f*

marco[2] ['marko] *m ~ alemán FIN* Mark *f,* D-Mark *f*

marcha ['martʃa] *f 1.* Abmarsch *m; ¡En ~!* Los! *poner en ~* anlaufen, starten; *ponerse en ~* anfahren, aufbrechen; *2. (de automóviles)* Gang *m; ~ adelante* Vorwärtsgang *m; ~ atrás* Rückwärtsgang *m; a paso de ~* Schritttempo *n; en estado de ~* fahrtüchtig; *~ en vacío* Leerlauf *m; 3. MIL* Marsch *m; 4. MUS* Marsch *m*

marchar [mar'tʃar] *v* marschieren

marcharse [mar'tʃarse] *v 1.* weggehen, fortgehen; *2. MIL* abmarschieren, abrücken

marchitarse [martʃi'tarse] *v* welken, verblühen, verwelken

marea [ma'rea] *f* Gezeiten *pl; ~ alta* Flut *f; ~ baja* Ebbe *f; ~ negra* Ölpest *f*

mareado [mare'ađo] *adj 1.* schwindlig, flau; *2. (en el mar)* seekrank

marearse [mare'arse] *v* sich übel fühlen, schwindlig werden, schlecht werden; *Me mareo con facilidad.* Mir wird leicht schlecht.

mareo [ma'reo] *m MED* Schwindel *m*

marfil [mar'fil] *m* Elfenbein *n*

margen ['marxen] *m 1.* Rand *m; 2. ECO* Spanne *f; ~ de beneficios* Gewinnspanne *f; ~ de fluctuación* Bandbreite *f; 3. (fig: libertad)* Spielraum *m*

marginado [marxi'nađo] *m* Außenseiter *m*

marica [ma'rika] *m (fam)* Schwuler *m*

marido [ma'riđo] *m* Mann *m,* Ehemann *m*

marina [ma'rina] *f* Marine *f*

marinero [mari'nero] *m* Matrose *m*

marino [ma'rino] *m* Seemann *m*

marioneta [marĭo'neta] *f* Puppe *f,* Marionette *f*

mariposa [mari'posa] *f ZOOL* Schmetterling *m*

mariquita [mari'kita] *f ZOOL* Marienkäfer *m*

marítimo [ma'ritimo] *adj* maritim

mármol ['marmɔl] *m* Marmor *m*

marquesina [marke'sina] *f* Markise *f*

marrana [ma'rrana] *f ZOOL* Sau *f*

marranear [marra'near] *v* kleckern

marrón [ma'rrɔn] *adj* braun

marroquí [marrɔ'ki] *adj 1.* marokkanisch; *m 2.* Marokkaner *m*

Marruecos [ma'rrwekos] *m GEO* Marokko *n*

martes ['martes] *m* Dienstag *m; los ~* dienstags

martillear [marti'ʎear] *v* hämmern

martillo [mar'tiʎo] *m* Hammer *m*

mártir ['martir] *m* Märtyrer *m*

martirio [mar'tirĭo] *m* Qual *f,* Quälerei *f*

martirizar [martiri'θar] *v* foltern, quälen

marxismo [marsismo] *m POL* Marxismus *m*

marzo ['marθo] *m* März *m*

mas [mas] *konj* aber

más [mas] *adv 1.* mehr, sonst, weiter; *~ de* über; *~ allá* darüber hinaus; *~ o menos* ziemlich, einigermaßen; *sin ~ ni ~* kurzerhand; *~ de un(o)* manche(r,s); *¿Qué ~ tiene?* Was haben Sie sonst noch? *~ adelante* weiter vorn; *~ atrás* weiter hinten; *2. MATH* plus

masa ['masa] *f 1. GAST* Brei *m,* Teig *m,* Masse *f; ~ de levadura* Hefeteig *m; 2. PHYS* Masse *f; 3. FIN* Masse *f; ~ de la quiebra* Konkursmasse *f; ~ hereditaria* Erbmasse *f; en ~* massenweise

masacre [ma'sakre] *f* Massaker *n*

masaje [ma'saxe] *m* Massage *f*

mascar [mas'kar] *v* kauen

máscara ['maskara] *f 1.* Maske *f; ~ antigás* Gasmaske *f; 2. (fig)* Larve *f,* Maske *f; 3. (cosmética)* Wimperntusche *f*

mascota [mas'kota] *f* Maskottchen *n*

masculino [masku'lino] *adj* männlich

masticar [masti'kar] *v* kauen

mástil ['mastil] *m* Mast *m*

mata ['mata] *f BOT* Strauch *m,* Busch *m*

matanza [ma'tanθa] *f* Gemetzel *n*

matar [ma'tar] *v 1.* töten, umbringen; *~ a tiros* erschießen; *~ el tiempo* Zeit totschlagen; *2. (animal)* erlegen; *3. (carnicero)* schlachten
matarse [ma'tarse] *v (hacer algo con demasía)* sich kaputtmachen
mate ['mate] *adj 1.* trüb, matt; *m 2. (LA)* Matetee *m*
matemáticas [mate'matikas] *f/pl* Mathematik *f*
matemático [mate'matiko] *adj* mathematisch
materia [ma'terĭa] *f 1.* Materie *f; 2. (material)* Stoff *m; ~ fibrosa* Ballaststoffe *pl; ~s primas* Rohstoffe *pl; 3. (ramo)* Fach *n,* Sachgebiet *n,* Gebiet *n; 4. (masa)* Masse *f*
material [mate'rĭal] *m 1.* Material *n,* Werkstoff *m; ~ de botiquín* Verbandmaterial *n; ~ de embalaje* Verpackungsmaterial *n; ~ de oficina* Bürobedarf *m; ~ viejo* Altmaterial *n; adj 2.* materiell
materialismo [materĭa'lizmo] *m* Materialismus *m*
maternidad [matɛrni'đađ] *f* Mutterschaft *f*
matizar [mati'θar] *v* abstufen
matorral [matɔ'rral] *m BOT* Gebüsch *n*
matraquear [matra'kear] *v* klappern
matrícula [ma'trikula] *f 1.* Anmeldung *f,* Einschreibung *f; 2. (vehículos)* Nummernschild *n*
matricularse [matriku'larse] *v* sich einschreiben, sich anmelden; *~ en un curso* einen Kurs belegen
matrimonial [matrimo'nĭal] *adj* ehelich
matrimonio [matri'monĭo] *m 1. (sacramento)* Ehe *f; ~ ficticio* Scheinehe *f; 2. (pareja)* Ehepaar *n; ~ donde ambos trabajan* Doppelverdiener *pl; 3. (ceremonia)* Trauung *f*
matriz [ma'triθ] *f 1. ANAT* Gebärmutter *f; 2. (tipografía)* Matrize *f; 3. ~ de la memoria INFORM* Speicherplatz *m*
maullar [maw'ʎar] *v* miauen
maxilar [maksi'lar] *m ANAT* Kiefer *m; ~ inferior* Unterkiefer *m; ~ superior* Oberkiefer *m*
máximo ['maksimo] *m 1.* Maximum *n; adj 2.* höchste(r,s), maximal; *~ admisible* höchstzulässig; *como ~* höchst, maximal; *adv 3.* höchst
máximum ['maksimum] *m* Maximum *n*
mayo ['majo] *m* Mai *m*
mayonesa [majo'nesa] *f* Majonäse *f*
mayor [ma'jɔr] *adj 1.* ältere(r,s); *~ de edad* mündig, volljährig; *2. (grande)* größer
mayoría [majɔ'ria] *f 1.* Mehrheit *f,* Mehrzahl *f; ~ de votos* Stimmenmehrheit *f; en su ~* größtenteils, vorwiegend, überwiegend; *2. ~ de edad* Volljährigkeit *f*
mayormente [majɔr'mente] *adv* meistens, überwiegend
maza ['maθa] *f* Keule *f*
mazmorra [ma 'mɔrra] *f* Kerker *m*
me [me] *pron 1. (acc)* mich; *2. (dat)* mir
mecánica [me'kanika] *f* Mechanik *f*
mecánico [me'kaniko] *m 1.* Mechaniker *m,* Maschinenschlosser *m; ~ de automóviles* Automechaniker *m; ~ de precisión* Feinmechaniker *m; adj 2.* maschinell
mecanismo [meka'nizmo] *m 1.* Mechanismus *m,* Vorrichtung *f; ~ del reloj* Uhrwerk *n; 2. TECH* Getriebe *n; ~ de accionamiento* Triebwerk *n*
mecanografía [mekanoɡra'fia] *f* Maschineschreiben *m*
mecer [me'θɛr] *v* wiegen
mecha ['metʃa] *f* Docht *m*
mechero [me'tʃero] *m 1.* Feuerzeug *n; 2. TECH* Brenner *m*
medalla [me'đaʎa] *f* Medaille *f; ~ de oro* Goldmedaille *f*
medallón [međa'ʎɔn] *m* Medaillon *n*
media ['međĭa] *f 1. (promedio)* Durchschnitt *m,* Mittel *n; 2. (calcetín)* Strumpf *m; adj 3.* halb, mittelgroß; *~ luna* Halbmond *m; ~ luz* Zwielicht *n; ~ noche* Mitternacht *f; ~ pensión* Halbpension *f*
mediación [međĭa'θĭɔn] *f* Vermittlung *f*
mediano [me'đĭano] *adj 1.* von mittlerer Größe; *2. (mediocre)* mittelmäßig
mediante [me'đĭante] *prep* anhand, durch
medicamento [međika'mento] *m MED* Arznei *f,* Medikament *n,* Heilmittel *n*
medicina [međi'θina] *f* Arznei *f,* Medizin *f,* Heilkunde *f*
medicinal [međiθi'nal] *adj* medizinisch
medición [međi'θĭɔn] *f* Abmessung *f*
médico ['međiko] *m 1. MED* Arzt *m,* Mediziner *m; ~ de cabecera* Hausarzt *m; ~ de emergencia* Notarzt *m; ~ de (la) empresa* Betriebsarzt *m; ~ legista* Amtsarzt *m; ~ del seguro* Kassenarzt *m; ~ de medicina general* praktischer Arzt *m; ¿Dónde hay un ~ aquí?* Wo gibt es hier einen Arzt? *¡Llame a un ~!* Rufen Sie einen Arzt! *adj 2.* medizinisch
medida [me'điđa] *f 1. (prevención)* Maßnahme *f; ~ coercitiva* Zwangsmaßnahme *f; ~ inmediata* Sofortmaßnahme *f; ~ de precaución* Vorsichtsmaßnahme *f; ~ preventiva*

Präventivmaßnahme *f,* Schutzmaßnahme *f; ~ de represalia* Vergeltungsmaßnahme *f; ~ de socorro* Hilfsmaßnahme *f; ~s de austeridad* Sparmaßnahmen *pl; ~s de saneamiento* Sanierungsmaßnahmen *pl; ~s de seguridad* Sicherheitsmaßnahmen *pl; 2. (preparativo, disposición)* Vorkehrung *f; 3. (tamaño)* Maß *n,* Abmessung *f,* Ausmessung *f; unidad de ~* Maßeinheit *f; tomar la ~* ausmessen; *4. (fig: escala)* Maßstab *m; en la ~ que* insofern

medieval [međĭe'ƀal] *adj* mittelalterlich

medio ['međĭo] *adj 1. (promedio)* durchschnittlich; *2. (la mitad)* halb; *~ dormido* schlaftrunken; *en ~* dazwischen; *en ~* de inmitten; *~ lleno* halb voll; *m 3.* Medium *n,* Mittel *n; ~ auxiliar* Hilfsmittel *n; ~ de comunicación de masas* Massenmedien *pl; ~ oral* oral; *por ~ de* anhand, durch, mittels; *~ probatorio* Beweismittel *n; ~ ambiente (entorno)* Umwelt *f,* Milieu *n; ~ social* Umgebung *f,* Umfeld *n*

mediocre [me'đĭokre] *adj* mittelmäßig

mediodía [međĭo'đia] *m* Mittag *m; a ~* zu Mittag

Medioevo [međĭo'eƀo] *m* Mittelalter *n*

medir [me'đir] *v irr 1.* abmessen, ausmessen; *2. (apreciar)* ermessen; *3. (topografía)* vermessen

medirse [me'đirse] *v irr ~ con alguien* sich mit jdm messen

meditación [međita'θĭɔn] *f* Denken *n,* Meditation *f*

meditar [međi'tar] *v* denken, meditieren

médium ['međium] *m/f* Medium *n*

médula ['međula] *f ANAT* Mark *n; ~ espinal* Rückenmark *n; ~ ósea* Knochenmark *n*

medusa [me'đusa] *f ZOOL* Qualle *f*

Méjico ['mexiko] *m GEO* Mexiko *n*

mejilla [mɛ'xiʎa] *f ANAT* Backe *f,* Wange *f*

mejor [mɛ'xɔr] *adj 1.* besser, beste(r,s); *el ~ de todos* der Allerbeste; *en el ~ de los casos* bestenfalls; *lo ~ posible* das Bestmögliche, das Beste; *adv 2.* besser, eher, lieber, am besten; *¡Mejor que no!* Lieber nicht!

mejorar [mɛxo'rar] *v* verbessern, vervollkommen; *¡Que se mejore!* Gute Besserung!

mejoría [mɛxo'ria] *f* Besserung *f*

melancolía [melaŋko'lia] *f* Melancholie *f*

melindres [me'lindres] *v hacer ~* sich zieren

melindroso [melin'droso] *adj* zimperlich

melocotón [meloko'tɔn] *m BOT* Pfirsich *m*

melodía [melo'đia] *f* Melodie *f,* Weise *f*

melón [me'lɔn] *m BOT* Honigmelone *f*

meloso [me'loso] *adj* glatt

mellizo [me'ʎiθo] *m* Zwilling *m*

memoria [me'morĭa] *f 1.* Gedächtnis *n,* Erinnerungsvermögen *n; falta de ~* Vergesslichkeit *f; 2. (homenaje)* Angedenken *n,* Denkschrift *f; 3. ECO* Geschäftsbericht *m; 4. INFORM* Speicher *m; ~ de trabajo* Arbeitsspeicher *m; 5. ~s pl* Memoiren *pl*

memorizar [memori'θar] *v 1.* auswendig lernen, büffeln; *2. INFORM* speichern

mención [men'θĭɔn] *f* Erwähnung *f*

mencionar [men'θĭnar] *v* erwähnen

mendigar [mendi'gar] *v* betteln

mendigo [men'digo] *m* Bettler *m*

menear [mene'ar] *v* schwenken; *~ la cola* mit dem Schwanz wedeln

menearse [mene'arse] *v* wanken

meningitis [meniŋ'xitis] *f MED* Hirnhautentzündung *f*

menor [me'nɔr] *adj 1.* mindeste(r,s), gering; *el mal ~* das kleinere Übel *n; 2. ~ de edad* minderjährig, unmündig; *m/f 3. ~ de edad* Jugendliche(r) *m/f,* Minderjährige(r) *m/f; Prohibido para ~es.* Für Jugendliche verboten.

menos [me'nɔr] *adv 1.* weniger; *~ aun* geschweige denn; *~ de* unter; *echar de ~* vermissen; *lo ~* das Mindeste; *por lo ~* mindestens, wenigstens, zumindest; *venir a ~* herunterkommen; *2. MATH* minus; *prep 3. ECO* abzüglich

menospreciar [menospre'θĭar] *v* missachten, verachten

menosprecio [menos'preθĭo] *m* Missachtung *f,* Verachtung *f*

mensaje [men'saxe] *m 1.* Durchsage *f,* Funkspruch *m; 2. (información)* Nachricht *f*

menstruación [menstrwa'θĭɔn] *f* Menstruation *f,* Periode *f,* Regel *f*

mensual [men'swal] *adj* monatlich

mensurar [mensu'rar] *v* abmessen

menta ['menta] *f BOT* Pfefferminze *f*

mentalidad [mentali'đađ] *f* Mentalität *f*

mente ['mente] *f* Denken *n,* Geist *m*

mentir [men'tir] *v irr* lügen, belügen

mentira [men'tira] *f* Lüge *f,* Unwahrheit *f*

mentís [men'tis] *m* Dementi *n*

mentón [men'tɔn] *m ANAT* Kinn *n*

menú [me'nu] *m 1.* Speisekarte *f; 2. GAST* Menü *n,* Speisenfolge *f; 3. INFORM* Menü *n*

menudo [me'nudo] *adj 1.* klein, geringfügig, unbedeutend, fein; *m 2.* Kleingeld *n*

meramente [mera'mente] *adv* lediglich

mercadería [mɛrkađe'ria] *f (LA)* Ware *f*, Güter *pl*
mercadillo [mɛrka'điʎo] *m* Flohmarkt *m*
mercado [mɛr'kađo] *m 1.* Markt *m; ~ de pulgas (LA)* Flohmarkt *m*, Trödelmarkt *m; ~ negro* Schwarzmarkt *m; ~ semanal* Wochenmarkt *m; 2. ECO* Absatzgebiet *n; ~ de acciones* Aktienmarkt *m; ~ de cambios/~ de divisas* Devisenmarkt *m; ~ de consumo* Absatzmarkt *m; ~ interior* Binnenmarkt *m; 3. Mercado Común* Gemeinsamer Markt *m*
mercancía [mɛrkan'θia] *f* Ware *f*, Güter *pl; ~ en fardos* Stückgut *n; ~s de gran bulto* Sperrgut *n; ~s en gran velocidad* Eilgut *n*
mercantil [mɛrkan'til] *adj* kaufmännisch
mercurio [mer'kurĭo] *m CHEM* Quecksilber *n*
merecedor [mereθe'đɔr] *adj* wert, würdig
merecer [mere'θɛr] *v irr* verdienen
merengue [me'reŋge] *m 1. GAST* Meringe *f*, Baiser *n; 2. (baile caribeño)* Merengue *m*
meridional [meriđĭo'nal] *adj* südlich
mérito ['merito] *m* Verdienst *n*
mermelada [mɛrme'lađa] *f GAST* Marmelade *f*
mes [mes] *m* Monat *m; ~es y ~es* monatelang; *estar con el ~* seine Tage haben
mesa ['mesa] *f* Tisch *m; estar a la ~* am Tisch sitzen; *~ de banquete* Tafel *f; ~ de comedor* Esstisch *m; ~ de conferencias* Konferenztisch *m; ~ plegable* Klapptisch *m; poner en la ~* auftragen; *poner la ~* den Tisch decken
mescolanza [mesko'lanθa] *f* Allerlei *n*
meseta [me'seta] *f* Hochebene *f*
mesita [me'sita] *f ~ de noche* Nachttisch *m*
mestizo [mes'tiθo] *m* Mischling *m*, Mestize *m*
meta ['meta] *f* Ziel *n*, Zweck *m*
metafísico [meta'fisiko] *adj* metaphysisch
metal [me'tal] *m* Metall *n; ~ ligero* Leichtmetall *n; ~ precioso* Edelmetall *n*
metálico [me'taliko] *adj* metallisch
metamorfosis [metamɔr'fosis] *f* Verwandlung *f*, Wandlung *f*, Metamorphose *f*
meteoro [mete'oro] *m* Meteor *m*
meter [me'tɛr] *v* stecken, einführen; *~ en* hineinstecken in
meterse [me'tɛrse] *v* sich einmischen; *~ con alguien* mit jdm Streit bekommen; *Me he metido en un buen lío.* Da habe ich mich auf etw Schönes eingelassen.
meticuloso [metiku'loso] *adj* penibel
metódico [me'tođiko] *adj* methodisch, planmäßig
método ['metođo] *m* Methode *f*
metro[1] ['metro] *m 1.* Meter *m; ~ cuadrado* Quadratmeter *m; ~ cúbico* Kubikmeter *m; ~ de carpintero* Zollstock *m; 2. (plegable)* Metermaß *n*
metro[2] ['metro] *m (subterráneo)* U-Bahn *f*, Untergrundbahn *f*
metrópoli [me'tropoli] *f* Großstadt *f*, Metropole *f*
mexicano [mexi'kano] *m 1. (mejicano)* Mexikaner *m; adj 2. (mejicano)* mexikanisch
México ['mexiko] *m GEO* Mexiko
mezcla ['meθkla] *f* Gemisch *n*, Mischung *f*
mezclar [meθ'klar] *v 1.* mischen, vermischen; *2. (~ con)* vermengen, beimischen
mezquino [meθ'kino] *adj* geizig, engherzig, kleinlich
mezquita [meθ'kita] *f* Moschee *f*
mi [mi] *pron* mein(e); meine
microcosmo [mikro'kɔzmo] *m* Mikrokosmos *m*
microeconomía [mikro'ekonomia] *f ECO* Betriebswirtschaft *f*
microfilme [mikro'filme] *m* Mikrofilm *m*
micrófono [mi'krofono] *m* Mikrofon *n*
microprocesador [mikro'proθesađɔr] *m INFORM* Mikroprozessor *m*
microscopio [mikrɔs'kopĭo] *m* Mikroskop *n*
miedo ['mĭeđo] *m* Angst *f*, Furcht *f*, Grauen *n; ~ al público* Lampenfieber *n; tener ~* sich fürchten, sich ängstigen
miedoso [mĭe'đoso] *adj* ängstlich
miel ['mĭɛl] *f* Honig *m; ~ de abeja* Bienenhonig *m*
miembro ['mĭembro] *m 1. (socio)* Mitglied *n; ~ de un sindicato* Gewerkschaftsmitglied *n; ~ de la junta directiva* Vorstandsmitglied *m; ser ~ de* angehören; *2. (familiar)* Angehöriger *m; 3. (del cuerpo)* Körperteil *n; 4. (pene) ANAT* männliches Glied *n*, Penis *m*
mientras ['mĭentras] *konj 1.* als, während, solange; *~ que* während; *~ tanto* indessen; *adv 2. ~ tanto* inzwischen; *por ~* vorläufig
miércoles ['mĭɛrkoles] *m* Mittwoch *m; ~ de ceniza* Aschermittwoch *m; los ~* mittwochs
mierda ['mĭɛrđa] *f* Scheiße *f*
migración [migra'θĭɔn] *f 1. (de los pueblos)* Wanderung *f; 2. ZOOL* Wanderung *f*, Zug *m*

migrar [mi'grar] *v* wandern, ziehen
mijo ['mixo] *m BOT* Hirse *f*
mil [mil] *num* eintausend; ~ *millones* Milliarde *f;* ~ *billones* Billiarde *f;* ~ *veces* x-mal
milagro [mi'lagro] *m* Wunder *n*
milagroso [mila'groso] *adj* wunderbar
milenio [mi'lenĭo] *m* Jahrtausend *n*
milésimo [mi'lesimo] *adj* tausendste(r,s)
milímetro [mi'limetro] *m* Millimeter *m*
militares [mili'tares] *m/pl* Militär *n*
milla ['miʎa] *f* Meile *f*
millón [mi'ʎɔn] *m* Million *f*
mímica ['mimika] *f* Mimik *f*
mimoso [mi'moso] *adj* zimperlich
mina ['mina] *f 1.* Fundgrube *f,* Mine *f; 2. MIN* Bergwerk *n,* Grube *f;* ~ *de carbón* Kohlebergwerk *n*
mineral [mine'ral] *m 1.* Mineral *n; 2. MIN* Erz *n;* ~ *de hierro* Eisenerz *n*
minería [mine'ria] *f MIN* Bergbau *m*
minero [mi'nero] *m MIN* Bergarbeiter *m*
miniatura [minĭa'tura] *f ART* Miniatur *f*
mínimo ['minimo] *m 1.* Minimum *n,* Mindestmaß *n; como* ~ mindestens; ~ *vital* Existenzminimum *n; adj 2.* mindeste(r, s), minimal
mínimum ['minimum] *m* Minimum *n*
ministerio [minis'terĭo] *m POL* Ministerium *n; Ministerio de Agricultura* Landwirtschaftsministerium *n; Ministerio de Asuntos Exteriores* Außenministerium *n; Ministerio de Cultura* Kultusministerium *n; Ministerio de Defensa* Verteidigungsministerium *n; Ministerio del Interior* Innenministerium *n; Ministerio de Justicia* Justizministerium *n; Ministerio de Tra(n)sportes* Verkehrsministerium *n*
ministro [mi'nistro] *m POL* Minister *m*
minoría [mino'ria] *f* Minderheit *f*
minucia [mi'nuθĭa] *f* Ausschnitt *m*
minucioso [minu'θĭoso] *adj* penibel
minúsculo [mi'nuskulo] *adj* winzig
minusvalía [minuzƀa'lia] *f MED* Behinderung *f*
minusválido [minus'ƀaliđo] *m* Behinderter *m,* Körperbehindeter *m,* Invalide *m*
minuta [mi'nuta] *f 1.* Entwurf *m; 2. (cuenta)* Gebührenrechnung *f; 3. GAST* Menü *n*
minuto [mi'nuto] *m* Minute *f*
mío ['mio] *pron* mein(e)
miope ['mĭope] *adj MED* kurzsichtig
mira ['mira] *f 1.* Visier *n; 2. ASTR* Mira *f*
mirada [mi'rađa] *f* Blick *m,* Einblick *m*
miramiento [mira'mĭento] *m* Schonung *f; guardar ~s* Rücksicht nehmen
mirar [mi'rar] *v 1.* ansehen, schauen, betrachten, besichtigen; *¡Esto me lo quiero ~!* Das möchte ich mir ansehen! *estar mirando* zuschauen, zusehen; ~ *a alguien con desprecio* auf jdn herabsehen; ~ *alrededor* sich umsehen; *2. (con detenimiento)* betrachten; ~ *con asombro* bestaunen; ~ *fijamente* anstarren; *3. (dirigir la mirada)* blicken, anblicken
mirlo ['mirlo] *m ZOOL* Amsel *f*
mirtillo [mir'tiʎo] *m BOT* Heidelbeere *f*
misa ['misa] *f REL* Messe *f;* ~ *de difuntos/~ réquiem* Totenmesse *f;* ~ *mayor* Gedenkgottesdienst *m,* Hochamt *n*
miserable [mise'raƀle] *adj* armselig, erbärmlich, kümmerlich
miseria [mi'serĭa] *f* Elend *n,* Misere *f*
misericordia [miseri'kɔrđĭa] *f 1.* Barmherzigkeit *f; sin* ~ gnadenlos; *2. REL* Gnade *f*
mísero ['misero] *adj* armselig
misión [mi'sĭɔn] *f 1. (encargo)* Auftrag *m;* ~ *suicida* Himmelfahrtskommando *n; 2. REL* Mission *f*
misionera [misĭo'nera] *f REL* Missionarin *f*
misionero [misĭo'nero] *m REL* Missionar *m*
mismo ['mizmo] *adj 1.* selbst, persönlich; *2. lo* ~ dasselbe; *venir a ser lo* ~ auf dasselbe hinauslaufen; *¡Lo* ~ *otra vez!* Das Gleiche nochmal! *adv 3. lo* ~ ebenso, genauso
misterio [mis'terĭo] *m 1.* Heimlichkeit *f,* Mysterium *n; 2. por* ~ geheimnisvoll
misterioso [miste'rĭoso] *adj* geheimnisvoll, mysteriös, rätselhaft
mitad [mi'tađ] *f 1.* Hälfte *f; por ~(es)* halb; *2. (centro)* Mitte *f*
mítico ['mitiko] *adj* mythisch
mitigación [mitiga'θĭɔn] *f* Linderung *f*
mitigar [miti'gar] *v 1.* abmildern, abschwächen, lindern; *2. (aliviar)* erleichtern
mito ['mito] *m* Mythos *m*
mitología [mitolɔ'xia] *f* Mythologie *f*
mixto ['misto] *adj* gemischt
mixtura [mis'tura] *f* Mischung *f*
mobiliario [moƀi'lĭarĭo] *m* Ausstattung *f*
mochila [mo'tʃila] *f 1.* Rucksack *m; 2. (escolar)* Ranzen *m,* Schulranzen *m*
mochuelo [mo'tʃwelo] *m ZOOL* Kauz *m*
moda ['mođa] *f* Mode *f; a la* ~ modisch
modal [mo'đal] *adj 1. GRAMM* modal; *m 2. ~es pl* Benehmen *n,* Manieren *pl,* Umgangsformen *pl*

modelar [mođe'lar] *v* modellieren
modelo [mo'đelo] *m 1.* Modell *n; 2. (ideal)* Leitbild *n,* Vorbild *n; 3. (plantilla)* Schablone *f; 4. (muestra)* Vorlage *n; prueba ~* Muster *n; f 5. (maniquí)* Mannequin *n,* Model *n; adj 6.* mustergültig, vorbildlich
modem ['modem] *m INFORM* Modem *n*
moderación [mođera'θĭɔn] *f 1.* Minderung *f; 2. (discreción)* Zurückhaltung *f*
moderado [mođe'rađo] *adj* mäßig
moderar [mođe'rar] *v* mäßigen, mindern
moderarse [mođe'rarse] *v* sich beherrschen, sich mäßigen, sich zurückhalten
modernizar [mođɛrni'θar] *v* aktualisieren, modernisieren
moderno [mo'đɛrno] *adj* modern, modisch, neuartig
modestia [mo'đestĭa] *f* Anspruchslosigkeit *f,* Bescheidenheit *f*
modesto [mo'đesto] *adj* bescheiden
modificación [mođifika'θĭɔn] *f 1. (cambio)* Änderung *f,* Abänderung *f,* Abwandlung *f; ~ de la ley* Gesetzesänderung *f; ~ de la reserva* Umbuchung *f; 2. (mejora)* Verarbeitung *f*
modificar [mođifi'kar] *v* abwandeln, umändern; *~ la reserva* umbuchen
modo ['mođo] *m 1. GRAMM* Modus *m; 2. (camino)* Weg *m; 3. (forma)* Weise *f,* Art *f; de otro ~* sonst, anders; *de ~ distinto* unterschiedlich; *de todos ~s* immerhin, ohnehin, sowieso; *en cierto ~* einigermaßen, gewissermaßen; *~ de andar* Gang *m; ~ de hablar* Redensart *f; ~ de empleo* Anwendungsweise *f,* Gebrauchsanweisung *f; 4. ~ menor MUS* Moll *n*
módulo ['mođulo] *m 1.* Modul *n; 2. INFORM* Bauelement *n*
mofa ['mofa] *f* Hohn *m,* Spott *m*
mofarse [mo'farse] *v (de)* verspotten
moho ['moo] *m BOT* Schimmel *m*
mojado [mɔ'xađo] *adj* nass
mojar [mɔ'xar] *v* anfeuchten; *~ en* eintunken in
mojigatería [mɔxigate'ria] *f* Scheinheiligkeit *f*
mojigato [mɔxi'gato] *adj* scheinheilig
mojón [mo'xɔn] *m* Meilenstein *m*
molar [mo'lar] *m ANAT* Backenzahn *m*
molde ['mɔlde] *m* Form *f*
molécula [mo'lekula] *f CHEM* Molekül *n*
moler [mo'lɛr] *v irr* mahlen, zerkleinern
molestar [moles'tar] *v 1.* ärgern; *2. (fastidiar)* belästigen, stören, behelligen
molestia [mo'lestĭa] *f 1.* Unannehmlichkeit *f; 2. (fastidio),* Belästigung *f; 3. (esfuerzo)* Bemühung *f; 4. (intranquilidad)* Unruhe *f; 5. ~s pl* Beschwerden *pl; Tengo ~s de estómago.* Ich habe Magenbeschwerden.
molesto [mo'lesto] *adj 1.* unangenehm, störend; *2. (de mal humor)* verdrießlich
molinero [moli'nero] *m* Müller *m*
molinillo [moli'niʎo] *m* Mühle *f; ~ de pimienta* Pfeffermühle *f*
molino [mo'lino] *m* Mühle *f; ~ de viento* Windmühle *f*
momentáneo [momen'taneo] *adj* augenblicklich, momentan
momento [mo'mento] *m 1.* Augenblick *m,* Moment *m,* Zeitpunkt *m; en aquel ~* damals, zu jener Zeit; *en cualquier ~* jederzeit; *en este ~* augenblicklich, gerade; *por el ~* derzeit; *2. (rato)* Weile *f; ~ crucial* Einschnitt *m; ~ culminante* Höhepunkt *m; 3. PHYS* Moment *n; ~ de giro* Drehmoment *n*
momia ['momĭa] *f* Mumie *f*
monarca [mo'narka] *m* Monarch *m*
monarquía [monar'kia] *f* Monarchie *f*
monasterio [monas'terĭo] *m* Kloster *n*
moneda [mo'neđa] *f 1. (pieza)* Geldstück *n,* Münze *f; ~ contante* Bargeld *n; ~ falsa/~ falsificada* Falschgeld *n; 2. casa de la ~* Prägestelle *f; 3. (sistema monetario)* Währung *f; ~ única* Einheitswährung *f; ~ nacional* Landeswährung *f; ~ de oro* Goldwährung *f; 4. ~s extranjeras pl FIN* Sorten *pl*
monedero [mone'đero] *m* Börse *f,* Portemonnaie *n,* Geldbeutel *m*
monitor [moni'tɔr] *m 1. TECH* Monitor *m; 2. (aconsejador)* Mahner *f; 3. MIL* Ausbilder *m; 4. SPORT* Sportlehrer *m*
monja ['mɔŋxa] *f REL* Nonne *f*
monje ['mɔŋxe] *m REL* Mönch *m*
mono ['mono] *m 1.* Overall *m; 2. ZOOL* Affe *m; adj 3.* putzig
monocolor [monoko'lɔr] *adj* einfarbig
monólogo [mo'nologo] *m* Monolog *m*
monopolio [mono'polĭo] *m* Monopol *n*
monotonía [monoto'nia] *f* Monotonie *f*
monótono [mo'notono] *adj* eintönig, monoton, öde
monóxido [mo'noksiđo] *m ~ de carbono CHEM* Kohlenmonoxyd *n*
monstruo ['mɔnstrwo] *m* Scheusal *n*
monstruoso [mɔns'trwoso] *adj* scheußlich
montador [mɔnta'đɔr] *m 1.* Maschinenschlosser *m,* Monteur *m; 2. CINE* Cutter *m*

montaje [mɔn'taxe] *m 1.* Montage *f; 2. (instalación, máquina)* Aufstellung *f; 3. (construcción)* Einbau *m*
montaña [mɔn'taɲa] *f* Berg *m,* Gebirge *n; ~ alta* Hochgebirge *n; ~ rusa* Achterbahn *f*
montañista [mɔnta'ɲista] *m/f* Bergsteiger(in) *m/f*
montañoso [mɔnta'ɲoso] *adj* bergig
montar [mɔn'tar] *v 1. TECH* montieren; *2. (construir, armar)* aufbauen, aufschlagen, einbauen; *3. (instalar, armar)* aufstellen; *4. ZOOL* decken; *5. SPORT* besteigen; *~ en bicicleta* Fahrrad fahren; *~ a caballo* reiten; *6. (de importe) FIN* sich belaufen auf
monte ['mɔnte] *m 1.* Berg *m,* Forst *m,* Wald *m; 2. ~ de piedad pl* Pfandhaus *n; 3. ~s pl* Gebirge *n*
montón [mɔn'tɔn] *m 1.* Haufen *m,* Stapel *m; un ~* eine Menge; *a montones* haufenweise; *2. ~ de estiércol* Misthaufen *m*
montuoso [mɔn'twoso] *adj* hügelig
monumental [monumen'tal] *adj* monumental
monumento [monu'mento] *m* Denkmal *n,* Monument *n; ~ conmemorativo* Ehrenmal *n,* Mahnmal *n*
moqueta [mo'keta] *f* Teppichboden *m*
morada [mo'rađa] *f* Behausung *f*
moral [mo'ral] *f 1.* Moral *f,* Sitte *f; adj 2.* sittlich, moralisch
moratón [mora'tɔn] *m* blauer Fleck *m*
morboso [mɔr'ƀoso] *adj* krankhaft
mordaz [mɔr'đaθ] *adj* anzüglich, beißend
mordedor [mɔrđe'đɔr] *adj* bissig
morder [mɔr'đɛr] *v irr 1.* beißen; *2. CHEM* ätzen
mordida [mɔr'điđa] *f (de culebra)* Biss *m*
mordiscar [mɔrđis'kar] *v ~ algo* an etw knabbern
mordisco [mɔr'đisko] *m* Biss
moreno [mo'reno] *adj 1. (pelo)* braun, brünett; *2. (piel)* dunkelhäutig; *3. (bronceado)* braun gebrannt; *ponerse ~* sich bräunen
moretón [mo'retɔn] *m* Fleck *m*
morir [mo'rir] *v irr 1.* sterben; *~ de cancer* an Krebs sterben; *2. (fig)* sterben; *~ de hambre* vor Hunger sterben; *Él ha muezto de amor.* Er war unsterblich verliebt. *3. ZOOL* eingehen, umkommen, verenden; *4. BOT* eingehen, absterben
morirse [mo'rirse] *v irr 1.* sterben; *~ de frío* erfrieren; *~ de hambre* verhungern; *~ de sed* verdursten; *2. ~ por alguien* sich nach jdm sehnen; *~ de añoranza* sich verzehren; *Me muero por verlo.* Ich sehne mich danach, ihn zu sehen. *3. ~ de risa* sich kaputtlachen
morro ['mɔrrɔ] *m* Maul *n,* Schnauze *f*
morsa ['mɔrsa] *f ZOOL* Walross *n*
mortal [mɔr'tal] *adj 1. (que no vive para siempre)* sterblich; *2. (con peligro de muerte)* tödlich
mortero [mɔr'tero] *m* Mörtel *m*
mosaico [mo'saĭko] *m* Mosaik *n*
mosca ['mɔska] *f ZOOL* Fliege *f; En boca cerrada no entran ~s.* Reden ist Silber, Schweigen ist Gold.
mosquito [mɔs'kito] *m ZOOL* Mücke *f,* Moskito *m,* Schnake *f*
mostacho [mɔs'tatso] *m* Schnurrbart *m*
mostaza [mɔs'taθa] *f* Senf *m*
mostrador [mɔstra'đɔr] *m* Ladentisch *m,* Theke *m*
mostrar [mɔs'trar] *v irr 1. (enseñar)* vorzeigen; *2. (presentar)* vorlegen; *3. (descubrir)* aufweisen; *4. (demostrar)* beweisen
mostrarse [mɔs'trarse] *v irr* erscheinen
motín [mo'tin] *m* Meuterei *f*
motivación [motiƀa'θĭɔn] *f* Anreiz *m,* Motivation *f,* Antriebskraft *f*
motivar [moti'ƀar] *v 1. (causar)* verursachen; *2. (animar)* motivieren
motivo [mo'tiƀo] *m* Anlass *m,* Grund *m,* Motiv *n; ¿Por qué ~?* Weshalb?/Warum?
moto ['moto] *f 1. (~cicleta)* Motorrad *n; m 2. (~ciclo)* Moped *n*
motor [mo'tɔr] *m TECH* Motor *m; ~ diesel* Dieselmotor *m; ~ de combustión interna* Verbrennungsmotor *m*
mover [mo'ƀɛr] *v irr 1.* bewegen; *2. (arrimar)* rücken; *3. (de aquí para allá)* schwenken; *4. (hacia adelante)* fortbewegen
moverse [mo'ƀɛʀse] *v irr* sich bewegen, sich regen; *¡No se mueva!* Nicht bewegen!
movible [mo'ƀiƀle] *adj* beweglich
movido [mo'ƀiđo] *adj muy ~* quirlig
móvil ['moƀil] *adj 1.* beweglich, mobil; *m 2.* Beweggrund *m*
movilidad [moƀili'đađ] *f* Mobilität *f*
movilizar [moƀili'θar] *v 1.* aufbieten; *2. MIL* mobilisieren
movimiento [moƀi'mĭento] *m 1.* Bewegung *f,* Regung *f,* Treiben *n; hacer un ~ brusco* zucken; *sin ~* bewegungslos; *poner en ~* auslösen; *2. (funcionamiento)* Betrieb *m; 3. ~ clandestino POL* Untergrundbewegung *f; ~ feminista* Frauenbewegung *f; ~ de independencia* Freiheitsbewegung *f; 4. ~ reflejo ANAT* Reflexbewegung *f*

mozo ['moθo] *m 1.* Bursche *m; 2. (servicio)* Kellner *m; 3. (~ de labranza)* Knecht *m*
mucosidad [mukosi'đađ] *f* Schleim *m*
muchacha [mu'tʃatʃa] *f 1. (joven)* Mädchen *n; 2. (criada)* Hausmädchen *n*
muchacho [mu'tʃatʃo] *m* Bursche *m,* Junge *m,* Knabe *m*
muchedumbre [mutʃe'đumbre] *f* Menschenmenge *f,* Gedrängel *n,* Masse *f*
muchísimo [mu'tʃisimo] *adv* viel(e)
mucho ['mutʃo] *adv 1.* sehr; *¡Mucho gusto!* Sehr erfreut! *2. ~ antes* früher; *como ~* allerhöchstens; *adj 3.* viel(e), allerhand; *~ tiempo* viel Zeit, lange; *mucha gente* viele Leute; *~ más caro* viel teurer; *~ mejor* viel besser; *~ más* viel mehr; *muchas veces* vielmals
muda ['muđa] *f (de cambio)* Wechsel *m*
mudanza [mu'đanθa] *f (cambiar de piso)* Umzug *m*
mudar [mu'đar] *v (cambiar)* wechseln
mudarse [mu'đarse] *v ~ de casa* umziehen; *~ de ropa* sich umziehen
mudo ['muđo] *adj 1.* stumm; *2. (callado)* schweigsam, stillschweigend, wortlos
muebles ['mweƀles] *m/pl* Möbel *pl*
mueca ['mweka] *f* Grimasse *f*
muela ['mwela] *f ANAT* Backenzahn *m; ~ del juicio* Weisheitszahn *n; Me duelen las ~s.* Ich habe Zahnschmerzen.
muelle ['mweʎe] *m 1.* Kai *m,* Mole *f; 2. TECH* Sprungfeder *f,* Feder *f; 3. ~s pl TECH* Federung *f*
muerte ['mwɛrte] *f* Todesfall *m,* Tod *m*
muerto ['mwɛrto] *m 1.* Toter *m; adj 2.* tot, leblos; *~ de cansancio* kaputt, todmüde
muesca ['mweska] *f* Kerbe *f*
muestra ['muestra] *f 1.* Vorlage *f; 2. (modelo)* Muster *n,* Probe *f*
mugrón [mu'ɡrɔn] *m BOT* Ableger *m*
mujer [mu'xɛr] *f* Frau *f,* Weib *n; ~ fácil* Flittchen *n; ~ fatal* Femme fatale *f; ~ de la limpieza* Putzfrau *f*
mulero [mu'lero] *m* Maultiertreiber *m*
muleta [mu'leta] *f* Krücke *f*
mulo ['mulo] *m ZOOL* Maulesel *m*
multa ['multa] *f 1.* Bußgeld *n,* Geldstrafe *f; 2. JUR* Konventionalstrafe *f*
multicolor [multi'kolɔr] *adj* bunt
multimedia [multi'međĭa] *adj aplicaciones ~ INFORM* Multimedia-Anwendungen *pl*
múltiple ['multiple] *adj* mehrfach, vielfach, vielfältig
multiplicación [multiplika'θĭɔn] *f MATH* Multiplikation *f*
multiplicar [multipli'kar] *v MATH* multiplizieren
multiplicarse [multipli'karse] *v* sich vermehren; *~ rápidamente* wuchern
multiplicidad [multipli'θiđađ] *f* Vielfalt *f*
multitud [multi'tuđ] *f 1.* Menschenmenge *f,* Knäuel *n,* Schar *f,* Masse *f; 2. (variedad)* Vielzahl *f*
mundano ['mundano] *adj* mondän
mundo ['mundo] *m* Welt *f; ~ del hampa* Unterwelt *f; en el ~* auf der Welt
muñeca [mu'ɲeka] *f 1.* Puppe *f; 2. ANAT* Handgelenk *n*
munición [muni'θĭɔn] *f* Munition *f*
municipal [muniθi'pal] *adj* kommunal
municipalidad [muniθipali'đađ] *f (LA)* Rathaus *n*
municipio [muni'θipĭo] *m POL* Gemeinde *f,* Kommune *f*
muralla [mu'raʎa] *f* Wall *m; ~ de la ciudad* Stadtmauer *f*
murciélago [mur'θĭelaɡo] *m ZOOL* Fledermaus *f*
murmurar [murmu'rar] *v 1.* flüstern, munkeln; *2. LIT* rauschen
muro ['muro] *m* Mauer *f*
musa ['musa] *f* Muse *f*
musculatura [muskula'tura] *f* Muskulatur *f*
músculo ['muskulo] *m* Muskel *m*
musculoso [musku'loso] *adj* muskulös
museo [mu'seo] *m* Museum *n*
música ['musika] *f* Musik *f; hacer ~* musizieren; *~ de baile* Tanzmusik *f; ~ clásica* Klassik *f; ~ para cuerda* Musik für Streicher *f; ~ de instrumentos de viento* Blasmusik *f; ~ ligera* Unterhaltungsmusik *f*
musical [musi'kal] *adj* musikalisch
músico ['musiko] *m* Musiker *m*
muslo ['muzlo] *m ANAT* Schenkel *m*
musulmán [musul'man] *m 1.* Moslem *m; adj 2.* moslemisch
mutilación [mutila'θĭɔn] *f 1.* Verstümmelung *f; 2. MED* Verkrüppelung *f*
mutilar [muti'lar] *v* verstümmeln
mutis ['mutis] *m THEAT* Abgang *m*
mutual [mu'twal] *adj seguro ~ de enfermedad* Krankenkasse *f*
mutuamente [mutwa'mente] *adv* einander, gegenseitig
mutuo ['mutwo] *adj 1.* beiderseitig, gegenseitig; *m 2. FIN* Darlehen *n*
muy [mwi] *adv* besonders, sehr, wohl

N/Ñ

nabo ['naƀo] *m (blanco) BOT* Rübe *f*
nácar ['nakar] *m* Perlmutt *n*
nacer [na'θɛr] *v irr* entspringen, geboren werden
nacido [na'θiđo] *adj ~ en ... el ...* geboren in ... am ...
naciente [na'θĭente] *adj* angehend
nacimiento [naθi'mĭento] *m 1.* Geburt *f; de ~* gebürtig; *lugar de ~* Geburtsort *m; 2. REL* Krippe *f*
nación [na'θĭɔn] *f* Nation *f; Naciones Unidas* Vereinte Nationen *pl*
nacional [naĭo'nal] *adj* einheimisch, national, heimisch
nacionalidad [naθĭonali'đađ] *f* Nationalität *f,* Staatsangehörigkeit *f; sin ~* staatenlos
nacionalismo [naθiona'lizmo] *m* Nationalismus *m*
nacionalización [naθĭonaliθa'θĭɔn] *f 1. POL* Einbürgerung *f; 2. ECO* Verstaatlichung *f*
nacionalizar [naθĭonali'θar] *v 1.* naturalisieren; *2. POL* einbürgern
nacionalsocialismo [naθĭonalsoθĭa'lizmo] *m POL* Nationalsozialismus *m*
nacho [na'tʃo] *adj* stumpfnasig, platt, flach
nada ['nađa] *f 1.* Nichts *n; pron 2.* nichts; *~ peligroso* ungefährlich; *No quiero ~.* Ich möchte nichts.
nadador(a) [nata'tɔr/nata'tora] *m/f* Schwimmer(in) *m/f; no ~* Nichtschwimmer *m*
nadar [na'đar] *v* schwimmen; *~ a crowl/~ crol* kraulen; *~ a braza* brustschwimmen; *Voy a ~.* Ich gehe schwimmen.
nadie ['nađĭe] *pron* niemand; *Nadie tiene dinero.* Keiner hat Geld.
naipe ['naipe] *m* Karte *f*
nalga ['nalga] *f ANAT* Pobacke *f,* Gesäßhälfte *f*
nalguear [nal'gwear] *v* heftig mit dem Hintern wackeln
nana ['nana] *f* Gutenachtlied *n*
napolitano [napo'litano] *adj* neapolitanisch
naranja [na'raŋxa] *f 1. BOT* Apfelsine *f,* Orange *f; adj 2. de color ~ (naranjado)* orange
naranjo [na'ranxo] *m* Orangenbaum *m*
narceina [nar'θaɪna] *f CHEM* Narcein *n*
narcisismo [narθi'sismo] *m FIG* Narzissmus *m*
narciso [nar'θiso] *m 1. BOT* Narzisse *f,* Osterglocke *f; 2. (persona)* Narziss *m*
narcosis [nar'kosis] *f MED* Narkose *f*
narcótico [nar'kotiko] *m MED* Betäubungsmittel *n*
narcotina [narko'tina] *f CHEM* Narkotin *n*
narcotización [narkotiθa'θĭɔn] *f MED* Betäubung *f*
narcotizar [narkoti'θar] *v MED* betäuben
narcotraficante [narkotrafi'kante] *m/f* Drogenhändler(in) *m/f*
narcotráfico [narko'trafiko] *m* Drogenhandel *m*
nariz [na'riθ] *f ANAT* Nase *f*
narración [narra'θĭɔn] *f* Erzählung *f,* Nacherzählung *f*
narrador(a) [narra'đor(a)] *m/f* Erzähler(in) *m*
narrar [na'rrar] *v* erzählen, berichten
nasal ['nasal] *adj* nasal, Nasen...
nata ['nata] *f GAST* Rahm *m,* Sahne *f; ~ batida* Schlagsahne *f; la flor y la ~* die Crème de la Crème *f*
natación [nata'θĭɔn] *f SPORT* Schwimmen *n; ~ a braza* Brustschwimmen *n; ~ de espalda* Rückenschwimmen *n*
natal ['natal] *adj* Geburts..., Heimat...
natalicio [nata'liθĭo] *m* Geburtstag *m*
natalidad [nata'liđađ] *f* Geburtenziffer *f,* Geburtenzahl *f*
natatorio [nata'torĭo] *adj* Schwimm...
natillas [na'tiʎas] *f/pl* Cremespeise *f*
natividad [nati'biđađ] *f* Weihnachten *n,* Christfest *n*
nativo [na'tibo] *adj* gebürtig, Heimat..., angeboren, natürlich
natrón [na'trɔn] *m CHEM* Natron *n*
natura [na'tura] *f* Natur *f,* Scham (Geschlechtsteile) *f*
natural [natu'ral] *adj 1.* natürlich; *poco ~* unnatürlich; *2. (de acuerdo a las normas naturales)* naturgemäß; *3. (puro)* naturrein; *4. (sencillo)* urwüchsig; *5. (fig: sin cohibirse)* unbefangen; *6. (ilegítimo)* unehelich; *7. ~ de nacimiento* gebürtig; *ser ~ de* kommen aus/stammen aus; *m/f 8.* Eingeborene(r) *m/f,* Einheimische(r) *m/f*

naturaleza [natura'leθa] *f 1.* Natur *f; protección de la ~* Naturschutz *m; 2. ~ muerta ART* Stillleben *n*
naturalidad [naturali'đađ] *f* Natürlichkeit *f,* Leichtigkeit *f,* Unbefangenheit *f*
naturalista [natura'lista] *m/f 1.* Naturforscher(in) *m/f; 2. MED* Heilpraktiker(in) *m/f*
naturalización [maturaliθ'θĭɔn] *f* Einbürgerung *f,* Naturalisierung *f,* Heimischmachung *f*
naturalizar [naturali'θar] *v* naturalisieren
naturalmente [natural'mente] *adv* natürlich, von Natur aus
naufragar [naŭ'fragar] *v* Schiffbruch erleiden, scheitern
naufragio [naŭ'fraxĭo] *m* Schiffbruch *m*
náufrago ['naŭfrago] *m* Schiffbrüchiger *m*
náuseas ['naŭseas] *f/pl* Übelkeit *f,* Brechreiz *m*
náutica ['naŭtika] *f* Nautik *f*
navaja [na'ƀaxa] *f* Taschenmesser *n; ~ de afeitar* Rasiermesser *n; ~ de muelle* Klappmesser *n*
naval ['nabal] *adj* See..., Schiffs..., Marine...
navarro [na'barro] *adj* aus Navarra
nave ['naƀe] *f 1. NAUT* Schiff *n; 2. ~ espacial* Raumschiff *n*
navecilla [nabe'θiʎa] *f* Schifflein *n,* Nachen *m,* kleines Gefäß *n,* Weihrauchschiffchen *n*
navegable [nabe'gaƀle] *adj* schiffbar
navegación [naƀega'θĭɔn] *f 1.* Navigation *f,* Schifffahrt *f,* Seefahrt *f; ~ a vapor* Dampfschifffahrt *f; ~ fluvial* Binnenschifffahrt *f; 2. (acto de timonear)* Steuerung *f*
navegante [nabe'gante] *m* Seefahrer *m*
navegar [naƀe'gar] *v 1. ~ a vela NAUT* segeln; *2. ~ hacia (en barco) NAUT* ansteuern; *3. ~ de bolina* kreuzen
Navidad [naƀi'đađes] *f* Weihnachten *n; ¡Felices ~es!* Frohe Weihnachten!
navideño [naƀi'đeɲo] *adj* weihnachtlich
naviero [na'bĭero] *m* Reeder *m,* Schiffsausrüster *m*
navío [na'bio] *m* Schiff *n*
neblina [ne'ƀlina] *f* Dunst *m,* Bodennebel *m*
nebulocidad [nebulo'θiđađ] *f* Nebelbildung *f,* leichte Bewölkung *f*
nebuloso [neƀu'loso] *adj* nebelig, verschwommen
necear [ne'θear] *v* albern reden, albern handeln
necedad [neθe'đađ] *f* Torheit *f*
necesariamente [neθesarĭa'mente] *adv* nötig; *Esto no es ~.* Das ist nicht nötig
necesario [neθe'sarĭo] *adj* erforderlich, notwendig, nötig
necesidad [neθesi'đađ] *f* Bedürfnis *n,* Bedarf *m; ~ de recuperación* Nachholbedarf *m*
necesitado [neθesi'tađo] *adj* bedürftig, Not leidend; *estar ~ de* brauchen; *~ de cuidados* pflegebedürftig; *~ de descanso/~ de reposo* erholungsbedürftig; *~ de protección* schutzbedürftig
necesitar [neθesi'tar] *v* benötigen, brauchen, erfordern; *~ de* angewiesen sein auf, bedürfen
necio ['neθĭo] *adj* töricht
necrología [nekrolɔ'xia] *f* Nachruf *m*
necrópolis [ne'kropolis] *f* Nekropole *f,* Friedhof *m*
necrosarse [nekro'sarse] *v MED* absterben
néctar ['nektar] *m* Nektar *m*
nectarina [nekta'rina] *f BOT* Nektarine *f*
neerlandés [neɛrlan'des] *m 1.* Niederländer *m; adj 2.* niederländisch
nefasto [ne'fasđo] *adj* unheilvoll, Unheil bringend
nefritis [ne'fritis] *f MED* Nephritis *f,* Nierenentzündung *f*
nefropatía [nefropa'tia] *f MED* Nierenkrankheit *f*
negable [ne'gaƀle] *adj* verneinbar, negierbar
negación [nega'θĭɔn] *f 1.* Verneinung *f,* Verweigerung *f; 2. ~ a ejecutar una orden MIL* Befehlsverweigerung *f*
negar [ne'gar] *v irr* ableugnen, verleugnen, verweigern, abschwören; *~ algo* etw abstreiten; *¡Esto lo niego!* Das bestreite ich!
negarse [ne'garse] *v irr ~ a hacer algo* sich weigern, etw zu tun
negativa [nega'tiƀa] *f 1.* Verneinung *f; 2. (de negarse a)* Weigerung *f; 3. (respuesta)* Absage *f*
negativo [nega'tiƀo] *adj 1.* ablehnend, abschlägig, negativ; *m 2. FOTO* Negativ *n*
negligencia [negli'xenθĭa] *f* Achtlosigkeit *f,* Fahrlässigkeit *f,* Nachlässigkeit *f*
negligente [negli'xente] *adj* achtlos, fahrlässig, nachlässig
negociable [nego'θĭaƀle] *adj* diskussionsfähig, verhandelbar

negociación [negoθĭa'θĭɔn] *f 1.* Verhand-lung *f; 2. negociaciones del convenio colectivo* Tarifverhandlungen *pl; 3. negociaciones para el desarme pl MIL* Abrüstungsverhand-lungen *pl*
negociador(a) [negoθĭa'đɔr/negoθĭa'tora] *m/f* Unterhändler(in) *m/f*
negociante [nego'θĭante] *m/f* Händler(in) *m/f,* Kaufmann/Kauffrau *m/f*
negociar [nego'θĭar] *v* handeln, aushandeln, verhandeln
negocio [ne'goθĭo] *m 1. ECO* Laden *m,* Geschäft *n; 2. ECO* Handel *m,* Geschäft *n; por asuntos de ~* geschäftlich; *hacer ~s* handeln; *~ de exportación* Exportgeschäft *n; ~ redondo* Bombengeschäft *n; 3. (empresa) ECO* Betrieb *m,* Firma *f; del ~* betrieblich
negro ['negro] *m 1.* Schwarzer *m; adj 2.* schwarz
nene ['nene] *m* Baby *n*
nenúfar [ne'nufar] *m BOT* Seerose *f*
neolítico [neo'litiko] *adj GEO* jungsteinzeitlich, neolithisch
neoyorquino [neojor'kino] *adj* in New York wohnend, aus New York kommend, aus New York stammend
nepotismo [nepo'tizmo] *m* Vetternwirtschaft *f*
neptuno [nep'tuno] *n ASTR* Neptun *m*
nervadura [nerba'đura] *f* Blattgerippe *n*
nervio ['nɛrƀĭo] *m ANAT* Nerv *m; perder los ~s (fig)* durchdrehen, ausflippen
nerviosidad [nɛrƀĭosi'đađ] *f* Nervosität *f*
nerviosismo [nɛrƀĭo'sizmo] *m* Nervosität *f*
nervioso [nɛr'ƀĭoso] *adj* aufgeregt, nervös, kribbelig
nervudo [nɛr'ƀuđo] *adj* drahtig
netamente [neta'memte] *adv* netto, klar, eindeutig, rein
neto ['neto] *adv ECO* netto
neumática [neŭ'matika] *f TECH* Pneumatik *f*
neumático [neŭ'matiko] *m 1.* Reifen *m,* Autoreifen *m; ~os claveteados* Spikes *pl; ~ de invierno* Winterreifen *m; ~ de repuesto* Ersatzreifen *m; adj 2. TECH* pneumatisch
neumonía [neŭmo'nia] *f MED* Lungenentzündung *f*
neuralgia [neŭ'ralxĭa] *f MED* Neuralgie *f*
neuritis [neŭ'ritis] *f MED* Nervenentzündung *f*
neurólogo [neŭ'rologo] *m* Nervenarzt *m,* Neurologe *m*
neurópata [neŭ'ropata] *adj* nervenkrank
neurosis [neŭ'rosis] *f MED* Neurose *f*
neurótico [neŭ'rotiko] *adj MED* neurotisch, nervenkrank
neutral [neŭ'tral] *adj* neutral
neutralidad [neŭtrali'đađ] *f* Neutralität *f*
neutralización [nɔytraliθa'θĭɔn] *f* Neutralisierung *f*
neutralizar [nɔytra'liθar] *v* neutralisieren, ausschalten, unwirksam machen, aufheben
neutro ['neŭtro] *adj 1.* neutral; *m 2. GRAMM* Neutrum *n*
neutrón [neŭ'trɔn] *m PHYS* Neutron *n*
nevada [ne'bađa] *f* Schneefall *m*
nevar [ne'ƀar] *v irr* schneien; *Está nevando.* Es schneit. *¿Va a ~?* Wird es schneien?
nevera [ne'ƀera] *f* Eisschrank *m,* Kühlschrank *m*
nexo ['neθo] *m* Nexus *m,* Verknüpfung *f,* Zusammenhang *m*
ni [ni] *konj ~ ... ~* weder ... noch; *~ mucho menos* geschweige denn
Nicaragua [nika'ragwa] *m GEO* Nicaragua *n,* Nikaragua *n*
nicotina [niko'tina] *f* Nikotin *n*
nicho ['nitʃo] *m* Nische *f*
nido ['niđo] *m* Nest *n*
niebla ['nĭeƀla] *f* Nebel *m*
nieta ['nĭeta] *f* Enkelin *f,* Enkeltochter *f*
nieto ['nĭeto] *m* Enkel *m*
nieve ['nĭeƀe] *f* Schnee *m*
nilón [ni'lɔn] *m* Nylon *n*
nimbo ['nimbo] *m* Nimbus *m,* Heiligenschein *m*
nimiedad [nimĭe'đađ] *f* Belanglosigkeit *f*
nimio ['nimĭo] *adj* billig, belanglos
ninfa ['ninfa] *f* hübsches Mädchen *n*
ninfomanía [ninfoma'nia] *f* Nymphomanie *f*
ningún [niŋ'gun] *(véase „ninguno")*
ninguna [niŋ'guna] *adj 1.* keine; *pron 2.* keine
ninguno [niŋ'guno] *adj 1.* kein; *ningún hombre* kein Mann; *ningún niño* kein Kind; *pron 2.* keine(r, s)
niña ['niɲa] *f* Kind *n*
niñera [ni'ɲera] *f* Babysitter *m,* Kindermädchen *n*
niñez [ni'ɲez] *f* Kindheit *f*
niño ['niɲo] *m* Kind *n; ~ acogido* Pflegekind *n; de ~* kindlich; *como ~* kindisch; *~ nacido muerto* Totgeburt *f; ~ de orfanato* Heimkind *n; ~ de pecho* Säugling *m; ~ prodigio* Wunderkind *n*

níquel ['nikɛl] *m CHEM* Nickel *n*
níspero ['nispero] *m BOT* Mispel *f*
nitidez [ni'tiđez] *f* Reinheit *f,* Schärfe (Optik) *f,* Tiefenschärfe *f*
nítido ['nitiđo] *adj* glänzend, rein, scharf, klar
nitrato [ni'trato] *m CHEM* Nitrat *n*
nitrógeno [ni'trɔxeno] *m CHEM* Stickstoff *m*
nivel [ni'ƀɛl] *m* Pegel *m,* Ebene *f,* Standard *m; ~ cultural* Bildungsstand *m; ~ del mar* Meeresspiegel *m; ~ de vida* Lebensstandard *m*
nivelación [niƀela'θĭɔn] *f* Angleichung *f*
niveladora [niƀela'đora] *f TECH* Bulldozer *m*
nivelar [niƀe'lar] *v 1.* angleichen; *2. (allamar)* planieren
no [no] *adv* nein, nicht; *~ hay de qué* bitte, bitte schön
nobiliario [no] *adj* adlig
noble ['noƀle] *adj 1.* adlig, edel, nobel; *m/f 2.* Adlige(r) *m/f*
nobleza [no'ƀleθa] *f* Adel *m*
noción [no'θĭɔn] *f 1.* Ahnung *f; 2. nociones preliminares pl* Vorkenntnisse *pl*
nocivo [noθi'ƀo] *adj* schädlich
nocturno [nɔk'turno] *adj* nächtlich
noche ['notʃe] *f (después de que oscurece)* Abend *m,* Nacht *f; de ~* nachts; *de la ~* abendlich; *por la ~* abends, nachts; *esta ~* heute Abend; *todas las ~s* allabendlich; *¡Buenas ~s!* Guten Abend!/Gute Nacht! *pasar la ~ en blanco* eine schlaflose Nacht verbringen; *~ de bodas* Hochzeitsnacht *f; Noche Buena* Heiligabend *m,* Weihnachtsabend *m; Noche Vieja* Silvester *n*
nogal ['nogal] *m* Nussbaum *m*
nómada ['nomađa] *m* Nomade *m*
nombramiento [nɔmbra'mĭento] *m* Berufung *f,* Ernennung *f; certificado de ~* Ernennungsurkunde *f*
nombrar [nɔm'brar] *v 1.* erwähnen, nennen; *~ de nuevo* umbennenen; *2. (a un cargo)* ernennen; *3. (pedir)* bestellen
nombre ['nɔmbre] *m* Name *m,* Vorname *m; en ~ de* namens; *por otro ~* alias; *por el ~* namentlich; *del mismo ~* gleichnamig; *sin ~* namenlos; *~ de artista* Künstlername *m; ~ de pila* Rufname *m; ~ propio* Eigenname *m*
nómina ['nomina] *f 1.* Verzeichnis *n,* Liste *f; 2. (salario)* Gehalt *n,* Gehaltsliste *f*
nominador [nomi'nađor] *m* Ernennungsberechtiger *m,* Ernenner *m*
nominal [nomi'nal] *adj* namentlich, nominell
nominativo [nomina'tiƀo] *adj 1.* namentlich; *m 2. GRAMM* Nominativ *m*
nonagésimo [nona'xesimo] *adj* neunzigste(r,s)
nórdico ['norđiko] *m* nordisch
noreste [nor'este] *m* Nordosten *m,* Nordost *m*
norma [nɔr'ma] *f 1.* Bestimmung *f,* Norm *f,* Vorschrift *f; ~ de circulación* Verkehrsregel *f; ¿Es esto ~?* Ist das Vorschrift? *2. (patrón)* Standard *m*
normal [nɔr'mal] *adj* gewöhnlich, normal
normalidad [norma'liđađ] *f* Normalität *f,* Regelmäßigkeit *f,* Normalzustand *m*
normalización [normaliθa'θĭɔn] *f* Normalisierung *f,* Normung *f*
normalizado [nɔrmali'θađo] *adj* genormt
normalizar [nɔrmali'θar] *v* normalisieren
norte ['nɔrte] *m* Norden *m; del ~* aus dem Norden
Norteamérica [nortea'merika] *f GEO* Nordamerika *n*
norteamericano [nɔrteameri'kano] *m (de los Estados Unidos de Norteamérica) GEO* Amerikaner *m*
Noruega [no'rwega] *f GEO* Norwegen *n*
noruego [no'rwego] *adj 1.* norwegisch; *m 2.* Norweger *m*
nos [nɔs] *pron* uns
nosotros [no'sotros] *pron* wir
nostalgia [nɔs'talxĭa] *f 1.* Wehmut *f; 2. (por la familia)* Heimweh *n*
nostálgico [nɔs'talxiko] *adj* wehmütig
nota ['nota] *f 1.* Note *f; poner ~* benoten; *2. MUS* Ton *m,* Note *f; 3. (apunte)* Aufzeichnung *f,* Notiz *f; 4. (comentario)* Prädikat *n,* Vermerk *m; tomar ~* vormerken; *~ de envío* Absendungsvermerk *m; ~ oficial* Amtsvermerk *m; 5. (de crítica)* Zensur *f; 6. ECO* Rechnung *f; ~ de débito* Lastschrift *f; ~ de pedido* Bestellschein *m*
notabilidad [nota'biliđađ] *f* Ansehen *n,* Berühmtheit *f,* wichtige Persönlichkeit *f,* Koryphäe *f*
notable [no'taƀle] *adj* beträchtlich, hervorragend, bemerkenswert
notar [no'tar] *v 1.* merken, wahrnehmen; *se deja ~* merklich; *sin dejarse ~* unmerklich; *2. (hacer un comentario)* anmerken
notaría [nota'ria] *f* Notariat *n*
notarial [nota'rĭal] *adj JUR* notariell
notario [no'tarĭo] *m JUR* Notar *m*

noticia [no'tiθĭa] *f* *1.* Notiz *f*; *2. (comunicación)* Nachricht *f*; *~ falsa* Ente *f*; *3. (mensaje)* Botschaft *f*; *~ alarmante* Schreckensbotschaft *f*; *4. (escrito)* Bescheid *m*; *5. (anuncio)* Anzeige *f*; *6. (artículo)* Artikel *m*; *7. ~s pl* Nachrichten *pl*; *~s locales* Lokalnachrichten *pl*
noticiero [not'θkero] *m* Nachrichten *f/pl*, Nachrichtenblatt *n*
notificación [notifika'θĭɔn] *f* *1.* Bekanntmachung *f*, Verlautbarung *f*; *2. (inscripción)* Anmeldung *f*; *3. (de apertura)* Eröffnung *f*
notificar [noti'fikar] *v* benachrichtigen, amtlich zustellen
notoriamente [notorĭa'mente] *adv* notorisch, gewohnheitsmäßig, offenkundig
notorio [no'torĭo] *adj* notorisch
novación [noba'θĭɔn] *f* Neuerung *f*, Schuldumwandlung *f*
novato [no'ƀato] *m* Neuling *m*
novedad [noƀe'đađ] *f* Nachricht *f*, Neuheit *f*, Neuigkeit *f*; *~ del día* Tagesgespräch *n*
novel ['nobel] *adj* neu, angehend
novela [no'ƀela] *f* Roman *m*; *~ de aventuras* Abenteuerroman *m*; *~ corta* Novelle *f*; *~ por entregas* Fortsetzungsroman *m*; *~ policíaca* Krimi *m*; *¿Tiene usted ~s en alemán?* Haben Sie deutschsprachige Romane?
noveno [no'ƀeno] *adj* neunte(r,s)
noventa [no'ƀenta] *num* neunzig
novia ['noƀĭa] *f* *1. (amiga)* Freundin *f*; *2. (nupcial)* Braut *f*
novicio [no'ƀiθĭo] *m* Neuling *m*
noviembre [no'ƀĭembre] *m* November *m*
novillo [no'ƀiʎo] *m* *1.* Jungstier *m*; *2. hacer ~ (fam)* die Schule schwänzen
novio ['noƀĭo] *m* *1. (amigo)* Freund *m*; *2. (nupcial)* Bräutigam *m*; *3. ~s pl* Brautpaar *n*
novísimo [no'ƀisimo] *adj* nagelneu
nubarrón [nuƀa'rron] *m* große, dunkle Wolke *f*, Gewitterwolke *f*, Sturmwolke *f*
nube ['nuƀe] *f* *1.* Wolke *f*; *2. ~s pl* Bewölkung *f*; *sin ~s* wolkenlos
nublado [nu'ƀlađo] *adj* bewölkt, trüb, wolkig
nublar ['nublar] *v* bewölken, trüben
nubosidad [nuƀosi'đađ] *f* Bewölkung *f*
nuca ['nuka] *f* *ANAT* Genick *n*, Nacken *m*
núcleo ['nukleo] *m* *1.* Kern *m*, Zentrum *n*; *2. ~ atómico PHYS* Atomkern *m*
nudillo [nu'điʎo] *m (del dedo) ANAT* Knöchel *m*
nudismo [nu'đizmo] *m* Freikörperkultur (FKK) *f*
nudo ['nuđo] *m* Knoten *m*
nudosidad [nuđosi'đađ] *f MED* Knoten *m*
nuera ['nwera] *f* Schwiegertochter *f*
nuestro ['nwestro] *pron* unsere(r, s)
Nueva Zelandia ['nweƀaθelanđĭa] *f GEO* Neuseeland *n*
nuevamente [nweƀa'mente] *adv* wieder, erneut
nueve ['nweƀe] *num* neun
nuevo ['nweƀo] *adj* neu, neuartig; *~ rico* neureich; *~s horizontes* Neuland *n*; *nueva construcción* Neubau *m*; *f nueva edición* Neuausgabe *f*; *nueva generación* Nachwuchskräfte *pl*; *nueva orden* Nachbestellung *f*
nuez ['nweθ] *f BOT* Nuss *f*, Walnuss *f*; *~ moscada* Muskatnuss *f*; *~ de Adán* Adamsapfel *m*; *~ del Brazil* Paranuss *f*
nulidad [nuli'đađ] *f* *1.* Nichtigkeit *f*; *2. (sin valor)* Ungültigkeit *f*
nulo ['nulo] *adj* ungültig, wertlos, hinfällig
numeración [numera'θĭɔn] *f* Nummerierung *f*, Zählen *n*, Aufzählen *n*
numerador [numera'đɔr] *m MATH* Zähler *m*
numeral [nume'ral] *adj* Zahl..., Zahlen...
numerar [nume'rar] *v* nummerieren
numerario [mume'rarĭo] *adj sin movimiento de ~ FIN* bargeldlos
numérico [nu'meriko] *adj* numerisch
número ['numero] *m* *1. MATH* Anzahl *f*, Nummer *f*, Zahl *f*; *en gran ~* zahlreich; *~s impares* ungerade Zahlen *pl*; *~s pares* gerade Zahlen *pl*; *~ binario* Binärzahl *f*; *~ cardinal* Kardinalzahl *f*; *2. ~ de la cuenta* Kontonummer *f*; *3. ~ de habitantes* Einwohnerzahl *f*; *~ ordinal* Ordnungszahl *f*; *~ de piezas* Stückzahl *f*; *4. ~ de revoluciones TECH* Umdrehungszahl *f*, Drehzahl *f*; *5. ~ de registro* Aktenzeichen *n*; *6. ~ de registro tributario* Steuernummer *f*; *7. ~ de teléfono* Telefonnummer *f*, Rufnummer *f*
numeroso [nume'roso] *adj* zahlreich
nunca ['nuŋka] *adv* niemals, nie; *~ jamás* nie mehr
nupcias ['nup θias] *f/pl* Hochzeit *f*, Ehe *f*
nutria ['nutrĭa] *f ZOOL* Otter *m*
nutrición [nutri'θĭɔn] *f* Kost *f*, Nahrung *f*
nutrido [nu'triđo] *adj* wohlgenährt
nutrir [nu'trir] *v* nähren
nutritivo [nutri'tiƀo] *adj* nahrhaft
ñaño ['ɲaɲo] *adj* verwöhnt, verhätschelt
ñoño ['ɲoɲo] *adj* fade, kindisch, albern
ñu ['ɲu] *m ZOOL* Gnu *n*

O

o [o] *konj* oder; *~ ... ~* entweder ... oder; *~ bien* beziehungsweise; *~ sea* zwar, das heißt
oasis [o'asis] *m* Oase *f*
obcecación [obθeka'θĭɔn] *f* Verblendung *f*
obcecado [obθe'kado] *adj* geblendet
obedecer [obede'θεr] *v irr* folgen, gehorchen
obediencia [obe'dĭenθĭa] *f* Gehorsam *m*
obediente [obe'dĭente] *adj* gehorsam
obesidad [obesi'dad] *f* Fettleibigkeit *f*
obeso [o'beso] *adj* fett, fettleibig
obispo [o'bispo] *m REL* Bischof *m*
óbito ['obito] *m* Tod *m,* Ableben *n*
objeción [ɔbxe'θĭɔn] *f 1.* Beanstandung *f; 2. (protesta)* Einspruch *m,* Einwand *m; sin ~* widerspruchslos
objetar [ɔbxe'tar] *v 1.* einwenden; *2. (contraponer)* entgegenhalten
objetivamente [ɔbxetiba'mente] *adv* objektiv, unvoreingenommen, sachlich
objetividad [ɔbxetibi'dad] *f* Objektivität *f,* Sachlichkeit *f*
objetivo [ɔbxe'tibo] *m 1.* Bestimmung *f,* Ziel *n; 2. FOTO* Objektiv *n; adj 3.* objektiv, sachlich, nüchtern
objeto [ɔb'xeto] *m 1.* Gegenstand *m,* Sache *f,* Objekt *n; sin ~* zwecklos; *tener por ~* bezwecken; *~ de controversia* Streitobjekt *n,* Zankapfel *m; ~ de valor* Wertgegenstand *m; 2. ~s pl* Zeug *n; ~s robados* Diebesgut *n*
objetor [ɔbxe'tɔr] *m 1.* Einsprucherhebender *m; 2. ~ de conciencia MIL* Wehrdienstverweigerer *m*
oblicuidad [oblikwi'dad] *f* Schräge *f*
oblicuo [o'blikwo] *adj* schief, schräg
obligación [obliga'θĭɔn] *f 1. (deber)* Pflicht *f,* Verpflichtung *f; según su ~* pflichtgemäß; *sin ~* unverbindlich; *2. (a la fuerza)* Zwang *m; 3. ECO* Verbindlichkeit *f*
obligado [obli'gado] *adj verse ~ a* sich verpflichtet sehen, sich gezwungen sehen
obligar [obli'gar] *v* zwingen; *~ a* verpflichten zu
obligatoriamente [obligatorĭa'mente] *adv* pflichtgemäß
obligatorio [obliga'torĭo] *adj 1.* verbindlich, bindend; *no ~* unverbindlich; *¿Es ~?* Ist das Pflicht? *2. (a la fuerza)* zwangsläufig, zwingend
obnubilado [obnubi'lado] *adj* verdunkelt
oboe [o'boe] *m MUS* Oboe *f,* Oboespieler *m*
óbolo ['obolo] *m* Spende *f*
obra ['obra] *f 1.* Werk *n,* Gebilde *n; ~ de arquitectura* Bauwerk *n; ~ de arte* Kunstwerk *n; primera ~* Erstlingswerk *n; ~s clásicas* Klassiker *pl; 2. (presentación)* Vorstellung *f; ¿Qué ~ dan esta noche?* Welche Vorstellung läuft heute Abend?
obrar ['obrar] *v* handeln, tun, verfahren, verrichten
obrera [o'brera] *f* Arbeiterin *f*
obrero [o'brero] *m* Arbeiter *m; ~ del ramo de la construcción* Bauarbeiter *m; ~ especializado* Facharbeiter *m*
obscenidad [ɔbsθeni'dad] *f* Obszönität *f,* Unzüchtigkeit *f*
obsceno [ɔbs'θeno] *adj* obszön
obsequiar [ɔbse'kĭar] *v* schenken; *~ a alguien* jdn beschenken; *~ algo* etw verschenken
obsequio [ɔb'sekĭo] *m* Geschenk *n,* Aufmerksamkeit *f,* Gefälligkeit *f*
observación [ɔbsεrba'θĭɔn] *f 1.* Beobachtung *f,* Wahrnehmung *f; 2. (comentario)* Anmerkung *f,* Bemerkung *f,* Vermerk *m; 3. MED* Beobachtung *f,* Überwachung *f*
observar [ɔbsεr'bar] *v 1.* beobachten, wahrnehmen, observieren; *2. (advertir)* anmerken, bemerken, vermerken
observatorio [ɔbsεrba'torĭo] *m ASTR* Sternwarte *f*
obsesión [ɔbse'sĭɔn] *f* Besessenheit *f,* Zwangsvorstellung *f,* fixe Idee *f*
obsesionado [ɔbsesĭo'nado] *adj* besessen, mit einer fixen Idee behaftet
obsesionarse [ɔbsesĭo'narse] *v* sich unablässig plagen, sich keine Ruhe lassen
obsesivo [ɔbse'sibo] *adj* Zwangs..., die Besessenheit betreffend
obsoleto [ɔbso'leto] *adj* überholt, veraltet
obstaculizar [ɔbstakuli'θar] *v 1.* behindern; *~ en* hindern an; *2. (fam)* schikanieren, torpedieren
obstáculo [ɔbs'takulo] *m 1.* Barriere *f,* Hindernis *n,* Schikane *f* (fam); *2. sin ~s* reibungslos
obstante [ɔbs'tante] *konj no ~* aber, dennoch, jedoch

obstar [ɔƀs'tar] *v* entgegenstehen, hinderlich sein; *Eso no obsta a que ...* Dem steht nichts entgegen, dass ...
obstetra [ɔƀz'tetra] *m/f MED* Geburtshelferin *f*, Hebamme *f*
obstinación [ɔƀstina'θĭɔn] *f* Eigensinn *m*, Starrsinn *m*, Trotz *m*
obstinado [ɔƀsti'nađo] *adj* eigensinnig
obstinarse [ɔƀsti'narse] *v ~ en* sich versteifen, hartnäckig auf etw bestehen
obstrucción [ɔƀstruk'θĭɔn] *f 1.* Verstopfung *f*; *2. (impedimento)* Behinderung *f*, Hemmnis *n*
obstruido [ɔƀstru'iđo] *adj* verstopft
obstruir [ɔƀstru'ir] *v irr* behindern, versperren
obtención [ɔƀten'θĭɔn] *f ~ del petróleo* Gewinnung *f*, Erzeugung *f*, Förderung *f*
obtener [ɔƀte'nɛr] *v irr 1.* erlangen, erzielen; *2. (recibir)* bekommen, gewinnen
obturación [ɔƀtura'θĭɔn] *f 1.* Verstopfung *f*; *2. TECH* Dichtung *f*
obturado [ɔƀtu'rađo] *adj* verstopft
obturador [ɔƀtura'tɔr] *m FOTO* Auslöser *m*
obtuso [ɔƀ'tuso] *adj 1. ángulo ~ MATH* stumpfwinklig; *2. (fig)* schwer von Begriff
obús [o'ƀus] *m MIL* Granate *f*
obviar [ɔƀ'ƀĭar] *v* abwenden, beseitigen, entgegentreten, vorbeugen
obvio ['ɔƀƀĭo] *adj* offensichtlich, selbstverständlich, sonnenklar
oca ['oka] *f ZOOL* Gans *f*
ocasión [oka'sĭɔn] *f 1. (motivo)* Anlass *m*; *en esta ~* hierbei; *2. (oportunidad)* Chance *f*, Gelegenheit *f*; *3. (oferta de compra)* Gelegenheitskauf *m*
ocasional [okasĭo'nal] *adj* gelegentlich, beiläufig
ocasionar [okasĭo'nar] *v 1.* verursachen, veranlassen; *~ daño* Unheil anrichten; *2. (donar)* stiften; *3. (dejar)* lassen
ocaso [o'kaso] *m 1.* Sonnenuntergang *m*, Dämmerung *f*; *2. (fig)* Untergang *m*
occidental [okθiđe'tal] *adj* westlich
occidente [okθi'đente] *m* Abendland *n*
occiso [ok'θiso] *m JUR* ermordet
océano [o'θeano] *m* Ozean *m*
ociar [o'θĭar] *v* dem Müßiggang nachgehen, faulenzen, ausspannen
ocio ['oθĭo] *m* Muße *f*
ociosamente [oθĭosa'mente] *adv* müßig
ociosidad [oθĭosi'đađ] *f* Müßiggang *m*
ocioso [o'θĭoso] *adj* müßig

oclusión [oklu'θĭɔn] *f MED* Verschluss *m*, Verstopfung *f*
octanaje [okta'naxe] *m* Oktanzahl *f*
octano [ok'tano] *m* Oktan *n*
octava [ɔk'taƀa] *f MUS* Oktave *f*
octavilla [ɔkta'ƀiʎa] *f* Flugblatt *n*, Handzettel *m*
octavo [ɔk'taƀo] *adj 1.* achte(r,s); *octava parte* Achtel *n*; *por octava vez* zum achten Mal; *m 2. ~ de final SPORT* Achtelfinale *n*
octogenario [ɔktoxe'narĭo] *m 1.* Person zwischen dem 80. und 90. Lebensjahr *f*; *adj 2.* achtzigjährig
octogésimo [ɔktɔ'xesimo] *adj* achtzigste(r,s)
octogonal [ɔktogo'nal] *adj* achteckig
octubre [ɔk'tuƀre] *m* Oktober *m*
ocular [oku'lar] *adj* Augen... *inspección ~* in Augenschein nehmen; *testigo ~* Augenzeuge
oculista [oku'lista] *m/f MED* Augenarzt/Augenärztin *m/f*
ocultación [okulta'θĭɔn] *f* Verheimlichung *f*
ocultar [okul'tar] *v 1.* verbergen; *~ algo a alguien* jdm etw verheimlichen; *2. (encubrir)* vertuschen, verdecken, kaschieren
ocultismo [okul'tizmo] *m* Okkultismus *m*
oculto [o'kulto] *adj 1.* verborgen; *2. (enigmático)* hintergründig
ocupación [okupa'θĭɔn] *f 1. (profesional)* Beruf *m*; *2. (actividad)* Tätigkeit *f*, Beschäftigung *f*, Betätigung *f*; *~ accesoria* Nebenbeschäftigung *f*; *~ favorita* Lieblingsbeschäftigung *f*; *~ del ocio* Freizeitbeschäftigung *f*; *3. MIL* Besetzung *f*; *~ ilegal de casas* Hausbesetzung *f*
ocupado [oku'pađo] *adj 1. (lleno, completo)* besetzt; *¿Está ~?* Ist hier besetzt? *¿Está ~ este sitio?* Sitzt hier jemand? *2. TEL* besetzt; *Está ~.* Es ist besetzt. *3. (atareado)* beschäftigt; *estar ~ con algo* mit etw beschäftigt sein
ocupar [oku'par] *v 1.* beschäftigen; *2. (sitio, puesto)* besetzen, belegen, einnehmen; *~ mucho sitio* sich breit machen; *~ un cargo* ein Amt bekleiden; *3. MIL* besetzen
ocuparse [oku'parse] *v ~ de* versorgen mit, sich kümmern um, sich befassen mit
ocurrencia [oku'rrenθĭa] *f* Geistesblitz *m*; *~ del riesgo* Versicherungsfall *m*
ocurrente [oku'rrente] *adj* einfallsreich
ocurrir [oku'rrir] *v* geschehen, passieren, vorkommen, widerfahren
ochenta [o'tʃenta] *num* achtzig

ocho ['otʃo] *num* acht; ~ *veces* achtmal, achtfach; ~ *mil* achttausend
ochocientos [otʃo'θĭentos] *num* achthundert
odiado [o'đĭađo] *adj* verhasst
odiar [o'đĭar] *v* hassen
odio ['ođĭo] *m* ~ *a* Hass gegen *m;* ~ *de razas* Rassenhass *m; lleno de* ~ gehässig, hasserfüllt
odiosidad [ođĭosi'đađ] *f* Gehässigkeit *f*
odioso [o'đĭoso] *adj* gehässig, verhasst
Odisea [ođi'sɛa] *f 1. LIT* Odyssee *f; 2. (fig)* Irrfahrt *f*
odontología [ođontolo'xĭa] *f* Zahnheilkunde *f,* Zahnmedizin *f*
odontólogo [ođɔn'tologo] *m MED* Zahnarzt *m*
oeste [o'este] *m* Westen *m*
ofender [ofen'dɛr] *v* beleidigen, kränken, verletzen
ofensa [o'fensa] *f* Beleidigung *f,* Kränkung *f,* Verletzung *f*
ofensiva [ofen'siƀa] *f* Offensive *f*
ofensivo [ofen'siƀo] *adj* offensiv
oferta [o'fɛrta] *f 1.* Angebot *n,* Offerte *f;* ~ *de colocación/~ de empleo* Stellenangebot *n;* ~ *excesiva* Überangebot *n;* ~ *extraordinaria* Sonderangebot *n; 2. (ofrecimiento)* Darbietung *f*
oficial [ofi'θĭal] *adj 1.* amtlich, offiziell, dienstlich; *m 2.* Geselle *m,* Gehilfe *m; 3. MIL* Offizier *m; 4.* ~ *del registro civil* Standesbeamter *m*
oficialmente [ofiθĭal'mente] *adv* formell, offiziell, staatlich
oficina [ofi'θina] *f 1.* Büro *n,* Büroraum *m; 2. (agencia, sucursal, departamento)* Stelle *f,* Dienststelle *f,* Geschäftsstelle *f,* Amt *n,* Kanzlei *f;* ~ *de objetos perdidos* Fundbüro *n;* ~ *de asistencia social* Fürsorgeamt *n,* Sozialamt *n;* ~ *de cambio* Wechselstube *f;* ~ *central* Zentrale *f;* ~ *de correos* Postamt *n;* ~ *de empadronamiento* Einwohnermeldeamt *n,* Meldebehörde *f;* ~ *de empleo* Arbeitsamt *n;* ~ *estatal para extranjeros* Ausländerbehörde *f;* ~ *de telecomunicaciones* Fernmeldeamt *n;* ~ *de turismo* Fremdenverkehrsbüro *n*
oficinista [ofiθi'nista] *m/f* Büroangestellte(r) *m/f*
oficio [o'fiθĭo] *m 1.* Beruf *m; de primer* ~ hauptberuflich; *2. (profesión artesanal)* Handwerk *n; 3.* ~ *divino REL* Gottesdienst *m*
ofrecer [ofre'θɛr] *v irr 1.* bieten, darbieten, geben; *¿Qué se le ofrece?* Womit kann ich Ihnen dienen? *No se ofrece garantía.(de un producto)* Eine (Produkt)garantie wird nicht geleistet. *Quiero ofrecerle mis excusas.* Ich möchte Ihnen meine Entschuldigung anbieten. *Mañana ofrecemos una cena.* Morgen geben wir ein Essen. *2. (donar)* spendieren
ofrecimiento [ofreθi'mĭento] *m* Angebot *n,* Anerbieten *n*
ofrenda [o'frenda] *f* Opfergabe *f*
ofrendar [ofren'dar] *v* opfern
oftalmólogo [oftal'mologo] *m/f* Augenarzt *m,* Ophthalmologe *m*
ofuscación [ofuzka'θĭon] *f* Blendung *f,* Verdunkelung *f*
ofuscado [ofuz'kađo] *adj* geblendet, verdunkelt
ofuscarse [ofuz'karse] *v* sich trüben, sich verdunkeln
ogro ['ogro] *m 1.* böser Riese *m,* Menschenfresser *m; 2. (fam: energúmeno)* Scheusal *n,* brutaler Kerl *m*
oído [o'iđo] *m 1.* Gehör *n; 2. ANAT* Ohr *n*
oír [o'ir] *v irr 1.* hören, vernehmen; *¿No oye usted nada?* Hören Sie nichts? ~ *con atención* zuhören; ~ *mal* sich verhören; *2.* hören, zuhören, verstehen; *¡Oye!* Na hör mal! *¡Oiga!* Hören Sie mal! Hallo!
ojal [ɔ'xal] *m* Knopfloch *n*
ojalá [ɔxa'la] *adv* hoffentlich
ojo ['ɔxo] *m 1. ANAT* Auge *n; de ~s azules* blauäugig; *un abrir y cerrar de ~s (fig)* im Handumdrehen; *¡Ojo!* Achtung! *Tengo algo en el ~.* Ich habe etw im Auge. *estar ~ avizor* auf der Hut sein; *no pegar (un) ~* kein Auge zutun; *Ojos que no ven, corazón que no siente.* Aus den Augen, aus dem Sinn. *2. ~ de la aguja* Nadelöhr *n; 3. ~ de la cerradura* Schlüsselloch *n; 4. ~ de buey NAUT* Bullauge *n*
ola ['ola] *f 1.* Welle *f,* Woge *f;* ~ *de la marea* Flutwelle *f; 2. (fig)* ~ *de gripe MED* Grippewelle *f*
olé [o'le] *interj ¡Olé!* Bravo!
oleada [o'leađa] *f 1.* Flut *f; 2. (fig)* Welle *f,* Menschenmenge *f; España ha recibido una oleada de inmigrantes ilegales.* Spanien ist einer großen illegalen Einwanderungswelle ausgesetzt gewesen.
oleaje [o'leaxe] *m* Wellengang *m*
óleo ['oleo] *m 1. un cuadro al ~* Öl *n; 2. (cuadro)* Ölgemälde *n*
oler [o'lɛr] *v irr ~ algo* etw riechen; *~ a* riechen nach; *~ a quemado* verbrannt riechen; *~ bien* duften; *~ mal* stinken

olfatear [ɔlfate'ar] *v* schnuppern, wittern, schnüffeln
olfato [ɔl'fato] *m 1.* Gespür *n; 2. sentido del ~* Geruchssinn *m*
oligoelemento [oligoele'mento] *m BIO* Spurenelement *n*
olimpíada [olim'piađa] *f 1. ~ cultural* Literaturwettbewerb *m; 2. ~s pl* Olympiade *f*
olímpico [o'limpiko] *adj* olympisch; *juegos ~s* Olympische Spiele *pl*
oliscar [olis'kar] *v (olisquear)* schnüffeln, schnuppern
oliva [o'liƀa] *f BOT* Olive *f*
olivo [o'liƀo] *m* Olivenbaum *m*
olmo ['ɔlmo] *m BOT* Ulme *f*
olor [o'lɔr] *m* Geruch *m; sin ~* geruchlos; *mal ~* Gestank *m; ~ agradable* Duft *m,* Wohlgeruch *m*
oloroso [olo'roso] *adj* wohlriechend, duftend
olvidadizo [ɔlƀiđa'điθo] *adj* vergesslich
olvidar [ɔlƀi'đar] *v 1.* vergessen; *2. (en un sitio)* liegen lassen
olvidarse [ɔlƀi'đarse] *v* entfallen; *Se me ha olvidado.* Das ist mir entfallen.
olvido [ɔl'ƀiđo] *m* Vergessenheit *f,* Vergessen *n*
olla ['oʎa] *f* Kochtopf *m,* Kessel *m; ~ exprés/~ a presión* Dampfkochtopf *m,* Schnellkochtopf *m*
ombligo [ɔm'bligo] *m ANAT* Nabel *m*
omisión [omi'sĭɔn] *f* Auslassung *f*
omitir [omi'tir] *v* auslassen, unterlassen
omnipotencia [ɔmnipo'tenθĭa] *f* Omnipotenz *f,* Allmacht *f*
omnipotente [ɔmnipo'tente] *adj* omnipotent, allmächtig, allgewaltig
omnipresencia [ɔmnipre'senθĭa] *f* Allgegenwart *f*
omnipresente [ɔmnipre'sente] *adj* allgegenwärtig
omnisciencia [ɔmnis'θĭenθĭa] *f* Allwissenheit *f*
omnisciente [ɔmnis'θĭente] *adj* allwissend
omóplato [o'moplato] *m ANAT* Schulterblatt *n*
onanismo [ona'nizmo] *m* Selbstbefriedigung *f*
once ['ɔnθe] *num* elf
onda ['ɔnda] *f 1.* Welle *f,* Woge *f; ~ de pleamar* Flutwelle *f; 2. ~ de presión TECH* Druckwelle *f; 3. ~ ultracorta PHYS* Ultrakurzwellen *f*
ondear [ɔnde'ar] *v* wehen
ondina [ɔn'đina] *f* Nixe *f,* Undine *f*
ondular [ɔnđu'lar] *v 1. (el cabello)* Haare in Wellen legen, wellen; *2. (ondear)* wogen, wellenförmig flattern
oneroso [one'roso] *adj 1.* beschwerlich; *2. (remunerado)* gegen Bezahlung
onírico [o'niriko] *adj* traumhaft
ONU ['onu] *f (Organización de las Naciones Unidas) POL* UNO *f,* Vereinte Nationen *pl*
opacar [opa'kar] *v 1.* undurchsichtig machen, blickdicht machen, abdecken; *2. (fig)* in den Schatten stellen, etw den Vorrang nehmen
opacidad [opaθi'đađ] *f* Undurchsichtigkeit *f*
opaco [o'pako] *adj* undurchsichtig
opción [ɔƀ'θĭɔn] *f 1.* Option *f; 2. POL* Alternative *f*
opcional [ɔƀθio'nal] *adj* auf Wunsch, beliebig, freigestellt
ópera ['opera] *f* Oper *f*
operación [opera'θĭɔn] *f 1. MED* Operation *f; ~ estética* Schönheitsoperation *f; ~ quirúrgica* Eingriff *m,* Operation *f; 2. ~ especulativa FIN* Spekulationsgeschäft *n; 3. ECO* Geschäft *n; ~ bursátil* Börsengeschäft *n; 4. ~ aritmética MATH* Rechenaufgabe *f; 5. (proceso)* Aktion *f,* Vorgang *m*
operador [opera'đɔr] *m MATH* Operator *m,* Rechner *m*
operador(a) [opera'đɔr/opera'đora] *m/f 1. ECO* Betreiber(in) *m/f; 2. TECH* Bediener(in) *m/f; 3. ~ de radar (de un avión)* Lotse *m*
operando [ope'ranđo] *m MATH* Operand *m*
operar [ope'rar] *v 1.* operieren; *2. MED* operieren; *¿Me tienen que ~?* Muss ich operiert werden? *Me han operado de apendicitis.* Ich bin am Blinddarm operiert worden.
operativo [opera'tiƀo] *m 1.* Razzia *f; adj 2.* operativ, Operations... *3. sistema ~ INFORM* operativ
opereta [ope'reta] *f MUS* Operette *f*
opinar [opi'nar] *v* meinen
opinión [opi'nĭɔn] *f 1.* Ansicht *f,* Meinung *f,* Auffassung *f; de la misma ~* gleich gesinnt; *ser de la misma ~* sich anschließen; *hacer cambiar de ~* umstimmen; *~ pública* Öffentlichkeit *f,* Öffentliche Meinung *f; 2. (juicio)* Beurteilung *f,* Ermessensspielraum *m; 3. (posición sobre un tema)* Stellungnahme *f*
opio ['opĭo] *m BOT* Opium *n*

oponente [opo'nɛnte] *m/f* Widersacher(in) *m/f*, Gegner(in) *m/f*
oponer [opo'nɛr] *v irr* entgegenhalten
oponerse [opo'nɛrse] *v irr* trotzen; *~ a* sich widersetzen
oporto [o'pɔrto] *m GAST* Portwein *m*
oportunamente [opɔrtuna'mente] *adv* rechtzeitig, beizeiten
oportunidad [opɔrtuni'đađ] *f* Chance *f*, Gelegenheit *f*
oportunista [opɔrtu'nista] *m/f 1.* Opportunist(in) *m/f*; *adj 2.* opportunistisch
oportuno [opɔr'tuno] *adj 1. (a tiempo)* rechtzeitig, zeitig; *2. (adecuado)* angebracht, opportun
oposición [oposi'θĭɔn] *f 1.* Widerstand *m*; *2. (opuesto)* Gegensatz *m*, Opposition *f*
opositor(a) [oposi'tɔr/oposi'tora] *m/f JUR* Bewerber *m*, Gegner *m*, Opponent *m*
opresión [opre'sĭɔn] *f* Unterdrückung *f*, Druck *m*
opresivo [opre'siƀo] *adj* beklemmend
oprimido [oprimi'đo] *adj 1.* unterdrückt; *2. (fig)* bedrückt; *3. (fig)* unterjochter Mensch *m*, Unterdrückter *m*; *Los oprimidos de la tierra.* Die unterdrückten Menschen der Erde.
oprimir [opri'mir] *v 1.* drücken; *2. (fig)* unterdrücken, belasten, bedrücken
oprobio [o'proƀĭo] *m* Schande *f*, Schimpf *m*
optar [op'tar] *v ~ por* für etw wählen, etw aussuchen, sich entscheiden
óptica ['ɔptika] *f* Optik *f*
óptico ['ɔptiko] *m 1.* Optiker *m*; *adj 2.* optisch
óptimamente ['ɔptimamente] *adv* optimal
optimismo [opti'mizmo] *m* Optimismus *m*
optimista [opti'mista] *m/f 1.* Optimist(in) *m/f*; *adj 2.* optimistisch
optimizar [optimi'θar] *v MATH* optimieren
óptimo ['ɔptimo] *adj* optimal; *el/lo ~* der/das Beste
opuesto [o'pwesto] *adj 1.* entgegengesetzt, umgekehrt, gegensätzlich; *~ a* zuwider; *2. (rival)* gegnerisch
opugnación [opugna'θĭɔn] *f* Bekämpfung *f*, Erstürmen (einer Festung) *n*
opugnar [opug'nar] *v* bekämpfen, bestürmen
opulencia [opu'lenθĭa] *f* Wohlstand *m*
opulento [opu'lento] *adj* üppig, überreich, luxuriös

oración [ora'θĭɔn] *f 1. GRAMM* Satz *m*; *2. REL* Gebet *n*; *~ de la noche* Abendgebet *n*
orador(a) [ora'đɔr/ora'đora] *m/f* Redner(in) *m/f*
oral [o'ral] *adj* mündlich, oral, verbal
orar [o'rar] *v REL* beten
oratoria [ora'torĭa] *f* Redekunst *f*, Beredsamkeit *f*
orbe ['ɔrƀe] *m el ~ terráqueo* Welt *f*
órbita ['ɔrƀita] *f ASTR* Umlaufbahn *f*
orbitar [ɔrƀi'tar] *v ASTR* umkreisen; *El satélite está orbitando en torno a Júpiter.* Der Satellit umkreist jetzt den Jupiter.
orden ['ɔrđen] *f 1.* Ordnung *f*, Reihenfolge *f*; *en ~* ordnungsgemäß; *~ del día* Tages-ordnung *f*; *2. JUR* Verfügung *f*; *~ penal* Strafbefehl *m*; *3. ~ de pago FIN* Anweisung *f*; *4. ECO* Auftrag *m*, Bestellung *f*; *~ permanente* Dauerauftrag *m*; *5. REL* Orden *m*; *6. (comando)* Anordnung *f*, Befehl *m*
ordenación [ɔrđena'θĭɔn] *f 1.* Regelung *f*; *2. ~ sacerdotal REL* Priesterweihe *f*
ordenadamente [ɔrđenađa'mente] *adv* ordentlich
ordenado [ɔrđe'nađo] *adj* ordentlich
ordenador [ɔrđena'đɔr] *m 1.* Ordner *m*; *2. (en España) INFORM* Computer *m*; *~ personal (PC)* Personalcomputer (PC) *m*; *~ portátil* Laptop *m*
ordenar [ɔrđe'nar] *v 1. (arreglar)* aufräumen, ordnen; *2. (pedir)* bestellen; *3. (instruir)* befehlen, anordnen, veranordnen, anweisen; *~ el internamiento a un hospital* die Einweisung in ein Krankenhaus anordnen; *4. (disponer)* richten, anordnen, einordnen
ordeñar [ɔrđe'ɲar] *v* melken
ordinal [ɔrđi'nal] *adj MATH* Ordnungs..., Ordinal...
ordinariamente [ɔrđinarĭa'mente] *adv* ordinär
ordinariez [ɔrđinarĭeθ] *f* Grobheit *f*, Rohheit *f*, Ungeschliffenheit *f*
ordinario [ɔrđi'narĭo] *adj 1. (frecuente)* gewöhnlich; *2. (vulgar)* vulgär, ordinär; *3. juzgado ~ JUR* ordentlich
orégano [ore'gano] *m BOT* Origano *m*, Dost *m*
oreja [o'rɛxa] *f (exterior) ANAT* Ohr *n*, Ohrmuschel *f*
orfanato [ɔrfa'nato] *m* Waisenhaus *n*
orfandad [ɔr'fanđađ] *f* Verwaisung *f*, Elternlosigkeit *f*
orfebre [ɔr'feƀre] *m/f* Goldschmied(in) *m/f*

orfebrería [ɔrfeƀre'rĭa] *f* Goldschmiedearbeit *f,* Juwelierarbeit *f,* Goldschmiedekunst *f*

orgánico [ɔr'ganiko] *adj* organisch, Organ...

organigrama [ɔrgani'grama] *m TECH* Organigramm *n,* Organisationsschema *n*

organillo [ɔrga'niʎo] *m* Leierkasten *m*

organismo [ɔrga'nizmo] *m* Organismus *m; ~ de inspectoría* Aufsichtsbehörde *f; ~ viviente* Lebewesen *n*

organista [ɔrga'nista] *m/f MUS* Organist(in) *m/f*

organización [ɔrganiθa'θĭɔn] *f 1.* Einrichtung *f,* Organisation *f; 2. (puesta en práctica)* Veranstaltung *f; 3. (fig: disposición interna)* Gliederung *f,* Organisation *f,* Einrichtung *f; El esquema muestra la organización de la compañía.* Das Schema zeigt die Gliederung unseres Unternehmens.

organizado [ɔrgani'θar] *adj (fam: ordenado)* ordentlich, organisiert, systematisch

organizador(a) [ɔrganiθa'đɔr/ɔrganiθa'đora] *m/f* Organisator(in) *m/f,* Veranstalter(in) *m/f*

organizar [ɔrgani'θar] *v 1.* einrichten, ausrichten, veranstalten; *2. (poner en práctica)* organisieren; *¿Puede usted ~ ésto?* Können Sie das arrangieren?

órgano ['ɔrgano] *m 1. ANAT* Organ *n; ~ sensorial* Sinnesorgan *n; ~ sexual* Geschlechtsorgan *n; ~s respiratorios* Atemorgane *pl; 2. ~ sensorio TECH* Sensor *m; 3. MUS* Orgel *f; 4. (fig: representante)* Organ (Mitteilungsblatt eines Organes) *n,* Sprachrohr *n; 5. (medio)* Behörde *f,* Stelle *f,* Organ *n; ~ oficial* offizielle Behörde; *~ de la oposición* Organ der Opposition

orgasmo [ɔr'gasmo] *m* Orgasmus *m*

orgía [ɔr'xia] *f* Orgie *f*

orgiástico [ɔr'gĭaztiko] *adj* ausschweifend

orgullo [ɔr'guʎo] *m* Stolz *m,* Hochmut *m*

orgulloso [ɔrgu'ʎoso] *adj* hochmütig, stolz; *~ de* stolz auf

orientación [orĭenta'θĭɔn] *f 1.* Orientierung *f; 2. ~ sobre* Übersicht über *f; 3. ~ educacional* Erziehungsberatung *f; ~ matrimonial* Eheberatung *f; 4. (fig: forma de pensar)* Ausrichtung *f,* Orientierung *f,* Zielvorstellung *f; Esa es una revista de orientación derechista.* Es ist eine rechtsgerichtete Zeitschrift. *5. (fig: dirección)* Richtung *f,* Zielsetzung *f; Mi vida ha tomado otra orientación.* Mein Leben hat eine andere Richtung genommen.

oriental [orĭen'tal] *adj* östlich, orientalisch

orientar [orĭen'tar] *v* orientieren

orientarse [orĭen'tarse] *v* sich zurechtfinden

Oriente [o'rĭente] *m 1. GEO* Morgenland *n,* Orient *m; el Extremo ~* Ferner Osten *m; el Medio ~* Mittlerer Osten *m; el Cercano ~* Naher Osten *m; 2. (este) GEO* Osten *m*

orificio [ori'fiθĭo] *m* Öffnung *f,* Loch *n*

origen [o'rixen] *m 1. (procedencia)* Abstammung *f,* Herkunft *f; lugar de ~* Abstammung *f; 2. (surgimiento)* Entstehung *f,* Ursprung *m,* Keim *m; 3. (motivo)* Veranlassung *f; 4. tener sus orígenes en* zurückgehen auf

original [orixi'nal] *m 1.* Original *n; adj 2.* originell, original; *3. ~ de* ursprünglich aus; *4. sonido ~* original, Ursprungs... *Hoy he visto la versión original de esa película.* Heute habe ich die Originalversion dieses Films gesehen.

originalidad [orixinali'đađ] *f* Originalität *f*

originar [orixi'nar] *v* verursachen, veranlassen

originario [orixi'narĭo] *adj* ursprünglich

originarse [orixi'narse] *v* entstehen; *~ en* entspringen aus

orilla [o'riʎa] *f 1.* Ufer *n; 2. a ~s del Rin* Ufer *n,* Gestade *n,* Strand *m; 3. a la ~ de* Rand *m,* Saum *m; El restaurante está a la orilla de la carretera.* Das Restaurant liegt an der Landstraße.

orín [o'rin] *m/pl* Urin *m,* Harn *m*

orina [o'rina] *f* Harn *m,* Urin *m*

orinal [ori'nal] *m* Nachttopf *m*

orinar [ori'nar] *v* urinieren

oriundo [o'rĭundo] *adj* gebürtig

ornamentación [ɔrnamenta'θiɔn] *f* Verzieren *n,* Schmuck *m,* Ausschmücken *n*

ornamental [ɔrnamen'tal] *adj* dekorativ

ornamentar [ɔrnamen'tar] *v* verzieren

ornamento [ɔrna'mento] *m* Ornament *n,* Verzierung *f,* Zierde *f*

ornitólogo [ɔrni'tologo] *m MED* Ornithologe *m*

oro ['oro] *m* Gold *n; prometer el ~ y el moro* das Blaue vom Himmel versprechen

orquesta [ɔr'kesta] *f MUS* Orchester *n,* Musikkapelle *f; ~ filarmónica* Philharmonie *f*

orquestar [ɔrkes'tar] *v 1. MUS* orchestrieren, instrumentieren; *2. (fig: tramar)* anstiften

ortiga [or'tiga] *f* *BOT* Brennnessel *f*
ortodoncista [ɔrtođon'θista] *m/f* *MED* Kieferorthopäde/Kieferorthopädin *m/f*
ortodoxo [ɔrto'đɔkso] *adj* orthodox, linientreu
ortografía [ɔrtogra'fia] *f* Orthografie *f*, Rechtschreibung *f*
ortopédico [ɔrto'pеđiko] *adj* orthopädisch
ortopedista [ɔrto'pеđista] *m/f* *MED* Orthopäde/Orthopädin *m/f*
oruga [o'ruga] *f* *1. TECH* Raupe *f*; *2. ZOOL* Raupe *f*
os [ɔs] *pron* euch
osa ['osa] *f* *ZOOL* Bärin *f*; *~ mayor(menor).* Großer (kleiner) Bär (Sternbild)
osadía [osa'đia] *f* Vermessenheit *f*
osado [o'sađo] *adj* dreist, gewagt, keck
osamenta [osa'menta] *f* *1. (el esqueleto)* Skelett *n*; *f/pl 2. (montón de huesos)* Gebeine *n/pl*, Knochen *m/pl*; *Las osamentas fueron encontradas en una fosa común.* Die Gebeine wurden in einem Gemeinschaftsgrab gefunden.
osar [o'sar] *v irr* wagen, getrauen
oscilación [ɔsθila'θĭɔn] *f* *1.* Schwankung *f*; *2. (de la luz) PHYS* Schwingung *f*, Schwung *m*
oscilar [ɔsθi'lar] *v 1.* wanken, schwanken, sich bewegen zwischen; *2. (flamear)* flackern
osciloscopio [ɔsθilos'kopĭo] *m* *TECH* Oszilloskop *n*
oscurecer [ɔskure'θɛr] *v irr* verdunkeln, dunkeln, dunkel werden
oscurecerse [ɔskure'θerse] *v 1.* dunkel werden; *2. (fig: ponerse sombrío)* sich verfinstern; *El rostro del joven se oscureció.* Das Gesicht des jungen Mannes verfinsterte sich.
oscurecimiento [ɔskureθi'mĭento] *m* Verdunkelung *f*
oscuridad [ɔskuri'đađ] *f* Dunkelheit *f*, Finsternis *f*
oscuro [ɔs'kuro] *adj 1.* finster, düster; *2. (fig)* dunkel, obskur
óseo ['oseo] *adj* Knochen..., knochig
oso ['oso] *m* *ZOOL* Bär *m*; *~ hormiguero* Ameisenbär *m*; *~ pardo* Braunbär *m*; *~ polar* Eisbär *m*
ostensible [ɔsten'siƀle] *adj* vordergründig
ostentación [ɔstenta'θion] *f* *1. hacer~ de (mostrar)* Schaustellung *f*, Kostprobe geben *f*, Offensichtliche *n*; *El ministro ha hecho ostentación de su ignorancia.* Der Minister hat seine Unwissenheit zur Schau gestellt. *2. hacer ~ de (alardear de algo)* prahlen, angeben, zur Schau stellen; *La mujer hizo ostentación de sus riquezas.* Die Frau prahlte von ihren Reichtümern.
ostentar [ɔsten'tar] *v* *~ un título* innehaben, vorweisen, aufweisen
ostentoso [ɔsten'toso] *adj* auffallend, pompös
ostra ['ɔstra] *f* *ZOOL* Auster *f*
OTAN ['otan] *f* *(Organización de las Naciones Unidas)* NATO *f*
otólogo [o'tologo] *m* *MED* Ohrenarzt *m*
otoño [o'toɲo] *m* Herbst *m*
otorgar [otɔr'gar] *v 1. (ceder)* gewähren; *2. (dar permiso)* bewilligen; *3. (un premio)* verleihen
otorrinolaringólogo [otɔrrinolariŋ'gologo] *m* *MED* Hals-Nasen-Ohrenarzt *m*
otro ['otro] *pron 1.* ein anderer, ein Zweiter; *2. ~s pl* weitere, sonstige; *adj 3.* andere(r, s); *~ día* neulich, letztens; *Deseo otra habitación.* Ich will ein anderes Zimmer. *¿Hay ~ camino?* Gibt es noch einen anderen Weg? *Vengo otra vez.* Ich komme ein anderes Mal.
ovación [oƀa'θĭɔn] *f* Beifall *m*
oval [o'ƀal] *adj* eiförmig, oval
ovario [o'ƀarĭo] *m* *ANAT* Eierstock *m*
oveja [o'ƀɛxa] *f* *ZOOL* Schaf *n*; *la ~ negra (fig)* das schwarze Schaf *n*
overall [oƀe'ral] *m* *(LA)* Overall *m*
oviducto [oƀi'dukto] *m* *ANAT* Eileiter *m*
ovillo [o'ƀiʎo] *m* Knäuel *n*
ovoide [o'ƀoĭđe] *adj* eiförmig
ovulación [oƀula'θĭɔn] *f* *BIO* Eisprung *m*
ovular [oƀu'lar] *v* *BIO* ovalieren, reifen (Ei im Eierstock)
oxidado [ɔksi'đađo] *adj* rostig
oxidarse [ɔksi'đarse] *v 1.* rosten, verrosten; *2. CHEM* oxidieren
óxido ['ɔgsiđo] *m* *CHEM* Rost *m*
oxigenación [ɔksixena'θĭon] *f* *CHEM* Sättigung mit Sauerstoff *f*, Sauerstoffaufnahme *f*
oxigenado [ɔksixe'nađo] *agua oxigenada* sauerstoffhaltig, wasserstoffblond, gebleicht
oxigenar [ɔksixe'nar] *v* mit Sauerstoff verbinden, mit Sauerstoff versetzen
oxígeno [ɔk'sixeno] *m* *CHEM* Sauerstoff *m*
oyente [o'jente] *m/f* Hörer(in) *m/f*, Zuhörer(in) *m/f*
ozono [o'θono] *m* *CHEM* Ozon *n*; *la capa de ~* Ozonschicht *n*

P

pabellón [paƀe'ʎɔn] *m 1.* Flagge *f; 2. (casa)* Gartenhaus *n; 3. (nave)* Halle *f*
pabilo [pa'ƀilo] *m* Docht *m,* Lichtschnuppe *f*
pacer [pa'θɛr] *v irr* grasen
paciencia [pa'θĭenθĭa] *f* Geduld *f,* Ausdauer *f; ~ de un santo* Engelsgeduld *f*
paciente [pa'θĭente] *m/f 1.* Patient(in) *m/f; adj 2.* geduldig, ausdauernd
pacificación [paθifika'θĭɔn] *f* Befriedung *f,* Pazifizierung *f*
pacíficamente [pa'θifikamente] *adv* friedlich, pazifistisch
pacificar [paθifi'kar] *v* befrieden, Frieden bringen, Frieden stiften
pacífico [pa'θifiko] *adj 1.* friedlich; *2. (tranquilo)* ruhig, still; *3. Oceano Pacífico GEO* Pazifik *m,* Pazifischer Ozean *m*
pacifismo [paθi'fizmo] *m* Pazifismus *m*
pacifista [paθi'fista] *m/f 1.* Pazifist(in) *m/f; adj 2.* pazifistisch
pactar [pak'tar] *~ un acuerdo* vereinbaren, ausbedingen, schließen
pacto ['pakto] *m 1.* Pakt *m,* Abkommen *n; 2. ~ militar POL* Militärbündnis *n; ~ secreto* Geheimbund *m*
pachá [pa'tʃa] *m* Pascha *m*
pachorra [pa'tʃorra] *f* Trägheit *f,* Dickfelligkeit *f*
padecer [pađe'θɛr] *v irr ~ de* leiden an
padecimiento [pađeθi'mĭento] *m* Leiden *n*
padrastro [pa'đrasto] *m* Stiefvater *m*
padre ['pađre] *m 1.* Vater *m; ~ político* Schwiegervater; *por parte de ~* väterlicherseits; *2. REL* Pater *m; ~ espiritual* Seelsorger *m; 3. Padre Nuestro REL* Vaterunser *n; 4. ~s pl* Eltern *pl; ~s adoptivos* Adoptiveltern *pl; ~s políticos* Schwiegereltern *pl; ~s putativos/~s tutelares* Pflegeeltern *pl*
padrino [pa'đrino] *m 1.* Taufpate *m; 2. ~ de la boda* Brautführer *m*
paella [pa'eʎa] *f GAST* Paella *f*
paga ['paga] *f 1.* Zahlung *f; Puedo dejar ~ y señal.* Ich mache gerne eine Anzahlung. *2. (sueldo)* Lohn *m; 3. MIL* Besoldung *f*
pagadero [paga'đero] *adj 1.* zahlbar; *2. FIN* fällig
paganismo [paga'nizmo] *m* Heidentum *n*
pagano [pa'gano] *m* Heide *m*
pagar [pa'gar] *v 1.* bezahlen, auszahlen, zahlen; *~ a cuenta* anzahlen; *Pago una ronda.* Ich gebe einen aus. *¿Puedo ~ con chelines ?* Kann ich in Schillingen zahlen? *2. (ingresar)* einzahlen; *3. (devolver)* zurückzahlen, begleichen; *4. (fam)* blechen; *5. ECO* abführen; *6. ~ impuestos por FIN* versteuern; *~ intereses* verzinsen; *~ a plazos FIN* abzahlen, abstottern (fam)
pagaré [paga're] *m ECO* Schuldschein *m*
página ['paxina] *f 1.* Seite *f; 2. (fig: acontecimiento)* Seite *f,* Ereignis *n*
pago ['pago] *m FIN* Zahlung *f,* Bezahlung *f,* Auszahlung *f,* Einzahlung *f; ~ por adelantado/~ anticipado* Vorauszahlung *f; ~ de alimentos* Unterhaltszahlung *f; ~ al contado* Barzahlung *f; ~ a cuenta* Abschlagszahlung *f,* Anzahlung *f; ~ a plazos* Abzahlung *f,* Teilzahlung *f,* Ratenzahlung *f; ~ posterior* Nachzahlung *f; ~ de derechos de aduana* Verzollung *f*
país [pa'is] *m 1.* Land *n; del ~* heimisch, hiesig, inländisch; *~ de origen/~ de procedencia* Heimat *f,* Herkunftsland *n,* Ursprungsland *n; ~ extranjero* Ausland *n; ~ anfitrión* Gastgeberland *n; 2. ~ del golfo POL* Golfstaat *m; ~ miembro* Mitgliedsstaat *n; 3. ~ industrial ECO* Industrieland *n; ~ agrícola* Agrarland *n; ~ umbral* Schwellenland *n; ~ productor* Erzeugerland *n; ~ en vías de desarrollo* Entwicklungsland *n; 4. ~es balcánicos pl GEO* Balkanländer *pl; ~es bálticos* Baltikum *n; ~es tropicales* Tropen *pl; Países Bajos* Niederlande *pl*
paisaje [paĭ'saxe] *m* Landschaft *f*
paisano [paĭ'sano] *m* Landsmann *m*
paja ['paxa] *f 1.* Stroh *n; 2. BOT* Halm *m*
pájaro ['paxaro] *m ZOOL* Vogel *m; ~ cantor* Singvogel *m; ~ carpintero* Specht *m*
paje ['paxe] *m* Page *m*
pajita [pa'xita] *f* Strohhalm *m*
Pakistán [pakis'tan] *m GEO* Pakistan *n*
pala ['pala] *f* Kehrschaufel *f,* Schaufel *f*
palabra [pa'laƀra] *f 1.* Wort *n; ~ extranjera* Fremdwort *n; ~ de honor* Ehrenwort *n; sin decir una ~* wortlos; *~ por ~* wörtlich; *tener facilidad de ~s* wortgewandt sein; *2. (afirmativa)* Zusage *f; 3. ~ reservada INFORM* Codewort *n; f 4. (dos Bytes) INFORM* zwei Bytes *n/pl*

palabrería [palaƀre'rĭa] *f* Wortschwall *m,* Geschwätz *n,* leeres Gerede *n; ¡ Basta de palabrería!* Schluss mit dem Geschwätz!
palabrota [pala'ƀrota] *f* Kraftausdruck *m,* Schimpfwort *n*
palaciego [pala'θĭego] *adj* höfisch, Hof...
palacio [pa'laθĭo] *m* Palast *m,* Schloss *n*
palada [pa'lađa] *f* Schaufelvoll *f,* Schaufelwurf *m,* Menge, die man mit einem Schaufelstich ausheben kann
paladar [pala'đar] *m 1. ANAT* Gaumen *m; 2. ~ fino* Leckermaul *n; tener buen ~* einen guten Geschmack haben
palanca [pa'laŋĭa] *f TECH* Hebel *m; ~ de mando* Steuerknüppel *m; ~ de cambio/~ de marchas* Schalthebel *m*
palatal [pala'tal] *adj LING* Gaumen...
palco ['palko] *m THEAT* Loge *f*
Palestina [pales'tina] *f GEO* Palästina *n*
palestino [pales'tino] *m* Palästinenser *m*
paleta [pa'leta] *f 1.* Kelle *f; 2. ART* Palette *f; 3. TECH* Palette *f; 4. (fig: espectro)* Spektrum *n,* Palette *f*
paleto [pa'leto] *m (jayán)* Tölpel *m,* Flegel *m*
paliativo [paliatiƀo] *m 1. MED* Linderung *f; 2. (medios auxiliares)* Linderungsmittel *n,* Hilfsmittel *n,* unterstützende Maßnahmen *f/pl*
palidecer [paliđe'θɛr] *v irr 1.* verblassen, bleich werden; *2. (aclarar algo)* bleichen
palidez [pali'đeθ] *f* Blässe *f*
pálido ['paliđo] *adj* blass, bleich, fahl; *~ como un muerto* leichenblass; *~ del susto* schreckensbleich
paliza [pa'liθa] *f* Prügel *pl; pegarse una ~ (fig)* schwere Arbeit verrichten
palma ['palma] *f 1.* Palmzweig *m; 2. (de la mano) ANAT* Handfläche *f; dar ~s* in die Hände klatschen
palmada [pal'mađa] *f* Schlag *m,* Handfläche *f*
palmario [pal'marĭo] *adj ser ~* handgreiflich, offensichtlich, auf der Hand liegend
palmera [pal'mera] *f BOT* Palme *f*
palmeta [pal'meta] *f* Rute *f,* Klatsche *f*
palo ['palo] *m 1.* Stange *f,* Knüppel *m,* Pfahl *m; 2. ~ de golf SPORT* Golfschläger *m; 3. dar ~s a alguien* verprügeln *n*
paloma [pa'loma] *f ZOOL* Taube *f*
palomar [palo'mar] *m* Taubenhaus *n,* Taubenschlag *m*
palpable [pal'paƀle] *adj* spürbar, greifbar
palpar [pal'par] *v* anrühren, anfassen, spüren, berühren
palpitaciones [palpita'θĭones] *f/pl* Herzklopfen *n*
palpitante [palpi'tante] *adj 1.* zuckend, klopfend; *2. (fig: lleno de vida)* lebendig, pulsierend; *Rio de Janeiro es una ciudad palpitante.* Rio de Janeiro ist eine Stadt voller Leben.
palpitar [palpi'tar] *v* klopfen
palúdico [pa'luđiko] *adj MED* malariakrank, fiebergeschüttelt
paludismo [palu'đizmo] *m MED* Malaria *f,* Sumpffieber *n*
palurdo [pa'lurđo] *m* Tölpel *m,* Grobian *m,* dummer Mensch *m; ¡Tus amigos son unos palurdos!* Deine Freunde sind mir schöne Grobiane! *adj* grob, tölpelhaft, dumm
pampa ['pampa] *f GEOL* Ebene *f*
pan [pan] *m GAST* Brot *n; Más ~, por favor.* Noch etw Brot, bitte. *ser más bueno que el ~* ausgezeichnet schmecken; *~ blanco* Weißbrot *n; ~ de centeno* Roggenbrot *n; ~ integral* Vollkornbrot *n; ~ con mantequilla* Butterbrot *n; ~ negro* Schwarzbrot *n; ~ rallado* Paniermehl *n,* Semmelbrösel *pl*
pana ['pana] *f* Kordsamt *m,* Kord *m*
panacea [pana'θea] *f* Allheilmittel *n*
panadería [panađe'ria] *f* Bäckerei *f*
panadero [pana'đero] *m* Bäcker *m*
panal [pa'nal] *m* Wabe *f*
pancarta [pan'karta] *f* Transparent *n*
pancito [pan'θito] *m (LA)* Brötchen *n*
páncreas ['paŋkreas] *m ANAT* Bauchspeicheldrüse *f*
panda ['panđa] *m oso ~ ZOOL* Panda(bär) *m*
pandilla [pan'tiʎa] *f* Bande *f*
panecillo [pane'θiʎo] *m* Brötchen *n,* Semmel *f*
panegírico [pane'xiriko] *m* Lobrede *f*
panel [pa'nɛl] *m 1.* Anzeigetafel *f; ~ solar TECH* Sonnenkollektor *m; 2. (grupo de personas)* Gruppe *f,* Kollegium *n,* Panel *n; el ~ de los competidores* die Gruppe der Wettbewerbsteilnehmer; *el ~ de los acusados* die Gruppe der Angeklagten
panelista [pane'lista] *m/f* Angehöriger einer Gruppe *m,* Mitglied eines Gremiums *n*
panfleto [pan'fleto] *m* Pamphlet *n,* Streitschrift *f*
pánico ['paniko] *m* Panik *f*
panificar [panifi'kar] *v* Brot herstellen, Brot backen
panorama [pano'rama] *f* Anblick *m,* Panorama *n,* Aussicht *f,* Überblick *m*

panorámico [pano'ramiko] *adj* panoramisch, Panorama...
pantalla [pan'taʎa] *f 1.* Blende *f; 2. (lámpara)* Lampenschirm *m; 3. CINE* Leinwand *f; llevar a la ~* verfilmen; *4. (televisión)* Bildschirm *m*
pantalón [panta'lɔn] *m 1.* Hose *f; llevar los pantalones (fig)* die Hosen anhaben; *2. pantalones cortos pl* Shorts *pl*
pantano [pan'tano] *m* Moor *n,* Morast *m,* Sumpf *m*
pantera [pan'tera] *f ZOOL* Panther *m*
pantomima [panto'mima] *f* Pantomime *f*
pantomímico [panto'mimiko] *adj* pantomimisch, nur angedeutet
pantorrilla [pantɔ'rriʎa] *f ANAT* Wade *f*
pantufla [pan'tufla] *f/pl* Pantoffel *m*
panty ['panti] *m* Strumpfhose *f*
panzudo [pan'θuđo] *adj* bauchig
pañal [pa'ɲal] *m* Windel *f*
paño ['paɲo] *m* Tuch *n; ~ de salvamento* Sprungtuch *n*
pañuelo [pa'ɲwelo] *m* Tuch *n; (de bolsillo)* Taschentuch *n; (para la cabeza)* Kopftuch *n; (para el cuello)* Halstuch *n*
papa ['papa] *m 1. REL* Papst *m; f 2. (LA) GAST* Kartoffel *f; ~s fritas* Pommes frites *pl; ~s cocidas* Salzkartoffeln *pl*
papá [pa'pa] *m 1.* Papa *m; 2. Papá Noel* Weihnachtsmann *m*
papada [pa'pađa] *f* Wamme *f*
papagayo [papa'gajo] *m* Papagei *m*
papal [pa'pal] *adj REL* päpstlich
paparrucha [papa'rrutʃa] *f (fam)* Falschmeldung *f,* (Zeitungs)ente *f,* leeres Gerede *n*
papaya [pa'paja] *f BOT* Papaya *f*
papel [pa'pɛl] *m 1.* Papier *n,* Tapete *f; ~ carbón* Kohlepapier *n; ~ de carta(s)* Briefpapier *n; ~ de empaquetar* Packpapier *n; ~ de filtro* Filterpapier *n; ~ higiénico* Toilettenpapier *n; ~ satinado* Glanzpapier *n; ~ viejo* Altpapier *n; Necesito una hoja de ~.* Ich brauche ein Blatt Papier. *Ya no hay más ~ higiénico.* Es gibt kein Toilettenpapier mehr. *2. THEAT* Rolle *f; ~ principal/~ de protagonista CINE* Hauptrolle *f; 3. perder los ~es (fig)* ausrasten; *4. ~es de identidad* Papiere *pl*
papelera [pape'lera] *f* Papierkorb *m*
papeleta [pape'leta] *f* Zettel *m; ~ de votación* Stimmzettel *m*
papelito [pape'lito] *m* Zettel *m*
papera [pa'pera] *f ~s pl MED* Mumps *m*
papilla [pa'piʎa] *f 1. (para niños) GAST* Brei *m; ~ de avena* Haferbrei *m; 2. volver ~ a alguien (fam)* Kaputtmachen (von einer Person) *n,* Fertigmachen *n,* Unterkriegen *n*
paquete [pa'kete] *m* Paket *n,* Packung *f,* Schachtel *f; ~ de cigarrillos* Zigarettenschachtel *f; 2.~ de aplicaciones INFORM* Paket *n*
paquetito [pake'tito] *m* Päckchen *n*
par [par] *m 1.* Paar *n; 2. ~ de giro PHYS* Drehmoment *n; adj 3.* paar; *estar a la ~* quitt sein; *4. MATH* gerade Zahl
para ['para] *prep 1. (hasta)* bis; *2. ~ alguien* für jdn; *3. (hacia)* nach, zu; *~ abajo* herab, hinab; *~ acá* hierher; *~ adentro* hinein; *~ allá* hin; *~ atrás* rückwärts; *konj 4.* um, zu; *~ lo cual* für denjenigen, der; *~ esto* dafür; *~ finalizar* schließlich; *~ nada* umsonst; *¿Para qué?* Wozu? *~ que* damit
parabién [para'ƀjen] *m* Wunsch *m,* Glückwunsch *m*
parábola [pa'raƀola] *f 1. (fábula o historia)* Parabel *f,* Gleichnis *n; 2. (figura geométrica) MATH* Parabel *f*
parabólico [para'ƀoliko] *adj MATH* parabolisch
parabrisas [para'ƀrisas] *m* Windschutzscheibe *f*
paracaídas [paraka'idas] *m* Fallschirm *m*
parachoques [para'tʃokes] *m* Stoßstange *f*
parada [pa'rađa] *f 1. (huelga)* Stillstand *m; 2. (estación)* Station *f; ~ de autobuses* Bushaltestelle *f; ¿Dónde esta la ~ más cercana?* Wo ist die nächste Haltestelle? *~ de taxis* Taxistand *m; 3. (desfile)* Parade *f*
paradigma [para'đigma] *m 1. (ejemplo)* Paradigma *n,* Musterbeispiel *n; Esa situación es un paradigma de la decadencia de ...* Diese Situation ist ein Musterbeispiel für die Dekadenz von ... *2. (las inflexiones de una palabra) LING* Flexionsformen der Worte *f/pl,* Flexionsmuster *n; 3. (modelo teórico)* Beispiel *n,* Muster *n*
paradisíaco [parađi'siako] *adj* paradiesisch
parado [pa'rađo] *adj 1.* stehend; *2. (sin trabajo)* arbeitslos, erwerbslos; *m 3.* Arbeitsloser *m*
paradoja [para'đoxa] *f* Paradoxon *n*
paradójico [para'đɔxiko] *adj* paradox
parador [para'đɔr] *m (en España)* staatliches Hotel *n*
parafina [para'fina] *f CHEM* Paraffin *n*
paráfrasis [pa'rafrasis] *f GRAMM* Umschreibung *f,* Paraphrase *f*

parágrafo [pa'ragrafo] *m* Absatz *m*, Paragraf *m*
paraguas [pa'ragwas] *m* Regenschirm *m*, Schirm *m*; *~ de bolsillo* Taschenschirm *m*
Paraguay [para'guaĭ] *GEO* Paraguay
paragüero [para'gwero] *m* Schirmständer *m*
paraíso [para'iso] *m 1.* Paradies *n*; *2. THEAT* Galerie *f*
paraje [pa'raxe] *m* Gegend *f*
paralela [para'lela] *f* Parallele *f*
paralelismo [parale'lizmo] *m* Parallelismus *m*
paralelo [para'lelo] *adj 1.* parallel; *2. procesamiento ~ INFORM* parallel, entsprechend, vergleichbar
paralelogramo [paralelo'gramo] *m MATH* Parallelogramm *n*
parálisis [pa'ralisis] *f MED* Lähmung *f*
paralítico [para'litiko] *adj MED* gelähmt
paralización [paraliθa'θĭɔn] *f 1.* Stillstand *m*; *2. ECO* Stagnation *f*
paralizado [parali'θađo] *adj MED* gelähmt
paralizar [parali'θar] *v 1.* stilllegen; *2. ECO* stagnieren
parámetro [pa'rametro] *m* Parameter *m*
paramilitar [paramili'tar] *adj* paramilitärisch, militärähnlich
páramo ['paramo] *m* Ödland *n*, kahle Hochfläche *f*
paranoia [para'noĭa] *f MED* Paranoia *f*
paraplejía [paraple'xia] *f* doppelseitige Lähmung *f*; *~ por corte medular* Querschnittslähmung *f*
parapsicología [parasikolo'xia] *f* Parapsychologie *f*
parar [pa'rar] *v 1. (detenerse)* anhalten; *¿Cuánto tiempo para el avión?* Wie lange hat das Flugzeug Aufenthalt? *2. (apagar)* abschalten; *3. (interrumpir)* unterbrechen; *sin ~* unentwegt; *4. (contener)* hemmen; *5. (detener)* stoppen; *6. SPORT* parieren
pararrayos [para'rrajos] *m TECH* Blitzableiter *m*
pararse [pa'rarse] *v* einhalten, Halt machen, innehalten
parasitario [parasi'tario] *adj* parasitär
parásito [pa'rasito] *m* Parasit *m*, Schädling *m*
parataxis [para'taksis] *f GRAMM* Parataxis *f*
parcela [par'θela] *f* Parzelle *f*, Landstück *n*; *~ de pastos* Koppel *f*
parcelar [parθe'lar] *v AGR* parzellieren, in Parzellen aufteilen
parcial [par'θĭal] *adj* parteiisch
parcialidad [parθĭali'đađ] *f* Befangenheit *f*, Voreingenommenheit *f*
parcializado [parθĭali'θađo] *adj* parteiisch; *El juez está parcializado.* Der Richter ist parteiisch eingestellt.
parcializarse [parθĭali'θarse] *v* Partei ergreifen, sich auf eine Seite schlagen
parcialmente [parθĭal'mente] *adv (por partes)* teilweise
parco ['parko] *adj* karg; *~ en palabras* wortkarg
parche ['partʃe] *m* Flicken *m*
pardal [par'đal] *m ZOOL* Sperling *m*
pardo ['pardo] *adj* braun
pardusco [par'dusko] *adj* bräunlich
parecer [pare'θɛr] *v irr 1.* vorkommen, scheinen, erscheinen, aussehen; *~ a* ähneln; *2. según ~* anscheinend; *m 3.* Ermessen *n*, Stellungnahme *f*
parecerse [pare'θɛrse] *v irr* sich ähneln; *~ a alguien* jdm ähneln, gleich aussehen wie jmd
parecido [pare'θiđo] *adj 1.* ähnlich; *~ bien* nett aussehend; *m 2.* Ähnlichkeit *f*
pared [pa'red] *f* Wand *f*; *de ~es delgadas* hellhörig (fig), dünnwandig
pareja [pa'rɛxa] *f 1.* Paar *n*; *~ de enamorados* Liebespaar *n*; *2. por ~s* paarweise
parentela [paren'tela] *f* Verwandtschaft *f*
parentesco [paren'tesko] *m* Verwandtschaft *f*
paréntesis [pa'rentesis] *m* Klammer *f*
paria ['parĭa] *m 1. (miembro de una casta de la India) GEO* Paria *m*; *2. (fig: persona despreciada)* Paria *m*, wenig geachtete Person *f*
paridad [pari'đađ] *f 1.* Parität *f*; *2. (en la transmisión de datos) INFORM* Parität *f*; *Test de ~* Paritätstest
pariente [pa'rĭente] *m/f 1.* Familienangehörige(r) *m/f*, Verwandte(r) *m/f*; *adj 2. ~ de* verwandt mit
parificación [parifika'θĭɔn] *f* Beweisen *n*, Angleichung *f*
parificar [parifi'kar] *v* durch ein Beispiel beweisen, belegen
parir [pa'rir] *v* gebären
París [pa'ris] *GEO* Paris
paritario [pari'tarĭo] *adj* paritätisch
parking ['parkiŋ] *m* Parkplatz *m*, Parkhaus *n*

parla ['parla] *f* Geschwätzigkeit *f,* Wortschwall *m*
parlamentar [parlamen'tar] *v* *1. (hablar)* im Parlament sprechen; *2. (discutir para llegar a un acuerdo)* parlamentieren, im Parlament die Meinung vertreten
parlamentario [parlamen'tarĭo] *m 1. POL* Parlamentarier *m; adj 2. POL* parlamentarisch
parlamento [parla'mento] *m POL* Parlament *n; ~ autónomo* Landtag *m; Parlamento Europeo* Europaparlament *n*
parlar [par'lar] *v* plappern, schwatzen
parlería [parle'rĭa] *f* Geschwätz *n,* Klatscherei *f*
parlero [par'lero] *adj* geschwätzig, schwatzend
parlotear [parlote'ar] *v* plappern
parloteo [parlo'teo] *m* Geplapper *n*
paro¹ ['paro] *m* Arbeitslosigkeit *f*
paro² ['paro] *m (huelga)* Stillstand *m*
paro³ ['paro] *m ZOOL* Meise *f*
parodia [pa'rođĭa] *f* Imitation *f,* Nachahmung *f,* Parodie *f*
parodiar [paro'dĭar] *v* nachahmen, parodieren
parodista [paro'đista] *m/f* Parodist *m*
parpadear [parpađe'ar] *v* blinzeln, zwinkern
párpado ['parpađo] *m ANAT* Augenlid *n,* Lid *n*
parque ['parke] *m 1.* Park *m,* Anlage *f; 2. ~ de diversiones (LA)* Vergnügungspark *m; 3. ~ nacional* Nationalpark *m; 4. ~ zoológico* Tiergarten *m,* Zoo *m; 5. ~ infantil/~ para niños* Spielplatz *m; ¿Hay aquí un ~ infantil?* Gibt es hier einen Spielplatz?
parquear [parke'ar] *v (LA)* parken
parquet [par'kɛt] *m* Parkett *n*
parquímetro [par'kimetro] *m* Parkuhr *f*
parrafear [parra'fear] *v* schwatzen, sich unterhalten
párrafo ['parrafo] *m* Absatz *m,* Paragraph *m*
parranda [pa'rranđa] *f irse de ~* einen Bummel machen *m,* bummeln gehen
parrandear [parran'đɛar] *v* bummeln, schlendern
parricidio [parri'θiđĭo] *m* Vatermord *m,* Verwandtenmord *m,* Kindermord *m*
parrilla [pa'rriʎa] *f* Rost *m,* Grill *m*
párroco ['parrɔko] *m REL* Pfarrer *m*
parroquia [pa'rrɔkĭa] *f REL* Pfarramt *n,* Kirchengemeinde *f*
parroquial [parro'kĭal] *adj* Pfarr...
parte ['parte] *f 1.* Stück *n,* Teil *m,* Anteil *m,* Partie *f; ~ débil* Schwachstelle *f; ~ delantera* Vorderteil *n; ~ de enlace* Verbindungsglied *n; en gran ~* weitgehend; *~ inferior* Unterteil *n; en la ~ inferior* unten; *la mayor ~* der größte Teil *m,* die Mehrheit *f; la mayor ~ del tiempo* meistens; *en su mayor ~* überwiegend; *en ninguna ~* nirgends, nirgendwo; *por otra ~* andererseits; *en la ~ posterior* hinten; *en la ~ superior* oben; *tomar ~ en* teilnehmen an, sich beteiligen an, mitmachen bei; *en ~* teilweise; *2. (informe)* Meldung *f; ~ médico* ärztliches Bulletin *n; ~ meteorológico* Wetterbericht *m; 3. (contribución)* Beitrag *m; 4. ~ contratante* Vertragspartner *m,* Partner *m; 5. ~s contratantes pl* Tarifpartner *pl; 6. ~s negociadoras pl* Verhandlungspartner *pl*
partera [par'tera] *f* Hebamme *f*
partición [parti'θĭɔn] *f 1.* Teilung *f; 2. (en un disco duro) INFORM* Partition *f; ~ primaria* Primärpartition; *~ lógica* logische Partition
particionar [partiθĭo'nar] *v ~ un disco duro INFORM* einrichten (eine Festplatte)
participación [partiθipa'θĭɔn] *f 1.* Anteilnahme *f,* Beteiligung *f,* Teilnahme *f; 2. ~ en los beneficios ECO* Gewinnbeteiligung *f; 3. ~ electoral POL* Wahlbeteiligung *f; 4. (informe)* Meldung *f; ~ de boda* Heiratsanzeige *f; 5. (de los socios)* Partnerschaft *f*
participante [partiθi'pante] *m/f 1.* Beteiligte(r) *m/f,* Teilnehmer(in) *m/f; no ~* unbeteiligt; *2. ECO* Gesellschafter(in) *m/f*
participar [partiθi'par] *v 1. (informar)* melden, mitteilen; *2. ~ de / ~ en* sich beteiligen an, teilnehmen an, mitmachen bei; *~ en la gestión* mitbestimmen; *hacer ~ a alguien de algo* jdn an etw beteiligen; *no ~ más* aussteigen; *3. ~ de las ganancias ECO* teilnehmen, Anteil haben
participio [parti'θipĭo] *m GRAMM* Partizip *n*
partícula [par'tikula] *f 1. ~ subatómica PHYS* Partikel *f,* Teilchen *n; acelerador de ~s* Teilchenbeschleuniger; *2. GRAMM* Partikel *f*
particular [partiku'lar] *adj* besondere(r,s), außerordentlich, speziell, apart
particularmente [partikular'mente] *adv* einzigartig, insbesondere
partida [par'tiđa] *f 1.* Abreise *f,* Aufbruch *m; 2. (al extranjero)* Ausreise *f; 3. (marcha)* Abmarsch *m; 4. (del avión)* Abflug *m; 5. (salida)* Abfahrt *f; 6. (juego) SPORT* Spiel *n;*

7. ~ de ajedrez Schachpartie *f; 8. (comienzo)* Start *m; 9. (documento)* Urkunde *f; ~ de bautismo* Taufschein *m; ~ de defunción* Sterbeurkunde *f,* Totenschein *m; ~ de matrimonio* Heiratsurkunde *f,* Trauschein *m; ~ de nacimiento* Geburtsurkunde *f*

partido [par'tiđo] *m 1.* Partie *f; 2. POL* Partei *f; ~ ecologista* Die Grünen *pl; ~ integrante* Koalitionspartner *m; por encima de los ~s* überparteilich; *en el seno del ~* innerparteilich; *tomar ~ por* Parteinahme für *f; 3. SPORT* Spiel *n; ~ en casa* Heimspiel *n; ~ fuera de casa* Auswärtsspiel *n*

partir [par'tir] *v 1. (de ... hacia)* abfahren (von ... nach), abreisen; *(al extranjero)* ausreisen; *2. a ~ de* ab, seit, von; *3. (repentinamente)* aufbrechen; *4. (distribuir)* abteilen; *5. ~ a hachazos* abhacken; *~ por la mitad/~ en dos partes iguales* halbieren

partirse [par'tirse] *v* auseinander brechen; *~ en dos* entzweigehen; *~ de risa* sich schieflachen

partisano [parti'sano] *m POL* Partisan *m*

partitura [parti'tura] *f MUS* Partitur *f*

parto ['parto] *m MED* Entbindung *f; ~ prematuro* Frühgeburt *f*

pasa ['pasa] *f* Rosine *f*

pasada [pa'sađa] *f de una ~* Vorübergehen *n,* Durchgang *m*

pasadero [pasa'đero] *adj* vorübergehend, nicht lange anhaltend, vergänglich

pasado [pa'sađo] *m 1.* Vergangenheit *f; adj 2.* vergangene(r, s), letzte(r, s); *el año ~* letztes Jahr; *la semana pasada* vorige Woche; *3. (lejano)* fern, vorig, abgestanden; *~ de moda* altmodisch, rückständig; *4. ~ mañana* übermorgen; *5. estar ~* verdorben; *La carne está pasada.* Das Fleisch ist verdorben. *Las frutas están pasadas.* Das Obst ist verdorben. *adv 6.* vorbei, vorüber

pasador [pasa'đɔr] *m 1. TECH* Durchschlag *m; 2. (asidero)* Griff *m; 3. (picaporte)* Türklinke *f; 4. (cerrojo) TECH* Sicherung *f; 5. (de pelo)* Haarspange *f; 6. (colador)* Sieb *n*

pasaje [pa'saxe] *m 1.* Durchgang *m,* Passage *f; 2. (galería)* Galerie *f; 3. (de un libro)* Passage *f; 4. MUS* Passage *f*

pasajero [pasa'xero] *m 1.* Fahrgast *m,* Passagier *m,* Insasse *m; ~ de avión* Fluggast *m; ~ sin boleto (LA)* Schwarzfahrer *m; adj 2.* vorübergehend, vergänglich, zeitlich

pasaporte [pasa'pɔrte] *m* Reisepass *m*

pasar [pa'sar] *v 1.* passieren, geschehen, vorkommen; *¿Qué ha pasado?* Was ist geschehen? *algo pasa a alguien* jdm passiert etw; *2. ~ por* passieren, vorbeigehen an, vorbeikommen an; *¿Ya ha pasado?* Ist es schon vorbei? *Yo ~é.* Ich komme vorbei. *~ por agua fría (los huevos)* abschrecken; *~ por algún sitio* durchfahren; *~ por alto (a propósito)* übersehen; *~ corriendo* durchlaufen; *~ delante de* vorbeikommen; *~ por delante de* vorbeigehen an; *~ una noche en vela* eine Nacht durchwachen; *~ en coche por algún sitio* durchfahren; *~ a* weitergeben an; *~ de mano en mano* herumreichen; *3. (un tiempo)* verbringen, verleben; *~ frío* frieren; *~ la noche en* übernachten; *~ el tiempo* die Zeit vertreiben; *¡Que lo pase bien!* Alles Gute!/Viel Spaß! *4. (sobre ~)* überholen; *5. ~ a máquina* abtippen; *6. (entrar)* hereinkommen; *hacer ~* hereinlassen; *7. (las horas)* vergehen; *8. (alcanzar)* reichen; *9. (colar)* sieben

pasarse [pa'sarse] *v 1.* übertreten; *~ al lado del enemigo* zum Feind überlaufen; *2. (exagerar)* übertreiben

pasatiempo [pasa'tĭempo] *m* Zeitvertreib *m*

Pascua ['paskwa] *f (de Resurrección)* Ostern *n; ¡Felices ~s!* Frohe Ostern!

paseante [pa'seante] *m/f* Spaziergänger(in) *m/f*

pasear [pase'ar] *v* spazieren, laufen; *~ en coche* ausfahren; *ir a ~* spazieren gehen

paseo [pa'seo] *m 1.* Spaziergang *m; ¿Vamos a dar un ~?* Wollen wir spazieren gehen? *~ en bus* Busrundfahrt *f; ~ a caballo* Ritt *m; ~ en coche* Rundfahrt *f, Spazierfahrt f; ~ por el puerto* Hafenrundfahrt *f; ~ en trineo* Schlittenfahrt *f; 2. (avenida)* Allee *f*

pasillo [pa'siʎo] *m (de la casa)* Flur *m,* Hausflur *m,* Gang *m*

pasión [pa'sĭɔn] *f 1.* Leidenschaft *f; 2. (fig)* Schwarm *m; 3. REL* Leiden *n*

pasito [pa'sito] *adv* langsam

pasividad [pasiƀi'đađ] *f* Passivität *f*

pasivo [pa'siƀo] *adj 1.* passiv, untätig; *m 2. ECO* Passiva *pl*

paso ['paso] *m 1.* Tritt *m,* Schritt *m; ~ en falso* Fehltritt *m; estar a dos ~s* einen Katzensprung entfernt sein; *~ a ~* schrittweise; *~ de tortuga* Schneckentempo *n; 2. (al curso siguiente)* Versetzung *f; 3. (pasaje)* Passage *f,* Durchgang *m; 4. (cruce)* Übergang *m; ~ de la frontera* Grenzübertritt *m; ~ a nivel* Bahnübergang *m; ~ de peatones* Fußgängerübergang *m; ~ subterráneo* Unterführung *f; ~ a bajo nivel* Bahnunterführung *f; 5. (de mon-*

taña) Pass *m; 6. (de una quebrada)* Schlucht *f; 7. de ~ (temporal)* vorübergehend; *estar de ~* auf der Durchreise sein
pasta ['pasta] *f 1. GAST* Paste *f,* Teig *m; 2. (LA: papilla, puré) GAST* Brei *m,* Nudeln *pl; ~ flora* Mürbeteig *m; 3. ~ dentífrica* Zahnpasta *f,* Zahncreme *f; 4. (fam)* Kohle *f; 5. ~s alimenticias pl* Teigwaren *pl*
pastar [pas'tar] *v* grasen
pastel [pas'tɛl] *m 1. GAST* Kuchen *m; 2. ~es pl GAST* Gebäck *n*
pastelería [pastele'rĭa] *f 1.* Gebäck *n; 2. (negocio)* Konditorei *f*
pastelero [paste'lero] *m* Konditor *m*
pastilla [pas'tiʎa] *f 1. MED* Tablette *f; ~ para dormir* Schlaftablette *f; Necesito ~s suaves para dormir.* Ich brauche leichte Schlaftabletten. *2. (unidad)* Stück *n,* Tafel *f; ~ de jabón* Stück Seife *n; ~ de chocolate* Tafel Schokolade *f; 3. ir a toda ~ (fig)* rasen
pastizal [pasti'θal] *m BOT* Weide *f*
pasto ['pasto] *m BOT* Weide *f*
pastor [pas'tɔr] *m 1.* Hirte *m,* Schäfer *m; 2. ~ alemán ZOOL* Schäferhund *m; 3. REL* Pastor *m*
pastura [pas'tura] *f* Weiden *n*
pata ['pata] *f 1. (de animal) ZOOL* Bein *n,* Pfote *f; 2. (de muebles)* Bein *n; 3. mala ~* Schlamassel *n,* Pech *n; meter la ~* ins Fettnäpfchen treten; *estirar la ~* abkratzen
patada [pa'tađa] *f* Tritt *m*
patalear [pata'lɛar] *v* mit den Füßen strampeln, trampeln
patán [pa'tan] *m* (fam) Grobian *m,* Tölpel *m*
patata [pa'tata] *f 1. BOT* Kartoffel *f; 2. ~s fritas pl GAST* Pommes frites *pl,* Kartoffelchips *pl; ~s hervidas/~s cocidas pl* Salzkartoffeln *pl*
paté [pa'te] *m GAST* Pastete *f*
patear [pate'ar] *v 1.* treten; *2. (contínua y fuertemente)* trampeln
patearse [pate'arse] *v* herumlaufen, ablaufen; *~ la ciudad* die Stadt ablaufen
patentar [paten'tar] *v* patentieren
patente [pa'tente] *adj 1.* offenbar; *f 2.* Patent *n; 3. ECO* Gewerbeschein *m*
patentizar [patenti'θar] *v* patentieren, ein Patent geben, patentieren lassen
paternal [pa'tɛrnal] *adj* väterlich
paternalismo [patɛrna'lizmo] *m* Bevormundung *f*
paternidad [patɛrni'đađ] *f* Vaterschaft *f*
paterno [pa'tɛrno] *adj* väterlich
patetismo [pate'tizmo] *m* Pathos *n*
patibulario [patiƀu'larĭo] *adj* Galgen..., Schafott...
patíbulo [pa'tiƀulo] *m* Galgen *m*
patín [pa'tin] *m SPORT* Rollschuh *m; ~ para hielo* Schlittschuh *m; mono ~* Skateboard *n*
pátina ['patina] *f* Patina *f*
patinador(a) [patina'đɔr/patina'đora] *m/f 1. (sobre el hielo) SPORT* Eiskunstläufer(in) *m/f; 2. (sobre ruedas) SPORT* Rollschuhfahrer(in) *m/f*
patinaje [pati'naxe] *m SPORT* Rollschuhlaufen *n; ~ sobre hielo* Schlittschuhlaufen *n; ~ artístico* Eiskunstlauf *m*
patinar [pati'nar] *v 1.* schleudern, rutschen; *2. SPORT* Schlittschuh laufen, Rollschuh laufen
patinete [pati'nete] *m* Roller *m*
patio ['patĭo] *m* Hof *m; al ~* zum Hof
pato ['pato] *m 1. ZOOL* Ente *f; 2. ~ macho* Enterich *m*
patología [patolɔ'xia] *f MED* Pathologie *f*
patológico [pato'lɔxiko] *adj 1.* krankhaft; *2. MED* pathologisch
patólogo [pa'tɔlogo] *m MED* Pathologe *m*
patraña [pa'traɲa] *f* Bluff *m,* Flausen *pl*
patrañero [patra'ɲero] *m* Lügner *m,* Schwindler *m*
patria ['patrĭa] *f* Heimat *f; sin ~* heimatlos
patriarca [pa'trĭarka] *m* Patriarch *m*
patriarcal [patrĭar'kal] *adj* patriarchalisch
patricidio [patri'θiđĭo] *m* Vatermord *m*
patrimonio [patri'monĭo] *m 1.* Vermögen *n; ~ nacional* Staatseigentum *n; 2. ~ hereditario BIO* Erbgut *n*
patrio ['patrio] *adj* Vater...
patriota [pa'trĭota] *m/f* Patriot(in) *m/f*
patriotería [patrĭote'ria] *f* Chauvinismus *m*
patriotero [patrĭo'tero] *adj* chauvinistisch
patriótico [pa'trĭotiko] *adj* patriotisch
patriotismo [patrĭo'tizmo] *m* Patriotismus *m; ~ de campanario* Lokalpatriotismus *m*
patrocinador(a) [patroθina'đɔr/patroθina'đora] *m/f* Schirmherr(in) *m/f,* Sponsor(in) *m/f,* Förderer/Förderin *m/f*
patrocinar [patroθi'nar] *v* sponsern
patrón [pa'trɔn] *m 1.* Chef *m,* Arbeitgeber *m; 2. (patrocinador)* Schirmherr *m,* Patron *m; 3. (LA: propietario)* Inhaber *m; 4. (plantilla)* Schablone *f; 5. (modelo)* Standard *m*
patrona [pa'trona] *f* Chefin *f*

patronato [patro'nato] *m* Patronat *n,* Schirmherrschaft *f*
patrono [pa'trono] *m* *REL* Schutzpatron *m*
patrulla [pa'truʎa] *f* Streife *f;* ~ *de policía* Polizeistreife *f*
patrullero [patru'ʎero] *m* *(LA)* Streifenwagen *m*
paulatino [paŭla'tino] *adj* allmählich
pauperismo [paupe'rizmo] *m* Verarmung *f,* Massenelend *n*
pauperización [paŭperiθa'θĭɔn] *f* Verarmung *f*
pausa ['paŭsa] *f* *1.* Pause *f;* ~ *de reflexión* Denkpause *f;* *2.* *(descanso)* Rast *f;* *hacer una* ~ Halt machen, rasten, pausieren
pauta ['paŭta] *f* Leitbild *n*
pautar [pau'tar] *v* *1.* linieren; *2.* Regeln aufstellen
pavimentar [paƀimen'tar] *v* pflastern, mit Platten, etc. belegen
pavimento [paƀi'mento] *m* *1.* *(en la avenida)* Straßenbelag *m,* Pflaster *n;* *2.* *(en la casa)* Estrich *m,* Bodenbelag *m*
pavo ['paƀo] *m* *1.* *ZOOL* Truthahn *m;* ~ *real* Pfau *m;* *adj* *2.* blöd, doof
pavonearse [paƀone'arse] *v* sich brüsten
pavor [pa'ƀɔr] *m* Entsetzen *n,* Grauen *n;* *lleno de* ~ entsetzt
pavoroso [paƀo'roso] *adj* schrecklich, entsetzlich, Grauen erregend
payasadas [paja'sađas] *f/pl* Faxen *pl*
payaso [pa'jaso] *m* Clown *m*
paz [paθ] *f* *1.* Frieden *m;* *en* ~ friedlich, still, ungestört; *2.* *(tranquilidad)* Ruhe *f,* Stille *f;* *¡Déjeme en ~!* Lassen Sie mich in Ruhe!
peaje [pe'axe] *m* Autobahngebühr *f*
peatón [pea'tɔn] *m* Fußgänger *m;* *paso de peatones* Fußgängerüberweg *m*
peca ['peka] *f* Sommersprosse *f*
pecado [pe'kađo] *m* Sünde *f;* ~ *de juventud* Jugendsünde *f;* ~ *mortal* Todsünde *f*
pecador(a) [peka'đɔr/peka'đora] *m/f* Sünder(in) *m/f*
pecar [pe'kar] *v* ~ *contra* sündigen gegen
pecoso [pe'koso] *adj* sommersprossig
peculiar [peku'lĭar] *adj* eigenartig, seltsam
peculiaridad [pekulĭari'đađ] *f* Eigenheit *f,* Eigentümlichkeit *f*
pecuniario [peku'nĭarĭo] *adj* finanziell
pecho ['petʃo] *m* *1.* Brust *f;* *a lo hecho* ~ geschehen ist geschehen; *tomarse algo a* ~ sich etw zu Herzen nehmen; *2.* *(seno)* *ANAT* Busen *m*
pedagogía [peđagɔ'xia] *f* Pädagogik *f*
pedagógico [peđa'gɔoxiko] *adj* erzieherisch, pädagogisch
pedagogo [peđa'gogo] *m* Erzieher *m,* Pädagoge *m*
pedal [pe'đal] *m* *TECH* Pedal *n;* ~ *de freno* Bremspedal *n*
pedalear [peđa'lear] *v* mit dem Fahrrad fahren, in die Pedale treten
pedante [pe'đante] *m* *1.* Pedant *m;* *adj* *2.* herablassend, pedantisch
pedantear [pedan'tɛar] *v* sich pedantisch verhalten, sich schulmeisterlich verhalten
pedantería [peđante'rĭa] *f* Pedanterie *f,* Besserwisserei *f,* Schulfuchserei *f*
pedazo [pe'đaθo] *m* *1.* Stück *n;* ~ *de papel* Zettel *m;* *hacer ~s* kurz und klein schlagen; *2.* *(de vidrio, de porcelana)* Scherbe *f;* *estar hecho ~s* kaputt sein, todmüde sein; *hacer ~s* zerbrechen; *3.* *ser un ~ de pan (fig)* sehr gutmütig sein
pederastia [peđe'rastĭa] *f* Päderastie *f*
pedestal [peđes'tal] *m* Sockel *m*
pediatra [pe'đĭatra] *m/f* Kinderarzt/ Kinderärztin *m/f*
pedido [pe'điđo] *m* *1.* *ECO* Bestellung *f,* Auftrag *m;* *hacer un* ~ bestellen; ~ *suplementario* Nachbestellung *f;* *2.* *(exigencia)* Anforderung *f*
pedigrí [peđi'gri] *m* *ZOOL* Stammbaum *m*
pedir [pe'đir] *v irr* *1.* anfordern, bitten, bestellen; ~ *algo a alguien* von jdm etw verlangen, jdn um etw bitten; ~ *informes* anfragen; ~ *informaciones sobre* Informationen einziehen über; ~ *limosna* betteln; ~ *prestado algo a alguien* etw von jdm ausleihen; *Quisiéramos ~.* Wir möchten bestellen. *Ya hemos pedido.* Wir haben bereits bestellt. *Yo no he pedido esto.* Das habe ich nicht bestellt. *Es el único favor que te he pedido.* Dies ist der einzige Gefallen, um den ich dich gebeten habe. *2.* *(exigir)* erfordern; *3.* *(exhortar)* auffordern; *4.* *(solicitar, anhelar)* begehren
pedrada [pe'đrađa] *f* Steinwurf *m*
pedregoso [peđre'goso] *adj* steinig
pegado [pe'gađo] *adj* *1.* *estar ~ a* hängen an; *2.* eng anliegend; ~ *al cuerpo* hauteng
pegajoso [pega'xoso] *adj* klebrig
pegamento [pega'mento] *m* Klebstoff *m*
pegar [pe'gar] *v* *1.* kleben, verkleben, ankleben, haften; ~ *al cuerpo* hauteng sein; ~ *cerrando* zukleben; ~ *con cola* leimen; *2.* *(maltratar)* schlagen; ~ *a alguien* jdn verprügeln

pegatina [peġa'tina] *f* Aufkleber *m*, Vignette *f*
peinado [peĭ'nađo] *m* Frisur *f*; *Quisiera un ~ nuevo.* Ich möchte eine neue Frisur.
peinar [peĭ'nar] *v* kämmen; *~ a alguien* jdn frisieren
peinarse [peĭ'narse] *v* sich kämmen
peine ['peĭne] *m* Kamm *m*
pelaje [pe'laxe] *m* Haarwuchs *m*, Haarfarbe *f*, Fell *n*
pelar [pe'lar] *v* schälen
pelas ['pelas] *f/pl (fam)* Knete *f*, Kohle *f*
peldaño [pel'daɲo] *m* Stufe *f*
pelea [pe'lea] *f* Streit *m*, Keilerei *f*
pelear [pele'ar] *v 1.* streiten; *2. (luchar)* kämpfen, ringen
pelearse [pele'arse] *v* raufen
peletero [pele'tero] *m* Kürschner *m*
película [pe'likula] *f CINE* Film *m*; *~ de aventuras* Abenteuerfilm *m*; *~ de blanco y negro* Schwarzweißfilm *m*; *~ costumbrista* Heimatfilm *m*; *~ de largo metraje* Spielfim *m*; *~ muda* Stummfilm *m*; *~ para pantalla panorámica* Breitwandfilm *m*; *~ policíaca* Krimi *m*; *~ sentimental* Schnulze *f*; *~ de vídeo* Videofilm *m*
peligrar [peli'grar] *v* in Gefahr sein; *hacer ~* gefährden
peligro [pe'ligro] *m 1.* Gefahr *f*; *~ de aludes* Lawinengefahr *f*; *~ de caída* Absturzgefahr *f*; *~ de epidemia* Seuchengefahr *f*; *~ de muerte* Lebensgefahr *f*; *no exponer a ningún ~* verschonen; *poner en ~* gefährden; *~ de rabia* Tollwutgefahr *f*; *sin ~* sicher; *~ de zozobra* Seenot *f*; *2. (necesidad)* Not *f*; *3. ~ de contagio MED* Ansteckungsgefahr *f*; *4. ~ de colusión JUR* Verdunkelungsgefahr *f*
peligroso [peli'groso] *adj 1.* gefährlich, riskant; *no ~* ungefährlich; *2. (con riesgo de muerte)* lebensgefährlich
pelo ['pelo] *m* Haar *n*; *~ de camello* Kamelhaar *n*; *por un ~* um Haaresbreite; *tomar el ~ a alguien (fig)* jdn verkohlen; *no tener ~s en la lengua* nicht auf den Mund gefallen sein; *coger por los ~s* gerade noch erwischen
pelota [pe'lota] *f* Ball *m*; *~ de fútbol* Fußball *m*; *hacerle la ~ a alguien (fig)* jdm Honig um den Bart schmieren
pelotón [pelo'tɔn] *m MIL* Zug *m*, Trupp *m*
peluca [pe'luka] *f* Perücke *f*
peluche [pe'lutʃe] *m* Plüsch *m*
peludo [pe'luđo] *adj* behaart
peluquería [peluke'rĭa] *f* Friseursalon *m*
peluquero [pelu'kero] *m* Friseur *m*
pelvis ['pelƀis] *f ANAT* Becken *n*
pellas ['peʎas] *f/pl 1.* Klumpen *pl*; *2. hacer ~ (fig)* schwänzen
pellejo [pe'ʎexo] *m 1. ZOOL* Pelz *m*, Fell *n*; *2. GAST* Pelle *f*, Schale *f*
pellizcar [peʎiθ'kar] *v* kneifen, zwicken
pellizco [pe'ʎiθko] *m* Zwicken *n*, Biss *m* *4. (LA)(vergüenza)* Scham *f*, Schande *f*; *Me muero de la pena.* Ich sterbe vor Scham.
pena ['pena] *f 1.* Kummer *m*, Gram *f*, Leid *n*; *Me da ~.* Er tut mir Leid./Sie tut mir Leid. *~s de amor/~s del corazón* Liebeskummer *m*; *2. (tormento)* Mühsal *f*, Pein *f*, Qual *f*; *¿Merece la ~?* Lohnt es sich? *3. ~ por* Sorge um *f*; *4. JUR* Strafe *f*; *~ capital/~ de muerte* Todesstrafe *f*; *~ contractual* Konventionalstrafe *f*; *~ de prisión* Gefängnisstrafe *f*; *~ privativa de la libertad* Freiheitsstrafe *f*; *~ reglamentaria* Ordnungsstrafe *f*; *5. (LA) (vergüenza)* Scham *f*, Schande *f*; *Me muero de la pena.* Ich sterbe vor Scham.
penable [pe'naƀle] *adj JUR* strafbar
penal [pe'nal] *m 1. JUR* Strafanstalt *f*; *2. (LA) SPORT* Strafstoß *m*
penalty [pe'nalti] *m SPORT* Strafstoß *m*
penar [pe'nar] *v* strafen
pender [pen'der] *v* hängen; *~ sobre* schweben über
pendiente [pen'dĭente] *f 1. (cuesta)* Hang *m*, Abhang *m*; *m 2. (colgante)* Anhänger *m*, Ohrring *m*; *adj 3.* offen; *estar ~* offen stehen; *4. (de pago)* rückständig
péndulo ['penđulo] *m* Pendel *n*
pene ['pene] *m ANAT* Penis *m*
penetrante [pene'trante] *adj 1.* durchdringend, penetrant; *2. (agudo)* grell, schrill
penetrar [pene'trar] *v 1.* durchdringen; *2. ~ en* eindringen in
penicilina [peniθi'lina] *f MED* Penicillin *n*
península [pe'ninsula] *f* Halbinsel *f*; *Península Ibérica GEO* Iberische Halbinsel *f*
penique [pe'nike] *m* Pfennig *m*
penitencia [peni'tenθĭa] *f* Buße *f*
penitenciaría [penitenθĭa'ria] *f 1.* Zuchthaus *n*; *2. JUR* Strafanstalt *f*
penoso [pe'noso] *adj 1.* anstrengend, schwierig, mühevoll; *2. (doloroso)* qualvoll; *3. (difícil)* schwer
pensamiento [pensa'mĭento] *m* Gedanke *m*, Vorstellung *f*, Denken *n*
pensar [pen'sar] *v irr* denken, gedenken zu, überlegen; *~ hacer* beabsichtigen, vorha-

ben; *Lo ~é.* Ich werde es mir überlegen. *Siempre quella ve un avión piensa en su amigo el piloto.* Immer wenn sie ein Flugzeug sieht, denkt sie an ihren Freund, den Piloten.
pensativo [pensa'tiƀo] *adj* besinnlich
pensión [pen'sĭɔn] *f 1.* Pension *f,* Altersversorgung *f; ~ de orfandad* Waisenrente *f; ~ de vejez* Pension *f,* Rente *f,* Altersrente *f; ~ vitalicia* Leibrente *f; ~ de viudez* Witwenrente *f; 2. (de hospedaje)* Gästehaus *n; ~ completa* Vollpension *f; ¿Puede usted recomendarme una ~?* Können Sie mir eine Pension empfehlen?
pensionista [pensĭo'nista] *m/f* Rentner(in) *m/f*
Pentecostés [pentekos'tes] *m REL* Pfingsten *n*
penúltimo [pe'nultimo] *adj* vorletzte(r,s)
penuria [pe'nurĭa] *f* Not *f*
peña ['peɲa] *f* Klippe *f*
peñasco [pe'ɲasko] *m* Felsvorsprung *m*
peón [pe'ɔn] *m* Handlanger *m,* Hilfsarbeiter *m*
peor [pe'ɔr] *adj* schlechter, schlimmer; *en el ~ de los casos* schlimmstenfalls
pepa ['pepa] *f (LA)* Kern *m*
pepinillo [pepi'niʎo] *m GAST* Gewürzgurke *f; ~ en vinagre* Essiggurke *f*
pepino [pe'pino] *m BOT* Gurke *f*
pepita [pe'pita] *f* Kern *m*
pequeñez [peke'ɲeθ] *f 1.* Kleinigkeit *f,* Lappalie *f; 2. (carácter)* Engherzigkeit *f*
pequeño [pe'keɲo] *adj* klein
pera ['pera] *f* Birne *f; pedir ~s al olmo* das Unmögliche verlangen
perca ['pɛrka] *f ZOOL* Barsch *m*
percatarse [pɛrka'tarse] *v ~ de* merken
percepción [pɛrθɛƀ'θĭɔn] *f 1.* Wahrnehmung *f; 2. (fig: aprehensión)* Wahrnehmung *f*
perceptible [pɛrθɛp'tiƀle] *adj* merklich, spürbar, vernehmbar
percibir [pɛrθi'ƀir] *v 1.* merken, vernehmen, wahrnehmen, bemerken; *2. (sentir)* spüren; *3. (recibir)* beziehen
percha ['pɛrtʃa] *f 1.* Kleiderbügel *m; 2. tener buena ~* eine gute Figur haben
perchero [pɛr'tʃero] *m* Kleiderständer *m*
perder [pɛr'đɛr] *v irr 1.* verlieren; *estar perdido por alguien* in jdn bis über beide Ohren verliebt sein; *2. (desperdiciar oportunidad)* versäumen, verpassen; *3. (extraviar)* verlegen; *4. (sacrificar)* einbüßen
perderse [pɛr'đɛrse] *v irr* sich verlaufen, sich verirren
perdición [pɛrđi'θĭɔn] *f 1. (ruina)* Ruin *m; 2. (fig)* Verderben *n*
pérdida ['pɛrđiđa] *f 1.* Verlust *m,* Einbuße *f; ~ del conocimiento* Bewusstlosigkeit *f; ~ de la memoria* Gedächtnisschwund *m; ~ del tiempo* Zeitverlust *m,* Zeitverschwendung *f; 2. ECO* Ausfall *m; ~ de beneficios/~ de ganancias* Gewinnausfall *m*
perdido [pɛr'điđo] *adj 1.* weg, verloren; *2. (distraído)* geistesabwesend
perdón [pɛr'đɔn] *m* Entschuldigung *f,* Verzeihung *f,* Vergebung *f; ¡Perdón!* Verzeihung! Entschuldigung! *¿Perdón?* Wie bitte?/Bitte?
perdonable [pɛrđo'naƀle] *adj* entschuldbar, verzeihlich
perdonar [pɛrđo'nar] *v* entschuldigen, verzeihen, vergeben
perdurable [pɛrđu'raƀle] *adj* dauernd, ewig, beständig
perduración [pɛrđura'θĭon] *f* Dauer *f,* Beständigkeit *f,* Ewigkeit *f*
perdurar [pɛrđu'rar] *v* lange dauern, bestehen bleiben
perecedero [pereθe'đero] *adj 1.* sterblich; *2. (cosa)* verderblich
perecer [pere'θɛr] *v irr* umkommen, eingehen, verenden; *~ de hambre* verhungern
peregrinación [peregrina'θĭɔn] *f REL* Wallfahrt *f,* Pilgerfahrt *f*
perejil [perɛ'xil] *m BOT* Petersilie *f*
perenne [peren'ne] *adj* immer während, ewig
pereza [pe'reθa] *f 1. (flojera)* Faulheit *f,* Trägheit *f; 2. (comodidad)* Bequemlichkeit *f*
perezoso [pere'θoso] *adj 1. (flojo)* faul, träge; *2. (comodón)* bequem
perfección [pɛrfɛk'θĭɔn] *f* Perfektion *f,* Vollkommenheit *f; a la ~* vortrefflich
perfeccionamiento [pɛrfɛkθĭona'mĭento] *m 1. (profesional)* Fortbildung *f,* Weiterbildung *f; 2. (segundo toque)* Überarbeitung *f; 3. (mejora)* Verbesserung *f*
perfeccionar [pɛrfɛkθĭo'nar] *v* verbessern, überarbeiten, vervollkommen
perfeccionarse [pɛrfɛkθĭo'narse] *v* sich fortbilden, sich weiterbilden
perfeccionista [pɛrfɛkθĭo'nista] *m/f* Perfektionist(in) *m/f*
perfecto [pɛr'fɛkto] *adj* vollkommen, meisterhaft, perfekt
perfidia [pɛr'fiđĭa] *f* Heimtücke *f*
pérfido ['pɛrfiđo] *adj* heimtückisch, hinterlistig

perfil [pɛr'fil] *m 1. TECH* Profil *n*, Kontur *f*; *2. (fig: conjunto de rasgos)* Profil *n*
perfilar [perfi'lar] *v* profilieren, im Profil darstellen, umreißen
perforación [pɛrfora'θĭɔn] *f TECH* Bohrung *f*
perforador [pɛrfora'đɔr] *m* Locher *m*
perforadora [pɛrfora'đora] *f TECH* Bohrmaschine *f*
perforar [pɛrfo'rar] *v* knipsen, lochen
perfumar [pɛrfu'mar] *v* parfümieren
perfume [pɛr'fume] *m 1. (olor agradable)* Duft *m*, Hauch *m*, Wohlgeruch *m*; *2. (esencia)* Parfüm *n*
perfumería [pɛrfume'ria] *f* Parfümerie *f*
pergamino [pɛrga'mino] *m* Pergament *n*
pericia [pe'riθĭa] *f* Sachkenntnis *f*
periferia [peri'ferĭa] *f* Peripherie *f*, Stadtrand *m*
periférico [peri'feriko] *adj 1.* peripher; *2. dispositivo ~ INFORM* Peripheriegerät *n*
perímetro [pe'rimetro] *m* Umfang *m*, Umkreis *m*
periódico [pe'rĭođiko] *m 1.* Zeitung *f*; *~ sensacionalista* Boulevardzeitung *f*; *~ escolar* Schülerzeitung *f*; *adj 2.* periodisch
periodismo [perĭo'đizmo] *m* Journalismus *n*
periodista [perĭo'đista] *m/f* Journalist(in) *m/f*
periodístico [perĭo'đistiko] *adj* journalistisch
período [pe'riođo] *m 1.* Periode *f*, Abschnitt *m*; *~ bajísimo* Talsohle *f*; *~ glacial* Eiszeit *f*; *~ de prueba* Probezeit *f*; *~ de transición* Übergangszeit *f*; *2. ~ de incubación MED* Inkubationszeit *f*; *3. ~ legislativo POL* Legislaturperiode *f*; *~ de transición* Übergangszeit *f*; *4. ~ de semidesintegración PHYS* Halbwertszeit *f*; *5. (menstruación) MED* Menstruation *f*, Regel *f*
periquito [peri'kito] *m ZOOL* Wellensittich *m*
peristilo [peris'tilo] *m* Säulengang *m*
peritaje [peri'taxe] *m* Gutachten *n*
perito [pe'rito] *m 1.* Fachmann *m*, Gutachter *m*, Sachverständiger *m*; *adj 2.* sachkundig
peritonitis [perito'nitis] *f MED* Bauchfellentzündung *f*
perjudicar [pɛrxuđi'kar] *v 1.* benachteiligen, beeinträchtigen; *2. (dañar)* schaden, schädigen
perjudicial [pɛrxuđi'θĭal] *adj* schädlich, abträglich
perjuicio [pɛr'xwiθĭo] *m 1.* Beeinträchtigung *f*; *2. (daño)* Schaden *m*
perjurio [pɛr'xurĭo] *m JUR* Meineid *m*
perla ['pɛrla] *f* Perle *f*
permanecer [pɛrmane'θɛr] *v irr* dableiben, bleiben, verweilen
permanencia [pɛrma'nenθĭa] *f 1. (estadía)* Aufenthalt *m*; *2. (duración)* Beständigkeit *f*
permanente [pɛrma'nente] *adj 1.* ständig, andauernd, durchgehend, beständig; *f 2.* Dauerwelle *f*
permeable [pɛrme'aƀle] *adj* durchlässig
permiso [pɛr'miso] *m* Erlaubnis *f*, Genehmigung *f*, Zulassung *f*; *~ de circulación* Kraftfahrzeugschein *m*, Zulassung *f*; *~ de conducir* Führerschein *m*; *~ de construcción* Baugenehmigung *f*; *~ de estudios y formación* Bildungsurlaub *m*; *~ de importación* Einfuhrgenehmigung *f*; *~ de residencia* Aufenthaltsgenehmigung *f*; *~ de salida* Ausreisegenehmigung *f*; *tener ~ para* Erlaubnis haben für; *dar ~* erlauben/die Erlaubnis erteilen
permitido [pɛrmi'tiđo] *adj* zulässig
permitir [pɛrmi'tir] *v* genehmigen, gestatten, lassen, zulassen; *~ algo a alguien* jdm etw erlauben; *¿Me permite?* Gestatten Sie?
permitirse [pɛrmi'tirse] *v ~ algo* sich etw leisten, sich etw gönnen
permuta [per'muta] *f (cambio)* Tausch *m*
permutar [pɛrmu'tar] *v ~ por* tauschen gegen, einhandeln
pernoctación [pɛrnɔkta'θĭɔn] *f* Übernachtung *f*
pernoctar [pɛrnɔk'tar] *v* übernachten
pero ['pero] *konj 1.* aber; *2. (después de negación implícita)* doch
perpendicular [pɛrpendi'kular] *adj 1.* rechtwinklig; *f 2. TECH* Lot *n*
perpetrar [pɛrpe'trar] *v 1.* begehen, verüben; *2. (un acto criminal)* begehen
perpetuación [pɛrpetwa'θĭɔn] *f* Verewigung *f*
perpetuar [pɛrpe'twar] *v* verewigen
perpetuidad [perpetui'đađ] *f a ~* Ewigkeit *f*, Beständigkeit *f*, Fortdauer *f*
perpetuo [pɛr'petwo] *adj* lebenslänglich
perplejidad [pɛrplɛxi'đađ] *f* Bestürzung *f*, Fassungslosigkeit *f*
perplejo [pɛr'plɛxo] *adj* fassungslos, perplex, ratlos; *estar ~* bestürzt sein
perra ['pɛrra] *f ZOOL* Hündin *f*; *llevar una vida ~* ein Hundeleben führen

perro ['pɛrro] *m ZOOL* Hund *m; ~ de aguas* Pudel *m; ~ faldero* Schoßhündchen *n; ~ guardián* Wachhund *m*
persa ['pɛrsa] *m GEO* Perser *m*
persecución [pɛrseku'θĭɔn] *f* Fahndung *f,* Verfolgung *f; ~ de los judíos* Judenverfolgung *f*
perseguir [pɛrse'gir] *v irr* verfolgen; *~ a alguien* jdm nachlaufen, jdm nachstellen
perseverancia [pɛrseƀe'ranθĭa] *f* Ausdauer *f,* Beharrlichkeit *f*
perseverante [pɛrseƀe'rante] *adj* ausdauernd, beharrlich, zielstrebig
perseverar [pɛrseƀe'rar] *v ~ en* verharren bei; *~ hasta el fin* ausharren
Persia ['pɛrsĭa] *f GEO* Persien *n*
persiana [pɛr'sĭana] *f* Jalousie *f,* Rollladen *m*
persignarse [pɛrsig'narse] *v REL* sich bekreuzigen
persistencia [pɛrsis'tenθĭa] *f* Andauer *f,* Fortdauer *f*
persistir [pɛrsis'tir] *v 1.* andauern, anhalten, verharren; *2. (insistir) ~ en* bestehen auf
persona [pɛr'sona] *f* Mensch *m,* Person *f; ~ no autorizada* Unbefugte(r) *m/f; ~ con antecedentes penales* Vorbestrafte(r) *m/f; ~ bajo tutela* Mündel *n; ~ competente* Sachbearbeiter(in) *m/f; en ~* leibhaftig
personal [pɛrso'nal] *m 1.* Personal *n,* Belegschaft *f; ~ directivo* Führungskraft *f; ~ de tierra* Bodenpersonal *n; adj 2.* persönlich, eigen
personalidad [pɛrsonali'đađ] *f 1.* Persönlichkeit *f; ~ destacada* Autorität *f; 2. ~es pl* Prominenz *f*
personalizar [personali'θar] *v* personifizieren, verkörpern, persönlich werden
personalmente [pɛrsonal'mente] *adv* persönlich, leibhaftig
personificación [pɛrsonifika'θĭɔn] *f* Verkörperung *f*
personificar [pɛrsonifi'kar] *v* verkörpern, personifizieren
perspectiva [pɛrspɛk'tiƀa] *f 1.* Perspektive *f; 2. (fig)* Aussicht *f*
perspicacia [pɛrspi'kaθĭa] *f* Scharfsinn *m*
perspicaz [pɛrspi'kaθ] *adj* raffiniert, scharfsinnig, hellhörig
persuadir [pɛrswa'đir] *v* überzeugen; *~ a hacer algo* zu etw überreden; *~ a alguien que haga algo* jdn herumkriegen, etw zu tun
persuasión [pɛrswa'sĭɔn] *f* Überredung *f*
pertenecer [pɛrtene'θɛr] *v irr 1. ~ a alguien* jdm gehören; *Esta casa me pertenece, mi abuelo me la regaló.* Dieses Haus gehört mir, mein Großvater hat es mir geschenkt. *2. (a un grupo determinado)* angehören, dazugehören, darunterfallen; *~ al mismo grupo* zusammengehören
perteneciente [pɛrtene'θĭente] *adj ~ a* zugehörig
pertenencia [pɛrte'nenθĭa] *f* Zugehörigkeit *f*
pertinente [pɛrti'nente] *adj 1.* angebracht, sachdienlich; *2. ~ a* einschlägig
pertrechar [pertretʃ'ar] *v MIL* ausrüsten
perturbación [pɛrturƀa'θĭɔn] *f* Störung *f; ~ del orden público* Ruhestörung *f*
perturbar [pɛrtur'ƀar] *v 1.* aufregen, beunruhigen; *2. (molestar)* stören
perversión [pɛrƀɛr'sĭɔn] *f* Verkommenheit *f,* Perversion *f*
perverso [pɛr'ƀɛrso] *adj* pervers, verrucht
pervertir [pɛrƀɛr'tir] *v irr* verderben
pesadez [pesa'đeθ] *f* Schwere *f*
pesadilla [pesa'điʎa] *f* Alptraum *m*
pesado [pe'sađo] *adj 1.* schwer; *2. (fig)* aufdringlich
pesadumbre [pesa'đumbre] *f* Kummer *m*
pésame ['pesame] *m* Beileid *n; dar el ~ a alguien* jdm sein Beileid aussprechen
pesar [pe'sar] *m 1.* Bedauern *n,* Gram *f,* Leid *n; v 2.* wiegen; *¡Pese esto, por favor!* Wiegen Sie das bitte! *3. (sopesar)* abwägen, abwiegen; *prep 4. a ~ de* trotzdem, ungeachtet, trotz; *konj 5.* obwohl
pesca ['peska] *f* Fischfang *m; ~ marítima* Hochseefischerei *f; licencia de ~* Angelerlaubnis *f; carné de ~* Angelschein *m*
pescadería [peskađe'ria] *f* Fischgeschäft *n*
pescado [pes'kađo] *m GAST* Fisch *m*
pescador(a) [peska'đɔr/peska'tora] *m/f 1.* Fischer(in) *m/f; 2. ~ de caña* Angler(in) *m/f*
pescar [pes'kar] *v 1.* fischen; *2. ~ con caña* angeln
pese ['pese] *prep ~ a* trotz
pesebre [pese'ƀre] *m* Krippe *f*
peseta [pe'seta] *f (unidad monetaria) ECO* Peseta *f,* spanische Währungseinheit *f*
pesimismo [pesi'mizmo] *m* Pessimismus *m*
pesimista [pesi'mista] *m/f 1.* Pessimist(in) *m/f; adj 2.* pessimistisch

peso ['peso] *m* *1.* Gewicht *n; ~ bruto* Bruttogewicht *n; ~ corporal* Körpergewicht *n; falta de ~* Untergewicht *n; ~ máximo* Maximalgewicht *n; ~ neto* Nettogewicht *n; 2. ~ pluma SPORT* Federgewicht *n; ~ mosca* Fliegengewicht *n; ~ pesado* Schwergewicht *n*

pesquisa [pes'kisa] *f* *1.* Fahndung *f; 2. JUR* Ermittlung *f*

pestaña [pes'taɲa] *f* Wimper *f*

pestañear [pestaɲe'ar] *v* zwinkern

peste ['peste] *f* *MED* Pest *f*

pesticida [pesti'θiđa] *m* Schädlingsbekämpfungsmittel *n*, Pestizid *n*

petaca [pe'taka] *m* Lederetui *n*, Zigarettenetui *n*

petición [peti'θĭɔn] *f* *1.* Antrag *m*, Forderung *f*, Petition *f; ~ de mano* Heiratsantrag *m; 2. (solicitud)* Ersuchen *n*, Gesuch *n; ~ de retiro* Abschiedsgesuch *n; 3. ~ de entrega ECO* Abruf *m; 4. POL* Eingabe *f; 5. ~ de gracia JUR* Gnadengesuch *n*

petrificado [petrifi'kađo] *adj* *1.* versteinert; *2. (fig)* versteinert, sprachlos, starr; *Me quedé petrificado.* Ich war sprachlos vor Schreck.

petrificar [petrifi'kar] *v* *(fig)* versteinern, (fig) erstarren lassen; *El hombre me petrificó con la mirada.* Der Mann ließ mich durch seine Blicke erstarren.

petrificarse [petrifi'karse] *v* *GEOL* versteinern, zu Stein werden

petróleo [pe'troleo] *m* Erdöl *n*, Petroleum *n*

petroquímica [petro'kimika] *f* Petrochemie *f*

petulancia [petu'lanθĭa] *f* Anmaßung *f*

petulante [petu'lante] *adj* anmaßend, mutwillig, vorlaut

peyorativo [pejora'tiƀo] *adj* abwertend

pez¹ [peθ] *f* *1. negro como la ~* pechschwarze Farbe *f*, Baumharz *n; 2. (mala suerte)* Pech *n*, Unglück *n*

pez² [peθ] *m* *ZOOL* Fisch *m; ~ dorado* Goldfisch *m; ~ espada* Schwertfisch *m; estar ~ en algo (fig)* unvorbereitet sein; *salga ~ o salga rana* auf gut Glück

pezón [pe'θɔn] *m* *ANAT* Brustwarze *f*

piadoso [pĭa'đoso] *adj* *1.* mitleidig, pietätvoll; *2. REL* andächtig, fromm

pianista [pĭa'nista] *m/f* *MUS* Pianist(in) *m/f*

piano ['pĭano] *m* *MUS* Klavier *n; ~ de cola* Flügel *m; ~ de concierto* Konzertflügel *m; tocar el ~* Klavier spielen; *No hay nadie que toque el ~ como Bela.* Es gibt niemanden, der wie Bela Klavier spielt.

picado [pi'kađo] *adj* beschwipst, pikiert

picadura [pika'đura] *f* *1.* Stich *m*, Biss *m; ~ de abeja* Bienenstich *m; ~ de insecto* Insektenstich *m; ~ de mosquito* Mückenstich *m; ~ de araña* Spinnenbiss *m; 2. (tabaco picado)* Feinschnitt *m (Tabak)*

picante [pi'kante] *adj* scharf, anzüglich, saftig (fig)

picapedrero [pikape'đrero] *m* Steinmetz *m*

picapinos [pika'pinos] *m* *ZOOL* Buntspecht *m*

picaporte [pika'pɔrte] *m* Griff *m*, Klinke *f*

picar [pi'kar] *v* *1. (comezón)* jucken, prickeln; *¡Pica!* Es juckt! *2. (ser picado por un insecto)* beißen, stechen; *3. (la carne)* hacken; *4. GAST* wiegen; *5. (un pescado, tragar el anzuelo)* anbeißen; *6. (con el pico)* picken; *7. (perforar una tarjeta)* knipsen; *8. (golpear)* klopfen; *9. (comer)* knabbern

picaresco [pika'resko] *adj* schelmisch

pícaro ['pikaro] *m* *1.* Schalk *m*, Schelm *m*, Spitzbube *m; adj 2.* schelmisch, spitzbübisch, verschmitzt

picnic ['piknik] *m* Picknick *n*

pico ['piko] *m* *1.* Eispickel *m; 2. (punta)* Spitze *f; 3. ZOOL* Schnabel *f; ~ manchado* Buntspecht *m*

picor [pi'kɔr] *m* *MED* Juckreiz *m*

picotear [piko'tɛar] *v* anpicken, schnäbeln, nicken

pictórico [pik'toriko] *adj* malerisch

pie [pĭe] *m* *1. ANAT* Fuß *m; ~ de atleta* Fußpilz *m; ~ de cama* Bettvorleger *m; estar de ~* stehen; *ir a ~* zu Fuß gehen; *~ plano* Plattfuß *m; ponerse de ~* sich erheben; *2. ~ de imprenta* Impressum *n*

piedad [pĭe'đađ] *f* *1.* Mitleid *n*, Barmherzigkeit *f; sin ~* erbarmungslos, gnadenlos; *2. REL* Frömmigkeit *f*, Pietät *f; sin ~* gottlos

piedra ['pĭeđra] *f* Stein *m; ~ sepulcral* Grabstein *m; ~ caliza* Kalkstein *m; ~ arenisca* Sandstein *m; ~ preciosa* Edelstein *m; ~ de cobre* Kupferstein *m*

piel [pĭɛl] *f* *1. ANAT* Haut *f; 2. ZOOL* Fell *n*, Pelz *m; ~ de cordero* Lammfell *n; 3. (cuero)* Leder *n; ~ auténtica* echtes Leder *n; 4. (pellejo)* Pelle *f; 5. (cáscara)* Schale *f*

pierna ['pĭɛrna] *f* *1. ANAT* Bein *n; ~ enyesada/~ escayolada* Gipsbein *n; ~s en forma de X* X-Beine *pl; 2. GAST* Keule *f*

pieza ['pĭeθa] *f 1. (parte)* Teil *m,* Stück *n; ~ de maestra* Meisterstück *n; por ~s* stückweise; *~ única* Einzelstück *n; ~ de unión* Verbindungsglied *n; ~ de recambio* Ersatzteil *n; ~ de trabajo* Werkstück *n; 2. THEAT* Stück *n; ~ teatral* Theaterstück *n; ~ en un acto* Einakter *m; 3. (cuarto)* Raum *m,* Zimmer *n*
pifiar [pi'fiar] *v* kicksen, einen Fehlstoß tun, einen Fehler machen
pigmento [pig'mento] *m* Pigment *n*
pignoración [pignora'θĭɔn] *f* Verpfändung *f*
pignorar [pigno'rar] *v* verpfänden
pijama [pi'xama] *m* Pyjama *m,* Schlafanzug *m*
pila [pila] *f 1.* Bassin *n; 2. ~ bautismal REL* Taufbecken *n; 3. (montón)* Stapel *m; 4. TECH* Batterie *f*
pilar [pi'lar] *m* Pfeiler *m,* Stütze *f*
pilastra [pi'lastra] *f ARCH* Wandpfeiler *m*
píldora ['pilđora] *f MED* Pille *f; ~ abortiva* Abtreibungspille *f; ~ anticonceptiva* Antibabypille *f; Tomo la ~.* Ich nehme die Pille.
piloso [pi'loso] *adj* behaart, stark behaart
pilotaje [pilo'taxe] *m* Steuerung *f*
pilotar [pilo'tar] *v* lotsen
pilotear [pilo'tear] *v* steuern, lotsen
piloto [pi'loto] *m* Pilot *m; ~ de carrera* Rennfahrer *m; ~ de pruebas* Testpilot *m*
pillaje [pi'ʎaxe] *m* Plünderung *f*
pillar [pi'ʎar] *v 1.* plündern, ausplündern; *2. (encontrar)* vorfinden, erwischen
pillo ['piʎo] *adj 1.* schlau; *m 2.* Halunke *m,* Schlauberger *m,* Spitzbube *m*
pimentón [pimen'tɔn] *m* gemahlener Paprika *m*
pimienta [pi'mĭenta] *f* Pfeffer *m; ~ cayena* Cayennepfeffer *m; echar ~* pfeffern
pimiento [pi'mĭento] *m BOT* Paprika *f*
pinacoteca [pinako'teka] *f* Pinakothek *f*
pincel [pin'θɛl] *m* Pinsel *m*
pinchar [pin'tʃar] *v* stechen
pinchazo [pin'tʃaθo] *m (de llanta)* Reifenpanne *f,* Plattfuß *m* (fam); *Tengo un ~.* Ich habe eine Reifenpanne.
pincho ['pintʃo] *m 1.* Dorn *m,* Stachel *m; 2. GAST* Spieß *m,* Happen *m*
ping-pong [ping-pong] *m SPORT* Tischtennis *n*
pingüino [piŋ'gwino] *m ZOOL* Pinguin *m*
pino ['pino] *m BOT* Kiefer *f,* Pinie *f; Vive en el quinto ~. (fig)* Er wohnt am Ende der Welt.
pintadas [pin'tađas] *f/pl* Graffiti *n*
pintalabios [pinta'labĭos] *m* Lippenstift *m*
pintar [pin'tar] *v 1.* malen, anmalen, bemalen; *2. (dar una mano de pintura)* streichen, auftragen, anstreichen; *3. (fig: describir)* beschreiben, darstellen, schildern; *Ese hombre no es como lo pintan.* Der Mann ist nicht so, wie die Leute sagen. *4. (colorear)* anmalen, ausmalen, kolorieren
pintarse [pin'tarse] *v* sich schminken, sich anmalen
pintor(a) [pin'tɔr/pin'tora] *m/f 1. ART* Maler(in) *m/f; 2. ~ de brocha gorda* Maler(in) *m/f,* Anstreicher(in) *m/f*
pintura [pin'tura] *f 1.* Malerei *f; 2. (cuadro)* Bild *n,* Gemälde *n; ~ del altar* Altargemälde *n; ~ mural* Wandgemälde *n; ~ al óleo* Ölmalerei *f; ~ de techo* Deckengemälde *n; 3. (material)* Farbe *f; ~ al óleo* Ölfarbe *f*
pinza ['pinθa] *f 1.* Klammer *f;* Klemme *f; (para la ropa)* Wäscheklammer *f; 2. ~s pl* Pinzette *f; 3. ~s pl (LA)* Zange *f*
pinzón [pin'θɔn] *m ZOOL* Fink *m*
piña ['piɲa] *f 1. BOT* Ananas *f; 2. ~ de abeto BOT* Tannenzapfen *m*
piñón [pi'ɲɔn] *m 1. BOT* Pinienkern *m; 2. TECH* Zahnrad *n*
pío ['pio] *adj REL* fromm; *no decir ni ~ (fam)* den Mund nicht aufmachen
piojo ['pĭɔxo] *m ZOOL* Laus *f*
pionero [pĭo'nero] *m* Pionier *m,* Vorkämpfer *m,* Wegbereiter *m*
piorrea [pĭo'rrɛa] *f MED* Pyorrhoe *f*
pipa ['pipa] *f 1.* Pfeife *f; Fumo ~.* Ich rauche Pfeife. *filtro de ~* Pfeifenfilter *m; tabaco de ~* Pfeifentabak *m; 2. pasárselo ~* sich köstlich amüsieren
pipí [pi'pi] *m hacer ~* Pipi machen, pinkeln
pique ['pike] *m irse a ~* sinken, untergehen
piquete [pi'kete] *m 1.* Streikposten *m; 2. ~ de prevención MIL* Bereitschaft *f*
piramidal [pirami'đal] *adj* pyramidisch, pyramidenförmig, Pyramiden...
pirámide [pi'ramiđe] *f* Pyramide *f*
pirata [pi'rata] *m* Pirat *m; ~ de la informática* Hacker *m*
piratería [pirate'ria] *f* Piraterie *f,* Seeräuberei *f*
piropo [pi'ropo] *m* Kompliment *n,* Artigkeit *f*
pirosis [pi'rosis] *f MED* Sodbrennen *n*
pirueta [pi'rueta] *f* Pirouette *f,* Luftsprung *m,* Drehsprung *m*
pirulí [piru'li] *m* Lutscher *m*
pisar [pi'sar] *v* treten; *~ la uva* Weintrauben keltern; *~ sobre algo* auf etw treten

piscina [pis'θina] *f* Schwimmbad *n*, Becken *n*, Badenanstalt *f*; ~ *al aire libre* Freibad *n*; ~ *cubierta* Hallenbad *n*; ~ *para niños* Plantschbecken *n*; *¿Cuándo está abierta la ~?* Wann ist das Schwimmbad geöffnet?
piso ['piso] *m 1. (suelo)* Fußboden *m*; *2. (planta)* Etage *f*, Stock *m*, Stockwerk *n*; *en el tercer ~* in der dritten Etage; *3. (apartamento)* Wohnung *f*, Etagenwohnung *f*; ~ *de alquiler* Mietwohnung *f*; ~ *propio* Eigentumswohnung *f*
pisotear [pisote'ar] *v* zertrampeln
pista ['pista] *f 1.* Piste *f*; ~ *de aterrizaje* Landebahn *f*; ~ *de baile* Tanzfläche *f*; ~ *de circo* Manege *f*; ~ *de despegue* Startbahn *f*; ~ *de rodadura* Rollfeld *n*; ~ *de tenis* Tennisplatz *m*; *2. (huella)* Fährte *f*
pistacho [pista'tʃo] *m BOT* Pistazie *f*
pistilo [pis'tĭlo] *m BOT* Stempel *m*, Pistill *n*
pistola [pis'tola] *f* Pistole *f*
pistón [pis'tɔn] *m TECH* Kolben *m*
pitada [pi'tađa] *f 1.* Pfiff *m*; *2. SPORT* Anpfiff *m*; *3. ~s pl* Pfeifkonzert *n*
pitar [pi'tar] *v 1.* zischen; *salir pitando* schleunigst verschwinden; *2. (al fin del juego) SPORT* abpfeifen
pitido [pi'tiđo] *m* Pfiff *m*
pitillo [pi'tiʎo] *m (fam)* Zigarette *f*; *echar un ~* sich eine Zigarette anstecken
pito ['pito] *m* Pfeife *f*, Trillerpfeife *f*
pizarra [pi'θarra] *f* Tafel *f*
pizarrón [piθa'rron] *m (LA)(pizarra)* Wandtafel *f*, große Tafel *f*
pizca ['piθka] *f* Hauch *m*, Prise *f*, Bisschen *n*
placa ['plaka] *f 1.* Schild *n*; ~ *de matrícula* Nummernschild *m*, Kennzeichen *n*; *2. ~ giratoria TECH* Drehscheibe *f*; *3. ~ base INFORM* Festplatte *f*
placenta [pla'θenta] *f ANAT* Plazenta *f*
placer [pla'θɛr] *m* Genuss *m*, Lust *f*
placidez [plaθi'đeθ] *f* Gelassenheit *f*
plácido ['plaθiđo] *adj* ruhig, still
plaga ['plaga] *f 1.* Plage *f*, Landplage *f*, Schädling *m*; *2. (fig)* Unmenge *f*
plagado [pla'gađo] *adj* übersät, voller, überhäuft
plagar [pla'gar] *v* heimsuchen, plagen
plagarse [pla'garse] *v* ~ *de personas* anfüllen
plagiar [pla'xĭar] *v* spicken, abschreiben
plagio ['plaxĭo] *m* Spickzettel *m*, Plagiat *n*
plan [plan] *m* Plan *m*, Vorhaben *n*, Konzept *n*, Unternehmen *n*; ~ *de desarme* Abrüstungsplan *m*; *sin ~* planlos; ~ *de urbanización* Bebauungsplan *m*; *¿Tiene usted algún ~ para hoy?* Haben Sie heute schon etw vor?
plana ['plana] *f primera ~ TEL* Ebene *f*
plancton ['planton] *m* Plankton *n*
plancha ['plantʃa] *f 1.* Bügeleisen *n*; *2. (lámina, hoja metalica)* Blech *n*; *3. (tablero, lámina)* Platte *f*; *4. (tabla, anaquel)* Brett *n*; *5. (fam)* Blamage *f*
planchado [plan'tʃado] *m* Bügeln *n*, Plätten *n*
planchar [plan'tʃar] *v 1.* bügeln; *2. (fam)* ausbeulen
planeador [planea'đɔr] *m* Segelflugzeug *n*
planear [plane'ar] *v 1.* planen; *tener planeado algo* etw vorhaben; *2. (volar en aeroplano)* segeln, gleiten
planeta [pla'neta] *m* Planet *m*
planetario [plane'tarĭo] *adj* Planeten...
planicie [pla'niθĭe] *f* Ebene *f*
planificación [planifika'θĭɔn] *f* Planung *f*; ~ *familiar* Familienplanung *f*
planilla [pla'niʎa] *f (LA)(formulario)* Formular *n*; *Debe llenar la planilla.* Sie müssen das Formular ausfüllen.
plano ['plano] *adj 1.* eben, flach, plan; *m 2.* Ebene *f*; *3. (dibujo)* Plan *m*, ~ *de la ciudad* Stadtplan *m*; *4. primer ~ CINE* Nahaufnahme *f*, Großaufnahme *f*
planta ['planta] *f 1.* Pflanze *f*, Kraut *n*, Gewächs *n*; ~ *medicinal* Arzneipflanze *f*, Kraut *n*; ~ *enredadera* Schlingpflanze *f*; ~ *trepadora* Kletterpflanze *f*; *2. (fábrica)* Anlage *f*, Werk *n*; ~ *depuradora de aguas* Abwasserkläranlage *f*; ~ *de reprocesamiento* Wiederaufbereitungsanlage *f*; ~ *siderúrgica* Stahlwerk *n*; *3. ~ del pie ANAT* Sohle *f*; *4. (piso)* Stock *m*, Stockwerk *n*; ~ *baja* Erdgeschoss *n*, Parterre *n*; *de ~ baja* ebenerdig
plantación [planta'θĭɔn] *f* Bepflanzung *f*; Plantage *f*
plantado [plan'tađo] *adj dejar ~* jdn versetzen, jdn stehen lassen
plantar [plan'tar] *v 1.* pflanzen, anpflanzen, anlegen; ~ *de* bepflanzen mit; *2. (dar un golpe)* versetzen, verpassen; *Ella me plantó una bofetada.* Sie hat mir eine Ohrfeige verpasst. *3. (dejar esperando a alguien)* versetzen, wartenlassen; *No quiero plantar a mi novio.* Ich möchte meinen Bräutigam nicht versetzen. *5. ~ en la calle* auf die Straße setzen, hinauswerfen; *6. (fam: abandonar)* verlassen

plantilla [plan'tiʎa] *f 1.* Belegschaft *f; 2. (zápato)* Einlegesohle *f,* Einlage *f*
plasma ['plasma] *m BIO* Plasma *n*
plástico ['plastiko] *m 1.* Plastik *n,* Kunststoff *m; ¿Es esto de ~?* Ist das aus Plastik? *Necesito una bolsa de ~.* Ich brauche eine Plastiktüte. *adj 2.* formbar, plastisch
plastilina [plasti'lina] *f CHEM* Plastilin *n,* Knetmasse *f*
plata ['plata] *f 1.* Silber *n; de ~* silbern; *2. (LA: fig)* Geld *n*
plataforma [plata'forma] *f 1.* Plattform *f; ~ de carga* Palette *f,* Ladebühne *f,* Ladefläche *f; ~ elevadora* Hebebühne *f, ~ petrolera* Bohrinsel *f; 2. (fig: esquema)* Basis *f,* Grundlage *f; una ~ para la discusión* eine Grundlage für die Diskussion; *3. (sistema operativo) INFORM* Plattform (Betriebssystem) *f*
plátano ['platano] *m 1. (fruta) BOT* Banane *f; 2. (árbol de fronda) BOT* Platane *f*
platea [pla'tea] *f THEAT* Parkett *n,* Parterre *n*
plateado [pla'teađo] *adj* silberfarben, versilbert
platear [plate'ar] *v* versilbern
plática ['platika] *f (LA) 1.* Unterhaltung *f,* Geplauder *n; 2. REL* Predigt *f*
platicar [plati'kar] *v (LA)* schwatzen, plaudern; *~ con* sich unterhalten mit
platillo [pla'tiʎo] *m 1.* Untertasse *f,* Untersetzer *m; ~ de la balanza* Waagschale *f; ~ de postre* Nachtisch *m,* Dessertteller *m; 2. (fig) ~ volante* fliegende Untertasse *f; 3. ~s pl MUS* Becken *n*
platino [pla'tino] *m CHEM* Platin *n*
platito [pla'tito] *m (LA)* Untertasse *f,* kleiner Teller *m*
plato ['plato] *m 1.* Teller *m; ~ hondo* Suppenteller *m,* Schüssel *f; ~ tendido (LA)* Teller *m; ~s sucios* Abwasch *m; 2. GAST* Gericht *n; ~ precocinado* Fertiggericht *n; ~ principal* Hauptgericht *n; ~ favorito* Leibgericht *n,* Lieblingsspeise *f; ~ de entrada* Vorspeise *f; 3. (manjar) GAST* Gang *m*
playa ['plaja] *f 1.* Strand *m; ~ de arena* Sandstrand *m; 2. ~ de estacionamiento (LA)* Parkplatz *m*
plaza ['plaθa] *f* Platz *m; ~ del mercado* Marktplatz *m*
plazo ['plaθo] *m 1.* Termin *m,* Frist *f; a corto ~* kurzfristig; *a largo ~* langfristig; *a medio ~* mittelfristig; *en el ~ de* innerhalb; *~ de garantía* Gewährleistungsfrist *f; ~ de gracia* Schonfrist *f; ~ de inscripción* Anmeldefrist *f; ~ previo al despido* Kündigungsfrist *f; sin ~ señalado* unbefristet; *2. ECO* Rate *f; 3. ~ de prueba JUR* Bewährungsfrist *f; ~ de prescripción* Verjährungsfrist *f*
plazuela [pla'θwela] *f* Plätzchen *n*
pleamar [plea'mar] *f* Flut *f*
plebe ['pleƀe] *f* Fußvolk *n,* Pöbel *m*
plebeyo [ple'ƀejo] *m* Prolet *m*
plebiscito [pleƀis'θito] *m POL* Volksabstimmung *f*
plegable [ple'gaƀle] *adj* biegsam, faltbar
plegar [ple'gar] *v irr* biegen, falten, umknicken
plegarse [ple'garse] *v irr (fig: doblegarse)* sich beugen, sich unterwerfen; *No voy a plegarme a tus exigencias.* Ich werde mich deinen Forderungen nicht beugen.
pleitear [plɛĭte'ar] *v JUR* prozessieren
pleitista [plɛĭ'tista] *m/f* Querulant(in) *m/f*
pleito ['plɛĭto] *m 1. JUR* Rechtsstreit *m; 2. (pelea)* Streit *m,* Auseinandersetzung *f,* Zank *m*
plenilunio [pleni'lunĭo] *m* Vollmond *m*
plenitud [pleni'tuđ] *f* Fülle *f,* Vollmaß *n*
pleno ['pleno] *m 1.* Plenum *n,* Vollversammlung *f; adj 2.* voll; *~ verano* Hochsommer *m; m 3. ~ poder JUR* Generalvollmacht *f; 4. ~ poder FIN* Blankovollmacht *f; adj 5. ~s poderes pl* Vollmacht *f*
plétora ['pletora] *f (fig: abundancia)* Überfülle *f,* Wohlstand *m*
pletórico [ple'toriko] *adj* vollblütig, strotzend
plexiglas [plɛksi'glas] *m* Plexiglas *n*
pliego ['plĭego] *m* Bogen *m*
pliegue ['plĭege] *m* Falte *f*
plinto ['plinto] *m ARCH* Kasten *m,* Säulen...
plisado [pli'sađo] *m* Plissé *n*
plisar [pli'sar] *v* plissieren
plomada [plo'mađa] *f TECH* Lot *n*
plomero [plo'mero] *m (LA)* Klempner *m*
plomizo [plo'miθo] *adj 1.* schwer; *2. (color de plomo)* bleifarbig
plomo ['plomo] *m* Blei *n*
pluma ['pluma] *f 1. ZOOL* Daune *f,* Feder *f; 2. (para escribir)* Feder *f; ~ estilográfica* Füller *m*
plumaje [plu'maxe] *m ZOOL* Gefieder *n*
plumazo [plu'maθo] *m* Daunenbett *n,* Federbett *n*
plumón [plu'mɔn] *m* Daune *f,* Daunenbett *n*

plural [plu'ral] *m* Mehrzahl *f*, Plural *m*
pluralismo [plura'lizmo] *m* Pluralismus *m*
pluralista [plura'lista] *adj* pluralistisch
plurianual [pluria'nwal] *adj* mehrjährig
plus [plus] *m* Zulage *f*; *~ por trabajo peligroso* Gefahrenzulage *f*; *~ por hijos* Kindergeld *n*
Plutón [plu'ton] *ASTR* Pluto *m*
plutonio [plu'tonĭo] *m CHEM* Plutonium *n*
pluvial [plu'ƀĭal] *adj agua ~* Regen...
pluviselva [pluƀi'selƀa] *f BOT* Regenwald *m*
población [poƀla'θĭɔn] *f* Bevölkerung *f*; *~ rural* Landbevölkerung *f*
pobre ['poƀre] *adj 1. (necesitado)* arm, dürftig; *2. (infeliz)* armselig; *3. (poco abundante)* mager; *4. (mezquino)* spärlich; *~ de grasas* fettarm; *~ de calorías* kalorienarm; *~ de sustancias nocivas* schadstoffarm
pobreza [po'ƀreθa] *f* Not *f*, Armut *f*
poco ['poko] *adj 1.* wenig, gering; *adv 2.* wenig; *por ~* beinahe; *un ~ de* ein bisschen, etwas; *~ a ~* schrittweise, nach und nach; *m 3. ~s pl* wenige *pl*
poder [po'đɛr] *v irr 1.* können, vermögen; *~ seguir (el relato)* mitkommen, verstehen, begreifen; *a más no ~* aus Leibeskräften; *2. (tener permiso)* dürfen; *¿Se puede?* Darf man eintreten? *3. ~ competir con alguien* jdm gewachsen sein; *m 4. (dominio)* Macht *f*; *5. JUR* Bevollmächtigung *f*; *6. (autorización legal) JUR* Vollmacht *f*, Ermächtigung *f*; *Tengo ~.* Ich habe eine Vollmacht. *~ general* Generalvollmacht *f*, Prokura *f*; *7. (fuerza)* Gewalt *f*; *8. ~ del Estado POL* Staatsgewalt *f*; *separación de ~es* Gewaltenteilung *f*; *~ ejecutivo* Exekutive *f*; *~ legislativo* Legislative *f*; *~ del gobierno* Regierungsgewalt *f*; *~ de disposición* Verfügungsgewalt *f*; *9. (capacidad)* Können *n*; *10. ~ adquisitivo ECO* Kaufkraft *f*
poderío [pođe'rio] *m* Macht *f*
poderoso [pođe'roso] *adj* gewaltig, mächtig
podio ['pođĭo] *m* Podium *n*
podrido [po'đriđo] *adj 1. (alimentos)* faul, verdorben; *2. (madera)* morsch
poema [po'ema] *m LIT* Gedicht *n*
poesía [poe'sia] *f LIT* Gedicht *n*, Poesie *f*, Dichtung *f*
poeta [po'eta] *m* Dichter *m*, Poet *m*
poético [po'etiko] *adj* poetisch
poetisa [poe'tisa] *f* Dichterin *f*
pogromo [po'gromo] *m* Pogrom *n*
polaco [po'lako] *adj 1.* polnisch; *m 2.* Pole *m*
polaridad [polari'đađ] *f PHYS* Polarität *f*
polarización [polariθa'θĭɔn] *f PHYS* Polarisierung *f*
polarizar [polari'θar] *v 1. PHYS* polarisieren; *2. (fig: dividir en dos campos)* polarisieren, in zwei Lager spalten
polémica [po'lemika] *f* Polemik *f*
polémico [po'lemiko] *adj* polemisch
polen ['polen] *m* Blütenstaub *m*
policía [poli'θia] *f 1.* Polizei *f*; *jugar a ~s y ladrones* Räuber und Gendarm spielen; *¡Llame a la ~!* Holen Sie die Polizei! *~ judicial* Kriminalpolizei *f*; *~ de tráfico/~ de tránsito* Verkehrspolizei *f*; *por orden de la ~* polizeilich, auf Anordnung der Polizei; *m/f 2.* Polizist(in) *m/f*
policíaco [poli'θiako] *adj* polizeilich
policial [poli'θĭal] *adj* polizeilich
polícromo [po'likromo] *adj* mehrfarbig
polifacético [polifa'θetiko] *adj* vielseitig
poligamia [poli'gamĭa] *f* Polygamie *f*
políglota [po'liglota] *adj* mehrsprachig, polyglott
polilla [po'liʎa] *f ZOOL* Motte *f*
poliomelitis [polĭome'litis] *f MED* Kinderlähmung *f*
pólipo ['polipo] *m 1. MED* Polyp *m*; *2. ZOOL* Polyp *m*
política [po'litika] *f* Politik *f*; *~ agraria* Agrarpolitik *f*; *~ monetaria* Währungspolitik *f*; *~ económica* Wirtschaftspolitik *f*; *~ de disuación* Abschreckungspolitik *f*; *~ de ventas* Absatzpolitik *f*; *~ educativa* Bildungspolitik *f*; *~ familiar* Familienpolitik *f*; *~ social* Sozialpolitik *f*; *~ realista* Realpolitik *f*; *~ municipal* Kommunalpolitik *f*; *~ comunal* Kommunalpolitik *f*; *~ nacional* Innenpolitik *f*; *~ interior* Innenpolitik *f*; *~ comercial* Handelspolitik *f*; *~ de la paz* Friedenspolitik *f*; *~ financiera* Finanzpolitik *f*; *~ de distensión* Entspannungspolitik *f*; *~ exterior* Außenpolitik *f*; *~ de intimidación* Abschreckungspolitik *f*; *en materia de ~ interior* innenpolitisch; *adj en cuanto a la ~ interior* innenpolitisch
político [po'litiko] *m 1.* Politiker *m*; *adj 2.* politisch
póliza ['poliθa] *f 1.* Police *f*; *~ de seguros* Police *f*, Versicherungspolice *f*; *2. ~ de turismo* Kurtaxe *f*
polizón [poli'θɔn] *m* Schwarzfahrer *m*
polizonte [poli'θɔnte] *m (fam)* Bulle *m*

polo¹ ['polo] *m 1.* Pol *m; ~ Norte* Nordpol *m; ~ Sur* Südpol *m; 2. ~ negativo PHYS* Minuspol *m; ~ positivo* Pluspol *m; 2. (helado)* Eis am Stiel *n*

polo² ['polo] *m 1. SPORT* Polospiel *n; 2. (camisa)* Polohemd *n*

Polonia [po'lonĭa] *f GEO* Polen *n*

polución [polu'θĭɔn] *f 1. (eyaculación) ANAT* Samenerguss *m; 2. (contaminación del ambiente)* Verschmutzung (der Umwelt) *f*

polvo ['pɔlƀo] *m 1.* Pulver *n; hacer ~ a alguien (fig)* jdn fertig machen; *estar hecho ~* erschöpft sein; *~ de hornear* Backpulver *n; ~ antipolillas* Mottenpulver *n; 2. (tierra)* Staub *m; 3. ~s pl* Puder *m*

pólvora ['pɔlƀora] *f* Schießpulver *n*

polvoriento [pɔlƀo'rĭento] *adj* staubig

polvoroso [pɔlƀo'roso] *adj* staubig

pollera [po'ʎera] *f (LA)* Rock *m*

pollito [po'ʎito] *m (LA) ZOOL* Küken *n*

pollo ['poʎo] *m 1.* Huhn *n; 2. ~ asado GAST* Brathuhn *n,* Hühnchen *n*

polluelo [po'ʎwelo] *m ZOOL* Küken *n*

pomada [po'mađa] *f 1.* Salbe *f,* Pomade *f; 2. ~ para quemadura(s) MED* Brandsalbe *f*

pomelo [po'melo] *m BOT* Grapefruit *f,* Pampelmuse *f*

pompa ['pɔmpa] *f 1.* Prunk *m; 2. ~s fúnebres pl* Bestattungsinstitut *n*

pomposo [pɔm'poso] *adj* pompös, prunkvoll

ponderación [pɔndera'θĭɔn] *f* Erwägung *f*

ponderar [pɔnde'rar] *v* erwägen

ponderoso [pɔnde'roso] *adj* schwer

ponencia [po'nenθĭa] *f* Referat *n*

poner [po'nɛr] *v irr 1. (colocar)* stellen, abstellen, absetzen, legen; *2. ~ a salvo* retten, bergen; *3. ~ uno sobre otro* übereinander legen, stapeln; *4. ~ al aire* lüften; *5. ~ impuesto sobre FIN* versteuern; *6. TEL* verbinden; *7. (invertir)* aufsetzen; *8. (la mesa)* decken; *9. (encima de algo)* auflegen

ponerse [po'nɛrse] *v irr 1.* sich stellen; *2. ~ a la cola* sich anstellen; *3. ~ a hacer* angehen, anfangen; *¡Ponte a estudiar!* Fang an zu lernen! *4. ~ al día* sich einarbeiten; *5. ~ en el lugar de alguien* sich in jdn hineinversetzen; *6. ~ la ropa* sich anziehen; *Tienes que ponerte el abrigo porque hace mucho frío.* Du musst den Mantel anziehen, weil es sehr kalt ist. *7. ~ de acuerdo con alguien* mit jdm übereinkommen; *Mi madre se puso de acuerdo con mi tía en el precio del coche.* Meine Mutter vereinbarte mit meiner Tante den Preis des Autos. *8. (cambiar de estado)* werden; *En la playa se puso muy morena.* Am Strand wurde sie sehr braun. *Se pusieron mal después de comer la fruta verde.* Ihnen wurde schlecht, nachdem sie das grüne Obst gegessen hatten.

poney ['poni] *m ZOOL* Pony *n*

pontífice [pɔn'tifiθe] *m Sumo ~ REL* Papst *m*

pontificio [pɔnti'fiθĭo] *adj REL* päpstlich

popa ['popa] *f 1.* Heck *n; 2. viento en ~* hervorragend, ausgezeichnet

popo ['popo] *m ANAT* Po *m,* Hintern *m*

popular [popu'lar] *adj* populär

popularidad [populari'đađ] *f* Beliebtheit *f,* Popularität *f*

populismo [popu'lizmo] *m* Populismus *m*

poquito [po'kito] *adj un ~ de* ein bisschen; *sólo un ~ para mí* nur ganz wenig für mich

por [pɔr] *prep 1.* an, am, je, per, aus, vor, für, wegen; *~ cuyo motivo* deshalb; *~ lo tanto* deshalb; *pasando ~* über; *~ lo demás* übrigens, ansonsten; *~ lo que* weshalb; *~ lo cual* wofür; *¿Por qué?* Warum? *~ ello* darum; *~ allá* dorthin; *~ usted/~ ustedes* Ihretwegen; *~ si acaso* vorsichtshalber; *konj 2. ~ mucho que* so sehr

porcelana [pɔrθe'lana] *f* Porzellan *n*

porcino [por'θino] *adj* schweinisch

porción [pɔr'θĭɔn] *f* Anteil *m,* Portion *f*

pordiosear [porđĭo'sear] *v (mendigar)* betteln

pordiosero [pɔrđĭo'sero] *m* Bettler *m*

porfía [pɔr'fia] *f* Eigensinn *m,* Trotz *m*

porfiado [pɔr'fĭađo] *adj* eigensinnig, stur

pormenor [pɔrme'nɔr] *m* Einzelheit *f,* Ausschnitt *m*

pormenorizar [pormenori'θar] *v (explicar detalladamente)* detaillieren, minutiös erklären/darlegen

pornografía [pɔrnogra'fia] *f* Pornografie *f*

pornográfico [porno'grafiko] *adj* pornographisch

poro ['poro] *m ANAT* Pore *f*

poroso [po'roso] *adj* porös

porque ['pɔrke] *konj* denn, weil

porqué [pɔr'ke] *adv 1.* warum; *¿Porqué no vienes a la fiesta?* Warum kommst du nicht auf die Party? *m 2. El ~ de las cosas* Grund *m,* Ursache *f,* Warum *n; No sé el porqué de su comportamiento.* Ich kenne den Grund für sein Verhalten nicht.

porquería [pɔrke'ria] *f* Dreck *m,* Schweinerei *f*
porqueriza [pɔrke'riθa] *f* Schweinestall *m*
porra ['pɔrra] *f* Keule *f; mandar a la ~ (fam)* zum Teufel jagen
portaaviones [pɔrtaa'ƀĭones] *m* Flugzeugträger *m*
portable [pɔr'taƀle] *adj* tragbar
portada [pɔr'tađa] *f* Titelseite *f*
portador(a) [pɔrta'đɔr/pɔrta'tora] *m/f 1.* Inhaber(in) *m/f,* Träger(in) *m/f,* Überbringer(in) *m/f; ~ de gafas* Brillenträger(in) *m/f; 2. ~ de una enfermedad MED* Infizierte(r) *m/f; ~ del SIDA* Aidsinfizierte(r) *m/f*
portaequipajes [pɔrtaeki'paxes] *m* Dachträger *m*
portafolios [pɔrta'folĭos] *m* Aktenmappe *f*
portafortuna [pɔrtafɔr'tuna] *m* Glücksbringer *m*
portal [pɔr'tal] *m* Tor *n,* Portal *n*
portamonedas [pɔrtamo'neđas] *m* Börse *f,* Portemonnaie *n*
portar [pɔr'tar] *v 1. ~ armas* (Waffen) tragen; *¡Se prohibe portar armas!* Waffentragen verboten! *2. (un programa) INFORM* Träger *m (Programm)*
portarse [pɔr'tarse] *v* sich benehmen, sich verhalten, sich betragen
portátil [pɔr'tatil] *adj* tragbar
portavelas [pɔrta'ƀelas] *m* Kerzenständer *m*
portavoz [pɔrta'ƀɔθ] *m/f 1.* Wortführer(in) *m/f; 2. (relaciones públicas)* Pressesprecher(in) *m/f,* Sprecher(in) *m/f; 3. ~ gubernamental POL* Regierungssprecher(in) *m/f*
porte ['pɔrte] *m 1.* Porto *n; 2. ECO* Fracht *f; 3. (comportamiento)* Benehmen *n,* Haltung *f; 4. ~ pagado ECO* frachtfrei
portento [por'tento] *m (milagro)* Wunder *n*
porteño [por'teɲo] *m (natural de Buenos Aires) GEO* Bewohner von Buenos Aires *m*
portería [pɔrte'ria] *f SPORT* Tor *n*
portero [pɔr'tero] *m 1.* Portier *m,* Pförtner *m,* Hausmeister *m; ~ de noche* Nachtportier *m; 2. ~ automático* Türöffner *m; 3. SPORT* Torwart *m*
pórtico ['portiko] *m ARCH* Säulengang *m*
portilla [pɔr'tiʎa] *f NAUT* Bullauge *n*
portuario [por'tuarĭo] *adj* Hafen...
Portugal [pɔr'tugal] *m GEO* Portugal *n*
portugués [pɔrtu'ges] *adj 1.* portugiesisch; *m 2.* Portugiese *m*

porvenir [porƀe'nir] *m 1. (futuro)* Zukunft *f,* Aussichten *f/pl; ¿Qué nos deparará el porvenir?* Was wird uns die Zukunft wohl bringen? *2. (fig)* Perspektive *f,* Zukunft *f; Mi hermano no tiene porvenir.* Mein Bruder hat keine Perspektive.
posada [po'sađa] *f* Gasthaus *n*
posadera [posa'đera] *f (en una posada)* Gastwirtin *f; ~s f/pl (nalga)* Gesäß *n*
posadero [posa'đero] *m* Gastwirt *m*
posar [po'sar] *v 1. (colocar algo sobre otra cosa)* postieren, legen, positionieren; *2. (pernoctar en)* Rast machen, übernachten; *3. (para un artista)* posieren, Modell stehen; *La modelo posa para el pintor.* Das Modell posiert für den Maler.
posarse [po'sarse] *v (los pájaros)* setzen, niederlassen
posdata [pos'đata] *f* Nachschrift *f*
pose ['pɔse] *f* Pose *f*
poseedor(a) [posee'đɔr/posee'tora] *m/f* Inhaber(in) *m/f*
poseer [pose'ɛr] *v irr 1.* besitzen, innehaben; *2. (tener contacto sexual con una mujer)* innewohnen (einer Frau), körperlich besitzen (eine Frau)
poseído [pose'iđo] *adj ~ de* besessen von
posesión [pose'sĭɔn] *f* Besitz *m*
posguerra [pɔz'gɛrra] *f* Nachkriegszeit *f*
posibilidad [posiƀili'đađ] *f* Möglichkeit *f; la única ~* die einzige Möglichkeit *f; ~ de ascenso* Aufstiegsmöglichkeit *f*
posibilitar [posiƀili'tar] *v* ermöglichen
posible [po'sible] *adj* möglich, etwaig; *Lo necesito lo antes ~.* Ich brauche es so bald wie möglich. *en lo ~* so weit möglich; *hacer ~* ermöglichen
posición [posi'θĭɔn] *f 1.* Lage *f; 2. (empleo)* Anstellung *f,* Position *f,* Positur *f; ~ excelente* Spitzenposition *f; ~ clave* Schlüsselposition *f; 3. poner en ~ extrema TECH* ausfahren
posicionar [posiθĭo'nar] *v (poner en un lugar)* positionieren, auf eine bestimmte Stelle legen
posicionarse [posiθĭo'narse] *v* einen Platz erringen, einen Platz einnehmen; *El corredor X se posicionó en los primeros lugares.* Der Läufer kam unter die ersten Plätze.
positivismo [positi'ƀizmo] *m 1. (actitud optimista hacia la vida)* Positivismus *m,* positive Einstellung *f; 2. (orientación filosófica) PHIL* Positivismus *m; ~ lógico* der logische Positivismus

positivista [positi'bista] *adj* optimistisch, positiv denkend

positivo [posi'tibo] *adj 1.* positiv; *m 2. FOTO* Positiv *n*

posponer [pospɔ'nɛr] *v irr 1. ~ una cita* verlegen, verschieben; *2. (despreciar)* gering schätzen, außer Acht lassen, verachten; *3. (no tomar en consideración)* vertagen (Entscheidung)

posposición [pospɔsi'θĭɔn] *f* Vertagung *f*, Nachstellung *f*, Verlegung *f*

postal [pɔs'tal] *f* Post..., Karte *f*, Ansichtskarte *f*; *tarjeta* Postkarte *f*

poste [pɔs'te] *m* Mast *m*, Pfosten *m*

postergar [poster'gar] *v 1. ~ una cita* verschieben, vertagen; *2. (despreciar)* gering schätzen, verachten

postergativo [posterga'tibo] *adj* zurücksetzend, verschiebend

posteridad [pɔstɛri'đađ] *f* Nachwelt *f*

posterior [pɔste'rĭɔr] *adj 1. (local)* hintere(r,s); *2. (temporal)* spätere(r,s), nachträglich

postfijo [post'fixo] *m GRAMM* Suffix *n*, Nachsilbe *f*

postguerra [pɔst'gɛrra] *f* Nachkriegszeit *f*

postigo [pɔs'tigo] *m* Fensterladen *m*

postizo [pos'tiθo] *adj* künstlich, falsch

postmeridiano [postmeri'đĭano] *adj* nachmittags, nach 12 Uhr

postración [postra'θĭɔn] *f (fig)* Niedergeschlagenheit *f*, depressive Verstimmung *f*

postrado [pɔs'trađo] *adj 1. ~ en cama* bettlägerig; *2. (fig: reducido a la impotencia)* darniederliegend, niedergeschlagen, verstimmt

postrar [pos'trar] *v 1. (lanzar al suelo)* niederwerfen, niederzwingen; *2. (fig: doblegar)* beugen, niedermachen, erniedrigen; *3. (fig: humillar)* demütigen, erniedrigen

postrarse [pos'trarse] *v 1. (yacer en cama)* (im Bett) alle Viere von sich strecken, sich fallen lassen; *2. (fig: reducise a la impotencia)* sich zu Boden werfen, sich auf die Knie fallen lassen; *3. ~ de hinojos* auf die Knie gehen

postre ['pɔstre] *m 1. GAST* Nachspeise *f*, Dessert *n*, Nachtisch *m*; *2. a la ~* zu guter Letzt

postrer ['pɔstrer] *adj (último)* letze(r,s)

postulación [postula'θĭɔn] *f* Postulat *n*, Forderung *f*

postulante [postu'lante] *m* Bewerber(in) *m/f*, Postulant *m*

postular [pɔstu'lar] *v 1.* bewerben; *2. (suponer como posible)* postulieren, als These/Möglichkeit angeben

postularse [postu'larse] *v* aufstellen lassen, zur Wahl antreten; *X se ha postulado como candidato para las elecciones.* X hat sich als Kandidat für die Wahlen aufstellen lassen.

póstumo ['pɔstumo] *adj* postum

postura [pɔs'tura] *f* Stellung *f*, Haltung *f*

potable [po'table] *adj* trinkbar

potasio [po'tasĭo] *m CHEM* Kalium *n*

pote ['pote] *m* Topf *m*

potencia [po'tenθĭa] *f 1. MED* Potenz *f*; *2. TECH* Leistung *f*; *3. MATH* Potenz *f*; *4. POL* Macht *f*; *~ mundial* Weltmacht *f*; *~ colonial* Kolonialmacht *f*; *~ de ocupación* Besatzungsmacht *f*; *~ protectora* Schutzmacht *f*; *5. ~s occidentales pl POL* Westmächte *pl*; *6. en ~* Ausübung einer Möglichkeit/Fähigkeit *f*; *Ese hombre es un asesino en potencia.* Der Mann ist ein potentieller Mörder.

potencial [poten'θĭal] *m 1.* Potenzial *n*; *adj 2.* potenziell

potente [po'tente] *adj 1.* potent, fähig; *2. (de sonido)* lautstark

potestad [potes'tađ] *f patria ~ JUR* (elterliche) Gewalt *f*

potro ['potro] *m 1. SPORT* Bock *m*; *2. ZOOL* Fohlen *n*

pozo ['poθo] *m 1.* Schacht *m*; *2. (de agua)* Brunnen *m*

práctica ['praktika] *f 1.* Praxis *f*, Übung *f*, Ausübung *f*; *poner en ~* verwirklichen; *perder la ~* verlernen; *2. ~ de la prueba JUR* Beweisaufnahme *f*; *3. ~s pl* Praktikum *n*, Volontariat *n*; *4. (costumbre)* Gebrauch *m*, Brauch *m*; *5. (método)* Praxis *f*, Methode *f*

practicable [prakti'kable] *adj* praktikabel, anwendbar

prácticamente ['praktikamente] *adv* praktisch

practicante [prakti'kante] *m/f* Praktikant(in) *m/f*

practicar [prakti'kar] *v 1.* üben, ausüben, lotsen, praktizieren, treiben, vornehmen; *~ un deporte* Sport treiben; *~ la magia* zaubern; *2. ECO* betreiben; *3. ~ la respiración artificial MED* beatmen

práctico ['praktiko] *adj 1.* praktisch; *poco ~* unpraktisch; *m 2. (de un barco) NAUT* Lotse *m*

pradera [pra'đera] *f 1.* Wiese *f*; *2. (forma de paisaje)* Prärie *f*

prado ['prađo] *m 1.* Wiese *f; 2. GEOL* Heide *f*
pragmática [prag'matika] *f* Pragmatik *f*
pragmático [prag'matiko] *adj* pragmatisch
pragmatismo [pragma'tizmo] *m 1. (corriente filosófica) PHIL* Pragmatismus *m; 2. (actitud hacia la vida)* Pragmatismus *m*
preámbulo [pre'ambulo] *m 1. (prólogo) LIT* Präambel *f,* Vorrede *f,* Prolog *m; 2. (fig: introducción)* Einführung *f,* Einleitung *f*
preámbulos [pre'ambulo] *m/pl* Umschweife *pl*
precario [pre'karĭo] *adj* prekär, misslich, heikel
precaución [prekaŭ'θĭɔn] *f* Vorsicht *f,* Vorsorge *f,* Vorkehrung *f; por ~* vorsichtshalber, vorsorglich; *tomar precauciones* Vorkehrungen treffen, vorsorgen
precaver [preka'ƀεr] *v* verhüten, vorbeugen
precaverse [preka'ƀεrse] *v* sich vorsehen, sich schützen
precavido [preka'ƀiđo] *adj* vorsichtig
precedencia [preθe'đenθĭa] *f* Vorrang *m,* Vortritt *m*
precedente [preθe'đente] *adj 1.* vorhergehend, vorig, vorherig; *sin ~* beispiellos; *m 2.* Präzedenzfall *m*
preceder [preθe'đεr] *v 1. (tener la precedencia)* vorangehen, vorhergehen, Vorrang haben; *2. (estar antes que otra cosa)* an erster Stelle stehen, Vorrang haben
precepto [pre'θεpto] *m* Vorschrift *f*
preciar [pre'θiar] *v (apreciar)* schätzen
preciarse [pre'θĭarse] *v (tenerse por)* sich für etw halten, sich rühmen, etw zu sein; *Mi novia se precia de inteligente* Meine Braut/Freundin hält sich für intelligent.
precintar [preθin'tar] *v* plombieren
precinto [pre'θinto] *m* Plombe *f,* Verschluss *m*
precio ['preθĭo] *m 1.* Preis *m; tener un ~* kosten; *~ límite* Höchstpreis *m; ~ del billete* Fahrpreis *m; ~ de compra* Kaufpreis *m,* Ankaufspreis *m,* Einkaufspreis *m; ~ global* Pauschale *f; ~ indicativo* Richtpreis *m; ~ de venta* Verkaufspreis *m; ~ bruto* Bruttopreis *m; ~ de introducción* Einführungspreis *m; ~ de fábrica* Fabrikpreis *m; ~ fijo* Festpreis *m; ~ del transporte (de carga)* Frachtkosten *pl; ~ de lista* Listenpreis *m; ~ neto* Nettopreis *m; ~ ruinoso* Schleuderpreis *m; ~ de coste* Selbstkostenpreis *m; ~ máximo* Höchstpreis *m; ~ de oferta* Angebotspreis *m; a buen ~* preiswert; *2. (cotización) FIN* Kurs *m; ~ de la acción* Aktienkurs *m; 3. ~s de saldo pl* Ausverkaufspreise *pl*
preciosidad [preθĭosi'đađ] *f* Kostbarkeit *f*
precioso [pre'θĭoso] *adj 1. (valioso)* wertvoll, edel, kostbar; *2. (muy bonito)* prächtig, sehr schön
precipicio [preθi'piθĭo] *m* Abgrund *m*
precipitación [preθipita'θĭɔn] *f 1.* Hast *f; 2. precipitaciones pl METEO* Niederschlag *m*
precipitado [preθipi'tađo] *adj* fluchtartig, hastig, voreilig
precipitar [preθipi'tar] *v 1.* hinunterwerfen; *2. CHEM* abscheiden
precipitarse [preθipi'tarse] *v 1.* sich stürzen, sich beeilen; *2. CHEM* absetzen
precisamente [preθisa'mente] *adv* ausgerechnet, präzise, genau; *¡Precisamente hoy tiene que venir!* Ausgerechnet heute muss er kommen!
precisar [preθi'sar] *v 1.* benötigen, brauchen; *2. (aclarar)* präzisieren; *sin ~* undeutlich
precisión [preθi'sĭɔn] *f* Präzision *f*
preciso [pre'θiso] *adj 1. (necesario)* notwendig, nötig; *2. (correcto)* richtig, fein; *3. (exacto)* präzise, treffend, klar; *poco ~* undeutlich
precoz [pre'kɔθ] *adj* altklug, frühreif
predecesor(a) [prеđeθe'sɔr/prеđeθe'sora] *m/f* Vorgänger(in) *m/f*
predecir [pređe'θir] *v irr* vorhersagen, voraussagen
predestinado [pređesti'nađo] *adj* prädestiniert
predeterminación [pređetermina'θĭɔn] *f* Vorherbestimmung *f,* Vorausbestimmung *f*
predeterminado [pređetermi'nađo] *adj* vorherbestimmt, vorausbestimmt
predeterminar [pređetermi'nar] *v* vorausbestimmen, vorherbestimmen
prédica ['pređika] *f REL* Predigt *f*
predicación [predika'θĭɔn] *f REL* Predigt *f*
predicado [pređi'kađo] *m* Prädikat *n*
predicar [pređi'kar] *v REL* predigen
predicción [pređik'θĭɔn] *f* Vorhersage *f*
predilección [pređilεk'θĭɔn] *f ~ por* Vorliebe für *f*
predisposición [pređisposi'θĭɔn] *f* Anfälligkeit *f,* Veranlagung *f,* Voreingenommenheit *f*

predispuesto [pređis'pwesto] *adj* voreingenommen
predominar [pređomi'nar] *v* überwiegen, vorherrschen
predominio [pređo'minĭo] *m* Vorherrschaft *f*
prefacio [pre'faθĭo] *m* Vorwort *n*
prefecto [pre'fɛkto] *m POL* Landrat *m*
preferencia [prefe'renθĭa] *f 1.* Vorzug *m*, Vorrang *m; ~ por* Vorliebe für *f; 2. (en la circulación)* Vorfahrt *f; tener ~* vorgehen, Vorfahrt haben
preferentemente [preferente'mente] *adv* vorzugsweise
preferir [prefe'rir] *v irr* bevorzugen, vorziehen
prefijo [pre'fixo] *m* Vorwahl *f*
pregunta [pre'gunta] *f* Frage *f*
preguntar [pregun'tar] *v* befragen, ausfragen, nachfragen; *~ por alguien* nach jdm fragen
prehistórico [preis'toriko] *adj* prähistorisch
prejubilación [prejuƀila'θĭɔn] *f* Vorruhestand *m*
prejuicio [prɛ'jwiθĭo] *m* Voreingenommenheit *f*, Vorurteil *n*
preludio [pre'luđĭo] *m* Auftakt *m*
prematuro [prema'turo] *adj* verfrüht, vorzeitig, frühzeitig
premeditación [premeđita'θĭɔn] *f* Vorsatz *m*
premiado [pre'mĭađo] *adj 1.* preisgekrönt; *m 2.* Preisträger *m*
premiar [pre'mĭar] *v* belohnen, auszeichnen, prämieren
Premier [pre'mĭer] *m (LA) POL* Premierminister *m*
premio ['premĭo] *m 1. (recompensa)* Belohnung *f*, Preis *m; primer ~* Hauptgewinn *m*, erster Preis *m; ~ de hallazgo* Finderlohn *m; ~ de literatura* Literaturpreis *m; ~ Nobel* Nobelpreis *m; ~ de consolación (LA)* Trostpreis *m; 2. (ganancia)* Gewinn *m; 3. ECO* Prämie *f*
premonición [premoni'θĭɔn] *f* Vorahnung *f*
prenda ['prenda] *f 1.* Pfand *n; 2. ~ de vestir* Kleidungsstück *n*
prendar [pren'đar] *v (dar en prenda, empeñar)* pfänden, verpfänden
prendarse [pren'đarse] *v 1. (enamorarse)* sich verlieben; *Me he prendado de esa mujer.* Ich habe mich in diese Frau verliebt. *m 2. (esp)(fig: cobrar afecto a alguien)* Zuneigung *f; Me he prendado de mi profesor de música.* Ich habe zu meinem Musiklehrer Zuneigung gefasst.
prendedor [prende'đɔr] *m 1.* Brosche *f; 2. (imperdible)* Sicherheitsnadel *f*
prender [pren'dɛr] *v 1.* ergreifen, anpacken; *2. (arrestar)* festnehmen, verhaften; *3. (encender)* anzünden, Feuer legen; *~ fuego* Feuer fangen; *4. (fig)* entzünden; *5. (un broche)* anstecken; *6. (poner en funcionamiento)* anmachen, beleuchten, hell machen, erleuchten; *7. (engrapar)* anheften
prensa ['prensa] *f 1.* Presse *f; ~ amarilla* Sensationspresse *f; ~ del corazón* Regenbogenpresse *f; 2. TECH* Presse *f*
prensar [pren'sar] *v 1.* pressen; *2. (fruta)* auspressen; *3. (la uva)* keltern
preñada [pre'ɲađa] *adj 1. MED* schwanger; *2. ZOOL* trächtig
preocupación [preokupa'θĭɔn] *f 1.* Besorgnis *f*, Unruhe *f*, Kummer *m; 2. (diligencia)* Sorgfalt *f; 3. lleno de preocupaciones* sorgenvoll; *sin preocupaciones* sorgenfrei
preocupado [preoku'pađo] *adj* unruhig, kummervoll; *estar ~ por* besorgt sein um
preocupante [preoku'pante] *adj* Besorgnis erregend, beunruhigend
preocuparse [preoku'parse] *v 1. ~ de alguien* um jdn sich kümmern; *2. ~ por* sich sorgen um
preparación [prepara'θĭɔn] *f 1.* Vorbereitung *f; 2. GAST* Zubereitung *f; 3. MED* Präparat *n*
preparado [prepa'rađo] *m 1.* Präparat *n; adj 2.* fertig, parat, vorbereitet; *sin estar ~* unvorbereitet sein; *tener ~* bereithalten; *estar ~ para* gefasst sein auf; *3. ~ para operar TECH* betriebsbereit
preparar [prepa'rar] *v 1.* bereiten, vorbereiten, aufbereiten, bereitstellen; *2. (ingredientes) GAST* zubereiten; *3. (disponer)* anrichten, herrichten; *4. (iniciar)* anbahnen, vorarbeiten; *5. (disecar)* präparieren
prepararse [prepa'rarse] *v* sich bereitmachen, sich vorbereiten; *~ para* sich bereitmachen für, sich vorbereiten auf
preparativos [prepara'tiƀɔs] *m/pl* Vorbereitungen *f/pl; Mi padre hace los preparativos para el viaje.* Mein Vater macht die Reisevorbereitungen.
preponderancia [prepɔnde'ranθĭa] *f 1.* Übergewicht *n*, Überwiegen *n; 2. (predominio)* Vorherrschen *n*, Vormachtstellung *f*

preponderante [prepɔnde'rante] *adj* überwiegend, vorherrschend, vorwiegend
preponderar [prepɔnde'rar] *v* überwiegen
preposición [preposi'θĭɔn] *f GRAMM* Präposition *f*
presa ['presa] *f 1.* Wegnahme *f,* Fangen *n; 2. (caza)* Beute *f,* Fang *m; animal de ~* Raubtier *n; 3. (embalse)* Stauwehr *n; 4. (fig)* Opfer *n*
presagio [pre'saxĭo] *m* Omen *n,* Vorzeichen *n; tener un mal ~* Böses ahnen
prescindible [presθindi'ƀle] *adj* entbehrlich
prescindir [presθi'dir] *adj ~ de* verzichten auf, absehen von; *no poder ~ de* angewiesen sein auf
prescribir [preskri'ƀir] *v irr 1.* anordnen, vorschreiben; *2. MED* verschreiben, verordnen; *3. JUR* verjähren
prescripción [preskriƀ'θĭɔn] *f 1.* Vorschrift *f; 2. MED* Verordnung *f; ~ médica* Rezept *n; de ~ obligatoria* rezeptpflichtig; *3. JUR* Verjährung *f*
presencia [pre'senθĭa] *f* Anwesenheit *f;* Gegenwart *f; en ~ de* im Beisein von
presenciar [prensen'θĭar] *v* zuschauen, miterleben
presentación [presenta'θĭɔn] *f 1.* Vorstellung *f; 2. (de documentos)* Vorlage *f; 3. (aspecto)* Aufmachung *f,* Äußeres *n; ~ del regalo* Geschenkpackung *f; 4. THEAT* Aufführung *f,* Inszenierung *f*
presentar [presen'tar] *v 1. (ofrecer)* bieten; *2. (mostrar)* aufweisen, vorführen, vorweisen; *3. (entregar)* einreichen, vorlegen; *~ un informe sobre algo* einen Bericht über etw vorlegen; *~ la dimisión* sein Amt niederlegen; *~ su candidatura* kandidieren; *4. ~ en sobreimpresión CINE* einblenden; *5. (a la vista)* darstellen
presentarse [presen'tarse] *v 1.* sich vorstellen; *Tengo el gusto de presentarle a señora Pérez.* Ich möchte Sie Frau Pérez vorstellen. *2. (aparecer)* auftreten; *3. (comparecer)* sich einfinden; *4. ~ como candidato* sich bewerben, kandidieren
presente [pre'sente] *adj 1.* anwesend, vorhanden, vorliegend; *hacer ~* zu erkennen geben; *tener ~* vergegenwärtigen, beachten; *estar ~ en algo* etw miterleben, zugegen sein bei etw; *2. (actual)* aktuell, gegenwärtig; *m 3.* Gegenwart *f; 4. (regalo)* Geschenk *n; 5. GRAMM* Präsens *n*
presentimiento [presenti'mĭento] *m* Gefühl *n,* Vorahnung *f*
presentir [presen'tir] *v irr* ahnen
preservación [preserƀa'θĭɔn] *f* Bewahrung *f,* Schutz *m*
preservar [preser'ƀar] *v* abwenden, verschonen
preservativo [preserƀa'tiƀo] *m 1.* Kondom *n,* Präservativ *n; 2. MED* Verhütungsmittel *n*
presidencial [presiđen'θĭal] *adj* präsidial, Präsidenten...
presidente [presi'đente] *m/f 1.* Präsident(in) *m/f,* Vorsitzende(r) *m/f; 2. ~ del partido POL* Fraktionsvorsitzende(r) *m/f*
presidiario [presi'đĭarĭo] *m* Sträfling *m*
presidio [pre'siđĭo] *m* Zuchthaus *n,* Gefängnis *n*
presidir [presi'đir] *v* vorstehen, den Vorsitz führen
presión [pre'sĭɔn] *f 1. TECH* Druck *m; alta ~ METEO* Hochdruck *m; 2. ~ atmosférica METEO* Luftdruck *m; 3. ~ sanguínea MED* Blutdruck *m; 4. (fig)* Zwang *m,* Druck *m*
preso ['preso] *m* Gefangener *m,* Strafgefangener *m*
prestación [presta'θĭɔn] *f 1. ~ de servicio* Dienstleistung *f; 2. ~ de juramento JUR* Vereidigung *f*
prestado [pres'tađo] *adj 1.* geborgt; *2. tomar ~* ausleihen, borgen
préstamo ['prestamo] *m 1. ECO* Anleihe *f,* Darlehen *n; 2. ~ bancario FIN* Bankdarlehen *n*
prestar [pres'tar] *v* verleihen, ausleihen, borgen; *~ algo a alguien* jdm etw leihen, jdm etw borgen; *~ atención* Acht geben
prestarse [pres'tarse] *v 1.* sich zur Verfügung stellen, sich bequemen; *2. (servir para)* sich eignen; *3. ~ algo de alguien* etw von jdm leihen
prestigio [pres'tixĭo] *m* Ansehen *n,* Prestige *n,* Ruf *m*
prestigioso [presti'xĭoso] *adj* angesehen, einflussreich
presumible [presu'miƀle] *adj* vermutlich, mutmaßlich
presumir [presu'mir] *v 1.* vermuten, mutmaßen; *2. ~ de* sich aufspielen als, angeben; *El muchacho presume con el coche de su padre.* Der Junge gibt mit dem Auto seines Vaters an. *La chica rubia presume de ser muy bonita.* Das blonde Mädchen gibt damit an, sehr schön zu sein.

presunto [pre'sunto] *adj* angeblich, mutmaßlich, vermeintlich
presuntuoso [presun'twoso] *adj* anmaßend, eingebildet
presuponer [presupo'nɛr] *v irr* voraussetzen
presuposición [presuposi'θĭɔn] *f* Voraussetzung
presupuesto [presu'pwesto] *m 1.* Etat *m*, Budget *n*, Haushalt *m*; *~ del Estado* Staatshaushalt *m*; *2. (de gastos)* Kostenvoranschlag *m*
pretencioso [preten'θioso] *adj (presuntuoso)* eingebildet, eitel, angeberisch
pretender [preten'dɛr] *v irr* anstreben; *~ algo* nach etw trachten
pretensión [preten'sĭɔn] *f* Anforderung *f*, Anmaßung *f*, Anspruch *f*; *sin pretensiones* anspruchslos; *lleno de pretensiones* anspruchsvoll
pretexto [pre'testo] *m* Vorwand *m*, Ausrede *f*, Ausflucht *f*; *con el ~ de* unter dem Vorwand
pretil [pre'til] *m* Brüstung *f*
pretina [pre'tina] *f* Gurt *m*, Gürtel *m*
prevalecer [preƀale'θer] *v irr 1. (insistir)* beharren, besonderen Nachdruck legen; *2. (salir victorioso)* siegen, die Oberhand behalten
prevalecimiento [preƀaleθi'miento] *m* Sieg *m*, Oberhand *f*, Obsiegen *n*; *Mi padre siempre ha luchado por el prevalecimiento de la justicia.* Mein Vater hat immer für das Obsiegen der Gerechtigkeit gekämpft.
prevención [preƀen'θĭɔn] *f* Abwehr *f*, Verhütung *f*, Vorbeugung *f*; *~ del cáncer MED* Krebsvorsorge *f*
prevenido [preƀe'niđo] *adj* bedächtig
prevenir [preƀe'nir] *v irr 1.* abwenden, verhüten, vorbeugen; *2. (avisar)* warnen
preventivo [preƀen'tiƀo] *adj* vorbeugend
prever [pre'ƀɛr] *v irr* voraussehen
previo ['preƀĭo] *adj* vorherig
previsible [preƀi'siƀle] *adj* absehbar, voraussichtlich, vorhersehbar
previsión [preƀi'sĭɔn] *f* Vorschau *f*, Vorsorge *f*
previsor [preƀi'sɔr] *adj* vorsorglich
prima ['prima] *f 1.* Kusine *f*, Cousine *f*; *2. ~ de seguros* Versicherungsprämie *f*; *3. FIN* Agio *n*, Zulage *f*, Bonus *m*
primacía [prima'θia] *f* Vorrang *m*
primar [pri'mar] *v ~ sobre* überwiegen
primario [pri'marĭo] *adj* primär
primate [pri'mate] *m ZOOL* Primat *m*
primavera [prima'ƀera] *f 1.* Frühjahr *n*, Frühling *m*; *2. BOT* Primel *f*
primero [pri'mero] *adv 1.* erst, zuerst, zunächst; *adj 2.* erste(r,s); *primera plana* Titelseite *f*; *primera comunión* Erstkommunion *f*; *a la primera* auf Anhieb; *el ~ de Agosto* am ersten August; *Soy el ~.* Ich bin der Erste. *Primer Ministro POL* Premierminister *m*; *3. ~s auxilios pl* erste Hilfe *f*
primitivo [primi'tiƀo] *adj* primitiv
primo ['primo] *m* Cousin *m*, Vetter *m*; *hacer el ~ (fig)* auf den Leim gehen
primogénito [primɔ'xenito] *m* Erstgeborener *m*, Stammhalter *m*
prímula ['primula] *f BOT* Primel *f*
princesa [prin'θesa] *f* Prinzessin *f*
principado [prinθi'pađo] *m* Fürstentum *n*
principal [prinθi'pal] *adj* hauptsächlich
príncipe ['prinθipe] *m 1.* Fürst *m*; *de ~* fürstlich; *2. (hijo de rey)* Prinz *m*; *~ heredero* Kronprinz *m*
principesco [prinθi'pesko] *adj* fürstlich
principiante [prinθi'pĭante] *m/f 1.* Anfänger(in) *m/f*, Schulanfänger(in) *m/f*; *adj 2.* angehend
principiar [prinθi'pĭar] *v* beginnen
principio [prin'θipĭo] *m 1.* Anfang *m*, Beginn *m*, Anbruch *m*, Anbeginn *m*; *al ~* anfangs, am Anfang; *2. (concepto, fundamento)* Prinzip *n*, Grundsatz *m*, Ansatz *m*; *por ~* prinzipiell; *sin ~s (morales)* charakterlos
prioridad [prĭori'đađ] *f* Vorzug *m*, Priorität *f*
prisa ['prisa] *f* Eile *f*, Hast *f*; *a toda ~* hastig; *de ~* geschwind, zügig; *muy de ~* eiligst; *tener ~* Eile haben
prisión [pri'sĭɔn] *f 1.* Gefängnis *n*; *2. ~ preventiva JUR* Schutzhaft *f*, Untersuchungshaft *f*; *~ provisional* Untersuchungshaft *n*
prisionero [prisĭo'nero] *m 1.* Gefangener *m*, Strafgefangener *m*, Sträfling *m* (fam); *2. (~ de guerra) MIL* Gefangener *m*
prismáticos [pris'matikos] *m/pl* Fernglas *n*
privación [priƀa'θĭɔn] *f 1.* Entbehrung *f*; *2. JUR* Aberkennung *f*; *~ de la libertad* Freiheitsberaubung *f*; *3. MED* Entzug *m*
privado [pri'ƀađo] *adj* privat; *en ~* privat
privar [pri'ƀar] *v 1. ~ a alguien de algo JUR* jdm etw aberkennen, jdm etw absprechen; *~ a alguien de poder sobre algo* jdm die Gewalt über etw entziehen; *2. ~ a alguien de toda*

influencia jdm Einfluss entziehen; *3. estar privado de* entbehren

privarse [pri'ƀarse] *v* sich aufopfern, verzichten

privatización [priƀatiθa'θĭɔn] *f ECO* Privatisierung *f*

privatizar [priƀati'θar] *v ECO* privatisieren

privilegio [priƀi'lɛxĭo] *m 1.* Privileg *n,* Sonderrecht *n,* Vorrecht *n; 2. ~s fiscales pl FIN* Steuervergünstigungen *pl*

probabilidad [proƀaƀili'đađ] *f* Wahrscheinlichkeit *f*

probable [pro'ƀaƀle] *adj 1.* wahrscheinlich, vermutlich; *poco ~* unwahrscheinlich; *2. (demostrable)* beweisbar

probablemente [proƀaƀle'mente] *adv* wahrscheinlich, wohl, vermutlich

probar [pro'ƀar] *v irr 1. (demostrar)* beweisen; *2. (gustar, paladear)* kosten, probieren, testen; *¿Puedo ~lo?* Kann ich davon kosten? *Me gustaría ~.* Ich möchte gerne probieren. *3. (intentar)* versuchen; *4. (ensayar)* erproben; *5. ~ su identidad* legitimieren; *6. (demostrar)* nachweisen; *7. ~ la culpabilidad de alguien* jdn überführen; *8. JUR* belegen; *9. ~ documentalmente JUR* beurkunden; *10. ~ bien (LA)* gut bekommen

probarse [pro'ƀarse] *v irr* anprobieren; *¿Puedo probármelo?* Kann ich das anprobieren?

problema [pro'ƀlema] *m 1.* Problem *n; ¡No es ningún ~!* Kein Problem! *sin ~s* problemlos; *2. (dificultad)* Schwierigkeit *f,* Ärger *m; 3. (pregunta)* Frage *f*

problemático [proƀle'matiko] *adj* problematisch, ärgerlich

procedencia [proθe'đenθĭa] *f* Abstammung *f,* Herkunft *f,* Ursprung *m*

procedente [proθe'đente] *adj* ursprünglich

proceder [proθe'đɛr] *v 1. ~ de* stammen von, abstammen von; *2. (actuar)* verfahren, vorgehen; *m 3.* Vorgehen *n*

procedimiento [proθeđi'mĭento] *m 1.* Prozedur *f,* Verfahren *n,* Vorgehen *n; 2. JUR* Rechtsgang *m; ~ disciplinario* Disziplinarverfahren *n; ~ judicial* Gerichtsverfahren *n; ~ de quiebra* Konkursverfahren *n*

prócer [prɔ'θer] *m* hoch gestellte Persönlichkeit *f,* Vorkämpfer *m,* Magnat *m*

procesado [proθe'sađo] *adj 1. JUR* angeklagt; *m 2. JUR* Angeklagter *m*

procesador [proθesa'đɔr] *m INFORM* Prozessor *m*

procesamiento [proθesa'mĭento] *m 1. ~ del petróleo TECH* Herstellung *f,* Bearbeitung *f; 2. (proceso judicial) JUR* gerichtliche Verfolgung *f,* gerichtliche Ahndung *f; 3. (tratamiento) INFORM* Verarbeitung *f; ~ digital de imágenes* digitale Bildverarbeitung; *~ de datos* digitale Datenverarbeitung

procesión [proθe'sĭɔn] *f* Prozession *f*

proceso [pro'θeso] *m 1.* Prozess *m,* Verfahren *n; ~ de selección* Ausleseverfahren *n; 2. ~ monitorio JUR* Mahnverfahren *n; ~ penal* Strafprozess *m*

proclama [pro'klama] *f 1.* Aufruf *m; 2. ~ matrimonial* Aufgebot *n*

proclamación [proklama'θĭɔn] *f* Bekanntgabe *f,* Erklärung *f,* Proklamation *f*

proclamar [prokla'mar] *v* aufrufen, proklamieren, erklären

procrear [prokre'ar] *v* zeugen

procura [pro'kura] *f JUR* Prokura *f*

procurar [proku'rar] *v 1.* beschaffen, anschaffen, besorgen; *2. (conseguir, intentar)* beibringen, vermitteln, sich bemühen um

procurarse [proku'rarse] *v (obtener)* sich besorgen, sich verschaffen, bekommen

prodigar [prođi'gar] *v* verschwenden

prodigio [pro'dixĭo] *m* Wunder *n*

prodigioso [prođi'xĭoso] *adj* wunderbar

pródigo ['prođigo] *m 1.* Verschwender *m; adj 2.* verschwenderisch

producción [prođuk'θĭɔn] *f 1.* Fertigung *f,* Herstellung *f,* Produktion *f; ~ cinematográfica* Filmproduktion *f; 2. ~ en serie ECO* Serienproduktion *f; 3. ~ excedentaria ECO* Überschussproduktion *f*

producir [prođu'θir] *v irr 1.* hervorbringen; *~ efecto* wirken, bewirken; *2. ECO* erzeugen, herstellen, produzieren

producirse [prođu'θirse] *v irr* ausbrechen, geschehen, entstehen

productivamente [prođuktiƀa'mente] *adv* produktiv

productividad [prođuktiƀi'đađ] *f ECO* Ertragfähigkeit *f,* Produktivität *f*

productivo [prođuk'tiƀo] *adj* ergiebig, ertragreich, leistungsfähig

producto [pro'đuĭto] *m 1. (resultado)* Erzeugnis *n; 2. ECO* Gut *n,* Produkt *n; ~ agrario* Agrarerzeugnis *n; ~ nacional bruto (PNB)* Bruttosozialprodukt *n; ~ nacional* Sozialprodukt *n; ~ industrial* Fabrikat *n; ~ manufacturado* Fertigprodukt *n; ~ lácteo* Milchprodukt *n; ~ natural* Naturprodukt *n; ~ de limpieza* Putzmittel *n,* Reinigungsmittel *n; 3.*

~s de panadería pl Backwaren *pl; ~s de pastelería* Backwaren *pl; ~s textiles* Textilien *pl; ~s alimenticios* Nahrungsmittel *pl; ~s naturales* Naturalien *pl; ~s químicos* Chemikalien *pl*
productor(a) [prođuk'tɔr/prođuk'tora] *m/f* Hersteller(in) *m/f,* Produzent(in) *m/f*
profanar [profa'nar] *v REL* entweihen
profano [pro'fano] *m 1.* Laie *m; adj 2.* laienhaft, weltlich
profecía [profe'θia] *f* Prophezeiung *f*
proferir [profe'rir] *v irr* hervorbringen
profesar [profe'sar] *v REL* bekennen
profesión [profe'sĭɔn] *f 1.* Beruf *m,* Erwerb *m; 2. ~ de fe REL* Glaubensbekenntnis *n*
profesional [profesĭo'nal] *adj 1.* beruflich, fachlich, hauptamtlich, professionell; *2. ECO* gewerblich; *m/f 3.* Fachmann *m,* Profi *m*
profesionalismo [profesĭona'lizmo] *m* Professionalität *f,* berufliche Kompetenz *f,* fachliche Kompetenz *f*
profesor(a) [profe'sɔr/profe'sora] *m/f* Lehrer(in) *m/f; ~ de conducir* Fahrlehrer *m; ~ universitario* Dozent *m*
profeta [pro'feta] *m REL* Prophet *m*
profilaxis [profi'lagsis] *f MED* Vorbeugung *f*
profundidad [profundi'đađ] *f* Tiefe *f*
profundizar [profundi'θar] *v (fig)* vertiefen
profundo [pro'fundo] *adj (a fondo)* gründlich, tief, tief schürfend
programa [pro'grama] *m 1.* Programm *n; según el ~* programmgemäß; *2. ~ de estudios* Lehrplan *m; 3. ~ de aplicación INFORM* Anwenderprogramm *n; 4. THEAT* Spielplan *m*
programación [programa'θĭɔn] *f* Programmierung *f*
programador(a) [programa'đɔr/programa'đora] *m/f INFORM* Programmierer(in) *m/f*
programar [progra'mar] *v* programmieren
progresar [progre'sar] *v* fortschreiten, sich entwickeln
progresión [progres'ĭɔn] *f 1.* Fortschreiten *n,* Entwicklung *f; 2. ~ geométrica MATH* (geometrische) Reihe *f; 3. una ~ de acordes MUS* progressive Akkorde *m/pl*
progresivamente [progresiƀa'mente] *adv* stufenweise
progresivo [progre'siƀo] *adj* progressiv
progreso [pro'greso] *m* Fortschritt *m,* Aufstieg *m; hacer ~s* vorwärts kommen, Fortschritte machen
prohibición [proiƀi'θĭɔn] *f 1.* Verbot *n,* Sperre *f; ~ de fumar* Rauchverbot *n; ~ de adelantar* Überholverbot *n; ~ de aparcar* Parkverbot *n,* Halteverbot *n; 2. ~ de importación ECO* Einfuhrverbot *n*
prohibido [proi'ƀiđo] *adj 1.* verboten, unerlaubt; *¿Está ~?* Ist das verboten? *2. (el paso)* gesperrt, Durchgang verboten
prohibir [proi'ƀir] *v* untersagen, verbieten
prohibitivo [proiƀi'tiƀo] *adj (relativo a los precios)* überhöht, unerschwinglich
prólogo ['prologo] *m* Vorwort *n*
prolongación [prolɔŋga'θĭɔn] *f* Ausdehnung *f,* Verlängerung *f*
prolongar [prolɔŋ'gar] *v* verlängern; *Quisiera ~ mi estancia.* Ich möchte meinen Aufenthalt verlängern.
prolongarse [prolɔŋ'garse] *v* ausdehnen
promedio [pro'međĭo] *m* Durchschnitt *m,* Mittel *n; en ~* durchschnittlich; *por encima del ~* überdurchschnittlich; *superior al ~* überdurchschnittlich
promesa [pro'mesa] *f* Versprechung *f,* Versprechen *n,* Verheißung *f*
prometer [prome'tɛr] *v* versprechen, zusagen, verheißen
prometerse [prome'tɛrse] *v ~ con alguien* sich mit jdm verloben
prometida [prome'tiđa] *f (novia)* Braut *f,* Verlobte *f*
prometido [prome'tiđo] *m (novio)* Bräutigam *m,* Verlobter *m*
prominencia [promi'nenθĭa] *f* Prominenz *f*
prominente [promi'nente] *adj* prominent
promiscuo [promis'kuo] *adj* gemischt, häufig wechselnd (Partner); *Una vida promiscua puede ser peligrosa para la salud.* Ein Leben mit häufig wechselnden Partnern kann für die Gesundheit gefährlich sein.
promisión [promi'sĭɔn] *f (juramento) JUR* Gelübde *n,* Versprechen *n*
promoción [promo'θĭɔn] *f 1.* Jahrgang *m; 2. ECO* Beförderung *f; 3. ~ especial* Angebot *n,* Sonderangebot *n*
promover [promo'ƀɛr] *v irr 1.* fördern; *2. ECO* befördern
promulgar [promul'gar] *v* verkünden, bekannt geben, veröffentlichen
pronombre [pro'nɔmbre] *m GRAMM* Pronomen *n*

pronosticar [pronɔsti'kar] *v* vorhersagen
pronóstico [pro'nɔstiko] *m* Vorhersage *f*, Prognose *f*; *~ del tiempo* Wettervorhersage *f*
prontamente [pronta'mente] *adv* prompt, schleunigst
pronto ['pronto] *adj* bald, flink, prompt; *tan ~ como* als, sobald; *lo más ~ posible* baldmöglichst, eiligst; *por lo ~* vorerst; *de ~* plötzlich; *¡Hasta ~!* Bis bald!
pronunciación [pronunθĭa'θĭɔn] *f LING* Aussprache *f*
pronunciado [pronun'θĭađo] *adj* ausgeprägt
pronunciamiento [pronunθĭa'mĭento] *m* *1. POL* Putsch *m*; *~ militar* Militärputsch *m*; *2. ~ de la sentencia JUR* Urteilsverkündung *f*
pronunciar [pronun'θĭar] *v 1. LING* aussprechen; *2. ~ un discurso* eine Rede halten
pronunciarse [pronun'θĭarse] *v ~ en favor de algo* sich für etw aussprechen; *~ contra algo* sich gegen etw aussprechen
propagación [propaga'θĭɔn] *f 1.* Verbreitung *f*; *2. (reproducción)* Vermehrung *f*
propaganda [propa'ganda] *f* Propaganda *f*
propagar [pro'pagar] *v* propagieren
propagarse [propa'garse] *v* sich vermehren
propender [propen'dɛr] *v ~ a algo* zu etw neigen
propensión [propen'sĭɔn] *f 1.* Neigung *f*, Hang *m*; *2. MED* Anfälligkeit *f*
propenso [pro'penso] *adj ~ a* anfällig für
propicio [pro'piθĭo] *adj* günstig
propiedad [propĭe'đađ] *f 1. (posesión)* Besitz *m*, Eigentum *n*, Gut/Güter *n*; *~ inmueble* Grundbesitz *m*; *~ inmobiliaria* Immobilie *f*; *~ privada* Privateigentum *n*; *~ del Estado* Staatseigentum *n*; *2. (de poseer)* Zugehörigkeit *f*; *3. (calidad)* Eigenschaft *f*, Eigentümlichkeit *f*
propietaria [propĭe'tarĭa] *f* Besitzerin *f*, Eigentümerin *f*, Inhaberin *f*
propietario [propĭe'tarĭo] *m* Besitzer *m*, Eigentümer *m*, Inhaber *m*; *ser ~ de* besitzen
propina [pro'pina] *f* Trinkgeld *n*
propinar [propi'nar] *v* Trinkgeld geben
propio ['propĭo] *adj 1.* eigentlich, eigen; *2. ~ de* bezeichnend für
proponer [propo'nɛr] *v irr 1.* vorschlagen; *2. (presentar)* herantragen, aufstellen
proponerse [propo'nɛrse] *v irr* beabsichtigen, bezwecken, sich vornehmen; *~ a* gedenken zu; *~ algo* sich etw vornehmen
proporción [propɔr'θĭɔn] *f 1.* Proportion *f*, Maßstab *m*, Ausmaß *n*; *justa ~* Angemessenheit *f*; *2. (relación)* Verhältnis *n*
proporcional [propɔrθĭo'nal] *adj* proportional, prozentual, verhältnismäßig
proporcionar [propɔrθĭo'nar] *v 1.* beschaffen, verschaffen; *2. (procurar)* beibringen, vermitteln
proposición [proposi'θĭɔn] *f* Vorschlag *m*, Anerbieten *n*
propósito [pro'posito] *m 1.* Absicht *f*, Zweck *m*, Vorhaben *n*; *a ~* absichtlich, vorsätzlich; *2. (por lo demás) a ~* übrigens
propuesta [pro'pwesta] *f 1.* Vorschlag *m*, Anregung *f*; *~ de modificación* Änderungsvorschlag *m*; *2. ~ de matrimonio* Heiratsantrag *m*
propugnar [propug'nar] *v* verfechten
propulsar [propul'sar] *v 1.* antreiben; *2. (fig: hacer avanzar)* stimulieren
propulsión [propul'sĭɔn] *f TECH* Antrieb *m*
propulsor [propul'sɔr] *m TECH* Propeller *m*
prórroga ['prɔrrɔga] *f 1. (prolongación)* Verlängerung *f*; *2. (aplazamiento)* Aufschub *m*
prosa ['prosa] *f LIT* Prosa *f*
proscribir [proskri'bir] *v 1. (prohibir algo)* verbieten, untersagen; *2. (declarar fuera de la ley a alguien)* ächten, verbannen, achten
proscrito [pros'krito] *m* Geächteter *m*, Verbannter *m*
proseguir [prose'gir] *v irr* fortsetzen
prospecto [prɔs'pɛkto] *m* Prospekt *m*
prosperar [prospe'rar] *v* gedeihen
prosperidad [prosperi'đađ] *f 1.* Wohlfahrt *f*; *2. (económica)* Wohlstand *m*
prostíbulo [prɔs'tibulo] *m* Bordell *n*
prostitución [prɔstitu'θĭɔn] *f* Prostitution *f*
prostituído [prostitu'iđo] *adj (fig: venal)* käuflich, bestechlich
prostituta [prɔsti'tuta] *f* Dirne *f*, Prostituierte *f*
protagonista [protago'nista] *m/f CINE* Hauptdarsteller(in) *m/f*
protección [protɛk'θĭɔn] *f 1.* Schutz *m*; *~ de la naturaleza* Artenschutz *m*, Naturschutz *m*; *~ del medio ambiente* Umweltschutz *m*; *~ contra el ruido* Lärmschutz *m*; *~ civil* Zivilverteidigung *f*; *~ de los datos* Datenschutz *m*; *~ al consumidor* Verbraucherschutz *m*; *seguro de ~* Versicherungsschutz *m*; *~ de*

inquilinos Mieterschutz *m; 2. ~ anticorrosiva TECH* Unterbodenschutz *m,* Rostschutz *m; 3. (cobijo)* Geborgenheit *f,* Obhut *f,* Wahrung *f; 4. MIL* Deckung *f*

proteger [protɛ'xɛr] *v 1. ~ de/~ contra* beschützen vor, behüten vor, schützen vor; *2. (fig)* absichern, abschirmern; *3. (cubrir)* zudecken

protegido [protɛ'xiđo] *adj 1.* geschützt; *m 2.* Schützling *m*

proteína [prote'ina] *f BIO* Eiweiß *n,* Protein *n*

prótesis ['protesis] *f MED* Prothese *f*

protesta [pro'testa] *f 1. (contra)* Protest *m,* Auflehnung *f; 2. JUR* Anfechtung *f,* Einspruch *m*

protestante [protes'tante] *adj 1. REL* evangelisch, protestantisch; *m 2. REL* Protestant *m*

protestar [protes'tar] *v* protestieren

protocolar [protoko'lar] *v* protokollieren

protocolo [proto'kolo] *m* Protokoll *n*

protón [pro'tɔn] *m PHYS* Proton *n*

prototipo [proto'tipo] *m 1.* Prototyp *m; 2. (fig: ejemplo, paradigma)* Prototyp *m,* Beispiel *n*

protuberancia [protuƀeran'θĭa] *f* Protuberanz *f,* Vorsprung *m,* Wulst *m*

protuberante [protuƀe'rante] *adj* hervorstehend, hervorragend, sich auszeichnend

provecho [pro'ƀetʃo] *m* Nutzen *m,* Gewinn *m,* Profit *m; ¡Buen ~!* Guten Appetit!

provechoso [proƀe'tʃoso] *adj* nützlich, bekömmlich, vorteilhaft

proveer [proƀe'ɛr] *v irr* liefern, beliefern

provenir [proƀe'nir] *v irr* herrühren, entspringen; *~ de* stammen von

proverbio [pro'ƀɛrƀĭo] *m* Sprichwort *n*

providencial [proƀiđen'θĭal] *adj (fig)* vorbestimmt, vorhergesehen

provincia [pro'ƀinθĭa] *f* Provinz *f*

provincial [proƀin'θĭal] *adj* provinziell

provisión [proƀi'sĭɔn] *f 1.* Vorrat *m; 2. ECO* Deckung *f,* Dotierung *f; sin ~* ungedeckt; *3. provisiones pl* Proviant *m*

provisional [proƀisĭo'nal] *adj* vorläufig, vorübergehend, einstweilig, provisorisch

provisoriamente [proƀisorĭa'mente] *adv* provisorisch

provisorio [proƀi'sorĭo] *adj* behelfsmäßig

provocación [proƀoka'θĭɔn] *f* Herausforderung *f,* Provokation *f*

provocador [proƀoka'đɔr] *adj* aufreizend, herausfordernd, provozierend

provocar [proƀo'kar] *v 1. (causar)* anstiften, hervorrufen, erzeugen; *2. (desatar)* auslösen; *3. (ofender)* brüskieren; *4. (retar, atacar)* provozieren, herausfordern, reizen

provocativo [proƀoka'tiƀo] *adj* aufreizend, herausfordernd

proxeneta [prɔkse'neta] *m* Zuhälter *m*

próximamente ['prɔksimamente] *adv* bald, nächstens, demnächst

proximidad [prɔksimi'đađ] *f* Nähe *f*

próximo ['prɔksimo] *adj 1.* nah; *prep 2. ~ a* nahe bei; *m 3. el ~* der Nächste *m*

proyección [projɛk'θĭɔn] *f 1.* Projektion *f; 2. (presentación)* Vorführung *f; 3. (estatística)* Hochrechnung *f; 4. PSYCH* Projektion *f,* Übertragung auf eine Person *f*

proyectar [projɛk'tar] *v 1.* planen, entwerfen; *2. CINE* vorführen

proyecto [pro'jɛkto] *m 1.* Unternehmen *n,* Projekt *n,* Vorhaben *n,* Vorlage *f; ~ piloto* Pilotprojekt *n; 2. ~ de ley POL* Gesetzentwurf *m,* Vorlage *f*

proyector [projɛk'tɔr] *m* Projektor *m*

prudencia [pru'đenθĭa] *f* Behutsamkeit *f,* Vorsicht *f*

prudente [pru'đente] *adj* vorsichtig, behutsam

prueba ['prweƀa] *f 1. (demostración)* Beweis *m,* Nachweis *m; 2. JUR* Bewährungsprobe *f,* Beweismittel *n; asistente durante el plazo de ~* Bewährungshelfer *m; 3. (examen)* Test *m; ~ de embarazo* Schwangerschaftstest *m; 4. (muestra)* Probe *f; ~ de sangre* Blutprobe *f; ~ de fuerza* Kraftprobe *f,* Machtprobe *f; ~ de cámara* Probeaufnahme *f; 5. (ensayo)* Anprobe *f; (fig: ensayo)* Kostprobe *f; 6. (someter a examen)* Erprobung *f,* Prüfung *f; 7. (intento)* Versuch *m; a ~* probeweise

pseudónimo [pseŭ'donimo] *m* Künstlername *m,* Pseudonym *n*

psicoanálisis [psikoa'nalisis] *m* Psychoanalyse *f*

psicología [psikolɔ'xia] *f* Psychologie *f*

psicológico [psiko'lɔxiko] *adj* psychologisch

psicólogo [psi'kolɔgo] *m* Psychologe *m*

psicoterapeuta [psikotera'peŭta] *m/f* Psychotherapeut(in) *m/f*

psique ['psike] *f* Psyche *f*

psiquiatra [psi'kĭatra] *m/f* Psychiater(in) *m/f*

psíquicamente ['psikikamente] *adv* psychisch

psíquico ['psikiko] *adj* psychisch, seelisch
púa ['pua] *f ZOOL* Stachel *m*
pubertad [pu'ƀertađ] *f* Pubertät *f*
publicación [puƀlika'θĭɔn] *f 1.* Bekanntmachung *f,* Veröffentlichung *f; 2. (edición)* Herausgabe *f,* Publizierung *f; 3. ~ de la sentencia JUR* Urteilsverkündung *f*
publicado [puƀli'kađo] *adj* veröffentlicht; *ser ~* erscheinen, veröffentlicht werden
públicamente ['puƀlikamente] *adv* öffentlich, offenkundig
publicar [puƀli'kar] *v 1.* herausgeben, verlegen, veröffentlichen; *2. (informar)* bekannt geben, melden, publizieren
publicarse [puƀli'karse] *v* herauskommen
publicidad [puƀliθi'đađ] *f* Reklame *f,* Werbung *f; hacer ~ para* werben für; *~ encubierta* Schleichwerbung *f; ~ televisiva* Werbefernsehen *n*
publicista [puƀli'θista] *m LIT* Publizist *m*
público ['puƀliko] *adj 1.* öffentlich, offenkundig, staatlich; *hacerse ~* herauskommen, bekannt werden; *en ~* öffentlich; *m 2.* Öffentlichkeit *f; ~ en general* Allgemeinheit *f; 3. (conjunto de los presentes)* Publikum *n*
púdico ['puđiko] *adj* keusch, prüde
pudiente [pu'đĭente] *adj* vermögend
pudín [pu'đin] *m GAST* Pudding *m*
pudor [pu'đɔr] *m* Scham *f*
pudoroso [puđo'roso] *adj* schamhaft
pudrirse [pu'đrirse] *v irr* verderben
pueblo ['pweƀlo] *m 1. (aldea)* Dorf *n; 2. (conjunto de los ciudadanos)* Volk *n*
puente ['pwente] *m 1.* Brücke *f; día ~* verlängertes Wochenende *n; 2. MED* Brücke *f*
puerca ['pwerka] *f ZOOL* Sau *f*
puerco ['pwerko] *m 1. ZOOL* Schwein *n; ~ espín* Stachelschwein *n; 2. (fig)* Sau *f*
puericultura [pwerikul'tura] *f* Säuglingspflege *f*
pueril [pwe'ril] *adj* jungenhaft
puerilidad [puerilіđađ] *f* Kinderei *f*
puerperio [pwɛr'pɛrĭo] *m MED* Wochenbett *n*
puerro ['pwɛrrɔ] *m BOT* Lauch *m*
puerta ['pwɛrta] *f 1.* Tür *f; ¡Abra, por favor, la ~!* Öffnen Sie bitte die Tür! *~ corrediza* Schiebetür *f; ~ giratoria* Drehtür *f; ~ de dos hojas* Flügeltür *f; llamar a la ~* anklopfen; *2. (portón)* Tor *n,* Pforte *f; 3. ~ cochera* Ausfahrt *f*
puerto ['pwɛrto] *m 1. NAUT* Hafen *m; tocar ~* landen; *~ fluvial* Binnenhafen *m; ~ interior* Binnenhafen *m; 2. (en la montaña)* Gebirgspass *m; 3.(interfaz) INFORM* Schnittstelle *f,* Zwischenphase *f; ~ serial* serielle Schnittstelle; *~ paralelo* parallele Schnittstelle
pues [pwes] *konj 1.* denn, zwar; *adv 2. ~ bien* nun
puesta ['pwesta] *f 1. ~ en práctica* Praxis *f,* Verwirklichung *f,* Zustandekommen *n; 2. ~ del sol* Sonnenuntergang *m; a la ~ del sol* bei Sonnenuntergang; *3. ~ en libertad* Entlassung *f,* Freilassung *f; 4. ~ en marcha TECH* Inbetriebnahme *f; ~ en servicio* Inbetriebnahme *f; ~ en movimiento* Betätigung *f*
puesto ['pwesto] *m 1.* Posten *m,* Stelle *f; llevar ~* anhaben, tragen; *~ de trabajo* Arbeitsstelle *f; ~ de aprendiz* Lehrstelle *f; ~ de socorro* Unfallstation *f; 2. (para vender)* Stand *m,* Bude *f; konj 3. ~ que (razón)* da, denn, weil
púgil ['puxil] *m SPORT* Boxer *m*
pugna ['pugna] *f 1. ~ electoral POL* Wahlkampf *m; 2. (lucha)* Kampf *m,* Widerstreit *m; ideas en ~* Ideen im Widerstreit; *Personas en ~ por la vida* Personen im Überlebenskampf
pugnar [pu'gnar] *v 1. (luchar)* streiten, kämpfen, ringen; *2. ~ por* verzweifelte Anstrengungen machen; *Pugno por obtener mi libertad.* Ich mache verzweifelte Anstrengungen, um meine Freiheit zu erlangen.
pujanza [pu'xanθa] *f* Wucht *f*
pujar [pu'xar] *v* steigern
pulcro ['pulkro] *adj* gepflegt
pulgada [pul'gađa] *f* Zoll *m*
pulgar [pul'gar] *m ANAT* Daumen *m*
pulir [pu'lir] *v irr 1.* polieren; *2. (fig: perfeccionar)* feilen, glätten, den letzten Schliff geben; *Debes pulir el estilo de tu carta.* Du musst dem Schreibstiel in deinem Brief den letzten Schliff geben.
pulmón [pul'mɔn] *m ANAT* Lunge *f*
pulmonía [pulmo'nia] *f MED* Lungenentzündung *f*
púlpito ['pulpito] *m 1. (de oradores)* Rednerpult *n; 2. REL* Kanzel *f*
pulpo ['pulpo] *m ZOOL* Krake *f*
pulsación [pulsa'θĭɔn] *f* Anschlag *m,* Pulsschlag *m*
pulsador [pulsa'đɔr] *m TECH* Druckknopf *m*
pulsar [pul'sar] *v* pulsieren, drücken, betätigen
pulsera [pul'sera] *f* Armband *n*
pulso ['pulso] *m 1.* Puls *m; tomar el ~* den Puls fühlen; *2. INFORM* Frequenz *f*

puma ['puma] *m ZOOL* Puma *m*
punción [pun'θĭɔn] *f MED* Punktion *f*
puncionar [punθĭo'nar] *v MED* punktieren
pundonor [punđo'nɔr] *m* Ehrgefühl *n*
punible [pu'niƀle] *adj JUR* strafbar
punición [puni'θĭɔn] *f* Strafe *f*
punta ['punta] *f 1.* Spitze *f,* Zacke *f; horas ~* Spitzenverkehrszeiten *pl; ~ de cuchillo* Messerspitze *f; Se me ponen los pelos de ~.* Mir stehen die Haare zu Berge. *2. echar una ~* eine Andeutung fallen lassen; *3. de ~ en blanco* piekfein
puntada [pun'tađa] *f 1.* Stich *m; 2. (fig: dolor penetrante)(LA)* Stechen *n; Tengo una fuerte puntada en el corazón.* Ich habe ein heftiges Stechen in der Herzgegend.
puntero [pun'tero] *m 1.* Zeigestab; *2. INFORM* Mauszeiger *m*
puntiagudo [puntĭa'guđo] *adj* spitz
punto ['punto] *m 1. (lugar)* Punkt *m; ~ de reunión* Treffpunkt *m; ~ de amarre* Anlegeplatz *m; ~ de observación* Aussichtspunkt *m; 2. (tejido)* Masche *f; 3. (dibujo)* Tupfen *m; 4. (fig)* Punkt *m; ~ de vista* Standpunkt *m,* Einstellung *f; ~ de partida* Ansatzpunkt *m,* Ausgangspunkt *m; ~ de referencia* Anhaltspunkt *m; ~ más bajo* Tiefpunkt *m; ~ sospechoso* Verdachtsmoment *n; ~ a favor* Pluspunkt *m; ~ litigioso* Streitpunkt *m; 5. TECH* Punkt *m,* Stelle *f; ~ de rotura* Bruchstelle *f; 6. MIL* Punkt *m; ~ de ataque* Angriffspunkt *m; ~ flaco* Angriffspunkt *m; ~ de apoyo* Stützpunkt *m; 7. ~ central PHYS* Mittelpunkt *m,* Kern *m; ~ cero* Nullpunkt *m; ~ de fusión* Schmelzpunkt *m; ~ de ebullición* Siedepunkt *m; 8. GRAMM* Punkt *m; ~ y coma* Strichpunkt *m,* Semikolon *n; 9. en ~* pünktlilch; *a las ocho en ~* pünktlich um acht Uhr
puntuación [puntua'θĭɔn] *f 1. (de un párrafo) GRAMM* Zeichensetzung *f; 2. (en un examen o competencia)* Punktbewertung *f*
puntual [pun'twal] *adj* pünktlich; *¡Sea ~, por favor!* Seien Sie bitte pünktlich!
puntualidad [puntwali'đađ] *f* Pünktlichkeit *f*
puntualizar [puntuali'θar] *v 1. (aclarar)* genau darlegen; *2. (perfeccionar)* etw den letzten Schliff geben, berichtigen, vollenden
puntura [pun'tura] *f MED* Stichwunde *f,* Punktur *f*
punzante [pun'θante] *adj 1.* stechend, beißend; *Hace un frío punzante.* Es herrscht eine beißende Kälte. *2. (fig) palabras ~s* bissig, spitz, den wunden Punkt treffend
punzar [pun'θar] *v* stechen
puñal [pu'ɲal] *m* Dolch *m*
puñalada [puɲa'lađa] *f 1. (cuchillada)* Messerstich *m; Julio Cesar recibió veinticuatro puñaladas.* Julius Cäsar wurde mit vierundzwanzig Messerstichen niedergestochen. *2. (fig: una gran pena)* Dolchstoß *m,* Stich ins Herz *m; Saber la noticia fué una puñalada para él.* Die Nachricht zu erfahren war für ihn wie ein Dolchstoß.
puñeta [pu'ɲeta] *f (masturbación)* Masturbation *f; hacerse la ~* sich selbst befriedigen
puñetazo [puɲe'taθo] *m* Fausthieb *m*
puño ['puɲo] *m 1. ANAT* Faust *f; 2. (de camisa)* Bündchen *n,* Manschette *f*
pupila [pu'pila] *f 1. ANAT* Augapfel *m,* Pupille *f; 2. ~ de un burdel* Dirne *f*
pupilo [pu'pilo] *m JUR* Mündel *n*
puré [pu're] *m GAST* Brei *m; ~ de patatas* Kartoffelbrei *m;* Püree *n,* Mus *n*
pureza [pu'reθa] *f 1.* Klarheit *f; 2. (sin culpa)* Unschuld *f*
purga ['purga] *f 1. tomar una ~* Abführmittel *n,* Abführen *n,* Reinigung von innen *f; 2. (fig: expulsión) POL* Ausstoßen *n,* Ausweisen *n,* Hinauswerfen *n; El partido ha realizado una purga.* Die Partei hat Mitglieder ausgestoßen.
purgante [pur'gante] *m MED* Abführmittel *n*
purgar [pur'gar] *v 1. (fig)* verbüßen; *2. MED* abführen
purgatorio [purga'torĭo] *m REL* Fegefeuer *n*
purificación [purifika'θĭɔn] *f* Reinigung *f*
purificar [purifi'kar] *v* reinigen
puritano [puri'tano] *adj* puritanisch
puro ['puro] *adj 1. (claro)* klar, pur, rein; *2. (sin culpa)* unschuldig; *m 3. (para fumar)* Zigarre *f*
purulento [puru'lento] *adj MED* eitrig
pus [pus] *f MED* Eiter *m*
pústula ['pustula] *f* Pickel *m,* Pustel *f*
puta ['puta] *f* Hure *f,* Nutte *f*
putear [pu'tear] *v* fluchen
puto ['puto]m *(fig: casanova)* sexuell aktiver Mensch *m,* Frauenheld *m*
putrefacción [putrefak'siɔn] *f* Verwesung *f,* Fäulnis *f,* Verrottung *f*
putrefacto [putre'fakto] *adj* verfault, verrottet, verwest
pútrido ['putriđo] *adj* morsch
puya ['puja] *f 1. (púa)* Spitze *f; f/pl 2. echar ~s* Stichelei *f,* gehässige Bemerkung *f*

Q

que [ke] *pron 1. (rel)* der/die/das, welcher/welche/welches, was; *konj 2.* als, dass, zu; *mayor ~* größer als, älter als; *menor ~* kleiner als, jünger als

qué [ke] *pron 1.* was, welche(r,s), was für ein(e); *¿Qué coche conduces?* Welchen Wagen fährst du? *¿Qué me cuentas?* Was gibt's Neues? *¿Para ~?* Wozu?, Wofür? *¿Por ~?* Warum?, Wozu?, Weshalb? *¿Sobre ~?* Worauf?, Worüber?, Worum? *2. (exclamativo)* wie, was; *¡Qué guapa eres!* Wie hübsch du bist! *¡Qué alegría!* Was für eine Freude! *adv 3. ¡No hay de ~!* Keine Ursache! *¿Y ~?* Na und?

quebrada [ke'ƀrađa] *f* Schlucht *f*

quebraderos [keƀra'đeros] *m/pl ~ de cabeza* Kopfzerbrechen *n*

quebradizo [keƀra'điθo] *adj* zerbrechlich, brüchig, spröde

quebrado [ke'ƀrađo] *adj* geknickt

quebradura [keƀra'đura] *f* Felsspalte *f*

quebramiento [keƀra'mĭento] *m 1.* Spaltung *f,* Bruch *m; 2. ~ de contrato JUR* Vertragsbruch *m*

quebrantable [keƀran'taƀle] *adj* zerbrechlich

quebrantar [ke'ƀrantar] *v* brechen

quebranto [ke'ƀranto] *m* Zerbrechen *n,* Zusammenbruch *m,* Niedergeschlagenheit *f*

quebrar [ke'ƀrar] *v irr* zerbrechen, knicken, brechen, abbrechen

quebrarse [ke'ƀrarse] *v irr* zerspringen

quechua ['ketʃua] *m GEO* Ketschua-Indianer *m,* Sprache der Ketschua-Indianer *f*

queda ['keđa] *f toque de ~* Ausgangssperre *f*

quedamente ['keđamente] *adj* leise, mit leiser Stimme

quedar [ke'đar] *v 1.* bleiben, übrig bleiben, verbleiben; *queda abierta la posibilidad* es bleibt die Möglichkeit offen; *No me queda nada de dinero, me lo gasté todo.* Ich habe kein Geld mehr, ich habe alles ausgegeben. *2. ~ en algo* etw vereinbaren, in etw übereinkommen; *3. ~ bien (vestidos)* passen, gut stehen; *~ mal (fig)* schlecht dastehen, sich blamieren; *Ese sombrero te queda muy bien.* Dieser Hut steht dir sehr gut. *Quedaremos mal si no le damos una propina al camarero.* Wir stehen schlecht da, wenn wir dem Kellner kein Trinkgeld geben. *4. (passivo)* werden; *Ha quedado ciego de resultas del accidente.* Infolge des Unfalls ist er blind geworden. *5. ~ en ridículo con alguien* sich bei jdm lächerlich machen

quedarse [ke'đarse] *v 1.* bleiben, dableiben, verweilen; *~ parado* anhalten, stehen bleiben; *~ aquí* hier bleiben; *~ retenido en clase* nachsitzen; *~ solitario* vereinsamen; *~ dormido* verschlafen; *~ en ruinas* zerfallen; *~ aislado* vereinsamen; *¡Quédese más tiempo!* Bleiben Sie doch noch! *2. (cambiar de estado)* werden; *Se quedó sordo a causa del accidente.* Infolge des Unfalls ist er taub geworden.

quedo ['keđo] *adj* leise

quehacer [kea'θɛr] *m 1.* Beschäftigung *f; 2. ~es domésticos pl* Hausarbeit *f*

queja ['kɛxa] *f* Klage *f,* Beschwerde *f*

quejarse [kɛ'xarse] *v 1. ~ de algo a alguien* sich über etw beschweren bei jdm; *2. ~ de algo* über etw klagen, über etw jammern; *El niño se queja constantemente del dolor de estómago.* Das Kind klagt ständig über Bauchschmerzen.

quejicoso [kexi'koso] *adj* wehleidig, ewig unzufrieden

quejido [ke'xiđo] *m* Jammern *n,* Klagen *n*

quejumbrar [kexum'ƀrar] *v* jammern, verdrießlich sein, zimperlich sein

quejumbre [kɛ'xumbre] *f* Wehleidigkeit *f*

quejumbroso [kɛxum'broso] *adj* wehleidig

quemado [ke'mađo] *adj* angebrannt, verbrannt; *Me he ~.* Ich habe mich verbrannt.

quemadura [kema'đura] *f MED* Brandwunde *f,* Verbrennung *f; ~ de sol* Sonnenbrand *m; Tengo una ~ del sol.* Ich habe einen Sonnenbrand.

quemar [ke'mar] *v* verbrennen, abbrennen

quemarropa [kema'rropa] *f un disparo a ~* unmittelbare Nähe *f,* sehr kurze Distanz *f,* Plötzlichkeit *f*

quemarse [ke'marse] *v 1.* sich verbrennen; *2. (con un líquido caliente)* sich verbrühen

quemazón [kema'θɔn] *f* Brennen *n,* übermäßige Hitze *f*

querella [ke'reʎa] *f* Streit *m*

querellante [kere'ʎante] *m* Kläger *m*, Beschwerdeführer *m*, Strafantragsteller *m*
querellarse [kere'ʎarse] *v* Beschwerde führen, klagen, Strafantrag stellen
querelloso [kere'ʎoso] *adj* zänkisch, streitsüchtig, Querulanten...
querencia [ke'renθĭa] *f* *1. (el querer)* Anhänglichkeit *f*, Zuneigung *f*; *2. (tendencia)* Trieb *m*, Tendenz *f*
querer [ke'rɛr] *v irr 1. (~ mucho)* lieben; *2. (gustar)* mögen, lieb haben; *3. (desear)* wollen; *quiere decir* das heißt; *sin ~* unbewusst, unwillkürlich, ohne Absicht; *4. ~ ligar con alguien (fam)* jdn anmachen
querida [ke'riđa] *f 1.* Geliebte *f*; *2. la más ~* Liebste *f*
querido [ke'riđo] *adj 1.* beliebt, lieb; *m 2.* Liebling *m*, Geliebter *m*
quesadilla [kesa'điʎa] *f GAST* Käsegebäck *n*
quesería [kese'rĭa] *f (lugar)* Käserei *f*, Käsegeschäft *n*
queso ['keso] *m GAST* Käse *m*; *~ parmesano* Parmesankäse *m*; *~ de oveja* Schafskäse *m*; *~ fresco* Quark *m*
quiebra ['kĭeƀra] *f 1.* Pleite *f*, Spalt *m*, Riss *m*; *2. FIN* Bankrott *m*; *3. (de un nego-ciante) JUR* Konkurs *m*; *en ~* pleite
quiebro ['kĭeƀro] *m* Krümmung *f*, Biegung *f*
quien [kĭen] *pron (rel)* wer
quién [kĭen] *pron 1. (interr)* wer; *2. (dat) ¿A ~?* Wem? *3. (gen) ¿De ~?* Wessen? *¿De ~ es este coche?* Wessen Auto ist das? *4. (acc) ¿A ~?* wen? *¿A ~ se refiere usted?* Wen meinen Sie?
quieto ['kĭeto] *adj* ruhig, still, leise
quietud [kĭe'tuđ] *f* Ruhe *f*, Stille *f*
quijada [ki'xađa] *f ANAT* Kiefer *m*
quilate [ki'late] *m 1.* Goldgehalt *m*, Karat *n*; *de alto ~* hochkarätig; *2. MET* Feingehalt *m*
quilla ['kiʎa] *f NAUT* Kiel *m*
quimera [ki'mera] *f (fig)* Hirngespinst *n*
quimérico [ki'meriko] *adj* fantastisch, absonderlich
química ['kimika] *f* Chemie *f*
químico ['kimiko] *adj 1.* chemisch; *m 2.* Chemiker *m*
quimificar [kimifi'kar] *v CHEM* chemisch bearbeiten
quimioterapia [kimĭote'rapia] *f MED* Chemotherapie *f*
quimono [ki'mono] *m* Kimono *m*
quincalla [kin'kaʎa] *f* Blechwaren *f/pl*, Klempnerwaren *f/pl*
quincallería [kinkaʎe'rĭa] *f* Blechwarenhandel *m*, Klempnerei *f*, Hausierwaren *f/pl*
quince ['kinθe] *num* fünfzehn
quincuagésimo [kiŋkwa'xesimo] *adj* fünfzigste(r,s)
quinina [ki'nina] *f MED* Chinin *n*
quinqui ['kiŋki] *m (fam)* Strolch *m*, Gauner *m*
quinta ['kinta] *f 1.* Landhaus *n*, Gutshof *m*; *2. (intervalo) MUS* Quinte *f*
quintaesencia [kintae'senθĭa] *f 1.* Quintessenz *f*; *2. (fig)* Wesentliche *n*; *¿Sabes cuál es la quintaesencia de la vida?* Weißt du, was das Wesentliche im Leben ist?
quintal [kin'tal] *m ~ métrico* Doppelzentner *m*; *medio ~* Zentner *m*
quinto ['kinto] *adj* fünfte(r,s); *en ~ lugar* fünftens, an fünfter Stelle
quiosco ['kĭɔsko] *m* Kiosk *m*; *~ de periódicos* Zeitungskiosk *m*
quirófano [ki'rofano] *m* Operationssaal *m*
quiróptero [ki'roptero] *m ZOOL* Fledermaus *f*
quirúrgico [ki'rurkiko] *adj* chirurgisch
quiste ['kiste] *m MED* Zyste *f*
quitamanchas [kita'mantʃas] *m* Fleckentferner *m*
quitamotas [kita'motas] *m (fig)* Schmeichler *m*; *X es un quitamotas.* X ist ein Schmeichler.
quitar [ki'tar] *v 1. (retirar)* wegbringen, wegnehmen; *~ la vida a alguien* jdn umbringen; *~ a alguien de en medio* jdn beseitigen, jdn aus dem Weg räumen; *~ importancia* verharmlosen, bagatellisieren; *~ las ganas* die Lust nehmen; *El muchacho le quitó la muñeca a su hermana menor.* Der Junge nahm seiner kleineren Schwester die Puppe weg. *El invierno me quita las ganas de salir.* Der Winter nimmt mir die Lust auszugehen. *2. (la visión)* versperren; *3. (destapar)* abmachen, abziehen, abnehmen; *4. (arrancar)* herausreißen, losreißen, aufreißen; *5. (sustraer)* entwenden, wegnehmen; *6. (omitir)* unterlassen; *7. (sacar)* beseitigen, ausräumen, abschöpfen; *~ la mesa* den Tisch abdecken; *~ a alguien algo de la cabeza* jdn von etw abbringen; *~ el polvo* abstauben
quitarse [ki'tarse] *v* sich befreien; *~ a alguien de encima* jdn loswerden; *~ la ropa* die Kleider ablegen, sich ausziehen
quizá(s) [ki'θa(s)] *adv* vielleicht

R

rábano ['rrađano] *m BOT* Rettich *m; ~ picante* Meerrettich *m*
rabia ['rrađĭa] *f 1.* Wut *f; tenerle ~ a alguien* jdm zürnen; *2. MED* Tollwut *f*
rabiar [rra'đĭar] *v 1.* wüten, rasen; *2. ~ por* erpicht sein, vor Begierde brennen
rabieta [rra'đketa] *f* Wutanfall *m*
rabioso [rra'đĭoso] *adj* wütend, rabiat
rabo ['rrađo] *m* Schwanz *m*
racial [rra'θĭal] *adj* Rassen...
racimo [rra'θimo] *m ~ de uvas BOT* Weintraube *f*
raciocinar [rraθĭoθi'nar] *v* vernunftmäßig denken
raciocinio [rraθĭo'θinĭo] *m* Urteilsfähigkeit *f*, Überlegung *f*, Gedankengang *m*
ración [rra'θĭɔn] *f* Ration *f; una ~ grande* eine große Portion *f*
racional [rraθĭo'nal] *adj* rational, rationell
racionalidad [rraθĭonali'đađ] *f* Vernünftigkeit *f*, Zweckmäßigkeit *f*
racionalismo [rraθĭona'lizmo] *m ~ del trabajo* (Arbeits)rationalisierung *f*
racionalismo [rraθĭona'lizmo] *m HIST* Aufklärung *f*
racionalizar [rraθĭonali'θar] *v* rationalisieren
racionamiento [rraθĭona'mĭento] *m* Rationierung *f*, Bewirtschaftung *f*
racismo [rra'θizmo] *m* Rassismus *m*
racista [rra'θista] *m/f 1.* Rassist(in) *m/f;* [rra'θista] *adj 2.* rassistisch
racha ['rratʃa] *f 1. (ráfaga)* Windstoß *m; 2. ~ de buena suerte* Glückssträhne *f*
rada ['rađa] *f* Bucht *f*
radar [rra'đar] *m* Radar *m*
radiación [rrađĭa'θĭɔn] *f PHYS* Strahlung *f*
radi(o)actividad [rrađi(o)aktiđi'đađ] *f PHYS* Radioaktivität *f*
radiador [rrađĭa'đɔr] *m 1.* Heizkörper *m; 2. (de un automóvil)* Kühler *m*
radiante [rra'đĭante] *adj* sonnig
radiar [rra'đĭar] *v 1.* strahlen; *2. (difusión por medio de la radio)* senden, ausstrahlen, funken; *3. (tratar con radiaciones)* bestrahlen
radical [rrađi'kal] *adj 1.* radikal; *2. POL* extremistisch
radicalismo [rrađika'lizmo] *m* Radikalismus *m*
radicar [rrađi'kar] *v* wurzeln; *~ en* beruhen auf
radio ['rrađĭo] *f 1.* Radio *n*, Rundfunk *m*, Rundfunkgerät *n; ~ de la policía* Polizeifunk *m; ~ portátil* Kofferradio *n; m 2. MATH* Radius *m; 3. ~ de acción (fig)* Aktionsradius *m*
radiodifusión [rrađĭodifu'sĭɔn] *f* Rundfunk *m*
radiografía [rrađĭogra'fia] *f MED* Röntgenbild *n*
radiomensaje [rrađĭomen'saxe] *m* Funkspruch *m*
radionovela [rrađĭono'đela] *m* Hörspiel *n*
radiorreceptor [rrađĭorrɛθɛđ'tɔr] *m* Rundfunkempfänger *m*, Rundfunkgerät *n*
radiotelegrafista [rrađĭotelegra'fista] *m/f* Funker(in) *m/f*
radioterapia [rrađĭote'rapĭa] *f MED* Strahlenbehandlung *f*
ráfaga ['rrafaga] *f 1. (aire)* Windstoß *m; 2. (luz)* Lichtstrahl *m*, Aufblitzen *n; 3. ~ de ametralladora* Maschinengewehrgarbe *f*
raído [rra'iđo] *adj* schäbig
raíl [rraĭl] *m* Schiene *f*, Gleis *n*
raíz [rra'iθ] *f 1.* Wurzel *f; echar raíces* Wurzeln schlagen; *2. (fig)* Ansatz *m*
raja ['rraxa] *f MED* Platzwunde *f*
rajar [rra'xar] *v* aufspalten
rajarse [rra'xarse] *v* zerspringen, aufritzen
rajatabla [rraxa'tađle] *f a ~* um jeden Preis *m*
ralea [rra'lea] *f* Sippe *f*, Art *f*, Sorte *f*
ralo ['ralo] *adj* spärlich, dünn
ralladura [rraʎa'đura] *f* Reiben *n*, Raspeln *n*
rallar [rra'ʎar] *v* reiben
rama ['rrama] *f 1. BOT* Zweig *m*, Ast *m; 2. (sección)* Sparte *f; 3. (campo)* Gebiet *n; irse por las ~s* abschweifen
ramaje [rra'maxe] *m* Astwerk *n*, Geäst *n*, Reisig *n*
ramera [rra'mera] *f* Dirne *f*, Nutte *f*
ramificación [rramifika'θĭɔn] *f* Abzweigung *f*
ramificarse [rramifi'karse] *v 1. (dividirse en ramas)* verästeln, verzweigen; *2. (fig: extenderse)* sich ausdehnen, weitere Ausmaße annehmen; *Las consecuencias de sus actos se ramifican cada vez más.* Die Folgen

seines Tuns nehmen immer größere Ausmaße an.

ramo ['rramo] *m 1. ECO* Branche *f; ~ de la construcción* Baugewerbe *n; ~ de la industria* Industriezweig *m; ~ profesional* Fachbereich *m; ~ comercial* Geschäftszweig *m; 2. (de flores) BOT* Strauß *m; ~ de novia* Brautstrauß *m; 3. (de un árbol)* Zweig *m*

rampa ['rrampa] *f* Rampe *f; ~ de carga* Laderampe *f*

ramplonería [rramplone'rĭa] *f* Pfusch *m,* Ungeschliffenheit *f*

rana ['rrana] *f ZOOL* Frosch *m; ~ verde* Laubfrosch *m*

rancio ['rranθĭo] *adj* ranzig

rancho ['rrantʃo] *m 1.* Bauernhof *m; 2. (LA)* Elendsviertel *n*

rango ['rraŋgo] *m* Rang *m,* Stand *m,* Stellenwert *m*

ranura [rra'nura] *f 1.* Schlitz *m,* Rille *f; 2. ~ de expansión INFORM* Slot *m (zum Aufrüsten),* Steckplatz *m*

rapacidad [rrapaθi'đađ] *f* Raubgier *f,* Raubvogelwesen *n*

rapidez [rrapi'đeθ] *f* Schnelligkeit *f*

rápido ['rrapiđo] *adj* rasch, schnell, flott; *lo más ~ posible* schnellstens; *Esto fue ~.* Das ging zu schnell.

rapiña [rra'piɲa] *f* Raub *m*

rapiñar [rapi'ɲar] *v* rauben, stehlen

raptar [rrap'tar] *v 1.* rauben; *2. (secuestrar)* entführen

rapto ['rrapto] *m* Raub *m*

raptor [rrap'tɔr] *m* Enführer *m*

raqueta [rra'keta] *f SPORT* Tennisschläger *m*

rareza [rra'reθa] *f* Seltenheit *f,* Rarität *f*

rarificar [rrarifi'kar] *v* verdünnen

raro ['rraro] *adj 1.* selten; *raras veces* selten; *2. (extraño)* seltsam, merkwürdig, komisch, kurios; *3. (sorprendente)* verwunderlich, wunderlich; *Es ~ que sobre este monumento no aparezca nada en la guía.* Komisch, dass über dieses Denkmal nichts im Reiseführer steht.

rasante [rra'sante] *adj* rasant

rascacielos [rraska'θĭelos] *m* Wolkenkratzer *m*

rascar [rras'kar] *v* kratzen

rasgar [rras'gar] *v* reißen

rasgo ['rrasgo] *m 1.* Strich *m; a grandes ~s* andeutungsweise; *2. ~ característico* Charakterzug *m; 3. ~s fisionómicos pl* Gesichtszüge *pl*

rasguñar [rrasgu'ɲar] *v* kratzen

rasguño [rras'guɲo] *m* Kratzer *m,* Schramme *f*

raso ['rraso] *adj 1.* eben, glatt; *2. (común)* gemein; *soldado ~* Landser *m* (fam); *m 3.* Satin *m*

raspador [rraspa'đɔr] *m* Hobel *m*

raspadura [rraspa'đura] *f* Radieren *n*

rasponazo [rraspo'naθo] *m (herida)* Kratzwunde *f,* Streifschuss *m*

rastra ['rrastra] *f 1.* Harke *f,* Rechen *m; 2. llevar a ~s* schleppen

rastreo [rras'trɛo] *m 1.* Durchkämmen *n,* Fischerei mit dem Grundnetz *f; 2. (tracing) INFORM* Tracing *n*

rastrero [rras'trero] *adj* schleimig

rastrillar [rratri'ʎar] *v* harken, eggen, (Gelände) durchkämmen

rastro ['rrastro] *m 1.* Fährte *f,* Spur *f; sin dejar ~* spurlos; *2.* Flohmarkt *m,* Trödelmarkt *m*

rasurador [rrasura'đɔr] *m* Rasierapparat *m*

rasurar [rrasu'rar] *v* rasieren

rata ['rrata] *f ZOOL* Ratte *f*

ratear [rra'tɛar] *v (robar)* mausen, stibitzen

ratería [rrate'rĭa] *f* Diebstahl *m,* Beutelschneiderei *f*

ratero [rra'tero] *m* Taschendieb *m*

ratificación [rratifika'θĭɔn] *f POL* Ratifizierung *f*

ratificar [rratifi'kar] *v POL* ratifizieren

rato ['rrato] *m* Weile *f; a ~s* zwischendurch, ab und zu

ratón [rra'tɔn] *m 1. ZOOL* Maus *f; ~ campestre* Feldmaus *f; 2. INFORM* Maus *f*

raudal [rrau'đal] *m 1. (corriente de agua)* Strom *m,* Flutwelle *f; 2. (fig: abundancia)* Überfülle *f,* Unmenge *f; Mi padre gana dinero a raudales.* Mein Vater verdient eine Unmenge an Geld.

raudo ['rraudo] *adj* schnell, ungestüm

raya ['rraja] *f 1.* Linie *f,* Strich *m; 2. ~ del pelo* Scheitel *m; 3. ~ del pantalón* Bügelfalte *f*

rayar [rra'jar] *v* durchstreichen

rayo ['rrajo] *m 1. (de luz)* Strahl *m; ~ láser* Laserstrahl *m; ~ solar* Sonnenstrahl *m; ~ luminoso* Lichtstrahl *m; 2. (relámpago)* Blitz *m; Ha caído el ~.* Der Blitz ist eingeschlagen. *3. (de una rueda)* Speiche *f; 4. ~ de luz (fig)* Lichtblick *m; 5. ~s X pl MED* Röntgenstrahlen *pl*

raza ['rraθa] *f* Rasse *f*

razón [rra'θɔn] *f* *1.* Vernunft *f;* *2.* *(motivo)* Anlass *m,* Grund *m;* *por ~ de* aufgrund von; *por esa ~* deshalb; *¿Por qué ~?* Warum? *~ de ser* Daseinsberechtigung *f;* *sin ~ alguna* grundlos; *sin ~ de ser* zwecklos, gegenstandslos; *3.* *(explicación)* Begründung *f;* *4.* *~ social ECO* Firmenname *m*

razonable [rraθo'naƀle] *adj* *1.* vernünftig, einsichtig, sinnvoll; *2.* *(aceptable)* zumutbar, tragbar

razonar [rraθo'nar] *v* *~ sobre algo* über etw nachdenken

reabrir [rrɛa'ƀrir] *v* *~ un caso* wieder eröffnen (einen Fall)

reacción [rrɛak'θĭɔn] *f* *1.* Reaktion *f;* *2.* *(de un motor)* Rückstoß *m;* *3.* *~ en cadena PHYS* Kettenreaktion *f*

reaccionar [rrɛakθĭo'nar] *v* reagieren; *~ a algo/~ ante algo* auf etw reagieren

reaccionario [rrɛakθĭo'narĭo] *adj POL* reaktionär

reacio [rrɛ'aθĭo] *adj* *1.* aufsässig, kratzbürstig, widerspenstig; *2.* *(adverso)* abgeneigt

reactivación [rrɛaktiƀa'θĭɔn] *f* Wiederbelebung *f*

reactor [rrɛak'tɔr] *m PHYS* Reaktor *m;* *~ de investigación* Forschungsreaktor *m;* *~ nuclear* Kernreaktor *m*

readaptarse [rrɛađap'tarse] *v* *1.* sich umstellen; *2.* *~ profesionalmente* umschulen

reafirmar [rrɛafir'mar] *v* nachdrücklich bestätigen, nochmals bestätigen

reagrupar [rrɛagru'par] *v* umschichten

reajuste [rrɛa'xuste] *m* *1.* Anpassung *f,* Wiederanpassung *f,* Angleichung *f;* *2.* *~ de salarios FIN* Lohnausgleich *m*

real [rrɛ'al] *adj* *1.* *(verdadero)* tatsächlich, wirklich, real; *2.* *(atribuído al rey)* königlich; *3.* *JUR* dinglich

realeza [rrɛa'leθa] *f* königliche Würde *f,* Pracht *f,* Herrlichkeit *f*

realidad [rrɛali'dad] *f* *1.* Wirklichkeit *f,* Realität *f;* *2.* *en ~* eigentlich, überhaupt, genau genommen

realista [rrɛa'lista] *m/f* *1.* Realist(in) *m/f;* *adj* *2.* realistisch, wirklichkeitsnah

realizable [rrɛali'θaƀle] *adj* durchführbar, realisierbar

realización [rrɛaliθa'θĭɔn] *f* *1.* Erfüllung *f,* Ausführung *f;* *2.* *(organisación)* Durchführung *f,* Abwicklung *f;* *3.* *(puesta en práctica)* Realisierung *f,* Verwirklichung *f;* *4.* *(producción)* Gestaltung *f,* Herstellung

realizar [rrɛali'θar] *v* *1.* ausführen, gestalten; *2.* *(poner en práctica)* verwirklichen, realisieren, durchführen; *3.* *(llevar a cabo)* abwickeln, absolvieren, verrichten; *4.* *(producir)* herstellen

realzar [rrɛal'θar] *v* *1.* *(levantar)* erheben; *2.* *(fig: engrandecer)* hervorheben, verschönern, ins Auge stechen lassen

reanimación [rrɛanima'θĭɔn] *f MED* Wiederbelebung *f*

reanimar [rrɛani'mar] *v* *1.* *(fig)* ankurbeln, aufleben lassen; *2.* *MED* wieder beleben

reanudar [rrɛanu'đar] *v* *(continuar)* wieder aufnehmen, wiederanknüpfen; *~ las relaciones diplomáticas* die diplomatischen Beziehungen wieder aufnehmen; *~ los estudios* das Studium wieder aufnehmen

rearmar [rrɛar'mar] *v* *1.* *TECH* hochrüsten, umrüsten; *2.* *MIL* aufrüsten

rearme [rrɛ'arme] *m MIL* Aufrüstung *f*

reasentar [rrɛasen'tar] *v* umsiedeln

rebaja [rrɛ'ƀaxar] *f ECO* Ermäßigung *f,* Nachlass *m,* Rabatt *m;* *¿Cuánta ~ hace usted?* Wie viel Rabatt geben Sie? *~ por cantidad* Mengenrabatt *m;* *~ de fidelidad* Treuerabatt *m;* *~ de invierno* Winterschlussverkauf *m;* *~ de verano* Sommerschlussverkauf *m*

rebajamiento [rrɛƀaxa'mĭento] *m* Abnahme *f,* Erniedrigung *f*

rebajar [rrɛ'ƀaxar] *v* *1.* nachlassen, aussparen, ermäßigen; *La dependienta rebaja el precio de la ropa.* Die Verkäuferin setzt den Preis der Kleidung herab. *2.* *(fig)* deklassieren, erniedrigen

rebanada [rrɛƀa'nađa] *f* *1.* Scheibe *f;* *2.* *(de pan) GAST* Brotscheibe *f*

rebanar [rrɛƀa'nar] *v* zerschneiden, durchschneiden

rebaño [rrɛ'ƀaɲo] *m* Herde *f*

rebasar [rrɛƀa'sar] *v* *1.* *~ un límite* eine Grenze überschreiten; *2.* *(líquido)* überlaufen; *3.* *~ una cuenta FIN* ein Konto überziehen

rebatimiento [rrɛƀati'mĭento] *m* Zurückschlagen *n,* Zurückweisen *n,* Widerlegung *f*

rebatiña [rrɛƀa'tiɲa] *f* Rauferei *f,* Prügelei *f*

rebatir [rrɛƀa'tir] *v* widerrufen, verleugnen, widerlegen

rebelarse [rrɛƀe'larse] *v* sich empören, rebellieren; *~ contra alguien* gegen jdn aufbegehren, sich gegen jdn widersetzen

rebeldía [rrɛƀel'đĭa] *f* Widerspenstigkeit *f,* Aufsässigkeit *f,* Rebellion *f*

rebelión [rrɛƀe'lĭɔn] *f 1.* Aufstand *m*, Auflehnung *f*, Rebellion *f*; *2. POL* Aufruhr *m*
reblandecimiento [rrɛblanđeθi'mĭento] *m* Erweichung *f*, Auflockerung *f*
rebosadero [rrɛƀosa'đero] *m* Überlauf *m*
rebosar [rrɛƀo'sar] *v* überlaufen; *~ al hervir* überkochen
rebose [rrɛ'ƀose] *m* Überlauf *m*
rebote [rre'bote] *m* Zurückschnellen *n*, Rückprall *m*, Rückstoß *m*
rebullicio [rreƀu'ʎiθĭo] *m* Lärm *m*, Getöse *n*, Tumult *m*
rebullir [rreƀu'ʎir] *v* aufwallen
rebuscado [rreƀus'kađo] *adj* gekünstelt, an den Haaren herbeigezogen
rebuscar [rrɛƀus'kar] *v* durchsuchen
recado [rre'kađo] *m* Nachricht *f*, Besorgung *f*, Bestellung *f*
recaer [rre'kaer] *v irr* auf etw fallen, zurückfallen
recaída [rrɛka'iđa] *f* Rückfall *m*
recalcar [rrɛkal'kar] *v* hervorheben
recalcitrante [rrekalθi'trante] *adj* störrisch, widerspenstig, verstockt
recalcitrar [rrekalθi'trar] *v 1. (retroceder)* zurückweichen, widersetzen, starrköpfig sein; *2. (fig: resistir tenazmente)* heftig bocken, heftige Auflehnung zeigen
recalentado [rrɛkalen'tađo] *adj* überhitzt
recalentamiento [rrekalenta'mĭento] *m* Aufwärmen *n*, Überhitzen *n*
recalentar [rrɛkalen'tar] *v irr 1.* erhitzen, überhitzen; *2. ECO* anheizen; *3. (la comida)* aufwärmen
recambiar [rrɛkam'ƀĭar] *v 1.* auswechseln; *2. TECH* austauschen
recambio [rrɛ'kamƀĭo] *m TECH* Austausch *m*, Ersatz *m*; *de ~* auswechselbar; *¿Tiene usted las piezas de ~ para mi coche?* Haben Sie die Ersatzteile für mein Auto?
recapacitar [rrɛkapaθi'tar] *v (sobre)* überdenken
recapitulación [rrekapitula'θĭɔn] *f* Rekapitulation *f*, Zusammenfassung *f*
recargar [rrɛkar'gar] *v 1.* wieder aufladen, nachfüllen; *~ la batería* die Batterie aufladen; *2. (los precios)* aufschlagen
recargo [rrɛ'kargo] *m ECO* Zuschlag *m*, Mehrpreis *m*, Aufpreis *m*; *~ de franqueo* Strafporto *n*
recatado [rrɛka'tađo] *adj* sittsam
recaudación [rrɛkaŭđa'θĭɔn] *f 1.* Erhebung *f*; *2. FIN* Erlös *m*; *~ fiscal* Steueraufkommen *n*, Aufkommen *n*
recaudamiento [rrekauđa'mĭento] *m* Erhebung (Steuern, Gebühren) *f*, Einziehen (Geldbeträge) *n*
recaudar [rrɛkaŭ'đar] *v 1. ECO* einziehen; *2. (los impuestos) ECO* erheben
recaudo [rrekaukđo] *m irr a buen ~* Verwahrung *f*
recelamiento [rreθel'amĭento] *m* Argwöhnen *n*, Befürchtung *f*
recelar [rrɛθe'lar] *v* verdächtigen
recelo [rrɛ'θelo] *m* Argwohn *m*
receloso [rrɛθe'loso] *adj* argwöhnisch
recepción [rrɛθɛƀ'θĭɔn] *f 1.* Annahme *f*, Empfang *m*; *¿Dónde está la ~?* Wo ist die Rezeption? *2. (fiesta, ceremonia)* Empfang *m*; *3. (compra)* Abnahme *f*
receptar [rreθep'tar] *v (encubrir delincuentes)* verbergen, verhehlen
receptividad [rreθeptiƀi'đađ] *f* Empfänglichkeit *f*
receptivo [rreθep'tiƀo] *adj* empfänglich
receptor [rrɛθɛp'tɔr] *m 1.* Hörer *m*; *2. TECH* Empfänger *m*
receptoría [rreθepto'rĭa] *f ~ de anuncios* Empfänger *m*
recesión [rrɛθe'sĭɔn] *f ECO* Rezession *f*
receso [rre'θeso] *m* Rückgang *m*, Ferien *f/pl*
receta [rrɛ'θeta] *f 1. GAST* Rezept *n*; *~ de cocina* Kochrezept *n*; *2. MED* Rezept *n*, Verordnung *f*; *¿Se necesita una ~ médica?* Ist das Medikament rezeptpflichtig?
recetar [rrɛθe'tar] *v MED* verordnen, verschreiben; *¿Me puede ~ algo contra la diarrea?* Können Sie mir etwas gegen Durchfall verschreiben?
recetario [rreθe'tarko] *m* Kochbuch *n*, Arzneibuch *n*
recibimiento [rrɛθiƀi'mĭento] *m* Aufnahme *f*, Empfang *m*
recibir [rrɛθi'ƀir] *v 1.* bekommen, erhalten, entgegennehmen; *~ de vuelta* herausbekommen, zurückbekommen; *2. (invitados)* empfangen; *3. (aceptar)* annehmen; *4. (admitir, alojar)* aufnehmen; *5. (comprar)* abnehmen; *6. (buena educación)* genießen; *7. ~ la Sagrada Comunión REL* die Kommunion empfangen
recibirse [rrɛθi'ƀirse] *v ~ de algo (LA)* zu etw zugelassen werden; *Mi hermano se recibió de médico el año pasado.* Mein Bruder wurde letztes Jahr als Arzt zugelassen.
recibo [rrɛ'θiƀo] *m 1. (comprobante) FIN* Quittung *f*, Empfangsbescheinigung *f*; *¿Me*

puede dar un ~? Kann ich eine Quittung haben? *2. (comercio) ~ de entrega ECO* Lieferschein *m; 3. (recepción)* Empfang *m*
reciclado [rrεθi'klađo] *m (LA)* Recycling *n,* Wiederverwertung *f*
reciclaje [rrεθi'klaxe] *m 1.* Recycling *n,* Wiederverwertung *f; 2. (formación, readaptación profesional)* Weiterbildung *f,* Umschulung *f*
reciclar [rrεθi'klaxe] *v* verwerten, wieder aufbereiten
recidiva [rrεθi'điƀa] *f* Rückfall *m*
recién [rrε'θĭen] *adv (LA)* unlängst
reciente [rrε'θĭente] *adj* neuartig
recientemente [rrεθĭente'mente] *adv* kürzlich, neulich, jüngst
recinto [rrε'θinto] *m* Gelände *n*
recio ['rrεθĭo] *adj* derb
récipe ['rreθipe] *m (receta médica)* Rezept *n*
recipiente [rrεθi'pĭente] *m* Behälter *m,* Gefäß *n*
reciprocar [rreθipro'kar] *v* sich wechselseitig verhalten, das Verhältnis umkehren
recíproco [rrε'θiproko] *adj* gegenseitig
recitar [rreθi'tar] *v* vortragen, rezitieren, hersagen
reclamación [reklama'θĭɔn] *f* Beschwerde *f,* Einspruch *m,* Beanstandung *f*
reclamar [rrεkla'mar] *v 1.* reklamieren, anmahnen, beanspruchen; *~ judicial* einklagen; *2. (pedir)* abverlangen
reclamo [rrε'klamo] *m* Reklamation *f,* Einspruch *m,* Mahnung *f*
reclinar [rrekli'nar] *v* anlehnen, zurücklehnen
reclusión [rreklu'sĭɔn] *f* Einschließung *f,* Haft *f,* Zurückgezogensein *n*
recluso [rrε'kluso] *m* Insasse *m,* Strafgefangener *m*
recluta [rrε'kluta] *m MIL* Rekrut *m*
reclutamiento [rrεkluta'mĭento] *m 1. MIL* Aushebung *f; 2. ECO* Anwerbung *f; ~ de trabajadores* Abwerbung von Arbeitern *f*
recobrar [rrεko'ƀrar] *v* wiedererlangen, zurückerhalten
recobrarse [rrεko'ƀrarse] *v 1.* sich erholen, wieder gesund werden; *2. (recuperarse)* wiedererlangen, einbringen
recocido [rrεko'θiđo] *adj 1.* verkocht; *2. TECH* ausgeglüht
recodo [rrε'kođo] *m* Kehre *f,* Knick *m*
recoger [rrεkɔ'xεr] *v 1.* abholen; *¿Podría ~ el coche de mi hotel?* Können Sie das Auto von meinem Hotel abholen? *2. (volver a tomar)* zurücknehmen; *3. (del suelo, de la calle)* aufheben, auflesen; *4. (fruta)* pflücken, abpflücken; *5. (cosechar)* einbringen; *6. (arreglar)* wegräumen; *7. (juntar, coleccionar)* sammeln
recogida [rrεkɔ'xiđa] *f* Rücknahme *f; ~ de basura* Müllabfuhr *f*
recogido [rrεkɔ'xiđo] *adj 1.* angenommen; *2. REL* andächtig
recogimiento [rrεkɔxi'mĭento] *m REL* Andacht *f*
recolección [rrεkolεk'θĭɔn] *f 1.* Ernte *f; 2. ~ de datos INFORM* Datenerfassung *f*
recolectar [rrεkolεk'tar] *v (dinero)* sammeln
recomendable [rrεkomen'daƀle] *adj* empfehlenswert
recomendación [rrεkomenda'θĭɔn] *f* Empfehlung *f*
recomendar [rrεkomen'dar] *v irr* empfehlen, raten, anraten, anpreisen; *~le algo a alguien* jdm etw empfehlen; *¿Qué café me recomienda?* Welches Café ist empfehlenswert? *¿Me puedo ~ un hotel en esta ciudad?* Können Sie mir ein Hotel in dieser Stadt empfehlen? *Le recomiendo que visite un médico inmediatamente.* Ich empfehle Ihnen, dringend einen Arzt aufzusuchen.
recompensa [rrεkɔm'pensa] *f 1.* Belohnung *f; en ~ de* als Belohnung für; *Se ofrece una ~.* Es ist eine Belohnung ausgesetzt. *2. (remuneración)* Lohn *m,* Vergütung *f*
recompensar [rrεkɔmpen'sar] *v* belohnen, vergüten; *~ alguien con dinero* jdn mit Geld entlohnen
reconciliación [rrεkɔnθilĭa'θĭɔn] *f* Versöhnung *f*
reconciliar [rrεkɔnθi'lĭar] *v* aussöhnen
reconciliarse [rrεkɔnθi'lĭarse] *v ~ con* sich versöhnen mit
recóndito [rrε'kondito] *adj* geheim, tief verborgen
reconformante [rrεkonfor'mante] *adj* beruhigend, wohl tuend
reconocer [rrεkono'θεr] *v irr 1.* erkennen, anerkennen; *Reconozco a mi hermana por el tono de la voz.* Ich erkenne meine Schwester am Tonfall ihrer Stimme. *2. (confesar)* gestehen, bekennen; *3. ~ algo a alguien* jdm etw zuerkennen; *4. (honrar, recompensar)* honorieren; *5. MED* untersuchen
reconocerse [rrεkono'θεrse] *v irr* sich wieder erkennen

reconocible [rrɛkono'θiƀle] *adj* erkennbar

reconocido [rrɛkono'θiđo] *adj* anerkannt, erkenntlich

reconocimiento [rrɛkonoθi'mĭento] *m* *1.* Anerkennung *f*, Dankbarkeit *f*; *2. MIL* Aufklärung *f*; *3. ~ médico MED* Untersuchung *f*

reconquistar [rrɛkɔŋkis'tar] *v* zurückerobern

reconsideración [rrɛkɔnsiđera'θĭɔn] *f* erneutes Inbetrachtziehen *n*, nochmaliges Überdenken *f*

reconsiderar [rrɛkɔnsiđe'rar] *v irr* erneut in Betracht ziehen, überdenken, nochmals prüfen

reconstrucción [rrɛkɔnstruk'θĭɔn] *f* Umbau *m*, Wiederaufbau *m*

reconstruir [rrɛkɔnstru'ir] *v irr* rekonstruieren

reconversión [rrɛkɔnƀɛr'sĭɔn] *f* *1.* Umstellung *f*; *2. ~ de una deuda ECO* Umschuldung *f*; *3. ~ industrial ECO* Strukturanpassung *f*

recopilación [rrɛkopila'θĭɔn] *f* Zusammenstellung *f*, Sammlung *f*

recopilar [rrɛkopi'lar] *v* zusammenstellen, sammeln

récord ['rrɛkorđ] *m* *1.* Bestleistung *f*; *2. SPORT* Rekord *m*, Spitzenleistung *f*; *~ mundial* Weltrekord *m*

recordación [rrɛkorđa'θĭɔn] *f* Erinnerung *f*, Gedenken *n*, Mahnen *n*

recordar [rrɛkɔr'đar] *v irr* *1. ~ a* sich erinnern an, gedenken, sich entsinnen; *~ algo a alguien* jdn an etw erinnern; *2. ECO* mahnen; *3. (LA: despertar)* wecken; *4. (fig)* aufwärmen

recordatorio [rrɛkɔrđa'torĭo] *m* Mahnung *f*

recorrer [rrɛkɔ'rrɛr] *v* *1.* bereisen, besuchen; *2. (en etapas)* durchlaufen

recorrido [rrɛkɔ'rriđo] *m* *1.* Weg *m*; *2. ~ de frenado TECH* Bremsweg *m*

recortar [rrɛ'kɔrtar] *v* kürzen, abkürzen

recorte [rrɛkɔr'te] *m* Ausschnitt *m*

recoser [rrɛko'sɛr] *v* flicken

recostarse [rrɛkɔs'tarse] *v irr ~ contra* sich anlehnen an

recoveco [rrɛko'ƀeko] *m* Windung *f*, Krümmung *f*

recreación [rrɛkrea'θĭɔn] *f* Belustigung *f*, Zerstreuung *f*, Zeitvertreib *m*

recrear [rrɛkre'ar] *v* erholen

recreativo [rrɛkrea'tiƀo] *m* *1.* Spielautomat *m*; *adj 2.* erquickend, Erholungs...

recreo [rre'krɛo] *m* *1.* Erholung *f*, Entspannung *f*, Schulpause *f*; *2. (pausa)* Freizeit *f*, Pause *f*

recriminación [rrɛkrimina'θĭɔn] *f* Vorwurf *m*

recriminar [rrɛkrimi'nar] *v* vorwerfen

recrudecer [rrɛkruđe'θer] *v* verschärfen, verschlimmern

recta ['rrɛkta] *f MATH* Gerade *f*

rectangular [rrɛktaŋgu'lar] *adj* rechteckig, rechtwinklig

rectángulo [rrɛk'taŋgulo] *m* Rechteck *n*

rectificación [rrɛktifika'θĭɔn] *f* *1.* Berichtigung *f*; *2. (presentación contraria)* Gegendarstellung *f*

rectificar [rrɛtifi'kar] *v* *1.* berichtigen, richtig stellen; *2. TECH* schleifen

rectitud [rrɛkti'tuđ] *f* Redlichkeit *f*, Richtigkeit *f*

recto ['rrɛkto] *adj* recht, redlich

recubrir [rrɛku'ƀrir] *v irr* *1.* überziehen; *~ de* umwickeln mit, bestreichen mit; *2. TECH* beschichten; *3. INFORM* überschreiben

recuerdo [rrɛ'kwerđo] *m* Andenken *n*, Erinnerung *f*, Erinnerungsstück *n*; *~s de infancia* Kindheitserinnerungen *pl*; *~ de viaje* Souvenir *n*, Reiseandenken *n*

recular [rrɛku'lar] *v* *1. (retroceder)* zurückprallen, zurückweichen, zurückschrecken; *2. (fig: ceder)* weichen, nachgeben

recuperación [rrɛkupera'θĭɔn] *f* *1.* Wiederverwertung *f*; *2. MED* Erholung *f*, Genesung *f*

recuperar [rrɛkupe'rar] *v* *1.* nachholen; *~ el tiempo perdido* aufholen; *2. (aprovechar)* verwerten

recuperarse [rrɛkupe'rarse] *v* sich erholen

recurrente [rreku'rrente] *adj* rückläufig, rückfällig

recurrir [rrɛku'rrir] *v ~ a* zurückgreifen auf

recursivo [rrekur'siƀo] *adj INFORM* rekursiv

recurso [rrɛ'kurso] *m* *1.* Mittel *n*; *2. JUR* Rechtsmittel *n*, Regress *m*; *~ de gracia* Gnadengesuch *n*; *3. ~s pl* Mittel *pl*; *~ financieros* Geldquelle *f*; *4. INFORM* Ressourcen *f/pl*

rechazamiento [rretʃasa'mĭento] *m* Zurückweisung *f*, Ablehnung *f*

rechazar [rrɛtʃa'θar] *v* *1.* ablehnen, abwehren, abweisen; *2. (negar)* verleugnen, verneinen, zurückweisen

rechazo [rrɛtʃa'θo] *m* *1.* Ablehnung *f*, Abneigung *f*, Abweisung *f*; *2. (defensa)* Abwehr *f*
rechupete [rretʃu'pete] *m* *de* ~ Großartigkeit *f*, tolle Sache *f*
red [rrɛđ] *f* *1.* Netz *n*; *2.* ~ *de carreteras* Straßennetz *n*; ~ *de ferrocarriles* Eisenbahnnetz *n*; *Los pescadores sacan la ~ llena de peces.* Die Fischer ziehen ihr Netz voller Fische herauf.
redactor(a) [rrɛđak'tɔr/rrɛđak'tora] *m/f* Redakteur(in) *m/f*; *~-jefe* Chefredakteur(in) *m/f*
redada [rrɛ'đađa] *f* Razzia *f*
redención [rɛđen'θĭɔn] *f* *REL* Erlösung *f*
redentor [rrɛđen'tɔr] *m* *REL* Erlöser *m*
redimir [rrɛđi'mir] *v* *1.* erlösen; *2. ECO* ablösen
redireccionamiento [rređirekθĭona'mĭento] *m* *INFORM* Vergabe einer neuen Adresse *f*, neues Festlegen eines Pfades *n*
rédito ['rrɛđito] *m* *ECO* Rendite *f*, Zinsen *pl*
redoblar [rrɛđo'ƀlar] *v* trommeln
redondeado [rrɛđɔnde'ađo] *adj* rundlich
redondear [rrɛđɔnde'ar] *v* *MATH* abrunden, aufrunden
redondez [rređon'deθ] *f* Rundung *f*, runde Beschaffenheit *f*
redondo [rrɛ'đɔndo] *adj* rund
reducción [rrɛđuk'θĭɔn] *f* *1.* Verminderung *f*, Dämpfung *f*, Nachlass *m*, Kürzung *f*; *2.* ~ *de impuestos FIN* Steuerermäßigung *f*, Steuersenkung *f*; ~ *presupuestaria* Etatkürzung *f*; *3.* ~ *de personal* Personalabbau *m*; *4. (disminución)* Verkleinerung *f*
reducir [rrɛđu'θir] *v irr* *1.* herabsetzen, verkleinern, verringern; *2. (fig: menguar)* dämpfen, nachlassen, schmälern; *3. (limitar)* kürzen, beschränken, vermindern, abbauen; *4.* ~ *a* reduzieren auf
reducirse [rrɛđu'θirse] *v irr* schrumpfen
redundancia [rrɛđunđan'θĭa] *f* Redundanz *f*, Überfluss *m*
reduntante [rrɛđun'đante] *adj* überflüssig, weitschweifig, redundant
reedificación [rrɛeđifika'θĭɔn] *f* Wiederaufbau *m*
reeducación [rrɛeđuka'θĭɔn] *f* Umschulung *f*
reelección [rrɛelek'θĭɔn] *f* *POL* Wiederwahl *f*
reembolsar [rrɛemƀol'sar] *v* *1.* zurückzahlen, vergüten, zurückerstatten; *En el almacén reembolsan el valor del aparato eléctrico solamente si tiene un defecto técnico.* Der Wert des elektronischen Geräts wird vom Geschäft nur dann erstattet, wenn ein technischer Defekt vorliegt. *2. ECO* tilgen
reembolso [rrɛem'ƀolso] *m* *1.* Rückvergütung *f*, Rückzahlung *f*, Wiedererstattung *f*; *2. contra* ~ gegen Nachnahme; *3. ECO* Tilgung *f*
reemplazar [rrɛempla'θar] *v* ersetzen; ~ *a alguien* jdn vertreten
reemplazo [rrɛem'plaθo] *m* Ersatz *m*
reencontrar [rrɛenkɔn'trar] *v irr* wieder finden
reestructuración [rrɛestruktura'θĭɔn] *f* Umstrukturierung *f*
reexpedir [rrɛespe'đir] *v irr* nachsenden; *¿Puede usted ~me el correo?* Können Sie mir die Post nachsenden?
referencia [rrɛfe'renθĭa] *f* Bezugnahme *f*, Referenz *f*; *tomar ~ en* anknüpfen an; ~ *a* Verweis auf *m*
referente [rrɛfe'rente] *prep* *1.* ~ *a* bezüglich, über; *adj* *2.* ~ *a esto* diesbezüglich
referirse [rrɛfe'rirse] *v irr* ~ *a* sich beziehen auf; *Con estas palabras me refiero a lo que Xabier acaba de decir.* Mit diesen Worten knüpfe ich an das an, was Xabier eben gesagt hat.
refinación [rrɛfina'θĭɔn] *f* *1.* Verfeinerung *f*; *2. metodo de ~ por pasos INFORM* schrittweise Verfeinerungsmethode *f*, schrittweise Veredelungsmethode *f*
refinado [rrɛfi'nađo] *adj* raffiniert
refinar [rrɛfi'nar] *v* raffinieren, verfeinern
refinería [rrɛfine'ria] *f* Raffinerie *f*
reflectante [rreflek'tante] *adj* reflektierend, zurückstrahlend
reflectar [rreflek'tar] *v irr* *PHYS* zurückstrahlen, reflektieren
reflector [rrɛflɛk'tɔr] *m* *CINE* Scheinwerfer *m*
reflejo [rrɛ'flɛxo] *m* Reflex *m*, Spiegelung *f*
reflexión [rrɛflɛk'sĭɔn] *f* *1. (reflejo)* Spiegelung *f*; *2. (pensamiento, consideración)* Denken *n*, Überlegung *f*
reflexionar [rrɛflɛk'sĭonar] *v* denken, überlegen, überdenken; ~ *sobre algo* über etw nachdenken; *Estuve reflexionando sobre lo que me dijiste ayer.* Ich habe über das nachgedacht, was du mir gestern gesagt hast.
reflexivo [rreflek'siƀo] *adj* *1. (que refleja) PHYS* spiegelnd, reflektierend, widerspie-

gelnd; *2. (que reflexiona)* nachdenklich, gedankenvoll, überlegt; *Mi hermano es un hombre reflexivo.* Mein Bruder ist ein nachdenklicher Mensch. *3. pronombre ~ GRAMM* reflexiv

reflujo [rrɛ'fluxo] *m* Ebbe *f*

reforestación [rrɛforesta'θĭɔn] *f* Wiederaufforstung *f*

reforma [rrɛ'fɔrma] *f 1.* Reform *f; ~ agraria* Agrarreform *f; 2. ~ monetaria ECO* Währungsreform *f*

reformación [rrɛ'fɔrma'θĭɔn] *f REL* Reformation *f*

reformar [rrɛ'fɔrma] *v* reformieren

reforzar [rrɛfɔr'θar] *v irr* verstärken

refractario [rrefrak'tarĭo] *adj 1.* widerspenstig, widerstrebend, spröde; *2. (rebelde)* widerspenstig, rebellisch

refrán [rrɛ'fran] *m* Sprichwort *n*

refrescante [rrɛfres'kante] *adj* erfrischend, erquickend

refrescar [rrɛfres'kar] *v* kühlen, abkühlen

refresco [rrɛ'fresko] *m* Erfrischung *f,* Labsal *n*

refrigeración [rrɛfrixera'θĭɔn] *f* Kühlung *f*

refrigerado [rrɛfrixe'rađo] *adj TECH* gekühlt; *~ por aire* luftgekühlt; *~ por agua* wassergekühlt

refrigerador [rrɛfrixera'đɔr] *m* Kühlschrank *m,* Eisschrank *m*

refrigerar [rrɛfrixe'rar] *v* kühlen

refrigerio [rrɛfri'xerĭo] *m 1. (tentempié)* Imbiss *m,* Erfrischung *f; 2. (fig)* Labsal *n*

refuerzo [rrɛ'fwɛrθo] *m* Nachschub *m,* Verstärkung *f*

refugiado [rrɛfu'xĭađo] *m* Flüchtling *m*

refugio [rrɛ'fuxĭo] *m 1. POL* Asyl *n; 2. (cobijo)* Zuflucht *f; 3. (asilo)* Hort *m; 4. (de montaña)* Berghütte *f; 5. ~ subterraneo antiaéreo* Luftschutzkeller *m,* Bunker *m*

refulgir [rrɛful'xir] *v* glänzen, schimmern, leuchten

refundir [rrɛfun'đir] *v 1. ~ metales* umschmelzen, einschmelzen; *2.(fig: redundar)* umarbeiten, neubearbeiten

refunfuñar [rrɛfunfu'ɲar] *v* murmeln

refutación [rrɛfuta'θĭɔn] *f* Widerlegung *f*

refutar [rrɛfu'tar] *v* widerlegen

regadera [rrɛga'đera] *f* Gießkanne *f*

regalar [rrɛga'lar] *v 1.* schenken, verschenken, beschenken; *2. (donar)* spendieren

regalía [rrɛga'lĭa] *f* Regal *n,* königliches Hoheitsrecht *n,* Gehaltszulage *f*

regalo [rrɛ'galo] *m* Geschenk *n,* Gabe *f,* Aufmerksamkeit *f; ~ publicitario* Werbegeschenk *n*

regañar [rrɛga'ɲar] *v* ausschimpfen, schelten; *~ a alguien* jdn ausschimpfen; *La madre regaña a su hijo lloroso.* Die Mutter schimpft ihren weinerlichen Sohn.

regar [rrɛ'gar] *v irr* spritzen, gießen, bewässern

regatear [rrɛgate'ar] *v* feilschen, handeln; *Sólo regateo cuando los precios no me parecen justos.* Ich feilsche nur, wenn mir die Preise nicht korrekt erscheinen.

regazo [rrɛ'gaθo] *m* Schoß *m*

regeneración [rrɛxenera'θĭɔn] *f* Regeneration *f,* Erneuerung *f,* Wiederherstellung *f*

régimen ['rrɛximen] *m 1. POL* Regime *n; ~ totalitario* Gewaltherrschaft *f; 2. ~ de bienes JUR* Güterstand *m; 3. ~ alimenticio* Ernährungsweise *f; estar a ~* Diät machen

regimiento [rrɛxi'mĭento] *m MIL* Regiment *n*

regio ['rrɛxĭo] *adj* fürstlich, königlich

región [rrɛ'xĭɔn] *f 1.* Gebiet *n,* Bezirk *m,* Region *f; ~ despoblada* Wildnis *f; ~ fronteriza* Grenzland *n; ~ industrial* Industriegebiet *n; 2. (espacio)* Raum *m; 3. ~ lumbar ANAT* Lende *f*

regional [rrɛxĭo'nal] *adj 1.* landschaftlich; *2. (administración)* regional

regir [rre'xir] *v irr 1. (conducir)* regieren, leiten, regeln; *2. (dominar)* herrschen; *3. (estar vigente)* gelten, Gültigkeit haben

registrado [rrɛxis'trađo] *adj 1.* eingetragen; *2. ~ legalmente JUR* geschützt

registrar [rrɛxis'trar] *v 1.* verzeichnen, aufschreiben; *~ en la aduana* verzollen; *~ estadísticamente* erfassen; *2. (inscribir)* anmelden, eintragen, registrieren

registrarse [rrɛxis'trarse] *v* sich melden, sich anmelden

registro [rrɛ'xistro] *m 1.* Anmeldung *f,* Meldung *f; ~ civil* Standesamt *n; ~ obligatorio* Anmeldepflicht *f; lugar de ~* Anlaufstelle *f; 2. (nómina)* Verzeichnis *n,* Register *n; 3. ~ mercantil ECO* Handelsregister *n*

regla ['rrɛgla] *f 1. (norma)* Regel *f; ~s de juego* Spielregeln *pl; en ~* vorschriftsmäßig; *2. MED* Menstruation *f,* Periode *f,* Regel *f; 3. (objeto) MATH* Lineal *n; ~ graduada* Maßstab *m*

reglamentación [rrɛglamenta'θĭɔn] *f 1. (oficial)* Regelung *f; 2. ~ de divisas FIN* Devisenbewirtschaftung *f*

reglamento [rrɛgla'mento] *m* Satzung *f;* ~ *interior del edificio* Hausordnung *f*
regocijar [rrɛgoθi'xar] *v* belustigen, erfreuen
regocijarse [rrɛgoθi'xarse] *v* ~ *de algo/~ por algo* sich über etw lustig machen, sich über etw belustigen, sich über etw freuen
regodearse [rrɛgođe'arse] *v* ~ *de alguien* sich über jdn lustig machen; *Carmen se regodea mucho de su hermano.* Carmen macht sich sehr über ihren Bruder lustig.
regrabar [rrɛgra'ƀar] *v* überspielen
regresar [rrɛgre'sar] *v* umkehren, wiederkommen, zurückfahren
regresión [rrɛgre'sĭɔn] *f* Rückgang *m;* ~ *demográfica* Bevölkerungsrückgang *m,* Geburtenrückgang *m*
regresivo [rrɛgre'siƀo] *adj* rückläufig
regreso [rrɛ'greso] *m* Rückkehr *f,* Umkehr *f*
reguera [rre'gera] *f* Rinne *f*
regulable [rrɛgu'laƀle] *adj* einstellbar, verstellbar
regulación [rrɛgula'θĭɔn] *f* Einstellung *f,* Regelung *f,* Regulierung *f*
regulador [rrɛgula'đɔr] *m TECH* Regler *m*
regular [rrɛgu'lar] *adj 1.* regelmäßig, regulär; *2. (según horario)* fahrplanmäßig; *¿Cuándo es la llegada ~?* Wann ist die planmäßige Ankunft? *3. (mediocre)* mittelmäßig; *v 4.* regeln, einstellen, regulieren; *5. (proceso)* steuern; *6. TECH* verstellen; *7. INFORM* steuern
regularización [rrɛgulariθa'θĭɔn] *f* Regelung *f*
regularmente [rrɛgular'mente] *adv (de acuerdo al plan)* planmäßig, regulär
regustillo [rrɛgus'tiʎo] *m* Nachgeschmack *m*
rehabilitación [rrɛaƀilita'θĭɔn] *f* Rehabilitation *f*
rehabilitar [rrɛaƀili'tar] *v* rehabilitieren
rehén [rrɛ'en] *m/f* Geisel *f*
rehogar [rrɛo'gar] *v GAST* dämpfen, dünsten
rehuir [rrɛu'ir] *v irr* scheuen
rehusar [rrɛu'sar] *v 1.* verweigern, absagen, versagen, abschlagen; *2. (rechazar)* verschmähen, abweisen, zurückweisen
reina ['rrɛĭna] *f* Königin *f;* ~ *de belleza* Schönheitskönigin *f*
reinar [rrɛĭ'nar] *v 1.* herrschen; *2. (apoderarse)* grassieren; *3.* ~ *sobre POL* regieren über, beherrschen
reincidir [rɛinθi'đir] *v* zurückfallen, rückfällig werden
reino ['rrɛĭno] *m* Königreich *n*
reinserción [rrɛinsɛr'θĭɔn] *f* ~ *social* Resozialisierung *f*
reinstalación [rrɛinstala'θĭɔn] *f* Wiedereinsetzung *f,* Wiedereinrichtung *f*
reintegrar [rrɛinte'grar] *v 1.* vergüten; *2. (devolver dinero)* zurückzahlen; *3. (volver a instalar)* wieder einsetzen
reintegro [rrɛin'tegro] *m 1. (reinstalación)* Wiedereinsetzung *f; 2. (de dinero)* Rückvergütung *f,* Rückzahlung *f,* Vergütung *f*
reír [rrɛ'ir] *v irr* lachen; ~ *a* anlachen; ~ *para sus adentros* kichern
reírse [rrɛ'irse] *v irr* lachen, spotten; ~ *de alguien* über jdn lachen, jdn auslachen; *No te rías de mí.* Lache nicht über mich.
reiteración [rrɛitera'θĭɔn] *f* Wiederholung *f*
reiterado [rrɛite'rađo] *adj* mehrfach
reiterar [rrɛite'rar] *v* wiederholen
reivindicación [rrɛiƀinđika'θĭɔn] *f* Anspruch *m,* Forderung *f,* Rückforderung *f*
reivindicar [rrɛiƀinđi'kar] *v* zurückfordern, beanspruchen, fordern
reja ['rrɛxa] *f* Gitter *n*
rejilla [rrɛ'xiʎa] *f* Lattenrost *m*
relación [rrɛla'θĭɔn] *f 1.* Beziehung *f,* Verhältnis *n;* ~ *de empleo* Angestelltenverhältnis *n; 2.* ~ *de transmisión TECH* Übersetzungsverhältnis *n; 3. (unión)* Verbindung *f; 4. (informe)* Bericht *m; 5. (conexión)* Zusammenhang *m; sin* ~ zusammenhanglos; *6. relacciones pl* Beziehungen *pl,* Verbindungen *pl; relaciones públicas* Öffentlichkeitsarbeit *f; relaciones sexuales* Geschlechtsverkehr *m; tener relaciones sexuales* Geschlechtsverkehr haben
relacionar [rrɛlaθĭo'nar] *v 1.* verknüpfen; *2.* ~ *con* anknüpfen an, verbinden mit
relajación [rrɛlaxa'θĭɔn] *f* Entspannung *f*
relajamiento [rrelaxa'mĭento] *m* Erschlaffung *f,* Lockerung *f,* Entspannung *f*
relajante [rrɛla'xante] *adj* entspannend
relajarse [rrɛla'xarse] *v* sich entspannen
relámpago [rrɛ'lampago] *m* Blitz *m*
relampaguear [rrɛlampage'ar] *v* blitzen
relanzar [rrɛ'lanθar] *v* wieder beleben
relativamente [rrɛlatiƀa'mente] *adv* relativ
relatividad [rrɛlatiƀi'đađ] *f 1.* Bedingtheit *f,* Relativität *f; 2. teoria de la* ~ Relativitätstheorie *f*

relativo [rrɛla'tiƀo] *adj* dementsprechend, relativ, verhältnismäßig; ~ *a* bezüglich; ~ *a los impuestos* steuerlich
relato [rrɛ'lato] *m LIT* Erzählung *f;* ~ *corto* Kurzgeschichte *f;* ~ *verídico* Tatsachenbericht *m*
relator(a) [rrɛla'tɔr/rrɛla'tora] *m/f (ponente)* Referent(in) *m/f*
relé [rrɛ'le] *m TECH* Relais *n*
relevador [rrɛleƀa'đɔr] *m (LA) TECH* Relais *n*
relevar [rrɛle'ƀar] *v 1.* entbinden, abberufen; *2. (substituir)* ablösen
relevarse [rrɛle'ƀarse] *v* sich abwechseln, sich ablösen
relevo [rrɛ'leƀo] *m* Ablösung *f,* Schichtwechsel *m*
religión [rrɛli'xĭɔn] *f 1.* Religion *f; 2. (confesión religiosa)* Konfession *f; sin* ~ konfessionslos
religiosa [rrɛli'xĭosa] *f REL* Nonne *f,* Ordensschwester *f*
religioso [rrɛli'xĭoso] *adj 1.* religiös; *m 2. REL* Ordensbruder *m*
reliquia [rrɛ'liĭka] *f REL* Reliquie *f*
reloj [rrɛ'lo] *m* Uhr *f;* ~ *de arena* Sanduhr *f;* ~ *de control* Stechuhr *f;* ~ *de cuarzo* Quarzuhr *f;* ~ *de pulsera* Armbanduhr *f*
reluciente [rrɛlu'θĭente] *adj* blank, blitzblank, brillant
relucir [rrɛlu'θir] *v irr* blinken, flimmern
rellenar [rrɛʎe'nar] *v 1.* ausfüllen; *¿Puede ~ esto para mí?* Können Sie das für mich ausfüllen? *2. (recargar)* nachfüllen; ~ *de* stopfen mit
remanente [rrɛma'nente] *m* Rest *m*
remar [rrɛ'mar] *v* rudern
rematar [rrɛma'tar] *v 1.* vervollständigen; *2. (LA)* versteigern
remate [rrɛ'mate] *m 1.* Vollendung *f; 2. (LA)* Versteigerung *f; 3. (venta)* Ausverkauf *m*
remedar [rrɛme'đar] *v* nachahmen, imitieren
remedio [rrɛ'međĭo] *m 1.* Abhilfe *f; 2. (medio)* Mittel *n; 3. MED* Heilmittel *n*
remedo [rrɛ'međo] *m* Nachahmung *f*
remembranza [rreme'mƀranθa] *f* Rückerinnerung *f,* Erinnerung *f*
remembrar [rɛmem'ƀrar] *v* sich an früher erinnern, sich rückerinnern
remendar [rrɛmen'đar] *v irr* flicken
remesa [rrɛ'mesa] *f* Sendung *f,* Ablieferung *f,* Absendung *f*
remilgado [rrɛmil'gađo] *adj* geziert
reminiscencia [rrɛminisθen'θĭa] *f* Erinnerungsstück *n*
remisión [rrɛmi'sĭɔn] *f 1.* Vergebung *f; 2. ~ condicional JUR* Bewährung *f;* ~ *de la pena* Straferlass *m*
remitente [rrɛmi'tente] *m/f* Absender(in) *m/f,* Adressant(in) *m/f,* Einsender(in) *m/f*
remitir [rrɛmi'tir] *v* versenden, zusenden, abschicken, zuschicken; ~ *a* verweisen auf
remo ['rrɛmo] *m* Ruder *n;* ~ *de piragua* Paddel *n*
remojar [rrɛmo'xar] *v* einweichen
remolcar [rrɛmɔlkar] *v* schleppen, abschleppen
remolón [rrɛmo'lɔn] *m* Drückeberger *m*
remolque [re'molke] *m* Schleppen *n,* Abschleppen *n,* Mitschleppen *n*
remoquete [rremo'kete] *m* Faustschlag *m,* Stichelei *f*
remorder [rrɛmor'đer] *v irr* beunruhigen, quälen (Gewissen); *A mí me remuerde la conciencia.* Ich habe Gewissensbisse.
remordimientos [rrɛmɔrđi'mĭentos] *m/pl* Gewissensbisse *pl; sin* ~ unbeschwert
remoto [rrɛ'moto] *adj 1.* fern; *2. (pasado)* längst vergangen
remover [rrɛmo'ƀɛr] *v irr 1.* rühren; ~ *la tierra* die Erde umgraben; *2. (dar vueltas)* umrühren
remuneración [rrɛmunera'θĭɔn] *f* Entlohnung *f,* Vergütung *f*
remunerar [rrɛmune'rar] *v* entlohnen, vergüten
Renacimiento [rrɛnaθi'mĭento] *m HIST* Renaissance *f*
rencilla [rɛ'nθiʎa] *f* Streiterei *f*
rencor [rrɛn'kɔr] *m* Groll *m; guardar ~ a alguien* jdm gegenüber nachtragend sein
rendido [rrɛn'tiđo] *adj* abgespannt, fertig, kaputt
rendija [rrɛn'dixa] *f* Ritze *f,* Schlitz *m*
rendimiento [rrɛndi'mĭento] *m 1. TECH* Leistung *f;* ~ *máximo* Spitzenleistung *f; alto* ~ Hochleistung *f; 2. ECO* Leistung *f*
rendirse [rrɛn'dirse] *v irr* sich beugen, sich ergeben, kapitulieren
renegar [rrɛne'gar] *v irr 1. ~ de algo* sich von etw lossagen, einer Sache abschwören; *No intentes ~ de la verdad.* Versuche dich nicht von der Wahrheit loszusagen. *2. (maldecir)* verfluchen, fluchen
renegón [rrɛne'gɔn] *adj* brummig
renglón [rrɛŋ'glɔn] *m* Linie *f,* Zeile *f*

rengo ['rrɛŋgo] *adj MED* lahm
renitente [rrɛni'tente] *adj* kratzbürstig, renitent
renombrado [rrɛnɔm'brađo] *adj* namhaft, renommiert
renombre [rrɛ'nɔmbre] *m* Berühmtheit *f*
renovación [rrɛnoƀa'θĭɔn] *f* Erneuerung *f*, Renovierung *f*
renovado [rrɛno'ƀađo] *adj* erneut
renovar [rrɛno'ƀar] *v irr 1.* erneuern, renovieren; *2. (retocar)* überarbeiten, aufbereiten
renta ['rrɛnta] *f 1.* Einkommen *n; ~ de arrendamiento* Miete *f; ~ nacional* Volkseinkommen *n; ~ neta* Nettoeinkommen *n; ~ per cápita* Pro-Kopf-Einkommen *n; ~ vitalicia* Leibrente *f; 2. ECO* Zinsen *pl*
rentabilidad [rrɛntaƀili'đađ] *f 1.* Wirtschaftlichkeit *f; 2. ECO* Ertragfähigkeit *f*, Rendite *f*, Rentabilität *f*
rentable [rrɛn'taƀle] *adj* rentabel, lohnend; *ser ~* sich lohnen, sich rentieren
renuencia [rrɛ'nuenθĭa] *f* Ablehnung *f*, Widerwille *m*
renuente [rrɛ'nwente] *adj* widerwillig, widerspenstig
renuncia [rrɛ'nunθĭa] *f 1.* Aufgabe *f; 2. (al cargo)* Kündigung *f*, Rücktritt *m; 3. ~ a* Verzicht auf *m*
renunciar [rrɛnun'θĭar] *v 1.* abschwören, aufgeben; *Muchos drogadictos no logran ~ a las drogas.* Vielen Drogenabhängigen gelingt es nicht, den Drogen zu entsagen. *2. (dimitir)* zurücktreten, kündigen; *3. ~ a* verzichten auf; *4. (sacrificar)* opfern
reñido [rrɛ'ɲiđo] *adj* umkämpft, verbissen
reñir [rrɛ'ɲir] *v 1.* streiten, raufen; *~ con alguien* mit jdm zanken; *Ayer reñí con mi novio.* Gestern habe ich mit meinem Freund gestritten. *2. (insultar)* ausschimpfen, schelten
reo ['rrɛo] *m JUR* Angeklagter *m; ~ convicto* Verurteilter *m*
reorganización [rrɛɔrganiθa'θĭɔn] *f* Umorganisierung *f*, Umstellung *f*
reparación [rrɛpara'θĭɔn] *f* Reparatur *f*, Instandsetzung *f*, Wiedergutmachung *f; Necesito un estuche de ~ para las ruedas.* Ich brauche Flickzeug für den Reifen.
reparar [rrɛpa'rar] *v* reparieren, wieder gutmachen, ausbessern
reparo [rrɛ'paro] *m* Einwand *m*, Beanstandung *f; poner ~s a* beanstanden, einwenden gegen, Einwände erheben gegen; *sin ~* anstandslos
repartición [rrɛparti'θĭɔn] *f* Verteilung *f*
repartir [rrɛpar'tir] *v 1.* teilen, austeilen, aufteilen, austragen; *2. (dividir)* gliedern, aufteilen, verteilen; *Manolo reparte la comida entre sus amigos.* Manolo verteilt das Essen unter seinen Freunden. *3. ~ dividendos ECO* ausschütten
reparto [rrɛ'parto] *m 1.* Zuteilung *f*, Verteilung *f; ~ de regalos* Bescherung *f; 2. (de correos)* Zustellung *f; 3. (división)* Aufteilung *f*, Gliederung *f; 4. ~ de dividendos FIN* Dividendenausschüttung *f*
repasar [rrɛ'pasar] *v 1.* überholen, überprüfen; *~ la cuenta* nachrechnen; *Por favor, repase la cuenta otra vez.* Bitte rechnen Sie das nochmals nach. *2. (volver a mirar, leer)* überfliegen, überarbeiten
repatriación [rrepatrĭa'θĭɔn] *f exigir la ~ de* Rückführung *f*, Repatriierung *f*
repatriar [rrɛpa'trĭar] *v* rückführen, repatriieren
repelente [rrɛpe'lente] *m 1.* Mückenmittel *n; adj 2.* abstoßend, widerlich
repeler [rrɛpe'lɛr] *v* abstoßen
repensar [rrɛpen'sar] *v* überdenken
repentino [rrɛpen'tino] *adj* plötzlich, jäh
repercusión [rrɛpɛrku'sĭɔn] *f* Rückstoß *m*, Rückprall *m*, Widerhall *m*
repercutir [rrɛpɛrku'tir] *v* widerhallen
repertorio [rrɛpɛr'torĭo] *m THEAT* Spielplan *m*
repetición [rrɛpeti'θĭɔn] *f* Wiederholung *f*
repetido [rrɛpe'tiđo] *adj* mehrfach, mehrmalig, nochmalig; *repetidas veces* mehrfach, mehrmals, oftmals
repetir [rrɛpe'tir] *v irr* wiederholen; *~ la orden* nachbestellen; *tener que ~ el curso* den Kurs wiederholen müssen; *¡Repita esto, por favor!* Wiederholen Sie das bitte!
repisa [rrɛ'pisa] *f* Konsole *f; ~ de la ventana* Fensterbank *f*
repleto [rrɛ'pleto] *adj* überfüllt, überlaufen
réplica ['rrɛplika] *f* Widerrede *f; sin ~* widerspruchslos
replicar [rrɛpli'kar] *v* entgegnen
repliegue [rrɛ'plĭege] *m* Rückzug *m*
reponer [rrɛpo'nɛr] *v irr* wiederherstellen
reportaje [rrɛpɔr'taxe] *m* Reportage *f; ~ gráfico* Bildbericht *m*
reportar [rrɛpɔr'tar] *v* melden, berichten; *Quiero ~ la pérdida de mi pasaporte.* Ich will den Verlust meines Passes melden.

reportero [rrɛpɔr'tero] *m* Reporter *m*
reposado [rrɛpo'sađo] *adj 1. GAST* altbacken; *2. (calmoso)* ruhig, gelassen
reposar [rrɛpo'sar] *v 1.* ausruhen; *2. ~ sobre* ruhen auf
reposo [rrɛ'poso] *m* Ruhe *f; lugar de ~* Erholungsort *m*
repostería [rrɛpɔste'ria] *f* Konditorei *f*
reprender [rrɛpren'dɛr] *v* maßregeln, schelten; *~ a alguien* jdn zurechtweisen
reprensible [rrɛpren'siƀle] *adj* verwerflich, sträflich
reprensión [rrɛpren'sĭɔn] *f* Rüge *f,* Verweis *m*
represa [rrɛ'presa] *f* Damm *m*
represalia [rrɛpre'salĭa] *f* Vergeltungsmaßnahme *f*
representación [rrɛpresenta'θĭɔn] *f 1.* Vertretung *f; 2. ~ comercial ECO* Handelsvertretung *m; ~ general* Generalvertretung *f; 3. (ofrecimiento)* Darbietung *f; 4. THEAT* Aufführung *f,* Spiel *n,* Vorstellung *f; 5. CINE* Darstellung *f*
representante [rrɛpresen'tante] *m/f* Vertreter(in) *m/f; ~ extraordinario* Sonderbeauftragter *m; ~ exclusivo* Alleinvertreter *m*
representar [rrɛpresen'tar] *v 1.* vertreten, repräsentieren; *2. (ofrecer)* darbieten; *3. THEAT* aufführen, spielen; *4. CINE* darstellen
represión [rrɛpre'sĭɔn] *f 1. (a una persona)* Unterdrückung *f; 2. (supresión)* Verdrängung *f*
reprimenda [rrɛpri'menda] *f* Rüge *f,* Verweis *m*
reprimido [rrɛpri'miđo] *adj* verklemmt
reprimir [rrɛpri'mir] *v* unterdrücken, verdrängen, zügeln
reprobación [rrɛproƀa'θĭɔn] *f* Missbilligung *f*
reprobar [rrɛpro'ƀar] *v irr* missbilligen
reprochable [rrɛpro'tʃaƀle] *adj* verwerflich
reprochar [rrɛpro'tʃar] *v* vorwerfen, tadeln; *~ algo a alguien* jdm etw vorhalten
reproche [rrɛ'protʃe] *m* Tadel *m,* Vorhaltung *f,* Vorwurf *m*
reproducción [rrɛprođuk'θĭɔn] *f 1.* Nachbildung *f,* Reproduktion *f; 2. (multiplicación)* Vermehrung *f,* Vervielfältigung; *3. (proliferación)* Fortpflanzung *f; 4. (copia)* Abbildung *f,* Abdruck *m*
reproducir [rrɛprođu'θir] *v irr 1.* abbilden, abdrucken, nachbilden; *2. (multiplicar)* vervielfältigen
reproductivo [rreprođuk'tiƀo] *adj* reproduktiv, Gewinn bringend, wiedererzeugend
reptil [rrɛp'til] *m ZOOL* Reptil *n*
república [rrɛ'puƀlika] *f* Republik *f; República Popular* Volksrepublik *f; República Federal de Alemania* Bundesrepublik Deutschland *f*
repuesto [rrɛ'pwesto] *m* Ersatzteil *n*
repugnancia [rrɛpug'nanθĭa] *f* Widerwille *m*
repugnante [rrɛpug'nante] *adj* abscheulich, widerlich, abstoßend
repugnar [rrɛpug'nar] *v* anekeln, anwidern
repulsa [rre'pulsa] *f* Weigerung *f,* Abweisung *f*
repulsión [rrɛpul'sĭɔn] *f 1.* Abscheu *m; 2. PHYS* Rückstoß *m*
repulsivo [rrɛpul'siƀo] *adj* widerlich, abstoßend
reputación [rrɛputa'θĭɔn] *f* Leumund *m,* Ruf *m,* Ansehen *n; mala ~* Misskredit *m*
reputar [rrɛpu'tar] *v* schätzen, achten
requerido [rrɛke'riđo] *adj* erforderlich
requerimiento [rrɛkeri'mĭento] *m 1. (necesidad)* Bedürfnis *n; 2. (recordatorio)* Mahnung *f; 3. JUR* Abmahnung *f*
requerir [rrɛke'rir] *v irr 1.* anfordern; *2. (necesitar)* erfordern; *~ de* bedürfen; *3. (recordar)* mahnen; *4. JUR* abmahnen
requesón [rrɛke'sɔn] *m GAST* Quark *m*
requisito [rrɛki'sito] *m* Erfordernis *n,* Requisiten *pl*
res [rrɛs] *f ~ vacuna ZOOL* Rind *n*
resabido [rrɛsa'ƀiđo] *adj* vorlaut
resaca [rrɛ'saka] *f* Kater *m,* Katzenjammer *m*
resaltar [rrɛsal'tar] *v 1. (en un mapa)* hervorspringen; *2. (fig: sobresalir)* überragen, vorstehen, hervorstechen; *hacer ~* betonen
resalto [rrɛ'salto] *m* Vorsprung *m*
resbaladizo [rrɛsƀala'điθo] *adj* glatt, glitschig, rutschig
resbalar [rrɛsƀa'lar] *v 1.* schleudern; *2. ~ sobre* ausrutschen auf
rescatar [rrɛska'tar] *v* bergen
rescate [rrɛs'kate] *m 1.* Bergung *f; 2. (dinero por)* Lösegeld *n*
rescindir [rrɛsθin'dir] *v* kündigen, zurücktreten; *~ un contrato* einen Vertrag kündigen, von einem Vertrag zurücktreten
rescisión [rrɛsθi'sĭɔn] *f* Kündigung *f*
resentido [rrɛsen'tiđo] *adj* gehässig, verbittert

resentimiento [rrɛsenti'mĭento] *m* Groll *m*
reseña [rrɛ'seɲa] *f* Beschreibung *f,* Schilderung *f,* Rezension *f*
reseñar [rrɛse'ɲar] *v* beschreiben, schildern
reserva [rrɛ'sɛrƀa] *f 1.* Vorrat *m; 2. ~ de oro ECO* Goldreserve *f; 3. (reservación)* Buchung *f,* Reservierung *f; ~ de asiento* Platzkarte *f; 4. (duda, objeción)* Vorbehalt *m,* Verschwiegenheit *f; a ~ de* vorbehaltlich; *sin ~* unbedingt, rückhaltlos; *5. ~ de propiedad JUR* Eigentumsvorbehalt *m; 6. (área)* Reservat *n; ~ natural* Naturschutzgebiet *n; 7. (modo de responder)* Reserviertheit *f*
reservadamente [rrɛsɛrƀada'mente] *adv* zurückgezogen
reservado [rrɛsɛr'ƀađo] *adj 1.* abweisend, verschwiegen, zurückhaltend; *2. (caracter)* unzugänglich, verschlossen
reservar [rrɛsɛr'ƀar] *v* reservieren, zurücklegen, bestellen; *~ un vuelo para* einen Flug buchen nach; *Quisiera ~ una habitación.* Ich möchte ein Zimmer bestellen. *¿Puedo ~ una mesa?* Kann ich einen Tisch reservieren? *He reservado dos asientos en el tren de las seis de la tarde.* Ich habe für den Zug um sechs Uhr abends zwei Sitzplätze reserviert. *Por favor, llame al teatro para ~ dos entradas a mi nombre.* Rufen Sie bitte im Theater an und lassen zwei Karten auf meinen Namen zurücklegen.
reservarse [rrɛsɛr'ƀarse] *v ~ algo* sich etw vorbehalten
resfriado [rrɛsfri'ađo] *m* Schnupfen *m,* Erkältung *f*
resfriarse [rrɛsfri'arse] *v MED* sich erkälten, sich verkühlen
resfrío [rrɛs'frio] *m (LA) MED* Erkältung *f*
resguardo [rrɛs'gwarđo] *m* Empfangsbescheinigung *f,* Quittung *f*
residencia [rrɛsi'đenθĭa] *f* Aufenthalt *m,* Sitz *m; lugar de ~* Wohnort *m; ~ de ancianos* Altersheim *n; ~ de animales* Tierheim *n; ~ de estudiantes* Studentenwohnheim *n*
residente [rrɛsi'đente] *adj* wohnhaft
residuo [rrɛ'siđwo] *m 1.* Rückstand *m; 2. (resto)* Überbleibsel *n; 3. ~s radiactivos pl* Atommüll *m; ~s tóxicos* Giftmüll *m*
resignación [rrɛsigna'θĭɔn] *f* Resignation *f*
resignarse [rrɛsig'narse] *v* resignieren; *~ con* sich abfinden mit; *A la viuda no le quedó otra solución que ~ con su suerte.* Der Witwe blieb nichts anderes übrig, als sich mit ihrem Los abzufinden.
resinoso [rrɛsi'noso] *adj* harzig
resistencia [rrɛsis'tenθĭa] *f 1.* Widerstand *m; sin ~* widerstandslos; *2. (~ a)* Beständigkeit *f; 3. (perseverancia)* Widerstandsfähigkeit *f,* Stehvermögen *n*
resistente [rrɛsis'tente] *adj 1.* widerstandsfähig; *muy ~* unverwüstlich; *2. (tenaz)* zäh; *3. (~ a)* beständig, dauerhaft; *~ al calor* hitzebeständig; *~ a choques* stoßfest; *~ al fuego* feuerfest; *~ a la intemperie* wetterbeständig; *~ al agua* wasserdicht
resistir [rrɛsis'tir] *v 1.* aushalten, durchhalten, verkraften; *2. (aguantar)* standhalten, überstehen; *3. (oponerse)* widerstehen
resistirse [rrɛsis'tir] *v 1. ~ a* trotzen; *2. ~ contra* sich widersetzen
resocialización [rrɛsoθialiθa'θĭɔn] *f* Resozialisierung *f*
resolución [rrɛsolu'θĭɔn] *f 1.* Entschluss *m; tomar la ~ de* beschließen; *sin ~* unschlüssig; *~ previa* Vorentscheidung *f; 2. (certeza)* Bestimmtheit *f*
resoluto [rrɛso'luto] *adj* resolut, entschlossen
resolver [rrɛsɔl'ƀɛr] *v* lösen, beschließen; *~ los problemas* die Probleme lösen
resolverse [rrɛsɔl'ƀɛrse] *v ~ a* sich entschließen zu
resollar [rrɛso'ʎar] *v irr* schnaufen
resonancia [rrɛso'nanθĭa] *f* Anklang *m*
resonar [rrɛso'nar] *v irr* dröhnen, hallen, widerhallen
resorte [rrɛ'sɔrte] *m* Feder *f,* Sprungfeder *f*
respaldar [rrɛspal'dar] *v 1.* untermauern; *2. (apoyar)* stützen
respaldo [rrɛs'paldo] *m 1.* Lehne *f,* Rückenlehne *f; 2. (fig)* Rückhalt *f (fig),* Schützenhilfe *f (fig)*
respectar [rrɛspek'tar] *v* respektieren, angehen, anbelangen; *Por lo que a eso respecta ...* Was das anbelangt ...
respectivamente [rrɛspektiƀa'mente] *adv* jeweils
respectivo [rrɛspek'tiƀo] *adj* betreffs, diesbezüglich
respecto [rrɛs'pɛkto] *prep~ a* hinsichtlich, bezüglich
respetabilidad [rrɛspetaƀili'đađ] *f* Achtbarkeit *f*
respetable [rrɛspe'taƀle] *adj* achtbar, ehrbar, ehrenhaft

respetar [rrɛspe'tar] *v 1.* schätzen, ehren, respektieren; *2. ~ la ley* achten, einhalten, respektieren
respeto [rrɛs'peto] *m ~ a alguien* Respekt vor jdm *m; ~ de sí mismo* Selbstachtung *f; falta de ~* Nichtachtung *f; profundo ~* Ehrfurcht *f,* Achtung *f; sin ~* respektlos
respetuoso [rrɛspe'twoso] *adj* ehrerbietig, ehrfürchtig, respektvoll
respiración [rrɛspira'θĭɔn] *f 1.* Atem *m,* Atmung *f; 2. ~ artificial MED* Beatmung *f; ~ fatigosa* Atembeschwerden *pl*
respirar [rrɛspi'rar] *v* atmen, aufatmen; *~ a alguien artificialmente* jdn künstlich beatmen
respiratorio [rrɛspira'torĭo] *adj* Atem..., Atmungs..., respiratorisch; *las vías respiratorias* die Atemwege
respiro [rrɛs'piro] *m 1.* Atem *m; 2. (descanso)* Ruhepause *f,* Pause *f; ~ de gracia* Galgenfrist *f*
resplandecer [rrɛsplande'θɛr] *v irr* glänzen, aufleuchten, funkeln
resplandeciente [rrɛsplande'θĭente] *adj* glänzend
resplandor [rrɛsplan'đɔr] *m* Schein *m,* Glanz *m*
responder [rrɛspɔn'dɛr] *v 1.* antworten, erwidern; *2.* beantworten; *Los profesores tienen que ~ a cualquier pregunta de los alumnos, sea tonta o no.* Die Lehrer müssen jede Frage der Schüler beantworten, ob sie dumm ist oder nicht. *~ afirmativamente* bejahen; *3. (ser responsable)* verantworten; *~ por* haften für, sich verbürgen für; *Los padres responden por sus hijos mientras sean menores de edad.* Die Eltern haften für ihre minderjährigen Kinder. *4. ~ a las esperanzas* erwidern, erfüllen
responsabilidad [rrɛsponsaƀili'đađ] *f 1.* Verantwortung *f,* Haftung *f; 2. JUR* Belastung *f,* Zurechnungsfähigkeit *f; 3. ~ de algo JUR* Haftung für etw *f; 4. ~ civil JUR* Haftpflicht *f*
responsabilizar [rrɛsponsaƀbili'θar] *v* die Verantwortung übertragen
responsabilizarse [rrɛsponsaƀili'θarse] *v ~ de alguien/~por alguien* für jdn bürgen; *~ de algo ante alguien* für jdn die Verantwortung für etw übernehmen; *Me reponsabilizo de mi hermano.* Ich verbürge mich für meinen Bruder.
responsable [rrɛspon'saƀle] *adj 1.* federführend, verantwortlich, verantwortungsbewusst; *ser ~ de* haftbar sein für, verantwortlich sein für, verantworten; *hacer ~ a alguien de algo* jdn für etw haftbar machen; *no ser ~ de sus actos* unzurechnungsfähig sein; *¿Quién es el ~ de esto?* Wer ist dafür verantwortlich? *2. ~ civilmente JUR* regresspflichtig
respuesta [rrɛs'pwesta] *f 1.* Antwort *f; Déme la ~, por favor.* Geben Sie mir bitte Bescheid. *2. (escrito)* Antwortschreiben *n*
resta ['rrɛsta] *f MATH* Abzug *m*
restablecer [rrɛstaƀle'θɛr] *v irr* wiederherstellen
restablecimiento [rrɛstaƀleθi'mĭento] *m 1. (mejora)* Besserung *f,* Genesung *f; 2. (restauración)* Wiederherstellung *f*
restante [rres'tante] *adj* restlich
restar [rres'tar] *v MATH* abziehen; *~ importancia* verharmlosen
restauración [rrɛstaŭra'θĭɔn] *f 1.* Renovierung *f; 2. POL* Restauration *f*
restaurante [rrɛstaŭ'rante] *m* Restaurant *n,* Wirtshaus *n,* Gaststätte *f; ¿Me puede recomendar un ~ típico, que no sea muy caro?* Können Sie mir ein typisches Restaurant empfehlen, das nicht zu teuer ist?
restaurar [rrɛstaŭ'rar] *v* renovieren, aufarbeiten, restaurieren
restitución [rrɛstitu'θĭɔn] *f 1.* Freigabe *f; 2. (devolución)* Rückgabe *f;* Rückvergütung *f,* Wiedererstattung *f*
restituir [rrɛstitu'ir] *v irr 1.* zurückbringen; *2. (devolver)* rückerstatten, zurückerstatten, zurückgeben; *3. TECH* austauschen
resto ['rrɛsto] *m 1.* Rest *m,* Überbleibsel *n,* Überrest *m; 2. ~s pl* Abfall *m; 3. ~s pl (de la producción)* Ausschuss *m*
restricción [rrɛstrik'θĭɔn] *f* Vorbehalt *m,* Beschränkung *f,* Einschränkung *f; ~ a la exportación* Ausfuhrbeschränkung *f; ~ a la importación* Einfuhrbeschränkung *f; sin ~* unbeschränkt
restringido [rrɛstrin'xiđo] *adj* beschränkt
restringir [rrɛstrin'xir] *v* beschränken, einengen, einschränken
resucitar [rrɛsuθi'tar] *v 1.* zu neuem Leben erwecken, zu neuem Leben erwachen, vom Tode erwecken; *2. (fig: dar nueva vida)* zu neuem Leben erwecken, genesen; *Estas medidas resucitarán la economía del país.* Die Maßnahmen werden die Wirtschaft des Landes zu neuem Leben erwecken.
resuelto [rrɛ'swɛlto] *adj* entschieden, entschlossen

resultado [rrɛsul'tađo] *m* Ergebnis *n*, Resultat *n*; ~ *de las elecciones* Wahlergebnis *n*; ~ *de la investigación* Untersuchungsergebnis *n*; ~ *del reconocimiento* Befund *m*; ~ *de las votaciones* Abstimmungsergebnis *n*; ~ *final* Endergebnis *n*, Fazit *n*; *sin* ~ ergebnislos
resultar [rrɛsul'tar] *v* erfolgen, resultieren; ~ *un éxito* gelingen; ~ *ser* sich entpuppen als; ~ *de algo* aus etw resultieren; *Del mal comportamiento del alumno resultó el suspenso.* Aus dem schlechten Benehmen des Schülers resultierte die Nichtversetzung.
resumen [rrɛ'sumen] *m* *1.* Abriss *m*, Überblick *m*, Auszug *m*, Resümee; *2. (del sumario)* Inhaltsangabe *f*; *3. en* ~ zusammenfassend
resumido [rrɛsu'miđo] *adj* zusammenfassend
resurgimiento [rrɛsurxi'mĭento] *m* Wiederaufleben *n*, Wiedererscheinen *n*
resurgir [rrɛsur'xir] *v* wiedererscheinen, wieder aufleben, wieder in Erscheinung treten
resurrección [rrɛsurrɛk'θĭɔn] *f* *REL* Auferstehung *f*
retador [rrɛta'đor] *m* *1. SPORT* Herausforderer *m*; *El retador perdió la pelea.* Der Herausforderer verlor den Kampf. *adj 2.* herausfordernd
retaguardia [rrɛta'gwarđĭa] *f* *1.* Hintertreffen *n*; *2. MIL* Nachhut *f*
retahíla [rrɛta'ila] *f* Litanei *f*
retama [rrɛ'tama] *f* *BOT* Ginster *m*
retar [rrɛ'tar] *v* herausfordern
retardación [rrɛtarđa'θĭɔn] *f* Verlangsamung *f*
retardar [rrɛtar'đar] *v* verlangsamen, verzögern
retardo [rrɛ'tarđo] *m* Verzögerung *f*, Verzug *m*
retén [rrɛ'ten] *m* *MIL* Bereitschaft *f*
retención [rrɛten'θĭɔn] *f* Zurückhaltung *f*
retener [rrɛte'nɛr] *v irr 1.* einbehalten, anhalten, abhalten, aufhalten; ~ *en prisión* gefangen halten; *2. (sin derecho)* vorenthalten; *3. (guardar)* zurückbehalten, zurückhalten
retícula [rre'tikula] *f* Netz *n*, Raster *m*
retina [rrɛ'tina] *f* *ANAT* Netzhaut *f*
retirada [rrɛti'rađa] *f* *1.* Rückzug *m*; *2. (fig)* Entzug *m*; *3.* ~ *de confianza POL* Misstrauensvotum *n*; *4. MIL* Abzug *m*
retirado [rrɛti'rađo] *adj* abgelegen, zurückgezogen
retirar [rrɛti'rar] *v* *1.* abziehen, wegnehmen, abnehmen; ~ *del puesto* abberufen; *2.* ~ *tropas MIL* Truppen abziehen; *3. (quitar)* beseitigen, räumen; *4. ECO* abrufen; ~ *dinero* Geld abheben
retirarse [rrɛti'rarse] *v* ~ sich zurückziehen, austreten; ~ *de una empresa* aus einer Firma aussteigen
retiro [rrɛ'tiro] *m* *1.* Pension *f*, Ruhestand *m*; *2. (salida)* Austritt *m*, Räumung *f*; *3. (soledad)* Verborgenheit *f*; *4.* ~ *del permiso de conducir* Fahrverbot *n*; *5. (vivienda)* Ruhesitz *m*, Alterssitz *m*
reto ['rrɛto] *m* Herausforderung *f*
retocar [rrɛto'kar] *v* überarbeiten
retomar [rrɛto'mar] *v* ~ *el poder (LA)* wieder aufnehmen, neubeginnen; *Quiero retomar mis estudios.* Ich möchte mein Studium wieder aufnehmen.
retoñar [rrɛto'ɲar] *v* wieder treiben, wieder zum Vorschein kommen
retoño [rrɛ'toɲo] *m* *1.* Sprössling *m*, Nachwuchs *m*; *2. BOT* Trieb *m*
retoque [rre'toke] *m* *dar un* ~ Retusche *f*, Überarbeitung *f*
retorcer [rrɛtɔr'θɛr] *v irr* verdrehen
retórica [rrɛ'torika] *f* *1. LIT* Rhetorik *f*; *2. (fig: palabrería)* Wortklauberei *f*, Wortgeklingel *n*; *Me parece que todo eso es retórica.* Mir scheint das alles nur Wortklauberei. *La retórica del presidente no me ha convencido.* Die Wortklauberei des Präsidenten hat mich nicht überzeugt.
retórico [rrɛ'toriko] *adj* rhetorisch, rednerisch
retornar [rrɛtor'nar] *v* zurückkehren, zurückgeben
retorno [rrɛ'tɔrno] *m* Rückkehr *f*, Rückgabe *f*, Rücksendung *f*
retorta [rrɛ'tɔrta] *f* Retorte *f*
retozar [rrɛto'θar] *v* toben
retozo [rrɛ'toθo] *m* Hüpfen *n*, Tollen *n*
retractarse [rrɛtrak'tarse] *v* widerrufen, abschwören
retraer [rretra'er] *v irr 1.* einziehen; *El insecto retrae sus antenas.* Das Insekt zieht seine Fühler ein. *2. (retirar)* zurückziehen, zurücknehmen; *¡Retraigo mi oferta!* Ich nehme mein Angebot zurück!
retraerse [rrɛtra'erse] *v irr 1. (retirarse)* sich zurückziehen; *Me he retraído del mundo.* Ich habe mich von der Welt zurückgezogen. *2. (sumergirse en sí mismo)* sich zurückziehen, sich in sein Schneckenhaus zurückzie-

hen; *Cada vez se retrae más.* Er zieht sich immer mehr zurück in seine eigene Welt.
retraído [rrɛtra'iđo] *adj* menschenscheu, zurückgezogen, zurückhaltend
retraimiento [rrɛtrai'mĭento] *m* Zurückgezogenheit *f,* Zurückhaltung *f*
retransmisión [rrɛtransmi'sĭɔn] *f (radio)* Übertragung *f; ~ en directo* Direktübertragung *f; ~ vía satélite* Satellitenübertragung *f; ~ en vivo y en directo* Livesendung *f*
retransmitir [rrɛtransmi'tir] *v* senden, durchgeben, ausstrahlen
retrasado [rrɛtra'sađo] *m 1.* Nachzügler *m; ~ mental* geistig Behinderter *m; adj 2.* überfällig, zurückgeblieben
retrasar [rrɛtra'sar] *v* verzögern
retrasarse [rrɛtrar'sarse] *v* sich verspäten; *Perdón, me he retrasado.* Entschuldigung, ich habe mich verspätet.
retraso [rrɛ'traso] *m* Verspätung *f,* Verzögerung *f,* Verzug *m; El tren llevaba ~.* Der Zug hatte Verspätung. *¿Lleva el avión ~?* Hat die Maschine Verspätung? *Mi ~ se debe a la mala conexión de buses.* An meiner Verspätung ist die schlechte Busverbindung schuld.
retratar [rrɛtra'tar] *v* portraitieren
retrato [rrɛ'trato] *m* Abbild *n,* Abbildung *f,* Portrait *n; ~-robot* Phantombild *n*
retrechería [rrɛtretʃe'rĭa] *f* Drückebergerei *f,* Durchtriebenheit *f*
retrechero [rrɛtre'tʃera] *adj mujer retrechera* lockend (Frau), verführerisch (Frau)
retrete [rrɛ'trete] *m* Klosett *n,* Toilette *f,* Klo *n*
retribución [rrɛtriƀu'θĭɔn] *f 1.* Entlohnung *f,* Vergeltung *f; 2. ECO* Dotierung *f*
retribuir [rrɛtriƀu'ir] *v irr* entlohnen, vergelten
retroactivo [rrɛtroak'tiƀo] *adj* rückwirkend
retroceder [rrɛtroθe'đɛr] *v* zurücktreten; *hacer ~* zurückdrängen
retroceso [rrɛtro'θeso] *m* Rückgang *m*
retrógrado [rrɛ'trɔgađo] *adj* rückläufig
retrospectiva [rrɛtrɔspɛk'tiƀa] *f* Retrospektive *f*
retrospectivo [rrɛtrɔspɛk'tiƀo] *adj* rückblickend
retrovisor [rrɛtroƀi'sɔr] *m* Rückspiegel *m*
retruécano [rrɛ'trwekano] *m* Kalauer *m*
retumbar [rrɛtum'bar] *v* dröhnen, hallen, wiederhallen
reuma ['rrɛŭma] *m MED* Rheuma *n*
reumático [rreu'matiko] *adj MED* rheumatisch
reunidos [rrɛŭ'niđos] *adj* beisammen
reunificación [rrɛŭnifika'θĭɔn] *f POL* Wiedervereinigung *f; De la ~ de Alemania resultaron muchos problemas económicos.* Die Wiedervereinigung Deutschlands hat viele wirtschaftliche Probleme mit sich gebracht.
reunión [rrɛŭ'nĭɔn] *f 1. (sesión)* Sitzung *f,* Tagung *f,* Versammlung *f,* Zusammenkunft *f; ~ ciudadana/~ de ciudadanos* Bürgerversammlung *f; ~ de padres* Elternabend *m; ~ de señoras* Kaffeeklatsch *m; 2. (asociación)* Verbindung *f,* Vereinigung *f; 3. (agrupación)* Ansammlung *f*
reunir [rrɛŭ'nir] *v 1.* verbinden, versammeln; *2. ~ con* vereinigen mit; *3. (juntar)* zusammenfügen, zusammenlegen, zusammenfassen
reunirse [rrɛŭ'nirse] *v* sich versammeln, zusammenkommen, sich ansammeln
reutilización [rrɛutiliθa'θĭɔn] *f* Wiederverwendung *f,* Wiederbenutzung *f*
reutilizar [rrɛutili'θar] *v* wieder verwenden, wiederbenutzen
revacunación [rrɛƀakuna'θĭɔn] *f MED* Nachimpfung *f*
revalidar [rrɛƀali'đar] *v* anerkennen, bestätigen
revalorizar [rrɛƀalori'θar] *v FIN* aufwerten
revaluar [rrɛƀa'lwar] *v FIN* aufwerten
revancha [rrɛ'ƀantʃa] *f* Revanche *f*
revelación [rrɛƀela'θĭɔn] *f* Enthüllung *f*
revelar [rrɛƀe'lar] *v 1.* preisgeben; *~ un secreto* ein Geheimnis aufdecken; *2. (descubrir)* enthüllen, lüften; *3. FOTO* entwickeln
revender [rrɛƀen'đer] *v* wieder verkaufen, weiterverkaufen
reventa [rrɛ'ƀenta] *f* Wiederverkauf *m,* Weiterverkauf *m*
reventado [rrɛƀen'tađo] *adj* kaputt
reventar [rrɛƀen'tar] *v irr* platzen, zerspringen, bersten
reventón [rrɛƀe'renton] *m (de llanta)* Reifenpanne *f,* Plattfuß *m*
reverencia [rrɛƀe'renθĭa] *f* Knicks *m,* Verneigung *f,* Verbeugung *f; hacer una ~ ante* sich verbeugen vor, sich verneigen vor
reverenciar [rrɛƀeren'θĭar] *v* verehren, jdm Ehre erweisen
reverendo [rrɛƀe'rendo] *m REL* Hochwürden *m*

reversibilidad [rrɛƀɛrsiƀili'đađ] *f* Umkehrbarkeit *f*
reversible [rreƀer'siƀle] umkehrbar, umdrehbar, umstellbar
reverso [rrɛ'ƀɛrso] *m* Rückseite *f*, Kehrseite *f*; *~ e la medalla* Schattenseite *f*, Kehrseite der Medaille *f*
revertir [rreƀer'tir] *v irr 1. (volver al estado inicial)* zurückfallen, auf das Ausgangsstadium zurückkommen; *2. (llegar a parar)* auf etw hinauslaufen; *Eso ha revertido en ....* Das ist darauf hinausgelaufen, dass...
revés [rrɛ'ƀes] *m 1.* Kehrseite *f*; *al ~* umgekehrt; *2. (daño)* Schlappe *f*, Nackenschlag *m*
revestimiento [rrɛƀesti'mĭento] *m 1.* Umhüllung *f*; *2. (capa)* Belag *m*; *3. TECH* Mantel *m*, Verkleidung *f*; *~ del suelo* Bodenbelag *m*; *~ de madera* Holztäfelung *f*
revestir [rrɛƀes'tir] *v irr 1.* beziehen, überziehen; *2. ~ con* verkleiden mit; *~ con madera* mit Holz täfeln
revisar [rrɛƀi'sar] *v 1.* nachprüfen, durchgehen, nachsehen; *2. (investigar)* untersuchen, durchleuchten; *3. INFORM* abtasten
revisión [rrɛƀi'sĭɔn] *f 1.* Revision *f*, Untersuchung *f*, Überprüfung *f*; *~ de aduana* Grenzkontrolle *f*; *2. ~ del balance ECO* Abschlussprüfung *f*; *3. ~ general TECH* Generalüberholung *f*
revisor(a) [rrɛƀi'sɔr/rrɛƀi'sora] *m/f 1.* Kontrolleur(in) *m/f*; *2 ~(a) de cuentas ECO* Wirtschaftsprüfer(in) *m/f*, Rechnungsprüfer(in) *m/f*; *3. (~(a) de billetes)* Schaffner(in) *m/f*
revista [rrɛ'ƀista] *f 1.* Zeitschrift *f*, Magazin *n*; *~ especializada* Fachzeitschrift *f*; *~ ilustrada* Illustrierte *f*; *2. (de tropas) MIL* Musterung *f*
revivir [rɛƀi'ƀir] *v* ins Leben zurückkehren, aufleben, wieder beleben
revocación [rrɛƀoka'θĭɔn] *f* Widerruf *m*, Aufhebung *f*, Zurücknahme *f*; *~ de una visa* Stornierung *f*, Löschen *n*
revocar [rrɛƀo'kar] *v 1.* kündigen, widerrufen; *2. (anular)* zurücknehmen
revolcarse [rrɛƀɔl'karse] *v irr* sich wälzen
revolotear [rrɛƀolote'ar] *v* flattern; *~ alrededor de* umschwärmen
revoloteo [rrɛƀolo'tɛo] *m* Flattern *n*
revoltoso [rrɛƀol'toso] *adj* aufständisch
revolución [rrɛƀolu'θĭɔn] *f* Revolution *f*
revolucionario [rrɛƀoluθĭo'narĭo] *adj* revolutionär, weltbewegend
revolver [rrɛƀɔl'ƀɛr] *v irr 1.* wühlen, aufwühlen; *2. (remover)* umrühren
revólver [rrɛ'ƀɔlƀɛr] *m* Revolver *m*
revoque [rrɛ'ƀoke] *m* Putz *m*, Verputz *m*
revuelto [rrɛ'ƀwelto] *adj* gemischt
rey [rrɛĭ] *m* König *m*
reyerta [rrɛ'jerta] *f* Streit *m*, Zank *m*
rezagado [rrɛθa'gađo] *adj* zurückgeblieben
rezagarse [rrɛθa'garse] *v* nachhinken, zurückbleiben, Rückstand haben; *Mi amigo se ha rezagado.* Mein Freund ist zurückgeblieben.
rezar [rrɛ'θar] *v 1. REL* beten; *2. (texto)* lauten
rezo ['rrɛθo] *m REL* Gebet *n*
rezongar [rrɛθon'gar] *v* murren, knurren, meckern; *¡Deja ya de rezongar!* Hör schon auf zu meckern!
rezumar [rrɛθu'mar] *v* sickern, versickern
Rhin [rrin] *m GEO* Rhein *m*
riachuelo [rria'tʃwelo] *m* Bach *m*
ribera [rri'ƀera] *f* Flussufer *n*
ribete [rri'ƀete] *m 1.* Borte *f*; *2. (tejido)* Einfassung *f*
rico ['rriko] *adj 1.* reich; *~ en contrastes* kontrastreich; *Las legumbres son ricas en vitaminas.* Die Hülsenfrüchte sind reich an Vitaminen. *2. (sabor)* lecker, wohlschmeckend; *3. (alguien que tiene mucho dinero)* vermögend, begütert; *4. (en contenido)* gehaltvoll
ridiculez [rrikđikuleθ] *f* Lächerlichkeit *f*
ridículo [rri'đikulo] *m 1.* Blamage *f*; *hacer el ~* sich blamieren; *adj 2.* lächerlich, affig, blamabel; *poner en ~ a alguien* jdn blamieren
riego ['rrĭego] *m 1.* Bewässerung *f*; *2. ~ sanguíneo MED* Durchblutung *f*
riel [rrĭel] *m* Schiene *f*
rienda ['rrĭenda] *f 1.* Zügel *m*; *dar ~ suelta (fig)* die Zügel schießen lassen/freien Lauf lassen *f/pl 2. (fig)* Führung *f*, Leitung *f*; *tomar las riendas de ...* die Führung von ... übernehmen.
riesgo ['rrĭezgo] *m* Risiko *n*, Gefahr *f*; *sin ~* gefahrlos; *~ de vida* Lebensgefahr *f*
riesgosamente [rrĭezgosa'mente] *adv* halsbrecherisch
rifa ['rrifa] *f* Verlosung *f*, Ziehung *f*
rifar [rri'far] *v* verlosen
rifle ['rrifle] *m* Jagdgewehr *n*
rígido ['rrixiđo] *adj 1.* starr, steif, klamm; *2. (fig: duro)* eisern
rigor [rri'gɔr] *m* Härte *f*

rigorismo [rrigo'rizmo] *m* Rigorismus *m,* übermäßige Strenge *f*
rigorista [rrigo'rista] *adj* rigoros, übermäßig streng
riguroso [rrigu'roso] *adj* sehr streng, hart, unerbittlich
rima ['rrima] *f LIT* Reim *m*
rimar [rri'mar] *v LIT* reimen; *~ con algo* sich auf etw reimen; *Este verso no rima con el siguiente.* Dieser Vers reimt sich nicht auf den folgenden.
rimbombante [rrimbɔ'bante] *adj* hochtrabend
rimel ['rrimɛl] *m* Wimperntusche *f*
Rin ['rrin] *m* Rhein *m*
rincón [rriŋ'kɔn] *m* Ecke *f*
rinconcito [rriŋkɔn'θito] *m* Winkel *m*
rinconera [rriŋko'nera] *f* Eckbank *f*
rinitis [rri'nitis] *f ~ alérgica MED* Heuschnupfen *m*
rinoceronte [rrinoθe'ronte] *m ZOOL* Nashorn *n,* Rhinozeros *n*
riña ['rriɲa] *f* Streit *m,* Handgemenge *n,* Keilerei *f*
riñón [rri'ɲɔn] *m 1. ANAT* Niere *f; 2. riñones pl GAST* Nieren *pl*
río ['rrio] *m GEO* Fluss *m,* Strom *m*
rioja ['rrĭoja] *m (tipo de vino)* Wein aus der Region Rioja
riqueza [rri'keθa] *f* Reichtum *m; ~s del subsuelo* Bodenschätze *pl*
riquísimo [rri'kisimo] *adj* steinreich
risa ['rrisa] *f* Lachen *n,* Gelächter *n; ~s sofocadas* Gekicher *n*
risible [rri'siƀle] *adj* lächerlich, lachhaft
risotada [rriso'tađa] *f* Lache *f*
risueño [rri'sweɲo] *adj* lächelnd, heiter, froh
rítmico ['rriđmiko] *adj* rhythmisch
ritmo ['rriđmo] *m* Tempo *n,* Rhythmus *m*
ritual [rri'twal] *m* Ritual *n*
rival [rri'ƀal] *m/f* Gegenspieler(in) *m/f,* Konkurrent(in) *m/f,* Rivale/Rivalin *m/f*
rivalidad [rriƀali'đađ] *f* Rivalität *f*
rivalizar [rriƀali'θar] *v* wetteifern, konkurrieren
rizado [rri'θađo] *adj* kraus, lockig
rizarse [rri'θarse] *v* sich drehen, sich locken
rizo ['rriθo] *m* Locke *f*
rizotrogo [rriθo'trogo] *m ZOOL* Junikäfer *m*
robar [rrɔ'ƀar] *v* berauben, stehlen, bestehlen, entwenden; *entrar a ~* einbrechen; *Me han robado.* Man hat mich beraubt. *Al turista le ~on todo lo que poseía.* Dem Touristen ist alles, was er besaß, gestohlen worden.
roble [rrɔ'ƀle] *m BOT* Eiche *f*
robo ['rrɔƀo] *m* Diebstahl *m,* Raub *m; ~ con fractura* Einbruch *m; ~ con homicidio* Raubmord *m*
robot [rrɔ'ƀɔt] *m* Roboter *m*
robustecer [rroƀuste'θer] *v* kräftigen, stärken
robusto [rrɔ'ƀusto] *adj 1.* deftig, robust; *2. (estable)* stabil; *3. (persona)* stämmig, handfest
roca ['rrɔka] *f* Felsen *m,* Gestein *n,* Klippe *f; ~ saliente* Felsvorsprung *m*
rociada [rro'θĭađa] *f* Besprengung *f,* Beträufelung *f*
rociar [rrɔ'θĭar] *v* abspritzen, besprühen, besprengen
rocío [rrɔ'θio] *m* Tau *m*
rodado [rrɔ'đađo] *adj* eingefahren
rodaja [rrɔ'đaxa] *f* Scheibe *f*
rodaje [rrɔ'đaxe] *m CINE* Dreharbeiten *pl*
rodamiento [rrɔđa'mĭento] *m TECH* Wälzlager *n; ~ de bolas* Kugellager *n*
rodar [rrɔ'đar] *v irr 1.* rollen, kullern; *hacer ~* wälzen; *2. (filmar) CINE* drehen, filmen
rodear [rro'đɛar] *v 1.* umgeben, umzingeln; *2. (fig: usar rodeos)* um den heißen Brei herumgehen, Umschweife machen; *Deja de rodear y dí la verdad.* Hör auf, Ausflüchte zu machen und sag die Wahrheit.
rodeo [rrɔ'đeo] *m* Umweg *m; sin ~s* ohne Umschweife
rodilla [rrɔ'điʎa] *f ANAT* Knie *n*
rodillazo [rrɔđi'ʎaθo] *m* Stoß mit dem Knie *m*
rodillera [rrođi'ʎera] *f* Knieschützer *m,* Knieleder *n,* Knieflicken *m*
rodillo [rrɔ'điʎo] *m TECH* Walze *f*
roedor [rrɔe'đɔr] *m ZOOL* Nagetier *n,* Nager *m*
roer [rrɔ'ɛr] *v irr 1.* nagen, abnagen; *2. (fig)* nagen
rogar [rrɔ'gar] *v irr 1.* bitten, flehen, anflehen, betteln; *2. (rezar)* beten
rojez [rrɔ'xeθ] *f* Röte *f*
rojo ['rrɔxo] *adj* rot
rol [rrɔl] *m THEAT* Rolle *f*
rollizo [rrɔ'ʎiθo] *adj* pummelig
rollo ['rrɔʎo] *m 1.* Rolle *f; 2. (fig)* Durcheinander *n; 3. (asunto)* Angelegenheit *f*

romance [rrɔ'manθe] *m 1.* Romanze *f; 2. (en España) LIT* Ballade *f*
románico [rrɔ'maniko] *adj ART* romanisch
romano [rrɔ'mano] *adj* römisch
romanticismo [rrɔmanti'θizmo] *m* Romantik *f*
romántico [rrɔ'mantiko] *adj* romantisch
rombo ['rrɔmƀo] *m MATH* Rhombus *m,* Raute *f*
romboidal [rrɔmƀoiđal] *adj MATH* rhomboid, rautenförmig
romería [rrɔme'ria] *f REL* Wallfahrt *f*
romero [rrɔ'mero] *m BOT* Rosmarin *m*
romo ['rrɔmo] *adj* stumpf
rompecabezas [rrɔmpeka'ƀeθas] *m* Kopfzerbrechen *n,* Puzzle *n*
rompecorazones [rrɔmpekora'θones] *m* Herzensbrecher *m*
rompehuelgas [rrɔmpe'wɛlgas] *m* Streikbrecher *m*
rompenieve [rrɔɰpe'nĭeƀe] *f BOT* Schneeglöckchen *n*
romper [rrɔm'pɛr] *v irr 1.* brechen; *~ en dos* spalten; *~ con alguien* mit jdm brechen, *2. (a pedradas)* einwerfen; *~ a golpes* zerschlagen; *3. (destrozar)* kaputtmachen; *4. (fig: desatender las leyes)* missachten; *5. (arrancar)* reißen, zerreißen; *6. (en pedazos)* zerbrechen; *irr 7. (interrumpir)* abbrechen; *8. (fig: empezar de pronto)* ausbrechen; *irr 9. (con fuerza)* einbrechen; *10. (los cristales)* einschlagen; *11. (nueces)* knacken
romperse [rrɔm'pɛrse] *v irr 1.* auseinander brechen; *2. (cristal)* zerspringen; *~ en pedazos* zersplittern; *3. (malograrse)* kaputtgehen; *4. ~ la pierna MED* sich das Bein brechen
rompible [rrɔm'piƀle] *adj* zerbrechlich
rompiente [rrɔm'pĭente] *m (del mar)* Brandung *f*
rompimiento [rrɔmɔi'mĭento] *m* Spaltung *f*
roncar [rrɔŋ'kar] *v* schnarchen
ronco ['rrɔŋko] *adj* rau, heiser
ronda ['rrɔnda] *f* Durchgang *m,* Runde *f,* Rundgang *m; ~ de tragos* Umtrunk *m*
rondar [rrɔn'dar] *v* umwerben
ronquera [rrɔn'kera] *f MED* Heiserkeit *f*
ropa ['rrɔpa] *f* Kleidung *f,* Garderobe *f,* Wäsche *f; ~ de baño* Badeanzug *m; ~ de cama* Bettwäsche *f; ~ de color* Buntwäsche *f; ~ exterior* Oberbekleidung *f; ~ interior* Unterwäsche *f; ~ lavada* Wäsche *f; ~ de nene* Babywäsche *f; ¿Dónde puedo cambiarme de ~?* Wo kann ich mich umziehen? *Primero tengo que cambiarme de ~.* Ich muss mich erst umziehen.
ropavejero [rrɔpaƀɛ'xero] *m* Altwarenhändler *m,* Trödler *m,* Trödelfritze *m* (fam)
ropero [rrɔ'pero] *m* Kleiderschrank *m*
rosa ['rrɔsa] *f 1. BOT* Rose *f; adj 2.* rosa, rosig
rosado [rrɔ'sađo] *adj 1.* rosa, rosig; *2. (vino)* rosé
rosario [rrɔ'sarĭo] *m REL* Rosenkranz *m*
rosca ['rrɔska] *f 1.* Brezel *f; 2. TECH* Gewinde *n*
rosicler [rrɔsi'klɛr] *m ~ de los alpes* Alpenglühen *n*
rosquilla [rrɔs'kiʎa] *f* Brezel *f*
rostro ['rrɔstro] *m* Gesicht *n*
rotación [rrɔta'θĭɔn] *f TECH* Rotation *f*
rotar [rrɔ'tar] *v* kreisen, umkreisen, drehen; umkreisen, kreisen; *La tierra rota alrededor del sol.* Die Erde kreist um die Sonne.
rotatorio [rrɔta'torĭo] *adj* drehbar
roto ['rrɔto] *adj* kaputt, entzwei; *Está ~.* Es ist kaputt.
rótula ['rrɔtula] *f ANAT* Kniescheibe *f*
rotulador [rrɔtula'đɔr] *m* Filzstift *m*
rotular [rrɔtu'lar] *v ECO* auszeichnen
rótulo ['rrɔtulo] *m* Aushängeschild *n,* Etikett *n*
rotura [rrɔ'tura] *f 1.* Bruch *m,* Riss *m; ~ de la tubería* Rohrbruch *m, 2. ~ del eje TECH* Achsenbruch *m; 3. ~s pl* Bruchschaden *m*
roturación [rrotura'θĭɔn] *f* Urbarmachung *f,* Rodung *f*
roturar [rrɔtu'rar] *v* urbarmachen, roden
roulotte [rru'lo] *f* Wohnwagen *m*
round ['rraunđ] *m (LA)* Runde *f*
roza ['rɔθa] *f* Rodung *f,* Rodacker *m*
rozagante [roθa'gante] *adj* überaus prächtig, eingebildet, hochnäsig
rozar [rrɔ'θar] *v 1.* tupfen, reiben, scheuern; *2. (lindar)* grenzen
rubeola [rru'ƀeola] *f MED* Röteln *pl*
rubí [rru'ƀi] *m* Rubin *m,* Lagerstein (Uhren) *m*
rubio ['rruƀĭo] *adj* blond
rubiozarse [rruƀĭo'θarse] *v* erröten; *Cuando la miro se rubioza.* Wenn ich sie ansehe, errötet sie.
ruborizarse [rruƀori'θarse] *v* erröten, schamrot werden
rúbrica ['rruƀrika] *f* Unterschrift *f,* Rubrik *f*

rubricar [rruƀri'kar] *v* unterschreiben, unterzeichnen, abzeichnen
rudimentario [rruđimen'tarĭo] *adj* rudimentär, unentwickelt
rudimento [rruđi'mento] *m* Rudiment *n,* Anfang *m,* Ansatz *m; No conozco los ~s de la informática.* Ich kenne mich bei der Informatik nur ansatzweise aus.
rudo ['rruđo] *adj (fig: poco amigable)* rau, barsch, ruppig
rueca ['rrweka] *f* Spinnrad *n*
rueda ['rrweđa] *f 1.* Rad *n; ~ de repuesto* Reservereifen *m; 2. ~ dentada TECH* Zahnrad *n*
ruego ['rrwego] *m* Bitte *f; ~ de perdón* Abbitte *f*
rufián [rru'fĭan] *m* Zuhälter *m*
rugir [rru'xir] *v* brüllen, tosen
ruibarbo [rrwi'ƀarƀo] *m BOT* Rhabarber *m*
ruido ['rrwiđo] *m* Geräusch *n,* Lärm *m,* Laut *m; ~ fuertísimo* Krach *m; hacer ~* lärmen, rumoren; *hacer ~ bronco* schnurren; *sin ~* geräuschlos; *sin hacer ~* leise, lautlos
ruidoso [rrwi'đoso] *adj* laut, geräuschvoll; *Mi habitación es muy ruidosa.* Mein Zimmer ist sehr laut.
ruin ['rruin] *adj* niederträchtig, gemein
ruina ['rrwina] *f 1.* Ruine *f,* Ruin *m,* Untergang *m; 2. ~s pl* Trümmer *pl; en ~s* zerstört
ruinar [rrui'nar] *v* ruinieren
ruinoso [rrwi'noso] *adj* baufällig
ruiseñor [rrwise'ɲɔr] *m ZOOL* Nachtigall *f*
rulero [rru'lero] *m (LA)* Lockenwickler *m*
ruleta [rru'leta] *f* Roulett *n,* Roulettspiel *n*
rulo ['rrulo] *m* Lockenwickler *m*
Rumanía [rruma'nia] *f GEO* Rumänien *n*
rumano [rru'mano] *m 1.* Rumäne *m; adj 2.* rumänisch
rumbo ['rrumbo] *m NAUT* Kurs *m; poner ~ a/ir ~ a* ansteuern
rumiante [rru'mĭante] *m ZOOL* Wiederkäuer *m*
rumiar [rru'mĭar] *v* sinnieren
rumor [rru'mɔr] *m 1.* Gerücht *n; 2. ~es pl* Gerede *n,* Gemunkel *n*
rumorar [rrumo'rar] *v* munkeln, brausen
rupestre [rru'pestre] *adj* Felsen... (Malerei), in Höhlen gemalt
ruptura [rrup'tura] *f 1. (de una relación)* Abbruch *m; 2. ~ de contrato JUR* Vertragsbruch *m*
rural [rru'ral] *adj* ländlich
Rusia ['rrusĭa] *f GEO* Russland *n*
ruso ['rruso] *m 1.* Russe *m; adj 2.* russisch
rusticar [rusti'kar] *v* rustikal bearbeiten, rustikal herstellen, als rustikal bearbeiten
rústico ['rrustiko] *adj* bäuerlich, rustikal
ruta ['rruta] *f* Route *f; ~ de fuga* Fluchtweg *m; ~ por tierra* Landweg *m; tomar la ~ (avión)* ansteuern; *La ~ que tienes que seguir está señalada en el mapa.* Der Weg, dem du folgen musst, ist auf der Karte gekennzeichnet.
rutilante [rruti'lante] *adj* glänzend, schimmernd
rutilar [rruti'lar] *v* glänzen, schimmern
rutina [rru'tina] *f* Routine *f,* Schlendrian *m,* Trott *m; ~ burocrática* Amtsschimmel *m*
rutinario [rruti'narĭo] *adj* routinemäßig, gewohnheitsmäßig
rutinero [rruti'nero] *m (hombre ~)* Gewohnheitsmensch *m*

S

sábado ['saƀađo] *m 1.* Samstag *m*
sábana ['saƀana] *f* Laken *n,* Bettlaken *n*
sabandija [saƀan'đixa] *f* Gewürm *n,* Geschmeiß *n*
sabelotodo [saƀelo'tođo] *m* Neunmalkluger *m,* Besserwisser *m*
saber [sa'ƀɛr] *v irr 1.* wissen; *hacer ~ algo a alguien* jdn etw wissen lassen; *como se sabe* bekanntlich; *¿Sabe usted lo que esto significa?* Wissen Sie, was das bedeutet? *un no sé qué* ein gewisses Etwas *n; 2. (un idioma)* können; *3. (conocer)* kennen; *4. (llegar a ~)* erfahren; *5. ~ a* schmecken nach; *~ bien* gut schmecken; *6. (dominar)* beherrschen; *m 7.* Wissen *n,* Können *n; 8. (sabiduría)* Weisheit *f*
sabido [sa'ƀiđo] *adj como es ~* bekanntlich
sabiduría [saƀiđu'ria] *f* Weisheit *f*
sabio ['saƀĭo] *m 1.* Gelehrter *m,* Weiser *m; adj 2.* weise, gelehrt
sable ['sable] *m* Säbel *m*
sabor [sa'ƀɔr] *m* Geschmack *m; tener buen ~* gut schmecken
saborear [saƀo'rear] *v* genießen, auskosten, schmackhaft machen
sabotear [saƀote'ar] *v* sabotieren
sabroso [sa'ƀroso] *adj* würzig, lecker
sabueso [sa'ƀweso] *adj 1.* Schweißhund *m, (fig) 2.* Schnüffler *m,* Spürhund *m*
saburra [sa'ƀurra] *f (de la lengua) MED* Belag *m*
sacacorchos [saka'kɔrtʃos] *m* Korkenzieher *m*
sacamanchas [saka'mantʃas] *m* Fleckenentferner *m*
sacapuntas [saka'puntas] *m* Bleistiftspitzer *m,* Spitzer *m*
sacar [sa'kar] *v 1. ~ de* herausnehmen aus, herausholen aus, herausziehen aus; *2. (llevar afuera)* herausbringen; *3. ~ una foto* ein Foto machen; *4. ~ fuerzas de flaqueza (fig)* sich aufraffen; *5. (fig: aprovechar al máximo)* ausschöpfen; *~ provecho de* ausnützen; *6. SPORT* aufschlagen; *~ una vuelta de ventaja* überrunden; *7. ~ de (fig)* entnehmen aus; *~ conclusiones de* Schlüsse ziehen aus
sacarse [sa'karse] *v ~ la ropa* sich ausziehen
sacerdote [saθɛr'đote] *m REL* Priester *m*
saciado [sa'θĭađo] *adj* gesättigt
saciar [sa'θĭar] *v* sättigen, stillen
saco ['sako] *m 1.* Sack *m; ~ de arena* Sandsack *m; ~ de dormir* Schlafsack *m; 2. (LA)* Jacke *f,* Jackett *n,* Sakko *n*
sacramento [sakra'mento] *m REL* Sakrament *n*
sacrificar [sakrifi'kar] *v* opfern
sacrificarse [sakrifi'karse] *v ~ por alguien* sich für jdn aufopfern, sich für jdn opfern
sacrificio [sakri'fiθĭo] *m* Opfer *n*
sacrilegio [sakri'lɛxĭo] *m REL* Gotteslästerung *f*
sacristán [sakris'tan] *m REL* Küster *m*
sacristía [sakris'tia] *f REL* Sakristei *f*
sacudida [saku'điđa] *f* Erschütterung *f*
sacudir [saku'đir] *v 1.* schütteln, abschütteln; *2. (fuertemente)* rütteln, schütteln
sacudirse [saku'đirse] *v* sich schütteln
sadismo [sa'đizmo] *m* Sadismus *m*
saeta ['saeta] *f 1.* Pfeil *m,* Uhrzeiger *m; 2. REL* gesungenes Stoßgebet *n*
safari [sa'fari] *m* Safari *f*
sagaz [sa'ɣaz] *adj* schlau, scharfsinnig
sagrario [sa'ɣrarĭo] *m* Sanktuarium *n*
sahara ['saːra] *m GEO* Sahara *f*
sahumar [saŭ'mar] *v* räuchern, parfümieren
sajón [sa'xon] *adj* sächsisch
sal [sal] *f* Salz *n*
sala ['sala] *f 1.* Saal *m,* Halle *f; ~ de congresos* Kongresshalle *f; ~ de espera* Wartesaal *m,* Wartezimmer *n; ~ de estar* Wohnzimmer *n; 2. ~ de operaciones MED* Operationssaal *m; ~ de partos* Entbindungsstation *f,* Kreißsaal *m*
salado [sa'lađo] *adj* salzig; *Esto está ~.* Das ist versalzen.
salamandra [sala'manđra] *f ZOOL* Salamander *m,* Molch *m*
salamanquesa [salaman'kesa] *f ZOOL* Gecko *m*
salar [sa'lar] *v* salzen
salario [sa'larĭo] *m* Lohn *m; ~ bruto* Bruttolohn *m; ~ de hambre* Hungerlohn *m; hoja de ~* Lohnstreifen *m; ~ máximo* Spitzenlohn *m; ~ mínimo* Mindestlohn *m; ~ por horas* Stundenlohn *m; ~ según convenio colectivo* Tariflohn *m; ~ semanal* Wochenlohn *m*
salazón [sala'θon] *f* Einsalzen *n,* Pökeln *n*

saldar [sal'dar] *v* *1.* zurückzahlen; *2. (ajustar)* verrechnen; *3. ECO* abrechnen, ausgleichen, begleichen
saldo ['saldo] *m* *1.* Endabrechnung *f*, Ausgleich *m*; *2. ECO* Saldo *m*; *~ de cuenta* Kontostand *m*; *~ negativo* Mi-nus *n*
saledizo [sale'điθo] *m* Vorsprung *m*
salero[1] [sa'lero] *m GAST* Salzstreuer *m*
salero[2] [sa'lero] *m* Anmut *f*
saleroso [sale'roso] *adj* anmutig
salida [sa'liđa] *f* *1. (lugar por donde se sale)* Ausgang *m*, Ausweg *m*; *~ de embarque* Flugsteig *m*; *~ de emergencia* Notausgang *m*, Fluchtweg *m*; *~ posterior* Hinterausgang *m*; *sin ~* ausweglos; *¿Qué ~ tengo que tomar?* Welche Ausfahrt muss ich nehmen? *2. (de un país)* Ausreise *f*; *3. (partida)* Abflug *m*, Ausreise *f*; *4. ~ del sol* Sonnenaufgang *m*; *5. (ingenio)* Geistesblitz *m*; *6. (de desagüe)* Ablauf *m*, Abfluss *m*; *7. (separación, retiro)* Austritt *m*; *8. ~ a escena THEAT* Auftritt; *9. ~s pl FIN* Ausgaben *f*
saliente [sa'lĭente] *m* Vorsprung *m*
salina [sa'lina] *f* Saline *f*, Salzgrube *f*
salir [sa'lir] *v irr* *1.* herauskommen; *~ bien* gelingen, glücken; *~ garante de* haften für; *~ garante por* verbürgen; *~ a luz* zum Vorschein kommen; *~ mal* misslingen, missraten, schief gehen; *2. (de algún sitio)* hinausgehen; *~ al encuentro de* entgegenkommen; *3. (de viaje)* abreisen; *4. (de un país)* ausreisen; *5. (~ a divertirse)* ausgehen; *~ a pasear* spazieren gehen; *6.(desbordarse, derramarse)* auslaufen; *7. ~ en ... para* losfahren mit ... nach; *¿Cuándo y de dónde sale el autobús a Sevilla?* Wann und wo fährt der Bus nach Sevilla? *¿Cuándo salimos?* Wann fahren wir ab? *8. ~ a escena THEAT* auftreten; *~ de escena* abtreten
salirse [sa'lirse] *v irr ~ de* heraustreten aus; *~ de la fila* ausscheren; *~ de tono (fig)* sich im Ton vergreifen
saliva [sa'liƀa] *f* Speichel *m*
salmo ['salmo] *m REL* Psalm *m*
salmón [sal'mɔn] *m ZOOL* Lachs *m*
salmonela [salmo'nela] *f BIO* Salmonellen *pl*
salmuera [sal'mwera] *f GAST* Lake *f*
salón [sa'lɔn] *m* *1.* Wohnzimmer *n*, Salon *m*; *~ de masajes* Massagesalon *m*; *2. (aula)* Aula *f*, Klassenzimmer *n*, Hörsaal *m*
salpicar [salpi'kar] *v* spritzen
salpullido [salpu'ʎiđo] *m* leichter Hautausschlag *m*, Flohstiche *m/pl*
salsa ['salsa] *f* *1. GAST* Soße *f*, Tunke *f*, Dressing *n*; *~ de tomate* Tomatensoße *f*; *2. (baile de Caribe)* Volkstanz *m*
saltamontes [salta'mɔntes] *m ZOOL* Heuschrecke
saltar [sal'tar] *v* hüpfen, springen, abspringen; *~ a la vista* auffallen
saltarse [sal'tarse] *v ~se algo* etw überspringen; *~se páginas* Seiten überschlagen
salto ['salto] *m* *1.* Sprung *m*, Absprung *m*; *2. ~ de cama* Morgenrock *m*
salud [sa'luđ] *f* Gesundheit *f*; *¡Salud!* Prost!/Gesundheit!
saludable [salu'đaƀle] *adj* gesund
saludar [salu'đar] *v* *1.* grüßen, begrüßen; *2. (recibir)* empfangen
saludo [sa'luđo] *m* *1.* Gruß *m*, Begrüßung *f*; *2. (recibimiento)* Empfang *m*
salvación [salƀa'θĭɔn] *f* *1.* Heil *n*, Rettung *f*; *2. REL* Erlösung *f*
salvado [sal'ƀađo] *m BOT* Kleie *f*
salvador [salƀa'đɔr] *m* *1.* Retter *m*; *2. REL* Heiland *m*, Erlöser *m*; *adj 3.* rettend
Salvador [salƀa'đɔr] *m El ~ GEO* El Salvador *m*
salvaguardar [salƀa'gwarđar] *v* bewahren, beschützen, sicherstellen
salvajada [salƀa'xađa] *f* Gräueltat *f*
salvaje [sal'ƀaxe] *adj* *1.* wild; *2. (natural, sencillo)* urwüchsig; *3. (fig)* brutal
salvajismo [salƀa'xizmo] *f* Brutalität *f*
salvamento [salƀa'mento] *m* Rettung *f*
salvar [sal'ƀar] *v* *1. ~ a alguien de algo* jdn vor etw retten; *2. REL* erlösen
salvarse [sal'ƀarse] *v (ponerse a salvo)* davonkommen, sich retten
salvedad [salƀe'đađ] *f* Vorbehalt *m*
salvia ['salƀĭa] *f BOT* Salbei *m*
salvo[1] ['salƀo] *prep* ausgenommen, außer
salvo[2] ['salƀo] *adj* unbeschädigt; *ponerse a ~* sich in Sicherheit bringen
salvoconducto ['salƀokɔn'đukto] *m* Passierschein *m*
samovar [samo'ƀar] *m* Samovar *m*
sanable [sa'naƀle] *adj* heilbar
sanalotodo [sanalo'tođo] *m* Allheilmittel *n*
sanar [sa'nar] *v* kurieren, heilen
sanatorio [sana'torĭo] *m* Sanatorium *n*
sanción [san'θĭɔn] *f* Sanktion *f*
sancionable [sanθĭo'naƀle] *adj JUR* strafbar
sancionar [sanθĭo'nar] *v* strafen
sandalia [san'dalĭa] *f* Sandale *f*

sandía [san'dia] *f BOT* Wassermelone *f*
saneamiento [sanea'mĭento] *m* Sanierung *f*
sanear [sane'ar] *v* sanieren
sangrar [saŋ'grar] *v* bluten
sangre ['saŋgre] *f* Blut *n; de ~ fría (fig)* kaltblütig
sangría [san'gria] *f 1.* Sangria *f; 2. MED* Schröpfen *n,* Aderlass *m*
sangriento [saŋ'grĭento] *adj* blutig
sanguinario [sangi'nario] *adj* blutgierig, blutdürstig, grausam
sanidad [sa'niđađ] *f* Gesundheit *f,* Gesundheitswesen *n,* Sanitätswesen *n*
sanitario [sani'tarĭo] *m 1.* Sanitäter *m; 2. (servicio)* Toilette *f,* WC *n*
sano ['sano] *adj* gesund, bekömmlich, heilsam; *~ y salvo* heil und unversehrt
sánscrito ['sans'krito] *m* Sanskrit *n*
santa ['santa] *f REL* Heilige *f*
santero [san'tero] *adj* scheinheilig, frömmelnd
santiamén [santĭa'men] *m en un ~* im Handumdrehen, mit einem Handgriff
santidad [san'tiđađ] *f* Heiligkeit *f*
santificar [santifi'kar] *v* heiligen, rechtfertigen, entschuldigen
santiguarse [santi'gwarse] *v REL* sich bekreuzigen
santo ['santo] *m 1. REL* Heiliger *m,* Schutzpatron *m; adj 2. REL* heilig
santuario [san'twarĭo] *m* Heiligtum *n,* Zufluchtsort *m*
santurronería [santurrone'ria] *f* Scheinheiligkeit *f*
sapo ['sapo] *m ZOOL* Kröte *f*
saque ['sake] *m SPORT* Aufschlag *m; ~ inicial* Anstoß *m; ~ de puerta* Abschlag *m*
saquear [sa'kear] *v* plündern, ausplündern
saqueo [sa'keo] *m* Plünderung *f*
sarampión [saram'pĭɔn] *m MED* Masern *pl*
sarcasmo [sar'kazmo] *m* Gespött *n,* Sarkasmus *m*
sarcástico [sar'kastiko] *adj* sarkastisch
sardina [sar'đina] *f ZOOL* Sardine *f*
sargento [sar'xento] *m MIL* Unteroffizier *m,* Sergeant *m*
sarro ['sarrɔ] *m ~ dentario MED* Zahnbelag *m,* Zahnstein *m*
sarta ['sarta] *f* Litanei *f,* ein ganzer Haufen *m; ~ de perlas* Perlschnur *f*
sartén [sar'ten] *f* Pfanne *f,* Bratpfanne *f*
sastrería [sastre'ria] *f* Schneiderei *f*
Satanás [sata'nas] *m* Satan *m*
satánico [sa'taniko] *adj* teuflisch
satélite [sa'telite] *m* Satellit *m*
satén [sa'ten] *m* Satin *m*
sátira ['satira] *f LIT* Satire *f*
satisfacción [satisfak'θĭɔn] *f* Befriedigung *f,* Genugtuung *f,* Zufriedenheit *f*
satisfacer [satis'faθɛr] *v 1.* befriedigen, sättigen, stillen; *~ las exigencias* die Aufforderungen erfüllen, sich bewähren; *2. (un deseo)* erfüllen
satisfactorio [satisfak'torĭo] *adj* befriedigend; *no ~* unbefriedigend
satisfecho [satis'fetʃo] *adj 1. ~ con* zufrieden mit; *2. (contento)* froh; *3. (recién comido)* satt
saturar [satu'rar] *v CHEM* sättigen
sauce ['saŭθe] *m BOT* Weide *f*
saúco [sa'uko] *m BOT* Holunder *m*
sauna ['saŭna] *f* Sauna *f*
saurio ['saŭrĭo] *m ZOOL* Echse *f*
saxofón [sakso'fɔn] *m MUS* Saxophon *n*
sazón [sa'θɔn] *f 1.* Reife *f; 2. GAST* Würze *f; 3. (momento)* Zeitpunkt *m; a la ~* in jener Zeit
sazonar [saθo'nar] *v* würzen, reifen
scooter ['skutɛr] *m* Roller *m*
se [se] *pron 1.* man; *2. (reflexivo)* sich
sebo ['sebo] *m* Talg *m,* Unschlitt *m*
seborrea [sebo'rrea] *f MED* Seborrhöe *f,* Schmerfluss *m*
secador [seka'đɔr] *m* Trockenhaube *f*
secadora [seka'đora] *f* Wäschetrockner *m*
secar [se'kar] *v* trocknen, austrocknen, abtrocknen; *~ con secador de mano* föhnen
secarse [se'karse] *v* sich abtrocknen
sección [sɛg'θĭɔn] *f 1.* Abteil *n,* Abteilung *f,* Sparte *f; ~ de fumadores* Raucherabteil *n; ~ de personal* Personalabteilung *f; 2. (clínica)* Station *f*
secesión [seθe'sĭɔn] *f POL* Abspaltung *f*
seco ['seko] *adj 1.* trocken, kühl; *cabello ~* trockenes Haar *n; 2. (vino)* herb, trocken
secoya [se'koja] *f BOT* Sequoie *f*
secretar [sekre'tar] *v MED* absondern, ausscheiden
secretaría [sekre'taria] *f* Sekretariat *n*
secretaria [sekre'taria] *f* Sekretärin *f; ~ de dirección* Chefsekretärin *f*
secretario [sekre'tarĭo] *m* Schriftführer *m,* Sekretär *m; ~ de Estado POL* Staatssekretär *m*
secretear [sekrete'ar] *v* wispern

secreter [sekre'tɛr] *m* Sekretär *m*
secreto [se'kreto] *m* *1.* Geheimnis *n*, Heimlichkeit *f*; *~ de armario* Geheimfach *n*; *~ de Estado* Staatsgeheimnis *n*; *~ profesional* Dienstgeheimnis *n*; *adj 2.* geheim, heimlich; *en ~* heimlich
secta ['sɛkta] *f REL* Sekte *f*
sector [sɛk'tɔr] *m* *1.* Abschnitt *m*; *2. (ramo)* Bereich *m*, Sektor *m*, Sparte *f*; *~ industrial* Industriezweig *m*; *~ de actividad* Geschäftszweig *m*
secuela [se'kwela] *f* Nachspiel *n*, Folge *f*
secuencia [se'kwenθĭa] *f* *1.* Sequenz *f*; *2. CINE* Szene *f*
secuestrador [sekwestra'tɔr] *m* Entführer *m*, Geiselnehmer *m*, Kidnapper *m*
secuestrar [sekwes'trar] *v* entführen, rauben, kidnappen
secuestro [se'kwestro] *m* Entführung *f*
secundario [sekun'darĭo] *adj* nebensächlich, sekundär, zweitrangig
sed [seđ] *f* Durst *m*
seda ['seđa] *f* Seide *f*; *~ cruda* Rohseide *f*; *¿Es ésto ~ pura?* Ist das reine Seide?
sedante [se'đante] *m MED* Beruhigungsmittel *n*
sedativo [seđa'tiƀo] *adj MED* schmerzlindernd
sede ['seđe] *f* Sitz *m*; *~ del gobierno POL* Regierungssitz *m*
sedentario [seđen'tarĭo] *adj* alteingesessen, sesshaft
sediento [se'đĭento] *adj* durstig; *estar ~ de (fig)* hungern nach
sedimento [seđi'mento] *m* *1.* Ansatz *m*; *2. GEOL* Ablagerung *f*
seducir [seđu'θir] *v* verführen, anlocken, verlocken
seductor [seđuk'tɔr] *adj* reizvoll, verführerisch, verlockend
segar [se'gar] *v irr* mähen
seglar [se'glar] *m* *1. REL* Laie *m*; *adj 2.* weltlich
segmento [sɛg'mento] *m* Segment *n*
segregar [segre'gar] *v MED* absondern
seguida [se'giđa] *adv en ~* gleich, sofort
seguidamente [segiđa'mente] *adv* darauf, anschließend, daraufhin
seguidilla [segi'điʎa] *f* Seguidilla *f (Dichtungsform)*, Volkslied *n*, Volkstanz *m*
seguido [se'giđo] *adj* fortlaufend
seguidor(a) [segi'đɔr/segi'đora] *m/f* *1.* Anhänger(in) *m/f*, Fan *m*; *2. ~es pl* Anhängerschaft *f*
seguimiento [segi'mĭento] *m* Nachfolge *f*
seguir [se'gir] *v irr* *1. ~ haciendo* weitermachen; *2. (obedecer)* folgen; *3. ~ a alguien* jdm folgen; *~ a alguien con la vista* jdm nachsehen, jdm nachblicken; *~ el humor a alguien* auf jdn eingehen; *4. (una dirección)* einschlagen; *5. (fig) ~ el ejemplo de alguien* jds Beispiel folgen
según [se'gun] *prep* *1.* laut, nach, gemäß; *adv 2. ~ lo cual* womit; *~ lo que* wonach; *konj 3. (correspondiente)* je nach, je nachdem
segundo [se'gundo] *m* *1.* Sekunde *f*; *adj 2.* zweite(r,s); *en ~ lugar* zweitens
seguramente [segura'mente] *adv* bestimmt, gewiss, wohl
seguridad [seguri'đađ] *f* *1.* Sicherheit *f*, Geborgenheit *f*, Gewissheit *f*; *poner en ~* sicherstellen; *2. (confianza)* Verlässlichkeit *f*, Zuverlässigkeit *f*; *3. ~ social* Sozialversicherung *f*
segurísimo [segu'risimo] *adj* todsicher
seguro [se'guro] *m* *1.* Versicherung *f*, Versicherungsschutz *m*; *~ de accidentes* Unfallversicherung *f*; *~ contra accidentes* Unfallversicherung *f*; *~ a todo riesgo* Vollkaskoversicherung *f*; *~ de enfermedad* Krankenversicherung *f*; *~ obligatorio* Pflichtversicherung *f*; *~ de pensiones* Rentenversicherung *f*; *~ de riesgo parcial* Teilkaskoversicherung *f*; *~ de vida* Lebensversicherung *f*; *2. TECH* Sicherung *f*; *adj 3.* gewiss, sicher, zuverlässig; *ir a lo ~* sichergehen; *ser ~* feststehen; *4. (sin peligro)* gefahrlos, sicher; *adv 5.* sicher, gewiss
seis [sɛĭs] *num* sechs
seísmo [se'izmo] *m* Erdbeben *n*, Beben *n*
selección [selɛk'θĭɔn] *f* *1.* Wahl *f*, Auswahl *f*, Auslese *f*; *2. ~ nacional SPORT* Nationalmannschaft *f*
seleccionar [selɛkθĭo'nar] *v* wählen, auswählen, aussortieren
selecto [se'lɛkto] *adj* *1. (grupo)* erlesen; *2. (exclusivo)* exklusiv, gewählt; *3. (bien cuidado)* gepflegt
selenio [se'lenĭo] *m CHEM* Selen *n*
selva ['sɛlƀa] *f* Busch *m*, Dschungel *m*
selvático [sel'batiko] *adj* *1.* waldig, wild, *2.* (fig) ungeschlacht
sellar [se'ʎar] *v* *1.* stempeln, abstempeln; *2. (cerrar)* versiegeln; *3. (contra fugas)* abdichten
sello ['seʎo] *m* *1.* Siegel *n*, Stempel *m*; *2. (postal)* Briefmarke *f*; *poner los ~s a* frankieren; *3. (de cera)* Siegel *n*

semáforo [se'maforo] *m* Ampel *f*, Verkehrsampel *f*
semana [se'mana] *f* Woche *f*; *cada ~* wöchentlich; *~s enteras* wochenlang; *Semana Santa* Karwoche *f*
semanal [sema'nal] *adj* wöchentlich
semántica [se'mantika] *f GRAMM* Semantik *f*
semblante [sem'blante] *m* Angesicht *n*
semblanza [sem'blanθa] *f* Lebensbild *n*, Ähnlichkeit *f*, Lebensbeschreibung *f*
sembrar [sem'ƀrar] *v irr* säen, aussäen
semejante [semɛ'xante] *adv 1.* ähnlich; *pron 2.* solche(r,s); *adj 3.* solche(r,s), analog, derartig; *m 4. tus ~es pl* deinesgleichen
semejanza [semɛ'xanθa] *f* Ähnlichkeit *f*
semejarse [semɛ'xarse] *v ~ a alguien* jdm ähneln
semen ['semen] *m BIO* Samen *m*
semental [semen'tal] *m ZOOL* Hengst *m*
sementera [semen'tera] *f* Saat *f*, Aussaat *f*
semestre [se'mestre] *m* Halbjahr *n*, Semester *n*
semicírculo [semi'θirkulo] *m* Halbkreis *m*
semifinal [semifi'nal] *f SPORT* Halbfinale *n*
semilla [se'miʎa] *f* Same *m*, Samenkorn *n*
seminario [semi'narĭo] *m* Seminar *n*
sémola ['semola] *f* Grieß *m*
Senado [sena'đo] *m POL* Senat *m*
senador(a) [se'nađɔr/se'natora] *m/f POL* Senator(in) *m/f*
sencillez [senθi'ʎeθ] *f* Bescheidenheit *f*, Einfachheit *f*
sencillo [sen'θiʎo] *adj 1. (modesto)* bescheiden, schlicht; *2. (fácil)* einfach, leicht; *3. (alisado)* glatt; *m 4. (LA)* Kleingeld *n*
senda ['senda] *f* Pfad *m*
sendero [sen'dero] *m* Pfad *m*
senil [se'nil] *adj* altersschwach, senil
seno ['seno] *m 1. (busto)* Brust *f*, Busen *m*; *2. (fig)* Schoss *m*; *3. (fig: entre otras personas)* Kreis *m*
sensación [sensa'θĭɔn] *f 1.* Eindruck *m*, Gefühl *n*; *~ de miedo* Angstgefühl *n*; *2. (acontecimiento espetacular)* Aufsehen *n*, Eklat *m*, Sensation *f*
sensacional [sensaθĭo'nal] *adj* effektvoll, sensationell
sensato [se'sato] *adj* besonnen, verständig, vernünftig
sensibilidad [sensiƀili'đađ] *f* Sensibilität *f*, Sinn *m*; *~ de la lengua* Sprachgefühl *n*
sensible [sen'siƀle] *adj 1.* empfindlich, feinfühlig, reizbar; *2. (palpable)* spürbar; *3. (blando)* weich
sensitiva [sensi'tiƀa] *f BOT* Mimose *f*
sensor [sen'sɔr] *m TECH* Sensor *m*
sensual [sen'swal] *adj* sinnlich
sentado [sen'tađo] *adj 1. estar ~ en* sitzen auf; *2. GAST* altbacken
sentar [sen'tar] *v irr 1.* verbuchen; *2. (ropa) ~ bien* passen, gut stehen; *3. (manifestación) ~ mal* missfallen; *4. (comida) ~ mal* schlecht bekommen
sentarse [sen'tarse] *v irr* sich hinsetzen, sich setzen
sentenciar [senten'θĭar] *v JUR* urteilen
sentido [sen'tiđo] *m 1.* Sinn *m*; *en cuanto al ~* sinngemäß; *fin ~* sinnlos; *2. (dirección)* Fahrtrichtung *f*; *~ de las agujas del reloj* Uhrzeigersinn *m*; *en ~ contrario* gegenläufig; *3. (órgano)* Sinnesorgan *n*, Sinn *m*; *~ de orientación* Orientierungssinn *m*; *4. (intelecto)* Verstand *m*
sentimental [sentimen'tal] *adj* gefühlvoll, rührselig, sentimental
sentimentalismo [sentimenta'lizmo] *m* Gefühlsduselei *f*, Sentimentalität *f*
sentimiento [senti'mĭento] *m 1.* Gefühl *n*, Gespür *n*; *~ de culpabilidad* Schuldgefühl *n*; *lleno de ~s* gefühlvoll; *~ para el idioma* Sprachgefühl *n*; *~ de seguridad* Geborgenheit *f*; *~ vergüenza* Schamgefühl *n*; *2. (lamento)* Bedauern *n*; *3. ~s pl* Gesinnung *f*
sentir [sen'tir] *v irr 1.* fühlen, empfinden, spüren; *2. (compasión)* bedauern; *Lo siento mucho.* Es tut mir sehr Leid.
seña ['seɲa] *f* Zeichen *n*; *hacer ~s con la mano* winken
señal [se'ɲal] *f 1.* Signal *n*, Wink *m*; *~ alarma* Alarmsignal *n*; *~ de tráfico/~ de tránsito* Verkehrszeichen *n*; *2. (indicio)* Anzeichen *n*, Bezeichnung *f*; *3. (marca)* Mal *n*, Merkmal *n*, Zeichen *n*; *~ de vida* Lebenszeichen *n*; *4. ~ de la cruz REL* Kreuzzeichen *n*; *5. ~ de prohibición* Verbot *n*
señalado [seɲa'lađo] *adj* markant
señalador [seɲala'đɔr] *m ~ de incendios TECH* Feuermelder *m*
señalar [seɲa'lar] *v 1. (con señalización)* signalisieren; *2. (indicar)* bezeichnen; *~ algo* auf etw hinweisen; *3. (marcar)* kennzeichnen, markieren; *4. (asignar)* zuweisen; *~ a* deuten auf
señalización [seɲaliθa'θĭɔn] *f* Kennzeichnung *f*, Markierung *f*

señalizar [seɲali'θar] *v* signalisieren
señor [se'ɲɔr] *m* Herr *m*
señora [se'ɲora] *f* *1.* Frau *f,* Dame *f;* *2. (esposa)* Frau *f,* Ehefrau *f*
señorial [seɲo'rĭal] *adj* herrschaftlich
señorita [seɲo'rita] *f* Fräulein *n*
señuelo [se'ɲwelo] *m* Lockvogel *m*
separación [separa'θĭɔn] *f* *1.* Lösung *f,* Trennung *f,* Ablösung *f;* *2. (apartamiento)* Absonderung *f*
separado [sepa'rađo] *adj* *1.* getrennt, separat; *por ~* separat, vereinzelt; *adv* *2.* auseinander, extra
separar [sepa'rar] *v* trennen, abtrennen, absondern
separarse [sepa'rarse] *v* *1. (personas)* auseinander gehen, sich trennen; *2. ~ de* sich losreißen von; *~ de la formación* ausscheren
separatismo [separa'tizmo] *m* *POL* Separatismus *m*
sepelio [se'pelĭo] *m* Begräbnis *n*
septentrional [sɛptentrɪo'nal] *adj* nördlich, Nord...
septicemia [sɛpti'θemĭa] *f* *MED* Blutvergiftung *f*
septiembre [se'tĭembre] *m* September *m*
séptimo ['sɛptimo] *adj* siebte(r,s)
septuagésimo [sɛptwa'xesimo] *adj* siebzigste(r,s)
sepulcro [se'pulkro] *m* Grab *n,* Gruft *f*
sepultar [sepul'tar] *v* beerdigen, begraben
sepultero [sepul 'tero] *m* Totengräber *m,* Bestatter *m*
sepultura [sepul'tura] *f* Bestattung *f,* Beisetzung *f,* Grab *n*
sequedad [seke'đađ] *f* Trockenheit *f*
sequía [se'kia] *f* Dürre *f,* Trockenheit *f*
séquito ['sekito] *m* Gefolge *n,* Geleit *n*
ser [sɛr] *m* *1.* Lebewesen *n,* Wesen *n;* *~ humano* Mensch *m;* *v irr* *2. (característica)* sein; *~ apto para algo* geeignet sein für etw; *~ capaz de algo* fähig sein zu etw; *sea como sea* wie dem auch sei; *3. (voz pasiva)* werden; *4. ~ de alguien* jdm gehören
serena [se'rena] *f* Nachtlied *n,* Nachtkühle *f*
serenamente [serena'mente] *adv* geistesgegenwärtig
serenarse [sere'narse] *v* sich beruhigen
serenata [sere'nata] *f* Ständchen *n*
serenidad [sereni'đađ] *f* Gelassenheit *f,* Gemütsruhe *f,* Heiterkeit *f*
sereno [se'reno] *m* *1.* Nachtwächter *m;* *adj* *2.* geistesgegenwärtig
serial [se'rĭal] *f* *1.* Fortsetzungsroman *m;* *2. (en la televisión)* Sendereihe *f;* *adj* *3. INFORM* seriell
seriamente [serĭa'mente] *adv* ernst, ernstlich
serie ['serĭe] *f* *1.* Reihe *f,* Folge *f,* Reihenfolge *f;* *en ~* serienmäßig; *2. (fig)* Kette *f;* *3. (televisión)* Sendereihe *f,* Serie *f*
seriedad [serĭe'đađ] *f* Ernst *m*
serio ['serĭo] *adj* *1.* ernst, ernstlich, schwer; *en ~* im Ernst; *poco ~* unsolide; *2. (fig)* groß
sermón [sɛr'mɔn] *m* *1. REL* Predigt *f;* *2. (moralizador)* Moralpredigt *f*
sermonear [sɛrmone'ar] *v* predigen; *~ a alguien* jdn zurechtweisen
seropositivo [seroposi'tiƀo] *adj* *MED* HIV-positiv
serpentear [sɛrpente'ar] *v* schlängeln
serpiente [sɛr'pĭente] *f* *ZOOL* Schlange *f*
servicial [sɛrƀi'θĭal] *adj* *1.* bereitwillig, dienstbeflissen, dienstbereit; *2. (amable)* verbindlich
servicio [sɛr'ƀiθĭo] *m* *1.* Dienst *m,* Stelle *f;* *de ~* dienstlich; *~ de aguas corrientes* Wasserwerk *n;* *~ de asistencia* Betreuung *f;* *~ civil* Zivildienst *m;* *~ de emergencia/~ de urgencia* Notdienst *m;* *~ exterior* Außendienst *m;* *~ de limpieza* Müllabfuhr *f;* *~ nocturno* Nachtdienst *m;* *~ de post-venta* Kundendienst *m;* *~ público* Staatsdienst *m,* öffentlicher Dienst *m;* *~ de remolque* Abschleppdienst *m;* *~ militar MIL* Wehrdienst *m;* *~ militar obligatorio* Wehrpflicht *f;* *~ secreto POL* Geheimdienst *m;* *2. GAST* Bedienung *f;* *3. (favor)* Gefallen *m;* *4. ~ de café* Kaffeeservice *n;* *5. ~s pl* Toilette *f*
servidor [sɛrƀi'dɔr] *m* *INFORM* Server *m*
servidumbre [sɛrƀi'đumbre] *f* Knechtschaft *f*
servil [sɛr'ƀil] *adj* unterwürfig
servilleta [sɛrƀi'ʎeta] *f* Serviette *f*
servir [sɛr'ƀir] *v irr* *1.* dienen; *2. (a la mesa)* servieren, auftragen, auftischen; *3. ~ para* taugen zu, sich eignen für; *~ a alguien para algo* jdm zu etw dienen
servirse [sɛr'ƀirse] *v irr* sich bedienen
servodirección [sɛrƀodirek'θĭɔn] *f* Servolenkung *f*
sesenta [se'senta] *num* sechzig
sesgar [ses'gar] *v* schräg schneiden
sesgo ['sesgo] *m* Schräge *f,* Gehrung *f*
sesión [se'sĭɔn] *f* Sitzung *f,* Tagung *f*
seso ['seso] *m* *1.* Gehirn *n;* *2. perder el ~ (fig)* den Verstand verlieren

set [set] *m SPORT* Satz *m*
setenta [se'tenta] *num* siebzig
sétimo ['setimo] *adj* siebte(r,s)
seto ['seto] *m 1.* Gartenzaun *m; 2. BOT* Hecke *f*
seudónimo [seŭ'đonimo] *m* Künstlername *m,* Pseudonym *n*
severamente [seƀera'mente] *adv* streng, drastisch, rigoros
severidad [seƀeri'đađ] *f* Härte *f*
severo [se'ƀero] *adj 1.* hart, streng, drastisch; *2. (intransigente)* straff, unnachsichtig
sevillanas [sebi'ʎanas] *f/pl* folklorischer Tanz aus der Provinz Sevilla *f*
sexagésimo [sɛksa'xesimo] *adj* sechzigste(r,s)
sexo ['sɛkso] *m 1.* Geschlecht *n; 2. (erotismo)* Sex *m*
sexología [seθolo'gia] *f* Sexualkunde *f,* Sexualwissenschaft *f*
sexto ['sesto] *adj* sechste(r,s)
sexual [sɛk'swal] *adj* sexuell
sexualidad [sɛkswali'đađ] *f* Sexualität *f*
shock [tʃok] *m* Schock *m*
shorts [sorts] *m/pl* Shorts *pl*
show ['tʃou] *m* Show *f*
si [si] *konj 1.* falls; *~ no* sonst; *~ se diera el caso* gegebenenfalls; *~ es preciso* notfalls; *2.* ob, wenn; *~ bien* obgleich, obwohl; *~ es que* sofern
sí [si] *adv 1.* ja; *¡Claro que ~!* Selbstverständlich! *pron 2. (con preposición)* sich
siamés [sĭa'mes] *adj* siamesisch
Sicilia [si'θilĭa] *f GEO* Sizilien *n*
siciliano [siθi'lĭano] *adj* sizilianisch
sicosis [si'kosis] *f MED* Psychose *f*
SIDA ['siɲa] *m (síndrome de inmunodeficiecia adquirida) MED* Aids *n*
sideral [siđe'ral] *adj* Stern..., Sternen..., siderisch
siempre ['sĭempre] *adv 1.* immer, stets, jederzeit; *2. ~ que* sofern, vorausgesetzt, sooft
sien [sĭen] *f ANAT* Schläfe *f*
sierra ['sĭɛrra] *f 1.* Bergkette *f; 2. TECH* Säge *f*
siervo ['sĭerbo] *adj* Leibeigener *m,* Sklave *m,* Diener *m*
siesta ['sĭesta] *f* Mittagsschlaf *m*
siete ['sĭete] *num* sieben
sifón [si'fɔn] *m* Siphon *m*
sigilación [sixila'θĭɔn] *f* Verschweigen *n*
sigiloso [sixi'loso] *adj* verschwiegen, geheim
siglo ['siglo] *m 1.* Jahrhundert *n; 2. (época)* Zeitalter *n*
sigma ['sigma] *f* Sigma *n*
signatario [signa'tarĭo] *m* Unterzeichneter *m*
significación [signifika'θĭɔn] *f* Bedeutung *f,* Sinn *m*
significado [signifi'kađo] *m* Bedeutung *f,* Sinn *m; de muchos ~s* mehrdeutig
significar [signifi'kar] *v 1.* bedeuten, heißen; *2. (tener importancia)* ausmachen; *3. (representar)* darstellen
significativo [signifika'tiƀo] *adj 1.* bezeichnend; *2. (importante)* bedeutsam
signo ['signo] *m 1.* Zeichen *n; ~ de puntuación* Satzzeichen *n; ~ del zodíaco* Tierkreiszeichen *n; 2. MATH* Vorzeichen *n; ~ negativo* Minuszeichen *n*
siguiente [si'gĭente] *adj* nächste(r,s), darauf folgend
sílaba ['silaƀa] *f* Silbe *f*
silbar [sil'ƀar] *v* pfeifen, zischen
silbato [sil'ƀato] *m* Trillerpfeife *f*
silbido [sil'ƀiđo] *m* Pfiff *m*
silenciar [silen'θĭar] *v* verschweigen, geheim halten, zum Schweigen bringen
silencio [si'lenθĭo] *m 1.* Schweigen *n,* Schweigsamkeit *f; 2. (tranquilidad)* Stille *f; en ~* still, wortlos; *~ mortal* Totenstille *f*
silencioso [silen'θĭoso] *adj 1.* leise, still, geräuschlos; *2. (callado)* schweigsam, wortlos
sílfide ['silfiđe] *f* Elfe *f*
sílice ['siliθe] *m CHEM* Kieselerde *f,* Feuerstein *m,* Silex *m,* Flint *m*
silicio [sili'θĭo] *m CHEM* Silizium *n*
silo ['silo] *m AGR* Silo *n*
silueta [si'lweta] *f* Silhouette *f*
silvestre [sil'ƀestre] *adj* wild
silvicultura [silƀikul'tura] *f* Forstwesen *n*
silla ['siʎa] *f 1.* Stuhl *m; ~ de ruedas* Rollstuhl *m; ~ plegable* Klappstuhl *m; 2. (de montar) SPORT* Sattel *m*
sillín [si'ʎin] *m* Fahrradstuhl *m*
sillón [si'ʎɔn] *m* Sessel *m*
simbólico [sim'ƀoliko] *adj* symbolisch, sinnbildlich
símbolo ['simƀolo] *m* Sinnbild *n,* Symbol *n,* Wahrzeichen *n*
simétricamente [si'metrikamente] *adv*
simétrico [si'metriko] *adj* gleichmäßig, symmetrisch
simiente [si'mĭente] *f* Samen *m*
símil ['simil] *m LIT* Gleichnis *n*

similar [simi'lar] *v* ähnlich
simpatía [simpa'tia] *f* Sympathie *f,* Zuneigung *f*
simpático [sim'patiko] *adj 1.* nett, sympathisch, ansprechend; *muy ~* liebenswert; *2. (ameno)* lieblich
simpatizante [simpati'θante] *m/f* Sympathisant(in) *m/f,* Mitläufer(in) *m/f*
simple ['simple] *adj* einfach, schlicht, simpel
simplificar [simplifi'kar] *v* vereinfachen
simulación [simula'θĭɔn] *f 1.* Vortäuschung *f,* Vorspiegelung *f; 2. (ensayo) TECH* Planspiel *n*
simulador(a) [simula'đɔr/simula'tora] *m/f* Simulant(in) *m/f*
simular [simu'lar] *v 1.* fingieren, heucheln, sich verstellen, vorspiegeln; *2. (ensayar) TECH* simulieren
simultáneo [simul'taneo] *adj* gleichzeitig, simultan
sin [sin] *prep* ohne; *~ intención* unbeabsichtigt
sinagoga [sina'goga] *f* Synagoge *f*
sinceridad [sinθeri'đađ] *f* Ehrlichkeit *f,* Aufrichtigkeit *f,* Offenheit *f*
sincero [sin'θero] *adj 1.* aufrichtig, ehrlich; *2. (abierto, franco)* offen, treuherzig
sincrónico [siŋ'kroniko] *adj* synchron
sincronizado [sinkroni'θađo] *adj* eingespielt
sincronizar [sinkroni'θar] *v (doblar) CINE* synchronisieren
sindicalista [sindika'lista] *m/f 1.* Gewerkschaftler(in) *m/f; adj 2.* gewerkschaftlich
sindicato [sindi'kato] *m* Gewerkschaft *f*
sinfín [sin'fin] *m* Unmenge *f,* Unzahl *f*
sinfonía [simfo'nia] *f MUS* Sinfonie *f*
singular [siŋgu'lar] *adj 1.* besondere(r,s), außerordentlich, einzigartig; *2. (curioso)* seltsam, merkwürdig; *m 3. GRAMM* Singular *m*
singularidad [siŋgulari'đađ] *f* Besonderheit *f,* Eigenheit *f,* Originalität *f*
singularmente [siŋgular'mente] *adv* besonders, vor allem
sínico ['siniko] *adj* chinesisch, China...
siniestramente [sinĭesra'mente] *adv* verhängnisvollerweise, unheimlicherweise
siniestro [si'nĭestro] *m 1.* Schaden *m,* Unglück *n,* Schadensgeld *n; ~ total* Totalschaden *m; adj 2.* unheilvoll
sinnúmero [sin'numero] *m* Unzahl *f,* Unmenge *f*
sino¹ ['sino] *m* Schicksal *n*
sino² ['sino] *konj* sondern
sinónimo [si'nonimo] *adj* synonym, sinnverwandt, gleichbedeutend
sinopsis [si'nɔƀsis] *f* Überblick *m*
sinóptico [si'nɔptiko] *adj* tabellarisch
sintaxis [sin'taksis] *f* Syntax *f,* Satzlehre *f*
síntesis ['sintesis] *f* Überblick *m,* Übersicht *f,* Synthese *f*
síntoma ['sintoma] *m 1.* Symptom *n; ~ de degeneración* Degenerationserscheinung *f; ~ de vejez* Alterserscheinung *f; 2. MED* Symptom *n; ~ de abstinencia/~ de privación* Entzugserscheinung *f*
sinuoso [si'nwoso] *adj* geschlängelt, gewunden, gekrümmt
sinvergüenza [simƀɛr'gwenθa] *m 1.* Frechdachs *m; adj 2.* schamlos
sirena [si'rena] *f 1.* Nixe *f; 2. TECH* Sirene *f*
sirvienta [sir'ƀĭenta] *f* Hausangestellte *f*
sirviente [sir'ƀĭenta] *m* Diener *m,* Dienstbote *m*
sisear [sise'ar] *v* zischen
sísmico ['sismiko] *adj* Erdbeben..., seismisch
sistema [sis'tema] *m 1.* System *n; ~ de alarma* Alarmanlage *f; 2. ~ inmunológico BIO* Immunsystem *n; 3. ~ antibloqueo TECH* Antiblockiersystem *n; ~ automático* Automatik *f; 4. ~ mayoritario POL* Mehrheitswahlrecht *n; 5. ~ monetario ECO* Währungssystem *n; 6. ~ operativo INFORM* Betriebssystem *n; 7. ~ nervioso ANAT* Nervensystem *n*
sistemático [siste'matiko] *adj* ordentlich
sitial [si'tĭal] *m* Amtssessel *m,* Thronsessel *m*
sitio ['sitĭo] *m 1.* Ort *m,* Platz *m,* Stelle *f,* Fleck *m; en algún ~* irgendwo; *en otro ~* woanders; *~ de reposo* Ruhestätte *f; poner en su ~* einordnen; *2. MIL* Belagerung *f*
situación [sitwa'θĭɔn] *f 1.* Lage *f,* Situation *f,* Konstellation *f; ~ crítica/~ precaria* Notlage *f; ~ forzosa/~ violenta* Zwangslage *f; 2. (estado)* Zustand *m,* Verhältnis *n; ~ financiera/~ económica* Vermögensverhältnisse *pl; 3. (momento)* Moment *n*
situado [si'twađo] *adj* gelegen, situiert; *estar ~ en frente de* gegenüberliegen
situar [si'twar] *v* legen, stellen, einordnen
smog ['smɔg] *m* Smog *m*
smoking ['smokiŋ] *m* Smoking *m*
snack ['snak] *m ~-bar* Imbissstube *f*
so ['so] *interj So burro!* So was Dummes! (fam)

soberanía [soƀera'nia] *f POL* Souveränität *f,* Hoheit *f; ~ nacional* Gebietshoheit *f*
soberano [soƀe'rano] *m 1.* Herrscher *m; adj 2.* souverän
soberbia [so'ƀɛrƀĭa] *f* Hochmut *m*
soberbio [so'ƀɛrƀĭo] *adj 1.* bravurös, gönnerhaft; *2. (arrogante)* hochmütig, überheblich
sobón [so'ƀɔn] *adj* schmierig, schleimig, aufdringlich, lästig
sobornable [soƀɔr'naƀle] *adj* bestechlich
sobornar [soƀɔr'nar] *v* bestechen, schmieren
soborno [so'ƀɔrno] *m* Bestechung *f*
sobrado [sa'brađo] *adj* übrig, kühn
sobrante [so'ƀrante] *m 1.* Überschuss *m; adj 2.* übrig, überschüssig
sobrar [so'ƀrar] *v* übrig bleiben
sobre ['soƀre] *prep 1.* auf, über, um; *temperatura ~ cero* Temperatur über null; *~ todo* besonders, insbesondere, zumal; *~ lo cual* worüber; *2. impuesto ~ la cifra de negocios ECO* Umsatzsteuer *f; m 3. (de carta)* Kuvert *n,* Briefumschlag *m*
sobrealimentación [soƀrealimenta'θĭɔn] *f* Überernährung *f*
sobrecarga [soƀre'karɡa] *f 1.* Überlastung *f; 2. (fig)* Überbeanspruchung *f*
sobrecargar [soƀrekar'ɡar] *v 1.* überladen; *2. (fig)* überbeanspruchen
sobredimensional [soƀredimensĭo'nal] *adj* überdimensional
sobreestimar [soƀreesti'mar] *v* überschätzen
sobreexcitado [soƀreeθi'tađo] *adj* überreizt
sobrenatural [soƀrenatu'ral] *adj 1.* übernatürlich; *2. lo ~* das Übersinnliche *n*
sobrenombre [soƀre'nɔmbre] *m* Spitzname *m*
sobrepasar [soƀrepa'sar] *v* überragen, übertreffen; *~ a alguien en algo* jdn in etw übertreffen
sobrepeso [soƀre'peso] *m* Übergewicht *n*
sobreponer [soƀrepo'nɛr] *v irr* aufsetzen
sobreponerse [soƀrepo'nɛrse] *v irr* sich überwinden
sobreprecio [soƀre'preθĭo] *m ECO* Aufpreis *m*
sobrepresión [soƀrepre'sĭɔn] *f TECH* Überdruck *m*
sobrepujar [soƀrepu'xar] *v* überbieten
sobresaliente [soƀresa'lĭente] *adj* ausgezeichnet, hervorragend, überragend
sobresalir [soƀresa'lir] *v irr 1. ~ alguien por algo* sich vor jdm durch etw auszeichnen, jdn in etw überragen, jdm in etw voranstehen; *2. ~ en* überragen an
sobresalto [soƀre'salto] *m* Bestürzung *f,* Schreck *m*
sobresueldo [soƀre'swelđo] *m* Gehaltszulage *f*
sobretasa [soƀre'tasa] *f* Nachgebühr *f,* Strafporto *n; sujeto a ~* zuschlagpflichtig
sobrevalorar [soƀrevalo'rar] *v* überbewerten
sobrevivir [soƀreƀi'ƀir] *v* überleben
sobrevolar [soƀreƀo'lar] *v irr* überfliegen
sobrina [so'ƀrina] *f* Nichte *f*
sobrino [so'ƀrino] *m* Neffe *m*
sobrio ['soƀrĭo] *adj* nüchtern, kühl
socarrón [soka'rrɔn] *adj* verschmitzt
socia ['soθĭa] *f* Partnerin *f*
sociabilidad [soθĭaƀili'đađ] *f* Verträglichkeit *f*
sociable [so'θĭaƀle] *adj* gesellig, kontaktfreudig, verträglich
social [so'θĭal] *adj* sozial, gesellschaftlich
socialdemocracia [soθĭaldemo'kraθĭa] *f POL* Sozialdemokratie *f*
socialismo [soθĭa'lizmo] *m POL* Sozialismus *m*
socialista [soθĭa'lista] *m/f POL* Sozialist(in) *m/f*
sociedad [soθĭe'đađ] *f 1.* Gesellschaft *f; ~ de consumo* Konsumgesellschaft *f; 2. (asociación)* Verein *m,* Genossenschaft *f; ~ deportiva* Sportverein *m; ~ protectora de animales* Tierschutzverein *m; ~ radiofónica* Rundfunk *m; 3. ECO* Gesellschaft *f; ~ anónima* Aktiengesellschaft *f; ~ matriz* Dachgesellschaft *f; ~ personalista* Personengesellschaft *f; ~ comanditaria* Kommanditgesellschaft *f*
socio ['soθĭo] *m 1.* Partner *m; 2. (miembro)* Angehöriger *m,* Mitglied *n; 3. ECO* Geschäftspartner *m,* Teilhaber *m,* Gesellschafter *m*
sociología [soθĭolɔ'xia] *f* Soziologie *f*
sociológico [soθĭo'loxiko] *adj* soziologisch
socorrer [sokɔ'rrɛr] *v* helfen, retten
socorrista [sokɔ'rrista] *m/f* Lebensretter(in) *m/f*
socorro [so'kɔrro] *m* Beihilfe *f,* Hilfe *f; dar voces de ~* um Hilfe rufen; *¡Socorro!* Hilfe!
soda ['sođa] *f* Soda *f,* Sodawasser *n*
sodio ['sođĭo] *m CHEM* Natrium *n*

sodomía [sođo'mia] *f* Sodomie *f*
soez [so'eθ] *adj* grob, obszön
sofá [so'fa] *m* Sofa *n*
sofisticación [sofistika'θĭɔn] *f* Ausfeilung *f*, Raffiniertheit *f*, Sophistikation *f*
sofisticado [sofisti'kađo] *adj* raffiniert
sofocación [sofoka'θĭɔn] *f* *MED* Atemnot *f*
sofocante [sofo'kante] *adj* schwül, beklemmend, stickig
sofocar [sofo'kar] *v 1.* erdrücken, würgen; *2. (apagar el fuego)* unterdrücken
sofoco [so'foko] *m* Beklemmung *f*
Software ['softƀare] *m INFORM* Software *f*
soga ['soga] *f* Seil *n*, Strick *m*, Strang *m*
sol [sɔl] *m* Sonne *f*; *tomar el ~* sich sonnen
solamente [sola'mente] *adv* allein, nur, bloß
solapar [sola'par] *v* mit Klappen versehen, überlappen, überdecken
solar ['solar] *adj* Sonnen...
solario [so'larĭo] *m* Solarium *n*
soldado [sɔl'dađo] *m 1. MIL* Soldat *m*; *2. ~s pl MIL* Militär *n*
soldar [sɔl'dar] *v irr 1. TECH* schweißen, anschweißen; *2. (con estaño) TECH* löten
soleado [sole'ađo] *adj* sonnig
soledad [sole'đađ] *f* Einsamkeit
solera [so'lera] *f MIN* Sohle *f*
solicitado [soliθi'tađo] *adj* begehrt
solicitante [soliθi'tante] *m/f 1.* Antragsteller(in) *m/f*; *2. (candidato)* Bewerber(in) *m/f*; *~ de asilo* Asylbewerber(in) *m/f*
solicitar [soliθi'tar] *v 1.* beantragen; *~ algo* sich um etw bewerben; *2. (exigir, pedir)* fordern, bitten; *~ algo a alguien* jdn um etw bitten; *3. (desear)* begehren
solícito [so'liθito] *adj* zuvorkommend, bereitwillig, fürsorglich
solicitud [soliθi'tuđ] *f 1. (pedido)* Antrag *m*, Ersuchen *n*; *~ de admisión* Aufnahmeantrag *m*; *~ de empleo* Bewerbungsschreiben *n*; *2. ~ de información ECO* Anfrage *f*; *3. (exigencia)* Forderung *f*; *4. (pretensión, candidatura)* Bewerbung *f*, Gesuch *n*; *5. (amabilidad)* Bereitwilligkeit *f*; *6. (diligencia)* Fürsorge *f*, Sorge *f*
solidaridad [solidari'đađ] *f* Solidarität *f*
solidario [soli'đarĭo] *adj* solidarisch
solidez [so'liđeθ] *f* Festigkeit *f*, Haltbarkeit *f*, Gediegenheit *f*
solidificación [soliđifika'θĭɔn] *f* Verfestigung *f*, Verdichtung *f*, Erstarren *n*
sólido ['soliđo] *m 1.* Körper *m*; *adj 2.* solid, deftig, massiv; *3. (plausible)* stichhaltig, triftig; *4. (convincente)* handfest
soliloquio [soli'lokĭo] *m* Selbstgespräch *n*
solista [so'lista] *m/f MUS* Solist(in) *m/f*
solitario [soli'tarĭo] *m 1.* Einzelgänger *m*; *adj 2.* einsam, allein stehend, zurückgezogen
soliviantar [soliƀĭan'tar] *v* aufhetzen
solo ['solo] *adj 1.* allein, einzeln, einzig; *2. (solitario)* einsam, allein stehend
sólo ['solo] *adv* allein, bloß, nur
soltar [sɔ'tar] *v irr 1.* loslassen; *~ gradualmente* lockern; *¡Suélteme!* Lassen Sie mich los! *2. (fig: desatar)* abbinden, aussetzen
soltarse [sɔl'tarse] *v irr (fig)* sich entspannen, aus sich herausgehen
soltera [sɔl'tera] *f* allein stehende Frau *f*
soltero [sɔl'tero] *m 1.* Junggeselle *m*, Alleinstehender *m*; *adj 2.* unverheiratet, ledig; *Estoy ~.* Ich bin ledig.
solterona [sɔlte'rona] *f 1.* alte Jungfer *f*; *adj 2.* altjüngferlich
soluble [so'luƀle] *adj* löslich
solución [solu'θĭɔn] *f 1.* Lösung *f*, Auflösung *f*; *~ de emergencia* Notlösung *f*; *2. CHEM* Lösung *f*
solucionar [soluθĭo'nar] *v* lösen; *~ transitoriamente* überbrücken
solvente [sɔl'ƀente] *adj ECO* zahlungsfähig
sollozar [soʎo'θar] *v* schluchzen
sombra ['sɔmbra] *f 1.* Schatten *m*; *2. (fam: carcel)* Kittchen *n*
sombrero [sɔm'brero] *m* Hut *m*; *~ de copa* Zylinder *m*
sombrilla [sɔm'ƀriʎa] *f* Sonnenschirm *m*
sombrío [sɔm'brio] *adj* schattig, düster
somero [so'mero] *adj* oberflächlich, seicht, flüchtig
someter [some'tɛr] *v 1. (dominar)* unterwerfen, unterdrücken; *~ a un esfuerzo* belasten; *2. (a un test)* unterziehen
someterse [some'tɛʀse] *v ~ a* sich unterwerfen, sich beugen, sich fügen
sonambular [sonambu'lar] *v* schlafwandeln
sonámbulo [so'nambulo] *adj* mondsüchtig
sonar [so'nar] *v irr 1.* klingen, klirren, tönen; *2. (acordarse)* bekannt vorkommen; *3. (la tripa, el estómago)* knurren
sonata [so'nata] *f MUS* Sonate *f*
sonda ['sɔnda] *f 1. MED* Katheter *m*; *2. TECH* Sonde *f*; *~ espacial* Raumsonde *f*

sondar [sɔn'dar] *v* sondieren; ~ *a alguien* jdn aushorchen; ~ *el terreno (la situación)* die Lage peilen
sondear [sɔnde'ar] *v MED* abtasten
sondeo [sɔn'deo] *m* ~ *de opiniones* Meinungsumfrage *f,* Umfrage *f*
sonido [so'niđo] *m* Klang *m,* Ton *m,* Laut *m*
sonoro [so'noro] *adj* klangvoll, klirrend
sonreír [sɔnrrɛ'ir] *v irr* lächeln
sonreírse [sɔnrrɛ'irse] *v irr* ~ *de* lächeln über, belächeln; ~ *irónicamente/~ maliciosamente* grinsen
sonrisa [sɔn'rrisa] *f* Lächeln *n*
sonrojarse [sɔnrrɔ'xarse] *v* ~ *por algo* über etw erröten
soñador [soɲa'đɔr] *adj 1.* verträumt; *m 2.* Träumer *m*
soñar [so'ɲar] *v irr 1.* ~ *con* träumen von; *2. (entusiasmarse, adorar)* schwärmen
soñoliento [soɲo'lĭento] *adj* verschlafen, schläfrig, schlaftrunken
sopa ['sopa] *f GAST* Suppe *f*
sopapo [so'papo] *m* Ohrfeige *f*
sopera [so'pera] *f* Terrine *f*
sopetón [sope'ton] *m 1.* plötzlicher und heftiger Schlag *m; 2. GAST* in Öl getauchtes Röstbrot *n*
soplado [so'plađo] *adj 1.* geblasen; *2. (fig)* aufgeblasen
soplar [so'plar] *v 1. (inflar)* blasen; *2. (exhalar)* hauchen; *3. (viento)* wehen
soplete [so'plete] *m* Gebläse *n,* Brenner *m*
soplo ['soplo] *m* Hauch *m*
soportable [sopɔr'tađle] *adj* erträglich
soportal [sopɔr'tal] *m ARCH* Bogengang *m*
soportar [sopɔr'tar] *v 1. (fig)* aushalten, ertragen, erdulden; *2. (fig: resistir)* verkraften; *3. (cargar)* tragen
soporte [so'pɔrte] *m 1.* Träger *m,* Gestell *n,* Ständer *m; 2.* ~ *de datos INFORM* Datenträger *m;* ~ *físico* Hardware *f;* ~ *lógico* Software *f; 3. (apoyo)* Stütze *f; 4. TECH* Lager *n*
soprano [so'prano] *f* Sopran *m*
sorber [sɔr'đɛr] *v* schlürfen
sorbo ['sorđo] *m* Schlürfen *n,* Schluck *m*
sordo ['sɔrđo] *adj MED* taub, gehörlos, schwerhörig; *Soy ~.* Ich bin schwerhörig.
sordomudo [sɔrđo'muđo] *adj* taubstumm
sorprendente [sɔrpren'dente] *adj* erstaunlich, überraschend, verwunderlich
sorprender [sɔrpren'dɛr] *v* überraschen
sorprenderse [sɔrpren'dɛrse] *v* ~ *de* sich wundern über
sorprendido [sɔrpren'diđo] *adj 1.* ~ *de* überrascht über; *2. (perplejo)* stutzig
sorpresa [sɔr'presa] *f* Überraschung *f,* Überrumpelung *f,* Verwunderung *f; de ~* überraschend; *tomar por ~* überraschen
sorpresivo [sɔrpre'siđo] *adj (LA)* überraschend
sortear [sɔrte'ar] *v* losen, auslosen, verlosen
sorteo [sɔr'teo] *m* Verlosung *f,* Ziehung *f*
sortija [sɔr'tixa] *f* Ring *m*
sosa ['sosa] *f CHEM* Natron *n*
sosegado [sose'gađo] *adj* gemächlich, geruhsam
sosegar [sose'gar] *v irr* beruhigen
sosegarse [sose'garse] *v irr* sich beruhigen
soso ['soso] *adj 1.* ungesalzen, fad; *2. (carácter)* farblos
sospecha [sɔs'petʃa] *f* Verdacht *m*
sospechar [sɔspe'tʃar] *v* ~ *de* verdächtigen; *sin ~ nada* ahnungslos
sospechoso [sɔspe'tʃoso] *m 1.* Verdächtiger *m; adj 2.* verdächtig, faul, zwielichtig
sostén [sɔs'ten] *m 1. (apoyo)* Stütze *f,* Rückhalt *m; 2. (de mujer)* Büstenhalter *m*
sostener [sɔste'nɛr] *v irr 1. (apoyar)* stützen; ~ *a alguien económicamente* jdm den Lebensunterhalt zahlen; *2. (afirmar)* behaupten; *3. (impugnar)* bestreiten
sostenimiento [sɔsteni'mĭento] *m* Unterhaltung *f*
sotana [so'tana] *f REL* Talar *m*
sótano ['sotano] *m* Keller *m*
soufflé [su'fle] *m GAST* Auflauf *m*
souvenir [suđe'nir] *m* Andenken *n*
spray ['sprai] *m* Spray *n*
stand [stand] *m* Messestand *m*
standard ['standar] *m 1.* Standard *m; 2. (de formato)* Standardformat *n*
status ['status] *m* Status *m*
stock [stɔk] *m ECO* Bestand *m; en ~* vorrätig
stress [stres] *m* Stress *m,* Belastung *f*
su [su] *pron 1. (posesivo)* sein(e)/ihr(e); *¿Es ésto ~ coche?* Ist das sein/ihr Auto? *Es ~ gato.* Es ist seine/ihre Katze. *2. (de usted)* Ihr(e); *¿Es éste ~ bolso?* Ist das Ihre Handtasche? *3. ~s* seine, ihre, Ihre; *~s cosas* seine/ihre/Ihre Sachen
suave ['swađe] *adj* sanft
suavizar [swađi'θar] *v* mildern

subalimentación [suƀalimenta'θĭɔn] *f* Unterernährung *f*
subalterno [suƀal'tɛrno] *m* Untergebener *m*
subarrendar [suƀarren'dar] *v irr* untervermieten
subasta [su'ƀasta] *f* Auktion *f*, Versteigerung *f*
subastar [suƀas'tar] *v* versteigern
subconsciente [suƀkɔns'θĭente] *m* Unterbewusstsein *n*
subdesarrollado [suƀđesarrɔ'ʎađo] *adj* unterentwickelt
subdividir [suƀđiƀi'đir] *v* untergliedern
subestimar [suƀesti'mar] *v* unterschätzen, verharmlosen
subida [su'ƀiđa] *f* *1.* Aufgang *m*, Aufstieg *m*; *2. ECO* Aufschlag *m*, Erhöhung *f*
subir [su'ƀir] *v* *1.* aufsteigen, hinaufsteigen, steigen; *2. (hacia arriba)* heraufkommen; *3. (aumentar) ECO* erhöhen; *4. ~ a (un coche)* einsteigen in; *5. ~ a (un árbol)* klettern auf; *6. ~ a (la cima)* besteigen; *7. ~ a (un caballo)* aufsteigen auf; *8. (fig)* anheben, hochheben
súbito ['suƀito] *adj* abrupt, plötzlich, jäh
subjetivo [suƀxe'tiƀo] *adj* subjektiv
sublevación [suƀleƀa'θĭɔn] *f* *1.* Aufstand *m*, Rebellion *f*; *2. POL* Aufruhr *m*
sublevado [suƀle'ƀađo] *m* Rebell *m*
sublevar [suƀle'ƀar] *v* aufwiegeln
sublevarse [suƀle'ƀarse] *v* sich empören, meutern, rebellieren
sublimación [suƀlima'θĭɔn] *f* Ersatzhandlung *f*
submarino [suƀma'rino] *m* U-Boot *n*
subnormal [suƀnɔr'mal] *m/f* *1.* Behinderte(r) *m/f*; *adj 2.* geistig behindert
subordinar [suƀɔrđi'nar] *v* unterordnen
subordinarse [suƀɔrđi'narse] *v* sich fügen, sich unterordnen
subrayar [suƀrra'jar] *v* *1.* unterstreichen; *2. (fig)* betonen
subsidio [suƀ'siđĭo] *m* Zuschuss *m*; *~ de enfermedad* Krankengeld *n*; *~ por hijos/~ familiar* Kindergeld *n*
subsiguiente [suƀsi'gĭente] *adj* anschließend
subsistir [suƀsis'tir] *v* fortbestehen
substancia [suƀs'tanθĭa] *f* *1.* Stoff *m*; *2. (esencia)* Substanz *f*; *3. CHEM* Chemikalie *f*
substancial [suƀstan'θĭal] *adj* wesentlich
subsuelo [suƀ'swelo] *m* Untergrund *m*
subtítulo [suƀ'titulo] *m* Untertitel *m*
suburbio [su'ƀurƀĭo] *m* Vorort *m*
subvalorar [suƀƀalo'rar] *v* unterbewerten
subvención [suƀƀen'θĭɔn] *f* *1.* Beihilfe *f*, Zuschuss *m*; *2. ECO* Subvention *f*
subyugar [suƀju'gar] *v* unterwerfen
succionar [sukθĭo'nar] *v* *1.* saugen, absaugen; *2. TECH* ansaugen
suceder [suθe'đɛr] *v* *1.* sich ereignen, geschehen, passieren, vorkommen; *2. ~ algo a alguien* jdm etw zustoßen, jdm etw geschehen; *3. (en una función) ~ a* folgen; *~ a alguien* jdm nachfolgen; *4. (de improviso)* dazwischenkommen; *5. (fig)* blühen
sucesión [suθe'sĭɔn] *f* *1.* Folge *f*, Reihenfolge *f*, Nachfolge *f*; *2. (herencia)* Erbfolge *f*, Nachlass *m*
sucesivamente [suθesiba'memte] *adv* nacheinander, nach und nach, laufend
suceso [su'θeso] *m* *1.* Ereignis *n*, Vorfall *m*; *2. ~s pl* Geschehen *n*
sucesor(a) [suθe'sɔr/suθe'sora] *m/f* Nachfolger(in) *m/f*
suciedad [suθĭe'đađ] *f* Schmutz *m*
sucio ['suθĭo] *adj* *1.* dreckig, schmutzig; *adv 2. (fig)* unfair, unlauter
sucre ['sukre] *m moneda de Ecuador* Sucre *m*, Währungseinheit von Ecuador *f*
sucumbir [sukum'bir] *v* umkommen, zugrunde gehen
sucursal [sukur'sal] *f* *1. ECO* Filiale *f*, Zweigstelle *f*, Tochtergesellschaft *f*; *2. ~ de un banco FIN* Bankfiliale *f*
Sudamérica [suđa'merika] *f GEO* Südamerika *n*
sudar [su'đar] *v* schwitzen
sudor [su'đɔr] *m* Schweiß *m*
Suecia ['sweθĭa] *f GEO* Schweden *n*
sueco ['sweko] *m* *1.* Schwede *m*; *2. hacerse el ~ (fig)* so tun, als ob nichts wäre; *adj 3.* schwedisch
suegra ['swegra] *f* Schwiegermutter *f*
suegro ['swegro] *m* *1.* Schwiegervater *m*; *2. ~s pl* Schwiegereltern *pl*
suela ['swela] *f* Sohle *f*
sueldo ['swɛldo] *m* Gehalt *n*, Gage *f*; *~ inicial* Anfangsgehalt *n*
suelo ['swelo] *m* *1.* Boden *m*, Fußboden *m*, Erdboden *m*; *echar al ~* ausschütten; *echar por el ~* zunichte machen; *2. (fig)* Grund *m*
suelto ['swɛlto] *m* *1. (dinero)* Kleingeld *n*; *adj 2. (fig)* locker, gelockt, schlaff; *3. (solo)* vereinzelt
sueño ['sweɲo] *m* *1. (de dormir)* Schlaf *m*; *tener ~* müde sein; *2. (de soñar)* Traum *m*; *~ dorado* Wunschtraum *m*

suero ['swero] *m 1. BIO* Serum *n; 2. MED* Tropf *m*
suerte ['swɛrte] *f 1.* Glück *n,* Glücksfall *m,* Schwein *n* (fam); *mala ~* Unglück *n,* Pech *n; por ~* erfreulicherweise; *2. (destino)* Schicksal *n,* Geschick *n,* Los *n; echar a ~* auslosen; *3. (fig)* Segen *m*
suéter ['swetɛr] *m* Pullover *m*
suficiente [sufi'θĭɛnte] *adj 1.* ausreichend, hinlänglich; *ser ~* ausreichen, reichen, genügen; *adv 2.* genug; *tener lo ~* auskommen
sufragio [su'fraxĭo] *m POL* Stimme *f*
sufrible [su'friƀle] *adj* erträglich
sufrimiento [sufri'mĭento] *m* Leiden *n*
sufrir [su'frir] *v 1. ~ de* leiden an, leiden unter; *~ una caída* stürzen; *~ pérdida* einbüßen; *2. ~ por* trauern um
sugerencia [suxe'renθĭa] *f* Anregung *f*
sugestión [suxes'tĭɔn] *f* Eingebung *f*
sugestionar [suxes'tĭonar] *v* suggerieren
suicida [swi'θiđa] *m* Selbstmörder *m*
suicidarse [swiθi'đarse] *v* Selbstmord begehen, sich umbringen
Suiza ['swiθa] *f GEO* Schweiz *f*
sujetador [suxeta'đɔr] *m* Büstenhalter *m*
sujetapapeles [suxetapa'peles] *m* Büroklammer *f,* Klammer *f*
sujetar [suxe'tar] *v 1. (sostener)* halten; *2. (detener)* festhalten; *3. (ligar)* binden, anbinden; *4. (encuadernar)* heften, anheften; *5. (el cinturón)* anschnallen; *6. (con alfileres)* stecken, feststecken, anstecken; *7. (fijar)* anschlagen, fixieren; *8. (asegurar)* anschließen
sujeto [su'xeto] *m 1. GRAMM* Subjekt *n; adj 2.* unterlegen; *estar ~ a* etw unterliegen
sulfuro [sul'furo] *m ~ de hidrógeno CHEM* Schwefelwasserstoff *m*
suma ['suma] *f 1.* Summe *f; en ~* insgesamt; *2. (monto) FIN* Betrag *m; 3. MATH* Addition *f*
sumamente [suma'mente] *adv* überaus
sumar [su'mar] *v 1. MATH* zusammenzählen, summieren, addieren; *2. (reunir)* zusammenziehen
sumariamente [sumarĭa'mente] *adv* zusammenfassend
sumario [su'marĭo] *m 1.* Inhaltsangabe *f; 2. JUR* Ermittlungsverfahren *n*
sumergir [sumɛr'xir] *v 1. ~ en* tauchen in; *2. (cuerpo)* untergehen
sumergirse [sumɛr'xirse] *v 1.* versinken, untertauchen; *2. (fig) ~ en algo* sich in etw versenken
sumersión [sumer'sĭɔn] *f* Untertauchen *n,* Untersinken *n,* Tauchen *n*
suministrable [suminis'traƀle] *adj* lieferbar
suministrar [suminis'trar] *v* liefern; *~ posteriormente* nachliefern
suministro [sumi'nistro] *m* Lieferung *f,* Zulieferung *f,* Zufuhr *f*
sumiso [su'miso] *adj* demütig
suntuoso [sun'twoso] *adj* luxuriös, fürstlich
súper ['supɛr] *adj* toll, fantastisch
superación [supera'θĭɔn] *f* Bewältigung *f*
superar [supe'rar] *v 1.* überbieten; *~ en* übertreffen an; *2. (dominar)* bewältigen
superávit [supe'raƀit] *m* Plus *n,* Überschuss *m*
superficial [supɛrfi'θĭal] *adj* oberflächlich, flüchtig, seicht
superficie [supɛr'fiθĭe] *f* Oberfläche *f; ~ habitable* Wohnfläche *f*
superfluo [su'pɛrfluo] *adj* überflüssig
superior [supe'rĭɔr] *m 1.* Vorgesetzer *m; adj 2.* übergeordnet, höher, obere(r,s); *ser ~ a alguien* jdm übergeordnet sein; *3. (excelente)* vorzüglich; *4. (mentalmente)* überlegen
superiora [supe'rĭora] *f REL* Oberin *f*
superioridad [superĭori'đađ] *f 1. ~ sobre* Überlegenheit über *f; 2. ~ numérica* Überzahl *f*
superlativo [supɛrla'tiƀo] *m* Superlativ *m*
supermercado [supɛrmɛr'kađo] *m* Supermarkt *m*
superponer [supɛrpo'nɛr] *v irr* übereinander legen
superposición [supɛrposi'θĭɔn] *f* Überlagerung *f*
superpotencia [supɛrpo'tenθĭa] *f POL* Großmacht *f,* Supermacht *f*
superproducción [supɛrprođuk'θĭɔn] *f* Überproduktion *f*
superstición [supɛrsti'θĭɔn] *f REL* Aberglaube *m*
supervaloración [supɛrƀalora'θĭɔn] *f* Überbewertung *f*
supervisar [supɛrƀi'sar] *v* überwachen
supervisión [supɛrƀi'sĭɔn] *f* Aufsicht *f,* Überwachung *f*
superviviente [supɛrƀi'ƀĭente] *m/f* Überlebende(r) *m/f*
suplementario [suplemen'tarĭo] *adj (adicional)* weitere(r, s), zusätzlich, nachträglich
suplemento [suple'mento] *m 1. (recargo)* Zuschlag *m,* Nachtrag *m; 2. (periódico, comi-*

da) Beilage *f; 3. (apéndice, adición)* Nachtrag *m; 4. (pago)* Nachzahlung *f; 5. (aumento de sueldo) FIN* Zulage *f; ~ por vacaciones* Urlaubsgeld *n*
suplencia [su'plenθĭa] *f* Vertretung *f*
suplente [su'plente] *m/f 1.* Stellvertreter(in) *m/f; 2. (fam)* Lückenbüßer(in) *m/f; 3. SPORT* Auswechselspieler(in) *m/f; adj 4.* stellvertretend
súplica ['suplika] *f* Petition *f*
suplicante [supli'kante] *adj 1.* flehentlich; *adv 2.* händeringend
suplicar [supli'kar] *v 1.* flehen, anflehen; *2. (conjurar)* beschwören
suplicio [su'pliθĭo] *m* Folter *f*
suplir [su'plir] *v* vertreten
suponer [supo'nɛr] *v irr 1.* vermuten, annehmen, schätzen, mutmaßen; *2. (concluir)* kombinieren
suponiendo [supo'nĭendo] *konj ~ que ...* vorausgesetzt, dass ...
suposición [suposi'θĭɔn] *f 1.* Vermutung *f,* Schätzung *f,* Annahme *f; 2. (condición)* Voraussetzung *f; 3. (imputación)* Unterstellung *f; 4. (conclusión)* Kombination *f*
supremacía [suprema'θia] *f* Überlegenheit *f,* Vorherrschaft *f,* Vormachtstellung *f*
supremo [su'premo] *adj* oberste(r,s)
supresión [supre'sĭɔn] *f* Unterdrückung *f*
suprimir [supri'mir] *v 1.* unterdrücken; *2. (omitir)* weglassen, auslassen; *3. (fig: abolir)* abschaffen
suprimirse [supri'mirse] *v* entfallen
supuesto [su'pwesto] *adj* angeblich, angenommen, mutmaßlich; *en el ~ que* vorausgesetzt, dass; *por ~* selbstverständlich
supurado [supu'rađo] *adj MED* vereitert
sur [sur] *m 1.* Süden *m; 2. del ~* südlich
surcar [sur'kar] *v* Furchen ziehen, durchqueren, durchschneiden
surco ['surko] *m 1.* Furche *f; 2. (disco)* Rinne *f,* Rille *f*
surgimiento [surxi'mĭento] *m* Aufkommen *n*
surgir [sur'xir] *v 1.* entstehen, aufkommen; *2. (salir)* herauskommen; *3. (crear)* bilden
surtido [sur'tiđo] *m* Sortiment *n*
surtidor [surti'đɔr] *m* Springbrunnen *m*
surtir [sur'tir] *v 1.* beliefern; *2. (fig)* sprudeln
susceptible [susθɛp'tiƀle] *adj* empfindlich, verletzbar
suscitar [sus'θitar] *v* aufreizen, erregen, hervorrufen
suscribir [suskri'ƀir] *v irr* abonnieren
suscripción [suskriƀ'θĭɔn] *f* Abonnement *n; ~ anual* Jahresabonnement *n*
suscrito [sus'krito] *v estar ~ a* beziehen
suspender [suspen'dɛr] *v 1.* einstellen; *2. (colgar)* anhängen; *3. (excluir)* ausschließen; *4. ~ del empleo* beurlauben; *5. (una sentencia) JUR* aussetzen
suspensión [suspen'sĭɔn] *f* Einstellung *f*
suspensivo [suspen'sibos] *adj* aufschiebend, hemmend, Auslassungs...
suspenso [sus'penso] *v estar en ~* schweben
suspensor [suspen'sor] *m* Aufhänger *m,* Unterbrecher *m*
suspicaz [sus'pikaθ] *adj* argwöhnisch
suspirar [suspi'rar] *v 1.* seufzen; *2. ~ por* sich verzehren nach, sich sehnen nach
sustantivo [sustan'tiƀo] *m GRAMM* Substantiv *n*
sustentable [susten'taƀle] *adj* stützbar, haltbar
sustentación [sustenta'θĭɔn] *f* Vertretung *f*
sustentar [susten'tar] *v 1.* versorgen; *2. (reemplazar)* vertreten
sustento [sus'tento] *m* Lebensunterhalt *m,* Unterhalt *m,* Versorgung *f*
sustitución [sustitu'θĭɔn] *f 1. (indemnización)* Ersatz *m; 2. (relevo)* Ablösung *f; 3. (reemplazo)* Vertretung *f*
sustituir [sustitu'ir] *v irr 1.* ersetzen; *2. (cambiar)* auswechseln; *3. (reemplazar)* vertreten
sustituto [susti'tuto] *m* Vertreter *m*
susto ['susto] *m* Schauer *m,* Schreck *m*
sustracción [sustrak'θĭɔn] *f MATH* Abzug *m*
sustraerse [sustra'ɛrse] *v irr ~ de una obligación* sich einer Verpflichtung entziehen
susurrar [susu'rrar] *v* flüstern, rauschen
susurro [su'surro] *m* Säuseln *n,* Murmeln *n,* Wispern *n,* Flüstern *n*
sutil [su'til] *adj* listig, scharfsinnig
sutileza [suti'leθa] *f* Scharfsinn *m,* Haarspalterei *f,* List *f*
sutilidad [sutili'đađ] *f* Haarspalterei *f*
sutilizar [sutili'θar] *v 1.* verfeinern; *2. (fig)* austüfteln
suyo ['sujo] *pron 1. (posesivo)* seine(r,s)/ihre(r,s); *El coche es ~. Das Auto ist seines./Das Auto ist von ihm. 2. (de usted)* Ihre(r,s), von Ihnen; *3. (de ellos, de ellas)* ihre(r,s), von ihnen

T

tabacalera [taƀakalera] *f* Tabakpflanzer *m*, Tabakhändler *m*
tabaco [ta'ƀako] *m 1.* Tabak *m; 2. ~s pl* Tabakwaren *pl; 3. (un puro) (LA)* Zigarre *f; ¿Quiere fumar un ~?* Möchten Sie eine Zigarre rauchen?
tábano ['taƀano] *m ZOOL* Bremse *f*
tabaquera [taba'kera] *f* Tabakdose *f*, Tabaksbeutel *m*, Pfeifenkopf *m*
taberna [ta'ƀɛrna] *f 1.* Wirtshaus *n*, Wirtschaft *f*, Kneipe *f; 2. GAST* Ausschank *m*
tabernáculo [taƀɛr'nakulo] *m REL* Tabernakel *n*
tabernero [taƀɛr'nero] *m* Wirt *m*
tabla ['taƀla] *f 1. (tablón, anaquel)* Brett *n*, Bohle *f; ~ de planchar* Bügelbrett *n; 2. (gráfico, lista)* Tabelle *f; ~ de calorías* Kalorientabelle *f; 3. (suelo para verduras)* Beet *n; 4. ~ de salvación* Rettungsanker *m; 5. (fig: el escenario) THEAT* Bühne *f; trabajar en las tablas* auf der Bühne arbeiten
tablado [ta'ƀlađo] *m 1.* Bretterboden *m; 2. (fig: escenario)* Parkett *n*, Bühne *f*
tablero [ta'ƀlero] *m 1.* Platte *f*, Pinnwand *f; ~ de anuncios* Anzeigetafel *f; 2. ~ de instrumentos TECH* Armaturenbrett *n; ~ de conexión* Schalttafel *f*
tableta [ta'ƀleta] *f 1. MED* Tablette *f; ~ para dormir* Schlaftablette *f; 2. (mesita)* kleiner Tisch *m; 3. ~ de chocolate* Tafel Schokolade *f*
tabletear [taƀle'tear] *v* klappern, rattern
tableteo [taƀle'teo] *m 1.* Geklapper *n*, Geratter *n; 2. (fig: de una ametralladora)* Knattern *n*, Geräusch schneller Maschinengewehrschüsse *n*
tablilla [ta'ƀliʎa] *f 1. MED* Schiene *f; 2. (pastilla)* Tablette *f*, Pastille *f; 3. (véase tabla)* Brett *n*, Planke *f*
tabloide [ta'ƀloĭđe] *m (un tipo de diario)* Boulevardzeitung *f*
tabú [ta'ƀu] *m* Tabu *n*
tabular [taƀu'lar] *adj datos en forma ~* tabellarisch
taburete [taƀu'rete] *m 1.* Hocker *m*, Schemel *m; 2. (alto, de bar)* Barhocker *m*
tacañear [taka'ɲɛar] *v* geizig sein, geizen, knausern
tacañería [takaɲe'rĭa] *f* Knauserei *f*, Knickrigkeit *f*
tacaño [ta'kaɲo] *m 1.* Pfennigfuchser *m*, Geizkragen *m; adj 2.* kleinlich, geizig
tácito ['taθito] *adj* stillschweigend
taciturnidad [taθiturni'đađ] *f* Schweigsamkeit *f*
taciturno [taθi'turno] *adj* schweigsam, verschlossen
taco ['tako] *m 1. (pedazo de madera)* kurzes Holzrohr *n*, Pflock *m*, Dübel *m; 2. ~ de billar* Queue *n (Billard); 3. (fam: maldición)* Schimpfwort *n, soltar ~s; 4. (plato mexicano) GAST* Taco *m (mexikanisches Gericht)*
tacómetro [ta'kometro] *m* Tachometer *m*
tacón [ta'kɔn] *m* Absatz *m*, Hacke *f*
taconear [tak'onɛar] *v* aufstampfen, mit den Hacken laut auftreten
taconeo [tako'neo] *m* Ausstampfen (beim Gehen oder Tanzen) *n*
táctica ['taktika] *f* Taktik *f; ~ de disimulación* Verschleierungstaktik *f*
táctico ['taktiko] *adj* taktisch
tacto ['takto] *m 1.* Tastsinn *m; 2. (fig)* Takt *m, sentido del ~* Fingerspitzengefühl *n; falta de ~* Taktlosigkeit *f; sin ~* taktlos; *3. hacerle a alguien un ~ MED* Austasten *n*
tacha ['tatʃa] *f 1.* Tadel *m*, Makel *m; 2. (inculpación)* Tadel *m*, Anschuldigung
tachar [ta'tʃar] *v 1. (borrar)* streichen, durchstreichen; *2. (reprochar)* tadeln
tacho ['tatʃo] *m 1. ~ de (la) basura (LA)* Mülleimer *m*, Abfalleimer *m; 2. echar al ~ (LA)* zum Teufel schicken
tachuela [ta'tʃuela] *f* kleiner Nagel *m*, Zwecke *f*
tahona [ta'ona] *f (panadería)* Bäcker *m*, Bäckerladen *m*
tahúr [ta'ur] *m 1. (jugador profesional)* Gewohnheitsspieler *m*, Zocker *m; 2. (jugador que hace trampa)* Falschspieler *m*
Tailandia [taĭ'lanđĭa] *f GEO* Thailand *n*
taimado [tai'mađo] *adj* schlau, verschmitzt, durchtrieben
tajada [ta'xađa] *f (de pan, de carne)* Scheibe *f*, Schnitz *m*
tajador [taxa'đɔr] *m (LA)* Spitzer, Bleistiftspitzer *m*
tajante [ta'xante] *adj* scharf
tajar [ta'xar] *v* aufschneiden
tajo ['taxo] *m 1. de un ~* Personen, die aus einem Holz geschnitzt sind *f/pl*, Person, die

einer anderen sehr ähnlich ist *f; 2. (cicatriz)* Schnitt *m,* Schmiss *m,* Schmarre *f*

tal [tal] *adj 1.* derartig; *adv 2. ~ vez* vielleicht, wohl; *3. ~ como* beispielsweise; *pron 4.* solche, so, dergleichen

tala ['tala] *f AGR* Holzschlag *m,* Abholzen *n*

talabartería [talaƀarte'rĭa] *f* Sattlerei *f*

taladrar [tala'đrar] *v TECH* bohren

taladro [ta'lađro] *m TECH* Bohrer *m,* Bohrung *f*

talante [ta'lante] *m* Stimmung *f*

talar [ta'lar] *v 1. (un árbol)* abschlagen, fällen; *2. (asolar)* verwüsten, dem Erdboden gleichmachen

talega [ta'lega] *f* Beutel *m*

talento [ta'lento] *m 1.* Begabung *f,* Talent *n; 2. (persona talentosa)* Talent *n; Este chico es un verdadero talento.* Dieser Junge ist ein wahres Talent.

talentoso [talen'toso] *adj* begabt, talentiert

talón [ta'lɔn] *m 1. ANAT* Ferse *f,* Hacke *f; ~ de Aquiles* Achillesferse *f; 2. ~ de entrega ECO* Lieferschein *m*

talonario [talo'narĭo] *m ~ de cheques* Scheckheft *n; Se me ha acabado el ~ de cheques.* Mein Scheckheft ist verbraucht.

talud [ta'luđ] *m* Böschung *f; ~ de orilla* Uferböschung *f*

talismán [taliz'man] *m* Talisman *m*

talla ['taʎa] *f 1. (estatura)* Körpergröße *f,* Wuchs *m,* Statur *f; 2. (indumentaria)* Nummer *f,* Größe *f; ¿Qué ~ es?* Welche Größe ist das? *Esta ~ no es correcta.* Das ist die falsche Größe. *Esta ~ no sienta bien.* Diese Größe passt nicht. *~ de confección* Konfektionsgröße *f; 3. (formato)* Format *n*

tallado [ta'ʎađo] *m* Schnitzerei *f,* Schnitzarbeit *f,* Gewindeschneiden *n*

tallar [ta'ʎar] *v* schnitzen

talle ['taʎe] *m* Taille *f*

taller [ta'ʎɛr] *m 1.* Werkstatt *f,* Atelier *n; ~ de composición* Setzerei *f; ~ de reparaciones* Reparaturwerkstatt *f,* Autowerkstatt *f; ¿Dónde está el ~ más cercano?* Wo ist die nächste Werkstatt? *2. ECO* Betrieb *m*

tallista [ta'ʎista] *m 1.* Holzschnitzer *m; 2. ~ de piedra* Steinmetz *m*

tamaño [ta'maɲo] *m* Format *n,* Größe *f; ~ normal* Standardformat *n; ~ de calzado* Schuhgröße *f*

tambaleante [tamale'ante] *adj* wackelig

tambalear [tambale'ar] *v* schwanken

tambaleo [tamƀa'lɛo] *m* Schwanken *n,* Wackeln *n,* Baumeln *n,* Schaukeln *n*

también [tam'bĭen] *konj* auch

tambor [tam'bɔr] *m 1. MUS* Trommel *f; tocar el ~* trommeln; *2. ~ de freno TECH* Bremstrommel *f*

tamborileo [tamƀori'lɛo] *m* Trommeln *n,* Getrommel *n*

tamiz [ta'miθ] *m* Sieb *n*

tamizar [tami'θar] *v* sieben

tampón [tam'pɔn] *m 1.* Tampon *m; 2. ~ para sellos* Stempelkissen *n*

tangencia [tan'xenθĭa] *f* Berührung *f*

tangente [tan'xente] *f 1. MATH* Tangente *f,* Tangens *m; 2. irse por la ~* Ausweichen *n,* Kneifen *n,* Drückebergertum *n*

tango ['tango] *m MUS* Tango *m*

tanque ['tanke] *m 1.* Tank *m; ~ de gasolina (LA)* Benzintank *m; 2. MIL* Panzer *m*

tantear [tan'tear] *v 1.* aushorchen; *2. MED* abtasten

tanto ['tanto] *m 1. ~ por ciento* Tantieme *f; adv 2.* so viel, derart; *3. por ~* demgemäß, daher; *4. en ~* insofern; *konj 5. ~ que ...* so viel, wie ...; *6. en ~ que* solange, sofern, insofern; *7. por lo ~* folglich, also; *8. ~ ... como* sowohl ... als auch

tañido [ta'ɲiđo] *m 1. (sonido de un instrumento)* Schall *m,* Klang *m,* Ton *m; 2. (de las campanas)* Glockengeläute *n*

tapa ['tapa] *f* Deckel *m,* Klappe *f; ~ del motor* Kühlerhaube *f*

tapacubos [tapa'kuƀos] *m* Radkappe *f*

tapadera [tapa'đera] *f* Topfdeckel *m,* Deckel *m*

tapar [ta'par] *v 1.* decken, bedecken, abdecken, zudecken; *2. (fig: encubrir clandestinamente)* verhüllen, vertuschen, verdecken; *3. (con cortina, con velo)* verdecken, zudecken, verhängen, verhüllen; *4. (bloquear)* zustellen, blockieren

tapia ['tapĭa] *f* Lehmwand *f,* Umfassungsmauer *f*

tapiar [ta'pĭar] *v* zumauern, ummauern

tapicería [tapiθe'rĭa] *f 1. (tapices)* Behang *m,* Tapete *f,* Draperie *f; La tapicería de esta casa es excelente.* Die Tapeten aus diesem Haus sind hervorragend. *2. (arte de hacer tapices)* Tapisserie *f,* Teppichstickerei *f,* Tapetenmacherei *f; 3. (tienda de tapices)* Tapetenladen *m,* Tapeziergeschäft *n,* Dekorationsgeschäft *n*

tapiz [ta'piθ] *m (tela)* Tapete *f*

tapizar [tapi'θar] *v* polstern

tapón [ta'pɔn] *m 1.* Stöpsel *m; 2. MED* Tampon *m; ~ de algodón* Wattebausch *m*
tapujo [ta'puxo] *m/pl sin ~s* Verhüllung *f,* Vermummung *f,* Verheimlichung *f*
taquigrafía [takigra'fia] *f* Stenografie *f,* Eilschrift *f*
taquigrafiar [takigra'fiar] *v* stenografieren
taquígrafo [ta'kigrafo] *m* Stenograf *m*
taquilla [ta'kiʎa] *f* Schalter *m,* Kasse *f,* Theaterkasse *f*
taquimecanógrafa [takimeka'nografa] *f* Stenotypistin *f*
tarántula [ta'rantula] *f ZOOL* Tarantel *f*
tararear [tarare'ar] *v* trällern
tardanza [tar'đanθa] *f* Verzögerung *f,* Verzug *m,* Versäumnis *n*
tardar [tar'đar] *v 1. (larga duración)* dauern; *¿Cuánto tiempo tarda todavía?* Wie lange dauert es noch? *2. (llegar tarde)* sich verspäten; *a más ~* spätestens
tarde ['tarđe] *f 1.* Nachmittag *m,* Abend *m; de la ~* abendlich; *esta ~* heute Nachmittag, heute Abend; *por la ~* nachmittags, abends; *adv 2.* spät; *más ~* später, hinterher, nachher; *Voy a llegar ~ a la cita.* Ich versäume noch meinen Termin.
tardío [tar'đio] *adj* spät, säumig
tardo ['tarđo] *adj* schwerfällig; *~ de inteligencia* denkfaul
tarea [ta'rea] *f 1.* Aufgabe *f,* Pensum *n; 2. ~s escolares pl* Hausaufgaben *pl*
tarifa [ta'rifa] *f* Gebühr *f,* Tarif *m; ~ aduanera* Zolltarif *m; ~ gratuita* Nulltarif *m*
tarima [ta'rima] *f* Podest *n*
tarjeta [tar'xeta] *f* Karte *f; ~ de crédito* Kreditkarte *f; ~ de cheque* Scheckkarte *f; ~ de embarque* Bordkarte *f; ~ de felicitación* Glückwunschkarte *f; ~ de identidad* Kennkarte *f; ~ perforada* Lochkarte *f; ~ postal* Postkarte *f; ~ de visita* Visitenkarte *f; ¿Tiene usted una ~ de visita?* Haben Sie eine Visitenkarte? *¿Aceptan ustedes ~s de crédito?* Nehmen Sie Kreditkarten?
tarro ['tarro] *m* Einmachtopf *m,* Tonne *f,* Tiegel *m*
tarta ['tarta] *f GAST* Torte *f; un trozo de ~* ein Stück Torte *n; ~ de bodas* Hochzeitstorte *f*
tartamudear [tartamuđe'ar] *v* stottern
tarugo [ta'rugo] *m TECH* Dübel *m*
tasa ['tasa] *f 1.* Rate *f; ~ de carestía* Teuerungsrate *f; ~ de inflación* Inflationsrate *f; ~ de natalidad* Geburtenrate *f; 2. ~ de descuento ECO* Diskontsatz *m; ~ de crecimiento/~ de incremento* Wachstumsrate *f; 3. (impuesto, cuota)* Abgabe *f,* Gebühr *f; ~ especial* Sonderabgabe *f; ~ de apoyo* Schutzgebühr *f; ~ de balneario* Kurtaxe *f*
tasación [tasa'θĭɔn] *f ECO* Taxierung *f,* Schätzung *f,* Veranlagung *f*
tasar [ta'sar] *v 1.* schätzen; *2. ~ en* veranschlagen auf
tasca ['taska] *f* (typisch madrilenische) Kneipe *f*
tatuaje [ta'twaxe] *m* Tätowierung *f*
tatuar [ta'twar] *v* tätowieren
taurino [tau'rino] *adj* Stier..., Stierkampf...
Tauro ['tauro] *(signo del zodíaco) ASTR* Stier *m*
taurómano [tau'romano] *m* Stierkampfanhänger *m*
tauromaquia [taŭro'makĭa] *f* Kunst des Stierkampfes *f*
taxi ['taksi] *m* Taxi *n; ¿Dónde hay ~s?* Wo bekomme ich ein Taxi? *¡Llámeme un ~!* Rufen Sie mir ein Taxi!
taxista [tak'sista] *m/f* Taxifahrer(in) *m/f*
taza ['taθa] *f* Tasse *f; una ~ de café* eine Tasse Kaffee *f*
tazón [ta'θɔn] *m* Schale *f*
te [te] *pron 1. (acc)* dich; *2. (dat)* dir
té [te] *m* Tee *m; una tetera de ~* ein Kännchen Tee *n*
teatral [tea'tral] *adj* theatralisch
teatro [te'atro] *m THEAT* Schauspielhaus *n,* Theater *n,* Bühne *f; ~ al aire libre* Freilichtbühne *f; ~ de aficionados* Laienspiel *n; ~ ambulante* Wanderbühne *f*
tecla ['tekla] *f* Taste *f*
teclado [te'klađo] *m* Tastatur *f*
técnica ['teknika] *f 1. TECH* Technik *f; ~ de comunicaciónes* Nachrichtentechnik *f; 2. ~ de computación analógica INFORM* Analogtechnik *f*
tecnicismo [tɛkni'θizmo] *m* Fachausdruck *m*
técnico ['tekniko] *m 1.* Fachmann *m,* Techniker *m; adj 2.* fachlich, technisch
tecnología [tɛknolɔ'xia] *f* Technologie *f*
tecnológico [tɛkno'loxiko] *adj* technologisch
techado [te'tʃađo] *m* Dach *n*
techador [tetʃa'đɔr] *m* Dachdecker *m*
techar [te'tʃar] *v* bedachen, decken
techo ['tetʃo] *m* Dach *n,* Decke *f,* Überdachung *f; ~ corredizo* Schiebedach *n; sin ~* obdachlos

tedio ['teđĭo] *m* Langeweile *f*
tedioso [te'đioso] *adj* langweilig, fade, zuwider
teja ['texa] *f* Ziegel *m*, Dachziegel *m*
tejado [te'xađo] *m* Dach *n*, Bedachung *f*, Dachverband *m*
tejeduría [texeđu'ria] *f* Weberei *f*
tejer [te'xɛr] *v* *1.* weben; *2.* *(LA)* stricken
tejido [te'xiđo] *m* *1.* Stoff *m*; *2.* *BIO* Gewebe *n*; *3.* *~ conjuntivo ANAT* Bindegewebe *n*; *4.* *~s pl* Textilien *pl*
tejo ['texo] *m* *BOT* Eibe *f*
tela ['tela] *f* Gewebe *n*, Stoff *m*, Tuch *n*; *~ metálica* Fliegengitter *n*, Maschendraht *m*; *~ salvavidas* Sprungtuch *n*
telar [te'lar] *m* Webstuhl *m*, Schnürboden *m*
telaraña [tela'raɲa] *f* Spinnennetz *n*, Spinnwebe *f*
telebanco [tele'ƀanko] *m* Geldautomat *m*
teleconferencia [telekonfe'renθĭa] *f* *INFORM* Telekonferenz *f*
telediario [tele'đĭarĭo] *m* Tagesschau *f*
teledirigido [teleđiri'xiđo] *adj* *proyectil ~ TECH* ferngesteuert
telefax [tele'faks] *m* *1.* Telefaxgerät *n*; *2.* *(mensaje)* Fax *n*
teleférico [tele'feriko] *m* Seilbahn *f*
telefonear [telefone'ar] *v* telefonieren, anrufen
telefónico [tele'foniko] *adj* telefonisch
teléfono [te'lefono] *m* *1.* Telefon *n*, Fernsprecher *m*; *~ público de monedas* Münzfernsprecher *m*; *¿Tiene usted el número de ~ de la policía?* Haben Sie die Telefonnummer von der Polizei? *2.* *por ~* telefonisch; *Le llamo por ~.* Ich rufe Sie an. *3.* *~ móvil* Handy *n*, tragbares Telefon *n*
telegrafiar [telegra'fĭar] *v* telegrafieren
telégrafo [te'legrafo] *m* *TEL* Telegraf *m*
telegrama [tele'grama] *m* Telegramm *n*; *Quisiera poner un ~.* Ich möchte ein Telegramm aufgeben.
telemando [tele'mando] *m* Fernsteuerung *f*, Fernbedienung *f*
telenovela [teleno'ƀela] *f* Fernsehserie *f*, Seifenoper *f*
teleobjetivo [teleɔƀxe'tiƀo] *m* *FOTO* Teleobjektiv *n*
teleproceso [telepro'θeso] *m* *TEL* Televerarbeitung *f*, Teleprozess *m*
telescopio [teles'kopĭo] *m* Fernrohr *n*, Teleskop *n*
telesilla [tele'siʎa] *f* Sessellift *m*
telesquí [teles'ki] *m* Skilift *m*
teletipo [tele'tipo] *m* Fernschreiber *m*
televisión [teleƀi'sĭɔn] *f* Fernsehen *n*; *~ por cable* Kabelfernsehen *n*; *ver la ~* fernsehen
televisor [teleƀi'sɔr] *m* Fernsehgerät *n*; *~ en color* Farbfernseher *m*
televisora [teleƀi'sora] *f* *(estación de televisión)* Fernsehanstalt *f*, Fernsehsender *m*
télex ['teles] *m* Fernschreiber *m*, Telex *n*
telón [te'lɔn] *m* *1.* *THEAT* Vorhang *m*; *2.* *~ de fondo* Rahmen *m*
tema ['tema] *m* *1.* Gegenstand *m*, Thema *n*; *~ de conversación* Gesprächsstoff *m*; *2.* *~ principal MUS* Leitmotiv *n*; *3.* *(contenido)* Inhalt *m*; *4.* *tomar un ~* Abneigung *f*, Widerwille *m*
temática [te'matika] *f* Thematik *f*
temblar [tem'blar] *v irr* *1.* Zittern, schlottern; *2.* *~ de* beben vor, zittern vor; *~ de miedo ante alguien* aus Angst vor jdm zittern; *El niño tembló de miedo ante la tormenta.* Das Kind zitterte aus Angst vor dem Gewitter.
temblón [tem'blɔn] *adj* zitternd
temblor [tem'blɔr] *m* Beben *n*, Zittern *n*
tembloroso [temblo'roso] *adj* zitterig
temer [te'mɛr] *v* fürchten, befürchten, bangen; *~ por alguien* um jdn bangen; *Temo por tu salud.* Ich bange um deine Gesundheit.
temerario [teme'rarĭo] *adj* tollkühn, vermessen, verwegen, wagemutig, waghalsig
temeridad [temeri'đađ] *f* Vermessenheit *f*, Verwegenheit *f*, Tollkühnheit *f*
temeroso [teme'roso] *adj* furchtsam, schreckhaft
temible [te'miƀle] *adj* fürchterlich
témpano ['tempano] *m* Scholle *f*; *~ de hielo* Eisscholle *f*
temperamental [temperamen'tal] *adj* heißblütig, temperamentvoll
temperamento [tempera'mento] *m* Temperament *n*
temperancia [tempe'ranθĭa] *f* Mäßigung *f*
temperar [tempe'rar] *v* mäßigen, abschwächen, mildern
temperatura [tempera'tura] *f* Temperatur *f*
tempestad [tempes'tađ] *f* Sturm *m*; *¿Han anunciado ~?* Ist Sturm gemeldet?
tempestuoso [tempes'twoso] *adj* stürmisch
templado [tem'plađo] *adj* mild, lau
templar [tem'plar] *v* mäßigen, mildern
templo ['templo] *m* Tempel *m*

temporada [tempo'rađa] *f* Saison *f*; *~ alta* Hochsaison *f*, Hauptsaison *f*; *~ baja* Vorsaison *f*, Nachsaison *f*; *~ de baños* Badesaison *f*
temporal [tempo'ral] *m 1.* Unwetter *n*; *adj 2.* vorläufig, einstweilig, zeitlich
temporalmente [temporal'mente] *adv* vorübergehend
temprano [tem'prano] *adj 1.* früh, frühzeitig; *¡Es demasiado ~!* Das ist zu früh! *2. más ~* früher
tenacidad [tenaθi'đađ] *f* Hartnäckigkeit *f*, Zähigkeit *f*
tenaz [te'naθ] *adj* hartnäckig, zäh
tenazas [te'naθas] *f/pl* Kneifzange *f*, Zange *f*, Beißzange *f*
tendedero [tende'đero] *m* Wäscheleine *f*
tendencia [tenđen'θĭa] *f 1.* Tendenz *f*; *2. (iniciativa)* Bestrebung *f*; *~ unificadora POL* Einheitsbestrebung *f*; *3. (moda) ~ a* Trend zu *m*
tender [ten'dɛr] *v irr 1.* spannen; *2. (propender) ~ a* tendieren zu, neigen zu; *3. TECH* verlegen
tendón [ten'dɔn] *m ANAT* Sehne *f*
tenebroso [tene'broso] *adj* finster
tenedor [tene'đɔr] *m 1. (cubierto)* Gabel *f*; *¡Un ~, por favor!* Eine Gabel bitte! *2. (dueño)* Inhaber *m*; *3. ~ de acciones FIN* Aktionär *m*
tenencia [tenen'θĭa] *f (posesión)* Besitz *m*, Besitztum *n*, Habe *f*
tener [te'nɛr] *v irr 1.* haben, innehaben, besitzen, verfügen über; *~ miedo* Angst haben; *~ ganas* Lust haben; *~ 50 años* 50 Jahre alt sein; *Tengo calor/frío.* Mir ist warm/kalt. *~ prisa* es eilig haben; *~le envidia a alguien* jdn beneiden; *~ cuidado* Acht geben, aufpassen; *~ vergüenza* sich schämen; *¡Ten!* Da hast du's! *2. ~ que (deber)* brauchen, müssen, sollen; *No tienes que hacerlo.* Du musst das nicht machen. *3. ~ que ver con* zu tun haben mit; *4. ~ a, ~ de, ~ en, ~ para, ~ por* dafürhalten, glauben, halten für, ansehen als, schätzen; *Tenemos a bien invitarle a la ceremonia.* Wir geben uns die Ehre, Sie zu der Feier einzuladen. *Me tienen por tonto.* Sie halten mich für dumm. *5. ~ en mucho a alguien* jdn schätzen
teniente [te'nĭente] *m MIL* Leutnant *m*
tenis ['tenis] *m SPORT* Tennis *n*; *~ de mesa* Tischtennis *n*
tenor [te'nɔr] *m 1.* Wortlaut *m*; *2. MUS* Tenor *m*
tensión [ten'sĭɔn] *f 1.* Anspannung *f*; *~ de la red* Netzspannung *f*; *2. TECH* Spannung *f*; *~ alta* Hochspannung *f*; *~ de servicio* Betriebsspannung *f*; *3. MED* Blutdruck *m*; *Tengo la ~ alta/baja.* Ich habe hohen/niedrigen Blutdruck.
tenso ['tenso] *adj* gespannt, angespannt, straff
tentación [tenta'θĭɔn] *f* Verlockung *f*, Versuchung *f*
tentador [tenta'đɔr] *adj* verlockend
tentar [ten'tar] *v irr 1. (algo)* tasten, abtasten, betasten; *2. (seducir)* verlocken
tentempié [tentem'pĭe] *m* kleiner Imbiss *m*
tenue ['tenwe] *adj (una luz)* schwach
teñido [te'ɲiđo] *adj* gefärbt; *~ de rubio* blond gefärbt
teñir [te'ɲir] *v* tönen
teología [teolɔ'xia] *f* Theologie *f*
teoría [teo'ria] *f 1.* Theorie *f*, Lehre *f*; *en ~* theoretisch; *2. ~ de conjuntos MATH* Mengenlehre *f*
teórico [te'oriko] *adj* theoretisch
terapeuta [tera'peŭta] *m/f MED* Therapeut(in) *m/f*
terapia [te'rapĭa] *f* Therapie *f*; *~ de grupo* Gruppentherapie *f*
tercero [tɛr'θero] *adj 1.* dritte(r,s); *m 2.* Dritter *m*
terciar [tɛr'θĭar] *v 1.* dritteln; *2. (mediar)* vermitteln; *El ha terciado entre nosotros dos.* Er hat zwischen uns beiden vermittelt.
tercio ['tɛrθĭo] *m* Drittel *n*
terco ['tɛrko] *m 1.* Trotzkopf *m*; *adj 2.* halsstarrig, hartnäckig, starrköpfig; *3. (rebelde)* stur, trotzig, widerspenstig
termal [tɛr'mal] *adj aguas ~es* Thermal..., Bäder...
terminación [tɛrmina'θĭɔn] *f 1.* Abschluss *m*; *2. (consumación)* Erledigung *f*, Vollendung *f*
terminar [tɛrmi'nar] *v 1.* beenden, fertig machen; *2. (llevar a cabo)* erledigen; *3. ECO* ablaufen; *4. ~ con* aufhören mit; *5. (el trabajo)* aufarbeiten, fertig machen; *6. (consumar)* vollenden, vollbringen; *7. ~ en algo* auf etw enden; *Los nuevos códigos postales terminan en ocho.* Die neuen Postleitzahlen enden auf acht. *8. (suspender)* aufheben; *9. (acabar, cesar)* einstellen
terminarse [tɛrmi'narse] *v* enden
término ['tɛrmino] *m 1.* Ausdruck *m*; *~ general* Oberbegriff *m*; *~ técnico* Fachausdruck *m*; *en primer ~* im Vordergrund; *2. (palabra)* Wort *n*; *3. (fin)* Schluss *m*; *4. (plazo)*

Frist *f; en el ~ de* innerhalb, binnen; *5. ~ medio* Mittelweg *m; por ~ medio* durchschnittlich
terminología [tɛrminolo'xia] *f* Terminologie *f*
termo ['tɛrmo] *m 1.* Thermosflasche *f; 2. ~ (sifón) TECH* Boiler *m*
termómetro [tɛr'mometro] *m* Thermometer *n; ~ clínico* Fieberthermometer *n*
termostato [tɛrmos'tato] *m* Thermostat *m*
ternera [tɛr'nera] *f ZOOL* Kalb *n*
terno ['tɛrno] *m* Anzug *m*
ternura [tɛr'nura] *f* Zärtlichkeit *f*
terquedad [tɛrke'đađ] *f* Hartnäckigkeit *f*
terraplén [tɛrra'plen] *m* Bahndamm *m*
terraplenar [tɛrraple'nar] *v* dämmen
terrateniente [tɛrrate'nĭente] *m* Großgrundbesitzer *m*
terraza [tɛ'rraθa] *f* Terrasse *f*
terremoto [tɛrrɛ'moto] *m* Erdbeben *n*
terrenal [tɛrrɛ'nal] *adj* irdisch, weltlich
terreno [tɛ'rrɛno] *m 1.* Land *n,* Grundstück *n,* Gelände *n; ~ barroso/~ fangoso* Lehmboden *m; ~ de camping* Zeltplatz *m,* Campingplatz *m; ~ edificable* Bauland *n; ~ de obras* Baustelle *f*
terrestre [tɛ'rrɛstre] *adj 1.* irdisch; *2. camino ~* Landweg *m; por vía ~* auf dem Landweg
terrible [tɛ'rriƀle] *adj 1.* schrecklich, entsetzlich, erschreckend; *2. (dañino)* heillos, böse, mörderisch; *3. (loco)* wahnsinnig
territorio [tɛrri'torĭo] *m* Gebiet *n,* Revier *n,* Territorium *n*
terrón [tɛ'rrɔn] *m* Scholle *f*
terror [tɛ'rrɔr] *m 1.* Terror *m; 2. (horror)* Entsetzen *n*
terrorífico [tɛrrɔ'rifiko] *adj* gruselig
terrorismo [tɛrrɔ'rizmo] *m* Terrorismus *m*
terrorista [tɛrrɔ'rista] *m/f* Terrorist(in) *m/f*
tesina [te'sina] *f* Diplomarbeit *f*
tesis ['tesis] *f 1.* These *f; 2. ~ doctoral* Doktorarbeit *f; 3. (LA)* Diplomarbeit *f*
tesón [te'sɔn] *m* Hartnäckigkeit *f*
tesonero [teso'nero] *adj* hartnäckig
tesorero [teso'rero] *m FIN* Schatzmeister *m,* Kassenwart *m*
tesoro [te'soro] *m 1.* Schatz *m; 2. (público) FIN* Fiskus *m*
test [test] *m 1.* Test *m; 2. ~ de embarazo MED* Schwangerschaftstest *m; ~ de alergia* Allergietest *m*
testador [testa'đɔr] *m JUR* Erblasser *m*
testaferro [testa'fɛrro] *m* Strohmann *m*
testamentar [testamen'tar] *v JUR* testamentarisch festlegen
testamentario [testamen'tarĭo] *adj* testamentarisch
testamento [testa'mento] *m* Testament *n; por ~/según ~* testamentarisch
testar [tes'tar] *v JUR* aussagen, ein Testament errichten
testarudez [testaru'đeθ] *f* Starrsinn *m,* Trotz *m*
testarudo [testa'ruđo] *m 1.* Dickkopf *m,* Querkopf *m,* Trotzkopf *m; adj 2.* halsstarrig, starrköpfig, störrisch; *3. (obstinado)* trotzig, verbohrt
testículos [tes'tikulos] *m/pl ANAT* Hoden *pl*
testificar [testifi'kar] *v JUR* bezeugen
testigo [tes'tigo] *m/f 1.* Zeuge/Zeugin *m/f; ~ de matrimonio* Trauzeuge/Trauzeugin *m/f; 2. JUR* Zeuge/Zeugin *m/f; ~ de cargo/~ principal* Kronzeuge/Kronzeugin *m/f; ~ ocular* Augenzeuge/Augenzeugin *m/f; ¿Se pone usted a disposición como ~?* Stellen Sie sich als Zeuge zur Verfügung?
teta ['teta] *f (fam)* Zitze *f,* Titte *f*
tétano(s) ['tetano(s)] *m MED* Wundstarrkrampf *m,* Tetanus *m; No estoy vacunado contra el ~.* Ich bin nicht gegen Tetanus geimpft.
tetera [te'tera] *f* Teekanne *f*
texto ['testo] *m 1.* Text *m; 2. (sentido literal)* Wortlaut *m*
textura [tes'tura] *f* Aufbau *m*
tez [teθ] *f* Hautfarbe *f,* Teint *m; ~ bronceada* Bräune *f*
ti [ti] *pron 1. (acc de tú)* dich; *2. (dat de tú)* dir; *por ~* deinetwegen
tía ['tia] *f 1.* Tante *f; 2. (prostituta)* Nutte *f*
tibio ['tiƀĭo] *adj* lauwarm, lau
tiburón [tiƀu'rɔn] *m ZOOL* Hai *m*
tiempo[1] ['tĭempo] *m* Zeit *f; ~ de exposición* Belichtungszeit *f; a ~* rechtzeitig; *~ de adviento* Adventszeit *f; ~ de aprendizaje* Lehrzeit *f; en aquel ~* da, damals; *~ básico de trabajo* Kernzeit *f; de corto ~* kurzzeitig; *~ intermedio* Zwischenzeit *f; ~ libre* Freizeit *f; en otro ~* ehemals; *~ récord* Rekordzeit *f*
tiempo[2] ['tĭempo] *m ~ meteorológico* Wetter *n; ~ de perros* Hundewetter *n; a causa del ~* wegen des Wetters
tienda ['tĭenda] *f 1. (negocio)* Geschäft *n,* Laden *m,* Handlung *f; ~ de comestibles*

Lebensmittelgeschäft *n; ir de ~s* einen Einkaufsbummel machen; *2. (caseta)* Festzelt *n,* Stand *m,* Zirkuszelt *n; 3. ~ de campaña* Zelt *n,* Campingzelt *n; Aquí se pueden alquilar ~s de campaña.* Hier kann man Zelte mieten.

tiernamente [tĭɛrna'mente] *adv* zart

tierno ['tĭɛrno] *adj 1.* zart, zärtlich; *2. (blando)* weich, mürbe; *La carne está tierna.* Das Fleisch ist zart.

tierra ['tĭɛrra] *f 1. (suelo)* Boden *m,* Erdboden *m,* Grund *m,* Erdreich *n; 2. GEOL* Erde *f,* Land *n; ~ baja* Niederung *f; ~ extraña* Fremde *f; ~ firme* Festland *n; 3. ~s pl* Ländereien *pl*

tieso ['tĭeso] *adj 1.* starr, steif, klamm; *dejar ~ a alguien (fam)* jdn umlegen; *2. (fig: terco)* steif

tiesto ['tĭesto] *m* Blumentopf *m*

tigre ['tigre] *m ZOOL* Tiger *m*

tijeras [ti'xeras] *f/pl* Schere *f; ~ para uñas* Nagelschere *f*

timador [tima'đɔr] *m* Gauner *m*

timbrar [tim'brar] *v* abstempeln

timbre ['timbre] *m 1.* Klingel *f,* Türglocke *f; tocar el ~* klingeln; *2. (estampilla)* Briefmarke *f,* Steuermarke *f; un ~ fiscal* eine Steuermarke

timidez [timi'đeθ] *f* Verlegenheit *f,* Scheu *f,* Schüchternheit *f,* Furchtsamkeit *f*

tímido ['timiđo] *adj* scheu, schüchtern, menschenscheu, verschüchtert

timón [ti'mɔn] *m NAUT* Steuer *n,* Ruder *n*

timonel [timo'nɛl] *m* Steuermann *m*

tina ['tina] *f* Wanne *f*

tinieblas [ti'nĭeƀlas] *f/pl* Finsternis *f*

tino ['tino] *m* Fingerspitzengefühl *n*

tinta ['tinta] *f* Tinte *f; ~ china* Tusche *f; sudar ~* schuften

tintinear [tintine'ar] *v* klingen, klirren

tinto ['tinto] *m (vino) GAST* Rotwein *m; ¿Desea tomar un tinto?* Möchten sie einen Rotwein trinken?

tintorería [tintore'ria] *f* Reinigung *f*

tío ['tio] *m 1.* Onkel *m; 2. (fam)* Kerl *m,* Typ *m,* Kauz *m*

tiovivo [tĭo'ƀiƀo] *m* Karussell *n*

típico ['tipiko] *adj* typisch, bezeichnend; *El flamenco es el baile ~ de Andalucía.* Der Flamenco ist der typische Tanz Andalusiens.

tipo ['tipo] *m 1. (clase)* Sorte *f; ~ de imprenta* Schriftart *f,* Type *f; 2. (individuo)* Kerl *m,* Typ *m,* Type *m; ~ estrafalario* komischer Kauz *m; 3. ~ de letra/~ de calidad INFORM* Briefqualität *f; 4. ~ de interés ECO* Zinssatz *m; ~ de descuento* Diskontsatz *m; 5. FIN* Kurs *m; ~ de cambio* Devisenkurs *m,* Wechselkurs *m*

tipógrafo [ti'pografo] *m* Drucker *m*

tira ['tira] *f 1. (para colgar)* Aufhänger *m; ~ y afloja* Tauziehen *n; 2. ~s cómicas pl* Comics *pl*

tirada [ti'rađa] *f 1.* Auflage *f; 2. (arenga)* Sermon *m,* Tirade *f,* Strafpredigt *f; Tuvimos que escuchar una tirada del director.* Wir mussten uns eine Strafpredigt vom Direktor anhören.

tirado [ti'rađo] *adj* spottbillig

tirador [tira'đɔr] *m ~ de precisión* Scharfschütze *m*

tiranía [tira'nia] *f POL* Gewaltherrschaft *f*

tiránico [ti'raniko] *adj* tyrannisch

tiranizar [tirani'θar] *v* tyrannisieren

tirano [ti'rano] *m* Tyrann *m*

tirante [ti'rante] *m 1.* Träger *m; 2. ~s pl* Hosenträger *pl; adj 3.* angespannt, straff

tirar [ti'rar] *v 1.* werfen; *2. (botar)* wegwerfen, abwerfen; *(al suelo)* hinunterwerfen; *3. (jalar)* ziehen; *~ violentamente* zerren, reißen; *(hacia adentro)* hineinziehen; *(hacia adelante)* vorziehen; *4. (estirar)* spannen; *5. (disparar)* schießen; *6. ~ dedo (LA)* trampen

tiritar [tiri'tar] *v* zittern

tiro ['tiro] *m 1. (disparo)* Schuss *m; ~ de mortero* Böllerschuss *m; 2. ~ con arco SPORT* Bogenschießen *n; ~ al plato* Tontaubenschießen *n; 3. (carruaje)* Gespann *n*

tiroteo [tiro'teo] *m* Schießerei *f*

títere ['titere] *m* Hampelmann *m,* Marionette *f*

titilar [titi'lar] *v* zittern, flackern, flimmern

titiritero [titiri'tero] *m* Puppenspieler *m*

titubeante [tituƀe'ante] *adj* zögernd, zaghaft

titubear [tituƀe'ar] *v* zögern, zaudern, schwanken

titular [titu'lar] *m 1. (propietario)* Inhaber *m; 2. (en la prensa)* Schlagzeile *f,* Überschrift *f; 3. (funcionario)* Amtsinhaber *m; v 4.* überschreiben, benennen

titularse [titu'larse] *v* heißen

título ['titulo] *m 1.* Schlagzeile *f,* Überschrift *f,* Titel *m; ~ de un libro* Buchtitel *m; 2. (rango)* Titel *m; ~ nobiliario* Adelstitel *m; 3. (documento)* Urkunde *f; 4. (derecho)* Anrecht *n; 5. (fig)* Würde *f; 6. FIN* Wertpapier *n; ~s* Effekten *pl; ~s bursátiles* Börsenpapiere *pl; ~s de valores* Aktien *pl; 7. ~ de deuda ECO*

Schuldschein *m;* *8.* *~s de fin pl CINE* Nachspann *m*

tiza ['tiθa] *f* Kreide *f*

tiznar [tiθ'nar] *v* schwärzen, anschwärzen, verrußen

tizne [tiθ'ne] *v* Kienruß *m,* Ruß *m*

toalla [to'aʎa] *f* *1.* Handtuch *n;* *~ de baño* Badetuch *n;* *tirar la ~ (fig)* das Handtuch werfen, aufgeben; *2.* *~ higiénica/~ sanitaria (LA)* Damenbinde *f,* Binde *f*

toallero [toa'ʎero] *m* Handtuchhalter *m*

tobera [to'ƀera] *f* *TECH* Düse *f*

tobillo [to'ƀiʎo] *m* *ANAT* Knöchel *m*

tobogán [toƀo'gan] *m* Rutschbahn *f*

tocacassettes [tokaka'setes] *m* *(LA)* Kassettenrekorder *m*

tocadiscos [toka'điskos] *m* Plattenspieler *m,* Schallplattenspieler *m*

tocante [to'kante] *adj* *en lo ~ a* in Bezug auf, bezüglich, was ... betrifft

tocar [to'kar] *v* *1.* berühren, angreifen, anfassen; *2.* *~ algo* etw betasten, etw tasten; *3.* *(instrumento) MUS* spielen; *~ el piano* Klavier spielen; *4.* *(las campanas)* läuten; *5.* *~ el turno* drankommen; *Me toca a mí.* Ich bin an der Reihe. *6.* *(fig: afectar)* treffen

tocino [to'θino] *m* *GAST* Speck *m*

todavía [tođa'ƀia] *adv* noch; *~ no* noch nicht

todo ['tođo] *m* *1.* Ganzes *n;* *adj* *2.* ganz, gesamt, sämtlich; *~ el mundo* alle Welt/jeder/die ganze Welt; *3.* *~s* jeder, alle

toldo ['tɔldo] *m* *1.* Markise *f;* *2.* *(carpa)* Plane *f*

tolerable [tole'raƀle] *adj* erträglich, verträglich

tolerancia [tole'ranθĭa] *f* Toleranz *f,* Verträglichkeit *f*

tolerante [tole'rante] *adj* tolerant

tolerar [tole'rar] *v* dulden, tolerieren, ertragen

tolva ['tɔlƀa] *f* *~ de basuras* Müllschlucker *m*

toma ['toma] *f* *1.* Entnahme *f;* *2.* *(fig: ocupación) MIL* Einzug *m,* Einnahme *f;* *3.* *~ del poder POL* Machtübernahme *f;* *4.* *CINE* Aufnahme *f;* *5.* *~ de sangre MED* Blutabnahme *f;* *6.* *~ de posesión* Dienstantritt *m;* *~ de cargo* Amtsantritt *m;* *7.* *~ de juramento JUR* Vereidigung *f;* *~ de declaración* Vernehmung *f;* *8.* *~ de rehenes* Geiselnahme *f;* *9.* *~ de tierra TECH* Erdung *f*

tomacorriente [tomako'rrĭente] *m* Steckdose *f*

tomador [toma'đɔr] *m* *1.* *(LA)* Trinker *m;* *2.* *~ de una orden ECO* Auftragnehmer *m*

tomar [to'mar] *v* *1.* *(coger)* greifen, ergreifen, nehmen; *2.* *(beber)* trinken; *3.* *(tragar)* einnehmen; *4.* *(aceptar)* hinnehmen; *5.* *(capturar, coger)* fangen; *6.* *~ a mal* übel nehmen, verübeln, krumm nehmen; *7.* *(confiscar)* einziehen; *8.* *(una dirección)* einschlagen; *9.* *MIL* einnehmen; *10.* *~ medidas* Maß nehmen; *Tengo que ir a la costurera para que me tome medidas.* Ich muss zur Schneiderin gehen, damit sie mir meine Maße nimmt. *11.* *~ medidas contra algo (fig)* Maßnahmen gegen etw ergreifen

tomate [to'mate] *m* *BOT* Tomate *f*

tomavistas [toma'ƀistas] *m* Filmkamera *f*

tómbola ['tomƀola] *f* Tombola *f*

tomo ['tomo] *m* Band *n*

tonada [to'nađa] *f* *MUS* Lied *n,* Weise *f*

tonel [to'nel] *m* Tonne *f,* Fass *n*

tonelada [tone'lađa] *f* Tonne *f*

tono ['tono] *m* *MUS* Ton *m;* *~ mayor* Dur *f;* *dar el ~ (fig)* den Ton angeben/tonangebend sein; *darse ~* sich wichtig machen

tontería [tonte'ria] *f* *1.* Albernheit *f,* Blödsinn *m,* Firlefanz *m;* *2.* *~s pl* Quatsch *m,* Käse *m,* Unfug *m*

tonto ['tɔnto] *m* *1.* Tropf *m,* Dummkopf *m;* *adj* *2.* dumm, albern, blöd, töricht

tope ['tope] *m* *TECH* Anschlag *m;* *estar hasta el ~s (fig)* überfüllt sein/zum Bersten voll sein

topo ['topo] *m* *ZOOL* Maulwurf *m*

toque ['toke] *m* *1.* Berührung *f;* *dar el último ~* den letzten Schliff geben; *2.* *~ de campanas* Glockengeläute *n;* *3.* *~ de queda* Ausgangssperre *f*

tórax ['toraks] *m* *ANAT* Brustkorb *m*

torbellino [torƀe'ʎino] *m* *METEO* Wirbel *m,* Strudel *m,* Wirbelwind *m*

torcedura [tɔrθe'đura] *f* *1.* Verrenkung *f;* *2.* *MED* Verstauchung *f*

torcer [tɔr'θɛr] *v* *irr* *1.* abbiegen, verbiegen, beugen, verdrehen; *¿Dónde tenemos que ~?* Wo müssen wir abbiegen? *~ a la derecha/~ a la izquierda* nach rechts abbiegen/nach links abbiegen; *2.* *MED* verrenken

torcerse [tɔr'θɛrse] *v* *irr* *~ el pie MED* sich den Fuß verstauchen, umknicken, sich den Fuß verknacksen; *Me he torcido el tobillo.* Ich habe mir den Knöchel verstaucht.

toreador [torɛa'đɔr] *m* Stierkämpfer *m*

torero [to'rero] *m* Stierkämpfer *m,* Torero *m*

tormenta [tɔr'menta] *f METEO* Gewitter *n*, Sturm *m*; *Viene una ~.* Ein Gewitter zieht auf. *~ de arena* Sandsturm *m*

tormentoso [tɔrmen'toso] *adj METEO* stürmisch

tornado [tor'nađo] *m METEO* Tornado *m*, Wirbelsturm *m*

tornar [tor'ar] *v (volver a hacer algo)* zurückkehren, umkehren, umdrehen

tornasolar [tɔrnaso'lar] *v* schillern

torneo [tɔr'neo] *m 1.* Kampf *m*; *2. SPORT* Turnier *n*; *~ deportivo* Sportveranstaltung *f*

tornero [tɔr'nero] *m (de madera)* Drechsler *m*, Dreher *m*

tornillo [tɔr'niʎo] *m 1.* Schraube *f*; *El ~ está flojo.* Die Schraube ist locker. *2. ~ de banco TECH* Schraubstock *m*

torno ['tɔrno] *m 1. TECH* Drehbank *f*; *2. ~ de hilar* Spinnrad *n*; *3. ~ de alfarero* Töpferscheibe *f*; *adv 4. en ~* rundherum; *en ~ a ...* um ... herum

toro ['toro] *m ZOOL* Bulle *m*, Stier *m*; *~ bravo* Kampfstier *m*

torpe ['tɔrpe] *adj 1. (fig)* ungeschickt, tollpatschig, unbeholfen; *2. (modales)* eckig; *3. (lerdo)* plump, schwerfällig, borniert

torpedo [tɔr'peđo] *m MIL* Torpedo *m*

torpeza [tɔr'peθa] *f* Ungeschicklichkeit *f*, Schwerfälligkeit *f*, Plumpheit *f*

torre ['tɔrrɛ] *f 1.* Turm *m*; *¿Se puede subir a la ~?* Kann man den Turm besteigen? *~ de la Iglesia* Kirchturm *m*; *2. (carcasa de una computadora)* Turm *m*, Tower *m*, Computergehäuse *n*

torrente [tɔ'rrente] *m* Flut *f*, Sturzbach *m*

torsión [tɔr'sĭɔn] *f* Verdrehung *f*, Verwindung *f*, Torsion *f*

torso ['tɔrso] *m* Torso *m*

torta ['tɔrta] *f 1. GAST* Torte *f*; *2. (fig)* Ohrfeige *f*

tortilla [tɔr'tiʎa] *f 1. GAST* Omelett *n*, Pfannkuchen *m*; *2. (LA)* Maisfladen *n*

tórtolo ['tɔrtolo] *m ZOOL* Turteltaube *f*; *estar como dos ~s (fig)* turteln

tortuga [tɔr'tuga] *f ZOOL* Schildkröte *f*

tortura [tɔr'tura] *f* Folter *f*, Qual *f*

torturador [tɔrtura'đɔr] *m 1.* Folterer *m*, Folterknecht *m*; *adj 2.* qualvoll

torturar [tɔrtu'rar] *v* foltern, quälen

tos ['tos] *f MED* Husten *m*

tosco ['tɔsko] *adj* rau

toser [to'sɛr] *v* husten

tostada [tɔs'tađa] *f* Toast *m*

tostado [tɔs'tađo] *adj* getoastet, geröstet

tostador [tɔsta'đɔr] *m* Toaster *m*

tostar [tɔs'tar] *v* rösten

tostarse [tɔs'tarse] *v irr (al sol)* sich in der Sonne bräunen lassen

total [to'tal] *m 1. (el todo)* Ganzes *n*; *2. (suma) FIN* Summe *f*, Gesamtsumme *f*; *¿A cuánto asciende el ~?* Wie hoch ist die Summe? *~ de impuestos* Steueraufkommen *n*; *adj 3.* total, gesamt, restlos; *en ~* insgesamt

totalidad [totali'đađ] *f* Gesamtheit *f*, Vollständigkeit *f*

totalizar [totali'θar] *v (sumar)* zusammenzählen, zusammenziehen

toxicidad [tɔksiθi'đađ] *f* Giftigkeit *f*

tóxico ['tɔksiko] *m 1. desechos ~s* giftige Abfälle *m/pl*, Giftmüll *m*; *2. adj* giftig

toxicómano [tɔksi'komano] *m 1. MED* Rauschgiftsüchtiger *m*; *adj 2. MED* süchtig, rauschgiftsüchtig

trabajador [trabaxa'đɔr] *adj* tüchtig

trabajador(a) [trabaxa'đɔr/trabaxa'đora] *m/f 1. (obrero)* Arbeiter(in) *m/f*; *~ auxiliar* Hilfsarbeiter *m*; *~ extranjero* Gastarbeiter *m*; *~ portuario* Hafenarbeiter *m*; *~ sindicado* Gewerkschaftsmitglied *n*; *2. (empleado/empleada)* Arbeitnehmer(in) *m/f*

trabajar [traba'xar] *v 1.* arbeiten; *~ algo* etw verarbeiten, etw bearbeiten; *~ como una mula* schuften; *~ demasiado* sich überarbeiten; *~ duramente* sich abplagen, sich abrackern; *~ por* sich mühen um, arbeiten für; *seguir trabajando* weiterarbeiten; *2. TECH* bearbeiten

trabajo [tra'baxo] *m 1.* Arbeit *f*; *~ de calidad* Wertarbeit *f*; *~ clandestino/~ no declarado* Schwarzarbeit *f*; *~ a destajo* Akkordarbeit *f*; *~ a domicilio* Heimarbeit *f*; *~ duro* Schwerarbeit *f*; *~ en equipo* Teamarbeit *f*; *~ estacional* Saisonarbeit *f*; *~ eventual* Gelegenheitsarbeit *f*; *~ excesivo* Überarbeitung *f*; *~ interino* Zeitarbeit *f*; *~ a jornada reducida* Kurzarbeit *f*; *~ manual* Handarbeit *f*; *~ de media jornada* Halbtagsbeschäftigung *f*; *~ a medida* Maßarbeit *f*; *~ de oficina* Büroarbeit *f*; *~ a tiempo parcial* Teilzeitbeschäftigung *f*; *~ por turnos* Schichtarbeit *f*; *sin ~* arbeitslos; *2. (proceso)* Bearbeitung *f*, Verarbeitung *f*, Pensum *n*

trabajosamente [trabaxosa'mente] *adv* mühsam

tracción [trak'θĭɔn] *f* Antrieb; *~ trasera* Hinterradantrieb *m*; *~ delantera* Vorderradantrieb *m*

tractor [trak'tɔr] *m 1. AGR* Traktor *m; 2. ~ para semirremolque* Sattelschlepper *m*
tradición [tradi'θĭɔn] *f 1. (costumbre)* Sitte *f,* Tradition *f; por ~* traditionell; *2. HIST* Überlieferung *f*
tradicional [tradi'θĭonal] *adj* althergebracht, gutbürgerlich, herkömmlich
traducción [traduk'θĭɔn] *f* Übersetzung *f,* Übertragung *f*
traducir [tradu'θir] *v irr* übersetzen
traductor(a) [traduk'tɔr/traduk'tora] *m/f* Übersetzer(in) *m/f; ¡Necesito un ~!* Ich brauche einen Übersetzer!
traer [tra'ɛr] *v irr 1.* mitbringen, bringen, herbringen; *~ algo a alguien* jdm etw bringen; *¿Me podría ~ un café?* Könnten Sie mir einen Kaffee bringen? *2. (proporcionar)* herbeiführen, herbeischaffen
traficante [trafi'kante] *m/f* Händler(in) *m/f,* Drogenhändler(in) *m/f*
tráfico ['trafiko] *m 1.* Straßenverkehr *m; ~ aéreo* Luftverkehr *m; ~ de cercanías* Nahverkehr *m; ~ circular* Kreisverkehr *m; ~ ferroviario* Schienenverkehr *m; ~ regular* Linienverkehr *m; ~ de tránsito* Transitverkehr *m; ~ vecinal* Anliegerverkehr *m; 2. ~ de mercancías ECO* Warenverkehr *m; 3. ~ de estupefacientes/~ de drogas* Rauschgifthandel *m*
tragar [tra'gar] *v 1.* schlucken, herunterschlucken, hinunterschlucken, verschlucken; *2. ~ el anzuelo* anbeißen
tragedia [tra'xedĭa] *f 1.* Tragödie *f,* Tragik *f; 2. THEAT* Trauerspiel *n*
trágico ['traxiko] *adj* tragisch
tragicómico [traxi'komiko] *adj* tragikomisch
trago ['trago] *m* Schluck *m*
traición [traĭ'θĭɔn] *f 1.* Verrat *m; 2. alta ~ JUR* Landesverrat *m,* Hochverrat *m*
traicionar [traĭθĭo'nar] *v* verraten
traidor [traĭ'dɔr] *m 1.* Verräter *m; adj 2.* verräterisch
trainera [traĭ'nera] *f* Ruderboot *n*
traje ['traxe] *m 1.* Anzug *m; ~ de baño* Badeanzug *m; ~ de buzo* Taucheranzug *m; ~ de esquiar* Skianzug *m; ~ de paisano* Zivilkleidung *f; ~ sastre* Kostüm *n; 2. (vestido)* Kleid *n; ~ de noche* Abendkleid *n; ~ de novia* Brautkleid *n*
trajín [tra'xin] *m 1.* Hektik *f; 2. (jaleo)* Trubel *m*
trama ['trama] *f 1.* Knoten *m,* Komplott *n; 2. ~ de una novela LIT* Handlung *f,* Inhalt *m; ¿Cuál es la trama de esa película?* Von was handelt dieser Film?
tramitación [tramita'θĭɔn] *f* Dienstweg *m,* Instanzenweg *m*
tramo ['tramo] *m* Abschnitt *m,* Strecke *f*
trampa ['trampa] *f 1.* Falle *f; ~ para ratones* Mausefalle *f; 2. (fig: engaño)* Falle *f,* Schwindel *m,* Kniff *m; He caído en una trampa.* Ich bin in eine Falle geraten. *Un negocio sin trampas.* Ein Geschäft ohne Haken. *3. (truco)* Mogelei *f,* Schwindel *m; Hacer trampa en los exámenes.* Im Examen mogeln.
trampear [tram'pɛar] *v (engañar a alguien)* betrügen, bemogeln; *¡Me han trampeado en la tienda!* Ich bin in dem Laden betrogen worden.
tramposo [tram'poso] *m 1.* Pfuscher *m; adj 2.* betrügerisch
trancar [tran'kar] *v (cerrar con llave)* verriegeln
trance ['tranθe] *m* Trance *f*
tranquilidad [traŋkili'dad] *f* Ruhe *f,* Stille *f; ~ de ánimo* Gemütsruhe *f*
tranquilización [traŋkiliθa'θĭɔn] *f* Beruhigung *f*
tranquilizante [traŋkili'θante] *adj 1.* beruhigend; *m 2. MED* Beruhigungsmittel *n*
tranquilizar [traŋkili'θar] *v* beruhigen
tranquilizarse [traŋkili'θarse] *v 1.* sich beruhigen; *2. (el mar)* sich glätten
tranquilo [traŋ'kilo] *adj 1.* leise, ruhig, still; *2. (fig)* gemächlich, unbesorgt, ungestört; *estar ~* gelassen sein
transacción [transak'θĭɔn] *f 1.* Abwicklung *f,* Transaktion *f; 2. ECO* Abfindung *f; ~ comercial* Abschluss *m*
transbordador [tranzborda'dɔr] *m* Fähre *f; ~ espacial* Raumfähre *f*
transbordar [tranzbor'dar] *v* umladen, umschlagen, umsteigen; *¿Dónde hay que ~?* Wo muss man umsteigen?
transbordo [tranz'bordo] *m* Umschlag *m,* Umsteigen *n,* Umladen *n; hacer ~* umsteigen; *lugar de ~* Umschlagplatz *m*
transcendental [transθenden'tal] *m 1. lo ~* Übersinnliche *n; adj 2.* übersinnlich
transcurrir [transku'rrir] *v* vergehen, verlaufen, vorbeigehen
transcurso [trans'kurso] *m* Ablauf *m,* Verlauf *m,* Lauf *m; en el ~ de* während
transeúnte [transe'unte] *m/f* Fußgänger(in) *m/f,* Passant(in) *m/f*
transferencia [transfe'renθĭa] *f 1.* Transfer *m,* Übergabe *f; 2. JUR* Überschrei-

bung *f;* *3. ECO* Übertragung *f,* Überweisung *f,* Giro *n;* *Nuestro banco no realiza ~s al extranjero.* Unsere Bank führt keine Überweisungen ins Ausland durch. *4. (de datos) INFORM* Übertragung *f*

transferible [transfe'ri϶le] *adj ECO* übertragbar

transferir [transfe'rir] *v irr 1. JUR* übereignen, umschreiben, überschreiben; *2. FIN* überweisen, transferieren; *Mis padres me transfieren dinero mensualmente.* Meine Eltern überweisen mir monatlich Geld. *3. (término)* verlegen

transformación [transfɔrma'θĭɔn] *f* Wandlung *f,* Verwandlung *f,* Umwandlung *f;* *~ brusca* Umbruch *m*

transformador [transfɔrma'đɔr] *m TECH* Transformator *m*

transformar [transfɔr'mar] *v* umändern, umsetzen, umwandeln

transfusión [transfu'sĭɔn] *f (de sangre) MED* Bluttransfusion *f*

transgresión [tranzgre'sĭɔn] *f* Übertretung *f,* Überschreitung *f*

transición [transi'θĭɔn] *f* Übergang *m*

transigencia [transixen'θĭa] *f* Nachgiebigkeit *f,* Versöhnlichkeit *f*

transigente [transi'xente] *adj* nachgiebig, versöhnlich

transigir [transi'xir] *v* nachgeben, einlenken

transitable [transi'ta϶le] *adj* befahrbar; *¿Está ~ la calle?* Ist die Straße passierbar?

transitar [transi'tar] *v ~ por* durchreisen, durchgehen

tránsito ['transito] *m 1.* Durchreise *f,* Transit *m,* Durchgangsverkehr *m;* *2. ~ de mercancías ECO* Durchfuhrgüter *pl,* Transitgüter *pl;* *3. (circulación de vehículos)* Verkehr *m,* Verkehrsaufkommen *n;* *En el centro de la ciudad hay mucho tránsito.* In der Stadtmitte ist ein hohes Verkehrsaufkommen.

transitorio [transi'torĭo] *adj* zeitlich begrenzt, vorübergehend

transmigración [tranzmigra'θĭɔn] *f* Übersiedelung *f*

transmigrar [tranzmi'grar] *v* übersiedeln

transmisible [transmi'si϶le] *adj MED* übertragbar

transmisión [tranzmi'sĭɔn] *f 1.* Übertragung *f,* Übermittlung *f;* *~ radiofónica* Rundfunkübertragung *f;* *~ de pensamientos* Gedankenübertragung *f;* *~ en vivo y en directo* Livesendung *f;* *~ vía satélite* Satellitenübertragung *f;* *2. TECH* Übersetzung *f;* *3. MED* Übertragung *f;* *~ de gérmenes* Keimübertragung *f;* *4. ~ hereditaria BIO* Vererbung *f*

transmitir [tranzmi'tir] *v 1.* übermitteln, übertragen, überbringen; *2. MED ~a* übertragen auf; *3. (emitir)* senden, durchgeben, ausstrahlen

transnacional [transnaθĭo'nal] *f* multinationales Unternehmen *n*

transparente [tranzpa'rente] *adj* klar, durchsichtig, transparent

transpirar [tranzpi'rar] *v* schwitzen

transportable [tranzpɔr'ta϶le] *adj* transportfähig

transportación [transporta'θĭɔn] *f* Beförderung *f,* Transport *m*

transportador [tranzpɔrta'đɔr] *m 1.* Transporteur *m;* *2. TECH* Förderer *m;* *~ de carga* Ladeförderer *m;* *~ de cinta* Förderband *n*

transportar [tranzpɔr'tar] *v* bringen, transportieren, abtransportieren, überführen

transporte [tranz'pɔrte] *m* Transport *m,* Abtransport *m,* Überführung *f;* *~ por ferrocarril* Bahntransport *m;* *~ de carga/~ de mercancías* Gütertransport *m;* *~ colectivo* Sammeltransport *m;* *~s públicos* Öffentliche Verkehrsmittel *pl*

transportista [tranzpɔr'tista] *m* Spediteur *m*

transvasar [transϐa'sar] *v* abfüllen

transversalmente [tranzϐɛrsal'mente] *adv* quer

tranvía [tram'϶ia] *m* Straßenbahn *f*

trapacear [trapa'θɛar] *v* betrügen, schwindeln

trapacería [trapaθe'rĭa] *f* Betrug *m,* Schwindelei *f*

trapacero [trapa'θero] *m* Betrüger *m*

trapecio [tra'peθĭo] *m* Trapez *n*

trapero [tra'pero] *m* Altwarenhändler *m,* Lumpensammler *m*

trapo ['trapo] *m 1.* Tuch *n,* Lappen *m;* *~ de limpieza* Putzlumpen *m;* *2. ~s pl(fam)* Klamotten *pl;* *3. dejarlo a uno como un ~* jdn herunterputzen, jdn niedermachen

tráquea ['trakea] *f ANAT* Luftröhre *f*

traquetear [trakete'ar] *v* rattern

traqueteo [trake'teo] *m* Geknatter *n,* Rütteln *n,* Schütteln *n*

tras [tras] *prep* nach, hinter

trascendental [trasθenđen'tal] *adj* transzendental, übergreifend, folgenschwer

trasegar [trase'gar] *v irr 1.* abfüllen; *2. (fantasma)* spuken
trasero [tra'sero] *m 1.* Hintern *m,* Po *m; adj 2.* hintere(r,s)
trasfondo [tras'fɔndo] *m* Hintergrund *m*
trasiego [tra'sĭego] *m* Umfüllen *n,* Abfüllen *n*
trasladar [trasla'đar] *v 1.* überführen, wegbringen, verlegen; *2. ECO* übertragen, überschreiben, abschreiben
trasladarse [trasla'đarse] *v* sich begeben; *~ a otra casa* umziehen
traslado [tras'lađo] *m 1. (cambio)* Verlegung *f,* Versetzung *f,* Verrückung *f; 2. (mudanza)* Umzug *m; ~ de un país a otro* Übersiedelung *f; 3. ~ a otra cuenta ECO* Umbuchung *f; 4. ~ de datos INFORM* Datenübertragung *f*
trasnochado [trazno'tʃađo] *adj* übernächtigt
traspasar [traspa'sar] *v (en un negocio)* übereignen
traspié [tras'pĭe] *m dar un ~* Stolpern *n,* Fehltritt *m*
trasplantación [trasplantaθ'ĭɔn] *f MED* Transplantation *f,* Verpflanzung *f*
trasplantar [trasplan'tar] *v 1. MED* transplantieren; *2.* umpflanzen
trasplante [tras'plante] *m 1. MED* Transplantation *f; ~ de corazón* Herztransplantation *f; 2. (de plantas) AGR* Verpflanzung *f,* Umpflanzen *n,* Umtopfen *n*
trasquilar [traski'lar] *v* scheren, stutzen, abschneiden
trastear [tras'tɛar] *v* Möbel hin und her rücken, kramen, stöbern
trastero [tras'tero] *m* Abstellkammer *f,* Rumpelkammer *f* (fam)
trastornado [trastɔr'nađo] *adj* gestört, verstört
trastorno [tras'tɔrno] *m 1.* Störung *f,* Verwirrung *f; 2. ~ circulatorio MED* Durchblutungsstörung *f*
trastos ['trastos] *m/pl* Kram *m,* Ramsch *m,* Plunder *m; ~ viejos* Trödel *m*
trasunto [tra'sunto] *m* Abbild *n*
tratable [tra'taƀle] *adj* verträglich, zugänglich, umgänglich
tratado ['tratađo] *m 1.* Abhandlung *f; 2. POL* Konvention *f,* Vertrag *m; ~ de paz* Friedensvertrag *m; ~ de desarme* Abrüstungsabkommen *n*
tratamiento [trata'mĭento] *m 1. MED* Behandlung *f; 2. ~ de un tema* Bearbeitung *f,* Aufarbeitung *f; 3. (forma de dirigirse a alguien)* Benehmen *n*
tratante [tra'tante] *m* Händler *m*
tratar [tra'tar] *v 1.* behandeln, umgehen; *~ a alguien de usted* jdn siezen; *~ mal* schlecht behandeln, traktieren; *~ bien a alguien* jdn gut behandeln; *José trata bien a su hermanita.* José behandelt seine kleine Schwester gut. *2. ~ un tema* ein Thema abhandeln; *3. (probar)* probieren; *~ de* versuchen; *~ de hacer algo* danach trachten, etw zu tun; *4. MED* behandeln, verarzten; *~ con rayos* bestrahlen
tratarse [tra'tarse] *v ~ de* sich handeln um; *En la conferencia se trata el tema del aborto.* In der Konferenz geht es um das Thema der Abtreibung.
trato ['trato] *m 1.* Behandlung *f,* Benehmen *n; 2. (acuerdo)* Vereinbarung *f,* Vertrag *m*
trauma ['traŭma] *m MED* Trauma *n*
travesía [traƀe'sia] *f 1.* Durchfahrt *f,* Überfahrt *f; ¿Cuánto tiempo dura la ~?* Wie lange dauert die Überfahrt? *2. (calle)* Querstraße *f*
travesura [traƀe'sura] *f* Schabernack *m,* Unfug *m,* Übermut *m; hacer una ~* einen Streich spielen
traviesa [tra'ƀĭesa] *f* Schwelle *f*
travieso [tra'ƀĭeso] *adj 1.* übermütig, keck, unartig (Kind); *2. (transversal)* quer
trayecto [tra'jɛkto] *m* Strecke *f,* Weg *m*
trayectoria [trajɛk'torĭa] *f* Flugbahn *f,* Werdegang *m* (fig)
traza ['traθa] *f por las ~s* dem Aussehen nach *n,* dem Anschein nach *m*
trazado [tra'θađo] *m* Entwurf *m,* Trasse *f*
trazar [tra'θar] *v 1.* zeichnen, aufzeichen; *2. (proyectar)* projektieren, entwerfen, skizzieren
trazo ['traθo] *m* Strich *m*
trece ['treθe] *num* dreizehn
trecho ['tretʃo] *m* Strecke *f; ~ de prueba* Teststrecke *f*
tregua ['tregwa] *f* Waffenstillstand *m*
treinta ['trɛĭnta] *num* dreißig
tremendo [tre'mendo] *adj (poderoso)* mächtig, ungeheuer, fürchterlich, schrecklich
trementina [tremen'tina] *f* Terpentin *n*
tren [tren] *m 1.* Zug *m,* Bahn *f; ~ ómnibus* Personenzug *m; ~ de carga/~ de mercancías* Güterzug *m; ~ de cercanías* Nahverkehrszug *m; ~ directo* D-Zug *m; ~ rápido* Eilzug *m; ~ expreso* Expresszug *m; ~ fantasma/~ de la*

bruja Geisterbahn *f; ¿Hay un ~ expreso a Valencia?* Gibt es einen Schnellzug nach Valencia? *2. ~ de fabricación TECH* Fertigungsstraße *f; 3. ~ de lavado* Waschanlage *f*
trena ['trena] *f* Knast *m*
trenza ['trenθa] *f* Zopf *m*
trenzar [tren'θar] *v* flechten
trepar [tre'par] *v 1. ~ a* klettern auf; *2. ~ por BOT* ranken um
trepidación [trepiđa'θĭɔn] *f* Beben *n,* Zittern *n,* Zucken *n*
trepidante [trepi'đante] *adj* zitternd, bebend, stampfend
trepidar [trepi'đar] *v* beben, zittern
tres [tres] *num* drei; *~ veces* dreimal; *~ cuartos* drei viertel
treta ['treta] *f* Masche *f,* Trick *m*
triangular [trĭaŋgu'lar] *adj* dreieckig
triángulo ['trĭaŋgulo] *m 1. MATH* Dreieck *n; 2. ~ amoroso* Dreiecksverhältnis *n; 3. ~ de emergencia* Warndreieck *n*
tribu ['triƀu] *f* Stamm *m*
tribuna [tri'ƀuna] *f* Tribüne *f*
tribunal [triƀu'nal] *m JUR* Gericht *n; ~ laboral* Arbeitsgericht *n; ~ examinador* Prüfungsausschuss *m; ~ constitucional* Verfassungsgericht *n; ~ de justicia* Gerichtshof *m; ~ arbitral* Schiedsgericht *n; ~ administrativo* Verwaltungsgericht *n*
tributación [triƀuta'θĭɔn] *f* Besteuerung *f*
tributante [triƀu'tante] *m* Tribut leistende Person *f,* Steuerpflichtiger *m*
tributo [tri'ƀuto] *m* Steuer *f,* Tribut *m*
triciclo [tri'θiklo] *m* Dreirad *n*
tricot [tri'kɔt] *m* Trikot *n*
tricotar [triko'tar] *v* stricken
tridimensional [tridimensĭo'nal] *adj* dreidimensional
trigal [tri'gal] *m* Kornfeld *n,* Weizenfeld *n*
trigésimo [tri'xesimo] *adj* dreißigste(r,s)
trigo ['trigo] *m BOT* Weizen *m*
trigonometría [trigonome'trĭa] *f MATH* Trigonometrie *f*
trillado [tri'ʎađo] *adj una verdad trillada* abgedroschen, allseits bekannt
trillar [tri'ʎar] *v* dreschen
trillizos [tri'ʎiθos] *m/pl* Drillinge *pl*
trillo ['triʎo] *m* Flegel *m*
trimestral [trimes'tral] *adj* vierteljährlich
trinado [tri'nađo] *m* Vogelgezwitscher *n*
trinar [tri'nar] *v* zwitschern
trinchar [trin'tʃar] *v* tranchieren
trinchera [tri'tʃera] *f MIL* Schützengraben *m*
trineo [tri'neo] *m* Schlitten *m*
Trinidad [trini'đađ] *f REL* Dreieinigkeit *f*
trino ['trino] *m MUS* Triller *m*
trío ['trĭo] *m 1.* Dreiergruppe *f; 2. (conjunto musical) MUS* Trio *n; El trío x toca hoy obras de Bach.* Das Trio X spielt heute Werke von Bach. *3. (obra musical) MUS* Musik für drei Instrumente *f*
triple ['triple] *adj* dreifach
trípode ['tripođe] *m* Stativ *n*
tripulación [tripula'θĭɔn] *f* Mannschaft *f,* Besatzung *f*
tripulado [tripu'lađo] *adj* bemannt
tripulante [tripu'lante] *m* Besatzungsmitglied *n,* Mannschaftsmitglied *n*
tripular [tripu'lar] *v* bemannen, eine Besatzung zusammenstellen
triste ['triste] *adj* traurig, trübselig, trübsinnig
tristeza [tris'teθa] *f* Trauer *f,* Traurigkeit *f,* Trübsinn *m*
tristón [tris'tɔn] *adj* freudlos
triturador [tritura'đɔr] *m ~ de carne* Fleischwolf *m*
triturar [tritu'rar] *v* zerkleinern, zerreiben
triunfador(a) [trĭumfa'đɔr/trĭumfa'tora] *m/f* Sieger(in) *m/f*
triunfal [trĭum'fal] *adj* triumphal
triunfante [trĭum'fante] *adj* siegreich
triunfar [trĭum'far] *v ~ sobre* siegen über, bezwingen, triumphieren über
triunfo ['triumfo] *m* Sieg *m,* Triumph *m*
trivial [tri'ƀĭal] *adj* banal, geistlos, platt
trivialidad [triƀiali'đađ] *f* Banalität *f*
trocar [tro'kar] *v irr* tauschen; *~ por* eintauschen gegen
trofeo [tro'feo] *m* Trophäe *f*
trombón [trɔm'ƀɔn] *m MUS* Posaune *f*
trompa ['trɔmpa] *f 1. ZOOL* Rüssel *m; 2. las ~s de Falopio pl ANAT* Eileiter *pl*
trompeta [trɔm'peta] *f* Trompete *f; tocar la ~* Trompete spielen
tronar [tro'nar] *v irr* donnern
tronco ['trɔŋko] *m 1.* Baumstamm *m; dormir como un ~* wie ein Murmeltier schlafen; *2. (carruaje)* Gespann *n; 3. (fig)* Stamm *m; 4. ANAT* Oberkörper *m,* Rumpf *m*
trono ['trono] *m* Thron *m*
tropa ['tropa] *f MIL* Truppe *f*
tropezar [trope'θar] *v irr 1. ~ con* stolpern über; *2. ~ contra* anstoßen an
tropical [tropi'kal] *adj* tropisch; *instituto ~* Tropeninstitut *n*
trópicos ['tropikos] *m/pl GEO* Tropen *pl*

tropiezos [tro'pĭeθos] *m/pl 1.* Hindernis *n,* Schwierigkeit *f; 2. (fig)* Fehltritt *m*
trotamundos [trota'mundos] *m* Weltenbummler *m,* Globetrotter *m*
trotar [tro'tar] *v 1. (un caballo)* traben, trotten; *2. (hacer jogging)(LA)* joggen
trote ['trote] *m* Trab *m*
trozo ['troθo] *m* Stück *n,* Bissen *m,* Brocken *m; a ~s* stückweise; *un ~ de queso/pan/mantequilla* ein Stück Käse/Brot/Butter *n*
truco ['truko] *m 1.* Trick *m,* Tour *f; 2. (de arte)* Kunststück *n; 3. CINE* Gag *m*
trucha ['trutʃa] *f ZOOL* Forelle *f*
trueno ['trweno] *m* Donner *m*
trueque ['trweke] *m* Tausch *m,* Umtausch *m,* Tauschgeschäft *n*
trufa ['trufa] *f BOT* Trüffel *m*
truhán [tru'an] *m* Spitzbube *m,* Gauner *m*
truncar [truŋ'kar] *v* abbrechen
trust [trust] *m ECO* Trust *m*
tu [tu] *pron (posesivo)* dein(e)
tú [tu] *pron (personal)* du
tubérculo [tu'ƀɛrkulo] *m BOT* Knolle *f*
tubería [tuƀe'ria] *f* Leitung *f,* Rohr *n*
tubo ['tuƀo] *m 1.* Tube *f; 2. ~ de ensayo CHEM* Reagenzglas *n; 3. ~ de escape TECH* Auspuffrohr *n; ~ de imagen* Bildröhre *f; 4. (fam)* U-Bahn *f*
tuerca ['twɛrka] *f TECH* Mutter *f*
tullido [tu'ʎiđo] *adj MED* lahm, verkrüppelt
tumba ['tumba] *f 1.* Grab *n; 2. (panteón)* Gruft *f*
tumbar [tum'bar] *v* umschmeißen, kippen, umkippen, umstoßen
tumbarse [tum'ƀarse] *v (fam: arrellanarse)* sich fallen lassen, es sich bequem machen·
tumbona [tum'bona] *f* Liegestuhl *m*
tumor [tu'mɔr] *m MED* Tumor *m,* Geschwulst *f; ~ cerebral* Gehirntumor *m*
tumulto [tu'multo] *m* Krawall *m,* Tumult *m*
tunante [tu'nante] *m* Tunichtgut *m*
túnel ['tunɛl] *m 1.* Tunnel *m; 2. ~ aerodinámico TECH* Windkanal *m*
turba ['turƀa] *f 1.* Torf *m; 2. (fig)* Menge *f,* Meute *f*
turbación [turƀa'θĭɔn] *f* Peinlichkeit *f*
turbado [tur'ƀađo] *adj* verstört; *estar ~* betreten sein
turbamulta [turƀa'multa] *f* Gedränge *n,* Menschenmenge *f*
turbar [tur'ƀar] *v* trüben
turbina [tur'ƀina] *f* Turbine *f*
turbio ['turƀĭo] *adj* trüb
turbulento [turƀu'lento] *adj* turbulent
turco ['turko] *m 1.* Türke *m; adj 2.* türkisch
turismo [tu'rizmo] *m 1.* Fremdenverkehr *m,* Tourismus *m; 2. (automóvil)* Personenkraftwagen *m*
turista [tu'rista] *m/f* Tourist(in) *m/f*
turnarse [tur'narse] *v* sich abwechseln
turno ['turno] *m* Schicht *f; de ~* Dienst habend; *~ de noche* Nachtschicht *f; ~ de tarde* Spätschicht *f*
Turquía [tur'kia] *f GEO* Türkei *f*
tutela [tu'tela] *f* Vormundschaft *f,* Obhut *f,* Bevormundung *f; tener a alguien bajo ~* jdn bevormunden
tutelado [tute'lađo] *m JUR* Mündel *n*
tuteo [tu'tɛo] *m* Duzen *n*
tutor(a) [tu'tɔr/tu'tora] *m/f* Vormund *m,* Tutor(in) *m/f*
tutoría [tuto'ria] *f* Vormundschaft *f*
tutorial [tuto'rĭal] *m (documentación de un programa) INFORM* Tutor *m,* Assistent *m,* Hilfsprogramm *n; Este programa no tiene tutoriales.* Dieses Programm hat keine Hilfsprogramme.
tuyo ['tujo] *pron (posesivo)* dein, deine(r, s); *El coche es ~.* Das Auto ist deines.

U

u [u] *konj (antes de o, ho)* oder
ubicación [ubika'θĭɔn] *f* Standort *m,* Unterbringung *f,* Lageplan *m*
ubicado [ubi'kado] *adj (LA)* gelegen
ubicarse [ubi'karse] *v (LA)* sich zurechtfinden
ufanarse [ufa'narse] *v* sich brüsten
ufano [u'fano] *adj* selbstgefällig
úlcera ['ulθera] *f MED* Geschwür *n*
ulterior [ulte'rĭɔr] *adj 1.* anderweitig; *2. (posterior)* nachträglich
últimamente ['ultimamente] *adv* neulich, letztens
ultimar [ulti'mar] *v 1.* vollenden; *2. (asesinar) (LA)* umbringen
ultimátum [ulti'matun] *m* Ultimatum *n*
último ['ultimo] *adj* letzte(r,s), vorig; *Es mi ~ día.* Das ist mein letzter Tag. *la última vez* das letzte Mal; *por ~* schließlich, abschließend
ultraconservador [ultrakɔnsɛrba'tɔr] *adj* erzkonservativ
ultraderechista [ultradere'tʃista] *m/f POL* Rechtsextremist(in) *m/f*
ultrajar [ultra'xar] *v* angreifen
ultraje [ul'traxe] *m* Schande *f,* Schmach *f*
ultramar [ultra'mar] *m* Übersee *f*
ultramoderno [ultramo'dɛrno] *adj* hypermodern
ultranza [ul'tranθa] *f a ~* um jeden Preis, radikal
ultrasonido [ultraso'nido] *m* Ultraschall *m*
ultravioleta [ultrabĭo'leta] *adj* ultraviolett
ulular [ulu'lar] *v* heulen
umbral [um'bral] *m 1.* Schwelle *f,* Türschwelle *f; 2. ~ de la inhibición PSYCH* Hemmschwelle *f*
un [un] *art 1.* ein; *num 2.* eins
una ['una] *art* eine
unánime [u'nanime] *adj* einstimmig
unanimidad [unanimi'dad] *f* Einstimmigkeit *f; por ~* einstimmig
unas ['unas] *pron* einige, etliche
unción [un'θĭɔn] *f 1. MED* Einreibung *f,* Einsalbung *f; 2. REL* Salbung *f*
undécimo [un'deθimo] *adj* elfte(r,s)
undular [undu'lar] *v* wallen, wogen
ungüento [uŋ'gwento] *m* Salbe *f,* Linderung *f*
unicidad [uniθi'dad] *f* Einzigkeit *f*
único ['uniko] *adj 1.* einzeln, allein, einzig; *la única posibilidad* die einzige Möglichkeit *f; 2. (singular)* einmalig, einzigartig
unicolor [uniko'lɔr] *adj* einfarbig
unidad [uni'dad] *f 1.* Einheit *f,* Einigkeit *f; ~ monetaria ECO* Währungseinheit *f; 2. (dispositivo) INFORM* Laufwerk *n; ~ de CD-ROM* CD-Rom Laufwerk; *~ de disco duro* Laufwerk einer Festplatte; *~ central de procesamiento* zentrales Betriebslaufwerk
unido [u'nido] *adj* vereint, vereinigt
unificación [unifika'θĭɔn] *f POL* Einigung *f,* Vereinigung *f*
unificar [unifi'kar] *v* vereinheitlichen, zusammenführen
uniformado [unifor'mado] *adj 1.* uniformiert, einheitlich; *m 2. (de alguna fuerza pública)(LA)* amtliche Person *f*
uniformar [unifɔr'mar] *v* vereinheitlichen
uniforme [uni'fɔrme] *m 1.* Uniform *f; adj 2.* einheitlich, gleichmäßig
uniformidad [unifɔrmi'dad] *f* Einerlei *n,* Gleichmäßigkeit *f*
unilateral [unilate'ral] *adj* einseitig, eingleisig
unión [u'nĭɔn] *f 1.* Vereinigung *f,* Zusammenfassung *f,* Zusammenschluss *m; 2. POL* Union *f,* Einigung *f; 3. (grupo)* Verein *m,* Verband *m; 4. (conexión)* Anschluss *m,* Verbindung *f; 5. (~ con)* Verbundenheit *f; 6. Unión Europea (UE) GEO* Europäische Union (EU) *f; 7. Unión de Estados Independientes (UEI) GEO* Gemeinschaft Unabhängiger Staaten (GUS) *f*
unir [u'nir] *v 1.* verbinden, anschließen, zusammenlegen; *2. (fig: reunir)* vereinigen
unirse [u'nirse] *v* sich verbünden, sich zusammenschließen
unísono [u'nisono] *adj* einstimmig
unitario [uni'tarĭo] *adj* einheitlich
universal [unibɛr'sal] *adj 1.* allgemein, durchgängig; *2. (mundial)* weltweit, universal
universalidad [unibersali'dad] *f* Allgemeinheit *f,* Vielseitigkeit *f*
universidad [unibɛrsi'dad] *f* Hochschule *f,* Universität *f; ~ popular* Volkshochschule *f*
universitario [unibɛrsi'tarĭo] *m* Akademiker *m*

universo [uni'bɛrso] *m* Weltall *n,* All *n,* Universum *n*
uno ['uno] *num 1.* eins; *~ y medio* anderthalb, eineinhalb; *art 2.* eine(r,s), ein; *Quisiera sólo ~.* Ich möchte nur eines. *pron 3. ~ dentro de otro* ineinander; *~s dentro de otros* ineinander; *~ de más* einer zu viel; *~ junto a otro* aneinander; *~ sobre el otro* aufeinander, übereinander; *~ con otro* beieinander, miteinander, zueinander; *~ a otro* einander; *~ por ~* einzeln, nacheinander; *~ en contra de otro* gegeneinander; *~ detrás de otro* hintereinander; *~ tras otro* nacheinander; *~ al lado de otro* nebeneinander; *4. (impersonal)* man; *5. ~s pl* einige, etliche; *~s cuantos días* ein paar Tage; *sólo ~s cuantos* nur ein paar
untar [un'tar] *v 1.* streichen, belegen, schmieren; *~ con* bestreichen mit; *~ con crema* eincremen; *~ de* beschmieren mit; *2. (sobornar)* jdn schmieren, Schmiergeld bezahlen
unto ['unto] *m* Schmiergeld *n*
uña ['uɲa] *f ANAT* Fingernagel *m,* Nagel *m; enseñar las ~s (fig)* die Zähne zeigen
uranio [u'ranĭo] *m CHEM* Uran *n*
Urano [u'rano] *m ASTR* Uranus *m*
urbanidad [urbani'đađ] *f* Höflichkeit *f,* Gewandheit *f,* Weltläufigkeit *f*
urbanismo [urƀa'nizmo] *m* Städtebau *m,* Städteplanung *f*
urbanización [urƀaniθa'θĭɔn] *f 1.* Erschließung *f,* Bebauung *f; 2. (barrio)* Wohnsiedlung *f,* Villenviertel *n*
urbanizar [urƀani'θar] *v* bebauen, erschließen
urbano [ur'ƀano] *adj* städtisch
urbe ['urƀe] *f* Großstadt *f,* Metropole *f*
uréter [u'reter] *m ANAT* Harnleiter *m*
uretra [u'retra] *f ANAT* Harnröhre *f*
urgencia [ur'xenθĭa] *f* Dringlichkeit *f; Es un caso de ~.* Das ist ein Notfall.
urgente [ur'xente] *adj* dringend, eilig, vordringlich; *ser ~* dringend sein; *muy ~* vordringlich
urna ['urna] *f* Urne *f,* Glaskasten *m; ~ electoral POL* Wahlurne *f*
uro ['uro] *m ZOOL* Auerochs *m,* Ur *m*
urogallo [uro'gaʎo] *m ZOOL* Auerhahn *m*
urólogo [u'roloʒo] *m MED* Urologe *m*
usado [u'sađo] *adj* gebraucht; *~ para fines extraños* zweckentfremdet
usaje [u'saxe] *m* Nutzung *f*
usanza [u'sanθa] *f (costumbre)* Brauch *m,* Sitte *f,* Mode *f*
usar [u'sar] *v 1.* gebrauchen, benutzen, verwenden, anwenden; *2. (la ropa)* tragen; *~ gafas* eine Brille tragen; *3. (desgastar)* abnützen
usarse [u'sarse] *v* gebraucht werden
uso ['uso] *m 1.* Gebrauch *m,* Verwendung *f,* Anwendung *f,* Benutzung *f,* Einsatz *m; ~ de razón* Vernunftsgebrauch *m; hacer ~* Gebrauch machen; *en ~* gebräuchlich; *2. (costumbre)* Brauch *m,* Sitte *f,* Mode *f; 3. ~ previsto* Verwendungszweck *m; 4. (desgaste)* Abnutzung *f,* Nutzungszustand *m; 5. ~s pl* Brauchtum *n*
usted [us'teđ] *pron 1.* Sie; *2. ~es pl* Sie; *3. (vosotros)* ihr
usual [u'swal] *adj* gewöhnlich, üblich, gängig, gebräuchlich, geläufig
usuario [u'swarĭo] *m* Benutzer *m*
usurpación [usurpa'θĭɔn] *f* widerrechtliche Aneignung *f,* Usurpation *f,* Anmaßung *f*
usurpador(a) [usurpa'đɔr/usurpa'đora] *m/f* Usurpator(in) *m/f*
usurpar [usur'par] *v* sich widerrechtlich etw aneignen, usurpieren
utensilio [uten'silĭo] *m* Gerät *n,* Utensil *n; ~ doméstico* Haushaltsgerät *n*
útero ['utero] *m ANAT* Gebärmutter *f*
útil ['util] *adj 1.* dienlich, nützlich, brauchbar; *ser ~ para* taugen zu; *ser ~ a alguien* jdm behilflich sein/jdm nützlich sein; *m 2. ~es pl* Utensilien *pl; ~es de costura* Nähzeug *n*
utilidad[1] [utili'đađ] *f* Nutzen *m,* Nützlichkeit *f*
utilidad[2] [utili'đađ] *f/pl (herramientas) INFORM* Utilities *pl,* Werkzeuge *n/pl programa de ~es* Utilities-Programm
utilizable [utili'θaƀle] *adj* dienlich, verwendbar
utilización [utili'θaθĭɔn] *f 1.* Verwendung *f,* Anwendung *f,* Benutzung *f,* Inanspruchnahme *f; 2. (provecho)* Ausnützung *f,* Verwertung *f,* Nutzung *f*
utilizador(a) [utiliθa'đɔr/utiliθa'đora] *m/f* Benutzer(in) *m/f*
utilizar [utili'θar] *v 1. (aplicar)* anwenden, verwenden; *2. (usar)* benutzen, gebrauchen; *¿Puedo ~ su teléfono?* Darf ich Ihr Telefon benutzen? *3. (necesitar)* brauchen; *4. (aprovechar)* nutzen
utopía [uto'pia] *f* Utopie *f*
utópico [u'topiko] *adj* utopisch
uva ['uƀa] *f BOT* Weintraube *f,* Traube *f; tener mala ~ (fig)* schlechte Laune haben, schlecht gelaunt sein

V

vaca ['baka] *f ZOOL* Kuh *f*
vacaciones [baka'θĭones] *f/pl* Urlaub *m; ~ de la empresa* Betriebsferien *pl; ~ de verano* Sommerferien *pl; ~ escolares* Schulferien *pl; lugar de ~* Ferienort *m*
vacacionista [bakaθĭo'nista] *m/f* Urlauber(in) *m*
vacante [ba'kante] *m 1. ~ de estudios* Studienplatz *m; adj 2.* offen
vaciadero [baθĭa'ero] *m ~ de desperdicios* Müllhalde *f,* Abfalldeponie *f*
vaciamiento [baθĭa'mĭento] *m* Leerung *f*
vaciar [ba'θĭar] *v* leeren, ausleeren
vaciedad [baθĭe'đađ] *f* Leere *f,* Plattheit *f*
vacilante [baθi'lante] *adj* unschlüssig, zaghaft, zögernd
vacilar [baθi'lar] *v 1.* schwanken; *2. (fig)* wanken, zögern, zaudern; *sin ~* kurzerhand
vacío [ba'θio] *adj 1. (sin adorno)* kahl; *2. (de contenido)* leer, inhaltslos; *3. (hueco)* hohl; *m 4.* Lücke *f,* Hohlraum *m,* Leere *f*
vacuna [ba'kuna] *f MED* Impfstoff *m; ~ por vía oral* Schluckimpfung *f; ~ antitetánica* Tetanusimpfung *f*
vacunación [bakuna'θĭɔn] *f MED* Impfung *f; ~ variólica* Pockenimpfung *f; ~ preventiva* Schutzimpfung *f*
vacunar [baku'nar] *v ~ contra MED* impfen gegen
vacuno [ba'kuno] *m ZOOL* Rind *n*
vacuo ['bakuo] *adj* leer, inhaltslos
vadear [ba'đεar] *v 1.* durchwaten; *1.* (fig) abtasten
vagabundear [bagaƀunde'ar] *v* vagabundieren
vagabundo [baga'ƀundo] *m* Herumtreiber *m,* Landstreicher *m,* Vagabund *m*
vagar [ba'gar] *v 1.* bummeln; *~ sin rumbo* umherirren; *2. (estar ocioso)* Muße haben, müßig gehen, faulenzen
vagina [ba'xina] *f ANAT* Scheide *f,* Vagina *f*
vago ['bago] *adj 1.* dumpf, faul; *2. (no específico)* undeutlich, vage; *m 3.* Faulpelz *m,* Faulenzer *m; hacer el ~* faulenzen; *4. (vagabundo)* Landstreicher *m*
vagón [ba'gɔn] *m* Waggon *m,* Eisenbahnwagen *m; ~ de literas* Liegewagen *m; ~ restaurante* Speisewagen *m*
vaho ['bao] *m* Dunst *m*
vainilla [baĭ'niʎa] *f 1. BOT* Vanille *f; 2. ~ azucarada GAST* Vanillezucker *m*
vajilla [ba'xiʎa] *f* Essgeschirr *n,* Geschirr *n*
vale ['bale] *m* Gutschein *m,* Bon *m*
valedero [bale'đero] *adj* gültig, geltend
valentía [balen'tia] *f* Mut *m,* Tapferkeit *f*
valer [ba'lεr] *v irr 1. (tener validez)* gelten, wert sein; *¡Vale!* Abgemacht!/In Ordnung! *2. (costar)* kosten; *3. (servir)* taugen; *4. ~ la pena* sich lohnen, sich auszahlen
valeriana [bale'rĭana] *f MED* Baldrian *m*
valeroso [bale'roso] *adj* tapfer, mutig
valerse [ba'lεrse] *v ~ de algo* von etw Gebrauch machen; *no poder ~* sich nicht helfen können
valía [ba'lĭa] *f* Wert *m,* Gunst *f*
validez [bali'đeθ] *f 1.* Gültigkeit *f,* Geltung *f; ¿Cuánto tiempo tiene ~?* Wie lange ist es gültig? *2. sin ~* hinfällig, ungültig; *3. ECO* Laufzeit *f*
válido ['baliđo] *adj 1.* gültig, geltend; *ser ~* gelten; *2. JUR* rechtskräftig, rechtsgültig
valiente [ba'lĭente] *adj* brav, tapfer, beherzt
valija [ba'lixa] *f* Handkoffer *m,* Reisetasche *f,* Koffer *m*
valioso [ba'lĭoso] *adj* kostbar, wertvoll
valor [ba'lɔr] *m 1.* Wert *m; de gran ~* hochwertig; *perder su ~* an Wert verlieren; *sin ~* wertlos; *~ límite* Grenzwert *m; ~ estimado* Schätzwert *m; ~ indicativo* Richtwert *m; 2. (valentía)* Mut *m; ~ cívico* Zivilcourage *f; 3. ~ nominal FIN* Nennwert *m; 4. ~es bursátiles pl FIN* Börsenpapier *n; titulos ~es* Wertpapier *n; 5. ~es pl ECO* Effekten *pl; ~es en cartera* Effektenbestand *m*
valoración [balora'θĭɔn] *f* Bewertung *f,* Wertung *f*
valorar [balo'rar] *v 1.* bewerten, einschätzen; *2. (apreciar)* würdigen
valorizar [balorĭ'θar] *v* bewerten, auswerten, beurteilen
vals [bals] *m MUS* Walzer *m*
valla ['baʎa] *f* Zaun *m,* Bretterzaun *m,* Hürde *f*
vallar [ba'ʎar] *v* umzäunen, abriegeln
valle ['baʎe] *m* Tal *n*
vampiro [bam'piro] *m* Vampir *m*
vanagloria [bana'glorĭa] *f* Ruhmsucht *f*

vanagloriarse [banaglo'riarse] *v* sich brüsten, prahlen
vandalismo [banda'lizmo] *m* Vandalismus *m*
vanguardia [ban'guarđĭa] *f* Vorhut *f,* Avantgarde *f*
vanguardista [banguar'đista] *adj* avantgardistisch
vanidad [bani'đađ] *f* Eitelkeit *f*
vanidoso [bani'đoso] *adj 1.* eitel, pedantisch, selbstgefällig; *m 2.* Pedant *m*
vano ['bano] *adj 1.* eitel; *2. en ~* umsonst, vergeblich
vapor [ba'pɔr] *m 1.* Dampf *m,* Dunst *m; echar ~es* dampfen; *2. (un barco)* Dampfer *m; El vapor sale a las cinco.* Der Dampfer fährt um fünf.
vaporoso [bapo'roso] *adj* duftig
vaquero [ba'kero] *m 1.* Kuhhirte *m,* Cowboy *m, 2.* Bluejeans *f*
vara ['bara] *f 1.* Stange *f; ~ de remolque* Abschleppstange *f; 2. BOT* Rute *f; 3. medirlo todo con la misma ~ (fig)* alles über einen Kamm scheren
varar [ba'rar] *v* stranden
variabilidad [barĭabili'đađ] *f* Veränderlichkeit *f*
variable [ba'ĭaƀle] *f 1. (en el álgebra) MATH* Variable *f; 2. (campo reservado en la memoria) INFORM* Variable *f* (Reservebereich im Speicher); *3. (fig: condiciones independientes)* Unbekannte *f,* Unbeständigkeit *f,* Unstetigkeit *f*
variable [ba'rĭaƀle] *adj* veränderlich, unbeständig, variabel
variación [barĭa'θĭɔn] *f 1.* Veränderung *f,* Abwandlung *f,* Schwankung *f; 2. (versión)* Abart *f*
variado [ba'rĭađo] *adj 1.* verschieden, vielfältig; *2. (diverso)* abwechslungsreich
variante [ba'rĭante] *f* Variante *f*
variar [ba'rĭar] *v 1. (cambiar)* verändern, wechseln, abwandeln, variieren; *2. (vacilar)* schwanken
variedad [barĭe'đađ] *f* Vielfalt *f*
vario ['barĭo] *adj* verschieden, unterschiedlich; *en varias ocasiones* mehrmals, des Öfteren
varios ['barĭos] *pron 1.* mehrere, manche; *adj 2.* allerhand, allerlei
varón [ba'rɔn] *m* Mann *m,* männliches Wesen *n*
varonil [baro'nil] *adj* männlich, mannhaft, mutig
vasija [ba'sixa] *f* Gefäß *n*
vaso ['baso] *m 1.* Glas *n,* Becher *m; un ~ de leche* ein Glas Milch *n; ~ de cartón* Pappbecher *m; 2. ANAT* Gefäß *n; ~ sanguíneo* Ader *f; ~ capilar* Kapillargefäß *n*
vástago ['bastago] *m* Sprössling *m*
vasto ['basto] *adj 1.* breit, großflächig, weitläufig; *2. (desolado)* wüst; *3. (fig)* weit gehend
Vaticano [bati'kano] *m* Vatikan *m*
vaticinar [batiθi'nar] *v* voraussagen
vatio ['batĭo] *m* Watt *n*
veces ['beθes] *f/pl a ~* gelegentlich, manchmal, zuweilen; *la mayoría de las ~* meist, meistens; *un par de ~* ein paar Mal
vecinal [beθi'nal] *adj* Gemeinde..., nachbarlich, nebenan liegend
vecindad [beθin'đađ] *f 1.* Nachbarschaft *f; 2. (cercanía)* Nähe *f*
vecindario [beθin'đarĭo] *m* Einwohnerschaft *f,* Nachbarschaft *f*
vecino [be'θino] *m 1.* Nachbar *m,* Hausbewohner *m,* Anlieger *m; adj 2.* benachbart; *3. (cercano)* nah(e), aneinander grenzend
vector [bek'tor] *m MATH* Vektor *m*
vectorial [bekto'rĭal] *adj MATH* vektoriell, Vektor...
vedar [be'đar] *v* untersagen
vegetación [bɛxeta'θĭɔn] *f 1. BOT* Vegetation *f; 2. (planta)* Gewächs *n*
vegetal [bɛxe'tal] *adj 1.* pflanzlich; *m 2. BOT* Gewächs *n*
vegetar [bexe'tar] *v 1.* wachsen; *2. (fig: llevar una vida inútil)* vegetieren, ein schlechtes Leben führen
vegetariano [bɛxeta'rĭano] *m 1.* Vegetarier *m; adj 2.* vegetarisch; *la cocina vegetariana* die vegetarische Küche *f*
vegetativo [bexeta'tiƀo] *adj* vegetativ, wachsend, vegetierend
vehemencia [bee'menθĭa] *f* Heftigkeit *f,* Ungestüm *n,* Kraft *f*
vehemente [bee'mente] *adj* vehement, heftig, ungestüm, kraftvoll
vehículo [be'ikulo] *m* Fahrzeug *n,* Kraftfahrzeug *n; ~ para todo terreno* Geländewagen *m; ~ de alquiler* Mietwagen *m*
vehículo-vivienda [beikulo-'biƀĭenda] *m* Wohnmobil *n*
veinte ['bɛĭnte] *num* zwanzig
vejación [bexa'θĭɔn] *f* Belästigung *f,* Plage *f*
vejar [bɛ'xar] *v 1.* angreifen, traktieren; *2. (humillar)* demütigen

vejez [bɛ'xeθ] *f* Lebensabend *m,* Alter *n*
vela ['bela] *f* *1.* Kerze *f; 2. (de barco) NAUT* Segel *n*
velada [be'lađa] *f* Abend *m; una ~ amena* ein geselliger Abend *m*
velar [be'lar] *v 1.* wachen, hüten, wahren; *~ por algo* über etw wachen; *2. (ocultar)* verhüllen, verschleiern
velatorio [bela'torĭo] *m* Totenwache *f*
veleidad [belei'đađ] *f* Anwandlung *f,* Laune *f,* Willkür *f*
veleidoso [beleĭ'đoso] *adj* flatterhaft, sprunghaft, unbeständig
velero [be'lero] *m* Segelboot *n*
velo ['belo] *m* Schleier *m*
velocidad [beloθi'đađ] *f* Geschwindigkeit *f,* Schnelligkeit *f; ~ máxima* Höchstgeschwindigkeit *f,* Spitzengeschwindigkeit *f; ir a toda ~ (con el auto)* brausen; *~ del sonido* Schallgeschwindigkeit *f; ~ supersónica* Überschallgeschwindigkeit *f; ~ de la luz* Lichtgeschwindigkeit *f*
velocímetro [belo'θimetro] *m* Tachometer *m*
velocísimo [belo'θisimo] *adj* rasend
velódromo [be'lođromo] *m* Rennbahn *f*
veloz [be'lɔθ] *adj* behände, schnell
vello ['beʎo] *m (del cuerpo)* Haar *n*
velloso [be'ʎoso] *adj* behaart
velludo [be'ʎuđo] *adj* behaart
vena ['bena] *f ANAT* Ader *f,* Gefäß *n,* Vene *f; estar en ~ (fig)* in Stimmung sein
venado [be'nađo] *m ZOOL* Rotwild *n*
venal [be'nal] *adj* käuflich, bestechlich
venalidad [benali'đađ] *f* Käuflichkeit *f,* Bestechlichkeit *f*
vencedor(a) [benθe'đɔr/benθe'đora] *m/f* Gewinner(in) *m/f,* Sieger(in) *m/f*
vencer [ben'θɛr] *v 1. (ganar)* siegen, bezwingen, gewinnen, schlagen; *2. (triunfar) triumphieren; 3. (fig: superar)* überwältigen, überwinden, überstehen, sich behaupten; *~ a alguien on astucia* jdn überlisten; *4. (caducar)* verfallen, ablaufen
vencerse [ben'θɛrse] *v ~ a sí mismo* sich überwinden
vencido [ben'θiđo] *adj 1.* besiegt; *ser ~ por* unterliegen; *2. (caducado)* fällig
vencimiento [benθi'mĭento] *m 1.* Bewältigung *f,* Überwindung *f; 2. (expiración)* Verfall *m; 3. ECO* Fälligkeit *f,* Laufzeit *f; 4. ~ del plazo ECO* Ablauf *m*
vendaje ['bendaxe] *m MED* Bandage *f,* Verband *m*
vendar [ben'dar] *v MED* verbinden
vendedor(a) [bende'đɔr/bende'tora] *m/f* Verkäufer(in) *m/f; ~ de coches* Autohändler *m;* Straßenhändler *m*
vender [ben'dɛr] *v 1.* verkaufen; *2. ECO* absetzen, vertreiben
vendible [ben'diƀle] *adj ECO* marktfähig, verkäuflich, absatzfähig, absetzbar
vendido [ben'điđo] *adj* ausverkauft
vendimia [ben'dimĭa] *f* Weinlese *f*
veneno [be'neno] *m* Gift *n; ~ de serpiente* Schlangengift *n*
venerable [bene'raƀle] *adj* altehrwürdig, ehrwürdig
veneración [benera'θĭɔn] *f 1.* Anbetung *f,* Ehrfurcht *f; 2. (aprecio)* Verehrung *f*
venerar [bene'rar] *v 1.* anbeten; *2. (apreciar)* verehren
venganza [beŋ'ganθa] *f ~ de/~ por* Rache für *f*
vengar [beŋ'gar] *v* rächen
vengarse [beŋ'garse] *v ~ de alguien por algo* sich an jdm für etw rächen
vengativo [benga'tiƀo] *adj* rachsüchtig, rächend, strafend
venia ['benia] *f (permiso)* Erlaubnis *f*
venida [be'niđa] *f* Ankunft *f,* Kommen *n,* Eintreffen *n*
venidero [beni'đero] *adj* kommend, künftig, zukünftig
venir [be'nir] *v irr 1. (hacia acá)* kommen; *¡Venga aquí!* Kommen Sie her! *¡Ven aquí!* Komm her! *~ a buscar/~ a recoger* holen, abholen; *no ~* wegbleiben; *~ con* mitkommen; *~ primero* vorgehen, als Erster kommen; *2. (mercancía) hacer ~ ECO* abrufen; *hacer ~ a alguien* jdn zu sich herbestellen; *3. ~ de* abstammen von; *~ al encuentro de* entgegenkommen; *4. ~ muy bien/~ a propósito (fig)* gelegen kommen; *5. ~ bien* passen
venirse [be'nirse] *v irr ~ abajo* zusammenbrechen, zusammenfallen
venta ['benta] *f 1.* Verkauf *m,* Vertrieb *m; ~ anticipada* Vorverkauf *m; ~ promocional* Sonderangebot *m; ~ de liquidación* Schlussverkauf *m; 2. ECO* Absatz *m,* Abgang *m; 3. ~s pl (entradas) ECO* Einkünfte *pl*
ventaja [ben'taxa] *f 1.* Vorteil *m,* Vorzug *m,* Vergünstigung *f; 2. (ganancia)* Gewinn *m,* Plus *n; 3. (fig)* Trumpf *m; 4. ~ sobre* Vorsprung vor *m; 5. ~s pl* Nützlichkeit *f*
ventajista [benta'xista] *m* Gauner *m,* skrupellose Geschäftemacher *m*
ventajoso [benta'xoso] *adj* vorteilhaft

ventana [ben'tana] *f* Fenster *n; en la ~* am Fenster; *¡Abra la ~, por favor!* Öffnen Sie bitte das Fenster! *~ basculante* Kippfenster *n*
ventanilla [benta'niʎa] *f* Schalter *m; ~ de correos* Postschalter *m*
ventear [ben'tɛar] *v 1. (hacer viento)* winden, wittern, aufspüren; *2. (fig: investigar algo)* schnüffeln, ausschnüffeln
ventilación [bentila'θĭɔn] *f* Belüftung *f*, Lüftung *f*
ventilador [bentila'θĭɔn] *m* Ventilator *m*
ventilar [benti'lar] *v 1.* lüften; *2. (fig: examinar una cuestión)* erörtern
ventisca [ben'tiska] *f* heftiges Schneegestöber *n*, Schneesturm *m*
ventoso [ben'toso] *adj* windig
venturoso [bentu'roso] *adj* glücklich
Venus ['benus] *f ASTR* Venus *f*
ver [bɛr] *v irr 1. (mirar)* sehen; *¿Cuándo nos volveremos a ~?* Wann sehen wir uns wieder? *a ~* mal sehen; *se lo ve* es ist offensichtlich/es ist deutlich/man sieht es; *2. (visitar)* besichtigen; *3. (captar)* bemerken; *4. ~ venir* ahnen
veracidad [beraθi'đađ] *f* Wahrhaftigkeit *f*, Echtheit *f*
veraneo [bera'nɛo] *m* Sommerfrische *f*, Sommerurlaub *m*
veraniego [bera'nĭego] *adj* sommerlich
veranillo [bera'niʎo] *m ~ de San Martín* Altweibersommer *m*
verano [be'rano] *m* Sommer *m*
veraz [be'raθ] *adj* wahrheitsliebend
verbal [bɛr'ƀal] *adj* mündlich, verbal
verbo ['bɛrƀo] *m GRAMM* Verb *n*
verdad [bɛr'đađ] *f* Wahrheit *f; ser ~* zutreffen; *en ~* zwar
verdadero [bɛrđa'đero] *adj 1.* wahr, echt, tatsächlich; *2. (propio)* eigentlich; *3. (puro)* rein
verde ['bɛrđe] *adj 1.* grün; *2. (un chiste)* saftig, frivol; *3. (una fruta)* unreif
verdura [bɛr'đura] *f* Gemüse *n*
vergonzante [bɛrgon'θante] *adj* verschämt; *¡Eres un intelectual vergonzante!* Du bist ein verschämter Intellektueller!
vergonzoso [bɛrgɔn'θoso] *adj* beschämend, schamhaft, schändlich
vergüenza [bɛr'gwenθa] *f* Schande *f*, Scham *f*, Schamgefühl *n; tener ~* sich schämen, sich genieren; *sin ~* schamlos
verídico [be'riđiko] *adj* wahrheitsgetreu
verificación [berifika'θĭɔn] *f* Beobachtung *f*
verificar [berifi'kar] *v* nachprüfen, feststellen
verja ['bɛrxa] *f* Gitter *n*
vernáculo [ber'nakulo] *adj* einheimisch sprechend
verosímil [bero'simil] *adj* glaubwürdig, glaubhaft, wahrscheinlich
verosimilitud [berosimili'tuđ] *f* Wahrscheinlichkeit *f*
verraco [bɛ'rrako] *m ZOOL* Eber *m*
versado [bɛr'sađo] *adj* routiniert
versar [bɛr'sar] *v ~ sobre* von etw handeln
versátil [bɛr'satil] *adj* vielseitig verwendbar, drehbar, wandlungsfähig
versatilidad [bɛrsatili'đađ] *f* Vielseitigkeit *f*
versión [bɛr'sĭɔn] *f 1.* Version *f; 2. ~ cinematográfica CINE* Verfilmung *f; ~ original* Originalfassung *f*
verso ['bɛrso] *m 1.* Vers *m; 2. (dorso)* Rückseite eines Blattes *f*
vértebra ['bɛrteƀra] *f ANAT* Wirbel *m*
vertedero [bɛrte'đero] *m* Mülldeponie *f*
verter [bɛr'tɛr] *v irr* eingießen, vergießen, verschütten, ausschütten
vertical [bɛrti'kal] *adj* senkrecht, vertikal
vertiginoso [bɛrtixi'noso] *adj* rasend, Schwindel erregend
vértigo ['bɛrtigo] *m MED* Schwindel *m*
vespertino [bespɛr'tino] *adj* abendlich
vestíbulo [bes'tiƀulo] *m* Diele *f*, Hausflur *m; ~ de la estación* Bahnhofshalle *f*
vestido [bes'tiđo] *m* Kleid *n; ~ de noche* Abendkleid *n; ~ de novia* Brautkleid *n; ~ de gala* Robe *f; ~ de maternidad* Umstandskleid *n; ~ de baile* Ballkleid *n*, Tanzkleid *n*
vestimenta [besti'menta] *f 1.* Bekleidung *f; 2. (traje)* Tracht *f*
vestir [bes'tir] *v irr* bekleiden; *~ a* ankleiden
vestirse [bes'tirse] *v irr* sich anziehen, sich kleiden, sich ankleiden, sich bekleiden
vestuario [bes'twarĭo] *m 1.* Kleidung *f; 2. THEAT* Garderobe *f; 3. (cabina)* Umkleidekabine *f*
vetar [be'tar] *v* Veto einlegen, Veto aussprechen
veterano [bete'rano] *m ~ de guerra* Kriegsveteran *m*
veterinario [beteri'narĭo] *m MED* Tierarzt *m*
vez [beθ] *f 1.* Mal *n; una ~ más* nochmals; *otra ~* nochmals, wieder, abermals, schon wieder; *esta ~* diesmal; *otra ~* ein andermal;

por primera ~ erstmals; *una* ~ einmal; *a la* ~ zugleich, gleichzeitig; *2. en* ~ *de (que)* anstatt, statt
vía ['bia] *f 1. (de tren)* Gleis *n; de una sola* ~ eingleisig, einspurig; ~ *muerta* Abstellgleis *n; 2.* ~ *de acceso* Zubringerstraße *f,* Zufahrtstraße *f; usuario de la* ~ *pública* Verkehrsteilnehmer *m; 3.* ~ *de trámite* Dienstweg *m; 4.* ~ *judicial JUR* Rechtsweg *m; 5. Vía Láctea ASTR* Milchstraße *f*
viable ['bĭaƀle] *adj* lebensfähig, durchführbar, machbar
viaducto [bĭa'đukto] *m* Viadukt *m,* Überführung *f*
viajante [bia'xante] *m/f* Handlungsreisender(in) *m/f,* Vertreter(in) *m/f*
viajar [bia'xar] *v* ~ *a* reisen nach, fahren nach; ~ *en tren a Madrid* mit dem Zug nach Madrid fahren; ~ *de largo* durchfahren; ~ *a lo largo de* entlangfahren; ~ *con* mitfahren; ~ *en autostop* trampen
viaje [bi'axe] *m* Reise *f,* Fahrt *f; primer* ~ Jungfernfahrt *f; hacer un* ~ *a* verreisen nach/reisen nach; *irse de* ~ verreisen; *¡Buen* ~*!* Gute Reise! ~ *con todo incluido* Pauschalreise *f;* ~ *por razones de trabajo* Dienstreise *f;* ~ *de exploración* Entdeckungsreise *f;* ~ *en balsa* Floßfahrt *f;* ~ *de negocios* Geschäftsreise *f;* ~ *de ida* Hinfahrt *f;* ~ *de novios* Hochzeitsreise *f;* ~ *de prueba* Probefahrt *f;* ~ *de regreso/~ de vuelta* Rückfahrt *f;* ~ *extraordinario* Sonderfahrt *f;* ~ *alrededor del mundo* Weltreise *f*
viajero [bia'xero] *m* Passagier *m,* Reisender *m*
víbora ['biƀora] *f ZOOL* Viper *f,* Kreuzotter *f,* Schlange *f*
vibración [biƀra'θĭɔn] *f* Schwingung *f,* Vibration *f*
vibrar [bi'ƀrar] *v 1.* vibrieren; *2. (de órgano)* brummen
vicepresidente [biθepresi'đente] *m POL* Vizepräsident *m*
viceversa [biθe'ƀersa] *adv* umgekehrt
viciado [bi'cĭađo] *adj aire* ~ verdorben, schlecht
viciar [bi'θĭar] *v* verderben, verfälschen, ungültig machen
vicio ['biθĭo] *m* Laster *n,* Untugend *f*
vicioso [bi'θĭoso] *adj* ausschweifend, lasterhaft
víctima ['biktima] *f* Opfer *n,* Leidtragende(r) *m/f;* ~ *de un accidente* Verunglückte(r) *m/f*
victoria [bik'torĭa] *f* Sieg *m*
victorioso [bikto'rĭoso] *adj* siegreich
vid [biđ] *f BOT* Rebe *f,* Wein *m,* Weinrebe *f*
vida ['biđa] *f* Leben *n; de corta* ~ kurzlebig; *toda la* ~ lebenslänglich; *sin* ~ leblos; *lleno de* ~ lebendig; *de por* ~ auf Lebenszeit; ~ *cotidiana* Alltag *m;* ~ *familiar* Familienleben *n;* ~ *terrenal* Diesseits *n; la otra* ~ Jenseits *n;* ~ *privada* Privatleben *n;* ~ *sedentaria* Sesshaftigkeit *f; mi* ~ mein Schatz *m*
vidente [bi'đente] *m* Seher *m,* Hellseher *m*
vídeo ['biđeo] *m 1.* Videofilm *m; aparato de* ~ Videogerät *n; grabación en* ~ Videoaufnahme *f; 2. INFORM* Bildschirm *m; 2. tarjeta de* ~ *INFORM* Videokarte *f; memoria de* ~ Videokartenspeicher
videocasette [biđeoka'sete] *m 1. (cinta)* Videokassette *f; 2. (aparato) TECH* Videorekorder *m*
videojuego [biđeo'xuego] *m* Videospiel *n*
videotex [biđeo'teks] *m INFORM* Bildschirmtext *m*
vidriero [bi'đrĭero] *m* Glaser *m*
vidrio ['biđrĭo] *m* Glas *n,* Glasscheibe *f,* Scheibe *f; de* ~ gläsern; *poner ~s a* verglasen; ~ *utilizado* Altglas *n;* ~ *de la ventana* Fensterscheibe *f;* ~ *de seguridad* Sicherheitsglas *n*
vidrioso [bi'đrĭoso] *adj* glasig
vieja ['bĭɛxa] *f (anciana)* alte Frau *f*
viejísimo [bĭɛ'xisimo] *adj* steinalt, uralt
viejo ['bĭɛxo] *adj 1.* alt, betagt; *ir para* ~ alt werden; *más* ~ ältere(r,s); *m 2. (anciano)* Greis *m*
viento ['bĭento] *m* Wind *m;* ~ *contrario* Gegenwind *m*
vientre ['bĭentre] *m* Bauch *m*
viernes ['bĭɛrnes] *m* Freitag *m; los* ~ freitags; *Viernes Santo REL* Karfreitag *m*
viga ['biga] *f 1.* Balken *m; 2. (listón)* Latte *f,* Leiste *f*
vigencia [bi'xenθĭa] *f* Geltung *f,* Gültigkeit *f*
vigente [bi'xente] *adj* gültig, rechtskräftig
vigésimo [bi'xesimo] *adj* zwanzigste(r,s)
vigilado [bixi'lađo] *adj* bewacht
vigilancia [bixi'lanθĭa] *f 1.* Aufsicht *f,* Bewachung *f,* Überwachung *f; 2. (atención)* Wachsamkeit *f*
vigilante [bixi'lante] *m 1.* Wärter *m,* Wachmann *m,* Wächter *m;* ~ *nocturno* Nachtwächter *m; adj 2.* wachsam
vigilar [bixi'lar] *v 1.* bewachen, überwachen, beaufsichtigen; *2. (acechar)* auflauern

vigor [bi'gɔr] *m* Stärke *f*; *entrar en ~* in Kraft treten
vigoroso [bigɔ'roso] *adj* *1.* kräftig, stark, handfest; *2. (ágil)* rüstig, drahtig
vil [bil] *adj* gemein, schändlich
vileza [bi'leθa] *f* Gemeinheit *f*, Schandtat *f*
vilipendiar [bilipen'đĭar] *v* gering schätzen, verächtlich behandeln, verleumden
vilipendio [bili'pendĭo] *m* Geringschätzung *f*, Verleumdung *f*
vilipendioso [bilipen'đĭoso] *adj* verächtlich, verleumderisch
villa ['biʎa] *f* Kleinstadt *f*
villancico [biʎan'θiko] *m* Weihnachtslied *n*
vinagre [bi'nagre] *m GAST* Essig *m*; *~ de hierbas* Kräuteressig *m*
vinculación [biŋkula'θĭɔn] *f* Verknüpfung *f*
vinculante [biŋku'lante] *adj* verbindlich
vincular [biŋku'lar] *v* verknüpfen
vínculo ['biŋkulo] *m* *1.* Bindung *f*, Verbindung *f*; *2. (cuerda)* Band *n*; *3. (link) INFORM* Link *n*
vindicar [bindi'kar] *v* *1. (defender)* verteidigen, wieder zu Ehren bringen; *2. (recuperar lo perdido)* zurückfordern
vindicativo [binđika'tiƀo] *adj* rächend, verteidigend, ehrenrettend
vino ['bino] *m GAST* Wein *m*; *~ en garrafa* offener Wein *m*; *~ espumoso* Sekt *m*; *~ caliente* Glühwein *m*; *~ de primera calidad* Qualitätswein *m*; *~ de oporto* Portwein *m*; *~ tinto* Rotwein *m*; *una copa de ~ tinto* ein Glas Rotwein *n*; *~ espumante* Schaumwein *m*; *~ blanco* Weißwein *m*
viña ['biɲa] *f* Weinberg *m*, Weingut *n*
viñador(a) [biɲa'đɔr/biɲa'đora] *m/f* Winzer(in) *m/f*
viola ['bĭola] *f MUS* Bratsche *f*
violáceo [bĭo'laθeo] *adj* violett
violación [bĭola'θĭɔn] *f* *1. (sexual)* Vergewaltigung *f*; *2. (deshonra)* Schändung *f*; *3. (desacato) JUR* Übertretung *f*, Überschreitung *f*, Verletzung *f*; *~ de contrato* Vertragsbruch *m*
violador [bĭola'đɔr] *m* Gewalt anwendender Mensch *m*, Gesetze verletzender Mensch *m*, Vergewaltiger *m*
violar [bĭo'lar] *v* *1. (sexualmente)* vergewaltigen; *2. (desacatar) JUR* übertreten, überschreiten, verletzen; *3. ~ el sumario* verletzen, übertreten
violencia [bĭo'lenθĭa] *f* *1.* Gewalt *f*; *2. (a la fuerza)* Zwang *m*
violentar [bĭolen'tar] *v* Gewalt antun, vergewaltigen
violento [bĭo'lento] *adj* *1.* heftig, heiß, gewaltsam, gewalttätig; *2. (fig: duro)* knallhart
violeta [bĭo'leta] *adj* *1.* violett; *f* *2. BOT* Veilchen *n*
violín [bĭo'lin] *m MUS* Geige *f*, Violine *f*; *tocar el ~* geigen
violinista [bĭoli'nista] *m/f MUS* Geiger(in) *m/f*
violonchelista [bĭolɔntʃe'lista] *m/f MUS* Cellist(in) *m/f*
violonchelo [bĭolɔn'tʃelo] *m MUS* Cello *n*
virar [bi'rar] *v* drehen
virgen ['birxen] *f* Jungfrau *f*; *Virgen María REL* Madonna *f*, Jungfrau Maria *f*
virginal [birxi'nal] *adj* jungfräulich, rein
Virgo ['birgo] *(signo del zodíaco) ASTR* Jungfrau *f*
viril [bi'ril] *adj* männlich, mannhaft
virilidad [birili'đađ] *f* Männlichkeit *f*, Mannbarkeit *f*, Manneskraft *f*
virosis [bi'rosis] *f MED* Virose *f*, Viruserkrankung *f*
virtual [bir'tual] *adj* virtuell, wirkungsfähig, scheinbar
virtud [bir'tuđ] *f* *1.* Vorzug *m*; *en ~ de* aufgrund, kraft; *2. (fig)* Tugend *f*
virtuosidad [birtwosi'đađ] *f* Tugendhaftigkeit *f*, meisterliche Beherrschung *f*
virtuosismo [birtuo'sizmo] *m* hohe Kunstfertigkeit *f*, Meisterschaft *f*
virtuoso [bir'twoso] *adj* *1.* tugendhaft; *2. (excelente)* meisterhaft; *m* *3.* Virtuose *m*; *Bela es un ~ del piano.* Bela ist ein Virtuose am Klavier.
viruela [bi'rwela] *f MED* Pocken *pl*
virus ['birus] *m* *1. MED* Virus *n*; *2. INFORM* Virus *m/n*
visa ['bisa] *f (LA)* Visum *n*
visado [bi'sađo] *m* Visum *n*, Sichtvermerk *m*; *~ de salida* Ausreisevisum *n*
visar [bi'sar] *v* mit einem Visum versehen, ein Visum ausstellen, visieren
vísceras ['bisθeras] *f/pl ANAT* Eingeweide *pl*
viscoso [bis'koso] *adj* zähflüssig
visibilidad [bisiƀili'đađ] *f* Sichtverhältnisse *pl*
visible [bi'siƀle] *adj* sichtbar, ersichtlich, spürbar
visiblemente [bisiƀle'mente] *adv* spürbar, zusehends

visión [bi'sĭɔn] *f* Trugbild *n,* Vision *f;* ~ *general* Überblick *m;* ~ *de futuro* Weitblick *m*
visita [bi'sita] *f* *1.* Besuch *m,* Visite *f;* *hacer una* ~ einen Besuch machen/einen Besuch abstatten; *2. (a un museo)* Besichtigung *f;* ~ *guiada* Führung *f;* *3.* ~ *oficial POL* Staatsbesuch *m*
visitante [bisi'tante] *m/f* Besucher(in) *m/f*
visitar [bisi'tar] *v* ~ *a* besuchen; *ir a* ~ *a* besuchen
vislumbrante [bizlum'brante] *adj* schimmernd
vislumbre [biz'lumbre] *f* Schimmer *m*
viso ['biso] *m sin ~s de* Glanz *m,* Schimmer *m*
visor [bi'sor] *m FOTO* Visier *n,* Sucher *m*
víspera ['bispera] *f* *1.* Vorabend *m,* Vortag *m;* *2. estar en ~s* anstehen, bevorstehen
vista ['bista] *f* *1.* Ansicht *f,* Sicht *f,* Blick *m,* Anblick *m;* *en* ~ *de* angesichts von; *perder de* ~ aus den Augen verlieren; *perder la* ~ erblinden; *fuera del alcance de la* ~ außer Sicht; ~ *de conjunto* Gesamtansicht *f;* ~ *de atrás* Rückansicht *f;* ~ *lateral* Seitenansicht *f;* ~ *panorámica* Überblick *m,* *2. JUR* Termin *m,* Verhandlung *f;* ~ *de la causa* Hauptverhandlung *f,* Gerichtsverhandlung *f,* Verhandlung *f;* *3. (fig)* Aussicht *f*
visto ['bisto] *adj por lo* ~ anscheinend, offensichtlich, offenbar
vistoso [bis'toso] *adj* *1. (llamativo)* auffallend; *poco* ~ unansehnlich; *2. (colorido)* farbenfreudig, stattlich
visual [bi'swal] *adj* Seh...
visualización [biswaliθa'θĭɔn] *f* Visualisieren *n,* Veranschaulichung *f*
visualizador [biswaliθa'đɔr] *m TECH* Display *n*
visualizar [biswali'θar] *v* visualisieren, veranschaulichen, grafisch darstellen
vital [bi'tal] *adj* lebenswichtig, vital
vitalicio [bita'liθĭo] *adj* lebenslang
vitalidad [bitali'đađ] *f* Lebenskraft *f,* Vitalität *f;* *lleno de* ~ schwungvoll
vitamina [bita'mina] *f* Vitamin *n*
viticultor(a) [bitikul'tɔr/bitikul'tora] *m/f* Winzer(in) *m/f*
vitorear [bitore'ar] *v* bejubeln
vítreo ['bitreo] *adj* gläsern
vitrificar [bitrifi'kar] *v TECH* glasieren
vitrina [bi'trina] *f* Auslage *f*
vitualla [bi'twaʎa] *f* Lebensmittel *n/pl,* Proviant *m*
viuda ['bĭuđa] *f* Witwe *f*
viudo ['bĭuđo] *m* *1.* Witwer *m;* *adj* *2.* verwitwet
vivacidad [bibaθi'đađ] *f* Lebhaftigkeit *f,* Lebendigkeit *f*
vivaracho [biƀa'ratʃo] *adj* lebhaft
vivaz [bi'ƀaθ] *adj* lebendig, lebhaft
vivencia [bi'ƀenθĭa] *f* Erlebnis *n*
víveres ['biƀeres] *m/pl* Proviant *m*
viveza [bi'ƀeθa] *f* *1. (alegría)* Munterkeit *f;* *2. (astucia)* Schläue *f*
vividor(a) [biƀi'đɔr/biƀi'tora] *m/f* Genießer(in) *m/f*
vivienda [bi'ƀĭenda] *f* Wohnung *f,* Behausung *f*
viviente [bi'ƀĭente] *adj* lebendig
vivificación [biƀifika'θĭɔn] *f* Belebung *f*
vivificar [bibifi'kar] *v* beleben, lebendig machen, kräftigen
vivir [bi'ƀir] *v* *1.* leben, existieren; ~ *a costa ajena* schmarotzen; *¡Viva!* Hurra!/Bravo! ~ *en* wohnen in, bewohnen; *ir a* ~ *a* beziehen, einziehen in; ~ *a lo loco* prassen; ~ *en armonía* sich vertragen; *2. (experimentar)* erleben
vivito [bi'ƀito] *adj* ~ *y coleando* quicklebendig
vivo ['bibo] *adj* *1.* lebendig, belebt; *2. (de color)* hell; *m* *3.* Schlauberger *m,* Schlitzohr *n*
vocablo [bo'kaƀlo] *m* *1. (palabra)* Wort *n;* ~ *derivado* Unterbegriff *m;* *2. LING* Vokabel *f*
vocabulario [bokaƀu'larĭo] *m* Vokabular *n,* Wortschatz *m*
vocación [boka'θĭɔn] *f* Berufung *f*
vocal [bo'kal] *f* *1.* Vokal *m;* *m* *2. (con derecho a votar)* Beisitzer *m*
vocativo [boka'tiƀo] *m GRAMM* Vokativ *m*
vocear [bo'θɛar] *v* schreien, laut verkünden
vocerío [boθe'rio] *m* Geschrei *n*
vocero [bo'θero] *m* *1. (líder)* Wortführer *m;* *2. (LA) POL* Regierungssprecher *m*
vociferar [boθife'rar] *v* durcheinander rufen, keifen
voladura [bola'đura] *f* *(explosión)* Sprengung *f*
volante [bo'lante] *m* *1. (timón)* Steuer *n,* Lenkrad *n;* *2. (LA)* Flugblatt *n,* Handzettel *m;* *3.* ~ *del seguro* Krankenschein *m,* Überweisungsschein *m*
volar [bo'lar] *v irr* *1.* fliegen; *2. (explosionar)* sprengen
volátil [bo'latil] *adj* flüchtig, flatterhaft
volcán [bɔl'kan] *m GEO* Vulkan *m*

volcánico [bol'kaniko] *adj 1. GEO* vulkanisch; *2. (fig)* feurig, unbändig; *pasiones volcánicas* feurige Leidenschaften
volcar [bɔl'kar] *v irr* kippen, umkippen, umstoßen
volcarse [bɔl'karse] *v irr 1.* sich überschlagen; *2. (fig)* sein Letztes geben; *~ en alguien* alles für jdn tun
volición [boli'θĭɔn] *f* Wollen *n,* Willensäußerung *f*
volitivo [boli'tiƀo] *adj* willentlich, Willens...
voltaje [bol'taxe] *m PHYS* Spannung *f,* Voltzahl *f*
voltio ['bɔltĭo] *m* Volt *n*
voluble [bo'luƀle] *adj* flatterhaft, sprunghaft, unbeständig
volumen [bo'lumen] *m 1. (sonido)* Lautstärke *f; 2. (cantidad)* Umfang *m,* Volumen *n; 3. ~ de negocios ECO* Umsatz *m; 4. ~ de tráfico* Verkehrsaufkommen *n; 5. PHYS* Masse *f*
voluminoso [bolumi'noso] *adj 1.* sperrig; *2. (fig: amplio)* umfangreich
voluntad [bolun'tađ] *f* Wille *m; de buena ~* gutwillig; *sin ~* willenlos; *a ~* nach Belieben
voluntario [bolun'tarĭo] *adj 1.* freiwillig, zwanglos; *m 2.* Entwicklungshelfer *m*
voluntarioso [bolunta'rĭoso] *adj* eigenwillig, willensstark
voluptuosamente [boluptwosa'mente] *adv* genüsslich
volver [bɔl'ƀɛr] *v irr 1. (regresar)* umkehren, wiederkommen, zurückkommen; *~ a recibir* zurückerhalten; *2. (retroceder)* zurückfahren; *~ de rebote* abprallen; *3. (la cabeza)* herumdrehen; *4. (dar la vuelta)* umdrehen; *5. ~ la hoja* umblättern; *6. (la página)* umschlagen
volverse [bɔl'ƀɛrse] *v irr 1.* sich umdrehen; *~ contra alguien* sich gegen jdn wenden; *2. (fig) ~ loco* überschnappen, den Verstand verlieren, durchdrehen
vomitar [bomi'tar] *v* sich übergeben, brechen, speien
voracidad [boraθi'đađ] *f* Gefräßigkeit *f,* Unersättlichkeit *f*
vorágine [bo'raxine] *f* Strudel *m*
voraz [bo'raθ] *adj* gefräßig, unersättlich, gierig
vosotros [bo'sotros] *pron* ihr; *por ~* euretwegen
votación [bota'θĭɔn] *f 1.* Abstimmung *f; 2. ~ de desempate POL* Stichwahl *f*
votante [bo'tante] *m* Abstimmender *m,* Stimmberechtigter *m*
votar [bo'tar] *v* abstimmen, wählen, stimmen
voto ['boto] *m 1. POL* Stimme *f; ~ contrario* Gegenstimme *f; ~ de censura* Misstrauensvotum *n; 2. REL* Gelübde *n; hacer ~ de* geloben
voz [boθ] *f 1.* Stimme *f; dar voces* schreien; *Es un secreto a voces.* Es ist ein offenes Geheimnis. *en ~ alta* laut; *a media ~* halblaut; *2. ~ guía (en un diccionario)* Stichwort *n; 3. ~ contraria POL* Gegenstimme *f*
vuelo ['bwelo] *m* Flug *m; ~ en ala delta* Drachenfliegen *n; ¿Lleva retraso este ~?* Hat dieser Flug Verspätung? *~ de aproximación* Anflug *m; ~ chárter* Charterflug *m; ~ regular* Linienflug *m; ~ de línea* Linienflug *m; alto ~* Höhenflug *m*
vuelta ['bwɛlta] *f 1.* Spaziergang *m,* Rundgang *m; dar una ~* einen Rundgang machen/einen Spaziergang machen; *~ en coche* Rundfahrt *f; 2. (viaje)* Tour *f,* Rundgang *m; ¿Puedo darme una ~ para mirar?* Kann ich mich mal umsehen? *~ al mundo* Weltreise *f; 3. ~ de honor SPORT* Ehrenrunde *f; 4. (regreso)* Rückkehr *f; 5. (devolución)* Rückgabe *f; 6. ~s pl (cambio de dinero) FIN* Wechselgeld *n; 7. (voltea)* Wendung *f,* Drehung *f,* Umdrehung *f; dar la ~* umdrehen; *8. (desvío)* Umweg *m; 9. (vestimenta)* Aufschlag *m*
vuestro ['bwestro] *pron* euer, eure
vulgar [bul'gar] *adj 1. (común)* gewöhnlich; *2. (grosero)* grob, ordinär, vulgär
vulgaridad [bulgari'đađ] *f* Kraftausdruck *m*
vulgarización [bulgariθa'θĭɔn] *f* Verallgemeinerung *f,* Popularisierung *f*
vulgarizar [bulgari'θar] *v* verallgemeinern, populär machen, allgemein verbreiten
vulgo ['bulgo] *m* gewöhnliches Volk *n,* breite Masse *f*
vulnerabilidad [bulneraƀili'đađ] *f* Verletzbarkeit *f*
vulnerable [bulne'raƀle] *adj* verletzbar, verwundbar
vulnerar [bulne'rar] *v 1. (herir)* verwunden, verletzen; *2. (perjudicar)* schaden, beeinträchtigen; *3. ~ el secreto sumarial* Vertraulichkeit des Ermittlungsverfahrens verletzen
vulva ['bulba] *f ANAT* Vulva *f,* weibliche Scham *f*

W/X/Y/Z

waffle ['bafɛl] *m (LA) GAST* Waffel *f*
water ['batɛr] *m* Klo *n*
water polo ['batɛr 'polo] *m SPORT* Water Polo *n*, Polospiel im Wasser *n*
WEB [beb] *m página ~ INFORM* WEB-Seite *f*
whisky ['biski] *m* Whisky *m*
xenofobia [kseno'foƀĭa] *f* Ausländerfeindlichkeit *f*, Xenophobie *f*
xenófobo [kse'nofoƀo] *adj* ausländerfeindlich, xenophob
xenón [kse'non] *m CHEM* Xenon *n*
xilófono [ksi'lofono] *m MUS* Xylophon *n*
xilografía [ksilogra'fia] *f* Holzschneidekunst *f*, Holzschnitt *m*
xilógrafo [ksi'lografo] *m* Holzschneider *m*
xilol [ksi'lol] *m CHEM* Xylol *n*
y [i] *konj 1.* und; *adv 2. ~ aún* sogar
ya [ja] *adv 1.* bereits, schon; *¡Ya!* Los! Auf geht's! *¡Ya está bien!* Schon gut! *¿Ya está listo?* Ist es schon fertig? *konj 2. ~ que* da, weil
yacente [ja'θente] *adj* liegend, begraben sein
yacer [ja'θɛr] *v irr* liegen
yacimiento [jaθi'mĭento] *m GEO* Lagerstätte *f*, Vorkommen *n*
yak ['jak] *m ZOOL* Jak *m*, Yak *m*, Grunzochse *m*
yambo ['jamƀo] *m* Jambus *m (Metrik)*, Jambusenbaum *m*
yanqui ['janki] *adj* nordamerikanisch, Yankee...
yapa ['japa] *f* Zugabe *f*, Beigabe *f*, Zusatz *m*
yarda ['jarđa] *f* Yard *m*
yate ['jate] *m* Jacht *f*
yaya ['jaja] *f (fam)* Oma *f*
yayo ['jajo] *m (fam)* Opa *m*
yedra ['jeđra] *f BOT* Efeu *m*
yegua ['jegwa] *f* Stute *f*
yema ['jema] *f 1. (de huevo)* Dotter *m*, Eidotter *m; 2. BOT* Knospe *f*
yerba ['jerƀa] *f* Gras *n*, Kraut *n*, Heu *n*, (LA) Matetee *m*
yermo ['jɛrmo] *adj 1.* öde, wüst, brach; *m 2.* Einöde *f; 3. (terreno)* Brache *f*
yerno ['jɛrno] *m* Schwiegersohn *m*
yerro ['jɛrrɔ] *m* Fehler *m*, Irrtum *m*
yesería [jese'ria] *f* Gipsbrennerei *f*
yeso ['jeso] *m MIN* Gips *m*
yo [jo] *pron* ich
yodo ['jođo] *m CHEM* Jod *n*
yogur(t) [jo'gur] *m GAST* Joghurt *m*
yonki ['jonki] *m/f (fam)* Fixer *m*, Junkie *m*
yugo ['jugo] *m* Joch *n*, Trauschleier *m*, Glockenstuhl *m*
Yugoslavia [jugos'laƀĭa] *f GEO* Jugoslawien *n*
yugoslavo [jugos'laƀo] *m 1.* Jugoslawe *m; adj 2.* jugoslawisch
yugular [ju'gular] *f* Halsvene *f*
yunque ['juŋke] *m TECH* Amboss *m*
yuppie ['jupi] *m* Yuppie *m*
yute ['jute] *m BOT* Jute *f*
yuxtaponer [justa'ponɛr] *v irr* nebeneinander setzen
yuxtaposición [justaposi'θĭɔn] *f* Aneinanderreihung *f*
zafar [θa'far] *v* schmücken
zafarrancho [θafa'rrantʃo] *m MIL* Klarmachen *n*, Klarschiff *n*, Streit *m(fig)*
zafarse [θa'farse] *v 1. (fig)* kneifen; *2. (huir se)* entweichen
zafio ['θafĭo] *adj* flegelhaft
zafiro [θa'firo] *m MIN* Saphir *m*
zafra ['θafra] *f 1.* Ölbehälter *m; 2. AGR* Zuckerrohrernte *f*
zaga ['θaga] *f* Hinterteil *n; ir a la ~* zurückbleiben, hinterher sein
zaguán [θagw'an] *m* Flurportal *n*, Vorhalle *f*, Hausflur *m*
Zaire ['θaire] *m GEO* Zaire *n*
zalamería [θalame'ria] *f* Schmeichelei *f*
zalamero [θala'mero] *m 1.* Schmeichler *m; adj 2.* schmeichelhaft
zambo ['θamƀo] *m/adj* krummbeinig, X-beinig
zambullida [θambu'ʎiđa] *f* Untertauchen *n*, Kopfsprung *m*
zambullir [θam'ƀuʎir] *v* eintauchen, untertauchen, ins Wasser werfen
zampar ['θampar] *v* (rasch und unauffällig) verschwinden lassen, hinunterschlingen, fressen
zanahoria [θana'ɔrĭa] *f BOT* Karotte *f*, Möhre *f*
zancada [θaŋ'kađa] *f* langer Schritt *m*
zancadilla [θanka'điʎa] *f* Beinstellen *n*, listiger Kniff *m*

zanco ['θaŋko] *m* Stelze *f*, Wimpelstock *m*
zancudo [θaŋ'kuđo] *m 1. (LA) mosquito* Steckmücke *f; adj 2. el que tiene piernas largas* stelzbeinig
zanganear [θangane'ar] *v* herumlungern, faulenzen
zángano ['θaŋgano] *m 1.* Schmarotzer *m; 2. ZOOL* Drohne *f*
zanja ['θaŋxa] *f 1.* Graben *m; 2. (fosa)* Grube *f*
zanjar [θaŋ'xar] *v 1. (zanja, trinchera)* ausheben; *2. (fig: diferencias, pelea)* bereinigen, ebnen, schlichten, beilegen
zapallo [θa'paʎo] *m (LA)* Kürbis *m*
zapata [θa'pata] *f ~ de freno TECH* Bremsbelag *m*
zapateado [θapate'ađo] *m* Andalusischer Tanz *m*
zapatear [θapate'ar] *v 1.* trampeln; *2. (taconear)* aufstampfen
zapatería [θapate'ria] *f* Schuhgeschäft *n*, Schuhladen *m*
zapatero [θapa'tero] *m* Schuster *m*, Schumacher *m*
zapatilla [θapa'tiʎa] *f 1. SPORT* Turnschuh *m; 2. (pantufla)* Pantoffel *m*, Hausschuh *m; 3. ~s de clavos pl SPORT* Spikes *pl*
zapato [θa'pato] *m* Schuh *m; ¿Puede usted pedir a alguien que me limpie los ~s?* Können Sie meine Schuhe putzen lassen? *~ de charol* Lackschuh *m*
zape ['θape] *interj* pfui! (um Katzen zu verscheuchen)
zapote [θa'pote] *m BOT* Breiapfel *m*, Sapote *f*
zarcillo [θar'θiʎo] *m 1. BOT* Ranke *f; 2. (pendiente)* Ohrring *m*
zarpa ['θarpa] *f ZOOL* Pranke *f*, Tatze *f*
zarpar [θar'par] *v (barco) NAUT* auslaufen; *El barco zarpa a las cinco.* Das Schiff läuft um fünf Uhr aus.
zarpazo [θar'paθo] *m* Prankenhieb *m*, Plumps *m*, Platschen *n*, Geklirr *n*
zarzamora [θarθa'mora] *f BOT* Brombeere *f*
zarzuela [θar'θwela] *f* (typisch spanisches) Singspiel *n*
zinc [θiŋk] *m CHEM* Zink *n*
zodiacal [θođia'kal] *adj* Tierkreis...
zodíaco [θo'điako] *m* Tierkreis *m*
zona ['θona] *f 1.* Gebiet *n*, Raum *m*, Abschnitt *m*, Region *f; ~ limítrofe* Grenzregion *f; ~ industrial* Inustriegebiet *n; ~ de catástrofe* Katastrophengebiet *n; ~ ajardinada* Grünanlage *f; ~ de colonización* Siedlungsgebiet *n; ~ de esquí* Skigebiet *n; ~ prohibida* Sperrbezirk *m*, Sperrgebiet *n; ~ de baja presión* Tiefdruckgebiet *n; ~ de soberanía* Hoheitsgebiet *n; ~ de conflicto* Spannungsgebiet *n; 2. (distrito)* Bezirk *m*, Zone *f; ~ de las tres millas* Dreimeilenzone *f; ~ peatonal* Fußgängerzone *f; ~ fronteriza* Grenzbezirk *m; ~ climática* Klimazone *f; ~ comprimible de seguridad* Knautschzone *f; 3. ~ de libre comercio ECO* Freihandelszone *f; ~ de venta* Absatzgebiet *n*
zoo [θoo] *m* Zoo *m*
zoología [θo:lo'xia] *f* Zoologie *f*, Tierkunde *f*
zoológico [θoo'lɔxiko] *adj* zoologisch; *jardín ~* Zoo *m*
zopenco [θo'peŋko] *m 1.* Klotz *m; 2. (torpe)* Tölpel *m*, Trottel *m*
zoquete [θo'kete] *m 1.* Tollpatsch *m; 2. (madera)* Klotz *m*
zorra ['θorra] *f (puta)* Dirne *f*, Nutte *f*
zorro ['θɔrrɔ] *m 1. ZOOL* Fuchs *m; 2. (fig)* Schlitzohr *n*
zozobra [θo'θoƀra] *f 1.* Kummer *m*, Besorgnis *f; 2. (fracaso)* Scheitern *n; 3. NAUT* Kentern *n*
zozobrar [θoθo'ƀrar] *v 1. NAUT* kentern; *2. (fracasar)* scheitern, zugrunde gehen
zuela ['θwela] *f* Krummbeil *n*
zumbar [θum'bar] *v 1.* summen; *2. (circular)* schwirren; *3. ~ a alguien* jdm eine Tracht Prügel verpassen
zumbido [θum'biđo] *m ~ de oídos* Ohrensausen *n*
zumo ['θumo] *m GAST* Saft *m; ~ de frutas* Fruchtsaft *m; ~ de manzana* Apfelsaft *m; ~ de naranja* Orangensaft *m; un vaso de ~ de naranja* ein Glas Orangensaft *n*
zunchar [θun'tʃar] *v TECH* aufschrumpfen, klammern
zuncho ['θuntʃo] *m TECH* Zwinge *f*, Metallring *m*
zurcido [θur'θiđo] *m* Stopfen *n*, Flicken *n*, Flickerei *f*
zurcir [θur'θir] *v* stopfen
zurdo ['θurđo] *m 1.* Linkshänder *m; adj 2.* linkshändig
zurra ['θurra] *f* Gerben *n*, Büffeln *n*, Ochsen *n*, Prügelei *f*
zurrar [θu'rrar] *v 1. (fig)* verprügeln; *2. (criticar)* abkanzeln; *3. (la piel)* gerben
zutano [θu'tano] *m* ein gewisser Jemand *m; fulano, mengano y ~* Hinz und Kunz

Deutsch – Spanisch

A

Aal [aːl] *m ZOOL* anguila *f; sich winden wie ein ~* escurrirse como una anguila/salir del paso de una circunstancia desagradable
ab [ap] *prep 1. (zeitlich)* a partir de, desde; *~ 13 Uhr* a partir de la una de la tarde; *2. (örtlich)* desde, de, a partir de; *~ München* desde Múnich; *~ hier* a partir de aquí; *3. Ab durch die Mitte!* ¡Salid rápido! *4. Bestellungen ~ 20 DM* pedidos de 20 marcos en adelante
Abänderung ['apɛndəruŋ] *f* alteración *f,* modificación *f*
Abart ['apaːrt] *f* variedad *f,* variación *f,* variante *f*
abartig ['apaːrtɪç] *adj* anormal
Abbau ['apbau] *m 1. (Zerlegung)* desmontaje *m,* despiece *m; 2. (Verringerung)* disminución *f,* reducción *f; 3. CHEM* desintegración *f,* descomposición *f; 4. MIN* explotación *f*
abbauen ['apbauən] *v 1. (zerlegen)* desmontar, desarmar; *2. (verringern)* disminuir, reducir; *3. CHEM* desintegrar, descomponer; *4. MIN* explotar
abberufen ['apbəruːfən] *v irr* relevar, retirar del puesto
abbestellen ['apbəʃtɛlən] *v* anular
abbezahlen ['apbətsaːlən] *v* pagar
abbiegen ['apbiːgən] *v irr* doblar
Abbild ['apbɪlt] *n 1. (Darstellung)* trasunto *m,* representación exacta *f; 2. (Ebenbild)* fiel retrato *m,* viva imagen *f,* retrato *m,* copia *f; Sie ist das ~ ihrer Mutter.* Ella es el fiel retrato de su madre.
abbilden ['apbɪldən] *v* copiar, reproducir, dibujar, representar
Abbildung ['apbɪlduŋ] *f* imagen *f,* reproducción *f,* retrato *m,* dibujo *m*
abbinden ['apbɪndən] *v irr 1. (losbinden)* desatar, soltar, desliar; *2. MED* ligar, vendar
abbrechen ['apbrɛçən] *v irr 1.* romper, quebrar; *2. (fig)* interrumpir bruscamente, truncar, cortar; *etw energisch ~, um Schlimmeres zu verhüten* cortar algo por lo sano
abbrennen ['apbrɛnən] *v irr 1.* quemarse, consumirse; *2. etw ~* quemar algo, consumir algo
abbringen ['apbrɪŋən] *v irr jdn von etw ~* hacer desistir a alguien de algo, disuadir a alguien de algo, quitar a alguien algo de la cabeza; *Ich muss ihn davon ~.* Tengo que quitarle eso de la cabeza.
Abbruch ['apbrux] *m 1. (einer Reise)* interrupción *f; 2. (fig: von Beziehungen)* ruptura *f; 3. (eines Gebäudes)* demolición *f,* derribo *m*
abbuchen ['apbuːxən] *v* cargar en cuenta, cargar en la cuenta
abdanken ['apdaŋkən] *v 1. (Minister)* dimitir, renunciar al cargo; *2. (König)* abdicar
Abdankung ['apdaŋkuŋ] *f 1. (eines Ministers)* dimisión *f,* renuncia *f; 2. (eines Königs)* abdicación *f*
abdecken ['apdɛkən] *v 1. (Dach)* destechar; *2. (mit Dachziegeln)* destejar; *3. (zudecken)* tapar, cubrir; *4. (Tisch)* quitar la mesa, alzar la mesa, levantar la mesa (LA)
abdrehen ['apdreːən] *v (zudrehen)* cerrar
Abdruck ['apdruk] *m 1. (Spur)* huella *f,* impresión *f; 2. (Nachbildung)* reproducción *f,* copia *f*
abdrucken ['apdrukən] *v* copiar, reproducir
abebben ['apɛbən] *v 1. (Wasser)* bajar la marea, refluir; *2. (fig)* aplacarse; *Seine Wut ebbte ab.* Su ira se aplacó.
Abend ['aːbənt] *m 1.* tarde *f,* noche *f; Guten ~!* ¡Buenas tardes/noches! *Es ist noch nicht aller Tage ~.* Todavía está todo por decidir. *2. Heiliger ~* Nochebuena *f; 3. heute ~* esta tarde, esta noche; *Wir sehen uns heute ~.* Nos vemos esta noche. *4. gestern ~* anoche, ayer por la noche, ayer por la tarde; *Gestern ~ ging ich ins Kino.* Ayer por la noche fuí al cine.
Abendbrot ['aːbəntbroːt] *n* cena *f*
abendelang ['aːbəndəlaŋ] *adv* muchas noches, cada noche, durante varias noches
Abendessen ['aːbəntɛsən] *n* cena *f*
Abendgebet ['aːbəntgəbeːt] *n REL* oración de la noche *f*
Abendkleid ['aːbəntklaɪt] *n* traje de noche *m,* vestido de noche *m*
Abendland ['aːbəntlant] *n* occidente *m*
abendlich ['aːbəntlɪç] *adj* por la tarde, de la tarde, de la noche
Abendmahl ['aːbəntmaːl] *n REL* Santa Cena *f,* Eucaristía *f,* Santa Comunión *f*
Abendrot ['aːbəntroːt] *n* arrebol *m*
abends ['aːbənts] *adv* por la tarde, por la noche, de noche
Abendstern ['aːbəntʃtɛrn] *m* lucero de la tarde *m,* estrella de la tarde *f*
Abenteuer ['aːbəntɔyər] *n* aventura *f*

abenteuerlich ['a:bəntɔyərlɪç] *adj* aventurero

abenteuerlustig ['a:bəntɔyərlustɪç] *adj* aventurero, que tiene afán de aventuras, que tiene espíritu aventurero

Abenteurer(in) ['a:bəntɔyrər(ɪn)] *m/f* aventurero/aventurera *m/f*

aber ['a:bər] *konj* pero, sin embargo, mas, no obstante; *Es ist ein billiger, ~ guter Wein.* Es un vino barato pero bueno.

Aberglaube ['a:bərglaubə] *m REL* superstición *f*

abergläubisch ['a:bərglɔybɪʃ] *adj REL* supersticioso

aberkennen ['apɛrkɛnən] *v irr jdm etw ~ JUR* privar a alguien de algo, denegar a alguien algo, desposeer a alguien de algo

Aberkennung ['apɛrkɛnuŋ] *f JUR* denegación *f,* privación *f,* desposeimiento *m*

abermals ['a:bərma:ls] *adv* de nuevo, otra vez

abfahren ['apfa:rən] *v irr* partir, marchar, salir; *Der Zug fuhr von Madrid nach Sevilla ab.* El tren partió de Madrid a Sevilla.

Abfahrt ['apfa:rt] *f 1. (Abreise)* salida *f,* partida *f; 2. SPORT* descenso *m,* bajada *f*

Abfahrtszeit ['apfa:rtstsaɪt] *f* hora de salida *f,* hora de partida *f*

Abfall ['apfal] *m 1. (Müll)* basura *f,* desperdicios *m/pl,* desechos *m/pl,* restos *m/pl; 2. (Rückgang)* baja *f,* descenso *m,* caída *f*

Abfallbeseitigung ['apfalbəzaɪtɪguŋ] *f* eliminación de los desechos *f*

Abfalleimer ['apfalaɪmər] *m* cubo de basura *m,* tacho de la basura *m* (LA)

abfällig ['apfɛlɪç] *adj* despectivo, despreciativo, desdeñoso

abfangen ['apfaŋən] *v irr* atrapar, detener

abfärben ['apfɛrbən] *v 1.* desteñir, desteñirse, perder el color; *2. (fig) ~ auf jdn* influir sobre alguien

abfertigen ['apfɛrtɪgən] *v 1. (Kunde)* atender, despachar; *2. (am Zoll)* despachar, aduanar; *3. (fam) jdn ~* despachar a alguien, despedir a alguien secamente

Abfertigung ['apfɛrtɪguŋ] *f 1. (eines Kunden)* despacho de un cliente *m; 2. (Zollabfertigung)* despacho aduanero *m; 3. (von Waren))* expedición *f*

abfeuern ['apfɔyərn] *v* disparar, descargar

abfinden ['apfɪndən] *v irr 1. sich ~ mit* resignarse con, conformarse con; *2. jdn ~ mit ECO* indemnizar a alguien con

Abfindung ['apfɪnduŋ] *f 1. ECO* indemnización *f,* compensación *f; 2. JUR* arreglo *m,* ajuste *m*

abflauen ['apflauən] *v 1.* amainar, calmarse; *2. ECO* languidecer

abfliegen ['apfli:gən] *v irr (Flugzeug)* despegar, emprender el vuelo

abfüllen ['apfylən] *v* trasegar, envasar

Abflug ['apflu:k] *m* despegue *m,* salida *f,* partida *f*

Abfluss ['apflus] *m* salida *f,* desagüe *m*

abführen ['apfy:rən] *v 1. (Verbrecher) jdn ~* llevar detenido a alguien, llevar preso a alguien; *2. (Gelder) ECO* pagar

Abgabe ['apga:bə] *f 1. (Ablieferung)* entrega *f,* despacho *m; 2. (von Steuern) ECO* exacción *f,* contribución *f,* impuesto *m*

abgabenfrei ['apga:bənfraɪ] *adj ECO* libre de impuestos, exento de impuestos

abgabenpflichtig ['apga:bənpflɪçtɪç] *adj ECO* sujeto a impuestos, gravable

Abgang ['apgaŋ] *m 1. (Fehlgeburt) MED* aborto *m; 2. THEAT* mutis *m; 3. einen ~ machen* largarse (fam)

Abgas ['apga:s] *n TECH* gas de escape *m*

abgasarm ['apga:sarm] *adj TECH* de baja emisión de gas de escape

abgeben ['apge:bən] *v irr* entregar, dar

abgehen ['apge:ən] *v irr 1. (fam: Knopf)* descoserse, soltarse; *2. (fig)* morir; *mit dem Tode ~* irse al otro mundo; *3. Da geht der Bär ab. (fam)* Allí hay un ambientazo increíble.

abgelegen ['apgəle:gən] *adj* alejado, retirado, apartado

abgeneigt ['apgənaɪkt] *adj* reacio a, no ser inclinado a

Abgeordnete(r) ['apgəɔrnətə(r)] *m/f POL* diputado/diputada *m/f*

Abgesandte(r) ['apgəzantə(r)] *m/f POL* enviado especial/enviada especial *m/f,* comisionado/comisionada *m/f*

abgesehen ['apgəze:ən] *adj ~ von* aparte de, sin tener en cuenta

abgespannt ['apgəʃpant] *adj* cansado, rendido

abgestanden ['apgəʃtandən] *adj* desabrido, pasado, sin fuerza

abgestorben ['apgəʃtɔrbən] *adj* extinguido

abgewöhnen ['apgəvø:nən] *v sich etw ~* desacostumbrarse de algo, quitarse la costumbre de algo, deshabituarse de algo

Abgott ['apgɔt] *m REL* ídolo *m*

abgöttisch ['apgœtɪʃ] *adj REL* idólatra

abgrenzen ['apgrɛntsən] *v* demarcar, delimitar, limitar
Abgrenzung ['apgrɛntsuŋ] *f* demarcación *f*, limitación *f*, delimitación *f*
Abgrund ['apgrunt] *m* abismo *m*
abgründig ['apgryndɪç] *adj* abismático
abhacken ['aphakən] *v* cortar a hachazos, partir a hachazos
abhaken ['aphaːkən] *v* desenganchar, puntear, ganchar
abhalten ['aphaltən] *v irr 1. (Versammlung)* celebrar, llevar a cabo; *2. (hindern)* impedir, detener, retener; *3. Gottesdienst ~ REL* celebrar la misa, decir misa
abhandeln ['aphandəln] *v* disertar sobre, tratar un tema
Abhandlung ['aphandluŋ] *f* tratado *m*, ensayo *m*
Abhang ['aphaŋ] *m* pendiente *f*, declive *m*
abhängen[1] ['aphɛŋən] *v irr von jdm ~* depender de alguien
abhängen[2] ['aphɛŋən] *v 1. (abnehmen) etw ~* descolgar algo; *2. (fig) jdn ~* librarse de alguien, quitarse a alguien de encima
abhängig ['aphɛŋɪç] *adj ~ von* dependiente de; *~ sein von* estar a merced de/depender de
Abhängigkeit ['aphɛŋɪçkaɪt] *f* dependencia *f*
abhärten ['aphɛrtən] *v* endurecer
abheben ['apheːbən] *v irr 1. (Hörer)* descolgar; *2. sich ~ von* contrastar con, diferenciarse de; *3. (Flugzeug)* despegar; *4. (Geld) ECO* sacar
abhetzen ['aphɛtsən] *v sich ~* apurarse, afanarse, ajetrearse
Abhilfe ['aphɪlfə] *f* ayuda *f*, remedio *m*, auxilio *m*
abholen ['aphoːlən] *v* recoger, venir a buscar; *Wann kann ich den Fernseher wieder ~?* ¿Cuándo puedo venir a recoger el televisor? *Darf ich Sie ~?* ¿Me permite que la recoja?
abhorchen ['aphɔrçən] *v 1. MED* auscultar, reconocer; *2. TEL* interceptar
abhören ['aphøːrən] *v 1. (Schule)* tomar la lección; *2. TEL* interceptar, intervenir, estar intervenido
Abitur [abi'tuːr] *n (in Spanien)* bachillerato *m*, Prueba de Selectividad *f*
Abiturient(in) [abitu'rjɛnt(ɪn)] *m/f* bachiller(a) *m/f*
abkaufen ['apkaufən] *v 1. jdm etw ~* comprar algo a alguien; *2. (fam: glauben) jdm etw ~* creer algo a alguien; *Das kaufe ich dir nicht ab!* ¡Cuéntaselo a tu abuela!
abkochen ['apkɔxən] *v* hervir, cocer
Abkommen ['apkɔmən] *n* acuerdo *m*, convenio *m*, pacto *m*
abkömmlich ['apkœmlɪç] *adj* disponible
abkratzen ['apkratsən] *v 1.* raspar; *2. (fam: sterben)* irse al otro barrio
abkühlen ['apkyːlən] *v* enfriar, refrescar
Abkühlung ['apkyːluŋ] *f* enfriamiento *m*
abkürzen ['apkyrtsən] *v* recortar, acortar, abreviar
Abkürzung ['apkyrtsuŋ] *f 1.* abreviación *f*, resumen *m*, síntesis *f*; *2. (eines Weges)* atajo *m*; *3. (Kürzel)* abreviatura *f*, sigla *f*
abladen ['aplaːdən] *v irr* descargar
Ablage ['aplaːgə] *f* depósito *m*, archivo *m*
Ablagerung ['aplaːgəruŋ] *f 1. GEOL* sedimentación *f*, sedimento *m*; *2. MED* concreción *f*
ablassen ['aplasən] *v irr 1. (Dampf)* dejar escapar; *2. (Wasser)* descargar, dejar salir
Ablauf ['aplauf] *m 1. (Abfluss) m* salida *f*, desagüe *m*; *2. (Geschehen)* curso *m*, tra(n)scurso *m*; *3. (einer Frist) ECO* vencimiento *m*
ablaufen ['aplaufən] *v irr 1. (abfließen)* desaguar, escurrirse; *2. (Geschehen)* suceder, pasar; *3. (Frist) ECO* vencerse, terminar
ablegen ['apleːgən] *v 1. (Kleidung) ~* quitarse la ropa, desnudarse; *2. (Karten)* descartarse; *3. (Akten) ~* archivar las actas; *4. (fig) etw ~* dejar de hacer algo
ablehnen ['apleːnən] *v* rechazar, no admitir, denegar
ablehnend ['apleːnənt] *adj* desfavorable, negativo
Ablehnung ['apleːnuŋ] *f* denegación *f*
ableiten ['aplaɪtən] *v 1. (Wasser)* desviar, derivar; *2. (fig: folgern)* deducir
ablenken ['aplɛŋkən] *v* desviar, distraer
Ablenkung ['aplɛŋkuŋ] *f* desviación *f*, desvío *m*
ablesen ['apleːzən] *v irr* leer
abliefern ['apliːfərn] *v* entregar, remitir
Ablieferung ['apliːfəruŋ] *f* entrega *f*, remesa *f*
ablösen ['aplөːzən] *v 1. (entfernen)* separar, desprender, quitar; *2. (im Dienst)* relevar, retirar; *3. (sich abwechseln)* turnarse, relevarse, alternarse; *4. (tilgen) ECO* amortizar, redimir
Ablösung ['apløːzuŋ] *f 1. (Entfernen)* desprendimiento *m*, separación *f*; *2. (im Dienst)* relevo *m*; *3. (Nachfolge)* sustitución *f*, nuevo turno *m*

Abluft ['apluft] *f TECH* aire de escape *m*, aire de salida *m*
abmachen ['apmaxən] *v 1. (entfernen)* retirar, quitar; *2. (übereinkommen)* convenir, ponerse de acuerdo
Abmachung ['apmaxuŋ] *f* acuerdo *m*, convenio *m*
abmagern ['apma:gərn] *v* adelgazar, enflaquecer
Abmarsch ['apmarʃ] *m* marcha *f*, partida *f*
abmelden ['apmɛldən] *v* anular la inscripción
Abmeldung ['apmɛlduŋ] *f* anulación de la inscripción *f*
abmessen ['apmɛsən] *v irr* medir, mensurar
Abmessung ['apmɛsuŋ] *f 1. (Vorgang)* medición *f*; *2. (Maß)* dimensión *f*, medida *f*
abmontieren ['apmɔnti:rən] *v* desmontar, desarmar
abmühen ['apmy:ən] *v sich ~* ajetrearse, afanarse
abmurksen ['apmurksən] *v (fam: töten)* cargarse, mandar al otro barrio (fam)
abnabeln ['apna:bəln] *v (fig) sich ~* independizarse, salir de cascarón (fam)
abnagen ['apna:gən] *v* roer
Abnahme ['apna:mə] *f 1. (Entgegennahme)* aceptación *f*, recepción *f*; *2. (Verminderung)* disminución *f*, reducción *f*; *3. (Kauf) ECO* compra *f*; *4. TECH* recepción *f*
abnehmen ['apne:mən] *v irr 1. an Gewicht ~* bajar de peso, adelgazar; *2. (entfernen)* quitar, retirar; *3. (entgegennehmen)* aceptar, recibir; *4. TECH* aceptar
Abnehmer(in) ['apne:mər(ɪn)] *m/f ECO* comprador(a) *m/f*
Abneigung ['apnaɪguŋ] *f* antipatía *f*, rechazo *m*; *Ich habe eine ~ gegen ihn.* No lo puedo ver ni en pintura.
Abnormität [apnɔrmi'tɛ:t] *f 1.* anomalía *f*, anormalidad *f*; *2. MED* anormalidad *f*
abnutzen ['apnutsən] *v* desgastar, usar
Abnutzung ['apnutsuŋ] *f* desgaste *m*, uso *m*
Abonnement [abɔnə'mɑ̃:] *n* suscripción *f*; abono *m*
Abonnent(in) [abɔ'nɛnt(ɪn)] *m/f* suscriptor(a) *m/f*
abonnieren [abɔ'ni:rən] *v* suscribir
Abordnung ['apɔrdnuŋ] *f* delegación *f*, comisión *f*
Abort [a'bɔrt] *m 1. (Toilette)* servicios *m/pl*; *2. (Fehlgeburt) MED* aborto *m*
abpfeifen ['appfaɪfən] *v irr SPORT* pitar en el juego, dar la pitada final
abplagen ['appla:gən] *v sich ~* bregar
abprallen ['appralən] *v 1. (Ball)* rebotar; *2. (fig)* quedarse inmutable
abpumpen ['appumpən] *v* extraer con la bomba
abputzen ['apputsən] *v* limpiar
abquälen ['apkvɛ:lən] *v sich ~* atormentarse, torturarse
abrackern ['aprakərn] *v sich ~ (fam)* trabajar duro, ajetrearse
abraten ['apra:tən] *v irr jdn von etw ~* desaconsejar a alguien de algo
abräumen ['aprɔymən] *v* despejar; *den Tisch ~* levantar la mesa (LA)/quitar la mesa
abreagieren ['apreagi:rən] *v sich ~* desahogarse
abrechnen ['aprɛçnən] *v 1. (abziehen)* deducir, descontar; *2. ECO* liquidar, saldar
Abrechnung ['aprɛçnuŋ] *f 1. (Abzug)* descuento *m*; *2. (fig: Vergeltung)* ajuste de cuentas *m*; *3. ECO* liquidación *f*
Abrede ['apre:də] *f etw in ~ stellen* poner algo en tela de juicio, poner en duda una opinión o juicio de valor de acta
abreiben ['apraɪbən] *v irr* frotar, friccionar
Abreise ['apraɪzə] *f* partida *f*, salida *f*
abreisen ['apraɪzən] *v* partir, salir; *Marita reist morgen ab.* Marita se marcha mañana.
abreißen ['apraɪsən] *v irr 1. (Gebäude)* demoler, derribar; *2. (Papier, Blatt)* romper, arrancar; *3. (Verbindung)* interrumpirse el contacto
abrichten ['aprɪçtən] *v* adiestrar, domar, amaestrar
abriegeln ['apri:gəln] *v (Gebiet)* cercar, vallar
Abriss ['aprɪs] *m 1. (eines Gebäudes)* demolición *f*, derribo *m*; *2. (Zusammenfassung)* resumen *m*
Abruf ['apru:f] *m 1. ECO* petición de entrega *f*, requerimiento de un pedido *m*; *2. INFORM* llamada de datos *f*
abrufen ['apru:fən] *v irr 1. (Ware) ECO* hacer venir, retirar; *2. Daten ~ INFORM* llamar datos, consultar el ordenador
abrunden ['aprundən] *v* redondear
abrupt [ap'rupt] *adv 1.* abruptamente; *adj 2.* abrupto
Abrüstung ['aprystuŋ] *f MIL* desarme *m*
Absage ['apza:gə] *f* negativa *f*, anulación *f*
absagen ['apza:gən] *v* anular, rehusar

Absatz ['apzats] *m 1. (Abschnitt),* parágrafo *m; 2. (Treppenabsatz)* descanso *m; 3. (Schuhabsatz)* tacón *m; 4. ECO* venta *f,* colocación *f*
absatzfähig ['apzatsfɛːɪç] *adj ECO* vendible
Absatzmarkt ['apzatsmarkt] *m ECO* mercado de venta *m,* mercado de consumo *m*
Absatzpolitik ['apzatspolitiːk] *f ECO* política de ventas *f*
absaugen ['apzaugən] *v irr 1.* chupar, succionar; *2. (Staub saugen)* aspirar el polvo
abschaffen ['apʃafən] *v* anular, abolir, suprimir
Abschaffung ['apʃafuŋ] *f* anulación *f,* abolición *f*
abschalten ['apʃaltən] *v 1. (Licht)* apagar; *2. (Maschinen)* parar; *3. (fig)* desconectar, descansar
abschätzen ['apʃɛtsən] *v* calcular, estimar
abschätzig ['apʃɛtsɪç] *adj* despectivo, despreciativo
Abschaum ['apʃaum] *m (fig)* escoria *f*
abscheiden ['apʃaɪdən] *v irr CHEM* precipitar
Abscheu ['apʃɔy] *m/f* asco *m,* repulsión *f*
abscheulich [ap'ʃɔylɪç] *adj* abominable, repugnante, asqueroso
abschicken ['apʃɪkən] *v* enviar, mandar, remitir
abschieben ['apʃiːbən] *v irr (ausweisen) POL* expulsar
Abschiebung ['apʃiːbuŋ] *f POL* expulsión *f*
Abschied ['apʃiːt] *m* despedida *f*
abschießen ['apʃiːsən] *v irr 1. (schießen)* disparar; *2. (Flugzeug) MIL* derribar
abschirmen ['apʃɪrmən] *v 1.* apantallar, blindar; *2. (fig)* proteger
Abschirmung ['apʃɪrmuŋ] *f 1.* apantallamiento *m,* blindaje *m; 2. (fig)* protección *f*
Abschlag ['apʃlaːk] *m 1. ~szahlung ECO* pago a plazos; *2. (Preissenkung) ECO* rebaja *f; 3. Kursabschlag FIN* baja del cambio *f; 4. (beim Golf) SPORT* saque de puerta *m*
abschlagen ['apʃlaːgən] *v irr 1. (abschneiden)* cortar, talar; *2. (fig: ablehnen)* rehusar, denegar; *3. (Golf) SPORT* sacar de puerta
abschlägig ['apʃlɛgɪç] *adj* negativo
Abschlagszahlung ['apʃlaːkstsaːluŋ] *f ECO* pago a cuenta *m*
abschleifen ['apʃlaɪfən] *v irr TECH* alisar
Abschleppdienst ['apʃlɛpdiːnst] *m* servicio de grúa *m*
abschleppen ['apʃlɛpən] *v* remolcar
Abschleppseil ['apʃlɛpzaɪl] *n* cuerda de remolque *f*
Abschleppstange ['apʃlɛpʃtaŋə] *f* vara de remolque *f*
Abschleppwagen ['apʃlɛpvaːgən] *m* coche-grúa *m,* coche de auxilio *m* (LA)
abschließen ['apʃliːsən] *v irr 1. (zuschließen)* cerrar con llave; *2. (beenden)* finalizar, concluir, terminar; *3. Geschäft ~ ECO* cerrar un negocio; *4. einen Vertrag ~ JUR* firmar un contrato
abschließend ['apʃliːsənt] *adj 1.* definitivo, final; *adv 2.* finalmente, por último
Abschluss ['apʃlus] *m 1. (Beendigung)* fin *m,* terminación *f,* culminación *f; zum krönenden ~* para cerrar con broche de oro; *2. (Geschäftsabschluss) ECO* transacción comercial *f,* operación *f; 3. (Bilanz) ECO* cierre *m; 4. (Vertragsabschluss) JUR* conclusión de un contrato *f*
Abschlussbilanz ['apʃlusbɪlants] *m ECO* cierre de cuentas *m,* balance anual *m*
Abschlussfeier ['apʃlusfaɪər] *f* fiesta de fin de curso *f*
Abschlusskurs ['apʃluskurs] *m FIN* cambio de cierre *m,* cotización final *f*
Abschlussprüfung ['apʃluspryːfuŋ] *f 1. (in der Schule)* examen final *m; 2. ECO* revisión de cuentas *f,* revisión del balance *f*
Abschlusszeugnis ['apʃlustsɔyknɪs] *n* certificado de fin de estudios *m*
abschmecken ['apʃmɛkən] *v* probar
abschmieren ['apʃmiːrən] *v TECH* lubricar
abschminken ['apʃmɪŋkən] *v* desmaquillar, despintar; *Das kannst du dir ~.* De eso te puedes olvidar.
abschnallen ['apʃnalən] *v 1.* desabrochar; *2. (fam) Da schnallst du ab!* ¡Qué alucine!
abschneiden ['apʃnaɪdən] *v irr 1.* cortar; *2. (fam) bei einer Prüfung gut/schlecht ~* salir bien/mal de un examen; *3. (fig: Weg)* tomar un atajo, cortar camino; *4. (fig: Wort)* interrumpir a alguien
Abschnitt ['apʃnɪt] *m 1. (eines Textes)* capítulo *m; 2. (eines Gebietes)* zona *f,* sector *m; 3. (Zeitabschnitt)* lapso *m,* período *m*
abschöpfen ['apʃœpfən] *v 1.* quitar; *2. ECO* absorber
Abschöpfung ['apʃœpfuŋ] *f ECO* absorción *f*
abschrauben ['apʃraubən] *v* destornillar

abschrecken ['apʃrɛkən] *v 1. (abhalten von)* disuadir, hacer desistir; *2. (Eier)* pasar por agua fría; *3. TECH* enfriar bruscamente
abschreckend ['apʃrɛkənt] *adj* espantoso, terrible, horrible
Abschreckung ['apʃrɛkuŋ] *f* disuación *f*, intimidación *f*
abschreiben ['apʃraɪbən] *v irr 1. einen Text ~* copiar de un texto; *2. ECO* amortizar
Abschreibung ['apʃraɪbuŋ] *f ECO* amortización *f*
Abschrift ['apʃrɪft] *f* copia *f*
abschürfen ['apʃyrfən] *v* raspar
Abschürfung ['apʃyrfuŋ] *f MED* excoriación *f*, erosión *f*, desolladura *f*
Abschuss ['apʃus] *m (Schuss)* disparo *m*
abschüssig ['apʃysɪç] *adj* escarpado
abschütteln ['apʃytəln] *v 1.* sacudir, sacudirse; *2. (fam: loswerden) jmd ~* quitarse a alguien de encima
abschwächen ['apʃvɛçən] *v* debilitar
Abschwächung ['apʃvɛçuŋ] *f* debilitamiento *m*, debilitación *f*
abschweifen ['apʃvaɪfən] *v (fig)* andarse por las ramas, irse por las ramas
abschwellen ['apʃvɛlən] *v irr MED* deshincharse
abschwören ['apʃvøːrən] *v irr 1. (sich lossagen)* abjurar, renegar
Abschwung ['apʃvuŋ] *m ECO* depresión *f*
absehbar ['apzeːbaːr] *adj* previsible
absehen ['apzeːən] *v irr 1. (voraussehen)* prever; *2. (nicht beachten) ~ von* no considerar
abseits ['apzaɪts] *adv* aparte
absenden ['apzɛndən] *v irr* enviar, remitir
Absender ['apzɛndər] *m* remitente *m*
Absendung ['apzɛnduŋ] *f 1. (Verschickung)* envío *m*, remesa *f*, despacho *m*; *2. (Abordnung)* delegación *f*
Absenkung ['apzɛŋkuŋ] *f* bajada *f*, descenso *m*
absetzbar ['apzɛtsbaːr] *adj 1. (verkäuflich) ECO* vendible, comercializable; *2. steuerlich ~ ECO* deducible de los impuestos
absetzen ['apzɛtsən] *v 1. (hinstellen)* parar, colocar verticalmente; *2. (kündigen)* destituir, cesar; *3. (herausheben)* destacar, resaltar, sobresalir; *4. (abhauen) sich ~* alejarse, irse, marcharse; *5. sich ~ CHEM* precipitarse; *6. (verkaufen) ECO* vender; *7. (abschreiben) ECO* amortizar; *8. Arznei ~ MED* dejar de tomar un medicamento, interrumpir la medicación
Absetzung ['apzɛtsuŋ] *f 1. (Kündigung)* destitución *f*, cese *m*; *2. (Abschreibung) ECO* amortización *f*
absichern ['apzɪçərn] *v 1.* asegurar, proteger; *2. sich ~* asegurarse
Absicht ['apzɪçt] *f* intención *f*, propósito *m*; *gute/schlechte ~en haben* tener buena/mala intención
absichtlich ['apzɪçtlɪç] *adj 1.* intencionado, intencional, premeditado, deliberado; *adv 2.* intencionadamente, a propósito, adrede
absolut [apzo'luːt] *adj 1.* absoluto; *adv 2.* absolutamente
Absolution [apzɔlu'tsjoːn] *f REL* absolución *f*
Absolutismus [apzɔlu'tɪsmus] *m HIST* absolutismo *m*
Absolvent(in) [apzɔl'vɛnt(ɪn)] *m/f* graduado/graduada *m/f*, egresado/egresada *m/f*
absolvieren [apzɔl'viːrən] *v 1. (abschließen)* terminar los estudios, concluir los estudios; *2. (fam: erledigen)* hacer, ejecutar, realizar
absonderlich [ap'zɔndərlɪç] *adj* raro, extraño, singular
absondern ['apzɔndərn] *v 1. sich ~* apartarse, aislarse; *2. (trennen)* separar; *3. MED* segregar, eliminar
Absonderung ['apzɔndəruŋ] *f 1. (Trennung)* separación *f*, aislamiento *m*; *2. MED* secreción *f*, eliminación *f*
absorbieren [apzɔr'biːrən] *v* absorber
Abspaltung ['apʃpaltuŋ] *f POL* secesión *f*
abspeichern ['apʃpaɪçərn] *v INFORM* acumular, asegurar
abspeisen ['apʃpaɪzən] *v 1. (verköstigen)* dar de comer, alimentar; *2. jdn ~ (fig)* despachar a alguien
absperren ['apʃpɛrən] *v 1. (zuschließen)* cerrar; *2. (Gebiet)* bloquear, incomunicar
Absperrung ['apʃpɛruŋ] *f* barrera *f*, bloqueo *m*
abspielen ['apʃpiːlən] *v 1. Schallplatte ~* poner un disco; *2. sich ~* tener lugar, suceder, ocurrir
Absprache ['apʃpraːxə] *f* convenio *m*, arreglo *m*, acuerdo *m*
absprechen ['apʃprɛçən] *v irr 1. (vereinbaren)* ponerse de acuerdo; *2. JUR* denegar
abspringen ['apʃprɪŋən] *v irr 1. (herunterspringen)* saltar hacia abajo, arrojarse, desmontarse; *2. (abplatzen)* reventar, saltar; *3. (fig)* mudar de partido, retirarse de una empresa, desertar

Absprung ['apʃpruŋ] *m (mit dem Fallschirm)* salto *m,* bajada *f*
abspülen ['apʃpy:lən] *v* lavar, fregar, limpiar
abstammen ['apʃtamən] *v 1. (Herkunft)* proceder de, venir de; *2. (Ursprung)* descender de
Abstammung ['apʃtamuŋ] *f 1. (Herkunft)* procedencia *f,* lugar de origen *m; 2. (Ursprung)* descendencia *f,* origen *m*
Abstand ['apʃtant] *m* distancia *f*
abstatten ['apʃtatən] *v einen Besuch ~* hacer una visita
abstauben ['apʃtaubən] *v* desempolvar, quitar el polvo
Abstecher ['apʃtɛçər] *m* pequeña excursión *f,* escapada *f*
abstecken ['apʃtɛkən] *v 1. (markieren)* marcar, demarcar, balizar; *2. (Saum)* apuntar; *3. (Ziel)* definir
abstehend ['apʃte:ənt] *adj* destacado, separado, distante
Absteige ['apʃtaɪgə] *f* pensión de mala fama *f,* casa de citas *f,* hotel paupérrimo *m,* pensión de mala muerte *f* (fam)
absteigen ['apʃtaɪgən] *v irr 1.* descender, bajar, desmontar; *2. (einkehren)* hospedarse, alojarse en; *3. SPORT* pasar a una categoría inferior, descender
abstellen ['apʃtɛlən] *v 1. (ausschalten)* apagar, parar; *2. (hinstellen)* depositar, poner; *3. (Wasser)* cortar
Abstellkammer ['apʃtɛlkamər] *f* trastero *m*
abstempeln ['apʃtɛmpəln] *v 1. (Briefmarke)* sellar, timbrar, estampillar (LA); *2. jdn ~ (fig)* tildar a alguien de algo, catalogar a alguien de
absterben ['apʃtɛrbən] *v irr 1. BOT* extinguirse, morirse; *2. MED* necrosarse
Abstieg ['apʃti:k] *m 1. (Hinuntersteigen)* bajada *f,* descenso *m; 2. (fig: Niedergang)* decadencia *f; 3. SPORT* baja *f*
abstimmen ['apʃtɪmən] *v 1. (wählen)* votar; *~ lassen* someter a votación; *2. (farblich ~)* armonizar; *3. (fig: anpassen)* coordinar; *4. MUS* afinar, acordar
Abstimmung ['apʃtɪmuŋ] *f 1. (Wahl)* votación *f; 2. (fig: Anpassung)* coordinación *f; 3. (Volksabstimmung)* plebiscito *m*
abstinent [apsti'nent] *adj 1.* abstinente; *2. (auf Alkohol verzichtend)* abstemio
Abstinenz [apsti'nents] *f* abstinencia *f,* abstención *f*
abstoßen ['apʃto:sən] *v irr 1. (wegstoßen)* repeler, dar un empujón; *2. (beschädigen)* despostillar, despuntar; *3. (verkaufen)* desprenderse de, vender
abstoßend ['apʃto:sənt] *adj* repulsivo, repugnante, desagradable
abstrakt [ap'strakt] *adj* abstracto
abstrampeln ['apʃtrampəln] *v sich ~ (fam)* ajetrearse, derrengarse
abstreiten ['apʃtraɪtən] *v irr 1.* disputar, contradecir; *2. (leugnen)* negar
Abstrich ['apʃtrɪç] *m 1. (Abzug) ECO* deducción *f; 2. MED* frotis *m*
abstufen ['apʃtu:fən] *v 1. (farblich)* graduar, matizar; *2. (staffeln)* escalonar
Abstufung ['apʃtu:fuŋ] *f 1. (farbliche ~)* graduación *f,* matiz *m; 2. (Staffelung)* escalonamiento *m*
abstumpfen ['apʃtumpfən] *v 1.* despuntar, achaflanar; *2. (fig)* embotar
Absturz ['apʃturts] *m* caída *f*
abstürzen ['apʃtyrtsən] *v* caer, precipitarse, despeñarse
absurd [ap'zurt] *adj* absurdo
Absurdität [apzurdi'tɛ:t] *f* absurdo *n*
Abszess [aps'tsɛs] *m MED* absceso *m*
Abt ['apt] *m REL* abad *m*
abtasten ['aptastən] *v 1.* tantear, sondear; *2. MED* tentar, palpar
abtauen ['aptauən] *v 1.* deshelar; *2. (Kühlschrank)* descongelar
Abtei [ap'taɪ] *f REL* abadía *f*
Abteil [ap'taɪl] *n* sección *f,* departamento *m,* compartimento *m*
abteilen ['aptaɪlən] *v* dividir, partir
Abteilung [ap'taɪluŋ] *f* división *f,* sección *f,* departamento *m*
Abteilungsleiter(in) [ap'taɪluŋslaɪtər(in)] *m/f* jefe de sección/jefa de sección *m/f*
abtippen ['aptɪpən] *v* pasar a máquina
Äbtissin ['ɛptɪsɪn] *f REL* abadesa *f*
abträglich ['aptrɛ:klɪç] *adj* perjudicial, adverso
abtransportieren ['aptranspɔrti:rən] *v* transportar, evacuar
abtreiben ['aptraɪbən] *v irr 1.* arrastrar, hacer desviar; *2. MED* abortar
Abtreibung ['aptraɪbuŋ] *f MED* aborto *m*
abtrennen ['aptrɛnən] *v* separar, desunir
abtreten ['aptre:tən] *v irr 1. (überlassen)* ceder, traspasar, dar; *2. MIL* romper filas; *3. THEAT* hacer mutis, salir de escena
abtrocknen ['aptrɔknən] *v* secar, enjugar

abtrünnig ['aptrynıç] *adj 1.* rebelde, insurrecto, infiel; *2. POL* disidente, desertor
abverlangen ['apfɛrlaŋən] *v* exigir
abwägen ['apvɛːgən] *v irr* pesar, ponderar
abwälzen ['apvɛːltsən] *v 1.* rodar; *2. (fig: abschieben)* librarse
abwandeln ['apvandəln] *v* modificar, variar
abwandern ['apvandərn] *v 1.* emigrar, transmigrar; *2. ECO* evadir
Abwanderung ['apvandəruŋ] *f 1.* emigración *f; 2. (Landflucht)* éxodo rural *m; 3. ECO* evasión *f*
Abwandlung ['apvandluŋ] *f* modificación *f,* variación *f,* cambio *m*
abwarten ['apvartən] *v* esperar, dar tiempo al tiempo; *Es ist abzuwarten, wie sich die Lage weiter entwickelt.* Hay que ver cómo *evoluciona la situación.*
abwärts ['apvɛrts] *adv* hacia abajo
Abwasch ['apvaʃ] *m* platos sucios *m/pl*
abwaschen ['apvaʃən] *v irr* fregar, lavar
Abwasser ['apvasər] *n* aguas residuales *f/pl,* alcantarillado *m*
abwechseln ['apvɛksəln] *v sich ~* alternarse, turnarse, relevarse
abwechselnd ['apvɛksəlnt] *adj* alterno, variado
Abwechslung ['apvɛksluŋ] *f 1. (Wechsel)* cambio *m; 2. (Zerstreuung)* diversión *f,* distracción *f; ~ bringen in* romper la monotonía de
abwechslungsreich ['apvɛksluŋsraıç] *adj* muy variado
Abweg ['apveːk] *m (fig)* mal camino *m,* descamino *m; jdn auf ~e führen* llevar alguien por el mal camino
abwegig ['apveːgıç] *adj* desatinado, improcedente, irreal
Abwehr ['apveːr] *f 1. (Zurückweisung)* rechazo *m,* rebote *m; 2.* (Abwendung) prevención *f; 3. (Verteidigung)* defensa *f; 4. (Geheimdienst) MIL* contraespionaje *m; 5. SPORT* defensa *f*
abwehren ['apveːrən] *v 1. (zurückweisen)* rechazar, rebotar; ['apvɛːrən] *2. (abwenden)* desviar
Abwehrstoffe ['apveːrʃtɔfə] *pl MED* anticuerpos *m/pl*
abweichen ['apvaıçən] *v irr* apartarse, desviarse; *eine ~de Meinung vertreten* discrepar de opinión
Abweichung ['apvaıçuŋ] *f 1.* desviación *f; 2. (Unterschied)* divergencia *f,* diferencia *f*
abweisen ['apvaızən] *v irr* rehusar, rechazar; *unfreundlich ~* despedir con cajas destempladas
abweisend ['apvaızənt] *adj* reservado, negativo; *jdn ~ behandeln* tratar con frialdad
Abweisung ['apvaızuŋ] *f 1.* rechazo *m; 2. JUR* denegación *f*
abwenden ['apvɛndən] *v irr 1.* desviar; *den Blick von etw ~* apartar la vista de algo; *2. (verhüten)* preservar de; *3. sich ~* volverse, apartarse
abwerben ['apvɛrbən] *v irr 1. (Kunden) ECO* seducir, atraer; *2. (Arbeiter) ECO* atraer, reclutar
abwerfen ['apvɛrfən] *v irr 1. (hinunterwerfen)* tirar, lanzar, arrojar; *2. (Zinsen) ECO* devengar; *3. (einbringen) ECO* arrojar, producir
abwerten ['apveːrtən] *v 1.* depreciar, rebajar; *2. FIN* devaluar
abwertend ['apveːrtənt] *adj* peyorativo, despectivo
Abwertung ['apveːrtuŋ] *f 1.* devalorización *f; 2. FIN* devaluación *f*
abwesend ['apveːzənt] *adj* ausente, distraído (fig)
Abwesenheit ['apveːzənhaıt] *f* ausencia *f; durch ~ glänzen* brillar por su ausencia
abwickeln ['apvıkəln] *v (durchführen)* realizar, efectuar
Abwicklung ['apvıkluŋ] *f 1.* realización *f; 2. ECO* liquidación *f,* transacción *f*
abwiegen ['apviːgən] *v irr* pesar
abwimmeln ['apvıməln] *v (fam)* deshacerse de alguien, quitarse a alguien de encima
abwischen ['apvıʃən] *v 1. (trocknen)* secar, enjugar; *2. (säubern)* limpiar
Abwurf ['apvurf] *v SPORT* lanzamiento *m*
abzahlen ['aptsaːlən] *v 1. (Schulden)* liquidar una deuda; *2. (Raten) ECO* pagar a plazos
Abzahlung ['aptsaːluŋ] *f 1. (von Schulden)* liquidación *f; 2. (von Raten) ECO* pago a plazos *m*
Abzeichen ['aptsaıçən] *n* marca *f,* distintivo *m,* condecoración *f,* emblema *m*
abzeichnen ['aptsaıçnən] *v 1. (abmalen)* dibujar copiando; *2. (unterschreiben)* rubricar, firmar; *3. sich ~* perfilarse, destacarse
abziehen ['aptsiːən] *v irr 1. (entfernen)* quitar, retirar, separar; *2. (Rabatt) ECO* descontar; *3. MATH* restar, sustraer; *4. (Truppen) MIL* retirar, replegarse
abzielen ['aptsiːlən] *v ~ auf* poner la mira en, aspirar a

Abzug ['aptsuːk] *m* *1. (Kopie)* copia *f*; *2. (einer Waffe)* gatillo *m*; *3. (vom Lohn) ECO* retención *f*; *4. (Rabatt) ECO* descuento *m*; *5. MATH* resta *f*, sustracción *f*; *6. MIL* retirada *f*, repliegue *m*

abzüglich ['aptsyːklɪç] *adv ECO* a deducir de, menos

abzweigen ['aptsvaɪgən] *v* *1. (abbiegen)* desviar, bifurcar, derivar; *2. (fam: entwenden)* untarse

Abzweigung ['aptsvaɪguŋ] *f* ramificación *f*, desviación *f*

Accessoires [aksɛ'swaːrs] *pl* accesorios *m/pl*

Aceton [atse'toːn] *n CHEM* acetona *f*

ach [ax] *interj* oh, ah ya

Ach [ax] *n mit ~ und Krach* a duras penas, a trancas y barrancas (fam)

Achse ['aksə] *f TECH* eje *m*

Achsel ['aksəl] *f ANAT* axila *f*

Achselhöhle ['aksəlhøːlə] *f ANAT* axila *f*, sobaco *m*

acht [axt] *num* ocho

Acht [axt] *f ~ geben* prestar atención, tener cuidado; *Gib Acht!* ¡Ojo! *sich in ~ nehmen* tener cuidado

achtbar ['axtbaːr] *adj* respetable, honorable, estimable

Achtbarkeit ['axtbaːrkaɪt] *f* respetabilidad *f*, honorabilidad *f*

achte(r,s) ['axtə(r,s)] *adj* octavo; *der ~ März* el ocho de marzo

achteckig ['axtɛkɪç] *adj* octagonal

Achtel ['axtəl] *n* octavo *m*, octava parte *f*

achten ['axtən] *v* *1. (schätzen)* apreciar, estimar; *2. (beachten) ~ auf* prestar atención a, fijarse en, ver a; *auf alles ~* estar en todo; *nicht ~ auf* hacer caso omiso de

Achterbahn ['axtərbaːn] *f* montaña rusa *f*

achtfach ['axtfax] *adj* *1.* ocho veces, óctuplo; *adv* *2.* por octava vez

achthundert ['axthundərt] *num* ochocientos

achtlos ['axtloːs] *adj* descuidado, negligente, desconsiderado

Achtlosigkeit ['axtloːzɪçkaɪt] *f* descuido *m*, negligencia *f*, desconsideración *f*

achtmal ['axtmaːl] *adv* ocho veces

achtsam ['axtzaːm] *adj* atento, cuidadoso

Achtsamkeit ['axtzaːmkaɪt] *f* atención *f*, cuidado *m*

achttausend ['axttauzənt] *num* ocho mil

Achtung ['axtuŋ] *f* *1. (Hochachtung)* respeto profundo *m*; *2. (Beachtung)* cuidado *m*, atención *f*; *3. (Ausruf) ~!* ¡Atención!/¡Ojo!/¡Cuidado!

achtzehn ['axtseːn] *num* dieciocho

achtzehnte(r,s) ['axtseːntə(r,s)] *adj* decimoctavo

achtzig ['axtsɪç] *num* ochenta

achtzigste(r,s) ['axtsɪçstə(r,s)] *adj* octogésimo

ächzen ['ɛçtsən] *v* *1. (Person)* gemir; *2. (Gegenstand)* rechinar

Acker ['akər] *m* campo de labor *m*, campo de cultivo *m*

Ackerbau ['akərbau] *m* agricultura *f*

Adapter [a'daptər] *m TECH* adaptador *m*

adäquat [adɛ'kvaːt] *adj* adecuado, apropiado

addieren [a'diːrən] *v MATH* sumar, adicionar

Adel ['aːdəl] *m* nobleza *f*, aristocracia *f*

Ader ['aːdər] *f* *1. ANAT* vaso sanguíneo *m*, vena *f*; *2. MIN* veta *f*, filón *m*; *3. (fig: Wesenszug)* talento *m*; *eine ~ für etw haben* tener talento para algo

Adjektiv ['atjɛktiːf] *n GRAMM* adjetivo *m*

Adler ['aːdlər] *m ZOOL* águila *f*

adlig ['aːdlɪç] *adj* noble, nobiliario

Admiral [atmi'raːl] *m MIL* almirante *m*

adoptieren [adɔp'tiːrən] *v* adoptar

Adoption [adɔp'tsjoːn] *f* adopción *f*

Adrenalin [adrɛna'liːn] *n BIO* adrenalina *f*

Adressant [adrɛ'sant] *m* remitente *m*, expedidor *m*

Adressat [adrɛ'saːt] *m* destinatario *m*

Adresse [a'drɛsə] *f* dirección *f*; *~ unbekannt* paradero desconocido; *Da bist du an die falsche ~ geraten.* A otro perro con ese hueso.

adressieren [adrɛ'siːrən] *v* poner la dirección

adrett [a'drɛt] *adj* atildado, aseado

Adria ['adrɪa] *f GEO* Adriático *m*

Advent [at'vɛnt] *m* Adviento *m*

Adventskalender [at'vɛntskalɛndər] *m* calendario de Adviento *m*

Adventskranz [at'vɛntskrants] *m* corona de Adviento *f*

Adverb [at'vɛrp] *n GRAMM* adverbio *m*

Affäre [a'fɛːrə] *f* *1. POL* asunto *m*, incidente *m*; *2. (Liebesaffäre)* amorío *m*, aventura *f*, romance *m*

Affe ['afə] *m ZOOL* mono *m*; *seinem ~n Zucker geben* darse coba/alimentar su ego; *Mich laust der ~. (fig)* Eso me deja sin habla.

Affekt [a'fɛkt] *m* afecto *m*, pasión *f*

affektiert [afɛk'tiːrt] *adj* afectado

Afghanistan [af'ga:nista:n] *n GEO* Afganistan *m*
Afrika ['afrika] *n GEO* Africa *f/el*
Afrikaner(in) [afri'ka:nər(ın)] *m/f* africano/africana *m/f*
afrikanisch [afri'ka:nıʃ] *adj* africano
After ['a:ftər] *m ANAT* ano *m*
Ägäis [ɛ'gɛıs] *f GEO* Mar Egeo *m*
Agent(in) [a'gɛnt(ın)] *m/f* agente *m/f*
Agentur [agɛn'tu:r] *f ECO* agencia *f*
Aggregat [agrɛ'ga:t] *n* agregado *m*
Aggression [agrɛ'sjo:n] *f* agresión *f*
aggressiv [agrɛ'si:f] *adj* agresivo
Aggressivität [agrɛsifi'tɛ:t] *f* agresividad *f*
Agrarland [a'gra:rlant] *n* país agrícola *m*
Agrarpolitik [a'gra:rpolıti:k] *f* política agraria *f*
Agrarreform [a'gra:rrefɔrm] *f* reforma agraria *f*
Ägypten [ɛ'gyptən] *n GEO* Egipto *m*
Ägypter(in) [ɛ'gyptər(ın)] *m/f* egipcio/egipcia *m/f*
ägyptisch [ɛ'gyptıʃ] *adj* egipcio
Ahne ['a:nə] *m* antepasado *m*
ähneln ['ɛ:nəln] *adj* parecerse a, semejarse a, asemejarse a
ahnen ['a:nən] *v 1. (voraussehen)* prever, ver venir, presentir, figurarse; *2. (befürchten)* tener un mal presagio, tener una corazonada
ähnlich ['ɛ:nlıç] *v* parecido, similar, semejante
Ähnlichkeit ['ɛ:nlıçkaıt] *f* parecido *m*, semejanza *f*
Ahnung ['a:nuŋ] *f 1. (Vorgefühl)* idea *f*, noción *f; keine blasse ~ haben* no tener ni la menor idea; *2. (Befürchtung)* mal presentimiento *m*, corazonada *f*
ahnungslos ['a:nuŋslo:s] *adj* desprevenido, sin sospechar nada
Ahorn ['a:hɔrn] *m BOT* arce *m*
Ähre ['ɛ:rə] *f BOT* espiga *f*
Aids [eıdz] *n MED* SIDA *m*
aidsinfiziert ['eıdzınfizi:rt] *adj MED* infectado del SIDA
Aidsinfizierte(r) ['eıdzınfizi:rt] *m/f* sidoso/sidosa *m/f*
Airbag ['ɛ:rbɛk] *m TECH* bolsa de aire *f*
Airbus ['ɛ:rbus] *m TECH* aerobús *m*, airbus *m*
Akademie [akade'mi:] *f* academia *f*
Akademiker(in) [aka'de:mıkər(ın)] *m/f* universitario/universitaria *m/f*, académico/adadémica *m/f*
akademisch [aka'de:mıʃ] *adj* académico
akklimatisieren [aklimati'zi:rən] *v sich ~* aclimatizarse, adaptarse
Akkord [a'kɔrt] *m 1. ECO* arreglo *m; 2. MUS* acorde *m*
Akkordeon [a'kɔrdeon] *n MUS* acordeón *m*
akkreditieren [akredi'ti:rən] *v* acreditar
Akkreditiv [akredı'ti:f] *n ECO* crédito documentario *m*, carta de crédito *f*, letra de crédito *f* (LA), carta-orden de crédito *f* (LA)
Akku ['aku] *m TECH* acumulador *m*
akkurat [aku'ra:t] *adj* exacto, esmerado
Akkusativ ['akuzati:f] *m* acusativo *m*
Akne ['aknə] *f MED* acné *m*
Akrobat [akro'ba:t] *m* acróbata *m/f*
Akt [akt] *m 1. (Tat)* hecho *m*, acción *f*, acto *m; 2. (Zeremonie)* ceremonia *f; 3. ART* desnudo *m*, academia *f; 4. JUR* acto *m; 5. BIO* cópula *f*, copulación *f*, coito *m*, acto sexual *m; 6. THEAT* acto *m*
Akte ['aktə] *f* acta *f/el*, expediente *m*
Aktenmappe ['aktənmapə] *f* portafolios *m*, cartera *f*
Aktennotiz ['aktənnoti:ts] *f* anotación *f*
Aktenzeichen ['aktəntsaıçən] *n* número de registro *m*
Aktie ['aktsjə] *f FIN* acción *f*
Aktiengesellschaft ['aktsjəngəzɛlʃaft] *f (AG) FIN* sociedad anónima (S.A.) *f*
Aktienkurs ['aktsjənkurs] *m FIN* cotización *f*, precio de la acción *m*
Aktienmarkt ['aktsjənmarkt] *m FIN* mercado de renta variable *m*, mercado de acciones *m*
Aktion [ak'tsjo:n] *f* acción *f*
Aktionär(in) [aktsjo'nɛ:r(ın)] *m/f FIN* accionista *m/f*, tenedor(a) de acciones *m/f*
Aktionsradius [ak'tsjo:nsra:djus] *m* radio de acción *m*
aktiv [ak'ti:f] *adj* activo
aktivieren [akti'vi:rən] *v* activar
Aktivierung [akti'vi:ruŋ] *f* activación *f*
Aktivität [aktivi'tɛ:t] *f* actividad *f*
aktualisieren [aktuali'zi:rən] *v* actualizar, modernizar, poner al día
Aktualität [aktuali'tɛ:t] *f* actualidad *f*
aktuell [aktu'ɛl] *adj* actual, presente, existente
Akupunktur [akupuŋk'tu:r] *f MED* acupuntura *f*
Akustik [a'kustık] *f* acústica *f*
akustisch [a'kustıʃ] *adj* acústico
akut [a'ku:t] *adj MED* agudo
Akzent [ak'tsɛnt] *m GRAMM* acento *m*

akzentuieren [aktsεntui'ɪrən] *v* acentuar
Akzeptanz [aktsεp'tants] *f* aceptación *f*
akzeptieren [aktsεp'tiːrən] *v* aceptar, admitir
Alarm [a'larm] *m* alarma *f; blinder ~* falsa alarma *f*
Alarmanlage [a'larmanlaːgə] *f* sistema de alarma *f*
alarmieren [alar'miːrən] *v* alarmar
Albanien [al'baːnjən] *n GEO* Albania *f*
albern ['albərn] *adj* tonto, majadero, bobo, estúpido; *~ sein* hacer el ganso
Albernheit ['albərnhaɪt] *f* tontería *f,* majadería *f,* bobada *f,* estupidez *f*
Album ['album] *n* álbum *m*
Alge ['algə] *f BOT* alga *f/el*
Algebra ['algebraː] *f MATH* álgebra *f/el*
Algerien [al'geːrjən] *n GEO* Argelia *f*
alias ['aljas] *adv* alias, de otro modo
Alibi ['aːlibiː] *n* coartada *f*
Alimente [ali'mεntə] *pl JUR* alimentos *m/pl*
Alkohol ['alkohoːl] *m* alcohol *m*
alkoholfrei ['alkohoːlfraɪ] *adj* sin alcohol
Alkoholiker(in) [alko'hoːlɪkər(ɪn)] *m/f* alcohólico/alcohólica *m/f; ein ~ sein (fam)* ser un borracho perdido
alkoholisch [alko'hoːlɪʃ] *adj* alcohólico
All [al] *n* universo *m*
allabendlich [al'aːbəntlɪç] *adv* cada noche, todas las noches, noche por noche
alle ['alə] *pron 1.* todos; *adj 2.* todo(s), toda(s); *3. Die Flasche ist ~. (fam)* La botella está vacia.
Allee [a'leː] *f* avenida *f,* paseo *m*
allein [a'laɪn] *adj 1.* solo, único; *~ stehend* solo, soltero; *adv 2.* solamente, únicamente, sólo
Alleinerziehende(r) [al'laɪnεrtsiːə(r)] *m/f* padre soltero/madre soltera *m/f,* parte paternal única que asume la crianza del hijo *f*
Alleingang [a'laɪngaŋ] *m im ~* en acto individual *m*
Alleinherrschaft [a'laɪnhεrʃaft] *f POL* autocracia *f*
alleinig [a'laɪnɪç] *adj* único
Alleinstehende(r) [a'laɪnʃteːəndə(r)] *m/f* soltero/soltera *m/f*
allenfalls ['alən'fals] *adv* en todo caso, a lo sumo
allerbeste(r,s) ['alərbεstə(r)] *adj* el mejor de todos
allerdings [alər'dɪŋs] *adv* realmente, ciertamente, en efecto, sin embargo
Allergie [alər'giː] *f MED* alergia *f*
Allergietest [alər'giːtεst] *m MED* test de alergia *m*
Allergiker(in) [a'lεrgɪkər(ɪn)] *m/f MED* alérgico/alérgica *m/f*
allergisch [a'lεrgɪʃ] *adj MED* alérgico
allerhand [alər'hant] *adj 1. (viel)* varios, mucho; *Er hat ~ mitgemacht.* Las ha pasado moradas. *2. (vielerlei)* de toda clase; *3. (fam)* demasiado; *Das ist ja ~, was du gemacht hast.* ¡Te pasaste!
Allerheiligen [alər'haɪlɪgən] *n REL* día de Todos los Santos *m*
allerhöchstens ['alər'høːçstəns] *adv* a lo sumo, a lo mas, como mucho
allerlei ['alər'laɪ] *adj* diversos, varios
allerliebst ['alər'liːpst] *adj* encantador, monísimo
Allerseelen [alər'zeːlən] *n REL* día de los Difuntos *m,* día de las Animas *m*
alles ['aləs] *adj* todo, todas las cosas
Allgegenwart [al'geːgənvart] *f* omnipresencia *f,* ubicuidad *f*
allgegenwärtig [al'geːgənvεrtɪç] *adj* omnipresente, ubicuo
allgemein [algə'maɪn] *adj* general, universal; *~ üblich* de uso general; *im Allgemeinen* por lo general; *~ gültig* generalmente aceptado, universal; *~ verständlich* comprensible para todos
Allgemeinbildung [algə'maɪnbɪlduŋ] *f* cultura general *f*
Allgemeinheit [algə'maɪnhaɪt] *f* generalidad *f,* público en general *m*
Allgemeinwohl [algə'maɪnvoːl] *n* bienestar común *m*
Allheilmittel [al'haɪlmɪtəl] *n* sanalotodo *m,* panacea *f*
Allianz [al'jants] *f* alianza *f*
Alliierte [ali'iːrtə] *pl POL* Aliados *m/pl*
alljährlich [al'jεːrlɪç] *adj 1.* anual; *adv 2.* anualmente, todos los años, cada año
allmählich [al'mεːlɪç] *adj 1.* paulatino, gradual; *adv 2.* gradualmente, paulatinamente, poco a poco
allseits ['alzaɪts] *adv* por todos lados
Alltag ['altaːk] *m* vida cotidiana *f*
alltäglich [al'tεːklɪç] *adj* diario, cotidiano
alltags ['altaːks] *adj* cotidiano, rutinario
Allüre [a'lyːrə] *f* capricho *m*
allwissend ['al'vɪsənt] *adj* omnisciente
allzu ['altsu] *adv* demasiado, en exceso
Almosen ['almoːzən] *n* limosna *f*
Alpen ['alpən] *pl GEO* Alpes *m/pl*
Alphabet [alfa'beːt] *n* alfabeto *m*

alpin [al'pi:n] *adj* alpino
Alptraum ['alptraum] *m* pesadilla *f*
als [als] *konj 1. (zeitlich)* tan pronto como, en el momento en que, mientras, cuando; *2. (in der Eigenschaft ~)* como, a modo de, en calidad de; *3. (beim Komparativ)* que; *Madrid ist größer ~ München.* Madrid es más grande que Múnich.
also ['alzo] *konj* por tanto, por consiguiente
alt [alt] *adj* viejo, antiguo; *Wie ~ sind Sie?* ¿Cuántos años tiene usted? *doppelt so ~ wie jmd sein* doblarle la edad a alguien; *älter werden* entrar en años; *~ aussehen* no estar a la altura; *~es Haus* viejo amigo *m*
Altar [al'ta:r] *m REL* altar *m*
Altargemälde [al'ta:rgəmɛ:ldə] *n REL* pintura del altar *f*
altbacken ['altbakən] *adj 1. (fig)* pasado de moda; *2. GAST* sentado, reposado
Altbau ['altbau] *m* construcción antigua *f*
altbekannt ['altbə'kant] *adj* archiconocido
altbewährt ['altbə'vɛ:rt] *adj* bien probado
altdeutsch ['altdɔytʃ] *adj* del alemán antiguo
altehrwürdig ['alt'e:rvyrdɪç] *adj* venerable
alteingesessen ['alt'aɪngəzɛsən] *adj* sedentario, establecido desde muchas generaciones
Alteisen ['altaɪzən] *n* chatarra *f*
Alter ['altər] *n* edad *f; Über das ~ hinaus sein, um ...* No estar en edad de ...
ältere(r,s) [ɛltərə] *adj* mayor, más viejo
alternativ [altərna'ti:f] *adj* alternativo
Alternative [altərna'ti:və] *f 1.* alternativa *f; 2. POL* opción *f*
altersbedingt ['altərsbədɪŋkt] *adj* debido a la edad, condicionado a la edad
Altersgrenze ['altərsgrɛntsə] *f* límite de edad *m*
Altersheim ['altərshaɪm] *n* asilo de ancianos *m,* residencia de ancianos *f*
Altersrente ['altərsrɛntə] *f* pensión de vejez *f,* jubilación *f*
altersschwach ['altərsʃvax] *adj* caduco, senil, decrépito
Altersunterschied ['altərsuntərʃi:t] *m* diferencia de edad *f*
Altersversorgung ['altərsfɛrzɔrguŋ] *f* jubilación *f,* pensión *f*
Altertum ['altərtu:m] *n HIST* Edad antigua *f; das Klassische ~* la antigüedad clásica *f*
Altertümer ['altərty:mər] *pl* antigüedades *f/pl*
altertümlich ['altərtymlɪç] *adj* antiguo, arcaico
Altglas ['altgla:s] *n* vidrio utilizado *m,* botellas utilizadas *f/pl*
althergebracht [alt'he:rgəbraxt] *adj* tradicional
altjüngferlich [alt'juŋfərlɪç] *adj* solterona
altklug ['altklu:k] *adj* precoz, petulante
Altmaterial ['altmaterja:l] *n* material viejo *m*
Altmeister ['altmaɪstər] *m* ex campeón *m*
Altmetall ['altmetal] *n* metal viejo *m*
altmodisch ['altmo:dɪʃ] *adj* pasado de moda, anticuado
Altpapier ['altpapi:r] *n* papel viejo *m*
Altstadt ['altʃtat] *f* casco antiguo *m,* barrio antiguo *m*
Altstimme ['altʃtɪmə] *f MUS* contralto *m*
Altweibersommer [alt'vaɪbərzɔmər] *m* veranillo de San Martín *m*
Alufolie ['alufo:ljə] *f* hoja de aluminio *f*
Aluminium [alu'mi:njum] *n CHEM* aluminio *m*
am *(= an dem) (siehe „an")*
Amalgamfüllung [amal'ga:mfyluŋ] *f MED* empaste de amalgama *m*
Amateur [ama'tø:r] *m* aficionado *m,* amateur *m*
Amateursportler(in) [ama'tø:rʃpɔrtlər(ɪn)] *m/f* deportista aficionado *m/f*
Amboss ['ambɔs] *m TECH* yunque *m*
ambulant [ambu'lant] *adj 1.* ambulante; *2. MED* ambulatorio
Ambulanz [ambu'lants] *f 1. (Wagen) MED* ambulancia *f; 2. (Abteilung) MED* ambulatorio *m,* dispensario *m*
Ameise ['a:maɪzə] *f ZOOL* hormiga *f*
Amen ['a:mən] *n* amén *m; zu allem ja und ~ sagen* decir amén a todo
Amerika [a'me:rika] *n GEO* América *f*
Amerikaner(in) [ameri'ka:nər(ɪn)] *m/f* americano/americana *m/f,* norteamericano/norteamericana *m/f,* gringo *m* (fam)
amerikanisch [ameri'ka:nɪʃ] *adj* americano
Ammoniak ['amonjak] *n* amoníaco *m*
Amnestie [amnɛs'ti:] *f JUR* amnistía *f*
Amokläufer ['amoklɔyfər] *m* loco homicida *m*
Ampel ['ampəl] *f* semáforo *m*
Ampere [am'pɛ:r] *n TECH* amperio *m*
Ampulle [am'pulə] *f MED* ampolla *f*
Amputation [amputats'jo:n] *f MED* amputación *f,* mutilación *f,* cercenamiento *m*

amputieren [ampu'tiːrən] *v MED* amputar, mutilar, cercenar
Amsel ['amzəl] *f ZOOL* mirlo *m*
Amt [amt] *n 1. (Behörde)* autoridad *f; 2. (Stellung)* cargo *m,* empleo *m; 3. (Telefonamt)* central telefónica *f; 4. (Büro)* oficina *f,* despacho *m*
amtierend ['amtiːrənt] *adj* en ejercicio, en funciones
amtlich ['amtlɪç] *adj* oficial
Amtsantritt ['amtsantrɪt] *m* entrada en funciones *f,* toma de posesión de un cargo *f*
Amtsarzt ['amtsartst] *m* médico oficial *m*
Amtsblatt ['amtsblat] *n* boletín oficial *m*
Amtseid ['amtsaɪt] *m JUR* jura del cargo *f*
Amtsgericht ['amtsgərɪçt] *n JUR* juzgado municipal *m,* juzgado de primera instancia *m*
Amtshandlung ['amtshandluŋ] *f* acto oficial *m,* actuación pública *f*
Amtsinhaber(in) ['amtsɪnhaːbər(ɪn)] *m/f* titular *m/f*
Amtsmissbrauch ['amtsmisbraux] *m* abuso de autoridad *m,* prevaricación *f*
Amtsrichter(in) ['amtsrɪçtər(ɪn)] *m/f JUR* juez municipal *m/f,* juez de primera instancia *m/f*
Amulett [amu'lɛt] *n* amuleto *m*
amüsant [amy'zant] *adj* divertido
Amüsement [amys'm ɑː] *n* diversión *f*
amüsieren [amy'ziːrən] *v sich ~* divertirse, pasarla bien; *Er kommt nur, um sich zu ~.* Él sólo viene en plan de diversión. *sich prächtig ~* pasarla bomba
an [an] *prep 1. (örtlich)* en, a, cerca de, junto a; *~ der Kirche* cerca de la iglesia; *~ der Wand* en la pared; *am Fenster* junto a la ventana; *~ den See fahren* ir al lago; *2. (zeitlich)* por, en, a; *~ jenem Tag* aquel día; *am Morgen* por la mañana; *am 1. Juni* el primero de junio; *von diesem Zeitpunkt ~* a partir de este momento; *3. (mittels)* de, en, con, por; *~ die Hand nehmen* tomar de la mano; *Ich sehe es dir ~ der Nasenspitze an.* Te lo veo en la punta de la nariz. *~ den Fingern abzählen* contar con los dedos; *~ Krücken gehen* andar con muletas; *jdn ~ der Stimme erkennen* reconocer a alguien por la voz; *4. (Bestimmung)* a, para; *Gruß ~ deine Frau.* Saluda a tu mujer. *Ich habe eine Frage ~ dich.* Tengo una pregunta para tí. *~ den Direktor* al director
Anabolikum [ana'boːlikum] *n MED* anabolizante *m*
analog [ana'loːk] *adj* análogo, semejante
Analogie [analo'giː] *f* analogía *f*
Analphabet ['analfabeːt] *m* analfabeto *m,* iletrado *m*
Analyse [ana'lyːzə] *f* análisis *m*
analysieren [analy'ziːrən] *v* analizar
Anämie [anɛ'miː] *f MED* anemia *f*
Ananas ['ananas] *f BOT* piña *f*
Anarchie [anar'çiː] *f POL* anarquía *f*
Anarchist [anar'çɪst] *m POL* anarquista *m*
Anästhesist(in) [anɛːste'zɪst(ɪn)] *m/f MED* anestesista *m/f*
Anatomie [anato'miː] *f MED* anatomía *f*
anbahnen ['anbaːnən] *v sich ~* iniciar
anbändeln ['anbɛndəln] *v mit jdm ~ (fam)* coquetear con alguien, ligar con alguien, flirtear con alguien
Anbau ['anbau] *m 1. AGR* cultivo *m; 2. (an ein Gebäude)* anexo *m,* anejo *m*
anbauen ['anbauən] *v 1. AGR* cultivar; *2. (Gebäude)* adosar a
Anbaumöbel ['anbaumøːbəl] *pl* muebles por elementos *m/pl,* muebles funcionales *m/pl*
Anbeginn ['anbəgɪn] *m* principio *m*
anbehalten ['anbəhaltən] *v* dejarse algo puesto, dejar puesto
anbei [an'baɪ] *adj* adjunto, anexo
anbeißen ['anbaɪsən] *v irr 1. (hineinbeißen)* morder en; *2. (Fisch)* picar
anbelangen ['anbəlaŋən] *v* concernir, atañer, tocar
anberaumen ['anbəraumən] *v* fijar una cita, señalar la fecha
anbeten ['anbeːtən] *v* adorar, venerar
Anbetracht ['anbətraxt] *m in ~* en atención *f,* en consideración de *f; in ~ der Tatsache, dass* en vista de que/visto que
Anbetung ['anbeːtuŋ] *f* adoración *f,* veneración *f*
anbiedern ['anbiːdərn] *v sich ~* congraciarse con alguien, trabar amistad con alguien
anbieten ['anbiːtən] *v* ofrecer, brindar; *Was darf ich Ihnen ~?* ¿Desea tomar algo?
anbinden ['anbɪndən] *v* atar, sujetar
Anblick ['anblɪk] *m* vista *f,* panorama *m; beim ersten ~* a primera vista
anblicken ['anblɪkən] *v* mirar, contemplar, echar una ojeada
anbraten ['anbraːtən] *v irr* dorar, sofreír
anbrechen ['anbrɛçən] *v irr 1. (brechen)* abrir, empezar; *2. (fig)* llegar, entrar; *Der Frühling ist angebrochen.* La primavera ha llegado.
anbrennen ['anbrɛnən] *v irr* encender/encenderse, quemarse, pegar fuego a; *nichts ~ lassen* no perderse nada

anbringen ['anbrɪŋən] *v irr* 1. *(befestigen)* fijar, colocar; 2. *(vortragen)* exponer, mencionar, presentar, formular; 3. *(fam: herbringen)* traer

Anbruch ['anbrux] *m* principio *m*, comienzo *m*; *bei ~ des Tages/der Nacht* al amanecer/al anochecer

anbrüllen ['anbrylən] *v* gritar a alguien

Andacht ['andaxt] *f* *REL* devoción *f*, recogimiento *m*

andächtig ['andɛçtɪç] *adj* 1. atento, absorto; 2. *REL* devoto, piadoso, recogido

Andauer ['andauər] *f* duración *f*

andauern ['andauərn] *v* durar, persistir, continuar

andauernd ['andauərnt] *adj* permanente, continuo

Andenken ['andɛŋkən] *n* 1. *(Erinnerung)* recuerdo *m*; *das ~ feiern* conmemorar; 2. *(Souvenir)* recuerdo *m*, souvenir *m*

andere(r,s) ['andərə(r,s)] *adj* 1. otro/otra, diferente; *pron* 2. otro/otra, otros/otras

andererseits ['andərərzaɪts] *adv* por otra parte, por otro lado

andermal ['andərmaːl] *adv ein ~* otra vez, otro día

ändern ['ɛndərn] *v* 1. *etw ~* cambiar algo, mudar algo; 2. *sich ~* cambiar uno mismo

andernfalls ['andərnfals] *adv* de lo contrario, en otro caso

anders ['andərs] *adj* 1. diferente, distinto; *adv* 2. de otro modo, de otra manera; *~ denkend* de otra ideología, de otra mentalidad

andersartig ['andərsaːrtɪç] *adj* distinto, de otro tipo

Andersartigkeit ['andərsaːrtɪçkaɪt] *f* tipo distinto *m*, otro tipo *m*

andersfarbig ['andərsfaːrbɪç] *adj* de otro color

andersgläubig ['andərsglɔybɪç] *adj* disidente, discrepante, cismático

andersherum ['andərshɛrum] *adv* a la inversa

anderswo ['andərsvoː] *adv* en otra parte, en otro lugar

anderthalb ['andərthalp] *num* uno y medio

Änderung ['ɛndəruŋ] *f* cambio *m*, modificación *f*

anderweitig ['andərvaɪtɪç] *adj* otro, ulterior

andeuten ['andɔytən] *v* indicar, aludir, insinuar, dar a entender

Andeutung ['andɔytuŋ] *f* indicación *f*, alusión *f*, insinuación *f*

andeutungsweise ['andɔytuŋsvaɪzə] *adj* por alusión, a grandes rasgos

Andrang ['andraŋ] *m* afluencia *f*, conglomeración *f*

andrehen ['andreːən] *v* 1. *(einschalten)* encender, poner en marcha; 2. *jdm etw ~ (fam)* endosar algo a alguien

androhen ['androːən] *v jdm etw ~* amenazar a alguien con algo

Androhung ['androːuŋ] *f* amenaza *f*

aneignen ['anaɪgnən] *v sich ~* apropiarse, adueñarse de

Aneignung ['anaɪgnuŋ] *f* apropiación *f*, anexión *f*

aneinander [anaɪ'nandər] *adv* uno junto a otro; *~ fügen* juntar; *mit jdm ~ geraten* tener un altercado con alguien; *~ reihen* enfilar, ensartar (fig), enhebrar; *~ grenzend* colindante, vecino

Anekdote [anɛk'doːtə] *f* anécdota *f*

anekeln ['aneːkəln] *v (fam)* repugnar, asquear; *Es ekelt mich.* Me da asco.

anerkennen ['anɛrkɛnən] *v irr* reconocer, aprobar, elogiar

anerkennend ['anɛrkɛnənt] *adj* 1. elogioso, aprobatorio; *adv* 2. con mucho reconocimiento

anerkennenswert ['anɛrkɛnənsveːrt] *adj* digno de elogio, digno de aprecio

Anerkennung ['anɛrkɛnuŋ] *f* reconocimiento *m*, aprobación *f*, elogio *m*

anfachen ['anfaxən] *v* 1. *(Feuer)* atizar; 2. *(fig: anspornen)* incitar, avivar, animar, atizar

anfahren ['anfaːrən] *v irr* 1. *(fahren gegen)* chocar contra; 2. *(losfahren)* salir, ponerse en marcha; 3. *(fig: schimpfen) jdn ~* incordiar a alguien, amonestar a alguien; 4. *(Maschine, Zug) TECH* arrancar

Anfahrt ['anfaːrt] *f* 1. *(Fahrt)* arranque *m*; 2. *(Zufahrt)* entrada *f*, acceso *m*

Anfall ['anfal] *m* *MED* ataque *m*, acceso *m*; *ein ~ von Husten* un acceso de tos *m*

anfallen ['anfalən] *v* 1. *(überfallen)* asaltar, atracar; 2. *(befallen)* invadir, arrebatar; 3. *(sich ergeben)* originarse, producirse; *Sie werden sehen, wie viel Arbeit anfällt.* Ya verá cuánto trabajo se origina. 4. *(Gewinn) ECO* devengar

anfällig ['anfɛlɪç] *adj* propenso a

Anfälligkeit ['anfɛlɪçkaɪt] *f* propensión *f*, predisposición *f*

Anfang ['anfaŋ] *m* comienzo *m*, principio *m*, origen *m*

anfangen ['anfaŋən] *v irr* comenzar, empezar

Anfänger(in) ['anfɛŋər(ɪn)] *m/f* principiante *m/f,* neófito/neófita *m/f*
anfänglich ['anfɛŋlɪç] *adj 1.* inicial; *adv 2.* inicialmente, primeramente, al comienzo
Anfangsbuchstabe ['anfaŋsbuːxʃtaːbə] *m* letra inicial *f*
anfassen ['anfasən] *v 1. (berühren)* tocar, palpar; *2. (greifen)* agarrar, coger (nicht in Argentinien), asir; *3. (fam: helfen)* ayudar; *Fassen Sie mit an!* ¡Eche usted una mano! *4. (fig: behandeln)* tratar, enfocar, abordar
anfechten ['anfɛçtən] *v irr 1.* discutir, debatir, refutar; *2. JUR* impugnar
Anfechtung ['anfɛçtuŋ] *f 1. ~ gegen* protesta contra *f; 2. JUR* impugnación *f*
anfeinden ['anfaɪndən] *v* hostilizar, hostigar
Anfeindung ['anfaɪnduŋ] *f* hostilidad *f,* hostigamiento *m*
anfertigen ['anfɛrtɪgən] *v* hacer, elaborar, fabricar
Anfertigung ['anfɛrtɪguŋ] *f* elaboración *f,* fabricación *f*
anfeuchten ['anfɔyçtən] *v* humedecer, mojar
anfeuern ['anfɔyərn] *v (fig)* alentar, hacer barra (LA), dar ánimo
Anfeuerung ['anfɔyəruŋ] *f (fig)* aliento *m,* animación *f*
anflehen ['anfleːən] *v* suplicar, rogar, implorar
Anflug ['anfluːk] *m 1.* vuelo de aproximación *m; 2. (fig: Hauch, Kleinigkeit)* hálito *m,* deje *m; mit dem ~ eines Lächelns* con el ribete de una sonrisa
anfordern ['anfɔrdərn] *v* exigir, requerir, pedir
Anforderung ['anfɔrdəruŋ] *f 1. (Anspruch)* pretensión *f,* exigencia *f; 2. (Bestellung)* encargo *m,* pedido *m*
Anfrage ['anfraːgə] *f 1. ECO* demanda *f,* solicitud de oferta *f; 2. POL* interpelación *f*
anfragen ['anfraːgən] *v* pedir información, interpelar
anfreunden ['anfrɔyndən] *v sich ~* hacerse amigo de alguien, trabar amistad con alguien
anfügen ['anfyːgən] *v 1. (hinzufügen)* añadir, agregar; *2. (beilegen)* acompañar, juntar
anfühlen ['anfyːlən] *v sich ~* sentir al tacto
anführen ['anfyːrən] *v 1. (führen)* dirigir, guiar; *2. (erwähnen)* citar, mencionar, especificar; *3. (Beweise, Begründungen) JUR* alegar, aducir
Anführer(in) ['anfyːrər(ɪn)] *m/f* jefe/jefa *m/f,* guía *m/f,* líder *m*
Anführungszeichen ['anfyːruŋstsaɪçən] *pl* comillas *f/pl*
Angabe ['angaːbə] *f 1.* declaración *f,* instrucción *f,* información *f; 2. (fam: Prahlerei)* fanfarronada *f,* chulería *f; 3. (von Daten) TECH* datos *m/pl*
angeben ['angeːbən] *v irr 1.* indicar, declarar; *2. (fam: prahlen)* fanfarronear, hacer alarde
Angeber ['angeːbər] *m (fam)* fanfarrón *m*
Angeberei [angeːbə'raɪ] *f (fam)* fanfarronada *f*
Angebetete(r) ['angeːbətətə(r)] *m/f* adorado/adorada *m/f,* idolatrado/idolatrada *m/f*
angeblich ['angeːplɪç] *adj 1.* supuesto, presunto; *adv 2.* supuestamente, presuntamente
angeboren ['angəboːrən] *adj 1. MED* congénito; *2.* innato, de nacimiento
Angebot ['angəboːt] *n* oferta *f,* ofrecimiento *m*
angebracht ['angəbraxt] *adj* pertinente, oportuno, conveniente
angebrannt ['angəbrant] *adj* quemado; *~ schmecken* saber a quemado
Angedenken ['angədɛŋkən] *n* recuerdo *m,* memoria *f*
angeheitert ['angəhaɪtərt] *adj* alegre, achispado
angehen ['angeːən] *v irr 1. (beginnen)* empezar, comenzar; *2. (fam: Licht)* encenderse, prenderse (LA); *3. (betreffen)* competer, incumbir, concernir; *Was geht dich das an?* A ti, ¿qué te importa? *4. (bitten) jdn um etw ~* solicitar algo a alguien
angehend ['angeːənt] *adj* incipiente, principiante, futuro
angehören ['angəhøːrən] *v* pertenecer a, ser miembro de
Angehörige(r) ['angəhøːrɪgə(r)] *m/f* miembro *m,* socio/socia *m/f*
angeklagt ['angəklaːkt] *adj JUR* acusado
Angeklagte(r) ['angeklaːktə(r)] *m/f JUR* acusado/acusada *m/f,* procesado/procesada *m/f,* reo *m*
Angel ['aŋəl] *f 1. (Türangel)* gozne *m,* quicio *m; die Welt aus den ~n heben* revolucionar el mundo; *aus den ~n gehen* venirse abajo; *zwischen Tür und ~ stecken* verse entre la espada y la pared; *2. SPORT* caña de pescar *f*
Angelegenheit ['angəleːgənhaɪt] *f* asunto *m,* cuestión *f*
angeln ['aŋəln] *v SPORT* pescar con caña

angemessen ['angəmɛsən] *adj 1.* apropiado, adecuado, proporcionado; *adv 2.* apropiadamente, adecuadamente

Angemessenheit ['angəmɛsənhaɪt] *f* adecuación *f*, justa proporción *f*

angenehm ['angəne:m] *adj 1.* agradable, grato; *Sehr ~!* ¡Encantado!/¡Mucho gusto! *adv 2.* ser grato, gratamente, ser agradable

angenommen ['angənɔmən] *adj 1. (adoptiert)* adoptado, recogido; *2. (geschätzt)* supuesto, calculado; *Angenommen, dass ...* Suponiendo que ...

angeregt ['angəre:kt] *adj 1.* animado, inspirado; *adv 2.* animadamente

angesehen ['angəze:ən] *adj 1.* respetado, muy bien visto; *2. ECO* acreditado

Angesicht ['angəzɪçt] *n* semblante *m*, rostro *m*; *von ~ zu ~* cara a cara; *im Schweiße meines ~s* con el sudor de mi frente

angesichts ['angəzɪçts] *prep* en vista de, ante, teniendo en cuenta, frente a

angespannt ['angəʃpant] *adj 1.* tenso, tirante; *adv 2.* con tensión, tenso

angestellt ['angəʃtɛlt] *adj* empleado

Angestellte(r) ['angəʃtɛltə(r)] *m/f* empleado/empleada *m/f*

angewandt ['angəvant] *adj* aplicado

angewiesen ['angəvi:zən] *adj ~ sein auf* necesitar de, depender de, no poder prescindir de; *auf sich selbst ~ sein* tener que arreglárselas por sí mismo

angewöhnen ['angəvø:nən] *v 1. jdm etw ~* acostumbrar alguien a algo, habituar alguien a algo; *2. sich etw ~* acostumbrarse a una cosa, habituarse a una cosa

Angewohnheit ['angəvo:nhaɪt] *f* costumbre *f*, hábito *m*

Angina [aŋ'gi:na] *f MED* angina *f*

angleichen ['anglaɪçən] *v irr* ajustar, nivelar

Angleichung ['anglaɪçuŋ] *f* ajuste *m*, nivelación *f*

Angler(in) ['aŋlər(ɪn)] *m/f* pescador(a) de caña *m/f*

angliedern ['angli:dərn] *v* asociar, integrar, añadir

angreifen ['angraɪfən] *v irr 1.* atacar, agredir, insultar, acometer; *2. (berühren)* coger, tocar; *3. (schaden)* ultrajar, vejar, dañar; *4. (beschädigen)* deteriorar, estropear; *5. (unternehmen)* acometer, comenzar

Angreifer ['angraɪfər] *m MIL* agresor *m*

angrenzen ['angrɛntsən] *v ~ an* lindar con, limitar con, colindar con

Angriff ['angrɪf] *m 1.* asalto *m*, ofensiva *f*, ataque *m*, agresión *f*; *2. SPORT* ataque *m*; *3. (fig) POL* agresión *f*

Angriffspunkt ['angrɪfspuŋkt] *m 1. (fig: Schwachpunkt)* punto flaco *m*; *2. MIL* punto de ataque *m*, centro de la ofensiva *m*

Angst [aŋst] *f* miedo *m*, ansiedad *f*, angustia *f*; *Ich habe ~ bekommen.* Me ha entrado miedo.

angsterfüllt ['aŋstɛrfylt] *adj 1.* asustado, lleno de miedo, angustiado; *adv 2.* lleno de miedo, angustiadamente

Angsthase ['aŋstha:zə] *m* cobarde *m*, gallina *f* (LA)

ängstigen ['ɛŋstɪgən] *v 1. jdn ~* asustar a alguien, angustiar a alguien; *2. sich ~* tener miedo, asustarse

ängstlich ['ɛŋstlɪç] *adj* miedoso, asustadizo

anhaben ['anha:bən] *v irr* llevar puesto; *Was kann er mir schon ~? (fig)* ¿Qué puede hacerme?

anhalten ['anhaltən] *v irr 1. (stehen bleiben)* parar, quedarse parado; *2. (fortdauern)* continuar, persistir; *3. (zurückhalten)* detener, retener; *4.* exhortar, pedir; *Um ein Mädchen ~.* Pedir la mano de una joven. *jdn ~ etw zu tun* exhortar a alguien a hacer algo

anhaltend ['anhaltənt] *adj* continuo, persistente

Anhalter(in) ['anhaltər(ɪn)] *m/f* autostopista *m/f*, el que tira dedo/la que tira dedo *m/f* (LA), el que viaja por auto-stop *m*

Anhaltspunkt ['anhaltspuŋkt] *m* punto de referencia *m*

anhand [an'hant] *prep* por medio de, mediante

Anhang ['anhaŋ] *m* anexo *m*, apéndice *m*

anhängen ['anhɛŋən] *v irr* colgar, suspender; *jdm etw ~ (fig)* endosarle algo a alguien

Anhänger ['anhɛŋər] *m 1. (Wagen)* remolque *m*; *2. (Befürworter)* seguidor *m*, partidario *m*, adepto *m*; *3. (Schild)* cartel *m*; *4. (Schmuck)* dije *m*, pendiente *m*; *5. SPORT* hincha *m*

anhänglich ['anhɛŋlɪç] *adj* afecto, apegado, fiel; *~ wie eine Klette sein* pegarse como una lapa

Anhänglichkeit ['anhɛŋlɪçkaɪt] *f* afecto *m*, cariño *m*, apego *m*

Anhängsel ['anhɛŋsəl] *n* apéndice *m*, acompañante insignificante *m*, cola *f* (LA)

anhäufen ['anhɔyfən] *v* amontonar, apilar, acumular, acopiar

Anhäufung ['anhɔyfuŋ] *f* amontonamiento *m*, apilamiento *m*

anheben ['anheːbən] *v 1. (hochheben)* levantar, alzar; *2. (erhöhen)* subir, aumentar

anheften ['anhɛftən] *v ~ an* sujetar a, pegar en

anheizen ['anhaɪtsən] *v 1.* calentar, caldear; *2. (fig: steigern) ECO* avivar, recalentar, incitar, estimular; *3. ECO* recalentar, estimular

anheuern ['anhɔyərn] *v* enrolar/enrolarse

Anhieb ['anhiːp] *m auf ~* de golpe, a la primera

anhimmeln ['anhɪməln] *v* adorar; *jdn ~* comerse a alguien con los ojos

Anhöhe ['anhøːə] *f* altura *f,* elevación *f,* loma *f,* cerro *m*

anhören ['anhøːrən] *v* escuchar, oír; *Der Lärm ist nicht anzuhören.* El ruido es inaguantable. *Das hört sich gut an.* Eso suena bien.

Anhörung ['anhøːrʊŋ] *f JUR* audición *f,* audiencia *f*

animalisch [ani'maːlɪʃ] *adj* animal

Animateur(in) [anima'tøːr(ɪn)] *m/f* animador(a) *m/f*

animieren [ani'miːrən] *v* animar, estimular

Anis [a'niːs] *n BOT* anís *m*

ankämpfen ['ankɛmpfən] *v gegen etw ~* luchar contra algo

Ankauf ['ankauf] *m* compra *f,* adquisición *f*

ankaufen ['ankaufən] *v* comprar, adquirir

Anker ['aŋkər] *m* ancla *f/el*

ankern ['aŋkərn] *v* anclar, echar anclas

Anklage ['anklaːgə] *f 1. (Beschuldigung)* inculpación *f; 2. JUR* acusación *f,* demanda judicial *f*

anklagen ['anklaːgən] *v 1. (beschuldigen)* inculpar; *2. JUR* acusar, demandar judicialmente

Ankläger(in) ['anklɛːgər(ɪn)] *m/f JUR* acusador(a) *m/f; öffentlicher ~* fiscal *m*

Anklang ['anklaŋ] *m* resonancia *f,* repercusión *f,* eco *m; ~ finden* tener acogida

ankleben ['ankleːbən] *v* pegar, engomar

ankleiden ['anklaɪdən] *v 1. jdn ~* vestir a alguien, arropar a alguien, abrigar a alguien; *2. sich ~* vestirse, arroparse, abrigarse

anklopfen ['anklɔpfən] *v* llamar, tocar

anknüpfen ['anknypfən] *v 1.* anudar, atar; *2. an etw ~* relacionar con algo, llevar algo a relación, tomar referencia a algo, partir de algo; *Er knüpfte in seinem Vortrag an ein Ereignis an.* Se basó en un acontecimiento para su ponencia. *3. (fig: aufnehmen)* trabar, entablar, entrar en; *ein Gespräch ~* entablar conversación

ankommen ['ankɔmən] *v irr 1.* llegar, arribar, venir; *2. (Zustimmung finden)* caer bien, ser bien acogido; *3. (fig) Darauf kommt es ja gerade an!* ¡Justamente eso es lo más importante!

ankündigen ['ankyndɪgən] *v* anunciar

Ankündigung ['ankyndɪgʊŋ] *f* anuncio *m*

Ankunft ['ankʊnft] *f* llegada *f,* arribo *m*

anlachen ['anlaxən] *v 1.* reír a; *2. (fig: anziehen)* atraer con una sonrisa

Anlage ['anlaːgə] *f 1. (Neigung) MED* predisposición *f; 2. (Fabrik)* fábrica *f,* planta *f; 3. (Parkanlage)* parque *m,* jardín público *m; 4. (Veranlagung)* talento *m,* ingenio *m; 5. (Briefanlage) ECO* inversión en títulos-valores *f; 6. (Geldanlage) FIN* colocación *f,* inversión de capital *f*

Anlass ['anlas] *m 1. (Gelegenheit)* ocasión *f,* oportunidad *f; Der Vorfall hat ~ zu vielen Klagen gegeben.* El incidente ha dado pie a muchas quejas. *2. (Grund)* razón *f,* motivo *m*

anlassen ['anlasən] *v irr 1. (Motor)* arrancar; *2. (anbehalten)* dejar puesto; *3. (eingeschaltet lassen)* dejar encendido, no apagar

anlässlich ['anlɛslɪç] *prep* con motivo, con ocasión de

Anlauf ['anlauf] *m (Beginn)* arranque *m*

anlaufen ['anlaufən] *v irr 1. (beginnen)* echar a correr, empezar a correr, ponerse en marcha; *2. (beschlagen)* empañarse, deslustrarse; *blau vor Kälte ~* ponerse morado del frío; *rot ~ (vor Scham)* ruborizarse; *3. (Maschinen) TECH* poner en marcha

anlegen ['anleːgən] *v 1. (bauen)* edificar, construir; *2. (Leiter)* poner, colocar; *3. (Akte)* hacer una acta; *4. (Schiff) NAUT* atracar, hacer escala; *5. (pflanzen)* plantar; *6. (Geld) FIN* invertir, colocar; *7. Verband ~ MED* aplicar una venda, vendar

Anleger(in) ['anleːgər(ɪn)] *m/f FIN* inversor(a) *m/f,* inversionista *m/f*

anlehnen ['anleːnən] *v 1. an etw ~* apoyar en/apoyar contra, arrimar a, adosar a; *2. (Tür)* entornar; *3. sich ~* recostarse

Anleihe ['anlaɪə] *f ECO* empréstito *m,* préstamo *m*

anleiten ['anlaɪtən] *v* conducir, dirigir, guiar

Anleitung ['anlaɪtʊŋ] *f* dirección *f,* guía *f*

anlernen ['anlɛrnən] *v* instruir, entrenar

Anliegen ['anliːgən] *n* deseo *m,* motivo *m*

anliegend ['anliːgənt] *adj* contiguo, colindante

Anlieger ['anliːgər] *m* vecino *m*

anlocken ['anlɔkən] *v* atraer, seducir

anlügen ['anly:gən] *v jdn ~* mentir a alguien, engañar
anmachen ['anmaxən] *v 1. (würzen)* aderezar, condimentar; *2. (einschalten)* encender, prender; *3. (befestigen)* sujetar, asegurar, sostener; *4. jdn ~ (fam)* afanar a alguien, querer ligar con alguien
anmahnen ['anma:nən] *v* reclamar
anmalen ['anma:lən] *v* pintar
anmaßen ['anma:sən] *v sich ~* atribuirse
anmaßend ['anma:sənt] *adj* arrogante, presuntuoso, petulante
Anmeldeformular ['anmɛldəfɔrmula:r] *n* formulario de inscripción *m*
Anmeldefrist ['anmɛldəfrɪst] *f* plazo de inscripción *m*
Anmeldegebühr ['anmɛldəgəby:r] *f* derechos de inscripción *m/pl*
anmelden ['anmɛldən] *v 1.* registrar, matricular, inscribir; *2. sich ~* registrarse, matricularse, inscribirse; *3. (Zoll bezahlen)* declarar; *4. (ankündigen)* anunciar
Anmeldepflicht ['anmɛldəpflɪçt] *f* registro obligatorio *m,* declaración obligatoria *f*
Anmeldung ['anmɛldʊŋ] *f 1.* inscripción *f,* matrícula *f; 2. (Bekanntmachung)* aviso *m,* notificación *f*
anmerken ['anmɛrkən] *v* notar, observar, añadir
Anmerkung ['anmɛrkʊŋ] *f* anotación *f,* observación *f*
Anmut ['anmu:t] *f* gracia *f,* donaire *m,* gentileza *f*
anmutig ['anmu:tɪç] *adj 1.* gentil, saleroso, gracioso; *adv 2.* gentilmente, con gracia
annähen ['annɛ:ən] *v* coser a
annähern ['annɛ:ərn] *v sich ~* acercarse a, aproximarse a
annähernd ['annɛ:ərnt] *adj* aproximado
Annäherung ['annɛ:ərʊŋ] *f* aproximación *f,* acercamiento *m*
Annahme ['anna:mə] *f 1. (Entgegennahme)* recepción *f,* aceptación *f; 2. (Zustimmung)* aprobación *f,* aceptación *f; 3. (Vermutung)* suposición *f*
annehmbar ['anne:mba:r] *adj* aceptable
annehmen ['anne:mən] *v irr 1. (entgegennehmen)* recibir, aceptar; *2. (zustimmen)* aceptar, aprobar; *3. (fig: vermuten)* suponer, creer
Annehmlichkeit ['anne:mlɪçkaɪt] *f* comodidad *f*
annektieren [anɛk'ti:rən] *v POL* anexionar
Annexion [anɛks'jo:n] *f POL* anexión *f*
Annonce [a'nɔ:sə] *f* anuncio *m,* aviso *m*
annoncieren [anɔ'si:rən] *v* anunciar, poner un anuncio
annullieren [anu'li:rən] *v* anular, cancelar
Annullierung [anu'li:rʊŋ] *f* anulación *f,* cancelación *f*
anomal [ano'ma:l] *adj* anómalo, anormal
Anomalie [anoma'li:] *f* anomalía *f*
anonym [ano'ny:m] *adj* anónimo
Anonymität [anony:mi'tɛ:t] *f* anonimidad *f*
Anorak ['anorak] *m* anorak *m*
anordnen ['anɔrdnən] *v 1. (befehlen)* ordenar, mandar; *2. (ordnen)* ordenar, arreglar
Anordnung ['anɔrdnʊŋ] *f 1. (Befehl)* orden *f,* mandato *m; 2. (Ordnung)* orden *f,* arreglo *m*
anorganisch ['anɔrganɪʃ] *adj* inorgánico
anpassen ['anpasən] *v 1.* adaptar, adecuar; *2. sich ~* adaptarse, aclimatarse; *3. (Kleidung)* probar
Anpassung ['anpasʊŋ] *f* adaptación *f*
anpfeifen ['anpfaɪfən] *v irr 1. (fam: schimpfen) jdn ~* abroncar a alguien; *2. SPORT* dar la pitada inicial
Anpfiff ['anpfɪf] *m 1. (fam: Schimpfen)* bronca *f; 2. SPORT* pitada inicial *f*
anpflanzen ['anpflantsən] *v* plantar, cultivar
anprangern ['anpraŋərn] *v* denunciar públicamente, atacar en público
anpreisen ['anpraɪzən] *v irr* recomendar, elogiar
Anprobe ['anpro:bə] *f* prueba *f*
anprobieren ['anprobi:rən] *v* probar, probarse
anraten ['anra:tən] *v irr* aconsejar, recomendar
anrechnen ['anrɛçnən] *v* cargar en cuenta, facturar
Anrecht ['anrɛçt] *n* derecho *m,* título *m*
Anrede ['anre:də] *f* tratamiento *m*
anregen ['anre:gən] *v 1. (veranlassen)* estimular, incitar; *2. (vorschlagen)* proponer, sugerir
anregend ['anre:gənt] *adj* incentivo, estimulante
Anregung ['anre:gʊŋ] *f 1. (Veranlassung)* estímulo *m,* incitación *f; 2. (Vorschlag)* propuesta *f,* sugerencia *f*
anreichern ['anraɪçərn] *v* enriquecer
Anreise ['anraɪzə] *f* llegada *f,* arribo *m* (LA)
anreisen ['anraɪzən] *v* llegar, arribar
Anreiz ['anraɪts] *m* estímulo *m,* aliciente *m,* motivación *f*

anrichten ['anrɪçtən] *v* 1. *(Essen)* preparar; 2. *Schaden ~* causar daño, ocasionar daño, dañar; 3. *(fam: anstellen) etw ~* hacer algo negativo
anrüchig ['anryːçɪç] *adj* de mala fama
Anruf ['anruːf] *m* llamada *f*
Anrufbeantworter ['anruːfbəantvɔrtər] *m* contestador automático *m*, contestador de llamadas *m*
anrufen ['anruːfən] *v irr* 1. *(rufen)* llamar; 2. *(telefonieren)* llamar por teléfono, telefonear
anrühren ['anryːrən] *v* 1. *(berühren)* tocar, palpar; 2. *(fig: rühren)* conmover, tocar; *zutiefst ~* llegar al alma; 3. *(vermischen)* mezclar revolviendo
ans *(= an das) (siehe „an")*
Ansage ['anzaːgə] *f* anuncio *m*, aviso *m*
ansagen ['anzaːgən] *v* anunciar, avisar
ansammeln ['anzaməln] *v sich ~* juntarse, agruparse, reunirse
Ansammlung ['anzamluŋ] *f* reunión *f*, agrupación *f*
Ansatz ['anzats] *m* 1. *(Anfang)* principio *m*, comienzo *m*; 2. *(Ablagerung)* sedimento *m*; 3. *(Haaransatz)* raíz *f*; 4. *(Anzeichen)* señal *f*, indicio *m*
anschaffen ['anʃafən] *v (erwerben)* procurar, comprar, adquirir
Anschaffung ['anʃafuŋ] *f* compra *f*, adquisición *f*
anschalten ['anʃaltən] *v* encender
anschauen ['anʃauən] *v* mirar
anschaulich ['anʃaulɪç] *adj* claro, evidente
Anschauung ['anʃauuŋ] *f (Einstellung, Haltung)* opinión *f*, actitud *f*
Anschein ['anʃaɪn] *m* apariencia *f*
anscheinend ['anʃaɪnənt] *adv* aparentemente, al parecer, por lo visto
anschicken ['anʃɪkən] *v sich ~* aprestarse a, prepararse para
anschieben ['anʃiːbən] *v* empujar
Anschlag ['anʃlaːk] *m* 1. *(Plakat)* cartel *m*; 2. *(Schreibmaschinenanschlag)* pulsación *f*; 3. *(Attentat) POL* atentado *m*, golpe *m*; 4. *TECH* tope *m*, limitador *m*
anschlagen ['anʃlaːgən] *v irr* 1. *(anstoßen)* golpear, chocar; 2. *(befestigen)* fijar, sujetar, asegurar; 3. *(aushängen)* colgar
anschleichen ['anʃlaɪçən] *v irr sich ~* acercarse sigilosamente
anschließen ['anʃliːsən] *v irr* 1. *(verbinden)* unir, sujetar, ligar; 2. *sich jdm ~* adherirse a alguien, asociarse con alguien; 3. *(zustimmen) sich einer Meinung ~* adherirse a la opinión, ser de la misma opinión; 4. *(fig: anfügen)* añadir, agregar, juntar
anschließend ['anʃliːsənt] *adv* 1. *(zeitlich)* a continuación, seguidamente, acto seguido, después; *adj* 2. *(räumlich)* contiguo, inmediato; 3. *(zeitlich)* subsiguiente, consecutivo
Anschluss ['anʃlus] *m* 1. *(Verbindung)* unión *f*, fusión *f*; 2. *(Zuganschluss)* enlace *m*, correspondencia *f*, conexión *f* (LA); 3. *(fig: Bekanntschaft)* compañía *f*, conexión *f*, acompañamiento *m*; 4. *POL* unión *f*, anexión *f*
anschmiegsam ['anʃmiːkzam] *adj* estrecho, ceñido
anschnallen ['anʃnalən] *v* abrochar; *Bitte schnallen Sie sich an!* ¡Por favor, sujétense los cinturones!
anschneiden ['anʃnaɪdən] *v irr* 1. *(schneiden)* empezar a cortar; 2. *(fig: Thema)* abordar
anschreiben ['anʃraɪbən] *v irr* 1. *(schreiben)* anotar; 2. *(fam: ~ lassen)* comprar a crédito; 3. *jdn ~* escribir a alguien
Anschrift ['anʃrɪft] *f* dirección *f*, domicilio *m*, señas *f/pl*
anschuldigen ['anʃuldɪgən] *v* acusar, culpar, inculpar
Anschuldigung ['anʃuldɪguŋ] *f* acusación *f*, inculpación *f*
anschweißen ['anʃvaɪsən] *v TECH* soldar
anschwellen ['anʃvɛlən] *v* 1. *(anwachsen)* inflarse, crecer; 2. *MED* hincharse
anschwindeln ['anʃvɪndəln] *v jdn ~* engañar a alguien
ansehen ['anzeːən] *v irr* mirar, contemplar
Ansehen ['anzeːən] *n* reputación *m*, fama *f*
ansehnlich ['anzeːnlɪç] *adj* imponente, considerable
anseilen ['anzaɪlən] *v* atar con una cuerda
Ansicht ['anzɪçt] *f* 1. *(Meinung)* opinión *f*; 2. *(Aussicht)* vista *f*
Ansichtskarte ['anzɪçtskartə] *f* tarjeta postal *f*, postal *f*
ansiedeln ['anziːdəln] *v* 1. *etw ~* asentar, establecer; 2. *sich ~* asentarse, establecerse
Ansiedlung ['anziːdluŋ] *f* colonia *f*, asentamiento *m*
ansonsten [an'zɔnstən] *adv* de lo contrario, por lo demás
Anspannung ['anʃpanuŋ] *f* tensión *f*
ansparen ['anʃpaːrən] *v* ahorrar, economizar
Anspielung ['anʃpiːluŋ] *f* alusión *f*
anspitzen ['anʃpɪtsən] *v jdn ~ (fam)* incitar a alguien, picar a alguien

Ansporn ['anʃpɔrn] *m* estímulo *m*, incentivo *m*, aliciente *m*, acicate *m*
anspornen ['anʃpɔrnən] *v* estimular, incentivar
Ansprache ['anʃpraːxə] *f* discurso *m*
ansprechen ['anʃprɛçən] *v irr 1. (anreden)* dirigir la palabra a; *2. (reagieren)* reaccionar a; *3. (fig: gefallen)* agradar, gustar
ansprechend ['anʃprɛçənt] *adj* agradable, simpático
anspringen ['anʃprɪŋən] *v irr 1. (Auto)* arrancar; *2. (springen)* saltar contra
Anspruch ['anʃprux] *m* derecho *m*, exigencia *f*, pretensión *f*
anspruchslos ['anʃpruxsloːs] *adj* modesto, sin pretensiones
anspruchsvoll ['anʃpruxsfɔl] *adj* lleno de pretensiones, muy exigente
Anstalt ['anʃtalt] *f* establecimiento *m*, institución *f*, centro *m*
Anstaltsleiter(in) ['anʃtaltslaɪtər(ɪn)] *m/f* director del establecimiento/directriz del establecimiento *m/f*, director de la institución/directriz de la institución *m/f*
Anstand ['anʃtant] *m* decencia *f*, decoro *m*
anständig ['anʃtɛndɪç] *adj 1.* decente, decoroso; *adv 2.* decentemente, decorosamente
anstandslos ['anʃtantsloːs] *adv* sin reparo, sin dificultad
anstarren ['anʃtarən] *v* mirar fijamente
anstatt [an'ʃtat] *prep 1.* en vez de, en lugar de; *konj 2.* en vez de (con infinitivo), en vez de que, en lugar de (con infinitivo)
anstecken ['anʃtɛkən] *v 1. (Brosche)* prender un broche; *2. (anzünden)* encender, prender, inflamar; *3. MED* contagiar
ansteckend ['anʃtɛkənt] *adj MED* contagioso
anstehen ['anʃteːən] *v irr 1. (Schlange stehen)* hacer cola; *2. (bevorstehen)* estar en vísperas
anstelle [an'ʃtɛlə] *prep* en lugar de, en vez de
anstellen ['anʃtɛlən] *v 1. (einschalten)* encender; *2. (beschäftigen)* emplear, colocar; *3. sich ~* hacer cola, ponerse a la cola; *4. etw Schlimmes ~ (fig)* hacer una barrabasada, hacer una travesura
Anstellung ['anʃtɛluŋ] *f 1. (Arbeit)* empleo *m*, colocación *f*; *2. (Stellung)* posición *f*
ansteuern ['anʃtɔyərn] *v 1. (Schiff)* navegar hacia, hacer rumbo a; *2. (Flugzeug)* tomar la ruta de
Anstieg ['anʃtiːk] *m 1. (Steigung)* ascensión *f*, subida *f*; *2. (Erhöhung)* alza *m*, aumento *m*, incremento *m*
anstiften ['anʃtɪftən] *v* causar, tramar, provocar
Anstoß ['anʃtoːs] *m 1. (Anregung)* impulso *m*, estímulo *m*; *2. (Skandal)* escándalo *m*; *3. SPORT* saque inicial *m*
anstoßen ['anʃtoːsən] *v irr 1. (stoßen)* chocar, tropezar; *2. (zuprosten) ~ auf* brindar por; *3. (in Bewegung setzen)* impulsar, empujar
anstreben ['anʃtreːbən] *v etw ~* aspirar a algo, pretender algo, anhelar algo
anstrengen ['anʃtrɛŋən] *v sich ~* esforzarse, esmerarse
anstrengend ['anʃtrɛŋənt] *adj* penoso, duro, agotador
Anstrengung ['anʃtrɛŋuŋ] *f* esfuerzo *m*
Anstrich ['anʃtriç] *m* capa de pintura *f*
Ansturm ['anʃturm] *m* arremetida *f*
Anteil ['antaɪl] *m* parte *f*, porción *f*
Anteilnahme ['antaɪlnaːmə] *f 1.* participación *f*; *2. (Mitleid, Mitgefühl)* simpatía *f*
Antenne [an'tɛnə] *f TECH* antena *f*
Antialkoholiker(in) [antialko'hoːlɪkər(ɪn)] *m/f* antialcohólico/antialcohólica *m/f*, abstemio/abstemia *m/f*
Antibabypille [anti'beːbipɪlə] *f MED* píldora anticonceptiva *f*
Antibiotikum [anti'bjoːtikum] *n MED* antibiótico *m*
antik [an'tiːk] *adj* antiguo
Antike [an'tiːkə] *f HIST* edad antigua *f*
Antikörper ['antikœrpər] *m BIO* anticuerpo *m*
Antipathie [antipa'tiː] *f* antipatía *f*
Antiquitäten [antikvi'tɛːtən] *pl* antigüedades *f/pl*
Antrag ['antraːk] *m* solicitud *f*, petición *f*
Antragsteller(in) ['antraːkʃtɛlər(ɪn)] *m/f* solicitante *m/f*
antreffen ['antrɛfən] *v* encontrar, hallar
antreten ['antreːtən] *v 1. (Stelle)* tomar un empleo; *2. (Reise)* emprender un viaje, iniciar un viaje
Antrieb ['antriːp] *m 1. (fig)* acicate *m*, estímulo *m*, aliciente *m*, incentivo *m*; *2. TECH* impulso *m*, accionamiento *m*, mando *m*
Antwort ['antvɔrt] *f* respuesta *f*, contestación *f*
antworten ['antvɔrtən] *v* responder, contestar
anvertrauen ['anfɛrtrauən] *v jdm etw ~* confiar algo a alguien

Anwalt ['anvalt] *m JUR* abogado *m*
Anwältin ['anvɛltɪn] *f JUR* abogada *f*
Anwaltsbüro ['anvaltsbyro:] *n JUR* bufete de abogados *m*, estudio *m* (LA)
Anwandlung ['anvandluŋ] *f* arrebato *m*, impulso *m*, arranque *m*, alarde *m*
Anwärter(in) ['anvɛrtər(ɪn)] *m/f* aspirante *m/f*, candidato/candidata *m/f*
anweisen ['anvaɪzən] *v irr 1. (anordnen)* ordenar, dar orden, indicar, señalar; *2. FIN* girar, transferir
Anweisung ['anvaɪzuŋ] *f 1. (Anordnung)* orden *f*; *2. FIN* giro *m*, orden de pago *f*
anwenden ['anvɛndən] *v irr ALLG* usar, utilizar, emplear
Anwendung ['anvɛnduŋ] *f* uso *m*, utilización *f*, empleo *m*
Anwesen ['anve:zən] *n* mansión *f*, finca *f*
anwesend ['anve:zənt] *adj* presente, asistente
Anwesenheit ['anve:zənhaɪt] *f* presencia *f*, asistencia *f*
anwidern ['anvi:dərn] *v* repugnar, causar repugnancia
Anzahl ['antsa:l] *f* cantidad *f*, número *m*
anzahlen ['antsa:lən] *v* pagar a cuenta
Anzahlung ['antsa:luŋ] *f* pago a cuenta *m*
Anzeichen ['antsaɪçən] *n* señal *f*, indicio *m*
Anzeige ['antsaɪgə] *f 1. (Presse)* anuncio *m*, noticia *f*; *2. JUR* denuncia *f*
anzeigen ['antsaɪgən] *v 1.* anunciar, indicar; *2. JUR* denunciar
anziehen ['antsi:ən] *v irr 1. sich ~* vestirse, ponerse la ropa; *2. (fig)* atraer, cautivar; *3. Schraube ~ TECH* apretar el tornillo
Anziehungskraft ['antsi:uŋskraft] *f* fuerza de atracción *f*
Anzug ['antsu:k] *m* terno *m*, conjunto *m*, traje *m*
anzüglich ['antsy:klɪç] *adj* mordaz, picante, agresivo; *~ werden* echar indirectas
anzünden ['antsyndən] *v* encender, pegar fuego a, prender
anzweifeln ['antsvaɪfəln] *v* dudar de, poner en duda
apart [a'part] *adj* particular, original, selecto; *~er Geschmack* gusto refinado
apathisch [a'pa:tɪʃ] *adj* apático
Apfel ['apfəl] *m* manzana *f*; *in den sauren ~ beißen müssen* tener que hacer de tripas corazón
Apfelbaum ['apfəlbaum] *m* manzano *m*
Apfelsaft ['apfəlzaft] *m* zumo de manzana *m*, jugo de manzana *m* (LA)
Apfelsine [apfəl'zi:nə] *f* naranja *f*
Apfelstrudel ['apfəlʃtru:dəl] *m* pastelillo de manzana *m*
Apostel [a'pɔstəl] *m REL* apóstol *m*
Apostroph [apɔ'stro:f] *m* apóstrofe *m*
Apotheke [apo'te:kə] *f* farmacia *f*, botica *f*
Apotheker(in) [apo'te:kər(ɪn)] *m/f* farmacéutico/farmacéutica *m/f*, boticario/boticaria *m/f*
Apparat [apa'ra:t] *m* aparato *m*, artefacto *m*, dispositivo *m*
Appartement [apart'm ɑ:] *n* apartamento *m*, departamento *m*, suite *f*
Appell [a'pɛl] *m MIL* llamada *f*, llamamiento *m*
Appetit [ape'ti:t] *m* apetito *m*; *Guten ~!* ¡Qué aproveche!
Appetitlosigkeit [ape'ti:tlo:zɪçkaɪt] *f* inapetencia *f*, falta de apetito *f*
applaudieren [aplau'di:rən] *v* aplaudir, batir palmas, palmear
Applaus [a'plaus] *m* aplauso *m*, ovación *f*, aclamación *f*
Aprikose [apri'ko:zə] *f* albaricoque *m*, damasco *m* (LA)
April [a'prɪl] *m* abril *m*; *jdn in den ~ schicken* tomar el pelo a alguien/hacer una inocentada a alguien
Aquarell [akva'rɛl] *n ART* acuarela *f*
Aquarium [a'kva:rjum] *n* acuario *m*
Äquator [ɛ'kva:tɔr] *m GEO* ecuador *m*
Arabien [a'ra:bjɔn] *n GEO* Arabia *f*
Arbeit ['arbaɪt] *f* trabajo *m*, labor *f*, empleo *m*, faena *f*
arbeiten ['arbaɪtən] *v* trabajar, laborar
Arbeiter(in) ['arbaɪtər(ɪn)] *m/f* trabajador(a) *m/f*, obrero/obrera *m/f*
Arbeitgeber(in) ['arbaɪtge:bər(ɪn)] *m/f* empresario/empresaria *m/f*, patrón/patrona *m/f*
Arbeitnehmer(in) ['arbaɪtne:mər(ɪn)] *m/f* empleado/empleada *m/f*, trabajador(a) *m/f*
Arbeitsamt ['arbaɪtsamt] *n* oficina de colocación *f*, oficina de empleo *f*
Arbeitskraft ['arbaɪtskraft] *f* mano de obra *f*, capacidad de trabajo *f*
arbeitslos ['arbaɪtslo:s] *adj* parado, sin trabajo, desempleado, desocupado
Arbeitslosigkeit ['arbaɪtslo:zɪçkaɪt] *f* paro *m*, desempleo *m*
Arbeitsstelle ['arbaɪtsʃtɛlə] *f* puesto de trabajo *m*, colocación *f*
Archäologe [arçɛo'lo:gə] *m* arqueólogo *m*
Archäologin [arçɛo'lo:gɪn] *f* arqueóloga *f*

Architekt(in) ['arçɪ'tɛkt(ɪn)] *m/f* arquitecto/arquitecta *m/f*
Architektur [arçɪtɛk'tu:r] *f* arquitectura *f*
Archiv [ar'çi:f] *n* archivo *m*
arg [arg] *adj* duro, rudo; *Es ist ~ kalt.* Hace mucho frío.
Argentinien [argən'ti:njən] *n GEO* Argentina *f*
Argentinier(in) [argən'ti:njər(ɪn)] *m/f* argentino/argentina *m/f*
argentinisch [argɛn'ti:nɪʃ] *adj* argentino
Ärger ['ɛrgər] *m* enfado *m*, fastidio *m*, problema *m*; *~ machen* armar jaleo; *~ haben* pasar un mal rato
ärgerlich ['ɛrgərlɪç] *adj* enfadoso, problemático
ärgern ['ɛrgərn] *v 1. jdn ~* fastidiar a alguien, molestar a alguien; *2. sich ~* enfadarse, enojarse
Ärgernis ['ɛrgərnɪs] *n* contrariedad *f*
arglistig ['arglɪstɪç] *adj (boshaft)* malvado, malicioso
arglos ['arglo:s] *adj* sin malicia, cándido, de buena fe
Arglosigkeit ['arglo:zɪçkaɪt] *f* candidez *f*, buena fe *f*, sinceridad *f*
Argument [argu'mɛnt] *n* argumento *m*
Argwohn ['arkvo:n] *m* desconfianza *f*, recelo *m*; *~ erregen* dar lugar a sospechas
argwöhnisch ['arkvø:nɪʃ] *adj* desconfiado, receloso
Arie ['a:rjə] *f MUS* aria *f*
Aristokrat(in) [arɪsto'kra:t(ɪn)] *m/f* aristócrata *m/f*, noble *m*
Aristokratie [arɪstokra'ti:] *f* aristocracia *f*
Arithmetik [arɪt'me:tɪk] *f MATH* aritmética *f*
arm [arm] *adj 1.* pobre, paupérrimo, miserable; *2. (bedürftig)* necesitado, indigente; *~ wie eine Kirchenmaus* más pobre que una rata; *3. (unglücklich)* infeliz, desgraciado; *Armer Kerl!* ¡Pobre hombre!
Arm [arm] *m ANAT* brazo *m*; *jdn auf den ~ nehmen (fig)* tomar el pelo a alguien; *jdm in die ~e laufen* darse un encontronazo con alguien; *einen langen ~ haben* tener buenas influencias; *jdm unter die ~e greifen* echar una mano a alguien
Armband ['armbant] *n* brazalete *m*
Armee [ar'me:] *f 1. MIL* ejército *m*; *2. (fig: große Zahl)* infinidad *f*, multitud *f*
Ärmel ['ɛrməl] *m* manga *f*; *etw aus dem ~ schütteln* improvisar algo/sacarse algo de la manga *(fig)*
Ärmelkanal ['ɛrməlkana:l] *m GEO* Canal de la Mancha *m*
ärmellos ['ɛrməllo:s] *adj* sin mangas
Armenien [ar'me:njən] *n GEO* Armenia *f*
armselig ['armse:lɪç] *adj* pobre, miserable
Armut ['armu:t] *f* pobreza *f*
Aroma [a'ro:ma] *n* aroma *m*, perfume *m*
aromatisch [aro'ma:tɪʃ] *adj* aromático
Arrangement [ar ɑɢ'm ɑ:] *n* arreglo *m*, disposición *m*
arrangieren [ar ɑ'ɢi:rən] *v 1.* arreglar
Arrest [a'rɛst] *m* arresto *m*
arrogant [aro'gant] *adj* arrogante, altanero
Arroganz [aro'gants] *f* arrogancia *f*
Arsch [arʃ] *m (fam)* culo *m*
Art [a:rt] *f 1.* clase *f*, categoría *f*, género *m*; *2. (Benehmen)* modales *m/pl*, maneras *f/pl*; *aus der ~ schlagen* degenerar de su estirpe/de su naturaleza; *3. (Beschaffenheit)* condición *f*, calidad *f*; *4. (~ und Weise)* manera *f*, modo *m*; *Jeder handelt auf seine ~.* Cada uno tiene su modo de matar pulgas.
Artenschutz ['a:rtənʃuts] *m* protección de la biodiversidad *f*
Arterie [ar'te:rjə] *f ANAT* arteria *f*
artig ['artɪç] *adj 1. (Kinder)* obediente, bueno; *Sei ~!* ¡Compórtate! *2. (höflich)* cortés, atento, galante; *3. (niedlich)* bonito, lindo (LA)
Artikel [ar'tɪkəl] *m 1. (in der Presse)* artículo *m*, noticia *f*; *2. GRAMM* artículo *m*; *3. ECO* artículo *m*, género *m*
Artillerie [artɪlə'ri:] *f MIL* artillería *f*
Artischocke [arti'ʃɔkə] *f BOT* alcachofa *f*
Artist(in) [ar'tɪst(ɪn)] *m/f* artista *m/f*
Arznei [a:rts'naɪ] *f* medicamento *m*, medicina *f*, remedio *m*, droga *f*
Arzt [artst] *m* médico *m*, doctor *m*
Asbest [as'bɛst] *m MIN* asbesto *m*
Asche ['aʃə] *f* ceniza *f*; *in ~ verwandeln* reducir a cenizas
Aschermittwoch [aʃər'mɪtvɔx] *m* miércoles de ceniza *m*
Asien ['a:zjən] *n GEO* Asia *f/el*
asozial ['a:zotsja:l] *adj* asocial, antisocial
Aspekt [a'spɛkt] *m* aspecto *m*, apariencia *f*
Asphalt [as'falt] *m* asfalto *m*
Aspik [as'pi:k] *m GAST* gelatina de carne/gelatina de pescado *f*, aspic *m* (LA)
Aspirin [aspi'ri:n] *n MED* aspirina *f*
Ass [as] *n 1. (beim Kartenspiel)* as *m*; *ein ~ im Ärmel haben (fig)* tener un as en la manga; *2. SPORT* campeón *m*, as *m*, el mejor
Assistent(in) [asɪs'tɛnt(ɪn)] *m/f* asistente *m/f*, ayudante *m/f*

Ast [ast] *m* rama *f; auf dem absteigenden ~ sein* estar de capa caída; *den ~ absägen, auf dem man sitzt* ponerse a sí mismo la soga al cuello
Asthma ['astma] *n MED* asma *f/el*
Astrologie [astrolo'giː] *f* astrología *f*
Astronaut(in) [astro'naut(ɪn)] *m/f* astronauta *m/f*
Astronomie [astrono'miː] *f* astronomía *f*
Asyl [a'zyːl] *n* asilo *m,* refugio *m*
Asylant(in) [azy'lant(ɪn)] *m/f* asilado/asilada *m/f,* refugiado/refugiada *m/f*
Asylbewerber(in) [a'zyːlbəvɛrbər(ɪn)] *m/f* solicitante de asilo *m/f*
Asylrecht [a'zyːlrɛçt] *n JUR* derecho de asilo *m*
Atelier [atəl'jeː] *n* taller *m,* estudio *m*
Atem ['aːtəm] *m* aliento *m,* respiración *f,* hálito *m; außer ~* con la lengua fuera, sofocado; *wieder zu ~ kommen* volver en sí; *den ~ anhalten* contener el aliento; *jdm den ~ verschlagen* quitar la respiración a alguien/dejar a alguien sin habla
atemlos ['aːtəmloːs] *adj* sin aliento, sofocado; *mit ~er Spannung* con el alma en un hilo
Atheismus [ate'ɪsmus] *m* ateísmo *m*
Äther ['ɛːtər] *m* éter *m*
Äthiopien [ɛ'tioːpjən] *n GEO* Etiopía *f*
Athlet(in) [at'leːt(ɪn)] *m/f* atleta *m/f*
Atlantik [at'lantɪk] *m GEO* Atlántico *m*
Atlas ['atlas] *m* Atlas *m*
atmen ['aːtmən] *v* respirar, inspirar, aspirar
Atmosphäre [atmɔs'fɛːrə] *f 1. (fig)* ambiente *m,* entorno *m; 2. PHYS* atmósfera *f*
Atmung ['aːtmuŋ] *f* respiración *f*
Atom [a'toːm] *n PHYS* átomo *m*
atomar [ato'maːr] *adj* atómico
Atombombe [a'toːmbɔmbə] *f* bomba atómica *f*
Atomenergie [a'toːmɛnɛrgiː] *f* energía nuclear *f,* energía atómica *f*
Atomkraft [a'toːmkraft] *f* energía atómica *f,* energía nuclear *f*
Atomkraftwerk [a'toːmkraftvɛrk] *n* reactor atómico *m,* reactor nuclear *m*
Atomwaffe [a'toːmvafə] *f* arma atómica *f/el,* arma nuclear *f/el*
Attacke [a'takə] *f* ataque *m,* acometida *f,* asalto *m*
Attentat [atən'taːt] *n* atentado *m*
Attentäter(in) [atən'tɛːtər(ɪn)] *m/f* autor(a) del atentado *m/f,* asesino/asesina *m/f*
Attest [a'tɛst] *n* certificado médico *m,* atestado *m*
Attraktion [atrak'tsjoːn] *f* atracción *f*
attraktiv [atrak'tiːf] *adj* atractivo
ätzen ['ɛtsən] *v CHEM* corroer, morder
auch [aux] *konj 1. (gleichfalls)* también, además; *ich ~ nicht* yo tampoco; *nicht nur ..., sondern ~ ...* No sólo ..., sino (que) también ... *2. (einschließend)* aún, incluso, hasta; *~ das Geringste* hasta lo más mínimo; *~ wenn du es noch weiter versuchst ...* aún cuando lo sigas intentando ... *3. (emphatisch: wirklich, bestimmt)* aunque, aún cuando; *Kann ich mich ~ darauf verlassen?* ¿Realmente me puedo confiar? *Wenn er ~ so bescheiden ist ...* Aunque sea tan modesto ... *So ist es ~!* ¡En efecto! *4. (verallgemeinernd)* aunque, cuando; *Wann ~ immer du kommst!* ¡Vengas cuando vengas!
audiovisuell [audjovizu'ɛl] *adj* audiovisual
auf [auf] *prep 1. (örtlich)* en, sobre, encima de, a, de; *Das Buch liegt ~ dem Tisch.* El libro está obre la mesa. *~ dem Markt* en el mercado; *~ die Bank gehen* ir al banco; *~ einer Insel* en una isla; *2. (fig)* en, por, de, a; *~ der ganzen Welt* en todo el mundo; *~ irgendeinem Platz* por algún sitio; *sich ~ den Weg machen* ponerse en camino; *Auf Ihr Wohl!* ¡A su salud! *3. (zeitlich)* en, a, hasta; *Auf der Stelle!* ¡Inmediatamente! *~ die Minute* al minuto; *Auf Wiedersehen!* ¡Hasta mañana! *~ eine Woche* hasta dentro de una semana; *4. (Übereinstimmung)* conforme, por, de acuerdo a; *~ seinen Wunsch (hin)* de acuerdo a su deseo; *~ Befehl von...* por orden de... *~ jds Wunsch* a petición de alguien; *5. (Art und Weise)* por, de, en; *~ eigene Gefahr* por riesgo propio; *~ Spanisch* en español; *Auf einmal!* ¡De una sola vez! *adv 6.* de, por, desde; *~ und davon gehen* escaparse de algo; *von Kind ~* desde niño; *~ und ab gehen* pasearse de un lado para otro
aufarbeiten ['aufarbaɪtən] *v 1. (erledigen)* terminar, acabar, hacer un trabajo hasta el final; *2. (Material)* renovar, restaurar
aufatmen ['aufaːtmən] *v* respirar; *Ich kann endlich ~!* ¡Qué alivio!
Aufbau ['aufbau] *m 1. (Anordnung)* disposición *f; 2. (Struktur)* estructura *f,* textura *f,* constitución *f*
aufbauen ['aufbauən] *v 1. (montieren)* montar; *2. (fig)* crear, fundar, edificar
aufbegehren ['aufbəgeːrən] *v 1.* protestar, rebelarse; *2. (fig)* picarse
aufbereiten ['aufbəraɪtən] *v* preparar, elaborar

aufbewahren ['aufbəva:rən] *v* guardar, conservar, depositar
aufbieten ['aufbi:tən] *v 1. MIL* llamar a las armas, movilizar; *2.(fig)* emplear, utilizar, servirse de; *Gewalt ~* recurrir a la fuerza; *alles ~* remover cielo y tierra
aufblasen ['aufbla:zən] *v irr* hinchar, inflar
aufblenden ['aufblɛndən] *v* encender la luz larga del coche, poner la luz de carretera
aufblicken ['aufblɪkən] *v* alzar la vista, levantar los ojos
aufblühen ['aufbly:ən] *v* florecer
aufbrechen ['aufbrɛçən] *v irr 1. (öffnen)* abrir, forzar, descerrajar; *2. (fig)* partir, ponerse en marcha, salir
Aufbruch ['aufbrux] *m* salida *f*, partida *f*; *Um Mitternacht war allgemeiner ~.* Todos partieron a medianoche.
aufbrühen ['aufbry:ən] *v* dar un hervor
aufbürden ['aufbyrdən] *v* cargar a, imponer una carga a
aufdecken ['aufdɛkən] *v 1. (offen legen)* descubrir, destapar; *2. (fig: Geheimnis)* descubrir, revelar un secreto
aufdrängen ['aufdrɛŋən] *v 1. jdm etw ~* obligar a alguien a hacer algo; *2. sich ~* entrometerse, importunar
aufdringlich ['aufdrɪŋlɪç] *adj* pesado, acosante; *ein ~er Mensch (fam)* un chinche/un pesado *m*
Aufdruck ['aufdruk] *m* impresión *f*
aufeinander [aufaɪn'andər] *adv 1. (örtlich)* uno sobre el otro; *2. (zeitlich)* uno tras otro, uno por uno
Aufenthalt ['aufɛnthalt] *m* estadía *f*, estancia *f*, permanencia *f*, residencia *f*
auferlegen ['aufɛrle:gən] *v* imponer
Auferstehung ['aufɛrʃte:uŋ] *f REL* resurrección *f*
Auffahrt ['auffa:rt] *f 1. (zu einem Haus)* entrada *f*; *2. (zu einer Autobahn)* acceso *m*; *3. (Ansteigen)* subida *f*
auffallen ['auffalən] *v irr (fig)* llamar la atención, saltar a la vista; *nicht ~* pasar inadvertido
auffangen ['auffaŋən] *v irr 1.* coger, agarrar, captar; *Fang auf!* ¡Toma! *2. (fig)* coger, agarrar
Auffassung ['auffasuŋ] *f* concepción *f*, opinión *f*, concepto *m*
auffordern ['auffɔrdərn] *v 1. (höflich)* invitar a, pedir; *zum Tanz ~* sacar a bailar; *2. (ermahnend)* ordenar, exigir, exhortar
Aufforderung ['auffɔrdəruŋ] *f 1. (höflich)* invitación *f*; *2. (ermahnend)* exhortación *f*, amonestación *f*
aufführen ['auffy:rən] *v 1. MUS* ejecutar; *2. (aufzählen)* enumerar, mencionar; *3. THEAT* representar
Aufführung ['auffy:ruŋ] *f 1. MUS* ejecución *f*; *2. (Aufzählung)* enumeración *f*, indicación *f*; *3. THEAT* representación *f*
Aufgabe ['aufga:bə] *f 1. (Pflicht)* deber *m*, obligación *f*; *2. (Arbeit)* tarea *f*, trabajo *m*; *3. (Versand)* envío *m*, expedición *f*; *4. (Verzicht)* renuncia *f*
Aufgang ['aufgaŋ] *m* subida *f*
aufgeben ['aufge:bən] *v irr 1. (versenden)* enviar, expedir, echar al correo, despachar; *2. (verzichten)* renunciar, desistir de, abandonar; *3. (beauftragen) etw ~* encomendar algo, encargar algo
Aufgebot ['aufgəbo:t] *n (Eheaufgebot)* proclama matrimonial *f*, amonestaciones *f/pl*
aufgehen ['aufge:ən] *v irr 1. (Teig)* fermentar, esponjarse; *~ wie eine Dampfnudel* ponerse como un globo; *2. (Sonne)* salir; *3. (Blume)* abrirse, nacer, brotar; *4. (Naht)* descoserse; *5. (Knoten)* deshacerse, desatarse; *6. (fig)* deshacerse, absorberse; *Jetzt geht mir auf, dass ...* Ahora entiendo que ...
aufgeregt ['aufgəre:kt] *adj* excitado
aufgeschlossen ['aufgəʃlɔsən] *adj* extrovertido, franco, comunicativo
aufgreifen ['aufgraɪfən] *v irr* coger al paso, oír de pasada
aufgrund [auf'grunt] *prep* por razón de, en virtud de, a causa de
aufhalten ['aufhaltən] *v irr 1. die Tür ~* mantener la puerta abierta; *2. jdn ~* detener a alguien, retener a alguien; *3. sich ~* hallarse en, encontrarse en, detenerse en; *4. (verzögern)* demorar, retrasar; *5. (stören)* molestar
aufhängen ['aufhɛŋən] *v irr 1. ~ an* colgar en; *2. sich ~* ahorcarse, estrangularse
Aufhänger ['aufhɛŋər] *m* tira para colgar *f*, cinta para colgar *f*
aufheben ['aufhe:bən] *v irr 1. (vom Boden)* recoger, levantar; *2. (aufbewahren)* guardar, conservar; *3. (beenden)* terminar, finalizar; *4. (abschaffen)* derogar, anular, rescindir, revocar
Aufhebung ['aufhe:buŋ] *f* levantamiento *m*, abolición *f*, rescisión *f*, anulación *f*
aufheitern ['aufhaɪtərn] *v 1. jdn ~* animar a alguien, alentar a alguien, reanimar a alguien; *2. (Himmel)* aclararse, despejarse

Aufheiterung ['aufhaɪtəruŋ] *f* diversión *f*
aufhellen ['aufhɛlən] *v* *1.* aclarar, clarear; *2. (Wasser)* clarificarse
aufhetzen ['aufhɛtsən] *v* *1.* instigar, soliviantar, incitar; *2. (Hunde)* azuzar
aufholen ['aufho:lən] *v* *1.* recuperar, recobrar; *2. (Anker) NAUT* izar
aufhören ['aufhø:rən] *v* finalizar, terminar, cesar; *Hör auf damit!* ¡Basta ya!
aufklappen ['aufklapən] *v* abrir, destapar
aufklären ['aufklɛ:rən] *v* aclarar, dilucidar, revelar
Aufklärung ['aufklɛ:ruŋ] *f* *1.* aclaración *f*; *2. HIST* Ilustración *f*
Aufkleber ['aufkle:bər] *m* autoadhesivo *m*, pegatina *f*, calcomanía *f* (LA)
aufkochen ['aufkɔxən] *v* hervir, cocer
aufkommen ['aufkɔmən] *v irr* *1. (heraufziehen)* alzar, levantarse; *2. (entstehen)* aparecer, surgir, propagarse
Aufkommen ['aufkɔmən] *n* *1. (Entstehung)* aparición *f*, surgimiento *m*; formación *f*; *2. ECO* ingresos fiscales *m/pl*, recaudación fiscal *f*
aufladen ['aufla:dən] *v irr* *1. (beladen)* cargar, sobrealimentar; *2. (fig: aufbürden)* endosarle, cargar; *3. Batterie ~ TECH* recargar las baterías
Aufladung ['aufla:duŋ] *f* *TECH* carga *f*, sobrealimentación *f*
Auflage ['aufla:gə] *f* *1. (eines Buches)* edición *f*, tirada *f*, *2. (Bedingung)* condición *f*, imposición *f*
auflauern ['auflauərn] *v* acechar, espiar, vigilar
Auflauf ['auflauf] *m* *1. (von Menschen)* agolpamiento *m*, gentío *m*, tumulto *m*; *2. GAST* soufflé *m*
aufleben ['aufle:bən] *v* *1. (Person)* reanimar, reavivar; *2. (Diskussion)* animar
auflegen ['aufle:gən] *v* poner, colocar
auflehnen ['aufle:nən] *v* *1. sich ~* rebelarse; *2. sich ~ auf* apoyarse en
Auflehnung ['aufle:nuŋ] *f* rebelión *f*, sublevación *f*, protesta *f*
auflesen ['aufle:zən] *v* recoger, recolectar
aufleuchten ['auflɔyçtən] *v* resplandecer
auflisten ['auflɪstən] *v* hacer una lista de, alistar
auflockern ['auflɔkərn] *v* aflojar, soltar
auflodern ['auflo:dərn] *v* inflamarse
auflösen ['auflø:zən] *v* *1.* deshacer, desenlazar; *2. CHEM* disolver, diluir; *3. (Geschäft) ECO* liquidar
Auflösung ['auflø:zuŋ] *f* *1. (eines Rätsels)* solución *f*; *2. (Geschäftsauflösung) ECO* liquidación *f*
aufmachen ['aufmaxən] *v* abrir, desplegar
Aufmachung ['aufmaxuŋ] *f* presentación *f*
aufmerksam ['aufmɛrkza:m] *adj* alerta, atento
Aufmerksamkeit ['aufmɛrkza:mkaɪt] *f* *1. (Vorsicht)* atención *f*, cuidado *m*; *2. (Geschenk)* obsequio *m*, regalo *m*, detalle *m*
aufmöbeln ['aufmœbəln] *v jdn ~* reconfortar a alguien
aufmuntern ['aufmuntərn] *v* reanimar, animar, alentar
Aufnahme ['aufna:mə] *f* *1. (Empfang)* acogida *f*, recibimiento *m*; *2. (in eine Organisation)* admisión *f*, ingreso *m*; *3. (von Nahrung)* ingestión *f*; *4. CINE* toma *f*; *5. FOTO* fotografía *f*
aufnehmen ['aufne:mən] *v irr* *1. (empfangen)* recibir, acoger; *2. (beginnen)* comenzar, empezar, iniciar; *3. (fotografieren) FOTO* fotografiar, sacar una foto; *4. (fassen)* agarrar
aufopfern ['aufɔpfərn] *v sich für jdn ~* sacrificarse por alguien, sufrir por alguien, padecer por alguien
aufpassen ['aufpasən] *v* tener cuidado, poner atención
aufprallen ['aufpralən] *v* chocar, colisionar, impactar
Aufpreis ['aufpraɪs] *m* *ECO* sobreprecio *m*, recargo *m*, suplemento *m*
aufräumen ['aufrɔymən] *v* ordenar, arreglar, poner en orden
aufrecht ['aufrɛçt] *adj* derecho, erguido
aufregen ['aufre:gən] *v* *1. (jdn ~)* perturbar, alterar, enfadar; *2. sich ~* alterarse, perturbarse, enfadarse
aufregend ['aufre:gənt] *adj* excitante, emocionante
Aufregung ['aufre:guŋ] *f* emoción *f*, excitación *f*
aufreißen ['aufraɪsən] *v irr* arrancar, quitar
aufrichten ['aufrɪçtən] *v* *1. (hochstellen)* erigir, alzar, levantar; *2. jdn ~ (fig)* consolar alguien, daránimos a alguien
aufrichtig ['aufrɪçtɪç] *adj* sincero, franco
Aufrichtigkeit ['aufrɪçtɪçkaɪt] *f* sinceridad *f*, franqueza *f*
Aufruf ['aufru:f] *m* proclama *f*, manifiesto *m*
aufrufen ['aufru:fən] *v irr* *1.* llamar, proclamar, manifestar; *2. INFORM* llamar

Aufruhr ['aufruːr] *m POL* insurrección *f*, rebelión *f*, sublevación *f*
Aufrüstung ['aufrystuŋ] *f MIL* rearme *m*
aufsässig ['aufzɛsɪç] *adj* rebelde, reacio
Aufsatz ['aufzats] *m* ensayo *m*, composición *f*, disertación *f*
aufschieben ['aufʃiːbən] *v 1. (zeitlich)* aplazar, postergar; *2.* abrir empujando
Aufschlag ['aufʃlaːk] *m 1. (bei Kleidung)* vuelta *f*; *2. (Preis) ECO* subida *f*, aumento *m*; *3. (im Tennis) SPORT* saque *m*
aufschlagen ['aufʃlaːgən] *v irr 1. (öffnen)* abrir de golpe; *2. (montieren)* montar; *3. (Tennis) SPORT* sacar
aufschließen ['aufʃliːsən] *v irr* abrir con una llave
Aufschluss ['aufʃlus] *m* aclaración *f*, explicación *f*
aufschlussreich ['aufʃlusraɪç] *adj* instructivo
aufschneiden ['aufʃnaɪdən] *v irr 1. (schneiden)* abrir cortando, cortar; *2. (fig: angeben)* fanfarronear, chulear, presumir
Aufschrei ['aufʃraɪ] *m* gritos *m/pl*
aufschreiben ['aufʃraɪbən] *v irr* apuntar, anotar, registrar
Aufschrift ['aufʃrɪft] *f* inscripción *f*
Aufschub ['aufʃuːp] *m* aplazamiento *m*, prórroga *f*
Aufschwung ['aufʃvuŋ] *m ECO* auge *m*, boom *m*
Aufsehen ['aufzeːən] *n* sensación *f*, escándalo *m*; *~ erregend* sensacional
Aufseher(in) ['aufzeːər(ɪn)] *m/f* supervisor(a) *m/f*, inspector(a) *m/f*
aufsetzen ['aufzɛtsən] *v 1.* poner encima, sobreponer; *2. (schreiben)* redactar, formular
Aufsicht ['aufzɪçt] *f* supervisión *f*, inspección *f*, vigilancia *f*
aufspalten ['aufʃpaltən] *v irr* hender, rajar
aufsperren ['aufʃpɛrən] *v* abrir con una llave
aufspielen ['aufʃpiːlən] *v sich ~ als* dárselas de, presumir de
aufstacheln ['aufʃtaxəln] *v* aguijonear
Aufstand ['aufʃtant] *m* rebelión *f*, insurrección *f*, sublevación *f*
aufständisch ['aufʃtɛndɪʃ] *adj* rebelde, revoltoso
aufstehen ['aufʃteːən] *v irr* levantarse, pararse (LA)
aufsteigen ['aufʃtaɪgən] *v irr 1.* subir, ascender; *2. (Beruf)* ascender, hacer carrera
aufstellen ['aufʃtɛlən] *v 1. (montieren)* montar, armar, instalar; *2. (Kandidaten)* designar, proponer; *3. (Mannschaft)* formar
Aufstellung ['aufʃtɛluŋ] *f* colocación *f*, montaje *m*, designación *f*, formación *f*
Aufstieg ['aufʃtiːk] *m 1. (eines Berges)* ascención *f*, subida *f*; *2. (Entwicklung)* progreso *m*, evolución *f*; *3. (Karriere)* promoción *f*, ascenso *m*
aufstoßen ['aufʃtoːsən] *v irr 1. (öffnen)* abrir de un empujón; *2. (rülpsen)* eructar
Aufstrich ['aufʃtrɪç] *m (Marmelade) GAST* capa de mermelada *f*
aufstützen ['aufʃtytsən] *v* apoyar
aufsuchen ['aufzuːxən] *v* buscar, ir a ver a
auftakeln ['auftaːkəln] *v aufgetakelt sein* estar emperifollada
Auftakt ['auftakt] *m* preludio *m*, preámbulo *m*, introducción *f*, principio *m*
auftanken ['auftaŋkən] *v* echar gasolina
auftauchen ['auftauxən] *v* emerger, salir a la superficie
auftauen ['auftauən] *v* derretir
aufteilen ['auftaɪlən] *v* distribuir, repartir
Aufteilung ['auftaɪluŋ] *f* distribución *f*, reparto *m*
auftischen ['auftɪʃən] *v 1. (bewirten)* servir, poner sobre la mesa; *2. (belügen)* contar una historia, echar un cuento
Auftrag ['auftraːk] *m 1. (Aufgabe)* misión *f*, encargo *m*; *2. ECO* orden *f*, pedido *m*
auftragen ['auftraːgən] *v irr 1. (Speisen)* servir, poner en la mesa; *2. (beauftragen)* encargar, encomendar; *3. (bestreichen)* pintar, aplicar; *4. dick ~* exagerar
Auftraggeber(in) ['auftraːkgeːbər(ɪn)] *m/f ECO* cliente *m/f*, comprador(a) *m/f*
auftreten ['auftreːtən] *v 1. (erscheinen)* aparecer, presentarse, surgir; *2. THEAT* entrar en escena, salir a escena
Auftritt ['auftrɪt] *m 1. (Erscheinen)* aparición *f*, presentación *f*; *2. THEAT* entrada a escena *f*, salida a escena *f*
aufwachen ['aufvaxən] *v* despertarse, espabilar, desadormecer
aufwachsen ['aufvaksən] *v irr* crecer, criarse
Aufwand ['aufvant] *m 1. (Einsatz)* despliegue *m*; *2. (Kosten) ECO* gastos *m/pl*
aufwändig ['aufvɛndɪç] *adj* costoso, lujoso, caro
aufwärmen ['aufvɛrmən] *v 1.* recalentar, volver a calentar; *2. (fig)* evocar, recordar
aufwärts ['aufvɛrts] *adv* hacia arriba

aufwecken ['aufvɛkən] *v jdn ~* despertar a alguien
aufweichen ['aufvaɪçən] *v* ablandar, reblandecer
aufweisen ['aufvaɪzən] *v irr* mostrar, presentar
aufwenden ['aufvɛndən] *v irr 1. (Zeit)* emplear, dedicar; *2. (Geld)* gastar, invertir
aufwerten ['aufvɛrtən] *v FIN* revaluar
aufwühlen ['aufvy:lən] *v* revolver, agitar
aufwiegeln ['aufvi:gəln] *v* sublevar, amotinar, alborotar
aufzählen ['auftsɛ:lən] *v* enumerar, contar
aufzeichnen ['auftsaɪçnən] *v 1. (zeichnen)* dibujar, trazar, pintar; *2. (Musik)* grabar; *3. (notieren)* anotar, apuntar
Aufzeichnung ['auftsaɪçnuŋ] *f 1. (Zeichnung)* dibujo *m,* trazo *m; 2. (von Musik)* grabación *f; 3. (Notiz)* nota *f,* apunte *m*
aufziehen ['auftsi:ən] *v irr 1. (öffnen)* abrir; *2. Uhr ~* dar cuerda al reloj; *3. (großziehen)* criar, educar; *4. jdn ~* tomar el pelo a alguien
Aufzug ['auftsu:k] *m 1. (Aufmachung)* atuendo *m,* atavío *m; 2. TECH* ascensor *m*
Auge ['augə] *n ANAT* ojo *m; ein geschultes ~ haben* tener ojo clínico; *ein ~ zudrücken* hacer la vista gorda; *ins ~ gehen* acabar mal/salir mal; *etw ins ~ fassen* tener en cuenta algo; *ins ~ stechen* saltar a la vista/llamar la atención; *die ~n vor etw verschließen* no querer ver algo; *seinen ~n nicht trauen können* no poder dar fe a sus ojos; *Das passt wie die Faust aufs ~.* Le viene como a un santo un par de pistolas.
Augenarzt ['augənartst] *m* oculista *m*
Augenblick ['augənblɪk] *m* momento *m,* instante *m; in einem ~* en un abrir y cerrar de ojos
augenblicklich ['augənblɪklɪç] *adj 1.* momentáneo, instantáneo; *adv 2.* momentáneamente, en este momento, ahora mismo
Augenbraue ['augənbrauə] *f* ceja *f*
Augenlid ['augənli:t] *n* párpado *m*
Augenzeuge ['augəntsɔygə] *m JUR* testigo ocular *m*
August [au'gust] *m* agosto *m*
Auktion [auk'tsjo:n] *f* subasta *f*
Aula ['aula] *f* salón *m,* aula *f/el*
aus [aus] *prep 1. (örtlich)* de, desde; *Ich komme ~ Bolivien.* Vengo de Bolivia. *von dort ~* desde allí; *vom Fenster ~* desde la ventana; *2. (kausal)* por, de, para; *~ Liebe zu dir* por amor a ti; *~ Spaß* de broma; *~ Rache* para vengarse; *3. (Stoff)* de; *~ Holz* de madera

ausarbeiten ['ausarbaɪtən] *v* elaborar, componer
Ausarbeitung ['ausarbaɪtuŋ] *f* elaboración *f,* composición *f*
ausarten ['ausartən] *v* degenerar, empeorar
ausatmen ['ausa:tmən] *v* espirar, exhalar
ausbaden ['ausba:dən] *v etw ~ (fam)* pagar el pato de algo, pagar algo a los platos rotos
Ausbau ['ausbau] *m 1. (eines Gebäudes)* construcción *f; 2. (von Beziehungen)* intensificación *f,* desarrollo *m; 3. (eines Motors)* desmontaje *m*
ausbauen ['ausbauən] *v 1. (Gebäude)* construir, edificar; *2. (Beziehungen)* intensificar, desarrollar; *3. (Motor)* desmontar; *4. (weiterentwickeln)* desarrollar
ausbessern ['ausbɛsərn] *v* reparar, componer, arreglar
ausbeulen ['ausbɔylən] *v* desabollar, alisar, planchar
Ausbeute ['ausbɔytə] *f ECO* ganancia *f*
ausbeuten ['ausbɔytən] *v* explotar
ausbilden ['ausbɪldən] *v* formar, instruir
Ausbildung ['ausbɪlduŋ] *f* formación *f,* instrucción *f*
Ausblick ['ausblɪk] *m* vista *f,* panorama *m*
ausbrechen ['ausbrɛçən] *v irr 1. (herausbrechen)* romper, arrancar; *2. (entfliehen)* evadirse, fugarse, escaparse; *3. (plötzlich aufkommen)* estallar, producirse, irrumpir
ausbreiten ['ausbraɪtən] *v 1. etw ~* extender algo, desdoblar algo, abrir algo, desplegar algo; *2. sich ~* extenderse, deplegarse
Ausbruch ['ausbrux] *m 1. (Flucht)* fuga *f,* evasión *f; 2. (plötzlicher Beginn)* estallido *m,* irrupción *f; 3. (eines Vulkans)* erupción *f*
ausbrüten ['ausbry:tən] *v* empollar, incubar
Ausdauer ['ausdauər] *f* paciencia *f,* perseverancia *f*
ausdauernd ['ausdauərnt] *adj* paciente, perseverante
ausdehnen ['ausde:nən] *v 1. (örtlich)* extender/extenderse; *2. (zeitlich)* prolongar/prolongarse
Ausdehnung ['ausde:nuŋ] *f 1. (örtlich)* extensión *f; 2. (zeitlich)* prolongación *f*
ausdenken ['ausdɛŋkən] *v irr sich ~* imaginarse, pensar
Ausdruck ['ausdruk] *m 1. (Wort)* término *m,* expresión *f; 2. (Gesichtsausdruck)* expresión de la cara *f; 3. (Druck)* impresión *f*
ausdrucken ['ausdrukən] *v* imprimir

ausdrücken ['ausdrykən] *v* *1.* exprimir, estrujar; *2. (fig: äußern)* expresar, manifestar, decir; *Wie drückt man das auf Deutsch aus?* ¿Cómo se dice eso en alemán?

ausdrücklich ['ausdryklıç] *adj* explícito

ausdruckslos ['ausdrukslo:s] *adj* inexpresivo

ausdrucksvoll ['ausdruksfɔl] *adj* muy expresivo

auseinander [ausaın'andər] *adv 1. (örtlich)* separado(s), distante(s) entre sí; *~ brechen* romper, romperse, partir, partirse en dos; *~ fallen* caer en pedazos, desmoronarse; *~ gehen* separarse; *~ halten* diferenciar entre, distinguir, no confudir lo uno con lo otro; *~ nehmen* deshacer, desunir; *sich ~ setzen* ocuparse con, discutir sobre; *2. (zeitlich)* con intervalo

Auseinandersetzung [ausaın'andərzɛtsuŋ] *f* disputa *f*, discusión *f*

ausfahren ['ausfa:rən] *v irr 1.* salir en coche, pasear en coche; *2. TECH* poner en posición extrema

Ausfall ['ausfal] *m 1. (Störung)* fallo *m; 2. (Haarausfall)* caída del pelo *f; 3. (Verlust) ECO* pérdida *f*, déficit *m*

ausfallen ['ausfalən] *v irr 1. (nicht stattfinden)* no tener lugar, no llevarse a cabo; *2. (Haare)* caerse el pelo; *3. (Maschine)* fallar

ausfertigen ['ausfɛrtıgən] *v* despachar

Ausfertigung ['ausfɛrtıguŋ] *f* despacho *m*, expedición *f*

Ausflug ['ausflu:k] *m* excursión *f*

ausfragen ['ausfra:gən] *v* preguntar, interrogar

Ausfuhr ['ausfu:r] *f ECO* exportación *f*

ausführen ['ausfy:rən] *v 1. (durchführen)* realizar, efectuar, ejecutar; *eine Arbeit ~* llevar a cabo un trabajo; *2. (spazieren führen)* pasear, llevar de paseo; *3. ECO* exportar

ausführlich ['ausfy:rlıç] *adj 1.* amplio, extenso, detallado; *adv 2.* detalladamente; *sehr ~* con todo lujo de detalles

Ausführung ['ausfy:ruŋ] *f* realización *f*, ejecución *f*

ausfüllen ['ausfylən] *v* rellenar, llenar

Ausgabe ['ausga:bə] *f 1. (Geldausgabe)* gasto *m*, desembolso *m*, salidas *f/pl*, egresos *m/pl* (LA); *2. (Gepäckausgabe)* entrega de equipajes *f; 3. (eines Buches)* edición *f*

Ausgang ['ausgaŋ] *m 1.* salida *f; 2. (Ende)* final *m*, fin *m; einen anderen ~ nehmen* tomar otro giro

ausgeben ['ausge:bən] *v irr 1.* gastar, desembolsar

ausgebucht ['ausgəbu:xt] *adj* completo, lleno, agotado

Ausgeglichenheit ['ausgəglıçənhaıt] *f* equilibrio *m*, ecuanimidad *f*

ausgehen ['ausge:ən] *v irr 1. (weggehen)* salir; *2. (enden)* finalizar, terminar; *3. (erlöschen)* apagarse, apagar; *4. (Vorräte)* acabarse, terminarse

ausgelassen ['ausgəlasən] *adj* desenfadado, alegre

ausgenommen ['ausgənɔmən] *prep* excepto, salvo

ausgeprägt ['ausgəprɛ:kt] *adj* pronunciado, marcado

ausgerechnet ['ausgərɛçnət] *adv* precisamente, justamente

ausgeschlossen ['ausgəʃlɔsən] *adj* imposible

ausgezeichnet ['ausgətsaıçnət] *adj* excelente, sobresaliente, magnífico, estupendo; *Es war ~!* ¡Ha sido excelente!

ausgiebig ['ausgi:bıç] *adj 1.* abundante, copioso; *adv 2.* abundantemente, en abundancia

Ausgleich ['ausglaıç] *m 1. (fig)* arreglo *m*, compromiso *m; 2. (eines Kontos) ECO* liquidación *f*, saldo *m; 3. (Entschädigung) ECO* indemnización *f; 4. SPORT* empate *m*

ausgleichen ['ausglaıçən] *v irr 1. (fig)* arreglar; *2. (Konto) ECO* liquidar, saldar; *3. SPORT* empatar

aushalten ['aushaltən] *v irr 1.* aguantar, soportar; *2. (widerstehen)* resistir, no darse por vencido, no ceder

aushandeln ['aushandəln] *v* negociar

Aushang ['aushaŋ] *m* cartel *m*, anuncio *m*

ausharren ['ausharən] *v* perseverar hasta el fin

ausheben ['aushe:bən] *v irr 1.* levantar, alzar; *2. (fig)* desmantelar, desalojar

ausheilen ['aushaılən] *v* curarse, irse curando

aushelfen ['aushɛlfən] *v irr* ayudar, asistir

Aushilfe ['aushılfə] *f* ayuda *f*, asistencia *f*

auskennen ['auskɛnən] *v irr sich ~* entender de, conocer el terreno

ausklammern ['ausklamərn] *v* excluir, dejar de lado

Ausklang ['ausklaŋ] *m* final *m*

Auskommen ['auskɔmən] *n* ingresos *m/pl*, entradas *f/pl*

auskommen ['auskɔmən] *v irr ~ mit* tener bastante de, tener lo suficiente para

Auskunft ['auskunft] *f 1. (Information)* información *f; Können Sie mir bitte ~ geben, wo die Kirche ist?* ¿Por favor, puede usted indicarme dónde queda la iglesia? *2. (Büro)* oficina de información *f*

auskurieren ['auskuri:rən] *v* sanarse completamente, curarse completamente

auslachen ['auslaxən] *v jdn ~* reírse de alguien, burlarse de alguien

ausladen ['ausla:dən] *v irr 1. (Gepäck)* descargar; *2. (fig: Gäste)* anular la invitación a

Auslage ['ausla:gə] *f 1. (im Schaufenster)* escaparate *m,* vitrina *f; 2. (von Geld)* desembolso *m,* gastos *m/pl*

Ausland ['auslant] *n* extranjero *m*

Ausländer(in) ['auslɛndər(ɪn)] *m/f* extranjero/extranjera *m/f*

Ausländerfeindlichkeit ['auslɛndərfaɪntlɪçkaɪt] *f* xenofobia *f*

ausländisch ['auslɛndɪʃ] *adj* extranjero

auslassen ['auslasən] *v irr 1. (unterlassen)* omitir, suprimir; *2. (Zorn ~)* desahogar la ira

auslaufen ['auslaufən] *v irr 1. (Flüssigkeit)* derramarse, escurrirse, gotear; *2. (Schiff)* zarpar, salir; *3. (fig)* caminar para hacer ejercicios

ausleben ['ausle:bən] *v* vivir la vida, disfrutar de la vida

ausleeren ['ausle:rən] *v* vaciar

auslegen ['ausle:gən] *v 1. (Waren)* exponer, exhibir; *2. (Geld)* anticipar, adelantar; *3. (deuten)* interpretar

ausleihen ['auslaɪən] *v irr 1. etw ~* prestar algo, facilitar algo; *2. sich etw ~* prestarse algo, tomar prestado

Auslese ['ausle:zə] *f* selección *f*

Ausleseverfahren ['ausle:zəfɛrfa:rən] *n* proceso de selección *m,* proceso selectivo *m*

ausliefern ['ausli:fərn] *v 1.* entregar; *2. JUR* extraditar

Auslieferung ['ausli:fəruŋ] *f 1.* entrega *f; 2. JUR* extradición *f*

auslöffeln ['auslœfəln] *v (Suppe)* sacar a cucharadas (fig); *Jetzt musst du die Suppe ~, die du dir eingebrockt hast.* Ahora tienes que pagar el pato por lo que has armado.

auslöschen ['auslœʃən] *v* apagar, extinguir

auslosen ['auslo:zən] *v* sortear, echar suertes

auslösen ['auslø:zən] *v 1. (loskaufen)* desempeñar; *2. (in Gang setzen)* poner en movimiento, provocar el movimiento de; *3. (fig: verursachen)* provocar, causar, originar

ausmachen ['ausmaxən] *v 1. (löschen)* apagar, extinguir, sofocar; *2. (übereinkommen)* ponerse de acuerdo, fijar, quedar en algo, concertar; *3. (sich belaufen auf)* ascender a, elevarse a, importar; *4. (bedeuten)* significar

Ausmaß ['ausma:s] *n* dimensión *f,* medida *f*

ausmessen ['ausmɛsən] *v irr* medir, tomar la medida a

Ausnahme ['ausna:mə] *f* excepción *f*

Ausnahmefall ['ausna:məfal] *m* caso de excepción *m*

ausnahmslos ['ausna:mslo:s] *adj 1.* sin excepción; *adv 2.* sin excepción

ausnahmsweise ['ausna:msvaɪzə] *adv* excepcionalmente, por excepción

ausnehmen ['ausne:mən] *v irr 1. (ausschließen)* excluir, exceptuar; *2. (Tiere)* destripar; *3. (fig) jdn ~* desplumar a alguien

ausnützen ['ausnytsən] *v* aprovechar, aprovecharse de, sacar provecho de

Ausnutzung ['ausnutsuŋ] *f* aprovechamiento *m,* utilización *f*

auspacken ['auspakən] *v* desenvolver, desempacar

auspeitschen ['auspaɪtʃən] *v* azotar, flagelar

ausplaudern ['ausplaudərn] *v* divulgar

auspressen ['ausprɛsən] *v* prensar, exprimir, estrujar; *2. (fig)* arrancar, obtener información, extorsionar

Auspuff ['auspuf] *m TECH* escape *m*

auspusten ['auspu:stən] *v* apagar de un soplo

ausquartieren ['auskvarti:rən] *v* desalojar

ausrangieren ['ausraŋʒi:rən] *v* desechar, eliminar

ausrasten ['ausrastən] *v 1. (ausklinken)* desencerrojar, desengatillar; *2. (fig: Fassung verlieren)* perder los papeles, perder el control, perder los estribos

ausrauben ['ausraubən] *v* desvalijar, robar, atracar

ausräumen ['ausrɔymən] *v 1. (Gegenstände)* evacuar, quitar; *2. (fig: Zweifel)* eliminar

ausrechnen ['ausreçnən] *v* calcular

Ausrede ['ausre:də] *f* excusa *f,* evasiva *f*

ausreichen ['ausraɪçən] *v* bastar, ser suficiente

ausreichend ['ausraɪçənt] *adj* suficiente, bastante

Ausreise ['ausraɪzə] *f* salida *f*, partida *f*
ausreisen ['ausraɪzən] *v* salir, partir; *aus einem Land ~* salir de un país
Ausreißer(in) ['ausraɪsər(ɪn)] *m/f* fugitivo *m*/fugitiva *f*
ausrenken ['ausrɛŋkən] *v sich etw ~* dislocarse algo
ausrichten ['ausrɪçtən] *v 1. (aufstellen)* erigir, alzar, levantar; *2. (veranstalten)* organizar, preparar, disponer; *3. (benachrichtigen)* dar un recado, informar
Ausruf ['ausruːf] *m* grito *m*, exclamación *f*
ausrufen ['ausruːfən] *v irr* gritar, exclamar; *einen Streik ~* convocar una huelga
Ausrufezeichen ['ausruːfətsaɪçən] *n* signo de admiración *m*
ausruhen ['ausruːən] *v* descansar, reposar
ausrüsten ['ausrystən] *v* equipar, dotar
Ausrüstung ['ausrystuŋ] *f* equipo *m*, armamento *m*
ausrutschen ['ausrutʃən] *v* resbalar(se), escurrirse, deslizarse
aussäen ['auszɛːən] *v* sembrar
Aussage ['auszaːgə] *f 1.* exposición *f*, manifestación *f*; *2. JUR* declaración *f*
aussagen ['auszaːgən] *v 1.* exponer, manifestar; *2. JUR* declarar
ausschalten ['ausʃaltən] *v 1. (abstellen)* apagar, desconectar; *2. jdn ~ (fig)* descartar la influencia de alguien
Ausschank ['ausʃank] *m GAST* bar *m*, quiosco de bebidas *m*, taberna *f*
ausscheiden ['ausʃaɪdən] *v irr 1. (ausschließen)* excluir; *2. MED* excretar, secretar; *3. SPORT* eliminar
ausscheren ['ausʃeːrən] *v* separarse de la formación, salirse de la fila
ausschimpfen ['ausʃɪmpfən] *v* reñir, regañar
ausschlachten ['ausʃlaxtən] *v* desollar, explotar, *(Tiere)* descuartizar
ausschlafen ['ausʃlaːfən] *v irr sich ~* dormir bien, dormir satisfactoriamente
Ausschlag ['ausʃlaːk] *m 1. MED* erupción cutánea *f*, exantema *f*; *2. den ~ geben* ser lo que decide
ausschlaggebend ['ausʃlaːkgeːbənt] *adj* decisivo, concluyente, contundente, definitivo
ausschließen ['ausʃliːsən] *v irr 1. ~ aus* excluir de, expulsar de; *2. (aussperren)* suspender
ausschließlich ['ausʃliːslɪç] *adj 1.* exclusivo; *adv 2.* exclusivamente
Ausschluss ['ausʃlus] *m* exclusión *f*, expulsión *f*
ausschmücken ['ausʃmykən] *v* adornar, decorar
ausschneiden ['ausʃnaɪdən] *v irr* cortar
Ausschnitt ['ausʃnɪt] *m 1. (eines Kleides)* escote *m*; *2. (einer Zeitung)* recorte *m*; *3. (Detail)* detalle *m*, minucia *f*, pormenor *m*, fragmento *m*
ausschöpfen ['ausʃœpfən] *v 1.* sacar, extraer; *2. (fig)* aprovechar, agostar
ausschreiben ['ausʃraɪbən] *v irr 1. (vollständig schreiben)* escribir completamente; *2. (Stelle)* convocar a concurso; *3. (Scheck) FIN* extender
Ausschreitung ['ausʃraɪtuŋ] *f* disturbio *m*, exceso *m*
Ausschuss ['ausʃus] *m 1. (Abfall)* desechos *m/pl*, desperdicios *m/pl*, restos *m/pl*; *2. (Kommission)* comisión *f*, comité *m*
ausschütten ['ausʃytən] *v 1.* verter, derramar; *2. (Dividenden) ECO* repartir dividendos, distribuir dividendos
Ausschüttung ['ausʃytuŋ] *f ECO* reparto de dividendos *m*
ausschweifend ['ausʃvaɪfənt] *adj* disoluto, libertino, vicioso
aussehen ['auszeːən] *v irr (erscheinen)* parecer, aparentar
Aussehen ['auszeːən] *n* apariencia *f*, aspecto *m*
außen ['ausən] *adv* afuera, fuera
Außendienst ['ausəndiːnst] *m* servicio exterior *m*
Außenhandel ['ausənhandəl] *m ECO* comercio exterior *m*
Außenministerium ['ausənmɪnɪsteːrjum] *n POL* Ministerio de Asuntos Exteriores *m*, Ministerio de Relaciones Exteriores *m*
Außenpolitik ['ausənpolitiːk] *f POL* política exterior *f*
Außenseiter(in) ['ausənzaɪtər(ɪn)] *m/f* excéntrico/excéntrica *m/f*, inconforme *m/f*
Außenstände ['ausənʃtɛndə] *pl ECO* cobros pendientes *m/pl*, créditos *m/pl*, pendientes *m/pl*
Außenwand ['ausənvant] *f* muro exterior *m*
außer ['ausər] *prep* fuera de, excepto, salvo, aparte de
außerdem ['ausərdeːm] *konj* además, aparte de esto, fuera de ello
äußere(r,s) ['ɔysərə(r,s)] *adj* externo, exterior

außergewöhnlich ['ausərgəvø:nlıç] *adj* excepcional, extraordinario; *nichts Außergewöhnliches sein* no ser nada del otro mundo/no ser nada del jueves

außerhalb ['ausərhalp] *prep 1.* fuera de, al exterior de; *adv 2.* por fuera, externamente

äußerlich ['ɔysərlıç] *adj 1.* exterior, externo; *nur ~ anzuwenden* sólo para uso externo; *adv 2.* por fuera

äußern ['ɔysərn] *v* expresar, manifestar, declarar

außerordentlich ['ausərɔrdəntlıç] *adj* extraordinario, singular, particular

äußerstenfalls ['ɔysərstənfals] *adv* en caso extremo

Äußerung ['ɔysəruŋ] *f* expresión *f,* manifestación *f*

aussetzen ['auszɛtsən] *v 1. (Tier)* libertar, dejar libre, soltar; *2. (Arbeit)* cesar, dejar de; *3. (Motor)* fallar temporalmente; *4. (Urteil) JUR* suspender una sentencia

Aussicht ['auszıçt] *f 1. (Ausblick)* vista *f,* panorama *m; 2. (fig)* perspectiva *f,* esperanza *f*

aussichtslos ['auszıçtslo:s] *adj* sin esperanza, desesperado

aussiedeln ['auszi:dəln] *v* emigrar, evacuar a alguien

Aussiedler(in) ['auszi:dlər(ın)] *m/f* emigrante *m/f,* evacuado/evacuada *m/f*

aussöhnen ['auszø:nən] *v* reconciliar; *sich mit jdm ~* hacer las paces con alguien

aussondern ['auszɔndərn] *v* escoger

aussortieren ['auszɔrti:rən] *v* seleccionar, separar

aussparen ['ausʃpa:rən] *v* rebajar, entallar

ausspeien ['ausʃpaıən] *v irr* escupir, esputar, espectorar

aussperren ['ausʃpɛrən] *v 1. (ausschließen)* cerrar la puerta; *2. (Streik) ECO* declarar el lock-out

Aussperrung ['ausʃpɛruŋ] *f ECO* cierre patronal *m*

ausspionieren ['ausʃpioni:rən] *v* espiar

Aussprache ['ausʃpra:xə] *f 1. (Gespräch)* conversación *f,* discusión *f; 2. LING* pronunciación *f*

aussprechen ['ausʃprɛçən] *v irr 1. (äußern)* expresar, decir, manifestar; *2. sich ~* hablar sin reservas, hablar sinceramente; *sich offen ~* hablar a calzón quitado; *3. LING* pronunciar

Ausstand ['ausʃtant] *m ECO* huelga *f*

ausstatten ['ausʃtatən] *v 1. (einrichten)* amueblar, decorar; *2. (versehen mit)* dotar

Ausstattung ['ausʃtatuŋ] *f 1. (Einrichtung)* mobiliario *m; 2. (Ausrüstung)* equipo *m*

ausstechen ['ausʃtɛçən] *v irr jdn ~ (besser sein)* aventajar a alguien

ausstehen ['ausʃte:ən] *v irr 1. (ertragen)* soportar, aguantar; *2. (noch fehlen)* estar pendiente, faltar

aussteigen ['ausʃtaıgən] *v irr 1. (Fahrzeug)* bajar; *2. (fig)* no participar más, retirarse

ausstellen ['ausʃtɛlən] *v 1. (Dokumente)* extender, expedir; *2. (Waren)* exponer, exhibir

Ausstellung ['ausʃtɛluŋ] *f 1. (von Dokumenten)* extensión *f,* expedición *f; 2. (von Waren)* exposición *f,* exhibición *f*

aussterben ['ausʃtɛrbən] *v irr* extinguirse, desaparecer

Aussteuer ['ausʃtɔyər] *f* ajuar de novia *m*

Ausstieg ['ausʃti:k] *m 1.* bajada *f; 2. (fig)* automarginación *f*

ausstoßen ['ausʃtosən] *v irr 1. etw ~* empujar algo, echar fuera algo; *2. jdn ~ a alguien* expulsar

ausstrahlen ['ausʃtra:lən] *v 1. (übertragen)* tra(n)smitir; *2. (Wärme)* desprender; *3. (fig: Gelassenheit)* irradiar serenidad, sosiego

Ausstrahlung ['ausʃtra:luŋ] *f (fig)* carisma *m*

ausstrecken ['ausʃtrɛkən] *v* extender, estirar

ausströmen ['ausʃtrø:mən] *v* emanar, salir

aussuchen ['auszu:xən] *v* elegir, escoger

Austausch ['austauʃ] *m (gegenseitig)* cambio *m,* intercambio *m*

austauschbar ['austauʃba:r] *adj* cambiable

austauschen ['austauʃən] *v 1. ~ gegen* cambiar por; *2. (ersetzen) TECH* recambiar, restituir

austeilen ['austaılən] *v* repartir, distribuir

Auster ['austər] *f ZOOL* ostra *f*

austoben ['austo:bən] *v 1. Zorn ~* desfogar la ira; *2. sich ~* desahogarse en travesuras, hacer travesuras

austragen ['austra:gən] *v irr 1. (Streit)* dirimir, zanjar, resolver; *2. (Pakete)* repartir, distribuir; *3. SPORT* disputar

Australien [au'stra:ljən] *n GEO* Australia *f*

austreten ['austre:tən] *v irr 1. (ausströmen: Flüssigkeit)* desbordarse, salir, manar; *2. (aus einem Verein)* retirarse de, salirse de; *3. (Toilette)* ir al lavabo, ir al excusado

austricksen ['austrɪksən] *v jdn ~* jugar con alguien con malas intenciones
austrinken ['austrɪŋkən] *v irr* bebérselo todo, beber todo
Austritt ['austrɪt] *m* salida *f*, retirada *f*
austrocknen ['austrɔknən] *v* secar
austüfteln ['austyftəln] *v* pensar detalladamente, inventar, idear
ausüben ['ausy:bən] *v* ejercer, practicar
Ausübung ['ausy:buŋ] *f* ejercicio *m*, práctica *f*
Ausverkauf ['ausfɛrkauf] *m ECO* liquidación *f*
Auswahl ['ausva:l] *f* elección *f*, selección *f*
auswählen ['ausvɛ:lən] *v* elegir, seleccionar
Auswanderer(in) ['ausvandərər(ɪn)] *m/f* emigrante *m/f*
auswandern ['ausvandərn] *v* emigrar, migrar, transmigrar
Auswanderung ['ausvandəruŋ] *f* emigración *f*, migración *f*, transmigración *f*
auswärts ['ausvɛrts] *adv* fuera, afuera, en otra parte
auswechselbar ['ausvɛksəlba:r] *adj TECH* intercambiable
auswechseln ['ausvɛksəln] *v* recambiar, sustituir
Ausweg ['ausve:k] *m* salida *f*; *Sie findet immer einen ~.* Ella siempre se las arregla como puede.
ausweglos ['ausve:klo:s] *adj* sin salida
ausweichen ['ausvaɪçən] *v irr* desviarse, esquivar
ausweichend ['ausvaɪçənt] *adj* evasivo
ausweinen ['ausvaɪnən] *v sich ~* desahogarse llorando; *sich die Augen ~* deshacerse en llanto
Ausweis ['ausvaɪs] *m* documento de identidad *m*, cédula de identidad *f*
ausweisen ['ausvaɪzən] *v irr 1. sich ~* identificarse, legitimarse; *2. (aus einem Land)* expulsar, desterrar, deportar
Ausweisung ['ausvaɪzuŋ] *f* expulsión *f*, destierro *m*, deportación *f*
ausweiten ['ausvaɪtən] *v* ensanchar
auswendig ['ausvɛndɪç] *adv* de memoria
auswerten ['ausve:rtən] *v* evaluar, interpretar
Auswertung ['ausve:rtuŋ] *f* evaluación *f*
auswirken ['ausvɪrkən] *v sich ~ auf* afectar a, producir, influir en
Auswirkung ['ausvɪrkuŋ] *f* efecto *m*, influencia *f*
auswischen ['auswɪʃən] *v jdm eins ~* jugar una mala pasada a alguien
Auswuchs ['ausvu:ks] *m* excrecencia *f*, carnosidad *f*, bulto *m*
auszahlen ['austsa:lən] *v 1.* pagar; *2. sich ~* valer la pena
Auszahlung ['austsa:luŋ] *f* pago *m*
auszeichnen ['austsaɪçnən] *v 1. (würdigen)* premiar, galardonar; *2. (Waren) ECO* rotular
Auszeichnung ['austsaɪçnuŋ] *f 1. (von Waren)* etiqueta *f*; *2. (Würdigung)* galardón *m*
ausziehbar ['austsi:ba:r] *adj* extensible, estirable
ausziehen ['austsi:ən] *v irr 1. (Kleidung)* desvestirse, sacarse la ropa; *2. (Wohnung wechseln)* mudarse, trasladarse, cambiarse
Auszubildende(r) ['austsubɪldəndə] *m/f* aprendiz(a) *m/f*
Auszug ['austsu:k] *m 1. (Umzug)* mudanza *f*, traslado *m*; *2. (Zusammenfassung)* resumen *m*; *3. (Kontoauszug)* extracto de cuenta *m*
authentisch [au'tɛntɪʃ] *adj 1.* auténtico; *adv 2.* auténticamente
Auto ['auto] *n* coche *m*, automóvil *m*, carro *m* (z.T. in LA)
Autobahn ['autoba:n] *f* autopista *f*
autogen [auto'ge:n] *adj* autógeno
Autogramm [auto'gram] *n* autógrafo *m*
Automat [auto'ma:t] *m* distribuidor automático *m*
automatisch [auto'ma:tɪʃ] *adj* automático
Automechaniker ['automeça:nɪkər] *m* mecánico de automóviles *m*
autonom [auto'no:m] *adj* autónomo
Autopsie [autop'si:] *f MED* autopsia *f*
Autor(in) ['autɔr(ɪn)] *m/f* autor(a) *m/f*, escritor(a) *m/f*
Autoradio ['autora:djo] *n* radio del automóvil *m*
Autoreifen ['autoraɪfən] *m* neum tico *m*, llanta *f* (LA)
Autorennen ['autorɛnən] *n* carrera de automóviles *f*
autoritär [autori'tɛ:r] *adj* autoritario
Autorität [autori'tɛ:t] *f* autoridad *f*
Autowaschanlage ['autovaʃanla:gə] *f* estación de lavado de coches *f*
Autowerkstatt ['autovɛrkʃtat] *f* taller de reparaciones *m*, concesionario de reparaciones *m*
Axt [akst] *f* hacha *f/el*
Azoren [a'tso:rən] *pl GEO* Islas Azores *f/pl*
Azteke [ats'tɛ:kə] *m* azteca *m*

B

Baby ['beːbi] *n* bebé *m*, nene *m*
Babysitter(in) ['beːbisɪtər(ɪn)] *m/f* niñera *f*, ama *f/el*
Bach [bax] *m* arroyo *m*, riachuelo *m*; *den ~ herunter sein* estar en las últimas
Backbord ['bakbɔrt] *n NAUT* babor *m*
Backe ['bakə] *f* mejilla *f*, carrillo *m*
backen ['bakən] *v irr* hornear, cocinar en el horno
Backenzahn ['bakəntsaːn] *m ANAT* muela *f*
Bäcker(in) ['bɛkər(ɪn)] *m/f* panadero/panadera *m/f*
Bäckerei [bɛkə'raɪ] *f* panadería *f*
Backofen ['bakoːfən] *m* horno *m*
Backpulver ['bakpulfər] *n* levadura química *f*, polvo de hornear *m*
Backwaren ['bakvaːrən] *pl* productos de panadería *m/pl*, productos de pastelería *m/pl*
Bad [baːt] *n* baño *m*; *das ~ in der Menge nehmen* dejarse aclamar por la multitud; *das Kind mit dem ~e ausschütten* ir demasiado lejos
Badeanstalt ['baːdəanʃtalt] *f* baños públicos *m/pl*, piscina *f*
Badeanzug ['baːdəantsuːk] *m* traje de baño *m*, ropa de baño *f*, bañador *m*
Badehose ['baːdəhoːzə] *f* bañador *m*
Bademantel ['baːdəmantəl] *m* albornoz *m*
Bademeister(in) ['baːdəmaɪstər(ɪn)] *m/f* socorrista *m/f*
baden ['baːdən] *v* tomar un baño, bañarse, bañar; *~ verboten!* ¡Prohibido bañarse!
Badeort ['baːdəɔrt] *m* balneario *m*
Badesaison ['baːdəzɛz ɔ] *f* temporada de baños *f*
Badetuch ['baːdətuːx] *n* frazada de baño *f*, toalla de baño *f*
Badewanne ['baːdəvanə] *f* bañera *f*, tina *f*
Badezimmer ['baːdətsɪmər] *n* cuarto de baño *m*
Bagatelle [baga'tɛlə] *f* bagatela *f*, frusleria *f*, tontería *f*
bagatellisieren [bagatɛlɪ'ziːrən] *v* bagatelizar, quitar importancia
Bagger ['bagər] *m TECH* excavadora *f*
Bahn [baːn] *f* *1. (Eisenbahn)* ferrocarril *m*, tren *m*; *aus der ~ werfen (fig)* descarriar; *2. (Straßenbahn)* tranvía *m*; *freie ~ haben (fig)* tener vía libre; *auf die schiefe ~ kommen* desviarse del buen camino; *etw in die richtige ~ lenken* encauzar algo por el buen camino; *3. (Fahrbahn)* calzada *f*
Bahnfahrkarte ['baːnfaːrkartə] *f* billete *m*, boleto *m* (LA), ticket de tren *m*
Bahnhof ['baːnhoːf] *m* estación de ferrocarril *f*; *immer nur ~ verstehen* no entender ni jota/no entender ni mu/no entender ni papa
Bahnhofshalle ['baːnhoːfshalə] *f* vestíbulo de la estación *m*
Bahnlinie ['baːnliːnjə] *f* línea férrea *f*, línea ferroviaria *f*
Bahnsteig ['baːnʃtaɪk] *m* andén *m*
Bahntransport ['baːntranspɔrt] *m* transporte por ferrocarril *m*
Bahnübergang ['baːnybərgaŋ] *m* paso a nivel *m*; *beschrankter ~* paso a nivel con barreras
Bahnunterführung ['baːnuntərfyːruŋ] *f* paso a bajo nivel *m*
Bahre ['baːrə] *f* *(für Verletzte)* camilla *f*
Baiser [bɛ'zeː] *n* merengue *m*
Bakterie [bak'teːrjə] *f* bacteria *f*
Balance [ba'l ɑs] *f* equilibrio *m*, balance *m*
balancieren [bal ɑ'siːrən] *v* equilibrar, balancear
bald [balt] *adv* pronto, próximamente
baldmöglichst ['baltmøːklɪçst] *adv* lo más pronto posible
Balkan ['balkaːn] *m GEO* Balcanes *m/pl*
Balkanländer ['balkanlɛndər] *pl GEO* países balcánicos *m/pl*
Balken ['balkən] *m* madero *m*, viga *f*
Balkon [bal'kɔŋ] *m* *1.* balcón *m*, mirador *m*; *2. THEAT* galería *f*
Ball¹ [bal] *m* *1.* pelota *f*; *am ~ bleiben (fig)* estar al tanto; *sich die Bälle zuwerfen* echarse una mano; *2. (Fußball)* balón *m*
Ball² [bal] *m (Tanz)* baile *m*
Ballast ['balast] *m* lastre *m*, carga *f*
Ballaststoffe ['balastʃtɔfə] *pl BIO* materia fibrosa *f*
Ballett [ba'lɛt] *n THEAT* ballet *m*
Balletttänzer(in) [bal'lɛttɛntsər(ɪn)] *m/f THEAT* bailarín de ballet/bailarina de ballet *m/f*
Ballon [ba'lɔŋ] *m* globo *m*
Ballspiel ['balʃpiːl] *n* juego de pelota *m*
Ballungsgebiet ['baluŋsgəbiːt] *n* aglomeración urbana *f*
Balsam ['balzaːm] *m* bálsamo *m*

Baltikum ['baltıkum] *n GEO* países bálticos *m/pl*
baltisch ['baltıʃ] *adj* báltico
Bambus ['bambus] *m BOT* bambú *m,* caña blanca de la India *f*
banal [ba'na:l] *adj* trivial, banal
Banalität [banali'tɛ:t] *f* trivialidad *f,* banalidad *f,* insubstancialidad *f*
Banane [ba'na:nə] *f* banana *f,* plátano *m*
Banause [ba'nauzə] *m* persona inculta *f*
Band [bant] *n 1. (Buch)* tomo *m; Bände sprechen* hablar mucho/hablar como una cotorra; *am laufenden ~* permanentemente; *2. (Streifen)* cordel *m,* cuerda *f; 3. (Tonband)* cinta *f; 4. (fig)* vínculo *m,* lazo *m*
Bandage [ban'da:ɢə] *f MED* vendaje *m; mit harten ~n kämpfen* luchar contra viento y marea
Bande ['bandə] *f (Gruppe)* banda *f,* pandilla *f*
bändigen ['bɛndıgən] *v* domar, domesticar
Bandit(in) [ban'di:t(ın)] *m/f* bandido/bandida *m/f,* bandolero/bandolera *m/f*
Bandscheibe ['bantʃaıbə] *f ANAT* disco intervertebral *m*
bange ['baŋə] *adj* inquieto, desasosegado
Bank[1] [baŋk] *f 1. (Sitzbank)* banca *f,* banquillo *m; 2. (Schulbank)* carpeta *f; 3. (fig) etw auf die lange ~ schieben* dar largas a un asunto; *durch die ~* sin excepción
Bank[2] [baŋk] *f FIN* banco *m*
Bankangestellte(r) ['baŋkaŋəʃtɛltə(r)] *m/f FIN* empleado bancario/empleada bancaria *m/f*
Bankanweisung ['baŋkanvaızuŋ] *f FIN* giro bancario *m*
Bankett [baŋ'kɛt] *n* banquete *m,* festín *m*
Bankier [baŋk'je:] *m FIN* banquero *m*
Bankkonto ['baŋkkɔnto] *n FIN* cuenta bancaria *f*
Bankleitzahl ['baŋklaıttsa:l] *f FIN* código bancario de identificación *m*
Banknote ['baŋkno:tə] *f FIN* billete de banco *m*
Bankrott [baŋk'rɔt] *m FIN* bancarrota *f,* quiebra *f*
Bankscheck ['baŋkʃɛk] *m FIN* cheque bancario *m*
Banner ['banər] *n* bandera *f,* estandarte *m*
bar [ba:r] *adj* en efectivo, al contado
Bar [ba:r] *f* bar *m*
Bär [bɛ:r] *m 1. ZOOL* oso *m; 2. (fig) jdm einen ~en aufbinden* pegársela a alguien; *Da ist der ~ los.* Allí hay un ambiente increíble.
Baracke [ba'rakə] *f* barraca *f*
barbarisch [bar'ba:rıʃ] *adj* bárbaro
barfuß ['barfu:s] *adv* con los pies desnudos, descalzo, sin zapatos
Bargeld ['ba:rgɛlt] *n* dinero en efectivo *m,* moneda contante *f,* efectivo *m*
bargeldlos ['ba:rgɛltlo:s] *adj FIN* por transferencia, a través de cuenta
Barhocker ['ba:rhɔkər] *m* taburete *m,* banqueta del bar *f*
Bariton ['barıtɔn] *m MUS* barítono *m*
barmherzig [barm'hɛrtsıç] *adj* misericordioso, caritativo, compasivo
Barmherzigkeit [barm'hɛrtsıçkaıt] *f* misericordia *f,* caridad *f,* piedad *f*
barock [ba'rɔk] *adj ART* barroco
Barometer [baro'me:tər] *m TECH* barómetro *m*
Baron [ba'ro:n] *m* barón *m*
Barriere [bar'jɛ:rə] *f 1.* barrera *f,* valla *f; 2. (Hindernis)* obstáculo *m,* barrera *f,* impedimento *m*
Barrikade [bari'ka:də] *f* barricada *f*
barsch [barʃ] *adj* rudo, áspero
Barsch [barʃ] *m ZOOL* perca *f*
Bart [ba:rt] *m* barba *f; um des Kaisers ~ streiten* reñir por nada
bärtig ['bɛ:rtıç] *adj* barbudo, con barba
Barvermögen ['ba:rfɛrmø:gən] *n FIN* disponibilidades en efectivo *f/pl,* existencias en caja *f/pl*
Barzahlung ['ba:rtsa:luŋ] *f FIN* pago al contado *m*
basieren [ba'zi:rən] *v ~ auf* basarse en
Basis ['ba:zıs] *f* base *f*
Basisdemokratie ['ba:zısdemokrati:] *f POL* democracia de base *f*
Baskenmütze ['baskənmytsə] *f* boina *f*
Basketball ['baskətbal] *m SPORT* baloncesto *m*
Bass [bas] *m MUS* bajo *m,* contrabajo *m*
Bassin [ba'sɛ] *n* piscina *f,* alberca *f*
Bastard ['bastart] *m* bastardo *m*
basteln ['bastəln] *v* dedicarse al bricolaje, hacer manualidades
Batist [ba'tıst] *m* batista *f*
Batterie [batə'ri:] *f TECH* batería *f,* pila *f*
Bau [bau] *m 1. (Konstruktion)* construcción *f; 2. (Tierbau)* guarida *f,* madriguera *f*
Bauarbeiter ['bauarbaıtər] *m* obrero del ramo de la construcción *m,* albañil *m*
Bauch [baux] *m* vientre *m,* abdomen *m,* barriga *f,* panza *f* (fam); *eine Wut im ~ haben* estar rabioso; *sich den ~ voll schlagen* darse

una panzada; *sich den ~ vor Lachen halten* mondarse de la risa; *mit etw auf den ~ fallen* fracasar con algo
bauchig ['bauxɪç] *adj* panzudo, barrigudo
Bauchschmerzen ['bauxʃmɛrtsən] *pl* dolores de barriga *m/pl,* cólico *m*
bauen ['bauən] *v* edificar, levantar, construir
Bauer ['bauər] *m* labrador *m,* campesino *m*
Bäuerin ['bɔyrəɪn] *f* campesina *f,* labradora *f,* aldeana *f*
bäuerlich ['bɔyərlɪç] *adj* rústico, campesino
Bauernhof ['bauərnhoːf] *m* granja *f,* finca *f*
baufällig ['baufɛlɪç] *adj* ruinoso, decadente
Baugewerbe ['baugəvɛrbə] *n* ramo de la construcción *m*
Bauherr(in) ['bauhɛr(ɪn)] *m/f* propietario/propietaria *m/f*
Bauingenieur ['bauɪnɢenjøːr] *m* ingeniero de construcción *m,* ingeniero civil *m*
Bauland ['baulant] *n* terreno edificable *m*
Baum [baum] *m* árbol *m; Bäume ausreißen können* tener fuerza para mover montañas
Baumstamm ['baumʃtam] *m* tronco *m*
Baumsterben ['baumʃtɛrbən] *n* muerte lenta de los árboles *f*
Baumwolle ['baumvɔlə] *f* algodón *m*
Baustelle ['bauʃtɛlə] *f* terreno de obras *m,* obras *f/pl*
Bautrupp ['bautrup] *m* brigada de obreros *f*
Bauunternehmen ['bauuntərneːmən] *n* empresa de construcción *f*
Bauwerk ['bauvɛrk] *n* edificio *m,* obra de arquitectura *f*
Bayer(in) ['baɪər(ɪn)] *m/f* bávaro/bávara *m/f*
Bayern ['baɪərn] *n GEO* Baviera *f*
bayrisch ['baɪərɪʃ] *adj* bávaro
Bazillus [ba'tsɪlus] *m BIO* bacilo *m*
beabsichtigen [bə'apzɪçtɪgən] *v* proponerse, tener la intención de, pensar hacer
beachten [bə'axtən] *v* atender a, prestar atención, considerar
beachtlich [bə'axtlɪç] *adj* apreciable, considerable
Beachtung [bə'axtuŋ] *f* atención *f*
Beamter [bə'amtər] *m* funcionario *m,* empleado público *m*
Beamtin [bə'amtɪn] *f* funcionaria *f,* empleada pública *f*
beanspruchen [bə'anʃpruxən] *v* reclamar, exigir
beanstanden [bə'anʃtandən] *v* objetar a, poner reparos a
Beanstandung [bə'anʃtanduŋ] *f* objeción *f,* reparo *m*
beantragen [bə'antraːgən] *v* solicitar, pedir
beantworten [bə'antvɔrtən] *v* responder a, contestar a
bearbeiten [bə'arbaɪtən] *v 1. AGR* cultivar; *2. (erledigen)* concluir, despachar, ejecutar; *3. (umarbeiten)* arreglar, transformar, modificar; *4. TECH* trabajar, elaborar
Bearbeitung [bə'arbaɪtuŋ] *f* trabajo *m,* elaboración *f; in ~* en (vías de) ejecución
beatmen [bə'aːtmən] *v MED* practicarle a alguien la respiración artificial
Beatmung [bə'aːtmuŋ] *f MED* respiración artificial *f,* reanimación *f*
beaufsichtigen [bə'aufzɪçtɪgən] *v 1.* vigilar, controlar, supervisar; *2. (amtlich)* inspeccionar
beauftragen [bə'auftraːgən] *v* encargar, encomendar, comisionar
bebauen [bə'bauən] *v 1.* urbanizar, construir, edificar; *2. (Land)* cultivar, labrar
Bebauungsplan [bə'bauuŋsplan] *m* plan de urbanización *m,* plano de edificación *m*
beben ['beːbən] *v* temblar, estremecerse; *vor Angst ~* temblar de miedo
Beben ['beːbən] *n 1. (Erdbeben)* seísmo *m,* terremoto *m; 2. (schwaches Erdbeben)* temblor *m*
Becher ['bɛçər] *m 1.* vaso *m; 2. (mit Henkel)* taza *f; 3. (mit Fuß)* copa *f*
bechern ['bɛçərn] *v (fam)* emborracharse, embriagarse
Becken ['bɛkən] *n 1. (Waschbecken)* lavabo *m,* lavamanos *m; 2. (Schwimmbecken)* piscina *f,* pileta *f* (LA); *3. ANAT* pelvis *f*
bedächtig [bə'dɛçtɪç] *adj* prevenido, precavido
bedanken [bə'daŋkən] *v sich ~* dar las gracias, agradecer
Bedarf [bə'darf] *m* necesidad *f,* falta *f; Mein ~ ist gedeckt.* Tengo lo que necesito.
bedauerlich [bə'dauərlɪç] *adj* lamentable
bedauern [bə'dauərn] *v* lamentar, sentir
Bedauern [bə'dauərn] *n 1.* pesar *m,* sentimiento *m; 2. (Mitleid)* compasión *f,* lástima *f*
bedauernswert [bə'dauərnsveːrt] *adj 1. (Sache)* lamentable; *2. (Person)* digno de lástima

bedecken [bə'dɛkən] *v* *1.* cubrir, tapar; *2.* *(fig)* ocultar, encubrir
bedenken [bə'dɛŋkən] *v irr* pensar, considerar; *Wir müssen alle möglichen Schwierigkeiten ~.* Tenemos que tener en cuenta todas las dificultades posibles.
bedenkenlos [bə'dɛŋkənlo:s] *adj* sin escrúpulos, sin reparo
bedenklich [bə'dɛŋklɪç] *adj* dudoso, crítico
bedeuten [bə'dɔytən] *v* *1.* significar, querer decir; *Das hat was zu ~.* Aquí hay gato encerrado. *2.* *(voraussetzen)* suponer, implicar
bedeutend [bə'dɔytənt] *adj* considerable, de importancia
bedeutsam [bə'dɔytzam] *adj* significativo, trascendental
Bedeutung [bə'dɔytuŋ] *f* significado *m,* significación *f*
bedienen [bə'di:nən] *v* *1.* *jdn ~* atender a alguien, servir a alguien; *2.* *sich ~* servirse, atenderse a sí mismo; *3.* *TECH* manejar
Bedienung [bə'di:nuŋ] *f* *1.* servicio *m;* *2.* *(Kellner)* camarero *m;* *3.* *TECH* manejo *m*
Bedienungsanleitung [bə'di:nuŋsanlaɪtuŋ] *f* *TECH* instrucciones de manejo *f/pl,* instrucciones de uso *f/pl*
Bedingung [bə'dɪŋuŋ] *f* *1.* condición *f,* salvedad *f;* *2.* *(Vertragsklausel)* *JUR* estipulación *f,* cláusula *f*
bedingungslos [bə'dɪŋuŋslo:s] *adj* incondicional
bedrängen [bə'drɛŋən] *v* acosar, apremiar
Bedrängnis [bə'drɛŋnɪs] *f* apuro *m,* apremio *m,* aprieto *m,* dificultad *f*
bedrohen [bə'dro:ən] *v* *1.* *JUR* conminar, coactar; *2.* amenazar, intimidar
bedrohlich [bə'dro:lɪç] *adj* amenazador, amenazante
Bedrohung [bə'dro:uŋ] *f* *1.* *JUR* conminación *f,* coacción *f;* *2.* amenaza *f*
bedrucken [bə'drukən] *v* imprimir sobre
bedrücken [bə'drykən] *v* oprimir, afligir, entristecer
bedürfen [bə'dyrfən] *v* *etw ~* necesitar de algo, requerir de
Bedürfnis [bə'dyrfnɪs] *n* necesidad *f,* requerimiento *m*
bedürftig [bə'dyrftɪç] *adj* necesitado
Beefsteak ['bi:fʃteɪk] *n* *GAST* bistec *m,* bisteque *m* (LA), bife *m* (in Argentinien)
beeilen [bə'aɪlən] *v* *sich ~* apurarse, darse prisa
beeindrucken [bə'aɪndrukən] *v* impresionar
beeinflussen [bə'aɪnflusən] *v* influir, influenciar
beeinträchtigen [bə'aɪntrɛçtɪgən] *v* perjudicar, dañar, afectar
Beeinträchtigung [bə'aɪntrɛçtɪguŋ] *f* perjuicio *m,* deterioro *m,* daño *m*
beenden [bə'ɛndən] *v* terminar, finalizar, concluir
beengt [bə'ɛŋt] *adj* estrecho, apretado
beerben [bə'ɛrbən] *v* *jdn ~* heredar de alguien, ser heredero de alguien
beerdigen [bə'e:rdɪgən] *v* enterrar, sepultar
Beerdigung [bə'e:rdɪguŋ] *f* entierro *m,* sepelio *m*
Beere ['be:rə] *f* *BOT* baya *f,* grano *m*
Beet ['be:t] *n* bancal *m,* tabla *f,* era *f*
Befähigung [bə'fɛ:ɪguŋ] *f* habilitación *f,* calificación *f*
befahrbar [bə'fa:rba:r] *adj* transitable
befangen [bə'faŋən] *adj* *~ sein* ser predispuesto, ser apocado, ser intimidado, ser cohibido
Befangenheit [bə'faŋənhaɪt] *f* timidez *f,* confusión *f*
befassen [be'fasən] *v* *sich ~ mit* ocuparse con/ocuparse de, dedicarse a
Befehl [bə'fe:l] *m* orden *f,* mandato *m*
befehlen [bə'fe:lən] *v irr* ordenar, mandar
befestigen [bə'fɛstɪgən] *v* fijar, asegurar, sujetar
Befestigung [bə'fɛstɪguŋ] *f* *1.* afianzamiento *m,* sujeción *f*
befeuchten [bə'fɔyçtən] *v* humedecer, humectar
befinden [bə'fɪndən] *v irr* *sich ~* encontrarse, estar, hallarse
Befinden [bə'fɪndən] *n* *(Gesundheit)* estado de salud *m*
beflecken [bə'flɛkən] *v* manchar, ensuciar
befolgen [bə'fɔlgən] *v* seguir, cumplir, obedecer
befördern [bə'fœrdərn] *v* *1.* *(Waren)* *ECO* expedir, enviar, despachar; *2.* *(Beruf)* ascender, promover
Beförderung [bə'fødəruŋ] *f* *1.* *(von Waren)* *ECO* expedición *f,* envío *m,* despacho *m;* *2.* *(im Beruf)* ascenso *m,* promoción *f*
befragen [bə'fra:gən] *v* preguntar, entrevistar, encuestar
Befragung [bə'fra:guŋ] *f* entrevista *f,* encuesta *f*

befreien [bə'fraɪən] *v 1.* liberar, libertar, poner en libertad; *2. ECO* eximir, dispensar, exonerar
Befreiung [bə'fraɪuŋ] *f 1.* liberación *f,* emancipación *f; 2. ECO* exención *f,* exoneración *f,* dispensa *f*
befreunden [bə'frɔyndən] *v sich ~ mit jdm* hacerse amigo de alguien, trabar amistad con alguien/contraer amistad con alguien
befriedigen [bə'friːdɪgən] *v* satisfacer, complacer, contentar
befriedigend [bə'friːdɪgənt] *adj* satisfactorio
Befriedigung [bə'friːdɪguŋ] *f* satisfacción *f*
befristet [bə'frɪstət] *adj* con plazo señalado, limitado, a plazo fijo
befruchten [bə'fruxtən] *v 1. AGR* fertilizar; *2. BIO* fecundar
Befruchtung [bə'fruxtuŋ] *f 1. AGR* fertilización *f,* polinización *f; 2. BIO* fecundación *f*
Befugnis [bə'fuːknɪs] *f* autorización *f,* permiso *m*
befugt [bə'fuːkt] *adj* autorizado, facultado
Befund [bə'funt] *m MED* resultado del reconocimiento *m,* hallazgo *m,* diagnóstico *m*
befürchten [bə'fyrçtən] *v 1.* temer; *2. (vermuten)* sospechar, recelar, suponer
Befürchtung [bə'fyrçtuŋ] *f* temor *m*
befürworten [bə'fyːrvɔrtən] *v etw ~* abogar por algo, recomendar algo, interceder en favor de algo
Befürworter(in) [bə'fyːrvɔrtər(ɪn)] *m/f* defensor(a) *m/f,* recomendante *m/f,* persona que recomienda *f*
begabt [bə'gaːpt] *adj* talentoso
Begabung [bə'gaːbuŋ] *f* talento *m,* don *m,* habilidad *f,* gracia *f*
begeben [bə'geːbən] *v irr sich ~ zu* trasladarse a, irse a
Begebenheit [bə'geːbənhaɪt] *f* suceso *m,* acontecimiento *m*
begegnen [bə'geːgnən] *v jdm ~* encontrar a alguien, ver a alguien
Begegnung [bə'geːgnuŋ] *f* encuentro *m*
begehen [bə'geːən] *v irr 1. ein Verbrechen ~* cometer un delito, perpetrar una fechoría; *2. (ein Fest)* festejar, celebrar; *3. (einen Weg)* recorrer, ir, andar por
begehren [bə'geːrən] *v 1. (Wunsch)* desear, anhelar, codiciar; *2. (Gesuch)* solicitar, pedir
begehrt [bə'geːrt] *adj* apreciado, codiciado, solicitado
begeistern [bə'gaɪstərn] *v 1. jdn ~* entusiasmar a alguien, apasionar a alguien, enardecer a alguien; *2. sich ~* entusiasmarse, apasionarse, inspirarse
begeistert [bə'gaɪstərt] *adj ~ sein* estar entusiasmado
Begeisterung [bə'gaɪstəruŋ] *f* entusiasmo *m,* pasión por *f*
Begierde [bə'giːrdə] *f* deseo *m,* apetito *m,* ganas *f/pl*
begierig [bə'giːrɪç] *adj* deseoso, ansioso, ávido
begießen [bə'giːsən] *v irr* regar
Beginn [bə'gɪn] *m* comienzo *m,* principio *m,* inicio *m*
beginnen [bə'gɪnən] *v irr* comenzar, empezar, iniciar
Beglaubigung [bə'glaubɪguŋ] *f* certificación *f*
begleichen [bə'glaɪçən] *v irr ECO* pagar, abonar, saldar, liquidar
begleiten [bə'glaɪtən] *v* acompañar
Begleitung [bə'glaɪtuŋ] *f* acompañamiento *m,* compañía *f*
beglückwünschen [bə'glykvynʃən] *v ~ zu* felicitar por, congratular por
begnadigen [bə'gnaːdɪgən] *v JUR* indultar
Begnadigung [bə'gnaːdɪguŋ] *f JUR* indulto *m*
begnügen [bə'gnyːgən] *v sich ~* contentarse, darse por satisfecho
begraben [bə'graːbən] *v irr 1. (beerdigen)* enterrar, sepultar; *2. (fig)* olvidar; *etw ~ können* poderse olvidar de un asunto
Begräbnis [bə'grɛpnɪs] *n* entierro *m,* sepelio *m*
begradigen [bə'graːdɪgən] *v* alinear, rectificar
begreifen [bə'graɪfən] *v irr* comprender, entender
begreiflich [bə'graɪflɪç] *adj* comprensible, entendible, inteligible
begrenzen [bə'grɛntsən] *v 1.* delimitar, limitar; *2. (Grenze bilden)* demarcar, amojonar, acotar; *3. (fig)* limitar a, reducir a
Begrenzung [bə'grɛntsuŋ] *f* delimitación *f,* limitación *f,* demarcación *f*
Begriff [bə'grɪf] *m* concepto *m,* idea *f,* entendimiento *m*
begründen [bə'gryndən] *v 1. ~ auf* fundar en, basar en; *2. (Geschäft)* establecer; *3. (Lehre)* crear una doctrina, iniciar una corriente; *4. (einrichten)* instalar

begründet [bə'gryndət] *adj* fundado, justificado
Begründung [bə'gryndʊŋ] *f* razón *f*
begrüßen [bə'gry:sən] *v 1. (willkommen heißen)* saludar, dar la bienvenida; *2. (guten Tag sagen)* dar los buenos días; *3. (billigen)* aprobar, admitir, autorizar
Begrüßung [bə'gry:sʊŋ] *f* saludo *m,* bienvenida *f*
begünstigen [bə'gynstɪgən] *v 1.* favorecer, beneficiar; *2. (fördern)* fomentar, patrocinar, fomentar; *3. (bevorzugen)* preferir, elegir, optar por, anteponer
Begünstigung [bə'gynstɪgʊŋ] *f* favorecimiento *m,* preferencia *f*
begutachten [bə'gu:taxtən] *v etw ~* dar dictamen sobre algo, dictaminar sobre algo
begütert [bə'gy:tərt] *adj* acaudalado, acomodado, rico, platudo (LA)
behaart [bə'ha:rt] *adj* peludo, velloso, velludo
behäbig [bə'hɛ:bɪç] *adj 1.* corpulento, metido en carnes (fig); *2. (bequem)* cómodo
behaglich [bə'ha:klɪç] *adj* agradable, cómodo, placentero
Behaglichkeit [bə'ha:klɪçkaɪt] *f* comodidad *f,* bienestar *m,* placidez *f*
behalten [bə'haltən] *v irr 1.* guardar, conservar, mantener; *Er behält es im Auge.* No lo pierde de vista. *2. (sich merken)* retener; *Behalten Sie Platz!* ¡No se levante!
Behälter [bə'hɛltər] *m* recipiente *m,* depósito *m,* vasija *f*
behandeln [bə'handəln] *v 1.* tratar; *2. MED* asistir, atender, tratar
Behandlung [bə'handlʊŋ] *f 1.* trato *m,* manera de tratar *f,* manipulación *f; 2. MED* tratamiento *m,* asistencia *f*
Behandlungsschein [bə'handlʊŋsʃaɪn] *m MED* impreso de atención *m*
behängen [bə'hɛŋən] *v irr 1.* cubrir, guarnecer; *2. (schmücken)* adornar, decorar; *3. (Wände)* tapizar
beharrlich [bə'harlɪç] *adj* perseverante, persistente
Beharrlichkeit [bə'harlɪçkaɪt] *f* perseverancia *f,* persistencia *f*
behaupten [bə'hauptən] *v 1.* afirmar, sostener, asegurar; *2. (Stellung)* defender, sostener; *3. sich ~* imponerse, ganar, vencer
Behauptung [bə'hauptʊŋ] *f* afirmación *f,* declaración *f*
Behausung [bə'hauzʊŋ] *f* vivienda *f,* casa *f,* morada *f*
beheben [bə'he:bən] *v irr* eliminar, apartar, remediar
beheizbar [bə'haɪtsba:r] *adj* calentable
beheizen [bə'haɪtsən] *v* calentar
Behelf [bə'hɛlf] *m* solución provisoria *f,* solución de emergencia *f,* recurso *m*
behelfen [bə'hɛlfən] *v irr sich ~* acomodarse, defenderse
behelfsmäßig [bə'hɛlfsmɛ:sɪç] *adj* improvisado, provisorio
behelligen [bə'hɛlɪgən] *v* importunar, molestar, incomodar; *jdn ~* importunar a alguien/jorobar a alguien (fam)
beherrschen [bə'hɛrʃən] *v 1. sich ~* dominarse, controlarse, contenerse, moderarse; *2. (fig: können)* conocer profundamente, dominar, poder, saber; *3. POL* gobernar, reinar
Beherrschung [bə'hɛrʃʊŋ] *f 1. (Selbstbeherrschung)* control sobre sí mismo *m,* autodominio *m; die ~ verlieren* perder los estribos; *2. (fig: Können)* conocimiento profundo *m,* dominio *m; 3. POL* gobierno *m,* dominación *f*
beherzigen [bə'hɛrtsɪgən] *v* tomar en consideración, tomar a pecho
beherzt [bə'hɛrtst] *adj* valiente, esforzado, resuelto
behilflich [bə'hɪlflɪç] *adj jdm ~ sein* ayudar a alguien, ser útil a alguien
behindern [bə'hɪndərn] *v* impedir, dificultar, obstruir, obstaculizar
Behinderte(r) [bə'hɪndərtə] *m/f* impedido/impedida *m/f,* minusválido/minusválida *m/f,* disminuido/disminuida *m/f*
Behinderung [bə'hɪndərʊŋ] *f 1.* dificultad *f,* impedimento *m; 2. MED* minusvalía *f,* disminución *f*
Behörde [bə'hœ:rdə] *f* autoridad *f,* administración *f*
behüten [bə'hy:tən] *v* guardar, librar de, proteger
behutsam [bə'hu:tza:m] *adj* cuidadoso, cauteloso, prudente
Behutsamkeit [bə'hu:tza:mkaɪt] *f* cuidado *m,* cautela *f,* prudencia *f*
bei [baɪ] *prep 1. (örtlich)* cerca de, de, en; *Es ist ~ München.* Queda cerca de Múnich. *2. (zeitlich)* en, de, a, al; *München ~ Nacht* Múnich de noche; *~ Abendämmerung* al anochecer; *~m Auswählen des Artikels* al elegir el artículo; *3. (Begleitumstand)* con; *Ich bin ~ dir.* Estoy contigo. *Bleib ~ mir!* ¡Quédate a mi lado! *4. (Anrufung)* por; *Bei Gott!* ¡Por Dios!/¡Lo juro! *5. ~ aller Vorsicht* con sumo cuidado/con suma precaución

beibehalten ['baɪbəhaltən] *v irr* conservar, guardar, mantener
Beibehaltung ['baɪbəhaltuŋ] *f* conservación *f*, mantenimiento *m*
beibringen ['baɪbrɪŋən] *v irr 1. (lehren)* enseñar, instruir; *2. (beschaffen)* proporcionar, procurar
Beichte ['baɪçtə] *f REL* confesión *f*
beichten ['baɪçtən] *v REL* confesarse
Beichtstuhl ['baɪçtʃtuːl] *m REL* confesionario *m*
Beichtvater ['baɪçtfaːtər] *m REL* padre confesor *m*
beide ['baɪdə] *pron 1.* ambos, ambas, los dos, las dos; *adj 2.* ambos, ambas, los dos, las dos
beiderlei ['baɪdərlaɪ] *adj* de los dos/de las dos, de ambos/de ambas
beiderseitig ['baɪdərzaɪtɪç] *adj* mutuo, de ambas partes
beieinander [baɪaɪn'andər] *adv* uno con otro, juntos/juntas
Beifahrer(in) ['baɪfaːrər(ɪn)] *m/f* acompañante en el coche *m/f*, copiloto *m*
Beifall ['baɪfal] *m 1. (Applaus)* aplauso *m*, ovación *f*, aclamación *f*; *2. (Billigung)* asentimiento *m*, aprobación *f*
beifügen ['baɪfyːgən] *v* adjuntar, añadir, agregar
Beigabe ['baɪgaːbə] *f* añadidura *f*
beige [beːʃ] *adj* beige, de color ceniciento
Beigeschmack ['baɪgəʃmak] *m* gustillo *m*, dejo *m*, resabio *m*
Beihilfe ['baɪhɪlfə] *f 1.* ayuda *f*, asistencia *f*; *2. (Unterstützung)* socorro *m*; *3. JUR* complicidad *f*
Beil [baɪl] *n* hacha *f/el*, guillotina *m*
Beilage ['baɪlaːgə] *f 1. (einer Zeitung)* suplemento *m*; *2. GAST* guarnición *f*
beiläufig ['baɪlɔyfɪç] *adj 1.* incidental, ocasional; *adv 2.* incidentalmente, ocasionalmente, de paso
beilegen ['baɪleːgən] *v 1. (hinzufügen)* agregar, añadir, incluir; *2. (fig: schlichten)* arreglar, zanjar, dirimir
Beileid ['baɪlaɪt] *n* pésame *m*, condolencia *f*
beiliegend ['baɪliːgənt] *adj* incluido, adjunto
beim *(= bei dem) (siehe „bei")*
beimessen ['baɪmɛsən] *v irr* atribuir, imputar, dar
beimischen ['baɪmɪʃən] *v* mezclar, añadir
Bein [baɪn] *n 1. ANAT* pierna *f*; *jdm auf die ~e helfen* echarle una mano a alguien; *mit einem ~ im Grabe stehen* estar a punto de estirarla (fam); *mit den ~en fest im Leben stehen* ver las realidades/pisar tierra; *auf eigenen ~en stehen* ser independiente; *sich auf die ~e machen* ponerse en marcha/echar piernas; *jdm ~e machen* poner a alguien de patitas en la calle; *sich die ~e vertreten* estirar las piernas; *die ~e unter den Arm nehmen* echar a correr; *sich die ~e in den Leib stehen* esperar una eternidad; *sich kein ~ ausreißen* no matarse trabajando; *sich die ~e nach etw ablaufen* desivirse por algo; *2. (eines Tieres)* pata *f*; *3. (bei Möbeln)* pata *f*, pie *m*
beinahe [baɪ'naːə] *adv* casi, por poco
beinhalten [bə'ɪnhaltən] *v* contener, implicar
Beirat ['baɪrat] *m* consejo *m*, comité *m*, junta consultativa *f*
beisammen [baɪ'zamən] *adv* juntos, reunidos
Beischlaf ['baɪʃlaːf] *m* coito *m*, cópula *f*, acto sexual *m*
Beisetzung ['baɪzɛtsuŋ] *f* entierro *m*, inhumación *f*, sepelio *m*
Beisitz ['baɪzɪts] *m* asistencia *f*, asesoría *f*
Beisitzer ['baɪzɪtsər] *m* vocal *m*, miembro de la junta directiva *m*
Beispiel ['baɪʃpiːl] *n* ejemplo *m*, demostración *f*; *mit gutem ~ vorangehen* dar buen ejemplo; *sich ein ~ an jdm nehmen* tomarse ejemplo de alguien; *ohne ~ sein* ser lo nunca visto; *mit gutem ~ vorangehen* dar buen ejemplo
beispielsweise ['baɪʃpiːlzvaɪsə] *adv* por ejemplo, tal como
beißen ['baɪsən] *v irr 1.* morder; *2. (Insekt)* picar
beißend ['baɪsənt] *adj 1. (Geruch)* penetrante; *2. (fig: Spott)* mordaz
Beistand ['baɪʃtant] *m* ayuda *f*, asistencia *f*, apoyo *m*
beistehen ['baɪʃteːən] *v irr* ayudar, asistir, apoyar; *Gott stehe mir bei!* ¡Válgame Dios!
beisteuern ['baɪʃtɔyərn] *v ~ zu* contribuir a, colaborar con
Beitrag ['baɪtraːk] *m 1.* contribución *f*, parte *f*, cuota *f*; *2. (Zeitungsartikel)* artículo *m*; *3. (Versicherungsbeitrag)* prima *f*
beitragen ['baɪtraːgən] *v irr* contribuir, coadyuvar
beitreten ['baɪtreːtən] *v irr* adherirse a, ingresar en, afiliarse a
Beitritt ['baɪtrɪt] *m ~ zu* ingreso en *m*, afiliación a *f*

beizeiten [baɪ'tsaɪtən] *adv* a tiempo, oportunamente

bejahen [bə'jaːən] *v 1. (Frage)* responder afirmativamente, afirmar; *2. (billigen)* aprobar, estar en pro, estar a favor de

bejammern [bə'jamərn] *v* lamentar, deplorar

bejubeln [bə'juːbəln] *v* aclamar, vitorear

bekämpfen [bə'kɛmpfən] *v* combatir, atacar, luchar contra

bekannt [bə'kant] *adj* conocido, célebre, famoso; *Der Name kommt mir ~ vor.* El nombre me resulta conocido. *~ geben* dar a conocer, publicar, anunciar, comunicar

Bekannte(r) [bə'kantə] *m/f* conocido/conocida *m/f*

Bekanntgabe [bə'kantgaːbə] *f* publicación *f,* anuncio *m,* proclamación *f*

bekanntlich [bə'kantlɪç] *adv* como es sabido, como se sabe

Bekanntmachung [bə'kantmaxuŋ] *f 1.* publicación *f,* comunicado *m,* aviso *m; 2. (amtliche ~)* notificación *f; 3. (eines Gesetzes)* promulgación *f*

Bekanntschaft [bə'kantʃaft] *f* conocimiento *m,* trato *m* (fam)

bekehren [bə'keːrən] *v 1. (fig: überzeugen)* convencer; *2. REL* convertir

Bekehrung [bə'keːruŋ] *f REL* conversión *f*

bekennen [bə'kɛnən] *v irr 1. (zugeben)* confesar, reconocer, admitir; *2. sich ~ zu REL* profesar

Bekenntnis [bə'kɛntnɪs] *n 1. (Zugeben)* reconocimiento *m; 2. REL* credo *m,* confesión *f*

beklagen [bə'klaːgən] *v 1. etw ~* lamentar por algo, deplorar por algo; *2. sich ~ über* lamentarse de, quejarse de

bekleiden [bə'klaɪdən] *v 1.* vestir, revestir, cubrir; *2. (Amt)* desempeñar, ejercer; *einen Posten ~* ocupar un cargo

Bekleidung [bə'klaɪduŋ] *f* vestimenta *f,* revestimiento *m,* prenda de vestir *f*

beklemmend [bə'klɛmənt] *adj* opresivo, sofocante; *Es herrscht ein ~es Schweigen.* Hay un silencio embarazoso.

Beklemmung [bə'klɛmuŋ] *f* ahogo *m,* sofoco *m,* opresión *f*

bekommen [bə'kɔmən] *v irr 1. (erhalten)* recibir, tomar; *2. (Krankheit) MED* contraer, coger; *3. (finden)* encontrar; *4. (erlangen)* lograr, conseguir; *5. (Kräfte)* cobrar, recobrar

bekömmlich [bə'kœmlɪç] *adj 1.* provechoso, beneficioso, sano; *2. (Speisen)* digestible

bekräftigen [bə'krɛftɪgən] *v* confirmar, afirmar, corroborar

bekreuzigen [bə'krɔytsɪgən] *v sich ~ REL* hacer la señal de la cruz, persignarse, santiguarse

bekümmern [bə'kymərn] *v* afligir, apenar, entristecer

bekunden [bə'kundən] *v 1. (zeigen)* manifestar, declarar; *2. JUR* atestiguar, deponer ante los tribunales, declarar

belächeln [bə'lɛçəln] *v* sonreírse de

beladen [bə'laːdən] *v irr 1. ~ mit* cargar de; *2. (fig)* agobiar, abrumar

Belag [bə'laːk] *m 1. (Schicht)* capa *f; 2. (Brotbelag)* fiambre *m; 3. (auf der Zunge) MED* saburra *f; 4. (Zahnbelag)* sarro *m; 5. TECH* revestimiento *m*

Belagerung [bə'laːgəruŋ] *f MIL* sitio *m,* cerco *m,* bloqueo *m*

belangen [bə'laŋən] *v JUR* demandar judicialmente

belanglos [bə'laŋloːs] *adj* sin importancia, insignificante, irrelevante, fútil

Belanglosigkeit [bə'laŋloːzɪçkaɪt] *f* insignificancia *f,* nimiedad *f*

belastbar [bə'lastbaːr] *adj* que tiene capacidad de carga

Belastbarkeit [bə'lastbaːrkaɪt] *f* capacidad de carga *f*

belasten [bə'lastən] *v 1. ~ mit* cargar con, cargar de; *2. (fig: beanspruchen)* someter a un esfuerzo; *3. (fig: bedrücken)* oprimir, abrumar; *4. (Konto) FIN* cargar; *5. (Haus)* hipotecar; *6. JUR* acusar, incriminar

belästigen [bə'lɛstɪgən] *v* molestar, incomodar, asediar, importunar

Belästigung [bə'lɛstɪguŋ] *f* molestia *f,* importunidad *f,* fastidio *m,* asedio *m*

Belastung [bə'lastuŋ] *f 1.* carga *f; 2. (fig: Beanspruchung)* esfuerzo *m; 3. (fig: Druck)* estrés *m,* stress *m; 4. (eines Kontos) FIN* cargo *m,* débito *m; 5. (Steuerbelastung)* gravamen *m,* gravación *f; 6. JUR* responsabilidad *f,* incriminación *f*

belauschen [bə'lauʃən] *v* escuchar secretamente, espiar, atisbar

belebt [bə'leːpt] *adj* vivo, animado

Belebung [bə'leːbuŋ] *f* animación *f,* vivificación *f*

Beleg [bə'leːk] *m 1. FIN* comprobante *m,* justificante *m; 2. (Beweis) JUR* justificativo *m,* documento probatorio *m*

belegen [bə'leːgən] *v 1. (Brot)* untar; *2. (Kurs)* matricularse en, participar en; *3. (Platz)*

ocupar, llenar; *4. mit Beispielen ~* ilustrar con ejemplos; *5. FIN* gravar; *6. (beweisen) JUR* probar, documentar, justificar
Belegschaft [bə'leːkʃaft] *f* personal *m*, plantilla *f*, nómina *f*
belehren [bə'leːrən] *v* instruir, informar, enseñar, aconsejar
Belehrung [bə'leːruŋ] *f* instrucción *f*, información *f*
beleibt [bə'laɪpt] *adj* corpulento, grueso
beleidigen [bə'laɪdɪgən] *v* ofender, insultar, injuriar
Beleidigung [bə'laɪdɪguŋ] *f* ofensa *f*, insulto *m*, injuria *f*
belesen [bə'leːzən] *adj ~ sein* ser instruido, ser leído, ser culto
beleuchten [bə'lɔyçtən] *v 1.* alumbrar, iluminar; *2. (fig)* esclarecer, dilucidar
Beleuchtung [bə'lɔyçtuŋ] *f* alumbramiento *m*, iluminación *f*
Belgien ['bɛlgjən] *n GEO* Bélgica *f*
Belgier(in) ['bɛlgjər(ɪn)] *m/f* belga *m/f*
belgisch ['bɛlgɪʃ] *adj* belga
Belieben [bə'liːbən] *n nach ~* a gusto, a voluntad
beliebig [bə'liːbɪç] *adj* cualquiera, arbitrario
beliebt [bə'liːpt] *adj* querido, estimado, popular, solicitado
Beliebtheit [bə'liːpthaɪt] *f* popularidad *f*, favor *m*
beliefern [bə'liːfərn] *v* surtir, proveer, abastecer
bellen ['bɛlən] *v* ladrar; *Hunde, die ~, beißen nicht.* Perro ladrador, poco mordedor.
belohnen [bə'loːnən] *v* recompensar, gratificar, premiar
Belohnung [bə'loːnuŋ] *f* recompensa *f*, gratificación *f*, premio *m*
Belüftung [bə'lyftuŋ] *f* ventilación *f*
belügen [bə'lyːgən] *v irr* mentir a alguien, engañar a alguien
belustigen [bə'lustɪgən] *v* divertirse, regocijarse
bemalen [bə'maːlən] *v* pintar
bemängeln [bə'mɛŋəln] *v* criticar
bemerken [bə'mɛrkən] *v 1. (wahrnehmen)* percibir, darse cuenta, ver; *2. (äußern)* observar, decir, mencionar
bemerkenswert [bə'mɛrkənsvɛːrt] *adj* notable, interesante
Bemerkung [bə'mɛrkuŋ] *f 1. (Äußerung)* observación *f*, mención *f*; *2. (Anmerkung)* anotación *f*, advertencia *f*
bemitleiden [bə'mɪtlaɪdən] *v jdn ~* tener lástima de alguien, compadecerse de alguien
bemitleidenswert [bə'mitlaɪdənsvɛːrt] *adj* digno de lástima, digno de compasión
bemühen [bə'myːən] *v sich ~ um* esforzarse por, esmerarse por, empeñarse por
Bemühung [bə'myːuŋ] *f* molestia *f*, esfuerzo *m*, empeño *m*
benachbart [bə'naxbart] *adj* vecino, colindante, contiguo
benachrichtigen [bə'naːxrɪçtɪgən] *v* avisar, comunicar, informar sobre; *Er hat die Polizei benachrichtigt.* Ha dado parte a la policía.
benachteiligen [bə'naːxtaɪlɪgən] *v* perjudicar, discriminar, hacer daño a
benehmen [bə'neːmən] *v irr sich ~* comportarse, portarse, conducirse
Benehmen [bə'neːmən] *n* comportamiento *m*, maneras *f/pl*, modales *m/pl*; *ein gutes ~ haben* tener buenos modales
beneiden [bə'naɪdən] *v* envidiar a, tener envidia de
beneidenswert [bə'naɪdənsvɛːrt] *adj* envidiable
Beneluxstaaten ['beneluksʃtaːtən] *pl GEO* Estados del Benelux *m/pl*
Bengel ['bɛŋəl] *m* pillo *m*, granuja *m*
benommen [bə'nɔmən] *adj ~ sein* estar aturdido, estar atontado; *Er ist von dem Schrecken noch ganz ~.* Todavía está atontado del susto.
benoten [bə'noːtən] *v* calificar, dar notas, poner notas
benötigen [bə'nøːtɪgən] *v* necesitar, precisar
benutzen [bə'nutsən] *v* usar, utilizar, emplear
Benutzer(in) [bə'nutsər(ɪn)] *m/f* usuario *m*, utilizador *m*
benutzerfreundlich [bə'nutsərfrɔyntlɪç] *adj* cómodo de uso, fácil de usar
Benutzung [bə'nutsuŋ] *f* uso *m*, utilización *f*, empleo *m*, manejo *m*
Benzin [bɛn'tsiːn] *n* bencina *f*, gasolina *f*, nafta *f* (LA)
beobachten [bə'oːbaxtən] *v* observar, contemplar, examinar
Beobachtung [bə'oːbaxtuŋ] *f 1.* observación *f*, examinación *f*; *2. (Feststellung)* comprobación *f*, verificación *f*; *3. MED* observación *f*
bepflanzen [bə'pflantsən] *v* plantar
Bepflanzung [bə'pflantsuŋ] *f* plantación *f*

bequem [bə'kveːm] *adj 1. (behaglich)* cómodo, confortable; *2. (träge)* perezoso, cómodo, vago; *3. (Schuh, Kleid)* holgado, cómodo

Bequemlichkeit [bə'kveːmlɪçkaɪt] *f 1. (Behaglichkeit)* comodidad *f,* confort *m; 2. (Trägheit)* pereza *f*

beraten [bə'raːtən] *v irr 1. (Rat erteilen)* dar un consejo, aconsejar, asesorar; *2. (besprechen) ~ über* deliberar sobre; *3. sich ~ mit* consultar con, mantener consultas con

Berater(in) [bə'raːtər(ɪn)] *m/f* asesor(a) *m/f,* consejero/consejera *m/f*

Beratung [bə'raːtuŋ] *f* consejo *m,* asesoramiento *m*

berauben [bə'raubən] *v* robar, expoliar

berechenbar [bə'rɛçənbaːr] *adj 1. (abschätzbar)* apreciable; *2. MATH* evaluable, calculable, computable

berechnen [bə'rɛçnən] *v* apreciar, evaluar, calcular, computar

berechnend [bə'rɛçnənt] *adj (fig)* calculador, interesado, egoísta

Berechnung [bə'rɛçnuŋ] *f* calculación *f,* cómputo *m,* evaluación *f*

berechtigen [bə'rɛçtɪgən] *v 1. (ermächtigen)* autorizar, dar derecho; *2. (befähigen)* habilitar, facultar para

berechtigt [bə'rɛçtɪçt] *adj 1. (befugt)* autorizado, con derecho a; *2. (begründet)* fundado, justificado

Berechtigung [bə'rɛçtɪguŋ] *f 1. (Befugnis)* autorización *f; 2. (Begründetsein)* justificación *f*

Bereich [bə'raɪç] *m 1. (Gebiet)* campo *m,* terreno *m,* sector *m; 2. (Fachbereich)* departamento *m; 3. (Fachgebiet)* especialidad *f*

bereinigen [bə'raɪnɪgən] *v* arreglar, allanar, zanjar

bereisen [bə'raɪzən] *v* recorrer, viajar por

bereit [bə'raɪt] *adj ~ sein zu* estar dispuesto a, estar listo para

bereiten [bə'raɪtən] *v 1. (zubereiten)* preparar, hacer; *2. (zufügen)* causar, infligir

bereithalten [bə'raɪthaltən] *v irr* tener preparado, tener listo

bereits [bə'raɪts] *adv* ya

Bereitschaft [bə'raɪtʃaft] *f 1.* disposición *f; 2. (Polizei) MIL* retén *m,* piquete de prevención *m*

bereitstellen [bə'raɪtʃtɛlən] *v* preparar, disponer, arreglar

bereitwillig [bə'raɪtvɪlɪç] *adj* servicial, solícito

Bereitwilligkeit [bə'raɪtvɪlɪçkaɪt] *f* buena voluntad *f,* solicitud *f*

bereuen [bə'rɔyən] *v* arrepentirse de, dolerse de, sentir, lamentar

Berg [bɛrk] *m* montaña *f,* cerro *m* (LA); *über alle ~e sein* haber puesto los pies en polvorosa (fam); *etw hinter dem ~ halten* ocultar algo

bergab [bɛrk'ap] *adv* cuesta abajo

bergauf [bɛrk'auf] *adv* cuesta arriba

Bergbau ['bɛrkbau] *m MIN* minería *f,* industria minera *f*

bergen ['bɛrgən] *v irr 1. (retten)* rescatar, poner a salvo, salvar; *2. (fig: enthalten)* entrañar, implicar

Bergführer(in) ['bɛrkfyːrər(ɪn)] *m/f* guía de montaña *m/f*

bergig ['bɛrgɪç] *adj* montañoso

Bergsteigen ['bɛrkʃtaɪgən] *n* montañismo *m,* alpinismo *m*

Bergsteiger(in) ['bɛrkʃtaɪgər(ɪn)] *m/f* montañista *m/f,* alpinista *m/f*

Bergung ['bɛrguŋ] *f 1. (von Menschen)* rescate *m,* salvamento *m; 2. (bei Schiffsunglück)* salvamento *m*

Bergwerk ['bɛrkvɛrk] *n* mina *f*

Bericht [bə'rɪçt] *m 1. (Mitteilung)* información *f,* comunicación *f; 2. (amtlicher ~)* informe *m*

berichten [bə'rɪçtən] *v* informar, contar

Berichterstattung [bə'rɪçtɛrʃtatuŋ] *f* información *f*

berichtigen [bə'rɪçtɪgən] *v* rectificar, corregir, enmendar

Bernstein ['bɛrnʃtaɪn] *m MIN* ámbar *m*

bersten ['bɛrstən] *v irr* reventar, estallar; *Es ist zum Bersten voll.* Es un hervidero.

berüchtigt [bə'ryçtɪçt] *adj* de mala fama, desacreditado

berücksichtigen [bə'rykzɪçtɪgən] *v* considerar, tener en cuenta

Beruf [bə'ruːf] *m* profesión *f,* ocupación *f,* oficio *m*

beruflich [bə'ruːflɪç] *adj* profesional

Berufsausbildung [bə'ruːfsausbɪlduŋ] *f* formación profesional *f*

berufsbedingt [bə'ruːfsbədɪŋkt] *adj* condicionado por la profesión

berufstätig [bə'ruːfstɛːtɪç] *adj ~ sein* ejercer una profesión, trabajar

Berufung [bə'ruːfuŋ] *f 1. (Lebensaufgabe)* vocación *f,* llamamiento *m; 2. (Ernennung)* nombramiento *m; 3. JUR* apelación *f*

beruhen [bə'ruːən] *v ~ auf* basarse en, fundarse en

beruhigen [bəˈruːɪgən] *v 1. jdn ~* tranquilizar a alguien, calmar a alguien, sosegar a alguien, aquietar a alguien; *2. sich ~* tranquilizarse, calmarse, sosegarse, serenarse
beruhigend [bəˈruːɪgənt] *adj* tranquilizante, calmante
Beruhigung [bəˈruːɪguŋ] *f* apaciguamiento *m*
Beruhigungsmittel [bəˈruːɪguŋsmɪtəl] *n MED* calmante *m*, sedante *m*
berühmt [bəˈryːmt] *adj* célebre, famoso; *auf der ganzen Welt ~* de fama universal
Berühmtheit [bəˈryːmthaɪt] *f* celebridad *f*, fama *f*, renombre *m*
berühren [bəˈryːrən] *v 1. (anfassen)* tocar, palpar; *2. (fig: bewegen)* conmover
Berührung [bəˈryːruŋ] *f* toque *m*, contacto *m*
besagen [bəˈzaːgən] *v* indicar, querer decir; *Das besagt, dass ...* Eso quiere decir ...
besänftigen [bəˈzɛnftɪgən] *v* apaciguar, calmar, aplacar
Besatzung [bəˈzatsuŋ] *f (Mannschaft)* equipo *m*
beschädigen [bəˈʃɛːdɪgən] *v* dañar, deteriorar, estropear, malograr
Beschädigung [bəˈʃɛːdɪguŋ] *f* daño *m*, deterioro *m*
beschaffen [bəˈʃafən] *v* proporcionar, procurar, facilitar
Beschaffenheit [bəˈʃafənhaɪt] *f* estado *m*, calidad *f*
beschäftigen [bəˈʃɛftɪgən] *v 1. jdn ~* ocupar a alguien, dar trabajo a alguien, emplear a alguien; *2. sich ~ mit* ocuparse con, entretenerse con
Beschäftigung [bəˈʃɛftɪguŋ] *f* ocupación *f*, empleo *m*, entretenimiento *m*
beschämend [bəˈʃɛːmənt] *adj* vergonzoso, bochornoso
Bescheid [bəˈʃaɪt] *m 1. (Auskunft)* información *f*; *2. (Nachricht)* noticia *f*; *3. JUR* fallo *m*
bescheiden [bəˈʃaɪdən] *adj* modesto, humilde, sencillo
Bescheidenheit [bəˈʃaɪdənhaɪt] *f* modestia *f*, humildad *f*, sencillez *f*
bescheinigen [bəˈʃaɪnɪgən] *v* certificar
Bescheinigung [bəˈʃaɪnɪguŋ] *f 1.* certificación *f*; *2. (Schein)* certificado *m*
beschenken [bəˈʃɛŋkən] *v* regalar, donar, obsequiar
Bescherung [bəˈʃeːruŋ] *f 1. (Geschenke)* reparto de regalos *m*; *2. (fam: negatives Ereignis)* sorpresa negativa *f*; *Schöne ~!* ¡Buena la que se ha armado!
beschimpfen [bəˈʃɪmpfən] *v* insultar, injuriar
Beschlagnahme [bəˈʃlaːknaːmə] *f* confiscación *f*
beschlagnahmen [bəˈʃlaːknaːmən] *v* embargar, confiscar, decomisar
beschleunigen [bəˈʃlɔynɪgən] *v* acelerar, apresuar
Beschleunigung [bəˈʃlɔynɪguŋ] *f* aceleración *f*
beschließen [bəˈʃliːsən] *v irr 1. (entscheiden)* decidir, tomar la resolución de; *2. (beenden)* concluir, finalizar
Beschluss [bəˈʃlus] *m* decisión *f*
beschlussfähig [bəˈʃlusfɛːɪç] *adj ~ sein* haber quórum, alcanzar el quórum
beschmutzen [bəˈʃmutsən] *v* ensuciar, manchar
beschränken [bəˈʃrɛŋkən] *v 1. (einschränken)* limitar a, restringir, reducir; *2. sich ~ auf* limitarse a, ceñirse a
beschränkt [bəˈʃrɛŋkt] *adj* limitado, restringido
beschreiben [bəˈʃraɪbən] *v irr* describir, definir, reseñar; *in groben Umrissen ~* contar a grandes rasgos
Beschreibung [bəˈʃraɪbuŋ] *f* descripción *f*, reseña *f*; *Das spottet jeder ~!* ¡Es algo indescriptible!
beschriften [bəˈʃrɪftən] *v* poner una inscripción en
beschuldigen [bəˈʃuldɪgən] *v* inculpar, culpar de, imputar
Beschuldigung [bəˈʃuldɪguŋ] *f* inculpación *f*, imputación *f*
beschützen [bəˈʃytsən] *v ~ vor* proteger de, proteger contra, amparar de
Beschützer(in) [bəˈʃytsər(ɪn)] *m* protector(a) *m/f*
Beschwerde [bəˈʃveːrdə] *f 1.* queja *f*, reclamación *f*; *2. (Schmerzen) ~n* molestias *f/pl*, dolores *m/pl*, achaques *m/pl*
beschweren [bəˈʃveːrən] *v 1.* cargar, gravar, pesar; *2. sich ~* quejarse, formular una queja, reclamar, protestar
beschwerlich [bəˈʃveːrlɪç] *adj* oneroso, gravoso
beschwipst [bəˈʃvɪpst] *adj* achispado, picado
beschwören [bəˈʃvøːrən] *v 1. (anflehen)* suplicar, implorar, rogar; *2. JUR* jurar, afirmar bajo juramento

beseitigen [bə'zaɪtɪgən] *v 1. (entfernen)* retirar, quitar, apartar; *2. (Zweifel)* disipar; *3. (fam: töten)* quitar a alguien de en medio, liquidar a alguien
Beseitigung [bə'zaɪtɪguŋ] *f* eliminación *f*, liquidación *f*
Besen ['beːzən] *m* escoba *f*
besessen [bə'zɛsən] *adj ~ von* poseído de, endemoniado
besetzen [bə'zɛtsən] *v* ocupar, llenar
besetzt [bə'zɛtst] *adj* ocupado
besichtigen [bə'zɪçtɪgən] *v* ver, mirar
Besichtigung [bə'zɪçtɪguŋ] *f* visita *f*
besiegen [bə'ziːgən] *v* vencer, derrotar
besinnlich [bə'zɪnlɪç] *adj* pensativo
Besinnung [bə'zɪnuŋ] *f* conocimiento *m*, sentido *m*; *zur ~ kommen* recobrar el conocimiento
besinnungslos [bə'zɪnuŋsloːs] *adj* sin conocimiento, desmayado
Besitz [bə'zɪts] *m* posesión *f*, propiedad *f*
besitzen [bə'zɪtsən] *v irr* poseer, ser propietario de
Besitzer(in) [bə'zɪtsər(ɪn)] *m/f* propietario/propietaria *m/f*, dueño/dueña *m/f*
besondere(r,s) [bə'zɔndərə(r,s)] *adj* particular, singular, extraordinario
Besonderheit [bə'zɔndərhaɪt] *f* particularidad *f*, singularidad *f*
besonders [bə'zɔndərs] *adv 1. (sehr)* muy; *2. (außergewöhnlich)* excepcionalmente, extraordinariamente; *3. (vor allem)* sobre todo, principalmente; *4. (ausdrücklich)* expresamente
besonnen [bə'zɔnən] *adj* considerado, juicioso, sensato
besorgen [bə'zɔrgən] *v 1. (beschaffen)* procurar, conseguir; *es jdm ~* devolvérsela a alguien; *2. (ausführen)* ejecutar, efectuar
Besorgnis [bə'zɔrknɪs] *f* preocupación *f*, inquietud *f*; *~ erregend* preocupante, inquietante, alarmante
besorgt [bə'zɔrkt] *adj ~ sein um/~ sein wegen* estar preocupado por
Besorgung [bə'zɔrguŋ] *f 1. (Kauf)* adquisición *f*, compra *f*; *2. (Ausführung)* pedido *m*, recado *m*; *eine ~ verrichten* hacer un recado
bespannen [bə'ʃpanən] *v* enganchar
besprechen [bə'ʃprɛçən] *v irr mit jdm etw ~* hablar a alguien de algo, discutir con alguien sobre algo, conferenciar con alguien sobre algo
Besprechung [bə'ʃprɛçuŋ] *f* conversación *f*, conferencia *f*, discusión *f*
besser ['bɛsər] *adj 1.* mejor; *die ~e Hälfte* mi media naranja; *adv 2.* mejor
Besserung ['bɛsəruŋ] *f* mejoría *f*, restablecimiento *m*
Bestand [bə'ʃtant] *m 1. (Vorhandenes)* existencia *f*; *von ~ sein* ser estable; *2. (Vorrat) ECO* existencias *f/pl*, stock *m*; *3. (Kassenbestand) FIN* efectivo en caja *m*
beständig [bə'ʃtɛndɪç] *adj 1. (dauerhaft)* duradero, permanente; *2. (widerstandsfähig)* resistente a
Beständigkeit [bə'ʃtɛndɪçkaɪt] *f 1. (Dauer)* duración *f*, permanencia *f*; *2. (Widerstandskraft)* resistencia *f*
Bestandteil [bə'ʃtanttaɪl] *m* componente *m*
bestärken [bə'ʃtɛrkən] *v* fortalecer, reforzar, fortificar, vigorizar
bestätigen [bə'ʃtɛːtɪgən] *v* confirmar, corroborar, asegurar
Bestätigung [bə'ʃtɛːtɪguŋ] *f* confirmación *f*
bestatten [bə'ʃtatən] *v* enterrar, inhumar, sepultar
bestäuben [bə'ʃtɔybən] *v BIO* polinizar, fecundar, fertilizar
bestaunen [bə'ʃtaunən] *v* mirar con asombro
beste(r,s) ['bɛstə(r,s)] *adj 1.* mejor; *das Beste herausholen* sacar el jugo; *jdn zum Besten halten* jorobar a alguien (fam); *etw zum Besten geben* ofrecer algo; *Mit ihm steht es nicht zum Besten.* No le van muy bien las cosas. *adv 2.* lo mejor posible, de la mejor manera
bestechen [bə'ʃtɛçən] *v irr* sobornar, corromper
bestechlich [bə'ʃtɛçlɪç] *adj* sobornable, corruptible, comprable
Bestechung [bə'ʃtɛçuŋ] *f* soborno *m*, corrupción *f*
Besteck [bə'ʃtɛk] *n* cubierto *m*
bestehen [bə'ʃteːən] *v irr 1. (vorhanden sein)* existir, haber; *2. ~ aus* estar compuesto de, constar de; *3. ~ auf* insistir en, persistir en; *4. (Prüfung)* aprobar
bestehlen [bə'ʃteːlən] *v irr* robar, hurtar, despojar
besteigen [bə'ʃtaɪgən] *v irr* subir a, subir sobre, ascender
bestellen [bə'ʃtɛlən] *v 1. (Auftrag geben)* pasar un pedido, hacer un pedido, ordenar, pedir; *2. (ernennen)* nombrar; *3. AGR* cultivar

Bestellung [bə'ʃtɛluŋ] *f* *1. (Auftrag)* encargo *m,* orden *f,* pedido *m; 2. (Ernennung)* nombramiento *m*
bestenfalls ['bɛstən'fals] *adv* en el mejor de los casos, a lo sumo
bestens ['bɛstəns] *adv* del mejor modo, de la mejor manera
besteuern [bə'ʃtɔyərn] *v* gravar con impuestos, imponer contribuciones
Besteuerung [bə'ʃtɔyəruŋ] *f* gravamen *m,* tributación *f,* imposición *f*
bestialisch [bɛstj'aːlɪʃ] *adj* bestial, brutal
Bestie ['bɛstjə] *f* bestia *f*
bestimmen [bə'ʃtɪmən] *v 1. (festlegen)* fijar, determinar; *2. (definieren)* definir, precisar, explicar, aclarar; *3. (zuweisen) ~ für* destinar a
bestimmt [bə'ʃtɪmt] *adj 1. (entschieden)* decidido, determinado; *2. (gewiss)* cierto, certero, seguro; *adv 3. (sicherlich)* seguramente, ciertamente
Bestimmtheit [bə'ʃtɪmthaɪt] *f 1. (Gewissheit)* certeza *f,* certidumbre *f; 2. (Entschiedenheit)* determinación *f,* resolución *f*
Bestimmung [bə'ʃtɪmuŋ] *f 1. (Zweck)* finalidad *f,* objetivo *m,* fin *m; 2. (Schicksal)* destino *m; 3. (Vorschrift)* disposición *f,* norma *f; 4. (Festlegung)* determinación *f*
Bestleistung ['bɛstlaɪstuŋ] *f* récord *m*
bestmöglich ['bɛstmøːklɪç] *adv* lo mejor posible, de la mejor manera; *adj* el mejor posible, la mejor posible, lo mejor posible
bestrafen [bə'ʃtraːfən] *v* castigar
Bestrafung [bə'ʃtraːfuŋ] *f 1.* castigo *m,* reprimenda *f; 2. JUR* pena *f,* multa *f*
bestrahlen [bə'ʃtraːlən] *v 1.* iluminar, irradiar; *2. MED* tratar con rayos
Bestrahlung [bə'ʃtraːluŋ] *f 1.* iluminación *f,* irradiación *f; 2. MED* exposición a la radiación *f,* irradiación *f*
Bestreben [bə'ʃtreːbən] *n* empeño *m,* afán *m,* anhelo *m*
bestreichen [bə'ʃtraɪçən] *v irr ~ mit* recubrir de, untar con
bestreiken [bə'ʃtraɪkən] *v* hacer huelga, irse a la huelga
bestreiten [bə'ʃtraɪtən] *v irr 1. (streitig machen)* disputar, impugnar; *2. (Unterhalt)* sostener, financiar
Bestseller ['bɛstzɛlər] *m* best-seller *m*
bestürmen [bə'ʃtyrmən] *v* asaltar; *jdn mit Fragen ~* asediar a alguien con preguntas
bestürzt [bə'ʃtyrtst] *adj ~ sein* estar consternado, estar perplejo
Bestürzung [bə'ʃtyrtsuŋ] *f* consternación *f,* sobresalto *m,* estupefacción *f,* perplejidad *f*
Bestzeit ['bɛsttsaɪt] *f* mejor tiempo *m,* mejor marca *f*
Besuch [bə'zuːx] *m 1. (von Gästen)* visita *f; 2. (einer Schule)* asistencia *f*
besuchen [bə'zuːxən] *v 1. jdn ~* visitar a alguien, ir a ver a alguien; *2. (besichtigen)* visitar, recorrer; *3. (Schule)* asistir a, ir a
Besucher [bə'zuːxər] *m 1. (einer Ausstellung)* visitante *m; 2. GAST* huésped *m*
Besuchszeit [bə'zuːxstsaɪt] *f (im Krankenhaus)* horas de visita *f/pl*
betagt [bə'taːkt] *adj* viejo, anciano
betanken [bə'taŋkən] *v* echar gasolina
betasten [bə'tastən] *v* tocar, palpar, tentar
betätigen [bə'tɛːtɪgən] *v 1. sich ~ bei* dedicarse a, estar ocupado en; *2. TECH* accionar, maniobrar, hacer funcionar
Betätigung [bə'tɛːtɪguŋ] *f 1. (Aktivität)* actividad *f,* acción *f,* ocupación *f; 2. TECH* accionamiento *m,* puesta en movimiento *f*
betäuben [bə'tɔybən] *v MED* anestesiar, narcotizar
Betäubung [bə'tɔybuŋ] *f MED* anestesia *f,* narcotización *f*
beteiligen [bə'taɪlɪgən] *v 1. sich ~ an* participar en, participar de, tomar parte en; *2. jdn ~ an* hacer participar a alguien en
Beteiligte(r) [bə'taɪlɪçtə(r)] *m/f 1.* participante *m/f; 2. (Betroffene(r))* afectado/ afectada *m/f*
Beteiligung [bə'taɪlɪguŋ] *f* participación *f*
beten ['beːtən] *v REL* orar, rezar
beteuern [bə'tɔyərn] *v* asegurar, afirmar
Beton [be'tɔŋ] *m* hormigón *m*
betonen [bə'toːnən] *v 1. (Aussprache)* acentuar; *2. (hervorheben)* hacer resaltar, subrayar, destacar
Betonung [bə'toːnuŋ] *f 1. (Aussprache)* acentuación *f; 2. (Hervorhebung)* énfasis *m; 3. (Tonfall)* acento *m,* dejo *m*
betrachten [bə'traxtən] *v 1. (anschauen)* mirar, contemplar; *2. (fig: beurteilen) ~ als* considerar como; *Wir ~ den Fall als erledigt.* Damos por terminado el caso.
beträchtlich [bə'trɛçtlɪç] *adj 1.* considerable, notable; *adv 2.* considerablemente, notablemente
Betrachtung [bə'traxtuŋ] *f 1. (Anschauen)* contemplación *f; 2. (fig: Überlegung)* consideración *f*
Betrag [bə'traːk] *m* importe *m,* suma *f,* cantidad *f*

betragen [bə'tra:gən] *v irr 1. (sich belaufen auf)* ascender a, elevarse a, alcanzar de; *2. sich ~* portarse, comportarse, conducirse
Betragen [bə'tra:gən] *n* comportamiento *m,* conducta *f*
Betreff [bə'trɛf] *m* asunto *m*
betreffen [bə'trɛfən] *v irr* concernir, afectar, interesar
betreiben [bə'traɪbən] *v irr ECO* ejercer, practicar, dirigir, gestionar
Betreiber(in) [bə'traɪbər(ɪn)] *m/f ECO* operador(a) *m/f*
betreten [bə'tre:tən] *v irr 1. (hineingehen)* entrar en, ingresar, penetrar; *adj 2. ~ sein (fig)* estar turbado, estar confuso, estar desconcertado
Betreten [bə'tre:tən] *n* entrada *f; ~ verboten!* ¡Prohibida la entrada!
betreuen [bə'trɔyən] *v* cuidar de, atender a
Betreuung [bə'trɔyuŋ] *f* cuidado *m,* servicio de asistencia *m*
Betrieb [bə'tri:p] *m 1. (Treiben)* movimiento *m; 2. (Firma) ECO* empresa *f,* establecimiento *m,* negocio *m; 3. (Werk) ECO* taller *m; 4. (Tätigkeit) ECO* actividad *f*
betrieblich [bə'tri:plɪç] *adj ECO* empresarial, del negocio, del servicio
betriebsam [bə'tri:pza:m] *adj* activo, trabajador, diligente
Betriebsanleitung [bə'tri:psanlaɪtuŋ] *f TECH* instrucciones de servicio *m/pl*
betriebsbereit [bə'tri:psbəraɪt] *adj TECH* listo para el servicio, preparado para operar
Betriebsferien [bə'tri:psfe:rjən] *pl* vacaciones de la empresa *f/pl*
betrinken [bə'trɪŋkən] *v irr sich ~* emborracharse, embriagarse
betroffen [bə'trɔfən] *adj ~ sein* estar afectado
betrübt [bə'try:pt] *adj ~ sein* estar triste, estar desconsolado
Betrug [bə'tru:k] *m* engaño *m,* fraude *m*
betrügen [bə'try:gən] *v irr* engañar, defraudar, embaucar
Betrüger(in) [bə'try:gər(ɪn)] *m/f* engañador(a) *m/f,* embustero/embustera *m/f,* estafador(a) *m/f*
betrügerisch [bə'try:gərɪʃ] *adj 1. (Person)* trapacero, tramposo; *2. (Dinge)* engañoso
betrunken [bə'truŋkən] *adj ~ sein* estar ebrio, estar borracho, estar beodo
Bett [bɛt] *n 1.* cama *f,* lecho *m; 2. (Flussbett)* cauce *m,* lecho *m*
Bettdecke ['bɛtdɛkə] *f* manta *f*
bettelarm ['bɛtəl'arm] *adj* pobrísimo, paupérrimo, muy pobre
betteln ['bɛtəln] *v 1. (Almosen)* pedir limosna, mendigar; *2. (bitten)* rogar
bettlägerig ['bɛtlɛ:gərɪç] *adj* encamado, postrado en cama
Bettlaken ['bɛtla:kən] *n* sábana *f*
Bettler(in) ['bɛtlər(ɪn)] *m/f* mendigo/mendiga *m/f,* pordiosero/pordiosera *m/f,* limosnero/limosnera *m/f* (LA)
Bettvorleger ['bɛtfo:rle:gər] *m* pie de cama *m,* antecama *f*
Bettwäsche ['bɛtvɛʃə] *f* ropa de cama *f*
betucht [bə'tu:xt] *adj* adinerado, forrado de dinero, archimillonario
beugen ['bɔygən] *v 1. (biegen)* doblar, torcer, arquear, encorvar; *2. sich ~* doblegarse, ceder, inclinarse, doblarse; *3. (fig: brechen)* romper, doblegar; *4. (fig: sich fügen) sich etw ~* someterse a algo, rendirse a algo
Beule ['bɔylə] *f 1. MED* chichón *m; 2. TECH* abolladura *f*
beunruhigen [bə'unru:ɪgən] *v 1. jdn ~* intranquilizar a alguien, agitar a alguien, perturbar a alguien, alarmar a alguien; *2. sich ~* preocuparse, inquietarse, alarmarse
beunruhigend [bə'unru:ɪgənt] *adj* preocupante, inquietante, alarmante
beurkunden [bə'u:rkundən] *v JUR* documentar, probar documentalmente
Beurkundung [bə'u:rkunduŋ] *f JUR* documentación *f,* autentificación *f*
beurlauben [bə'u:rlaubən] *v* dar licencia, suspender del empleo
beurteilen [bə'urtaɪlən] *v* juzgar de, formarse un juicio sobre
Beurteilung [bə'urtaɪluŋ] *f* juicio *m,* opinión *f,* dictamen *m*
Beute ['bɔytə] *f* botín *m*
Beutel ['bɔytəl] *m* bolsa *f,* talega *f; tief in den ~ greifen müssen* tener que desembolsar un dineral
Bevölkerung [bə'fœlkəruŋ] *f* población *f,* habitantes *m/pl*
Bevölkerungsdichte [bə'fœlkəruŋsdɪçtə] *f* densidad demográfica *f*
Bevölkerungszuwachs [bə'fœlkəruŋstsu:vaks] *m* aumento de la población *m,* incremento demográfico *m*
bevollmächtigen [bə'fɔlmɛçtɪgən] *v JUR* apoderar, dar poder a
Bevollmächtigte(r) [bə'fɔlmɛçtɪgtə(r)] *m/f JUR* apoderado/apoderada *m/f,* poderhabiente *m/f,* mandatario/mandataria *m/f*

Bevollmächtigung [bə'fɔlmɛçtɪguŋ] *f* *JUR* autorización *f*, apoderamiento *m*, poder *m*
bevor [bə'foːr] *konj* antes de que, antes de
bevormunden [bə'foːrmundən] *v* tener bajo tutela, ser paternalista
Bevormundung [bə'foːrmunduŋ] *f* tutela *f*, paternalismo *m*
bevorstehen [bə'foːrʃteːən] *v irr* ser inminente, estar en vísperas
bevorzugen [bə'foːrtsuːgən] *v* preferir, favorecer
Bevorzugung [bə'foːrtsuːguŋ] *f* preferencia *f*
bewachen [bə'vaxən] *v* custodiar, vigilar
Bewachung [bə'vaxuŋ] *f* custodia *f*, vigilancia *f*
bewaffnen [bə'vafnən] *v* armar
Bewaffnung [bə'vafnuŋ] *f* armamento *m*
bewahren [bə'vaːrən] *v* *1. (aufheben)* guardar; *Gott bewahre!* ¡Líbreme Dios! *2. (fig: beibehalten)* mantener, conservar
bewähren [bə'vɛːrən] *v sich ~* quedar bien, dar buen resultado, satisfacer las exigencias
bewahrheiten [bə'vaːrhaɪtən] *v sich ~* confirmarse, resultar cierto
bewährt [bə'vɛːrt] *adj 1. (Sache)* probado, eficaz; *2. (Person)* experimentado, seguro
Bewährung [bə'vɛːruŋ] *f* *JUR* remisión condicional *f*, libertad vigilada *f*
Bewährungsfrist [bə'vɛːruŋsfrɪst] *f* *JUR* plazo de prueba *m*
Bewährungshelfer(in) [bə'vɛːruŋshɛlfər(ɪn)] *m/f* asistente durante el plazo de prueba *m/f*
bewältigen [bə'vɛltɪgən] *v 1. (Problem)* superar, vencer; *2. (Aufgabe)* llevar a cabo, consumar, ejecutar
Bewältigung [bə'vɛltɪguŋ] *f 1. (eines Problems)* superación *f*, vencimiento *m*; *2. (einer Aufgabe)* consumación *f*, ejecución *f*
bewandert [bə'vandərt] *adj ~ sein* ser experimentado, ser práctico
bewässern [bə'vɛsərn] *v* regar
bewegen [bə'veːgən] *v 1.* mover, accionar, agitar; *2. sich ~* moverse, agitarse; *3. (fig: rühren)* conmover, impresionar, emocionar
bewegend [bə'veːgənt] *adj (fig)* conmovedor, emocionante
Beweggrund [bə'veːkgrunt] *m* móvil *m*, motivo *m*, razón *f*
beweglich [bə'veːklɪç] *adj 1.* movible, móvil; *2. (flink)* ágil, ligero; *3. (flexibel)* flexible, adaptable
bewegt [bə'veːkt] *adj 1. (Meer)* agitado; *2. (Leben)* inquieta, agitada
Bewegung [bə'veːguŋ] *f* movimiento *m*, agitación *f*
Bewegungsfreiheit [bə'veːguŋsfraɪhaɪt] *f* libertad de movimiento *f*
bewegungslos [bə'veːguŋsloːs] *adj* inmóvil, sin movimiento
bewegungsunfähig [bə'veːguŋsunfɛːɪç] *adj* incapaz de moverse, inmovilizado
beweinen [bə'vaɪnən] *v* llorar por, sentir, lamentar
Beweis [bə'vaɪs] *m* prueba *f*
Beweisaufnahme [bə'vaɪsaufnaːmə] *f* *JUR* práctica de la prueba *f*, diligencias de prueba *f/pl*, confrontación de hechos *f*
beweisbar [bə'vaɪsbaːr] *adj* probable, demostrable
beweisen [bə'vaɪzən] *v irr 1.* probar, demostrar; *2. (fig: zeigen)* manifestar, mostrar, expresar
beweiskräftig [bə'vaɪszkrɛftɪç] *adj* probatorio, concluyente
Beweismittel [bə'vaɪsmɪtəl] *n* *JUR* medio probatorio *m*, prueba *f*
Beweisstück [bə'vaɪsʃtyk] *n* *JUR* instrumento de prueba *m*, cuerpo del delito *m*
bewerben [bə'vɛrbən] *v irr sich ~* solicitar, presentarse como candidato, aspirar a
Bewerber(in) [bə'vɛrbər(ɪn)] *m/f* solicitante *m/f*, aspirante *m/f*, candidato/candidata *m/f*
Bewerbung [bə'vɛrbuŋ] *f* solicitud *f*, candidatura *f*
Bewerbungsschreiben [bə'vɛrbuŋsʃraɪbən] *n* solicitud de empleo *f*, escrito de candidatura *m*
bewerkstelligen [bə'vɛrkʃtɛlɪgən] *v 1. (durchführen)* ejecutar, llevar a cabo; *2. (erreichen)* conseguir, lograr
bewerten [bə'veːrtən] *v* valorar, evaluar
Bewertung [bə'veːrtuŋ] *f* valoración *f*, evaluación *f*
bewilligen [bə'vɪlɪgən] *v* conceder, otorgar, aprobar
Bewilligung [bə'vɪlɪguŋ] *f* concesión *f*, otorgamiento *m*, aprobación *f*
bewirken [bə'vɪrkən] *v* efectuar, conseguir, causar
bewirten [bə'vɪrtən] *v* dar de comer y beber, hospedar, agasajar
bewirtschaften [bə'vɪrtʃaftən] *v 1. (bestellen) AGR* explotar; *2. (verwalten)* administrar

Bewirtung [bə'vɪrtuŋ] *f* agasajo *m,* hospitalidad *f*
bewohnen [bə'vo:nən] *v* habitar, vivir en
Bewohner(in) [bə'vo:nər(ɪn)] *m/f* habitante *m/f*
bewölkt [bə'vœlkt] *adj* nublado, encapotado
Bewölkung [bə'vœlkuŋ] *f* nubosidad *f,* nubes *f/pl*
bewundern [bə'vundərn] *v* admirar, maravillarse de
bewundernswert [bə'vundərnsve:rt] *adj* digno de admiración, admirable, maravilloso
Bewunderung [bə'vundəruŋ] *f* admiración *f*
bewusst [bə'vust] *adj* consciente
bewusstlos [bə'vustlo:s] *adj* sin conciencia, desmayado
Bewusstlosigkeit [bə'vustlo:zɪçkaɪt] *f* inconsciencia *f,* pérdida del conocimiento *f,* desmayo *m; bis zur ~* hasta perder el conocimiento
Bewusstsein [bə'vustzaɪn] *n* conciencia *f,* conocimiento *m*
bezahlen [bə'tsa:lən] *v* pagar, abonar
Bezahlung [bə'tsa:luŋ] *f* pago *m*
bezähmen [bə'tsɛ:mən] *v* domar, domesticar, amaestrar
bezaubern [bə'tsaubərn] *v* encantar, hechizar
bezaubernd [bə'tsaubərnt] *adj* encantador, hechicero
bezeichnen [bə'tsaɪçnən] *v* marcar, señalar
bezeichnend [bə'tsaɪçnənt] *adj* significativo, característico, típico
Bezeichnung [bə'tsaɪçnuŋ] *f* marcación *f,* señal *f*
bezeugen [bə'tsɔygən] *v JUR* testificar, dar fe de
bezichtigen [bə'tsɪçtɪgən] *v* acusar de, inculpar de
beziehen [bə'tsi:ən] *v irr 1. (überziehen) ~ mit* cubrir de, cubrir con, revestir con; *2. (einziehen)* instalarse en, ir a vivir a; *3. (abonnieren)* estar suscrito a; *4. (Gehalt)* percibir, cobrar; *5. sich ~ auf* referirse a, remitirse a
Beziehung [bə'tsi:uŋ] *f* relación *f*
beziehungsweise [bə'tsi:uŋsvaɪzə] *konj* o, o bien, a modo de referencia
Bezirk [bə'tsɪrk] *m* región *f,* distrito *m,* departamento *m*
bezirzen [bə'tsɪrtsən] *v* engatusar, embaucar
Bezug [bə'tsu:k] *m 1. (Kissenbezug)* funda de almohada *f; 2. (Überzug)* funda *f; 3. (Kauf)* compra *f,* adquisición *f*
bezüglich [bə'tsy:klɪç] *prep* referente a, concerniente a, relativo a
Bezugnahme [bə'tsu:kna:mə] *f* referencia *f,* cita *f*
bezuschussen [bə'tsu:ʃusən] *v* subvencionar, conceder subvenciones
bezwecken [bə'tsvɛkən] *v* proponerse, tener por objeto
bezweifeln [bə'tsvaɪfəln] *v* dudar, poner en duda
bezwingen [bə'tsvɪŋən] *v irr* vencer, triunfar sobre
Bibel ['bi:bəl] *f REL* Biblia *f,* Sagrada Escritura *f*
Biber ['bi:bər] *m ZOOL* castor *m*
Bibliografie [bibliogra'fi:] *f* bibliografía *f*
Bibliothek [biblio'te:k] *f* biblioteca *f*
Bibliothekar(in) [bibliote'ka:r(ɪn)] *m/f* bibliotecario/bibliotecaria *m/f*
biblisch ['bi:blɪʃ] *adj REL* bíblico
bieder ['bi:dər] *adj* honrado, fiel, íntegro
biegen ['bi:gən] *v irr* doblar, torcer, doblegar, plegar
biegsam ['bi:kza:m] *adj* doblegable, plegable
Biegung ['bi:guŋ] *f* flexión *f,* inflexión *f,* curva *f,* curvatura *f*
Biene ['bi:nə] *f 1. ZOOL* abeja *f; 2. (fam: Mädchen)* ninfa *f,* chavala *f,* chica *f*
Bienenhonig ['bi:nənho:nɪç] *m* miel de abeja *m*
Bienenstich ['bi:nənʃtɪç] *m 1.* picadura de una abeja *f; 2. (Gebäck)* pastel de crema y almendras *m*
Bier [bi:r] *n* cerveza *f; Das ist nicht mein ~! (fam)* ¡Eso nos es asunto mío!
Bierbrauer ['bi:rbrauər] *m* cervecero *m*
Bierkrug ['bi:rkru:k] *m* jarro de cerveza *m*
Biest ['bi:st] *n 1. (Tier)* bestia *f; 2. (Person)* mujer fatal *f,* vampiresa *f*
bieten ['bi:tən] *v irr* ofrecer, presentar, dar
Bigamie [bi:ga'mi:] *f* bigamia *f*
Bikini [bi'ki:ni] *m* bikini *m*
Bilanz [bi'lants] *f 1. (fig)* balance *m,* equilibrio *m; 2. (eines Unternehmens) FIN* balance *m; 3. (im Außenhandel)* balanza *f*
bilanzieren [bilan'tsi:rən] *v* hacer balance
bilateral ['bi:latəra:l] *adj POL* bilateral
Bild [bɪlt] *n 1. (Gemälde)* cuadro *m,* pintura *f; ein ~ für die Götter* un cuadro grotesco *m; im ~e über etw sein* ser consciente de algo/tener

conocimiento de algo; *sich ein ~ von jdm machen* catalogar alguien/hacerse una idea de alguien; *2. CINE* imagen *f; 3. FOTO* foto *f*
bilden ['bɪldən] *v 1. (gestalten)* formar, crear; *2. sich ~* formarse, desarrollarse, surgir
Bilderbuch ['bɪldərbu:x] *n* libro de estampas *m,* libro ilustrado *m; wie aus dem ~* de ensueño/de cuento
Bilderrahmen ['bɪldərra:mən] *m* marco *m*
bildhübsch ['bɪlthypʃ] *adj* guapísimo, lindísimo
bildlich ['bɪltlɪç] *adj* gráfico, figurativo
Bildschirm ['bɪltʃɪrm] *m INFORM* vídeo *m*
Bildtelefon ['bɪlttelefo:n] *n INFORM* videoteléfono *m*
Bildung ['bɪlduŋ] *f 1. (Gestaltung)* forma *f; 2. (Schulbildung)* formación *f,* educación *f*
Bildungslücke ['bɪlduŋslykə] *f* laguna *f*
Bildungspolitik ['bɪlduŋspoliti:k] *f* política educativa *f*
Bildungsurlaub ['bɪlduŋsu:rlaup] *m* licencia de perfeccionamiento *f,* permiso de estudios y formación *m*
Billard ['bɪljart] *n* billar *m*
Billiarde [bɪl'jardə] *f* mil billones *m/pl*
billig ['bɪlɪç] *adj 1. (preiswert)* barato, económico; *2. (fig)* fútil, nimio
billigen ['bɪlɪgən] *v* aprobar, consentir en
Billigung ['bɪlɪguŋ] *f* aprobación *f,* consentimiento *m*
Billion [bil'jo:n] *f* billón *m*
Binde ['bɪndə] *f 1. (Damenbinde)* compresa *f,* toalla higiénica/toalla sanitaria *f* (LA); *2. MED* venda *f; 3. sich einen hinter die ~ gießen (fig)* echarse un trago al coleto
Bindehaut ['bɪndəhaut] *f ANAT* conjuntiva *f*
binden ['bɪndən] *v irr* atar, sujetar
bindend ['bɪndənt] *adj* obligatorio
Bindestrich ['bɪndəʃtrɪç] *m* guión *m*
Bindfaden ['bɪndfa:dən] *m* bramante *m,* guita *f; Es regnet Bindfäden. (fig)* Está diluviando.
Bindung ['bɪnduŋ] *f 1. (Verpflichtung)* compromiso *m; 2. (Verbundenheit)* vínculo *m; 3. (Skibindung) SPORT* atadura *f*
binnen ['bɪnən] *prep* dentro de; *~ zwei Wochen* en el término de dos semanas
Binnengewässer ['bɪnəngəvɛsər] *n* aguas continentales *f/pl,* aguas interiores *f/pl*
Binnenhafen ['bɪnənha:fən] *m* puerto interior *m,* puerto fluvial *m*
Binnenhandel ['bɪnənhandəl] *m ECO* comercio interior *m,* comercio nacional *m*
Binnenmarkt ['bɪnənmarkt] *m ECO* mercado interior *m,* mercado nacional *m*
Binnenschifffahrt ['bɪnənʃɪffa:rt] *f* navegación por aguas interiores *f,* navegación fluvial *f*
Binsenweisheit ['bɪnzənvaɪshaɪt] *f* perogrullada *f*
Biochemie ['bioçe'mi:] *f* bioquímica *f*
biodynamisch [biody'na:mɪʃ] *adj* biodinámico
Biogas ['bi:oga:s] *n* biogás *m,* gas biológico *m*
Biografie [biogra'fi:] *f* biografía *f*
Biologe [bio'lo:gə] *m* biólogo *m*
Biologie [biolo'gi:] *f* biología *f*
biologisch [bio'lo:gɪʃ] *adj* biológico
Biophysik [bi:ofy'zi:k] *f* biofísica *f*
Biotop [bio'to:p] *n* biotopo *m*
Birke ['bɪrkə] *f BOT* abedul *m*
Birne ['bɪrnə] *f 1. (Obst)* pera *f; 2. (Glühbirne)* bombilla *f,* foco *m* (LA)
bis [bɪs] *prep 1. (zeitlich)* a, hasta, para; *Bis morgen!* ¡Hasta Mañana! *~ zum 15. Mai* hasta el día 15 de mayo; *2. (örtlich)* hasta, a; *Bis dorthin sind es zwei km.* Hasta allí son dos km. *konj 3.* hasta que, hasta; *Ich werde warten, ~ du zurückkommst.* Esperaré hasta que vuelvas.
Bischof ['bɪʃɔf] *m REL* obispo *m*
bischöflich ['bɪʃœflɪç] *adj REL* episcopal
bisexuell ['bi:zɛksuɛl] *adj* bisexual
bisher [bɪs'he:r] *adv* hasta ahora, hasta la fecha
bisherig [bɪs'he:rɪç] *adj* ex, anterior, hasta ahora
Biskuit [bɪs'kvɪt] *m* bizcocho *m*
bislang [bɪs'laŋ] *adv* hasta ahora, hasta la fecha
Biss [bɪs] *m 1.* mordisco *m; 2. (Schlangenbiss)* mordida *f; 3. (Insektenbiss)* picadura *f*
bisschen ['bɪsçən] *adj 1. ein ~* un poco de, un poquito de; *2. Ach du liebes ~!* ¡Ay, Dios, mío!
Bissen ['bɪsən] *m* trozo *m,* bocado *m; jdm keinen ~ gönnen* no dejar vivir a alguien; *keinen ~ anrühren* no pegar bocado (fam)
bissig ['bɪsɪç] *adj* mordedor, bravo
Bit [bɪt] *n INFORM* bit *m*
bitte ['bɪtə] *adv 1. (bittend)* por favor; *2. (Antwort auf Dank)* de nada, no hay de qué; *3. (fragend)* cómo dice, perdón; *4. (Bejahung)* claro que sí, cómo no
Bitte ['bɪtə] *f* ruego *m,* súplica *f,* petición *f*
bitten ['bɪtən] *v irr* rogar, pedir, solicitar

bitter ['bɪtər] *adj 1. (Geschmack)* amargo; *2. (fig: schmerzlich)* amargo, doloroso

Bitter ['bɪtər] *m (Getränk)* bíter amargo *m*

Bitterkeit ['bɪtərkaɪt] *f* amargura *f,* amargor *m*

Blähungen ['blɛːuŋən] *pl MED* flatulencias *f/pl; ~ haben (fam)* tirarse pedos

blamabel [bla'maːbəl] *adj* bochornoso, ridículo

Blamage [bla'maːʒə] *f* ridículo *m*

blamieren [bla'miːrən] *v 1. jdn ~* poner en ridículo a alguien, hacer quedar mal a alguien; *2. sich ~* hacer el ridículo, quedar mal, meter la pata, hacer un papelón

blank [blaŋk] *adj* reluciente, brillante, pulido, bruñido

blanko ['blaŋko] *adj FIN* en blanco, al descubierto

Blase ['blaːzə] *f 1.* burbuja *f; 2. ANAT* vejiga *f*

blasen ['blaːzən] *v irr* soplar, insuflar

Blasmusik ['blaːsmuziːk] *f MUS* música de instrumentos de viento *f*

blass [blas] *adj* pálido, descolorido

Blässe ['blɛsə] *f* palidez *f,* amarillez *f*

Blatt [blat] *n 1. ~ Papier* hoja de papel *f; 2. BOT* hoja *f; 3. (fig) kein ~ vor den Mund nehmen* no tener pelos en la lengua; *ein unbeschriebenes ~* persona inocente *f,* persona sin antecedentes *f; Das ~ hat sich gewendet.* Se ha dado la vuelta la tortilla; *Das steht auf einem anderen ~.* Eso es otro cantar.

blättern ['blɛtərn] *v* hojear

Blätterteig ['blɛtərtaɪk] *m* hojaldre *m*

blau [blau] *adj* azul; *jdm das Blaue vom Himmel versprechen* prometer a alguien el oro y el moro

Blech [blɛç] *n* lámina *f,* plancha *f,* chapa *f*

Blechdose ['blɛçdoːzə] *f* lata *f*

Blei [blaɪ] *n* plomo *m; wie ~ in den Gliedern liegen* dejar exhausto/dejar hecho polvo (fam)

Bleibe ['blaɪbə] *f* paradero *m,* albergue *m,* morada *m*

bleiben ['blaɪbən] *v irr* quedarse, permanecer

bleich ['blaɪç] *adj* pálido

bleichen ['blaɪçən] *v* palidecer

Bleichmittel ['blaɪçmɪtəl] *n* decolorante *m*

bleifrei ['blaɪfraɪ] *adj (Benzin)* sin plomo

bleihaltig ['blaɪhaltɪç] *adj (Benzin)* plomífera

Bleistift ['blaɪʃtɪft] *m* lápiz *m*

Bleistiftspitzer ['blaɪʃtɪftʃpɪtsər] *m* sacapuntas *m,* tajador *m* (LA)

Blende ['blɛndə] *f 1. (Abschirmung)* pantalla *f; 2. FOTO* diafragma *m*

blenden ['blɛndən] *v 1. (Licht)* deslumbrar, cegar; *2. (fig: täuschen)* engañar, ilusionar, alucinar

blendend ['blɛndənt] *adj 1. (leuchtend)* deslumbrante; *2. (fig: bezaubernd)* fascinante

Blick [blɪk] *m 1. (Schauen)* mirada *f; einen bösen ~ haben* tener mal de ojo; *einen ~ hinter die Kulissen werfen* investigar/echar un ojo entre bastidores; *einen ~ für etwas haben* tener buen ojo para algo; *jdn keines ~es würdigen* no dignarse ni a mirar a alguien; *Liebe auf den ersten ~* amor a primera vista; *2. (Aussicht)* vista *f*

blicken ['blɪkən] *v* mirar

Blickfang ['blɪkfaŋ] *m* punto que atrae las miradas *m,* punto de atracción *m*

blind [blɪnt] *adj* ciego, invidente

Blinddarm ['blɪntdarm] *m ANAT* apéndice *m*

Blinddarmentzündung ['blɪntdarmɛntsyndʊŋ] *f MED* apendicitis *f*

Blinde(r) ['blɪndə] *m/f* ciego/ciega *m/f,* invidente *m/f*

Blindenhund ['blɪndənhunt] *m* perro lazarillo *m,* perro-guía *m*

Blindenschrift ['blɪndənʃrɪft] *f* escritura al tacto *f*

Blindheit ['blɪnthaɪt] *f* ceguera *f,* invidencia *f*

blinken ['blɪŋkən] *v 1.* relucir, brillar, destellar, centellear; *2. TECH* avisar con la luz intermitente, maniobrar la luz intermitente

Blinker ['blɪŋkər] *m TECH* intermitente *m*

Blinklicht ['blɪŋklɪçt] *n TECH* luz intermitente *f*

blinzeln ['blɪntsəln] *v* parpadear

Blitz [blɪts] *m* relámpago *m; wie der ~* como un rayo; *wie ein ~ aus heiterem Himmel* como un rayo en tiempo sereno

Blitzableiter ['blɪtsaplaɪtər] *m TECH* pararrayos *m*

blitzblank ['blɪtsblaŋk] *adj* reluciente

blitzen ['blɪtsən] *v* relampaguear

blitzschnell ['blɪtsʃnɛl] *adj 1.* rápido como un rayo; *adv 2.* con la rapidez de un rayo

Block [blɔk] *m 1.* bloque *m; 2. (Gebäudeblock)* manzana *f,* cuadra *f* (LA); *3. (von Papier)* bloc *m*

Blockade [blɔ'kaːdə] *f* bloqueo *m,* sitio *m,* cerco *m*

Blockflöte ['blɔkfløːtə] *f MUS* flauta dulce *f*

blockieren [blɔ'kiːrən] *v* bloquear
Blockschrift ['blɔkʃrɪft] *f* caracteres de imprenta *m/pl,* letra de palo *f*
blöd [bløːt] *adj* tonto, imbécil, estúpido, bobo
Blödsinn ['bløːtzɪn] *m* tontería *f,* imbecilidad *f,* bobada *f,* estupidez *f*
blond [blɔnt] *adj* rubio; ~ *gefärbt* teñido de rubio
bloß [bloːs] *adj 1.* descubierto, desnudo; *mit ~em Auge sehen* observarse a simple vista; *adv 2.* sólo, solamente
Bluff [blœf] *m* patraña *f,* bluff *m*
blühen ['blyːən] *v 1. (Blume)* florecer; *2. (fam: widerfahren)* ocurrir, suceder
blühend ['blyːənt] *adj* floreciente
Blume ['bluːmə] *f* flor *f; durch die ~ sprechen* echar indirectas
Blumenhändler(in) ['bluːmənhɛndlər(ɪn)] *m/f* florista *m/f*
Blumenkohl ['bluːmənkoːl] *m BOT* coliflor *f*
Blumentopf ['bluːməntɔpf] *m* maceta *f,* tiesto *m*
Bluse ['bluːzə] *f* blusa *f*
Blut [bluːt] *n* sangre *f; blaues ~ haben* ser de sangre azul/ser noble; *~ geleckt haben* coger el gusto; *~ und Wasser schwitzen* sudar la gota gorda; *~ sehen wollen* querer ver correr la sangre; *ins ~ gehen* meterse en el cuerpo; *Das liegt ihm im ~.* Lo lleva en la sangre. *Ruhig ~!* ¡Calma!/¡Sosiéguese!
Blutdruck ['bluːtdruk] *m MED* presión sanguínea *f*
Blüte ['blyːtə] *f BOT* flor *f; in der ~ seiner Jahre* en la flor de la vida
bluten ['bluːtən] *v* sangrar
Blütenstaub ['blyːtənʃtaup] *m BOT* polen *m*
Bluterguss ['bluːtɛrgus] *m MED* hematoma *m,* derrame de sangre *m*
Blutgruppe ['bluːtgrupə] *f MED* grupo sanguíneo *m*
blutig ['bluːtɪç] *adj 1. (mit Blut bedeckt)* ensangrentado
Blutprobe ['bluːtproːbə] *f MED* prueba de sangre *f,* análisis de sangre *m*
Blutspender(in) ['bluːtʃpɛndər(ɪn)] *m/f MED* donante de sangre *m/f*
Blutung ['bluːtuŋ] *f MED* hemorragia *f*
Blutuntersuchung ['bluːtuntərzuːxuŋ] *f MED* análisis de la sangre *m*
Blutvergießen ['bluːtfɛrgiːsən] *n* derramamiento de sangre *m*
Blutvergiftung ['bluːtfɛrgɪftuŋ] *f MED* septicemia *f,* intoxicación de la sangre *f*
Blutzucker ['bluːttsukər] *m MED* glucemia *f*
Bock [bɔk] *m 1. SPORT* potro *m; 2. ZOOL* macho cabrío *m,* cabrón *m; 3. einen ~ schießen (fig)* cometer un error, meter la pata
Boden ['boːdən] *m 1. (Erde)* tierra *f; 2. (Fußboden)* piso *m,* suelo *m; 3. (Grund)* base *f,* fundamento *m; 4. (fig) am ~ zerstört sein* estar echo polvo; *festen ~ unter den Füßen haben* tener una base sólida/tener los pies en el suelo; *den ~ unter den Füßen verlieren* perder los estribos; *an ~ gewinnen* ganar terreno; *vor Scham im ~ versinken* caersele la cara de vergüenza
bodenlos ['boːdənloːs] *adj* sin fondo, sin suelo, sin límite, inmenso
Bodenschätze ['boːdənʃɛtsə] *pl* riquezas del subsuelo *m/pl*
Bodensee ['boːdənzeː] *m* lago de Constanza *m*
Bodenturnen ['boːdənturnən] *n* ejercicios en el suelo *m/pl*
Böe [bøː] *f* ráfaga *f*
Bogen ['boːgən] *m 1. (Kurve)* curva *f; einen ~ um etw machen (fig)* evitar algo; *den ~ heraushaben* conocer los manejos; *jdn in hohem ~ hinauswerfen* poner a alguien de patitas en la calle; *2. (Waffe)* arco *m; den ~ überspannen (fig)* exceder de cierto límite; *3. (Papier)* hoja *f,* pliego *m; 4. ARCH* arco *m*
Bogenschießen ['boːgənʃiːsən] *n SPORT* tiro con arco *m*
Bohle ['boːlə] *f* tabla *f,* madero *m*
Böhme ['bøːmə] *m* bohemio *m*
Böhmen ['bøːmən] *n GEO* Bohemia *f*
böhmisch ['bøːmɪʃ] *adj* bohemio *m; Das sind für mich ~e Dörfer.* Es como si me hablaran en chino.
Bohne ['boːnə] *f 1. (Hülsenfrucht)* judía *f,* fríjol/frijol *m* (LA); *~n in den Ohren haben (fig)* estar sordo; *Nicht die ~! (fam)* ¡En absoluto! *2. (Kaffeebohne)* grano de café *m*
Bohnenkaffee ['boːnənkafeː] *m* café auténtico *m*
bohnern ['boːnərn] *v* encerar
bohren ['boːrən] *v* horadar, agujerear
Bohrer ['boːrər] *m TECH* taladro *m,* barreno *m*
Bohrinsel ['boːrɪnzəl] *f* plataforma petrolera *f*
Boiler ['bɔylər] *m TECH* termosifón *m,* calentador de agua *m*

Boje ['bo:jə] *f* boya *f*
bolivianisch [boli'vja:nɪʃ] *adj* boliviano
Bolivien [bo'li:vjən] *n GEO* Bolivia *f*
Bolzen ['bɔltsən] *m TECH* perno *m*, bulón *m*, clavija *f*
Bombe ['bɔmbə] *f MIL* bomba *f*
Bon [b ɔŋ] *m 1.* bono *m; 2. (Kassenbon)* vale *m*
Bonbon [b ɔ'b ɔ] *n* caramelo *m*
Bonus ['bo:nus] *m FIN* bono *m*, gratificación *f*, prima *f*
Bonze ['bɔntsə] *m (fam)* jefazo *m*, mandamás *m*
Boom [bu:m] *m ECO* boom *m*, alta coyuntura *f*
Boot [bo:t] *n* bote *m*, barca *f*, lancha *f*, barco *m*
Bord[1] [bɔrt] *n (Brett)* estante *m*
Bord[2] [bɔrt] *m 1.* bordo *m; an ~* a bordo; *etw über ~ werfen (fig)* arrojar algo por la borda; *2. (Einfassung)* borde *m*, contorno *m*
Bordell [bɔr'dɛl] *n* prostíbulo *m*, burdel *m*
Bordkarte ['bɔrtkartə] *f* tarjeta de embarque *f*
Bordstein ['bɔrtʃtaɪn] *m* bordillo de la acera *m*
borgen ['bɔrgən] *v 1. (verleihen)* prestar, dejar, facilitar; *2. (entleihen)* tomar prestado, prestarse
Borke ['bɔrkə] *f* corteza *f*, costra *f*
borniert [bɔr'ni:rt] *adj* torpe, estúpido, idiota, duro de mollera
Börse ['børzə] *f 1. (Geldbörse)* bolsa *f*, portamonedas *m*, monedero *m; 2. FIN* Bolsa *f*
Börsenkurs ['bœrzənkurs] *m FIN* cotización bursátil *f*, cambio *m*
Börsenmakler(in) ['bœrzənma:klər(ɪn)] *m/f FIN* corredor(a) de Bolsa *m/f*, agente de cambio y bolsa *m/f*
Borste ['bɔrstə] *f* cerda *f*
Borte ['bɔrtə] *f* ribete *m*
bösartig ['bø:sartɪç] *adj 1.* malo; *2. MED* maligno
Bösartigkeit ['bø:sartɪçkaɪt] *f* malicia *f*, maldad *f*
Böschung ['bœʃuŋ] *f* talud *m*
böse ['bø:zə] *adj 1. (verärgert)* enfadado, disgustado; *2. (schlimm)* malo, terrible
boshaft ['bo:shaft] *adj* malo, maligno
Bosheit ['bo:shaɪt] *f* malicia *f*, maldad *f*
böswillig ['bø:svɪlɪç] *adj 1.* malévolo, malintencionado; *2. JUR* culpable, malicioso
Botanik [bo'ta:nɪk] *f* botánica *f*
botanisch [bo'ta:nɪʃ] *adj* botánico
Bote ['bo:tə] *m* mensajero *m*, correo *m*
Botin ['bo:tɪn] *f* mensajera *f*
Botschaft ['bo:tʃaft] *f 1. (Nachricht)* noticia *f*, mensaje *m; 2. POL* embajada *f*
Botschafter(in) ['bo:tʃaftər(ɪn)] *m/f POL* embajador(a) *m/f*
Boulevardzeitung [bulə'va:rtsaɪtuŋ] *f* periódico sensacionalista *m*
Boullion [bul'jɔ] *f GAST* caldo *m*
Bowle ['bo:lə] *f* ponchera *f*, bol *m*
boxen ['bɔksən] *v* boxear
Boxkampf ['bɔkskampf] *m SPORT* boxeo *m*, pugilato *m*
Boykott [bɔy'kɔt] *m* boicot/boicoteo *m*
boykottieren [bɔykɔ'ti:rən] *v* boicotear
Branche ['br ɑʃə] *f ECO* ramo *m*
Brand [brant] *m* fuego *m*, incendio *m*
Brandbekämpfung ['brantbəkɛmpfuŋ] *f* lucha contra incendios *f*
brandeilig [brant'aɪlɪç] *adj (fam)* urgentísimo
Brandsalbe ['brantzalbə] *f MED* pomada para quemaduras *f*
Brandstiftung ['brantʃtɪftuŋ] *f* incendio intencionado *m*, incendio provocado *m*
Brandung ['branduŋ] *f* embate de olas *m*, rompiente del mar *m*
Brandwunde ['brandvundə] *f MED* quemadura *f*
Branntwein ['brantvaɪn] *m* aguardiente *m*, brandy *m*
Brasilianer(in) [brazil'ja:nər(ɪn)] *m/f* brasileño/brasileña *m/f*, brasilero/brasilera *m/f*
brasilianisch [brazil'ja:nɪʃ] *adj* brasileño, brasilero
Brasilien [bra'zi:ljən] *n GEO* Brasil *m*
Bratapfel ['bra:tapfəl] *m* manzana asada *f*
braten ['bra:tən] *v irr 1. (im Ofen)* asar; *2. (in Fett)* freír
Braten ['bra:tən] *m* asado *m; den ~ riechen* olerse el pastel
Bratenfleisch ['bra:tənflaɪʃ] *n* carne asada *f*, carne del asado *f*
Bratensoße ['bra:tənzo:sə] *f* salsa del asado *f*, jugo del asado *m*
Bratfisch ['bra:tfɪʃ] *m* pescado frito *m*
Brathuhn ['bra:thu:n] *n* pollo asado *m*
Bratkartoffeln ['bra:tkartɔfəln] *pl* patatas fritas *f/pl*, papas fritas *f/pl* (LA)
Bratpfanne ['bra:tpfanə] *f* sartén *f*
Bratrost ['bra:trɔst] *m* parrilla *f*
Bratspieß ['bra:tʃpi:s] *m* asador *m*, broqueta *f*, pinchito *m*

Bratwurst ['bra:tvurst] *f* salchicha *f,* salchicha asada/frita *f,* chorizo *m*
Brauch ['braux] *m* uso *m,* costumbre *f*
brauchbar ['brauxba:r] *adj* útil, aprovechable
brauchen ['brauxən] *v 1. (nötig haben)* necesitar, precisar, estar necesitado de; *2. (benutzen)* usar, utilizar, emplear; *3. (müssen)* tener que, hacer falta; *du brauchst nicht zu kommen* no tienes que venir
Brauchtum ['brauxtu:m] *n* usos *m/pl,* costumbres *f/pl,* folklore *m*
Braue ['brauə] *f* ceja *f*
brauen ['brauən] *v* fabricar cerveza
Brauerei [brauə'raɪ] *f* cervecería *f*
Brauindustrie ['brauindustri:] *f ECO* industria cervecera *f*
braun [braun] *adj 1. (Farbe)* marrón, pardo; *2. (sonnengebräunt)* bronceado, tostado, moreno; *3. (Haar)* castaño; *4. (Person, Haut)* moreno
Bräune ['brɔynə] *f 1. (Hautfarbe)* tez morena *f; 2. (Sonnenbräune)* tez bronceada *f*
bräunen ['brɔynən] *v sich ~* broncearse, ponerse moreno
Braunkohle ['braunko:lə] *f MIN* lignito *m*
Brause ['brauzə] *f 1. (einer Dusche)* ducha *f; 2. (Getränk)* gaseosa *f*
brausen ['brauzən] *v 1. sich ~ (duschen)* ducharse; *2. (rasen)* ir a toda velocidad, ir como un bólido
Braut [braut] *f 1.* novia *f; ~werbung* petición de mano *f; 2. (Versprochene)* prometida *f, 3. (am Hochzeitstag)* desposada *f*
Bräutigam [brɔytɪgam] *m* novio *m*
Brautjungfer ['brautjuŋfər] *f* doncella de honor *f,* dama de honor *f*
Brautkleid ['brautklaɪt] *n* vestido de novia *m,* traje de novia *m,* traje de boda *m*
Brautpaar ['brautpa:r] *n* novios *m/pl*
brav [bra:f] *adj* bueno, valiente, honrado
bravo ['bra:vo] *interj* bravo, olé, viva
bravourös [bravu'rø:s] *adj* magistral, magnífico, brillante, soberbio
brechen ['brɛçən] *v irr 1. (abbrechen)* romper, quebrar; *2. (sich übergeben)* vomitar, arrojar; *3. (fig: Vertrag)* quebrantar, romper; *4. (Knochen) sich etw ~ MED* fracturarse algo, romperse algo
Brei [braɪ] *m 1.* puré *m,* masa *f,* pasta *f; um den heißen ~ herumreden (fig)* andarse con rodeos; *jdm ~ ums Maul schmieren (fam)* hacerle la pelota a alguien/adular a alguien; *2. (Kinderbrei)* papilla *f*
breit [braɪt] *adj 1.* ancho, vasto, espacioso; *sich ~ machen* arrellanarse, ocupar mucho sitio, instalarse comodamente; *2. (Stoffe)* ancho; *3. (ausgedehnt)* amplio, extenso
breitbeinig ['braɪtbaɪnɪç] *adj* patiabierto, abierto de piernas, esparrancado
Breite ['braɪtə] *f* ancho *m,* extensión *f,* amplitud *f; in die ~ gehen* engordar
Breitengrad ['braɪtəngra:t] *m GEOL* grado de latitud *m*
Bremsbelag ['brɛmsbəla:k] *m TECH* guarnición de freno *f*
Bremse[1] ['brɛmzə] *f TECH* freno *m; Die ~n funktionieren nicht richtig.* Los frenos no funcionan bien.
Bremse[2] ['brɛmzə] *f ZOOL* tábano *m*
bremsen ['brɛmzən] *v* frenar; *sich ~ können* poderse contener
Bremslicht ['brɛmslɪçt] *n TECH* luz de freno *f*
brennbar ['brɛnba:r] *adj* combustible, inflamable
brennen ['brɛnən] *v irr 1.* quemar, arder; *2. (Licht)* estar encendida; *3. (Wunde)* escocer, arder; *4. (Schnaps)* destilar
Brennglas ['brɛngla:s] *n* vidrio ustorio *m*
Brennmaterial ['brɛnmaterja:l] *n* combustible *m*
Brennnessel ['brɛnnɛsəl] *f BOT* ortiga *f*
Brennpunkt ['brɛnpuŋkt] *m* foco *m*
Brennstoff ['brɛnʃtɔf] *m* combustible *m*
brenzlig ['brɛntslɪç] *adj* oler a quemado, saber a quemado
Brett ['brɛt] *n* tabla *f,* plancha *f; ein ~ vor dem Kopf haben (fig)* ser corto
Bretterzaun ['brɛtərtsaun] *m* valla *f,* cerca *f,* empalizada *f*
Brezel ['bre:tsəl] *f* rosquilla *f,* rosca *f*
Brief [bri:f] *m* carta *f; ~ und Siegel geben* comprometerse a hacer algo; *blauer ~* aviso de despido *m,* amonestación escolar *f*
Briefgeheimnis ['bri:fgəhaɪmnɪs] *n* secreto postal *m*
Briefkasten ['bri:fkastən] *m* buzón *m*
Briefkopf ['bri:fkɔpf] *m 1.* encabezamiento *m; 2. (gedruckt)* membrete *m*
Briefmarke ['bri:fmarkə] *f* sello postal *m,* estampilla *f* (LA)
Briefpapier ['bri:fpapi:r] *n* papel de cartas *m*
Brieftasche ['bri:ftaʃə] *f* cartera *f,* billetero *m*
Briefträger(in) ['bri:ftrɛ:gər(ɪn)] *m/f* cartero/cartera *m/f*

Briefumschlag ['bri:fumʃla:k] *m* sobre *m*
Briefwechsel ['bri:fvɛksəl] *m* correspondencia *f,* carteo *m*
Brikett [bri'kɛt] *n* briqueta *f,* aglomerado de carbón *m*
brillant [brɪl'jant] *adj* brillante, reluciente
Brillant [brɪl'jant] *m* brillante *m*
Brille ['brɪlə] *f* gafas *f/pl,* anteojos *m/pl,* lentes *m/pl* (LA)
Brillengestell ['brɪləngəʃtɛl] *n* montura *f*
Brillengläser ['brɪlənglɛzər] *pl* cristales de gafas *m/pl*
Brillenträger(in) ['brɪləntrɛ:gər(ɪn)] *m/f* portador(a) de gafas *m/f,* persona que lleva gafas *f*
bringen ['brɪŋən] *v 1.* llevar, transportar; *2. (begleiten)* acompañar a, ir con; *3. (Gewinn)* producir, arrojar
brisant [bri'zant] *adj* explosivo
Brise ['bri:zə] *f* brisa *f*
Brite ['bri:tə] *m* inglés *m*
britisch ['bri:tɪʃ] *adj* inglés, británico
Britische Inseln ['bri:tɪʃə 'ɪnzəln] *pl GEO* Islas Británicas *f/pl*
bröckeln ['brœkəln] *v* desmigar/desmigarse, desmenuzar/desmenuzarse, desmigajar/desmigajarse
Brocken ['brɔkən] *m 1.* trozo *m,* pedazo *m; 2. (fam: Bissen)* bocado *m*
brodeln ['bro:dəln] *v* hervir a borbotones, burbujear
Brokkoli ['brəkolɪ] *m BOT* brécoles *m/pl*
Brombeere ['brɔmbe:rə] *f BOT* zarzamora *f*
bronchial [brɔn'çja:l] *adj* bronquial
Bronchie ['brɔnçiə] *f ANAT* bronquios *m/pl*
Bronchitis [brɔn'çi:tɪs] *f MED* bronquitis *f*
Bronze ['br ɔsə] *f MET* bronce *m*
Brosche ['brɔʃə] *f* prendedor *m,* broche *m*
Broschüre [brɔ'ʃy:rə] *f* folleto *m*
Brot [bro:t] *n* pan *m; sich sein tägliches ~ verdienen* ganarse el pan de cada día
Brotaufstrich ['bro:taufʃtrɪç] *m* untada *f*
Brötchen ['brø:tçən] *n* panecillo *m,* pancito *m* (LA)
Broterwerb ['bro:tɛrvɛrp] *m* ganapán *m*
Brotkruste ['bro:tkrustə] *f* borde del pan *m*
Brotlaib ['bro:tlaɪp] *m* hogaza *f*
brotlos ['bro:tlo:s] *adj* sin pan, sin recursos
Brotscheibe ['bro:tʃaɪbə] *f* rebanada *f*
Bruch [brux] *m 1.* rotura *f; zu ~ gehen* quedar destrozado; *2. (Vertragsbruch) JUR* violación *f; 3. MATH* fracción *f; 4. (Knochenbruch) MED* fractura *f*
brüchig ['bryçɪç] *adj* quebradizo, frágil
bruchrechnen ['bruxrɛçnən] *v MATH* calcular fracciones
Bruchstelle ['bruxʃtɛlə] *f* punto de rotura *m,* sitio de fractura *m*
Bruchteil ['bruxtaɪl] *m* fracción *f*
Brücke ['brykə] *f 1.* puente *m; alle ~n hinter sich abbrechen* quemar las naves; *2. (Teppich)* alfombra pequeña *f,* alfombra corta *f; 3. (Zahnbrücke) MED* puente *m*
Brückenbau ['brykənbau] *m TECH* construcción de puentes *f*
Bruder ['bru:dər] *m* hermano *m*
brüderlich ['bry:dərlɪç] *adj* fraternal, fraterno
Brühe ['bry:ə] *f* caldo *m*
brüllen ['brylən] *v* rugir; *zum ~ sein* estar para morirse de la risa; *~ wie am Spieß* llorar a grito pelado
brummen ['brumən] *v 1. (Lebewesen)* gruñir; *in den Bart ~* hablar entre dientes; *2. (Instrument) MUS* vibrar
brummig ['brumɪç] *adj* gruñón, renegón
brünett [bry'nɛt] *adj* castaño, moreno
Brunnen ['brunən] *m* pozo *m,* fuente *f,* manantial *m*
Brunst ['brunst] *f* celo *m,* ardor *m*
brüsk ['brysk] *adj* brusco, grosero
brüskieren [brys'ki:rən] *v* desairar, provocar
Brüssel ['brysəl] *n* Bruselas *f*
Brust [brust] *f 1.* pecho *m; mit geschwellter ~* todo orgulloso; *einen zu ~ nehmen (fig)* tomarse unas copas/darle al frasco; *2. (Busen)* seno *m*
brüsten ['brystən] *v sich ~* pavonearse, ufanarse, vanagloriarse
Brustkorb ['brustkɔrp] *m ANAT* tórax *m*
Brustkrebs ['brustkre:ps] *m MED* cáncer de mama *m*
Brustschwimmen ['brustʃvɪmən] *n SPORT* natación a braza *f*
Brüstung ['brystuŋ] *f* pretil *m,* baranda *f*
Brustwarze ['brustvartsə] *f 1. (weibliche) ANAT* pezón *m; 2. (männliche) ANAT* tetilla *f*
Brut [bru:t] *f* incubación *f*
brutal [bru'ta:l] *adj* brutal, salvaje
Brutalität [brutalɪ'tɛ:t] *f* brutalidad *f,* salvajismo *m*
brüten ['bry:tən] *v* incubar, empollar
Brüter ['bry:tər] *m Schneller ~ TECH* reactor rápido *m,* superregenerador *m*

brutto ['bruto] *adj* bruto
Bruttoeinkommen ['brutoaınkɔmən] *n FIN* ingreso bruto *m*
Bruttosozialprodukt ['brutozo'tsja:lprodukt] *n (BSP) ECO* producto nacional bruto (PNB) *m*
Buch [bu:x] *n* libro *m; wie ein ~ reden* habla como un sacamuelas; *wie es im ~e steht* modélico; *ein ~ mit sieben Siegeln* un misterio *m; ein offenes ~ für jdn sein* ser para alguien como un libro abierto
Buchbinder(in) ['bu:xbındər(ın)] *m/f* encuadernador(a) *m/f*
Bucheinband ['bu:xaınbant] *m* encuadernación *f*
buchen ['bu:xən] *v* contabilizar, sentar en cuenta
Bücherei [by:çə'raı] *f* biblioteca *f*
Büchernarr ['by:çərnar] *m* bibliómano *m*
Bücherregal ['by:çərrega:l] *n* estante *m*, estantería *m*, librería *f*
Bücherschrank ['by:çərʃraŋk] *m* armario para libros *m*, librería *f*
Buchführung ['bu:xfy:ruŋ] *f ECO* teneduría de libros *f*, contabilidad *f*
Buchhalter(in) ['bu:xhaltər(ın)] *m/f ECO* contable *m/f*, contador *m* (LA)
Buchhaltung ['bu:xhaltuŋ] *f* contabilidad *f*, servicio de contabilidad *m*
Buchhandel ['bu:xhandəl] *m* comercio de libros *m*
Buchhändler(in) ['bu:xhɛndlər(ın)] *m/f* librero/librera *m/f*
Buchhandlung ['bu:xhandluŋ] *f* librería *f*
Buchmesse ['bu:xmɛsə] *f* feria del libro *f*
Buchprüfung ['bu:xpry:fuŋ] *f ECO* revisión de cuentas *f*, control de cuentas *m*
Büchse ['byksə] *f 1.* caja *f*, bote *m; 2. (Blechbüchse)* lata *f*
Büchsenöffner ['byksənœfnər] *m* abrelatas *m*
Buchstabe ['bu:xʃta:bə] *m* letra *f; sich auf seine vier ~n setzen (fam)* ponerse sobre sus asentaderas
buchstabieren [bu:xʃta'bi:rən] *v* deletrear
buchstäblich ['bu:xʃtɛ:plıç] *adj* literal, textual
Bucht [buxt] *f* bahía *f*, ensenada *f*, rada *f*
Buchtitel ['bu:xti:təl] *m* título de un libro *m*
Buchung ['bu:xuŋ] *f 1. (Bestellung)* reserva *f; 2. ECO* contabilización *f*
Buckel ['bukəl] *m* joroba *f*, corcova *f*, gibosidad *f; einen breiten ~ haben* tener mucho aguante; *etw auf dem ~ haben* llevar algo sobre las espaldas; *Rutsch mir den ~ runter!* ¡Vete al diablo!
bücken ['bykən] *v sich ~* inclinarse, agacharse
Bude ['bu:də] *f* puesto *m*, caseta *f; jdm auf die ~ rücken* personarse en casa de alguien para pedirle aclaraciones; *jdm die ~ einrennen* visitar a alguien permanentemente; *eine sturmfreie ~ haben* tener un cuarto independiente; *die ~ auf den Kopf stellen* poner la casa patas arriba; *Mir fällt die ~ auf den Kopf.* Se me cae la casa encima.
Budget [by'dʒe:] *n ECO* presupuesto *m*
Büfett [by'fe:] *n* aparador *m*, bufete *m*
Büffel ['byfəl] *m ZOOL* búfalo *m*
büffeln ['byfəln] *v* empollar (fam), memorizar, repasar; *~ wie ein Stier* quemarse las pestañas/cejas
Bügel ['by:gəl] *m* arco *m*
Bügelbrett ['by:gəlbrɛt] *n* tabla de planchar *f*
Bügeleisen ['by:gəlaızən] *n* plancha *f*
Bügelfalte ['by:gəlfaltə] *f* raya del pantalón *f*
bügeln ['by:gəln] *v* planchar
Bühne ['by:nə] *f* teatro *m; etw glatt über die ~ bringen* despachar algo rápidamente
Bühnenbild ['by:nənbılt] *n THEAT* decorado *m*, escenografía *f*
Buhruf ['bu:ru:f] *m* abucheo *m*, chifla *f*
Bulgarien [bul'ga:rjən] *n GEO* Bulgaria *f*
bulgarisch [bul'ga:rıʃ] *adj* búlgaro
Bulldozer ['buldo:zər] *m TECH* niveladora *f*, buldozer *m*
Bulle ['bulə] *m 1. ZOOL* toro *m; 2. (fam: Polizist)* polizonte *m*
bullig ['bulıç] *adj* fornido, atlético
Bummel ['buməl] *m* paseo ocioso *m*, callejeo *m*
bummeln ['buməln] *v* callejear, vagar
Bummelstreik ['buməlʃtraık] *m* huelga de celo *f*
Bummelzug ['buməltsu:k] *m (fam)* tren lento *m*
bumsen ['bumzən] *v 1. (stoßen)* estrellarse, dar contra algo; *2. (fam)* follar, joder
Bund [bunt] *m 1. (Rockbund)* pretina *f; 2. POL* alianza *f*, confederación *f; den ~ fürs Leben schließen* contraer matrimonio; *mit jdm im ~ stehen* estar aliado con alguien
Bündchen ['byntçən] *n* puño *m*
Bündel ['byndəl] *n* envoltorio *m*
Bundes... ['bundəs] *adj* federal

Bundesbank ['bundəsbaŋk] *f* Banco Federal Alemán *m*
Bundesgebiet ['bundəsgəbi:t] *n* territorio federal *m*
Bundesgrenze ['bundəsgrɛntsə] *f* *POL* frontera federal *f*
Bundeskanzler(in) ['bundəskantslər(ɪn)] *m/f* *POL* canciller federal/cancillesa federal *m/f*
Bundesland ['bundəslant] *n* *POL* estado federal *m*
Bundesliga ['bundəsli:ga] *f* *SPORT* liga *f*, primera división *f*
Bundesminister(in) ['bundəsmɪnɪstər(ɪn)] *m/f* *POL* ministro federal/ministra federal *m/f*, mujer ministro federal *f*
Bundespräsident(in) ['bundəsprɛzidɛnt(ɪn)] *m/f* *POL* presidente federal/presidenta federal *m/f*
Bundesrat ['bundəsra:t] *m* *POL* Consejo Federal *m*, Cámara Alta Alemana *f*
Bundesrepublik ['bundəsrepubli:k] *f* *POL* República Federal de Alemania *f*
Bundestag ['bundəsta:k] *m* *POL* Parlamento Federal *m*
Bundeswehr ['bundəsve:r] *f* *MIL* Ejército federal *m*
bündig ['byndɪç] *adj* *1. (kurz)* conciso, breve; *2. ~ abschließen* enrasado, a ras
Bündnis ['byntnɪs] *n* *POL* alianza *f*
Bungalow ['buŋgalo] *m* bungalow *m*
Bunker ['buŋkər] *m* *MIL* fortín *m*, refugio antiaéreo *m*
bunt [bunt] *adj* en colores, multicolor, de colores; *Mir wird es jetzt zu ~!* ¡Eso pasa de castaño oscuro!
Buntstift ['buntʃtɪft] *m* lápiz de color *m*
Buntwäsche ['buntvɛʃə] *f* ropa de color *f*
Burg [burk] *f* castillo *m*, fortaleza *f*
Bürge ['byrgə] *m* *ECO* fiador *m*, garante *m*
bürgen ['byrgən] *v* fiar, garantizar
Bürger(in) ['byrgər(ɪn)] *m/f* ciudadano/ciudadana *m/f*
Bürgerinitiative ['byrgərinitsjati:və] *f* iniciativa ciudadana *f*, iniciativa de ciudadanos *f*, iniciativa popular *f*
Bürgerkrieg ['byrgərkri:k] *m* *MIL* guerra civil *f*
bürgerlich ['byrgərlɪç] *adj* *1. (mittelständisch)* burgués, de la clase media; *2. (gesetzlich) JUR* civil
Bürgermeister(in) ['byrgərmaɪstər(ɪn)] *m/f* alcalde(sa) *m/f*
Bürgertum ['byrgərtu:m] *n* ciudadanía *f*
Bürgerversammlung ['byrgərfɛrzamluŋ] *f* reunión ciudadana *f*, reunión de ciudadanos *f*
Burgfriede ['burkfri:də] *m* *(fig)* tregua política *f*
Büro [by'ro:] *n* oficina *f*, despacho *m*
Büroangestellte(r) [by'ro:angəʃtɛltə(r)] *m/f* empleado de oficina/empleada de oficina *m/f*, oficinista *m/f*
Büroarbeit [by'ro:arbaɪt] *f* trabajo de oficina *m*
Bürokrat(in) [byro'kra:t(ɪn)] *m/f* burócrata *m/f*
Bürokratie [byrokra'ti:] *f* burocracia *f*
bürokratisch [byro'kra:tɪʃ] *adj* burocrático
Büroraum [by'ro:raum] *m* oficina *f*
Büroschluss [by'ro:ʃlus] *m* cierre *m*, hora de cierre de la oficina *m*
Bursche ['burʃə] *m* muchacho *m*, chico *m*, joven *m*, mozo *m*
Burschenschaft ['burʃənʃaft] *f* asociación de estudiantes *f*
burschikos [burʃi'ko:s] *adj* desenvuelto, campechano
Bürste ['byrstə] *f* cepillo *m*
bürsten ['byrstən] *v* cepillar
Bus [bus] *m* bus *m*, autobús *m*
Busbahnhof ['busba:nho:f] *m* estación de autobuses *f*
Busch [buʃ] *m* *1.* mata *f*, arbusto *m*; *Da ist etw im ~. (fig)* Allí hay gato encerrado. *2. (Urwald)* selva *f*
Busen ['bu:zən] *m* *ANAT* seno *m*, pecho *m*; *am ~ der Natur* en plena naturaleza
Busfahrer(in) ['busfa:rər(ɪn)] *m/f* conductor(a) de autobús *m/f*
Bushaltestelle ['bushaltəʃtɛlə] *f* parada de autobuses *f*
Buße ['bu:sə] *f* penitencia *f*
büßen ['by:sən] *v* expiar, hacer penitencia
Bußgeld ['bu:sgɛlt] *n* multa *f*
Büste ['by:stə] *f* busto *m*
Büstenhalter ['by:stənhaltər] *m* sostén *m*, brasier *m* (LA), sujetador *m*
Butter ['butər] *f* mantequilla *f*; *sich nicht die ~ vom Brot nehmen lassen (fig)* no dejarse quitar el pan de la boca; *Alles in ~.* Todo va a pedir de boca.
Butterbrot ['butərbro:t] *n* pan con mantequilla *m*; *jdm etw aufs ~ schmieren* reprochar algo a alguien
Butterdose ['butərdo:zə] *f* mantequera *f*, mantequillera *f* (LA)

C

Cadmium ['katmɪum] *n CHEM* cadmio *m*
Café [ka'feː] *n* café *m*
Cafeteria [kafete'riːa] *f* cafetería *f*
campen ['kɛmpən] *v* acampar, hacer camping
Camper ['kɛmpər] *m* acampador *m,* campista *m*
Camping ['kɛmpɪŋ] *n* camping *m*
Campingbus ['kɛmpɪŋbus] *m* caravana *f*
Campingplatz ['kɛmpɪŋplats] *m* lugar de camping *m*
Cäsium ['tsɛːzɪum] *n CHEM* cesio *m*
CD [tse'deː] *f* disco compacto *m*
CD-ROM [tseːdeː'rɔm] *f INFORM* CD-ROM *m*
CD-Spieler [tse'deːʃpiːlər] *m* reproductor de disco compacto *m*
Cello ['tsɛloː] *n MUS* violonc(h)elo *m*
Celsiusgrad ['tsɛlzjusgraːt] *m PHYS* grados centígrados *m/pl,* grados celsios *m/pl*
Cembalo ['tʃɛmbalo] *n MUS* clavicémbalo *m*
Chamäleon [ka'mɛːljon] *n ZOOL* camaleón *m*
Champagner [ʃam'panjər] *m* champaña *m,* champín *m*
Champignon ['ʃampɪnj ɔ] *m BOT* champiñón *m*
Champion ['tʃ mpɪən] *m SPORT* campeón *m*
Chance ['ʃ ɑsə] *f* oportunidad *f,* ocasión *f,* chance *m*
Chaos ['kaːɔs] *n* caos *m*
Chaot(in) [ka'oːt(ɪn)] *m/f* caótico/caótica *m/f*
chaotisch [ka'oːtɪʃ] *adj 1.* caótico; *adv 2.* caoticamente
Charakter [ka'raktər] *m* carácter *m*
charakterfest [ka'raktərfɛst] *adj* entero, de carácter firme
charakterisieren [karaktəri'ziːrən] *v* caracterizar
charakteristisch [karaktər'ɪstɪʃ] *adj* característico
charakterlos [ka'raktərloːs] *adj* sin carácter, sin principios morales
Charakterschwäche [ka'raktərʃvɛçə] *f* debilidad de carácter *f*
Charakterstärke [ka'raktərʃtɛrkə] *f* fuerza de carácter *f,* entereza *f*
Charakterzug [ka'raktərtsuːk] *m* rasgo característico *m*
charmant [ʃar'mant] *adj* encantador, atractivo, agradable
Charme ['ʃarm] *m* encanto *m,* atractivo *m; Ich kann deinem ~ nicht widerstehen.* No puedo resistir tus encantos.
Charterflug ['tʃartərfluːk] *m* vuelo chírter *m,* avión fletado *m*
chartern ['tʃartərn] *v* ir en vuelo chírter
Chassis [ʃa'siː] *n TECH* chasis *m,* bastidor *m*
Chauffeur [ʃɔ'føːr] *m* chófer *m,* conductor *m*
Chauvinismus [ʃovi'nɪsmus] *m* chauvinismo *m,* patriotería *f*
chauvinistisch [ʃovi'nɪstɪʃ] *adj* chauvinista, patriotero
Chef(in) [ʃɛf(ɪn)] *m/f* jefe/jefa *m/f,* patrón/patrona *m/f*
Chefarzt ['ʃɛfartst] *m* médico-jefe *m*
Chefredakteur(in) ['ʃɛfredaktøːr(ɪn)] *m/f* redactor-jefe/redactor-jefa *m/f,* jefe de redacción/jefa de redacción *m/f*
Chefsekretär(in) ['ʃɛfzekretɛːrɪn] *m/f* secretario de dirección/secretaria de dirección *m/f*
Chemie [çe'miː] *f* química *f*
Chemiefaser [çe'miːfaːzər] *f* fibra química *f*
Chemieindustrie [çe'miːindustriː] *f* industria química *f*
Chemikalie [çemɪ'kaːljə] *f* productos químicos *m/pl,* sustancias químicas *f/pl*
Chemiker(in) ['çeːmɪkər(ɪn)] *m/f* químico/química *m/f*
chemisch ['çeːmɪʃ] *adj* químico
chemische Reinigung ['çeːmɪʃə 'raɪnɪgʊŋ] *f* limpieza en seco *f*
Chemotherapie ['çeːmoteːrapiː] *f MED* quimioterapia *f*
Chiffre ['ʃɪfrə] *f* cifra *f*
chiffrieren [ʃɪ'friːrən] *v* cifrar
Chile ['tʃiːle] *n GEO* Chile *m*
Chilene [tʃɪ'leːnə] *m* chileno *m*
Chilenin [tʃɪ'leːnɪn] *f* chilena *f*
chilenisch [tʃɪ'leːnɪʃ] *adj* chileno
China ['çiːna] *n GEO* China *f*
Chinese [çɪ'neːzə] *m* chino *m*
chinesisch [çɪ'neːzɪʃ] *adj* chino

Chinesisch [çɪ'ne:zɪʃ] *n* chino *m*
Chinin [çɪ'ni:n] *n MED* quinina *f*
Chip [tʃɪp] *m 1. (Kartoffelchip)* patatas fritas *f/pl,* papitas Chip *f/pl* (LA); *2. INFORM* chip *m*
Chipkarte ['tʃɪpkartə] *f INFORM* tarjeta chip *f*
Chirurg(in) [çi'rurg(ɪn)] *m/f* cirujano/cirujana *m/f*
Chirurgie [çirur'gi:] *f* cirugía *f*
chirurgisch [çi'rurgɪʃ] *adj* quirúrgico
Chlor [klo:r] *n CHEM* cloro *m*
chlorhaltig ['klo:rhaltɪç] *adj CHEM* clorado, cloroso
Chlorkalzium ['klo:rkaltsjum] *n CHEM* cloruro cálcico *m*
Chloroform [klo:ro'fɔrm] *n CHEM* cloroformo *m*
Chlorophyll [klo:ro'fyl] *n CHEM* clorofila *f*
Cholera ['ko:ləra] *f MED* cólera *m*
Choleriker [ko'le:rɪkər] *m* colérico *m*
cholerisch [ko'le:rɪʃ] *adj* colérico
Cholesterin [koləstə'ri:n] *n MED* colesterol *m*
Chor [ko:r] *m* coro *m*
Choral [ko'ra:l] *m MUS* canto coral *m*
Choreografie [ko:rjɔgra'fi:] *f* coreografía *f*
Chorleiter(in) ['ko:rlaɪtər(ɪn)] *m/f* director(a) de coro *m/f,* directriz de coro *f*
Christ(in) [krɪst/'krɪstɪn] *m/f REL* cristiano/cristiana *m/f*
Christbaum ['krɪstbaum] *m* árbol de Navidad *m*
Christenheit ['krɪstənhaɪt] *f REL* cristiandad *f*
christlich ['krɪstlɪç] *adj REL* cristiano
Christus ['krɪstus] *m REL* Cristo *m,* Jesucristo *m*
Chrom [kro:m] *m CHEM* cromo *m*
Chromosom [kromo'so:m] *n BIO* cromosoma *m*
Chronik ['kro:nɪk] *f* crónica *f*
chronisch ['kro:nɪʃ] *adj* crónico
chronologisch [krono'lo:gɪʃ] *adj* cronológico
Chrysantheme [kryzan'te:mə] *f BOT* crisantemo *m*
circa ['tsɪrka] *adv* aproximadamente
Clou [klu:] *m* atracción principal *f*
Clown [klaun] *m* payaso *m*
Cocktail ['kɔkteɪl] *m* cóctel *m*
Code [ko:d] *m INFORM* código *m*
Comics ['kɔmɪks] *pl* comics *m/pl,* tiras cómicas *f/pl,* tebeos *m/pl*
Computer [kom'pju:tər] *m INFORM* ordenador *m,* computadora *f* (LA)
Computertomographie [kom'pjutərtɔmɔgrafi:] *f MED* tomografía *f*
Computervirus [kom'pju:tərvi:rus] *m INFORM* virus informático *m,* virus eletrónico *m*
Container [kɔn'teɪnər] *m* contenedor *m*
Coup [ɪu:] *m einen ~ landen* salir perfecto
Cousin(e) [ku'z ɛ/ku'zi:nə] *m/f* primo/prima *m/f*
Creme ['kre:mə] *f* crema *f; zur ~ der Gesellschaft gehören* ser de la crema de la sociedad/pertenecer a la flor y nata de la sociedad
Cursor ['kœ:rsər] *m INFORM* cursor *m*
Cyberspace ['saɪbərspeɪs] *m INFORM* espacio cibernético *m,* cyberspace *m*

D

da [daː] *adv 1. (örtlich, dort)* allá/allá, ahí, aquí/acá; *~ oben* allá arriba; *Da bin ich!* ¡Aquí estoy! *~ sein* estar presente; *2. (zeitlich)* entonces, en aquel tiempo, en aquel momento, en aquella ocasión; *Da schaute er mich an.* Entonces él me miró. *konj 3. (Grund)* puesto que, ya que; *~ er das behauptet hat, ...* puesto que él lo ha afirmado, ... *4. (zeitlich)* cuando, mientras

dabei [da'baɪ] *adv 1. (zeitlich)* entretanto, en esto; *2. (örtlich)* junto, cerca; *Ich habe kein Geld ~.* No tengo dinero encima.

dableiben ['daːblaɪbən] *v* quedarse, permanecer

Dach [dax] *n* techo *m,* tejado *m; kein ~ über dem Kopf haben (fam)* no tener donde caerse muerto; *mit jdm unter einem ~ leben* vivir con alguien bajo el mismo techo; *einem aufs ~ steigen (fam)* decirle cuatro verdades a alguien

Dachboden ['daxboːdən] *m* desván *m*

Dachfenster ['daxfɛnstər] *n* tragaluz *m,* claraboya *f,* lumbrera *f*

Dachgeschoss ['daxgəʃɔs] *m* ático *m*

Dachgesellschaft ['daxgəzɛlʃaft] *f ECO* holding *m,* sociedad matríz *f*

Dachrinne ['daxrɪnə] *f* canalón *m*

Dachs ['daks] *m ZOOL* tejón *m*

Dachstuhl ['daxsʃtuːl] *m* entramado del tejado *m*

Dachterrasse ['daxtɛrasə] *f* azotea *f*

Dachträger ['daxtrɛːgər] *m* portaequipajes *m,* portamaletas *m*

Dackel ['dakəl] *m ZOOL* perro pachón *m,* perro salchicha *m* (LA)

dadurch [da'durç] *adv 1. (folglich)* por ello, con tal motivo; *2. (auf diese Weise)* de esa manera, así

dafür [da'fyːr] *adv 1.* por ello/esto; *Er kann nichts ~.* Él no tiene la culpa por esto. *2. (anstatt)* en lugar de, en vez de; *3. (als Ausgleich)* en recompensa de ello, a cambio; *Ich gebe Ihnen Geld ~.* Le doy dinero a cambio.

dagegen [da'geːgən] *adv 1. (örtlich)* contra ello, contra esto; *2. (im Vergleich)* en comparación; *3. (dafür)* en contra, en contra de; *Ich bin strikt ~.* Estoy totalmente en contra de ello. *konj 4. (hingegen)* por el contrario, en cambio

daheim [da'haɪm] *adv* en casa

Daheim [da'haɪm] *n* hogar *m*

daher [da'heːr] *adv 1. (örtlich)* de allí, de allá; *2. (kausal)* de ahí, por eso; *konj 3.* de ahí que, por eso/ello; *Rauchen ist ungesund, ~ ist es ratsam nicht zu rauchen.* Fumar es dañino, por eso se aconseja no fumar.

dahin [da'hɪn] *adv* hacia allí, hacia allá

dahinter [da'hɪntər] *adv 1.* atrás de, detrás de, por trás de, a las espaldas de; *2. ~ kommen* averiguar el secreto, descubrir el secreto; *3. ~ stecken (örtlich)* estar detrás; *4. ~ stecken (fig)* estar escondido, haber algo oculto; *Da steckt etw dahinter.* Aquí hay gato encerrado.

dalassen ['daːlasən] *v etw ~* dejar algo en un sitio

damalig ['daːmalɪç] *adj* de entonces, de aquel tiempo

damals ['daːmals] *adv* entonces, en aquel tiempo

Damast [da'mast] *m* damasco *m*

Dame ['daːmə] *f* dama *f; eine ~ von Welt sein* ser una mujer de mundo

damit [da'mɪt] *adv 1.* con ello, con eso; *2. (dadurch)* por eso, por esto; *konj 3.* a fin de que, para que; *Otto zahlte das Flugticket, ~ sie kommen konnte.* Otto pagó el billete de avión, para que ella pudiese venir.

dämlich ['dɛːmlɪç] *adj (fam)* tonto, estúpido

Damm [dam] *m* presa/represa *f; auf dem ~ sein* sentirse bien

dämmen ['dɛmən] *v* terraplenar

dämmerig ['dɛmərɪç] *adj* crepuscular

dämmern ['dɛmərn] *v 1. (morgens)* amanecer, alborear; *2. (abends)* atardecer, anochecer

Dämmerung ['dɛməruŋ] *f 1. (Morgendämmerung)* alba *f/el,* crepúsculo matutino *m,* amanecer *m; 2. (Abenddämmerung)* ocaso *m,* crepúsculo vespertino *m,* anochecer *m*

Dämon ['dɛːmɔn] *m* demonio *m*

Dampf [dampf] *m* vapor *m; ~ hinter etw machen* darse prisa en algo; *~ ablassen* desahogarse

dampfen ['dampfən] *v* echar vapores

dämpfen ['dɛmpfən] *v 1. (verringern)* reducir, bajar, disminuir; *2. GAST* rehogar, estofar

Dampfer ['dampfər] *m* barco de vapor *m; auf dem falschen ~ sein* estar equivocado

Dämpfer ['dɛmpfər] *m* amortiguador *m; jdm einen ~ aufsetzen* bajar los humos a al-

guien; *einen ~ bekommen* llevarse una desilusión
Dampfmaschine ['dampfmaʃiːnə] *f* máquina de vapor *f*, máquina a vapor *f*
Dämpfung ['dɛmpfuŋ] *f 1. (Verringerung)* reducción *f*, disminución *f*; *2. TECH* amortiguación *f*
danach [da'naːx] *adv 1. (zeitlich)* después, luego; *2. (dementsprechend)* conforme a ello; *3. (örtlich)* detrós, despuies
Däne ['dɛːnə] *m* danés *m*
daneben [da'neːbən] *adv 1. (örtlich)* junto a, al lado de; *2. (fig: außerdem)* además, fuera de ello
danebentreffen [da'neːbəntrɛfən] *v (fig)* errar el tiro, no acertar
Dänemark ['dɛːnəmark] *n GEO* Dinamarca *f*
dänisch ['dɛːnɪʃ] *adj* danés
dank [daŋk] *prep* gracias a, debido a
Dank [daŋk] *m* gracias *f/pl*
dankbar ['daŋkbaːr] *adj* agradecido; *Ich bin Ihnen sehr ~.* Le estoy muy agradecido.
Dankbarkeit ['daŋkbaːrkaɪt] *f* agradecimiento *m*, gratitud *f*, reconocimiento *m*
danke ['daŋkə] *interj* ¡Gracias! *Vielen Dank!* ¡Muchas gracias! *Nein, ~!* ¡No, gracias!
danken ['daŋkən] *v* agradecer, dar las gracias; *Ich danke Ihnen für den herzlichen Empfang.* Le agradezco la cordial bienvenida.
dankenswert ['daŋkənsveːrt] *adj* digno de agradecimiento, digno de gratitud
dann [dan] *adv* luego, después
daran [da'ran] *adv 1.* en ello; *Ich denke daran!* Yo pienso en ello! *gut ~ tun* hacer bien en
darangehen [da'rangeːən] *v* comenzar a, ponerse a hacer
daranhalten [da'ranhaltən] *v sich ~* atenerse a
daransetzen [da'ranzɛtsən] *v* arriesgar, exponer
darauf [da'rauf] *adv 1. (örtlich)* encima, sobre; *gut ~ sein (fam)* estar de buen humor; *nichts ~ haben (fam)* no tener ni idea de algo; *2. (zeitlich)* después, luego; *3. (folglich)* a continuación, seguidamente; *adv 4. ~ folgend* siguiente
daraufhin [darauf'hɪn] *adv 1. (zeitlich)* después de, luego de; *2. (folglich)* a continuación, seguidamente, acto seguido
daraus [da'raus] *adv* de ahí, de ello
darbieten ['daːrbiːtən] *v 1. (anbieten)* ofrecer; *2. (aufführen)* representar
Darbietung ['daːrbiːtuŋ] *f 1. (Angebot)* oferta *f*; *2. (Aufführung)* representación *f*
darin [da'rɪn] *adv 1. (örtlich)* en, dentro; *2. (diesbezüglich)* referente a ello
darlegen ['daːrleːgən] *v* exponer, explicar
Darlegung ['daːrleːguŋ] *f* exposición *f*, explicación *f*
Darlehen ['daːrleːən] *n ECO* préstamo *m*, crédito *m*
Darm [darm] *m ANAT* intestino *m*
darstellen ['daːrʃtɛlən] *v 1. (beschreiben)* describir, definir, presentar; *2. (fig: bedeuten)* significar
Darsteller(in) ['daːrʃtɛlər(ɪn)] *m/f CINE* actor/actriz *m/f*
Darstellung ['daːrʃtɛluŋ] *f 1. (Beschreibung)* descripción *f*; *2. CINE* representación *f*
darüber [dar'yːbər] *adv (örtlich)* por encima, encima; *~stehen (fig)* estar por encima de; *~ hinaus* además, encima
darum [da'rum] *adv 1. (örtlich)* alrededor de, en torno a; *konj 2. (kausal)* por eso, por ello; *Ich handle umweltfreundlich, ~ fahre ich wenig mit dem Auto.* Soy ecologista, por eso salgo poco en coche.
darunter [da'runtər] *adv 1. (örtlich)* debajo, por debajo; *drunter und drüber* patas arriba; *~ fallen (fig)* caer bajo, pertenecer a; *2. (mengenmäßig)* menos
das [das] *art 1.* lo; *pron 2. (demonstrativ)* ese, este, esto; *3. (relativ)* lo cual, que
Dasein ['daːzaɪn] *n* existencia *f*
dass [das] *konj* que; *Ich weiß, ~ du mich liebst.* Sé que tú me quieres.
dasselbe [das'zɛlbə] *pron* lo mismo
Datei [da'taɪ] *f 1.* archivo *m*; *2. INFORM* file *m*
Daten ['daːtən] *pl* datos *m/pl*
Datenautobahn ['daːtənautobaːn] *f INFORM* vía de datos *f*, autopista de la información *f*
Datenbank ['daːtənbaŋk] *f INFORM* banco de datos *m*
Datenträger ['daːtəntrɛːgər] *m INFORM* soporte de datos *m*
Datenverarbeitung ['daːtənfɛrarbaɪtuŋ] *f INFORM* elaboración de datos *f*
datieren [da'tiːrən] *v* fechar, datar
Dativ ['daːtiːf] *m GRAMM* dativo *m*
Datum ['daːtum] *n* fecha *f*
Dauer ['dauər] *f* duración *f*; *auf ~* a la larga
dauerhaft ['dauərhaft] *adj 1. (anhaltend)* duradero, estable; *2. (widerstandsfähig)* resistente a

Dauerlauf ['dauərlauf] *m SPORT* carrera de resistencia *f*
dauern ['dauərn] *v* durar, continuar; *Wie lange wird es ~?* ¿Cuánto tiempo durará?
dauernd ['dauərnt] *adj 1.* continuo, duradero; *adv 2.* continuamente
Dauerwelle ['dauərvɛlə] *f* permanente *f*
Daumen ['daumən] *m ANAT* pulgar *m; jdm den ~ aufs Auge drücken* apretarle a alguien las clavijas; *etw über den ~ peilen* calcular a ojo de buen cubero; *den ~ auf etw halten* empeñarse en algo; *per ~* a dedo; *jdm den ~ drücken* desear suerte a alguien
Daune ['daunə] *f* plumón *m,* pluma *f*
Daunenbett ['daunənbɛt] *n* plumazo *m,* plumón *m*
davon [da'fɔn] *adv 1. (örtlich)* de allí, de allá; *2. ein Teil ~* una parte de ello
davongehen [da'fɔnge:ən] *v irr* escapar de, irse, escaparse de
davonkommen [da'fɔnkɔmən] *v irr (fig)* salvarse, ponerse a salvo
davonlaufen [da'fɔnlaufən] *v irr* escapar de, escaparse de
davontragen [da'fɔntra:gən] *v irr 1. (wegtragen)* llevar; *2. (fig: Schaden)* sufrir; *3. (fig: Sieg)* triunfar, salir triunfador
davor [da'fo:r] *adv 1. (örtlich)* delante de; *2. (zeitlich)* antes de, anteriormente
dazu [da'tsu:] *adv 1. (Sache)* respecto a eso, para, a, con; *2. (Zweck)* para eso, para ello, con tal efecto; *3. (außerdem)* además de eso/además de ello, fuera de eso
dazugehören [da'tsu:gəhø:rən] *v* pertenecer a
dazugehörig [da'tsu:gəhø:rɪç] *adv* perteneciente a
dazutun [da'tsu:tu:n] *v irr* añadir, agregar
dazuverdienen [da'tsu:fɛrdi:nən] *v* ganar algo extra, añadir a la ganancia
dazwischen [da'tsvɪʃən] *adv 1. (örtlich)* en medio; *2. (zeitlich)* entretanto
dazwischenkommen [da'tsvɪʃənkɔmən] *v irr (fig)* ocurrir, suceder; *wenn nichts dazwischenkommt* si Dios quiere
dazwischenliegen [da'tsvɪʃənli:gən] *v irr* hallarse entre, encontrarse en el medio
dazwischenrufen [da'tsvɪʃənru:fən] *v irr* interrumpir a gritos
Debatte [de'batə] *f 1.* discusión *f,* disputa *f; 2. POL* debate *m*
debattieren [deba'ti:rən] *v* discutir, debatir, disputar
Debüt [de'by:] *n* estreno *m,* debut *m*
Deck [dɛk] *n* cubierta *f*
Deckblatt ['dɛkblat] *n* cubierta *f*
Decke ['dɛkə] *f 1. (Bettdecke)* manta *f,* frazada *f; 2. (Tischdecke)* mantel de mesa *m; 3. (Zimmerdecke)* techo *m; sich nach der ~ strecken* medir los gastos; *vor Freude an die ~ springen* dar saltos de alegría; *an die ~ gehen* subirse por las paredes *(fig)*
Deckel ['dɛkəl] *m* tapa *f; eins auf den ~ bekommen* recibir una bronca *(fam)*
decken ['dɛkən] *v 1. (zudecken)* tapar, cubrir; *2. den Tisch ~* poner la mesa; *3. (fig)* proteger, encubrir
Deckung ['dɛkuŋ] *f 1. (fig: Schutz)* protección *f; 2. ECO* covertura *f,* provisión *f; 3. SPORT* defensa *f*
defekt [de'fɛkt] *adj* averiado, defectuoso
Defekt [de'fɛkt] *m* avería *f,* defecto *m*
defensiv [defɛn'zi:f] *adj* defensivo
Defensive [defɛn'zivə] *f* defensiva *f*
definieren [defɪ'ni:rən] *v* definir, aclarar, precisar
Definition [defɪnɪ'tsjo:n] *f* definición *f*
definitiv [defɪnɪ'ti:f] *adj* definitivo, irrevocable
Defizit ['de:fɪtsɪt] *n* déficit *m*
deformieren [defɔr'mi:rən] *v* deformar, desfigurar
deftig ['dɛftɪç] *adj* robusto, sólido
Degen [de:gən] *m* espada *f*
Degeneration [degenera'tsjo:n] *f* degeneración *f,* decadencia *f*
dehnbar ['de:nba:r] *adj 1.* extensible, alargable; *2. (fig)* flexible
Dehnbarkeit ['de:nba:rkaɪt] *f 1.* extensión *f; 2. (fig)* flexibilidad *f*
dehnen ['de:nən] *v 1. (strecken)* estirar; *2. (verlängern)* alargar; *3. (erweitern)* ensanchar
Dehnung ['de:nuŋ] *f 1. (Strecken)* estiramiento *m; 2. (Verlängerung)* alargamiento *m; 3. (Erweiterung)* ensanche *m*
Deich [daɪç] *m* dique *m*
Deichsel ['daɪksəl] *f* lanza *f*
dein(e) [daɪn/'daɪnə] *pron* tu, tuyo/tuya
deinerseits ['daɪnərzaɪts] *adv* por tu parte
deinesgleichen ['daɪnəs'glaɪçən] *pron* tus semejantes
deinetwegen ['daɪnətve:gən] *adv* por ti, por tu causa
dekadent [deka'dɛnt] *adj* decadente
Dekadenz [deka'dɛnts] *f* decadencia *f*
Dekan [de'ka:n] *m* decano *m*
deklarieren [dekla'ri:rən] *v* declarar, prestar declaración

deklassieren [dekla'siːrən] *v* rebajar, desclasificar, bajar de categoría
Deklination [deklina'tsjoːn] *f* *GRAMM* declinación *f*
deklinieren [dekli'niːrən] *v* *GRAMM* declinar
Dekolleté [dekɔl'teː] *n* escote *m*
Dekor [de'koːr] *n* decoración *f*, adorno *m*
Dekoration [dekɔra'tsjoːn] *f* decoración *f*
dekorativ [dekɔra'tiːf] *adj* decorativo
dekorieren [deko'riːrən] *v* decorar, adornar
Dekret [de'kreːt] *n* *JUR* decreto *m*
Delegation [delega'tsjoːn] *f* *(von Personen)* delegación *f*
delegieren [dele'giːrən] *v* delegar
Delegierte(r) [dele'giːrtə(r)] *m/f* *POL* delegado/delegada *m/f*
Delfin [dɛl'fiːn] *m* *ZOOL* delfín *m*
delikat [delɪ'kaːt] *adj* delicado
Delikatesse [delɪka'tɛsə] *f* *1. (fig)* delicadeza *f*; *2. GAST* manjar *m*
Delikt [de'lɪkt] *n* *JUR* delito *m*, hecho punible *m*
Delirium [de'liːrɪum] *n* delirio *m*
dem [deːm] *art 1.* al, a la; *pron 2.* a él, a ella
Demagoge [dema'goːgə] *m* demagogo *m*
demagogisch [dema'goːgɪʃ] *adj* demagógico
Dementi [de'mɛnti] *n* mentís *m*, desmentido *m*
dementieren [demɛn'tiːrən] *v* desmentir
dementsprechend ['deːmɛnt'ʃprɛçənt] *adj 1.* relativo; *adv 2.* conforme a eso
demgemäß ['deːmgəmɛːs] *adv* por tanto
demnach ['deːmnax] *adv* por consiguiente
demnächst ['deːmnɛːçst] *adv* próximamente, en breve
Demographie [demogra'fiː] *f* demografía *f*
demographisch [demo'grafɪʃ] *adj* demográfico
Demokrat [demo'kraːt] *m* *POL* demócrata *m/f*
Demokratie [demokra'tiː] *f* *POL* democracia *f*
demokratisch [demo'kraːtɪʃ] *adj* *POL* democrático
demolieren [demo'liːrən] *v* demoler
Demonstration [demɔnstra'tsjoːn] *f* *1. (Darlegung)* demostración *f*; *2. POL* manifestación *f*
demonstrativ [demɔnstra'tiːf] *adj* demostrativo
demonstrieren [demɔn'striːrən] *v 1. (darlegen)* demostrar; *2. POL* manifestarse
demontieren [demɔn'tiːrən] *v* desmontar, desmantelar
Demoralisierung [demoralɪ'ziːruŋ] *f* desmoralización *f*
demselben [deːm'zɛlbən] *pron* a él mismo
Demut ['deːmuːt] *f* humildad *f*
demütig ['deːmyːtɪç] *adj* humilde, sumiso
demütigen ['deːmyːtɪgən] *v* humillar, vejar
Demütigung ['deːmyːtɪguŋ] *f* humillación *f*
demzufolge ['deːmtsu'fɔlgə] *adv* a consecuencia de eso, como consecuencia de ello
den [deːn] *art* al
Denkart ['dɛŋkaːrt] *f* manera de pensar *f*
denkbar ['dɛŋkbaːr] *adj* imaginable, concebible
denken ['dɛŋkən] *v irr* pensar, meditar, reflexionar; *jdm zu ~ geben* dar a alguien que pensar; *Wo denkst du hin?* ¿Qué te crees tú? *Ich denke nicht daran!* ¡Ni soñarlo!
Denken ['dɛŋkən] *n* pensamiento *m*, meditación *f*, reflexión *f*
Denkfähigkeit ['dɛŋkfɛːɪçkaɪt] *f* capacidad de pensar *f*, intelecto *m*
Denkfehler ['dɛŋkfeːlər] *m* falta de lógica *f*
Denkmal ['dɛŋkmaːl] *n* monumento *m*; *sich ein ~ setzen* pasar a la posteridad
Denkschrift ['dɛŋkʃrɪft] *f* memoria *f*
denkwürdig ['dɛŋkvyrdɪç] *adj* memorable
Denkzettel ['dɛŋktsɛtəl] *m* *(fig)* lección *f*; *jdm einen ~ verpassen* cantarle las cuarenta a alguien/leerle la cartilla a alguien
denn [dɛn] *konj* pues, porque, puesto que; *Ich liebe dich mehr ~ je.* Te quiero, pues, más que nunca.
dennoch ['dɛnɔx] *konj* sin embargo, no obstante; *Es wurde schönes Wetter angesagt, ~ regnete es.* Se anunció buen tiempo, sin embargo llovió.
Denunziant(in) [denun'tsjant(ɪn)] *m/f* *POL* denunciante *m/f*, delator(a) *m/f*
Deodorant [deodɔ'rant] *n* desodorante *m*
Deponie [depo'niː] *f* *(Mülldeponie)* vertedero de basuras *m*
deponieren [depo'niːrən] *v* depositar
deportieren [depɔr'tiːrən] *v* deportar
Depot [de'poː] *n* depósito *m*
Depp [dɛp] *m* *(Vollidiot)* hombre estúpido *m*
Depression [deprɛs'joːn] *f* depresión *f*
depressiv [deprə'siːf] *adj* depresivo

deprimierend [deprɪ'miːrənt] *adj* deprimente
der [deːr] *art 1.* el; *2. (Genitiv)* de la; *die Farbe ~ Tür* el color de la puerta; *pron 3. (dem)* este, ese, aquel; *4. (rel)* el cual, que
derart ['deːraːrt] *adv* tanto, de tal modo
derartig ['deːraːrtɪç] *adj 1.* tal, semejante; *adv 2.* de tal manera, de semejante modo
derb [dɛrp] *adj* recio, áspero
dergleichen [deːr'glaɪçən] *adj 1.* el mismo, la misma, lo mismo; *pron 2.* tal
derjenige ['deːrjeːnɪgə] *pron* él, éste, aquél
Dermatologe [dɛrmato'loːgə] *m MED* dermatólogo *m*
derselbe [deːr'zɛlbə] *pron* él mismo
derzeit ['deːrtsaɪt] *adv* por el momento
des [dɛs] *art (gen)* del, de lo; *die Farbe ~ Autos* el color del coche
desgleichen [dɛs'glaɪçən] *konj* del mismo modo que, de la misma manera que
deshalb ['dɛshalp] *konj 1.* por eso, por cuyo motivo; *Ana kam zu spät, ~ war ich nicht mehr da.* Ana vino muy tarde, por eso yo ya no estaba. *adv 2.* por eso, por lo tanto, por esa razón
Desinfektion [desɪnfɛk'tsjoːn] *f MED* desinfección *f*
desinfizieren [desɪnfi'tsiːrən] *v* desinfectar
Desinteresse ['desɪntərɛsə] *n* desinterés *m,* falta de interés *f*
dessen ['dɛsən] *pron (gen)* cuyo, cuya; *Er ist der Mann, ~ Frau ich kenne.* Él es el hombre cuya mujer yo conozco. *~ ungeachtet* no obstante
Dessert [dɛ'sɛːr] *n* postre *m*
destillieren [dɛstɪ'liːrən] *f* destilar
destruktiv [destruk'tiːf] *adj* destructivo
deswegen ['dɛsveːgən] *konj* por esa causa, por eso; *Ana kam zu spät, ~ war ich nicht mehr da.* Ana vino muy tarde, por eso yo ya no estaba.
Detail [de'tai] *n* detalle *m*
detailliert [deːtaɪ'jiːrt] *adj 1.* detallado; [deːtaːj'jiːrt] *adv 2.* detalladamente
Detektiv(in) [detɛk'tiːf(ɪn)] *m/f* detective *m/f*
Detektor [de'tɛktɔr] *m TECH* detector *m*
deuten ['dɔytən] *v 1. (auf etw zeigen)* señalar a, apuntar a; *2. (auslegen)* interpretar
deutlich ['dɔytlɪç] *adj* claro, evidente
Deutlichkeit ['dɔytlɪçkaɪt] *f* claridad *f*
deutsch [dɔytʃ] *adj* alemán
Deutsch [dɔytʃ] *n* alemán *m; auf gut ~* hablando en plata
Deutsche(r) ['dɔytʃə(r)] *m/f* alemán/alemana *m/f*
Deutschland ['dɔytʃlant] *n GEO* Alemania *f*
deutschsprachig ['dɔytʃʃpraːxɪç] *adj* que habla alemán
Deutung ['dɔytuŋ] *f* interpretación *f*
Devise [de'viːzə] *f* divisa *f,* lema *m*
Devisen [de'viːzən] *pl FIN* divisas *f/pl*
Devisenbörse [de'viːzənbøːrzə] *f FIN* Bolsa de divisas *f*
Devisengeschäft [de'viːzəngəʃɛft] *n FIN* operación de cambio *f*
Devisenkurs [de'viːzənkurs] *m FIN* cotización *f,* tipo de cambio *m*
Devisenmarkt [de'viːzənmarkt] *m FIN* mercado de cambios *m,* mercado de divisas *m*
Dezember [de'tsɛmbər] *m* diciembre *m*
dezent [de'tsɛnt] *adj* discreto, decente
dezentralisieren [detsɛntralɪ'ziːrən] *v* descentralizar
Dezibel [detsi'bɛl] *n* decibelio *m*
dezimal [detsi'maːl] *adj MATH* decimal
Dezimalbruch [detsi'maːlbrux] *m MATH* fracción decimal *f*
dezimieren [detsi'miːrən] *v* diezmar, mermar
Diabetes [dia'beːtəs] *m MED* diabetis *f*
Diabetiker(in) [dia'beːtikər(ɪn)] *m/f MED* diabético/diabética *m/f*
Diagnose [dia'gnoːzə] *f* diagnóstico *m*
diagnostizieren [diagnɔstɪ'tsiːrən] *v* diagnosticar
diagonal [diago'naːl] *adj* diagonal
Diagonale [diago'naːlə] *f* diagonal *f*
Diagramm [dia'gram] *n* diagrama *m*
Diakonie [diako'niː] *f REL* diaconato *m*
Dialekt [dia'lɛkt] *m* dialecto *m*
Dialog [dia'loːk] *m* diálogo *m*
Diamant [dia'mant] *m MIN* diamante *m*
Diät [di'ɛːt] *f* dieta *f; ~ halten.* Estar a dieta.
Diäten [di'ɛːtən] *pl POL* dietas *f/pl*
dich [dɪç] *pron* te, a ti
dicht [dɪçt] *adj 1. (kompakt)* denso, consistente, concentrado; *~ bevölkert* densamente poblado; *~ bewachsen* frondoso; *~ gedrängt* apretado, muy lleno; *2. (undurchlässig)* impermeable
Dichte ['dɪçtə] *f 1. (Kompaktheit)* consistencia *f; 2. (Undurchlässigkeit)* impermeabilidad *f*
dichten ['dɪçtən] *v* impermeabilizar
Dichter ['dɪçtər] *m* poeta *m,* poetisa *f,* escritor *m*

Dichtung ['dɪçtuŋ] *f* *1. LIT* poesía *f; 2. TECH* guarnición *f,* empaquetadura *f*
dick [dɪk] *adj 1. (Gegenstand)* grueso, macizo; *2. (Person)* gordo, grueso; *3. (Flüssigkeit)* espeso; *4. etw ~ haben (fam)* estar harto de algo; *mit jdm durch ~ und dünn gehen* seguir a alguien incondicionalmente
dickflüssig ['dɪkfly:sɪç] *adj* espeso
Dickicht ['dɪkɪçt] *n* espesura *f,* matorral *m*
Dickkopf ['dɪkkɔpf] *m* testarudo *m*
dicklich ['dɪklɪç] *adj* corpulento
die [di:] *art 1.* la *f,* las *f/pl,* los *m/pl; pron 2. (Relativpronomen)* la cual/los cuales, la que/los que, que
Dieb(in) [di:bɪn] *m* ladrón/ladrona *m/f,* ratero/ratera *m/f (LA)*
Diebesgut ['di:bəsgu:t] *n* botín *m,* objetos robados *m/pl*
Diebstahl ['di:pʃta:l] *m* robo *m,* hurto *m,* latrocinio *m; Ich möchte den ~ meines Autos anzeigen.* Quisiera denunciar el robo de mi coche.
Diebstahlsicherung ['di:pʃta:lzɪçəruŋ] *f* seguro contra robos *m*
Diebstahlversicherung ['di:pʃta:lferzɪçəruŋ] *f* seguro contra el robo *m*
Diele ['di:lə] *f* vestíbulo *m,* hall *m*
dienen ['di:nən] *v* servir, atender
Diener ['di:nər] *m* criado *m,* sirviente *m*
Dienst ['di:nst] *m 1.* servicio *m; sich in den ~ einer Sache stellen* dedicarse a algo; *gute ~e leisten* hacer un buen servicio; *unverrichteter ~e* sin lograr su propósito; *über den ~en stehen* no perder la sangre fría; *~ habend* de turno, de guardia; *2. Öffentlicher ~* servicios públicos *m/pl*
Dienstag ['di:nsta:k] *m* martes *m*
Dienstantritt ['di:nstantrɪt] *m* entrada en funciones *f,* toma del cargo *f*
dienstbereit ['di:nstbəraɪt] *adj* dispuesto a servir, servicial
Dienstgeheimnis ['di:nstgəhaɪmnɪs] *n* secreto profesional *m*
Dienstleistung ['di:nstlaɪstuŋ] *f* servicio *m*
dienstlich ['di:nstlɪç] *adj 1.* de servicio, oficial; *adv 2.* por razones de servicio
Dienstreise ['di:nstraɪzə] *f* viaje por razones de servicio *m,* viaje de servicio *m*
Dienststelle ['di:nstʃtɛlə] *f* oficina *f*
Dienstweg ['di:nstvɛk] *m* vía oficial *f,* trámite oficial *m,* vía jerárquica *f*
dies(e,er,es) [di:s] *pron 1.* ésta/éste/esto, ésa/ése/eso, aquélla/aquél/aquello; *adj 2.* esta/este/esto, esa/ese/eso, aquella/aquel/aquello
diesbezüglich ['di:sbətsy:klɪç] *adj* referente a esto
dieselbe [di:'zɛlbə] *pron* la misma
Dieselmotor ['di:zəlmo:tɔr] *m* motor diesel *m*
Dieselöl ['di:zəlø:l] *n* gasoil *m*
diesig ['di:zɪç] *adj* calinoso, brumoso
diesjährig ['di:sjɛ:rɪç] *adj* en este año, de este año
diesmal ['di:sma:l] *adv* esta vez, en esta ocasión
diesseits ['di:szaɪts] *adv* de este lado
Diesseits ['di:szaɪts] *n* este mundo *m*
Dietrich ['di:trɪç] *m* ganzúa *f*
Differenz [dɪfə'rɛnts] *f 1. (Unterschied)* diferencia *f; 2. (Streit)* pelea *f,* disputa *f*
Differenzial [dɪfərɛn'tsja:l] *n 1. MATH* cantidad diferencial *f; 2. TECH* diferencial *f*
differenzieren [dɪfərɛn'tsi:rən] *v* diferenciar
digital [dɪgɪ'ta:l] *adj* digital
Diktaphon [dɪkta'fo:n] *n* dictáfono *m*
Diktat [dɪk'ta:t] *n 1.* dictado *m; 2. (Zwang)* coacción *f*
Diktator [dɪk'ta:tɔr] *m POL* dictador *m*
Diktatur [dikta'tu:r] *f POL* dictadura *f*
diktieren [dɪk'ti:rən] *v 1.* dictar; *2. (aufzwingen)* coaccionar, obligar
Dilemma [dɪ'lɛma] *n* dilema *m*
Dilettant(in) [dɪlɛ'tant(ɪn)] *m/f* diletante *m/f,* aficionado/aficionada *m/f*
dilettantisch [dɪlɛ'tantɪʃ] *adj 1.* diletante, aficionado; *adv 2.* a modo de afición
Dill [dɪl] *m BOT* eneldo *m*
Dimension [dɪmɛn'zjo:n] *f* dimensión *f*
Ding [dɪŋ] *n* cosa *f; ein ~ drehen* dar un golpe *(fam); jdm ein ~ verpassen* jugar a alguien una mala pasada; *nicht mit rechten ~en zugehen* haber gato encerrado; *Aller guten ~e sind drei.* A la tercera va la vencida.
Diode [dɪ'o:də] *f TECH* diodo *m*
Dioxin [diɔk'sin] *n CHEM* dioxina *f*
Diözese [diø'tse:zə] *f REL* diócesis *f*
Diphtherie [diftə'ri:] *f MED* difteria *f*
Diplom [di'plo:m] *n* diploma *m*
Diplomarbeit [di'plo:marbaɪt] *f* tesina *f,* tesis *f* (LA)
Diplomat [diplo'ma:t] *m POL* diplomático *m*
Diplomatie [diploma'ti:] *f POL* diplomacia *f*

diplomatisch [diplo'maːtɪʃ] *adj* diplomático
dir [diːr] *pron (Dativ von du)* te, a ti
direkt [di'rɛkt] *adj* directo
Direktion [dirɛk'tsjoːn] *f* dirección *f*
Direktmandat [di'rɛktmandaːt] *n POL* mandato directo *m*
Direktor(in) [di'rɛktɔr(ɪn)] *m/f* director(a) *m/f*, directriz *f*
Dirigent(in) [diri'gɛnt(ɪn)] *m/f* director(a) de orquesta *m/f*
dirigieren [diri'giːrən] *v* dirigir
Disharmonie [dɪsharmo'niː] *f* disonancia *f*, discordancia *f*
Diskette [dɪs'kɛtə] *f INFORM* disquete *m*
Diskont [dɪs'kɔnt] *m ECO* descuento *m*, rebaja *f*
Diskontsatz [dɪs'kɔntzats] *m ECO* tipo de descuento *m*, tasa de descuento *f*
Diskothek [dɪskɔ'teːk] *f* discoteca *f*
Diskrepanz [dɪskre'pants] *f* discrepancia *f*, desigualdad *f*, diferencia *f*
diskret [dɪs'kreːt] *adj* discreto, decente
Diskretion [dɪskre'tsjoːn] *f* discreción *f*
diskriminieren [dɪskrɪmɪ'niːrən] *v* discriminar, diferenciar
Diskussion [dɪskus'joːn] *f* discusión *f*, debate *m*
diskutieren [dɪsku'tiːrən] *v* discutir, debatir
Display ['dɪspleː] *n TECH* visualizador *m*
disponieren [dɪspɔ'niːrən] *v* disponer
Dispositionskredit [dɪspɔzɪ'tsjoːnskrediːt] *m ECO* crédito en cuenta corriente *m*, crédito en descubierto *m*
Disqualifikation [dɪskvalɪfɪka'tsjoːn] *f SPORT* descalificación *f*
Dissertation [dɪsɛrta'tsjoːn] *f* disertación *f*
Dissident(in) [dɪsɪ'dɛnt(ɪn)] *m/f POL* disidente *m/f*
Distanz [dɪs'tants] *f* distancia *f*
distanzieren [dɪstan'tsiːrən] *v sich ~ von* distanciarse de
Distel ['dɪstəl] *f BOT* cardo *m*
Disziplin [dɪstsi'pliːn] *f* disciplina *f*
Disziplinarverfahren [dɪstsi'plinaːrfɛrfaːrən] *n JUR* procedimiento disciplinario *m*
disziplinlos [dɪstsi'pliːnloːs] *adj* indisciplinado
divers [di'vɛrs] *adj* diverso
Dividende [divi'dɛndə] *f ECO* dividendo *m*, renta variable *f*
Dividendenausschüttung [divi'dɛndənausʃyːtuŋ] *f ECO* reparto de dividendos *m*, distribución de dividendos *f*
dividieren [divi'diːrən] *v MATH* dividir
Division [dɪvɪ'zjoːn] *f 1. MATH* división *f*; *2. MIL* división *f*
D-Mark ['deːmark] *f* marco alemán *m*
doch [dɔx] *konj 1. (aber)* pero; *2. (dennoch)* sin embargo; *adv 3.* sí
Docht [dɔxt] *m* mecha *f*
Dock [dɔk] *n* dique *m*, dock *m*
Dogge ['dɔgə] *f ZOOL* dogo *m*
Dogma ['dɔkma] *n* dogma *m*
dogmatisch [dɔg'maːtɪʃ] *adj* dogmático
Doktor(in) ['dɔktɔr(ɪn)] *m/f* doctor(a) *m*
Doktorarbeit ['dɔktɔrarbaɪt] *f* tesis doctoral *f*
Dokument [doku'mɛnt] *n* documento *m*
dokumentarisch [dokumɛn'taːrɪʃ] *adj* documental
dokumentieren [dokumɛn'tiːrən] *v* documentar
Dolch [dɔlç] *m* puñal *m*
Dollar ['dɔlar] *m* dólar *m*
dolmetschen ['dɔlmɛtʃən] *v* actuar de intérprete, interpretar
Dolmetscher(in) ['dɔlmɛtʃər(ɪn)] *m/f* intérprete *m/f*
Dolomiten [dolo'miːtən] *pl GEO* Dolomitas *f/pl*
Dom [doːm] *m* catedral *f*
Domäne [do'mɛːnə] *f* finca pública *f*
dominant [domɪ'nant] *adj* dominante
dominieren [domi'niːrən] *v* dominar
Dominikanische Republik [domini'kaːniʃə rɛpu'plik] *f GEO* República Dominicana *f*
Dompteur [domp'tøːr] *m* domador *m*
Donau ['doːnau] *f GEO* Danubio *m*
Donner ['dɔnər] *m* trueno *m*; *wie vom ~ gerührt* atónito
donnern ['dɔnərn] *v* tronar
Donnerstag ['dɔnərstaːk] *m* jueves *m*
Donnerwetter ['dɔnərvɛtər] *n (fam)* bronca *f*
doof [doːf] *adj (fam)* bobo, estúpido, aburrido
Doping ['doːpɪŋ] *n SPORT* doping *m*
Doppel ['dɔpəl] *n 1. (Duplikat)* duplicado *m*; *2. SPORT* doble *m*
Doppelbett ['dɔpəlbɛt] *n* cama de matrimonio *f*, cama de dos plazas *f*
doppeldeutig ['dɔpəldɔytɪç] *adj* ambiguo, de doble sentido

Doppelgänger(in) ['dɔpəlgɛŋər(ɪn)] *m/f* doble *m*, comparsa *m/f*, figurante *m/f*
Doppelpunkt ['dɔpəlpuŋkt] *m* *GRAMM* dos puntos *m/pl*
doppelt ['dɔpəlt] *adj* doble; *~ sehen* ver doble
Doppelzentner ['dɔpəltsɛntnər] *m* quintal métrico *m*
Doppelzimmer ['dɔpəltsɪmər] *n* habitación doble *f*
doppelzüngig ['dɔpəltsyŋɪç] *adj* doble, ambiguo
Dorf [dɔrf] *n* pueblo *m*, aldea *f*
Dorn [dɔrn] *m* *1. BOT* espina *f*; *jdm ein ~ im Auge sein* no poder ver a alguien ni en pintura; *2. TECH* mandril *m*
dornig ['dɔrnɪç] *adj* espinoso
Dörrobst ['dœroːpst] *n* fruta seca *f*
dort [dɔrt] *adv* allí, allá
dorthin ['dɔrthɪn] *adv* por allí, por allá
Dose ['doːzə] *f* *1.* caja *f*; *2. (Konservendose)* lata *f*
Dosenöffner ['doːzənœfnər] *m* abridor *m*, destapador *m* (LA), abrelatas *m*
dosieren [do'tsiːrən] *v* dosificar
Dosis ['doːzɪs] *f* dosis *f*
dotieren [dɔ'tiːrən] *v* *ECO* dotar
Dotierung [dɔ'tiːruŋ] *f* *ECO* retribución *f*, dotación *f*, provisión *f*
Dotter ['dɔtər] *m* yema *f*
Dozent(in) [do'tsɛnt(ɪn)] *m/f* profesor universitario/profesora universitaria *m/f*
Drache ['draxə] *m* *ZOOL* dragón *m*
Drachenfliegen ['draxənfliːgən] *n* *SPORT* vuelo en ala delta *m*
Draht [draːt] *m* alambre *m*; *auf ~ sein* estar preparado/estar en condiciones/estar en onda; *einen guten ~ zu jdm haben* tener buenas relaciones con alguien
drahtig ['draːtɪç] *adj (fig)* nervudo, vigoroso
drahtlos ['draːtloːs] *adj* *1. TECH* inalámbrico, sin hilos; *adv* *2. TECH* sin hilos
Drahtzieher ['draːttsiːər] *m (fig)* instigador oculto *m*, maquinador *m*
Drama ['draːma] *n* *LIT* drama *m*
dramatisch [dra'maːtɪʃ] *adj* dramático
dramatisieren [dramatɪ'ziːrən] *v* dramatizar
Dramaturg [drama'turk] *m* *THEAT* director artístico *m*
dran *(siehe „daran")*
Drang [draŋ] *m* impulso *m*
drängeln ['drɛŋəln] *v* apretujar/apretujarse
drängen ['drɛŋən] *v* apretar, estrechar
drankommen ['drankɔmən] *v irr* *1. (an der Reihe sein)* tocar el turno; *2. (abgefragt werden)* ser interrogado
drastisch ['drastɪʃ] *adj* drástico, severo
drauf *(siehe „darauf")*
Draufgänger ['draufgɛŋər] *m* hombre de pelo en pecho *m* (fam), emprendedor *m*
draufzahlen ['drauftsaːlən] *v (fig)* pagar demasiado, pagar sobreprecio
draußen ['drausən] *adv* fuera, afuera
Dreck [drɛk] *m* suciedad *f*, porquería *f*, inmundicia *f*; *~ am Stecken haben* tener algún marrón (fam); *der letzte ~ sein* ser el último mono
dreckig ['drɛkɪç] *adj* sucio, inmundo
drehbar ['dreːbaːr] *adj* giratorio, rotatorio
Drehbuch ['dreːbuːx] *n* *CINE* guión *m*
drehen ['dreːən] *v* *1.* girar, virar; *2. CINE* rodar
Drehtür ['dreːtyːr] *f* puerta giratoria *f*
Drehung ['dreːuŋ] *f* vuelta *f*, giro *m*
drei [draɪ] *num* tres; *~ viertel* tres cuartos
dreidimensional ['draɪdimɛnzjonaːl] *adj* tridimensional
Dreieck ['draɪɛk] *n* *MATH* triángulo *m*
dreieckig ['draɪɛkɪç] *adj* triangular
Dreieinigkeit [draɪ'aɪnɪçkaɪt] *f* *REL* Trinidad *f*
dreifach ['draɪfax] *adj* triple
dreihundert ['draɪhundərt] *num* trescientos
Dreikäsehoch [draɪ'kɛːzəhoːx] *m* chico *m*
dreimal ['draɪmaːl] *adv* tres veces; *Dreimal darfst du raten.* Seguro que adivinas.
Dreirad ['draɪraːt] *n* triciclo *m*
dreißig ['draɪsɪç] *num* treinta
dreißigste(r,s) ['draɪsɪçstə(r,s)] *adj* trigésimo
dreizehn ['draɪtseːn] *num* trece; *Jetzt schlägt's ~!* ¡Eso sí que es el colmo!
dreizehnte(r,s) ['draɪtseːntə(r,s)] *adj* decimotercero
dreschen ['drɛʃən] *v irr* trillar
dressieren [drɛ'siːrən] *v* adiestrar, amaestrar, domar
Dressing ['drɛsɪŋ] *n* salsa *f*
Dressur [drɛ'suːr] *f* adiestramiento *m*
driften ['drɪftən] *v* estar a la deriva
drillen ['drɪlən] *v* instruir, ejercitar intensivamente
Drillinge ['drɪlɪŋə] *pl* trillizos *m/pl*
dringend ['drɪŋənt] *adj* *1.* urgente, apremiante; *adv* *2.* urgentemente, con apremio

Dringlichkeit ['drɪŋlɪçkaɪt] *f* urgencia *f*, apremio *m*
drinnen ['drɪnən] *adv* dentro, adentro, en el interior
dritte(r,s) ['drɪtə(r,s)] *adj* tercero; *der lachende Dritte* el que ríe el último; *die Dritte Welt* el Tercer Mundo *m*
Drittel ['drɪtəl] *n* tercio *m*, tercera parte *f*
drittens ['drɪtəns] *adv* en tercer lugar, tercero
Droge ['dro:gə] *f* *1. (Rauschgift)* droga *f*, estupefaciente *m*; *2. MED* fármaco *m*, droga *f*
Drogenhändler ['dro:gənhɛndlər] *m* narcotraficante *m*, narco *m* (fam)
Drogenschmuggler(in) ['dro:gənʃmuglər(ɪn)] *m/f* contrabandista de drogas *m/f*
drogensüchtig ['dro:gənzyxtɪç] *adj* drogadicto *m*
Drogerie [dro:gə'ri:] *f* droguería *f*
drohen ['dro:ən] *v* amenazar, intimidar
Drohne ['dro:nə] *f* *ZOOL* zángano *m*
dröhnen ['drø:nən] *v* retumbar, resonar
Drohung ['dro:uŋ] *f* amenaza *f*
drollig ['drɔlɪç] *adj* jocoso, cómico
Drossel ['drɔsəl] *f* *ZOOL* tordo *m*
drüben ['dry:bən] *adv* al otro lado
drüber *(siehe „darüber")*
Druck [druk] *m* *1. (fig)* opresión *f*, dominio *m*, coacción *f*; *2. TECH* presión *f*; *unter ~ stehen* estar agobiado *(fam)*; *jdn unter ~ setzen* presionar a alguien
Druckbuchstabe ['drukbuxʃta:bə] *m* letra de molde *f*, caracteres tipográficos *m/pl*
drucken ['drukən] *v* imprimir, tirar
drücken ['drykən] *v* *1.* empujar, comprimir; *2. (umarmen)* abrazar fuertemente, estrechar en los brazos; *3. (fig: be~)* oprimir, coaccionar; *4. (Preise) ECO* hacer bajar
Drucker ['drukər] *m* *1. (Person)* impresor *m*, tipógrafo *m*; *2. (Gerät) INFORM* impresora *f*
Druckerei [drukə'raɪ] *f* imprenta *f*
Druckfehler ['drukfe:lər] *m* error de imprenta *m*, errata de imprenta *f*
Druckknopf ['drukknɔpf] *m* *1. (am Kleid)* botón de presión *m*, broche *m*; *2. TECH* pulsador *m*
Druckmittel ['drukmɪtəl] *n* medio de presión *m*, medios de coacción *m/pl*
Druckschrift ['drukʃrɪft] *f* letra de molde *f*
drum *(siehe „darum")*
drunter *(siehe „darunter")*
Drüse ['dry:zə] *f* *ANAT* glándula *f*
Dschungel ['dʒuŋəl] *m* selva *f*, jungla *f*
du [du:] *pron* tú
Duell [du'ɛl] *n* duelo *m*
Duett [du'ɛt] *n* *MUS* dúo *m*, dueto *m*
Duft [duft] *m* aroma *m*, olor *m*, perfume *m*
duften ['duftən] *v* oler bien, despedir un aroma
dulden ['duldən] *v* *1. (hinnehmen)* tolerar, permitir; *2. (ertragen)* soportar, aguantar
dumm [dum] *adj* tonto, estúpido; *gar nicht so ~ sein* no tener ni un pelo de tonto; *jdn für ~ verkaufen* haber visto a alguien con cara de tonto; *jdm ~ kommen* venir a alguien con tonterías; *Das ist mir zu ~.* Ya me estoy cansado.
Dumme(r) ['dumə(r)] *m/f* *der Dumme sein* ser el tonto, ser el primo; *einen Dummen finden* encontrar al primo/encontrar al tonto
Dummheit ['dumhaɪt] *f* estupidez *f*, tontería *f*, necedad *f*
Dummkopf ['dumkɔpf] *m* estúpido *m*, idiota *m*
dumpf [dumpf] *adj* vago
Düne ['dy:nə] *f* duna *f*
düngen ['dyŋən] *v* *AGR* abonar
Dünger ['dyŋər] *m* *AGR* abono *m*
dunkel ['duŋkəl] *adj* oscuro
Dunkel ['duŋkəl] *n* *im ~n tappen* andar a tientas; *Im ~n ist gut munkeln.* A río revuelto, ganancia de pescadores (fig)
Dunkelheit ['duŋkəlhaɪt] *f* oscuridad *f*
Dunkelziffer ['duŋkəltsɪfər] *f* cifra no publicada *m*, dato mantenido en secreto *m*
dünn [dyn] *adj* *1. (Sache)* fino; *2. (Person)* delgado, flaco; *3. (Flüssigkeit)* fluido; *4. (spärlich)* escaso; *~ gesät sein* ser escaso/no abundar
Dunst [dunst] *m* vaho *m*, vapor *m*; *keinen blassen ~ von etw haben* no tener ni la menor idea de algo
dünsten ['dynstən] *v* *GAST* estofar
Duplikat [dupli'ka:t] *n* duplicado *m*
durch [durç] *prep* *1. (örtlich)* por, a través de; *~ die Straßen gehen* andar por la calle; *~ die ganze Welt* por todo el mundo; *Hier darf man nicht ~!* ¡Por aquí no se puede pasar! *Das geht mir ~ und ~!* ¡Eso me parte el alma! *bei jdn unten ~ sein* haber perdido todo crédito de alguien; *2. (zeitlich)* durante; *3. (mittels)* por medio de, mediante; *4. (kausal)* por; *5. neun ~ drei MATH* nueve dividido entre tres
durchaus [durç'aus] *adv* absolutamente
Durchblick ['durçblɪk] *m* *(fig)* perspectiva *f*; *~ haben* estar al tanto/estar enterado
Durchblutung [durç'blu:tuŋ] *f* *MED* riego sanguíneo *m*

durchboxen ['durçbɔksən] *v sich ~ (fam)* abrirse camino duramente
durchbraten ['durçbraːtən] *v irr GAST* asar a punto
durchbrennen ['durçbrɛnən] *v irr 1. (Sicherung)* fundirse; *2. (fig: davonlaufen)* escaparse, huir
Durchbruch ['durçbrux] *m 1. (Öffnung)* abertura *f*, boquete *m; 2. (fig)* apertura *f*
durchdrehen ['durçdreːən] *v 1. (Räder)* hacer girar; *2. (fam)* volverse loco, perder los estribos
durchdringen [durç'drɪŋən] *v irr* penetrar
durcheinander [durçaɪn'andər] *adj 1. (unordentlich)* desordenado; *2. (fam: verwirrt)* confuso; *adv. 3. ~ rufen* vociferar; *~ werfen* poner en desorden; *4. (fig) ~ werfen* confundir
Durcheinander ['durçaɪnandər] *n* desorden *m*, confusión *f*; *Es herrscht ein völliges ~.* Todo está patas arriba.
durchfahren [durç'faːrən] *v irr 1.* pasar por algún sitio; ['durçfaːrən] *2. (ohne Stopp)* viajar de largo, viajar sin parar
Durchfahrt ['durçfaːrt] *f* travesía *f*; *~ für Fahrzeuge aller Art verboten!* ¡Prohibido el paso de vehículos!
Durchfall ['durçfal] *m MED* diarrea *f*
durchfallen ['durçfalən] *v irr (Prüfung)* no aprobar; *durch eine Prüfung fallen* suspender un examen
durchführbar ['durçfyrbaːr] *adj* factible, realizable, ejecutable
durchführen ['durçfyːrən] *v 1. (leiten)* conducir; *2. (ausführen)* ejecutar, realizar
Durchführung ['durçfyːruŋ] *f* ejecución *f*, realización *f*
Durchgang ['durçgaŋ] *m 1. (Weg)* pasaje *m*, paso *m; 2. (Runde)* ronda *f*
durchgängig ['durçgɛŋɪç] *adj* general
Durchgangslager ['durçgaŋslaːgər] *n* depósito de tránsito *m*
Durchgangsverkehr ['durçgaŋsfɛrkeːr] *m* tránsito *m*
durchgeben ['durçgeːbən] *v irr* tra(n)smitir, pasar
durchgehen ['durçgeːən] *v irr 1. (überprüfen)* controlar, revisar; *2. (fam: weglaufen)* huir, escaparse
durchgehend ['durçgeːənt] *adj* permanente, continuo; *~ geöffnet* abierto todo el día
durchgreifen ['durçgraɪfən] *v irr* pasar la mano
durchhalten ['durçhaltən] *v irr* resistir
durchlässig ['durçlɛsɪç] *adj* permeable
durchlaufen ['durçlaufən] *v irr* pasar corriendo
durchleuchten ['durçlɔyçtən] *v 1. (fig: überprüfen)* examinar, revisar; *2. MED* radiografiar, examinar con rayos X
Durchmesser ['durçmɛsər] *m* diámetro *m*
durchqueren [durç'kveːrən] *v 1.* atravesar, cruzar; *2. (fig: durchkreuzen)* cruzar
Durchreise ['durçraɪzə] *f* paso *m*, tránsito *m*, pasaje *m*
Durchsage ['durçzaːgə] *f (im Radio oder TV)* mensaje *m*, anuncio *m*
durchschauen ['durçʃauən] *v 1.* revisar; [durç'ʃauən] *2. (fig: erkennen)* descubrir las intenciones de
Durchschlag ['durçʃlaːk] *m* colador *m*, pasador *m*
Durchschnitt ['durçʃnɪt] *m* promedio *m*, media *f*
durchschnittlich ['durçʃnɪtlɪç] *adj 1.* medio, común; *adv 2.* por término medio
durchsetzen ['durçzɛtsən] *v sich ~* imponerse, afirmarse
durchsichtig ['durçzɪçtɪç] *adj* tra(n)sparente
durchstreichen ['durçʃtraɪçən] *v irr* tachar, rayar
durchsuchen [durç'zuːxən] *v* rebuscar, registrar
Durchwahl ['durçvaːl] *f TEL* línea directa *f*
durchweg ['durçveːk] *adv* por lo general
dürfen ['dyrfən] *v irr* tener permiso para, tener derecho a, poder; *Darf ich Ihren Pass sehen, bitte!* ¡Me permite ver su pasaporte, por favor!
dürr [dyr] *adj* muy seco
Dürre ['dyrə] *f* sequía *f*, aridez *f*
Durst [durst] *m* sed *f*
Dusche ['duːʃə] *f* ducha *f*
Düse ['dyːzə] *f TECH* tobera *f*
Düsenflugzeug ['dyːzənfluːktsɔyk] *n* avión de reacción *m*
düster ['dyːstər] *adj 1.* o(b)scuro, sombrío, lúgubre; *adv 2.* de manera sombría
Dutzend ['dutsənt] *n* docena *f*
duzen ['dutsən] *v* tutear, tratar de tú
DVD-ROM [deːfaudeː'rɔm] *f INFORM* DVD-ROM *m*
Dynamik [dy'naːmɪk] *f* dinámica *f*
dynamisch [dy'naːmɪʃ] *adj* dinámico
Dynamit [dyna'miːt] *n* dinamita *f*
D-Zug ['deːtsuːk] *m* tren directo *m*, expreso *m*

E

Ebbe ['ɛbə] *f* marea baja *f,* reflujo *m; Es herrscht ~ in meinem Geldbeutel.* Estoy sin un duro.
eben ['eːbən] *adj 1.* llano, plano; *adv 2.* ahora mismo, precisamente, justamente
Ebenbild ['eːbənbɪlt] *n* fiel retrato *m,* viva imagen *f*
ebenbürtig ['eːbənbyrtɪç] *adj* igual
Ebene ['eːbənə] *f 1. GEOL* llanura *f,* llano *m,* pampa *f; 2. (fig)* nivel *m,* categoría *f*
ebenfalls ['eːbənfals] *adv* asimismo, de igual manera, igualmente, también
ebenso ['eːbənzoː] *adv* lo mismo, del mismo modo, de la misma manera; *~ lang wie* el mismo tiempo que
Eber ['eːbər] *m ZOOL* verraco *m*
ebnen ['eːbnən] *v 1.* allanar, aplanar, alisar; *2. (fig)* allanar, resolver los problemas
Echo ['ɛço] *n* eco *m*
Echse ['ɛksə] *f ZOOL* saurio *m*
echt [ɛçt] *adj 1.* verdadero, genuino; *2. (getreu)* auténtico
Echtheit ['ɛçthaɪt] *f* autenticidad *f,* legitimidad *f,* genuinidad *f*
Ecke ['ɛkə] *f* esquina *f,* rincón *m; jdn um die ~ bringen (fig)* cepillarse a alguien *(fam); an allen ~en und Enden* por los cuatro costados; *mit jdm um fünf ~en verwandt sein* ser pariente muy lejano de alguien
eckig ['ɛkɪç] *adj 1.* esquinado, angular; *2. (fig: unbeholfen)* torpe, desgarbado
Ecuador [ekva'doːr] *n GEO* Ecuador *m*
edel ['eːdəl] *adj* noble, precioso
Edelgas ['eːdəlgaːs] *n CHEM* gas noble *m*
Edelstein ['eːdəlʃtaɪn] *m MIN* piedra preciosa *f*
Efeu ['eːfɔy] *m BOT* hiedra *f,* yedra *f*
Effekt [e'fɛkt] *m* efecto *m,* resultado *m,* consecuencia *f*
Effekten [e'fɛktən] *pl ECO* valores *m/pl,* títulos *m/pl*
effektiv [efɛk'tiːf] *adj 1.* efectivo; *adv 2.* con eficiencia
effektvoll [e'fɛktfɔl] *adj* espectacular, sensacional
egal [ega:l] *adj* igual, indiferente; *Mir ist alles ~.* Todo me es indiferente. *Das ist mir völlig ~.* Me importa un bledo.
Egoismus [ego'ɪsmus] *m* egoísmo *m*
egoistisch [ego'ɪstɪʃ] *adj* egoísta
ehe ['eːə] *konj* antes que, antes de; *Ehe du handelst, solltest du genau überlegen.* Antes de actuar, debes pensar.
Ehe ['eːə] *f* matrimonio *m*
Ehebett ['eːəbɛt] *n* cama de matrimonio *f,* lecho matrimonial *m*
Ehebruch ['eːəbrux] *m* adulterio *m*
Ehefrau ['eːəfrau] *f* esposa *f,* señora *f*
ehelich ['eːəlɪç] *adj 1.* conyugal, matrimonial; *2. ~es Kind* hijo legítimo
ehemalig ['eːəmaːlɪç] *adj* anterior, antiguo, ex; *Er ist ihr ~er Freund.* El es su ex novio.
ehemals ['eːəmaːls] *adv* en otro
Ehemann ['eːəman] *m* esposo *m,* marido *m*
Ehepaar ['eːəpaːr] *n* matrimonio *m*
eher ['eːər] *adv 1. (früher)* antes, anteriormente; *2. (lieber)* más bien, mejor
Ehering ['eːərɪŋ] *m* anillo de boda *m,* aro matrimonial *m*
ehrbar ['eːrbaːr] *adj* honrado, respetable, honorable, íntegro
Ehrbarkeit ['eːrbaːrkaɪt] *f* honradez *f,* honestidad *f,* integridad *f*
Ehre ['eːrə] *f* honor *m,* honra *f; etw in ~n halten* guardar algo con cuidado; *sich alle ~ machen* honrarse; *jdm die letzte ~ erweisen* acompañarle a alguien en su última morada/rendirle a alguien los últimos honores; *jdn bei seiner ~ packen* apelar a la conciencia de alguien
ehren ['eːrən] *v* honrar, respetar
ehrenamtlich ['eːrənamtlɪç] *adj 1.* honorífico, honorario; *adv 2.* a título honorífico, a título honorario
Ehrengast ['eːrəngast] *m* huésped de honor *m,* invitado de honor *m*
ehrenhaft ['eːrənhaft] *adj* honorable, respetable
Ehrenmal ['eːrənmaːl] *n* monumento conmemorativo *m*
Ehrenurkunde ['eːrənuːrkundə] *f* diploma de honor *m*
ehrenvoll ['eːrənfɔl] *adj* honroso, honorable, honorífico
Ehrenwort ['eːrənvɔrt] *n* palabra de honor *f*
ehrerbietig ['eːrɛrbiːtɪç] *adj* respetuoso, deferente
Ehrfurcht ['eːrfurçt] *f* profundo respeto *m,* veneración *f*

ehrfürchtig ['e:rfyrçtɪç] *adj* respetuoso
Ehrgeiz ['e:rgaɪts] *m* ambición *f*
ehrgeizig ['e:rgaɪtsɪç] *adj* ambicioso
ehrlich ['e:rlɪç] *adj* honrado, sincero, honesto
Ehrlichkeit ['e:rlɪçkaɪt] *f* honradez *f,* sinceridad *f,* honestidad *f*
ehrlos ['e:rlo:s] *adj* deshonrado, sin honor
Ehrung ['e:ruŋ] *f* homenaje a *m*
ehrwürdig ['e:rvyrdɪç] *adj* venerable, respetable
Ei [aɪ] *n* huevo *m; wie aus dem ~ gepellt* muy bonito/muy elegante; *sich gleichen wie ein ~ dem anderen* parecerse como dos gotas de agua; *jdn wie ein rohes ~ behandeln* tratar a alguien con guante blanco; *wie auf ~ern gehen* andar pisando huevos; *nicht das Gelbe vom ~ sein* no ser nada del otro jueves
Eiche ['aɪçə] *f BOT* roble *m*
Eichel ['aɪçəl] *f BOT* bellota *f*
eichen ['aɪçən] *v TECH* contrastar, aforar
Eichhörnchen ['aɪçhœrnçən] *n ZOOL* ardilla *f*
Eid [aɪt] *m JUR* juramento *m*
Eidechse ['aɪdɛksə] *f (klein) ZOOL* lagartija *f*
eidesstattlich ['aɪdəsʃtatlɪç] *adj JUR* jurado; *eine ~e Erklärung* una declaración jurada *f*
Eidotter ['aɪdɔtər] *m* yema de huevo *f*
Eierbecher ['aɪərbɛçər] *m* huevera *f*
Eierstock ['aɪərʃtɔk] *m ANAT* ovario *m*
Eifer ['aɪfər] *m* celo *m,* empeño *m,* entusiasmo *m*
Eifersucht ['aɪfərzuxt] *f* celos *m/pl*
eifersüchtig ['aɪfərzyçtɪç] *adj* celoso
eiförmig ['aɪfœrmɪç] *adj* oval, ovalado
eifrig ['aɪfrɪç] *adj 1.* empeñoso, apasionado, diligente; *adv 2.* con empeño, con ahínco, diligentemente
eigen ['aɪgən] *adj* propio, personal
eigenartig ['aɪgəna:rtɪç] *adj* particular, singular, peculiar
Eigenbrötler ['aɪgənbrø:tlər] *m* solitario *m,* extravagante *m*
eigenhändig ['aɪgənhɛndɪç] *adj* por su propia mano, con su puño y letra
Eigenheim ['aɪgənhaɪm] *n* casa propia *f*
Eigenheit ['aɪgənhaɪt] *f* particularidad *f,* singularidad *f,* peculiaridad *f*
eigenmächtig ['aɪgənmɛçtɪç] *adj 1.* arbitrario; *adv 2.* arbitrariamente
Eigenname ['aɪgənna:mə] *m* nombre propio *m*
eigens ['aɪgəns] *adv* especialmente, expresamente
Eigenschaft ['aɪgənʃaft] *f* propiedad *f,* calidad *f,* característica *f*
Eigensinn ['aɪgənzɪn] *m* obstinación *f,* porfía *f,* capricho *m*
eigensinnig ['aɪgənzɪnɪç] *adj* obstinado, porfiado, caprichoso
eigenständig ['aɪgənʃtɛndɪç] *adj 1.* independiente; *adv 2.* independientemente
eigentlich ['aɪgəntlɪç] *adj 1.* propio, verdadero; *adv 2.* en realidad, verdaderamente, en el fondo
Eigentor ['aɪgənto:r] *n SPORT* autogol *m*
Eigentum ['aɪgəntu:m] *n* propiedad *f*
Eigentümer(in) ['aɪgənty:mər(ɪn)] *m/f* propietario/propietaria *m/f,* dueño/dueña *m/f*
eigentümlich ['aɪgənty:mlɪç] *adj* propio de, particular, característico
Eigentümlichkeit ['aɪgənty:mlɪçkaɪt] *f* propiedad *f,* particularidad *f,* peculiaridad *f*
Eigentumswohnung ['aɪgəntu:msvo:nuŋ] *f* piso de propiedad *m*
eignen ['aɪgnən] *v sich ~ für* ser adecuado para, servir para, ser apto para
Eignung ['aɪgnuŋ] *f* aptitud *f,* idoneidad *f*
Eilbote ['aɪlbo:tə] *m durch ~n* envío por expreso *m,* entrega inmediata *f* (LA)
Eilbrief ['aɪlbri:f] *m* carta urgente *f*
Eile ['aɪlə] *f* prisa *f,* apuro *m* (LA)
Eileiter ['aɪlaɪtər] *m ANAT* trompa de Falopio *f,* oviducto *m*
eilen ['aɪlən] *v* correr prisa, ser urgente
eilig ['aɪlɪç] *adj 1. (dringend)* urgente; *2. (schnell)* rápido; *3. (überstürzt)* apresurado
eiligst ['aɪlɪçst] *adv* urgentemente, lo más pronto posible, muy de prisa
Eilzug ['aɪltsu:k] *m* tren expreso *m*
Eilzustellung ['aɪltsu:ʃtɛluŋ] *f* entrega por expreso *f,* entrega urgente *f*
Eimer ['aɪmər] *m* cubo *m,* balde *m* (LA); *im ~ sein* estar hecho polvo *(fam)*
ein(e) [aɪn/'aɪnə] *art* un/una/uno
einander [aɪn'andər] *adv* uno(s) a otro(s), recíprocamente, mutuamente
einarbeiten ['aɪnarbaɪtən] *v 1. etw ~* incorporar algo, insertar algo; *2. sich ~* adiestrarse en, ponerse al día
einatmen ['aɪna:tmən] *v* aspirar, inhalar
Einbahnstrasse ['aɪnba:nʃtra:sə] *f* calle de un solo sentido *f,* dirección única *f*
Einband ['aɪnbant] *m* encuadernación *f*
Einbau ['aɪnbau] *m* montaje *m,* instalación *f*

einbauen ['aɪnbauən] *v* montar, instalar
einbehalten ['aɪnbəhaltən] *v irr* retener, conservar
einberufen ['aɪnbəru:fən] *v irr* *1. (Versammlung)* convocar; *2. MIL* llamar a filas, enrolar (LA)
Einberufung ['aɪnbəru:fuŋ] *f* *1. (einer Versammlung)* convocatoria *f;* *2. MIL* llamada a filas *f,* reclutamiento *m,* movilización *f,* enrolamiento *m* (LA)
einbeziehen ['aɪnbətsi:ən] *v irr* incluir, abarcar
Einbeziehung ['aɪnbətsi:uŋ] *f* inclusión *f*
einbiegen ['aɪnbi:gən] *v irr* doblar hacia adentro
einbilden ['aɪnbɪldən] *v sich ~* imaginarse, creerse
Einbildung ['aɪnbɪlduŋ] *f* imaginación *f,* fantasía *f*
einbinden ['aɪnbɪndən] *v irr* *1. (Buch)* encuadernar; *2. (fig)* sugerir, insinuar
Einblick ['aɪnblɪk] *m* mirada *f*
einbrechen ['aɪnbrɛçən] *v irr* *1. (stehlen)* robar, hurtar; *2. (durchbrechen)* romper
Einbrecher ['aɪnbrɛçər] *m* ladrón *m,* desvalijador *m*
einbringen ['aɪnbrɪŋən] *v irr* acarrear, recoger
Einbruch ['aɪnbrux] *m* *1. (Diebstahl)* robo con fractura *m;* *2. (Einsturz)* irrupción *f*
einbruchsicher ['aɪnbruxzɪçər] *adj* a prueba de robo, antirrobo
einbürgern ['aɪnbyrgərn] *v POL* nacionalizar
Einbürgerung ['aɪnbyrgəruŋ] *f POL* nacionalización *f*
Einbuße ['aɪnbu:sə] *f* pérdida *f,* merma *f*
einbüßen ['aɪnby:sən] *v* perder, sufrir pérdida
einchecken ['aɪntʃɛkən] *v* despachar
eincremen ['aɪnkre:mən] *v* encremar
eindämmen ['aɪndɛmən] *v* poner diques a, contener
eindeutig ['aɪndɔytɪç] *adj* inequívoco, claro, evidente
Eindeutigkeit ['aɪndɔytɪçkaɪt] *f* claridad *f,* evidencia *f*
eindringen ['aɪndrɪŋən] *v irr ~ in* penetrar en, entrar en
eindringlich ['aɪndrɪŋlɪç] *adj 1.* insistente; *adv 2.* encarecidamente, insistentemente
Eindringling ['aɪndrɪŋlɪŋ] *m* intruso *m*
Eindruck ['aɪndruk] *m* *1.* impresión *f;* *2. (fig)* sensación *f*
eindrucksvoll ['aɪndruksfɔl] *adj* impresionante
eine(r,s) ['aɪnə(r,s)] *art* un(o,a); *Du bist vielleicht ~r!* ¡Eres un cabrón! (fam)
eineinhalb [aɪnaɪn'halp] *num* uno y medio
einengen ['aɪnɛŋən] *v* estrechar, limitar
einerlei [aɪnər'laɪ] *adj* igual, de la misma clase
einerseits ['aɪnərzaɪts] *adv* por un lado, de una parte
einfach ['aɪnfax] *adj 1.* sencillo, simple, modesto; *adv 2.* sencillamente, modestamente
Einfahrt ['aɪnfa:rt] *f* *1. (Ankunft)* llegada *f;* *2. (Zufahrt)* entrada *f*
Einfall ['aɪnfal] *m* *1. (Idee)* idea *f;* *2. MIL* invasión *f*
einfallen ['aɪnfalən] *v irr* *1. (Idee haben)* tener una idea, ocurrírsele; *Mir ist gerade etw eingefallen.* Se me acaba de pasar algo por la cabeza./Se me acaba de ocurrir una cosa. *2. MIL* invadir
einfallslos ['aɪnfalslo:s] *adj* sin imaginación
einfallsreich ['aɪnfalsraɪç] *adj* ocurrente, imaginativo
einfältig ['aɪnfɛltɪç] *adj* inocente, cándido, ingenuo, bobo
einfarbig ['aɪnfarbɪç] *adj* de un solo color, monocolor, unicolor
einfassen ['aɪnfasən] *v* guarnecer
Einfassung ['aɪnfasuŋ] *f* guarnición *f,* ribete *m*
einflechten ['aɪnflɛçtən] *v irr* *1.* entretejer, entrelazar; *2. (fig)* aludir, mencionar de paso
Einfluss ['aɪnflus] *m* influencia *f,* poder *m*
Einflussnahme ['aɪnflusna:mə] *f* ejercicio de influencia *m*
einflussreich ['aɪnflusraɪç] *adj* influyente, poderoso
einfrieren ['aɪnfri:rən] *v irr* *1. (Nahrungsmittel)* congelar, refrigerar; *2. (Verhandlung) ECO* congelar, paralizar
einfügen ['aɪnfy:gən] *v ~ in* incluir en, agregar en
einfühlsam ['aɪnfy:lza:m] *adj* comprensivo
Einfühlungsvermögen ['aɪnfy:luŋsfɛrmø:gən] *n* comprensión *f,* compenetración *f,* capacidad de compresión *f*
Einfuhr ['aɪnfu:r] *f ECO* importación *f*
Einfuhrbeschränkung ['aɪnfu:rbəʃrɛnkuŋ] *f ECO* restricción a la importación *f*

einführen ['aɪnfyːrən] *v 1. (etw Neues ~)* lanzar, introducir; *2. (hineinschieben)* meter, introducir, penetrar; *3. (importieren) ECO* importar

Einführung ['aɪnfyːruŋ] *f 1. (von etw Neuem)* lanzamiento *m,* introducción *f; 2. (Hineinschieben)* introducción *f,* penetración *f*

Einführungskurs ['aɪnfyːruŋskurs] *m* curso de introducción *m,* curso de iniciación *m*

Einfuhrverbot ['aɪnfuːrfɛrboːt] *n ECO* prohibición a la importación *f*

Eingabe ['aɪngaːbə] *f 1. (von Daten) INFORM* entrada *f,* ingreso *m; 2. (Ersuchen) POL* petición *f,* memorial *m*

Eingang ['aɪngaŋ] *m 1.* entrada *f; 2. (Wareneingang) ECO* llegada *f; 3. (Geldeingang) ECO* ingreso *m*

eingangs ['aɪngaŋs] *adv 1.* al principio, al comienzo; *prep 2.* el principio de, el comienzo de

eingeben ['aɪngeːbən] *v irr 1. (einreichen)* entregar, dar; *2. (Daten) INFORM* introducir, meter; *3. (verabreichen) MED* administrar, dar, suministrar

eingebildet ['aɪngəbɪldət] *adj 1. (überheblich)* presuntuoso, fatuo, creído; *2. (unwirklich)* imaginario, ficticio

Eingeborene(r) ['aɪngəboːrənə(r)] *m/f* indígena *m/f,* natural *m/f*

Eingebung ['aɪngeːbuŋ] *f (fig)* inspiración *f,* sugestión *f*

eingehen ['aɪngeːən] *v irr 1. (ankommen)* llegar; *2. (sterben, absterben)* morir, perecer; *3. (kleiner werden)* encogerse; *4. (auf einen Vorschlag)* aceptar; *5. auf jdn ~ (fam)* seguir el humor a alguien; *6. (Verpflichtung)* afrontar, contraer

eingehend ['aɪngeːənt] *adj (ausführlich)* detallado, minucioso

Eingemachtes ['aɪngəmaxtəs] *n (Früchte)* conservas *f/pl; jdm ans Eingemachte gehen (fig)* ir a lo esencial de alguien

eingespielt ['aɪngəʃpiːlt] *adj* armonizado

Eingeständnis ['aɪngəʃtɛntnɪs] *n* confesión *f*

eingestehen ['aɪngəʃteːən] *v* confesar, admitir

eingetragen ['aɪngətraːgən] *adj* declarado, registrado

Eingeweide ['aɪngəvaɪdə] *pl ANAT* vísceras *f/pl,* entrañas *f/pl*

Eingeweihte(r) ['aɪgəvaɪːtə(r)] *m/f* iniciado/iniciada *m/f*

eingewöhnen ['aɪngəvøːnən] *v sich ~* acostumbrarse a, habituarse a

eingießen ['aɪngiːsən] *v irr* echar, verter

eingleisig ['aɪnglaɪzɪç] *adj 1. (Strecke)* de una sola vía; *2. (fig)* unilateral

eingreifen ['aɪngraɪfən] *v irr 1. (einschreiten)* intervenir, mediar, actuar; *2. TECH* engranar, encajar

Eingriff ['aɪngrɪf] *m 1. (Einschreiten)* intervención *f; 2. MED* operación quirúrgica *f; 3. TECH* engranaje *m*

einhalten ['aɪnhaltən] *v irr 1. (befolgen)* atenerse a, cumplir con; *2. (beibehalten)* mantener, conservar; *3. (anhalten)* detenerse, pararse

Einhaltung ['aɪnhaltuŋ] *f 1. (Befolgung)* cumplimiento *m; 2. (Beibehaltung)* mantenimiento *m*

einheimisch ['aɪnhaɪmɪʃ] *adj* aborigen, autóctono, nacional, indígena

Einheimische(r) ['aɪnhaɪmɪʃə(r)] *m/f* naturales de un país *pl,* indígena *m/f,* nativo *m*

Einheit ['aɪnhaɪt] *f* unidad *f*

einheitlich ['aɪnhaɪtlɪç] *adj* uniforme, homogéneo, unitario

Einheitsbestrebung ['aɪnhaɪtsbəʃtrɛːbuŋ] *f POL* tendencia unificadora *f*

einhundert ['aɪnhundərt] *num* cien

einig ['aɪnɪç] *adj* conforme, acorde

einige ['aɪnɪgə] *pron* algunos, algunas, unos, unas

einigen ['aɪnɪgən] *v sich ~ über* ponerse de acuerdo, convenir sobre, convenir en

einigermaßen [aɪnɪgər'maːsən] *adv* más o menos, en cierto modo, hasta cierto punto

Einigkeit ['aɪnɪçkaɪt] *f* unidad *f*

Einigung ['aɪnɪguŋ] *f 1.* acuerdo *m,* concordancia *f; 2. POL* unión *f,* unificación *f*

einkalkulieren ['aɪnkalkuliːrən] *v* incluir en el cálculo

Einkauf ['aɪnkauf] *m* compra *f*

einkaufen ['aɪnkaufən] *v* hacer compras, ir de compras

Einkaufsbummel ['aɪnkaufsbuməl] *m* compra *f,* ir de tiendas

Einkaufspreis ['aɪnkaufspraɪs] *m ECO* precio de compra *m*

Einkaufstasche ['aɪnkaufstaʃə] *f* bolsa de compras *f*

einklagen ['aɪnklaːgən] *v* reclamar judicialmente

Einklang ['aɪnklaŋ] *m* acorde *m,* unisonancia *f*

Einkommen ['aɪnkɔmən] *n* ingresos *m/pl,* renta *f*

Einkommenssteuer ['aɪnkɔmənsʃtɔyər] *f ECO* impuestos sobre la renta *m/pl*

einkreisen ['aɪnkraɪzən] *v* envolver, cercar

Einkünfte ['aɪnkynftə] *pl* ingresos *m/pl,* ventas *f/pl,* ganancias *f/pl*

einladen ['aɪnla:dən] *v irr 1. (Gäste) ~ zu* invitar a, convidar a, ofrecer a; *2. (Gepäck)* cargar

Einladung ['aɪnla:duŋ] *f* invitación *f,* convite *m*

Einlage ['aɪnla:gə] *f ECO* depósito *m,* imposición *f*

einlagern ['aɪnla:gərn] *v* almacenar, depositar

einlassen ['aɪnlasən] *v irr 1. (hereinlassen)* dejar entrar, dejar pasar; *2. (einlaufen lassen)* rodar; *3. sich ~ auf* meterse en, comprometerse en

einleiten ['aɪnlaɪtən] *v 1. (einführen)* introducir; *2. (beginnen)* iniciar, comenzar

Einleitung ['aɪnlaɪtuŋ] *f 1. (Einführung)* introducción *f; 2. (Beginn)* inicio *m,* comienzo *m*

einleuchtend ['aɪnlɔyçtənt] *adj* obvio, evidente, claro

einliefern ['aɪnli:fərn] *v 1. (Gefängnis)* encarcelar, conducir a la cárcel; *2. (Krankenhaus)* hospitalizar, ingresar al hospital

einloggen ['aɪnlɔgən] *v sich ~ INFORM* cadastrarse

einlösen ['aɪnlø:zən] *v 1. (Scheck)* cobrar, hacer efectivo; *2. (Versprechen)* cumplir una promesa

einmal ['aɪnma:l] *adv* una vez

einmalig ['aɪnma:lɪç] *adj* único, extraordinario

einmischen ['aɪnmɪʃən] *v sich ~* entrometerse en, inmiscuirse en

Einnahme ['aɪnna:mə] *f 1. (Ertrag)* entrada *f,* ingreso *m; 2. MIL* toma *f*

einnehmen ['aɪnne:mən] *v irr 1. (verdienen)* ganar; *2. (Arznei)* tomar, ingerir; *3. MIL* tomar, conquistar; *4. (Platz)* ocupar, llenar

einordnen ['aɪnɔrdnən] *v 1.* ordenar, poner en su sitio; *2. sich ~* enfilarse, colocarse en una fila

einpacken ['aɪnpakən] *v* empaquetar, embalar, envolver; *Damit kannst du ~.* Eso no te sirve para nada./Olvídate del tango. (fig)

einrahmen ['aɪnra:mən] *v* encuadrar

einreichen ['aɪnraɪçən] *v* presentar, entregar

Einreise ['aɪnraɪzə] *f* entrada *f,* ingreso *m*

einreisen ['aɪnraɪzən] *v ~ in ein Land* entrar a un país, ingresar a un país

einrichten ['aɪnrɪçtən] *v* arreglar, organizar

Einrichtung ['aɪnrɪçtuŋ] *f* arreglo *m,* organización *f*

eins [aɪns] *num* uno

einsam ['aɪnza:m] *adj* solo, solitario

Einsamkeit ['aɪnza:mkaɪt] *f* soledad *f*

Einsatz ['aɪnzats] *m 1. (beim Glücksspiel)* apuesta *f; 2. (Aufwand)* esfuerzo *m; ~ im Sport zeigen* sudar la camiseta; *3. (Anwendung)* empleo *m,* uso *m; 4. MIL* ataque *m,* entrada en acción *f*

einsatzbereit ['aɪnzatsbəraɪt] *adj* disponible

einschalten ['aɪnʃaltən] *v 1. (anschalten)* conectar, encender; *2. (hinzuziehen)* incluir, insertar; *3. sich ~* intervenir en, mediar

einschätzen ['aɪnʃɛtsən] *v* calcular, valorar

einschenken ['aɪnʃɛŋkən] *v* echar de beber, servir

einschlafen ['aɪnʃla:fən] *v irr* dormirse; *~ können* conciliar el sueño

einschlagen ['aɪnʃla:gən] *v irr 1. (Nagel)* clavar; *2. (Fenster)* romper; *3. Richtung ~* tomar una dirección, seguir una dirección; *4. (Blitz)* caer; *wie ein Blitz ~* hacer estragos

einschlägig ['aɪnʃlɛ:gɪç] *adj* pertinente a, relativo a

einschließen ['aɪnʃli:sən] *v irr 1.* encerrar, acorralar; *2. (fig)* comprender, abarcar

einschließlich ['aɪnʃli:slɪç] *adv 1.* incluso, inclusive; *prep 2.* con inclusión de

einschneidend ['aɪnʃnaɪdənt] *adj (fig)* terminante, drástico

Einschnitt ['aɪnʃnɪt] *m 1. (Schnitt)* corte *m; 2. (fig: Erlebnis)* momento crucial *m*

einschränken ['aɪnʃrɛŋkən] *v* limitar, restringir

Einschreibebrief ['aɪnʃraɪbəbri:f] *m* carta certificada *f*

einschreiben ['aɪnʃraɪbən] *v irr sich ~* inscribirse, matricularse

Einschreibung ['aɪnʃraɪbuŋ] *f* inscripción *f,* matrícula *f*

einsehen ['aɪnse:ən] *v irr 1. (Einblick nehmen)* examinar, observar, reconocer, mirar; *2. (fig: verstehen)* entender, comprender

Einsehen ['aɪnze:ən] *n ein ~ haben* tener comprensión

einseitig ['aɪnzaɪtɪç] *adj* unilateral, parcial, de un lado

einsenden ['aɪnzɛndən] *v irr* enviar, remitir
Einsender ['aɪnzɛndər] *m* remitente *m*
einsetzen ['aɪnzɛtsən] *v 1. (einfügen)* insertar, agregar; *2. (anwenden)* usar, emplear; *3. (Amt übertragen)* encomendar, encargar; *4. (riskieren)* arriesgar, exponer
Einsicht ['aɪnzɪçt] *f (fig)* juicio *m*, discernimiento *m*
einsichtig ['aɪnzɪçtɪç] *adj* razonable, juicioso
Einsiedler(in) ['aɪnziːdlər(ɪn)] *m/f* ermitaño/ermitaña *m/f*, anacoreta *m/f*
einsparen ['aɪnʃpaːrən] *v* ahorrar, economizar
einsperren ['aɪnʃpɛrən] *v* encerrar, recluir
einspringen ['aɪnʃprɪŋən] *v irr* entrar de un salto
Einspritzmotor ['aɪnʃprɪtsmoːtɔr] *m TECH* motor de inyección *m*
Einspruch ['aɪnʃprux] *m* objeción *f*, protesta *f*, reclamación *f*
einspurig ['aɪnʃpuːrɪç] *adj 1. (Straße)* de un solo carril; *2. (Gleis)* de una sola vía
einst ['aɪnst] *adv 1. (Vergangenheit)* antiguamente, antaño; *2. (Zukunft)* algún día, alguna vez
einsteigen ['aɪnʃtaɪgən] *v irr ~ in* subir a, entrar a
einstellbar ['aɪnʃtɛlbaːr] *adj* regulable, ajustable
einstellen ['aɪnʃtɛlən] *v 1. (Arbeitskräfte)* emplear, contratar, dar empleo a, colocar; *2. (beenden)* terminar, cesar, acabar, finalizar; *3. (Zahlungen)* suspender, interrumpir; *4. (regulieren)* regular, ajustar
Einstellung ['aɪnʃtɛluŋ] *f 1. (von Arbeitskräften)* empleo *m*, colocación *f*; *2. (Beendigung)* cese *m*; *3. (von Zahlungen)* suspensión *f*; *4. (Regulierung)* regulación *f*; *5. (Denkhaltung)* manera de pensar *f*, punto de vista *m*, opinión *f*
Einstieg ['aɪnʃtiːk] *m* subida *f*, entrada *f*
einstimmig ['aɪnʃtɪmɪç] *adj 1.* unísono, unánime; *adv 2. (fig)* unánimemente, por unanimidad
einstufen ['aɪnʃtuːfən] *v* clasificar
Einsturz ['aɪnʃturts] *m* desmoronamiento *m*, derrumbamiento *m*
einstürzen ['aɪnʃtyrtsən] *v* desmoronarse
einstweilig ['aɪnstvaɪlɪç] *adj* temporal, provisional
eintauschen ['aɪntauʃən] *v ~ gegen* cambiar por, trocar por
eintausend ['aɪntauzənt] *num* mil
einteilen ['aɪntaɪlən] *v* dividir, distribuir, repartir
Einteilung ['aɪntaɪluŋ] *f* división *f*, distribución *f*, reparto *m*
eintönig ['aɪntøːnɪç] *adj* monótono, aburrido
Eintracht ['aɪntraxt] *f* concordia *f*, armonía *f*
einträchtig ['aɪntrɛçtɪç] *adv* de acuerdo total, en armonía
Eintrag ['aɪntraːk] *m* asiento *m*
eintragen ['aɪntraːgən] *v irr* asentar, registrar, inscribir
eintreffen ['aɪntrɛfən] *v irr* llegar, arribar, realizarse
eintreten ['aɪntreːtən] *v irr 1. (beitreten)* ingresar en; *2. (sich einsetzen) ~ für* interceder por, mediar por; *3. (eintreffen)* llegar; *4. (hineingehen) ~ in* entrar en
Eintritt ['aɪntrɪt] *m 1. (Beitritt)* ingreso en *m*; *2. (Betreten)* entrada *f*; *~ frei* entrada libre
Eintrittskarte ['aɪntrɪtskartə] *f* entrada *f*, boleto *m* (LA)
einverleiben ['aɪnfɛrlaɪbən] *v* incorporar a
Einvernehmen ['aɪnfɛrneːmən] *n* acuerdo *m*, conformidad *f*
einverstanden ['aɪnfɛrʃtandən] *adj ~ sein mit* estar de acuerdo con
Einverständnis ['aɪnfɛrʃtɛntnɪs] *n* conformidad *f*, aprobación *f*
Einwand ['aɪnvant] *m* objeción *f*, reparo *m*
Einwanderer ['aɪnvandərər] *m* inmigrante *m/f*
einwandern ['aɪnvandərn] *v* inmigrar
Einwanderung ['aɪnvandəruŋ] *f* inmigración *f*
einwandfrei ['aɪnvantfraɪ] *adj* correcto, impecable; *Seine Geschäfte scheinen mir nicht ganz ~ zu sein.* Sus negocios no me parecen muy limpios.
Einwegverpackung ['aɪnveːkfɛrpakuŋ] *f* envase no recuperable *m*, envase no retornable *m*
einweihen ['aɪnvaɪən] *v* inaugurar
Einweihung ['aɪnvaɪuŋ] *f* inauguración *f*
einweisen ['aɪnvaɪzən] *v irr 1. (anleiten)* dar instrucciones; *2. (einliefern)* hacer ingresar
einwenden ['aɪnvɛndən] *v irr ~ gegen* objetar, poner reparos a
einwerfen ['aɪnvɛrfən] *v irr 1. (einschlagen)* romper a pedradas; *2. (Post)* echar; *3. (Münze)* introducir, meter; *4. (fig)* objetar, alegar

einwilligen ['aɪnvɪlɪgən] *v* aceptar, asentir, aprobar; ~ *etw zu tun* consentir en hacer algo
Einwilligung ['aɪnvɪlɪguŋ] *v* consentimiento *m*, aprobación *f*
Einwohner(in) ['aɪnvoːnər(ɪn)] *m/f* habitante *m/f*
Einwohnermeldeamt [aɪnvoːnər'mɛldəamt] *n* oficina de empadronamiento *f*
Einwohnerzahl ['aɪnvoːnərtsaːl] *f* número de habitantes *m*
einzahlen ['aɪntsaːlən] *v* pagar, abonar; ~ *auf ein Konto* ingresar a una cuenta
Einzahlung ['aɪntsaːluŋ] *f* pago *m*, ingreso *m*
Einzel ['aɪntsəl] *n SPORT* partido individual *m*
Einzelfall ['aɪntsəlfal] *m* caso particular *m*, caso individual *m*
Einzelgänger(in) ['aɪntsəlgɛŋər(ɪn)] *m/f* solitario/solitaria *m/f*
Einzelhandel ['aɪntsəlhandəl] *m ECO* comercio al por menor *m*
Einzelhändler(in) ['aɪntsəlhɛndlər(ɪn)] *m/f ECO* minorista *m*, comerciante al por menor *m/f*
Einzelheit ['aɪntsəlhaɪt] *f* detalle *m*, pormenor *m*, particularidad *f*
einzeln ['aɪntsəln] *adj 1.* solo, único, singular; *adv 2.* uno por uno, individualmente
Einzelne(r) ['aɪntsəlnə(r)] *m/f* individuo *m*, particular *m*
Einzelstück ['aɪntsəlʃtyk] *n* pieza única *f*
Einzelzimmer ['aɪntsəltsɪmər] *n* habitación individual *f*
einziehen ['aɪntsiːən] *v irr 1. (Wohnung)* mudarse a, instalarse en un piso; *2. (Informationen)* tomar, pedir; *3. (einbauen)* instalar; *4. (Geld, Steuern) ECO* cobrar, recaudar
einzig ['aɪntsɪç] *adj 1.* solo, particular, único; *adv 2.* tan sólo, únicamente
einzigartig ['aɪntsɪçartɪç] *adj* único, singular, particular
Einzug ['aɪntsuːk] *m 1. (in eine Wohnung)* mudanza *f*, instalación *f*; *2. (von Informationen)* pedido *m*, toma *f*
Einzugsgebiet ['aɪntsuːksgəbiːt] *n* área de aprovechamiento *f*
Eis [aɪs] *n 1.* hielo *m*; *das ~ brechen* romper el hielo; *etw auf ~ legen (fig)* dejar algo para más tarde; *2. (Speiseeis) GAST* helado *m*
Eisbär ['aɪsbɛːr] *m ZOOL* oso polar *m*, oso blanco *m*
Eisbecher ['aɪsbɛçər] *m GAST* copa de helado *f*
Eisberg ['aɪsbɛrk] *m GEOL* iceberg *m*
Eisen ['aɪzən] *n* hierro *m*; *zum alten ~ gehören (fig)* ser un viejo decrépito; *mehrere ~ im Feuer haben* encender una vela a Dios y otra al diablo
Eisenbahn ['aɪzənbaːn] *f* ferrocarril *m*; *Es ist höchste ~!* ¡Hay que darse prisa!
Eisenbahnnetz ['aɪzənbaːnnɛts] *n* red de ferrocarriles *f*
Eisenerz ['aɪzənɛrts] *n MIN* mineral de hierro *m*
eisenhaltig ['aɪzənhaltɪç] *adj* ferruginoso, ferrífero
Eisenhandlung ['aɪzənhandluŋ] *f* ferretería *f*
Eisenindustrie ['aɪzənɪndustriː] *f* industria siderúrgica *f*
Eisenwaren ['aɪzənvaːrən] *pl* artículos de ferretería *m/pl*
eisern ['aɪzərn] *adj 1. (aus Eisen)* férreo, de hierro; *2. (fig)* inflexible, rígido; *adv 3. (fig)* rígidamente
eisgekühlt ['aɪsgəkyːlt] *adj* helado
Eishockey ['aɪshɔkeɪ] *n SPORT* hockey sobre hielo *m*
eisig ['aɪzɪç] *adj 1. (kalt)* helado; *2. (fig)* glacial
eiskalt ['aɪskalt] *adj 1. (kalt)* helado; *2. (fig)* glacial, inmutable, frío como el hielo
Eiskunstlauf ['aɪskunstlauf] *m SPORT* patinaje artístico sobre hielo *m*
Eiskunstläufer ['aɪskunstlɔyfər] *m SPORT* patinador *m*
Eisprung ['aɪʃpruŋ] *m BIO* ovulación *f*
Eisscholle ['aɪsʃɔlə] *f* témpano de hielo *m*
Eisschrank ['aɪsʃraŋk] *m* nevera *f*, refrigerador *m*
Eiswürfel ['aɪsvyrfəl] *m* cubito de hielo *m*
Eiszapfen ['aɪstsapfən] *m* carámbano *m*
Eiszeit ['aɪstsaɪt] *f GEOL* período glacial *m*, época glacial *f*
eitel ['aɪtəl] *adj* vanidoso
Eitelkeit ['aɪtəlkaɪt] *f* vanidad *f*
Eiter ['aɪtər] *m MED* pus *f*
eitrig ['aɪtrɪç] *adj MED* purulento
Eiweiß ['aɪvaɪs] *n 1. (vom Ei)* clara de huevo *f*; *2. BIO* proteína *f*
Ejakulation [ejakula'tsjoːn] *f BIO* eyaculación *f*
Ekel ['eːkəl] *m* asco *m*
ekelhaft ['eːkəlhaft] *adj* asqueroso, repugnante; *Wie ~!* ¡Qué asco!
ekeln ['eːkəln] *v sich ~* sentir asco, tomar asco

Eklat [e'klaː] *m* escándalo *m,* sensación *f*
Ekstase [ɛk'staːzə] *f* éxtasis *m*
Ekzem [ɛk'tseːm] *n MED* eczema *m,* eccema *m*
elastisch [e'lastɪʃ] *adj* elástico
Elastizität [elastɪtsɪ'tɛːt] *f* elasticidad *f*
Elch [ɛlç] *m ZOOL* alce *m*
Elefant [ele'fant] *m* elefante *m; sich wie der ~ im Porzellanladen benehmen* ser un torpe/ser un bocazas
elegant [ele'gant] *adj* elegante
Eleganz [ele'gants] *f* elegancia *f*
Elektriker [e'lɛktrɪkər] *m* electricista *m/f*
elektrisch [e'lɛktrɪʃ] *adj* eléctrico
Elektrizität [elɛktritsi'tɛːt] *f* electricidad *f*
Elektrizitätswerk [elɛktritsi'tɛːtsvɛrk] *n* central eléctrica *f*
Elektrode [elɛk'troːdə] *f PHYS* electrodo *m,* eléctrodo *m*
Elektrogerät [e'lɛktrogərɛːt] *n TECH* aparato eléctrico *m*
Elektrolyse [elɛktro'lyːzə] *f CHEM* electrólisis *f*
Elektron [elɛk'troːn] *n PHYS* electrón *m*
Elektronik [elɛk'troːnɪk] *f* electrónica *f*
elektronisch [elɛk'troːnɪʃ] *adj* electrónico
Elektrotechniker [e'lɛktrotɛçnɪkər] *m* electrotécnico *m*
Element [ele'mɛnt] *n* elemento *m; in seinem ~ sein* estar en su elemento
elementar [elemɛn'taːr] *adj* elemental
elend ['eːlɛnt] *adj* pobre, miserable
Elend ['eːlɛnt] *n* miseria *f; wie ein Häufchen ~* que da pena/como un pobre infeliz
Elendsviertel ['eːlɛntsfɪrtəl] *n* barrios pobres *m/pl,* barriadas *f/pl* (in Peru), rancho *m* (in Venezuela), callampa *f* (in Chile)
elf [ɛlf] *num* once
Elfenbein ['ɛlfənbaɪn] *n* marfil *m*
elfte(r,s) ['ɛlftə(r,s)] *adj* undécimo
elitär [elɪ'tɛːr] *adj* elitista
Elite [e'liːtə] *f* élite *f,* lo mas selecto
Ellbogen ['ɛlboːgən] *m ANAT* codo *m*
Elsass ['ɛlzas] *n GEO* Alsacia *f*
Elster ['ɛlstər] *f ZOOL* urraca *f*
Eltern ['ɛltərn] *pl* padres *m/pl,* viejos *m/pl (fam); nicht von schlechten ~ sein (fig)* ser francamente bueno/tener buena madera/ser de buena familia
Elternhaus ['ɛltərnhaus] *n* casa paterna *f*
Email [e'maːj] *n* esmalte *m*
E-Mail ['iːmeːl] *f* E-mail *m*
Emanzipation [emantsɪpa'tsjoːn] *f* emancipación *f*
Embargo [ɛm'bargo] *n POL* embargo *m*
Embolie [ɛmbo'liː] *f MED* embolia *f*
Embryo ['ɛmbryo] *m BIO* embrión *m*
Emigrant(in) [emi'grant(ɪn)] *m/f 1.* emigrante *m/f; 2. POL* emigrado/emigrada *m/f,* refugiado político/refugiada política *m/f*
Emigration [emigra'tsjoːn] *f 1.* emigración *f; 2. POL* exilio *m,* emigración *f*
Emission [emɪs'joːn] *f 1. ECO* emisión *f; 2. PHYS* emisión *f*
Empfang [ɛm'pfaŋ] *m 1. (Erhalt)* recepción *f,* recibo *m; 2. (Begrüßung)* acogida *f,* saludo *m,* recibimiento *m; 3. (Veranstaltung)* recepción *f; 4. (Rezeption)* recepción *f; 5. (beim TV) TECH* recepción *f*
empfangen [ɛm'pfaŋən] *v irr 1. (erhalten)* recibir, tomar, aceptar; *2. (begrüßen)* acoger, saludar; *3. (TV) TECH* recibir
Empfänger [ɛm'pfɛŋər] *m 1. (Anschrift)* destinatario *m; 2. (Gerät) TECH* receptor *m*
Empfängnis [ɛm'pfɛŋnɪs] *f BIO* concepción *f*
empfängnisverhütend [ɛm'pfɛŋnɪsfɛrhyːtənt] *adj BIO* anticonceptivo
empfehlen [ɛm'pfeːlən] *v irr* recomendar; *es empfiehlt sich, etw zu tun* se recomienda hacerse siempre algo
empfehlenswert [ɛm'pfeːlənsveːrt] *adj* recomendable
Empfehlung [ɛm'pfeːluŋ] *f* recomendación *f*
empfinden [ɛm'pfɪndən] *v irr* sentir, percibir, experimentar
empfindlich [ɛm'pfɪntlɪç] *adj 1.* sensible, susceptible; *adv 2.* sensiblemente
Empfindung [ɛm'pfɪnduŋ] *f* sensación *f,* sentimiento *m*
empor [ɛm'poːr] *adv* hacia arriba, arriba
empören [ɛm'pøːrən] *v sich ~* sublevarse, rebelarse
Emporkömmling [ɛm'poːrkœmlɪŋ] *m* advenedizo *m,* arribista *m*
empört [ɛm'pøːrt] *adj 1.* indignado; *adv 2.* con indignación
Empörung [ɛm'pøːruŋ] *f* sublevación *f,* rebelión *f*
emsig ['ɛmzɪç] *adj* activo, aplicado
Endabrechnung ['ɛndaprɛçnuŋ] *f* saldo *m,* cuenta final *f*
Ende ['ɛndə] *n* fin *m,* final *m; das ~ vom Lied* el final triste *m; zu ~ gehen* tocar a su fin; *das dicke ~* lo peor *m; am ~ sein* estar agotado; *kein ~ finden* ser el cuento de nunca acabar (fig); *Mit ihm geht es zu ~.* Está para morirse.

enden ['ɛndən] *v* acabar, terminar, terminarse, finalizar
Endergebnis ['ɛndɛrge:pnɪs] *n* resultado final *m*
endgültig ['ɛntgyltɪç] *adj 1.* definitivo; *adv 2.* definitivamente
Endlagerung ['ɛntla:gəruŋ] *f* almacenamiento definitivo *m*
endlich ['ɛntlɪç] *adj 1.* final, definitivo; *adv 2.* finalmente, por fin
endlos ['ɛntlo:s] *adj 1.* infinito, interminable; *adv 2.* infinitamente
Endspiel ['ɛntʃpi:l] *n SPORT* encuentro final *m*
Endstation ['ɛntʃtatsjo:n] *f* estación final *f*
Endverbraucher ['ɛntfɛrbrauxər] *m ECO* consumidor final *m*
Energie [enɛr'gi:] *f* energía *f*
Energieverbrauch [enɛr'gi:fɛrbraux] *m* consumo de energía *m*
energisch [e'nɛrgɪʃ] *adj 1.* enérgico; *adv 2.* enérgicamente
eng [ɛŋ] *adj* estrecho, angosto; *etw nicht so ~ sehen* no tomarse algo tan a pecho (fig)
Engagement [ɑngaɢ'm ɑ] *n 1. (Einsatz)* lucha por *f; 2. (Verpflichtung)* compromiso *m; 3. (Anstellung) THEA* contrata *f*
engagieren [ɑnga'ɢi:rən] *n 1. jdn ~* contratar a alguien; *2. sich ~* abogar, comprometerse, luchar
Enge ['ɛŋə] *f jdn in die ~ treiben* poner a alguien entre la espada y la pared (fig)
Engel ['ɛŋəl] *m* ángel *m*
Engelsgeduld ['ɛŋəlsgədult] *f* paciencia divina *f,* paciencia de un santo *f*
England ['ɛŋlant] *n GEO* Inglaterra *f*
Engländer(in) ['ɛŋlɛndər(ɪn)] *m/f* inglés/inglesa *m/f*
Englisch ['ɛŋlɪʃ] *n* inglés *m*
Engpass ['ɛŋpas] *m* desfiladero *m,* cañada *f,* collado *m*
engstirnig ['ɛŋʃtɪrnɪç] *adj* estrecho de miras
Enkel ['ɛŋkəl] *m* nieto *m*
enorm [e'nɔrm] *adj* enorme, inmenso
entbehren [ɛnt'be:rən] *v* carecer de
entbehrlich [ɛnt'be:rlɪç] *adj* prescindible, innecesario
Entbehrung [ɛnt'be:ruŋ] *f* privación *f*
entbinden [ɛnt'bɪndən] *v irr 1. (befreien)* dispensar, relevar; *2. MED* asistir en el parto
Entbindung [ɛnt'bɪnduŋ] *f 1. (Befreiung)* dispensa *f; 2. MED* parto *m,* alumbramiento *m*
entdecken [ɛnt'dɛkən] *v* descubrir
Entdecker(in) [ɛnt'dɛkər(ɪn)] *m/f* descubridor(a) *m/f*
Entdeckung [ɛnt'dɛkuŋ] *f* descubrimiento *m; die ~ Amerikas* el descubrimiento de América *m*
Entdeckungsreise [ɛnt'dɛkuŋsraɪzə] *f* viaje de exploración *m*
Ente ['ɛntə] *f 1. ZOOL* pato *m; eine lahme ~ sein (fig)* ser más lento que una tortuga/ser más lento que un desfile de cojos; *2. (fig: Zeitungsente)* bola *f,* noticia falsa *f*
entehren [ɛnt'e:rən] *v* deshonrar
enteignen [ɛnt'aɪgnən] *v JUR* expropiar
enterben [ɛnt'ɛrbən] *v* desheredar
entfallen [ɛnt'falən] *v irr 1. (fallen lassen)* dejar caer, soltar; *2. (ausfallen)* suprimirse, abolirse; *3. (fig: vergessen)* olvidarse
entfernen [ɛnt'fɛrnən] *v 1. (weggehen)* alejarse; *2. (wegnehmen)* eliminar, quitar, retirar
entfernt [ɛnt'fɛrnt] *adj* apartado, distante, alejado
Entfernung [ɛnt'fɛrnuŋ] *f 1. (Distanz)* distancia *f; 2. (Wegnahme)* eliminación *f,* retiro *m*
entfliehen [ɛnt'fli:ən] *v irr* huir, fugarse
Entfremdung [ɛnt'frɛmduŋ] *f* distanciamiento *m,* alienación *f*
entführen [ɛnt'fy:rən] *v* secuestrar, raptar
Entführer [ɛnt'fy:rər] *m* secuestrador *m*
Entführung [ɛnt'fy:ruŋ] *f* secuestro *m,* rapto *m*
entgegen [ɛnt'ge:gən] *prep 1. (örtlich)* al encuentro de; *sie lief ihm ~* ella corrió a su encuentro; *2. (wider)* en contra de
entgegengehen [ɛnt'ge:gənge:ən] *v irr* ir al encuentro de, ir hacia
entgegengesetzt [ɛnt'ge:gəngəzɛtst] *adj 1. (örtlich)* opuesto, contrario; *2. (gegensätzlich)* antagónico, contradictorio
entgegenhalten [ɛnt'ge:gənhaltən] *v irr 1. die Arme ~* extender los brazos hacia; *2. (fig: einwenden)* oponer, objetar
entgegenkommen [ɛnt'ge:gənkɔmən] *v irr 1.* salir al encuentro de, venir al encuentro de; *2. (fig: eingehen)* entrar en detalles; *Die Bank ist in Kreditfragen sehr ~d.* El banco da muchas facilidades en cuestión de créditos.
Entgegenkommen [ɛnt'ge:gənkɔmən] *n* complacencia *f,* amabilidad *f*
entgegennehmen [ɛnt'ge:gənne:mən] *v irr* recibir, aceptar
entgegnen [ɛnt'ge:gnən] *v* replicar, contestar

entgehen [ɛnt'ge:ən] *v irr* escapar de, huir de

entgeistert [ɛnt'gaɪstərt] *adj 1.* atónito, estupefacto; *adv 2.* con estupefacción

Entgelt [ɛnt'gɛlt] *n* pago *m*

entgleisen [ɛnt'glaɪzən] *v 1. (Zug)* descarrilar; *2. (fig)* salirse de tono

enthaaren [ɛnt'ha:rən] *v* depilar

Enthaarungsmittel [ɛnt'ha:ruŋsmɪtəl] *n* depilatorio *m*

enthalten [ɛnt'haltən] *v irr 1. (beeinhalten)* contener; *2. sich ~* abstenerse de, contenerse

enthaltsam [ɛnt'haltza:m] *adj* abstinente, moderado

Enthaltsamkeit [ɛnt'haltza:mkaɪt] *f* abstinencia *f*

Enthaltung [ɛnt'haltuŋ] *f* abstención *f*

entheben [ɛnt'he:bən] *v irr 1. (Verantwortung) einer Sache ~* eximir de algo, dispensar de algo; *2. (Amt)* separar del cargo

enthüllen [ɛnt'hylən] *v 1. (Denkmal)* inaugurar; *2. (fig)* revelar, sacar a la luz, destapar

Enthüllung [ɛnt'hyluŋ] *f 1. (Denkmal)* inauguración *f*; *2. (fig)* revelación *f*, destape *m*

entjungfern [ɛnt'juŋfərn] *v* desflorar, desvirgar

entkalken [ɛnt'kalkən] *v* descalcificar

entkernen [ɛnt'kɛrnən] *v* deshuesar, despepitar

entkleiden [ɛnt'klaɪdən] *v* desvestir, desnudar

entkommen [ɛnt'kɔmən] *v irr* escapar, escaparse, huir

entkräften [ɛnt'krɛftən] *v 1.* debilitar, extenuar; *2. (widerlegen)* desvirtuar, debilitar

entladen [ɛnt'la:dən] *v irr 1. (abladen)* descargar; *2. (fig: befreien)* liberar, eximir

entlang [ɛnt'laŋ] *prep* a lo largo de

entlangfahren [ɛnt'laŋfa:rən] *v irr 1.* viajar a lo largo de; *2. (am Ufer ~)* costear

entlarven [ɛnt'larfən] *v* desenmascarar

entlassen [ɛnt'lasən] *v irr 1. (Arbeitskraft)* despedir; *2. (Gefangene)* poner en libertad, excarcelar; *3. (Kranke)* dar de alta; *4. MIL* licenciar

Entlassung [ɛnt'lasuŋ] *f 1. (von Arbeitskräften)* despido *m; 2. (von Gefangenen)* puesta en libertad *f*, excarcelación *f; 3. (aus dem Krankenhaus)* alta *f; 4. MIL* licenciamiento *m*

Entlassungspapier [ɛnt'lasuŋspapi:r] *n* documento de despido *m*

entlasten [ɛnt'lastən] *v 1.* aliviar, descargar; *2. JUR* exculpar, descargar

entlastend [ɛnt'lastənt] *adj 1.* aliviante, aligerante; *2. JUR* exculpatorio

Entlastungszeuge [ɛnt'lastuŋstsɔygə] *m JUR* testigo de descargo *m*, testigo de la defensa *m*

entlohnen [ɛnt'lo:nən] *v* remunerar, retribuir

Entmachtung [ɛnt'maxtuŋ] *f POL* derrocamiento *m*, destitución *f*

entmilitarisieren [ɛntmilitari'zi:rən] *v POL* desmilitarizar

entmündigen [ɛnt'myndɪgən] *v JUR* incapacitar

entmutigen [ɛnt'mu:tɪgən] *v* desanimar, desalentar

Entnahme [ɛnt'na:mə] *f* toma *f*

entnehmen [ɛnt'ne:mən] *v irr 1. (herausnehmen)* sacar, extraer; *2. (fig: schließen)* concluir, deducir

entpuppen [ɛnt'pupən] *v sich ~ (fig)* resultar ser

enträtseln [ɛnt'rɛ:tsəln] *v* descifrar

entrüsten [ɛnt'rystən] *v sich ~ über* indignarse por, indignarse de

Entrüstung [ɛnt'rystuŋ] *f* indignación *f*

entschädigen [ɛnt'ʃɛ:dɪgən] *v* indemnizar, compensar

Entschädigung [ɛnt'ʃɛ:dɪguŋ] *f* indemnización *f*, compensación *f*

entscheiden [ɛnt'ʃaɪdən] *v irr* decidir, determinar

entscheidend [ɛnt'ʃaɪdənt] *adj* decisivo, determinante

Entscheidung [ɛnt'ʃaɪduŋ] *f* decisión *f*, determinación *f*

Entscheidungsfreiheit [ɛnt'ʃaɪduŋsfraɪhaɪt] *f* libertad de decisión *f*

entschieden [ɛnt'ʃi:dən] *adj 1.* decidido, resuelto; *adv 2.* decididamente, sin duda

Entschiedenheit [ɛnt'ʃi:dənhaɪt] *f* decisión *f*, determinación *f*, firmeza *f*

entschließen [ɛnt'ʃli:sən] *v irr sich ~* decidirse, resolverse

entschlossen [ɛnt'ʃlɔsən] *adj* decidido, resuelto, determinado

Entschluss [ɛnt'ʃlus] *m* decisión *f*, resolución *f*, determinación *f*

Entschlusskraft [ɛnt'ʃluskraft] *f* determinación *f*, fuerza de resolución *f*

entschuldbar [ɛnt'ʃultba:r] *adj* disculpable, perdonable, excusable

entschuldigen [ɛnt'ʃuldɪgən] *v 1. etw ~* disculpar algo, excusar algo, perdonar algo; *2. sich ~* disculparse, excusarse

Entschuldigung [ɛnt'ʃuldɪguŋ] *f* disculpa *f*, excusa *f*, perdón *m*
entsetzen [ɛnt'zɛtsən] *v* espantar, horrorizar
Entsetzen [ɛnt'zɛtsən] *n* horror *m*, espanto *m*, terror *m*, pavor *m*
entsetzlich [ɛnt'zɛtslɪç] *adj* horrible, espantoso, terrible
entsetzt [ɛnt'zɛtst] *adj* *1.* aterrado, espantado; *adv* *2.* con horror, con espanto, lleno de pavor
entseuchen [ɛnt'zɔyçən] *v* descontaminar, desinfectar
entsinnen [ɛnt'zɪnən] *v irr sich einer Sache ~* acordarse de algo, recordar a algo
entsorgen [ɛnt'zɔrgən] *v* eliminar desechos
entspannen [ɛnt'ʃpanən] *v sich ~* relajarse
entspannend [ɛnt'ʃpanənt] *adj* relajante, distendido (fig)
Entspannung [ɛnt'ʃpanuŋ] *f* *1.* relajación *f*, relajamiento *m*; *2. POL* distensión *f*
Entspannungspolitik [ɛnt'ʃpanuŋspoliti:k] *f* *POL* política de distensión *f*
entsprechen [ɛnt'ʃprɛçən] *v* corresponder a, pertenecer a
entsprechend [ɛnt'ʃprɛçənt] *adj* correspondiente, perteneciente
entspringen [ɛnt'ʃprɪŋən] *v irr* *1. (Fluss)* nacer; *2. (herrühren) ~ aus* originarse en, provenir de
entstehen [ɛnt'ʃte:ən] *v irr* originarse, surgir
entstellt [ɛnt'ʃtɛlt] *adj* desfigurado, deformado
entstören [ɛnt'ʃtø:rən] *v* *TECH* eliminar perturbaciones
enttäuschen [ɛnt'tɔyʃən] *v* desengañar, desilusionar
enttäuscht [ɛnt'tɔyʃt] *adj* desengañado, desilusionado
Enttäuschung [ɛnt'tɔyʃuŋ] *f* desengaño *m*, desilusión *f*
entwaffnen [ɛnt'vafnən] *v* *1. MIL* desarmar; *2. (fig) jdn ~* vencer la resistencia de alguien
Entwarnung [ɛnt'varnuŋ] *f* cese de alarma *m*
entwässern [ɛnt'vɛsərn] *v* *1. (Sumpf)* desaguar, drenar; *2. MED* drenar
entweder ['ɛntve:dər] *konj ~ ... oder* o bien ... o; *~ du bleibst, oder du gehst.* O bien te quedas o te vas.
entweihen [ɛnt'vaɪən] *v* *REL* profanar
entwenden [ɛnt'vɛndən] *v irr* robar, quitar
entwerfen [ɛnt'vɛrfən] *v irr* idear, diseñar, proyectar
entwerten [ɛnt'vɛrtən] *v* *1. (Fahrkarte)* fechar, marcar, picar; *2. (fig)* perder su valor; *3. (Geld) ECO* desvalorizar
Entwertung [ɛnt'vɛrtuŋ] *f* *ECO* desvalorización *f*
entwickeln [ɛnt'vɪkəln] *v* desarrollar, desenvolver
Entwicklung [ɛnt'vɪkluŋ] *f* desarrollo *m*, desenvolvimiento *m*
Entwicklungshilfe [ɛnt'vɪkluŋshɪlfə] *f* ayuda a los países en vías de desarrollo *f*, ayuda al desarrollo *f*
Entwicklungsjahre [ɛnt'vɪkluŋsja:rə] *pl* años de la pubertad *m/pl*
Entwicklungsland [ɛnt'vɪkluŋslant] *n* país en vías de desarrollo *m*
entwürdigend [ɛnt'vyrdɪgənt] *adj* degradante, humillante
Entwurf [ɛnt'vurf] *m* diseño *m*, bosquejo *m*
entwurzeln [ɛnt'vurtsəln] *v* *1. (fig)* desarraigar, expatriar, alejar; *2. BOT* arrancar de raíz, desarraigar
Entwurzelung [ɛnt'vurtsəluŋ] *f* *(fig)* desarraigo *m*, expatriación *f*
Entziehungskur [ɛnt'tsi:uŋsku:r] *f* *MED* cura de desintoxicación *f*, cura de privación *f*
entziffern [ɛnt'tsɪfərn] *v* descifrar
Entzücken [ɛnt'tsykən] *n* encanto *m*, fascinación *f*
entzückend [ɛnt'tsykənt] *adj* encantador, fascinador, cautivador
entzückt [ɛnt'tsykt] *adj* encantado, cautivado, fascinado
Entzug [ɛnt'tsu:k] *m* *MED* privación *f*
Entzugserscheinungen [ɛnt'tsu:ksɛrʃaɪnuŋən] *pl* *MED* síntomas de privación *m/pl*, síndrome de abstinencia *m/pl*
entzünden [ɛnt'tsyndən] *v* *1. (Feuer)* encender, prender, inflamar; *2. sich ~ MED* inflamarse, infectarse
Entzündung [ɛnt'tsynduŋ] *f* *MED* inflamación *f*, infección *f*
Entzündungsherd [ɛnt'tsynduŋshe:rt] *m* *MED* foco inflamatorio *m*, foco de infección *m*
entzwei [ɛnt'tsvaɪ] *adj* roto, destrozado
Enzian ['ɛntsjan] *m* *BOT* genciana *f*
Enzyklopädie [ɛntsyklopɛ'di:] *f* enciclopedia *f*

Enzym [ɛn'tsyːm] *n BIO* enzima *f*
Epidemie [epide'miː] *f MED* epidemia *f*
Epilepsie [epilɛp'ziː] *f MED* epilepsia *f*
Episode [epi'zoːdə] *f* episodio *m*
Epizentrum [epi'tsɛntrum] *n* epicentro *m*
Epoche [e'pɔxə] *f* época *f*
Equipe [e'kvip] *f* equipo *m*
er [eːr] *pron (Person)* él
erachten [ɛr'axtən] *v* considerar, juzgar
erarbeiten [ɛr'arbaɪtən] *v* conseguir trabajando, ganar a fuerza de trabajo
erbarmen [ɛr'barmən] *v sich jds ~* compadecerse de alguien, apiadarse de alguien; *Herr, erbarme dich unser!* ¡Señor, ten piedad de nosotros!
Erbarmen [ɛr'barmən] *n* compasión *f*, piedad *f*
erbärmlich [ɛr'bɛrmlɪç] *adj 1.* deplorable, lastimoso, miserable; *adv 2.* deplorablemente, lastimosamente, miserablemente
erbarmungslos [ɛr'barmuŋsloːs] *adj* despiadado
erbauen [ɛr'bauən] *v* construir, edificar
Erbauer [ɛr'bauər] *m* constructor *m*
Erbe ['ɛrbə] *n 1. (Sache)* herencia *f; m 2. (Person)* heredero *m*
erben ['ɛrbən] *v* heredar
Erbfolge ['ɛrpfɔlgə] *f* sucesión *f*
Erbgut ['ɛrpguːt] *n BIO* patrimonio hereditario *m*
Erbin ['ɛrbɪn] *f* heredera *f*, sucesora *f*
erbittert [ɛr'bɪtərt] *adj 1.* exasperado, enconado; *adv 2.* con exasperación
Erbkrankheit ['ɛrpkrankhaɪt] *f MED* enfermedad hereditaria *f*
Erblasser(in) ['ɛrplasər(ɪn)] *m/f* testador(a) *m/f*
erblich ['ɛrplɪç] *adj* hereditario
erblinden [ɛr'blɪndən] *v* cegar, perder la vista
Erbmasse ['ɛrpmasə] *f 1. BIO* masa hereditaria *f; 2. JUR* herencia *f*
erbrechen [ɛr'brɛçən] *v irr* vomitar
Erbrechen [ɛr'brɛçən] *n* vómito *m; bis zum ~* hasta la saciedad
Erbrecht ['ɛrprɛçt] *n JUR* derecho sucesorio *m*
Erbschaft ['ɛrpʃaft] *f* herencia *f*
Erbschleicher(in) ['ɛrpʃlaɪçər(ɪn)] *m/f* captador(a) de herencias *m/f*
Erbse ['ɛrpsə] *f* guisante *m*, arveja *f* (LA)
Erdbeben ['eːrtbeːbən] *n 1.* seísmo *m*, terremoto *m; 2. (leichtes ~)* temblor *m*
Erdbeere ['eːrtbeːrə] *f BOT* fresa *f*
Erdboden ['eːrtboːdən] *m* tierra *f*, suelo *m; dem ~ gleichmachen (fig)* no dejar piedra sobre piedra; *vom ~ verschwinden* desaparecer de la faz de la tierra
Erde ['eːrdə] *f* tierra *f; jdn unter die ~ bringen (fig)* llevar a alguien a la tumba; *auf der ~ bleiben* pisar tierra (fig)/no hacerse ilusiones; *etw aus der ~ stampfen* sacar algo de la nada
erden ['eːrdən] *v TECH* conectar a tierra
erdenklich [ɛr'dɛŋklɪç] *adj* imaginable, concebible
Erdgas ['eːrtgaːs] *n* gas natural *m*
Erdgeschoss ['eːrtgəʃɔs] *n* piso bajo *m*, planta baja *f*
erdichten [ɛr'dɪçtən] *v* imaginar, idear
Erdkugel ['eːrtkuːgəl] *f* globo terráqueo *m*
Erdkunde ['eːrtkundə] *f* geografía *f*
Erdnuss ['eːrtnus] *f BOT* cacahuete *m*, maní *m* (LA)
Erdöl ['eːrtøːl] *n* petróleo *m*
Erdreich ['eːrtraɪç] *n* tierra *f*, terruño *m*
erdrosseln [ɛr'drɔsəln] *v* estrangular
erdrücken [ɛr'drykən] *v* aplastar, ahogar
Erdrutsch ['eːrtrutʃ] *m* corrimiento de tierras *m*, desprendimiento de tierras *m*
Erdteil ['eːrttaɪl] *m GEO* continente *m*
erdulden [ɛr'duldən] *v* aguantar, soportar
Erdung ['eːrduŋ] *f TECH* toma de tierra *f*
ereifern [ɛr'aɪfərn] *v sich ~* acalorarse, alterarse
ereignen [ɛr'aɪgnən] *v sich ~* ocurrir, suceder, pasar
Ereignis [ɛr'aɪgnɪs] *n* acontecimiento *m*, suceso *m*
Eremit [ere'miːt] *m* eremita *m*
erfahren [ɛr'faːrən] *v irr 1.* llegar a saber, experimentar; *adj 2.* experimentado, experto
Erfahrung [ɛr'faːruŋ] *f* experiencia *f*
erfahrungsgemäß [ɛr'faːruŋsgəmɛːs] *adv* por experiencia
Erfahrungssache [ɛr'faːruŋszaxə] *f* cuestión de experiencia *f*
erfassen [ɛr'fasən] *v 1. (greifen)* asir, coger, agarrar; *2. (statistisch)* registrar estadísticamente; *3. (fig: verstehen)* comprender, entender, captar
Erfassung [ɛr'fasuŋ] *f (Statistik)* estadística *f*
erfinden [ɛr'fɪndən] *v irr* inventar, crear
Erfinder [ɛr'fɪndər] *m* inventor *m*
erfinderisch [ɛr'fɪndərɪʃ] *adj* inventivo, ingenioso
Erfindung [ɛr'fɪnduŋ] *f 1.* invento *m*, invención *f; 2. (Lüge)* mentira *f*, invención *f*

Erfolg [ɛr'fɔlk] *m* éxito *m*; ~ *versprechend* prometedor
erfolgen [ɛr'fɔlgən] *v* resultar, desarrollarse
erfolglos [ɛr'fɔlkloːs] *adj 1.* desafortunado, infructuoso; *adv 2.* desafortunadamente, infructuosamente, sin éxito
erfolgreich [ɛr'fɔlkraɪç] *adj* afortunado, (LA) exitoso
erforderlich [ɛr'fɔrdərlɪç] *adj* necesario, requerido
erfordern [ɛr'fɔrdərn] *v* requerir, pedir, necesitar
Erfordernis [ɛr'fɔrdərnɪs] *n* exigencia *f*, requisito *m*
erforschen [ɛr'fɔrʃən] *v 1.* explorar, investigar; *2. (prüfen)* estudiar, examinar
Erforschung [ɛr'fɔrʃuŋ] *f 1.* exploración *f*, investigación *f*; *2. (prüfen)* estudio *m*, investigación *f*, examen *m*
erfreuen [ɛr'frɔyən] *v* alegrar, causar alegría
erfreulich [ɛr'frɔylɪç] *adj* agradable, alentador
erfreulicherweise [ɛr'frɔylɪçərvaɪzə] *adv* afortunadamente, por suerte
erfreut [ɛr'frɔyt] *adj* contento, encantado; *Sehr ~!* ¡Encantado!
erfrieren [ɛr'friːrən] *v irr 1. (Person)* morirse de frío; *2. (Pflanze)* helarse
erfrischen [ɛr'frɪʃən] *v sich ~* refrescarse, tomar aire fresco
erfrischend [ɛr'frɪʃənt] *adj* refrescante
Erfrischung [ɛr'frɪʃuŋ] *f* refresco *m*
erfüllen [ɛr'fylən] *v 1. erfüllt sein* estar lleno; *2. Pflicht ~* cumplir una obligación; *3. Wunsch ~* satisfacer un deseo
Erfüllung [ɛr'fyluŋ] *f 1. (Realisierung)* realización *f*, consumación *f*; *2. (einer Pflicht)* cumplimiento *m*; *3. (eines Wunsches)* satisfacción *f*
Erfüllungsort [ɛr'fyluŋsɔrt] *m ECO* lugar de cumplimiento *m*
ergänzen [ɛr'gɛntsən] *v* completar, complementar, añadir
Ergänzung [ɛr'gɛntsuŋ] *f* complemento *m*, suplemento *m*, añadidura *f*
Ergebnis [ɛr'geːpnɪs] *n* resultado *m*, producto *m*
ergebnislos [ɛr'geːpnɪsloːs] *adj* sin resultado
ergiebig [ɛr'giːbɪç] *adj* productivo
ergonomisch [ɛrgɔ'noːmɪʃ] *adj* ergonómico
ergreifen [ɛr'graɪfən] *v irr 1. (greifen)* coger, tomar, agarrar; *eine Gelegenheit ~* aprovechar la ocasión; *2. (anwenden)* adoptar, tomar; *3. (festnehmen)* capturar, prender, tomar preso; *4. (fig: bewegen)* conmover, enternecer
ergreifend [ɛr'graɪfənt] *adj (fig)* conmovedor, enternecedor
erhalten [ɛr'haltən] *v irr 1. (bekommen)* recibir, aceptar; *2. (bewahren)* conservar
erhältlich [ɛr'hɛltlɪç] *adj* adquirible, que se puede adquirir
Erhaltung [ɛr'haltuŋ] *f 1. (Bewahrung)* conservación *f*; *2. (Instandhaltung)* mantenimiento *m*
erhängen [ɛr'hɛŋən] *v irr sich ~* ahorcarse, estrangularse
erheben [ɛr'heːbən] *v irr 1. (hochheben)* levantar, alzar; *2. sich ~* levantarse, ponerse de pie; *3. (Steuern) ECO* recaudar, cobrar; *4. (Klage) JUR* demandar a alguien
erheblich [ɛr'heːplɪç] *adj* considerable
Erhebung [ɛr'heːbuŋ] *f 1. (eines Berges)* elevación *f*; *2. (Statistik)* censo *m*; *3. (von Steuern) ECO* recaudación *f*, cobro *m*; *4. JUR* demanda *f*
Erheiterung [ɛr'haɪtəruŋ] *f* diversión *f*
erhitzen [ɛr'hɪtsən] *v* calentar
erhoffen [ɛr'hɔfən] *v* esperar, confiar en que
erhöhen [ɛr'høːən] *v 1.* levantar, alzar, elevar; *2. (Preise) ECO* aumentar, subir, alzar, incrementar
Erhöhung [ɛr'høːuŋ] *f 1.* elevación *f*; *2. (von Preisen) ECO* aumento *m*, subida *f*
erholen [ɛr'hoːlən] *v sich ~* descansar, recrear, recuperarse
Erholung [ɛr'hoːluŋ] *f* descanso *m*
erholungsbedürftig [ɛr'hoːluŋsbədyrftɪç] *adj* necesitado de reposo, necesitado de descanso
erinnern [ɛr'ɪnərn] *v 1. jdn an etw ~* recordar alguien a algo; *2. sich ~* acordarse de, recordar a; *Versuche dich zu ~!* ¡Trata de hacer memoria!
Erinnerung [ɛr'ɪnəruŋ] *f* recuerdo *m*
Erinnerungsstück [ɛr'ɪnəruŋsʃtyk] *n* recuerdo *m*, reminiscencia *f*
Erinnerungswert [ɛr'ɪnəruŋsveːrt] *m* recuerdo personal *m*
erkälten [ɛr'kɛltən] *v sich ~* resfriarse, constiparse
Erkältung [ɛr'kɛltuŋ] *f MED* resfriado *m*, constipado *m*, resfrío *m* (LA)

erkennbar [ɛr'kɛnbaːr] *adj* reconocible
erkennen [ɛr'kɛnən] *v irr* reconocer, distinguir
erkenntlich [ɛr'kɛntlɪç] *adj* reconocido, agradecido
Erkenntnis [ɛr'kɛntnɪs] *f* conocimiento *m*
erklärbar [ɛr'klɛːrbaːr] *adj* explicable
erklären [ɛr'klɛːrən] *v 1. (verdeutlichen)* aclarar, especificar; *2. (verkünden)* proclamar, anunciar
Erklärung [ɛr'klɛːruŋ] *f 1. (Verdeutlichung)* aclaración *f,* especificación *f; 2. (Verkündung)* proclamación *f,* anuncio *m*
erkranken [ɛr'kraŋkən] *v ~ an* enfermar de
Erkrankung [ɛr'kraŋkuŋ] *f MED* enfermedad *f*
erkundigen [ɛr'kundɪgən] *v sich ~ nach* informarse de
Erkundigung [ɛr'kundɪguŋ] *f* información *f*
Erkundung [ɛr'kunduŋ] *f* exploración *f*
erlangen [ɛr'laŋən] *v* alcanzar, obtener
Erlass [ɛr'las] *m 1. (Verordnung)* decreto *m; 2. (Befreiung)* exención *f,* dispensa *f*
erlassen [ɛr'lasən] *v irr 1. (verordnen)* decretar, dictar; *2. (befreien)* dispensar, eximir, librar
erlauben [ɛr'laubən] *v jdm etw ~* permitir algo a alguien, dar permiso a alguien para algo, autorizar algo a alguien; *Was ~ Sie sich?* ¿Pero, qué se ha creído usted?
Erlaubnis [ɛr'laupnɪs] *f* permiso *m,* autorización *f*
erläutern [ɛr'lɔytərn] *v* explicar, aclarar
Erläuterung [ɛr'lɔytəruŋ] *f* explicación *f*
erleben [ɛr'leːbən] *v* vivir, experimentar; *Du kannst was ~! (fam)* ¡Prepárate!
Erlebnis [ɛr'leːpnɪs] *n* vivencia *f,* experiencia *f*
erledigen [ɛr'leːdɪgən] *v 1. (ausführen)* ejecutar, llevar a cabo, realizar; *2. (beenden)* acabar, terminar, concluir
Erledigung [ɛr'leːdɪguŋ] *f 1. (Ausführung)* ejecución *f,* realización *f; 2. (Beenden)* terminación *f,* finalización *f*
erlegen [ɛr'leːgən] *v (Tier)* matar, cazar
erleichtern [ɛr'laɪçtərn] *v* aliviar, mitigar, calmar
Erleichterung [ɛr'laɪçtəruŋ] *f* alivio *m,* facilidades *f/pl*
erleiden [ɛr'laɪdən] *v irr* soportar, aguantar, sufrir
erlernen [ɛr'lɛrnən] *v* aprender, estudiar, cultivar
erleuchten [ɛr'lɔyçtən] *v* alumbrar, iluminar
Erlös [ɛr'løːs] *m ECO* recaudación *f,* ingresos *m/pl*
erlöschen [ɛr'lœʃən] *v irr* apagarse, extinguirse
erlösen [ɛr'løːzən] *v* salvar, redimir
Erlöser [ɛr'løːzər] *m REL* salvador *m,* redentor *m*
Erlösung [ɛr'løːzuŋ] *f 1.* salvación *f; 2. REL* redención *f*
ermächtigen [ɛr'mɛçtɪgən] *v ~ zu* autorizar para, dar poder para, habilitar para
Ermächtigung [ɛr'mɛçtɪguŋ] *f* autorización *f,* poder *m*
ermahnen [ɛr'maːnən] *v* exhortar, amonestar
Ermahnung [ɛr'maːnuŋ] *f* exhortación *f,* amonestación *f*
ermäßigen [ɛr'mɛːsɪgən] *v* disminuir, rebajar
Ermäßigung [ɛr'mɛːsɪguŋ] *f* descuento *m,* rebaja *f; Gibt es ~en für Studenten?* ¿Hay descuento para estudiantes?
ermessen [ɛr'mɛsən] *v irr* medir
Ermessen [ɛr'mɛsən] *n* juicio *m,* parecer *m,* criterio *m; nach menschlichem ~* según la humana prevención
Ermessensspielraum [ɛr'mɛsənsʃpiːlraum] *m* juicio *m,* opinión *f*
ermitteln [ɛr'mɪtəln] *v 1.* averiguar, indagar, buscar; *2. gegen jdn ~ JUR* instruir el sumario contra alguien
Ermittlung [ɛr'mɪtluŋ] *f 1.* averiguación *f; 2. JUR* pesquisa *f,* instrucción *f*
Ermittlungsverfahren [ɛr'mɪtluŋsfɛrfaːrən] *n JUR* sumario *m,* instrucción del sumario *f*
ermöglichen [ɛr'møːklɪçən] *v* hacer posible, posibilitar
ermorden [ɛr'mɔrdən] *v* asesinar, matar
Ermordung [ɛr'mɔrduŋ] *f* asesinato *m,* homicidio *m,* crimen *m*
ermüden [ɛr'myːdən] *v* fatigar, fatigarse, cansar, cansarse
ermüdend [ɛr'myːdənt] *adj* fatigoso
Ermüdung [ɛr'myːduŋ] *f 1.* fatiga *f,* cansancio *m; 2. (Erschöpfung) TECH* agotamiento *m*
ermuntern [ɛr'muntərn] *v* despertar, animar, alentar
ermutigen [ɛr'muːtɪgən] *v* animar, alentar, estimular
ernähren [ɛr'nɛːrən] *v* alimentar, nutrir

Ernährung [ɛr'nɛːrʊŋ] *f* *1. (Produkt)* alimento *m; 2. (Vorgang)* alimentación *f,* nutrición *f*
Ernährungsweise [ɛr'nɛːrʊŋsvaɪzə] *f* régimen alimenticio *m*
ernennen [ɛr'nɛnən] *v irr* nombrar, designar
Ernennung [ɛr'nɛnʊŋ] *f* nombramiento *m,* designación *f*
Ernennungsurkunde [ɛr'nɛnʊŋsuːrkundə] *f* nombramiento *m*
erneuern [ɛr'nɔyərn] *v* renovar
Erneuerung [ɛr'nɔyərʊŋ] *f* renovación *f*
erneut [ɛr'nɔyt] *adv* de nuevo, nuevamente, otra vez
erniedrigen [ɛr'niːdrɪgən] *v* rebajar, humillar
erniedrigend [ɛr'niːdrɪgənt] *adj* degradante, humillante
Erniedrigung [ɛr'niːdrɪgʊŋ] *f* degradación *f,* humillación *f,* rebajamiento *m*
ernst [ɛrnst] *adj 1.* serio; *Nimm es nicht so ~!* ¡No te lo tomes tan a pecho! *etw nicht ~ nehmen* tomar algo a broma; *adv 2.* en serio, seriamente
Ernst [ɛrnst] *m* seriedad *f; der ~ des Lebens* la vida cotidiana *f; mit etw ~ machen* hacer algo como una hoja
Ernstfall ['ɛrnstfal] *m* emergencia *f,* caso grave *m*
ernstlich ['ɛrnstlɪç] *adj* serio, grave
Ernte ['ɛrntə] *f* *1. (Tätigkeit)* cosecha *f,* recolección *f; 2. (Ertrag)* producto *m*
Erntedankfest [ɛrntə'daŋkfɛst] *n REL* acción de gracias por la cosecha *f*
ernten ['ɛrntən] *v* cosechar
ernüchtern [ɛr'nyçtərn] *v (fig)* desengañar, desilusionar
Ernüchterung [ɛr'nyçtərʊŋ] *f (fig)* desengaño *m,* desilusión *f*
Eroberer [ɛr'oːbərər] *m* conquistador *m*
erobern [ɛr'oːbərn] *v* conquistar
Eroberung [ɛr'oːbərʊŋ] *f* conquista *f*
eröffnen [ɛr'œfnən] *v* abrir
Eröffnung [ɛr'œfnʊŋ] *f* *1.* abertura *f,* apertura *f; 2. (Einweihung)* inauguración *f; 3. (Mitteilung)* comunicación *f,* notificación *f*
erörtern [ɛr'œrtərn] *v* discutir, debatir
Erörterung [ɛr'œrtərʊŋ] *f* discusión *f,* debate *m*
Erotik [e'roːtɪk] *f* erotismo *m*
erotisch [e'roːtɪʃ] *adj* erótico
erpressen [ɛr'prɛsən] *v jdn ~* extorsionar a alguien, chantajear a alguien
Erpresser(in) [ɛr'prɛsər(ɪn)] *m/f* extorsionista *m/f,* chantajista *m/f*
Erpressung [ɛr'prɛsʊŋ] *f* extorsión *f,* chantaje *m*
erproben [ɛr'proːbən] *v* probar, ensayar
Erprobung [ɛr'proːbʊŋ] *f* prueba *f*
erquickend [ɛr'kvɪkənt] *adj* refrescante
erraten [ɛr'raːtən] *v irr* adivinar, acertar
errechnen [ɛr'rɛçnən] *v* calcular, computar
erregen [ɛr'reːgən] *v* *1. Aufsehen ~* causar sensación; *2. (aufregen)* incitar, excitar
Erreger [ɛr'reːgər] *m MED* agente patógeno *m*
erreichbar [ɛr'raɪçbaːr] *adj* asequible, accesible; *leicht ~ sein* estar al alcance de la mano
erreichen [ɛr'raɪçən] *v* alcanzar, lograr, conseguir
errichten [ɛr'rɪçtən] *v 1.* erigir, levantar; *2. (gründen)* establecer, fundar
Errichtung [ɛr'rɪçtʊŋ] *f 1.* edificación *f; 2. (Gründung)* fundación *f*
Errungenschaft [ɛr'rʊŋənʃaft] *f* adquisición *f,* logro *m*
Ersatz [ɛr'zats] *m* sustitución *f,* reemplazo *m*
Ersatzanspruch [ɛr'zatsanʃprux] *m* derecho a indemnización *m*
Ersatzbefriedigung [ɛr'zatsbəfriːdɪgʊŋ] *f* compensación *f*
Ersatzhandlung [ɛr'zatshandlʊŋ] *f* sublimación *f,* acto sustitutivo *m*
Ersatzreifen [ɛr'zatsraɪfən] *m* neumático de repuesto *m,* llanta de repuesto *f* (LA)
Ersatzteil [ɛr'zatstaɪl] *n* pieza de recambio *f,* repuesto *m*
erscheinen [ɛr'ʃaɪnən] *v irr 1. (sich sehen lassen)* mostrarse, dejarse ver; *2. (veröffentlicht werden)* ser publicado; *3. vor Gericht ~* comparecer en juicio, comparecer ante el juez; *4. (scheinen)* aparecer, surgir, emerger
Erscheinung [ɛr'ʃaɪnʊŋ] *f 1. (Phänomen)* fenómeno *m; Das sind Alterserscheinungen.* Son cosas de la edad. *2. (Aussehen)* aspecto *m,* apariencia *f*
erschießen [ɛr'ʃiːsən] *v irr* matar a tiros, matar con arma de fuego
erschlagen [ɛr'ʃlaːgən] *v irr* matar; *Ich bin völlig ~.* Estoy hecho polvo.
erschließen [ɛr'ʃliːsən] *v irr 1. (Baugelände)* urbanizar; *2. (Märkte) ECO* abrir
Erschließung [ɛr'ʃliːsʊŋ] *f 1. (von Baugelände)* urbanización *f; 2. (von Märkten) ECO* apertura *f*

erschöpft [ɛr'ʃœpft] *adj* agotado, muy cansado
Erschöpfung [ɛr'ʃœpfuŋ] *f* agotamiento *m*
erschrecken [ɛr'ʃrɛkən] *v irr* asustar, dar un susto
erschreckend [ɛr'ʃrɛkənt] *adj* espantoso, terrible
erschüttern [ɛr'ʃytərn] *v* *1.* sacudir, zarandear; *2. (fig)* estremecer, emocionar
erschütternd [ɛr'ʃytərnt] *adj* estremecedor, emocionante
Erschütterung [ɛr'ʃytəruŋ] *f* *1.* sacudida *f*, zarandeo *m; 2. (fig)* emoción *f*, estremecimiento *m*
erschweren [ɛr'ʃveːrən] *v* dificultar, complicar
Erschwernis [ɛr'ʃveːrnɪs] *f* dificultad *f*, complicación *f*
erschwinglich [ɛr'ʃvɪŋlɪç] *adj* accesible, asequible, abordable; *für jedermann ~* al alcance de todo bolsillo
ersetzen [ɛr'zɛtsən] *v* *1. (austauschen)* cambiar, reemplazar; *2. (entschädigen)* indemnizar, compensar
ersichtlich [ɛr'zɪçtlɪç] *adj* visible, evidente; *Es ist ~.* Salta a la vista.
ersparen [ɛr'ʃpaːrən] *v jdm etw ~ (fig)* evitar algo a alguien
Ersparnis [ɛr'ʃpaːrnɪs] *f* ahorro *m*
erst [eːrst] *adv* primero, en primer lugar, primeramente
Erstauflage ['eːrstauflaːgə] *f* primera edición *f*
Erstaunen [ɛr'ʃtaunən] *n* admiración *f*, asombro *m*
erstaunlich [ɛr'ʃtaunlɪç] *adj* asombroso, sorprendente
erste(r,s) ['eːrstə(r,s)] *adj* primero; *das ~ Mal* la primera vez *f*
erstens ['eːrstəns] *adv* primeramente, en primar lugar
ersticken [ɛr'ʃtɪkən] *v* asfixiarse
erstklassig ['eːrstklasɪç] *adj 1.* de primera clase, de primera categoría; *adv 2.* de primera
Erstlingswerk ['eːrstlɪŋsvɛrk] *n* primera obra *f*
erstmals ['eːrstmaːls] *adv* por primera vez
erstreben [ɛr'ʃtreːbən] *v* aspirar a, ambicionar
erstrebenswert [ɛr'ʃtreːbənsvert] *adj* digno de esfuerzo, deseable
Erstwähler ['eːrstvɛːlər] *m POL* elector primerizo *m*, elector novicio *m*
Ersuchen [ɛr'zuːxən] *n* petición *f*, solicitud *f*
erteilen [ɛr'taɪlən] *v 1. (geben)* dar, entregar; *2. (gewähren)* conceder, otorgar
Ertrag [ɛr'traːk] *m ECO* beneficio *m*, ganancia *f*
ertragen [ɛr'traːgən] *v irr* soportar, aguantar, sufrir
Ertragfähigkeit [ɛr'traːkfɛːɪçkaɪt] *f ECO* productividad *f*, rentabilidad *f*
erträglich [ɛr'trɛːklɪç] *adj* soportable, sufrible
ertragreich [ɛr'traːkraɪç] *adj* productivo
ertrinken [ɛr'trɪŋkən] *v irr* ahogarse
erwachen [ɛr'vaxən] *v* despertar, despertarse
erwachsen [ɛr'vaksən] *adj* crecido
Erwachsene(r) [ɛr'vaksənə(r)] *m/f* adulto/adulta *m/f*
Erwachsenenbildung [ɛr'vaksənənbɪlduŋ] *f* educación de adultos *f*, educación para adultos *f*
erwägen [ɛr'vɛːgən] *v irr* ponderar, tomar en consideración
Erwägung [ɛr'vɛːguŋ] *f* ponderación *f*, consideración *f*
erwähnen [ɛr'vɛːnən] *v* mencionar, nombrar
Erwähnung [ɛr'vɛːnuŋ] *f* mención *f*
erwärmen [ɛr'vɛrmən] *v* calentar
erwarten [ɛr'vaːrtən] *v* esperar, aguardar, estar a la expectativa; *nichts zu ~ haben* no poder esperar
Erwartung [ɛr'vartuŋ] *f* espera *f*, expectativa *f; in ~ Ihrer baldigen Nachricht* en espera de su noticia pronta
erwartungsvoll [ɛr'vartuŋsfɔl] *adj* lleno de expectación
erweitern [ɛr'vaɪtərn] *v* ensanchar, ampliar
Erweiterung [ɛr'vaɪtəruŋ] *f* ensanchamiento *m*, ensanche *m*, ampliación *f*
erweiterungsfähig [ɛr'vaɪtəruŋsfɛːɪç] *adj* ampliable
Erwerb [ɛr'vɛrp] *m 1. (Beruf)* profesión *f; 2. (Kauf) ECO* adquisición *f*, compra *f*
erwerben [ɛr'vɛrbən] *v irr* adquirir, comprar
erwerbsfähig [ɛr'vɛrpsfɛːɪç] *adj* apto para el trabajo
erwerbslos [ɛr'vɛrpsloːs] *adj* parado *m*, desempleado *m*
Erwerbstätige(r) [ɛr'vɛrpʃtɛtɪgə(r)] *m/f* activo/activa *m/f*, asalariado/asalariada *m/f*

erwerbsunfähig [ɛr'vɛrpsunfɛːɪç] *adj* incapacitado para el trabajo, incapacitado para trabajar
erwidern [ɛr'viːdərn] *v 1. (antworten)* contestar, responder; *2. (Gleiches zurückgeben)* corresponder a, responder
erwischen [ɛr'vɪʃən] *v* atrapar, coger
erwünschen [ɛr'vynʃən] *v* desear, aspirar, querer, ambicionar
erwünscht [ɛr'vynʃt] *adj* deseado, aspirado
Erz [ɛrts] *n MIN* mineral *m*
erzählen [ɛr'tsɛːlən] *v* contar, narrar
Erzählung [ɛr'tsɛːluŋ] *f* cuento *m*, narración *f*
Erzbischof ['ɛrtsbɪʃɔf] *m REL* arzobispo *m*
erzeugen [ɛr'tsɔygən] *v 1. (herstellen)* producir, fabricar; *2. (hervorrufen)* causar, provocar, originar
Erzeugerland [ɛr'tsɔygərlant] *n ECO* país productor *m*
Erzeugnis [ɛr'tsɔyknɪs] *n* producto *m*
Erzfeind(in) ['ɛrtsfaɪnt(ɪn)] *m/f* enemigo mortal/enemiga mortal *m/f*
erziehen [ɛr'tsiːən] *v irr 1.* educar, formar; *2. (aufziehen)* criar
Erzieher(in) [ɛr'tsiːər(ɪn)] *m/f* educador(a) *m/f*, pedagogo/pedagoga *m/f*
erzieherisch [ɛr'tsiːərɪʃ] *adj* educativo, educacional, pedagógico
Erziehung [ɛr'tsiːuŋ] *f 1. (aufziehen)* crianza *f*; *2. (Ausbildung)* educación *f*, formación *f*
Erziehungsberatung [ɛr'tsiːuŋsbəraːtuŋ] *f* orientación educacional *f*
erziehungsberechtigt [ɛr'tsiːuŋsbərɛçtɪçt] *adj* que tiene derecho de educación
erzielen [ɛr'tsiːlən] *v* obtener, lograr, conseguir
erzkonservativ ['ɛrtskɔnzɛrvatiːf] *adj* ultraconservador
erzwingen [ɛr'tsvɪŋən] *v irr* forzar, conseguir por la fuerza
es [ɛs] *pron 1. (Person)* le, la; *2. (Sache)* el, la, lo; *3. (betont)* esto, eso, ello, aquello
Esche ['ɛʃə] *f BOT* fresno *m*
Esel ['eːzəl] *m* asno *m*, burro *m*, borrico *m*
Eskapade [ɛska'paːdə] *f* escapada *f*
Eskimo ['ɛskimo] *m* esquimal *m/f*
Eskorte [ɛs'kɔrtə] *f* escolta *f*
Esoterik [ezo'teːrɪk] *f* esoterismo *m*
Essay ['ɛseː] *n* ensayo *m*
essbar ['ɛsbaːr] *adj* comestible
Essbesteck ['ɛsbəʃtɛk] *n* cubierto *m*
Essecke ['ɛsɛkə] *f* rinconera *f*
essen ['ɛsən] *v irr* comer; *sich dick und rund ~* darse una panzada
Essen ['ɛsən] *n* comida *f*
Essgeschirr ['ɛsgəʃɪr] *n* vajilla *f*
Essig ['ɛsɪç] *m* vinagre *m*
Essiggurke ['ɛsɪçgurkə] *f GAST* pepinillo en vinagre *m*
Esslöffel ['ɛslœfəl] *m* cuchara *f*
Esstisch ['ɛstɪʃ] *m* mesa de comedor *f*
Esswaren ['ɛsvaːrən] *pl* comestibles *m/pl*
Esszimmer ['ɛstsɪmər] *n* comedor *m*
Estrich ['ɛstrɪç] *m* pavimento *m*, solado *m*
etablieren [eta'bliːrən] *v sich ~* establecerse, afincarse, asentarse, instalarse
Etage [e'taːɢə] *f* piso *m*
Etagenheizung [e'taːɢənhaɪtsuŋ] *f* calefacción individual *f*
Etagenkellner [e'taːɢənkɛlnər] *m* camarero de planta *m*
Etagenwohnung [e'taːɢənvoːnuŋ] *f* piso *m*
Etappe [e'tapə] *f* etapa *f*
etappenweise [e'tapənvaɪzə] *adj* por etapas
Etat [e'taː] *m* presupuesto *m*
Etatkürzung [e'taːkyrtsuŋ] *f* reducción presupuestaria *f*, reducción del presupuesto *f*
Ethik ['eːtɪk] *f* ética *f*
ethisch ['eːtɪʃ] *adj* ético
ethnisch ['eːtnɪʃ] *adj* étnico
Ethnologie [etnolo'giː] *f* etnología *f*
Etikett [eti'kɛt] *n* etiqueta *f*, rótulo *m*
Etikette [eti'kɛtə] *f* etiqueta ceremonial *f*
etliche ['ɛtlɪçə] *pron* algunos, algunas, unos, unas
Etui [e'tviː] *n* estuche *m*
etwa ['ɛtva] *adv* cerca de, aproximadamente
etwaig ['ɛtvaɪç] *adj* posible, eventual
etwas ['ɛtvas] *pron 1.* algo; *Möchten Sie noch ~?* ¿Desea usted algo más? *adv 2.* algo, un poco; *Ich bin ~ müde.* Estoy un poco cansado.
euch [ɔyç] *pron* os, a vosotros, a vosotras
euer ['ɔyər] *pron* vuestro/vuestra, vuestros/vuestras, de vosotros/de vosotras
Eukalyptus [ɔyka'lyptus] *m BOT* eucalipto *m*
Eule ['ɔylə] *f ZOOL* lechuza *f*
eure(r,s) ['ɔyrə(r,s)] *pron* vuestra, vuestros/vuestras
euresgleichen ['ɔyrəsglaɪçən] *pron* vuestros semejantes

euretwegen ['ɔyrətveːgən] *adv* por vosotros, por vuestra causa
Euro ['ɔyro] *m FIN* euro *m*
Europa [ɔy'roːpa] *n GEO* Europa *f*
Europäer(in) [ɔyro'pɛːər(ɪn)] *m/f* europeo/europea *m/f*
europäisch [ɔyro'pɛːɪʃ] *adj* europeo
Europameisterschaft [ɔy'roːpamaɪstərʃaft] *f SPORT* campeonato de Europa *m*, Copa de Europa *f*
Europaparlament [ɔy'roːpaparlamɛnt] *n POL* Parlamento Europeo *m*
Europarat [ɔy'roːparaːt] *m POL* Consejo de Europa *m*
Euroscheck ['ɔyroʃɛk] *m FIN* eurocheque *m*
Eurotunnel ['ɔyrotunəl] *m* Eurotúnel *m*
Euter ['ɔytər] *n ZOOL* ubre *f*
Evakuierung [evaku'iːruŋ] *f* evacuación *f*, desalojo *m*
evangelisch [evan'geːlɪʃ] *adj REL* protestante, evangelista
Evangelium [evan'geːljum] *n REL* evangelio *m*
eventuell [evɛntu'ɛl] *adj 1.* eventual, ocasional; *adv 2.* eventualmente, si fuera necesario, en tal caso
Evolution [evolu'tsjoːn] *f* evolución *f*, desarrollo *m*
ewig ['eːvɪç] *adj* eterno, sempiterno; *auf immer und ~* por siempre jamás; *~ und drei Tage (fig)* una eternidad
Ewigkeit ['eːvɪçkaɪt] *f* eternidad *f*; *von ~ zu ~* por los siglos de los siglos
exakt [ɛ'ksakt] *adj 1.* exacto, preciso; *adv 2.* con exactitud, exactamente
Exaktheit [ɛ'ksakthaɪt] *f* exactitud *f*, precisión *f*
Examen [ɛ'ksaːmən] *n* examen *m*, prueba *f*
Exekutive [ɛkseku'tiːvə] *f POL* Poder Ejecutivo *m*
Exempel [ɛ'ksɛmpəl] *n* ejemplo *m*; *ein ~ statuieren* hacer un escarmiento
Exemplar [ɛksɛm'plaːr] *n* ejemplar *m*
exemplarisch [ɛksɛm'plaːrɪʃ] *adj* ejemplar
Exhibitionist [ɛkshɪbɪtsjo'nɪst] *m* exhibicionista *m*
Exil [ɛ'ksiːl] *n POL* exilio *m*, destierro *m*
Existenz [ɛksɪs'tɛnts] *f* existencia *f*
Existenzangst [ɛksɪs'tɛntsaŋst] *f* angustia existencial *f*
Existenzminimum [ɛksɪs'tɛntsminimum] *n* mínimo vital *m*
existieren [ɛksis'tiːrən] *v 1. (leben)* vivir, existir; *2. (bestehen)* existir, haber
exklusiv [ɛksklu'ziːf] *adj 1.* exclusivo, selecto; *adv 2.* exclusivamente
exkommunizieren [ɛkskɔmuni'tsiːrən] *v REL* excomulgar
Exkursion [ɛkskur'sjoːn] *f* excursión *f*
exotisch [ɛ'ksoːtɪʃ] *adj* exótico
Expansion [ɛkspan'zjoːn] *f ECO* expansión *f*
Expedition [ɛkspedɪ'tsjoːn] *f* expedición *f*
Experiment [ɛksperɪ'mɛnt] *n* experimento *m*
experimentieren [ɛkspɛrɪmɛn'tiːrən] *v* experimentar
Experte [ɛks'pɛrtə] *m* experto *m*, périto *m*
Expertin [ɛks'pɛrtɪn] *f* experta *f*, périta *f*
Expertise [ɛkspɛr'tiːzə] *f* peritaje *m*, dictamen *m*
explodieren [ɛksplo'diːrən] *v* explotar, estallar, explosionar, reventar
Explosion [ɛksplo'zjoːn] *f* explosión *f*, estallido *m*
explosiv [ɛksplo'ziːf] *adj 1. (Sache)* explosivo; *2. (Person)* colérico, irritable
Export [ɛks'pɔrt] *m ECO* exportación *f*
Exporteur [ɛkspɔr'tøːr] *m ECO* exportador *m*
exportieren [ɛkspɔr'tiːrən] *v ECO* exportar
Exportwirtschaft [ɛks'pɔrtvɪrtʃaft] *f ECO* comercio de exportación *m*
Expressionismus [ɛksprɛsjo'nɪsmus] *m ART* expresionismo *m*
extern [ɛks'tɛrn] *adj* externo
extra ['ɛkstra] *adj 1.* separado, especial; *adv 2.* por separado, aparte, extra
Extrakt [ɛks'trakt] *m* extracto *m*, esencia *f*
extravagant [ɛkstrava'gant] *adj* extravagante
extrem [ɛks'treːm] *adj* extremo
Extrem [ɛks'treːm] *n* extremo *m*; *von einem ~ ins andere fallen* pasar de un extremo a otro
Extremismus [ɛkstre'mɪsmus] *m POL* extremismo *m*
extremistisch [ɛkstre'mɪstɪʃ] *adj POL* extremista, radical
exzellent [ɛkstsɛ'lɛnt] *adj* excelente, magnífico
exzentrisch [ɛks'tsɛntrɪʃ] *adj* excéntrico, original
Exzess [ɛks'tsɛs] *m* exceso *m*, abuso *m*

F

Fabel ['fa:bəl] *f* fábula *f*
fabelhaft ['fa:bəlhaft] *adj 1.* fabuloso, maravilloso; *adv 2.* fabulosamente
Fabrik [fa'bri:k] *f* fábrica *f*
Fabrikant(in) [fabri'kant(ɪn)] *m/f* fabricante *m/f*
Fabrikat [fabri'ka:t] *n* producto industrial *m*
Fabrikpreis [fa'bri:kpraɪs] *m ECO* precio de fábrica *m*
Fach [fax] *n 1. (Ablagefach)* estante *m; 2. (Unterrichtsfach)* materia *f,* asignatura *f; 3. (Wissensgebiet)* materia *f,* disciplina *f*
Facharbeiter(in) ['faxarbaɪtər(ɪn)] *m/f* obrero especializado/obrera especializada *m/f*
Facharzt ['faxartst] *m ~ für MED* especialista en *m/f*
Fachausdruck ['faxausdruk] *m* tecnicismo *m,* término técnico *m*
Fachbereich ['faxbəraɪç] *m* ramo profesional *m*
Fachgeschäft ['faxgəʃɛft] *n ECO* establecimiento del ramo *m,* establecimiento especializado *m*
Fachhochschule ['faxho:xʃu:lə] *f* escuela técnica especializada *f*
fachlich ['faxlɪç] *adj* profesional, técnico
Fachliteratur ['faxlitəratu:r] *f* literatura técnica *f*
Fachmann ['faxman] *m* profesional *m,* técnico *m,* perito *m,* experto *m*
fachsimpeln ['faxzɪmpəln] *v* hablar del oficio
Fachwerkhaus ['faxvɛrkhaus] *n* casa con paredes entramadas *f*
Fachzeitschrift ['faxtsaɪtʃrɪft] *f* revista especializada *f*
Fackel ['fakəl] *f* antorcha *f*
fade ['fa:də] *adj 1. (geschmacklos)* insípido, desabrido; *2. (langweilig) ~ Person* persona aburrida
Faden ['fa:dən] *m* hilo *m; den ~ verlieren* perder el hilo
fadenscheinig ['fa:dənʃaɪnɪç] *adj (fig)* endeble, flojo, débil; *~e Ausrede* pretexto flojo *m*
fähig ['fɛ:ɪç] *adj ~ zu/~ für* capaz de, apto para
Fähigkeit ['fɛ:ɪçkaɪt] *f* capacidad *f,* habilidad *f,* aptitud para *f*
fahl [fa:l] *adj* pálido
Fahndung ['fa:nduŋ] *f* pesquisa *f,* persecución *f,* búsqueda *f*
Fahndungsbuch ['fa:nduŋsbu:x] *n* requisitoria *f*
Fahne ['fa:nə] *f* bandera *f; die ~ hochhalten* alzar la bandera (fig); *die ~ nach dem Winde drehen* irse con el viento que corre (fig); *mit fliegenden ~n zu etw übergehen* proceder a algo a banderas desplegadas
Fahnenflucht ['fa:nənfluxt] *f MIL* deserción *f*
Fahrbahn ['fa:rba:n] *f* calzada *f*
Fähre ['fɛ:rə] *f* transbordador *m*
fahren ['fa:rən] *v irr 1. ~ mit* ir en, viajar en; *nach ... ~* ir a/viajar a; *2. (steuern)* conducir, dirigir
Fahrer(in) ['fa:rər(ɪn)] *m/f* conductor(a) *m/f*
Fahrerflucht ['fa:rərfluxt] *f JUR* delito de fuga *m*
Fahrgast ['fa:rgast] *m* pasajero *m*
Fahrgeld ['fa:rgɛlt] *n* dinero del viaje *m*
Fahrgestell ['fa:rgəʃtɛl] *n (beim Auto)* chasis *m*
Fahrkarte ['fa:rkartə] *f* billete *m,* boleto *m (LA); Bitte eine Hin- und Rückfahrkarte nach Sevilla!* ¡Por favor, un billete de ida y vuelta a Sevilla!
Fahrkartenschalter ['fa:rkartənʃaltər] *m* despacho de billetes *m,* taquilla *f,* boletería *f* (LA)
fahrlässig ['fa:rlɛsɪç] *adj 1.* descuidado, negligente; *2. JUR* culpable por imprudencia
Fahrlehrer(in) ['fa:rle:rər(ɪn)] *m/f* profesor(a) de conducción *m/f*
Fahrplan ['fa:rpla:n] *m* horario de trenes *m,* horario de autobuses *m*
Fahrpreis ['fa:rpraɪs] *m* precio del billete *m,* precio del boleto *m* (LA)
Fahrprüfung ['fa:rpry:fuŋ] *f* examen de conducción *m,* examen de manejo *m* (LA)
Fahrrad ['fa:ra:t] *n* bicicleta *f*
Fahrradweg ['fa:ra:tve:k] *m* calzada de bicicletas *f*
Fahrschein ['fa:rʃaɪn] *m* billete *m,* boleto *m* (LA)
Fahrschule ['fa:rʃu:lə] *f* escuela de chóferes *f,* escuela de manejo *f* (LA), autoescuela *f,* escuela de conducir

Fahrschüler(in) ['fa:rʃy:lər(ɪn)] *m/f* aspirante a conductor *m/f*
Fahrspur ['fa:rʃpu:r] *f* carril de marcha *m*
Fahrstuhl ['fa:rʃtu:l] *m* ascensor *m*
Fahrstunde ['fa:rʃtundə] *f* clase de conducir *f*
Fahrt [fa:rt] *f* viaje *m*
Fährte ['fɛ:rtə] *f* huella *f*, rastro *m*, pista *f*; *jdn auf die falsche ~ führen* despistar a alguien
fahrtüchtig ['fa:rtyçtɪç] *adj 1. (Person)* capaz de conducir; *2. (Auto)* en estado de marcha
Fahrverbot ['fa:rfɛrbo:t] *n 1. (Durchfahrverbot)* circulación prohibida *f*; *2. (Führerscheinentzug)* retiro del permiso de conducir *m*
Fahrverhalten ['fa:rfɛrhaltən] *n (einer Person)* comportamiento al conducir *m*
Fahrwerk ['fa:rvɛrk] *n 1. (eines Autos)* chasis con ruedas *m*; *2. (eines Flugzeugs) TECH* tren de aterrizaje *m*
Fahrzeug ['fa:rtsɔyk] *n* vehículo *m*
Fahrzeugbrief ['fa:rtsɔykbri:f] *m* documentación del automóvil *f*
Fahrzeughalter ['fa:rtsɔykhaltər] *m* titular del vehículo *m*
Fahrzeugschein ['fa:rtsɔykʃaɪn] *m* documentación del vehículo *f*
fair [fɛ:r] *adj* leal, correcto
Fairness ['fɛ:rnɛs] *f* juego limpio *m*
Faktor ['faktɔr] *m* factor *m*
Fakultät [fakul'tɛ:t] *f* facultad *f*
Falke ['falkə] *m ZOOL* halcón *m*
Fall[1] [fal] *m 1. (Sturz)* caída *f*; *2. (fig: Niedergang)* ruina *f*, decadencia *f*; *jdn zu ~ bringen* causar la perdición de alguien; *eine Regierung zu ~ bringen* derribar a un gobierno
Fall[2] [fal] *m 1. (Umstand)* circunstancia *f*, condición *f*; *2. JUR* caso *m*; *Auf keinen ~!* ¡De ninguna manera! *ein hoffnungsloser ~* un caso sin remedio *m*; *jds ~ sein* ser el caso de alguien
Falle ['falə] *f* trampa *f*
fallen ['falən] *v irr 1. (stürzen) ~ auf/~ in* caer a/caer en; *2. (fig: sinken)* bajar, descender; *3. etw ~ lassen* dejar caer algo; *Er ließ das Messer fallen.* Él dejó caer el cuchillo. *4. jdn ~ lassen (fig)* renunciar a alguien, dejar a alguien; *sich ~ lassen (fig)* dejarse caer
fällen ['fɛlən] *v 1. (Baum)* talar, cortar un árbol; *2. (Entscheidung)* tomar una decisión; *3. (Urteil) JUR* dictar una sentencia, dictaminar, sentenciar
fällig ['fɛlɪç] *adj ECO* pagadero, a pagar
Fälligkeit ['fɛlɪçkaɪt] *f ECO* vencimiento *m*, expiración *f*
falls [fals] *konj* en el caso de que
Fallschirm ['falʃɪrm] *m* paracaídas *m*
Fallschirmspringer(in) ['falʃɪrmʃprɪŋər(ɪn)] *m/f* paracaidista *m/f*
falsch [falʃ] *adj 1. (unwahr)* inexacto, falso; *an den Falschen kommen* equivocarse de persona; *2. (fehlerhaft)* incorrecto, equivocado; *3. (unecht)* falso, falsificado; *4. (fig: unaufrichtig)* insincero, falso
Falschaussage ['falʃauszaːgə] *f JUR* falso testimonio *m*
fälschen ['fɛlʃən] *v* falsear, falsificar
Falschgeld ['falʃgɛlt] *n* moneda falsa *f*
fälschlicherweise ['fɛlʃlɪçərvaɪzə] *adv* por error, falsamente
Fälschung ['fɛlʃuŋ] *f* falsificación *f*
Faltblatt ['faltblat] *n* folleto *m*
Falte ['faltə] *f 1.* pliegue *m*, rugosidad *f*, plisado *m*; *2. (Hautfalte)* arruga *f*
falten ['faltən] *v 1.* plegar, doblar; *2. Hände ~* juntar las manos, entrelazar las manos
familiär [famil'jɛ:r] *adj* familiar, íntimo
Familie [fa'mi:ljə] *f* familia *f*; *in der ~ bleiben* quedar en la familia; *Das kommt in den besten ~n vor.* Esto sucede en las mejores familias.
Familienangehörige(r) [fa'mi:ljənangəhørɪgə(r)] *m/f* familiar *m*, pariente *m/f*
Familienfeier [fa'mi:ljənfaɪər] *f* fiesta familiar *f*
Familienleben [fa'mi:ljənle:bən] *n* vida familiar *f*
Familienname [fa'mi:ljənna:mə] *m* apellido *m*
Familienoberhaupt [fa'mi:ljəno:bərhaupt] *n* cabeza de familia *m*
Familienplanung [fa'mi:ljənpla:nuŋ] *f* planificación familiar *f*
Familienstand [fa'mi:ljənʃtant] *m* estado civil *m*
famos [fa'mo:s] *adj* excelente, magnífico
Fan [fæn] *m* fan *m/f*
Fanatiker(in) [fa'na:tɪkər(ɪn)] *m/f* fanático/fanática *m/f*
fanatisch [fa'na:tɪʃ] *adj* fanático
fangen ['faŋən] *v* coger, tomar
Fantasie [fanta'zi:] *f* fantasía *f*, imaginación *f*
fantasielos [fanta'zi:lo:s] *adj* sin fantasía, sin imaginación
fantasieren [fanta'zi:rən] *v* fantasear, imaginar

fantasievoll [fanta'ziːvol] *adj* lleno de fantasía, imaginativo

fantastisch [fan'tastɪʃ] *adj 1.* fantástico; *adv 2.* fantásticamente

Farbband ['farpbant] *n* cinta mecano-gráfica *f,* cinta para máquina de escribir *f*

Farbe ['farbə] *f* color *m; Blut hat die ~ rot.* La sangre es de color rojo./La sangre tiene el color rojo.

farbecht ['farpɛçt] *adj* de color estable

färben ['fɛrbən] *v* colorar, colorear, teñir

farbenblind ['farbənblɪnt] *adj* daltónico, acromatóptico

Farbenspiel ['farbənʃpiːl] *n* juego de colores *m,* irisación *f*

Farbfernseher ['farpfɛrnzeːər] *m* televisor a color *m*

farbig ['farbɪç] *adj* de color, en color(es)

farblos ['farploːs] *adj 1. (Sache)* incoloro; *2. (Person)* pálido; *3. (Charakter)* soso

Färbung ['fɛrbuŋ] *f* coloración *f,* colorido *m*

Farn [farn] *m BOT* helecho *m*

Fasan [fa'zaːn] *m ZOOL* faisán *m*

Fasching ['faʃɪŋ] *m* carnaval *m*

Faschismus [fa'ʃɪsmus] *m POL* fascismo *m*

faschistisch [fa'ʃɪstɪʃ] *adj POL* fascista

Faser ['faːzər] *f* fibra *f; mit jeder ~ ihres Herzens* por entero/de todo corazón

Fass [fas] *n* tonel *m,* barril *m,* cuba *f; ein ~ ohne Boden sein* ser un saco sin fondo; *Das schlägt dem ~ den Boden aus!* ¡Eso es el colmo!

Fassade [fa'saːdə] *f* fachada *f,* portada *f*

fassen ['fasən] *v 1. (greifen)* coger (nicht in Argentinien), asir, agarrar; *2. (beinhalten)* contener; *3. (geistig ergreifen)* comprender, concebir; *4. sich ~ (fig)* contenerse, reprimirse, dominarse; *Fassen Sie sich kurz!* ¡Sea breve!

Fasson [fa'sɔŋ] *f* forma *f,* modelo *m;* manera *f; aus der ~ geraten* ponerse como una vaca (fam)

Fassung ['fasuŋ] *f 1. (bei Lampen)* portalámparas *m; 2. (bei Schmuck)* engaste *m; 3. (Selbstbeherrschung)* dominio de sí mismo *m; Er lässt sich nicht so leicht aus der ~ bringen.* No se deja desconcertar fácilmente. *4. (bei Brillen)* montura *f,* armadura *f; 5. (Version)* versión *f; die spanische ~* la versión española *f*

fassungslos ['fasuŋsloːs] *adj* consternado, atónito, perplejo

Fassungslosigkeit ['fasuŋsloːzɪçkaɪt] *f* desconcierto *m,* perplejidad *f*

fast [fast] *adv 1.* casi, cerca de, alrededor de, por poco; *Fast hätte ich den Fehler übersehen.* Por poco no me doy cuenta del error. *2. ~ nicht* apenas; *3. ~ nur* casi únicamente, tan sólo un ..., tan sólo unos ...

fasten ['fastən] *v 1.* guardar dieta, estar de régimen; *2. REL* ayunar

Fastenzeit ['fastəntsaɪt] *f REL* cuaresma *f*

Faszination [fastsɪna'tsjoːn] *f* fascinación *f*

faszinierend [fastsɪ'niːrənt] *adj* fascinante, fascinador

faul [faul] *adj 1. (verdorben)* podrido, descompuesto; *2. (träge)* vago, perezoso, holgazán; *~ herumlümmeln* echarse a la bartola; *3. (fig: bedenklich)* sospechoso, raro; *eine ~e Ausrede* una disculpa dudosa *f; 4. (Zahn)* cariado

faulen ['faulən] *v* pudrirse, descomponerse

faulenzen ['faulɛntsən] *v* holgazanear

Faulheit ['faulhaɪt] *f* pereza *f; vor ~ stinken* ser un vago redomado

Faulpelz ['faulpɛlts] *m* holgazán *m,* haragán *m*

Fauna ['fauna] *f* fauna *f*

Faust [faust] *f* puño *m; die ~ im Nacken spüren (fig)* sentir el toro a sus espaldas; *auf eigene ~* por su propia cuenta; *sich ins Fäustchen lachen* reírse disimuladamente; *mit der ~ auf den Tisch hauen* dar un puñetazo encima de la mesa/tomar cartas en el asunto/actuar enérgicamente

Fäustling ['fɔystlɪŋ] *m* mitón *m*

Favorit(in) [favo'riːt(ɪn)] *m/f* favorito/favorita *m/f*

Fax [faks] *n TEL* telefax *m*

faxen ['faksən] *v TEL* enviar por telefax

Faxen ['faksən] *pl (fam)* aspavientos *m/pl,* payasadas *f/pl; ~ im Kopf haben* no pensar más que en tonterías

Fazit ['faːtsɪt] *n* resultado final *m,* resumen *m,* conclusión *f*

Februar ['feːbruar] *m* febrero *m*

Fechten ['fɛçtən] *n SPORT* esgrima *m*

Feder ['feːdər] *f 1. ZOOL* pluma *f; ~n lassen müssen (fig)* tener que dejar la piel; *sich mit fremden ~n schmücken* engalanarse con plumas ajenas; *2. (Bettfeder)* pluma *f; in den ~n* en la cama; *aus den ~n müssen* tener que levantarse/tener que dejar las sábanas; *3. (Schreibfeder)* pluma *f; 4. TECH* muelle *m,* resorte *m*

Federbett ['feːdərbɛt] *n* colchón de plumas *m,* plumazo *m,* edredón *m*

Federhalter ['feːdərhaltər] *m* portaplumas *m*
Federung ['feːdəruŋ] *f* *TECH* muelles *m/pl*
Fee [feː] *f* hada *f/el*
Fegefeuer ['feːgəfɔyər] *n* *REL* purgatorio *m*
fegen ['feːgən] *v* barrer
Fehlbetrag ['feːlbətraːk] *m* *ECO* déficit *m*
fehlen ['feːlən] *v* faltar, carecer; *Das fehlte gerade noch!* ¡No faltaba más!/¡Lo que nos faltaba! *Weit gefehlt!* ¡Nada que ver!/¡Todo lo contrario!
Fehler ['feːlər] *m* *1.* error *m;* *2. (Defekt)* defecto *m*
fehlerhaft ['feːlərhaft] *adj* defectuoso, incorrecto
fehlerlos ['feːlərloːs] *adj* sin defecto
Fehlgeburt ['feːlgəburt] *f* *MED* aborto espontáneo *m*
Fehlschlag ['feːlʃlaːk] *m* fracaso *m*
Fehlstart ['feːlʃtart] *m* *SPORT* salida en falso *f*
Fehltritt ['feːltrɪt] *m* paso en falso *m,* traspié *m*
Feier ['faɪər] *f* fiesta *f*
Feierabend ['faɪəraːbənt] *m* fin del trabajo *m,* hora de cierre *f;* *Damit ist ~.* Eso se acabó./Ya está bien con eso./Basta con eso.
feierlich ['faɪərlɪç] *adj* *1.* festivo; *Das ist schon nicht mehr ~!* ¡Eso ya se pasa de castaño oscuro! (fig); *adv* *2.* en tono festivo, de modo festivo
feiern ['faɪərn] *v* celebrar, festejar
Feiertag ['faɪərtaːk] *m* día feriado *m,* día de fiesta *m*
feig [faɪk] *adj* cobarde
Feige ['faɪgə] *f* *BOT* higo *m*
Feigheit ['faɪkhaɪt] *f* cobardía *f*
Feigling ['faɪklɪŋ] *m* cobarde *m*
Feile ['faɪlə] *f* lima *f*
feilen ['faɪlən] *v* limar
feilschen ['faɪlʃən] *v* regatear
fein [faɪn] *adj* *1. (dünn)* delgado; *2. (zart)* delicado, suave; *3. (vornehm)* distinguido, fino, con distinción; *4. (präzise)* preciso, exacto; *5. ~ heraus sein (fam)* estar en una situación envidiable
Feind [faɪnt] *m* enemigo *m*
feindlich ['faɪntlɪç] *adj* enemigo, hostil
Feindschaft ['faɪntʃaft] *f* enemistad *f*
feindselig ['faɪntzeːlɪç] *adj* hostil
Feindseligkeit ['faɪntzeːlɪçkaɪt] *f* hostilidad *f*
feinfühlig ['faɪnfyːlɪç] *adj* sensible
Feinschmecker(in) ['faɪnʃmɛkər(ɪn)] *m/f* gastrónomo *m,* aficionado a la buena cocina/aficionada a la buena cocina *m/f*
Feld [fɛlt] *n* *AGR* campo *m;* *ein weites ~ sein* ser un campo muy amplio; *das ~ behaupten* hacerse dueño del campo; *das ~ räumen* abandonar el campo; *jdm das ~ überlassen* ceder el campo a alguien; *gegen jdn zu ~e ziehen* iniciar una campaña contra alguien
Feldweg ['fɛltveːk] *m* camino vecinal *m*
Felge ['fɛlgə] *f* *(eines Rades)* llanta *f*
Fell [fɛl] *n* *(Haut, Pelz)* piel *m,* pellejo *m;* *ein dickes ~ haben (fig)* tener mucho aguante; *jdm das ~ gerben* moler a polpes a alguien; *Dich juckt das ~.* Necesitas que te den una manta de palos
Fels [fɛls] *m* roca *f;* *ein ~ in der Brandung sein (fig)* ser el que aguanta la marea
Felsen ['fɛlzən] *m* roca *f*
Felsenküste ['fɛlzənkystə] *f* costa acantilada *f*
Felsspalte ['fɛlsʃpaltə] *f* quebradura *f,* grieta *f*
feminin [femɪ'niːn] *adj* femenino
Feminismus [femɪ'nɪsmus] *m* feminismo *m*
Feministin [femɪ'nɪstɪn] *f* feminista *f*
Fenchel ['fɛnçəl] *m* *BOT* hinojo *m*
Fenster ['fɛnstər] *n* ventana *f*
Fensterbank ['fɛnstərbaŋk] *f* repisa de la ventana *f*
Fensterladen ['fɛnstərlaːdən] *m* postigo *m,* contraventana *f*
Fensterrahmen ['fɛnstərraːmən] *m* marco *m,* bastidor *m*
Fensterscheibe ['fɛnstərʃaɪbə] *f* vidrio de la ventana *m,* cristal *m*
Ferien ['feːrjən] *pl* vacaciones *f/pl*
Ferienhaus ['feːrjənhaus] *n* chalet *m;* *~ auf dem Land* casa de campo *f;* *~ am Strand* casa en la playa *f*
Ferienort ['feːrjənɔrt] *m* lugar de vacaciones *m,* centro vacacional *m*
Ferienwohnung ['feːrjənvoːnuŋ] *f* apartamento en la playa *m,* piso en la playa *m*
Ferkel ['fɛrkəl] *n* *1. ZOOL* cochinillo *m;* *2. (fig)* guarro *m,* cochino *m*
fern [fɛrn] *adj* *1. (örtlich)* lejano, distante, remoto; *2. (zukünftig)* futuro, por venir; *3. (vergangen)* remoto, pasado; *prep* *4.* alejado de
Fernbedienung ['fɛrnbədiːnuŋ] *f* mando a distancia *m,* telemando *m*
fernbleiben ['fɛrnblaɪbən] *v irr* ausentarse, alejarse, faltar

ferner ['fɛrnər] *konj* además, fuera de ello; *unter ~ liefen sein* ser inferior
Fernfahrer ['fɛrnfaːrər] *m* camionero de larga distancia *m*
Ferngespräch ['fɛrngəʃprɛːç] *n* conversación interurbana *f,* conferencia interurbana *f; Ich erwarte ein wichtiges ~ aus Deutschland.* Estoy esperando una llamada importante de Alemania.
Fernglas ['fɛrnglaːs] *n* gemelos *m/pl,* prismáticos *m/pl*
Fernkurs ['fɛrnkurs] *m* curso por correspondencia *m,* curso a distancia *m*
Fernlicht ['fɛrnlɪçt] *n (beim Auto)* luz larga *f,* luz de carretera *f*
Fernmeldeamt ['fɛrnmɛldəamt] *n* oficina de telecomunicaciones *f,* central telefónica *f*
Fernost ['fɛrn'ɔst] *m GEO* Extremo Oriente *m*
Fernrohr ['fɛrnroːr] *n* catalejo *m,* telescopio *m*
Fernsehansager(in) ['fɛrnzeːanzaːgər(ɪn)] *m/f* locutor(a) de televisión *m/f*
Fernsehantenne ['fɛrnzeːantɛnə] *f* antena de televisión *f*
fernsehen ['fɛrnzeːən] *v irr* ver la televisión, ver la tele (fam)
Fernsehen ['fɛrnzeːən] *n* televisión *f*
Fernsehgerät ['fɛrnzeːgərɛːt] *n* receptor de televisión *m,* televisor *m*
Fernsehspiel ['fɛrnzeːʃpiːl] *n* telenovela *f*
Fernsprecher ['fɛrnʃprɛçər] *m* teléfono *m*
Fernsteuerung ['fɛrnʃtɔyəruŋ] *f* telemando *m,* mando a distancia *m,* control remoto *m*
Ferse ['fɛrzə] *f ANAT* talón *m; sich an jds ~n heften (fig)* pegarse a los talones de alguien; *jdm auf den ~n bleiben* seguirle los talones a alguien
fertig ['fɛrtɪç] *adj 1. (beendet)* acabado, concluido; *etw ~ machen* terminar algo, concluir algo, acabar algo; *mit jdm ~ sein* terminar con alguien (fig); *2. (bereit)* listo, preparado; *3. (fam: erschöpft)* rendido, cansadísimo; *Ich bin total ~.* Estoy completamente muerto. *4. jdn ~ machen* hacer polvo a alguien
Fertigung ['fɛrtɪguŋ] *f* fabricación *f,* producción *f,* manufactura *f*
fesseln ['fɛsəln] *v* encadenar, atar
fesselnd ['fɛsəlnt] *adj* atractivo, cautivador
fest [fɛst] *adj 1. (hart)* duro; *2. (stark)* fuerte; *3. (dicht)* denso, espeso; *4. (gleich bleibend)* fijo, firme, seguro
Fest [fɛst] *n* fiesta *f*
Festangestellte(r) ['fɛstangəʃtɛltə(r)] *m/f* empleado fijo/empleada fija *m/f*
festhalten ['fɛsthaltən] *v irr 1.* sujetar, asegurar, fijar; *2. (merken)* fijarse, reparar, observar; *3. sich ~ an etw* agarrarse a algo, agarrarse de algo, cogerse de algo (nicht in Argentinien)
festigen ['fɛstɪgən] *v 1. (stärken)* fortalecer, fortificar, reforzar; *2. sich ~* afirmarse, consolidarse
Festival ['fɛstɪval] *n* festival *m*
Festland ['fɛstlant] *n* tierra firme *f*
festlich ['fɛstlɪç] *adj* de fiesta
festnageln ['fɛstnaːgəln] *v* clavar; *jdn auf etw ~ (fig)* comprometer a uno a hacer algo
festnehmen ['fɛstneːmən] *v irr* detener, capturar, arrestar, tomar preso
Festplatte ['fɛstplatə] *f INFORM* disco fijo *m*
feststellen ['fɛstʃtɛlən] *v* comprobar, verificar
fett [fɛt] *adj 1.* graso; *2. (Person)* gordo
Fett [fɛt] *n* grasa *f; das ~ abschöpfen (fig)* llevarse la mejor parte; *sein ~ abbekommen* recibir su merecido; *sein ~ weghaben* recibir su merecido
fettarm ['fɛtarm] *adj* bajo en grasa
Fettnäpfchen ['fɛtnɛpfçən] *n ins ~ treten* meter la pata (fam)
feucht [fɔyçt] *adj* húmedo
Feuchtigkeit ['fɔyçtɪçkaɪt] *f* humedad *f*
Feuer ['fɔyər] *n* fuego *m; für jdn die Hand ins ~ legen (fig)* poner las manos en el fuego por alguien; *Öl ins ~ gießen* echar leña al fuego; *Haben Sie ~?* ¿Tiene fuego? *~ und Flamme sein* arder de entusiasmo; *~ fangen (fig)* entusiasmarse; *~ hinter etw machen* meter fuego a un asunto; *für jdn durchs ~ gehen* pasar la mano por el fuego por alguien; *mit dem ~ spielen* jugar con fuego
Feueralarm ['fɔyəralaːrm] *m* alarma de incendio *f*
Feuerbestattung ['fɔyərbəʃtatuŋ] *f* incineración *f,* cremación *f*
feuerfest ['fɔyərfɛst] *adj* resistente al fuego
Feuerlöscher ['fɔyərlœʃər] *m* extintor de incendios *m,* extinguidor *m* (LA)
Feuermelder ['fɔyərmɛldər] *m* señalador de incendios *m*
feuern ['fɔyərn] *v jdm eine ~ (fam)* darle una hostia a alguien; *jdn ~* poner a uno de patitas en la calle
Feuerwehr ['fɔyərveːr] *f* cuerpo de bomberos *m*

Feuerwehrmann ['fɔyərveːrman] *m* bombero *m*
Feuerwerk ['fɔyərvɛrk] *n* fuegos artificiales *m/pl*
Feuerzeug ['fɔyərtsɔyk] *n* encendedor *m*, mechero *m*
Fichte ['fɪçtə] *f* *BOT* abeto rojo *m*
Fieber ['fiːbər] *n* fiebre *f*
Fieberthermometer ['fiːbərtɛrmomeːtər] *n* termómetro clínico *m*
Figur [fi'guːr] *f* *(Körperfigur)* figura *f*, estatura *f*
Filet [fi'leː] *n* *GAST* filete *m*
Filiale [fil'jaːlə] *f* *ECO* sucursal *f*, agencia *f*, filial *f*
Film [fɪlm] *m* *1. (dünne Schicht)* película *f*, capa delgadísima *f*; *2. CINE* película *f*, film *m*
Filmbranche ['fɪlmbrɑːʃə] *f* industria del cine *f*, industria cinematográfica *f*
filmen ['fɪlmən] *v* rodar, filmar
Filmkamera ['fɪlmkamərа] *f* cámara cinematográfica *f*, tomavistas *m*
Filter ['fɪltər] *m/n* filtro *m*
Filterkaffee ['fɪltərkafeː] *m* café filtrado *m*
filtern ['fɪltərn] *v* filtrar
Filterpapier ['fɪltərpapiːr] *n* papel de filtro *m*
Filz [fɪlts] *m* fieltro *m*
Filzstift ['fɪltsʃtɪft] *m* rotulador *m*
Finale [fɪ'naːlə] *n* *1.* final *m*; *2. SPORT* final *f*
Finanzamt [fɪ'nantsamt] *n* delegación de Hacienda *f*, oficina de recaudación *f*
Finanzen [fɪ'nantsən] *pl* finanzas *f/pl*
finanziell [fɪnan'tsjɛl] *adj* *1.* financiero, pecuniario; *adv* *2.* económicamente, financieramente
finanzieren [fɪnan'tsiːrən] *v* financiar, costear
Finanzierung [fɪnan'tsiːruŋ] *f* financiamiento *m*, financiación *f*
Finanzminister [fɪ'nantsministər] *m* *POL* ministro de Hacienda *m*, ministro de Finanzas *m* (LA)
Finanzpolitik [fɪ'nantspolitiːk] *f* *POL* política financiera *f*
finden ['fɪndən] *v irr* *1.* encontrar, hallar; *2. (fig)* estimar, considerar, encontrar; *Ich finde ihn nett.* Lo encuentro muy simpático.
Finger ['fɪŋgər] *m* *ANAT* dedo *m*; *keinen ~ krumm machen* no mover un dedo; *lange ~ machen* robar/tener la mano larga; *den ~ draufhaben* estar encima; *die ~ im Spiel haben* tener los dedos metidos en el asunto/estar en el ajo (fam); *die ~ von jdm lassen* quitarle los dedos de encima a alguien; *sich nicht die ~ schmutzig machen (fig)* no ensuciarse las manos; *sich die ~ verbrennen* quemarse los dedos; *etw an zehn ~n abzählen können* poder contar algo con los dedos de las manos; *jdm auf die ~ klopfen* llamar al orden a alguien; *jdm auf die ~ schauen* estar encima de alguien/controlar a alguien; *sich etw aus den ~n saugen* sacarse algo de la manga; *etw mit dem kleinen ~ machen* hacer algo con el meñique; *mit dem ~ auf jdn zeigen* señalar a alguien con el dedo; *nur mit dem kleinen ~ zu winken brauchen* sólo tener que decir „a"
Fingerabdruck ['fɪŋərapdruk] *m* huella digital *f*, huella dactilar *f*
Fingerfertigkeit ['fɪŋərfɛrtɪçkaɪt] *f* destreza manual *f*, habilidad manual *f*
Fingerhut ['fɪŋərhuːt] *m* dedal *m*
Fingernagel ['fɪŋərnaːgəl] *m* *ANAT* uña *f*
fingieren [fɪŋ'giːrən] *v* fingir, simular
Fink [fɪŋk] *m* *ZOOL* pinzón *m*
Finne ['fɪnə] *m* finlandés *m*
Finnland ['fɪnlant] *n* *GEO* Finlandia *f*
finster ['fɪnstər] *adj* *1. (dunkel)* obscuro, tenebroso, lóbrego; *2. (grimmig)* hosco, adusto, huraño
Finsternis ['fɪnstərnɪs] *f* obscuridad *f*, tinieblas *f/pl*
Firlefanz ['fɪrləfants] *m* fruslería *f*, tontería *f*
Firma ['fɪrma] *f* *ECO* negocio *m*, empresa *f*, casa *f*, firma *f*
Firmung ['fɪrmuŋ] *f* *REL* confirmación *f*
Fisch [fɪʃ] *m* *1. (lebendig) ZOOL* pez *m*; *ein dicker ~* un pez gordo *m*; *weder ~ noch Fleisch sein (fig)* no ser ni carne ni pescado/no ser ni chicha ni limoná; *Das sind kleine ~e.* Eso son bagatelas. *2. (gefischt)* pescado *m*
fischen ['fɪʃən] *v* pescar; *im Trüben ~ (fig)* pescar en aguas turbias
Fischer(in) ['fɪʃər(ɪn)] *m/f* pescador(a) *m/f*
Fischerboot ['fɪʃərboːt] *n* barco pesquero *m*, lancha pesquera *f*
Fischfang ['fɪʃfaŋ] *m* pesca *f*
Fischgeschäft ['fɪʃgəʃɛft] *n* pescadería *f*
Fischsuppe ['fɪʃzuːpə] *f* *GAST* sopa de pescado *f*
Fiskus ['fɪskus] *m* fisco *m*, Tesoro público *m*
Fitnesscenter ['fɪtnɛssɛntər] *n* *SPORT* centro de culturismo *m*
Fixer(in) ['fɪksər(ɪn)] *m/f* drogadicto/drogadicta *m/f*, yonqui *m/f*, heroinómano *m*

fixieren [fɪ'ksiːrən] v 1. (festmachen) sujetar, fijar, asegurar, sostener; 2. (festlegen) concretar, fijar; 3. (anstarren) mirar fijamente a alguien
flach [flax] adj llano, plano
Fläche ['flɛçə] f superficie f, área f/el
Flachland ['flaxlant] n llanura f
Flachs [flaks] m BOT lino m
flackern ['flakərn] v oscilar, flamear
Flagge ['flagə] f bandera f, pabellón m; ~ zeigen (fig) sacar la bandera/jugar honradamente; unter falscher ~ segeln disfrazar el navío
Flaggschiff ['flagʃɪf] n buque insignia m
flambieren [flam'biːrən] v GAST flamear
Flamingo [fla'mɪŋgo] m ZOOL flamenco m
Flamme ['flamə] f 1. (eines Feuers) llama f; in ~n stehen estar en llamas; 2. (eines Herds) fuego m
Flanell [fla'nɛl] m franela f
Flasche ['flaʃə] f 1. botella f, frasco m, redoma f; zu tief in die ~ schauen (fig) darle mucho al frasco; 2. (fam: Trottel) papanatas m, idiota m
Flaschenöffner ['flaʃənœfnər] m abridor m, destapador m
Flaschenpfand ['flaʃənpfant] n depósito m
flatterhaft ['flatərhaft] adj inconstante, voluble, veleidoso
flattern ['flatərn] v revolotear, aletear
flau [flau] adj 1. débil, flojo; adv 2. mareado
Flausen ['flauzən] pl pretexto m, patraña f; ~ im Kopf haben tener pajaritos en la cabeza (fig)
Flaute ['flautə] f 1. (Windstille) calma f; 2. ECO desanimación f, languidez f
Flechte ['flɛçtə] f MED herpes m, dermatomicosis f
flechten ['flɛçtən] v irr trenzar
Fleck [flɛk] m 1. (Schmutzfleck) mancha f, churrete m; einen ~ auf der weißen Weste haben tener una mancha en la honra; am falschen ~ fuera de lugar; vom ~ weg sin vacilar/en el acto; nicht vom ~ kommen no adelantar un paso; 2. (blauer ~) moratón m, cardenal m; 3. (Flicken) parche m; 4. (Ort) sitio m, lugar m, zona f
fleckig ['flɛkɪç] adj manchado, sucio
Fledermaus ['fleːdərmaus] f ZOOL murciélago m
Flegel ['fleːgəl] m mayal m, trillo m
flehen ['fleːən] v suplicar, implorar, rogar
flehentlich ['fleːəntlɪç] adj suplicante
Fleisch [flaɪʃ] n carne f; sein eigen ~ und Blut sein (fig) ser de su misma sangre; jdm in ~ und Blut übergehen metérsele a alguien en el cuerpo; sich ins eigene ~ schneiden perjudicarse a sí mismo; vom ~ fallen adelgazar/quedarse en los huesos
Fleischbrühe ['flaɪʃbryːə] f GAST caldo de carne m
Fleischwolf ['flaɪʃvɔlf] m triturador de carne m
Fleiß [flaɪs] m aplicación f, celo m, diligencia f
fleißig ['flaɪsɪç] adj aplicado, diligente
flexibel [flɛk'siːbəl] adj flexible, adaptable, amoldable
Flexibilität [flɛksibɪlɪ'tɛːt] f flexibilidad f, adaptabilidad f
flicken ['flɪkən] v remendar, recoser
Flieder ['fliːdər] m BOT lila f
Fliege ['fliːgə] f 1. ZOOL mosca f; zwei ~n mit einer Klappe schlagen (fig) matar dos pájaros de un tiro; 2. (Bekleidungsstück) corbata de lazo m, pajarita f, moño m (LA); 3. eine ~ machen (fam) ahuecar el ala
fliegen ['fliːgən] v irr volar
Fliegenpilz ['fliːgənpɪlts] m BOT oronja falsa f
fliehen ['fliːən] v irr ~ vor huir de
Fliehkraft ['fliːkraft] f PHYS fuerza centrífuga f
Fliese ['fliːzə] f baldosa f, losa f
Fließband ['fliːsbant] n cadena de montaje f, cinta continua f
fließen ['fliːsən] v irr correr, fluir, manar
flimmern ['flɪmərn] v centellear, brillar, relucir
flink [flɪŋk] adj ágil, ligero, pronto
Flirt [flœrt] m coqueteo m, flirteo m
flirten ['flœrtən] v coquetear, flirtear
Flittchen ['flɪtçən] n mujer fácil f, mujerzuela f
Flitterwochen ['flɪtərvɔxən] pl luna de miel f
Flocke ['flɔkə] f copo m
Floh [floː] m ZOOL pulga f; jdm einen ~ ins Ohr setzen (fig) comerle la oreja a alguien (fam)/comerle el coco a alguien
Flohmarkt ['floːmarkt] m mercadillo de viejo m, rastro m (Madrid), mercado de pulgas m
Florenz [flo'rɛnts] n GEO Florencia f
florieren [flo'riːrən] v florecer
Florist [flo'rɪst] m florista m/f
Floskel ['flɔskəl] f flor retórica f

Floß [floːs] *n* balsa *f*, almadía *f*
Flosse ['flɔsə] *f* *ZOOL* aleta *f*
Flöte ['fløːtə] *f* flauta *f*
flott [flɔt] *adj 1. (schnell)* ágil, rápido, ligero; *2. (schick)* elegante
Flotte ['flɔtə] *f* flota *f*, armada *f*
Fluch [fluːx] *m* maldición *f*, imprecación *f*
fluchen ['fluːxən] *v* maldecir, imprecar
Flucht [fluxt] *f* fuga *f*, huida *f*; *die ~ ergreifen* darse a la fuga; *jdn in die ~ schlagen* ahuyentar a alguien
fluchtartig ['fluxtartɪç] *adj 1.* precipitado; *adv 2.* a la desbandada, precipitadamente
flüchten ['flyçtən] *v* huir, escapar, fugarse
flüchtig ['flyçtɪç] *adj 1. (fliehend)* fugitivo; *2. (kurz)* breve, corto; *3. (oberflächlich)* superficial
Flüchtling ['flyçtlɪŋ] *m* fugitivo *m*
Flüchtlingslager ['flyçtlɪŋslaːgər] *n* campo de refugiados *m*
Fluchtweg ['fluxtveːk] *m (bei Notfall)* salida de emergencia *f*
Flug [fluːk] *m* vuelo *m*; *wie im ~e* volando
Flugblatt ['fluːkblat] *n* octavilla *f*, hoja informativa *f*, folleto *m*, volante *m* (LA)
Flügel ['flyːgəl] *m 1.* ala *f/el*; *jdm die ~ stutzen* cortar las alas a alguien (fig); *2. (Klavier)* piano de cola *m*
Fluggesellschaft ['fluːkgəzɛlʃaft] *f* compañía de aviación *f*, línea aérea *f*
Flughafen ['fluːkhaːfən] *m* aeropuerto *m*
Fluglotse ['fluːkloːtsə] *m* controlador aéreo *m*
Flugsteig ['fluːkʃtaɪk] *m* salida de embarque *f*
Flugverbindung ['fluːkvɛrbɪnduŋ] *f* comunicación aérea *f*
Flugverkehr ['fluːkvɛrkeːr] *m* tráfico aéreo *m*
Flugwesen ['fluːkveːzən] *n* aviación *f*
Flugzeug ['fluːktsɔyk] *n* avión *m*
Flugzeugabsturz ['fluːktsɔykapʃturts] *m* caída de un avión *f*
Flugzeugbau ['fluːktsɔykbau] *m* construcción aeronáutica *f*
Flugzeugentführung ['fluːktsɔykɛntfyːruŋ] *f* secuestro aéreo *m*
Flugzeugträger ['fluːktsɔyktrɛːgər] *m* portaaviones *m*
Flur[1] [fluːr] *m* corredor *m*, pasillo *m*
Flur[2] [fluːr] *f* campo *m*; *allein auf weiter ~ (fig)* solo y abandonado
Fluss [flus] *m 1. GEO* río *m*; *2. (fig: Fließen)* flujo *m*
Flussbett ['flusbɛt] *n* lecho de un río *m*, cauce de un río *m*
flüssig ['flysɪç] *adj 1. (nicht fest)* líquido; *2. (fig: fließend)* fluido
Flüssiggas ['flysɪçgaːs] *n* gas líquido *m*
Flüssigkeit ['flysɪçkaɪt] *f* liquidez *f*, fluidez *f*, líquido *m*
Flusslauf ['fluslauf] *m* curso de un río *m*
Flussufer ['flusuːfər] *n* orilla de un río *f*, ribera *f*
flüstern ['flystərn] *v* cuchichear, susurrar, murmurar; *ins Ohr ~* hablar al oído
Flut [fluːt] *f 1. (Wasserhochstand)* pleamar *f*, marea alta *f*; *2. (fig: große Menge)* oleada *f*, caudal *m*, torrente *m*
Flutlicht ['fluːtlɪçt] *n* luz de profusión *f*, luz de proyectores *f*
Föderation [fødəra'tsjoːn] *f* *POL* federación *f*
föderativ [fødəra'tiːf] *adj* *POL* federativo
Fohlen ['foːlən] *n* *ZOOL* potro *m*, potranco *m*
Föhn[1] [føːn] *m (Fallwind)* foehn *m*, viento cálido del sur *m*
Föhn[2] [føːn] *m* secador de mano *m*
Folge ['fɔlgə] *f 1. (Auswirkung)* efecto *m*, consecuencia *f*; *2. (Reihenfolge)* serie *f*; *3. (Fortsetzung)* continuación *f*, sucesión *f*
folgen ['fɔlgən] *v 1. (hinterhergehen)* seguir a, ir detrás de; *2. (gehorchen)* obedecer; *3. (aufeinander ~)* suceder a, continuar
folgend ['fɔlgənt] *adj* siguiente, que sigue
folgendermaßen ['fɔlgəndər'maːsən] *adv* como sigue
folgerichtig ['fɔlgərɪçtɪç] *adj* consecuente, lógico
folgern ['fɔlgərn] *v ~ aus* deducir de, concluir de
folglich ['fɔlklɪç] *konj* por consiguiente, por (lo) tanto
folgsam ['fɔlkzaːm] *adj* obediente, dócil
Folie ['foːljə] *f* hoja *f*
Folklore ['fɔlkloːrə] *f* folklore *m*
Folter ['fɔltər] *f* tortura *f*, suplicio *m*
foltern ['fɔltərn] *v* torturar, martirizar
Fonds [f ɔ] *m* *ECO* fondos *m/pl*, capital con un fin concreto *m*
Fondue [f ɔ'dyː] *n* *GAST* fondue *m*
forcieren [fɔr'siːrən] *v* forzar, obligar
Förderanlage ['fœrdəranlaːgə] *f* *TECH* instalación de transporte *f*, instalación transportadora *f*
Fördermenge ['fœrdərmɛngə] *f* cantidad extraída *f*

fordern ['fɔrdərn] *v* pedir, solicitar
fördern ['fœrdərn] *v 1. (unterstützen)* fomentar, promover; *2. (abbauen)* extraer
Forderung ['fɔrdəruŋ] *f 1. (Verlangen)* exigencia *f,* petición *f,* solicitud *f; 2. (Geldforderung) ECO* crédito *m,* deuda activa *f*
Förderung ['fœrdəruŋ] *f 1. (Unterstützung)* fomento *m; 2. (Abbau)* extracción *f*
Forelle [fo'rɛlə] *f ZOOL* trucha *f*
Form [fɔrm] *f 1.* forma *f; zu großer ~ auflaufen* mejorar su forma física; *2. (Stil)* estilo *m; in aller ~* formalmente; *3. (Gussform)* molde *m*
formal [fɔr'maːl] *adj* formal
Formalität [fɔrmali'tɛːt] *f 1. (Formvorschrift)* formalidad *f,* requisito *m,* trámite *m; 2. (Förmlichkeit)* formalidad *f,* compostura *f,* seriedad *f*
Format [fɔr'maːt] *n 1. (Maß)* tamaño *m,* dimensión *f; 2. (fig)* talla *f*
formatieren [fɔrma'tiːrən] *v INFORM* formatear
Formation [fɔrma'tsjoːn] *f* formación *f*
formbar ['fɔrmbaːr] *adj* plástico, moldeable
Formel ['fɔrməl] *f* fórmula *f*
formell [fɔr'mɛl] *adj* formal, oficial
formen ['fɔrmən] *v* formar, amoldar
förmlich ['fœrmlɪç] *adj 1.* formal; *adv 2.* formalmente
Förmlichkeit ['fœrmlɪçkaɪt] *f* formalidad *f,* compostura *f,* seriedad *f*
formlos ['fɔrmloːs] *adj 1.* amorfo, sin forma; *2. (fig)* sin ceremonia, informal
Formular [fɔrmu'laːr] *n* formulario *m*
formulieren [fɔrmu'liːrən] *v* formular
forschen ['fɔrʃən] *v (nach etw ~)* investigar
Forscher(in) ['fɔrʃər(ɪn)] *m/f* investigador(a) *m/f*
Forschung ['fɔrʃuŋ] *f* investigación *f*
Forschungsreaktor ['fɔrʃuŋsreaktɔr] *m TECH* reactor de investigación *m*
Forschungszentrum ['fɔrʃuŋstsɛntrum] *n* centro de investigación *m*
Forst [fɔrst] *m* bosque *m,* monte *m*
Förster ['fœrstər] *m* guarda forestal *m*
Forstwesen ['fɔrstveːzən] *n* silvicultura *f*
fort [fɔrt] *adv* ausente, distante
fortbestehen ['fɔrtbəʃteːən] *v irr* continuar existiendo, subsistir
fortbewegen ['fɔrtbəveːgən] *v* desplazar, mover
fortbilden ['fɔrtbɪldən] *v sich ~* perfeccionarse, reciclarse
Fortbildung ['fɔrtbɪlduŋ] *f* perfeccionamiento *m,* reciclaje *m*
Fortdauer ['fɔrtdauər] *f* continuación *f,* persistencia *f*
fortfahren ['fɔrtfaːrən] *v irr 1. (wegfahren) ~ nach* partir para; *2. (fortsetzen)* continuar
fortgehen ['fɔrtgeːən] *v irr* irse, marcharse
fortgeschritten ['fɔrtgəʃrɪtən] *adj* avanzado, adelantado
Fortgeschrittene(r) ['fɔrtgəʃrɪtənə(r)] *m/f* adelantado/adelantada *m/f*
fortjagen ['fɔrtjaːgən] *v* echar fuera, ahuyentar
fortlaufen ['fɔrtlaufən] *v irr* escaparse, ponerse a salvo, huir, librarse
fortpflanzen ['fɔrtpflantsən] *v sich ~* reproducirse
Fortpflanzung ['fɔrtpflantsuŋ] *f* reproducción *f*
fortschreiten ['fɔrtʃraɪtən] *v irr* avanzar, progresar
Fortschritt ['fɔrtʃrɪt] *m* progreso *m*
fortschrittlich ['fɔrtʃrɪtlɪç] *adj* progresista, avanzado
fortsetzen ['fɔrtzɛtsən] *v* continuar, proseguir
Fortsetzung ['fɔrtzɛtsuŋ] *f* continuación *f*
fortwährend ['fɔrtvɛːrənt] *adv* continuamente, sin interrupción
fossil [fɔ'siːl] *adj* fósil *m*
Foto ['foːto] *n* foto *f*
Fotoapparat ['foːtoaparaːt] *m* máquina fotográfica *f,* cámara fotográfica *f*
Fotograf(in) [foːto'graːf(ɪn)] *m/f* fotógrafo/fotógrafa *m/f*
fotografieren [foːtogra'fiːrən] *v* fotografiar
Fotokopie [foːtoko'piː] *f* fotocopia *f*
fotokopieren [foːtoko'piːrən] *v* fotocopiar
Fotokopierer [foːtoko'piːrər] *m* fotocopiador *m*
Fötus ['føːtus] *m BIO* feto *m*
Fracht [fraxt] *f 1. (Ware) ECO* flete *m,* carga *f; 2. (Gebühr) ECO* precio del transporte *m,* flete *m,* porte *m*
Frachtbrief ['fraxtbriːf] *m ECO* carta de porte *f,* conocimiento *m*
Frachter ['fraxtər] *m* buque de carga *m,* carguero *m*
frachtfrei ['fraxtfraɪ] *adj ECO* franco de porte, porte pagado, libre de flete

Frack [frak] *m* frac *m*
Frage ['fra:gə] *f* *1.* pregunta *f*; *2. (Angelegenheit)* cuestión *f*, problema *m*; *eine ~ der Zeit sein* ser sólo una cuestión de tiempo; *außer ~ stehen* ser indudable/estar fuera de duda
Fragebogen ['fra:gəbo:gən] *m* cuestionario *m*
fragen ['fra:gən] *v* preguntar
Fragezeichen ['fra:gətsaıçən] *n* signo de interrogación *m*
fraglich ['fra:klıç] *adj* incierto, dudoso
Fragment [frak'mɛnt] *n* fragmento *m*
fragwürdig ['fra:kvyrdıç] *adj* dudoso, cuestionable
Fragwürdigkeit ['fra:kvyrdıçkaıt] *f* calidad dudosa *f*, moral dudosa *f*
Fraktion [frak'tsjo:n] *f* *POL* grupo parlamentario *m*
Fraktionsvorsitzende(r) [frak'tsjo:msfo:rzıtsəndə(r)] *m/f* *POL* presidente del partido/presidenta del partido *m/f*
Fraktur [frak'tu:r] *f* *MED* fractura *f*
frank ['fraŋk] *adj* *~ und frei* con franqueza
frankieren [fraŋ'ki:rən] *v* franquear, poner los sellos a
Frankreich ['fraŋkraıç] *n* Francia *f*
Franzose [fran'tso:zə] *m* francés *m*
Französin [fran'tsø:zın] *f* francesa *f*
Französisch [fran'tsø:zıʃ] *n* francés *m*
Fräse ['frɛ:zə] *f* *TECH* fresa *f*
Frau [frau] *f* *1.* mujer *f*; *eine ~ von Welt sein* ser una mujer de mundo; *2.* esposa *f*, señora *f*, mujer *f*; *3. (Anrede)* señora *f*
Frauenarzt ['frauənartst] *m* ginecólogo *m*
Frauenbewegung ['frauənbəve:guŋ] *f* movimiento feminista *m*
Frauenrechtlerin ['frauənrɛçtlərın] *f* feminista *f*
Fräulein ['frɔylaın] *n* señorita *f*
frech [frɛç] *adj* atrevido, insolente; *rotz~ sein* quedarse fresco como una lechuga
Frechdachs ['frɛçdaks] *m (fam)* fresco *m*
Frechheit ['frɛçhaıt] *f* insolencia *f*, impertinencia *f*, descaro *m*
frei [fraı] *adj* *1. (ungebunden)* libre; *sich ~ machen von* librarse de; *2. (nicht besetzt)* desocupado; *Ist dieser Platz noch ~?* ¿Está libre este asiento? *3. (kostenlos)* gratuito
Freibad ['fraıba:t] *n* piscina al aire libre *f*
freiberuflich ['fraıbəru:flıç] *adj* *1.* que ejerce una profesión liberal, autónomo; *adv* *2.* a modo de profesión liberal
Freibetrag ['fraıbətra:k] *m* importe exento de impuestos *m*
Freihandelszone ['fraıhandəlstso:nə] *f* *ECO* zona de libre cambio *f*, zona de libre comercio *f*
freihändig ['fraıhɛndıg] *adv* a pulso
Freiheit ['fraıhaıt] *f* libertad *f*; *sich die ~ nehmen, etw zu tun* tener la libertad de hacer algo
Freiheitsstrafe ['fraıhaıtsʃtrafə] *f* *JUR* pena privativa de la libertad *f*
Freikarte ['fraıkartə] *f* billete gratuito *m*
Freikörperkultur ['fraıkœrpərkultu:r] *f* nudismo *m*
freilassen ['fraılasən] *v irr* poner en libertad, dejar libre
freilich ['fraılıç] *adv* *1. (einräumend)* por cierto, ciertamente; *2. (bestätigend)* desde luego, claro que sí, claro está, por supuesto
freimachen ['fraımaxən] *v* *1. (frankieren)* franquear; *2. (entkleiden) sich ~* desvestirse, desnudarse
freimütig ['fraımy:tıç] *adj* *1.* franco, sincero; *adv* *2.* con franqueza, sinceramente
freischaffend ['fraıʃafənt] *adj* libre, independiente
Freispruch ['fraıʃprux] *m* *JUR* sentencia absolutoria *f*, absolución *f*
Freitag ['fraıta:k] *m* viernes *m*
freiwillig ['fraıvılıç] *adj* voluntario
Freizeit ['fraıtsaıt] *f* tiempo libre *m*
Freizeitbeschäftigung ['fraıtsaıtsbəʃɛftıguŋ] *f* ocupación del ocio *f*
Freizügigkeit ['fraıtsy:giçkaıt] *f* generosidad *f*
fremd [frɛmt] *adj* *1. (unbekannt)* desconocido, extraño, forastero; *3. (ausländisch)* extranjero; *2. (anderen gehörig)* ajeno
Fremde ['frɛmdə] *f* país extranjero *m*, tierra extraña *f*; *in der ~* en el extranjero
Fremde(r) ['frɛmdə(r)] *m/f* extranjero *m*, extranjera *f*
Fremdenführer ['frɛmdənfy:rər] *m* *1. (Buch)* guía turística *f*; *2. (Person)* guía turístico *m*
Fremdenverkehr ['frɛmdənfɛrke:r] *m* turismo *m*
Fremdenzimmer ['frɛmdəntsımər] *n* habitación para huéspedes *f*
Fremdsprache ['frɛmtʃpra:xə] *f* lengua extranjera *f*, idioma extranjero *m*
Fremdwort ['frɛmtvɔrt] *n* palabra extranjera *f*, extranjerismo *m*
Frequenz [fre'kvɛnts] *f* *TECH* frecuencia *f*

fressen ['frɛsən] *v irr 1. (Tier)* devorar, comer; *2. jdn zum Fressen gern haben (fam)* querer a alguien con locura
Freude ['frɔydə] *f* alegría *f*; *Er platzt vor ~.* No cabe en su pellejo de alegría.
freudig ['frɔydɪç] *adj 1.* alegre, contento; *adv 2.* alegremente, con alegría
freuen ['frɔyən] *v sich ~* alegrarse
Freund(in) [frɔynt(ɪn)] *m/f* amigo/amiga *m/f*, novio/novia *m/f*
freundlich ['frɔyntlɪç] *adj* amable, gentil
Freundlichkeit ['frɔyntlɪçkaɪt] *f* amabilidad *f*, gentileza *f*
Freundschaft ['frɔyntʃaft] *f* amistad *f*
Frieden ['fri:dən] *m* paz *f*; *dem ~ nicht trauen* desconfiar; *jdn in ~ lassen* dejar en paz a alguien
Friedenspolitik ['fri:dənspoliti:k] *f POL* política de la paz *f*
Friedensvertrag ['fri:dənsfɛrtra:k] *m POL* tratado de paz *m*
Friedhof ['fri:tho:f] *m* cementerio *m*, camposanto *m*
friedlich ['fri:tlɪç] *adj 1.* pacífico; *adv 2.* pacíficamente, en paz
frieren ['fri:rən] *v irr 1. (Person)* tener frío, pasar frío; *2. (gefrieren)* helar, congelar
Frikadelle [frɪka'dɛlə] *f GAST* hamburguesa *f*
frisch [frɪʃ] *adj* fresco
Frische ['frɪʃə] *f* frescura *f*, vigor *m*; *in alter ~* como hoy libre de toda preocupación
Friseur(in) [frɪ'zu:r(ɪn)] *m/f* peluquero *m*, peluquera *f*
frisieren [frɪ'zi:rən] *v 1.* peinar, peinarse, arreglar el pelo, arreglarse el pelo; *2. (fig)* amañar, falsear
Frist [frɪst] *f* plazo *m*, término *m*
fristlos ['frɪstlo:s] *adj 1.* inmediato; *adv 2.* sin aviso, en el acto, inmediatamente
Frisur [fri'zu:r] *f* peinado *m*
froh [fro:] *adj* contento, satisfecho, alegre
fröhlich ['frø:lɪç] *adj 1.* alegre, contento; *adv 2.* con alegría
Fröhlichkeit ['frø:lɪçkaɪt] *f* alegría *f*
fromm [frɔm] *adj REL* piadoso, devoto, pío
Frömmigkeit ['frœmɪçkaɪt] *f REL* piedad *f*, devoción *f*
Fronleichnam [fro:n'laɪçna:m] *m REL* el Corpus Christi
Front [frɔnt] *f 1. (Vorderseite)* fachada *f*; *2. MIL* frente *m*
Frosch [frɔʃ] *m* rana *f*; *einen ~ im Hals haben (fig)* estar ronco; *Sei kein ~!* ¡No seas gallina!
Frost [frɔst] *m* helada *f*
frostig ['frɔstɪç] *adj 1. (kalt)* frío helado; *2. (fig)* glacial, indiferente, frío
Frottee [frɔ'te:] *n* tejido de felpa *m*
Frucht [fruxt] *f* fruto *m*
fruchtbar ['fruxtba:r] *adj* fértil, fecundo
Fruchtbarkeit ['fruxtba:rkaɪt] *f* fertilidad *f*, fecundidad *f*
Fruchtsaft ['fruxtzaft] *m GAST* zumo de frutas *m*, jugo de frutas *m* (LA)
Fruchtzucker ['fruxttsukər] *m CHEM* fructosa *f*, levulosa *f*
früh [fry:] *adj 1.* temprano; *adv 2.* por la mañana
Frühaufsteher ['fry:aufʃte:ər] *m* madrugador *m*
früher ['fry:ər] *adj 1.* anterior; *adv 2.* más temprano, anteriormente, mucho antes
Frühgeburt ['fry:gəburt] *f* parto prematuro *m*
Frühjahr ['fry:ja:r] *n* primavera *f*
frühreif ['fry:raɪf] *adj (fig)* precoz
Frühstück ['fry:ʃtyk] *n* desayuno *m*
frühstücken ['fry:ʃtykən] *v* desayunar
frühzeitig ['fry:tsaɪtɪç] *adj 1. (vorzeitig)* temprano, prematuro; *adv 2.* demasiado temprano, antes de tiempo
Frustration [frustra'tsjo:n] *f* frustración *f*
Fuchs [fuks] *m ZOOL* zorro *m*
fügen ['fy:gən] *v sich ~* someterse, rendirse, supeditarse
fühlen ['fy:lən] *v* sentir, experimentar; *Wir ~ uns sehr wohl.* Nos encontramos muy a gusto.
führen ['fy:rən] *v* dirigir, conducir, guiar
Führer(in) ['fy:rər(ɪn)] *m/f 1. (Chef(in))* jefe/jefa *m/f*, director(a) *m/f*; *2. (Fahrer(in))* conductor(a) *m/f*; *3. (Fremdenführer(in))* guía turístico/guía turística *m/f*
Führerschein ['fy:rərʃaɪn] *m* permiso de conducir *m*, carnet de conducir *m*
Führung ['fy:ruŋ] *f 1. (Leitung)* dirección *f*; *2. (Fremdenführer)* visita guiada/con guía *f*; *3. (Benehmen)* conducta *f*, comportamiento *m*
Führungskraft ['fy:ruŋskraft] *f* personal directivo *m*, altos empleados *m/pl*
Fuhrunternehmen ['fu:runtərne:mən] *n* empresa de transportes *f*
füllen ['fylən] *v mit etw ~* llenar con algo, llenar de algo
Füller ['fylər] *m* pluma estilográfica *f*
Füllung ['fyluŋ] *f 1. (das Füllen)* llenado *m*; *2. (Polsterung)* relleno *m*, acolchado *m*; *3. GAST* relleno *m*; *4. (Zahnfüllung) MED* empaste *m*, curación *f* (LA)

Fund [funt] *m* hallazgo *m*, descubrimiento *m*
Fundament [funda'mɛnt] *n* *1. (eines Hauses)* cimientos *m/pl*, cimentación *f*; *2. (fig: Grundlage)* fundamento *m*, base *f*
fundamental [fundamɛn'taːl] *adj* fundamental, básico
Fundamentalist(in) [fundamɛnta'lɪst(ɪn)] *m/f POL* fundamentalista *m/f*
Fundbüro ['funtbyroː] *n* oficina de objetos perdidos *f*
fundiert [fun'diːrt] *adj* fundado
fünf [fynf] *num* cinco; *alle ~e gerade sein lassen* hacer la vista gorda; *Es ist ~ Minuten vor zwölf. (fig)* Ha llegado definitivamente la hora.
fünfte(r,s) ['fynftə(r,s)] *adj* quinto
fünftens ['fynftəns] *adv* en quinto lugar
fünfzehn ['fynftseːn] *num* quince
fünfzehnte(r,s) ['fynftseːntə(r,s)] *adj* decimoquinto
fünfzig ['fynftsɪç] *num* cincuenta
fünfzigste(r,s) ['fynftsɪçstə(r,s)] *adj* quincuagésimo
Funk [fuŋk] *m* radio *f*
Funke ['fuŋkə] *m* chispa *f*
funkeln ['fuŋkəln] *v* brillar, resplandecer
funken ['fuŋkən] *v* *1. (übermitteln)* transmitir por radio; *2. (kapieren) Bei ihr hat es gefunkt.* Ha comprendido
Funker ['fuŋkər] *m* radiotelegrafista *m/f*, radiotelegráfico *m*, radiomensaje *m*
Funkgerät ['fuŋkgərɛːt] *n* aparato de radio *m*
Funkspruch ['fuŋkʃprux] *m* mensaje radiotelegráfico *m*, radiomensaje *m*
Funktion [fuŋk'tsjoːn] *f* función *f*
funktional [fuŋktsjo'naːl] *adj* *1.* funcional; *2.* de manera funcional, de modo práctico
Funktionär(in) [fuŋktsjo'nɛːr(ɪn)] *m/f* funcionario/funcionaria *m/f*
funktionell [fuŋktsjo'nɛl] *adj* funcional
funktionieren [fuŋktjo'niːrən] *v* funcionar
für [fyːr] *prep* para, por; *Das Geschenk ist ~ dich.* El regalo es para ti. *Er kämpft ~ die Freiheit.* Lucha por la libertad. *Tag ~ Tag* día a día; *an und ~ sich* en sí
Furche ['furçə] *f* surco *m*
Furcht [furçt] *f* temor *m*, miedo *m*
fürchten ['fyrçtən] *v* temer, tener miedo
fürchterlich ['fyrçtərlɪç] *adj* temible, horrible
Furnier [fur'niːr] *n* chapa *f*, enchapado *m*
Furore [fu'roːrə] *f/n ~ machen* causar furor
fürs *(= für das)(siehe „für")*
Fürsorge ['fyːrzɔrgə] *f* solicitud *f*, asistencia *f*, cuidados *m/pl*
Fürsorgeamt ['fyːrzɔrgəamt] *n* oficina de asistencia social *f*
fürsorglich ['fyːrzɔrglɪç] *adj* solícito, cuidadoso
Fürsprecher(in) [fyːrʃprɛçər(ɪn)] *m/f* intercesor(a) *m/f*, abogado/abogada *m/f*
Fürst(in) [fyrst(ɪn)] *m/f* príncipe *m*, princesa *f*
Fürstentum ['fyrstəntuːm] *n* principado *m*
fürstlich ['fyrstlɪç] *adj* *1.* principesco, de príncipe; *2. (fig: üppig)* regio, suntuoso
Furunkel [fu'ruŋkəl] *m MED* furúnculo *m*, forúnculo *m*
Fusion [fu'zjoːn] *f* fusión *f*
Fuß [fuːs] *m* *1. ANAT* pie *m*; *zu ~ gehen* ir andando; *~ fassen* consolidarse; *auf freiem ~ sein* estar en la calle; *auf großem ~ leben* vivir a lo grande; *mit einem ~ im Grabe stehen* estar con un pie en la tumba; *mit dem linken ~ zuerst aufstehen* levantarse con el pie izquierdo; *sich die Füße nach etw wund laufen* deshollarse los pies buscando algo; *kalte Füße bekommen (fig)* arrepentirse; *sich die Füße vertreten* estirar las piernas; *jdm auf die Füße treten* ofender a alguien; *sich auf eigene Füße stellen* independizarse; *etw mit Füßen treten* hollar algo/despreciar algo; *jdm zu Füßen liegen* estar a los pies de alguien; *2. (Sockel)* pedestal *m*; *3. (Maßeinheit)* pie *m*
Fußball ['fuːsbal] *m* *1. (Sportart)* fútbol *m*, balompié *m*; *2. (Ball) SPORT* balón de fútbol *m*, pelota de fútbol *m*
Fußballspiel ['fuːsbalʃpiːl] *n SPORT* partido de fútbol *m*
Fußboden ['fuːsboːdən] *m* suelo *m*, piso *m*
Fußgänger(in) ['fuːsgɛŋər(ɪn)] *m/f* peatón/peatona *m/f*, transeúnte *m/f*
Fußgängerzone ['fuːsgɛŋərtsoːnə] *f* zona de peatones *f*, zona peatonal *f*
Fußpilz ['fuːspɪlts] *m MED* hongos en los pies *m/pl*
Fußvolk ['fuːsfɔlk] *n* *1.* populacho *m*, plebe *f*
Fußweg ['fuːsveːk] *m* camino de peatones *m*
Futter[1] ['futər] *n (Nahrung)* comida *f*, alimento *m*
Futter[2] ['futər] *n (Material)* forro *m*
füttern ['fytərn] *v* alimentar, dar de comer
Fütterung ['fytəruŋ] *f (eines Tieres)* forraje *m*
futuristisch [futu'rɪstɪʃ] *adj* futurista

G

Gabe ['ga:bə] *f* *1. (Geschenk)* regalo *m*, presente *m*, obsequio *m*; *2. (fig: Talent)* don *m*, talento *m*
Gabel ['ga:bəl] *f* tenedor *m*
Gabelung ['ga:bəluŋ] *f* bifurcación *f*
Gag [gæg] *m* truco *m*, gag *m*
Gage ['ga:ʒə] *f* sueldo *m*
gähnen ['gɛ:nən] *v* bostezar, badallar
galant [ga'lant] *adj* galante, amabilísimo
Galerie [galə'ri:] *f* *1. (Passage)* pasaje *m*; *2. ART* galería *f*; *3. THEAT* paraíso *m*, gallinero *m*
Galgen ['galgən] *m* horca *f*, patíbulo *m*; *jdn an den ~ bringen (fig)* llevar a alguien a la horca
Galgenfrist ['galgənfrɪst] *f* respiro de gracia *m*; *jdm eine ~ geben* darle a alguien un plazo perentorio
Galle ['galə] *f* *ANAT* vesícula biliar *f*; *Da läuft mir die ~ über. (fam)* Se me revuelve la bilis.
Galopp [ga'lɔp] *m* galope *m*
Gang [gaŋ] *m* *1. (Gehen)* modo de andar *m*; *2. (Verlauf)* curso *m*, transcurso *m*; *in ~ sein* estar en marcha; *in ~ kommen* ponerse en marcha; *etw in ~ setzen* poner algo en marcha; *seinen ~ gehen* seguir su curso; *im ~e sein* estar en marcha; *3. (Flur)* pasillo *m*, corredor *m*, pasadizo *m*; *4. (Kupplung)* marcha *f*; *einen ~ zulegen* meter una marcha; *einen ~ zurückschalten* reducir la marcha; *5. GAST* plato *m*
gängig ['gɛŋɪç] *adj* de uso corriente, usual
Gangster ['gæŋstər] *m* gángster *m*
Gans [gans] *f* *ZOOL* ganso *m*; *eine dumme ~* una pava *f*
Gänsehaut ['gɛnzəhaut] *f* carne de gallina *f*; *eine ~ bekommen* ponérsele a uno la carne de gallina
Gänsemarsch ['gɛnzəmarʃ] *m* fila india *f*
ganz [gants] *adj 1.* todo, completo; *adv 2.* completamente, del todo, por entero
Ganzes ['gantsə] *n* todo *m*, total *m*; *aufs Ganze gehen* ir a por todas; *ums Ganze gehen* jugar el todo por el todo
ganztägig ['gantstɛ:gɪç] *adj* de todo el día
gar [ga:r] *adj 1. (gekocht)* en su punto, a punto; *adv 2. ~ nicht* de ningún modo, de ninguna manera
Garage [ga'ra:ʒə] *f* garaje *m*
Garantie [garan'ti:] *f* garantía *f*; *unter ~* garantizado/con toda seguridad
garantieren [garan'ti:rən] *v* garantizar, avalar
Garderobe [gardə'ro:bə] *f* *1. (Kleidung)* ropa *f*, vestuario *m*; *2. THEAT* vestuario *m*; *3. (Kleiderabgabe)* guardarropa *m*
Gardine [gar'di:nə] *f* cortina *f*; *hinter schwedischen ~n sein (fig)* estar entre rejas/estar a la sombra
Garn [garn] *n* hilo *m*
Garnele [gar'ne:lə] *f* *ZOOL* gamba *f*, camarón *m*
garnieren [gar'ni:rən] *v* *(mit)* adornar, decorar
Garten ['gartən] *m* jardín *m*
Gartenbau ['gartənbau] *m* horticultura *f*
Gartenhaus ['gartənhaus] *n* pabellón *m*
Gartenzaun ['gartəntsaun] *m* cerca *f*, seto *m*, valla *f*
Gärtner(in) ['gɛrtnər(ɪn)] *m/f* jardinero/jardinera *m/f*
Gärtnerei [gɛrtnə'raɪ] *f* jardinería *f*
Gärung ['gɛ:ruŋ] *f* fermentación *f*
Gas [ga:s] *n* gas *m*
Gasflasche ['ga:sflaʃə] *f* botella de gas *f*, bombona de gas *f*
Gasmaske ['ga:smaskə] *f* máscara antigás *f*
Gaspedal ['ga:speda:l] *n* pedal del acelerador *m*
Gasse ['gasə] *f* callejón *m*, calle *f*
Gast [gast] *m* huésped *m*, invitado *m*
Gästehaus ['gɛstəhaus] *n* fonda *f*, posada *f*, casa de huéspedes *f*, pensión *f*
Gästezimmer ['gɛstətsɪmər] *n* habitación para huéspedes *f*
gastfreundlich ['gastfrɔyntlɪç] *adj* hospitalario
Gastfreundschaft ['gastfrɔyntʃaft] *f* hospitalidad *f*
Gastgeber(in) ['gastge:bər(ɪn)] *m/f* anfitrión/anfitriona *m/f*
Gasthaus ['gasthaus] *n* fonda *f*, posada *f*, casa de huéspedes *f*
gastieren [gas'ti:rən] *v* *THEAT* actuar como actor invitado
Gastronomie [gastrono'mi:] *f* gastronomía *f*
Gastspiel ['gastʃpi:l] *n* *1. SPORT* partido fuera de casa *m*; *2. THEAT* actuación de una compañía foránea *f*

Gaststätte ['gastʃtɛtə] *f* restaurante *m*
Gastwirt ['gastvɪrt] *m* fondista *m,* hostelero *m*
Gatte ['gatə] *m* esposo *m,* marido *m*
Gattin ['gatɪŋ] *f* esposa *f,* mujer *f*
Gattung ['gatuŋ] *f* género *m,* clase *f*
Gaukler(in) ['gauklər(ɪn)] *m/f* juglar *m,* artista callejero/artista callejera *m/f*
Gaumen ['gaumən] *m ANAT* paladar *m; einen feinen ~ haben* tener el morrito muy fino (fam)
Gauner(in) ['gaunər(ɪn)] *m/f* estafador(a) *m/f,* timador(a) *m/f*
Gazelle [ga'tsɛlə] *f ZOOL* gacela *f*
Gebäck [gə'bɛk] *n* pastelería *f,* pasteles *m/pl*
Gebärde [gə'bɛːrdə] *f* gesto *m,* ademán *m*
gebären [gə'bɛːrən] *v irr* dar a luz, parir
Gebärmutter [gə'bɛːrmutər] *f ANAT* útero *m,* matriz *f*
Gebäude [gə'bɔydə] *n* edificio *m*
geben ['geːbən] *v irr 1.* dar, entregar; *viel darum ~* dar mucho por algo; *es jdm ~* cantarle a uno la cuarenta; *auf etw nichts ~* no dar un duro por algo; *2. (es gibt)* haber; *Es gab wenig Publikum.* Había muy poco público. *Was gibt's?* ¿Qué hay? *Es gibt Wasser.* Hay agua. *Um die Ecke gibt es ein Restaurant.* A la vuelta de la esquina hay un restaurante. *Wo gibt's denn so was?* ¿Habráse visto?
Gebet [gə'beːt] *n REL* oración *f,* rezo *m; jdn ins ~ nehmen* echar un sermón a alguien
Gebetbuch [gə'beːtsbuːx] *n REL* devocionario *m*
Gebiet [gə'biːt] *n 1.* zona *f,* región *f,* territorio *m; 2. (fig: Sachgebiet)* campo *m,* rama *f,* materia *f*
gebieterisch [gə'biːtərɪʃ] *adj* imperioso
Gebilde [gə'bɪldə] *n* obra *f,* creación *f*
gebildet [gə'bɪldət] *adj* culto, instruido
Gebirge [gə'bɪrgə] *n GEO* montaña *f,* montes *m/pl*
Gebirgskette [gə'bɪrgskɛtə] *f GEO* cadena de montañas *f,* cordillerra *f*
Gebiss [gə'bɪs] *n ANAT* dentadura *f*
geboren [gə'boːrən] *adj* nacido; *~ in Buenos Aires am 20. Juli* nacido en Buenos Aires el 20 de julio
Geborgenheit [gə'bɔrgənhaɪt] *f* seguridad *f,* protección *f*
Gebot [gə'boːt] *n 1. (Befehl)* orden *f,* mandato *m; 2. REL* mandamiento *m*
gebraten [gə'braːtən] *adj* asado *m*
Gebrauch [gə'braux] *m* uso *m,* empleo *m; in ~ kommen* hacer uso/utilizarse
gebrauchen [gə'brauxən] *v* usar, utilizar
gebräuchlich [gə'brɔyçlɪç] *adj* en uso, usual
Gebrauchsanweisung [gə'brauxsanvaɪzuŋ] *f* modo de empleo *m,* instrucciones para el uso *f/pl*
Gebrauchsgegenstand [gə'brauxsgeːgənʃtant] *m* objeto de uso corriente *m*
gebraucht [gə'brauxt] *adj* usado
Gebrauchtwagen [gə'brauxtvaːgən] *m (Auto)* coche usado *m,* carro usado *m* (LA)
Gebrechen [gə'brɛçən] *n MED* defecto físico *m,* imperfección *f*
gebrechlich [gə'brɛçlɪç] *adj MED* enfermizo
Gebrüll [gə'bryl] *n* vociferación *f,* griterío *m*
Gebühr [gə'byːr] *f* derecho *m,* tarifa *f*
gebührenfrei [gə'byːrənfraɪ] *adj* exento de derechos
gebührenpflichtig [gə'byːrənpflɪçtɪç] *adj* sujeto a derechos
Geburt [gə'burt] *f* nacimiento *m; eine schwere ~ (fig)* un mal parto *m*
Geburtenrate [gə'burtənraːtə] *f* tasa de natalidad *f,* índice de natalidad *m*
gebürtig [gə'byrtɪç] *adj* oriundo, natural, de nacimiento
Geburtsdatum [gə'burtsdaːtum] *n* fecha de nacimiento *f*
Geburtsjahr [gə'burtsjaːr] *n* año de nacimiento *m*
Geburtsort [gə'burtsɔrt] *m* lugar de nacimiento *m*
Geburtstag [gə'burtstaːk] *m* cumpleaños *m*
Geburtsurkunde [gə'burtsuːrkundə] *f* partida de nacimiento *f*
Gebüsch [gə'byʃ] *n BOT* matorral *m*
Gecko ['gɛko] *m ZOOL* salamanquesa *f*
Gedächtnis [gə'dɛçtnɪs] *n* memoria *f; ein ~ wie ein Sieb haben* tener muy mala memoria
Gedanke [gə'daŋkə] *m* pensamiento *m,* idea *f; ~n lesen können* poder leer los pensamientos; *mit dem ~n beisammen haben* estar concentrado; *etw in ~n tun* hacer algo distraído
gedankenlos [gə'daŋkənloːs] *adj* irreflexivo, aturdido
Gedankenlosigkeit [gə'daŋkənloːzɪçkaɪt] *f* irreflexión *f,* aturdimiento *m*
Gedankenstrich [gə'daŋkənʃtrɪç] *m* guión *m*
Gedärm [gə'dɛrm] *n ANAT* intestinos *m/pl*

Gedeck [gə'dɛk] *n* cubierto *m*
gedeihen [gə'daɪən] *v irr* prosperar, progresar, florecer, mejorar
gedenken [gə'dɛŋkən] *v irr 1. (erinnern)* acordarse de, recordar a; *2. (vorhaben)* proponerse, pensar; *3. ~, etw zu tun* tener la intención de hacer algo
Gedenkstätte [gə'dɛŋkʃtɛtə] *f* lugar conmemorativo *m*
Gedicht [gə'dɪçt] *n* poesía *f*, versos *m/pl*
Gedränge [gə'drɛŋə] *n* apretura *f*, agolpamiento *m*
gedrungen [gə'druŋən] *adj* compacto
Geduld [gə'dult] *f* paciencia *f*
geduldig [gə'duldɪç] *adj 1.* paciente; *adv 2.* pacientemente, con paciencia
geeignet [gə'aɪgnət] *adj ~ für* apropiado para, indicado para
Gefahr [gə'faːr] *f* peligro *m; sich in ~ begeben* meterse en la boca del lobo; *~ laufen* correr el peligro; *auf eigene ~* por su propio riesgo/por su propia cuenta
gefährden [gə'fɛːrdən] *v* poner en peligro, hacer peligrar
Gefährdung [gə'fɛːrduŋ] *f* amenaza *f*
Gefahrenzone [gə'faːrəntsoːnə] *f* zona peligrosa *f*
Gefahrenzulage [gə'faːrəntsuːlaːgə] *f* plus de peligrosidad *m*, plus por trabajo peligroso *m*
gefährlich [gə'fɛːrlɪç] *adj* peligroso
gefahrlos [gə'faːrloːs] *adj* sin riesgo, seguro
Gefährte [gə'fɛːrtə] *m* compañero *m*
Gefährtin [gə'fɛːrtɪn] *f* compañera *f*
Gefälle [gə'fɛlə] *n* desnivel *m*
gefallen [gə'falən] *v irr jdm ~* agradar a alguien, gustar a alguien; *sich etw ~ lassen* consentir en algo
Gefallen [gə'falən] *m* favor *m*, servicio *m*
Gefallener [gə'falənər] *m* caído *m*, muerto en la guerra *m*
gefällig [gə'fɛlɪç] *adj 1. (zuvorkommend)* atento, amable; *2. (angenehm)* agradable
Gefälligkeit [gə'fɛlɪçkaɪt] *f* amabilidad *f*, complacencia *f*
gefangen [gə'faŋən] *adv ~ halten* retener en prisión, tener encarcelado, tener cautivo; *~ nehmen* detener, tomar prisionero, apresar
Gefangenschaft [gə'faŋənʃaft] *f MIL* cautiverio *m*
Gefängnis [gə'fɛŋnɪs] *n* prisión *f*, cárcel *f*
Gefängnisstrafe [gə'fɛŋnɪsʃtraːfə] *f* pena de prisión *f*, pena de cárcel *f*
Gefängniszelle [gə'fɛŋnɪstsɛlə] *f* celda *f*
Gefäß [gə'fɛːs] *n* recipiente *m*
gefasst [gə'fast] *adj ~ sein auf* estar preparado para
Gefäßverengung [gə'fɛsfɛrɛŋuŋ] *f MED* vasoconstricción *f*
Gefecht [gə'fɛçt] *n MIL* combate *m; außer ~ setzen* poner fuera de combate; *jdn außer ~ setzen* poner a alguien fuera de combate
gefeit [gə'faɪt] *adj ~ sein gegen* ser invulnerable contra
Gefieder [gə'fiːdər] *n ZOOL* plumaje *m*
geflissentlich [gə'flɪsəntlɪç] *adj* intencionado, premeditado
Geflügel [gə'flyːgəl] *n ZOOL* aves de corral *f/pl*
Geflüster [gə'flystər] *n* cuchicheo *m*
Gefolge [gə'fɔlgə] *n* comitiva *f*, séquito *m*
gefragt [gə'fraːkt] *adj ~ sein* ser solicitado, ser buscado
gefrieren [gə'friːrən] *v irr* helar, helarse, congelar
Gefriertruhe [gə'friːrtruːə] *f* arcón congelador *m*, congelador horizontal *m*
gefügig [gə'fyːgɪç] *adj* dócil, flexible, manejable, dúctil
Gefühl [gə'fyːl] *n 1. (körperlich)* sensación *f; mit gemischten ~en* medio triste, medio contento; *das höchste der ~e* el súmmum; *etw im ~ haben* presentir algo; *2. (seelisch)* sentimiento *m; 3. (Ahnung)* presentimiento *m*
gefühllos [gə'fyːlloːs] *adj 1. (körperlich)* insensible; *2. (seelisch)* duro, sin corazón
gefühlsmäßig [gə'fyːlsmɛːsɪç] *adv* intuitivamente, por intuición
gefühlvoll [gə'fyːlfɔl] *adj* lleno de sentimiento, sentimental
gegebenenfalls [gə'geːbənənfals] *adv* si se diera el caso, eventualmente
Gegebenheit [gə'geːbənhaɪt] *f* hecho *m*, dato *m*
gegen ['geːgən] *prep 1. (zeitlich)* alrededor de, a eso de; *~ sieben Uhr* alrededor de las siete; *2. (örtlich)* hacia, contra, en dirección a; *3. (wider)* contra, en contra de; *~ seinen Willen* en contra de su voluntad; *etw ~ jdn haben* tener algo en contra de alguien; *4. (im Austausch)* a cambio de, por; *~ Quittung* contra recibo
Gegenanzeige ['geːgənantsaɪgə] *f MED* contraindicación *f*
Gegend ['geːgənt] *f 1. (Landschaft)* paisaje *m; 2. (Nähe)* alrededores *m/pl*, cercanías *f/pl; die ~ unsicher machen* ser el terror del lugar

Gegendarstellung ['ge:gəndarʃtɛluŋ] *f* rectificación *f*, escrito de réplica *m*
gegeneinander ['ge:gənaɪnandər] *adv* uno contra otro, uno en contra del otro
Gegenfahrbahn ['ge:gənfa:rba:n] *f* carril contrario *m*
Gegengewicht ['ge:gəngəvɪçt] *n* contrapeso *m*
gegenläufig ['ge:gənlɔyfɪç] *adj* en contrasentido, en sentido contrario
Gegenleistung ['ge:gənlaɪstuŋ] *f* contraprestación *f*, contrapartida *f*
Gegenmaßnahme ['ge:gənmasna:mə] *f* contramedida *f*
Gegenmittel ['ge:gənmɪtəl] *n* antídoto *m*
Gegenprobe ['ge:gənpro:bə] *f* *MATH* contraprueba *f*
Gegensatz ['ge:gənzats] *m* oposición *f*; *Gegensätze ziehen sich an.* Polos opuestos se atraen.; *im ~ zu* al contra de/en contraposición
gegensätzlich ['ge:gənzɛtslɪç] *adj 1.* contrario, opuesto; *adv 2.* opuestamente, por el contrario
Gegensätzlichkeit ['ge:gənzɛtslɪçkaɪt] *f* contraste *m*, divergencia *f*
gegenseitig ['ge:gənzaɪtɪç] *adj 1.* mutuo, recíproco; *adv 2.* mutuamente, recíprocamente
Gegenseitigkeit ['ge:gənzaɪtɪçkaɪt] *f* reciprocidad *f*
Gegenspieler(in) ['ge:gənʃpi:lər(ɪn)] *m/f* adversario/adversaria *m/f*, antagonista *m/f*
Gegenstand ['ge:gənʃtant] *m 1.* objeto *m*, cosa *f*; *2. (Thema)* tema *f*, asunto *m*, materia *f*
Gegenstimme ['ge:gənʃtɪmə] *f* *POL* voz contraria *f*, voto contrario *m*
Gegenstück ['ge:gənʃtyk] *n* equivalente *m*
Gegenteil ['ge:gəntaɪl] *n* lo contrario, antónimo *m*
gegenüber [ge:gən'y:bər] *prep 1. (örtlich)* enfrente de, frente a; *2. (im Hinblick)* con respecto a; *3. (im Vergleich)* en comparación con
gegenüberliegen [ge:gən'y:bərli:gən] *v* estar situado en frente de
gegenüberliegend [ge:gən'y:bərli:gənt] *adj* opuesto
gegenüberstehen [ge:gən'y:bərʃte:ən] *v 1.* estar frente, hallarse en frente de; *2. etw ~ (fig)* afrontar algo
gegenüberstellen [ge:gən'y:bərʃtɛlən] *v 1. (vergleichen)* comparar, contraponer; *2. (konfrontieren)* confrontar, carear
Gegenüberstellung [ge:gən'y:bərʃtɛluŋ] *f 1. (Vergleich)* comparación *f*, contraposición *f*; *2. (Konfrontation)* confrontación *f*, careo *m*
Gegenverkehr ['ge:gənfɛrke:r] *m* circulación en sentido contrario *f*
Gegenwart ['ge:gənvart] *f 1. (Anwesenheit)* presencia *f*; *2. GRAMM* presente *m*
gegenwärtig ['ge:gənvɛrtɪç] *adj 1. (jetzig)* actual; *2. (anwesend)* presente, existente
Gegenwehr ['ge:gənve:r] *f* defensa *f*
gegenzeichnen ['ge:gəntsaɪçnən] *v* contrafirmar, contrasignar
Gegner ['ge:gnər] *m* adversario *m*, contrario *m*
gegnerisch ['ge:gnərɪʃ] *adj* contrario, opuesto
Gehalt [gə'halt] *n 1. (Lohn)* sueldo *m*; *2. (Inhalt)* contenido *m*
Gehaltserhöhung [gə'haltsɛrhø:uŋ] *f* aumento de sueldo *m*
Gehaltsgruppe [gə'haltsgrupə] *f* grupo salarial *m*, categoría de sueldo *f*
gehaltvoll [gə'haltfɔl] *adj* rico en
gehässig [gə'hɛsɪç] *adj* lleno de odio, resentido, odioso
Gehässigkeit [gə'hɛsɪçkaɪt] *f* odiosidad *f*
Gehäuse [gə'hɔyzə] *n* caja *f*, estuche *m*
gehbehindert ['ge:bəhɪndərt] *adj* impedido *m*
Gehege [gə'he:gə] *n* cercado *m*
geheim [gə'haɪm] *adj* secreto, escondido; *~ halten* mantener en secreto, ocultar
Geheimagent(in) [gə'haɪmagɛnt(ɪn)] *m/f* *POL* agente secreto/agente secreta *m/f*
Geheimdienst [gə'haɪmdi:nst] *m* *POL* servicio secreto *m*
Geheimfach [gə'haɪmfax] *n* secreto de armario *m*
Geheimnis [gə'haɪmnɪs] *n* secreto *m*; *ein offenes ~* un secreto a voces *m*
geheimnisvoll [gə'haɪmnɪsfɔl] *adj 1.* misterioso; *adv 2.* misteriosamente, por misterio
Geheimtipp [gə'haɪmtɪp] *m* indicación confidencial *f*
gehemmt [gə'hɛmt] *adj ~ sein* estar cohibido
gehen ['ge:ən] *v* ir, caminar, andar; *Wie geht es Ihnen?* ¿Cómo está usted? *etw mit~ lassen* llevarse algo; *in sich ~* volver sobre sí; *sich ~ lassen* descuidarse, darse al abandono
geheuer [gə'hɔyər] *adj (nicht ~ sein)* sospechoso, inseguro, peligroso

Gehilfe [gə'hiːlfə] *m* ayudante *m,* asistente *m,* auxiliar *m*
Gehilfin [gə'hiːlfɪn] *f* ayudanta *f,* auxiliar *f,* asistente *f*
Gehirn [gə'hɪrn] *n ANAT* cerebro *m*
Gehirnblutung [gə'hɪrnbluːtuŋ] *f MED* hemorragia cerebral *f*
Gehirnerschütterung [gə'hɪrnɛrʃyːtəruŋ] *f MED* conmoción cerebral *f*
Gehirnschlag [gə'hɪrnʃlaːk] *m MED* ataque cerebral *m*
Gehirntumor [gə'hɪrntuːmɔr] *m MED* tumor cerebral *m*
Gehirnwäsche [gə'hɪrnvɛʃə] *f* lavado de cerebro *m*
Gehör [gə'høːr] *n* oído *m; ~ finden* tener audiencia/ser escuchado; *jdm ~ schenken* prestar oídos a alguien; *sich ~ verschaffen* llegar a ser atendido; *um ~ bitten* pedir la atención
gehorchen [gə'hɔrçən] *v* obedecer a alguien, ser dócil, acatar las órdenes de alguien
gehören [gə'høːrən] *v (besitzen)* pertenecer a, ser de; *zu etw ~* ser de, formar parte de
Gehörfehler [gə'høːrfeːlər] *m MED* defecto del oído *m*
gehörlos [gə'høːrloːs] *adj MED* sordo
gehorsam [gə'hoːrzaːm] *adj* obediente, dócil
Gehorsam [gə'hoːrzaːm] *m* obediencia *f*
Gehweg ['geːveːk] *m* acera *f,* vereda *f*
Geier ['gaɪər] *m ZOOL* buitre *m; Weiß der ~!* ¡Ni idea!
Geige ['gaɪgə] *f MUS* violín *m; die erste ~ spielen (fig)* llevar la voz cantante; *nach jds ~ tanzen* bailar al son que toca alguien; *Der Himmel hängt ihm voller ~n.* Ve el cielo abierto./Escucha música de violines./Estremendamente felir.
geigen ['gaɪgən] *v* tocar el violín
Geisel ['gaɪzəl] *f* rehén *m/f*
Geiselnehmer(in) ['gaɪzəlneːmər(ɪn)] *m/f* secuestrador(a) *m/f*
Geist [gaɪst] *m 1. (Seele)* espíritu *m; seinen ~ aufgeben (fig)* pasar a mejor vida/expirar; *2. (Verstand)* inteligencia *f; auf den ~ gehen* sacar de quicio; *3. (Gespenst)* fantasma *m; von allen guten ~ern verlassen sein* volverse loco
geistesabwesend ['gaɪstəsapveːzənt] *adj 1.* distraído, ausente, perdido; *adv 2.* ausente, ido; *~ sein* estar en la luna
geistesgegenwärtig ['gaɪstəsgeːgənvɛrtɪç] *adj 1.* sereno; *adv 2.* serenamente, con serenidad
Geisteskranke(r) ['gaɪstəskraŋkə(r)] *m/f MED* enfermo mental/enferma mental *m/f*
Geisteskrankheit ['gaɪstəskraŋkhaɪt] *f MED* enfermedad mental *f*
Geisteswissenschaften ['gaɪstəsvɪsənʃaftən] *pl* ciencias filosóficas *f/pl,* letras *f/pl*
Geisteszustand ['gaɪstəstsuːʃtant] *m* estado mental *m*
geistig ['gaɪstɪç] *adv* mentalmente, con la mente
geistlich ['gaɪstlɪç] *adj* espiritual
Geistliche(r) ['gaɪstlɪçə(r)] *m/f REL* eclesiástico/eclesiástica *m/f,* clérigo/clériga *m/f*
geistreich ['gaɪstraɪç] *adj* ingenioso
Geiz [gaɪts] *m* avaricia *f*
geizig ['gaɪtsɪç] *adj* avaro, mezquino
Geizkragen ['gaɪtskraːgən] *m (fam)* avaro *m,* tacaño *m*
Gejammer [gə'jamər] *n* lamentaciones *f/pl*
Gekicher [gə'kɪçər] *n* risas sofocadas *f/pl*
geknickt [gə'knɪkt] *adj 1. (abgebrochen)* quebrado; *2. (fig)* abatido, deprimido
gekünstelt [gə'kynstəlt] *adj* artificial, rebuscado
Gel [geːl] *n* gel *m*
Gelächter [gə'lɛçtər] *n* risa *f,* carcajada *f*
geladen [gə'laːdən] *adj 1. (ein~)* invitado; *2. (fig: sauer sein mit jdm) ~ sein* estar enojado
gelähmt [gə'lɛːmt] *adj MED* impedido, paralizado, paralítico
Gelände [gə'lɛndə] *n* terreno *m,* área *f*
Geländer [gə'lɛndər] *n* baranda *f*
Geländewagen [gə'lɛndəvaːgən] *m* vehículo todo terreno *m*
gelangen [gə'laŋən] *v (~ an, ~ nach, ~ zu)* llegar a, alcanzar a
gelangweilt [gə'laŋvaɪlt] *adj* aburrido
gelassen [gə'lasən] *adj ~ sein* estar sereno, estar tranquilo
Gelassenheit [gə'lasənhaɪt] *f* calma *f,* placidez *f,* serenidad *f*
Gelatine [ʒela'tiːnə] *f GAST* gelatina *f*
geläufig [gə'lɔyfɪç] *adj* usual, habitual, de costumbre
gelaunt [gə'launt] *adj 1. schlecht ~ sein* estar de mal humor; *2. gut ~ sein* estar de buen humor
gelb [gɛlp] *adj* amarillo
Gelbsucht ['gɛlpzuxt] *f MED* ictericia *f,* hepatitis *f*
Geld [gɛlt] *n* dinero *m,* plata *f* (LA); *~ oder Leben!* ¡La bolsa o la vida! *im ~ schwimmen* nadar en oro/nadar en la abundancia; *~ wie Heu haben* tener mucha pasta; *das ~ unter die*

Leute bringen gastar el dinero con impulsividad; *etw zu ~ machen* sacar dinero por algo/vender algo; *ins ~ gehen* resultar caro; *nicht mit ~ zu bezahlen sein* no hay dinero que lo pague; *sich für ~ sehen lassen können* ser un original; *Ihm rinnt das ~ durch die Finger.* Se le escurre el dinero de las manos. *~ stinkt nicht.* El dinero no hace daño.

Geldautomat ['gɛltautoma:t] *m* cajero automático *m,* telebanco *m*

Geldbetrag ['gɛltbətra:k] *m* suma de dinero *f,* cantidad *f,* importe *m*

Geldbeutel ['gɛltbɔytəl] *m* bolsa *f,* monedero *m*

Geldentwertung ['gɛltɛntvɛrtuŋ] *f ECO* depreciación monetaria *f,* desmonetización *f*

Geldgeber(in) ['gɛltge:bər(ɪn)] *m/f* capitalista *m/f,* financiero/financiera *m/f*

Geldinstitut ['gɛltɪnstitu:t] *n ECO* instituto monetario *m,* instituto bancario *m,* banco *m*

Geldquelle ['gɛltkvɛlə] *f* recursos financieros *m/pl,* fuente de recursos *f*

Geldschein ['gɛltʃaɪn] *m* billete de banco *m*

Geldstrafe ['gɛltʃtra:fə] *f* multa *f,* pena pecuniaria *f*

Geldwäsche ['gɛltvɛʃə] *f* dinero sucio *m*

Geldwechsel ['gɛltvɛksəl] *m* cambio *m*

gelegen [gə'le:gən] *adj 1. (liegend)* situado, ubicado (LA); *2. (fig: passend)* muy a propósito, conveniente, muy bien; *~ kommen* venir de perilla

Gelegenheit [gə'le:gənhaɪt] *f* ocasión *f,* oportunidad *f; die ~ beim Schopfe packen* estar perdido

Gelegenheitsarbeit [gə'le:gənhaɪtsarbaɪt] *f* trabajo eventual *m,* trabajo de ocasión *m*

gelegentlich [gə'le:gəntlɪç] *adj 1.* ocasional, eventual; *adv 2.* de vez en cuando, a veces, en ocasiones

gelehrig [gə'le:rɪç] *adj* inteligente

gelehrt [gə'le:rt] *adj* sabio, erudito

Gelehrte(r) [gə'le:rtə(r)] *m/f* sabio/sabia *m/f,* erudito/erudita *m/f*

Geleit [gə'laɪt] *n* acompañamiento *m,* séquito *m*

Geleitschutz [gə'laɪtʃuts] *m* escolta *f*

Gelenk [gə'lɛŋk] *n 1. ANAT* articulación *f; 2. TECH* juntura *f*

gelenkig [gə'lɛŋkɪç] *adj* articulado

Geliebte(r) [gə'li:ptə(r)] *m/f* amante *m/f*

gelingen [gə'lɪŋən] *v irr* salir bien, tener éxito, resultar un éxito

geloben [gə'lo:bən] *v* hacer voto de, hacer promesa de

gelten ['gɛltən] *v irr* valer, ser válido

geltend ['gɛltənt] *adj* valedero, válido

Geltung ['gɛltuŋ] *f 1. (Gültigkeit)* validez *f,* vigencia *f; 2. (Ansehen)* autoridad *f,* prestigio *m; jdm ~ verschaffen* sentar el crédito de alguien; *etw zur ~ bringen* poner de relieve algo; *zur ~ kommen* destacarse

Geltungsbereich ['gɛltuŋsbəraɪç] *m* campo de aplicación *m,* campo de vigencia *m*

Gelübde [gə'lypdə] *n REL* voto *m*

gelungen [gə'luŋən] *adj* acertado, conveniente, adecuado, idóneo

Gelüste [gə'lystə] *pl* deseos *m/pl,* antojos *m/pl*

gemächlich [gə'mɛ:çlɪç] *adj 1. (ruhig)* sosegado, tranquilo; *2. (bequem)* cómodo

Gemahl(in) [gə'ma:l(ɪn)] *m/f* esposo/esposa *m/f*

Gemälde [gə'mɛ:ldə] *n* pintura *f,* cuadro *m*

gemäß [gə'mɛ:s] *prep* conforme a, de acuerdo con

gemäßigt [gə'mɛ:sɪçt] *adj* moderado

gemein [gə'maɪn] *adj 1. (allgemein)* común, corriente, frecuente; *2. (böse)* malo, vil

Gemeinde [gə'maɪndə] *f 1. (Gemeinschaft)* comunidad *f; 2. POL* municipio *m*

Gemeinderat [gə'maɪndəra:t] *m POL* consejo municipal *m*

Gemeindesteuer [gə'maɪndəʃtɔyər] *f* impuestos municipales *m/pl*

gemeingefährlich [gə'maɪngəfɛ:rlɪç] *adj* que constituye un peligro público

Gemeingut [gə'maɪngu:t] *n* bien común *m,* bien público *m*

Gemeinheit [gə'maɪnhaɪt] *f* bajeza *f,* vileza *f*

Gemeinkosten [gə'maɪnkɔstən] *pl ECO* gastos generales *m/pl*

gemeinnützig [gə'maɪnnytsɪç] *adj* de interés común, de interés público

gemeinsam [gə'maɪnza:m] *adj 1.* común, colectivo; *adv 2.* en común, juntos

Gemeinsamkeit [gə'maɪnza:mkaɪt] *f* punto común *m,* similitud *f*

Gemeinschaft [gə'maɪnʃaft] *f* comunidad *f,* asociación *f,* agrupación *f*

Gemeinwesen [gə'maɪnve:zən] *n* Estado *m*

Gemeinwohl [gə'maɪnvo:l] *n* bien común *m,* interés público *m*

Gemetzel [gə'mɛtsəl] *n* carnicería *f,* matanza *f,* masacre *f*

Gemisch [gə'mɪʃ] *n* mezcla *f*
gemischt [gə'mɪʃt] *adj 1.* mezclado, mixto; *2. (fig)* revuelto
Gemüse [gə'myːzə] *n* verdura *f*, legumbres *f/pl*
Gemüsegarten [gə'myːzəgartən] *m* huerto *m*, huerta *f*
gemustert [gə'mustərt] *adj* con dibujos
Gemüt [gə'myːt] *n* ánimo *m*, alma *f/el; sich etw zu ~e führen* tomarse algo a pecho; *ein sonniges ~ haben* ser un ingenuo; *aufs ~ schlagen* llegar al alma
gemütlich [gə'myːtlɪç] *adj 1. (Person)* jovial, agradable, de fácil trato; *2. (Sache)* cómodo, confortable; *adv 3.* a gusto, cómodamente
Gemütlichkeit [gə'myːtlɪçkaɪt] *f* comodidad *f*, confort *m*
gemütskrank [gə'myːtskraŋk] *adj MED* maníaco-depresivo
Gemütsruhe [gə'myːtsruːə] *f* tranquilidad de ánimo *f*, serenidad *f*
Gen [geːn] *n BIO* gen *m*
genau [gə'nau] *adj 1.* exacto, preciso, justo; *~ genommen* siendo exacto, en realidad; *adv 2.* exactamente, con exactitud; *interj 3.* exacto, justo
Genauigkeit [gə'nauɪçkaɪt] *f* exactitud *f*, precisión
genauso [gə'nauzoː] *adv* del mismo modo, lo mismo; *Wir sind ~ weit wie vorher.* Estamos igual que antes.
genehmigen [gə'neːmɪgən] *v* permitir, autorizar, aprobar; *sich einen ~* permitirse un trago
Genehmigung [gə'neːmɪguŋ] *f* permiso *m*, autorización *f*, aprobación *f*
General [genə'raːl] *m MIL* general *m*
Generalkonsulat [genə'raːlkɔnzulaːt] *n POL* consulado general *m*
Generalprobe [genə'raːlproːbə] *f THEAT* ensayo general *m*
Generation [genəra'tsjoːn] *f* generación *f*
Generator [genə'raːtɔr] *m TECH* generador *m*
generell [gɛnə'rɛl] *adj 1.* general; *adv 2.* generalmente, por lo general
Genesung [gə'neːzuŋ] *f* convalecencia *f*
genetisch [gə'neːtɪʃ] *adj BIO* genético
Genforschung ['geːnfɔrʃuŋ] *f* genética *f*
genial [gen'jaːl] *adj* genial
Genick [gə'nɪk] *n ANAT* nuca *f*, cerviz *f; sich das ~ brechen (fig)* arruinarse/fracasar
Genie [ʒe'niː] *n* genio *m*
genieren [ʒe'niːrən] *v sich ~* tener vergüenza de; *Ich geniere mich, mit dem Chef darüber zu sprechen.* Tengo reparos de hablar con el jefe sobre ello.
genießbar [gə'niːsbaːr] *adj* comestible
genießen [gə'niːsən] *v irr 1. etw ~* gozar de algo; *2. (fig: etw erhalten)* recibir
Genitalien [geni'taːljən] *pl ANAT* genitales *m/pl*
genormt [gə'nɔrmt] *adj* normalizado, estandarizado
Genosse [gə'nɔsə] *m 1.* compañero *m; 2. POL* camarada *m/f*
Genossenschaft [gə'nɔsənʃaft] *f* sociedad *f*, cooperativa *f*
Genossin [gə'nɔsɪn] *f* compañera *f*
Gentechnologie ['gɛntɛçnologiː] *f* ingeniería genética *f*
genug [gə'nuːk] *adv* suficiente, bastante
genügen [gə'nyːgən] *v* ser suficiente, bastar
Genugtuung [gə'nuːktuːuŋ] *f* satisfacción *f*
Genuss [gə'nus] *m* gozo *m*, placer *m; in den ~ von etw kommen* coger el gusto a algo
genüsslich [gə'nyslɪç] *adj* gozoso, voluptuoso
geöffnet [gə'œfnət] *adj* abierto
Geograf(in) [geo'graːf(ɪn)] *m/f* geógrafo/geógrafa *m/f*
Geografie [geogra'fiː] *f* geografía *f*
Geologie [geolo'giː] *f* geología *f*
Geometrie [geome'triː] *f* geometría *f*
geometrisch [geo'meːtrɪʃ] *adj* geométrico
Gepäck [gə'pɛk] *n* equipaje *m; Wie viel kostet das Übergepäck?* ¿Cuánto cuesta el exceso de equipaje? *Ist das ~ schon auf dem Zimmer?* ¿Ya está el equipaje en la habitación?
Gepäckannahme [gə'pɛkannaːmə] *f* depósito de equipajes *m*
Gepäckausgabe [gə'pɛkausgaːbə] *f* entrega de equipajes *f*
Gepäckkontrolle [gə'pɛkkɔntrɔlə] *f* control de equipajes *m*
Gepäckträger [gə'pɛktrɛːgər] *m* maletero *m*
gepflegt [gə'pfleːkt] *adj 1. (Person)* aseado, pulcro; *Du hast ein ~es Auftreten.* Estás hecho un anís. *2. (Sache)* bien cuidada; *3. (fig: Sprache)* selecto
Gepflogenheit [gə'pfloːgənhaɪt] *f* costumbre *f*
Geplauder [gə'plaudər] *n* charla *f*, plática *f*

gerade [gə'ra:də] *adj 1.* derecho; *2. MATH* par; *adv 3. (im Augenblick)* en este momento, ahorita (LA)
Gerade [gə'ra:də] *f MATH* recta *f*
geradeaus [gəra:də'aus] *adv* de frente, todo derecho
geradeso [gə'ra:dəzo:] *adv* lo mismo, igual
geradewegs [gə'ra:dəve:ks] *adv* directamente, todo derecho
geradezu [gə'ra:dətsu:] *adv* directamente, derecho
Gerät [gə'rɛ:t] *n* aparato *m*, utensilio *m*
geräumig [gə'rɔymɪç] *adj* espacioso
Geräusch [gə'rɔyʃ] *n* ruido *m*
geräuschlos [gə'rɔyʃlo:s] *adj* silencioso, sin ruido
gerecht [gə'rɛçt] *adj* justo
gerechtfertigt [gə'rɛçtfɛrtɪçt] *adj* justificado
Gerechtigkeit [gə'rɛçtɪçkaɪt] *f* justicia *f*
Gerede [gə're:də] *n 1.* habladurías *f/pl*, cuentos *m/pl; 2. (Gerücht)* rumores *m/pl; 3. (fam: Klatsch)* chismes *m/pl; jdn ins ~ bringen* propagar chismes acerca de alguien; *ins ~ kommen* andar en lenguas
gereizt [gə'raɪtst] *adj* irritado, molesto
Gereiztheit [gə'raɪtsthaɪt] *f* irritación *f*
Gericht [gə'rɪçt] *n 1. GAST* plato *m; 2. JUR* tribunal *m*, audiencia *f*, corte *f* (LA); *mit jdm ins ~ gehen* echar un sermón a alguien (fam)
gerichtlich [gə'rɪçtlɪç] *adj 1. JUR* judicial; *adv 2. JUR* judicialmente
Gerichtsbarkeit [gə'rɪçtsba:rkaɪt] *f JUR* jurisdicción *f*
Gerichtsbeschluss [gə'rɪçtsbəʃlus] *m JUR* decisión judicial *f*
Gerichtshof [gə'rɪçtsho:f] *m JUR* tribunal de justicia *m*, corte de justicia *f*
Gerichtsmedizin [gə'rɪçtsmeditsi:n] *f JUR* medicina forense *f*
Gerichtsstand [gə'rɪçtsʃtant] *m JUR* jurisdicción competente *f*, fuero *m*
Gerichtsverfahren [gə'rɪçtsfɛrfa:rən] *n JUR* procedimiento judicial *m*
Gerichtsverhandlung [gə'rɪçtsfɛrhandluŋ] *f JUR* vista de una causa *f*
Gerichtsvollzieher [gə'rɪçtsfɔltsi:ər] *m JUR* agente ejecutivo *m*, alguacil *m* (Spanien)
gering [gə'rɪŋ] *adj 1. (wenig)* poco, escaso; *2. (niedrig)* bajo; *kein Geringerer als* un hombre tan señalado como; *3. (kurz)* corto
geringfügig [gə'rɪŋfy:gɪç] *adj 1.* insignificante; *adv 2.* sin importancia
Geringfügigkeit [gə'rɪŋfy:gɪçkaɪt] *f* insignificancia *f*
Geringschätzung [gə'rɪŋʃɛtsuŋ] *f* desdén *m*, menosprecio *m*
gerinnen [gə'rɪnən] *v* coagular, coagularse
Gerippe [gə'rɪpə] *n ANAT* esqueleto *m*
gern [gɛrn] *adv* gustosamente, con mucho gusto, con agrado; *Der kann mich ~ haben. (fam)* ¡Qué se vaya a paseo!
Geröll [gə'rœl] *n GEOL* guijarros *m/pl*, pedregullo *m* (LA)
Gerste ['gɛrstə] *f BOT* cebada *f*
Gerstenkorn ['gɛrstənkorn] *n MED* orzuelo *m*
Geruch [gə'rux] *m* olor *m*
geruchlos [gə'ruxlo:s] *adj* inodoro
Geruchssinn [gə'ruxzɪn] *m* sentido del olfato *m*
Gerücht [gə'ryçt] *n* rumor *m; Das ~ verbreitete sich wie ein Lauffeuer.* El rumor corrió como un reguero de pólvora. *zu ~en Anlass geben* dar que hablar
gerührt [gə'ry:rt] *adj (fig)* emocionado, conmovido
geruhsam [gə'ru:za:m] *adj* sosegado, tranquilo
Gerüst [gə'ryst] *n 1. (Baugerüst)* andamio *m*, andamiaje *m; 2. (fig)* estructura *f*
gesamt [gə'zamt] *adj* total, todo, completo, entero
Gesamtbetrag [gə'zamtbətra:k] *m* importe total *m*
Gesamtheit [gə'zamthaɪt] *f* totalidad *f*, conjunto *m*
Gesandte [gə'zantə] *m POL* ministro plenipotenciario *m*, embajador *m*
Gesang [gə'zaŋ] *m* canto *m*
gesättigt [gə'zɛtɪçt] *adj 1. (satt)* saciado; *2. CHEM* saturado; *3. ECO* saturado
Geschäft [gə'ʃɛft] *n 1. (Laden)* tienda *f*, comercio *m; 2. (Handelsgeschäft) ECO* negocio *m; seine ~e machen* hacer su agosto; *ein ~ mit etw machen* hacer un negocio con algo; *3. JUR* arreglo *m*, acuerdo *m*
geschäftig [gə'ʃɛftɪç] *adj 1.* activo, dinámico, diligente; *adv 2.* con dinamismo, activamente
geschäftlich [gə'ʃɛftlɪç] *adj 1.* de negocios, comercial; *adv 2.* comercialmente, por asuntos de negocios
Geschäftsabschluss [gə'ʃɛftsapʃlus] *m 1. ECO* conclusión de un negocio *f*, conclusión de una operación *f; 2. (Bilanz) ECO* balance *m*, cierre de ejercicio *m*

Geschäftsbedingung [gə'ʃɛftsbədɪŋuŋ] *f ECO* condiciones de negocio *f/pl*
Geschäftsbericht [gə'ʃɛftsbərɪçt] *m ECO* memoria *f*
Geschäftsfähigkeit [gə'ʃɛftsfɛːɪçkaɪt] *f JUR* capacidad para contratar *f*
Geschäftsführer(in) [gə'ʃɛftsfyːrər(ɪn)] *m/f ECO* gerente *m/f,* administrador(a) *m/f*
Geschäftsjahr [gə'ʃɛftsjaːr] *n ECO* ejercicio *m*
Geschäftsleitung [gə'ʃɛftslaɪtuŋ] *f ECO* dirección *f,* gerencia *f*
Geschäftsmann [gə'ʃɛftsman] *m ECO* hombre de negocios *m,* comerciante *m*
Geschäftspartner(in) [gə'ʃɛftspartnər(ɪn)] *m/f ECO* socio/socia *m/f*
Geschäftsreise [gə'ʃɛftsraɪzə] *f* viaje de negocios *m; Rodrigo ist auf ~.* Rodrigo hace un viaje de negocios.
Geschäftsstelle [gə'ʃɛftsʃtɛlə] *f* oficina *f,* despacho *m*
geschäftstüchtig [gə'ʃɛftstyçtɪç] *adj* ducho en los negocios, hábil para el comercio
Geschäftszweig [gə'ʃɛftstsvaɪg] *m ECO* ramo comercial *m,* sector de actividad *m*
geschehen [gə'ʃeːən] *v irr* suceder, ocurrir, acontecer; *~ ist ~* a lo hecho pecho; *Es ist um ihn ~.* Está perdido./Está acabado.
Geschehen [gə'ʃeːən] *n* sucesos *m/pl,* acontecimientos *m/pl*
gescheit [gə'ʃaɪt] *adj* inteligente, listo; *Du bist wohl nicht recht ~!* ¡Tú no estás bien de la cabeza!
Geschenk [gə'ʃɛŋk] *n* regalo *m,* obsequio *m,* presente *m; ein ~ des Himmels* un regalo del cielo *m*
Geschichte [gə'ʃɪçtə] *f 1. (Vergangenheit)* historia *f; ~ machen* pasar a la historia; *2. (Erzählung)* cuento *m*
Geschichtsschreibung [gə'ʃɪçtsʃraɪbuŋ] *f* historiografía *f*
Geschicklichkeit [gə'ʃɪklɪçkaɪt] *f* habilidad *f,* destreza *f*
geschickt [gə'ʃɪkt] *adj* hábil, diestro
geschieden [gə'ʃiːdən] *adj* divorciado
Geschirr [gə'ʃɪr] *n* vajilla *f; sich ins ~ legen* ponerse manos a la obra
Geschirrspülmaschine [gə'ʃɪrʃpyːlmaʃiːnə] *f* lavavajillas *m*
Geschlecht [gə'ʃlɛçt] *n 1. (weiblich/männlich)* sexo *m; 2. (Adelsgeschlecht)* linaje *m,* abolengo *m,* estirpe *f*
Geschlechtsorgan [gə'ʃlɛçtsɔrgaːn] *n ANAT* órgano sexual *m*
Geschlechtsverkehr [gə'ʃlɛçtsfɛrkeːr] *m* relaciones sexuales *f/pl*
geschlossen [gə'ʃlɔsən] *adj* cerrado
Geschmack [gə'ʃmak] *m 1. (von Speisen)* sabor *m; 2. (Sinn für Schönes)* gusto *m,* estilo *m,* sensibilidad *f; ~ an etw finden* tomar afición a algo/tomar el gusto a algo; *auf den ~ kommen* coger el gusto
geschmacklos [gə'ʃmakloːs] *adj 1. (fade)* insípido, soso; *2. (fig: hässlich)* de mal gusto, feo; *3. (fig: taktlos)* falto de delicadeza, de mal gusto
Geschmacklosigkeit [gə'ʃmakloːzɪçkaɪt] *f 1. (fig: Hässlichkeit)* mal gusto *m,* fealdad *f; 2. (fig: Taktlosigkeit)* falta de delicadeza *f*
geschmackvoll [gə'ʃmakfɔl] *adj (fig)* de buen gusto, de gusto exquisito
Geschmier [gə'ʃmiːr] *n* embadurnamiento *m*
Geschöpf [gə'ʃœpf] *n* criatura *f*
Geschrei [gə'ʃraɪ] *n* gritos *m/pl,* gritería *f*
Geschütz [gə'ʃyts] *n MIL* cañón *m; schweres ~ auffahren (fig)* sacar toda la artillería pesada
geschützt [gə'ʃytst] *adj 1.* protegido; *2. gesetzlich ~ JUR* patentado, registrado legalmente
geschwätzig [gə'ʃvɛtsɪç] *adj* hablador
geschweige [gə'ʃvaɪgə] *konj ~ denn* ni mucho menos, menos aún, por no hablar de; *Er hat kein Geld für ein gebrauchtes Auto, ~ denn für ein neues.* No tiene dinero para un coche usado, menos aún para un nuevo.
geschwind [gə'ʃvɪnt] *adj 1.* rápido, veloz; *adv 2.* rápidamente, de prisa
Geschwindigkeit [gə'ʃvɪndɪçkaɪt] *f* velocidad *f*
Geschwister [gə'ʃvɪstər] *pl* hermanos *m/pl*
geschwollen [gə'ʃvɔlən] *adj* inflado
Geschworene(r) [gə'ʃvoːrənə(ɪn)] *m/f JUR* jurado/jurada *m/f*
Geschwür [gə'ʃvyːr] *n MED* úlcera *f*
Geselle [gə'zɛlə] *f* oficial *m*
gesellig [gə'zɛlɪç] *adj 1. (Person)* sociable, comunicativo; *2. ~es Beisammensein* una velada amena *f; das ~e Leben* la vida social *f*
Gesellschaft [gə'zɛlʃaft] *f 1.* sociedad *f; 2. (Begleitung)* compañía *f; jdm ~ leisten* hacer compañía a alguien; *Da befindest du dich in guter ~!* ¡Sé bienvenido al club! *3. ECO* sociedad *f,* compañía *f*
gesellschaftlich [gə'zɛlʃaftlɪç] *adj* social

Gesetz [gə'zɛts] *n* ley *f*
Gesetzbuch [gə'zɛtsbu:x] *n* *1. JUR* código *m; 2. bürgerliches ~ JUR* código civil *m; 3. Strafgesetzbuch JUR* código penal *m*
Gesetzentwurf [gə'zɛtsɛntvurf] *m POL* proyecto de ley *m*
Gesetzesänderung [gə'zɛtsəsɛndəruŋ] *f POL* enmienda de la ley *f,* modificación de la ley *f*
gesetzgebend [gə'zɛtsge:bənt] *adj POL* legislativo
Gesetzgeber(in) [gə'zɛtsge:bər(ɪn)] *m/f POL* legislador(a) *m/f*
Gesetzgebung [gə'zɛtsge:buŋ] *f POL* legislación *f*
gesetzlich [gə'zɛtslɪç] *adj 1.* legal, de ley; *adv 2.* legalmente
gesetzlos [gə'zɛtslo:s] *adj* ilegal
gesetzmäßig [gə'zɛtsmɛ:sɪç] *adj 1.* legal, conforme a la ley; *adv 2.* con conformidad a la ley
gesetzwidrig [gə'zɛtsvi:drɪç] *adj* ilegal, contrario a la ley
Gesicht [gə'zɪçt] *n* cara *f,* faz *f,* rostro *m; ein langes ~ machen* poner cara larga; *den Tatsachen ins ~ sehen* afrontar la realidad; *jdm nicht ins ~ sehen können* no poder mirar a alguien a la cara; *das ~ verlieren* caérsele la cara de vergüenza/perder su reputación; *sein wahres ~ zeigen* quitarse la máscara/mostrar su verdadero yo; *jdm im ~ geschrieben stehen* llevarlo escrito en la frente/vérselo en la cara; *jdm etw ins ~ sagen* echar algo en cara a alguien; *sein ~ wahren* guardar su reputación; *jdm wie aus dem ~ geschnitten sein* ser el vivo retrato de alguien
Gesichtsausdruck [gə'zɪçtsausdruk] *m* expresión facial *f*
Gesichtspunkt [gə'zɪçtspuŋkt] *m* punto de vista *m*
Gesindel [gə'zɪndəl] *n* chusma *f,* gentuza *f*
Gesinnung [gə'zɪnuŋ] *f* sentimientos *m/pl; Seine politische ~ wechseln.* Cambiar de chaqueta.
Gespann [gə'ʃpan] *n 1. (Pferdegespann)* tiro *m,* tronco *m; 2. (fig)* pareja *f*
gespannt [gə'ʃpant] *adj 1.* tenso, tirante; *2. (fig: Beziehung)* tirante; *3. (fig: erwartungsvoll)* ansioso
Gespenst [gə'ʃpɛnst] *n* fantasma *m; ~er sehen* tener alucinaciones/ver fantasmas
gesperrt [gə'ʃpɛrt] *adj 1. (verboten)* prohibido el paso, cerrado; *2. (Konto) ECO* bloqueada
Gespött [gə'ʃpœt] *n* ironía *f,* sarcasmo *m,* burla *f; jdm zum ~ machen* poner en ridículo a alguien; *zum ~ werden* servir de escarnio/convertirse en el hazmerreír
Gespräch [gə'ʃprɛ:ç] *n 1. (Unterhaltung)* conversación *f; 2. (Unterredung)* conferencia *f; im ~ sein* estar en boca de todos; *3. (Dialog)* diálogo *m; mit jdm im ~ bleiben* mantener el contacto con alguien
Gesprächspartner(in) [gə'ʃprɛ:çspartnər(ɪn)] *m/f* interlocutor(a) *m/f*
gesprungen [gə'ʃpruŋən] *adj* saltado, desportillado
Gespür [gə'ʃpy:r] *n* olfato *m,* sentimiento *m,* sentido *m*
Gestalt [gə'ʃtalt] *f 1. (Figur)* figura *f,* forma *f; 2. (Aussehen)* aspecto físico *m; 3. (fig: in ~ von)* forma *f; in ~ des Teufels* el diablo en persona
gestalten [gə'ʃtaltən] *v 1. (formen)* formar, hacer, moldear; *2. (verwirklichen)* realizar, ejecutar; *3. (einrichten)* decorar artísticamente
Gestaltung [gə'ʃtaltuŋ] *f 1. (Formgebung)* delineación *f; 2. (Verwirklichung)* realización *f; 3. (Einrichtung)* decoración *f*
geständig [gə'ʃtɛndɪç] *adj JUR* confeso; *überführt und ~* convicto y confeso
Geständnis [gə'ʃtɛntnɪs] *n JUR* confesión *f*
Gestank [gə'ʃtaŋk] *m* hedor *m,* mal olor *m,* fetidez *f,* pestilencia *f*
gestatten [gə'ʃtatən] *v* permitir, autorizar; *Gestatten Sie?* ¿Me permite usted?
Geste ['gɛstə] *f* gesto *m,* ademán *m*
gestehen [gə'ʃte:ən] *v* confesar, declarar, reconocer
Gestein [gə'ʃtaɪn] *n* roca *f*
Gestell [gə'ʃtɛl] *n* soporte *m,* marco *m*
gestern ['gɛstərn] *adv* ayer; *~ Abend* ayer por la noche; *nicht von ~ sein* no ser de ayer *(fig)*
gestikulieren [gɛstɪku'li:rən] *v* gesticular, hacer gestos
Gestirn [gə'ʃtɪrn] *n ASTR* astro *m*
Gestrüpp [gə'ʃtryp] *n BOT* matorral *m,* maleza *f*
Gestüt [gə'ʃty:t] *n* acaballadero *m*
Gesuch [gə'zu:x] *n* solicitud *f,* petición *f,* instancia *f*
gesund [gə'zunt] *adj 1. (Person)* sano, bien de salud; *2. (Nahrungsmittel)* saludable, bueno para la salud
Gesundheit [gə'zunthaɪt] *f* salud *f*

Gesundheitszustand [gə'zunthaɪts-tsuʃtant] *m* estado de salud *m*
Getränk [gə'trɛŋk] *n* bebida *f*
Getreide [gə'traɪdə] *n AGR* cereales *m/pl*
getrennt [gə'trɛnt] *adj* separado
Getriebe [gə'tri:bə] *1. (fig)* agitación *f*, movimiento *m*, animación *f*; *2. TECH* engranaje *m*, mecanismo *m*, caja de cambios *f*; *Aus dem ~ tropft ein wenig Öl.* Gotea un poco de aceite de la caja de cambios.
Gewächs [gə'vɛks] *n 1. BOT* planta *f*, vegetal *m*; *2. (Auswuchs) MED* excrecencia *f*, vegetación *f*
gewachsen [gə'vaksən] *v jdm ~ sein (fig)* poder competir con alguien
Gewächshaus [gə'vɛkshaus] *n* invernadero *m*
gewagt [gə'va:kt] *adj* osado, atrevido, arriesgado
gewählt [gə'vɛ:lt] *adj* escogido, selecto, elegido
Gewähr [gə'vɛ:r] *f* garantía *f*, caución *f*, fianza *f*
gewähren [gə'vɛ:rən] *v* conceder, otorgar
gewährleisten [gə'vɛ:rlaɪstən] *v* garantizar, asegurar
Gewahrsam [gə'va:rza:m] *m* custodia *f*, depósito *m*; *jdn in ~ nehmen* detener a alguien
Gewalt [gə'valt] *f 1.* violencia *f*; *mit aller ~* a toda costa; *2. (Macht)* poder *m*; *höhere ~* fuerza mayor; *sich in der ~ haben* dominarse
Gewaltenteilung [gə'valtəntaɪluŋ] *f POL* separación de poderes *f*, división de poderes *f*
gewaltig [gə'valtɪç] *adj 1.* poderoso; *adv 2.* de forma impresionante
gewaltsam [gə'valtza:m] *adj 1.* violento; *adv 2.* violentamente, a la fuerza
gewandt [gə'vant] *adj* ágil, ligero, desenvuelto; *~es Auftreten* una postura desenvuelta
Gewässer [gə'vɛsər] *n* aguas *f/pl*
Gewebe [gə've:bə] *n 1. (Stoff)* tela *f*; *2. BIO* tejido *m*
Gewehr [gə've:r] *n* fusil *m*; *~ bei Fuß stehen (fig)* descansar armas
Geweih [gə'vaɪ] *n* cornamenta *f*, cuernos *m/pl*
Gewerbe [gə'vɛrbə] *n ECO* actividad industrial *f*, actividad comercial *f*
Gewerbesteuer [gə'vɛrbəʃtɔyər] *f ECO* impuesto industrial *m*
gewerblich [gə'vɛrblɪç] *adj ECO* comercial, industrial, profesional
Gewerkschaft [gə'vɛrkʃaft] *f* sindicato *m*
Gewerkschaftler(in) [gə'vɛrkʃaftlər-(ɪn)] *m/f* sindicalista *m/f*
gewerkschaftlich [gə'vɛrkʃaftlɪç] *adj* sindicalista
Gewicht [gə'vɪçt] *n 1.* peso *m*; *ins ~ fallen* tener importancia; *auf etw ~ legen* dar importancia a algo; *2. (fig: Wichtigkeit)* importancia *f*
gewillt [gə'vɪlt] *adj ~ sein* estar dispuesto a, tener la intención de
Gewinde [gə'vɪndə] *n 1. (Blumengewinde)* guirnalda *f*; *2. (Schraubengewinde) TECH* rosca *f*
Gewinn [gə'vɪn] *m 1. (Spiel)* premio *m*; *~ bringend* beneficioso, lucrativo, renumerativo; *2. (fig: Nutzen)* ventaja *f*, provecho *m*; *3. ECO* beneficio *m*, ganancia *f*
Gewinnausschüttung [gə'vɪnausʃytuŋ] *f ECO* reparto de beneficios *m*
Gewinnbeteiligung [gə'vɪnbətaɪlɪguŋ] *f ECO* participación en los beneficios *f*, participación en las utilidades *f*
gewinnen [gə'vɪnən] *v irr 1. (verdienen)* ganar; *2. (siegen)* vencer, derrotar; *3. (fig: profitieren)* aprovechar, utilizar; *4. (fördern) MIN* extraer
Gewinner(in) [gə'vɪnər(ɪn)] *m/f* ganador(a) *m/f*, vencedor(a) *m/f*
Gewinnzahl [gə'vɪntsa:l] *f* número premiado *m*
Gewirr [gə'vɪr] *n 1. (Durcheinander)* confusión *f*; enredo *m*, barullo *m*, *2. (Straßengewirr)* laberinto *m*
gewiss [gə'vɪs] *adj 1.* cierto, seguro; *das ~e Etwas haben* tener ese algo de; *adv 2.* por cierto, seguramente
Gewissen [gə'vɪsən] *n* conciencia *f*; *jdm ins ~ reden* apelar a la conciencia de alguien; *ein gutes ~ haben* tener la conciencia tranquila; *etw auf dem ~ haben* tener algo sobre la conciencia/tener remordimientos de conciencia; *jdn auf dem ~ haben* ser culpable de la muerte de alguien
gewissenhaft [gə'vɪsənhaft] *adj* concienzudo, escrupuloso
Gewissenhaftigkeit [gə'vɪsənhaftɪç-kaɪt] *f* escrupulosidad *f*, esmero *m*
gewissenlos [gə'vɪsənlo:s] *adj* sin conciencia, sin escrúpulos
Gewissensbisse [gə'vɪsənsbɪsə] *pl* remordimientos *m/pl*; *Hast du keine ~?* ¿No te remuerde la conciencia?
Gewissensfrage [gə'vɪsənsfra:gə] *f* caso de conciencia *m*

Gewissenskonflikt [gə'vɪsənskɔnflɪkt] *m* conflicto de conciencia *m*
gewissermaßen [gə'vɪsərma:sən] *adv* en cierto modo, hasta cierto punto
Gewissheit [gə'vɪshaɪt] *f* certeza *f*, seguridad *f*, certidumbre *f*
Gewitter [gə'vɪtər] *n* tormenta *f*; *Es wird ~ geben.* Va a haber tormenta.
Gewitterschauer [gə'vɪtərʃauər] *m* aguacero tormentoso *m*, chubasco *m*
Gewitterstimmung [gə'vɪtərʃtɪmuŋ] *f* *1.* amenaza de tormenta *f*; *2. (fig)* ambiente cargado *m*
gewöhnen [gə'vø:nən] *v* *1. sich ~* acostumbrarse, habituarse; *2. jdn an etw ~* habituar a alguien a algo
Gewohnheit [gə'vo:nhaɪt] *f* hábito *m*, costumbre *f*
gewohnheitsmäßig [gə'vo:nhaɪtsmɛsɪç] *adj* *1.* habitual, acostumbrado; *adv* *2.* habitualmente, de costumbre
Gewohnheitsrecht [gə'vo:nhaɪtsrɛçt] *n* *JUR* derecho consuetudinario *m*
gewöhnlich [gə'vø:nlɪç] *adj* *1. (gebräuchlich)* usual, de uso corriente; *2. (normal)* normal; *3. (unfein)* ordinario, vulgar, bajo; *adv* *4. (üblicherweise)* acostumbradamente, por costumbre; *5. (unfein)* vulgarmente
gewohnt [gə'vo:nt] *adj* *etw ~ sein* estar habituado a algo, estar acostumbrado a algo
Gewöhnung [gə'vø:nuŋ] *f* habituación *f*
Gewölbe [gə'vœlbə] *n* bóveda *f*
Gewürze [gə'vyrtsə] *pl* especias *f/pl*, condimento *m*
gezackt [gə'tsakt] *adj* dentado, dentellado
Gezanke [gə'tsaŋkə] *n* altercado *m*, disputa *f*
Gezeiten [gə'tsaɪtən] *pl* marea *f*
gezielt [gə'tsi:lt] *adj* *1.* bien calculado, intencionado; *adv* *2.* con puntería
geziert [gə'tsi:rt] *adj (fig)* remilgado, melindroso
Gezwitscher [gə'tsvɪtʃər] *n* gorjeo *m*
gezwungenermaßen [gə'tsvuŋənərma:sən] *adv* forzosamente, a la fuerza
Gicht [gɪçt] *f* *MED* gota *f*
Giebel ['gi:bəl] *m* frontón *m*, frontispicio *m*
Gier [gi:r] *f* avidez *f*, afán *m*
gierig ['gi:rɪç] *adj* *1. ~ nach* ávido de; *adv* *2.* con avidez
gießen ['gi:sən] *v irr* *1. (einschenken)* verter, echar en; *2. (Blumen)* regar; *3. in Strömen ~* llover a cántaros/caer chuzos de punta; *4. (schmelzen) TECH* fundir
Gießerei [gi:sə'raɪ] *f* *TECH* fundición *f*
Gießkanne ['gi:skanə] *f* regadera *f*
Gift [gɪft] *n* veneno *m*; *~ für jdn sein* ser veneno para alguien; *~ und Galle spucken* echar sapos y culebras; *Darauf kannst du ~ nehmen!* ¡Lo juro por todos los Santos!
Giftgas ['gɪftga:s] *n* *CHEM* gas tóxico *m*
giftig ['gɪftɪç] *adj* venenoso, tóxico
Giftmüll ['gɪftmyl] *m* residuos tóxicos *m/pl*
Giftstoffe ['gɪftʃtɔfə] *pl* sustancia tóxica *f*
gigantisch [gɪ'gantɪʃ] *adj* gigantesco
Gipfel ['gɪpfəl] *m* *1. (fig: Höhepunkt)* apogeo *m*, cúspide *f*, culminación *f*, cumbre *f*; *2. GEO* cima *f*, cumbre *f*; *3. POL* cumbre *f*
Gips ['gɪps] *m* *MIN* yeso *m*
Giraffe [gi'rafə] *f* *ZOOL* jirafa *f*
Girlande [gɪr'landə] *f* guirnalda *f*
Giro ['ʒi:ro] *n* *FIN* transferencia *f*, giro *m*
Girokonto ['ʒi:rokɔnto] *n* *FIN* cuenta corriente *f*, cuenta de giros *f*
Gitarre [gi'tarə] *f* *MUS* guitarra *f*
Gitter ['gɪtər] *n* reja *f*, verja *f*; *hinter ~n sitzen (fig)* estar entre rejas; *jdn hinter ~ bringen* meter a alguien en chirona
Glanz [glants] *m* brillo *m*, brillantez *f*, resplandor *m*; *mit ~ und Gloria* magníficamente
glänzen ['glɛntsən] *v* brillar, resplandecer
glänzend ['glɛntsənt] *adj* *1.* brillante, respladenciente; *adv* *2.* brillantemente
Glanzzeit ['glantstsaɪt] *f* época brillante *f*, apogeo *m*
Glas [gla:s] *n* *1. (Material)* vidrio *m*, cristal *m*; *2. (Trinkglas)* vaso *m*, copa *f*; *zu tief ins ~ schauen* darle mucho al frasco (fam); *ein ~ über den Durst trinken* beber más de la cuenta/empinar el codo (fam)
gläsern ['glɛ:zərn] *adj* de vidrio, de cristal, vítreo
Glasfaser ['gla:sfa:zər] *f* fibra de vidrio *f*
Glasflasche ['gla:sflaʃə] *f* botella de vidrio *f*, frasco *m*
glasieren [gla'zi:rən] *v* *1. GAST* glasear; *2. TECH* vidriar, vitrificar
glasig ['gla:zɪç] *adj* vidrioso
glasklar ['gla:skla:r] *adj* claro como el cristal, transparente
Glasscheibe ['gla:sʃaɪbə] *f* cristal *m*, vidrio *m*
Glasur [gla'zu:r] *f* *1. GAST* glaseado *m*; *2. TECH* vidriado *m*
glatt [glat] *adj* *1. (faltenlos)* liso; *2. (rutschig)* resbaladizo; *3. (fig: mühelos)* fácil, sencillo; *4. (fig: heuchlerisch)* hipócrita, meloso; *5. (fig: eindeutig)* claro

Glätte ['glɛtə] *f (Schneeglätte)* nieve resbaladiza *f*
Glatteis ['glataɪs] *n* hielo resbaladizo *m; jdn aufs ~ führen* engañar a alguien
glätten ['glɛtən] *v 1. (glattmachen)* alisar, aplanar; *2. (fig: beruhigen)* tranquilizar, calmar
Glatze ['glatsə] *f* calva *f*
glatzköpfig ['glatskœpfɪç] *adj* calvo
Glaube ['glaubə] *m ~ an REL* fe en *f*, creencia en *f; in gutem ~n* con toda la buena fe
glauben ['glaubən] *v* creer; *jdm ~* creer a alguien; *Es fällt mir schwer, das zu ~.* Me cuesta trabajo creerlo. *jdn etw ~ machen* pretender convencer a alguien de algo; *Das ist doch nicht zu ~!* ¡Pero, habráse visto!
Glaubensbekenntnis ['glaubənsbəkɛntnɪs] *n REL* credo *m*, confesión *f*
Glaubensgemeinschaft ['glaubənsgəmaɪnʃaft] *f REL* comunidad religiosa *f*
glaubhaft ['glauphaft] *adj* creíble, digno de fe
Glaubhaftigkeit ['glauphaftɪçkaɪt] *f* credibilidad *f*
gläubig ['glɔybɪç] *adj REL* creyente, fiel
Gläubige(r) ['glɔybɪgə(r)] *m/f REL* creyente *m/f*, fiel *m/f*
Gläubiger(in) ['glɔybɪgər(ɪn)] *m ECO* acreedor(a) *m/f*
glaubwürdig ['glaupvyrdɪç] *adj* digno de crédito
Glaubwürdigkeit ['glaupvyrdɪçkaɪt] *f* credibilidad *f*
gleich [glaɪç] *adj 1.* igual; *Immer die ~e Leier.* Siempre la misma canción. *Gleich und Gleich gesellt sich gern.* Dios los crea y ellos se juntan. *aufs Gleiche hinauslaufen* venir a ser lo mismo; *Gleiches mit Gleichem vergelten* pagar con la misma moneda; *~ bleibend* invariable, estable, constante; *~ gesinnt* de las mismas ideas, de la misma opinión; *adv 2.* igualmente; *3. (sofort)* inmediatamente, en seguida
gleichberechtigt ['glaɪçbərɛçtɪçt] *adj* con los mismos derechos, con igualdad de derechos
Gleichberechtigung ['glaɪçbərɛçtɪguŋ] *f* igualdad de derechos *f*
gleichen ['glaɪçən] *v irr jdm ~* igualarse a alguien, asemejarse a alguien
gleichfalls ['glaɪçfals] *adv* igualmente, de igual manera; *Danke, ~!* ¡Gracias, igualmente!
gleichgestellt ['glaɪçgəʃtɛlt] *adj* equiparado, al mismo nivel que
Gleichgewicht ['glaɪçgəvɪçt] *n* equilibrio *m; jdn aus dem ~ bringen* sacar de quicio a alguien
Gleichgewichtsstörung ['glaɪçgəvɪçtsʃtøːruŋ] *f MED* perturbación del equilibrio *f*
gleichgültig ['glaɪçgyltɪç] *adj 1.* indiferente; *adv 2.* con indiferencia; *~ sein* como quien oye llover
Gleichgültigkeit ['glaɪçgyltɪçkaɪt] *f* indiferencia *f*
gleichmäßig ['glaɪçmɛːsɪç] *adj* uniforme, simétrico
gleichnamig ['glaɪçnaːmɪç] *adj* del mismo nombre, del mismo apellido
Gleichnis ['glaɪçnɪs] *n* símil *m*, apólogo *m*, semejanza *f*
gleichrangig ['glaɪçraŋɪç] *adj* de la misma categoría
Gleichstellung ['glaɪçʃtɛluŋ] *f* equiparación *f*, igualación *f*
Gleichstrom ['glaɪçʃtroːm] *m TECH* corriente continua *f*
Gleichung ['glaɪçuŋ] *f MATH* ecuación *f*
gleichzeitig ['glaɪçtsaɪtɪç] *adj 1.* simultáneo; *adv 2.* al mismo tiempo, simultáneamente
Gleis [glaɪs] *n (Schiene)* raíl *m; ~ 19* vía 19/andén 19; *jdn aus dem ~ werfen (fig)* trastornar profundamente a alguien; *etw ins rechte ~ bringen* poner en orden algo
gleiten ['glaɪtən] *v irr* deslizarse, resbalarse
gleitend ['glaɪtənt] *adj* movible
Gleitzeit ['glaɪttsaɪt] *f* jornada flexible *f*
Gletscher ['glɛtʃər] *m* glaciar *m*, helero *m*
Glied [gliːt] *n 1. (Bestandteil)* elemento *m*, parte *f; in den ~ern stecken* llevar metido en el cuerpo; *jdm in die ~er fahren* impresionar a alguien; *2. (Kettenglied)* eslabón *m; 3. (Mitglied)* miembro *m*
gliedern ['gliːdərn] *v 1. (aufteilen)* repartir, distribuir; *2. (anordnen)* disponer, ordenar, determinar
Gliederung ['gliːdəruŋ] *f 1. (Aufbau)* estructuración *f; 2. (Anordnung)* disposición *f*, determinación *f*
glimpflich ['glɪmpflɪç] *adj 1.* indulgente; *adv 2.* con indulgencia
glitschig ['glɪtʃɪç] *adj (fam)* resbaladizo
glitzern ['glɪtsərn] *v* destellar, centellear
global [glo'baːl] *adj 1.* global, total; *adv 2.* globalmente, totalmente
Globus [gloːbus] *m* globo *m*
Glocke ['glɔkə] *f* campana *f; etw an die große ~ hängen* pregonar un asunto más de lo necesario

glockenhell ['glɔkənhɛl] *adj* argentino
Glockenspiel ['glɔkənʃpiːl] *n* carillón *m*
Glockenturm ['glɔkənturm] *m* campanario *m*
glorreich ['gloːrraɪç] *adj 1. (ruhmreich)* glorioso, famoso, ilustre; *2. (glanzvoll)* brillante, estupendo, magnífico
Glossar [glɔ'saːr] *n* glosario *m*
Glosse ['glɔsə] *f (Zeitungsglosse)* glosa *f,* comentario *m*
Glück [glyk] *n 1.* suerte *f,* fortuna *f; sein ~ versuchen* probar fortuna; *mehr ~ als Verstand* más suerte que cordura; *auf gut ~* al azar/al tuntún *(fam); noch nichts von seinem ~ wissen* no saber lo que le espera a uno; *2. (Glücklichsein)* felicidad *f,* dicha *f*
glücklich ['glyklɪç] *adj 1.* afortunado; *2. ~ sein* ser feliz, estar feliz, ser dichoso; *adv 3.* felizmente
glücklicherweise [glyklɪçər'vaɪzə] *adv* afortunadamente, por fortuna
Glücksbringer ['glyksbrɪŋər] *m* portafortuna *m,* amuleto *m*
glückselig [glyk'zeːlɪç] *adj* muy feliz, felicísimo
Glücksfall ['glyksfal] *m* suerte *f,* golpe de fortuna *m*
Glücksgefühl ['glyksgəfyːl] *n* sentimiento de felicidad *m*
Glückskind ['glykskɪnt] *n* hombre afortunado *m; ein ~ sein* haber nacido con buena estrella
Glückssache ['glykszaxə] *f* cuestión de suerte *f*
Glücksspiel ['glyksʃpiːl] *n* juego de azar *m*
Glückwunsch ['glykvunʃ] *m* felicitación *f,* enhorabuena *f; Herzlichen ~ zum Geburstag!* ¡Todo lo mejor por tu cumpleaños! *Herzlichen ~!* ¡Mi más cordial enhorabuena!
Glückwunschkarte ['glykvunʃkartə] *f* tarjeta de felicitación *f*
Glühbirne ['glyːbɪrnə] *f* bombilla *f,* foco *m* (LA), bombillo *m* (LA)
glühen ['glyːən] *v* estar incandescente, estar candente
glühend ['glyːənt] *adj 1.* ardiente, incandescente, candente; *adv 2.* ardientemente, con ardor
Glühwürmchen ['glyːvyrmçən] *n ZOOL* luciérnaga *f*
Glukose [glu'koːzə] *f CHEM* glucosa *f*
Glut [gluːt] *f 1. (des Feuers)* fuego *m,* brazas *f/pl,* hoguera *f; 2. (Hitzeglut)* calor *m; 3. (fig)* ardor *m,* pasión *f*
Gnade ['gnaːdə] *f 1. (Nachsicht)* indulgencia *f,* comprensión *f; ~ vor Recht ergehen lassen* optar por la clemencia; *2. JUR* indulto *m,* medida de gracia *f; 3. REL* gracia *f,* misericordia *f*
gnadenlos ['gnaːdənloːs] *adj 1.* sin misericordia, sin piedad; *adv 2.* sin misericordia
gnädig ['gnɛːdɪç] *adj 1. (nachsichtig)* indulgente, comprensivo; *2. REL* lleno de gracia; *Gott sei uns ~!* ¡Dios nos libre! *adv 3. (wohl wollend)* benévolamente, con benevolencia; *4. REL* benévolamente, misericordiosamente
Gold [gɔlt] *n* oro *m; Das ist ~ wert.* Eso vale un imperio. *~ wert sein* pagarse en oro
golden ['gɔldən] *adj* de oro
Goldfisch ['gɔltfɪʃ] *m ZOOL* pez dorado *m*
Goldgrube ['gɔltgruːbə] *f (fig)* filón *m,* fuente de riquezas *f*
goldig ['gɔldɪç] *adj 1.* delicioso, encantador; *adv 2.* con encanto
Goldmedaille ['gɔltmedaljə] *f* medalla de oro *f*
Goldschmied ['gɔltʃmiːt] *m* orfebre *m*
Golf[1] [gɔlf] *m GEO* golfo *m*
Golf[2] [gɔlf] *n SPORT* golf *m*
Golfschläger ['gɔlfʃlɛːgər] *m SPORT* palo de golf *m*
Golfstaat ['gɔlfʃtaːt] *m POL* país del Golfo *m*
Gondel ['gɔndəl] *f* góndola *f*
gönnen ['gønən] *v 1. sich etw ~* permitirse algo, darse un gusto con algo; *2. jdm etw ~* no envidiar algo a alguien, desearle a alguien algo bueno
gönnerhaft ['gønərhaft] *adj 1.* altanero, arrogante, soberbio; *adv 2.* altaneramente
Gosse ['gɔsə] *f 1.* acequia *f,* arroyo *m,* alcantarilla *f,* albañal *m; 2. (fig)* cloaca *f,* albañal *m,* arroyo *m; in der ~ enden* acabar en la calle; *jdn aus der ~ auflesen* recoger de la calle a alguien
Gott [gɔt] *m REL* Dios *m; Um ~es Willen!* ¡Por el amor de Dios! *wie ein junger ~* como un santo; *von allen Göttern verlassen sein* haber sido abandonado por todos los dioses/haber sido dejado de la mano de Dios; *den lieben ~ einen frommen Mann sein lassen* dejarlo todo de la mano de Dios; *leider ~es* desgraciadamente; *In ~es Namen!* ¡en el nombre de Dios! *Bei ~!* !por Dios! *~ bewahre!* ¡Que Dio te perdone! *~ und die Welt* todo el mundo;
Gottesdienst ['gɔtəsdiːnst] *m REL* oficio divino *m,* misa *f; Wann findet ein ~ statt?* ¿A qué hora es la misa?

gottesfürchtig ['gɔtəsfyrçtɪç] *adj* *REL* temeroso de Dios
Gottesgabe ['gɔtəsga:bə] *f* don divino *m*
Gotteslästerung ['gɔtəslɛstəruŋ] *f* *REL* blasfemia *f*, sacrilegio *m*
göttlich ['gœtlɪç] *adj* *1. (köstlich)* delicioso; *2. REL* divino
gottlob [gɔt'lo:p] *interj* gracias a Dios, alabado sea Dios
gottlos ['gɔtlo:s] *adj* *1.* ateo, ímpio; *adv 2.* sin piedad, con maldad
Götze ['gœtsə] *m* ídolo *m*, fetiche *m*
Grab [gra:p] *n* tumba *f*, fosa *f*, sepulcro *m*; *sich sein eigenes ~ schaufeln* cavarse su propia tumba (fig); *jdn ins ~ bringen* llevar a alguien a la tumba; *etw mit ins ~ nehmen* llevarse algo hasta la tumba; *sich im ~ umdrehen* levantar la cabeza
graben ['gra:bən] *v irr* cavar, perforar
Graben ['gra:bən] *m* foso *m*, zanja *f*
Grabstein ['gra:pʃtaɪn] *m* lápida *f*, piedra sepulcral *f*
Grad [gra:t] *m* *1. (Maßeinheit)* grado *m*; *sich um hundertachtzig ~ drehen* cambiar de opinión radicalmente; *2. (Abstufung)* matiz *m*, graduación *f*
graduell [gradu'ɛl] *adj* *1.* gradual; *adv 2.* gradualmente
Graf [gra:f] *m* conde *m*
Graffiti [gra'fɪti] *pl* pintadas *f/pl*, graffiti *m*
Grafik ['gra:fik] *f* gráfico *m*
Grafiker(in) ['gra:fikər(ɪn)] *m/f* dibujante publicitario *m*, grafista *m*
Gräfin ['grɛfɪn] *f* condesa *f*
grafisch ['gra:fɪʃ] *adj* gráfico
Gram [gra:m] *f* pena *f*, pesar *m*, aflicción *f*
grämen ['grɛ:mən] *v sich ~* afligirse
Gramm [gram] *n* gramo *m*
Grammatik [gra'matɪk] *f* gramática *f*
grammatisch [gra'matɪʃ] *adj* gramatical
Granate [gra'na:tə] *f* *MIL* granada *f*, obús *m*
grandios [grandɪ'o:s] *adj* *1.* grandioso; *adv 2.* grandiosamente
Granit [gra'ni:t] *m* *MIN* granito *m*; *bei jdm auf ~ beißen (fig)* morder con alguien en hueso
Grapefruit ['greɪpfru:t] *f* *BOT* pomelo *m*
Gras [gra:s] *n* hierba *f*; *ins ~ beißen (fam)* irse al otro barrio; *über etw ~ wachsen lassen* echar tierrra a algo
grasen ['gra:zən] *v* pacer, pastar
grässlich ['grɛslɪç] *adj* *1.* horrible, espantoso; *adv 2.* espantosamente, con horror
Grat [gra:t] *m* *1. (Bergkamm)* cresta *f*, cumbre *f*; *2. (überstehende Kante)* barba *f*
Gräte ['grɛ:tə] *f* espina de pescado *f*
Gratifikation [gratɪfɪka'tsjo:n] *f* gratificación *f*
gratis ['gra:tɪs] *adj* gratis
Gratulation [gratula'tsjo:n] *f* congratulaciones *f/pl*, felicitación *f*
gratulieren [gratu'li:rən] *v* felicitar a alguien por, dar la enhorabuena; *sich ~ können* poderse dar la enhorabuena
Gratwanderung ['gra:tvandəruŋ] *f* *(fig)* paso delicado *m*, situación sumamente delicada *f*; *eine ~ machen* caminar por el filo de una navaja
grau [grau] *adj* gris
Gräuel ['grɔyəl] *m* horror *m*, abominación *f*; *jdm ein ~ sein* causar horror a alguien
Gräueltat ['grɔyəlta:t] *f* atrocidad *f*, crueldad *f*, salvajada *f*
Grauen ['grauən] *n* miedo *m*, pavor *m*, horror *m*
grauenhaft ['grauənhaft] *adj* *1.* horroroso, espantoso, atroz; *adv 2.* horrorosamente, atrozmente
grausam ['grauza:m] *adj* cruel, atroz
Grausamkeit ['grauza:mkaɪt] *f* crueldad *f*, atrocidad *f*
gravierend [gra'vi:rənt] *adj* agravante
Gravur [gra'vu:r] *f* grabación *f*
Grazie ['gra:tsjə] *f* gracia *f*, donaire *m*, garbo *m*, elegancia *f*
graziös [gra'tsjø:s] *adj* *1.* gracioso, airoso, garboso, elegante; *adv 2.* con gracia, con donaire, con garbo, con elegancia
greifbar ['graɪfba:r] *adj (fig)* palpable, visible
greifen ['graɪfən] *v irr* tomar, coger, asir; *zum Greifen nah sein* estar a mano/estar a tiro de piedra
Greis(in) [graɪs(ɪn)] *m/f* anciano/anciana *m/f*, viejo/vieja *m/f*
grell [grɛl] *adj* *1.* agudo, penetrante; *2. (fig)* chillón
Grenzbeamte(r) ['grɛntsbəamtə(r)] *m/f* aduanero/aduanera *m/f*
Grenzbereich ['grɛntsbəraɪç] *m (fig)* límite de lo conocido *m*
Grenzbezirk ['grɛntsbətsɪrk] *m* zona fronteriza *f*, distrito fronterizo *m*
Grenze ['grɛntsə] *f* *1.* frontera *f*; *keine ~n kennen* ser ilimitado; *sich in ~n halten* contenerse/refrenarse/comedirse; *2. (fig)* límite *m*
grenzen ['grɛntsən] *v* *1. ~ an* lindar con, colindar con, limitar con; *2. (fig)* rozar, acercarse

grenzenlos ['grɛntsənlo:s] *adj 1.* ilimitado, sin límites; *adv 2.* ilimitadamente; *adj 3. (fig)* inmenso, infinito; *adv 4. (fig)* inmensamente, infinitamente

Grenzfall ['grɛntsfal] *m* caso límite *m,* caso extremo *m*

Grenzkontrolle ['grɛntskɔntrɔlə] *f* revisión de aduana *f,* control de aduana *m*

Grenzland ['grɛntslant] *n 1. (Land)* país limítrofe *m; 2. (Gegend)* región fronteriza *f*

Grenzübertritt ['grɛntsy:bərtrɪt] *m* paso de la frontera *m*

Grenzverkehr ['grɛntsfɛrke:r] *m* tráfico fronterizo *m*

Grenzwert ['grɛntsve:rt] *m* valor límite *m*

Grieche ['gri:çə] *m* griego *m*

Griechenland ['gri:çənlant] *n GEO* Grecia *f*

griesgrämig ['gri:sgrɛ:mɪç] *adj* malhumorado, gruñón

Grieß [gri:s] *m* sémola *f*

Griff [grɪf] *m 1. (Stiel)* mango *m; 2. (Türgriff)* picaporte *m,* pasador *m,* manija *f* (LA); *3. (Zugriff)* asidero *m; etw in den ~ bekommen* aprender a manejar algo

griffbereit ['grɪfbəraɪt] *adj* al alcance de la mano

Grill [grɪl] *m* parrilla *f,* asador *m*

Grille ['grɪlə] *f ZOOL* grillo *m*

grillen ['grɪlən] *v* asar a la parrilla

Grimasse [grɪ'masə] *f* mueca *f,* gesto *m; ~n schneiden* hacer muecas

grinsen ['grɪnzən] *v (fam)* sonreírse irónicamente, sonreírse maliciosamente

Grippe ['grɪpə] *f MED* gripe *f*

grob [gro:p] *adj 1. (derb)* grosero, soez, vulgar; *aus dem Gröbsten heraus sein* haber pasado ya lo peor; *2. (rau)* áspero; *3. (fig: unhöflich)* descortés, grosero, mal educado; *4. (fig: ungefähr)* aproximado

Groll [grɔl] *m* rencor *m,* encono *m,* resentimento *m*

groß [gro:s] *adj 1.* gran, grande; *der ~e Dichter* el gran poeta; *2. (groß gewachsen)* alto; *3. (fig: älter)* mayor; *4. (fig: ernst)* importante, serio; *5. (fig: berühmt)* famoso, célebre

großartig ['gro:sa:rtɪç] *adj 1.* grandioso, imponente; *adv 2.* grandiosamente

Großbritannien [gro:sbri'tanjən] *n GEO* Gran Bretaña *f*

Größe ['grø:sə] *f 1.* grandeza *f; 2. (Körpergröße)* estatura *f; 3. (Kleidergröße)* talla *f; 4. (fig: Wichtigkeit)* importancia *f*

Großeltern ['gro:sɛltərn] *pl* abuelos *m/pl*

Größenordnung ['grø:sənɔrtnuŋ] *f* dimensión *f,* magnitud *f*

Größenwahn ['grø:sənva:n] *m* delirio de grandeza *m,* megalomanía *f*

großflächig ['gro:sflɛçɪç] *adj* extenso, vasto, enorme

Großgrundbesitzer(in) ['gro:sgruntbəzɪtsər(ɪn)] *m/f* terrateniente *m/f,* latifundista *m/f,* hacendado/hacendada *m/f*

Großhandel ['gro:shandəl] *m ECO* comercio al por mayor *m*

Großhändler(in) ['gro:shɛ:ndlər(ɪn)] *m/f ECO* mayorista *m/f,* comerciante al por mayor *m/f*

Großindustrie ['gro:sɪndustri:] *f* gran industria *f*

Großmacht ['gro:smaxt] *f POL* gran potencia *f,* superpotencia *f*

Großmutter ['gro:smutər] *f* abuela *f*

Großstadt ['gro:sʃtat] *f* gran ciudad *f,* metrópoli *f,* urbe *f*

größtenteils ['grø:stəntaɪls] *adv* por la mayor parte, en su mayoría

Großvater ['gro:sfa:tər] *m* abuelo *m*

großzügig ['gro:stsy:gɪç] *adj* generoso, desprendido, liberal

grotesk [gro'tɛsk] *adj* grotesco, ridículo

Grube ['gru:bə] *f 1.* hoyo *m,* fosa *f,* zanja *f; 2. MIN* mina *f*

grübeln ['gry:bəln] *v* pensar profundamente, cavilar

Gruft [gruft] *f* tumba *f,* sepulcro *m*

grün [gry:n] *adj* verde; *jdn ~ und blau schlagen* dar una paliza a alguien; *dasselbe in Grün* ser prácticamente lo mismo

Grund [grunt] *m 1. (Erdboden)* suelo *m,* tierra *f; festen ~ unter den Füßen haben* tener pies y cabeza (fig)/tener una base sólida; *2. (Meeresboden)* fondo *m; 3. (Motiv)* razón *f,* motivo *m; Das muss einen ~ haben.* Por algo será. *einer Sache auf den ~ gehen* examinar algo a fondo

Grundbesitz ['gruntbəzɪts] *m* propiedad inmueble *f,* bienes raíces *m/pl*

gründen ['gryndən] *v* fundar, establecer

Gründer(in) ['gryndər(ɪn)] *m/f* fundador(a) *m/f*

Grundfläche ['gruntflɛçə] *f* base *f*

Grundgesetz ['gruntgəzɛts] *n POL* ley fundamental *f,* ley orgánica *f*

Grundlage ['gruntla:gə] *f* base *f,* fundamento *m*

grundlegend ['gruntle:gənt] *adj 1.* fundamental, básico; *adv 2.* fundamentalmente

gründlich ['gryntlıç] *adj 1.* profundo; *adv 2.* profundamente, con profundidad
grundlos ['gruntlo:s] *adj 1.* sin fondo, insondable; *adv 2.* sin fundamento, sin razón alguna
Grundriss ['gruntrıs] *m* planta *f*
Grundsatz ['gruntzats] *m* principio *m*
grundsätzlich ['gruntzɛtslıç] *adj* fundamental, de principio
Grundschule ['gruntʃu:lə] *f* escuela primaria *f*
Grundstein ['gruntʃtaın] *m den ~ zu etw legen* sentar las bases de algo
Grundsteuer ['gruntʃtɔyər] *f* contribución territorial *f*
Grundstück ['gruntʃtyk] *n* inmueble *m,* terreno *m*
Gründung ['gryndUŋ] *f* fundación *f,* establecimiento *m*
Grüne(r) ['gry:nə(r)] *m/f POL* perteneciente al partido ecologista *m/f*
Gruppe ['grupə] *f* grupo *m*
gruppieren [gru'pi:rən] *v* agrupar, congregar, conglomerar
gruselig ['gru:zəlıç] *adj* horripilante, terrorífico, escalofriante
Gruß [gru:s] *m* saludo *m,* salutación *f; Mit herzlichen Grüßen!* ¡Con un cordial saludo! *mit freundlichen Grüßen* atentamente/con cordiales saludos; *jdm einen schönen ~ ausrichten* dar recuerdos a alguien
grüßen ['gry:sən] *v* saludar; *Grüß Gott!* ¡Hola! *Grüß dich!* ¡Hola! ¿Cómo estás?
Guatemala [guate'ma:la] *f GEO* Guatemala
gültig ['gyltıç] *adj* válido, valedero
Gültigkeit ['gyltıçkaıt] *f* validez *f*
Gummi ['gumi] *m* goma *f*
Gummistiefel ['gumiʃti:fəl] *m* botas de goma *f/pl*
Gunst [gunst] *f* favor *m,* gracia *f; die ~ der Stunde* un golpe de suerte *m; zu jds ~en* a favor de alguien
günstig ['gynstıç] *adj* favorable, propicio
Gurke ['gurkə] *f BOT* pepino *m*
Gurt [gurt] *m 1.* ceñidor *m,* faja *f; 2. (Sicherheitsgurt)* cinturón de seguridad *m*
Gürtel ['gyrtəl] *m* cinturón *m,* correa *f; den ~ enger schnallen (fig)* apretarse el cinturón
Guss [gus] *m 1. (Gießen)* fundición *f,* colada *f; 2. (Regenguss)* chaparrón *m,* aguacero *m; 3. (Zuckerguss)* baño de azúcar *m*
Gusseisen ['gusaızən] *n* hierro colado *m,* hierro fundido *m*
gut [gu:t] *adj 1.* buen, bueno; *es mit etw ~ sein lassen* dejar algo estar; *Sie haben ~ lachen!* ¡Bien puede reír usted! *~ daran tun* hacer bien en; *~ und gern* con razón; *für etw ~ sein* servir para su lado bueno; *zu viel des Guten sein* ser de lo bueno mucho; *Du bist ~!* ¡Eres increíble! *~ aussehend* guapo, de buena presencia; *~ bezahlt* bien pagado, bien remunerado; *~ gelaunt* de buen humor; *adv 2.* bien; *mir geht's ~* a mí me va bien
Gut [gu:t] *n 1. (~shof)* finca *f,* hacienda *f; 2. (Ware) ECO* bien *m,* producto *m,* mercancía *f,* mercadería *f* (LA); *3. (Besitz)* propiedad *f,* bienes *m/pl*
Gutachten ['gu:taxtən] *n* dictamen *m,* peritaje *m,* informe *m*
Gutachter(in) ['gu:taxtər(ın)] *m/f* experto/experta *m/f,* perito/perita *m/f*
gutartig ['gu:ta:rtıç] *adj 1.* de buen genio; *2. MED* benigno
gutbürgerlich ['gu:tbyrgərlıç] *adj* tradicional, casero; *~es Essen* comida tradicional
Gutdünken ['gu:tdyŋkən] *n* buen parecer *m,* buen criterio *m*
Güte ['gy:tə] *f 1.* bondad *f,* benevolencia *f; 2. (Qualität)* calidad *f*
Gutenachtlied [gu:tə'naxtli:t] *n* nana *f*
Gütertrennung ['gy:tərtrɛnuŋ] *f JUR* separación de bienes *f*
Güterverkehr ['gy:tərfɛrke:r] *m* transporte de mercancías *m,* transporte de carga *m*
gutgläubig ['gu:tglɔybıç] *adj* de buena fe
Guthaben ['gu:tha:bən] *n ECO* haber *m,* saldo *m,* activo *m*
gutheißen ['gu:thaısən] *v* aprobar, dar por bueno
gutherzig ['gu:thɛrtsıç] *adj* de buen corazón, bondadoso
gutmütig ['gu:tmy:tıç] *adj* bondadoso
Gutschein ['gu:tʃaın] *m* vale *m,* bono *m*
gutschreiben ['gu:tʃraıbən] *v* abonar, acreditar
Gutschrift ['gu:tʃrıft] *f* abono en cuenta *m*
Gutshof ['gu:tsho:f] *m* finca *f,* hacienda *f*
gutwillig ['gu:tvılıç] *adj* de buena voluntad, voluntario
Gymnasium [gym'na:zjum] *n* instituto de enseñanza media *m,* instituto de bachillerato *m,* colegio de liceo *m* (LA), escuela secundaria *f* (LA)
Gymnastik [gym'nastık] *f SPORT* Gimnasia *f*
Gynäkologe [gynɛkɔ'lo:gə] *m* ginecólogo *m*

H

Haar [haːr] *n 1. (auf dem Kopf)* pelo *m,* cabello *m; ~e auf den Zähnen haben* ser una persona muy resuelta; *ein ~ in der Suppe finden* tener algo de objetar; *sich die ~e raufen* tirarse de los pelos (fam); *kein ~ krümmen können* no ser capaz ni de matar a una mosca; *sich keine grauen ~e wachsen lassen* tenerle a uno sin cuidado; *an einem ~ hängen* pender de un hilo; *jdm die ~e vom Kopf fressen (fam)* desplumar a alguien; *etw an den ~en herbeiziehen* traer algo por los pelos; *sich in die ~e geraten* desgreñarse; *sich in den ~en liegen* tirarse de los pelos; *um ein ~* por un pelo; *Mir stehen die ~e zu Berge.* Se me ponen los pelos de punta; *2. (Körperbehaarung)* vello *m*

Haarbürste ['haːrbyrstə] *f* cepillo para el cabello *m*

Haarfarbe ['haːrfarbə] *f* color de cabello *m,* color de pelo *m*

haargenau ['haːrgə'nau] *adj 1.* exacto; *adv 2.* exactamente

Haarschnitt ['haːrʃnɪt] *m* corte de pelo *m*

Haarspange ['haːrʃpaŋə] *f* pasador *m*

Haarspray ['haːrspreɪ] *n* laca *f*

Habe ['haːbə] *f* propiedad *f,* bienes *m/pl*

haben ['haːbən] *v irr 1. (Hilfsverb)* haber; *Ich habe ein Buch geschrieben.* He escrito un libro. *Wenn ich das gewusst hätte, ...* Si lo hubiese sabido, ... *Sie hätten es mir sagen sollen!* ¡Habría tenido que decírmelo! *Ich habe dich lieb.* Yo te quiero. *etw an sich haben* tener algo de suyo; *etw für sich haben* tener algo de positivo; *noch zu ~ sein* estar todavía disponible; *für etw zu ~ sein* estar disponible para algo; *etw gegen jdn ~* tener algo contra alguien; *etw hinter sich ~* dejar atrás algo; *etw mit jdm ~* estar liado con alguien; *etw von etw ~* ser la consecuencia de algo; *wie gehabt* como anteriormente; *v irr 2. (besitzen)* tener, poseer; *Ich habe kein Geld.* No tengo dinero. *Antonieta hat Arbeit.* Antonieta tiene trabajo.

Habgier ['haːpgiːr] *f* codicia *f*

habgierig ['haːpgiːrɪç] *adj 1.* codicioso; *adv 2.* con codicia

Habseligkeiten ['haːpzeːlɪçkaɪtən] *pl* efectos personales *m/pl*

Hacke ['hakə] *f 1. (Absatz)* tacón *m; 2. (Werkzeug)* azada *f,* azadón *m; 3. ANAT* talón *m*

hacken ['hakən] *v 1. (Holz)* partir, cortar; *2. (Erde)* cavar, azadonar; *3. (picken)* picar

Hackfleisch ['hakflaɪʃ] *n* carne picada *f; aus jdm ~ machen* hacer picadillo a alguien;

Hafen ['haːfən] *m* puerto *m; Welche Häfen werden angelaufen?* ¿En qué puertos haremos escala? *in den ~ der Ehe einlaufen* contraer matrimonio

Hafenstadt ['haːfənʃtat] *f* ciudad portuaria *f*

Hafer ['haːfər] *m BOT* avena *f*

Haferflocken ['haːfərflɔkən] *pl* copos de avena *m/pl*

Haft [haft] *f JUR* arresto *m*

haftbar ['haftbaːr] *adj 1. ~ sein* ser responsable; *2. jmd ~ machen* hacer responsable a alguien

haften ['haftən] *v 1. (kleben)* pegar, estar sujeto; *2. (bürgen für)* salir garante, responder

Haftpflicht ['haftpflɪçt] *f JUR* responsabilidad civil *f*

Haftung ['haftuŋ] *f JUR* responsabilidad *f*

Hagebutte ['haːgəbutə] *f BOT* escaramujo *m,* agaravanza *f*

Hagel ['haːgəl] *m* granizo *m*

hageln ['haːgəln] *v* granizar

hager ['haːgər] *adj* flaco, magro

Hahn [haːn] *m 1. (Wasserhahn)* grifo *m; 2. ZOOL* gallo *m; Kein ~ kräht danach. (fig)* A nadie le importa.

Hähnchen ['hɛːnçən] *n GAST* pollo *m*

Hai [haɪ] *m ZOOL* tiburón *m*

häkeln ['hɛːkəln] *v* hacer ganchillo, hacer labor de gancho

Haken ['haːkən] *m* gancho *m; einen ~ schlagen* darse la media vuelta

Hakenkreuz ['haːkənkrɔyts] *n POL* cruz gamada *f,* cruz svástica *f,* cruz esvástica *f*

halb [halp] *adj 1.* medio; *eine ~e Portion sein* ser un medio hombre ; *nichts Halbes und nichts Ganzes* ni chicha, ni limoná (fam); *~ fertig* semiacabado, a medio hacer; *~ voll* a medio llenar, medio lleno; *adv 2.* a medias, por mitad, por mitades

halbherzig ['halphɛrtsɪç] *adj 1.* poco entusiamado, de mala gana; *adv 2.* no muy decidido, poco entusiasmado, de mala gana

halbieren [hal'biːrən] *v* partir en dos partes iguales, partir por la mitad

halbjährlich ['halpjɛːrlɪç] *adj 1.* semestral; *adv 2.* semestralmente, cada seis meses

Halbkreis ['halpkraɪs] *m* semicírculo *m*, semicircunferencia *f*
Halbkugel ['halpku:gəl] *f* hemisferio *m*
halblaut ['halplaut] *adj* a media voz
Halbmond ['halpmo:nt] *m* media luna *f*
Halbpension ['halppɛnsjo:n] *f* media pensión *f*
Halbschlaf ['halpʃla:f] *m* entresueño *m*
halbtags ['halpta:ks] *adv* a media jornada, la mitad del día
Halbtagsbeschäftigung ['halpta:ksbəʃɛftɪguŋ] *f* trabajo de media jornada *m*, empleo de media jornada *m*
Halbwaise ['halpvaɪzə] *m/f* huérfano de padre/huérfano de madre *m*, huérfana de padre/huérfana de madre *f*
Halbwertszeit ['halpve:rtstsaɪt] *f* *PHYS* período de semidesintegración *m*
Halbzeit ['halptsaɪt] *f* *SPORT* medio tiempo *m*; *erste ~/zweite ~* primer tiempo/segundo tiempo *m*
Hälfte ['hɛlftə] *f* mitad *f*
Halle ['halə] *f* sala *f*, hall *m*
hallen ['halən] *v* resonar, retumbar
Hallenbad ['halənba:t] *n* piscina cubierta *f*
hallo ['halo:] *interj 1.* hola; *2. (am Telefon)* diga, aló (LA)
Halluzination [halutsɪna'tsjo:n] *f* alucinación *f*
Halogen [halo'ge:n] *n* *CHEM* halógeno *m*
Hals [hals] *m 1. ANAT* cuello *m*; *den ~ kosten* costar el pellejo (fam); *den ~ aus der Schlinge ziehen (fig)* librarse de un apuro; *den ~ nicht voll kriegen* no tener suficiente; *sich jdm an den ~ werfen* acharse al cuello de alguien; *bis über den ~ ins Schulden stecken* estar metido en deudas hasta el cuello; *jdm jdn auf den ~ schicken* endosarle a uno alguien; *etw in den falschen ~ bekommen* tomar algo a mal/interpretar algo mal; *jdm mit etw vom ~ bleiben* dejar en paz a alguien con algo; *sich etw vom ~ halten* librarse de algo/desembarazarse de algo; *jdm zum ~ heraushängen* tenerle a alguien harto; *jdm bis zum ~ stehen* tenerle a alguien hasta las narices (fam); *~ über Kopf* de golpe y porrazo (fam); *jdm den ~ umdrehen* retorcer el cuello a alguien; *2. (Kehle) ANAT* garganta *f*; *3. (Flaschenhals)* gollete *m*, cuello *m*
halsbrecherisch ['halsbrɛçərɪʃ] *adj 1.* peligrosísimo, arriesgado; *adv 2.* con suma peligrosidad, riesgosamente
Halskette ['halskɛtə] *f* collar *m*
Halsschmerzen ['halsʃmɛrtsən] *m/pl* *MED* dolor de garganta *m*
halsstarrig ['halsʃtarɪç] *adj 1.* terco, testarudo; *adv 2.* tercamente
Halstuch ['halstu:x] *n* pañuelo de cuello *m*, bufanda *f*
halt [halt] *interj Halt!* ¡Alto!
Halt [halt] *m* parada *f*; *~ machen* detenerse, pararse, hacer una pausa; *vor etw nicht ~ machen* no retroceder ante algo
haltbar ['haltba:r] *adj* duradero, conservable
Haltbarkeit ['haltba:rkaɪt] *f* conservabilidad *f*
Haltbarkeitsdatum ['haltba:rkaɪtsda:tum] *n* fecha límite de conservación *f*, fecha de caducidad *f*
halten ['haltən] *v irr 1. (festhalten)* sujetar, asegurar, fijar; *sich vor Lachen nicht ~ können* no poder aguantar de la risa; *2. (Rede)* pronunciar; *3. (dauern)* durar
Haltestelle ['haltəʃtɛlə] *f* parada *f*
Halteverbot ['haltəfɛrbo:t] *n* prohibición de estacionamiento *f*; *~!* ¡Prohibido el estacionamiento!
haltlos ['haltlo:s] *adj 1. (unbeständig)* inconsistente; *2. (unbegründet)* infundado
Haltung ['haltuŋ] *f 1. (Körperhaltung)* postura *f*; *2. (Verhalten)* conducta *f*; *~ annehmen* ponerse firme; *3. (Selbstbeherrschung)* autocontrol *m*, dominio de sí *m*
Halunke [ha'luŋkə] *m (fam)* bribón *m*
hämisch ['hɛ:mɪʃ] *adj 1.* malicioso; *adv 2.* maliciosamente
Hammel ['haməl] *m* *ZOOL* carnero *m*
Hammer ['hamər] *m* martillo *m*; *unter den ~ kommen (fig)* venderse en subasta
Hämorriden [hɛmɔr'i:dən] *pl* *MED* hemorroides *f*
Hampelmann ['hampəlman] *m* títere *m*
Hamster ['hamstər] *m* *ZOOL* hámster *m*
Hand [hant] *f* *ANAT* mano *f*; *freie ~ haben* tener carta blanca/tener libertad de acción; *jds rechte ~ sein* ser el brazo derecho de alguien; *~ in ~* cogidos de la mano; *sich für etw die ~ abhacken lassen* dejarse cortar la mano por algo/dar un ojo de la cara por algo; *selbst mit ~ anlegen* echar una mano; *seine ~ aufhalten* poner la mano (para pedir); *die ~ gegen jdn erheben* levantarle la mano a alguien; *~ und Fuß haben* tener fundamento; *die ~ auf etw halten* disponer de algo; *die ~ für etw ins Feuer legen* poner la mano en el fuego por algo; *eine glückliche ~ haben* tener buena mano; *auf der ~ liegen* ser evidente; *aus erster ~* de primera mano; *mit der linken ~* con la izquierda; *sich in*

der ~ haben poder dominarse; *sich nicht von der ~ weisen lassen* no poder negarse; *jdm zur ~ gehen* secundar a alguien; *von der ~ in den Mund leben* vivir al día; *Ihm rutscht leicht die ~ aus.* Se le escapa la mano en seguida. *in die Hände fallen* caer en las manos; *in guten Händen sein* estar en buenas manos; *in die Hände spucken* ponerse manos a la obra; *mit Händen und Füßen* con pies y manos; *die Hände in den Schoß legen* estarse con las manos cruzadas; *sich mit Händen und Füßen wehren* defenderse con uñas y dientes; *die Hände über dem Kopf zusammenschlagen* llevarse las manos a la cabeza; *sich die Hände reiben* frotarse las manos (maliciosamente); *seine Hände in Unschuld waschen* lavarse las manos; *sich etw an beiden Händen abzählen können* poder contar algo con los dedos de las manos; *jdn auf Händen tragen* llevar a alguien en palmitas; *Mir sind die Hände gebunden.* Tengo las manos atadas.

Handarbeit ['hantarbaɪt] *f* trabajo manual *m*

Handball ['hantbal] *m SPORT* balonmano *m*

Handbuch ['hantbu:x] *n* manual *m*

Handel ['handəl] *m ECO* comercio *m*, negocio *m*

handeln ['handəln] *v 1. (tätig sein)* actuar, obrar; *2. (Handel treiben)* comerciar, negociar, hacer negocios; *3. (feilschen)* regatear, mercadear; *4. sich ~ um* tratarse de; *es handelt sich um einen Notfall* se trata de un caso de emergencia

Handelskammer ['handəlskamər] *f ECO* Cámara de Comercio *f*

Handelskorrespondenz ['handəlskɔrəspɔndɛnts] *f ECO* correspondencia comercial *f*

händeringend ['hɛndərɪŋənt] *adv 1. (flehentlich)* suplicante; *2. (verzweifelt)* desesperado

Händeschütteln ['hɛndəʃytəln] *n* apretón de manos *m*

handfest ['hantfɛst] *adj 1. (robust)* robusto, vigoroso; *2. (fig)* sólido

Handfläche ['hantflɛçə] *f ANAT* palma de la mano *f*

Handgelenk ['hantgəlɛŋk] *n ANAT* muñeca *f*; *aus dem ~ heraus* sin dificultad/con la izquierda

Handgemenge ['hantgəmɛŋə] *n* pelea *f*, riña *f*

Handgepäck ['hantgəpɛk] *n* equipaje de mano *m*

handgreiflich ['hantgraɪflɪç] *adj ~ werden* llegar a las manos, irse a las manos

Handgriff ['hantgrɪf] *m 1. (Griff)* asidero *m*, asa *f/el*; *2. (kleine Mühe)* tris *m*, santiamén *m*; *Es ist nur ein ~.* Está hecho en un santiamén.

Handhabung ['hantha:buŋ] *f* manejo *m*

Handikap ['hɛndɪkɛp] *n* handicap *m*, desventaja *f*

Handkuss ['hantkus] *m* besamanos *m*, beso en la mano *m*

Handlanger ['hantlaŋər] *m* peón *m*

Händler(in) ['hɛndlər(ɪn)] *m/f* comerciante *m/f*, negociante *m*, vendedora *f*

handlich ['hantlɪç] *adj* manuable, manejable

Handlung ['handluŋ] *f 1. (Tat)* hecho *m*, acción *f*; *2. (Laden)* tienda *f*, comercio *m*; *3. (Geschehen) LIT* argumento *m*

Handrücken ['hantrykən] *m ANAT* dorso de la mano *m*

Handschellen ['hantʃɛlən] *pl* esposas *f/pl*

Handschrift ['hantʃrɪft] *f* escritura *f*, letra *f*

Handschuh ['hantʃu:] *m* guante *m*

Handtasche ['hanttaʃə] *f* bolso *m*, cartera *f* (LA)

Handtuch ['hanttu:x] *n* toalla *f*; *das ~ werfen* tirar la toalla

Handumdrehen ['hantumdre:ən] *n im ~* en un santiamén *m*, en un abrir y cerrar de ojos *m*

Handwagen ['hantva:gən] *m* carro de mano *m*

Handwäsche ['hantvɛʃə] *f* ropa que se debe lavar a mano *f*

Handwerk ['hantvɛrk] *n* oficio *m*, artesanía *f*; *jdm ins ~ pfuschen* estorbar en el trabajo a alguien

Handwerker ['hantvɛrkər] *m* artesano *m*

handwerklich ['hantvɛrklɪç] *adj* artesanal

Handwerksbetrieb ['hantvɛrksbətri:p] *m* empresa artesanal *f*

Handy ['hɛ:ndi:] *n TEL m*, móvil *m*

Handzeichen [hanttzaiçən] *n* marca *f*; señal con la mango *f*

Hanf [hanf] *m BOT* cáñamo *m*

Hang [haŋ] *m 1. (Abhang)* pendiente *f*, cuesta *f*; *2. (fig: Neigung) ~ zu* inclinación a *f*, propensión a *f*

Hängematte ['hɛŋəmatə] *f* hamaca *f*

hängen ['hɛŋən] *v irr 1. (befestigt sein an)* estar pegado a, estar fijo, estar colgado de; *mit Hängen und Würgen* a duras penas/a trancas a barrancas; *2. (herabhängen)* pender; *3. (auf-*

hängen) colgar; *4. (fig: gern haben) ~ an* tener cariño, estimar; *5. (fig) jdn ~ lassen* dejar a alguien plantado

hantieren [han'ti:rən] *v* manejar, ocuparse de

Happen ['hapən] *m* bocado *m*

Hardware ['ha:rdwɛ:r] *f INFORM* material de informática *m,* hardware *m*

Harfe ['harfə] *f MUS* arpa *f/el*

harmlos ['harmlo:s] *adj 1. (ungefährlich)* inofensivo; *Er spielt den Harmlosen.* Se pone como quien no hace nada. *adv 2.* inofensivamente

Harmonie [harmo'ni:] *f* armonía *f*

harmonieren [harmo'ni:rən] *v* estar en armonía, concordar

harmonisch [har'mo:nɪʃ] *adj* armónico

Harn [harn] *m* orina *f*

Harpune [har'pu:nə] *f* arpón *m*

harren ['harən] *v* aguardar, esperar

hart [hart] *adj 1.* duro, sólido, compacto; *2. (streng)* riguroso, severo

Härte ['hɛrtə] *f 1.* dureza *f; 2. (Strenge)* rigor *m,* severidad *f*

hartherzig ['harthɛrtsɪç] *adj 1.* duro de corazón; *adv 2.* con dureza de corazón, duramente

hartnäckig ['hartnɛkɪç] *adj 1.* tenaz, porfiado, terco; *adv 2.* tercamente, tenazmente

Hartnäckigkeit ['hartnɛkɪçkaɪt] *f* tenacidad *f,* porfía *f,* terquedad *f*

harzig ['hartsɪç] *adj* resinoso

Haschisch ['haʃɪʃ] *n* hachís *m,* chocolate *m* (fam)

Hase ['ha:zə] *m ZOOL* liebre *f; ein alter ~ sein (fig)* ser un viejo zorro; *Mein Name ist ~, ich weiß von nichts.* Me llamo andana. (fam)/No tener ni idea de algo.

Haselnuss ['ha:zəlnus] *f BOT* avellana *f*

Hass [has] *m* odio *m; aus ~ gegen dich* por odio hacia ti

hassen ['hasən] *v* odiar

hasserfüllt ['hasɛrfylt] *adj* lleno de odio

hässlich ['hɛslɪç] *adj* feo

Hässlichkeit ['hɛslɪçkaɪt] *f* fealdad *f*

Hast [hast] *f* prisa *f,* precipitación *f*

hastig ['hastɪç] *adj 1.* presuroso, precipitado; *adv 2.* a toda prisa, precipitadamente

Haube ['haubə] *f* cofia *f; jdn unter die ~ bringen* casar a alguien

Hauch [haux] *m 1. (Atemhauch)* aliento *m; 2. (Lufthauch)* soplo *m; 3. (~ von Duft)* perfume *m,* aroma *m; 4. (geringe Menge)* pizca *f,* toque *m*

hauchen ['hauxən] *v* soplar

hauen ['hauən] *v gegen etw ~* golpear contra algo

Haufen ['haufən] *m* montón *m; jdn über den ~ fahren* atropellar a alguien

häufen ['hɔyfən] *v* acumular, acumularse, amontonar, amontonarse

haufenweise ['haufənvaɪzə] *adv* a montones

häufig ['hɔyfɪç] *adj 1.* frecuente; *adv 2.* frecuentemente, a menudo

Häufigkeit ['hɔyfɪçkaɪt] *f* frecuencia *f*

Haupt [haupt] *n* cabeza *f*

Hauptanschluss ['hauptanʃlus] *m 1. TEL* conexión principal *f; 2. TECH* línea principal *f*

Hauptbahnhof ['hauptba:nho:f] *m* estación central *f*

hauptberuflich ['hauptbəru:flɪç] *adj 1.* profesional, de primer oficio; *adv 2.* profesionalmente, como primer oficio

Hauptdarsteller(in) ['hauptdarʃtɛlər(ɪn)] *m/f CINE* protagonista *m/f*

Haupteingang ['hauptaɪngaŋ] *m* entrada principal *f*

Hauptgebäude ['hauptgəbɔydə] *n* edificio principal *m*

Hauptgewinn ['hauptgəvɪn] *m* primer premio *m*

Häuptling ['hɔyptlɪŋ] *m* jefe de la tribu *m*

Hauptperson ['hauptpɛrzo:n] *f* personaje principal *m*

Hauptsache ['hauptzaxə] *f* cosa principal *f,* cuestión esencial *f*

hauptsächlich ['hauptzɛçlɪç] *adj 1.* principal; *adv 2.* principalmente, ante todo, sobre todo

Hauptsaison ['hauptsɛzɔ̃] *f* temporada alta *f*

Hauptschule ['hauptʃu:lə] *f* escuela de enseñanza básica *f,* escuela primaria superior *f*

Hauptstadt ['hauptʃtat] *f* capital *f*

Hauptstraße ['hauptʃtra:sə] *f* calle principal *f,* calle central *f*

Haus [haus] *n* casa *f,* edificio *m; Ich gehe nach ~e.* Me voy a casa. *Ich bin zu ~e.* Estoy en casa. *jdm das ~ einrennen (fig)* sacar a alguien de sus casillas; *jdm das ~ verbieten* prohibirle a alguien la entrada en casa; *mit der Tür ins ~ fallen* hablar a alguien sin rodeos; *ins ~ stehen* estar a la puerta de casa/avecinarse; *jdm ins ~ schneien* dejarse caer por casa de uno *(fam); außer ~ sein* estar fuera de casa

Hausarbeit ['hausarbaɪt] *f* quehaceres domésticos *m/pl,* labores domésticas *f/pl*
Hausarzt ['hausartst] *m* médico de cabecera *m,* médico de familia *m*
Hausaufgaben ['hausaufga:bən] *pl* deberes *m/pl,* tareas escolares *f/pl*
Hausbewohner ['hausbəvo:nər] *m* morador *m,* vecino *m*
Häuschen ['hɔysçən] *n aus dem ~ sein* estar fuera de sí, estar fuera de sus casillas
Hausdurchsuchung ['hausdurçzu:çuŋ] *f JUR* registro domiciliario *m*
Hausfrau ['hausfrau] *f* ama de casa *f/el*
hausgemacht ['hausgəmaxt] *adj* casero, doméstico
Haushälterin ['haushɛltərɪn] *f* ama de llaves *f/el*
Haushalt ['haushalt] *m 1.* hogar *m,* casa *f; 2. (Staatshaushalt)* presupuesto *m*
haushalten ['haushaltən] *v irr 1.* economizar; *v irr 2. (sparsam sein)* ser ahorrativo
Haushaltsgerät ['haushaltsgərɛ:t] *n 1.* aparato doméstico *m,* utensilio doméstico *m; 2. (elektrisches ~)* electrodoméstico *m*
hausieren [hau'zi:rən] *v* hacer el comercio ambulante, vender por las casas
häuslich ['hɔyslɪç] *adj* casero, doméstico, hogareño
Hausmädchen ['hausmɛdçən] *n* criada *f,* sirvienta *f,* muchacha *f*
Hausmannskost ['hausmanskɔst] *f* comida casera *f*
Hausmeister(in) ['hausmaɪstər(ɪn)] *m/f* conserje *m,* portero/portera *m/f*
Hausordnung ['hausɔrdnuŋ] *f* reglamento interior del edificio *m*
Hausschuh ['hausʃu:] *m* zapatillas *f/pl,* chinelas *f/pl*
Haustier ['hausti:r] *n* animal doméstico *m*
Hausverbot ['hausfɛrbo:t] *n* entrada prohibida *f,* admisión prohibida *f*
Haut [haut] *f ANAT* piel *f; nur noch ~ und Knochen sein* estar en los huesos; *seine eigene ~ retten* poner a salvo su propio pellejo *(fam); sich seiner ~ wehren* defender su pellejo *(fam); sich auf die faule ~ legen* tumbarse a la bartola *(fam); aus der Haut fahren* reventar de rabia; *niemand kann aus seiner ~ heraus* la cabra siempre tira al monte; *nicht in jds ~ stecken mögen* no envidiar la suerte de alguien/no querer estar en el pellejo de alguien; *mit heiler ~ davonkommen* salir bien librado/salvar el pellejo *(fam); mit ~ und Haaren* hasta la médula; *unter die ~ gehen* llegar al alma
Hautarzt ['hautartst] *m MED* dermatólogo *m*
hautverträglich ['hautfɛrtrɛ:klɪç] *adj* que no irrita la piel
Hebamme ['he:bamə] *f* comadrona *f,* partera *f*
Hebel ['he:bəl] *m TECH* palanca *f; alle ~ in Bewegung setzen (fig)* hacer lo humanamente posible/tocar todos los resortes; *am längeren ~ sitzen* tener la sarten (cogida) por el mango;
heben ['he:bən] *v irr 1. (hoch~)* levantar, alzar; *einen ~ (fam)* echar un trago; *2. (Schatz bergen)* desenterrar; *3. (steigern)* aumentar, acrecentar
hebräisch [he'brɛ:ɪʃ] *adj* hebreo
Hecht [heçt] *m ZOOL* lucio *m*
Heck [hɛk] *n 1. (Autoheck)* parte trasera *f,* parte posterior *f; 2. (Schiffsheck)* popa *f*
Hecke ['hɛkə] *f BOT* seto *m*
Heer [he:r] *n MIL* ejército *m*
Hefe ['he:fə] *f* levadura *f*
Hefeteig ['he:fətaɪk] *m GAST* masa de levadura *f*
Heft [hɛft] *n* cuaderno *m*
heften ['hɛftən] *v 1. (befestigen)* sujetar, fijar; *2. (nähen)* coser, hilvanar
heftig ['hɛftɪç] *adj 1.* violento; *adv 2.* violentamente
Heftpflaster ['hɛftpflastər] *n* esparadrapo *m*
Hehl [he:l] *m keinen ~ aus etw machen* no ocultar algo
Hehler(in) ['he:lər(ɪn)] *m/f* encubridor(a) *m/f*
Heide[1] ['haɪdə] *m* pagano *m*
Heide[2] ['haɪdə] *f GEOL* prado *m,* brezal *m*
Heidelbeere ['haɪdəlbe:rə] *f BOT* arándano *m,* mirtillo *m*
Heidentum ['haɪdəntum] *n* paganismo *m*
heikel ['haɪkəl] *adj* delicado
heil [haɪl] *adj* sano y salvo
Heil [haɪl] *n* salvación *f*
Heiland ['haɪlant] *m REL* Salvador *m*
heilbar ['haɪlba:r] *adj* curable
heilen ['haɪlən] *v 1. jdn ~ von* curar a alguien de; *2. (Wunde)* sanar, sanarse
Heilgymnastik ['haɪlgymnastɪk] *f* gimnasia terapéutica *f,* fisioterapia *f*
heilig ['haɪlɪç] *adj REL* santo; *~ sprechen* canonizar
Heiligabend [haɪlɪç'a:bənt] *m REL* Nochebuena *f,* Noche Buena *f*
Heilige(r) ['haɪlɪgə(r)] *m/f REL* santo/santa *m/f; der ~ Antonius* San Antonio *m*

Heiligtum ['haılıgtu:m] *n* santuario *m*
Heilkunde ['haılkundə] *f MED* medicina *f,* ciencia médica *f*
heillos ['haıllo:s] *adj (fam)* terrible, infernal, desastroso
Heilmittel ['haılmıtəl] *n 1. (fig)* remedio *m; 2. MED* medicina *f,* medicamento *m*
Heilpraktiker(in) ['haılpraktıkər(ın)] *m/f* curandero/curandera *m/f*
Heilung ['haıluŋ] *f MED* curación *f,* cura *f*
heim [haım] *adv* a casa
Heim [haım] *n* hogar *m*
Heimarbeit ['haımarbaıt] *f* trabajo a domicilio *m*
Heimat ['haımat] *f* país natal *m,* país de origen *m,* patria *f*
Heimatkunde ['haımatkundə] *f* geografía de la región *f*
heimatlos ['haımatlo:s] *adj* sin patria
Heimatvertriebene(r) ['haımatfɛrtri:bənə(r)] *m/f* expulsado de su país/expulsada de su país *m/f*
heimbringen ['haımbrıŋən] *v irr* acompañar a alguien a casa
Heimfahrt ['haımfa:rt] *f* viaje de regreso a casa *m*
heimisch ['haımıʃ] *adj 1. (heimatlich)* del país, nacional, local; *2. (vertraut)* familiar
heimleuchten ['haımlɔyçtən] *v jdm ~* enviar a paseo a alguien/decir cuatro verdades a alguien
heimlich ['haımlıç] *adj 1.* secreto, oculto; *adv 2.* secretamente, en secreto
Heimlichkeit ['haımlıçkaıt] *f* secreto *m,* misterio *m*
Heimlichtuer ['haımlıçtu:ər] *m* secretista *m*
Heimsuchung ['haımzu:xuŋ] *f* aflicción *f,* tribulación *f*
heimtückisch ['haımtykıʃ] *adj 1.* alevoso, pérfido; *adv 2.* con alevosía, con perfidia
Heimweg ['haımve:k] *m* camino de regreso a casa *m*
Heimweh ['haımve:] *n* nostalgia *f,* añoranza *f; ~ haben* echar de menos/tener morriña (Galicia)/extrañar su casa/extrañar su patria
heimzahlen ['haımtsa:lən] *v* devolver con creces; *Du wirst es mir ~!* ¡Me lo pagarás!
Heirat ['haıra:t] *f* casamiento *m*
heiraten ['haıra:tən] *v jdn ~* casarse con alguien, contraer matrimonio con alguien
Heiratsantrag ['haıra:tsantra:k] *m* petición de mano *f,* propuesta de matrimonio *f*
Heiratsschwindler ['haıra:tsʃvındlər] *m* estafador de novias *m*
Heiratsurkunde ['haıra:tsu:rkundə] *f JUR* acta de matrimonio *f/el,* partida de matrimonio *f*
Heiratsvermittlung ['haıra:tsfɛrmıtluŋ] *f* agencia matrimonial *f*
heiser ['haızər] *adj* ronco, bronco
Heiserkeit ['haızərkaıt] *f MED* ronquera *f,* enronquecimiento *m*
heiter ['haıtər] *adj 1. (fröhlich)* alegre, jovial; *Das kann ja ~ werden!* ¡La que nos espera! *2. (sonnig)* despejado, claro
Heiterkeit ['haıtərkaıt] *f* serenidad *f,* claridad *f,* alegría *f*
heizen ['haıtsən] *v* calentar, caldear
Heizkeller ['haıtskɛlər] *m* caldera *f*
Heizkessel ['haıtskɛsəl] *m* caldera de calefacción *f*
Heizkörper ['haıtskœrpər] *m* radiador *m*
Heizkosten ['haıtskɔstən] *pl* costos de calefacción *m/pl*
Heizöl ['haıtsø:l] *n* fuel *m,* aceite combustible *m*
Heizung ['haıtsuŋ] *f* calefacción *f*
heiß [haıs] *adj 1.* muy caliente; *ein ~es Eisen* un asunto delicado; *~e Luft* promesas vacias; *Da läut es einem ~ und kalt über den Rücken.* A uno se le ponen los pelos de punta. *~ geliebt* amado apasionadamente/muy enamorado; *~ umstritten* muy controvertido; *2. (heftig)* violento
heißblütig ['haısblytıç] *adj* ardiente, fogoso, apasionado, temperamental
heißen ['haısən] *v irr 1. (bezeichnen)* llamar, denominar, calificar; *Wie ~ Sie?* ¿Cómo se llama usted? *2. (bedeuten)* querer decir, significar; *das heißt ...* esto quiere decir .../esto significa ...; *Was soll das ~?* ¿Qué significa esto?
Hektar ['hɛktar] *n* hectárea *f*
Hektik ['hɛktık] *f* ajetreo *m,* trajín *m,* agitación *f*
hektisch ['hɛktıʃ] *adj 1.* agitado; *adv 2.* agitadamente, con agitación
Held [hɛlt] *m* héroe *m*
heldenhaft ['hɛldənhaft] *adj 1.* heroico; *adv 2.* heroicamente
Heldentat ['hɛldənta:t] *f* acción heroica *f,* hazaña *f,* proeza *f*
helfen ['hɛlfən] *v irr jdm ~ bei* ayudar a alguien en; *Können Sie mir bitte ~?* ¿Puede usted ayudarme, por favor?
Helfer(in) ['hɛlfər(ın)] *m/f* ayudante *m/f,* asistente *m/f,* auxiliador(a) *m/f*

hell [hɛl] *adj 1. (Licht)* iluminado; *2. (Klang)* agudo; *3. (fig: aufgeweckt)* vivo, despierto
Heller ['hellər] *m* ardite *f; auf ~ und Pfennig* hasta el último céntimo; *seinen letzten ~ weggeben* regalar hasta el último céntimo
hellhörig ['hɛlhøːrɪç] *adj 1. (schalldurchlässig)* de paredes delgadas; *2. (fig: wachsam)* perspicaz, inteligente
Helligkeit ['hɛlɪçkaɪt] *f* claridad *f*
Helm [hɛlm] *m (Sturzhelm)* casco protector *m*
Hemd [hɛmt] *n* camisa *f; sein letzes ~ hergeben* dar hasta las entrañas; *kein ~ mehr auf dem Leib haben* no tener ya camisa que ponerse
Hemdbluse [hɛmtbluːzə] *f* blusa camisera *f*
hemmen ['hɛmən] *v* detener, parar
hemmungslos ['hɛmuŋsloːs] *adj 1.* sin escrúpulos; *adv 2.* sin escrúpulos
Hengst [hɛŋst] *m ZOOL* caballo padre *m*, semental *m*
Henker ['hɛŋkər] *m* verdugo *m*
Henne ['hɛnə] *f ZOOL* gallina *f*
her [heːr] *adv 1. (örtlich)* hacia aquí, hacia acá; *hinter jdm ~ sein* perseguir a alguien; *Mit ihm ist nicht viel ~.* No hace mucho con él. *2. (zeitlich)* hace, desde
herab [hɛ'rap] *adv* abajo, hacia abajo, para abajo
herablassen [hɛ'raplasən] *v irr* bajar, descender
herablassend [hɛ'raplasənt] *adj 1.* desdeñoso, pedante, creído; *adv 2.* con desprecio, desdeñosamente
herabsehen [hɛ'rapzeːən] *v irr (fig) ~ auf* mirar a alguien con desprecio
herabsetzen [hɛ'rapzɛtsən] *v 1. (vermindern)* reducir, disminuir; *2. (herabwürdigen)* denigrar, deshonrar
herabsetzend [hɛ'rapzɛtsənt] *adj 1.* despectivo, denigrante; *adv 2.* despectivamente, de manera denigrante
herabsteigen [hɛ'rapʃtaɪgən] *v irr ~ von* bajar de, descender de
herabstürzen [hɛ'rapʃtyrtsən] *v ~ von* caer de, despeñarse de
heran [hɛ'ran] *adv 1. (örtlich)* por aquí, por este lado; *2. (zeitlich)* cerca
heranbilden [hɛ'ranbɪldən] *v* formar
herankommen [hɛ'rankɔmən] *v irr 1. (etw erreichen)* alcanzar; *2. (sich nähern)* acercarse
herantragen [hɛ'rantraːgən] *v irr 1.* traer, trasladar; *2. (fig)* proponer, sugerir
herantreten [hɛ'rantreːtən] *v irr (fig) an jdn ~* dirigirse a alguien, abordar a alguien
heranwachsen [hɛ'ranvaksən] *v irr* crecer, ir creciendo
Heranwachsende(r) [hɛ'ranvaksəndə(r)] *m/f* adolescente *m/f*
herauf [hɛ'rauf] *adv* hacia arriba
heraufbeschwören [hɛ'raufbəʃvøːrən] *v* evocar
heraufholen [hɛ'raufhoːlən] *v* subir, hacer subir
heraufkommen [hɛ'raufkɔmən] *v irr* llegar arriba, subir
heraufsetzen [hɛ'raufzɛtsən] *v (erhöhen)* subir, elevar, aumentar
heraufsteigen [hɛ'raufʃtaɪgən] *v irr* subir
heraus [hɛ'raus] *adv* fuera, afuera, hacia afuera
herausbekommen [hɛ'rausbəkɔmən] *v irr 1. (Geld)* recibir de vuelta; *2. (fig: herausfinden)* descubrir, revelar
herausbeugen [hɛ'rausbɔygən] *v sich ~* asomarse
herausbrechen [hɛ'rausbrɛçən] *v irr* arrancar, quitar rompiendo
herausbringen [hɛ'rausbrɪŋən] *v irr 1.* sacar, llevar afuera; *2. (fam: entfernen)* quitar, sacar, retirar; *3. (veröffentlichen)* publicar, editar; *4. (fig: herausfinden)* descubrir, revelar
herausfinden [hɛ'rausfɪndən] *v irr* descubrir, revelar, llegar a saber
herausfordern [hɛ'rausfɔrdərn] *v* provocar, desafiar, retar
herausfordernd [hɛ'rausfɔrdərnt] *adj 1.* provocador, desafiante, provocativo; *adv 2.* provocativamente
Herausforderung [hɛ'rausfɔrdəruŋ] *f* provocación *f*, desafío *m*, reto *m*
Herausgeber(in) [hɛ'rausgeːbər(ɪn)] *m/f* editor(a) *m/f*
heraushalten [hɛ'raushaltən] *v irr 1.* dejar afuera; *2. sich ~ aus* mantenerse al margen de, no inmiscuirse en
herauskommen [hɛ'rauskɔmən] *v irr 1. ~ aus* salir de; *2. (veröffentlichen)* publicarse, aparecer; *3. (bekannt werden)* hacerse público, hacer llegar a saber; *4. (fig: erscheinen)* aparecer, surgir; *5. aufs Gleiche ~* venir a ser lo mismo
herausnehmen [hɛ'rausneːmən] *v irr 1. ~ aus* sacar de; *2. (fig) sich etw ~* permitirse algo
herausragend [hɛ'rausraːgənt] *adj* sobresaliente

herausreden [hɛ'rausreːdən] *v sich ~* buscar pretextos, poner excusas
herausreißen [hɛ'rausraɪsən] *v irr* arrancar, quitar, extraer, extirpar
herausschauen [hɛ'rausʃauən] *v 1.* mirar hacia afuera; *2. (hervorschauen)* aparecer, entreverse
herausstrecken [hɛ'rausʃtrɛkən] *v* sacar, extender; *die Zunge ~* sacar la lengua
heraussuchen [hɛ'rauszuːxən] *v ~ aus* escoger de
herausziehen [hɛ'raustsiːən] *v irr 1.* sacar de; *2. (Zahn) MED* extraer
herb [hɛrp] *adj 1. (Geschmack)* ácido, agrio; *2. (Wein)* seco; *3. (fig)* austero
herbei [hɛr'baɪ] *adv* aquí, acá, por aquí/por acá, hacia aquí
herbeiführen [hɛr'baɪfyːrən] *v* traer, trasladar
herbeischaffen [hɛr'baɪʃafən] *v* traer, trasladar
Herberge ['hɛrbɛrgə] *f 1.* albergue *m,* hospedería *f; 2. (Jugendherberge)* albergue juvenil *m*
herbestellen ['heːrbəʃtɛlən] *v (Person)* llamar a alguien, hacer venir a alguien, citar a alguien
herbringen ['heːrbrɪŋən] *v irr* traer hacia acá
Herbst [hɛrpst] *m* otoño *m*
Herd [heːrt] *m* cocina *f,* fogón *m*
Herde ['heːrdə] *f* manada *f*
herein [hɛ'raɪn] *adv 1.* adentro, hacia adentro, hacia el interior; *interj 2. Herein!* ¡Adelante!
hereinbitten [hɛ'raɪnbɪtən] *v irr* pedir a alguien que entre
hereinfallen [hɛ'raɪnfalən] *v irr 1.* llevarse un chasco; *2. (fig: getäuscht werden)* dejarse engañar, caer en la trampa; *Lucho ist auf etw hereingefallen.* Lucho se tragó el anzuelo.
hereinkommen [hɛ'raɪnkɔmən] *v irr* entrar, pasar
hereinlassen [hɛ'raɪnlasən] *v irr* dejar entrar, hacer pasar
hereinlegen [hɛ'raɪnleːgən] *v jdn ~* estafar a alguien, engañar a alguien
Hergang ['heːrgaŋ] *m* curso de los acontecimientos *m*
hergeben ['heːrgeːbən] *v irr* dar hacia aquí
Hering ['heːrɪŋ] *m ZOOL* arenque *m*
herkommen ['heːrkɔmən] *v irr 1. (näher kommen)* acercarse, venir aquí, venir acá; *2. (herstammen)* descender, ser natural
herkömmlich ['heːrkœmlɪç] *adj* tradicional, convencional
Herkunft ['heːrkunft] *f* origen *m,* procedencia *f*
Herkunftsland ['heːrkunftslant] *n* país de origen *m,* país de procedencia *m*
hermetisch [hɛr'meːtɪʃ] *adj* hermético
Heroin [hero'iːn] *n CHEM* heroína *f*
Herr [hɛr] *m* señor *m,* caballero *m; der ~ im Haus sein* ser el hombre en casa; *über jdn ~ werden* ser superior a alguien
herrichten ['heːrrɪçtən] *v* preparar, disponer, alistar (LA)
herrisch ['hɛrɪʃ] *adj* imperioso, autoritario
herrlich ['hɛrlɪç] *adj* magnífico, excelente, espléndido
Herrlichkeit ['hɛrlɪçkaɪt] *f* magnificencia *f,* excelencia *f,* esplendor *m*
Herrschaft ['hɛrʃaft] *f* dominación *f,* dominio *m,* imperio *m*
herrschaftlich ['hɛrʃaftlɪç] *adj* señorial
herrschen ['hɛrʃən] *v 1. (regieren)* gobernar, mandar; *2. (bestehen)* reinar, existir
Herrscher(in) ['hɛrʃər(ɪn)] *m/f* soberano/soberana *m/f,* gobernante *m*
Herrschsucht ['hɛrʃzuxt] *f* despotismo *m,* espíritu dominador *m*
herrühren ['heːrryːrən] *v ~ von* venir de, provenir de, proceder de
herstellen ['herʃtɛlən] *v 1. (erzeugen)* producir, elaborar, fabricar; *2. (fig: realisieren)* realizar, ejecutar, efectuar
Hersteller(in) ['herʃtɛlər(ɪn)] *m/f* fabricante *m/f,* productor(a) *m/f*
Herstellung ['herʃtɛluŋ] *f 1. (Erzeugung)* producción *f,* fabricación *f; 2. (Realisierung)* realización *f*
herüber [hɛ'ryːbər] *adv* a este lado, hacia aquí, hacia acá
herüberblicken [hɛ'ryːbərblɪkən] *v* mirar hacia aquí, mirar hacia acá
herum [hɛ'rum] *adv* alrededor
herumalbern [hɛ'rumalbərn] *v* decir bobadas
herumbekommen [hɛ'rumbəkɔmən] *v irr 1. jdn ~* persuadir a alguien; *2. (Zeit)* matar el tiempo
herumdrehen [hɛ'rumdreːən] *v* dar vuelta a, volver
herumführen [hɛ'rumfyːrən] *v 1. (um etw)* dar la vuelta; *2. jmd ~* acompañar a alguien
herumgehen [hɛ'rumgeːən] *v irr (umherlaufen)* andar de acá para allá

herumkommen [hɛ'rumkɔmən] *v irr 1. (reisen)* ver mucho del mundo; *2. (fig) um etw ~* lograr evitar algo
herumreichen [hɛ'rumraıçən] *v* hacer circular, pasar de mano en mano
herumsprechen [hɛ'rumʃprɛçən] *v irr sich ~* divulgarse, correr la voz
Herumtreiber(in) [hɛ'rumtraıbər(ın)] *m/f* vagabundo/vagabunda *m/f*
herunter [hɛ'runtər] *adv* abajo, hacia abajo
herunterdrücken [hɛ'runtərdrykən] *v* apretar hacia abajo; *2. (Preise herabsetzen)* hacer bajar
herunterfallen [hɛ'runtərfalən] *v irr* caer, caerse, caer al suelo
herunterschlucken [hɛ'runtərʃlukən] *v* tragar
hervor [hɛr'foːr] *adv* adelante, hacia adelante
hervorbringen [hɛr'foːrbrıŋən] *v irr 1. (erzeugen)* producir, engendrar; *2. (sagen)* proferir, articular
hervorheben [hɛr'foːrheːbən] *v irr* acentuar, recalcar, poner de relieve
hervorragend [hɛr'foːrraːgənt] *adj* destacado, notable, sobresaliente
hervorrufen [hɛr'foːrruːfən] *v irr (fig)* causar, provocar
hervorstechen [hɛr'foːrʃtɛçən] *v irr (fig)* sobresalir, destacar, resaltar
Herz [hɛrts] *n ANAT* corazón *m; Es bricht mir das ~.* Se me parte el alma. *ein ~ und eine Seele sein* ser uña y carne; *jdm sein ~ ausschütten* abrir su corazón a alguien; *jdm das ~ brechen* romper el corazón a alguien/partir el alma a alguien; *sich ein ~ nehmen* armarse de valor; *das ~ auf der Zunge tragen* llevar el corazón en la mano; *jdm sein ~ schenken* brindar a alguien su corazón; *jdm das ~ schwer machen* causar mucha pena a alguien; *seinem ~en Luft machen* aliviar su corazón; *jdm am ~en liegen* interesarle mucho a alguien/preocuparle mucho a alguien; *jdm ans ~ wachsen* cogerle cariño a alguien; *etw auf dem ~en haben* tener algo que oprime el corazón; *jdm aus dem ~en sprechen* hablar a alguien de corazón; *aus tiefstem ~en* de todo corazón; *jdn in sein ~ schließen* cogerle cariño a alguien; *jdn ins ~ treffen* hacer mucho daño a alguien; *es nicht übers ~ bringen* no atraverse a hacer algo; *sich etw zu ~en nehmen* tomarse algo a pecho; *leicht ums ~ werden* aliviar el corazón; *Das ~ ist ihm in die Hose gerutscht.* Se le ha caído el alma a los pies. *Das ~ wurde ihm schwer.* Se puso muy triste.
Herzanfall ['hɛrtsanfal] *m MED* ataque cardíaco *m,* ataque al corazón *m*
Herzensbrecher ['hɛrtsənsbrɛçər] *m* rompecorazones *m,* mujeriego *m*
Herzenswunsch ['hɛrtsənsvunʃ] *m* deseo ardiente *m,* vivo deseo *m*
herzergreifend ['hɛrtsɛrgraıfənt] *adj* conmovedor, emocionante
Herzfehler ['hɛrtsfeːlər] *m MED* defecto cardíaco *m,* lesión cardíaca *f*
herzhaft ['hɛrtshaft] *adj 1. (Geschmack)* de buen sabor, agradable; *2. (Lachen)* vigoroso, sonoro
Herzklopfen ['hɛrtsklɔpfən] *n* palpitaciones *f/pl*
herzlich ['hɛrtslıç] *adj* cordial, cariñoso; *jdn ~ Willkommen heißen* acoger con calor a alguien/saludar cordialmente a alguien
Herzog(in) ['hɛrtoːk/'hertzogın] *m/f* duque
Herzschlag ['hɛrtsʃlaːk] *m 1.* latido del corazón *m; 2. MED* paro cardíaco *m,* ataque de apoplejía *m*
Herzschrittmacher ['hɛrtsʃrıtmaxər] *m MED* marcapasos *m*
heterogen [hetero'geːn] *adj* heterogéneo
hetzen ['hɛtsən] *v 1. (eilen)* apresurarse; *2. ~ gegen (fig)* azuzar contra, agitar los ánimos contra
Heu [hɔy] *n BOT* heno *m*
Heuchelei [hɔyçə'laı] *f* hipocresía *f*
Heuchler(in) ['hɔyçlər(ın)] *m/f* hipócrita *m/f*
heulen ['hɔylən] *v 1. (fam: weinen)* llorar; *wie ein Schlosshund ~* llorar como una Magdalena; *zum Heulen sein* es para llorar; *2. (Sirene)* ulular
Heuschnupfen ['hɔyʃnupfən] *m MED* rinitis alérgica *f,* fiebre del heno *f*
Heuschrecke ['hɔyʃrɛkə] *f ZOOL* langosta *f*
heute ['hɔytə] *adv* hoy; *von ~ auf morgen* de hoy a mañana/de un día para otro
heutzutage ['hɔytsutaːgə] *adv* hoy en día, actualmente
Hexe ['hɛksə] *f* bruja *f*
Hexenschuss ['hɛksənʃus] *m MED* lumbago *m*
Hieb [hiːp] *m* golpe *m*
hier [hiːr] *adv* aquí, acá; *~ bleiben* quedarse aquí
Hierarchie [hiːerar'çiː] *f* jerarquía *f*
hierauf ['hiːrauf] *adv* a esto, sobre esto, sobre ello

hierbei ['hi:rbaı] *adv* en esto, con esto, en esta ocasión
hierdurch ['hi:rdurç] *adv (kausal)* por esto, por ello
hierher ['hi:rhe:r] *adv* para acá, hacia aquí
hiermit ['hi:rmıt] *adv* con esto, con ello
hiervon ['hi:rfɔn] *adv* de esto, de ello, de eso
hierzu ['hi:rtsu:] *adv* a esto, a ello
hiesig ['hi:zıç] *adj* de aquí, local, del país
Hilfe ['hılfə] *f* *1.* ayuda *f; Ich kann auf deine ~ verzichten.* No necesito de tu ayuda; *2. (erste ~)* primeros auxilios *m/pl; 3. (soziale ~)* asistencia *f; interj 4. Hilfe!* ¡Socorro!, ¡Auxilio!
hilflos ['hılflo:s] *adj (ohne Hilfe)* desamparado, abandonado
Hilflosigkeit ['hılflo:zıçkaıt] *f* desamparo *m,* abandono *m*
hilfreich ['hılfraıç] *adj* bondadoso, solícito, altruista
hilfsbereit ['hılfsbəraıt] *adj* dispuesto a ayudar, servicial, complaciente
Hilfsbereitschaft ['hılfsbəraıtʃaft] *f* complacencia *f,* altruismo *m*
Himbeere ['hımbe:rə] *f* *BOT* frambuesa *f*
Himmel ['hıməl] *m* *1. (Firmament)* firmamento *m; 2. REL* cielo *m; in den ~ kommen* irse al cielo; *der ~ auf Erden* el paraíso terrenal *m; jdm den ~ auf Erden versprechen* prometer el oro y el moro a alguien; *aus heiterem ~* a bocajarro/como llovido del cielo; *im siebten ~ sein* estar en el séptimo cielo; *zum ~ schreien* clamar al cielo; *Ach du lieber ~!* ¡Dios mío!/¡Benedito sea Dios! *Weiß der ~!* ¡Quién sabe! *Um ~s willen!* ¡Por amor de Dios!
Himmelsrichtung ['hıməlsrıçtuŋ] *f* *ASTR* punto cardinal *m*
himmlisch ['hımlıʃ] *adj 1. (fig)* magnífico, delicioso, divino; *2. REL* celestial, divino
hin [hın] *adv* hacia allí, hacia allá, para allá; *~ und her* de acá para allá; *nach langem Hin und Her* después de mucho cavilar/tras largas deliberaciones;
hinab [hın'ap] *adv* para abajo, hacia abajo
hinauf [hın'auf] *adv* hacia arriba, arriba
hinaufsteigen [hın'aufʃtaıgən] *v irr* subir, ascender
hinaus [hın'aus] *adv* hacia afuera, afuera
hinausgehen [hın'ausge:ən] *v irr* salir
hinausschieben [hın'ausʃi:bən] *v irr* empujar hacia afuera
Hinblick ['hınblık] *m im ~ auf* en vista de, considerando que
hinbringen ['hınbrıŋən] *v irr* llevar
hindern ['hındərn] *v* impedir, estorbar, obstaculizar
Hindernis ['hındərnıs] *n* obstáculo *m*
hindurch [hın'durç] *adv* a través de
hinein [hın'aın] *adv* dentro, hacia adentro, para adentro
hineingehen [hın'aınge:ən] *v irr* entrar
hineingeraten [hın'aıngəra:tən] *v irr ~ in* ir a dar en, ir a parar en, caer en
hineinpassen [hın'aınpasən] *v ~ in* caber en
hineinplatzen [hın'aınplatsən] *v* aparecer inesperadamente
hineinstecken [hın'aınʃtɛkən] *v 1. ~ in* meter en, introducir en; *2. investieren in (fig)* invertir en
hineinsteigern [hın'aınʃtaıgərn] *v sich ~ in* enfrascarse en, acabar por
hineinversetzen [hın'aınfɛrzɛtsən] *v sich in jdn ~* ponerse en el lugar de alguien
hineinziehen [hın'aıntsi:ən] *v irr 1.* tirar hacia adentro; *2. (fig: jdn in etw ~)* implicar, envolver
Hinfahrt ['hınfa:rt] *f* viaje de ida *m*
hinfallen ['hınfalən] *v irr* caer al suelo, caerse al suelo
hinfällig ['hınfɛlıç] *adj (gegenstandslos)* caducado, nulo, sin validez
Hingabe ['hınga:bə] *f* entrega *f,* abnegación *f*
hingegen [hın'ge:gən] *konj* sin embargo, no obstante; por el contrario
hinhalten ['hınhaltən] *v irr 1.* presentar, ofrecer; *2. jdn ~* entretener a alguien
hinken ['hıŋkən] *v* cojear; *auf einem Fuß ~* cojear de un pie
hinlänglich ['hınlɛŋlıç] *adj 1.* suficiente, bastante; *adv 2.* suficientemente
hinlegen ['hınle:gən] *v 1. etw ~* poner algo, colocar algo; *2. sich ~* acostarse, echarse
hinnehmen ['hınne:mən] *v irr* tomar, aceptar
hinreißend ['hınraısənt] *adj* arrebatador
hinsetzen ['hınzɛtsən] *v sich ~* sentarse, tomar asiento
hinsichtlich ['hınzıçtlıç] *prep* con respecto a, en lo que concierne a
hinstellen ['hınʃtɛlən] *v 1.* colocar verticalmente; *2. (fig) ~ als* declarar por, presentar como
hinten ['hıntən] *adv* detrás, atrás, en la parte posterior; *Ich weiß nicht mehr wo ~ und vorne ist!* ¡Yo no sé ni cómo me llamo!/¡Yo no sé dónde tengo la cabeza!

hinter ['hɪntər] *prep* detrás de, tras; *etw ~ sich lassen* dejar algo atrás; *~ den anderen zurückbleiben* quedar rezagado de los demás; *zwei Km ~ München* dos km pasando Munich; *~ jdm zurückstehen* ceder su lugar a otro/quedar atrás de alguien
Hinterausgang ['hɪntərausgaŋ] *m* salida posterior *f*
Hinterbliebene(r) ['hɪntərbli:bənə(r)] *m/f* familiar del difunto *m/f,* deudo/deuda *m/f*
hintere ['hɪntərə] *adj* posterior, trasero, de atrás
hintereinander [hɪntəraɪ'nandər] *adv* uno detrás de otro
Hintergedanke ['hɪntərgədaŋkə] *m* segunda intención *f,* mala intención *f*
hintergehen ['hɪntərge:ən] *v irr jdn ~* engañar a alguien, embaucar a alguien
hintergründig ['hɪntərgryndɪç] *adj* enigmático, oculto
Hintergrund ['hɪntərgrunt] *m 1.* fondo *m; in den ~ treten* ser relegado a segundo término; *2. (fig)* trasfondo *m*
hinterhältig ['hɪntərhɛltɪç] *adj* insidioso
hinterher [hɪntər'he:r] *adv 1. (zeitlich)* luego, más tarde; *2. (örtlich)* detrás
hinterherlaufen [hɪntər'he:rlaufən] *v irr* correr detrás de, perseguir a
Hinterland ['hɪntərlant] *n* interior del país *m*
hinterlassen [hɪntər'lasən] *v irr* dejar
hinterlegen [hɪntər'le:gən] *v etw ~* depositar algo; *Wie viel muss ich als Kaution ~?* ¿Cuánto debo depositar como fianza?
hinterlistig ['hɪntərlɪstɪç] *adj* insidioso, pérfido
Hintern ['hɪntərn] *m (fam)* trasero *m,* popo *m,* poto *m (Peru); sich auf den ~ setzen* quedarse pasmado; *sich in den ~ beißen* darse de bofetadas; *jdm in den ~ treten* dar una patada en el culo a alguien; *jdm in den ~ kriechen* lamer el culo a alguien
Hintertreffen ['hɪntərtrɛfən] *n* retaguardia *f; ins ~ geraten* ser relegado a segundo plano; *im ~ sein* estar en desventaja
Hintertür ['hɪntərty:r] *f* puerta de servicio *f; sich eine ~ offen halten (fig)* reservarse otra salida; *durch die ~* por la de atrás/a escondidas
hinterziehen [hɪntər'tsi:ən] *v irr Steuern ~* evadir el pago de impuestos
hinüber [hɪ'ny:bər] *adv* hacia el otro lado, hacia allá
hinuntergehen [hɪ'nuntərge:ən] *v irr* bajar, descender
hinunterschlucken [hɪ'nuntərʃlukən] *v 1.* tragar; *2. (fig)* soportar algo en silencio
hinunterwerfen [hɪ'nuntərvɛrfən] *v irr* tirar, arrojar hacia abajo
hinweghelfen [hɪn'vɛkhɛlfən] *v irr* consolar en una crisis, ayudar a salir de una crisis; *jdm über eine Schwierigkeit ~* ayudar a alguien a salir de una situación difícil
hinwegsetzen [hɪn'vɛkzɛtsən] *v sich ~ über* no hacer caso de
Hinweis ['hɪnvaɪs] *m* indicación *f*
hinweisen ['hɪnvaɪzən] *v irr ~ auf* indicar, señalar
hinziehen ['hɪntsi:ən] *v irr (dauern)* extenderse, prolongarse
hinzu [hɪn'tsu:] *adv* a eso, a ello
hinzufügen [hɪn'tsu:fy:gən] *v* añadir, agregar
hinzuziehen [hɪn'tsu:tsi:ən] *v irr* incluir
Hirn [hɪrn] *n ANAT* cerebro *m*
Hirsch [hɪrʃ] *m ZOOL* ciervo *m*
Hirte [hɪrtə] *m* pastor *m*
Historiker(in) [hɪ'sto:rɪkər(ɪn)] *m/f* historiador(a) *m/f*
historisch [hɪ'sto:rɪʃ] *adj* histórico
Hitze ['hɪtsə] *f* calor *m; Ich vertrage die ~ nicht.* No soporto el calor. *in der ~ des Gefechts* con las prisas
hitzebeständig ['hɪtsəbəʃtɛndɪç] *adj* resistente al calor
Hitzewelle ['hɪtsəvɛlə] *f* ola de calor *f*
hitzig ['hɪtsɪç] *adj* caliente
Hitzschlag ['hɪtsʃla:k] *m MED* insolación *f*
Hobel ['ho:bəl] *m 1. (Küchenhobel)* raspador *m; 2. TECH* cepillo de carpintero *m*
hobeln ['ho:bəln] *v 1. (Gemüse)* cortar en capas delgadas, rallar; *2. TECH* cepillar
hoch [ho:x] *adj* alto, elevado; *jdm etw ~ und heilig versprechen* prometer algo a alguien solemnemente; *Das ist mir zu ~!* ¡Es superior a mis facultades!/¡Es superior a mi entendimiento!/¡Eso no me entra! (fam); *~ entwickelt* muy desarrollado, muy adelantado
Hochachtung ['ho:xaxtuŋ] *f* gran aprecio *m,* alta consideración *f*
hochachtungsvoll ['ho:xaxtuŋsfɔl] *adv (im Brief)* le saluda atentamente, respetuosamente
Hochbau ['ho:xbau] *m* construcción alta *f*
Hochbetrieb ['ho:xbətri:p] *m* período punta *m,* período de gran actividad *m*
Hochdeutsch ['ho:xdɔytʃ] *n* alto alemán *m*
Hochdruck ['ho:xdruk] *m* alta presión *f*

hocherfreut ['ho:xɛrfrɔyt] *adj 1.* muy encantado, muy contento, contentísimo; *adv 2.* con mucho gusto
Hochgebirge ['ho:xgəbɪrgə] *n* montaña alta *f*
Hochgenuss ['ho:xgənus] *m* delicia *f*
hochgradig ['ho:xgra:dɪç] *adj 1.* de alta concentración; *2. (fig)* avanzado, intenso
Hochhaus ['ho:xhaus] *n* edificio *m,* casa de varios pisos *f,* rascacielo *m*
hochkarätig ['ho:xkarɛ:tɪç] *adj* de alto quilate
hochklappen ['ho:xklapən] *v* subir, levantar
hochleben ['ho:xle:bən] *v jdn ~ lassen* brindar por alguien
Hochleistung ['ho:xlaɪstuŋ] *f* alto rendimiento *m*
Hochmut ['ho:xmu:t] *m* soberbia *f,* altanería *f,* orgullo *m*
hochmütig ['ho:xmy:tɪç] *adj* soberbio, altanero, orgulloso
hochnehmen ['ho:xne:mən] *v irr jdn ~* hacer sudar la gota gorda a alguien
Hochofen ['ho:xo:fən] *m TECH* alto horno *m*
Hochrechnung ['ho:xrɛçnuŋ] *f* proyección *f,* extrapolación *f*
hochrüsten ['ho:xrystən] *v* armar, rearmar
Hochsaison ['ho:xzɛzɔ̃] *f* temporada alta *f*
Hochschule ['ho:xʃu:lə] *f* universidad *f,* escuela superior *f*
Hochseefischerei ['ho:xze:fɪʃəraɪ] *f* pesca de gran altura *f,* pesca marítima *f*
Hochsommer ['ho:xzɔmər] *m* canícula *f,* pleno verano *m*
Hochspannung ['ho:xʃpanuŋ] *f TECH* alta tensión *f*
höchst [hø:çst] *adv* como máximo, máximo
Hochstapler(in) ['ho:xʃtaplər(ɪn)] *m/f* impostor(a) *m/f,* estafador(a) *m/f*
höchste(r,s) ['hø:çstə(r,s)] *adj* más alto, máximo
höchstens ['hø:çstəns] *adv* a lo más, a lo sumo
Höchstpreis ['hø:çstpraɪs] *m* precio máximo *m,* precio límite *m,* precio tope *m*
höchstwahrscheinlich ['hø:çstva:rʃaɪnlɪç] *adv* muy probable, casi seguro
Hochtouren ['ho:xturən] *f auf ~ laufen* ir a toda marcha, marchar a pleno rendimiento
hochtrabend ['ho:xtra:bənt] *adj* altisonante, rimbombante
Hochwasser ['ho:xvasər] *n* crecida *f,* inundación *f*
hochwertig ['ho:xvertɪç] *adj* de gran valor, de alta calidad
Hochwürden ['ho:xvyrdən] *m REL* reverendo *m*
Hochzeit ['hɔxtsaɪt] *f* boda *f,* casamiento *m; auf allen ~en tanzen* meter la nariz en todo (fam)
Hochzeitsfeier ['hɔxtsaɪtsfaɪər] *f* celebración de la boda *f*
Hochzeitsnacht ['hɔxtsaɪtsnaxt] *f* noche de bodas *f*
Hochzeitsreise ['hɔxtsaɪtsraɪzə] *f* viaje de novios *m,* luna de miel *f*
Hocker ['hɔkər] *m* taburete *m*
Hoden ['ho:dən] *pl ANAT* testículos *m/pl*
Hof [ho:f] *m 1. (Hinterhof)* patio *m; 2. (Königshof)* corte *f; 3. (Bauernhof)* granja *f,* finca *f; 4. jdm den ~ machen* hacer la corte a alguien
hoffen ['hɔfən] *v* esperar, tener la esperanza de
hoffentlich ['hɔfəntlɪç] *adv* espero que, así lo espero, ojalá
Hoffnung ['hɔfnuŋ] *f* esperanza *f; ~en wecken* alimentar esperanzas; *guter ~ sein* estar encinta
hoffnungslos ['hɔfnuŋslo:s] *adj* desesperado, sin esperanzas
hoffnungsvoll ['hɔfnuŋsfɔl] *adj 1.* esperanzado; *adv 2.* lleno de esperanzas
höflich ['hø:flɪç] *adj 1.* cortés, atento, amable; *adv 2.* cortésmente, atentamente
Höflichkeit ['hø:flɪçkaɪt] *f* cortesía *f*
Höhe ['hø:ə] *f* altura *f; auf der ~ sein* estar a la altura; *in die ~ gehen (fig)* subirse por las paredes; *Das ist doch die ~!* ¡Eso ya es el colmo!
Hoheit ['ho:haɪt] *f 1. (Anrede)* alteza *f; 2. POL* soberanía *f*
Hoheitsgebiet ['ho:haɪtsgəbi:t] *n POL* zona de soberanía *f,* soberanía territorial *f*
Höhepunkt ['hø:əpuŋkt] *m* punto culminante *m,* momento culminante *m*
höher ['hø:ər] *adj 1.* más alto, superior; *adv 2.* más alto
hohl [ho:l] *adj 1.* hueco; *2. (fig: gehaltlos)* vacío
Höhle ['hø:lə] *f* cueva *f,* caverna *f; sich in die ~ des Löwen wagen* meterse en la cueva del lobo

Hohlraum ['hoːlraum] *m* cavidad *f,* hueco *m,* vacío *m*
Hohn [hoːn] *m* burla *f,* mofa *f; der reinste ~* una verdadera ironía *f*
höhnisch ['høːnɪʃ] *adj 1.* burlón; *adv 2.* burlonamente, con burla
holen ['hoːlən] *v* ir a buscar, venir a buscar; *Bei ihm ist nichts zu holen.* A él no se puede sacar nada.
Holländer(in) ['hɔlɛndər(ɪn)] *m/f* holandés/holandesa *m/f*
Holland ['hɔlant] *n GEO* Holanda *f*
Hölle ['hœlə] *f* infierno *m; jdn zur ~ schicken* mandar a alguien al infierno; *jdm die ~ heiß machen* atormentar a alguien; *die ~ auf Erden haben* vivir un infierno/llevar una vida insoportable; *jdm das Leben zur ~ machen* hacerle la vida imposible a alguien; *Zur ~ mit ihm!* ¡Que se vaya al infierno!
holperig ['hɔlpərɪç] *adj 1.* áspero, desigual, accidentado; *2. (fig: stockend)* entrecortado
Holunder [ho'lundər] *m BOT* saúco *m*
Holz [hɔlts] *n 1.* madera *f; 2. (Brennholz)* leña *f; ~ in den Wald tragen (fig)* estar perdiendo el tiempo
hölzern ['høltsərn] *adj 1.* de madera; *2. (fig)* seco, áspero
Holzfäller ['hɔltsfɛlər] *m* leñador *m*
Holzschnitzer ['hɔltsʃnɪtsər] *m* tallista *m,* tallador en madera *m*
Homepage ['həʊmpeɪdʒ] *f INFORM* página de acogida/página de recepción *f,* home page *f*
Homöopathie [homøopa'tiː] *f MED* homeopatía *f*
Homosexualität [homozɛksualɪ'tɛːt] *f* homosexualidad *f*
homosexuell [homozɛksu'ɛl] *adj* homosexual
Honig ['hoːnɪç] *m* miel *f; jdm ~ ums Maul schmieren (fig)* dorar la píldora a alguien (fam)/dar coba a alguien
Honorar [hono'raːr] *n* honorarios *m/pl*
Honoratioren [honora'tsjoːrən] *pl* ciudadanos notables *m/pl*
honorieren [hono'riːrən] *v 1. (bezahlen)* pagar honorarios; *2. (anerkennen)* apreciar, reconocer
Hopfen ['hɔpfən] *m BOT* lúpulo *m; Bei ihr ist ~ und Malz verloren.* Es un caso perdido./No tiene remedio.
hörbar ['høːrbaːr] *adj* audible
hören ['høːrən] *v 1.* oír; *sich ~ lassen können* poderse admitir/poderse aceptar; *etw von sich ~ lassen* mandar noticias suyas; *von jdm ~* tener noticias de alguien; *etw von jdm zu ~ bekommen* tener que oírle a alguien; *Da vergeht einem Hören und Sehen!* ¡Que se queda uno viendo las estrellas! *2. (zuhören)* escuchar, atender, prestar atención; *3. (aufschnappen)* coger al vuelo
Hörer ['høːrər] *m (Telefonhörer)* auricular *m,* receptor *m*
Hörer(in) ['høːrər(ɪn)] *m/f (Person)* oyente *m/f,* escucha *m/f*
Hörgerät ['høːrgərɛːt] *n* audífono *m,* prótesis acústica *f*
hörig ['høːrɪç] *adj* esclavo de
Horizont [hori'tsɔnt] *m* horizonte *m*
horizontal [horitsɔn'taːl] *adj* horizontal
Hormon [hɔr'moːn] *n* hormona *f*
Horn [hɔrn] *n 1. (Material)* cuerno *m; 2. MUS* trompeta *f; ins gleiche ~ blasen (fig)* estar de acuerdo/simpatizar; *3. ZOOL* cuerno *m,* cacho *m; sich die Hörner abstoßen* romperse los cuernos; *jdm Hörner aufsetzen (fig)* poner los cuernos a alguien
Hornhaut ['hɔrnhaut] *f 1. (Schwiele)* callosidad *f; 2. (des Auges) ANAT* córnea *f*
Hornisse [hɔr'nɪsə] *f ZOOL* avispón *m*
Horoskop [horos'koːp] *n* horóscopo *m*
Hörsaal ['høːrsaːl] *m* aula universitaria *f/el*
Hörspiel ['høːrʃpiːl] *n* radiocomedia *f,* radioteatro *m*
Hort [hɔrt] *m 1. (Zuflucht)* refugio *m,* asilo *m; 2. (Kinderhort)* guardería infantil *f*
horten ['hɔrtən] *v (Geld)* acumular, atesorar
Hose ['hoːzə] *f* pantalón *m; die ~n anhaben* llevar los pantalones (fig); *jdm die ~n stramm ziehen* dar una tunda a alguien; *in die ~ gehen* fracasar; *sich in die ~ machen* cagarse de miedo (fam)
Hosenträger ['hoːzəntrɛːgər] *m* tirantes *m/pl*
Hospital [hɔspɪ'taːl] *n* hospital *m*
Hostie ['hɔstjə] *f REL* hostia *f*
Hotel [ho'tɛl] *n* hotel *m*
Hotelier [hotəl'jeː] *m* hotelero *m*
Hotelzimmer [ho'tɛltsɪmər] *n* habitación de hotel *f*
Hub [huːp] *m 1. (Heben)* elevación *f,* alzamiento *m; 2. TECH* carrera *f*
Hubraum ['huːpraum] *m (eines Autos)* cilindrada *f*
hübsch [hypʃ] *adj* bonito, lindo, guapo
Hubschrauber ['huːpʃraubər] *m* helicóptero *m*
Huf [huːf] *m ZOOL* casco *m*

Hufeisen ['hu:faɪzən] *n* herradura *f*
Hüfte ['hyftə] *f ANAT* cadera *f*
Hügel ['hy:gəl] *m* colina *f*, cerro *m*, loma *f*
hügelig ['hy:gəlɪç] *adj* montuoso, cubierto de colinas
Huhn [hu:n] *n ZOOL* gallina *f*; *mit den Hühnern ins Bett gehen (fig)* acostarse con las gallinas; *mit den Hühnern aufstehen* levantarse con las gallinas
Hühnerauge ['hy:nəraugə] *n (am Fuß) MED* callo *m*
Hühnersuppe ['hy:nərzupə] *f GAST* caldo de gallina *m*
huldigen ['huldɪgən] *v jdm ~* rendir homenaje a alguien
Huldigung ['huldɪguŋ] *f* homenaje *m*
Hülle ['hylə] *f* envoltura *f*
Hülse ['hylzə] *f 1. (Behälter)* vaina *f*, estuche *m*; *2. (Waffenhülse)* vaina *f*, cartucho *m*; *3. BOT* vaina *f*
Hülsenfrucht ['hylzənfruxt] *f BOT* legumbre seca *f*
human [hu'ma:n] *adj* humano
humanistisch [huma'nɪstɪʃ] *adj* humanista
Humanität [humanɪ'tɛ:t] *f* humanidad *f*
Hummel ['huməl] *f ZOOL* abejorro *m*; *~n im Hintern haben (fam)* tener un petardo en el culo
Hummer ['humər] *m ZOOL* langosta *f*
Humor [hu'mo:r] *m* humor *m*
humorvoll [hu'mo:rfɔl] *adj (Person)* jovial, gracioso, chistoso; *eine ~e Geschichte* una historia muy divertida *f*
humpeln ['humpəln] *v* cojear
Hund [hunt] *m ZOOL* perro *m*; *auf den ~ kommen (fig)* ir de mal en peor
Hundehütte ['hundəhytə] *f* caseta de perro *f*, casilla para perro *f*
hundert ['hundərt] *num* cien, ciento
Hundertjahrfeier [hundərt'ja:rfaɪər] *f* centenario *m*
hundertprozentig ['hundərtprotsɛntɪç] *adj 1.* completo, cien por cien; *adv 2.* por completo, al cien por cien
hundertste(r,s) ['hundərtstə(r,s)] *adj* centésimo
Hündin ['hyndɪn] *f* perra *f*
Hunger ['huŋər] *m* hambre *m*
Hungerlohn ['huŋərlo:n] *m* salario de hambre *m*
hungern ['huŋərn] *v 1.* tener hambre, estar hambriento; *2. (fig) ~ nach* estar hambriento de, estar ávido de, estar sediento de
Hungersnot ['huŋərsno:t] *f* hambre *m*, hambruna *f* (LA)
Hungerstreik ['huŋərʃtraɪk] *m* huelga de hambre *f*
Hungertuch ['huŋərtu:x] *n am ~ nagen* morirse de hambre, no tener dónde caer muerto (fig)
hungrig ['huŋrɪç] *adj* hambriento; *~ wie ein Wolf* muerto de hambre;
Hupe ['hu:pə] *f (beim Auto)* bocina *f*, claxon *m*
hupen ['hu:pən] *v* tocar la bocina, tocar el claxon, pitar
hüpfen ['hypfən] *v* brincar, saltar
Hürde ['hyrdə] *f* valla *f*
Hure ['hu:rə] *f* puta *f*, ramera *f*
hurra [hu'ra:] *interj* viva, hurra, bravo
Hurrikan ['hœrɪkən] *m* huracán *m*
hurtig ['hurtɪç] *adj 1.* rápido, ligero; *adv 2.* rápidamente, ligeramente
huschen ['huʃən] *v* pasar rápidamente
husten ['hu:stən] *v* toser; *Ich werde dir was ~!* ¡Ni lo sueñes!
Husten ['hu:stən] *m MED* tos *f*
Hustensaft ['hu:stənzaft] *m* jarabe contra la tos *m*
Hut [hu:t] *m* sombrero *m*; *ein alter ~ sein (fig)* ser cosa sabida; *vor jdm den ~ ziehen* descubrirse ante alguien; *sich etw an den ~ stecken können* poderse guardar algo; *mit jdm nichts am ~ haben* no querer saber nada de alguien; *jdm eins auf den ~ geben* reñir a alguien; *etw unter einen ~ bringen* conciliar algo/poner de acuerdo algo
hüten ['hy:tən] *v* guardar, velar por; *etw wie seinen Augapfel ~* cuidar algo como la niña de sus ojos
Hütte ['hytə] *f 1. (Häuschen)* choza *f*, cabaña *f*; *2. (Eisenhütte)* planta metalúrgica *f*
Hydrant [hy'drant] *m* boca de riego *f*, boca de incendio *f*
Hydraulik [hy'draulɪk] *f PHYS* hidráulica *f*
Hydrokultur [hydrokul'tu:r] *f* hidrocultivo *m*
Hygiene [hyg'je:nə] *f* higiene *f*
hygienisch [hyg'je:nɪʃ] *adj* higiénico
Hymne ['hymnə] *f* himno *m*
Hypnose [hyp'no:zə] *f* hipnosis *f*
hypnotisieren [hypno:ti'zi:rən] *v* hipnotizar
Hypothek [hypo'te:k] *f* hipoteca *f*
Hypothese [hypo'te:zə] *f* hipótesis *f*
hypothetisch [hypo'te:tɪʃ] *adj 1.* hipotético; *adv 2.* hipotéticamente, como hipótesis

I

ich [ɪç] *pron* yo
ichbezogen ['ɪçbətsoːgən] *adj* egocéntrico
ideal [ide'aːl] *adj* ideal
Ideal [ide'aːl] *n* ideal *m*
Idealismus [idea'lɪsmus] *m* idealismo *m*
Idealist(in) [idea'lɪst(ɪn)] *m/f* idealista *m/f*
idealistisch [idea'lɪstɪʃ] *adj* idealista
Idee [i'deː] *f* idea *f*, concepto *m; nicht die leiseste ~ von etw haben* no tener ni la menor idea de algo
ideell [ide'ɛl] *adj* ideal
Identifikation [idɛntifika'tsjoːn] *f* identificación *f*, reconocimiento *m*
identifizieren [idɛntifi'tsiːrən] *v* identificar, reconocer, verificar
identisch [i'dɛntɪʃ] *adj* idéntico, igual, mismo
Identität [idɛnti'tɛːt] *f* identidad *f*
Identitätskrise [idɛnti'tɛːtskriːzə] *f* crisis de identidad *f*
Ideologie [ideolo'giː] *f* ideología *f*
ideologisch [ideo'loːgɪʃ] *adj* ideológico
Idiot(in) [id'joːt(ɪn)] *m/f* idiota *m/f*, retrasado mental/retrasada mental *m/f*, imbécil *m/f*
idiotisch [id'joːtɪʃ] *adj* idiota
Idol [i'doːl] *n* ídolo *m*
Idyll [i'dyl] *n* idilio *m*
Idylle [i'dylə] *f LIT* idilio *m*
idyllisch [i'dylɪʃ] *adj* idílico
Igel ['iːgəl] *m ZOOL* erizo *m*
Ignoranz [igno'rants] *f* ignorancia *f*
ignorieren [igno'riːrən] *v* ignorar
ihm [iːm] *pron 1.* le; *2. (betont)* a él
ihn [iːn] *pron 1. (Sache)* lo; *Ich habe ~ (den Mantel) aufgehängt.* Lo (el abrigo) he colgado. *2. (Person)* le, a él
ihnen ['iːnən] *pron 1.* les; *2. (betont)* a ellos/a ellas
Ihnen ['iːnən] *pron 1. (Höflichkeitsform)* le, a usted; *2. (Höflichkeitsform, Plural)* les, a ustedes
ihr [iːr] *pron 1.* vosotros/vosotras; *2. (weiblich, Dativ)* le, a ella
Ihr [iːr] *pron 1. (Höflichkeitsform)* su, de usted; *2. (Höflichkeitsform, Plural)* sus, de ustedes
ihre(r,s) ['iːrə(r,s)] *pron 1.* su(s), de ella; *2. (Plural)* sus, de ustedes; *3. (ohne Substantiv)* suyo(s), suya(s)
Ihre(r,s) ['iːrə(r,s)] *pron 1. (Höflichkeitsform)* su(s), de usted; *2. (Höflichkeitsform, Plural)* sus, de ellos, de ellas
ihrerseits ['iːrərzaɪts] *adv* de su parte, por su parte, en cuanto a ella, en cuanto a ellos/ellas
Ihrerseits ['iːrərzaɪts] *adv* de su parte, por su parte, en cuanto a usted
ihretwegen ['iːrətveːgən] *adv 1.* por su causa, por causa de ella; *2. (Plural)* por causa de ellos, por causa de ellas
Ihretwegen ['iːrətveːgən] *adv 1. (Höflichkeitsform)* por su causa, por usted; *~ habe ich Deutsch gelernt.* Por usted aprendí el alemán. *2. (Höflichkeitsform, Plural)* por su causa, por ustedes
illegal [ɪle'gaːl] *adj 1.* ilegal; *adv 2.* ilegalmente
illegitim [ɪlegi'tiːm] *adj* ilegítimo
Illusion [ɪluz'joːn] *f* ilusión *f*
illusorisch [ɪlu'zoːrɪʃ] *adj* ilusorio
Illustration [ɪlustra'tsjoːn] *f* ilustración *f*
illustrieren [ɪlu'striːrən] *v* ilustrar
Illustrierte [ɪlu'striːrtə] *f* revista ilustrada *f*
im *(= in dem) (siehe „in")*
Image ['ɪmɪdG] *n* imagen *f*
imaginär [imagi'nɛːr] *adj* imaginario
Imbiss ['ɪmbɪs] *m* refrigerio *m*, merienda *f*
Imbissstube ['ɪmbisʃtuːbə] *f* puesto ambulante *m*, snack-bar *m*
Imitation [ɪmɪta'tsjoːn] *f* imitación *f*, emulación *f*, parodia *f*
imitieren [ɪmɪ'tiːrən] *v* imitar, emular, remedar
Imker ['ɪmkər] *m* apicultor *m*, colmenero *m*
immens [ɪ'mɛns] *adj* inmenso, enorme, colosal
immer ['ɪmər] *adv* siempre; *auf ~ und ewig* para siempre; *wie auch ~* como sea
immerhin ['ɪmərhɪn] *adv* de todos modos, sea como que sea
Immission [ɪmɪs'joːn] *f 1. (im Umweltschutz)* inmisión *f*
Immobilie [ɪmo'biːljə] *f* propiedad inmobiliaria *f*
immun [ɪ'muːn] *adj ~ gegen etw* inmune contra algo
Immunität [ɪmuːni'tɛːt] *f MED* inmunidad *f*
Immunschwäche [ɪ'muːnʃvɛçə] *f MED* inmunodeficiencia *f*

Immunsystem [ɪ'muːnsystɛm] *n* sistema inmunológico *m*
Imperialismus [ɪmperja'lɪsmus] *m POL* imperialismo *m*
Imperium [ɪm'pɛrjum] *n* imperio *m*
impfen ['ɪmpfən] *v ~ gegen* vacunar contra
Impfschein ['ɪmpfʃaɪn] *m* certificado de vacunación *m*
Impfstoff ['ɪmpfʃtɔf] *m* vacuna *f*
Impfung ['ɪmpfuŋ] *f* vacunación *f*
imponieren [impo'niːrən] *v* imponer, infundir respeto, impresionar
imponierend [impo'niːrənt] *adj* imponente, impresionante
Import [ɪm'pɔrt] *m* importación *f*
Importeur [ɪmpɔr'tøːr] *m* importador *m*
importieren [ɪmpɔr'tiːrən] *v* importar
imposant [ɪmpo'zant] *adj* imponente, impresionante
impotent ['ɪmpotɛnt] *adj* impotente
Impotenz ['ɪmpotɛnts] *f MED* impotencia *f*
imprägnieren [ɪmprɛg'niːrən] *v* impregnar, empapar, mojar
Impressum [ɪm'prɛsum] *n* pie de imprenta *m*
Improvisation [ɪmprovɪza'tsjoːn] *f* improvisación *f*
improvisieren [ɪmprovi'ziːrən] *v* improvisar, hacer sobre la marcha
Impuls [ɪm'puls] *m* impulso *m*
impulsiv [ɪmpul'siːf] *adj 1.* impulsivo; *adv 2.* impulsivamente
imstande [im'ʃtandə] *adj ~ sein zu* estar en condiciones de
in [ɪn] *prep 1. (örtlich)* en, dentro de; *~ die Stadt gehen* ir a la ciudad; *~ Brasilien* en Brasil; *2. (zeitlich)* en, dentro de; *Wir sehen uns ~ einer Stunde.* Nos vemos dentro de una hora. *Ich komme ~ zehn Tagen zurück.* Regreso en diez días in fragenti. *im Dezember* en Diciembre; *~ Kraft treten* entrar en vigor
in flagranti [in fla'granti] *adv* in fragenti
Inangriffnahme [ɪn'angrɪfnaːmə] *f* iniciación *f*, comienzo *m*
Inanspruchnahme [ɪn'anʃpruxnaːmə] *f* utilización *f*, empleo *m*
Inbegriff ['ɪnbəgrɪf] *m* esencia *f*
inbegriffen ['ɪnbəgrɪfən] *adj* incluido, comprendido, inclusive; *Ist der Service ~?* ¿Va incluido el servicio?
Inbetriebnahme [ɪnbə'triːpnaːmə] *f* puesta en marcha *f*, puesta en servicio *f*
Inbrunst ['ɪnbrunst] *f* ardor *m*, fervor *m*
inbrünstig ['ɪnbrynstɪç] *adj 1.* ardiente, ferviente; *adv 2.* ardientemente, fervientemente
indem [ɪn'deːm] *konj 1. (während)* mientras, durante; *2. (dadurch, dass)* por
Inder(in) [ɪn'dər(ɪn)] *m/f* indio/india *m/f*, hindú *m/f*
indessen [ɪn'dɛsən] *adv 1.* en eso, mientras tanto; *konj 2.* entre tanto, mientras tanto
Index ['ɪndɛks] *m* índice *m*
Indianer(in) [ɪn'djaːnər(ɪn)] *m/f* indio/india *m/f*
Indien ['ɪndjən] *n GEO* India *f*
indirekt ['ɪndɪrɛkt] *adj 1.* indirecto; *adv 2.* indirectamente
indiskret ['ɪndɪskreːt] *adj 1.* indiscreto, impertinente, entrometido; *adv 2.* indiscretamente, sin discreción
Indiskretion [ɪndɪskrɛ'tsjoːn] *f* indiscreción *f*, impertinencia *f*
indiskutabel ['ɪndiskutaːbəl] *adj* indiscutible, innegable, incuestionable
Individualismus [ɪndividua'lɪsmus] *m* individualismo *m*
Individualist(in) [ɪndividua'lɪst(ɪn)] *m/f* individualista *m/f*
individuell [ɪndividu'ɛl] *adj 1.* individual, particular, personal; *adv 2.* individualmente, de modo individual
Individuum [ɪndi'viːduum] *n* individuo *m*
Indiz [ɪn'diːts] *n* indicio *m*
Indonesien [ɪndɔ'neːzjən] *n GEO* Indonesia *f*
Industrialisierung [ɪndustrialɪ'ziːruŋ] *f* industrialización *f*
Industrie [ɪndus'triː] *f* industria *f*
Industriegebiet [ɪndus'triːgəbiːt] *n* región industrial *f*, zona industrial *f*
Industrieland [ɪndus'triːlant] *n* país industrial *m*
industriell [ɪndustri'ɛl] *adj 1.* industrial; *adv 2.* industrialmente
Industrielle(r) [ɪndustri'ɛlə(r)] *m/f* industrial *m*
Industriezweig [ɪndus'triːtsvaɪk] *m* ramo de la industria *m*, sector industrial *m*
ineinander [ɪnaɪ'nandər] *adj* uno dentro de otro, unos dentro de otros; *~ greifen* engranar
Infarkt [ɪn'farkt] *m MED* infarto *m*
Infektion [ɪnfek'tsjoːn] *m MED* infección *f*
infizieren [ɪnfi'tsiːrən] *v* infectar
Inflation [ɪnflats'joːn] *f ECO* inflación *f*
inflationär [ɪnflatsjo'nɛːr] *adj* inflacionario, inflacionista

Inflationsrate [ɪnfla'tsjo:nsra:tə] *f ECO* tasa de inflación *f,* índice de inflación *m*
infolge [ɪn'fɔlgə] *prep* a consecuencia de, debido a, a raíz de
infolgedessen [ɪnfɔlgə'dɛsən] *konj* por consiguiente, por lo tanto
Informatik [ɪnfɔr'ma:tɪk] *f* informática *f*
Informatiker(in) [ɪnfɔr'ma:tɪkər(ɪn)] *m/f* experto/experta en informática *m/f*
Information [ɪnfɔrma'tsjo:n] *f* información *f,* informe *m*
Informationsquelle [ɪnfɔrma'tsjo:nskvɛlə] *f* fuente de información *f*
informativ [ɪnfɔrma'ti:f] *adj* informativo
informieren [ɪnfɔr'mi:rən] *v* informar; *Ich bin informiert.* Estoy al corriente./Estoy al día.
Infrarotlicht ['ɪnfra'ro:tlɪçt] *n TECH* luz infrarroja *f*
Infrastruktur ['ɪnfraʃtruktu:r] *f* infraestructura *f*
Infusion [ɪnfus'jo:n] *f MED* infusión *f*
Ingenieur [ɪnʒɛn'jø:r] *m* ingeniero *m*
Ingenieurwesen [ɪnɢən'jø:rve:zən] *n* ingeniería *f*
Inhaber(in) ['ɪnha:bər(ɪn)] *m/f 1. (Eigentümer(in)),* propietario/proprietaria *m/f,* patrón/patrona *m/f* (LA); *2. (Besitzer(in))* poseedor/poseedora *m/f; 3. (Amtsinhaber(in))* titular *m/f*
inhaftieren [ɪnhaf'ti:rən] *v* detener, encarcelar
inhalieren [ɪnha'li:rən] *v MED* inhalar
Inhalt ['ɪnhalt] *m 1.* contenido *m; 2. (fig)* tema *m,* asunto *m*
inhaltlich ['ɪnhaltlɪç] *adv* en cuanto al contenido
Inhaltsangabe ['ɪnhaltsanga:bə] *f* sumario *m,* resumen *m*
inhaltslos ['ɪnhaltslo:s] *adj* vacío de contenido, hueco
Inhaltsverzeichnis ['ɪnhaltsfɛrtsaɪçnɪs] *n* índice *m*
Initiative [ɪnɪtsja'ti:və] *f* iniciativa *f*
Initiator [ɪnɪts'ja:to:r] *m* iniciador *m*
Injektion [ɪnjɛk'tsjo:n] *f MED* inyección *f*
inklusive [ɪnklu'zi:və] *prep* incluso, inclusive
inkognito [ɪn'kɔgnito:] *adv* incógnito
Inkompetenz [ɪnkɔmpə'tɛnts] *f* incompetencia *f*
Inkonsequenz [ɪnkɔnzə'kvɛnts] *f* inconsecuencia *f*
Inkubationszeit [ɪnkuba'tsjo:nstsaɪt] *f MED* período de incubación *m*
Inland ['ɪnlant] *n* interior del país *m*
inländisch ['ɪnlɛndɪʃ] *adj* del país, nacional
Inline-Skates [ɪn'laɪnskeɪts] *pl* Inline-Skates *m/pl*
inmitten [ɪn'mɪtən] *prep* en medio de
innehaben ['ɪnəha:bən] *v irr* poseer, tener
innehalten ['ɪnəhaltən] *v irr* parar, pararse, detenerse
innen ['ɪnən] *adv* dentro, en el interior
Innenarchitekt(in) ['ɪnənarçɪtɛkt(ɪn)] *m/f* arquitecto de interiores/arquitecta de interiores *m/f*
Innendienst ['ɪnəndi:nst] *m* servicio interno *m,* servicio de oficina *m*
Innenministerium ['ɪnənminɪste:rjum] *n POL* Ministerio del Interior *m*
Innenpolitik ['ɪnənpoliti:k] *f POL* política interior *f,* política nacional *f*
innenpolitisch ['ɪnənpoli:tɪʃ] *adj POL* de la política interior
Innenseite ['ɪnənzaɪtə] *f* lado interior *m*
Innenstadt ['ɪnənʃtat] *f* centro de la ciudad *m,* centro urbano *m*
innerbetrieblich ['ɪnərbətri:plɪç] *adj* dentro de la empresa
innere(r,s) ['ɪnərə(r,s)] *adj 1.* interior, interno; *2. (fig)* íntimo
Innereien [ɪnər'aɪən] *pl (von Tieren) GAST* asaduras *f/pl,* menudillos *m/pl*
innerhalb ['ɪnərhalp] *prep 1. (örtlich)* dentro de; *2. (zeitlich)* dentro de, en el término de, en el plazo de; *Innerhalb einer Woche werde ich mit der Arbeit fertig sein.* En una semana estaré listo con el trabajo.
innerlich ['ɪnərlɪç] *adj* interior, íntimo
innerparteilich ['ɪnərpartaɪlɪç] *adj POL* en el seno del partido, dentro del partido
innig ['ɪnɪç] *adj 1.* íntimo, entrañable; *adv 2.* íntimamente
Innovation [ɪnnova'tsjo:n] *f* innovación *f,* novedad *f,* descubrimiento *m*
innovativ [ɪnnova'ti:f] *adj* innovativo, novedoso
Innung ['ɪnuŋ] *f* corporación *f,* gremio *m*
inoffiziell [ɪnɔfi'tsjɛl] *adj* no oficial
inoperabel [ɪnɔpə'ra:bəl] *adj* inoperable
ins *(= in das) (siehe „in“)*
Insasse ['ɪnzasə] *m 1. (einer Anstalt)* acogido *m,* recluso *m; 2. (Fahrgast)* pasajero *m*
insbesondere [ɪnsbə'zɔndərə] *adv* particularmente, sobre todo
Inschrift ['ɪnʃrɪft] *f* inscripción *f,* epígrafe *m*

Insekt [ɪn'zɛkt] *n* insecto *m*
Insektenstich [ɪn'zɛktənʃtɪç] *m* picadura de insecto *f*
Insektenvertilgungsmittel [ɪn'zɛktənfɛrtɪlguŋsmɪtəl] *f* insecticida *m*
Insel ['ɪnzəl] *f* isla *f; reif für die ~ sein* necesitar unas vacaciones
Inselwelt ['ɪnzəlvɛlt] *f* archipiélago *m*
Inserat [ɪnzə'ra:t] *n* anuncio *m*
inserieren [ɪnzə'ri:rən] *v* poner un anuncio
insgeheim [ɪnsgə'haɪm] *adv* secretamente, a escondidas
insgesamt [ɪnsgə'zamt] *adv* en total, en suma
Insider ['ɪnsaɪdər] *m* persona bien informada *f*, conocedor *m*
insofern [ɪnzo'fɛrn] *konj 1.* por cuanto que, en tanto que, en la medida que; *adv 2.* en tanto, en la medida que
Inspektion [ɪnspɛk'tsjo:n] *f* inspección *f*
inspirieren [ɪnspi'ri:rən] *v* inspirar
Installateur [ɪnstala'tø:r] *m* instalador *m*
Installation [ɪnstala'tsjo:n] *f* instalación *f*
installieren [ɪnsta'li:rən] *v* instalar, montar
Instandhaltung [ɪn'ʃtanthaltuŋ] *f* mantenimiento *m*
inständig ['ɪnʃtɛndɪç] *adj 1.* insistente; *adv 2.* encarecidamente, insistentemente
Instandsetzung [ɪn'ʃtantzɛtsuŋ] *f* arreglo *m*, reparación *f*
Instanz [ɪn'stants] *f JUR* instancia *f*
Instinkt [ɪn'stɪŋkt] *m* instinto *m*
instinktiv [ɪnstɪŋk'ti:f] *adj 1.* instintivo; *adv 2.* instintivamente
Institut [ɪnsti'tu:t] *n* instituto *m*
Institution [ɪnstitu'tsjo:n] *f* institución *f*
Instrument [ɪnstru'mɛnt] *n* instrumento *m*, utensilio *m*
inszenieren [ɪnstse'ni:rən] *v* escenificar, poner en escena
Integration [ɪntegra'tsjo:n] *f* integración *f*, asimilación *f*
integrieren [ɪnte'gri:rən] *v* integrar, asimilar
Intellekt [ɪntɛ'lɛkt] *m* intelecto *m*
intellektuell [ɪntɛlɛktu'ɛl] *adj* intelectual
Intellektuelle(r) [ɪntɛlɛktu'ɛlə(r)] *m/f* intelectual *m/f*
intelligent [ɪntɛli'gɛnt] *adj 1.* inteligente; *adv 2.* inteligentemente, con inteligencia
Intelligenz [ɪntɛli'gɛnts] *f* inteligencia *f*
Intelligenzquotient [ɪntɛli'gɛntskvotsjənt] *m* cociente de inteligencia *m*, cociente intelectual *m*
Intendant(in) [ɪntɛn'dant(ɪn)] *m/f* director(a) de un teatro *m/f*, director(a) de una emisora *m/f*
intensiv [ɪntɛn'zi:f] *adj 1.* intensivo, intenso; *adv 2.* intensivamente
Intensivstation [ɪntɛn'zi:fʃtatsjo:n] *f MED* unidad de cuidados intensivos *f*
interessant [ɪntərɛ'sant] *adj 1.* interesante; *adv 2.* muy interesante
interessanterweise [ɪntərɛsantər'vaɪzə] *adv* de manera interesante
Interesse [ɪntə'rɛsə] *n ~ an* interés por *m; Ich habe kein ~ an Opern.* La ópera no es santo de mi devoción.
interesselos [ɪntə'rɛsəlo:s] *adj* sin interés
Interessent(in) [ɪntərɛ'sɛnt(ɪn)] *m/f* interesado/interesada *m/f*
interessieren [ɪntərɛ'si:rən] *v 1. sich ~ für* interesarse por; *2.* interesar, atraer
interkontinental [ɪntərkɔntɪnɛn'ta:l] *adj* intercontinental
intern [ɪn'tɛrn] *adj* interno, interior
Internat [ɪntɛr'na:t] *n* internado *m*
international [ɪntɛrnatsjo'na:l] *adj* internacional
Internet ['ɪntərnɛt] *n INFORM* Internet *m/f*
Internist(in) [ɪntɛr'nɪst(ɪn)] *m/f MED* médico internista/médica internista *m/f*
Interpret(in) [ɪntɛr'pre:t(ɪn)] *m/f* intérprete *m/f*
Interpretation [ɪntɛrprɛta'tsjo:n] *f* interpretación *f*
interpretieren [ɪntɛrprɛ'ti:rən] *v* interpretar
Intervall [ɪntɛr'val] *m* intervalo *m*
intervenieren [ɪntɛrve'ni:rən] *v* intervenir, mediar
Intervention [ɪntɛrven'tsjo:n] *f* intervención *f*
Interview [ɪntɛr'vju:] *n* interviú *f*, entrevista *f*
interviewen [ɪntɛr'vju:ən] *v* entrevistar a alguien, interviuvar
intim [ɪn'ti:m] *adj* íntimo
Intimität [ɪntimi'tɛ:t] *f* intimidad *f*
Intimsphäre [ɪn'ti:msfɛ:rə] *f* esfera íntima *f*, esfera personal *f*
intolerant [ɪntɔlə'rant] *adj* intolerante, intransigente
Intoleranz [ɪntolə'rants] *f* intolerancia *f*, intransigencia *f*
Intrige [ɪn'tri:gə] *f* intriga *f*
Invalide [ɪnva'li:də] *m* inválido *m*, minusválido *m*, impedido *m*

Invalidin [inva'li:dɪn] *f* inválida *f,* minusválida *f,* impedida *f*
Invasion [ɪnvas'jo:n] *f POL* invasión *f,* incursión *f,* penetración *f*
Inventar [ɪnvɛn'ta:r] *n* inventario *m*
Inventur [ɪnvɛn'tu:r] *f* levantamiento de inventario *m,* inventario *m; ~ machen* hacer inventario
investieren [ɪnvɛ'sti:rən] *v* invertir
Investition [ɪnvɛsti'tsjo:n] *f* inversión *f*
Investmentfonds [ɪn'vɛstmɛntf ɔ] *m ECO* fondo de inversión *m*
inzwischen [ɪn'tsvɪʃən] *adv* entretanto, mientras tanto
Irak [i'ra:k] *m GEO* Irak *m*
Iran [i'ra:n] *m GEO* Irán *m*
irdisch ['ɪrdɪʃ] *adj* terrestre, terrenal
irgendein ['ɪrgəntaɪn] *adj* cualquiera, algún, cualquier
irgendetwas ['ɪrgənt'ɛtvas] *adj* alguna cosa, cualquier cosa
irgendjemand ['ɪrgənt'je:mant] *adj* alguien, cualquier persona, cualquier ser humano
irgendwie ['ɪrgəntvi:] *adv* de cualquier modo, sea como sea, en cierta forma
irgendwo ['ɪrgəntvo:] *adv* en alguna parte, en cualquier parte, en algún sitio; *Ich habe es ~ schon mal gehört.* Lo he oído por ahí.
Irland ['ɪrlant] *n GEO* Irlanda *f*
Ironie [iro'ni:] *f* ironía *f*
irre ['ɪrə] *adj* confuso, demente, loco
Irre(r) ['ɪrə] *m/f* loco/loca *m/f,* demente *m/f; jdn in die ~ führen* engañar a alguien/desorientar a alguien
irreführen ['ɪrəfy:rən] *v* extraviar, desviar, despistar
irren ['ɪrən] *v* equivocarse, cometer un error
Irrsinn ['ɪrzɪn] *m* locura *f,* demencia *f*
Irrtum ['ɪrtum] *m* error *m,* equivocación *f; ~ vorbehalten* salvo error u omisión; *sich im ~ befinden* estar equivocado
irrtümlich ['ɪrty:mlɪç] *adj* erróneo, equivocado
Ischias ['ɪʃias] *m ANAT* ciática *f*
ISDN [i:ɛsde:'ɛn] *n (Integrated Services Digital Network) INFORM* Red Digital de Servicios Integrados *f*
Islam [ɪs'la:m] *m REL* islam *m*
islamisch [ɪs'la:mɪʃ] *adj REL* islámico
Island ['i:slant] *n GEO* Islandia *f*
Isolation [izola'tsjo:n] *f* aislamiento *m*
isolieren [izo'li:rən] *v* aislar
Isolierung [izo'li:ruŋ] *f* aislamiento *m*
Israel ['israe:l] *n GEO* Israel *m*
Italien [i'ta:ljən] *n GEO* Italia *f*
Italiener(in) [ital'je:nər(ɪn)] *m/f* italiano/italiana *m/f*
italienisch [ital'je:nɪʃ] *adj* italiano
Italienisch [ital'je:nɪʃ] *n* italiano *m*

J

ja [jaː] *adv* sí; *Ich sage ~.* Digo que sí.
Jacht [jaxt] *f* yate *m*
Jacke ['jakə] *f 1. (Stoffjacke)* chaqueta *f,* saco *m* (LA); *~ wie Hose sein* dar lo mismo; *die ~ vollkriegen* recibir una paliza; *2. (Wolljacke)* cardigán *m,* chaqueta de lana *f*
Jackett [ʒa'kɛt] *n* chaqueta *f,* americana *f,* saco *m* (LA)
Jagd [jaːkt] *f* caza *f*
Jagdgewehr ['jaːktgəveːr] *n* escopeta de caza *f,* rifle *m*
Jagdgründe ['jaːktgryndə] *pl in die ewigen ~ eingehen* estirar la pata (fam)
Jagdrevier ['jaːktreviːr] *n* cazadero *m*
jagen ['jaːgən] *v* cazar; *jdn mit etw ~ können* matar a alguien con algo (fam)
Jäger(in) ['jɛːgər(ɪn)] *m/f* cazador(a) *m/f*
jäh [jɛː] *adj 1. (plötzlich)* repentino, súbito; *2. (steil)* escarpado, empinado
Jahr [jaːr] *n* año *m; in die ~e kommen* entrar en edad/entrar en años; *in den besten ~en* en los mejores años/en la flor de la vida; *Frohes neues ~!* Feliz Año Nuevo!
jahrelang ['jaːrəlaŋ] *adj 1.* de muchos años; *adv 2.* durante muchos años, años y años
Jahresabonnement ['jaːrəsabɔnəmɑ̃] *n* abono anual *m,* suscripción anual *f*
Jahresabschluss ['jaːrəsapʃlus] *m ECO* cierre de cuentas *f,* liquidación *f,* balance anual *m*
Jahrestag ['jaːrəstaːk] *m* aniversario *m*
Jahreswechsel ['jaːrəsvɛksəl] *m* entrada de un nuevo año *f*
Jahreszeit ['jaːrəstsaɪt] *f* estación del año *f*
Jahrgang ['jaːrgaŋ] *m* año *m,* promoción *f*
Jahrhundert [jaːr'hundərt] *n* siglo *m*
jährlich ['jɛːrlɪç] *adj 1.* anual; *adv 2.* anualmente, cada año
Jahrmarkt ['jaːrmarkt] *m* feria *f*
Jahrtausend [jaːr'tauzənt] *n* milenio *m*
Jahrzehnt [jaːr'tseːnt] *n* decenio *m,* década *f*
Jähzorn ['jɛːtsɔrn] *m* arrebato de cólera
jähzornig ['jɛːtsɔrnɪç] *adj* colérico, irascible, irritable
Jalousie [ʒalu'ziː] *f* persiana *f*
Jammer ['jamər] *m 1. (Klagen)* lamento *m,* lamentación *f; ein ~ sein* ser una lástima; *2. (Elend)* miseria *f*
jämmerlich ['jɛmərlɪç] *adj 1.* lastimoso, miserable; *adv 2.* lastimosamente
jammern ['jamərn] *v ~ über* lamentarse de, quejarse de
jammerschade ['jamər'ʃaːdə] *adj* verdadera lástima; *Es ist ~, dass ...* Es una verdadera lástima que ...
Januar ['januaːr] *m* enero *m*
Japan ['jaːpan] *n GEO* Japón *m*
Japaner(in) [ja'paːnər(ɪn)] *m/f* japonés/japonesa *m/f*
japanisch [ja'paːnɪʃ] *adj* japonés
Jasmin [jas'miːn] *m BOT* jazmín *m*
jäten ['jɛːtən] *v* escardar, desherbar
jauchzen ['jauxtsən] *v* lanzar gritos de júbilo
jaulen ['jaulən] *v 1.* gemir; *2. (Hund)* aullar
je [jeː] *konj 1. ~ mehr* cuanto más; *2. (entsprechend)* según; *~ nachdem* depende de; *adv 3. (~mals)* alguna vez, jamás; *Hast du ~ so etwas Hübsches gesehen?* ¿Has visto alguna vez cosa más bonita? *prep 4. (pro)* por; *~ Person* por persona
jede(r,s) ['jeːdə(r,s)] *pron 1.* cada uno, cada cual, todo el mundo; *adj 2.* cualquier, todo, cada; *~s Mal* cada vez
jedenfalls ['jeːdənfals] *adv* en todo caso, en cualquier caso
jederzeit ['jeːdərtsaɪt] *adv* en cualquier momento, siempre
jedoch [je'dɔx] *konj* sin embargo, no obstante
jemals ['jeːmals] *adv* alguna vez; *Habe ich dich ~ angelogen?* ¿Te he mentido alguna vez?
jemand ['jeːmant] *pron* alguien
jene(r,s) ['jeːnə(r,s)] *pron (allein stehend für Person)* ése/ésa, aquél, aquello/aquella
jenseits ['jeːnzaɪts] *prep* del otro lado, al otro lado de
Jenseits ['jeːnzaɪts] *n* el más allá *m,* el otro mundo *m,* la otra vida *f,* allende *m*
jetzt [jɛtst] *adv* ahora
jeweils ['jeːvaɪls] *adv* en cada caso, respectivamente
Jockei ['dʒɔkeɪ] *m* jockey *m*
Jod [joːt] *n CHEM* yodo *m*
Joghurt ['joːgurt] *m/n GAST* yogur *m,* yogurt *m*
Johannisbeere [jo'hanɪsbeːrə] *f BOT* grosella *f*

Jongleur [ʒɔŋ'glø:r] *m* malabarista *m/f*
jonglieren [ʒɔŋ'gli:rən] *v* hacer juegos malabares
Jordanien [jor'da:njən] *n GEO* Jordania *f*
Journalismus [ʒurna'lɪsmus] *n* periodismo *m*
Journalist(in) [ʒurna'lɪst(ɪn)] *m/f* periodista *m/f*
journalistisch [ʒurna'lɪstɪʃ] *adj* periodístico
jovial [jo'vja:l] *adj 1.* jovial, alegre; *adv 2.* jovialmente, alegremente
Jubel ['ju:bəl] *m* júbilo *m,* alegría *f*
jubeln ['ju:bəln] *v* dar gritos de júbilo, dar gritos de alegría
Jubiläum [ju:bi'lɛ:um] *n* aniversario *m*
jucken ['jukən] *v* picar, escocer
Juckreiz ['jukraɪts] *m MED* picor *m,* comezón *m*
Jude ['ju:də] *m* judío *m*
Judentum ['ju:dəntu:m] *n REL* judaísmo *m*
Judenverfolgung ['ju:dənfɛrfɔlguŋ] *f* persecución de los judíos *f*
Jüdin ['jy:dɪn] *f* judía *f*
jüdisch ['jy:dɪʃ] *adj* judío
Jugend ['ju:gənt] *f* juventud *f*
Jugendamt ['ju:gəntamt] *n* oficina de protección de menores *f*
jugendfrei ['ju:gəntfraɪ] *adj* apto para menores
Jugendherberge ['ju:gənthɛrbɛrgə] *f* albergue juvenil *m*
Jugendkriminalität ['ju:gəntkrɪminalitɛ:t] *f* delincuencia juvenil *f*
jugendlich ['ju:gəntlɪç] *adj* juvenil
Jugendliche(r) ['ju:gəntlɪçə(r)] *m/f* menor de edad *m/f,* joven *m/f*
Jugendschutzgesetz ['ju:gəntʃutsgəzɛts] *n JUR* ley de protección de menores *f*
Jugendstrafanstalt ['ju:gəntʃtra:fanʃtalt] *f JUR* correccional *m,* centro penitenciario de menores *m*
Jugendsünde ['ju:gəntzyndə] *f* pecado de juventud *m,* muchachada *f*
Jugendzeit ['ju:gənttsaɪt] *f* juventud *f*
Jugoslawien [ju:go'sla:vjən] *n GEO* Yugoslavia *f*
jugoslawisch [ju:go'sla:vɪʃ] *adj* yugoslavo
Juli ['ju:li] *m* julio *m*
jung [juŋ] *adj* joven; *~es Gemüse* jóvenes inexpertos
Junge ['juŋə] *m* muchacho *m,* chico *m*
jungenhaft ['juŋənhaft] *adj* pueril, de pilluelo, (LA) de chiquito
Jünger ['jyŋər] *m REL* discípulo *m*
Junges ['juŋəs] *n (Tier)* cría *f*
Jungfer ['juŋfər] *f (alte ~)* solterona *f*
Jungfernfahrt ['juŋfərnfa:rt] *f* viaje inaugural *m,* primer viaje *m*
Jungfrau ['juŋfrau] *f* virgen *f*
Junggeselle ['juŋgəzɛlə] *m* soltero *m*
Jüngling ['jyŋlɪŋ] *m* adolescente *m,* joven *m*
jüngst ['jyŋst] *adv* recientemente, hace poco
jüngste(r,s) ['jyŋstə(r,s)] *adj* el más joven/la más joven
Juni ['ju:ni] *m* junio *m*
Junior ['ju:njɔr] *m* hijo *m,* júnior *m*
Juniorchef ['ju:njɔrʃɛf] *m* hijo del jefe *m*
Jura ['ju:ra] *n 1. JUR* derecho *m,* jurisprudencia *f; m 2. GEO* Jura *m*
Jurist(in) [ju:'rɪst(ɪn)] *m/f* jurista *m/f,* jurisconsulto *m*
juristisch [ju'rɪstɪʃ] *adj* jurídico
Jury [ʒy'ri:] *f* jurado *m*
justieren [jus'ti:rən] *v* ajustar, asegurar
Justiz [jus'ti:ts] *f* justicia *f*
Justizbehörde [jus'ti:tsbəhø:rdə] *f* autoridad judicial *f*
Justizministerium [jus'ti:tsminɪsterjum] *n* Ministerio de Justicia *m*
Jute ['ju:tə] *f BOT* yute *m*
Juwel [ju've:l] *n* joya *f*
Juwelier(in) [juvə'li:r(ɪn)] *m/f* joyero/joyera *m/f*
Jux [juks] *m* chanza *f,* broma *f; aus lauter ~ und Tollerei* simplemente por gusto/simplemente por placer

K

Kabarett [kaba'rɛt] *n THEAT* cabaret *m*
Kabel ['ka:bəl] *n* cable *m*
Kabelfernsehen ['ka:bəlfɛrnze:ən] *n* televisión por cable *f*
Kabeljau ['ka:bəljau] *m ZOOL* bacalao *m*, abadejo fresco *m*
Kabine [ka'bi:nə] *f* cabina *f*, camarote *m*
Kabinett [kabi'nɛt] *n POL* gabinete *m*, consejo de ministros *m*
Kabriolett [ka:brio'lɛt] *n (Auto)* descapotable *m*, convertible *m* (LA)
Kachel ['kaxel] *f* azulejo *m*, baldosa *f*
Kachelofen ['kaxəlo:fən] *m* estufa de azulejos *f*
Kadaver [ka'da:vər] *m* cadáver *m*
Käfer ['kɛ:fər] *m ZOOL* escarabajo *m*
Kaffee ['kafe:] *m* café *m*; *Das ist alles kalter ~!* ¡Eso no son más que cuentos de hadas!
Kaffeekanne ['kafekanə] *f* cafetera *f*
Kaffeelöffel ['kafeløfəl] *m* cucharilla de café *f*
Kaffeemaschine ['kafemaʃi:nə] *f* cafetera automática *f*
Kaffeetasse ['kafetasə] *f* tasa de café *f*
Käfig ['kɛ:fɪç] *m* jaula *f*; *im goldenen ~ sitzen (fig)* ser un rico infeliz
kahl [ka:l] *adj 1. (unbewachsen)* árido; *2. (glatzköpfig)* calvo; *3. (ohne Blätter)* deshojado
Kahn [ka:n] *m* bote *m*, barca *f*; *einen im ~ haben (fam)* tener una moña
Kai [kaɪ] *m* muelle *m*
Kaiser(in) ['kaɪzər(ɪn)] *m/f* emperador/emperatriz *m/f*
kaiserlich ['kaɪzərlɪç] *adj* imperial
Kaiserreich ['kaɪzərraɪç] *n* imperio *m*
Kajüte [ka'jy:tə] *f* camarote *m*, cabina *f*
Kakao [ka'kau] *m* cacao *m*; *jdn durch den ~ ziehen (fig)* tomar el pelo a alguien
Kaktus ['kaktus] *m BOT* cactus *m*, cacto *m*
Kalb ['kalp] *n ZOOL* ternero *m*, becerro *m*, ternera *f*
Kalbfleisch ['kalpflaɪʃ] *n GAST* carne de ternera *f*
Kalender [ka'lɛndər] *m* calendario *m*; *etw rot im ~ anstreichen* apuntar algo en rojo en el calendario
Kalenderjahr [ka'lɛndərja:r] *n* año civil *m*
Kalium ['ka:ljum] *n CHEM* potasio *m*
Kalk [kalk] *m CHEM* cal *f*
Kalkulation [kalkula'tsjo:n] *f* cálculo *m*
kalkulieren [kalku'li:rən] *v* calcular
Kalorie [kalo'ri:] *f PHYS* caloría *f*
kalt [kalt] *adj 1.* frío; *Kalter Krieg* guerra fría *f*; *~ lassen (fam)* no inmutarse; *~ stellen (fig)* privar de toda influencia; *2. (fig)* indiferente, frígido
Kälte ['kɛltə] *f 1.* frío *m*; *2. (fig)* frialdad *f*, indiferencia *f*
Kalzium ['kaltsjum] *n CHEM* calcio *m*
Kamel [ka'me:l] *n ZOOL* camello *m*
Kamera ['kaməra] *f 1. (Fotokamera)* cámara fotográfica *f*, máquina fotográfica *f*; *2. (Fernsehkamera) CINE* cámara de televisión *f*
Kamerad [kamə'ra:t] *m* camarada *m*, compañero *m*
kameradschaftlich [kamə'ra:tʃaftlɪç] *adj 1.* de camarada, de compañero; *adv 2.* con camaradería, con compañerismo
Kamille [ka'mɪlə] *f BOT* manzanilla *f*
Kamin [ka'mi:n] *m* chimenea *f*
Kaminkehrer [ka'mi:nke:rər] *m* deshollinador *m*, limpiachimeneas *m*
Kamm [kam] *m 1. (Haarkamm)* peine *m*; *alles über einen ~ scheren (fig)* medir todo por el mismo rasero; *2. (Bergkamm)* cresta *f*, cima *f*, cumbre *f*; *3. (Hahnenkamm)* cresta *f*; *Mir schwillt der ~!* Se me alza la cresta!
kämmen ['kɛmən] *v* peinar, peinarse
Kammer ['kamər] *f 1.* cuarto de depósito *m*; *2. (Herzkammer) ANAT* ventrículo *m*, *3. POL* cámara *f*
Kampf [kampf] *m 1.* lucha *f*, combate *m*; *2. (Wettkampf)* lucha *f*, encuentro *m*, torneo *m*
kämpfen ['kɛmpfən] *v* luchar, combatir
Kämpfer(in) ['kɛmpfər(ɪn)] *m/f 1.* luchador(a) *m/f*, combatiente *m/f*; *2. (Wettkämpfer(in))* atleta *m/f*, jugador(a) *m/f*
kämpferisch ['kɛmpfərɪʃ] *adj* combativo, luchador
kampieren [kam'pi:rən] *v* acampar
Kanada ['kanada] *n GEO* Canadá *m*
Kanadier(in) [ka'na:djər(ɪn)] *m/f* canadiense *m/f*
kanadisch [ka'na:dɪʃ] *adj* canadiense
Kanal [ka'na:l] *m* canal *m*; *den ~ voll haben (fam)* estar borracho/estar harto de algo
Kanalisation [kanaliza'tsjo:n] *f* canalización *f*
Kandidat(in) [kandi'da:t(ɪn)] *m/f* candidato/candidata *m/f*

kandidieren [kandi'di:rən] *v* presentar su candidatura
kandiert [kan'di:rt] *adj* azucarado, acaramelado
Kanditatur [kandita'tu:r] *f* candidatura *f*
Känguru ['kɛŋguru:] *n ZOOL* canguro *m*
Kaninchen [ka'ni:nçən] *n ZOOL* conejo *m*
Kanister [ka'nɪstər] *m* lata *f*, bidón *m*
Kanne ['kanə] *f* jarra *f*
Kanon ['ka:nɔn] *m MUS* canon *m*
Kanone [ka'no:nə] *f MIL* cañón *m*
Kante ['kantə] *f 1.* canto *m*, esquina *f*; *2. (Rand)* borde *m*; *auf die hohe ~ legen (fig)* hacer ahorros; *auf der hohen ~ haben* tener ahorrado
Kantine [kan'ti:nə] *f* cantina *f*, comedor colectivo *m*
Kanu ['ka:nu] *n* canoa *f*
Kanüle [ka'ny:lə] *f MED* cánula *f*
Kanzel ['kantsəl] *f REL* púlpito *m*
Kanzlei [kants'laɪ] *f* cancillería *f*
Kanzler(in) ['kantslər(ɪn)] *m/f POL* canciller/cancillesa *m/f*
Kanzleramt ['kantslәramt] *n POL* cancillería *f*
Kap [kap] *n GEO* cabo *m*
Kapazität [kapatsi'tɛ:t] *f 1.* capacidad *f*; *2. (fig)* eminencia *f*, autoridad *f*
Kapelle [ka'pɛlə] *f 1. MUS* orquesta *f*; *2. REL* capilla *f*
Kaper ['ka:pər] *f BOT* alcaparra *f*
kapieren [ka'pi:rən] *v (fam)* comprender, entender
Kapital [kapi'ta:l] *n* capital *m*; *aus etw ~ schlagen* sacar provecho de algo
Kapitalismus [kapita'lɪsmus] *m* capitalismo *m*
kapitalistisch [kapita'lɪstɪʃ] *adj* capitalista
Kapitän [kapi'tɛ:n] *m 1. (Schiffskapitän)* capitán *m*; *2. (Flugkapitän)* comandante de abordo *m*, capitán *m* (LA)
Kapitel [ka'pɪtəl] *n* capítulo *m*
Kapitulation [kapitula'tsjo:n] *f* capitulación *f*, rendición *f*
kapitulieren [kapitu'li:rən] *v* capitular, rendirse, claudicar, entregarse
Kaplan [kap'la:n] *m REL* capellán *m*
Kappe ['kapə] *f 1. (Kopfbedeckung)* gorra *f*; *etw auf seine ~ nehmen (fig)* asumir su responsabilidad en algo/correr por su cuenta algo; *2. (Verschlusskappe)* tapa *f*
kapriziös [kapri'tsjø:s] *adj* caprichoso
Kapsel ['kapsəl] *f* cápsula *f*
kaputt [ka'put] *adj 1. (entzwei)* roto, estropeado, destrozado; *2. (fam: müde)* reventado, rendido, muerto de cansancio
kaputtgehen [ka'putge:ən] *v* romperse, estropearse, destrozarse
kaputtlachen [ka'putlaxən] *v sich ~ (fam)* morirse de risa, desternillarse de risa
Kapuze [ka'pu:tsə] *f* capucha *f*
Karaffe [ka'rafə] *f* garrafa *f*
Karat [ka'ra:t] *n* quilate *m*
Karate [ka'ratə] *n SPORT* karate *m*
Karawane [kara'va:nə] *f* caravana *f*
Kardinal [kardi'na:l] *m REL* cardenal *m*
Kardinalzahl [kardi'na:ltsa:l] *f MATH* número cardinal *m*
Kardiologie [kardjolo'gi:] *f MED* cardiología *f*
Karfreitag [ka:r'fraɪta:k] *m REL* Viernes Santo *m*
karg [kark] *adj* escaso, raro
kariert [ka'ri:rt] *adj* cuadriculado, de cuadros
Karies ['ka:riɛs] *f MED* caries *f*
Karikatur [karika'tu:r] *f* caricatura *f*
Karikaturist(in) [karikatu'rɪst(ɪn)] *m/f* caricaturista *m/f*
karikieren [kari'ki:rən] *v* caricaturizar, hacer la caricatura de
Karneval ['karnəval] *m* carnaval *m*
Karnevalszug ['karnəvalstsu:k] *m* desfile de carnaval *m*
Karosserie [karɔsə'ri:] *f TECH* carrocería *f*
Karotte [ka'rɔtə] *f BOT* zanahoria *f*
Karpfen ['karpfən] *m ZOOL* carpa *f*
Karren ['karən] *m* carro *m*, carreta *f*, carromato *m*; *den ~ aus dem Dreck ziehen (fig)* sacar las castañas del fuego; *jdm an den ~ fahren* poner mal a alguien (fam)/hablar mal de alguien
Karriere [ka'rjɛ:rə] *f* carrera *f*; *~ machen* hacer carrera
Karte ['kartə] *f 1. (Eintrittskarte)* entrada *f*; *2. (Ansichtskarte)* tarjeta postal *f*; *3. (Speisekarte)* carta *f*, menú *m*; *4. (Spielkarte)* carta *f*, naipe *m*; *alle ~n in der Hand haben (fig)* tener la sartén por el mango; *schlechte ~n haben* tener malas cartas/tener pocas probabilidades de éxito; *seine ~n offen auf den Tisch legen* poner las cartas sobre la mesa; *alles auf eine ~ setzen* jugar el todo por todo/jugar todo a una carta; *jdm in die ~n schauen* ver las intenciones de alguien; *mit offenen ~n spielen* jugar a cartas vistas; *mit gezinkten ~n spielen* jugar con cartas trucadas; *5. (Landkarte)* mapa *m*

Kartei [kar'taɪ] *f* fichero *m*
Kartell [kar'tɛl] *n ECO* cártel *m*, consorcio *m*
Kartenspiel ['kartənʃpiːl] *n* juego de cartas *m*, juego de naipes *m*
Kartoffel [kar'tɔfəl] *f BOT* patata *f*, papa *f* (LA); *jdn fallen lassen wie eine heiße ~* dejar plantado a alguien
Kartoffelbrei [kar'tɔfəlbraɪ] *m GAST* puré de patatas *m*, puré de papas *m* (LA)
Karton [kar'tɔŋ] *m 1. (Material)* cartón *m*; *2. (Schachtel)* caja de cartón *f*
Karussell [karu'sɛl] *n* carrusel *m*, tiovivo *m*
kaschieren [ka'ʃiːrən] *v* disimular, ocultar, escamotear
Käse ['kɛːzə] *m 1. GAST* queso *m*; *2. (fam: Unsinn)* tonterías *f/pl*, bobadas *f/pl*
Kaserne [ka'zɛrnə] *f MIL* cuartel *m*, acuartelamiento *m*
Kasse ['kasə] *f 1.* caja *f*; *bei ~ sein* tener fondos; *tief in die ~ greifen müssen* tener que desembolsar un dineral; *jdn zur ~ bitten* pedir dinero a alguien; *2. (Krankenkasse)* caja de enfermedad *f*; *3. (Sparkasse)* caja de ahorros *f*
Kassenzettel ['kasəntsɛtəl] *m* bono de caja *m*
Kassette [ka'sɛtə] *f* cajita *f*, cofrecillo *m*
Kassettenrekorder [ka'sɛtənrekɔrdər] *m* cassette *m*, tocacassettes *m* (LA)
kassieren [ka'siːrən] *v* cobrar
Kassierer(in) [ka'siːrər(ɪn)] *m/f* cajero/cajera *m/f*
Kastanie [kas'taːnjə] *f BOT* castaña *f*; *für jdn die ~n aus dem Feuer holen (fig)* sacarla las castañas del fuego a alguien
Kasten ['kastən] *m* caja *f*, cofre *m*; *etw auf dem ~ haben (fam)* tener algo en la mollera
kastrieren [kas'triːrən] *v MED* castrar, capar
Katalog [kata'loːk] *m* catálogo *m*
Katalysator [kataly'zaːtoːr] *m 1. TECH* catalizador *m*
Katarr [ka'tar] *m MED* catarro *m*
katastrophal [katastro'faːl] *adj* catastrófico, funesto
Katastrophe [kata'stroːfə] *f* catástrofe *f*
Katastrophenalarm [katas'troːfənalarm] *m* alarma en caso de catástrofe *f*
Katechismus [katɛ'çɪsmus] *m REL* catecismo *m*
Kategorie [katego'riː] *f* categoría *f*
kategorisch [kate'goːrɪʃ] *adj 1.* categórico; *adv 2.* categóricamente

Kater[1] ['kaːtər] *m ZOOL* gato *m*
Kater[2] ['kaːtər] *m (fam)* resaca *f*
Kathedrale [kate'draːlə] *f REL* catedral *f*
Katheter [ka'teːtər] *m MED* catéter *m*, sonda *f*
Katholik(in) [kato'liːk(ɪn)] *m/f REL* católico/católica *m/f*
katholisch [ka'toːlɪʃ] *adj REL* católico
Katze ['katsə] *f ZOOL* gata *f*; *die ~ im Sack kaufen (fig)* comprar gato por liebre; *die ~ aus dem Sack lassen* confesarlo; *mit jdm Katz und Maus spielen* jugar con alguien al ratón y al gato; *für die Katz sein* ser para el gato/ser inútil
Katzensprung ['katsənʃpruŋ] *m (fam)* camino corto *m*, distancia corta *f*; *Es ist nur einen ~ entfernt.* Está a dos pasos.
kauen ['kauən] *v* masticar, mascar
kauern ['kauərn] *v* acuclillarse, ponerse en cuclillas
Kauf [kauf] *m* compra *f*, adquisición *f*; *etw in ~ nehmen* conformarse con algo
kaufen ['kaufən] *v* comprar, adquirir; *sich jdn ~ (fig)* granjearse las simpatías de alguien
Käufer(in) ['kɔyfər(ɪn)] *m/f* comprador(a) *m/f*
Kaufhaus ['kaufhaus] *n* grandes almacenes *m/pl*
Kaufkraft ['kaufkraft] *f ECO* poder adquisitivo *m*
käuflich ['kɔyflɪç] *adj 1.* comprable, adquirible; *2. (fig: bestechlich)* sobornable
Kaufmann ['kaufman] *m* comerciante *m*, negociante *m*
kaufmännisch ['kaufmɛnɪʃ] *adj* comercial, mercantil
Kaufpreis ['kaufpraɪs] *m* precio de compra *m*
Kaufvertrag ['kauffɛrtraːk] *m* contrato de compraventa *m*
Kaugummi ['kaugumi] *m GAST* chicle *m*, goma de mascar *f*
Kaulquappe ['kaulkvapə] *f ZOOL* renacuajo *m*
kaum [kaum] *adv 1.* apenas, difícilmente; *konj 2.* casi, por poco, apenas; *Kaum war ich aus der Wohnung, fing es an zu regnen.* Apenas salí del piso, empezó a llover.
Kaution [kau'tsjoːn] *f* caución *f*, fianza *f*
Kavalier [kava'liːr] *m* caballero *m*
Kaviar ['kaːviaːr] *m GAST* caviar *m*
Kegel ['keːgəl] *m 1. (zum Spiel)* bolo *m*; *2. MATH* cono *m*
Kegelbahn ['keːgəlbaːn] *f* bolera *f*

kegeln ['keːgəln] *v* jugar a los bolos
Kehle ['keːlə] *f ANAT* garganta *f*; *jdm die ~ zuschnüren (fig)* apretar la garganta a alguien; *sich die ~ aus dem Hals schreien* desgañitarse; *eine trockene ~ haben* tener la garganta seca; *etw in die falsche ~ bekommen* interpretar algo mal/tomar algo a mal; *Jetzt geht es ihm an die ~.* Tiene un cuchillo en el cuello. (fig)/Está amenazado.
Kehrbesen ['keːrbeːzən] *m* escoba *f*
kehren[1] ['keːrən] *v (fegen)* barrer
kehren[2] ['keːrən] *v (wenden)* volver; *in sich gekehrt* insimismado/absorto; *jdm den Rücken ~* volver a alguien la espalda
Kehrschaufel ['keːrʃaufəl] *f* pala *f*
Kehrseite ['keːrzaɪtə] *f 1. (Rückseite)* revés *m*; *2. (fig)* aspecto negativo de algo *m*; *die ~ der Medaille* el otro lado de la medalla *m*
kehrtmachen ['keːrtmaxən] *v* volver atrás, dar la vuelta
Keil [kaɪl] *m* cuña *f*
Keilerei [kaɪlə'raɪ] *f (fam)* pelea *f*, riña *f*
Keim [kaɪm] *m 1. (fig)* origen *m*; *2. BIO* germen *m*; *etw im ~ ersticken (fig)* cortar algo de raíz; *3. MED* agente patógeno *m*
keimen ['kaɪmən] *v BIO* germinar
Keimzelle ['kaɪmtsɛlə] *f 1. (fig)* foco *m*; *2. BIO* célula germinal *f*
kein(e) [kaɪn/'kaɪnə] *adj* ningún/ninguna
keine(r,s) ['kaɪnə(r,s)] *pron* ningún/ninguno
keinerlei ['kaɪnərlaɪ] *adj* ningún, de ninguna clase
keinesfalls ['kaɪnəsfals] *adv* de ningún modo, en ningún caso
keineswegs ['kaɪnəsveːks] *adv* de niguna manera, en absoluto, de manera alguna
Keks [keːks] *m GAST* galleta *f*
Kelch [kɛlç] *m* copa *f*
Kelle ['kɛlə] *f 1. (Schöpfkelle)* cucharón *m*; *2. (Maurerkelle)* paleta *f*
Keller ['kɛlər] *m* sótano *m*
Kellner(in) ['kɛlnər(ɪn)] *m/f* camarero/camarera *m/f*, mozo/moza *m/f*
keltern ['kɛltərn] *v* pisar la uva, prensar la uva
kennen ['kɛnən] *v irr* conocer, saber; *Da kennt er gar nichts!* ¡Ahí no hay quien le pare! *jdn ~ lernen* llegar a conocer a alguien/trabar amistad con alguien
Kenner(in) ['kɛnər(ɪn)] *m/f* conocedor(a) *m/f*, entendido/entendida *m/f*
Kenntnis ['kɛntnɪs] *f* conocimiento *m*; *etw zur ~ nehmen* tomar nota de algo; *sich jds ~ entziehen* no tener conocimiento de algo; *jdn von etw in ~ setzen* informar a alguien de algo
Kenntnisnahme ['kɛntnɪsnaːmə] *f zur ~* para información *f*, para conocimiento *m*
Kennwort ['kɛnvɔrt] *n* lema *m*, contraseña *f*, consigna *f*
Kennzeichen ['kɛntsaɪçən] *n 1. (Merkmal)* marca *f*, señal *f*; *2. (Autokennzeichen)* placa de matrícula *f*
kennzeichnen ['kɛntsaɪçnən] *v* marcar, señalar
kentern ['kɛntərn] *v* zozobrar, hundirse, sumergirse
Keramik [ke'raːmɪk] *f* cerámica *f*
Kerbe ['kɛrbə] *f* muesca *f*, entalladura *f*
Kerker ['kɛrkər] *m* calabozo *m*, mazmorra *f*
Kerl [kɛrl] *m (fam)* tío *m*, tipo *m*
Kern [kɛrn] *m 1. (Obstkern)* pepita *f*, pepa *f* (LA); *der harte ~ (fig)* la vieja guardia *f*, los cabecillas *m/pl* (fam), el hueso *m*; *2. (fig: Mittelpunkt)* centro *m*, punto central *m*; *3. (fig: Wesentliches)* esencia *f*; *4. PHYS* núcleo *m*
Kernenergie ['kɛrnenɛrgiː] *f PHYS* energía nuclear *f*
Kernkraftwerk ['kɛrnkraftvɛrk] *n* central nuclear *f*
Kerze ['kɛrtsə] *f* vela *f*
Kerzenlicht ['kɛrtsənlɪçt] *n* luz de vela *f*
Kerzenständer ['kɛrtsənʃtɛndər] *m* candelabro *m*, portavelas *m*
kess ['kɛs] *adj* coqueto, bonito y algo atrevido
Kessel ['kɛsəl] *m 1. (Kochgefäß)* olla *f*; *2. (Heizkessel)* caldera *f*
Kette ['kɛtə] *f 1.* cadena *f*; *jdn an die ~ legen (fig)* amarrar a alguien; *an der ~ liegen* estar amarrado; *2. (Halskette)* collar *m*; *3. (Serie)* serie *f*
Kettenreaktion ['kɛtənreaktsjoːn] *f PHYS* reacción en cadena *f*
Ketzer(in) ['kɛtsər(ɪn)] *m/f REL* hereje *m/f*
ketzerisch ['kɛtsərɪʃ] *adj REL* herético, hereje
keuchen ['kɔyçən] *v* jadear, respirar con dificultad
Keuchhusten ['kɔyçhuːstən] *m MED* tosferina *f*, tos convulsiva *f* (LA)
Keule ['kɔylə] *f 1.* maza *f*, porra *f*; *2. GAST* pierna *f*
keusch ['kɔyʃ] *adj* casto, púdico
kichern ['kɪçərn] *v* reír para sus adentros, reír a socapa
kidnappen ['kɪtnɛpən] *v* secuestrar
Kiefer[1] ['kiːfər] *f BOT* pino *m*

Kiefer2 ['kiːfər] *m ANAT* maxilar *m,* mandíbula *f,* quijada *f*
Kieferorthopädie ['kiːfərɔrtopɛdiː] *f MED* ortodoncia *f*
Kieme ['kiːmə] *f ZOOL* agalla *f; etw zwischen die ~n bekommen* echarse algo entre dientes (fam)
Kies [kiːs] *m* grava *f,* casquijo *m*
Kieselstein ['kiːzəlʃtaɪn] *m* guijarro *m,* canto rodado *m*
Kilogramm ['kilogram] *n* kilogramo *m*
Kilometer [kilo'meːtər] *m* kilómetro *m*
Kilowatt ['kilovat] *n* kilovatio *m*
Kind [kɪnt] *n* niño *m,* niña *f; kein ~ von Traurigkeit* ningúo niño triste *m; bei jdm lieb ~ sein* ser apreciado por alguien; *das ~ beim richtigen Namen nennen (fig)* hablar en cristiano; *mit ~ und Kegel* con todos los trastos; *Wir werden das ~ schon schaukeln!* ¡Ya nos arreglaremos!
Kinderarzt ['kɪndərartst] *m* pediatra *m/f*
Kindergarten ['kɪndərgartən] *m* jardín de infancia *m,* kindergarten *m*
Kindergärtnerin ['kɪndərgɛrtnərɪn] *f* maestra de jardín de infancia *f*
Kinderheim ['kɪndərhaɪm] *n* hogar para niños *m,* orfanato *m*
Kinderhort ['kɪndərhɔrt] *m* casa-cuna *f,* guardería infantil *f*
Kindermädchen ['kɪndərmɛːtçən] *n* niñera *f*
kinderreich ['kɪndərraɪç] *adj* de familia numerosa, de muchos hijos
Kinderwagen ['kɪndərvaːgən] *m* cochecito de niños *m*
Kinderzimmer ['kɪndərtsɪmər] *n* cuarto de los niños *m*
Kindheit ['kɪnthaɪt] *f* infancia *f*
kindisch ['kɪndɪʃ] *adj 1.* infantil; *adv 2.* infantilmente, como un niño
Kinn [kɪn] *n ANAT* barbilla *f,* mentón *m*
Kinnhaken ['kɪnhaːkən] *m* gancho a la mandíbula *m*
Kino ['kiːno] *n CINE* cine *m*
Kiosk ['kiɔsk] *m* kiosco *m,* quiosco *m*
kippen ['kɪpən] *v* volcar, tumbar
Kirche ['kɪrçə] *f* iglesia *f; die ~ im Dorf lassen (fig)* poner las cosas en su sitio; *die ~ ums Dorf tragen (fig)* andarse por las ramas
Kirchenlied ['kɪrçənliːt] *n* cántico *m*
kirchlich ['kɪrçlɪç] *adj* eclesiástico, de la iglesia
Kirchturm ['kɪrçturm] *m* campanario *m,* torre de la iglesia *m*
Kirsche ['kɪrʃə] *f BOT* cereza *f; Mit ihm ist nicht gut ~n essen!* ¡Ni en burlas ni en veras con él partas peras!
Kissen ['kɪsən] *n 1.* cojín *m,* almohadón *m; 2. (Kopfkissen)* almohada *f*
Kissenbezug ['kɪsənbətsuːk] *m* funda de almohada *f*
Kiste ['kɪstə] *f* caja *f,* cajón *m*
Kitsch [kɪtʃ] *m* cursilería *f,* kitsch *m*
kitschig ['kɪtʃɪç] *adj* cursi
Kittel ['kɪtəl] *m* bata *f*
kitten ['kɪtən] *v (fig)* componer, arreglar
kitzelig ['kɪtsəlɪç] *adj* cosquilloso
kitzeln ['kɪtsəln] *v* cosquillear, hacer cosquillas
Kiwi ['kiːviː] *f BOT* kiwi *m*
klaffen ['klafən] *v* estar abierto, estar mal unido
kläffen ['klɛfən] *v* ladrar, aullar
Klage ['klaːgə] *f 1.* queja *f,* lamentación *f,* lamento *m; 2. JUR* demanda *f*
klagen ['klaːgən] *v 1. ~ über* quejarse de; *2. ~ gegen JUR* demandar a
Kläger(in) ['klɛːgər(ɪn)] *m/f JUR* demandante *m/f*
kläglich ['klɛːklɪç] *adj* lastimoso, lamentable
klamm [klam] *adj 1. (Wetter)* húmedo; *2. (Finger)* rígido, tieso
Klammer ['klamər] *f 1. (Büroklammer)* sujetapapeles *m,* clip *m; 2. (Heftklammer)* grapa *f; 3. (Wäscheklammer)* pinza para la ropa *f; 4. GRAMM* paréntesis *m*
Klamotten [kla'mɔtən] *pl (fam)* trapos *m/pl,* ropa *f*
Klang [klaŋ] *m* sonido *m*
klangvoll ['klaŋfɔl] *adj 1.* sonoro; *2. (fig)* prestigioso, famoso
Klappbett ['klapbɛt] *n* cama plegable *f*
Klappe ['klapə] *f* tapa *f; eine große ~ haben* ser un bocazas (fam); *jdm eine auf die ~ geben* darle a alguien en el morro (fam)
klappen ['klapən] *v (fig: gelingen)* salir bien, ir bien
klapperig ['klapərɪç] *adj 1. (Sache)* destartalado; *2. (Person)* muy débil, delicado de salud
klappern ['klapərn] *v* matraquear
Klappstuhl ['klapʃtuːl] *m* silla plegable *f*
Klapptisch ['klaptɪʃ] *m* mesa plegable *f*
klar [klaːr] *adj 1. (Flüssigkeit)* transparente; *Das ist ~ wie Kloßbrühe!* ¡Está tan claro como el agua! *2. (Luft)* diáfano, puro; *3. (Aussage)* preciso, claro; *4. (Wetter)* despejado

Kläranlage ['klɛːranlaːgə] *f* planta depuradora *f*
klären ['klɛːrən] *v 1. (reinigen)* clarificar; *2. (Situation)* aclarar, poner en claro; *Es hat sich geklärt.* Ya está claro.
Klarheit ['klaːrhaɪt] *f 1. (einer Flüssigkeit)* transparencia *f; 2. (der Luft)* pureza *f; 3. (des Verstandes)* lucidez *f*
Klarinette [klari'nɛtə] *f MUS* clarinete *m*
klarmachen ['klaːrmaxən] *v 1. (erklären)* explicar a alguien algo; *2. (bereitmachen)* prepararse, alistarse
klarstellen ['klaːrʃtɛlən] *v* aclarar, poner en claro, explicar
Klärung ['klɛːruŋ] *f 1. (Reinigung)* clarificación *f; 2. (Klarstellung)* aclaración *f,* explicación *f*
Klasse ['klasə] *f 1. (Kategorie)* categoría *f,* clase *f; 2. (Schulklasse)* clase *f; 3. (soziale ~)* clase *f*
Klassifikation [klasifika'tsjoːn] *f* clasificación *f*
Klassik ['klasɪk] *f 1. (Zeitabschnitt)* época clásica *f; 2. (Stil)* clasicismo *m; 3. MUS* música clásica *f*
Klassiker ['klasɪkər] *m 1. (Person)* autor clásico *m; 2. (Werk)* obras clásicas *f/pl,* clásico *m*
klassisch ['klasɪʃ] *adj* clásico
Klassizismus [klasi'tsɪsmus] *m* clasicismo *m*
Klatsch [klatʃ] *m (fam)* comadreo *m,* chismorreo *m*
klatschen ['klatʃən] *v 1. (Geräusch)* chasquear; *2. (Beifall ~)* aplaudir, aclamar, vitorear; *jdm eine ~* pegarle una bofetada a alguien; *3. (negativ reden)* comadrear, chismear
Klatschspalte ['klatʃʃpaltə] *f* columna de chismografía *f*
klauen ['klauən] *v (fam)* robar, hurtar
Klausel ['klauzəl] *f JUR* cláusula *f*
Klausur [klau'zuːr] *f 1. (Abgeschiedenheit)* clausura *f; 2. (Prüfung)* examen escrito *m*
Klavier [kla'viːr] *n MUS* piano *m*
Klebeband ['kleːbəbant] *n* cinta adhesiva *f*
kleben ['kleːbən] *v 1.* adherir, adherirse, pegar, pegarse; *2. (ankleben)* pegar, fijar; *jdm eine ~* darle una torta a alguien
klebrig ['kleːbrɪç] *adj* pegajoso
Klebstoff ['kleːpʃtɔf] *m* pegamento *m,* adhesivo *m*
kleckern ['klɛkərn] *v (fam)* marranear, ensuciar al comer, ensuciarse al comer
Klecks ['klɛks] *m* mancha *f*
Klee [kleː] *m* trébol *m; jdn über den grünen ~ loben* poner a alguien por las nubes
Kleid [klaɪt] *n* vestido *m,* traje *m*
kleiden ['klaɪdən] *v 1. sich ~* vestirse, ponerse la ropa; *2. (gut aussehen)* sentar bien, ir bien
Kleiderbügel ['klaɪdərbyːgəl] *m* percha *f,* colgador *m*
Kleiderhaken ['klaɪdərhaːkən] *m* colgador *m,* gancho *m*
Kleiderschrank ['klaɪdərʃraŋk] *m* ropero *m,* guardarropa *m,* armario ropero *m*
Kleidung ['klaɪduŋ] *f* ropa *f,* vestuario *m*
klein [klaɪn] *adj* pequeño
Kleingedrucktes ['klaɪngədruktəs] *n* letra menuda *f*
Kleingeld ['klaɪngɛlt] *n* suelto *m,* sencillo *m* (LA)
Kleinigkeit ['klaɪnɪçkaɪt] *f* pequeñez *f,* insignificancia *f*
kleinlaut ['klaɪnlaut] *adj* apocado, abatido
kleinlich ['klaɪnlɪç] *adj 1. (engstirnig)* de miras estrechas; *2. (geizig)* tacaño, mezquino
kleinmütig ['klaɪnmyːtɪç] *adj 1.* pusilánime, apocado; *adv 2.* desalentado
Kleinod ['klaɪnoːt] *n* joya *f,* alhaja *f*
Kleinstadt ['klaɪnʃtat] *f* villa *f,* pequeña ciudad *f*
Klemme ['klɛmə] *f 1.* pinza *f; 2. (fig)* aprieto *m; in der ~ sitzen* estar en un aprieto
klemmen ['klɛmən] *v 1. (festsitzen)* bloquearse; *2. (einzwängen)* apretar, ajustar
Klempner ['klɛmpnər] *m* hojalatero *m,* fontanero *m,* plomero *m* (LA)
Klerus ['kleːrus] *m REL* clero *m*
Klette ['klɛtə] *f 1. BOT* lampazo *m,* lapa *f; 2. (fam)* lapa *f,* pegajoso *m; eine ~ sein* ser muy pegadizo
klettern ['klɛtərn] *v ~ auf* trepar a, subir a
Klient(in) [kli'ɛnt(ɪn)] *m/f* cliente/clienta *m/f*
Klima ['kliːma] *n* clima *m*
Klimaanlage ['kliːmaanlaːgə] *f* aire acondicionado *m*
klimatisch [kli'maːtɪʃ] *adj* climático
Klimazone ['kliːmatsoːnə] *f* zona climática *f*
Klinge ['klɪŋə] *f* cuchilla *f,* hoja de afeitar *f; eine scharfe ~ führen (fig)* ser de armas tomar; *jdn über die ~ springen lassen* pasar a alguien por las armas
Klingel ['klɪŋəl] *f* timbre *m*
klingeln ['klɪŋəln] *v* tocar el timbre; *Jetzt klingelt's bei mir!* ¡Ahora lo entiendo!

klingen ['klɪŋən] *v irr* sonar, tintinear; *Das klingt merkwürdig.* Eso me suena extraño.
Klinik ['kliːnɪk] *f* clínica *f*
klinisch ['kliːnɪʃ] *adj 1.* clínico; *adv 2.* clínicamente
Klinke ['klɪŋkə] *f* picaporte *m,* manija *f* (LA); *sich die ~ in die Hand geben (fig)* estar entrando y saliendo permanentemente; *~n putzen* ir de casa en casa
Klippe ['klɪpə] *f 1.* peña *f,* roca *f; 2. (fig)* escollo *m,* tropiezo *m*
klirren ['klɪrən] *v (Ton)* sonar, tintinear
klirrend ['klɪrənt] *adj 1. (Ton)* sonoro, tintineante; *2. ~e Kälte* frío intenso
Klischee [klɪ'ʃeː] *n* cliché *m,* clisé *m*
Klo [kloː] *n (fam)* retrete *m,* excusado *m,* water *m*
klonen ['kloːnen] *v BIO* clonar
klopfen ['klɔpfən] *v 1.* golpear, dar golpes; *2. (Herz)* palpitar; *3. (Motor)* picar
Klosett [klo'zɛt] *n* retrete *m,* excusado *m,* baño *m* (LA)
Kloß [kloːs] *m GAST* bolilla de pan *f,* bolilla de patatas *f; einen ~ im Hals haben* tener un nudo en la garganta
Kloster ['kloːstər] *n 1. (Nonnenkloster) REL* convento *m; 2. (Mönchskloster) REL* monasterio *m*
Klotz [klɔts] *m 1.* bloque *m; sich einen ~ ans Bein binden* cargarse con un muerto (fam); *einen ~ am Bein haben* tener un muerto encima (fam); *2. (Spielklotz)* piezas para armar *m/pl; 3. (Mensch)* patán *m,* zopenco *m*
Klub [klup] *m* club *m*
Klubmitglied ['klupmɪtgliːt] *n* socio de un club *m*
Kluft [kluft] *f 1. (Abgrund)* abismo *m,* precipicio *m; 2. (fam: Kleidung)* uniforme *m; 3. (fig: Gegensatz)* abismo *m,* diferencia exagerada *f*
klug [kluːk] *adj 1.* inteligente, listo; *aus jdm nicht ~ werden* no poder verle el juego a alguien/no poder adivinar sus intenciones; *adv 2.* inteligentemente, con inteligencia
Klugheit ['kluːkhaɪt] *f* inteligencia *f*
knabbern ['knabərn] *v* mordiscar, mordisquear; *etw zu ~ haben* tener algo para picar
Knabe ['knaːbə] *m* muchacho *m,* chico *m*
knabenhaft ['knaːbənhaft] *adj* amuchachado
knacken ['knakən] *v 1. (knarren)* crujir; *2. (Nüsse)* cascar; *3. (fam: aufbrechen)* forzar, romper
Knacks [knaks] *m 1. (Sprung)* grieta *f; 2. (fig)* daño leve *m*
Knall [knal] *m* estallido *m,* explosión *f*
knallen ['knalən] *v* estallar, hacer explosión, explosionar; *jdm eine ~* darle un bofetón a alguien
knallhart [knal'hart] *adj 1.* violento, brutal; *adv 2.* con violencia, brutalmente
Knallkörper ['knalkœrpər] *m* petardo *m*
knapp [knap] *adj 1. (gering)* escaso, poco, mínimo; *2. (eng)* estrecho; *adv 3.* apenas, escasamente; *mit ~er Not* a duras penas; *adj 4. (fig: kurz gefasst)* conciso, breve
Knappheit ['knaphaɪt] *f* escasez *f*
knarren ['knarən] *v* rechinar
Knast [knast] *m (fam)* trena *f,* chirona *f; Er ist in den ~ gesteckt worden.* Le han puesto a la sombra.
knattern ['knatərn] *v* crepitar
knauserig ['knauzərɪç] *adj (fam)* tacaño, cicatero
Knebel ['kneːbəl] *m* garrote *m*
Knecht [knɛçt] *m* gañán *m,* mozo *m*
Knechtschaft ['knɛçtʃaft] *f* servidumbre *f*
kneifen ['knaɪfən] *v irr 1. (zwicken)* pellizcar; *2. (fam: sich drücken)* sustraerse de una obligación, eludir una responsabilidad, zafarse
Kneipe ['knaɪpə] *f* taberna *f,* bar *m,* tasca *f*
kneten ['kneːtən] *v* amasar
Knick [knɪk] *m 1. (Straßenknick)* recodo *m; 2. (Papierknick)* doblez *m; 3. einen ~ in der Optik haben* tener problemas de vista
knicken ['knɪkən] *v 1. (falten)* doblar; *2. (abknicken)* quebrar
Knicks [knɪks] *m* reverencia *f*
Knie [kniː] *n ANAT* rodilla *f; weiche ~ bekommen (fig)* tener miedo/temblar de miedo; *jdn auf die ~ zwingen* obligar a alguien a ponerse de rodillas; *vor jdm auf den ~n rutschen* estar arrodillado ante alguien; *jdn übers ~ legen* dar una paliza a alguien; *etw übers ~ brechen* obrar atropelladamente en algo
knien [kniːn] *v 1.* estar arrodillado; *2. (sich nieder~)* arrodillarse
Kniescheibe ['kniːʃaɪbə] *f ANAT* rótula *f*
Kniestrumpf ['kniːʃtrumpf] *m* media corta *f*
kniffelig ['knɪfəlɪç] *adj (fam)* complicado, delicado
knipsen ['knɪpsən] *v 1. (fotografieren)* hacer una foto; *2. (Fahrkarte)* picar, perforar
Knirps [knɪrps] *m 1. (Kind)* chiquillo *m,* chiquito *m* (LA); *2. (kleiner Mensch)* hombrecillo *m,* hombrecito *m*
knirschen ['knɪrʃən] *v* crujir

knistern ['knɪstərn] *v 1. (Papier)* crujir; *2. (Feuer)* crepitar; *3. ~ vor Spannung (fig)* estar en tensión, estar en estado de excitación
knittern ['knɪtərn] *v* arrugar, ajar
Knoblauch ['knoːblaux] *m BOT* ajo *m*
Knöchel ['knœçəl] *m 1. (Fußknöchel) ANAT* tobillo *m; 2. (Fingerknöchel) ANAT* nudillo *m*
Knochen ['knɔxən] *m ANAT* hueso *m; bis auf die ~* hasta los huesos; *in die ~ fahren* llegar al alma; *Das steckte mir in den ~.* Eso me impresionó mucho.
Knochenbruch ['knɔxənbrux] *m MED* fractura ósea *f*
Knödel ['knøːdəl] *m GAST* bolilla de pan *f*, bolilla de patatas *f*
Knolle ['knɔlə] *f BOT* tubérculo *m*
Knopf [knɔpf] *m* botón *m*
knöpfen ['knœpfən] *v* abotonar
Knopfloch ['knɔpflɔx] *n* ojal *m*
Knorpel ['knɔrpəl] *m* cartílago *m*
Knospe ['knɔspə] *f 1. (eines Blattes) BOT* yema *f; 2. (einer Blüte) BOT* capullo *m*
Knoten ['knoːtən] *m 1.* nudo *m; sich einen ~ ins Taschentuch machen* hacerse un nudo en el pañuelo; *Der ~ ist geplatzt.* Se encendió la bombilla. *2. MED* nudosidad *f*
knoten ['knoːtən] *v* anudar
Knüller ['knylər] *m (fam)* exitazo *m*
knüpfen ['knypfən] *v 1. (binden)* atar, ligar; *2. (Teppich)* anudar; *3. (fig: Beziehung)* enlazar, tramar
Knüppel ['knypəl] *m 1. (Stock)* garrote *m*, palo *m; 2. (Schaltknüppel)* palanca de mando *f; jdm einen ~ zwischen die Beine werfen (fig)* ponerle la zancadilla a alguien
knurren ['knurən] *v 1. (Hund)* gruñir; *2. (fig: meckern)* refunfuñar; *3. (fig: Magen)* sonar
knusprig ['knusprɪç] *adj* crujiente
knutschen ['knuːtʃən] *v (fam)* besuquear
Koalition [koali'tsjoːn] *f POL* coalición *f*
Kobold ['koːbɔlt] *m* duende *m*
Koch [kɔx] *m* cocinero *m*
Kochbuch ['kɔxbuːx] *n* libro de cocina *m*
kochen ['kɔxən] *v 1. (zubereiten)* guisar, cocinar, preparar la comida; *2. (garen)* cocer a fuego lento; *3. (sieden)* hervir
kochend ['kɔxənt] *adj* hirviendo
Kocher ['kɔxər] *m* hervidor *m*, cocinilla *f*
Köchin ['køçɪn] *f* cocinera *f*
Kochlöffel ['kɔxlœfəl] *m* cucharón *m*
Kochrezept ['kɔxretsɛpt] *n* receta de cocina *f*
Kochtopf ['kɔxtɔpf] *m* olla *f*, cacerola *f*, cazuela *f*
Köder ['køːdər] *m 1.* cebo *m; 2. (fig)* gancho *m*, aliciente *m*
kodieren [ko'diːrən] *v INFORM* cifrar, codificar
koffeinfrei [kɔfe'iːnfraɪ] *adj* sin cafeína, descafeinado
Koffer ['kɔfər] *m* maleta *f; ~ packen* hacer la maleta; *Pack den ~! (fig)* ¡Apaga y vámonos!
Kofferraum ['kɔfərraum] *m* maletero *m*
Kohl [koːl] *m BOT* col *f*, repollo *m*, berza *f*
Kohle ['koːlə] *f* carbón *m; wie auf glühenden ~n sitzen* estar sobre ascuas
Kohlehydrat ['koːləhydraːt] *n CHEM* hidrato de carbono *m*
Kohlendioxyd [koːlən'djɔksyːt] *n CHEM* anhídrido carbónico *m*, dióxido de carbono *m*
Kohlensäure ['koːlənsɔyrə] *f CHEM* ácido carbónico *m*
Kohlrabi [koːl'raːbi] *m BOT* colinabo *m*
Koje ['koːjə] *f* camarote *m*, litera *f*
Kokain [koka'iːn] *n* cocaína *f*
kokett [ko'kɛt] *adj* coqueto
Kokosnuss ['koːkɔsnus] *f BOT* coco *m*
Kolben ['kɔlbən] *m 1. (Motorkolben) TECH* émbolo *m*, pistón *m; 2. (Gewehrkolben)* culata *f; 3. (Maiskolben) BOT* mazorca *f*
Kolik ['koːlɪk] *f MED* cólico *m*
Kollaps ['kɔlaps] *m MED* colapso *m*
Kollege [kɔ'leːgə] *m* colega *m*, compañero *m*
Kollegin [kɔ'leːgɪn] *f* compañera *f*
Kollegium [kɔ'leːgjum] *n* colegio *m*
Kollekte [kɔ'lɛktə] *f REL* colecta *f*
Kollektion [kɔlɛk'tsjoːn] *f* colección *f*
kollektiv [kɔlɛk'tiːf] *adj* colectivo
Kollision [kɔlizj'oːn] *f* colisión *f*, choque *m*
Kolonialismus [kolonja'lɪsmus] *m POL* colonialismo *m*
Kolonie [kolo'niː] *f POL* colonia *f*
Kolonne [ko'lɔnə] *f* columna *f*
kolossal [kolo'saːl] *adj 1.* colosal; *adv 2. (fam)* estupendamente, formidablemente, tremendo
kolumbianisch [kolum'bjaːnɪʃ] *adj* colombiano
Kolumbien [ko'lumbjən] *n GEO* Colombia *f*
Kolumne [ko'lumnə] *f (einer Zeitung)* columna *f*
Koma ['koːma] *n MED* coma *m*
Kombination [kɔmbina'tsjoːn] *f 1. (Verknüpfung)* asociación *f; 2. (Vermutung)* conjetura *f*, suposición *f; 3. (Kleidung)* conjunto *m*

kombinieren [kɔmbi'ni:rən] *v 1. (verknüpfen)* asociar, relacionar; *2. (vermuten)* suponer, conjeturar; *3. (zusammenstellen)* combinar
Komet [ko'me:t] *m ASTR* cometa *m*
Komfort [kɔm'fo:r] *m* confort *m,* comodidad *f*
komfortabel [kɔmfɔr'ta:bəl] *adj 1.* confortable, cómodo; *adv 2.* con confort, confortablemente
Komik ['ko:mɪk] *f* comicidad *f,* lo cómico
Komiker(in) ['ko:mɪkər(ɪn)] *m/f* cómico/cómica *m/f*
komisch ['ko:mɪʃ] *adj 1. (spaßig)* cómico; *2. (eigenartig)* raro, extraño
Komitee [kɔmi'te:] *n* comité *m*
Komma ['kɔma] *n GRAMM* coma *f*
kommandieren [kɔman'di:rən] *v* comandar, tener el mando
Kommanditgesellschaft [kɔman'ditgəzɛlʃaft] *f ECO* sociedad en comandita *f,* sociedad comanditaria *f*
Kommando [kɔ'mando] *n* mando *m*
kommen ['kɔmən] *v irr* venir, ir; *auf jdn nichts ~ lassen* defender alguien; *im Kommen sein* estar al llegar/ser inminente; *wieder zu sich ~* volver en sí; *wenn's hoch kommt* a lo sumo; *Das kommt davon!* ¡Ahí tienes la consecuencia!
Kommentar [kɔmen'ta:r] *m* comentario *m*
Kommentator(in) [kɔmen'ta:tɔr(ɪn)] *m/f* comentarista *m/f,* comentador(a) *m/f*
kommentieren [kɔmen'ti:rən] *v* comentar, expresar una opinión
kommerziell [kɔmɛrts'jɛl] *adj 1.* comercial; *adv 2.* comercialmente
Kommilitone [kɔmili'to:nə] *m* compañero de estudios *m*
Kommissar(in) [kɔmɪ'sa:r(ɪn)] *m/f* comisario *m*
Kommission [kɔmɪs'jo:n] *f 1. (Ausschuss)* comisión *f,* comité *m; 2. (Auftrag) ECO* comisión *f*
Kommode [kɔ'mo:də] *f* cómoda *f*
kommunal [kɔmu'na:l] *adj* comunal, municipal
Kommunalpolitik [kɔmu'na:lpoliti:k] *f POL* política municipal *f*
Kommune [kɔ'mu:nə] *f 1. (Wohngemeinschaft)* comuna *f; 2. (Gemeinde) POL* municipio *m*
Kommunikation [kɔmunika'tsjo:n] *f* comunicación *f*
Kommunion [kɔmun'jo:n] *f REL* comunión *f*
Kommunismus [kɔmu'nɪsmus] *m POL* comunismo *m*
Kommunist [kɔmu'nɪst] *m POL* comunista *m*
kommunistisch [kɔmu'nɪstɪʃ] *adj POL* comunista
kommunizieren [kɔmuni'tsi:rən] *v 1.* comunicar, informar; *2. REL* recibir la Sagrada Comunión, comulgar
Komödiant(in) [kɔmød'jant(ɪn)] *m/f* comediante/comedianta *m/f*
Komödie [kɔ'mø:djə] *f* comedia *f*
Kompagnon [kɔmpa'nj ɔ] *m ECO* socio *m*
kompakt [kɔm'pakt] *adj* compacto
Kompanie [kɔmpa'ni:] *f MIL* compañía *f*
Kompass ['kɔmpas] *m* brújula *f*
Kompatibilität [kɔmpatibili'tɛ:t] *f* compatibilidad *f*
Kompensation [kɔmpenza'tsjo:n] *f* compensación *f,* satisfacción *f*
kompensieren [kɔmpen'zi:rən] *v* compensar, satisfacer
kompetent [kɔmpə'tɛnt] *adj* competente, autorizado
Kompetenz [kɔmpə'tɛnts] *f* competencia *f*
komplett [kɔm'plɛt] *adj* completo
Komplex [kɔm'plɛks] *m* conjunto *m,* complejo *m,* grupo *m*
Komplize [kɔm'pli:tsə] *m* cómplice *m*
Komplikation [kɔmplika'tsjo:n] *f* complicación *f*
Kompliment [kɔmplɪ'mɛnt] *n* cumplido *m; ~e machen* echar flores
kompliziert [kɔmpli'tsi:rt] *adj* complicado, difícil
Komplott [kɔm'plɔt] *n POL* complot *m,* confabulación *f,* conspiración *f; ein ~ schmieden* formar un complot
Komponente [kɔmpo'nɛntə] *f* componente *m*
komponieren [kɔmpo'ni:rən] *v MUS* componer
Komposition [kɔmpozɪ'tsjo:n] *f 1. (Zusammenstellung)* composición *f; 2. MUS* composición *f*
Kompost [kɔm'pɔst] *m AGR* compost *m*
Kompott [kɔm'pɔt] *n GAST* compota *f*
Kompresse [kɔm'prɛsə] *f MED* compresa *f*
Kompromiss [kɔmpro'mɪs] *m* compromiso *m,* arreglo *m*
kompromisslos [kɔmpro'mɪslo:s] *adj 1.* intransigente; *adv 2.* sin compromiso
kompromittieren [kɔmpromɪ'ti:rən] *v* comprometer

Kondensation [kɔndɛnza'tsjoːn] *f* condensación *f*
Kondensator [kɔndɛn'zaːtor] *m TECH* condensador *m*
Kondition [kɔndi'tsjoːn] *f 1. (Bedingung)* condición *f,* requisito *m; 2. (Leistungsfähigkeit)* capacidad de rendimiento *f*
Konditor(in) [kɔn'diːtɔr(ɪn)] *m/f* pastelero/pastelera *m/f,* confitero/confitera *m/f*
Konditorei [kɔndito'raɪ] *f* confitería *f,* pastelería *f,* repostería *f*
kondolieren [kɔndo'liːrən] *v* dar el pésame
Kondom [kɔn'doːm] *n* condón *m,* preservativo *m*
Konfekt [kɔn'fɛkt] *n GAST* dulces *m/pl,* bombones *m/pl*
Konfektion [kɔnfɛk'tsjoːn] *f* confección *f*
Konfektionsgröße [kɔnfɛk'tsjoːnsgrøːsə] *f* talla de confección *f*
Konferenz [kɔnfe'rɛnts] *f* conferencia *f*
Konfession [kɔnfɛs'joːn] *f REL* confesión religiosa *f,* religión *f*
Konfirmation [kɔnfɪrma'tsjoːn] *f REL* confirmación *f*
Konfitüre [kɔnfi'tyːrə] *f GAST* confitura *f*
Konflikt [kɔn'flɪkt] *m* conflicto *m*
Konföderation [kɔnfødəra'tsjoːn] *f POL* confederación *f*
konform [kɔn'fɔrm] *adj* conforme
Konfrontation [kɔnfrɔnta'tsjoːn] *f* confrontación *f,* enfrentamiento *m*
konfrontieren [kɔnfrɔn'tiːrən] *v* confrontar, enfrentar
konfus [kɔn'fuːs] *adj* confuso
Kongress [kɔn'grɛs] *m* congreso *m*
Kongresshalle [kɔn'grɛshaːlə] *f* sala de congresos *f*
König(in) ['køːnɪç/'køːnɪgɪn] *m/f* rey/reina *m/f*
königlich ['køːnɪklɪç] *adj 1.* real, regio; *adv 2.* regiamente; *~ bewirten* atender a cuerpo de rey
Königreich ['køːnɪkraɪç] *n* reino *m*
konjugieren [kɔnju'giːrən] *v GRAMM* conjugar
Konjunktur [kɔnjuŋk'tuːr] *f ECO* coyuntura *f,* ciclo económico *m*
konkret [kɔn'kreːt] *adj* concreto
Konkurrent(in) [kɔnku'rɛnt(ɪn)] *m/f* competidor(a) *m/f,* rival *m/f*
Konkurrenz [kɔnku'rɛnts] *f 1. (Wettbewerb)* competición *f; 2. ECO* competencia *f*
konkurrenzlos [kɔnku'rɛntsloːs] *adj* fuera de competencia
konkurrieren [kɔnku'riːrən] *v ~ mit* competir con, rivalizar con
Konkurs [kɔn'kurs] *m JUR* quiebra *f*
können ['kœnən] *v irr 1. (in der Lage sein)* poder, estar en condiciones de; *für etw nichts ~* no tener la culpa de algo; *2. (beherrschen, wissen)* saber, dominar una materia; *3. (dürfen)* tener permiso; *4. Du kannst mich mal!* ¡Vete a la mierda!
Können ['kœnən] *n* poder *m,* saber *m,* capacidad *f*
Könner(in) ['kœnər(ɪn)] *m/f* experto/experta *m/f,* conocedor(a) *m/f*
konsequent [kɔnze'kvɛnt] *adj 1.* consecuente; *adv 2.* consecuentemente
Konsequenz [kɔnze'kvɛnts] *f 1. (Folgerichtigkeit)* lógica *f; 2. (Folge)* consecuencia *f,* efecto *m,* resultado *m; aus etw ~en ziehen* sacar las consecuencias de algo
konservativ [kɔnzɛrva'tiːf] *adj 1.* conservador; *adv 2.* de modo conservador
Konserve [kɔn'zɛrvə] *f* conserva *f*
Konservendose [kɔn'zɛrvəndoːzə] *f* lata de conservas *f*
konservieren [kɔnzɛr'viːrən] *v* conservar
Konservierungsmittel [kɔnzɛr'viːruŋsmɪtəl] *n* conservante *m*
Konsole [kɔn'zoːlə] *f* consola *f*
Konsolidierung [kɔnzoli'diːruŋ] *f ECO* consolidación *f*
konstant [kɔns'tant] *adj* constante
Konstellation [kɔnstɛla'tsjoːn] *f* situación *f*
konstruieren [kɔnstru'iːrən] *v* construir, edificar
Konstruktion [kɔnstruk'tsjoːn] *f* construcción *f*
konstruktiv [kɔnstruk'tiːf] *adj 1.* constructivo, edificante; *adv 2.* constructivamente, de manera constructiva
Konsul ['kɔnzuːl] *m POL* cónsul *m*
Konsulat [kɔnzu'laːt] *n POL* consulado *m*
konsultieren [kɔnzul'tiːrən] *v* consultar
Konsum [kɔn'zuːm] *m* consumo *m*
Konsument(in) [kɔnzu'mɛnt(ɪn)] *m/f* consumidor(a) *m/f*
Konsumgesellschaft [kɔn'zuːmgəzɛlʃaft] *f* sociedad de consumo *f*
Konsumgüter [kɔn'zuːmgyːtər] *pl* bienes de consumo *m/pl*
konsumieren [kɔnzu'miːrən] *v* consumir
Kontakt [kɔn'takt] *m* contacto *m*
kontaktarm [kɔn'taktarm] *adj* poco relacionado, de poco contacto social

kontaktfreudig [kɔn'taktfrɔydɪç] *adj* sociable
Kontaktlinsen [kɔn'taktlɪnzən] *f/pl* lentes de contacto *f/pl*
Kontaktperson [kɔn'taktpɛrzoːn] *f* persona de contacto *f*
Kontamination [kɔntamina'tsjoːn] *f* contaminación *f*
kontern ['kɔntərn] *v 1. SPORT (Boxen)* contragolpear; *2. (fig)* replicar inmediatamente
Kontext ['kɔntɛkst] *m* contexto *m*
Kontinent [kɔnti'nɛnt] *m* continente *m*
kontinental [kɔntinɛn'taːl] *adj* continental
Kontingent [kɔntɪŋ'gɛnt] *n* contingente *m*
kontinuierlich [kɔntinu'iːrlɪç] *adj 1.* continuo, continuado; *adv 2.* continuamente
Konto ['kɔnto] *n* cuenta *f*
Kontoauszug ['kɔntoaustsuːk] *m* extracto de cuenta *m*
Kontonummer ['kɔntonumər] *f* número de la cuenta *m*
Kontra ['kɔntra] *n* contra *f*
Kontrahent(in) [kɔntra'hɛnt(ɪn)] *m/f JUR* parte contratante *f*
konträr [kɔn'trɛːr] *adj* contrario, opuesto
Kontrast [kɔn'trast] *m* contraste *m*
Kontrollbehörde [kɔn'trɔlbəhøːrdə] *f* comisión interventora *f*
Kontrolle [kɔn'trɔlə] *f* control *m*, inspección *f*, intervención *f*
Kontrolleur(in) [kɔntrɔ'løːr(ɪn)] *m/f* inspector(a) *m/f*, revisor(a) *m/f*
kontrollieren [kɔntrɔ'liːrən] *v* controlar, inspeccionar, vigilar, supervisar
kontrovers [kɔntro'vɛrs] *adj* controvertido
Kontroverse [kɔntro'vɛrzə] *f* controversia *f*
Kontur [kɔn'tuːr] *f* contorno *m*, perfil *m*
Konvention [kɔnvɛn'tsjoːn] *f 1. (Brauch)* convención *f*, uso *m*; *2. POL* convenio *m*, tratado *m*
konventionell [kɔnvɛntsjo'nɛl] *adj 1.* convencional; *adv 2.* convencionalmente
Konversation [kɔnvɛrza'tsjoːn] *f* conversación *f*, charla *f*
konvertieren [kɔnvɛr'tiːrən] *v 1. FIN* convertir; *2. (Daten) INFORM* convertir; *3. REL* convertir
Konzentrat [kɔntsɛn'traːt] *n* concentrado *m*
Konzentration [kɔntsɛntra'tsjoːn] *f* concentración *f*
Konzentrationslager [kɔntsɛntra'tsjoːnslaːgər] *n POL* campo de concentración *m*
konzentrieren [kɔntsɛn'triːrən] *v 1.* concentrar, concentrarse; *2. sich ~* centrarse
Konzept [kɔn'tsɛpt] *n 1. (Plan)* plan *m*, concepto *m*; *jdm nicht ins ~ passen* no cuadrar en los planes de alguien; *jdn aus dem ~ bringen* sacar de tino a alguien; *aus dem ~ kommen* perder el hilo; *2. (Entwurf)* borrador *m*, boceto *m*, esquema *m*
Konzern [kɔn'tsɛrn] *m ECO* consorcio *m*, grupo empresarial *m*
Konzert [kɔn'tsɛrt] *n MUS* concierto *m*
Konzession [kɔntsɛ'sjoːn] *f 1. (Erlaubnis)* licencia *f*; *2. (Zugeständnis)* concesión *f*
Konzil [kɔn'tsiːl] *n REL* concilio *m*
konzipieren [kɔntsi'piːrən] *v* concebir, imaginar, idear, crear
Kooperation [koɔpəra'tsjoːn] *f* cooperación *f*
kooperativ [koɔpəra'tiːf] *adj* cooperativo
Koordination [koɔrdina'tsjoːn] *f* coordinación *f*
koordinieren [koɔrdi'niːrən] *v* coordinar
Kopf [kɔpf] *m ANAT* cabeza *f*; *seinen ~ darauf verwetten* apostar la cabeza; *den ~ kosten* costar el pellejo; *den ~ aus der Schlinge ziehen* salir del apuro; *sich den ~ einrennen* darse de cabezazos contra la pared; *seinen ~ durchsetzen* salirse con la suya; *den ~ hängen lassen* perder el ánimo; *sich die Köpfe heißreden* discutir acaloradamente; *seinen ~ hinhalten* poner su cabeza/responder por/responsabilizarse por; *den ~ in den Sand stecken* volver la espalda a la realidad; *~ und Kragen kosten* costarle a uno el pellejo/costarle a uno la vida; *jdm den ~ verdrehen* volver loco a alguien; *den ~ voll haben* tener la cabeza llena; *sich einen ~ um etw machen* darle vueltas a algo/preocuparse por algo; *jdm den ~ zurechtrücken* poner a alguien los puntos sobre las ies; *einen kühlen ~ bewahren* conservar la sangre fría; *nicht auf den ~ gefallen sein* no ser tonto; *aus dem ~* de memoria; *jdm nicht aus dem ~ gehen* no quitarse de la cabeza a alguien; *sich etw aus dem ~ schlagen* quitarse algo de la cabeza; *in den ~ steigen* subir a la cabeza; *über jds ~ hinweg* por encima de su cabeza; *über den ~ wachsen* subirse a la cabeza; *von ~ bis Fuß* de la cabeza a los pies; *jdn vor den ~ stoßen* ofender a alguien en su amor proprio; *jdm den ~ waschen* echar un sermón a alguien; *jdm etw an den ~ werfen* tirarle algo a alguien a la cabe-

za; *sich etw durch den ~ gehen lassen* reflexionar sobre algo/pensarlo bien; *etw im ~ haben* tener algo en la cebeza; *etw im ~ behalten* retener algo en la memoria; *~ hoch!* ¡Arriba ese ánimo!
Kopfhörer ['kɔpfhøːrər] *m* auriculares *m/pl,* audífonos *m/pl*
Kopfkissen ['kɔpfkɪsən] *n* almohada *f*
Kopfsalat ['kɔpfzalaːt] *m BOT* lechuga *f*
Kopfschmerzen ['kɔpfʃmɛrtsən] *pl MED* dolor de cabeza *m; jdm ~ bereiten (fig)* dar dolor de cabeza a alguien
Kopftuch ['kɔpftuːx] *n* pañuelo de cabeza *m*
Kopie [ko'piː] *f* copia *f*
kopieren [ko'piːrən] *v* copiar
Kopierer [ko'piːrər] *m* fotocopiadora *f*
Kopilot ['koːpiloːt] *m* copiloto *m*
Koppel ['kɔpəl] *f 1. (Weide)* parcela de pastos *f,* dehesa *f; 2. (Gürtel)* cinturón *m*
Koproduktion ['koproduktsjoːn] *f* coproducción *f*
Koralle [ko'ralə] *f BOT* coral *m*
Korb [kɔrp] *m* canasta *f; jdm einen ~ geben (fig)* darle calabazas a alguien
Kord [kɔrt] *m* pana *f*
Kordel ['kɔrdəl] *f* cordón *m*
Kork [kɔrk] *m BOT* corcho *m*
Korken ['kɔrkən] *m* tapón de corcho *m*
Korkenzieher ['kɔrkəntsiːər] *m* sacacorchos *m*
Korn [kɔrn] *n 1. (Getreide)* cereales *m/pl; 2. (Krümchen)* migas *f/pl,* migajas *f/pl; 3. jdn aufs ~ nehmen* fijar su atención en alguien, no perder de vista a alguien
Kornfeld ['kɔrnfɛlt] *n* trigal *m,* campo de trigo *m*
körnig ['kørnɪç] *adj* granular, granulado
Körper ['kørpər] *m 1.* sólido *m,* cuerpo *m; 2. ANAT* cuerpo *m*
Körpergewicht ['kørpərgəvɪçt] *n* peso corporal *m*
Körpergröße ['kørpərgrøːsə] *f* talla *f,* estatura *f*
körperlich ['kørpərlɪç] *adj 1.* corporal; *adv 2.* corporalmente
Körperpflege ['kørpərpfleːgə] *f* higiene personal *f*
Körperschaft ['kørpərʃaft] *f* corporación *f,* cuerpo *m,* entidad *f*
Körperteil ['kørpərtaɪl] *n* parte del cuerpo *f,* miembro *m*
korrekt [kɔ'rɛkt] *adj 1.* correcto, exacto; *adv 2.* correctamente
Korrektur [kɔrɛk'tuːr] *f* corrección *f,* enmienda *f*
Korrespondent(in) [kɔrɛspɔn'dɛnt(ɪn)] *m/f* corresponsal *m/f*
Korrespondenz [kɔrɛspɔn'dɛnts] *f* correspondencia *f*
korrespondieren [kɔrɛspɔn'diːrən] *v 1. ~ mit* corresponder con, sostener correspondencia, escribirse
Korridor ['kɔridoːr] *m* corredor *m*
korrigieren [kɔri'giːrən] *v* corregir, enmendar
Korrosion [kɔro'zjoːn] *f CHEM* corrosión *f*
korrupt [kɔ'rupt] *adj* corrupto
Korruption [kɔrup'tsjoːn] *f* corrupción *f*
Korsett [kɔr'zɛt] *n* corsé *m*
Kortison [ɪɔrti'zoːn] *n MED* cortisona *f*
Kosewort ['koːzəvɔrt] *n* palabra cariñosa *f*
Kosmetik [kɔs'meːtɪk] *f* cosmética *f*
Kosmetikerin [kɔs'meːtɪkərɪn] *f* esteticista *f,* cosmetóloga *f*
kosmetisch [kɔs'meːtɪʃ] *adj* cosmético
kosmisch ['kɔzmɪʃ] *adj* cósmico
Kosmopolit(in) [kɔsmopo'liːt(ɪn)] *m/f* cosmopolita *m/f*
kosmopolitisch [kɔsmopo'liːtɪʃ] *adj* cosmopolita
Kosmos ['kɔsmɔs] *m* cosmos *m*
Kost [kɔst] *f* alimentación *f,* nutrición *f,* dieta *f*
kostbar ['kɔstbaːr] *adj* costoso, valioso
Kostbarkeit ['kɔstbaːrkaɪt] *f* gran valor *m,* preciosidad *f*
kosten[1] ['kɔstən] *v 1. (Preis)* costar, tener un precio; *Wie viel kostet das?* ¿Cuánto cuesta esto? *Wie viel kostet eine Reise nach Rom?* ¿Cuánto vale un viaje a Roma? *sich eine Sache etw ~ lassen* no escamitar dinero para algo; *2. (wert sein)* valer
kosten[2] ['kɔstən] *v (versuchen)* probar, gustar, degustar
Kosten ['kɔstən] *pl (Ausgaben)* costos *m/pl,* gastos *m/pl; auf ~ anderer* a expensas de otros; *für die ~ aufkommen* correr con los gastos; *auf seine ~ kommen* quedar satisfecho
kostenlos ['kɔstənloːs] *adj* gratuito, sin gastos
köstlich ['køstlɪç] *adj 1. (hervorragend)* delicioso, exquisito; *2. (amüsant)* divertido, gracioso; *adv 3.* de lo lindo, divinamente; *Ich habe mich ~ amüsiert.* Me divertí de lo lindo.
Kostprobe ['kɔstproːbə] *f* degustación *f,* prueba *f*
kostspielig ['kɔstʃpiːlɪç] *adj* caro, costoso

Kostüm [kɔ'styːm] *n 1. (Kleidungsstück)* traje *m; 2. (Maskenkostüm)* disfraz *m*
Kostümball [kɔ'styːmbal] *m* baile de disfraces *m*
Kot [koːt] *m 1. (Straßenkot)* barro *m,* lodo *m; 2. (Exkremente)* excrementos *m/pl*
Kotelett [kɔt'lɛt] *n GAST* chuleta *f*
Kotflügel ['koːtflyːgəl] *m (eines Autos)* guardabarros *m,* guardafangos *m*
Krabbe ['krabə] *f 1. (Garnele) ZOOL* camarón *m; 2. (Krebs) ZOOL* cangrejo de mar *m*
krabbeln ['krabəln] *v* gatear
Krach [krax] *m 1. (Lärm)* ruido ensordecedor *m,* bulla *f; 2. (Streit)* disputa *f,* altercado *m*
krachen ['kraxən] *v (knallen)* estallar, reventar
kraft [kraft] *prep* en virtud de
Kraft [kraft] *f* fuerza *f; außer ~* sin fuerza; *in ~* en vigor; *über jds ~ gehen* ser superior a las fuerzas de alguien; *die treibende ~ sein* ser la fuerza motriz; *mit jdm seine Kräfte messen* medir sus fuerzas con alguien; *zu Kräften kommen* ganar fuerzas/reponerse
Kraftaufwand ['kraftaufvant] *m* despliegue de fuerzas *m*
Kraftfahrer(in) ['kraftfaːrər(ɪn)] *m/f* conductor(a) *m/f,* automovilista *m/f*
Kraftfahrzeug ['kraftfaːrtsɔyk] *n* vehículo *m,* automóvil *m*
kräftig ['krɛftɪç] *adj 1.* fuerte, vigoroso; *adv 2.* fuertemente, vigorosamente
kraftlos ['kraftloːs] *adj* sin fuerza, débil
Kraftprobe ['kraftproːbə] *f* prueba de fuerza *f*
Kraftstoff ['kraftʃtɔf] *m* combustible *m*
Kraftwerk ['kraftvɛrk] *n* central eléctrica *f*
Kragen ['kraːgən] *m* cuello *m; jdm den ~ kosten* costarle a alguien el cuello; *jdn beim ~ packen* cogerle a uno del cuello/coger a alguien por las solapas; *jdm an den ~ wollen* querer retorcer el pescuezo a alguien; *Jetzt geht es ihm an den ~!* ¡Le va a costar la existencia! *Ihm ist der ~ geplatzt.* Ha perdido la paciencia.
Krähe ['krɛːə] *f ZOOL* corneja *f*
krähen ['krɛːən] *v 1. ZOOL* cacarear; *2. (Hahn)* cantar
Krake ['kraːkə] *f ZOOL* pulpo *m*
Kralle ['kralə] *f ZOOL* garra *f; jdm die ~n zeigen (fig)* enseñar las uñas a alguien; *etw in die ~n bekommen* caer algo en sus garras
Kram [kraːm] *m (fam)* baratijas *f/pl,* trastos *m/pl; jdm nicht in den ~ passen* no venirle bien a alguien
kramen ['kraːmən] *v ~ in etw* revolver algo
Krampf [krampf] *m MED* calambre *m,* espasmo *m*
Krampfader ['krampfaːdər] *f MED* várice *f,* varice *f*
krampfhaft ['krampfhaft] *adj 1.* convulsivo, espasmódico; *adv 2.* convulsivamente, espasmódicamente
Kran [kraːn] *m* grúa *f*
Kranich ['kraːnɪç] *m ZOOL* grulla *f*
krank [kraŋk] *adj* enfermo
Kranke(r) ['kraŋkə(r)] *m/f* enfermo/enferma *m/f*
kränkeln ['krɛŋkəln] *v* estar enfermo, estar achacoso
kränken ['krɛŋkən] *v* ofender, herir
Krankengeld ['kraŋkəngɛlt] *n* subsidio de enfermedad *m*
Krankengymnastik ['kraŋkəngymnastɪk] *f* fisioterapia *f*
Krankenhaus ['kraŋkənhaus] *n* hospital *m*
Krankenkasse ['kraŋkənkasə] *f* caja de enfermedad *f*
Krankenpfleger(in) ['kraŋkənpfleːgər(ɪn)] *m/f* enfermero/enfermera *m/f*
Krankenschein ['kraŋkənʃaɪn] *m* volante del seguro *m*
Krankenschwester ['kraŋkənʃvɛstər] *f* enfermera *f*
Krankenversicherung ['kraŋkənfɛrzɪçəruŋ] *f* seguro de enfermedad *m*
Krankenwagen ['kraŋkənvaːgən] *m* ambulancia *f; Rufen Sie sofort einen ~!* ¡Llame en seguida una ambulancia!
krankhaft ['kraŋkhaft] *adj 1. MED* enfermizo; *2. (fig)* patológico, morboso; *adv 3. (fig)* con morbosidad, patológicamente
Krankheit ['kraŋkhaɪt] *f* enfermedad *f*
krankschreiben ['kraŋkʃraɪbən] *v irr* dar de baja por enfermedad
Kränkung ['krɛŋkuŋ] *f* ofensa *f,* agravio *m*
Kranz [krants] *m* corona *f*
krass [kras] *adj* craso
kratzen ['kratsən] *v* rascar, rasguñar
kraulen ['kraulən] *v 1. (schwimmen)* nadar a crawl, nadar a crol; *2. (streicheln)* acariciar
kraus [kraus] *adj 1. (gelockt)* crespo, rizado; *2. (fig)* confuso, desordenado
Kraut [kraut] *n 1. (Würzkraut)* hierba fina *f; wie ~ und Rüben* como un dormitorio de monas; *das ~ nicht fett machen (fig)* ni mejorar ni empeorar la situación; *ins ~ schießen* crecer rápidamente; *2. (Heilkraut)* planta medi-

cinal *f; Dagegen ist kein ~ gewachsen.* No tiene remedio. *3. (Kohl)* col *f*

Krawall [kra'val] *m* tumulto *m,* alboroto *m,* bochinche *m*

Krawatte [kra'vatə] *f* corbata *f*

Kreation [krea'tsjo:n] *f* creación *f*

kreativ [krea'ti:f] *adj* creativo

Kreativität [kreativi'tɛ:t] *f* creatividad *f*

Kreatur [krea'tu:r] *f* criatura *f*

Krebs [kre:ps] *m 1. ZOOL* cangrejo *m; 2. MED* cáncer *m; ~ erregend* cancerógeno

Krebsvorsorge ['kre:psfo:rzɔrgə] *f MED* prevención del cáncer *f*

Kredit [kre'di:t] *m ECO* crédito *m*

Kreditkarte [kre'di:tkartə] *f ECO* tarjeta de crédito *f*

Kreide ['kraɪdə] *f 1. (Schreibkreide)* tiza *f; 2. GEOL* creta *f,* greta *f; 3. (fig) in der ~ stehen* estar en apuros; *in die ~ geraten* meterse en apuros

Kreis [kraɪs] *m 1.* círculo *m; sich im ~ bewegen* no adelantar; *immer weitere ~e ziehen* extenderse cada vez más/aumentar su radio de acción; *Mir dreht sich alles im ~!* ¡Todo me da vueltas en la cabeza! *2. (Verwaltung)* distrito *m,* circunscripción *f; 3. (Freundeskreis)* (círculo de) amistades *f/pl,* amigos *m/pl*

kreisen ['kraɪzən] *v* dar vueltas, girar (entorno)

Kreislauf ['kraɪslauf] *m 1. (fig)* ciclo *m; 2. MED* circulación *f*

Kreißsaal ['kraɪsza:l] *m MED* sala de partos *f,* sala obstétrica *f*

Kreisstadt ['kraɪsʃtat] *f* capital de distrito *f*

Kreisverkehr ['kraɪsfɛrke:r] *m* tráfico circular *m*

Kresse ['krɛsə] *f BOT* berro *m*

Kreuz [krɔyts] *n* cruz *f; drei ~e machen* hacer tres cruces; *sein ~ auf sich nehmen* llevar su cruz a cuestas; *aufs ~ fallen* caer de bruces; *jdn aufs ~ legen* tomar el pelo a alguien; *sich etw aus dem ~ leiern* romperse la crisma para conseguir algo

kreuzen ['krɔytsən] *v 1. NAUT* navegar de bolina; *2. (verschränken)* cruzar; *3. BIO* cruzar

Kreuzer ['krɔytsər] *m* crucero *m*

Kreuzfahrt ['krɔytsfa:rt] *f* crucero *m*

Kreuzigung ['krɔytsɪguŋ] *f REL* crucifixión *f*

Kreuzung ['krɔytsuŋ] *f 1. (Straßenkreuzung)* intersección *f,* cruce *m; 2. BIO* cruce *m*

Kreuzweg ['krɔytsvɛk] *m 1. (fig)* encrucijada *f; 2. REL* Vía Crucis *f,* Camino al Calvario *m*

Kreuzworträtsel ['krɔytsvɔrtrɛ:tsəl] *n* crucigrama *m*

Kreuzzug ['krɔytstsu:k] *m 1. HIST* cruzada *f; 2. (fig) ~ für* campaña en favor de *f*

kribbelig ['krɪbəlɪç] *adj (fam)* nervioso, impaciente

kriechen ['kri:çən] *v irr* arrastrarse, reptar

Krieg [kri:k] *m* guerra *f*

kriegen ['kri:gən] *v 1. (bekommen)* recibir; *2. (fangen)* coger (nicht in Argentinien!), atrapar

kriegerisch ['kri:gərɪʃ] *adj* guerrero, belicoso

Kriegserklärung ['kri:ksɛrklɛ:ruŋ] *f* declaración de guerra *f*

kriegsversehrt ['kri:ksvɛrze:rt] *adj* mutilado de guerra, lisiado de guerra

Krimi ['krɪmi] *m 1. (Roman)* novela policiáca *f; 2. (Film)* película policíaca *f*

Kriminalität [krɪminali'tɛ:t] *f* criminalidad *f,* delincuencia *f*

Kriminalpolizei [krɪmi'na:lpolitsaɪ] *f* Brigada de Investigación Criminal *f,* policía judicial *f* (LA)

kriminell [krɪmi'nɛl] *adj* criminal

Kriminelle(r) [krɪmi'nɛlə(r)] *m/f* criminal *m/f,* delincuente *m/f*

Krippe ['krɪpə] *f 1. (Kinderkrippe)* guardería infantil *f; 2. (Futterkrippe)* pesebre *m,* comedero *m; 3. REL* belén *m,* nacimiento *m*

Krise ['kri:zə] *f* crisis *f*

kriseln ['kri:zəln] *v* avecinarse una crisis

Krisenherd ['kri:zənhe:rt] *m POL* foco de crisis *m,* foco explosivo *m,* foco subversivo *m*

Krisenstab ['kri:zənʃta:p] *m* estado mayor de crisis *m*

Kristall [krɪs'tal] *n 1. (Glas)* cristal *m; 2. MIN* cristal *m*

Kriterium [kri'te:rjum] *n* criterio *m,* discernimiento *m*

Kritik [kri'ti:k] *f 1. (Tadel)* censura *f,* crítica *f, 2. (Beurteilung)* crítica *f,* apreciación *f,* juicio *m*

Kritiker ['kri:tikər] *m* crítico *m,* censor *m*

kritiklos [kri'ti:klo:s] *adj* sin crítica

kritisch ['kri:tɪʃ] *adj* crítico

kritisieren [kriti'zi:rən] *v* criticar, analizar, juzgar

kritzeln ['krɪtsəln] *v* garabatear, garrapatear

Krokant [kro'kant] *m GAST* crocante *m*

Krokodil [kroko'di:l] *n ZOOL* cocodrilo *m*

Krone ['kro:nə] *f* corona *f; Das setzt doch allem die ~ auf!* ¡Es increíble!

krönen ['krøːnən] *v* 1. coronar; 2. *(fig)* culminar con éxito
Krönung ['krøːnuŋ] *f* coronación *f*
Kronzeuge ['kroːntsɔygə] *m JUR* testigo de cargo *m*, testigo principal *m*
Kröte ['krøːtə] *f ZOOL* sapo *m*
Krücke ['krykə] *f* muleta *f*
Krug [kruːk] *m* jarro *m*
Krümel ['kryːməl] *m* migaja *f*, miga *f*
krümeln ['kryːməln] *v* desmigajar, hacer migas de
krumm [krum] *adj* corvo; *jdm etw ~ nehmen* tomar a alguien algo a mal; *sich ~ und schief lachen* desternillarse de risa
krümmen ['krymən] *v* encorvar, encorvarse, doblar, doblarse
Krümmung ['krymuŋ] *f* 1. *(Wölbung)* curvatura *f*; 2. *(Biegung)* curva *f*
Krüppel ['krypəl] *m* inválido *m*, lisiado *m*, paralítico *m*
Kruste ['krustə] *f* 1. *(Rinde)* corteza *f*; 2. *(Schicht)* capa *f*
Kruzifix [krutsi'fɪks] *n REL* crucifijo *m*
Kuba ['kuːba] *n GEO* Cuba *f*
kubanisch [ku'baːnɪʃ] *adj* cubano
Kübel ['kyːbəl] *m* artesa *f*, cubeta *f*, cubo *m*
Kubikmeter [ku'biːkmeːtər] *m* metro cúbico *m*
Küche ['kyçə] *f* 1. *(Raum)* cocina *f*; 2. *(Kochkunst)* arte culinario *m*, cocina *f*
Kuchen ['kuːxən] *m GAST* tarta *f*, pastel *m*
Kuchengabel ['kuːxəngaːbəl] *f* tenedor para pasteles *m*
Küchenschrank ['kyçənʃraŋk] *m* armario de cocina *m*
Kuckuck ['kukuk] *m ZOOL* cuco *m*; *Das weiß der ~!* ¡Y yo que sé!
Kugel ['kuːgəl] *f* 1. *(Spiel)* bolo *m*, bola *f*; *eine ruhige ~ schieben (fam)* no esforzarse especialmente trabajando; 2. *MATH* esfera *f*; 3. *MIL* bala *f*; *eine verirrte ~* una bala perdida *f*
Kugelschreiber ['kuːgəlʃraɪbər] *m* bolígrafo *m*, lapicero *m* (LA)
kugelsicher ['kuːgəlzɪçər] *adj* antibalas, a prueba de balas; *~e Weste* chaleco antibalas *m*
Kuh [kuː] *f ZOOL* vaca *f*; *blinde ~* gallinita ciega *f*
kühl [kyːl] *adj* 1. *(kalt)* fresco; 2. *(fig)* frío, seco
kühlen ['kyːlən] *v* refrescar, enfriar, refrigerar
Kühler ['kyːlər] *m (Autokühler)* radiador *m*; *Der ~ ist undicht.* Gotea agua del radiador.
Kühlerhaube ['kyːlərhaubə] *f (eines Autos)* capó *m*, tapa del motor *f*
Kühlfach ['kyːlfax] *n* compartimiento refrigerador *m*
Kühlschrank ['kyːlʃraŋk] *m* refrigerador *m*, nevera *f*
Kühltruhe ['kyːltruːə] *f* congelador *m*
Kühlung ['kyːluŋ] *f* refrigeración *f*
Kühlwasser ['kyːlvasər] *n (beim Auto)* agua del radiador *f*; *Ich benötige ~.* Necesito agua para el radiador.
Kuhmilch ['kuːmɪlç] *f* leche de vaca *f*
kühn [kyːn] *adj* 1. atrevido, osado, audaz; *adv* 2. osadamente, audazmente
Küken ['kyːkən] *n ZOOL* polluelo *m*, pollito *m*
Kuli ['kuːliː] *m* culi *m*
kulinarisch [kuli'naːrɪʃ] *adj* culinario
Kulisse [ku'lɪsə] *f* 1. *THEAT* bastidor *m*; 2. *(fig)* bastidor *m*; *hinter den ~n* entre bastidores
kullern ['kulərn] *v* rodar
Kult [kult] *m* culto *m*
Kultfigur ['kultfiguːr] *f* figura de culto *f*
kultivieren [kulti'viːrən] *v* cultivar
kultiviert [kulti'viːrt] *adj* cultivado; *~e Person* persona cultivada *f*, persona culta *f*
Kultur [kul'tuːr] *f* 1. cultura *f*; 2. *BIO* cultivo *m*
kulturell [kultu'rɛl] *adj* 1. cultural; *adv* 2. culturalmente
Kulturgut [kul'tuːrguːt] *n* patrimonio cultural *m*
Kultusministerium ['kultusmɪnɪsteːrjum] *n POL* Ministerio de Cultura *m*
Kümmel ['kyməl] *m BOT* comino *m*
Kummer ['kumər] *m* pena *f*, pesadumbre *f*; *jdm ~ bereiten* causarle preocupaciones a alguien
kümmerlich ['kymərlɪç] *adj* 1. miserable, mísero; *adv* 2. en la miseria, miserablemente
kümmern ['kymərn] *v sich ~ um* preocuparse de, mirar por, interesarse por
kummervoll ['kumərfɔl] *adj* 1. preocupado, apesadumbrado; *adv* 2. muy preocupado, preocupadamente
Kumpel ['kumpəl] *m* 1. *(Bergmann)* minero *m*; 2. *(fam)* compañero *m*, tronco *m*
Kunde ['kundə] *m* cliente *m*
Kundendienst ['kundəndiːnst] *m* asistencia técnica *f*, servicio de post-venta *m*
Kundgebung ['kuntgeːbuŋ] *f* manifestación *f*
kündigen ['kyndɪgən] *v* 1. *(Vertrag)* rescindir, revocar, anular; 2. *(vom Arbeitnehmer aus)*

renunciar al puesto; *3. (vom Arbeitgeber aus)* despedir del puesto

Kündigung ['kyndɪguŋ] *f 1. (eines Vertrages)* rescisión *f; 2. (einer Stellung)* despido *m*, renuncia *f*

Kundin ['kundɪn] *f* clienta *f*

Kundschaft ['kuntʃaft] *f* clientela *f*

künftig ['kynftɪç] *adj 1.* futuro; *adv 2.* a partir de ahora, de ahora en adelante, en lo futuro

Kunst [kunst] *f* arte *m; eine brotlose ~* un arte que no da para comer *m; mit seiner ~ am Ende sein* no saber más

Kunstgeschichte ['kunstgəʃɪçtə] *f* historia del arte *f*

Künstler(in) ['kynstlər(ɪn)] *m/f* artista *m/f*

künstlerisch ['kynstlərɪʃ] *adj* artístico

Künstlername ['kynstlərna:mə] *m* nombre de artista *m*, pseudónimo *m*

künstlich ['kynstlɪç] *adj 1.* artificial; *adv 2.* artificialmente, de manera artificial

Kunststoff ['kunstʃtɔf] *m* plástico *m*

Kunststück ['kunstʃtyk] *n* truco *m*, muestra de habilidad *f*

Kunstwerk ['kunstvɛrk] *n* obra de arte *f*

Kupfer ['kupfər] *n CHEM* cobre *m*

Kupferstein ['kupfərʃtaɪn] *m* piedra de cobre *f*

Kuppel ['kupəl] *f ARCH* cúpula *f*

Kuppelei [kupə'laɪ] *f 1. (fam)* alcahuetería *f; 2. JUR* favorecimiento de proxenetismo *m*, favorecimiento de lenocinio *m*

kuppeln ['kupəln] *v 1. (fam)* alcahuetar; *2. (verbinden)* acoplar, unir; *3. (Auto)* embragar

Kupplung ['kupluŋ] *f (eines Autos) TECH* embrague *m*

Kur [ku:r] *f MED* cura *f*

Kurbel ['kurbəl] *f* manivela *f*, manubrio *m*

kurbeln ['kurbəln] *v* dar a la manivela

Kürbis ['kyrbɪs] *m BOT* calabaza *f*, zapallo *m*

Kurier [ku'ri:r] *m* correo *m*

kurieren [ku'ri:rən] *v* curar, sanar

kurios [kur'jo:s] *adj* curioso, raro, extraño

Kurort ['ku:rɔrt] *m* balneario *m*

Kurs [kurs] *m 1. (Kursus)* curso *m; 2. (Richtung)* rumbo *m*, dirección *f; 3. (Aktienkurs) FIN* cotización *f*, precio *m*

Kürschner(in) ['kyrʃnər(ɪn)] *m/f* peletero/peletara *m/f*

kursieren [kur'zi:rən] *v* circular, estar en circulación

Kurswechsel ['kursvɛksəl] *m POL* cambio de línea *m*

Kurve ['kurfə] *f* curva *f; Gefährliche ~n!* ¡Curvas peligrosas! *die ~ kratzen (fig)* rascar (en) las curvas; *die ~ kriegen* coger la curva

kurz [kurts] *adj 1. (zeitlich)* breve; *Die Pressekonferenz wird ~ nach neun Uhr beginnen.* La conferencia de prensa empezará a las nueve y pico. *zu ~ kommen* quedarse con las ganas; *~ und bündig* breve y suscintamente; *~ und gut* en fin/en suma/en una palabra; *~ und schmerzlos* rápido y sin dolor; *seit ~em* desde hace poco; *vor ~em* hace poco; *2. (räumlich)* corto; *den Kürzeren ziehen* perder en el negocio; *etw ~ und klein schlagen* destrozar algo; *~ treten (fig)* moderarse, mantenerse reservado

Kurzarbeit ['kurtsarbaɪt] *f* trabajo a jornada reducida *m*

Kürze ['kyrtsə] *f 1. (zeitlich)* brevedad *f*, corta duración *f; 2. (räumlich)* corta extensión *f*, corta distancia *f*

kürzen ['kyrtsən] *v 1. (kürzer machen)* acortar; *2. (zeitlich)* abreviar; *3. (herabsetzen)* recortar, reducir, disminuir

kurzerhand ['kurtsərhant] *adv* sin vacilar, sin más ni más

kurzfristig ['kurtsfrɪstɪç] *adj 1.* de corta duración, de plazo corto; *adv 2.* de un momento a otro, a corto plazo

Kurzgeschichte ['kurtsgəʃɪçtə] *f* relato corto *m*

kürzlich ['kyrtslɪç] *adv* recientemente, hace poco

kurzschließen ['kurtsʃli:sən] *v irr sich mit jdm ~* tener un roce con alguien

Kurzschluss ['kurtsʃlus] *m 1. TECH* cortocircuito *m; 2. (fig)* acción irreflexiva *f*

kurzsichtig ['kurtszɪçtɪç] *adj 1. MED* miope; *2. (fig)* de horizontes limitados

Kürzung ['kyrtsuŋ] *f 1.* abreviación *f*, acortamiento *m*, abreviatura *f; 2. (Streichung)* reducción *f*

kurzzeitig ['kurtstsaɪtɪç] *adj 1.* breve, de corto tiempo; *adv 2.* brevemente

Kusine [ku'zi:nə] *f* prima *f*

Kuss [kus] *m* beso *m*

küssen ['kysən] *v* besar

Küste ['kystə] *f* costa *f*

Küster ['kystər] *m REL* sacristán *m*

Kutsche ['kutʃə] *f 1.* coche *m; 2. (Brautkutsche)* carroza *f*

Kutscher(in) ['kutʃər(ɪn)] *m/f* cochero/cochera *m/f*

Kutte ['kutə] *f REL* hábito *m*

Kuvert [ku've:r] *n (eines Briefes)* sobre *m*

Kybernetik [kybɛr'ne:tɪk] *f* cibernética *f*

L

labil [la'biːl] *adj* lábil
Labilität [labili'tɛːt] *f* labilidad *f*
Labor [la'boːr] *n* laboratorio *m*
Labsal ['laːpzaːl] *n* refresco *m*, refrigerio *m*
Labyrinth [laby'rɪnt] *n* laberinto *m*
Lache[1] ['laːxə] *f* *(Pfütze)* charco *m*
Lache[2] ['laxə] *f* *(fam: Lachen)* risotada *f*, carcajada *f*
lächeln ['lɛçəln] *v* sonreír, sonreírse
Lächeln ['lɛçəln] *n* sonrisa *f*
lachen ['laxən] *v* reír, reírse; *nichts zu ~ haben* no tener por que reírse; *zum Lachen sein* ser gracioso
Lachen ['laxən] *n* risa *f*; *sich vor ~ biegen* mondarse de risa; *Dir wird das ~ noch vergehen!* ¡Se te quitará la risa!
lächerlich ['lɛçərlɪç] *adj* ridículo
Lachs [laks] *m* *ZOOL* salmón *m*
Lack [lak] *m* laca *f*
lackieren [la'kiːrən] *v* barnizar
Lackierung [la'kiːruŋ] *f* barnizado *m*
laden ['laːdən] *v irr 1.* cargar, llenar; *einen ge~ haben* tener una trompa (fig); *2. JUR* citar
Laden ['laːdən] *m* tienda *f*, comercio *m*, negocio *m*; *den ~ schmeißen* sacar el negocio adelante; *Er kann seinen ~ dichtmachen.* Puede cerrar el negocio.
Ladentisch ['laːdəntɪʃ] *m* mostrador *m*
Ladung ['laːduŋ] *f 1.* carga *f*; *2. (elektrische ~)* carga *f*; *3. JUR* citación *f*
Lage ['laːgə] *f 1. (Position)* posición *f*; *2. (Situation)* situación *f*; *aus einer schwierigen ~ herauskommen* salir a flote; *Herr der ~ sein* ser el amo de la barraca (fam); *die ~ peilen* tantear el terreno; *nach ~ der Dinge* según el estado de las cosas; *3. (Schicht)* capa *f*, estrato *m*
Lager ['laːgər] *n 1. (Bett)* cama *f*, lecho *m*; *2. (Warenlager) ECO* almacén *m*, depósito *m*; *3. TECH* soporte *m*, cojinete *m*
Lagerbestand ['laːgərbəʃtant] *m ECO* existencias disponibles *f/pl*, inventario *m*
Lagerfeuer ['laːgərfɔyər] *n* hoguera *f*, fogata *f*
lagern ['laːgərn] *v ECO* almacenar, depositar
Lagerung ['laːgəruŋ] *f ECO* almacenaje *m*, depósito *m*
lahm [laːm] *adj 1. (fam: langweilig)* aburrido; *2. (gelähmt) MED* paralítico, tullido; *3. (hinkend) MED* cojo
lähmen ['lɛːmən] *v* entullecer, entumecer
Lähmung ['lɛːmuŋ] *f MED* parálisis *f*
Laib [laɪp] *m 1. (Brotlaib)* hogaza *f*; *2. (Käselaib)* queso *m*
Laie ['laɪə] *m 1.* profano *m*; *2. REL* lego *m*, laico *m*, seglar *m*
Lake ['laːkə] *f GAST* salmuera *f*
Laken ['laːkən] *n* sábana *f*
Lakritze [la'krɪtsə] *f* regaliz *m*
lallen ['lalən] *v* balbucear, balbucir
Lama ['laːma] *n ZOOL* llama *f*
Lamelle [la'mɛlə] *f* laminilla *f*
lamentieren [lamɛn'tiːrən] *v* lamentarse, quejarse
Lamm [lam] *n ZOOL* cordero *m*
Lampe ['lampə] *f* lámpara *f*
Lampenfieber ['lampənfiːbər] *n* miedo a salir a escena *m*, miedo al público *m*
Lampenschirm ['lampənʃɪrm] *m* pantalla *f*
Lampion ['lampjɔŋ] *m* farolillo de papel *m*
lancieren [lɑ̃'siːrən] *v* lanzar
Land [lant] *n 1. (Staat)* país *m*, estado *m*; *2. (Grundstück)* terreno *m*; *3. (ländliche Gegend)* campo *m*; *4. (fig) wieder ~ sehen* tener un respiro; *jdn an ~ ziehen* traerse a alguien; *~ gewinnen* ganar terreno
Landbevölkerung ['lantbəfølkəruŋ] *f* población rural *f*
landen ['landən] *v 1. (Flugzeug)* aterrizar; *2. (Schiff)* arribar, atracar, tocar puerto; *3. (fam)* ir a parar; *Wo ist mein Füller gelandet?* ¿Dónde ha ido a parar mi pluma?
Ländereien [lɛndə'raɪən] *pl* tierras *f/pl*
Landesregierung ['landəsregiːruŋ] *f (in Deutschland) POL* gobierno de un Comunidad Autónoma *m*
Landessprache ['landəsʃpraːxə] *f* idioma nacional *m*
Landflucht ['lantfluxt] *f* éxodo rural *m*
Landgericht ['lantgərɪçt] *n JUR* Audiencia Provincial *f*, Tribunal Regional *m*
Landkarte ['lantkartə] *f* mapa *m*
Landkreis ['lantkraɪs] *m POL* distrito rural *m*
ländlich ['lɛndlɪç] *adj* rural, del campo
Landrat ['lantraːt] *m POL* jefe de distrito *m*, prefecto *m*
Landschaft ['lantʃaft] *f* paisaje *m*
landschaftlich ['lantʃaftlɪç] *adj* regional

Landsmann ['lantsman] *m 1.* compatriota *m; 2. (fam)* paisano *m*
Landstraße ['lantʃtraːsə] *f* carretera nacional *f,* carretera rural *f*
Landstreicher ['lantʃtraɪçər] *m* vagabundo *m*
Landtag ['lanttaːk] *m (in Deutschland) POL* Parlamento de un Estado Federal *m*
Landung ['landuŋ] *f 1. (eines Flugzeuges)* aterrizaje *m; 2. (Schiffslandung)* arribada *f*
Landweg ['lantveːk] *m auf dem ~* por vía terrestre, por tierra
Landwirt(in) ['lantvɪrt(ɪn)] *m/f* agricultor(a) *m/f,* labrador(a) *m/f*
Landwirtschaft ['lantvɪrtʃaft] *f* agricultura *f*
landwirtschaftlich ['lantvɪrtʃaftlɪç] *adj* agrícola, agrario
Landzunge ['lanttsuŋə] *f GEO* lengua de tierra *f*
lang [laŋ] *adj 1. (örtlich)* extenso, alto; *2. (zeitlich)* largo, de larga duración
langärmelig ['laŋɛrməlɪç] *adj* de mangas largas
langatmig ['laŋaːtmɪç] *adj* extenso, muy detallado
lange ['laŋə] *adv* largo, mucho tiempo; *Wie ~ sind Sie schon in München?* ¿Cuánto hace que está usted en Múnich? *es nicht mehr ~ machen* no durar mucho tiempo
Länge ['lɛŋə] *f 1. (örtlich)* largo *m; 2. (zeitlich)* duración *f; etw in die ~ ziehen* prolongar algo, dilatar algo
langen ['laŋən] *v 1. (genügen)* ser suficiente, bastar; *Jetzt langt es!* ¡Basta ya! *2. (greifen) nach etw ~* alargar la mano para agarrar algo; *jdm eine ~ (fam)* pegar un bofetón a alguien
Längengrad ['lɛŋəngraːt] *m GEO* grado de longitud *m*
Langeweile ['laŋəvaɪlə] *f* aburrimiento *m,* tedio *m*
langfristig ['laŋfrɪstɪç] *adj* a largo plazo
langjährig ['laŋjɛːrɪç] *adj* de muchos años
Langlauf ['laŋlauf] *m SPORT* carrera de fondo *f*
langlebig ['laŋleːbɪç] *adj* de larga vida, longevo
Langlebigkeit ['laŋleːbɪçkaɪt] *f* longevidad *f*
länglich ['lɛŋlɪç] *adj* alargado
längs [lɛŋs] *prep 1.* a lo largo de; *adv 2.* a lo largo de
langsam ['laŋzaːm] *adj 1.* lento; *adv 2.* lentamente, despacio
längst [lɛŋst] *adv 1. (schon lange)* hace mucho tiempo; *2. ~ nicht* todavía no, ni con mucho
längstens ['lɛŋstəns] *adv 1. (höchstens)* a lo sumo, a lo más; *2. (spätestens)* a más tardar, como muy tarde
Languste [laŋ'gustə] *f ZOOL* langosta *f*
langweilig ['laŋvaɪlɪç] *adj* aburrido, tedioso, pasado
langwierig ['laŋviːrɪç] *adj* de larga duración
Lanze ['lantsə] *f* lanza *f*
Lappalie [la'paːljə] *f* bagatela *f,* pequeñez *f,* friolera *f*
Lappen ['lapən] *m* trapo *m,* estropajo *m; jdm durch die ~ gehen* escapársele a uno de las manos
Lärche ['lɛrçə] *f BOT* alerce *m,* lárice *m*
Lärm [lɛrm] *m* ruido *m,* bulla *f; ~ schlagen* dar la alarma
Lärmbelästigung ['lɛrmbəlɛstɪguŋ] *f* contaminación sonora *f,* bulla *f*
lärmen ['lɛrmən] *v* hacer ruido
Lärmschutz ['lɛrmʃuts] *m* protección contra el ruido *f*
Larve ['larvə] *f 1. (Maske)* máscara *f,* careta *f; 2. ZOOL* larva *f*
Laserstrahl ['leɪzərʃtraːl] *m* rayo láser *m*
lassen ['lasən] *v irr 1. (zu~)* permitir, autorizar, admitir; *es nicht ~ können* no poder dejar algo; *2. (veran~)* ocasionar, originar, causar; *3. (aufhören)* dejar de, cesar de; *Lass mich in Ruhe!* ¡Déjame en paz! *4. (über~)* dejar, ceder; *Das muss man ihr ~.* Hay que dejarla.
lässig ['lɛsɪç] *adj 1.* indolente, indiferente; *adv 2.* indolentemente, con indiferencia
Lässigkeit ['lɛsɪçkaɪt] *f* indolencia *f,* indiferencia *f*
Last ['last] *f* carga *f,* cargamento *m; jdm zur ~ fallen* ser una carga para alguien; *jdm etw zur ~ legen* acusar a alguien de algo; *mit jdm seine liebe ~ haben* tener su cruz con alguien (fam)
lasten ['lastən] *v (fig) ~ auf* gravar sobre
Lasten ['lastən] *pl* carga *f,* gravamen *m*
Laster[1] ['lastər] *n* vicio *m,* mala costumbre *f*
Laster[2] ['lastər] *m* camión *m*
lästern ['lɛstərn] *v 1.* difamar a, hablar mal de; *über alles ~* tener una lengua viperina; *2. REL* blasfemar contra Dios
lästig ['lɛstɪç] *adj* importuno, desagradable; *~ fallen* dar la lata
Lastkraftwagen ['lastkraftvaːgən] *m* camión *m*

Latein [la'taɪn] *n* latín *m; mit seinem ~ am Ende sein (fig)* acabársele el repertorio/ya no saber que decir
Lateinamerika [la'taɪname:rɪka] *n GEO* Latinoamérica *f,* América Latina *f,* Hispanoamérica *f*
latent [la'tɛnt] *adj* latente
Laterne [la'tɛrnə] *f 1.* linterna *f; 2. (Straßenlaterne)* farol *m*
Latte ['latə] *f* viga *f*
Lattenrost ['latənrɔst] *m* rejilla *f*
Lätzchen ['lɛtsçən] *n* babero *m*
lau [lau] *adj 1. (lauwarm)* tibio; *2. (mild)* templado
Laub [laup] *n* follaje *m,* hojas *f/pl*
Laubbaum ['laupbaum] *m BOT* árbol frondoso *m*
Laube ['laubə] *f* glorieta *f*
Lauch [laux] *m BOT* puerro *m*
Lauer ['lauər] *f sich auf die ~ legen* ponerse al acecho
Lauf [lauf] *m 1. (~en) SPORT* corrida *f,* carrera *f; 2. (Gewehrlauf)* cañón *m; 3. (fig: Verlauf)* transcurso *m,* curso *m*
Laufbahn ['laufba:n] *f (fig)* carrera *f*
laufen ['laufən] *v 1. (rennen)* correr; *2. (gehen)* caminar, andar; *3. (fließen)* huir, escaparse
laufend ['laufənt] *adj* corriente; *auf dem Laufenden sein* estar al corriente
Läufer ['lɔyfər] *m 1. (Teppich)* alfombra continua *f; 2. SPORT* corredor *m*
Laufmasche ['laufmaʃə] *f* carrera *f*
Laufpass ['laufpas] *m jdm den ~ geben* mandar a alguien a paseo
Laufsteg ['laufʃte:k] *m* pasarela *f*
Laufwerk ['laufvɛrk] *n INFORM* unidad de lectura *f,* drive *m*
Laufzeit ['lauftsaɪt] *f ECO* vencimiento *m,* validez *f*
Lauge ['laugə] *f 1. (Seifenlauge)* jabón de lejía *m; 2. CHEM* lejía *f*
Laune ['launə] *f* humor *m; schlechte ~ haben* tener un humor de perros; *~ machen* ser divertido; *jdn bei ~ halten* tener a alguien contento; *jdm die ~ verderben* quitarle a uno el buen humor
launenhaft ['launənhaft] *adj* caprichoso, lunático
launisch ['launɪʃ] *adj* caprichoso, lunático
Laus [laus] *f ZOOL* piojo *m; Ihm ist eine ~ über die Leber gelaufen. (fig)* Está enojado./Está que echa chispas. (fam)
Lausbub ['lausbu:p] *m (fam)* pilluelo *m*
lauschen ['lauʃən] *v 1. (zuhören)* escuchar atentamente, escuchar con atención; *2. (horchen)* aguzar el oído
laut[1] [laut] *adj 1.* alto; *2. (geräuschvoll)* ruidoso; *adv 3.* en voz alta, en tono alto; *4. (geräuschvoll)* ruidosamente, muy alto
laut[2] [laut] *prep* según, conforme a
Laut [laut] *m 1. (Ton)* sonido *m; 2. (Geräusch)* ruido *m*
lauten ['lautən] *v (besagen)* decir, rezar
läuten ['lɔytən] *v 1. (campana)* tocar; *von etw ~ hören* oír decir de algo; *2. (la campanilla)* hacer sonar
lautlos ['lautlo:s] *adj 1.* silencioso; *adv 2.* silenciosamente, sin hacer ruido
Lautsprecher ['lautʃprɛçər] *m* altavoz *m,* alto parlante *m* (LA)
lautstark ['lautʃtark] *adj 1.* potente, fuerte, intenso; *adv 2.* fuertemente, intensamente
Lautstärke ['lautʃtɛrkə] *f* intensidad de sonido *f,* volumen *m*
Lavendel [la'vɛndəl] *m BOT* lavanda *f,* espliego *m*
Lawine [la'vi:nə] *f* avalancha *f,* alud *m*
Lazarett [latsa'rɛt] *n MIL* hospital militar *m*
Leben ['le:bən] *n* vida *f,* existencia *f; etw für sein ~ gern tun* desvivirse por algo; *etw ins ~ rufen* crear algo/fundar algo; *mit dem ~ davonkommen* escapar con vida; *jdm nach dem ~ trachten* atentar contra la vida de alguien; *nie im ~* jamás en la vida; *sich das ~ nehmen* quitarse la vida; *mit seinem ~ spielen* jugarse la vida; *jdm das ~ schenken* perdonar la vida a alguien; *sein ~ lassen* dejar la vida; *auf ~ und Tod* a vida o muerte/hasta la muerte; *wie aus dem ~ gegriffen* real como la vida misma; *seit seines ~s* durante toda su vida
leben ['le:bən] *v* vivir, existir; *nach seiner Fasson ~* vivir a su manera; *wie er leibt und lebt* en su vivo retrato
lebendig [le'bɛndɪç] *adj 1. (lebend)* vivo, viviente; *2. (lebhaft)* vivaz, lleno de vida
Lebensabend ['le:bənsa:bənt] *m* vejez *f,* tercera edad *f*
Lebensdauer ['le:bensdauər] *f 1.* duración de la vida *f; 2. (einer Sache)* durabilidad *f*
Lebenserfahrung ['le:bənsɛrfa:ruŋ] *f* experiencia *f,* saber *m; ~ haben* ser un perro viejo
Lebenserwartung ['le:bənsɛrva:rtuŋ] *f* expectativa de vida *f*
Lebensgefahr ['le:bənsgəfa:r] *f* riesgo de vida *m,* peligro de muerte *m*

lebensgefährlich ['leːbənsgəfɛːrlɪç] *adj* peligroso, arriesgado
Lebensgefährte ['leːbənsgəfɛːrtə] *m* compañero de la vida *m*
Lebenshaltungskosten ['leːbənshaltuŋskɔstən] *pl* coste de vida *m*
lebenslänglich ['leːbənslɛŋlɪç] *adj* perpetuo, vitalicio, de toda la vida
Lebenslauf ['leːbənslauf] *m* curriculum vitae *m*
Lebensmittel ['leːbənsmɪtəl] *pl* alimentos *m/pl*, comestibles *m/pl*
lebensmüde ['leːbənsmyːdə] *adj* cansado de la vida, cansado de vivir, harto de la vida
Lebensretter(in) ['leːbənsrɛtər(ɪn)] *m/f* socorrista *m/f*, salvavidas *m*
Lebensunterhalt ['leːbənsuntərhalt] *m* sustento *m*, medios de subsistencia *m/pl*
Lebensversicherung ['leːbənsfɛrzɪçəruŋ] *f* seguro de vida *m*
lebenswichtig ['leːbənsvɪçtɪç] *adj* vital, fundamental
Leber ['leːbər] *f ANAT* hígado *m*; *frei von der ~ weg sprechen* no tener pelos en la lengua (fig)
Lebewesen ['leːbəveːzən] *n* ser vivente *m*, organismo viviente *m*
lebhaft ['leːphaft] *adj 1. (munter)* vivaracho, listo, despierto; *2. (rege)* vivaz; *3. (begeistert)* entusiasmado
leblos ['leːploːs] *adj* sin vida, muerto
Leck [lɛk] *n* fuga *f*, escape *m*, filtración *f*
lecken[1] ['lɛkən] *v (sch~)* lamer, chupar
lecken[2] ['lɛkən] *v (auslaufen)* derramarse, tener fuga
lecker ['lɛkər] *adj 1.* sabroso, rico, apetitoso, delicioso; *adv 2.* sabrosamente, deliciosamente
Leckerbissen ['lɛkərbɪsən] *m* bocado *m*, manjar *m*
Leder ['leːdər] *n* cuero *m*, piel *f*; *jdm ans ~ wollen* querer zurrar la badana a uno
ledig ['leːdɪç] *adj 1.* soltero; *2. (fig) einer Sache ~ sein* estar libre (de)
lediglich ['leːdɪglɪç] *adv* sólo, meramente, solamente
leer [leːr] *adj 1. (nichts enthaltend)* vacío; *2. (frei)* libre; *3. (unbeschrieben)* en blanco
Leere ['leːrə] *f* vacío *m*; *ins ~ reden* hablar al vacío
leeren ['leːrən] *v* vaciar, verter, arrojar
Leergut ['leːrguːt] *n* envases de vuelta *m/pl*
Leerung ['leːruŋ] *f* vaciado *m*, vaciamiento *m*
legal [le'gaːl] *adj 1.* legal; *adv 2.* legalmente
legalisieren [legali'ziːrən] *v* legalizar
Legalität [legali'tɛːt] *f* legalidad *f*
legen ['leːgən] *v* poner, colocar horizontalmente
legendär [legɛn'dɛːr] *adj* legendario
Legende [le'gɛndə] *f* leyenda *f*
Legierung [le'giːruŋ] *f MET* aleación *f*
Legislative [legisla'tiːvə] *f POL* poder legislativo *m*
Legislaturperiode [legisla'tuːrperjoːdə] *f POL* legislatura *f*, período legislativo *m*
legitim [leːgi'tiːm] *adj* legítimo
Legitimation [legitima'tsjoːn] *f* legitimación *f*, legitimidad *f*
legitimieren [legiti'miːrən] *v sich ~* identificarse, probar su identidad
Leguan ['leːguan] *m ZOOL* iguana *f*
Lehm [leːm] *m* barro *m*, lodo *m*
Lehne ['leːnə] *f 1. (Armlehne)* brazo *m*; *2. (Rückenlehne)* respaldar *m*
lehnen ['leːnən] *v 1.* apoyar, arrimar; *2. sich ~* apoyarse, arrimarse
Lehre ['leːrə] *f 1. (Lehrsatz)* doctrina *f*, dogma *m*; *2. (Ausbildung)* aprendizaje *m*, instrucción *f*; *3. (fig: Ermahnung)* enseñanza *f*, lección *f*, escarmiento *m*; *Lass dir das eine ~ sein!* ¡Que te sirva de escarmiento! *bei jdm in die ~ gehen können* poder aprender con alguien; *jdm eine ~ sein* servir a alguien de lección
lehren ['leːrən] *v* enseñar, instruir a alguien en algo
Lehrer(in) ['leːrər(ɪn)] *m/f 1. (einer Grundschule)* maestro/maestra *m/f*; *2. (einer höheren Schule)* profesor(a) *m/f*
Lehrgang ['leːrgaŋ] *m* curso *m*, cursillo *m*
Lehrling ['leːrlɪŋ] *m* aprendiz *m*
Lehrplan ['leːrplaːn] *m* currículo *m*
lehrreich ['leːrraɪç] *adj* instructivo
Lehrstelle ['leːrʃtɛlə] *f* puesto de aprendiz *m*
Lehrstuhl ['leːrʃtuːl] *m* cátedra *f*
Lehrzeit ['leːrtsaɪt] *f* tiempo de aprendizaje *m*
Leib [laɪp] *m* cuerpo *m*; *etw zu ~e rücken* combatir algo; *jdm wie auf den ~ zugeschnitten sein* venirle a alguien clavado/venirle a alguien como el anillo al dedo; *etw am eigenen ~ erfahren* experimentar algo en las propias carnes (fam); *mit ~ und Seele* en cuerpo y alma; *aus ~eskräften* a más no poder
Leibgericht ['laɪpgərɪçt] *n* plato favorito *m*
leibhaftig ['laɪphaftɪç] *adj 1.* personificado, en persona; *adv 2.* personalmente

Leibwächter ['laɪpvɛçtər] *m* guardaespaldas *m*
Leiche ['laɪçə] *f* cadáver *m*, cuerpo muerto *m*; *~n im Keller haben (fig)* tener un muerto encima; *über ~n gehen* pasar por encima de cadáveres; *Nur über meine ~!* ¡Sólo pasando por encima de mi cadáver!
Leichenhalle ['laɪçənhalə] *f* depósito de cadáveres *m*
Leichenwagen ['laɪçənva:gən] *m* coche fúnebre *m*, carroza *f*
Leichnam ['laɪçnam] *m* cadáver *m*, muerto *m*
leicht [laɪçt] *adj 1. (nicht schwer)* ligero, liviano; *2. (nicht schwierig)* fácil, sencillo; *ein Leichtes sein* ser facíl; *3. (geringfügig)* leve; *adv 4. (nicht schwierig)* fácilmente; *~ reden haben* bien poder hablar; *Das ist ~ gesagt.* Se dice pronto. *etw ~ nehmen* tomar algo a la ligera; *5. (geringfügig)* levemente
Leichtathletik ['laɪçtatle:tɪk] *f SPORT* atletismo *m*
leichtfertig ['laɪçtfɛrtɪç] *adj 1.* ligero, irreflexivo, frívolo; *adv 2.* a la ligera, irreflexivamente
leichtgläubig ['laɪçtglɔybɪç] *adj 1.* crédulo, cándido, ingenuo; *~er Mensch* un hombre de buena fe; *adv 2.* crédulamente
Leichtigkeit ['laɪçtɪçkaɪt] *f 1. (Ungezwungenheit)* naturalidad *f*, espontaneidad *f*; *2. (Mühelosigkeit)* facilidad *f*, simplicidad *f*, comodidad *f*
Leichtsinn ['laɪçtzɪn] *m* irreflexión *f*, imprudencia *f*
leichtsinnig ['laɪçtzɪnɪç] *adj* irreflexivo, imprudente
Leid [laɪt] *n 1.* pesar *m*, pena *f*; *2. ~ tun (bedauern)* sentirlo, lamentarlo; *Es tut mir ~.* Lo siento. *3. ~ tun (bemitleiden)* dar lástima, dar pena; *Dieser Mann tut mir ~.* Este hombre me da lástima.
leiden ['laɪdən] *v irr* sufrir, padecer
Leiden ['laɪdən] *n 1. (Kummer)* sufrimiento *m*, pena *f*; *2. MED* afección *f*, dolencia *f*
Leidenschaft ['laɪdənʃaft] *f* pasión *f*
leidenschaftlich ['laɪdənʃaftlɪç] *adj 1.* apasionado; *adv 2.* apasionadamente
Leidensgefährte ['laɪdənsgəfɛ:rtə] *m* compañero de infortunio *m*, compañero de desgracias *m*
leider ['laɪdər] *adv* desgraciadamente, lamentablemente
leidlich ['laɪdlɪç] *adj 1.* soportable, tolerable; *adv 2.* tolerablemente
Leier ['laɪər] *f die alte ~* siempre la misma cancíon (fig), el cuento de nunca acabar
Leierkasten ['laɪərkastən] *m* organillo *m*
Leihbibliothek ['laɪbibliote:k] *f* biblioteca circulante *f*
leihen ['laɪən] *v irr 1. etw an jdn ver~* prestar algo a alguien; *2. (sich etw ~)* tomar prestado
Leihgebühr ['laɪgəby:r] *f* derechos de alquiler *m/pl*
Leihwagen ['laɪva:gən] *m* coche de alquiler *m*
Leim [laɪm] *m* cola *f*, pegamento *m*; *jdm auf den ~ gehen* caer en la trampa de alguien; *aus dem ~ gehen* deshacerse/crecer a lo ancho
leimen ['laɪmən] *v 1. (kleben)* pegar con cola, encolar; *2. (fam) jdn ~* engañar a alguien
Leine ['laɪnə] *f 1.* cuerda *f*; *2. (Hundeleine)* correa *f*; *an der langen ~ sein* gozar más libertad
Leinen ['laɪnən] *n* lino *m*
Leinwand ['laɪnvant] *f 1. ART* lienzo *m*; *2. CINE* pantalla *f*
leise ['laɪzə] *adj 1. (nicht laut)* bajo, silencioso, quedo, despacio; *2. (ruhig)* tranquilo, quieto, apacible; *3. (schwach)* débil; *adv 4. (nicht laut)* bajo, sin hacer ruido; *5. (ruhig)* tranquilamente, apaciblemente
Leiste ['laɪstə] *f 1.* varilla *f*; *2. ANAT* ingle *f*
leisten ['laɪstən] *v 1.* efectuar, hacer; *2. sich etw ~* darse el lujo de comprar algo/permitirse algo
Leistung ['laɪstuŋ] *f 1. ECO* rendimiento *m*, prestación de servicio *f*; *2. TECH* potencia *f*, rendimiento *m*
leistungsfähig ['laɪstuŋsfɛ:ɪç] *adj* productivo, capaz, eficiente
Leistungsfähigkeit ['laɪstuŋsfɛ:ɪçkaɪt] *f* capacidad de rendimiento *f*
Leistungssport ['laɪstuŋsʃpɔrt] *m* deporte de competición *m*
leiten ['laɪtən] *v 1. (führen)* guiar, llevar; *2. (lenken)* dirigir, conducir, orientar; *3. TECH* conducir
leitend ['laɪtənt] *adj* conductor
Leiter¹ ['laɪtər] *f* escalera *f*
Leiter² ['laɪtər] *m TECH* conductor *m*
Leiter(in) ['laɪtər(ɪn)] *m/f (Vorgesetzte(r))* director(a) *m/f*, gerente *m/f*, jefe/jefa *m/f*
Leitplanke ['laɪtplaŋkə] *f* bordillo guía *m*, banda de guía *f*
Leitung ['laɪtuŋ] *f 1. (Geschäftsleitung)* dirección *f*, gerencia *f*; *2. (Rohrleitung)* tubería *f*, cañería *f*; *3. (Kabel)* conducción *f*; *eine lange ~ haben (fig)* tener malas entendederas

Leitungswasser ['laıtuŋsvasər] *n* agua potable *f/el*, agua del grifo *f/el*
Lektion [lɛk'tsjo:n] *f* lección *f*
Lektor(in) ['lɛktor/lɛk'to:rın] *m/f* lector(a) *m/f*
Lektüre [lɛk'ty:rə] *f* lectura *f*
Lende ['lɛndə] *f* *1. ANAT* región lumbar *f*, cadera *f*; *2. GAST* lomo *m*
lenken ['lɛŋkən] *v* *1. (steuern)* llevar, guiar, orientar; *2. (leiten)* dirigir, conducir; *3. (Aufmerksamkeit, Blick)* prestar atención a, dirigir la mirada hacia
Lenkrad ['lɛŋkra:t] *n (eines Autos)* volante *m*
Leopard [leo'part] *m ZOOL* leopardo *m*
Lerche ['lɛrçə] *f ZOOL* alondra *f*
lernen ['lɛrnən] *v* aprender, asimilar
lesbisch ['lɛsbıʃ] *adj* lesbiano
Lesebuch ['le:zəbu:x] *n* libro de lecturas *m*
lesen ['le:zən] *v* leer
Leser ['le:zər] *m* lector *m*
leserlich ['le:zərlıç] *adj* *1.* legible; *adv* *2.* de manera legible
Lesung ['le:zuŋ] *f* *1.* lectura *f*; *2. POL* lectura *f*; *3. REL* lectura *f*, interpretación *f*
letzte(r,s) ['lɛtstə(r,s)] *adj* *1.* último/última; *zu guter Letzt* por último; *das Letzte sein* ser lo último/ser el colmo; *bis aufs letzte* por completo; *2. (vorig)* pasado; *~s Jahr* el año pasado *m*
letztens ['lɛtstəns] *adv* últimamente, recientemente
letztlich ['lɛtstlıç] *adv* finalmente, por fin
Leuchtanzeige ['lɔyçtantsaıgə] *f* lámpara de señales *f*, indicador luminoso *m*
Leuchte ['lɔyçtə] *f* *1.* luz *f*, lámpara *f*; *2. (fig)* genio *m*; *keine große ~ sein* no ser ninguna lumbrera
leuchten ['lɔyçtən] *v* *1. (Licht)* alumbrar, iluminar; *2. (Sonne)* brillar
Leuchter ['lɔyçtər] *m* candelabro *m*
Leuchtturm ['lɔyçtturm] *m* faro *m*
leugnen ['lɔygnən] *v* negar, denegar
Leukämie [lɔykɛ'mi:] *f MED* leucemia *f*
Leumund ['lɔymunt] *m* reputación *f*
Leute ['lɔytə] *pl* gente *f*; *unter die ~ kommen* divulgarse/circular
Leutnant ['lɔytnant] *m MIL* alférez *m*
leutselig ['lɔytze:lıç] *adj* *1.* afable, amable, gentil; *adv* *2.* afablemente, con gentileza
Lexikon ['lɛksıkɔn] *n* *1. (Wörterbuch)* diccionario *m*; *2. (Enzyklopädie)* enciclopedia *f*
Libanon ['li:banɔn] *m GEO* Líbano *m*
Libelle [li'bɛlə] *f ZOOL* libélula *f*
liberal [libə'ra:l] *adj* *1.* liberal; *adv* *2.* liberalmente
Liberalisierung [libərali'zi:ruŋ] *f POL* liberalización *f*
Liberalismus [libəra'lısmus] *m POL* liberalismo *m*
Libyen ['li:bıən] *n GEO* Libia *f*
Licht [lıçt] *n* luz *f*; *kein großes ~ sein* no ser ninguna lumbrera; *sich ins rechte ~ setzen* favorecerse; *sein ~ unter den Scheffel stellen* callar sus méritos; *jdn hinters ~ führen* engañar a alguien/dar a alguien gato por liebre (fig); *kein gutes ~ auf jdn werfen* no hablar en favor de alguien; *Jetzt geht mir ein ~ auf!* ¡Ahora caigo!/¡Ahora se me ha encendido la bombilla!
Lichtblick ['lıçtblık] *m (fig)* rayo de luz *m*, rayo de esperanza *m*
lichtempfindlich ['lıçtɛmpfındlıç] *adj* sensible a la luz
Lichtgeschwindigkeit ['lıçtgəʃvındıçkaıt] *f PHYS* velocidad de la luz *f*
Lichtschalter ['lıçtʃaltər] *m* interruptor de la luz *m*
Lichtschutzfaktor ['lıçtʃutsfaktɔr] *m* factor de protección solar *m*
Lichtstrahl ['lıçtʃtra:l] *m* rayo de luz *m*
Lichtung ['lıçtuŋ] *f (Waldlichtung)* claro *m*
Lid [li:t] *n* párpado *m*
Lidschatten ['li:tʃatən] *m* sombra de ojos *f*
lieb [li:p] *adj* querido, amoroso; *jdm ~ und teuer sein* tener en mucha estima a alguien; *~ gewinnen* tomar cariño, encariñarse con; *~ haben* querer, amar
Liebe ['li:bə] *f* amor *m*; *bei aller ~* aunque me empeñe; *~ auf den ersten Blick* amor a primera vista *m*
lieben ['li:bən] *v* amar, querer (mucho); *Ich liebe dich.* Yo te quiero mucho./Yo te amo.
liebenswert ['li:bənsve:rt] *adj* digno de ser amado, muy simpático
liebenswürdig ['li:bənsvyrdıç] *adj* gentil, amable, afable
Liebenswürdigkeit ['li:bənsvyrdıçkaıt] *f* gentileza *f*, amabilidad *f*
lieber ['li:bər] *adv* más bien, mejor
Liebesbrief ['li:bəsbri:f] *m* carta amorosa *f*, carta de amor *f*
Liebesgeschichte ['li:bəsgəʃıçtə] *f* historia de amor *f*
Liebeskummer ['li:bəskumər] *m* penas de amor *f/pl*, penas del corazón *f/pl*
Liebeslied ['li:bəsli:t] *n* canción de amor *f*

Liebespaar ['li:bəspa:r] *n* pareja de enamorados *f*
liebevoll ['li:bəfɔl] *adj 1.* amoroso, cariñoso; *adv 2.* amorosamente
Liebhaber ['li:phabər] *m 1. (Geliebter)* amante *m/f; 2. (Kenner)* aficionado *m*
Liebhaberei [li:pha:bə'raɪ] *f* afición *f*
Liebhaberwert ['li:pha:bərve:rt] *m* valor de curiosidad *m*
liebkosen [li:p'ko:zən] *v* acariciar, hacer caricias
Liebkosung [li:p'ko:zuŋ] *f* caricia *f*
lieblich ['li:plɪç] *adj* agradable, simpático
Liebling ['li:plɪŋ] *m 1.* favorito *m; 2. (Anrede)* querido *m*
Lieblingsbeschäftigung ['li:plɪŋsbəʃɛftɪguŋ] *f* ocupación favorita *f*
Lieblingsspeise ['li:blɪŋsʃpaɪzə] *f* plato favorito *m*
lieblos ['li:plo:s] *adj 1.* desamoroso, falto de amor; *adv 2.* sin amor, fríamente, con desamor
Lieblosigkeit ['li:plo:zɪçkaɪt] *f* desamor *m,* falta de amor *f*
Liebreiz ['li:praɪts] *m* atractivo *m,* encanto *m*
Liebschaft ['li:pʃaft] *f* amores *m/pl,* amoríos *m/pl*
Liebster ['li:pstə(r)] *f/m* más querida *f,* más querido *m*
Lied [li:t] *n* canción *f; immer wieder das alte ~ anstimmen* volver siempre a la misma canción/venir siempre con el mismo cuento
Liederabend ['li:dəra:bənt] *m* recital *m*
Liederbuch ['li:dərbu:x] *n* cancionero *m*
liederlich ['li:dərlɪç] *adj 1.* desordenado, descuidado; *adv 2.* desordenadamente, sin esmero
Liedermacher(in) ['li:dərmaxər(ɪn)] *m/f* cantautor(a) *m/f,* compositor(a) de canciones *m/f*
Lieferant(in) [li:fə'rant(ɪn)] *m/f* proveedor(a) *m/f,* suministrador(a) *m/f*
lieferbar ['li:fərba:r] *adj* suministrable, disponible
Lieferbedingung ['li:fərbədɪŋuŋ] *f ECO* condiciones de entrega *f/pl*
liefern ['li:fərn] *v* suministrar, entregar, proveer; *geliefert sein* estar perdido
Lieferschein ['li:fərʃaɪn] *m ECO* talón de entrega *m,* recibo de entrega *m*
Liefertermin ['li:fərtɛrmi:n] *m ECO* fecha de entrega *f,* día de entrega *m*
Lieferung ['li:fəruŋ] *f* entrega *f,* suministro *m*
Lieferwagen ['li:fərva:gən] *m* camioneta de reparto *f*
Liege ['li:gə] *f* diván *m*
liegen ['li:gən] *v irr 1.* estar tendido, yacer; *2. (sich befinden)* encontrarse, estar; *Das Buch liegt in der Schublade.* El libro está en el cajón. *3. richtig ~* estar en lo cierto; *4. ~ lassen (vergessen)* olvidar algo, dejar algo olvidado; *alles stehen- und ~* abandonar todo
Liegenschaften ['li:gənʃaftən] *pl* inmuebles *m/pl,* bienes raíces *m/pl,* terrenos *m/pl*
Liegestuhl ['li:gəʃtu:l] *m* silla extensible *f,* gandula *f*
Liegewagen ['li:gəva:gən] *m* vagón de literas *m,* coche de asientos/coche cama *m*
Lift [lɪft] *m* ascensor *m*
liften ['lɪftən] *v* estirar la piel quirúrgicamente, hacer lifting
Liga ['li:ga] *f* liga *f*
Likör [li'kø:r] *m* licor *m*
lila ['li:la] *adj* de color lila
Lilie ['li:ljə] *f BOT* lirio *m*
Limonade [limo'na:də] *f* limonada *f*
Limousine [limu'zi:nə] *f (Auto)* limusina *f*
Linde ['lɪndə] *f BOT* tilo *m*
lindern ['lɪndərn] *v* aliviar, mitigar, calmar
Linderung ['lɪndəruŋ] *f* alivio *m,* mitigación *f*
Lineal [line'a:l] *n* regla *f; ein ~ verschluckt haben (fig)* ir tieso como un palo
linear [line'a:r] *adj* lineal
Linie ['li:njə] *f 1. (Strich)* raya *f,* línea *f; auf der ganzen ~* en toda regla; *2. (Zeile)* renglón *m; 3. (Reihe)* fila *f*
Linienflug ['li:njənflu:k] *m* vuelo regular *m,* vuelo de línea *m*
linke(r,s) ['lɪŋkə(r,s)] *adj 1.* izquierda; *2. (Rückseite)* revés
Linke(r) ['lɪŋkə(r)] *f/m POL* izquierdista *m/f*
links [lɪŋks] *adv 1.* a la izquierda, por la izquierda; *jdn ~ liegen lassen (fig)* hacer caso omiso de alguien; *etw mit ~ machen* hacer algo con la izquierda; *2. (Rückseite)* al revés, por el revés
Linkshänder(in) ['lɪŋkshɛndər(ɪn)] *m/f* zurdo/zurda *m/f*
Linse ['lɪnzə] *f 1. (in der Optik)* lente *m; 2. BOT* lenteja *f*
Lippe ['lɪpə] *f* labio *m; eine dicke ~ riskieren* meterse en una conversación; *etw nicht über die ~n bringen* no atreverse a decir algo; *leicht von den ~n gehen* escaparse de la lengua
Lippenstift ['lɪpənʃtɪft] *m* lápiz labial *m,* pintalabios *m* (LA)

liquidieren [lıkvı'diːrən] *v ECO* liquidar, entrar en liquidación
lispeln ['lıspəln] *v* cecear
List [lıst] *f* astucia *f*, sutileza *f*; *~ geht über Kraft.* Más vale maña que fuerza.
Liste ['lıstə] *f* lista *f*
listig ['lıstıç] *adj 1.* astuto, sutil; *adv 2.* con astucia, astutamente, con sutileza
Litanei [lita'naı] *f 1. REL* letanía *f*; *2. (fam)* retahíla *f*, sarta *f*
Liter ['liːtər] *m* litro *m*
literarisch [litə'raːrıʃ] *adj* literario
Literatur [litəra'tuːr] *f* literatura *f*
Liturgie [litur'giː] *f REL* liturgia *f*
Lizenz [li'tsɛnts] *f* licencia *f*
Lob [loːp] *n* alabanza *f*, elogio *m*
loben ['loːbən] *v* alabar, elogiar; *jdn über alle Maßen ~* deshacerse a alguien en elogios
lobenswert ['loːbənsvɛrt] *adj* digno de alabanza, elogiable
Loch [lɔx] *n* agujero *m*, hueco *m*; *aus dem letzten ~ pfeifen (fig)* estar en las últimas; *jdm ein ~ in den Bauch reden* meter un rollo a alguien; *ein ~ in die Luft starren* estar en la higuera
Locher ['lɔxər] *m* perforador *m*, taladrador *m*
Locke ['lɔkə] *f* rizo *m*, bucle *m*
locken[1] ['lɔkən] *v (Haare)* rizar, rizarse, hacerse rizos
locken[2] ['lɔkən] *v* atraer, seducir
Lockenwickler ['lɔkənvıklər] *m* bigudí *m*, rulo *m*, rulero (LA) *m*
locker ['lɔkər] *adj 1. (lose)* suelto; *2. (entspannt)* flojo; *3. (fig: ungezwungen)* natural
lockig ['lɔkıç] *adj* rizado, ensortijado
Lockvogel ['lɔkfoːgəl] *m (fig)* gancho *m*, señuelo *m*
lodern ['loːdərn] *v* llamear, arder
Löffel ['løfəl] *m* cuchara *f*
Loge ['loːʒə] *f 1. (Vereinigung)* logia *f*; *2. THEAT* palco *m*
Logik ['loːgık] *f* lógica *f*
logisch ['loːgıʃ] *adj 1.* lógico; *adv 2.* lógicamente, por lógica
Logistik [lo'gıstık] *f* logística *f*
Lohn [loːn] *m 1. (Bezahlung)* salario *m*, paga *f*; *2. (Belohnung)* recompensa *f*
Lohnausgleich ['loːnausglaıç] *m* reajuste de salarios *m*
lohnen ['loːnən] *v sich ~* valer la pena, ser rentable
Lohnerhöhung ['loːnɛrhøːuŋ] *f* aumento salarial *m*
Lohnsteuer ['loːnʃtɔyər] *f* impuesto sobre salarios *m*, impuesto sobre los rendimientos del trabajo personal (IRTP) *m*
lokal [lo'kaːl] *adj* local
Lokal [lo'kaːl] *n* local *m*, establecimiento *m*
Lokomotive [lokomo'tiːvə] *f* locomotora *f*
Lorbeer ['lɔrbeːr] *m BOT* laurel *m*; *~en ernten* llevarse laureles; *sich auf seinen ~en ausruhen (fig)* dormirse sobre sus laureles
los [loːs] *interj* vamos, ya, adelante, en marcha; *Was ist ~?* ¿Qué pasa? *Mit ihm ist nicht viel ~.* No sirve para hacer gran cosa.
Los [loːs] *n 1. (Lotterielos)* billete de lotería *m*; *mit jdm das große ~ gezogen haben* haberle tocado la lotería con alguien; *2. (Schicksal)* suerte *f*, destino *m*
löschen ['lœʃən] *v 1. (Feuer)* extinguir, apagar, sofocar; *2. (Licht)* apagar; *3. INFORM* borrar, cancelar
lose ['loːzə] *adj 1. (locker)* flojo, suelto; *2. (unverpackt)* sin empacar, a granel; *3. (fig: leichtfertig)* frívolo, ligero
Lösegeld ['løːzəgɛlt] *n* rescate *m*
lösen ['løːzən] *v 1. (losbinden)* desatar, desligar; *2. (beenden)* finalizar, terminar, acabar; *3. (klären)* resolver, solucionar, aclarar; *4. (zergehen lassen)* diluir, disolver; *5. (kaufen)* comprar, sacar (un billete)
losfahren ['loːsfaːrən] *v irr* salir, partir
loslassen ['loːslasən] *v irr* soltar, desasir
löslich ['løːslıç] *adj* soluble
losreißen ['loːsraısən] *v irr 1.* arrancar, quitar; *2. (fig)* desprenderse, separarse
lossagen ['loːszaːgən] *v sich ~ von* abjurar de, renegar de
Lösung ['løːzuŋ] *f 1. (Losmachen)* desprendimiento *m*, separación *f*; *2. (Beendigung)* finalización *f*; *3. (Klärung)* solución *f*; *4. CHEM* solución *f*
Lot [loːt] *n 1. (Senkrechte) MATH* línea perpendicular *f*, vertical *f*; *2. (Senkblei) TECH* plomada *f*; *etw wieder ins rechte ~ bringen* poner de nuevo algo en orden; *ins ~ kommen* arreglarse
löten ['løːtən] *v* soldar con estaño
Lotse ['loːtsə] *m 1. (Schiffslotse)* práctico *m*; *2. (Flugzeuglotse)* operador de radar *m*
lotsen ['loːtsən] *v 1.* pilotar, pilotear, practicar; *2. (fig)* seducir a venir, arrastrar
Lotterie [lɔtə'riː] *f* lotería *f*
Löwe ['løːvə] *m ZOOL* león *m*
Löwenanteil ['løːvənantaıl] *m* parte del león *f*, parte más grande *f*, mayor parte *f*

loyal [lo'ja:l] *adj* leal
Loyalität [loja:lɪ'tɛ:t] *f* lealtad *f*
Luchs [luks] *m ZOOL* lince *m*
Lücke ['lykə] *f* vacío *m,* hueco *m*
lückenhaft ['lykənhaft] *adj 1.* defectuoso, incompleto; *adv 2.* defectuosamente, de manera incompleta
lückenlos ['lykənlo:s] *adj 1.* completo, ininterrumpido; *adv 2.* por completo, ininterrupidamente
Luft [luft] *f* aire *m; in der ~ hängen (fig)* estar en el aire/estar por decidir; *dicke ~* ambiente cargado *m; die ~ rauslassen* dejar salir el aire; *jdn wie ~ behandeln* hacer caso omiso de alguien; *die ~ anhalten* contener la respiración; *jdn an die frische ~ befördern* mandar a alguien con viento fresco/poner a alguien de patitas en la calle; *aus der ~ gegriffen sein* ser puro invento; *in die ~ gehen* saltar (fam)/explotar; *sich ~ machen* desahogarse/aliviarse; *Da bleibt mir die ~ weg!* ¡Se me quita la respiración!
Luftballon ['luftbalɔŋ] *m* globo *m,* globo aerostático *m*
luftdicht ['luftdɪçt] *adj 1.* hermético, impenetrable al aire; *adv 2.* herméticamente
Luftdruck ['luftdruk] *m* presión atmosférica *f*
lüften ['lyftən] *v 1. (Raum)* ventilar, airear; *2. (Kleider)* poner al aire; *3. (fig: enthüllen)* revelar, desvelar
Luftfahrt ['luftfa:rt] *f* aviación *f,* aeronavegación *f,* aeronáutica *f*
Luftfeuchtigkeit ['luftfɔyçtɪçkaɪt] *f* humedad atmosférica *f*
Luftfracht ['luftfraçt] *f* carga aérea *f,* flete aéreo *m*
Luftlinie ['luftli:njə] *f* línea aérea *f,* línea directa *f*
Luftmatraze ['luftmatratsə] *f* colchón neumático *m*
Luftpost ['luftpɔst] *f* correo aéreo *m*
Luftpumpe ['luftpumpə] *f* bomba neumática *f,* bomba de aire *f*
Luftröhre ['luftrø:rə] *f ANAT* tráquea *f*
Lüftung ['lyftuŋ] *f* ventilación *f*
Luftverschmutzung ['luftfɛrʃmutsuŋ] *f* contaminación atmosférica *f*
Luftwaffe ['luftvafə] *f MIL* fuerza aérea *f,* aviación militar *f*
Luftzug ['lufttsu:k] *m* corriente de aire *f*
Lüge ['ly:gə] *f* mentira *f,* embuste *m*
lügen ['ly:gən] *v irr* mentir, decir embustes, engañar; *wie gedruckt ~* mentir más que la gaceta/miente más que habla
Lügner(in) ['ly:gnər(ɪn)] *m/f* mentiroso/mentirosa *m/f,* embustero/embustera *m/f,* farsante *m/f*
Lümmel ['lyməl] *m* bruto *m,* grosero *m*
lumpen ['lumpən] *v sich nicht ~ lassen* ser rumbroso
Lumpen ['lumpən] *m* harapo *m,* andrajo *m*
Lunge ['luŋə] *f ANAT* pulmón *m*
Lupe ['lu:pə] *f* lupa *f,* lente de aumento *f; etw mit der ~ suchen können* poder buscar algo con lupa; *jdn unter die ~ nehmen (fig)* indagar sobre alguien
Lust [lust] *f 1. (Freude)* placer *m,* alegría *f; nach ~ und Laune* a su gusto; *2. (Verlangen)* deseo *m; Ich habe ~ auf eine Pizza.* Tengo ganas de comer una pizza.
lustig ['lustɪç] *adj 1. (fröhlich)* alegre, contento, divertido; *2. (komisch)* chistoso, gracioso, cómico
lustlos ['lustlo:s] *adj 1.* desanimado, desganado; *adv 2.* con desgano
lutschen ['lutʃən] *v* chupar, chupetear
Lutscher ['lutʃər] *m* pirulí *m,* chupete *m* (LA)
luxuriös [luksur'jø:s] *adj 1.* lujoso, suntuoso; *adv 2.* lujosamente, suntuosamente
Luxus ['luksus] *m* lujo *m*
Lyrik ['ly:rɪk] *f LIT* lírica *f*

M

machbar ['maxbar] *adj* factible
machen ['maxən] *v* hacer, realizar, ejecutar; *blau ~* hacer domingo (LA); *sich wenig aus etw ~* no pirrarse por algo (fam); *es mit jdm ~ können* poderlo hacer con alguien; *Mach dir nichts draus!* ¡Que no te importe!/¡Que no te moleste!
Machenschaften ['maxənʃaftən] *pl* maquinaciones *f/pl*, intrigas *f/pl*
Macht [maxt] *f* *1. (Stärke)* fuerza *f; 2. (Herrschaft)* poderío *m*, poder *m; 3. (Einfluss)* influencia *f*
Machthaber ['maxtha:bər] *m* gobernante *m*, dirigente *m*
mächtig ['mɛçtɪç] *adj 1. (stark)* fuerte; *seiner selbst nicht mehr ~ sein* ya no ser dueño de si mismo/estar fuera de sus casillas (fig); *2. (gewaltig)* poderoso; *3. (einflussreich)* influyente; *4. (fig: sehr groß)* colosal, tremendo; *adv 5. (fig)* muy, mucho, enormemente
machtlos ['maxtlo:s] *adj* impotente
Machtübernahme ['maxty:bərna:mə] *f* *POL* toma del poder *f*
Mädchen ['mɛ:tçən] *n* chica *f*, muchacha *f*; *Carolina ist ein junges ~ von fünfzehn Jahren.* Carolina es una chica de quince años. *~ für alles sein (fig)* ser la chica para todo
Mädchenname ['mɛ:tçənna:mə] *m* apellido de soltera *m*
Made ['ma:də] *f* *ZOOL* cresa *f*
Madonna [ma'dɔna] *f* *REL* Virgen *f*
Mafia ['mafia] *f* mafia *f*
Magazin [maga'tsi:n] *n 1. (Lager)* almacén *m*, depósito *m; 2. (einer Waffe)* cargador *m; 3. (Zeitschrift)* revista *f*
Magen ['ma:gən] *m ANAT* estómago *m; jdm auf den ~ schlagen* producir a alguien dolor de estómago; *Da dreht sich mir der ~ um!* ¡Se me revuelve el estómago!
mager ['ma:gər] *adj 1. (dünn)* flaco, descarnado, escualido; *2. (dürftig)* escaso, insuficiente, pobre
Magie [ma'gi:] *f* magia *f*
magisch ['ma:gɪʃ] *adj 1.* mágico; *adv 2.* por arte de magia
Magnet [mag'ne:t] *m* imán *m*
magnetisch [mag'ne:tɪʃ] *adj* magnético
Mahagoni [maha'go:ni] *n* caoba *f*
mähen ['mɛ:ən] *v (Gras)* segar, cortar
mahlen ['ma:lən] *v irr* moler
Mahlzeit ['ma:ltsaɪt] *f* comida *f*
mahnen ['ma:nən] *v 1. (warnen)* advertir, recordar, hacer presente; *2. (auffordern)* requerir, apremiar, reclamar
Mahnmal ['ma:nma:l] *n* monumento conmemorativo *m*
Mahnung ['ma:nuŋ] *f 1. (Warnung)* advertencia *f*, recordatorio *m; 2. (Aufforderung)* requerimiento *m*, reclamación *f*
Mai [maɪ] *m* mayo *m*
Mailbox ['meɪlbɔks] *f INFORM* caja de correos *f;* buzón *m*
Mais [maɪs] *m BOT* maíz *m*
Majestät [majɛs'tɛ:t] *f* majestad *f*
majestätisch [majɛs'tɛ:tɪʃ] *adj 1.* majestuoso, regio; *adv 2.* majestuosamente
Majonäse [majɔ'nɛ:zə] *f GAST* mayonesa *f*
Majoran [majo'ra:n] *m BOT* mejorana *f*
makaber [ma'ka:bər] *adj* macabro
Makel ['ma:kəl] *m* mácula *f*, mancha *f*
makellos ['ma:kəllo:s] *adj* intachable, sin defecto, inmaculado
Make-up ['meɪkʊp] *n* maquillaje *m*
Makler(in) ['ma:klər(ɪn)] *m/f* corredor(a) *m/f*, comisionista *m/f*, agente *m/f*
Makrele [ma'kre:lə] *f ZOOL* caballa *f*
Mal [ma:l] *n 1. (Zeichen)* marca *f*, señal *f; 2. (Zeitpunkt)* vez *f; nur ein einziges ~ im Leben* sólo una vez en la vida; *mit einem ~* de una vez; *von ~ zu ~* de vez en cuando; *ein für alle ~* de una vez por todas
malen ['ma:lən] *v* pintar
Maler ['ma:lər] *m 1. (Künstler)* pintor *m; 2. (Anstreicher)* pintor de brocha gorda *m*
Malerei [ma:lə'raɪ] *f* pintura *f*
malerisch ['ma:lərɪʃ] *adj 1.* pictórico; *adv 2.* de manera pintoresca
malnehmen ['ma:lne:mən] *v irr* multiplicar
Malz [malts] *n* malta *f*
Mama ['mama] *f (fam)* mamá *f*, mami *f*
man [man] *pron* se, uno; *Man spricht Italienisch.* Se habla italiano.
Manager(in) ['mɛnɛdʒər(ɪn)] *m/f* gerente *m/f*, manager *m*
manche(r,s) ['mançə(r,s)] *adj* algún, más de un(o), varios
manchmal ['mançma:l] *adv* a veces, de vez en cuando, algunas veces

Mandant(in) [man'dant(ɪn)] *m/f JUR* mandante *m/f,* cliente/clienta *m/f*
Mandarine [manda'riːnə] *f BOT* mandarina *f*
Mandat [man'daːt] *n 1. JUR* mandato *m; 2. POL* mandato *m,* decreto *m*
Mandel ['mandəl] *f 1. ANAT* tonsila *f,* amígdala *f; 2. BOT* almendra *f*
Manege [ma'neːʒə] *f* pista de circo *f*
Mangel¹ ['maŋəl] *m 1. (Fehlen)* falta *f,* ausencia *f,* carencia *f; 2. (Fehler)* defecto *m,* desperfecto *m*
Mangel² ['maŋəl] *f* calandria de aire caliente *f; jdn in die ~ nehmen (fig)* acosar a alguien
mangelhaft ['maŋəlhaft] *adj 1. (unvollständig)* incompleto; *2. (fehlerhaft)* imperfecto, deficiente; *3. (Schulnote)* insuficiente
mangeln¹ ['maŋəln] *v (fehlen)* faltar, carecer
mangeln² ['maŋəln] *v (Wäsche)* calandrar
mangels ['maŋəls] *prep* por falta de, a falta de; *Mangels Medikamenten sterben viele Menschen.* A falta de medicamentos mueren muchas personas.
Manie [ma'niː] *f* manía *f*
Manieren [ma'niːrən] *pl* modales *m/pl,* maneras *f/pl*
Manifest [manɪ'fɛst] *f POL* manifiesto *m*
Maniküre [mani'kyːrə] *f* manicura *f,* cuidado de las manos *m*
Manipulation [manipula'tsjoːn] *f* manipulación *f*
manipulieren [manipu'liːrən] *v* manipular
Mann [man] *m 1.* hombre *m; der kleine ~* el hombre común *m; der ~ auf der Straße* el hombre de la calle *m; ein ~ von Welt* un hombre de mundo *m; ein gemachter ~* un hombre hecho y derecho *m,* un hombre caval *m; ein toter ~ sein* ser un hombre muerto; *den starken ~ markieren* hacerse el macho; *seinen ~ stehen* mostrarse valiente; *mit ~ und Maus* con toda la tripulación/con todo el equipo; *etw an den ~ bringen* vender algo; *2. (Ehemann)* esposo *m,* marido *m*
Mannequin [manə'kɛ̃] *n* maniquí *m,* modelo *m*
männlich ['mɛnlɪç] *adj* masculino
Mannschaft ['manʃaft] *f 1. (Besatzung)* tripulación *f; 2. SPORT* equipo *m*
Manöver [ma'nøːvər] *n* maniobra *f*
manövrieren [manø'vriːrən] *v* maniobrar
Mansarde [man'zardə] *f* guardilla *f,* buhardilla *f,* mansarda *f* (LA)
Manschette [man'ʃɛtə] *f 1. (eines Hemdes)* puño *m; 2. (eines Blumentopfes)* cubretiestos *m,* macetero *m; 3. (~ndichtung)* guarnición de cuero *f*
Manschettenknopf [man'ʃɛtənknɔpf] *m* gemelo *m*
Mantel ['mantəl] *m 1. (Kleidung)* abrigo *m; 2. TECH* revestimiento *m*
manuell [manu'ɛːl] *adj 1.* manual; *adv 2.* manualmente
Manuskript [manus'krɪpt] *n* manuscrito *m*
Mappe ['mapə] *f 1. (Tasche)* cartera *f; 2. (Sammelmappe)* carpeta *f*
Marathonlauf ['maːratɔnlauf] *m SPORT* maratón *f*
Märchen ['mɛːrçən] *n* cuento *m*
märchenhaft ['mɛːrçənhaft] *adj 1.* maravilloso, fabuloso, fantástico; *adv 2.* fabulosamente, de fábula
Marder ['mardər] *m ZOOL* marta *f*
Margarine [marga'riːnə] *f GAST* margarina *f*
Marienkäfer [ma'riːənkɛːfər] *m ZOOL* mariquita *f*
Marinade [marɪ'naːdə] *f GAST* escabeche *m*
Marine [ma'riːnə] *f* marina *f*
Marionette [mario'nɛtə] *f* marioneta *f,* títere *m*
maritim [mari'tiːm] *adj* marítimo
Mark¹ [mark] *f Deutsche ~* marco alemán *m; keine müde ~ (fig)* ni un duro; *mit jeder ~ rechnen müssen* tener poco dinero; *jede ~ dreimal umdrehen* ser muy ahorrativo
Mark² [mark] *f (Gebiet)* territorio fronterizo *m,* zona limítrofe *f*
Mark³ [mark] *n 1. ANAT* médula *f,* tuétano *m; durch ~ und Bein dringen (fig)* penetrar hasta la médula; *jdm das ~ aus den Knochen saugen* sacarle a uno las entrañas; *bis ins ~* hasta la médula; *2. GAST* pulpa *f*
markant [mar'kant] *adj* marcado, destacado, señalado
Marke ['markə] *f* marca *f*
Marketing ['maːkətɪŋ] *n* marketing *m*
markieren [mar'kiːrən] *v 1. (kennzeichnen)* señalar, marcar; *2. (fam: vortäuschen)* simular
Markierung [mar'kiːruŋ] *f* marca *f,* marcación *f,* señalización *f*
Markise [mar'kiːzə] *f* toldo *m,* marquesina *f*
Markt [markt] *m* mercado *m*
Marktwirtschaft ['marktvɪrtʃaft] *f ECO* economía de mercado *f*

Marmelade [marmə'la:də] *f* mermelada *f*
Marmor ['marmor] *m* mármol *m*
Marokko [ma'rɔko] *n GEO* Marruecos *m*
Mars ['mars] *m* Marte *m*
Marsch [marʃ] *m 1. (Wanderung)* caminata *f; 3. MUS* marcha *f; 4. jdm den ~ blasen* poner firme a alguien/echar una bronca a alguien
marschieren [mar'ʃi:rən] *v* marchar
Marschroute ['marʃru:tə] *f* itinerario *m*
Märtyrer ['mɛrtyrər] *m* mártir *m*
Marxismus [mark'sɪsmus] *m POL* marxismo *m*
März [mɛrts] *m* marzo *m*
Marzipan ['martsipa:n] *n GAST* mazapán *m*
Masche ['maʃə] *f 1. (in der Handarbeit)* punto *m; 2. (fig)* ardid *m,* artimaña *f,* treta *f*
Maschine [ma'ʃi:nə] *f* máquina *f; ~ schreiben* escribir a máquina
maschinell [maʃi'nɛl] *adj 1.* mecánico; *adv 2.* mecánicamente
Maschinenbau [ma'ʃi:nənbau] *m* construcción mecánica *f,* construcción de máquinas *f*
Maschinengewehr [ma'ʃi:nəngəve:r] *n* ametralladora *f*
Maschinist [maʃi'nɪst] *m* maquinista *m*
Masern ['ma:zərn] *pl MED* sarampión *m*
Maserung ['ma:zəruŋ] *f* vetas *f/pl,* veteado *m*
Maske ['maskə] *f* máscara *f; die ~ fallen lassen (fig)* quitarse la máscara; *jdm die ~ vom Gesicht reißen* desenmascarar a alguien
Maskenball ['maskənbal] *m* baile de máscaras *m,* baile de disfraces *m*
Maskenbildner(in) ['maskənbɪltnər(ɪn)] *m/f* maquillador(a) de artistas *m/f*
maskieren [mas'ki:rən] *v sich ~* enmascararse, disfrazarse
Maskottchen [mas'kɔtçən] *n* mascota *f*
Maß [ma:s] *n 1. (~einheit)* unidad de medida *f; mit zweierlei ~ messen (fig)* medir con dos escalas diferentes; *über alle ~en* sobre todas las cosas a medida, *Das ~ ist voll!* ¡Se ha colmado el vaso! *~ halten* moderarse, contenerse, controlarse; *2. (Abmessung)* dimensión *f,* medida *f*
Massage [ma'sa:ʒə] *f* masaje *m*
Massaker [ma'sa:kər] *n* masacre *f,* asesinato en masa *m,* matanza *f,* carnicería *f*
Maßarbeit ['ma:sarbaɪt] *f* trabajo a medida *m*
Masse ['masə] *f 1. (Stoff)* materia *f; 2. (große Menge)* gran cantidad *f; 3. (Volksmenge)* muchedumbre *f,* multitud *f; 4. PHYS* masa *f,* volumen *m*
massenhaft ['masənhaft] *adj 1.* enorme, inmenso, en masa; *adv 2.* inmensamente, enormemente
Massenmedien ['masənme:djən] *pl* medios de comunicación de masas *m/pl*
Masseur(in) [ma'sø:r(ɪn)] *m/f* masajista *m/f*
maßgebend ['ma:sge:bənt] *adj 1.* determinante, decisivo; *adv 2.* de manera decisiva
massieren [ma'si:rən] *v* dar masajes, masajear
mäßig ['mɛ:sɪç] *adj* moderado
mäßigen ['mɛ:sigən] *v 1.* moderar, atenuar, mitigar; *2. sich ~* moderarse
massiv [ma'si:f] *adj 1.* macizo, sólido, compacto; *adv 2.* compactamente
maßlos ['ma:slo:s] *adj 1.* inmenso, enorme, excesivo, desmesurado; *adv 2.* enormemente, execesivamente
Maßlosigkeit ['ma:slo:zɪçkaɪt] *f* inmensidad *f,* desmesura *f*
Maßnahme ['ma:sna:mə] *f* medida *f,* diligencia *f*
Maßstab ['ma:sʃta:p] *m 1.* regla graduada *f; 2. (fig)* escala *f,* medida *f,* proporción *f*
Mast [mast] *m 1. (Schiffsmast)* mástil *m; 2. (Telefonmast)* poste *m; 3. (Fahnenmast)* asta *f/el*
mästen ['mɛstən] *v* cebar, engordar
Material [mate'rja:l] *n* material *m,* instrumental *m,* enseres *m/pl*
Materialismus [materja'lɪsmus] *m* materialismo *m*
materialistisch [materja'lɪstɪʃ] *adj 1.* materialista; *2.* materialmente
Materialkosten [mate'rja:lkɔstən] *pl* gastos de material *m/pl*
Materie [ma'te:rjə] *f* materia *f*
materiell [mate'rjɛl] *adj 1.* material; *adv 2.* materialmente
Mathematik [matema'ti:k] *f* matemáticas *f/pl*
mathematisch [mate'ma:tɪʃ] *adj 1.* matemático; *adv 2.* matemáticamente
Matratze [ma'tratsə] *f* colchón *m*
Matrose [ma'tro:zə] *m* marinero *m*
matschig ['matʃɪç] *adj* fangoso, cenagoso
matt [mat] *adj 1. (schwach)* débil, flojo; *2. (trübe)* mate, deslustrado
Matte ['matə] *f* estera *f,* felpudo *m; jdn auf die ~ legen (fig)* engañar a alguien; *auf der ~ stehen* estar en su puesto

Mauer ['mauər] *f* muro *m; gegen eine ~ reden (fig)* hablar contra un muro
Maul [maul] *n* hocico *m; den Leuten aufs ~ schauen (fig)* aprender el idioma y las costumbres de la gente; *jdm das ~ stopfen* tapar la boca a alguien
Maulkorb ['maulkɔrp] *m 1.* bozal *m; 2. (fig)* mordaza *f*
Maulwurf ['maulvurf] *m ZOOL* topo *m*
Maurer ['maurər] *m* albañil *m*
Maus [maus] *f 1. ZOOL* ratón *m; 2. INFORM* ratón *m*
Mausefalle ['mauzəfalə] *f* ratonera *f,* trampa para ratones *f*
Mautgebühr ['mautgəby:r] *f* derechos de peaje *m/pl*
maximal [maksi'ma:l] *adj 1.* máximo; *adv 2.* a lo sumo, como máximo
Maxime [mak'si:mə] *f* máxima *f*
Maximum ['maksimum] *n* máximo *m,* máximum *m*
Mechanik [me'ça:nɪk] *f* mecánica *f*
Mechaniker(in) [me'ça:nɪkər(ɪn)] *m/f* mecánico/mecánica *m/f*
mechanisch [me'ça:nɪʃ] *adj 1.* mecánico; *adv 2.* mecánicamente, por medios mecánicos
Mechanismus [meça:'nɪsmus] *m* mecanismo *m*
meckern ['mɛkərn] *v 1. (Tier)* balar; *2. (fig: nörgeln)* criticarlo todo
Medaille [me'daljə] *f* medalla *f*
Medaillon [medal'jɔŋ] *n 1. (Schmuck)* medallón *m; 2. GAST* medallón *m*
Medikament [medika'mɛnt] *n* medicamento *m,* medicina *f,* remedio *m,* fármaco *m*
Meditation [medita'tsjo:n] *f* meditación *f*
meditieren [medi'ti:rən] *v* meditar
Medium ['mɛdjum] *n 1. (Mittel)* medio *m,* medios *m/pl; 2. (im Okkultismus)* médium *m*
Medizin [medi'tsi:n] *f 1. (Heilkunde)* medicina *f; 2. (Medikament)* medicamento *m,* medicina *f,* remedio *m*
medizinisch [medi'tsi:nɪʃ] *adj 1. (arzneilich)* medicinal; *2. (ärztlich)* médico
Meer [me:r] *n* mar *m*
Meerenge ['me:reŋə] *f* estrecho *m*
Meeresfrüchte ['me:rəsfryçtə] *pl GAST* mariscos *m/pl*
Meeresspiegel ['me:rəsʃpi:gəl] *m* nivel del mar *m*
Meerrettich ['me:rrɛtɪç] *m BOT* rábano picante *m*
Meerschweinchen ['me:rʃvaɪnçən] *n ZOOL* cobayo *m,* cuy *m* (en Perú)
Megabyte ['megabaɪt] *n INFORM* megabyte *m*
Mehl [me:l] *n* harina *f*
mehr [me:r] *adv* más; *~ und ~* más y más/cada vez más; *~ oder minder* más o menos; *nicht ~ und nicht weniger* ni más ni menos
mehrdeutig ['me:rdɔytɪç] *adj* ambiguo, de muchos significados
mehrere ['me:rərə] *pron* varios
mehrfach ['me:rfax] *adj 1.* múltiple, repetido, reiterado; *adv 2.* repetidas veces, reiteradamente
Mehrheit ['me:rhaɪt] *f* mayoría *f*
mehrheitlich ['me:rhaɪtlɪç] *adj* mayoritario
mehrjährig ['me:rjɛ:rɪç] *adj* de varios años, plurianual
mehrmals ['me:rma:ls] *adv* repetidas veces, en varias ocasiones
mehrsprachig ['me:rʃpra:xɪç] *adj* políglota
Mehrwertsteuer ['me:rvɛrtʃtɔyər] *f* impuesto sobre el valor añadido (IVA) *m,* impuesto sobre el valor agregado *m* (LA)
Mehrzahl ['me:rtsa:l] *f 1. GRAMM* plural *m; 2. (Mehrheit)* mayoría *f,* generalidad *f*
meiden ['maɪdən] *v irr* evitar, eludir
Meile ['maɪlə] *f 1.* legua *f; 2. NAUT* milla *f*
Meilenstein ['maɪlənʃtaɪn] *m 1.* piedra miliar *f,* mojón *m; 2. (fig)* hito *m*
mein(e) ['maɪn(ə)] *pron 1.* mi, mío/mía, míos/mías; *adj 2.* mi, mío/mía, míos/mías
Meineid ['maɪnaɪt] *m JUR* perjurio *m*
meinen ['maɪnən] *v* opinar, estimar, entender, pensar; *Ich meine, dass der Krieg etw Schreckliches ist.* Yo pienso que la guerra es algo terrible.
meinerseits ['maɪnərzaɪts] *adv* de mi parte, por mi parte
meinetwegen ['maɪnətve:gən] *adv* por mí, por mi causa
Meinung ['maɪnuŋ] *f* opinión *f; meiner ~ nach* a mi juicio; *Ich bin nicht der gleichen ~ wie du.* No comulgo con tus ideas. *jdm gehörig die ~ sagen* decirle cuatro verdades a alguien
Meinungsumfrage ['maɪnuŋsumfra:gə] *f* encuesta demoscópica *f,* sondeo de opiniones *m*
Meise ['maɪzə] *f ZOOL* paro *m*
Meißel ['maɪsəl] *m 1. (des Bildhauers)* cincel *m; 2. (des Tischlers)* escoplo *m*
meist [maɪst] *adj 1.* la mayor parte de; *adv 2.* la mayoría de las veces, las más de las veces

meistens ['maɪstəns] *adv* las más de las veces, la mayoría de las veces, la mayor parte del tiempo, mayormente

Meister(in) ['maɪstər(ɪn)] *m/f* 1. *(eines Handwerks)* maestro/maestra *m/f;* 2. *(Könner(in))* persona que hace algo con maestría *f,* maestro/maestra *m/f; Es ist noch kein ~ vom Himmel gefallen.* Nadie nace sabiendo. 3. *SPORT* campeón/campeona *m/f,* as *m*

meisterhaft ['maɪstərhaft] *adj* 1. magistral, de maestro, perfecto; *adv* 2. magistralmente

meistern ['maɪstərn] *v* dominar, controlar

Meisterschaft ['maɪstərʃaft] *f SPORT* campeonato *m*

Melancholie [melaŋkɔ'liː] *f* melancolía *f*

melancholisch [melaŋ'koːlɪʃ] *adj* 1. melancólico; *adv* 2. melancólicamente, con melancolía

melden ['mɛldən] *v* 1. *(an~)* dar parte de, dar aviso de, registrarse; 2. *(ankündigen)* anunciar, manifestar, publicar; 3. *(mitteilen)* comunicar, participar; *nichts zu ~ haben* no tener nada que decir

Meldung ['mɛlduŋ] *f* 1. *(Anmeldung)* registro *m,* parte *m;* 2. *(Ankündigung)* aviso *m,* manifestación *f;* 3. *(Mitteilung)* comunicación *f,* participación *f*

melken ['mɛlkən] *v irr* ordeñar

Melodie [mɛlo'diː] *f* melodía *f*

Melone [me'loːnə] *f* 1. *(Honigmelone) BOT* melón *m;* 2. *(Wassermelone)* sandía *f*

Memoiren [me'mwaːrən] *pl* memorias *f/pl,* recuerdos de la vida *m/pl*

Menge ['mɛŋə] *f* 1. *(bestimmte Anzahl)* cantidad *f;* 2. *(große Anzahl)* gran número *m;* 3. *(Volksmenge)* muchedumbre *f,* multitud *f*

mengenmäßig ['mɛŋənmɛːsɪç] *adj* 1. cuantitativo; *adv* 2. cuantitativamente

Mensa ['mɛnza] *f* comedor universitario *m*

Mensch [mɛnʃ] *m* 1. ser humano *m,* hombre *m; wie der erste ~* como un pato; *nur noch ein halber ~ sein* no ser ya persona; *ein neuer ~ werden* ser otra persona; *von ~ zu ~* a solas/de hombre a hombre; 2. *(Person)* persona *f,* individuo *m*

Menschenmenge ['mɛnʃənmɛŋə] *f* multitud *f,* muchedumbre *f*

Menschenrechte ['mɛnʃənrɛçtə] *pl* derechos humanos *m/pl*

menschenunwürdig ['mɛnʃənunvyrdɪç] *adj* indigno de un ser humano, inhumano

Menschenwürde ['mɛnʃənvyrdə] *f* dignidad humana *f*

Menschheit ['mɛnʃhaɪt] *f* humanidad *f*

menschlich ['mɛnʃlɪç] *adj* 1. humano; *adv* 2. humanamente, como a un ser humano

Menschlichkeit ['mɛnʃlɪçkaɪt] *f* humanidad *f*

Menstruation [mɛnstrua'tsjoːn] *f* menstruación *f,* período *m,* regla *f*

Mentalität [mentali'tɛːt] *f* mentalidad *f*

Menü [me'nyː] *n* 1. *GAST* menú *m,* minuta *f;* 2. *INFORM* menú *m*

Merkblatt ['mɛrkblat] *n* hoja informativa *f*

merken ['mɛrkən] *v* 1. *(wahrnehmen)* notar, advertir, percibir, percatarse de; *Man merkt an seiner Aussprache, dass er kein Deutscher ist.* Se nota en su pronunciación que no es alemán. 2. *sich ~* tomar nota de, acordarse de, tener presente que

merklich ['mɛrklɪç] *adj* 1. perceptible, apreciable; *adv* 2. perceptiblemente, visiblemente

Merkmal ['mɛrkmaːl] *n* marca *f,* señal *f*

merkwürdig ['mɛrkvyrdɪç] *adj* 1. curioso, singular, extraño, raro; *Wie ~!* ¡Qué cosa más rara! *adv* 2. singularmente, de manera particular, extrañamente

messbar ['mɛsbaːr] *adj* mensurable, que se puede medir

Messbecher ['mɛsbɛçər] *m* copa graduable *f*

Messdiener ['mɛsdiːnər] *m REL* acólito *m,* monaguillo *m*

Messe ['mɛsə] *f* 1. *(Ausstellung)* feria *f,* exposición *f;* 2. *REL* misa *f*

Messegelände ['mɛsəgəlɛndə] *n* recinto ferial *m,* terreno de una feria *m*

messen ['mɛsən] *v irr* 1. medir; 2. *(fig) sich ~ mit* medirse con, compararse con

Messer ['mɛsər] *n* cuchillo *m; auf des ~s Schneide stehen* estar en un hilo; *jdm das ~ an die Kehle setzen* ponerle a alguien el cuchillo en el cuello; *bis aufs ~* a muerte; *unters ~ kommen* pasar por el quirófano

messerscharf ['mɛsərʃarf] *adj* 1. cortante, afilado como un cuchillo; 2. *(fig: Verstand)* preciso, lógico, agudo

Messerspitze ['mɛsərʃpɪtsə] *f* 1. punta de cuchillo *f;* 2. *(Maßangabe)* pizca *f*

Messing ['mɛsɪŋ] *n MET* latón *m*

Messinstrument ['mɛsɪnstrumɛnt] *n* instrumento de medición *m*

Metall [me'tal] *n* metal *m*

Meteor [mete'oːr] *m* meteoro *m*

Meter ['meːtər] *m* metro *m*

Metermaß ['meːtərmaːs] *n* metro *m,* cinta métrica *f*

Methode [me'to:də] *f* método *m*
methodisch [me'to:dɪʃ] *adj 1.* metódico; *adv 2.* metódicamente
Metropole [metro'po:lə] *f* metrópoli *f*, urbe *f*
Metzger ['mɛtsgər] *m* carnicero *m*
Metzgerei [mɛtsgə'raɪ] *f* carnicería *f*
Meute ['mɔytə] *f 1. (Hundemeute)* jauría *f*; *2. (von Menschen)* turba *f*
Meuterei [mɔytə'raɪ] *f* motín *m*, amotinamiento *m*
meutern ['mɔytərn] *v 1. (Gehorsam verweigern)* amotinarse, sublevarse, insubordinarse; *2. (fig: murren)* refunfuñar
Mexikaner(in) [mɛksi'ka:nər(ɪn)] *m/f* mexicano/mexicana *m/f*, mejicano/mejicana *m/f*
mexikanisch [mɛksi'ka:nɪʃ] *adj* mexicano, mejicano
Mexiko ['mɛksiko:] *n GEO* México *m* (LA), Méjico *m*
miauen [mi'auən] *v* maullar
mich [mɪç] *pron 1.* me; *2. (betont)* a mí
mies [mi:s] *adj (fam)* malo, feo
Miesmuschel ['mi:smuʃəl] *f ZOOL* mejillón *m*
Miete ['mi:tə] *f 1. (~n)* alquiler *m*; *2. (Mietzins)* alquiler *m*, renta de arrendamiento *f*; *die halbe ~ sein* estar la mitad ganada
mieten ['mi:tən] *v* alquilar, tomar en alquiler, arrendar
Mieter(in) ['mi:tər(ɪn)] *m/f* inquilino/inquilina *m/f*, arrendatario/arrendataria *m/f*
Mietvertrag ['mi:tfɛrtra:k] *m* contrato de inquilinato *m*, contrato de arrendamiento *m*
Mietwagen ['mi:tva:gən] *m* coche de alquiler *m*, vehículo de alquiler *m*
Migräne [mi'grɛ:nə] *f MED* jaqueca *f*
Mikrofon [mi:kro'fo:n] *n* micrófono *m*
Mikroskop [mikros'ko:p] *n* microscopio *m*
Mikrowellenherd ['mi:krovɛlənhe:rt] *m* horno microondas *m*
Milch [mɪlç] *f* leche *f*; *Da wird bei mir aber die ~ sauer. (fig)* Ya se me está acabando poco a poco la paciencia.
Milchstraße ['mɪlçʃtra:sə] *f ASTR* Vía Láctea *f*
mild [mɪlt] *adj 1. (Wetter)* apacible, agradable, templado; *2. (Wesen)* benévolo, benigno
Milde ['mɪldə] *f 1. (des Wetters)* apacibilidad *f*; *2. (des Wesens)* benevolencia *f*
mildern ['mɪldərn] *v 1. (abschwächen)* atenuar, suavizar; *2. (lindern)* aliviar, mitigar, calmar
Milieu [mɪ'ljø:] *n* medio social *m*
Militär [mili'tɛ:r] *n* militares *m/pl*, soldados *m/pl*
Milliarde [mil'jardə] *f* mil millones *m/pl*
Millimeter [mili'me:tər] *m* milímetro *m*
Million [mil'jo:n] *f* millón *m*
Milz [mɪlts] *f ANAT* bazo *m*
Mimik ['mi:mɪk] *f* mímica *f*
Mimose [mi'mo:zə] *f 1. BOT* sensitiva *f*; *2. (fig)* persona muy sensible *f*
Minderheit ['mɪndərhaɪt] *f* minoría *f*
minderjährig ['mɪndərjɛ:rɪç] *adj* menor de edad
mindern ['mɪndərn] *v 1. (verringern)* disminuir, reducir, aminorar; *2. (mildern)* moderar, atenuar
Minderung ['mɪndərʊŋ] *f 1. (Verringerung)* disminución *f*, reducción *f*, aminoración *f*, moderación *f*; *2. (Mildern)* moderación *f*, atenuación *f*
minderwertig ['mɪndərve:rtɪç] *adj* inferior, de menor valor, de calidad inferior, de escaso valor
Mindest... ['mɪndəst] *pref* el menor/la menor, mínimo
Mindestalter ['mɪndəstaltər] *n* edad mínima *f*
mindestens ['mɪndəstəns] *adv* como mínimo, por lo menos
Mindestlohn ['mɪndəstlo:n] *m* salario mínimo *m*
Mine ['mi:nə] *f 1. (Sprengkörper)* mina *f*; *2. (Bergwerk)* mina *f*; *3. (im Kugelschreiber)* recambio *m*, mina *f*
Mineral [minə'ra:l] *n* mineral *m*
Mineralwasser [minə'ra:lvasər] *n* agua mineral *f/el*
minimal [mɪni'ma:l] *adj* mínimo
Minimum ['mɪnimum] *n* mínimum *m*, mínimo *m*
Minister(in) [mi'nɪstər(ɪn)] *m/f POL* ministro/ministra *m/f*
Ministerium [minɪs'te:rjum] *n POL* ministerio *m*
minus ['mi:nus] *adv* menos
Minus ['mi:nus] *n ECO* déficit *m*, saldo negativo *m*
Minuszeichen ['mi:nustsaɪçən] *n MATH* menos *m*, signo negativo *m*
Minute [mi'nu:tə] *f* minuto *m*; *in letzter ~* en el último minuto; *auf die ~ genau* al minuto
minutenlang [mi'nu:tənlaŋ] *adj 1.* de varios minutos de duración; *adv 2.* durante algunos minutos, durante varios minutos

mir [miːr] *pron 1.* me; *2. (betont)* para mí
mischen ['mɪʃən] *v* mezclar
Mischling ['mɪʃlɪŋ] *m* mestizo *m*
Mischung ['mɪʃuŋ] *f 1. (Mischen)* mezcla *f; 2. (Gemenge)* mixtura *f*
miserabel [mizə'raːbəl] *adj 1.* miserable; *adv 2.* miserablemente
Misere [mi'zeːrə] *f* miseria *f*
missachten [mɪs'axtən] *v* menospreciar, despreciar, subestimar
Missachtung [mɪs'axtuŋ] *f* menosprecio *m,* desdén *m*
Missbildung ['mɪsbɪlduŋ] *f* deformación *f,* malformación *f*
missbilligen [mɪs'bɪlɪgən] *v* desaprobar, reprobar
Missbilligung ['mɪsbɪlɪguŋ] *f* desaprobación *f,* reprobación *f*
Missbrauch ['mɪsbraux] *m* abuso *m,* exceso *m,* extralimitación *f*
missbrauchen [mɪs'brauxən] *v* abusar de, excederse, extralimitarse
missen ['mɪsən] *v* sentir la falta de, extrañar (LA)
Misserfolg ['mɪsɛrfɔlk] *m* fracaso *m*
Missetat ['mɪsətaːt] *f* fechoría *f,* delito *m*
Missetäter(in) ['mɪsətɛtər(ɪn)] *m/f* malhechor(a) *m/f,* delincuente *m/f*
missfallen [mɪs'falən] *v irr jdm ~* desagradar a alguien, disgustar a alguien
missgebildet ['mɪsgəbɪldət] *adj* deforme, malformado
Missgeschick ['mɪsgəʃɪk] *n* adversidad *f,* infortunio *m,* contratiempo *m*
missglücken [mɪs'glykən] *v* fracasar, malograrse, fallar, salir mal
missgönnen [mɪs'gœnən] *v jdm etw ~* envidiar a alguien algo
Missgriff ['mɪsgrɪf] *m* desacierto *m,* error *m,* equivocación *f*
Missgunst ['mɪsgunst] *f* envidia *f*
misshandeln [mɪs'handəln] *v* maltratar, castigar, golpear
Misshandlung [mɪs'handluŋ] *f* maltrato *m*
Mission [mis'joːn] *f 1. (Auftrag)* misión *f,* cometido *m; 2. (Einrichtung)* misión *f*
Missionar(in) [misjo'naːr(ɪn)] *m/f REL* misionero/misionera *m/f*
Misskredit ['mɪskrediːt] *m* descrédito *m; in ~ kommen* caer en descrédito; mala reputación *f*
misslingen [mɪs'lɪŋən] *v irr* fracasar, salir mal, fallar
missraten [mɪs'raːtən] *v irr* salir mal, ir mal
Missstand ['mɪsʃtant] *m* inconveniente *m*
Misstrauen ['mɪstrauən] *n* desconfianza *f,* suspicacia *f*
misstrauen [mɪs'trauən] *v* desconfiar de, no fiarse de
Misstrauensvotum ['mɪstrauənsvoːtum] *n POL* voto de censura *m,* voto de desconfianza *m,* retirada de confianza *f,* moción de censura *f*
misstrauisch ['mɪstrauɪʃ] *adj 1.* desconfiado; *adv 2.* con desconfianza
Missverhältnis ['mɪsfɛrhɛltnɪs] *n* desproporción *f,* desequilibrio *m*
Missverständnis ['mɪsfɛrʃtɛntnɪs] *n* malentendido *m,* equivocación *f*
missverstehen ['mɪsfɛrʃteːən] *v irr* malentender, interpretar mal
Misswirtschaft ['mɪsvɪrtʃaft] *f* mala administración *f,* mala gestión económica *f,* desgobierno *m*
Mist [mɪst] *m 1. (Pferdemist)* estiércol *m; Das ist nicht auf meinem ~ gewachsen.* Eso no es de mi cosecha. *2. (fig: Unsinn)* tontería *f,* disparate *m,* estupidez *f; ~ bauen* cagarla (fam)
Misthaufen ['mɪsthaufən] *m* estercolero *m,* montón de estiércol *m*
mit [mɪt] *prep* con; *Ich gehe ~ dir.* Yo me voy contigo. *Ich fahre ~ dem Auto.* Me voy en coche./Me voy con el coche. *Ich habe das ~ berücksichtigt.* Ya he contado con ello.
Mitarbeit ['mɪtarbaɪt] *f* cooperación *f,* colaboración *f*
mitarbeiten ['mɪtarbaɪtən] *v* cooperar, colaborar
Mitarbeiter(in) ['mɪtarbaɪtər(ɪn)] *m/f* cooperador(a) *m/f,* colaborador(a) *m/f,* compañero de trabajo/compañera de trabajo *m/f*
mitbestimmen ['mɪtbəʃtɪmən] *v* contribuir a una decisión, participar en la gestión
Mitbestimmung ['mɪtbəʃtɪmuŋ] *f* cogestión *f*
mitbringen ['mɪtbrɪŋən] *v irr 1. (herbringen)* traer; *2. (hinbringen)* llevar
Mitbürger(in) ['mɪtbyrgər(ɪn)] *m/f* conciudadano/conciudadana *m/f,* compatriota *m/f*
miteinander [mɪtaɪ'nandər] *adv* conjuntamente, uno(s) con otro(s)
Mitesser ['mɪtɛsər] *m MED* espinilla *f,* comedón *m*
mitfahren ['mɪtfaːrən] *v irr* ir con, viajar con

mitfühlend ['mɪtfy:lənt] *adj 1.* compasivo, condolente; *adv 2.* compasivamente
Mitgefühl ['mɪtgəfy:l] *n* compasión *f,* condolencia *f*
mitgehen ['mɪtge:ən] *v irr mit jdm ~* ir con alguien, caminar con alguien, acompañar a alguien; *etw ~ lassen* llevarse algo/robar algo
Mitgift ['mɪtgɪft] *f* dote *m/f*
Mitglied ['mɪtgli:t] *n* miembro *m,* socio *m*
Mitgliedsbeitrag ['mɪtgli:tsbaɪtra:k] *m* cuota de socio *f*
Mitgliedschaft ['mɪtgli:tʃaft] *f* calidad de socio *f,* filiación *f*
Mitgliedsland ['mɪtgli:tslant] *n* país miembro *m*
Mithilfe ['mɪthɪlfə] *f* ayuda *f,* asistencia *f,* cooperación *f*
Mitinhaber(in) ['mɪtinha:bər(ɪn)] *m/f* copropietario/copropietaria *m/f*
mitkommen ['mɪtkɔmən] *v irr 1.* venir con, venir en compañía de; *2. (fam: begreifen)* entender, poder seguir
Mitläufer(in) ['mɪtlɔyfər(ɪn)] *m/f* simpatizante *m/f,* partidario/partidaria *m/f*
Mitleid ['mɪtlaɪt] *n* piedad *f,* compasión *f,* lástima *f; ~ erregend* que da lástima/que despierta compasión
Mitleidenschaft ['mitlaɪdənʃaft] *f etw in ~ ziehen* influir en algo
mitleidig ['mɪtlaɪdɪç] *adj 1.* compasivo, piadoso; *adv 2.* compasivamente, con compasión
mitleidslos ['mɪtlaɪtslo:s] *adj 1.* despiadado, sin compasión; *adv 2.* despiadadamente, sin compasión
mitmachen ['mɪtmaxən] *v 1. (sich beteiligen)* tomar parte en, participar en; *2. (fig: leiden)* sufrir, padecer
Mitmensch ['mɪtmɛnʃ] *m* prójimo *m*
mitnehmen ['mɪtne:mən] *v irr 1. (hinbringen)* llevar; *2. (herbringen)* traer; *3. (fig: strapazieren)* deteriorar, estropear
mitreißend ['mɪtraɪsənt] *adj* arrebatador
mitschuldig ['mɪtʃuldɪç] *adj* cómplice de, coautor
Mitschüler(in) ['mɪtʃy:lər(ɪn)] *m/f* compañero/compañera *m/f,* condiscípulo/condiscípula *m/f*
Mitspracherecht ['mɪtʃpraxərɛçt] *n* derecho de intervención *m*
Mittag ['mɪta:k] *m* mediodía *m; gestern ~* ayer al mediodía; *heute ~* hoy al mediodía
Mittagessen ['mɪta:kɛsən] *n* almuerzo *m,* comida *f*
mittags ['mɪta:ks] *adv* al mediodía
Mittagspause ['mɪta:kspauzə] *f* descanso para comer *m,* descanso de mediodía *m*
Mittäter(in) ['mɪttɛ:tər(ɪn)] *m/f* cómplice *m/f,* coautor(a) *m/f,* codelincuente *m/f*
Mitte ['mɪtə] *f 1. (örtlich)* centro *m,* medio *m; die goldene ~ wählen* elegir el justo medio; *2. (zeitlich)* a mitad de, a mediados de; *~ Mai* a mediados de mayo
mitteilen ['mɪttaɪlən] *v* comunicar, participar, informar
Mitteilung ['mɪttaɪluŋ] *f* comunicación *f,* participación *f,* informe *m*
Mittel ['mɪtəl] *n 1. (Hilfsmittel)* recurso *m; ~ zum Zweck sein* ser el medio para el fin; *~ und Wege suchen* buscar los medios; *2. (Heilmittel)* remedio *m; 3. im ~* por término medio, en promedio; *pl 4. (Geld)* recursos *m/pl,* medios *m/pl,* fondos *m/pl*
Mittelalter ['mɪtəlaltər] *n* Edad Media *f,* Medioevo *m*
mittelalterlich ['mɪtəlaltərlɪç] *adj* medieval
Mitteleuropa ['mɪtəlɔyro:pa] *n GEO* Europa Central *f*
Mittelfinger ['mɪtəlfɪŋər] *m ANAT* dedo del corazón *m*
mittelfristig ['mɪtəlfrɪstɪç] *adj* a medio plazo, a mediano plazo
mittellos ['mɪtəllo:s] *adj* falto de recursos, indigente
mittelmäßig ['mɪtəlmɛ:sɪç] *adj* mediano, regular, mediocre
Mittelmeer ['mɪtəlme:r] *n GEO* Mar Mediterráneo *m*
Mittelpunkt ['mɪtəlpuŋkt] *m* centro *m,* punto central *m; im ~ stehen* ser el blanco de las miradas
mittels ['mɪtəls] *prep* por medio de, mediante
Mittelsmann ['mɪtəlsman] *m* intermediario *m,* mediador *m*
Mittelstand ['mɪtəlʃtant] *m* clase media *f*
Mittelweg ['mɪtəlvɛ:k] *m* término medio *m,* compromiso *m*
Mitternacht ['mɪtərnaxt] *f* media noche *f*
mittlere(r,s) ['mɪtlərə(r,s)] *adj* mediano(s), mediana(s)
mittlerweile ['mɪtlərvaɪlə] *adv* entretanto, mientras tanto
Mittwoch ['mɪtvɔx] *m* miércoles *m*
mitverantwortlich ['mɪtfɛrantvɔrtlɪç] *adj* corresponsable, igualmente responsable
mitwirken ['mɪtvɪrkən] *v* contribuir a, cooperar con, colaborar en

Mitwirkung ['mɪtvɪrkuŋ] *f* contribución *f*, cooperación *f*
Mitwisser ['mɪtvɪsər] *m* consabidor *m*, cómplice *m*
mixen ['mɪksən] *v* mezclar, batir
Möbel ['mø:bəl] *pl* muebles *m/pl*
mobil [mo'bi:l] *adj* móvil; *~ machen* movilizar
Mobilfunk [mo'bi:lfuŋk] *m* telefonía móvil *f*
mobilisieren [mobili'zi:rən] *v* movilizar
Mobilität [mobili'tɛ:t] *f* movilidad *f*
möblieren [mø'bli:rən] *v* amueblar, amoblar (LA)
möbliert [mø'bli:rt] *adj* amueblado, amoblado (LA)
Mode ['mo:də] *f* moda *f*
Modell [mo'dɛl] *n 1. (Vorbild)* modelo *m*, ejemplo *m*, ideal *m; 2. (Mannequin)* modelo *m*, maniquí *m; ~ stehen* poser
modellieren [modɛ'li:rən] *v* modelar, formar
Modem ['mo:dɛm] *n INFORM* modem *m*
Modenschau ['mo:dənʃau] *f* desfile de modas *m*
modern [mo'dɛrn] *adj* moderno
modernisieren [modɛrni'zi:rən] *v* modernizar, actualizar
Modeschmuck ['mo:dəʃmuk] *m* bisutería *f*
Modeschöpfer(in) ['mo:dəʃœpfər(ɪn)] *m/f* modisto/modista *m/f*, creador(a) de alta costura *m/f*
Modezeichner(in) ['mo:dətsaɪçnər(ɪn)] *m/f* diseñador(a) de modas *m/f*
modisch ['mo:dɪʃ] *adj 1.* moderno, de moda; *adv 2.* a la moda, modernamente
Modul [mo'du:l] *n* módulo *m*
Modulbauweise [mo'du:lbauvaɪzə] *f* construcción modular *f*
Modus ['mo:dus] *m* modo *m*, manera *f*
mögen ['mø:gən] *v irr 1. (gern haben)* tener cariño, tener estima, apreciar, estimar; *Ich mag ihn.* Yo le tengo cariño. *2. (wollen)* querer, desear; *Ich möchte ein Ticket nach München.* Deseo un billete para Múnich.
möglich ['mø:klɪç] *adj* posible, factible
möglicherweise ['mø:klɪçərvaɪzə] *adv* posiblemente, probablemente
Möglichkeit ['mø:klɪçkaɪt] *f* posibilidad *f*, factibilidad *f*
möglichst ['mø:klɪçst] *adv* en lo posible, a ser posible
Mohn [mo:n] *m BOT* amapola *f*
Möhre ['mø:rə] *f BOT* zanahoria *f*
Mole ['mo:lə] *f 1. (Hafen)* malecón *m; 2. (Kai)* muelle *m*
Molekül [mole'ky:l] *n CHEM* molécula *f*
Molkerei [mɔlkə'raɪ] *f* lechería *f*
mollig ['mɔlɪç] *adj 1. (behaglich)* confortable, agradable; *2. (dick)* rellenito, regordete
Moment [mo'mɛnt] *m 1.* momento *m*, instante *m; n 2. (fig: Umstand)* situación *f*, circunstancia *f; 3. PHYS* momento *m*
momentan [momɛn'ta:n] *adj 1.* momentáneo; *adv 2.* por el momento, de momento
Monarch(in) [mo'narç(ɪn)] *m/f* monarca *m/f*
Monarchie [monar'çi:] *f* monarquía *f*
Monat ['mo:nat] *m* mes *m*
monatelang ['mo:natəlaŋ] *adj 1.* de meses, que dura meses; *adv 2.* durante meses, meses y meses
monatlich ['mo:natlɪç] *adj 1.* mensual; *adv 2.* mensualmente
Monatskarte ['mo:natskartə] *f* billete mensual *m*, abono mensual *m*
Mönch [mœnç] *m REL* monje *m*, fraile *m*
Mond [mo:nt] *m* luna *f; jdn auf den ~ schießen (fig)* mandar a alguien a la luna; *hinter dem ~ leben* vivir en la luna
mondän [mon'dɛ:n] *adj 1.* mundano, de mundo; *~ sein* ser persona de mundo; *adv 2.* muy mundano, de mundo
Mondfinsternis ['mo:ntfɪnstərnɪs] *f* eclipse lunar *m*
Mondschein ['mo:ntʃaɪn] *m* claro de luna *m*
Mondsonde ['mo:ntzɔndə] *f* sonda lunar *f*
mondsüchtig ['mo:ntzyçtɪç] *adj* sonámbulo
Monitor ['mo:nɪto:r] *m* monitor *m*
Monolog [mono'lo:k] *m* monólogo *m*
Monopol [mono'po:l] *n* monopolio *m*
monoton [mono'to:n] *adj 1.* monótono, aburrido, pesado; *adv 2.* monótonamente, con monotonía
Monotonie [monoto'ni:] *f* monotonía *f*
Montag ['mo:nta:k] *m* lunes *m*
Montage [mɔn'ta:ʒə] *f* montaje *m*
Monteur [mɔn'tø:r] *m* montador *m*, ajustador *m*
montieren [mɔn'ti:rən] *v* montar, instalar, ajustar
Monument [monu'mɛnt] *n* monumento *m*
monumental [monumɛn'ta:l] *adj* monumental

Moor [moːr] *n* pantano *m,* cenagal *m*
Moorbad ['moːrbaːt] *n* baño de fango *m,* baño de lodo *m*
Moos [moːs] *n BOT* musgo *m*
Moped ['moːpɛt] *n* ciclomotor *m,* motociclo *m*
Moral [mo'raːl] *f* moral *f*
moralisch [mo'raːlɪʃ] *adj 1.* moral; *adv 2.* moralmente
Mord [mɔrt] *m* asesinato *m,* crimen *m,* homicidio *m; ~ und Totschlag* tiros y puñaladas
Mörder(in) ['mœrdər(ɪn)] *m/f* asesino/asesina *m/f,* homicida *m/f*
mörderisch ['mœrdərɪʃ] *adj 1.* asesino, criminal; *2. (fig: furchtbar)* terrible, horrible, espantoso
morgen ['mɔrgən] *adv* mañana
Morgen ['mɔrgən] *m* mañana *f*
Morgengrauen ['mɔrgəngrauən] *n* amanecer *m,* crepúsculo matutino *m*
Morgenland ['mɔrgənlant] *n* Oriente *m*
Morgenrock ['mɔrgənrɔk] *m* bata *f,* salto de cama *m*
morgens ['mɔrgəns] *adv* de mañana, por la mañana
morsch ['mɔrʃ] *adj* podrido, pútrido
Mörtel ['mœrtəl] *m* mortero *m*
Mosaik [moza'iːk] *n* mosaico *m*
Moschee [mo'ʃeː] *f* mezquita *f*
Moslem ['mɔslɛm] *m* musulmán *m,* muslimo *m*
moslemisch [mɔs'leːmɪʃ] *adj* musulmán
Motiv [mo'tiːf] *n* motivo *m,* causa *f,* razón *f*
Motivation [motiva'tsjoːn] *f* motivación *f*
motivieren [moti'viːrən] *v* motivar, incentivar
Motor ['moːtɔr] *m* motor *m; Der ~ stottert.* El motor da sacudidas. *Der ~ läuft heiß.* El motor se calienta.
Motorboot ['moːtɔrboːt] *n* lancha a motor *f*
Motorrad ['moːtɔrraːt] *n* motocicleta *f*
Motorroller ['moːtɔrrɔlər] *m* escúter *m,* scooter *m,* motoreta *f*
Motte ['mɔtə] *f ZOOL* polilla *f*
Motto ['mɔto] *n* lema *m*
Möwe ['møːvə] *f ZOOL* gaviota *f*
Mücke ['mykə] *f ZOOL* mosquito *m; eine ~ machen (fam)* ahuecar el ala; *aus einer ~ einen Elefanten machen* hacer de un mosquito un elefante/hacer una montaña de un grano de arena
Mückenstich ['mykənʃtɪç] *m* picadura de mosquito *f*
müde ['myːdə] *adj* cansado, fatigado
Müdigkeit ['myːdɪçkaɪt] *f* cansancio *m,* fatiga *f*
Mühe ['myːə] *f* esfuerzo *m; sich ~ geben* tomarse la molestia; *die ~ wert sein* merecer la pena/la molestia; *mit Müh und Not* a duras penas
mühelos ['myːəloːs] *adj 1.* sin esfuerzo, fácil; *adv 2.* fácilmente
mühevoll ['myːəfɔl] *adj 1.* penoso, fatigoso, difícil; *adv 2.* fatigosamente, penosamente
Mühle ['myːlə] *f 1.* molino *m; 2. (Kaffeemühle)* molinillo *m*
mühsam ['myːzaːm] *adj 1.* penoso, trabajoso; *adv 2.* penosamente, trabajosamente
Mulde ['muldə] *f* artesa *f,* cubeta *f*
Müll [myl] *m* basura *f*
Müllabfuhr ['mylapfuːr] *f* recogida de basura *f,* servicio de limpieza *m*
Mullbinde ['mulbɪndə] *f* venda de gasa *f*
Mülldeponie ['myldeponiː] *f* vertedero *m,* basurero *m,* escombrera *m*
Mülleimer ['mylaɪmər] *m* cubo de la basura *m,* tacho de basura *m (LA)*
Müller ['mylər] *m* molinero *m*
Müllverbrennung ['mylfɛrbrɛnuŋ] *f* incineración de basuras *f*
multilateral [multilatə'raːl] *adj* multilateral
multimedial [multimeː'djal] *adj* multimedial
Multiplikation [multiplika'tsjoːn] *f MATH* multiplicación *f*
multiplizieren [multipli'tsiːrən] *v MATH* multiplicar
Mumie ['muːmjə] *f* momia *f*
Mumps [mumps] *m MED* paperas *f/pl*
Mund [munt] *m* boca *f; sich den ~ verbrennen (fig)* quemarse la lengua/hacer una plancha; *den ~ nicht aufbekommen* no decir ni pío/no decir ni esta boca es mía; *den ~ voll nehmen* fanfarronear/hacer alarde de; *den ~ halten* callar la boca; *sich den ~ fusselig reden* hablar hasta por los codos; *jdm den ~ verbieten* prohibir a alguien el habla; *jdm den ~ wässrig machen* hacérsele la boca agua a alguien; *nicht auf den ~ gefallen sein* no tener un pelo de tonto; *in aller ~e sein* andar en boca de todos; *jdm nach dem ~ reden* hablar al paladar de alguien; *jdm über den ~ fahren* contestar a alguien; *von ~ zu ~ gehen* ir de boca en boca
Mündel ['myndəl] *n JUR* pupilo *m,* persona bajo tutela *f,* tutelado *m*

münden ['myndən] *v* desembocar
mündig ['myndıç] *adj* mayor de edad
mündlich ['myndlıç] *adj* 1. oral, verbal; *adv* 2. oralmente, verbalmente
Mündung ['myndʊŋ] *f* 1. *(Flussmündung)* desembocadura *f;* 2. *(Gewehrmündung)* boca *f*
Munition [muni'tsjo:n] *f* munición *f*
munkeln ['mʊŋkəln] *v* cuchichear, murmurar
munter ['muntər] *adj* 1. *(wach)* despierto, despabilado; *adv* 2. completamente despierto
Münze ['myntsə] *f* moneda *f; klingende ~* dinero contante y sonante *m; etw mit gleicher ~ heimzahlen* pagar algo con la misma moneda
Münzfernsprecher ['myntsfɛrnʃprɛçər] *m* teléfono público de monedas *m*
mürbe ['myrbə] *adj* 1. tierno, ablandado, blando; 2. *(fig)* desmoralizado, sin fuerzas para resistir
Mürbteig ['myrbətaık] *m GAST* pastaflora *f*
murmeln ['murməln] *v* murmurar, refunfuñar
Murmeltier ['murməlti:r] *n ZOOL* marmota *f; schlafen wie ein ~* dormir como un tronco
murren ['murən] *v* gruñir
mürrisch ['myrıʃ] *adj* 1. gruñón; *adv* 2. de mal humor
Mus [mu:s] *n* 1. puré *m;* 2. *(aus Obst)* compota *f*
Muschel ['muʃəl] *f ZOOL* concha *f*
Muse ['mu:zə] *f* musa *f*
Museum [mu'ze:um] *n* museo *m*
Musik [mu'zi:k] *f* música *f*
musikalisch [muzi'ka:lıʃ] *adj* musical
Musiker(in) ['mu:zikər(ın)] *m/f* músico/música *m/f*
Musikinstrument [mu'zi:kınstrumɛnt] *n* instrumento musical *m*
Musikkapelle [mu'zi:kkapɛlə] *f* orquesta *f,* banda de música *f*
musisch ['mu:zıʃ] *adj* con sensibilidad artística
musizieren [muzi'tsi:rən] *v* hacer música
Muskatnuss [mus'ka:tnus] *f BOT* nuez moscada *f*
Muskel ['muskəl] *m* músculo *m; seine ~n spielen lassen* enseñar sus músculos
Muskelkater ['muskəlka:tər] *m* agujetas *f/pl*
Muskulatur [muskula'tu:r] *f* musculatura *f*
muskulös [musku'lø:s] *adj* musculoso
Muße ['mu:sə] *f* ocio *m,* desocupación *f,* tiempo libre *m*
müssen ['mysən] *v irr* tener que, deber; *Man muss das Auto sauber machen.* Hay que limpiar el coche.
müßig ['my:sıç] *adj* 1. ocioso, moroso, tedioso; *adv* 2. ociosamente, morosamente
Müßiggang ['my:sıçgaŋ] *m* ociosidad *f*
Muster ['mustər] *n* 1. *(Vorlage)* modelo *m,* ejemplo *m;* 2. *(Probe)* muestra *f,* prueba *f;* 3. *(Design)* diseño *m*
mustergültig ['mustərgyltıç] *adj* 1. ejemplar, modelo; *adv* 2. por ejemplo
Musterung ['mustəruŋ] *f MIL* revista *f,* inspección *m*
Mut [mu:t] *m* valor *m,* coraje *m,* arrojo *m,* valentía *f; frohen ~es sein* estar contento/estar de buen humor; *mit frohem ~* de buen humor
mutig ['mu:tıç] *adj* 1. valiente, valeroso; *adv* 2. valientemente, con arrojo, con valor
mutlos ['mu:tlo:s] *adj* 1. desalentado, desmoralizado; *adv* 2. con desaliento
mutmaßen ['mu:tma:sən] *v* presumir, conjeturar, suponer
mutmaßlich ['mu:tma:slıç] *adj* 1. presunto, supuesto; *adv* 2. supuestamente, presuntamente
Mutter ['mutər] *f* 1. madre *f; wie bei ~n* como en casa; 2. *TECH* tuerca *f*
Muttergottes [mutər'gɔtəs] *f REL* Nuestra Señora *f*
mütterlich ['mytərlıç] *adj* 1. materno; *adv* 2. maternalmente, como una madre
Muttermal ['mutərma:l] *n* lunar *m*
Muttermilch ['mutərmılç] *f* leche materna *f; etw mit der ~ einsaugen (fam)* saber hacer algo desde pequeño
Mutterschaft ['mutərʃaft] *f* maternidad *f*
Muttersprache ['mutərʃpra:xə] *f* lengua materna *f*
Muttertag ['mutərta:k] *m* día de la madre *m*
mutwillig ['mu:tvılıç] *adj* 1. intencionado; *adv* 2. intencionadamente
Mütze ['mytsə] *f* gorro *m,* gorra *f; eine ~ voll Schlaf bekommen* poder hacer una siestecilla
mysteriös [myster'jø:s] *adj* 1. misterioso; *adv* 2. misteriosamente
Mysterium [mys'te:rjum] *n* misterio *m*
mystisch ['mystıʃ] *adj* 1. místico; *adv* 2. místicamente, con misticismo
Mythologie [mytolo'gi:] *f* mitología *f*
Mythos ['mytɔs] *m* mito *m*

N

na [na] *interj* vaya, caramba, hombre, bueno

Nabel ['naːbəl] *m* ombligo *m; der ~ der Welt* el ombligo del mundo *m*

nach [naːx] *prep 1. (örtlich)* a, hacia, para, con destino a; *Ich fahre ~ Sevilla.* Viajo a Sevilla. *Ich gehe ~ Hause.* Me voy a casa. *Mir ~!* ¡Sígueme!/¡Seguídme! *2. (zeitlich)* después de, más allá de, tras; *Wir treffen uns ~ der Arbeit.* Nos encontramos después del trabajo. *3. (gemäß)* según, conforme a; *~ Meinung des Professors* según la opinión del profesor; *meiner Meinung nach* en mi opinión

nachahmen ['naːxaːmən] *v* remedar, imitar, parodiar

Nachahmung ['naːxaːmuŋ] *f* remedo *m,* imitación *f,* parodia *f*

Nachbar(in) ['naxbaːr(ɪn)] *m/f* vecino/vecina *m/f*

Nachbarschaft ['naxbaːrʃaft] *f* vecindad *f*

Nachbarstaat ['naːxbaːrʃtaːt] *m* Estado vecino *m,* Estado limítrofe *m*

nachberechnen ['naːxbərɛçnən] *v* recargar, poner un recargo sobre

nachbestellen ['naːxbəʃtɛlən] *v* repetir la orden, volver a encargar, hacer un pedido

Nachbildung ['naːxbɪlduŋ] *f* copia *f,* reproducción *f*

nachdem [naːx'deːm] *konj* después que, después de; *Nachdem er gegessen hatte, ging er.* Después de comer se marchó.

nachdenken ['naːxdɛŋkən] *v irr ~ über* meditar sobre, reflexionar sobre, considerar detenidamente; *Ich denke darüber nach und gebe Ihnen morgen eine Antwort.* Lo voy a consultar con la almohada y mañana le aviso.

nachdenklich ['naːxdɛŋklɪç] *adj 1.* meditabundo, pensativo; *adv 2.* meditativamente

Nachdruck ['naːxdruk] *m 1. (Betonung)* énfasis *m,* insistencia *f; einer Sache ~ verleihen* hacer hincapié en algo; *2. (Kopie)* reimpresión *f*

nachdrücklich ['naːxdryklɪç] *adj 1.* enfático, insistente; *adv 2.* con insistencia, enfáticamente

nacheifern ['naːxaɪfərn] *v jdm ~* emular a alguien

nacheinander [naːxaɪ'nandər] *adv* uno(s) tras otro(s)

nachempfinden ['naːxɛmpfɪndən] *v irr* sentir lo mismo que alguien, comprender sentimientos ajenos

nacherzählen ['naːxɛrtsɛːlən] *v* repetir una narración, repetir una historia

Nacherzählung ['naːxɛrtsɛːluŋ] *f* narración *f,* repetición de una narración *f*

Nachfahre ['naːxfaːrə] *m* descendiente de la familia *m/f*

Nachfolge ['naːxfɔlgə] *f* sucesión *f*

nachfolgen ['naːxfɔlgən] *v jdm ~* seguir a alguien, suceder a alguien

Nachfolger(in) ['naːxfɔlgər(ɪn)] *m/f* sucesor(a) *m/f*

nachforschen ['naːxfɔrʃən] *v* investigar, hacer indagaciones sobre

Nachforschung ['naːxfɔrʃuŋ] *f* investigación *f,* indagación *f*

Nachfrage ['naːxfraːgə] *f 1. (Erkundigung)* información *f,* informe *m; 2. (Bedarf) ECO* demanda *f*

nachfragen ['naːxfraːgən] *v ~ nach* informarse de, preguntar por

nachfüllen ['naːxfylən] *v* rellenar, recargar

nachgeben ['naːxgeːbən] *v irr 1. (erschlaffen)* aflojarse, debilitarse; *2. (fig)* ceder, claudicar, condescender; *nicht ~ wollen* no dar su brazo a torcer

Nachgeburt ['naːxgəburt] *f MED* secundinas *f/pl*

nachgehen ['naːxgeːən] *v irr 1. (Uhr)* ir atrasado; *2. (folgen) jdm ~* seguir a alguien, ir tras alguien; *3. (erforschen) einer Sache ~* andar tras algo, investigar algo

Nachgeschmack ['naːxgəʃmak] *m 1.* regustillo *m; 2. (fig)* recuerdo desagradable *m*

nachgiebig ['naːxgiːbɪç] *adj (fig)* dócil, condescendiente

Nachgiebigkeit ['naːxgiːbɪçkaɪt] *f* docilidad *f,* condescendencia *f*

nachhaltig ['naːxhaltɪç] *adj 1.* duradero, persistente, durable; *adv 2.* con efecto duradero, de manera persistente

nachher [naːx'heːr] *adv* después, luego, más tarde

Nachholbedarf ['naːxhoːlbədarf] *m* necesidad de recuperación *f*

nachholen ['naːxhoːlən] *v* recuperar, recobrar

Nachimpfung ['na:xɪmpfuŋ] *f MED* revacunación *f*
nachkommen ['na:xkɔmən] *v irr 1.* llegar más tarde, llegar después; *2. (fig) nicht ~ mit* no darse abasto con
Nachlass ['na:xlas] *m 1. (Preisnachlass)* rebaja *f,* reducción *f,* descuento *m; 2. (Erbe)* herencia *f,* legado *m,* sucesión *f*
nachlassen ['na:xlasən] *v irr 1. (Preis)* rebajar, reducir, ceder; *2. (lockern)* aflojar, soltar; *3. (aufhören)* cesar, parar, dejar de
nachlässig ['na:xlɛsɪç] *adj 1.* negligente, descuidado, despreocupado; *adv 2.* negligentemente, con descuido
Nachlässigkeit ['na:xlɛsɪçkaɪt] *f* negligencia *f,* descuido *m*
nachlaufen ['na:xlaufən] *v irr jdm ~* correr tras alguien, perseguir a alguien
Nachlieferung ['na:xli:fəruŋ] *f* suministro posterior *m*
nachmachen ['na:xmaxən] *v* imitar, copiar
Nachmittag ['na:xmɪta:k] *m* tarde *f*
nachmittags ['na:xmɪta:ks] *adv* por la tarde
Nachnahme ['na:xna:mə] *f* reembolso *m*
Nachname ['na:xna:mə] *m* apellido *m*
nachprüfen ['na:xpry:fən] *v* verificar, controlar, revisar, comprobar
nachrechnen ['na:xrɛçnən] *v* comprobar un cálculo, repasar la cuenta
Nachrede ['na:xre:də] *f üble ~* difamación *f*
Nachricht ['na:xrɪçt] *f 1.* noticia *f,* novedad *f; 2. ~en pl* noticias *f/pl*
Nachrichtenagentur ['na:xrɪçtənagentu:r] *f* agencia de noticias *f*
Nachrichtentechnik ['na:xrɪçtəntɛçnɪk] *f* técnica de comunicaciones *f*
Nachruf ['na:xru:f] *m* necrología *f*
Nachsaison ['na:xzɛzɔŋ] *f* temporada baja *f*
nachschlagen ['na:xʃla:gən] *v irr in einem Buch ~* consultar en un libro, buscar en libros
Nachschlagewerk ['na:xʃla:gəvɛrk] *n* obra de consulta *f*
Nachschub ['na:xʃu:p] *m* refuerzo *m,* avituallamiento *m*
nachsehen ['na:xze:ən] *v irr 1. (nachblicken)* seguir a alguien con la vista; *2. (kontrollieren)* inspeccionar, examinar, revisar, comprobar; *3. (fig: verzeihen)* dispensar, ser indulgente con
Nachsehen ['na:xze:ən] *n das ~ haben* quedarse con las ganas
nachsenden ['na:xzɛndən] *v irr* reexpedir, enviar de nuevo
nachsichtig ['na:xzɪçtɪç] *adj 1.* indulgente; *adv 2.* con indulgencia, indulgentemente
nachsitzen ['na:xzɪtsən] *v irr* quedarse retenido en clase, repetir cuso
Nachspeise ['na:xʃpaɪzə] *f GAST* postre *m*
Nachspiel ['na:xʃpi:l] *n THEAT* epílogo *m*
nächstbeste(r,s) ['nɛ:çstbɛstə(r,s)] *adj* el mejor de los que siguen, el/la siguiente que venga
nächste(r,s) ['nɛ:çstə(r,s)] *adj* próximo/próxima, siguiente
nachstellen ['na:xʃtɛlən] *v 1. (regulieren)* reajustar, regular; *2. (fig) jdm ~* perseguir a alguien
nächstens ['nɛ:çstəns] *adv* próximamente, en breve
nächstmöglich ['nɛ:çstmø:klɪç] *adj* lo más pronto posible
Nacht [naxt] *f* noche *f; hässlich wie die ~* más feo que el pecado; *Gute ~!* ¡Buenas noches! *die ~ zum Tage machen* hacer de la noche el día; *sich die ~ um die Ohren schlagen* pasar la noche sin dormir/trasnochar; *jdm schlaflose Nächte bereiten* quitarle el sueño a alguien; *bei ~ und Nebel* al amparo de la noche; *über ~* de la noche a la mañana
Nachtdienst ['naxtdi:nst] *m* servicio nocturno *m*
Nachteil ['na:xtaɪl] *m* desventaja *f,* inconveniente *m*
nachteilig ['na:xtaɪlɪç] *adj* desventajoso, desfavorable
Nachtfrost ['naxtfrɔst] *m* helada nocturna *f*
Nachtigall ['naxtɪgal] *f ZOOL* ruiseñor *m*
Nachtisch ['na:xtɪʃ] *m GAST* postre *m*
nächtlich ['nɛ:çtlɪç] *adj* nocturno, de noche
Nachtlokal ['naxtlɔka:l] *n* club nocturno *m,* cabaret *m,* boite *f*
Nachtrag ['na:xtra:k] *m* suplemento *m,* apéndice *m*
nachtragen ['na:xtra:gən] *v irr 1. (hinterhertragen) jdm etw ~* llevar algo detrás de alguien; *2. (ergänzen)* añadir, agregar; *3. (fig) jdm etw ~* guardar rencor a alguien por algo
nachträglich ['na:xtrɛ:klɪç] *adj 1.* posterior, ulterior, suplementario; *adv 2.* posteriormente

nachts [naxts] *adv* de noche, por la noche
Nachtschicht ['naxtʃɪçt] *f* turno de noche *m*
nachvollziehbar ['na:xfɔltsi:ba:r] *adj* deducible, comprensible
Nachweis ['na:xvaɪs] *m* prueba *f*, comprobación *f*
Nachwelt ['na:xvɛlt] *f* posteridad *f*
nachwirken ['na:xvɪrkən] *v ~ auf* seguir produciendo efecto sobre
Nachwirkung ['na:xvɪrkuŋ] *f* efecto ulterior *m*
Nachwort ['na:xvɔrt] *n* epílogo *m*
Nachwuchs ['na:xvu:ks] *m* descendencia *f*, prole *f*
nachzahlen ['na:xtsa:lən] *v* pagar posteriormente, completar el pago, pagar un suplemento
Nachzahlung ['na:xtsa:luŋ] *f* pago posterior *m*, suplemento *m*
nachziehen ['na:xtsi:ən] *v irr 1. (hinterherziehen)* arrastrar, llevar tras de sí; *2. (Schraube)* apretar, ajustar; *3. (nach sich ziehen)* atraer hacia sí, llevar consigo
Nachzügler(in) ['na:xtsy:glər(ɪn)] *m/f* retrasado/retrasada *m/f*
Nacken ['nakən] *m ANAT* nuca *f*, cogote *m*; *jdm im ~ sitzen (fig)* pisarle los talones a alguien; *jdn im ~ haben* tener a alguien en los talones; *jdm den ~ stärken* cubrirle las espaldas a alguien; *Ihm sitzt der Schalk im ~.* Es un pícaro.
nackt [nakt] *adj* desnudo, desvestido
Nadel ['na:dəl] *f* aguja *f*; *an der ~ hängen (fam)* estar colgado
Nadelöhr ['na:dəlø:r] *n* ojo de la aguja *m*
Nagel ['na:gəl] *m 1. (Fingernagel) ANAT* uña *f*; *jdm unter den Nägeln brennen (fig)* correrle prisa a alguien; *2. TECH* clavo *m*; *den ~ auf den Kopf treffen (fig)* dar en el blanco; *etw an den ~ hängen* renunciar a algo; *Nägel mit Köpfen machen (fig)* hacer las cosas bien
Nagelfeile ['na:gəlfaɪlə] *f* lima para las uñas *f*
Nagellack ['na:gəllak] *m* esmalte para uñas *m*, esmalte de uñas *m*
Nagelschere ['na:gəlʃe:rə] *f* tijeras para uñas *f/pl*
nagen ['na:gən] *v 1.* roer; *2. (fig)* roer, remorder
Nagetier ['na:gəti:r] *n ZOOL* roedor *m*
nah(e) [na:(ə)] *adj 1.* próximo, cercano, vecino; *jdm zu ~e treten* ofender a alguien (en su amor propio); *jdm ~ sein* estar cerca de alguien; *jdm etw ~e bringen* hacer comprender algo a alguien; *jdm etw ~e legen* sugerir algo a alguien, insinuar algo a alguien; *~e liegend* cercano; *adv 2. (benachbart)* cerca, próximamente; *prep 3.* cerca a, cerca de, próximo a
Nähe ['nɛ:ə] *f* proximidad *f*, cercanía *f*, vecindad *f*; *ganz in der ~ sein* estar a la vuelta de la esquina
nähen ['nɛ:ən] *v* coser
nähern ['nɛ:ərn] *v sich ~* acercarse, aproximarse
Nähmaschine ['nɛ:maʃi:nə] *f* máquina de coser *f*
nähren ['nɛ:rən] *v* nutrir, alimentar
nahrhaft ['na:rhaft] *adj* nutritivo
Nahrung ['na:ruŋ] *f* nutrición *f*
Nahrungsmittel ['na:ruŋsmɪtəl] *n* alimentos *m/pl*, productos alimenticios *m/pl*
Naht [na:t] *f* costura *f*; *aus allen Nähten platzen (fig)* ponerse como una vaca
nahtlos ['na:tlo:s] *adj 1.* sin costura; *2. (fig)* ininterrumpido, continuo
Nahverkehr ['na:fɛrke:r] *m* tráfico de cercanías *m*, tráfico local *m*
naiv [na'i:f] *adj* ingenuo, cándido
Naivität [naivi'tɛ:t] *f* ingenuidad *f*, candidez *f*
Name ['na:mə] *m* nombre *m*; *etw beim ~n nennen* llamar a cada cosa por su nombre; *in seinem ~n* en su nombre; *einen guten ~n haben* tener una buena reputación; *seinem ~n alle Ehre machen* hacer todos los honores a su nombre
namenlos ['na:mənlo:s] *adj* sin nombre
namens ['na:məns] *prep* llamado
Namenstag ['na:mənsta:k] *m* día del santo *m*
namentlich ['na:məntlɪç] *adj 1.* nominal, nominativo; *adv 2.* nominalmente, por el nombre
namhaft ['na:mhaft] *adj* notable, renombrado
nämlich ['nɛ:mlɪç] *konj* es decir que, es que
Narbe ['narbə] *f* cicatriz *f*
narbig ['narbɪç] *adj* lleno de cicatrices
Narkose [nar'ko:zə] *f MED* narcosis *f*, anestesia *f*
Narr [nar] *m 1. (Spaßmacher)* bufón *m*, payaso *m*; *jdn zum ~en halten* tomar el pelo a alguien/burlarse de alguien; *an jdm einen ~en gefressen haben* estar loco por alguien; *2. (Tor)* loco *m*, testarudo *m*

närrisch ['nɛrɪʃ] *adj* loco
Narzisse [nar'tsɪsə] *f BOT* narciso *m*
naschen ['naʃən] *v* comer golosinas, golosinar
Nase ['na:zə] *f* nariz *f; die ~ rümpfen* hacer ascos; *sich an die eigene ~ fassen (fig)* no meterse en lo que no le importa; *jdm auf der ~ herumtanzen* tomar el pelo a alguien; *jdm etw auf die ~ binden* revelar un secreto a alguien; *jdm etw unter die ~ reiben* refregarle a alguien algo por los morros (fam)/echarle a alguien algo en cara; *überall seine ~ hineinstecken* meter sus narices en todas partes; *jdm etw vor der ~ wegschnappen* quitarle algo a alguien delante de sus narices; *sich eine goldene ~ verdienen* hacerse de oro; *eins auf die ~ bekommen* recibir una en el morro (fam); *direkt vor deiner ~* delante de tus narices
Nasenbluten ['na:zənblu:tən] *n MED* hemorragia nasal *f*
Nasentropfen ['na:zəntrɔpfən] *pl MED* gotas nasales *f/pl*
Nashorn ['na:shɔrn] *n ZOOL* rinoceronte *m*
nass [nas] *adj 1.* mojado, empapado; *2. (Wetter)* húmedo
Nässe ['nɛsə] *f* humedad *f*
nasskalt ['naskalt] *adj* frío, húmedo
Nation [na'tsjo:n] *f* nación *f*, patria *f*
national [natsjo'na:l] *adj* nacional
Nationalismus [natsjona'lɪsmus] *m* nacionalismo *m*
Nationalität [natsjonali'tɛ:t] *f* nacionalidad *f*
Nationalsozialismus [natsjo'na:lzotsɪalɪsmus] *m POL* nacionalsocialismo *m*
Natrium ['na:trium] *n CHEM* sodio *m*
Natron ['na:trɔn] *n CHEM* natrón *m*, sosa *f*, bicarbonato *m*
Natur [na'tu:r] *f* naturaleza *f; in der ~ von etw liegen* estar en la naturaleza de algo
Naturalien [natu'ra:ljən] *pl* productos naturales *m/pl*, productos del suelo *m/pl*
naturalisieren [naturali'zi:rən] *v* naturalizar, nacionalizar
naturgemäß [na'tu:rgəmɛ:s] *adj 1.* natural; *adv 2.* conforme a las leyes naturales
Naturheilkunde [na'tu:rhaɪlkundə] *f MED* medicina naturista *f*
natürlich [na'ty:rlɪç] *adj 1.* natural; *adv 2.* naturalmente
Natürlichkeit [na'ty:rlɪçkaɪt] *f* naturalidad *f*
Naturschutz [na'tu:rʃuts] *m* protección de la naturaleza *f*
Naturschutzgebiet [na'tu:rʃutsgəbi:t] *n* reserva natural *f*, reserva ecológica *f*
Naturwissenschaft [na'tu:rvɪsənʃaft] *f* ciencias naturales *f/pl*
Nautik ['nautɪk] *f* náutica *f*
Navigation [naviga'tsjo:n] *f* navegación *f*
Nebel ['ne:bəl] *m* niebla *f*
nebelig ['ne:bəlɪç] *adj* nebuloso
neben ['ne:bən] *prep* al lado de, junto a, contiguo a; *~ anderen Dingen* entre otras cosas
nebenan [ne:bən'an] *adv* al lado, al costado
Nebenausgang ['ne:bənausgaŋ] *m* salida lateral *f*
nebenberuflich ['ne:bənbəru:flɪç] *adj* a título de ocupación secundaria
Nebenbeschäftigung ['ne:bənbəʃɛftɪguŋ] *f* actividad secundaria *f*, ocupación accesoria *f*
Nebenbuhler(in) ['ne:bənbu:lər(ɪn)] *m/f* rival *m/f*
nebeneinander ['ne:bənaɪnandər] *adv* uno(s) al lado de otro(s), juntos
Nebeneinkünfte ['ne:bənaɪnkynftə] *pl* ingresos extraordinarios *m/pl*, ingresos adicionales *m/pl*
Nebenfach ['ne:bənfax] *n* asignatura secundaria *f*
Nebenfluss ['ne:bənflus] *m* afluente *m*
nebenher [ne:bən'he:r] *adv* al lado de, accesoriamente
Nebenkosten ['ne:bənkɔstən] *pl* gastos adicionales *m/pl*, gastos accesorios *m/pl*
nebensächlich ['ne:bənzɛçlɪç] *adj* secundario, de poca importancia
Nebenwirkung ['ne:bənvɪrkuŋ] *f* efecto secundario *m*
nebst [ne:pst] *prep* con, junto con
necken ['nɛkən] *v* embromar
Neffe ['nɛfə] *m* sobrino *m*
negativ ['ne:gati:f] *adj* negativo
nehmen ['ne:mən] *v irr* tomar, coger; *Jeden Tag nimmt er den Zug nach München.* Él toma el tren a Múnich todos los días. *etw auf sich ~* asumir algo/cargar con algo; *einen zur Brust ~* tomar unas copas
Neid [naɪt] *m* envidia *f; vor ~ platzen* reventar de envidia
neidisch ['naɪdɪʃ] *adj* envidioso
neidlos ['naɪdlo:s] *adj* sin envidia
Neige ['naɪgə] *f zur ~ gehen* acabarse

neigen ['naɪgən] *v 1.* inclinar, ladear, torcer; *2. (fig) ~ zu* tender a, tener inclinación a, propender a
Neigung ['naɪguŋ] *f 1.* inclinación *f,* ladeo *m; 2. (fig)* propensión *f,* inclinación *f*
nein [naɪn] *adv* no; *Ich sage ~.* Digo que no.
Nektarine [nεkta'ri:nə] *f BOT* nectarina *f*
Nelke ['nεlkə] *f BOT* clavel *m*
nennen ['nεnən] *v irr 1. (be~)* nombrar, denominar; *2. (Namen geben)* llamar; *Wie ~ wir unseren Hund?* ¿Cómo llamamos a nuestro perro?
nennenswert ['nεnənsve:rt] *adj* digno de mención, apreciable
Nenner ['nεnər] *m MATH* denominador *m; gemeinsamer ~* común denominador *m; einen gemeinsamen ~ finden (fig)* hallar un denominador común
Neonlicht ['ne:ɔnlɪçt] *n* luz de neón *f*
Nerv [nεrf] *m ANAT* nervio *m; den ~ haben* tener los nervios; *jdm auf den ~ gehen* crisparle los nervios a alguien; *~en wie Drahtseile haben* tener nervios de acero; *die ~en verlieren* perder los nervios; *mit den ~en herunter sein* estar con los nervios destrozados
Nervenbündel ['nεrfənbyndəl] *n (fig)* manojo de nervios *m*
Nervenzusammenbruch ['nεrfəntsuzamənbrux] *m MED* colapso nervioso *m; am Rande des ~s* al borde de un ataque de nervios
nervös [nεr'vø:s] *adj* nervioso
Nervosität [nεrvozi'tε:t] *f* nerviosidad *f,* nerviosismo *m*
Nest [nεst] *n* nido *m; sich ins gemachte ~ setzen (fig)* hacer buena boda
Nesthäkchen ['nεsthε:kçən] *n* benjamín *m*
nett [nεt] *adj 1.* simpático, gentil, bonito; *adv 2.* simpáticamente, agradablemente
netto ['nεto] *adv ECO* neto
Nettoeinkommen ['nεtoaɪnkɔmən] *n* ingreso neto *m,* renta neta *f*
Netz [nεts] *n* red *f; jdm ins ~ gehen (fig)* caer en las redes de alguien
Netzanschluss ['nεtsanʃlus] *m* conexión a la red *f*
Netzhaut ['nεtshaut] *f ANAT* retina *f*
Netzwerk ['nεtsvεrk] *n INFORM* mecanismo de la red *m*
neu [nɔy] *adj* nuevo; *aufs Neue* de nuevo/otra vez; *auf ein Neues* otra vez/de nuevo; *von ~em* otra vez/de nuevo
neuartig ['nɔya:rtɪç] *adj* nuevo, reciente, moderno
Neubau ['nɔybau] *m* nueva construcción *f*
Neueröffnung ['nɔyεrœfnuŋ] *f* inauguración *f*
Neuerung ['nɔyəruŋ] *f* innovación *f*
Neugier ['nɔygi:r] *f* curiosidad *f; krankhafte ~* curiosidad malsana *f*
neugierig ['nɔygi:rɪç] *adj* curioso
Neuheit ['nɔyhaɪt] *f* novedad *f*
Neuigkeit ['nɔyɪçkaɪt] *f* novedad *f,* noticia nueva *f*
Neujahr ['nɔyja:r] *n* Año Nuevo *m*
Neuland ['nɔylant] *n 1.* tierra virgen *f; 2. (fig)* nuevos horizontes *m/pl,* terrenos desconocidos *m/pl*
neulich ['nɔylɪç] *adv* últimamente, recientemente, otro día
Neuling ['nɔylɪŋ] *m* novicio *m,* novato *m*
Neumond ['nɔymo:nt] *m* luna nueva *f*
neun [nɔyn] *num* nueve
neunte(r,s) ['nɔyntə(r,s)] *adj* nono, noveno
neunzehn ['nɔyntse:n] *num* diecinueve
neunzig ['nɔyntsɪç] *num* noventa
Neuralgie [nɔyral'gi:] *f MED* neuralgia *f*
Neurologe [nɔyro'lo:gə] *m* neurólogo *m*
Neurose [nɔy'ro:zə] *f MED* neurosis *f*
neurotisch [nɔy'ro:tɪʃ] *adj MED* neurótico
Neuseeland ['nɔyze:lant] *n GEO* Nueva Zelanda *f*
neutral [nɔy'tra:l] *adj 1.* neutral, imparcial; *adv 2.* neutral, de modo imparcial
Neutralität [nɔytrali'tε:t] *f* neutralidad *f*
Neutron ['nɔytrɔn] *n PHYS* neutrón *m*
Neuzeit ['nɔytsaɪt] *f* Edad Moderna *f*
nicht [nɪçt] *adv* no; *Ich liebe dich ~.* No te quiero.
Nichtbeachtung ['nɪçtbəaxtuŋ] *f* inobservancia *f,* incumplimiento *m; die ~ der Verordnung* la inobservancia del reglamento *f*
Nichte ['nɪçtə] *f* sobrina *f*
nichtig ['nɪçtɪç] *adj* nulo
Nichtigkeit ['nɪçtɪçkaɪt] *f* nulidad *f*
Nichtraucher(in) ['nɪçtrauxər(ɪn)] *m/f* no fumador(a) *m/f,* persona que no fuma *f*
nichts [nɪçts] *pron* nada; *mit ~ anfangen* partir de cero; *Nichts für ungut!* ¡No lo tome a mal! *Von ~ kommt ~.* De la nada, nada. *~ sagend* insignificante
Nichts [nɪçts] *n* nada *f; vor dem ~ stehen* quedarse sin nada

Nichtschwimmer(in) ['nɪçtʃvɪmər(ɪn)] *m/f* no nadador(a) *m/f*
Nichtsnutz ['nɪçtsnuts] *m* inútil *m*
nicken ['nɪkən] *v* asentir con la cabeza
Nickerchen ['nɪkərçən] *n (fam)* siestecita *f*
nie [niː] *adv 1.* nunca, jamás; *2. ~ und nimmer* nunca jamás, nunca por nunca; *~ mehr* nunca más en la vida
nieder ['niːdər] *adj 1.* bajo; *adv 2.* abajo; *Nieder mit der Diktatur!* ¡Abajo con la dictadura!
Niedergang ['niːdərgaŋ] *m (fig)* decadencia *f*
Niedergeschlagenheit ['niːdərgəʃlaːgənhaɪt] *f* abatimiento *m,* depresión *f*
Niederlage ['niːdərlaːgə] *f* derrota *f,* fracaso *m*
Niederlande ['niːdərlandə] *pl GEO* Países Bajos *m/pl*
Niederländer(in) ['niːdərlɛndər(ɪn)] *m/f* neerlandés/neerlandesa *m/f*
niederlassen ['niːdərlasən] *v irr 1. (herunterlassen)* bajar, descender; *2. sich ~* establecerse, afincarse, asentarse
Niederlassung ['niːdərlasuŋ] *f* establecimiento *m*
niederlegen ['niːdərleːgən] *v 1. (Kranz)* depositar; *2. (fig: Amt)* dimitir, presentar la dimisión
Niederschlag ['niːdərʃlaːk] *m METEO* precipitaciones *f/pl*
niederschlagen ['niːdərʃlaːgən] *v irr 1. (Feind)* vencer, derrotar; *2. (Augen)* bajar los ojos, bajar la vista
Niederschrift ['niːdərʃrɪft] *f* escrito *m*
Niedertracht ['niːdərtraxt] *f* infamia *f,* bajeza *f*
niederträchtig ['niːdərtrɛçtɪç] *adj* infame, bajo
niedlich ['niːtlɪç] *adj* bonito, lindo, gracioso, rico
niedrig ['niːdrɪç] *adj* bajo
niemals ['niːmaːls] *adv* nunca, jamás; *Ich werde dir ~ verzeihen.* Jamás en la vida te voy a perdonar.
niemand ['niːmant] *pron* nadie; *Es ist noch ~ da.* Todavía no hay nadie.
Niemandsland ['niːmantslant] *n* tierra de nadie *f*
Niere ['niːrə] *f 1. ANAT* riñón *m; jdm an die ~n gehen (fam)* afligir mucho a alguien; *2. ~n pl GAST* riñones *m/pl*
Nierenstein ['niːrənʃtaɪn] *m MED* cálculo renal *m*
nieseln ['niːzəln] *v* lloviznar
Nieselregen ['niːzəlreːgən] *m* llovizna *f*
niesen ['niːzən] *v* estornudar
Niete ['niːtə] *f 1. (in der Lotterie)* billete no premiado *m; 2. (Person)* inútil *m*
Nikolaus ['nɪkolaus] *m* Nicolás *m*
Nikotin [niko'tiːn] *n* nicotina *f*
Nilpferd ['niːlpfeːrt] *n ZOOL* hipopótamo *m*
Nippes ['nɪpəs] *m* baratijas *f/pl,* chucherías *f/pl*
nirgends ['nɪrgənts] *adv* en ningún lugar, en ninguna parte
nirgendwo ['nɪrgəntvoː] *adv* en ninguna parte, en ningún lugar
Nische ['niːʃə] *f* nicho *m*
nisten ['nɪstən] *v* anidar
Nitrat [nɪ'traːt] *n CHEM* nitrato *m*
Niveau [ni'voː] *n 1. (Höhe)* nivel *m; 2. (fig)* categoría *f,* nivel *m*
Nixe ['nɪksə] *f* ondina *f,* sirena *f*
nobel ['noːbəl] *adj* noble
Nobelpreis [no'bɛlpraɪs] *m* premio Nóbel *m*
noch [nɔx] *adv 1.* todavía, aún; *konj 2. weder ... ~ ...* ni ... ni ... *Du willst weder Kaffee ~ Tee.* No quieres ni café ni té.
nochmalig ['nɔxmaːlɪç] *adj* reiterado, repetido
nochmals ['nɔxmaːls] *adv* otra vez, de nuevo, una vez más
Nomade [no'maːdə] *m* nómada *m*
nominell [nomi'nɛl] *adj 1.* nominal; *adv 2.* nominalmente
Nonne ['nɔnə] *f REL* monja *f*
Nordamerika [nɔrta'meːrɪka] *n GEO* Norteamérica *f,* América del Norte *f*
Norden ['nɔrdən] *m* norte *m*
nördlich ['nœrtlɪç] *adj 1.* del norte; *adv 2.* al norte
Nordpol ['nɔrtpoːl] *m GEO* Polo Norte *m*
Nordsee ['nɔrtzeː] *f* Mar del Norte *m*
nörgeln ['nœrgəln] *v* criticarlo todo, encontrarle a todo un pero
Norm [nɔrm] *f* norma *f*
normal [nɔr'maːl] *adj* normal
normalerweise [nɔr'maːlərvaɪzə] *adv* normalmente
Normalfall [nɔr'maːlfal] *m* caso normal *m*
normalisieren [nɔrmali'ziːrən] *v* normalizar, regularizar
Norwegen ['nɔrveːgən] *n GEO* Noruega *f*
Not [noːt] *f 1. (Armut)* pobreza *f,* indigencia *f,* miseria *f; ~ leidend* necesitado, indigente;

2. (Mangel) escasez *f,* penuria *f; aus der ~ eine Tugend machen* hacer de tripas corazón; *3. (Gefahr)* peligro *m,* emergencia *f; 4. (fig) seine liebe ~ mit jdm haben* compatir sus penas con alguien; *wo ~ am Mann ist* en caso de urgencia/en caso de apuro; *mit knapper ~* a duras penas/a trancas y a barrancas (fam)

Notar(in) [no'taːr(ɪn)] *m/f JUR* notario/notaria *m/f*

notariell [notar'jɛl] *adj 1.* notarial; *adv 2.* notarialmente

Notarzt ['noːtartst] *m* médico de urgencia *m,* médico de emergencia *m*

Notaufnahme ['noːtaufnaːmə] *f* admisión de urgencia *f,* admisión de emergencia *f*

Notausgang ['noːtausgaŋ] *m* salida de emergencia *f*

Notbremse ['noːtbrɛmzə] *f* freno de alarma *m,* freno de emergencia *m* (LA)

Notdienst ['noːtdiːnst] *m* servicio de urgencia *m,* servicio de emergencia *m; Welche Apotheke hat ~?* ¿Qué farmacia está de turno?

Note ['noːtə] *f 1. (Schulnote)* nota *f,* calificación *f; 2. (Banknote)* billete de banco *m; 3. MUS* nota musical *f*

Notfall ['noːtfal] *m* caso de emergencia *m,* caso de urgencia *m*

notfalls ['noːtfals] *adv* en caso necesario, si es preciso

notgedrungen ['noːtgədruŋən] *adj 1.* forzoso, necesario, obligatorio; *adv 2.* forzosamente

notieren [no'tiːrən] *v 1.* anotar, apuntar; *2. FIN* cotizar

nötig ['nøːtɪç] *adj 1.* necesario, preciso; *Du hast es gerade ~!* ¡No tienes derecho! *adv 2.* necesariamente, de todas maneras

Nötigung ['nøːtɪguŋ] *f* coacción *f,* coerción *f,* apremio *m*

Notiz [no'tiːts] *f 1. (Angabe)* apunte *m,* nota *f; ~ von jdm nehmen* hacer caso de alguien; *2. (Zeitungsnotiz)* noticia *f*

Notizbuch [no'tiːtsbuːx] *n* agenda *f,* libreta de apuntes *f*

Notlage ['noːtlaːgə] *f* apuro *m,* emergencia *f,* situación crítica *f,* situación precaria *f*

Notlandung ['noːtlanduŋ] *f* aterrizaje forzoso *m,* aterrizaje de emergencia *m*

Notlüge ['noːtlyːgə] *f* mentira piadosa *f,* mentira inocente *f*

notorisch [no'toːrɪʃ] *adj* notorio

Notruf ['noːtruːf] *m* llamada de socorro *f,* llamada de emergencia *f*

Notstand ['noːtʃtant] *m* estado de emergencia *m*

Notunterkunft ['noːtuntərkunft] *f* alojamiento provisional *m*

Notwehr ['noːtveːr] *f* legítima defensa *f,* defensa propia *f; in ~* en defensa propia

notwendig ['noːtvɛndɪç] *adj* necesario, preciso; *ein ~es Übel sein* ser un mal inevitable

Novelle [no'vɛlə] *f* novela corta *f*

November [no'vɛmbər] *m* noviembre *m*

nüchtern ['nyçtərn] *adj 1. (ohne Alkohol)* sobrio, abstemio; *2. (ohne Essen)* ayuno; *3. (sachlich)* objetivo

Nudeln ['nuːdəln] *pl GAST* pasta *f,* fideos *m/pl*

null [nul] *num* cero *m; gleich ~ sein* ser casi nulo; *in ~ Komma nichts* en un dos por tres

Null [nul] *f 1.* cero *m; 2. (Person)* nulidad *f*

Nullpunkt ['nulpuŋkt] *m* punto cero *m*

Nulltarif ['nultariːf] *m* tarifa gratuita *f*

Nummer ['numər] *f 1. (Zahl)* número *m; 2. (Größe)* talla *f; 3. (Exemplar)* ejemplar *m,* número *m; 4. (fig) auf ~ sicher gehen* ir a lo seguro; *eine ~ zu groß für jdn sein* ser un número demasiado grande para alguien; *eine ~ abziehen* montar un número

nummerieren [numə'riːrən] *v* numerar, enumerar, contar

Nummernschild ['numərnʃɪlt] *n* placa de matrícula *f,* matrícula *f*

nun [nuːn] *adv 1. (jetzt)* ahora; *2. (zur Fortsetzung der Rede)* pues

nur [nuːr] *adv* solamente, sólo, no más (LA)

Nuss [nus] *f BOT* nuez *f; eine harte ~ zu knacken haben (fig)* tener un hueso duro de roer; *jdm eine ~ zu knacken geben* dar a alguien un hueso duro de roer

Nussknacker ['nusknakər] *m* cascanueces *m*

Nutte ['nutə] *f (fam)* puta *f,* ramera *f*

nutzen ['nutsən] *v* utilizar, aprovechar, explotar

Nutzen ['nutsən] *m* utilidad *f,* beneficio *m,* provecho *m; aus etw einen ~ ziehen* sacar partido de algo

nützlich ['nytslɪç] *adj* útil, provechoso

Nützlichkeit ['nytslɪçkaɪt] *f* utilidad *f,* ventajas *f/pl*

nutzlos ['nutsloːs] *adj* inútil

Nutzlosigkeit ['nutsloːzɪçkaɪt] *f* inutilidad *f*

Nylon ['naɪlɔn] *n* nailón *m,* nylon *m*

O

Oase [o'a:zə] *f* oasis *m*
ob [ɔp] *konj 1.* si; *Ich weiß nicht, ~ er kommt.* No sé si él viene. *2. als ~* como si; *Er benimmt sich so, als ~ er der König von England wäre.* Se porta como si fuera el rey de Inglaterra.
obdachlos ['ɔpdaxlo:s] *adj* sin techo; *~ sein* vivir a la intemperie
Obdachlose(r) ['ɔpdaxlo:zə(r)] *m/f* persona sin hogar *f,* vagabundo/vagabunda *m/f*
Obduktion [ɔpduk'tsjo:n] *f MED* autopsia *f*
obduzieren [ɔpdu'tsi:rən] *v MED* hacer la autopsia
oben ['o:bən] *adv* arriba, en la parte superior; *~ genannt* arriba mencionado, antes citado
obendrein [o:bən'draın] *adv* además, aparte de ello; *Er ist entlassen worden, und ~ hat ihn seine Frau verlassen.* Ha sido despedido y encima su mujer lo ha dejado.
Ober ['o:bər] *m* camarero *m,* mozo *m* (LA), mesero *m* (LA); *Herr ~!* ¡Camarero!
Oberarzt ['o:bərartst] *m* médico adjunto *m*
Oberbegriff ['o:bərbəgrıf] *m* término general *m*
Oberbekleidung ['o:bərbəklaıduŋ] *f* ropa exterior *f*
Oberbürgermeister(in) [o:bər'byrgərmaıstər(ın)] *m/f* primer(a) alcalde(sa) *m/f*
obere(r,s) ['o:bərə(r,s)] *adj* superior
Oberfläche ['o:bərflεçə] *f* superficie *f*
oberflächlich ['o:bərflεçlıç] *adj 1.* superficial; *adv 2.* superficialmente, por encima
Oberflächlichkeit ['o:bərflεçlıçkaıt] *f* superficialidad *f*
oberhalb ['o:bərhalp] *prep 1.* más arriba, por encima; *adv 2.* más arriba
Oberhand ['o:bərhant] *f die ~ haben* dominar la situación/predominar/prevalecer
Oberhaupt ['o:bərhaupt] *n* jefe *m*
Oberin ['o:bərın] *f REL* superiora *f*
Oberkellner(in) ['o:bərkεlnər(ın)] *m/f* jefe de comedor/jefa de comedor *m/f,* maître *m*
Oberkörper ['o:bərkœrpər] *m ANAT* tronco *m,* busto *m*
Oberschenkel ['o:bərʃεŋkəl] *m ANAT* muslo *m*
Oberschule ['o:bərʃu:lə] *f* instituto de segunda enseñanza *m,* escuela secundaria *f* (LA)
Oberschwester ['o:bərʃvεstər] *f* jefe de enfermeras *f*
oberste(r,s) ['o:bərstə(r,s)] *adj* lo más alto, supremo
Oberwasser ['o:bərvasər] *n* ventaja *f*
obgleich [ɔp'glaıç] *konj* si bien, aunque, bien que; *Obgleich ich kommen will, kann ich nicht.* Aunque quiera venir, no puedo.
Obhut ['ɔphu:t] *f* custodia *f,* protección *f*
Objekt [ɔp'jεkt] *n 1. GRAMM* complemento *m; 2. (Gegenstand)* objeto *m*
objektiv [ɔpjεk'ti:f] *adj 1.* objetivo; *adv 2.* objetivamente
Objektivität [ɔpjεktivi'tε:t] *f* objetividad *f*
Obligation [ɔbliga'tsjo:n] *f ECO* obligación *f*
obligatorisch [ɔbliga'to:rıʃ] *adj* obligatorio
Obrigkeit ['o:brıçkaıt] *f* autoridad (pública) *f,* gobierno *m*
obschon [ɔp'ʃo:n] *konj* a pesar de que, aunque
observieren [ɔpzεr'vi:rən] *v* observar
obskur [ɔps'ku:r] *adj* obscuro
Obst [o:pst] *n* fruta *f*
Obstsalat ['o:pstzala:t] *m GAST* macedonia de frutas *f,* ensalada de frutas *f* (LA)
obszön [ɔps'tsø:n] *adj* obsceno
obwohl [ɔp'vo:l] *konj* aunque, a pesar de que, si bien; *Obwohl er sie liebte, ließ er sie gehen.* Aunque la quería, la dejó ir.
Ochse ['ɔksə] *m ZOOL* buey *m; dastehen wie der Ochs vorm Berg* quedarse parado sin saber que hacer
öde ['ø:də] *adj 1.* desierto; *2. (fig)* aburrido, monótono
oder ['o:dər] *konj 1.* o, u (vor o, ho); *Frau ~ Mann* mujer u hombre; *Silber ~ Gold* plata u oro; *2. entweder ... oder ...* o ... o ... *Entweder machst du es, ~ du lässt es sein.* O lo tomas o lo dejas.
Ofen ['o:fən] *m 1. (Backofen)* horno *m; 2. (Heizofen)* estufa *f; hinter dem ~ hocken* apoltronarse en casa; *ein Schuss in den ~* un fracaso *m,* un tiro por la culata *m; Der ~ ist aus.* No hay nada que hacer./Se acabó.

offen ['ɔfən] *adj 1. (geöffnet)* abierto; *~ lassen* dejar abierto; *~ stehen* estar abierto; *2. (fig: aufrichtig)* sincero, franco; *3. (fig: unentschieden)* pendiente; *~ lassen (fig)* dejar pendiente, dejar en el aire; *4. (fig: nicht besetzt)* libre, vacante; *5. ~ stehen (fig: Rechnung)* no estar pagado, estar pendiente el pago; *6. ~ stehen (fig: Möglichkeiten)* quedar abierta la posibilidad, haber una posibilidad

offenbar ['ɔfənbaːr] *adj 1.* manifiesto, patente, evidente; *adv 2.* por lo visto, evidentemente

offenbaren [ɔfən'baːrən] *v* manifestar, dar a conocer

Offenbarungseid [ɔfən'baːruŋsaɪt] *m JUR* juramento declarativo *m*

Offenheit ['ɔfənhaɪt] *f* franqueza *f,* sinceridad *f*

offenherzig ['ɔfənhɛrtsɪç] *adj 1.* franco, abierto, sincero; *~ reden* hablar con el corazón en la mano; *adv 2.* muy franco, sinceramente

offenkundig ['ɔfənkundɪç] *adj 1.* manifiesto, público; *adv 2.* públicamente

offensichtlich ['ɔfənzɪçtlɪç] *adj 1.* obvio, evidente; *adv 2.* evidentemente, por lo visto

offensiv [ɔfən'ziːf] *adj 1.* ofensivo, agresivo; *adv 2.* ofensivamente, agresivamente

Offensive [ɔfən'ziːvə] *f* ofensiva *f,* agresión *f,* ataque *m*

öffentlich ['œfəntlɪç] *adj 1.* público; *adv 2.* públicamente, en público

Öffentlichkeit ['œfəntlɪçkaɪt] *f* opinión pública *f,* público *m*

Öffentlichkeitsarbeit ['œfəntlɪçkaɪtsarbaɪt] *f* relaciones públicas *f*

Offerte [ɔ'fɛrtə] *f* oferta *f*

offiziell [ɔfi'tsjɛl] *adj 1.* oficial; *adv 2.* oficialmente

öffnen ['œfnən] *v 1.* abrir; *2. sich ~* abrirse, desplegarse, extenderse

Öffner ['œfnər] *m* abridor *m*

Öffnung ['œfnuŋ] *f* apertura *f,* abertura *f*

Öffnungszeiten ['œfnuŋstsaɪtən] *pl* horas de apertura *f/pl*

oft [ɔft] *adv* a menudo, frecuentemente

oftmals ['ɔftmaːls] *adv* repetidas veces, varias veces

ohne ['oːnə] *prep 1.* sin; *Es ist nicht ~.* Hay que tener cuidado./Es bastante peligroso. *~ weiteres* sin más ni más; *konj 2. ~ dass* sin que, sin; *Er ging, ~ etw zu sagen.* Se fue sin decir nada. *Er kam, ~ dass ich ihn eingeladen hatte.* Vino sin que lo hubiese invitado.

ohnehin ['oːnəhɪn] *adv* de todos modos

Ohnmacht ['oːnmaxt] *f* impotencia *f*

ohnmächtig ['oːnmɛçtɪç] *adj 1. (bewusstlos)* desmayado, desvanecido; *~ werden* perder el sentido/desmayarse; *2. (fig: machtlos)* impotente

Ohr [oːr] *n 1. (äußerlich) ANAT* oreja *f; jdm in den ~en liegen (fig)* dar la tabarra a alguien (fam); *mit halbem ~ zuhören* escuchar a medias; *ein offenes ~ haben* acoger benévolamente; *jdn übers ~ hauen* tomar el pelo a alguien; *die ~en hängen lassen* agachar las orejas; *es faustdick hinter den ~en haben* ser muy vivo/tener mucha malicia/ser de armas tomar; *noch nicht trocken hinter den ~en sein* estar todavía verde (fam); *sich etw hinter die ~en schreiben* no olvidarse de algo; *jdm das Fell über die ~ ziehen* sacar a alguien las entrañas; *jdm die ~en lang ziehen* estirar las orejas de alguien; *sich aufs ~ hauen* echarse una cabezadita; *viel um die ~en haben* tener mucho que hacer; *Auf diesem ~ ist er taub!* ¡No quiere saber nada de eso! *2. (Gehör)* oído *m; Ich bin ganz ~!* ¡Soy todo oídos! *~en wie ein Luchs haben* tener muy buen oído; *die ~en steif halten* aguzar los oídos; *jdm zu ~en kommen* llegar a los oídos de alguien; *nichts für fremde ~en sein* no ser nada para oídos ajenos

Ohrenarzt ['oːrənartst] *m* otólogo *m*

Ohrensausen ['oːrənzauzən] *n* zumbido de oídos *m*

Ohrenschmerzen ['oːrənʃmɛrtsən] *pl* dolor de oídos *m*

Ohrfeige ['oːrfaɪgə] *f* bofetada *f,* sopapo *m,* cachete *m,* cachetada *f* (LA)

ohrfeigen ['oːrfaɪgən] *v* abofetear

Ohrläppchen ['oːrlɛpçən] *n ANAT* lóbulo de la oreja *m*

Ohrring ['oːrrɪŋ] *m* pendiente *m,* arete *m*

Ohrwurm ['oːrvurm] *m (fam)* melodía pegadiza *f*

Ökologie [økolo'giː] *f* ecología *f*

ökologisch [øko'loːgɪʃ] *adj* ecológico

Ökonomie [økono'miː] *f* economía *f*

ökonomisch [øko'noːmɪʃ] *adj* económico

Oktober [ɔk'toːbər] *m* octubre *m*

Oktoberfest [ɔk'toːbərfɛst] *n* fiesta de la cerveza *f*

Öl [øːl] *n 1. (Speiseöl)* aceite *m; 2. (Erdöl)* petróleo *m; 3. (Heizöl)* aceite combustible *m; ~ ins Feuer gießen (fig)* echar leña al fuego

Oldtimer ['əuldtaɪmər] *m* coche antiguo *m*

ölen ['øːlən] *v* aceitar, echar aceite (LA)

Ölfarbe ['øːlfarbə] *f* pintura al óleo *f*
Olive [o'liːvə] *f* *BOT* aceituna *f*, oliva *f*
Olivenöl [o'liːvənøːl] *n* *GAST* aceite de oliva *m*
Ölpest ['øːlpɛst] *f* marea negra *f*
Ölsardine ['øːlzardiːnə] *f* *GAST* sardina en aceite *f*
Öltanker ['øːltaŋkər] *m* petrolero *m*
Ölung ['øːluŋ] *f* *(Letzte ~)* *REL* extremaunción *f*, Santos óleos *m/pl*
Ölwechsel ['øːlvɛksəl] *m* *(beim Auto)* cambio de aceite *m*
Olymp ['olymp] *m* Olimpo *m*; *auf dem hohen ~ sitzen* estar subido en el Olimpo
olympisch [o'lympɪʃ] *adj* olímpico; *Olympische Spiele* juegos olímpicos *m/pl*, olimpiadas *f/pl*
Oma ['oːma] *f* abuela *f*
Omelett [ɔm'lɛt] *n* *GAST* tortilla *f*
Omen ['oːmən] *n* presagio *m*, augurio *m*; *böses ~* mal agüero *m*
Omnibus ['ɔmnibus] *m* autobús *m*
Onkel ['ɔŋkəl] *m* tío *m*; *über den großen ~ gehen* andar con los pies torcidos hacia adentro
online ['ɔnlaɪn] *adj* *INFORM* directo por la red, On Line
Online-Dienst ['ɔnlaɪndiːnst] *m* *INFORM* servicio-Online *m*, servicio de línea directa *m*
Opa ['oːpa] *m* abuelo *m*
Oper ['oːpər] *f* *1. (Gebäude)* ópera *f*; *2. (Werk)* ópera *f*
Operation [opera'tsjoːn] *f* *1.* operación *f*, acción *f*, ejecución *f*; *2. MED* intervención quirúrgica *f*, operación quirúrgica *f*
Operette [ope'rɛtə] *f* opereta *f*
operieren [ope'riːrən] *v* operar, intervenir quirúrgicamente
Opernglas ['oːpərnglaːs] *n* gemelos de teatro *m/pl*
Opernsänger(in) ['oːpərnzɛŋər(ɪn)] *m/f* cantante de ópera *m/f*
Opfer ['ɔpfər] *n* *1. (Verzicht)* sacrificio *m*, renuncia *f*; *2. (Person)* víctima *f*
Opferbereitschaft ['ɔpfərbəraɪtʃaft] *f* espíritu de sacrificio *m*
Opfergabe ['ɔpfərgaːbə] *f* ofrenda *f*
opfern ['ɔpfərn] *v* *1. (verzichten)* sacrificar, renunciar; *2. (spenden)* ofrendar, donar; *3. sich ~ für* sacrificarse por, dar la vida por
opportun [ɔpɔr'tuːn] *adj* oportuno
Opposition [ɔpozi'tsjoːn] *f* oposición *f*
Optik ['ɔptɪk] *f* óptica *f*
Optiker(in) ['ɔptɪkər(ɪn)] *m/f* óptico(a) *m/f*
optimal [ɔpti'maːl] *adj* *1.* óptimo; *adv* *2.* óptimamente
Optimismus [ɔpti'mɪsmus] *m* optimismo *m*
Optimist(in) [ɔpti'mɪst(ɪn)] *m/f* optimista *m/f*
optimistisch [ɔpti'mɪstɪʃ] *adj* *1.* optimista; *adv* *2.* con optimismo, muy optimista
Option [ɔp'tsjoːn] *f* opción *f*
optisch ['ɔptɪʃ] *adj* *1.* óptico; *adv* *2.* ópticamente
oral [o'raːl] *adj* *1.* oral; *adv* *2.* oralmente, por medio oral
orange [o'rãŋʒ] *adj* naranja
Orange [o'rãŋʒə] *f* *BOT* naranja *f*
Orangensaft [o'rãŋʒənzaft] *m* *GAST* zumo de naranja *m*, jugo de naranja *m* (LA)
Orchester [ɔr'kɛstər] *n* orquesta *f*
Orden ['ɔrdən] *m* *1. (Auszeichnung)* condecoración *f*, cruz *f*; *2. REL* orden *f*
Ordensbruder ['ɔrdənsbruːdər] *m* *REL* fraile *m*, hermano *m*, religioso *m*
Ordensschwester ['ɔrdənsʃvɛstər] *f* *REL* religiosa *f*, hermana *f*, monja *f*
ordentlich ['ɔrdəntlɪç] *adj* *1. (ordnungsliebend)* amante del orden, ordenado; *2. (aufgeräumt)* ordenado, arreglado; *3. (sorgfältig)* esmerado, sistemático; *adv* *4.* ordenadamente, con esmero
ordinär [ɔrdi'nɛːr] *adj* *1.* ordinario, vulgar; *adv* *2.* ordinariamente, vulgarmente
ordnen ['ɔrdnən] *v* ordenar, arreglar, clasificar
Ordner ['ɔrdnər] *m* *1. (Hefter)* archivador *m*, clasificador *m*; *2. (Person)* mantenedor del orden *m*, ordenador *m*
Ordnung ['ɔrdnuŋ] *f* orden *m*; *In ~! ¡Conforme! zur ~ rufen* llamar al orden
ordnungsgemäß ['ɔrdnuŋsgəmɛːs] *adj* *1.* debido, en orden, en debida forma; *adv* *2.* debidamente, en debida forma, como es debido
Ordnungsstrafe ['ɔrdnuŋsʃtraːfə] *f* *JUR* corrección disciplinaria *f*, pena reglamentaria *f*
ordnungswidrig ['ɔrdnuŋsviːdrɪç] *adj* *1.* irregular, ilegal; *adv* *2.* irregularmente, ilegalmente
Ordnungszahl ['ɔrdnuŋstsaːl] *f* número ordinal *m*
Organ [ɔr'gaːn] *n* órgano *m*
Organisation [ɔrganiza'tsjoːn] *f* organización *f*

Organisator(in) [ɔrgani'zaːtɔr/ɔrganiza'toːrɪn] *m/f* organizador(a) *m/f*
organisatorisch [ɔrganiza'toːrɪʃ] *adj* de la organización
organisch [ɔr'gaːnɪʃ] *adj* orgánico
organisieren [ɔrgani'ziːrən] *v* organizar, preparar, disponer
Organismus [ɔrga'nɪsmus] *m* organismo *m*
Organspender(in) [ɔrgaːnʃpɛndər(ɪn)] *m/f* donante de órganos *m/f*
Orgasmus [ɔr'gasmus] *m* orgasmo *m*
Orgel ['ɔrgəl] *f MUS* órgano *m*
Orgie ['ɔrgjə] *f* orgía *f*
Orient ['oːrjɛnt] *m GEO* Oriente *m*
orientalisch [ɔrjɛn'taːlɪʃ] *adj* oriental
orientieren [ɔrjɛn'tiːrən] *v* orientar, dirigir, guiar
Orientierung [ɔrjɛn'tiːruŋ] *f* orientación *f*
Orientierungssinn [ɔrjɛn'tiːruŋszɪn] *m* sentido de la orientación *m*
original [origi'naːl] *adj* original
Original [origi'naːl] *n* original *m*
originalgetreu [origi'naːlgətrɔy] *adj* conforme al original
Originalität [originali'tɛːt] *f 1. (Echtheit)* originalidad *f; 2. (Besonderheit)* singularidad *f,* particularidad *f*
originell [origi'nɛl] *adj 1.* original; *adv 2.* originalmente
Orkan [ɔr'kaːn] *m* huracán *m*
Ornament [ɔrna'mɛnt] *n* ornamento *m,* adorno *m*
Ornithologe [ɔrnito'loːgə] *m* ornitólogo *m*
Ort [ɔrt] *m 1. (Stelle)* lugar *m,* sitio *m; 2. (Ortschaft)* localidad *f*
orthodox [ɔrto'dɔks] *adj* ortodoxo
Orthografie [ɔrtogra'fiː] *f GRAMM* ortografía *f*
Orthopäde [ɔrto'pɛːdə] *m* ortopédico *m,* ortopedista *m*
örtlich ['øːrtlɪç] *adj 1.* local; *adv 2.* en la localidad, local
Örtlichkeiten ['øːrtlɪçkaɪtən] *pl* localidades *f/pl*
Ortsangabe ['ɔrtsangaːbə] *f* indicación del lugar *f*
ortsansässig ['ɔrtsanzɛsɪç] *adj* local, del lugar, de la localidad
Ortschaft ['ɔrtʃaft] *f* localidad *f,* poblado *m*
ortsfremd ['ɔrtsfrɛmt] *adj* forastero
Ortsgespräch ['ɔrtsgəʃprɛç] *n* conferencia local *f*
ortskundig ['ɔrtskundɪç] *adj* conocedor de la localidad
Ortszeit ['ɔrtstsaɪt] *f* hora local *f*
Osten ['ɔstən] *m 1.* este *m; 2. Naher ~ GEO* Oriente Próximo *m; Mittlerer ~* Oriente Medio *m; Ferner ~* Extremo Oriente *m,* Lejano Oriente *m; 3. (Ostblock) POL* Países del Este *m/pl*
Osterei ['oːstəraɪ] *n* huevo de Pascua *m*
Osterhase ['oːstərhaːzə] *m* conejo de Pascua *m*
Ostermontag [oːstər'moːntaːk] *m* Lunes de Pascua *m*
Ostern ['oːstərn] *n* Pascua (de Resurrección) *f*
Österreich ['øːstərraɪç] *n GEO* Austria *f*
Österreicher(in) ['øːstərraɪçər(ɪn)] *m/f* austríaco/austríaca *m/f*
österreichisch ['øːstərraɪçɪʃ] *adj* austríaco
Ostersonntag [oːstər'zɔntaːk] *m* Domingo de Pascua *m,* Domingo de Resurrección *m*
Osteuropa ['ɔstɔyroːpa] *n GEO* Europa Oriental *f,* Europa del Este *f*
östlich ['œstlɪç] *adj* oriental, del este
Ostsee ['ɔstzeː] *f GEO* Mar Báltico *m*
Otter[1] ['ɔtər] *f ZOOL* víbora *f*
Otter[2] ['ɔtər] *m ZOOL* nutria *f*
oval [o'vaːl] *adj* oval, ovalado
oxidieren [ɔksi'diːrən] *v CHEM* oxidar, oxidarse
Ozean ['oːtseaːn] *m* océano *m*
Ozon [o'tsoːn] *n CHEM* ozono *m*
Ozonloch [o'tsoːnlɔx] *n* agujero del ozono *m*
Ozonschicht [o'tsoːnʃɪçt] *f* capa de ozono *f*

P

paar [paːr] *adj* par; *ein ~ Mal* un par de veces, algunas veces
Paar [paːr] *n 1. (~ Schuhe)* par *m; 2. (Ehepaar)* pareja *f*
paaren ['paːrən] *v* emparejar, parear, aparear
Paarung ['paːruŋ] *f* apareamiento *m*
paarweise ['paːrvaɪzə] *adv* a pares, de dos en dos, por parejas
Pacht [paxt] *f 1. (Überlassung) in ~ geben* dar en arrendamiento; *2. (Entgelt)* arrendamiento *m*
pachten ['paxtən] *v* arrendar, tomar en arrendamiento
Pächter(in) ['pɛçtər(ɪn)] *m/f* arrendatario/arrendataria *m/f*
Pack [pak] *n (fam)* gentuza *f,* chusma *f*
Päckchen ['pɛkçən] *n* paquetito *m*
packen ['pakən] *v 1. (ein~)* empaquetar, embalar; *2. (greifen)* agarrar, asir, coger
Packpapier ['pakpapiːr] *n* papel de empaquetar *m,* papel de estraza *m*
Packung ['pakuŋ] *f 1. (warme ~)* fomento *m; 2. (Verpackung)* envoltorio *m,* embalaje *m; 3. (Paket)* paquete *m; 4. MED* envoltura *f*
Pädagoge [pɛda'goːgə] *m* pedagogo *m*
Pädagogik [pɛda'goːgɪk] *f* pedagogía *f*
pädagogisch [pɛda'goːgɪʃ] *adj* pedagógico
Paddel ['padəl] *n* canalete *m,* remo de piragua *m*
Paddelboot ['padəlboːt] *n* canoa *f,* piragua *f*
paddeln ['padəln] *v* bogar en canoa
Paket [pa'keːt] *n* paquete *m,* bulto *m,* fardo *m*
Pakistan ['paːkɪstaːn] *n GEO* Pakistán *m*
Pakt [pakt] *m* pacto *m*
Palast [pa'last] *m* palacio *m*
Palästina [palɛs'tiːna] *n GEO* Palestina *f*
Palästinenser(in) [palɛstɪ'nɛnzər(ɪn)] *m/f* palestino/palestina *m/f*
Palette [pa'lɛtə] *f 1. (Auswahl)* gama *f; 2. ART* paleta *f; 3. TECH* paleta *f,* plataforma de carga *f*
Palme ['palmə] *f BOT* palma *f,* palmera *f*
Panama ['panama] *n GEO* Panamá *m*
panieren [pa'niːrən] *v GAST* empanar
Paniermehl [pa'niːrmeːl] *n GAST* pan rallado *m*
Panik ['paːnɪk] *f* pánico *m*
Panne ['panə] *f 1. (Schaden)* avería *f; 2. (Missgeschick)* contratiempo *m*
Pannenhilfe ['panənhɪlfə] *f* auxilio en carretera *m*
Panorama [pano'raːma] *n* panorama *m,* vista *f*
panschen ['panʃən] *v 1. (verfälschen)* adulterar, aguar; *2. (spielen)* chapotear
Panther ['pantər] *m ZOOL* pantera *f*
Pantoffel [pan'tɔfəl] *m* zapatilla *f,* pantufla *f; unter dem ~ stehen* ser dominado por su mujer
Pantomime [panto'miːmə] *f* pantomima *f*
Panzer ['pantsər] *m 1. (Schutzpanzer)* armadura *f,* coraza *f; 2. MIL* carro de combate *m,* tanque *m* (LA); *3. ZOOL* caparazón *m*
Papa ['papa] *m* papá *m,* papi *m*
Papagei [papa'gaɪ] *m* papagayo *m,* loro *m*
Papier [pa'piːr] *n 1.* papel *m; nur auf dem ~ stehen (fig)* figurar sólo en el papel; *etw zu ~ bringen* escribir algo; *2. ~e pl (Dokument)* papeles de identidad *m/pl,* documentos de identidad *m/pl; Ihre ~e bitte!* ¡La documentación, por favor! *3. (Wertpapier) FIN* títulos-valores *m/pl*
Papierkorb [pa'piːrkɔrp] *m* papelera *f,* cesto de papeles *m*
Pappe ['papə] *f* cartón *m*
Pappel ['papəl] *f BOT* álamo *m,* chopo *m*
Paprika ['paprɪka] *f 1. BOT* pimiento *m; m 2. (Gewürz)* pimentón *m*
Papst [paːpst] *m REL* Papa *m,* Sumo Pontífice *m; päpstlicher als der ~ sein* ser más Papa que el Papa
päpstlich ['pɛːpstlɪç] *adj REL* papal, pontificio; *~er als der Papst sein* ser más papista que el Papa
Paradies [para'diːs] *n* paraíso *m; das ~ auf Erden* el paraíso terrenal *m*
paradiesisch [para'diːzɪʃ] *adj* paradisíaco
paradox [para'dɔks] *adj* paradójico
Paragraph [para'graːf] *m 1.* párrafo *m; 2. JUR* artículo *m*
Paraguay [para'guaɪ] *n GEO* Paraguay *m*
parallel [para'leːl] *adj 1.* paralelo; *adv 2.* paralelamente
Parallele [para'leːlə] *f* paralela *f*
Parasit [para'ziːt] *m* parásito *m*

parat [pa'raːt] *adj* listo, preparado
Parfüm [par'fyːm] *n* perfume *m,* aroma *m,* fragancia *f*
Parfümerie [parfymə'riː] *f* perfumería *f*
parieren [pa'riːrən] *v 1. (fam)* obedecer; *2. SPORT* parar, quitar, atajar
Parität [pari'tɛːt] *f* paridad *f*
paritätisch [pari'tɛːtɪʃ] *adj 1.* paritario; *adv 2.* de manera paritaria
Park [park] *m* parque *m*
parken ['parkən] *v* estacionar, aparcar, parquear (LA); *Darf ich hier ~?* ¿Puedo aparcar aquí? *Wo kann ich das Auto ~?* ¿Dónde puedo estacionar el coche?
Parkett [par'kɛt] *n 1. (Fußboden)* parqué *m,* parquet *m; 2. THEAT* platea *f*
Parkhaus ['parkhaus] *n* garaje de varios pisos *m,* parking *m*
Parkplatz ['parkplats] *m* aparcamiento *m,* aparcadero *m,* parking *m,* playa de estacionamiento *f* (LA)
Parkuhr ['parkuːr] *f* parquímetro *m*
Parlament [parla'mɛnt] *n POL* parlamento *m*
parlamentarisch [parlamɛn'taːrɪʃ] *adj POL* parlamentario
Parlamentswahlen [parla'mɛntsvaːlən] *pl POL* elecciones generales *f/pl,* elecciones legislativas *f/pl*
Parmesankäse [parme'zaːnkɛːzə] *m GAST* queso parmesano *m*
Parodie [paro'diː] *f* parodia *f*
Partei [par'taɪ] *f POL* partido *m*
parteiisch [par'taɪɪʃ] *adj 1.* parcial; *adv 2.* con parcialidad, parcialmente
Parteinahme [par'taɪnaːmə] *f* partido *m,* parcialidad *f,* bando *m,* bandería *f*
Parteitag [par'taɪtaːk] *m POL* asamblea general del partido *f*
Partie [par'tiː] *f 1. (Schachspiel)* partida *f; 2. (Spiel)* partido *m; 3. (Teil)* parte *f; 4. (fig) eine gute ~ sein* ser un buen partido; *eine gute ~ machen* hacer un buen partido
Partner(in) ['partnər(ɪn)] *m/f 1. (Ehepartner(in))* cónyuge *m/f; 2. (Geschäftspartner(in))* socio/socia *m/f; 3. (Vertragspartner(in))* parte contratante *f*
Partnerschaft ['partnərʃaft] *f* compañía *f*
Party ['paːrti] *f* fiesta *f; Darf ich Sie zu einer ~ einladen?* ¿Puedo invitarle a una fiesta?
Pass [pas] *m 1. (Ausweis)* pasaporte *m; 2. (Bergpass)* paso *m*
Passage [pa'saːʒə] *f 1. (Durchgang)* paso *m,* pasaje *m; 2. (Überfahrt)* pasaje *m*
Passagier [pasa'ʒiːr] *m* pasajero *m,* viajero *m; blinder ~* polizón *m*
Passant(in) [pa'sant(ɪn)] *m/f* transeúnte *m/f,* peatón *m*
Passbild ['pasbɪlt] *n* foto de pasaporte *f*
passen ['pasən] *v 1. (Kleidung)* quedar bien, caer bien, sentar bien; *2. (angemessen sein)* ser apropiado, ser adecuado; *3. (recht sein)* venir bien, estar bien; *4. (fig: aufgeben müssen)* pasar, dejar de hacer
passend ['pasənt] *adj 1.* conveniente, apropiado, sentador; *adv 2.* convenientemente, apropiadamente
passieren [pa'siːrən] *v 1. (geschehen)* ocurrir, suceder, pasar; *2. (durchgehen)* pasar por, atravesar; *3. GAST* colar
Passierschein [pa'siːrʃaɪn] *m* salvoconducto *m,* pase *m*
passiv ['pasiːf] *adj 1.* pasivo; *adv 2.* pasivamente
Passivität [pasivi'tɛːt] *f* pasividad *f*
Passkontrolle ['paskɔntrɔlə] *f* control de pasaportes *m*
Paste ['pastə] *f* pasta *f*
Pastete [pa'steːtə] *f 1. GAST* empanada *f; 2. (Fleischpastete) GAST* paté *m*
Pastor ['pastɔr] *m REL* pastor *m*
Pate ['paːtə] *m* padrino *m; bei etw ~ stehen* hacer de padrino de algo
Patenkind ['paːtənkɪnt] *n* ahijado *m*
Patenschaft ['paːtənʃaft] *f* padrinazgo *m*
patent [pa'tɛnt] *adj* excelente, de primera
Patent [pa'tɛnt] *n* patente *f*
Patentamt [pa'tɛntamt] *n* oficina de patentes *f,* Registro de la propiedad industrial (in Spanien) *m*
patentieren [patɛn'tiːrən] *v* patentar
Pater ['paːtər] *m REL* padre *m*
Pathologie [patolo'giː] *f MED* patología *f*
pathologisch [pato'loːgɪʃ] *adj 1. MED* patológico; *adv 2.* de manera patológica
Pathos ['paːtɔs] *n* patetismo *m*
Patient(in) [pats'jɛnt(ɪn)] *m/f* paciente *m/f*
Patin ['paːtɪn] *f* madrina *f*
Patriarch [patri'arç] *m* patriarca *m*
Patriarchat [patriar'çaːt] *n* patriarcado *m*
Patriot(in) [patri'oːt(ɪn)] *m/f* patriota *m/f*
patriotisch [patri'oːtɪʃ] *adj 1.* patriótico; *adv 2.* con patriotismo
Patriotismus [patrio'tɪsmus] *m* patriotismo *m*

Patronat [patro'naːt] *n* patronato *m*
patzig ['patsɪç] *adj 1.* insolente, impertinente; *adv 2.* insolentemente, impertinentemente
Pauke ['paukə] *f MUS* bombo *m; mit ~n und Trompeten* con bombo y platillo
pauken ['paukən] *v (fam)* empollar
Pauker ['paukər] *m (fam)* profe *m*
pauschal [pau'ʃaːl] *adj 1.* global, en conjunto; *adv 2.* en bloque, en conjunto
Pauschale [pau'ʃaːlə] *f* importe global *m,* tanto alzado *m,* precio global *m*
Pause ['pauzə] *f* pausa *f*
pausenlos ['pauzənloːs] *adj 1.* incesante, ininterrumpido; *adv 2.* incesantemente, sin cesar, ininterrumpidamente
pausieren [pau'ziːrən] *v* hacer una pausa
Pazifik [pa'tsifɪk] *m GEO* Pacífico *m*
pazifistisch [patsɪ'fɪstɪʃ] *adj 1. POL* pacifista; *adv 2.* pacíficamente
Pech [pɛç] *n 1.* pez *f,* brea *f; wie ~ und Schwefel* como el pegamento; *2. (fig: Missgeschick)* mala suerte *f*
Pechvogel ['pɛçfoːgəl] *m* cenizo *m,* desgraciado *m*
Pedal [pe'daːl] *n* pedal *m*
Pedant(in) [pɛ'dant(ɪn)] *m/f* pedante *m/f,* vanidoso/vanidosa *m/f,* presumido/presumida *m/f*
pedantisch [pɛ'dantɪʃ] *adj 1.* pedante, vanidoso, presumido; *adv 2.* pedantemente
Pegel ['peːgəl] *m* nivel *m*
peilen ['paɪlən] *v 1. (Richtung)* arrumbar, marcar; *2. die Lage ~ (fig)* sondear el terreno
Pein [paɪn] *f* pena *f,* tormento *m*
peinlich ['paɪnlɪç] *adj 1. (unangenehm)* desagradable, embarazoso; *2. (übergenau)* escrupuloso, minucioso, meticuloso
Peinlichkeit ['paɪnlɪçkaɪt] *f 1. (Verlegenheit)* turbación *f,* situación embarazosa *f; 2. (Genauigkeit)* minuciosidad *f,* meticulosidad *f*
Peitsche ['paɪtʃə] *f* látigo *m*
Pelle ['pɛlə] *f* piel *f,* pellejo *m; jdm auf die ~ rücken* arremeter contra alguien
Pelz [pɛlts] *m 1. (Fell)* piel *f; jdm auf den ~ rücken* acosar a alguien; *jdm einen auf den ~ brennen* pegar un tiro a alguien; *2. (~mantel)* abrigo de piel *m; 3. (Haut)* pellejo *m*
Pendel ['pɛndəl] *n* péndulo *m*
pendeln ['pɛndəln] *v 1. (baumeln)* balancear, bambolear; *2. (fig)* vacilar, ir y venir
Pendelverkehr ['pɛndəlfɛrkeːr] *m* tráfico de vaivén *m,* servicio de vaivén *m*
penetrant [pɛnə'trant] *adj 1.* penetrante; *adv 2.* de manera penetrante
penibel [pe'niːbəl] *adj* escrupuloso, minucioso, meticuloso
Penicillin [penitsi'liːn] *n MED* penicilina *f*
Penis ['peːnɪs] *m ANAT* pene *m*
Pension [pɛn'zjoːn] *f 1. (Ruhestand)* jubilación *f,* retiro *m; 2. (Rente)* pensión de vejez *f,* jubilación *f; 3. (Unterkunft)* pensión *f,* casa de huéspedes *f*
Pensum ['pɛnzum] *n* tarea *f,* trabajo *m*
per [pɛr] *prep* por; *~ Bahn* por ferrocarril; *~ pedes* a pie
perfekt [pɛr'fɛkt] *adj 1.* perfecto; *adv 2.* perfectamente
Perfektion [pɛrfɛk'tsjoːn] *f* perfección *f*
perforieren [pɛrfo'riːrən] *v* perforar, cavar
Pergament [pɛrga'mɛnt] *n* pergamino *m*
Periode [per'joːdə] *f 1. (Zeitabschnitt)* época *f,* período *m; 2. (Menstruation)* período *m,* menstruación *f,* regla *f*
periodisch [per'joːdɪʃ] *adj 1.* periódico; *adv 2.* periódicamente
peripher [peri'feːr] *adj* periférico
Peripherie [perife'riː] *f* periferia *f*
Perle ['pɛrlə] *f* perla *f*
Perlmutt [pɛrl'mut] *n* nácar *m*
permanent [pɛrma'nɛnt] *adj 1.* permanente, constante; *adv 2.* permanentemente
perplex [pɛr'plɛks] *adj* perplejo, estupefacto
Perser(in) ['pɛrzər(ɪn)] *m/f* persa *m/f*
Persien ['pɛrziən] *n GEO* Persia *f*
Person [pɛr'zoːn] *f* persona *f; etw in ~ sein* ser algo en persona
Personal [pɛrzo'naːl] *n* personal *m*
Personalabteilung [pɛrzo'naːlaptaɪluŋ] *f* sección de personal *f,* departamento de personal *m*
Personalausweis [pɛrzo'naːlausvaɪs] *m* cédula personal de identidad *f, (in Spanien)* documento nacional de identidad (DNI) *m, (in Peru)* libreta electoral *f*
Personalcomputer [pɛrzo'naːlkompjuːtər] *m* ordenador personal *m,* computadora personal *f* (LA)
Personalien [pɛrzo'naːljən] *pl* datos personales *m/pl*
Personenkraftwagen [pɛr'zoːnənkraftvaːgən] *m* coche *m,* automóvil *m,* turismo *m* (in Spanien), carro *m* (LA)
Personenschaden [pɛr'zoːnənʃaːdən] *m* daño personal *m*

persönlich [pɛr'zøːnlɪç] *adj 1.* personal; *Dies sind nur Sachen für meinen ~en Bedarf.* Esas son sólo cosas de uso personal. *adv 2.* personalmente; *etw ~ nehmen* tomarse algo como algo personal

Persönlichkeit [pɛr'zøːnlɪçkaɪt] *f* personalidad *f*

Perspektive [pɛrspɛk'tiːvə] *f* perspectiva *f*

Peru [pe'ruː] *n GEO* Perú *m*

Perücke [pɛ'rykə] *f* peluca *f*

pervers [pɛr'vɛrs] *adj* perverso, malvado

Pessimismus [pɛsi'mɪsmus] *m* pesimismo *m*

Pessimist(in) [pɛsɪ'mɪst(ɪn)] *m/f* pesimista *m/f*

pessimistisch [pɛsi'mɪstɪʃ] *adj* pesimista

Pest [pɛst] *f MED* peste *f; jdn hassen wie die ~* odiar a alguien a muerte

Petersilie [petər'ziːljə] *f BOT* perejil *m*

Petition [peti'tsjoːn] *f* petición *f,* súplica *f*

Pfad [pfaːt] *m* sendero *m,* senda *f; auf dem ~ der Tugend wandeln* seguir la senda de la virtud; *auf krummen ~en wandeln (fig)* seguir sendas tortuosas

Pfadfinder(in) ['pfaːtfɪndər(ɪn)] *m/f* explorador(a) *m/f,* boy-scout *m*

Pfand [pfant] *n* prenda *f,* depósito *m*

pfänden ['pfɛndən] *v* embargar, poner embargo sobre

Pfandflasche ['pfantflaʃə] *f* botella retornable *f*

Pfändung ['pfɛnduŋ] *f* embargo *m*

Pfanne ['pfanə] *f* sartén *f; jdn in die ~ hauen (fig)* derrotar a alguien

Pfannkuchen ['pfankuːxən] *m GAST* tortilla *f*

Pfarramt ['pfaramt] *n 1. (Amtswohnung)* parroquia *f; 2. REL* curato *m*

Pfarrer ['pfarər] *m REL* parroco *m,* cura *m*

Pfeffer ['pfɛfər] *m* pimienta *f; ~ im Hintern haben (fig)* tener pimienta en el trasero/tener culo de mal asiento

Pfefferminze ['pfɛfərmɪntsə] *f BOT* menta *f*

Pfeffermühle ['pfɛfərmyːlə] *f* molinillo de pimienta *m*

pfeffern ['pfɛfərn] *v* sazonar con pimienta, echar pimienta

Pfeife ['pfaɪfə] *f 1. (Trillerpfeife)* pito *m,* silbato *m; nach jds ~ tanzen (fig)* bailar al son que toca alguien; *2. (Tabakpfeife)* pipa *f; jdn in der ~ rauchen (fig)* acabar con alguien fácilmente

pfeifen ['pfaɪfən] *v irr ALLG* silbar; *sich eins ~* hacerse el desinteresado; *jdm etw ~* no hacer caso de alguien; *auf etw ~* no hacer caso de algo

Pfeil [pfaɪl] *m* flecha *f*

Pfennig ['pfɛnɪç] *m* penique *m,* centavo *m* (LA); *keinen ~ wert sein* no valer un duro; *mit jedem ~ rechnen müssen* tener que mirar por cada duro que se gasta

Pferd [pfeːrt] *n ZOOL* caballo *m; das ~ beim Schwanz aufzäumen (fig)* tomar el rábano por las hojas; *mit jdm ~e stehlen können* poder ir al fin del mundo con alguien; *sich aufs hohe ~ setzen* apostar muy alto; *das beste ~ im Stall sein* ser el mejor caballo de la cuadra; *die ~e scheu machen* asustar al ganado; *aufs richtige ~ setzen* hacer una buena apuesta; *Keine zehn ~e bringen mich dorthin.* No iría ni por la fuerza. *Ich denk, mich tritt ein ~!* ¡Creo que me va a dar un ataque!

Pferderennen ['pfeːrdərɛnən] *n* carrera de caballos *f*

Pferdeschwanz ['pfeːrdəʃvants] *m (fig: Haarfrisur)* cola de caballo *f,* coleta *f*

Pfiff [pfɪf] *m 1. (Pfeifen)* silbido *m,* pitada *f; 2. (fig: Schick)* último toque *m,* garbo *m*

Pfifferling ['pfɪfərlɪŋ] *m BOT* cantarela *f; keinen ~ wert sein* no valer ni un duro

pfiffig ['pfɪfɪç] *adj 1.* astuto; *adv 2.* astutamente, con astucia

Pfingsten ['pfɪŋstən] *n REL* Pentecostés *m*

Pfirsich ['pfɪrzɪʃ] *m BOT* melocotón *m,* durazno *m*

Pflanze ['pflantsə] *f* planta *f*

pflanzen ['pflantsən] *v* plantar

pflanzlich ['pflantslɪç] *adj* vegetal

Pflaster ['pflastər] *n 1. (Straßenpflaster)* empedrado *m,* adoquinado *m; ein teures ~ sein (fig)* ser una zona muy cara; *ein heißes ~ sein (fig)* ser una zona conflictiva; *2. (Wundpflaster)* emplasto *m,* tirita *f*

Pflaume ['pflaumə] *f BOT* ciruela *f*

Pflaumenmus ['pflaumənmuːs] *n GAST* dulce de ciruela *m*

Pflege ['pfleːgə] *f* cuidado *m,* cuidados *m/pl,* asistencia *f*

pflegebedürftig ['pfleːgəbədyrftɪç] *adj* necesitado de cuidados, necesitado de asistencia

Pflegeeltern ['pfleːgəɛltərn] *pl* padres tutelares *m/pl,* padres putativos *m/pl*

Pflegefall ['pfleːgəfal] *m* caso asistencial *m*

Pflegeheim ['pfleːgəhaɪm] *n* asilo *m*, residencia *f*
Pflegekind ['pfleːgəkɪnt] *n* niño acogido *m*, hijo putativo *m*
pflegeleicht ['pfleːgəlaɪçt] *adj* de fácil lavado
pflegen ['pfleːgən] *v jdn ~* cuidar de alguien, atender a alguien, asistir a alguien
Pfleger(in) ['pfleːgər(ɪn)] *m/f* cuidador(a) *m/f*, auxiliar de enfermería *m/f*, asistente *m/f*
Pflegeversicherung ['pfleːgəfɛrzɪçəruŋ] *f* seguro de asistencia médica *m*
Pflicht [pflɪçt] *f* deber *m*, obligación *f*
pflichtbewusst ['pflɪçtbəvust] *adj 1.* cumplidor de su deber; *adv 2.* con consciencia de su deber, consciente de su deber
Pflichtfach ['pflɪçtfax] *n* asignatura obligatoria *f*
pflichtgemäß ['pflɪçtgəmɛːs] *adj 1.* debido, obligatorio; *adv 2.* debidamente, según se debe
Pflichtversicherung ['pflɪçtfɛrzɪçeruŋ] *f* seguro obligatorio *m*
pflücken ['pflykən] *v (Obst)* coger, recoger
pflügen ['pflyːgən] *v AGR* arar
Pforte ['pfɔrtə] *f* puerta *f*
Pförtner(in) ['pfœrtnər(ɪn)] *m/f* portero/portera *m/f*, conserje *m*
Pfosten ['pfɔstən] *m* poste *m*
Pfote ['pfoːtə] *f* pata *f*; *sich die ~n verbrennen (fam)* quemarse los dedos; *jdm eins auf die ~n geben* dar a alguien un toque de atención
pfui [pfui] *interj Pfui!* ¡Puf!/¡Qué asco!
Pfund [pfunt] *n 1. (Maßeinheit)* libra *f*; *2. (Währungseinheit)* Libra Esterlina *f*
pfuschen ['pfuʃən] *v (fam)* hacer trampas, hacer chapuzas
Pfütze ['pfytsə] *f* charco *m*
Phänomen [fɛno'meːn] *n* fenómeno *m*
Phantom [fan'toːm] *n* fantasma *m*
Pharmaindustrie ['farmaɪndustriː] *f* industria farmacéutica *f*
Pharmakologie [farmakolo'giː] *f* farmacología *f*
pharmazeutisch [farma'tsɔytɪʃ] *adj* farmacéutico
Pharmazie [farma'tsiː] *f* farmacia *f*
Phase ['faːzə] *f* fase *f*
Philharmonie [filharmo'niː] *f MUS* orquesta filarmónica *f*
Philologe [filo'loːgə] *m* filólogo *m*
Philosophie [filozo'fiː] *f* filosofía *f*
philosophieren [filozo'fiːrən] *v* filosofar
philosophisch [filo'zoːfɪʃ] *adj* filosófico
phlegmatisch [flɛg'maːtɪʃ] *adj* flemático
Phonetik [fo'neːtɪk] *f* fonética *f*
phonetisch [fo'neːtɪʃ] *adj* fonético
Phrase ['fraːzə] *f LING* giro *m*; *leere ~n dreschen* hablar por hablar
Physik [fy'zɪːk] *f* física *f*
physikalisch [fyːzi'kaːlɪʃ] *adj* físico
Physiker(in) ['fyːzɪkər(ɪn)] *m/f* físico/física *m/f*
physisch ['fyːzɪʃ] *adj 1.* físico; *adv 2.* físicamente
Pi [piː] *n ~ mal Daumen* a ojo de buen cubero
Pickel ['pɪkəl] *m 1. (Werkzeug)* pico *m*; *2. (Pustel)* grano *m*, pústula *f*
picken ['pɪkən] *v* picar
Picknick ['pɪknɪk] *n* merienda campestre *f*, picnic *m*
Piep [piːp] *m keinen ~ mehr sagen* no decir ya ni pío; *einen ~ haben* tener un tornillo flojo
piepen ['piːpən] *v zum Piepen sein* ser para morirse de risa; *Bei dem piept's wohl!* ¡Está mal de la cabeza!
Pietät [pie'tɛːt] *f* piedad *f*
pietätlos [pie'tɛːtloːs] *adj* despiadado
pietätvoll [pie'tɛːtfɔl] *adj* piadoso
pikiert [pi'kiːrt] *adj* picado
Pilgerfahrt ['pɪlgərfaːrt] *f* peregrinación *f*
Pille ['pɪlə] *f* píldora *f*; *eine bittere ~ für jdn sein* ser un trago amargo para alguien; *die bittere ~ schlucken* tragar quina; *jdm eine bittere ~ zu schlucken geben* hacer pasar un mal trago a alguien
Pilot [pɪ'loːt] *m* piloto *m*
Pilz [pɪlts] *m BOT* hongo *m*
Pinguin ['pɪŋguiːn] *m ZOOL* pingüino *m*
Pinie ['piːnjə] *f BOT* pino *m*
Pinienkern ['piːnjənkɛrn] *m BOT* piñón *m*
Pinsel ['pɪnzəl] *m* pincel *m*
Pinzette [pɪn'tsɛtə] *f* pinzas *f/pl*
Pionier [pio'niːr] *m* pionero *m*
Pirat [pi'raːt] *m* pirata *m*, bucanero *m*
Pistazie [pis'taːtsjə] *f BOT* pistacho *m*
Piste ['pɪstə] *f* pista *f*
Pistole [pɪs'toːlə] *f* pistola *f*; *jdm die ~ auf die Brust setzen (fig)* poner a alguien la pistola en el pecho; *wie aus der ~ geschossen* al instante
Pizza ['pɪtsa] *f GAST* pizza *f*
plädieren [plɛ'diːrən] *v ~ für* abogar por
Plädoyer [plɛdoa'jeː] *n* informe en un juicio *m*

Plage ['pla:gə] *f* molestia *f*, fastidio *m*
plagen ['pla:gən] *v sich ~* afanarse, ajetrearse
Plakat [pla'ka:t] *n* cartel *m*
plan [pla:n] *adj* llano, plano
Plan [pla:n] *m* plan *m*; *jdn auf den ~ rufen* llamar a alguien para intervenir en el plan
Plane ['pla:nə] *f (Zeltplane)* toldo *m*
planen ['pla:nən] *v* planear, proyectar
Planet [pla'ne:t] *m* planeta *m*
planieren [pla'ni:rən] *v* aplanar, nivelar, explanar
Plankton ['plaŋkton] *n* plancton *m*
planlos ['pla:nlo:s] *adj 1.* sin plan, caótico; *adv 2.* al azar, sin plan, caóticamente
planmäßig ['pla:nmɛ:sɪç] *adj 1.* metódico, sistemático; *adv 2.* como estaba planificado, metódicamente, sistemáticamente
Plantage [plan'ta:ʒə] *f* plantación *f*
plantschen ['planʃən] *v* chapotear, chapalear
Planung ['pla:nuŋ] *f* planificación *f*
Planwirtschaft ['pla:nvɪrtʃaft] *f ECO* economía dirigida *f*, economía planificada *f*
plappern ['plapərn] *v* parlotear, charlar
Plasma ['plasma] *n BIO* plasma *m*
Plastik ['plastɪk] *n 1.* plástico *m*; *f 2. ART* plástica *f*, artes plásticas *f/pl*
Plastiktüte ['plastɪkty:tə] *f* bolsa de plástico *f*
plastisch ['plastɪʃ] *adj 1.* plástico; *2. (fig)* gráfico
Platin ['pla:ti:n] *n CHEM* platino *m*
Platine [pla'ti:nə] *f TECH* disco cortado en prensa *m*
plätschern ['plɛtʃərn] *v* murmurar
platt [plat] *adj 1.* llano, plano; *2. (fig)* banal, trivial, insustancial
Platte ['platə] *f 1. (Holzplatte)* tablero *m*, plancha *f*; *2. (Fliese)* baldosa *f*; *3. (Schallplatte)* disco *m*; *eine andere ~ auflegen (fig)* cambiar el disco; *4. (Tortenplatte)* bandeja *f*
Plattenspieler ['platənʃpi:lər] *m* tocadiscos *m*
Plattform ['platfɔrm] *f* plataforma *f*
Plattfuß ['platfu:s] *m 1. (fam: Reifenpanne)* reventón *m*, pinchazo *m*; *2. MED* pie plano *m*
Platz [plats] *m 1. (Stelle)* lugar *m*, sitio *m*; *Nehmen Sie bitte ~!* ¡Siéntese, por favor! *einen ~ an der Sonne haben* tener fortuna en la vida; *fehl am ~ sein* estar fuera de lugar/ser inoportuno; *~ behalten* guardar asiento; *jdn auf die Plätze verweisen (fig)* poner a alguien en su sitio; *2. (Spielfeld)* campo *m*, pista *f*, cancha *f* (LA); *3. (Marktplatz)* plaza *f*; *4. (freier Raum)* espacio *m*, lugar *m*; *~ sparend* que no ocupa mucho espacio, que ayuda a economizar espacio
Platzangst ['platsaŋst] *f* agorafobia *f*
Plätzchen ['plɛtsçən] *n 1. (kleiner Platz)* plazuela *f*; *2. (Gebäck)* galleta *f*
platzen ['platsən] *v* reventar
platzieren [pla'tsi:rən] *v* colocar
Platzierung [pla'tsi:ruŋ] *f* colocación *f*
Platzkarte ['platskartə] *f* reserva de asiento *f*
Platzwunde ['platsvundə] *f MED* fisura *f*, brecha *f*, raja *f*
plaudern ['plaudərn] *v* conversar, charlar, platicar
plausibel [plau'zi:bəl] *adj* plausible
pleite ['plaɪtə] *adj* en quiebra; *~ sein* quedarse sin camisa/estar sin un duro
Pleite ['plaɪtə] *f* quiebra *f*, bancarrota *f*; *~ gehen* ir a la quiebra
Plenarsaal [ple'na:rza:l] *m* sala de plenos *f*
Plenum ['ple:num] *n* pleno *m*
Plexiglas ['plɛksigla:s] *n* plexiglas *m*
Plombe ['plɔmbə] *f 1.* precinto *m*; *2. (Zahnplombe)* empaste *m*
plombieren [plɔm'bi:rən] *v 1.* precintar; *2. (Zahn)* empastar
plötzlich ['plœtslɪç] *adj 1.* súbito, repentino; *adv 2.* súbitamente, de repente, de pronto, de golpe; *Der Winter kam ~.* El invierno llegó de golpe./El invierno llegó de pronto.
plump [plump] *adj 1. (unförmig)* deforme; *2. (ungeschickt)* torpe; *adv 3. (ungeschickt)* torpemente
Plunder ['plundər] *m* trastos *m/pl*, cachivaches *m/pl*
plündern ['plyndərn] *v* pillar, saquear
Plural ['plu:ra:l] *m GRAMM* plural *m*
Pluralismus [plu:ra'lɪsmus] *POL m* pluralismo *m*
pluralistisch [plu:ra'lɪstɪʃ] *adj* pluralista
plus [plus] *adv 1. (Grad)* sobre cero; *2. MATH* más
Plus [plus] *n 1. (Überschuss)* excedente *m*, superávit *m*; *2. (fig)* ventaja *f*
Plüsch [ply:ʃ] *m* felpa *f*, peluche *m*
Pluspunkt ['pluspuŋkt] *m* punto a favor *m*
Plutonium [plu'to:njum] *n CHEM* plutonio *m*
Pneumatik [pnɔy'ma:tɪk] *f TECH* neumática *f*

pneumatisch [pnɔy'maːtɪʃ] *adj TECH* neumático
Po [poː] *m (fam) ANAT* popo *m,* trasero *m*
Pöbel ['pøːbəl] *m* plebe *f,* populacho *m*
pochen ['pɔxən] *v 1. (klopfen)* golpear; *2. auf etw ~* insistir en algo
Pocken ['pɔkən] *pl MED* viruela *f*
Podest [po'dɛst] *n* estrado *m,* tarima *f,* entablado *m*
Poesie [poe'ziː] *f* poesía *f*
Poet(in) [po'eːt(ɪn)] *m/f* poeta *m*
poetisch [po'eːtɪʃ] *adj 1.* poético; *adv 2.* poéticamente
Pogrom [po'groːm] *n* pogromo *m*
Pointe [po'ɛ̃tə] *f* efecto sorpresa *m*
Pokal [po'kaːl] *m* copa *f*
pokern ['poːkərn] *v* jugar al póquer
Pol [poːl] *m* polo *m; der ruhende ~ sein* ser la tranquilidad en persona
Polarkreis [po'laːrkraɪs] *m GEO* círculo polar *m*
Polemik [po'leːmɪk] *f* polémica *f*
polemisch [po'leːmɪʃ] *adj* polémico
Polen ['poːlən] *n GEO* Polonia *f*
Police [po'liːsə] *f* póliza *f*
polieren [po'liːrən] *v* pulir, bruñir
Politik [poli'tiːk] *f* política *f*
Politiker(in) [po'liːtikər(ɪn)] *m/f* político/politica *m/f*
politisch [po'liːtɪʃ] *adj* político
politisieren [politi'ziːrən] *v* hablar de política, llevar un asunto a la política
Polizei [poli'tsaɪ] *f* policía *f; Verständigen Sie bitte sofort die ~.* Por favor, avise en seguida a la policía.
Polizeipräsidium [poli'tsaɪprɛziːdjum] *n* jefatura superior de policía *f*
Polizeirevier [poli'tsaɪreviːr] *n* comisaría *f,* distrito policial *m*
Polizeistreife [poli'tsaɪʃtraɪfə] *f* patrulla de policía *f*
Polizist(in) [poli'tsɪst(ɪn)] *m/f* policía *m/f*
Polster ['pɔlstər] *n* acolchado *m*
Polygamie [poliga'miː] *f* poligamia *f*
polyglott [poly'glɔt] *adj* polígloto
Polyp [po'lyːp] *m 1. MED* pólipo *m; 2. ZOOL* pólipo *m*
Pomade [po'maːdə] *f* pomada *f*
Pommes frites [pɔm'frɪts] *pl GAST* patatas fritas *f/pl,* papas fritas *f/pl* (LA)
pompös [pɔm'pøːs] *adj* pomposo, ostentoso
Pony ['pɔni] *m 1. (Frisur)* flequillo *m; n 2. ZOOL* poney *m*
populär [popu'lɛːr] *adj* popular
Popularität [populari'tɛːt] *f* popularidad *f*
Pore ['poːrə] *f ANAT* poro *m*
Pornografie [pɔrnogra'fiː] *f* pornografía *f*
porös [po'røːs] *adj* poroso
Porree ['pɔreː] *m BOT* puerro *m*
Portal [pɔr'taːl] *n* portal *m*
Portemonnaie [pɔrtmɔ'neː] *n* monedero *m,* portamonedas *m; tief ins ~ greifen müssen* tener que rascarse el bolsillo
Portier [pɔr'tjeː] *m* portero *m,* conserje *m*
Portion [pɔr'tsjoːn] *f 1.* porción *f; 2. (Essen)* ración *f*
Porto ['pɔrto] *n* franqueo *m,* porte *m*
portofrei ['pɔrtofraɪ] *adj 1.* franco de porte, exento de porte, libre de franqueo; *adv 2.* con exención de porte
Portrait [pɔr'trɛː] *n* retrato *m*
portraitieren [pɔrtrɛː'tiːrən] *v* retratar
Portugal ['pɔrtugal] *n GEO* Portugal *m*
Portwein ['pɔrtvaɪn] *m* vino de Oporto *m,* oporto *m*
Porzellan [pɔrtsə'laːn] *n* porcelana *f*
Posaune [pɔ'zaunə] *f MUS* trombón *m*
Pose ['poːzə] *f* pose *f*
Position [pozi'tsjoːn] *f* posición *f*
positiv ['pozitiːf] *adj 1.* positivo; *adv 2.* positivamente
Positur [pozi'tuːr] *f* posición *f,* postura *f*
Post [pɔst] *f* correo *m*
Postamt ['pɔstamt] *n* oficina de correos *f*
Postanweisung ['pɔstanvaɪzuŋ] *f* giro postal *m*
Postbote ['pɔstboːtə] *m* cartero *m*
Posten ['pɔstən] *m 1. (Anstellung)* puesto *m,* empleo *m; auf dem ~ sein* estar bien de salud; *2. (Wachtposten)* centinela *m; auf verlorenem ~ sein* tener las de perder; *3. (Warenmenge)* lote *m; 4. (Einzelziffer)* partida *f,* asiento *m,* importe *m*
Postfach ['pɔstfax] *n* apartado de correos *m,* casilla postal *f* (LA)
Postkarte ['pɔstkartə] *f* tarjeta postal *f*
postlagernd ['pɔstlagərnt] *adj 1.* de lista de correos, de casilla postal; *adv 2.* en lista de correos, en la casilla postal, en el apartado de correos
Postleitzahl ['pɔstlaɪttsaːl] *f* código postal *m*
Postschalter ['pɔstʃaltər] *m* ventanilla de correos *f*
Postscheck ['pɔstʃɛk] *m* cheque postal *m*

Postsparbuch ['pɔstʃpaːrbux] *n* libreta de ahorro postal *f*
Poststempel ['pɔstʃtɛmpəl] *m* matasellos *m*, sello de correo *f* (LA)
postwendend ['pɔstvɛndənt] *adv* a vuelta de correo
potent [po'tɛnt] *adj* potente
Potenz [po'tɛnts] *f* potencia *f*
Potenzial [potɛn'tsjaːl] *n* potencial *m*
potenziell [potɛn'tsjɛl] *adj* potencial
prächtig ['prɛçtɪç] *adj 1.* magnífico; *adv 2.* magníficamente
prädestiniert [prɛdəsti'niːrt] *adj* predestinado
Prädikat [prɛdi'kaːt] *n 1. (Bewertung)* nota *f*, calificación *f*; *2. GRAMM* predicado *m*
prägen ['prɛːgən] *v 1. (Münzen)* acuñar; *2. (fig)* marcar, grabar; *sich jdm ins Gedächtnis ~* grabarse a alguien en la memoria
pragmatisch [prak'maːtɪʃ] *adj 1.* pragmático; *adv 2.* con pragmatismo
prägnant [prɛg'nant] *adj 1.* conciso; *adv 2.* concisamente
Prägung ['prɛːguŋ] *f 1. (von Münzen)* acuñación *f*; *2. (fig)* grabación *f*
prahlen ['praːlən] *v* vanagloriarse, jactarse, alardear
praktikabel [praktɪ'kaːbəl] *adj* practicable
Praktikant(in) [praktɪ'kant(ɪn)] *m/f* practicante *m/f*
Praktikum ['praktɪkum] *n* prácticas *f/pl*
praktisch ['praktɪʃ] *adj 1.* práctico; *adv 2.* prácticamente
praktizieren [prakti'tsiːrən] *v* practicar
Praline [pra'liːnə] *f GAST* bombón de chocolate *m*
Prämie ['prɛːmjə] *f* premio *m*
prämieren [prɛ'miːrən] *v* premiar, otorgar un premio
Pranke ['praŋkə] *f ZOOL* zarpa *f*, garra *f*
Präparat [prɛpa'raːt] *n* preparado *m*
präparieren [prɛpa'riːrən] *v* preparar
Präposition [prɛpozi'tsjoːn] *f GRAMM* preposición *f*
Prärie ['prɛriː] *f* pradera *f*
Präsentation [prɛzəntats'joːn] *f* presentación *f*, exposición *f*
präsentieren [prɛzən'tiːrən] *v* presentar, exponer, mostrar
Präsentierteller [prɛzeːn'tiːrtelər] *m auf dem ~ sitzen* estar expuesto a la vista de todos; *jdm etw auf dem ~ servieren* poner algo en bandeja a alguien
Präservativ [prɛzərva'tiːf] *n* preservativo *m*, condón *m*
Präsident(in) ['prɛzɪdɛnt(ɪn)] *m/f* presidente *m/f*
Präsidium [prɛ'ziːdjum] *n 1. (Vorsitz)* presidencia *f*; *2. (Gebäude)* edificio de la presidencia *m*
Praxis ['praksis] *f 1. (tatsächliche Anwendung)* puesta en práctica *f*; *2. (Erfahrung)* práctica *f*, experiencia *f*; *3. (Arztpraxis)* consultorio *m*; *4. (Anwaltspraxis)* bufete *m*
präzise [prɛ'tsiːzə] *adj 1.* preciso, exacto; *~ wie eine Schweizer Uhr* exacto como un reloj suizo; *adv 2.* precisamente, exactamente
Präzision [prɛtsiz'joːn] *f* precisión *f*, exactitud *f*
predigen ['preːdɪgən] *v 1. (fig)* sermonear, dar un sermón; *2. REL* predicar
Predigt ['preːdɪçt] *f 1. (fig)* sermón *m*; *2. REL* prédica *f*, sermón *m*, plática *f*
Preis [praɪs] *m 1. (Wertangabe)* precio *m*; *um keinen ~* de ningún modo/de ninguna manera/bajo ningún concepto; *2. (Auszeichnung)* premio *m*
Preisausschreiben ['praɪsausʃraɪbən] *n* concurso *m*, certamen *m*
Preiselbeere ['praɪzəlbeːrə] *f BOT* arándano encarnado *m*
preisen ['praɪzən] *v irr* alabar, elogiar
preisgeben ['praɪsgeːbən] *v irr 1. (aufgeben)* abandonar, ceder, entregar, dejar; *2. (enthüllen)* revelar, descubrir; *3. (aussetzen)* exponer a
preisgekrönt ['praɪsgəkrøːnt] *adj* premiado
preisgünstig ['praɪsgynstɪç] *adj* barato, económico
Preisliste ['praɪslɪstə] *f* lista de precios *f*
Preisträger ['praɪstrɛːgər] *m* premiado *m*, galardonado *m*
preiswert ['praɪsveːrt] *adj* barato, económico
Prellung ['prɛluŋ] *f MED* contusión *f*
Premiere [prəm'jɛːrə] *f THEAT* estreno *m*
Premierminister(in) [prəm'jeːministər(ɪn)] *m/f POL* Primer Ministro/Primera Ministra *m/f*, Premier *m* (LA)
Presse ['prɛsə] *f 1. (Zeitungswesen)* prensa *f*, periodismo *m*; *2. TECH* prensa *f*, prensa tipográfica *f*
Pressefreiheit ['prɛsəfraɪhaɪt] *f* libertad de prensa *f*

pressen ['prɛsən] *v* prensar
Prestige [prɛs'tiːʒ] *n* prestigio *m*
prickeln ['prɪkəln] *v* *1.* picar; *2. (fig: Glieder)* hormiguear
Priester(in) ['priːstər(ɪn)] *m/f REL* sacerdote/sacerdotisa *m/f,* cura *m,* clérigo *m*
prima ['priːma] *adj 1.* de primera calidad; *adv 2.* muy bien, excelente
primär [pri'mɛːr] *adj* primario, elemental
primitiv [primi'tiːf] *adj 1.* primitivo; *adv 2.* de manera primitiva
Prinz(essin) [prɪnts/prɪn'tsɛsɪn] *m/f* príncipe/princesa *m/f*
Prinzip [prɪn'tsiːp] *n* principio *m; Das verstößt gegen meine ~ien.* Eso va en contra de mis principios.
prinzipiell [prɪntsi'pjɛl] *adj 1.* de principio; *adv 2.* por principio
Priorität [priːɔri'tɛːt] *f* prioridad *f*
Prise ['priːzə] *f* presa *f,* buque apresado *m*
Pritsche ['prɪtʃə] *f 1. (Feldbett)* cama de campaña *f; 2. (Liegestatt)* catre *m*
privat [pri'vaːt] *adj 1.* privado; *adv 2.* en privado
Privateigentum [pri'vaːtaɪgəntum] *n* propiedad privada *f*
privatisieren [privati'ziːrən] *v ECO* privatizar
Privatleben [pri'vaːtleːbən] *n* vida privada *f*
Privileg [privi'leːk] *n* privilegio *m*
privilegiert [privilə'giːrt] *adj* privilegiado
pro [proː] *prep* por; *~ Kopf* por cabeza
Probe ['proːbə] *f 1. (Versuch)* ensayo *m,* prueba *f; jdn auf die ~ stellen* poner a prueba a alguien; *2. (Muster)* muestra *f*
Probeexemplar ['proːbəɛksəmplaːr] *n* ejemplar de muestra *m*
Probefahrt ['proːbəfaːrt] *f* viaje de prueba *m*
proben ['proːbən] *v* ensayar, probar
probeweise ['proːbəvaɪzə] *adv* a modo de ensayo, a prueba
Probezeit ['proːbətsaɪt] *f* período de prueba *m,* período de ensayo *m*
probieren [pro'biːrən] *v 1. (versuchen)* tratar, probar, ensayar; *2. (kosten)* probar
Problem [pro'bleːm] *n* problema *m; ein großes ~* un problema muy gordo *m; Das ist sein ~.* Allá él.
problematisch [proble'maːtɪʃ] *adj* problemático, dudoso, incierto
problemlos [pro'bleːmloːs] *adj* sin problemas
Produkt [pro'dukt] *n* producto *m*
Produktion [produk'tsjoːn] *f* producción *f*
Produktionsgüter [produk'tsjoːnsgyːtər] *pl ECO* bienes de producción *m/pl*
produktiv [produk'tiːf] *adj 1.* productivo; *adv 2.* productivamente
Produktivität [produktivi'tɛːt] *f ECO* productividad *f*
Produzent(in) [produ'tsɛnt(ɪn)] *m/f* productor(a) *m/f*
produzieren [produ'tsiːrən] *v* producir, crear
professionell [profɛsjo'nɛːl] *adj 1.* profesional; *adv 2.* profesionalmente
Professor(in) [pro'fɛsoːr/profɛ'sorɪn] *m* profesor universitario/profesora universitaria *m/f,* catedrático/catedrática *m/f*
Professur [profɛ'suːr] *f* cátedra *f*
Profi ['proːfi] *m* profesional *m,* experto *m*
Profil [pro'fiːl] *n 1. (Seitenansicht)* perfil *m; 2. TECH* perfil *m; 3. (fig)* personalidad destacada *f*
profilieren [profi'liːrən] *v sich ~* destacarse, sobresalir
Profit [pro'fiːt] *m* ganancia *f,* beneficio *m*
profitieren [profi'tiːrən] *v* ganar, beneficiarse de
Proformarechnung [pro'fɔrmarɛçnuŋ] *f ECO* factura proforma *f*
Prognose [prog'noːzə] *f* prognóstico *m,* prognosis *f,* predicción *f*
Programm [pro'gram] *n* programa *m*
programmgemäß [pro'gramgəmɛːs] *adv 1.* de acuerdo al programa; *2.* según el programa, conforme al programa
programmieren [progra'miːrən] *v* programar
Programmierung [progra'miːruŋ] *f* programación *f*
progressiv [progrɛ'siːf] *adj* progresivo
Projekt [pro'jɛkt] *n* proyecto *m,* plan *m*
Projektion [projɛk'tsjoːn] *f* proyección *f*
Proklamation [proklama'tsjoːn] *f* proclamación *f*
proklamieren [prokla'miːrən] *v* proclamar
Prokura [pro'kuːra] *f JUR* poder general *m,* procura *f*
Prokurist(in) [proku'rɪst(ɪn)] *m/f ECO* apoderado general/apoderada general *m/f,* procurador(a) *m/f*
Prolet [pro'leːt] *m (fam)* plebeyo *m,* hombre vulgar *m*

Promenade [promə'na:də] *f* paseo *m*
Promille [pro'mɪlə] *n* tanto por mil *m*
prominent [promi'nɛnt] *adj* prominente; *~ sein* estar en el candelero
Prominenz [promi'nɛnts] *f* personalidades *f/pl,* celebridades *f/pl*
Promotion [promo'tsjo:n] *f 1. (Doktorwürde)* doctorado *m; 2. (Verkaufsförderung)* venta promocional *f*
promovieren [promo'vi:rən] *v* doctorarse
prompt [prɔmt] *adj 1.* pronto, rápido; *adv 2.* prontamente, rápidamente
Pronomen [pro'no:mən] *n GRAMM* pronombre *m*
Propaganda [propa'ganda] *f* propaganda *f*
propagieren [propa'gi:rən] *v* propagar, difundir
Propeller [pro'pɛlər] *m* hélice *f,* propulsor *m*
Prophet [pro'fe:t] *m REL* profeta *m*
Prophezeiung [profe'tsaɪuŋ] *f* profecía *f,* augurio *m,* vaticinio *m*
Proportion [propɔr'tsjo:n] *f* proporción *f*
proportional [propɔrtsjo'na:l] *adj 1.* proporcional; *adv 2.* proporcionalmente
Prosa ['pro:za] *f LIT* prosa *f*
prosaisch [pro'za:ɪʃ] *adj 1.* prosaico; *adv 2.* prosaicamente
Prospekt [pro'spɛkt] *m* prospecto *m,* folleto *m*
prost [pro:st] *interj* salud
Prostitution [prostitu'tsjo:n] *f* prostitución *f*
Protein [prote'i:n] *n BIO* proteína *f*
Protektionismus [protɛktsjo:'nɪsmus] *m ECO* proteccionismo *m*
Protest [pro'tɛst] *m* protesta *f*
Protestant(in) [protɛs'tant(ɪn)] *m/f REL* protestante *m/f*
protestantisch [protɛs'tantɪʃ] *adj REL* protestante
protestieren [protɛs'ti:rən] *v* protestar, reclamar, manifestar disconformidad
Protestkundgebung [pro'tɛstkuntge:buŋ] *f* manifestación de protesta *f*
Prothese [pro'te:zə] *f MED* prótesis *f*
Protokoll [proto'kɔl] *n 1.* protocolo *m; 2. JUR* acta *f/el,* expediente *m*
protokollieren [protokɔ'li:rən] *v 1.* protocolar, protocolizar; *2. JUR* levantar acta, hacer constar en acta
Prototyp [proto'ty:p] *m* prototipo *m*
protzig ['prɔtsɪç] *adj* fanfarrón, presumido
Proviant [prov'jant] *m* provisiones *f/pl,* víveres *m/pl*
Provinz [pro'vɪnts] *f* provincia *f*
provinziell [provɪn'tsjɛl] *adj* provincial
Provision [provi'zjo:n] *f* comisión *f*
provisorisch [provi'zo:rɪʃ] *adj 1.* provisional, interino; *adv 2.* provisoriamente, interinamente
Provokation [provoka'tsjo:n] *f* provocación *f*
provozieren [provo'tsi:rən] *v* provocar, incitar
provozierend [provo'tsi:rənt] *adj 1.* provocador; *adv 2.* provocativamente
Prozedur [protse'du:r] *f* procedimiento *m*
Prozent [pro'tsɛnt] *n* tanto por ciento *m*
prozentual [protsɛntu'a:l] *adj 1.* porcentual, proporcional; *adv 2.* porcentualmente, proporcionalmente
Prozess [pro'tsɛs] *m 1. (Vorgang)* proceso *m,* procedimiento *m; jdm den ~ machen* procesar a alguien; *kurzen ~ mit jdm machen* acabar pronto con alguien; *2. JUR* proceso *m*
Prozessbevollmächtigte(r) [pro'tsɛsbəfɔlmɛçtɪçtə(r)] *m/f JUR* apoderado procesal/apoderada procesal *m/f,* procurador judicial *m*
prozessieren [protsɛ'si:rən] *v JUR* litigar, pleitear
Prozession [protsɛ'sjo:n] *f* procesión *f*
Prozesskosten [pro'tsɛskɔstən] *pl JUR* costes procesales *f/pl*
prüde ['pry:də] *adj* mojigato, púdico
prüfen ['pry:fən] *v* examinar, calificar
Prüfer(in) ['pry:fər(ɪn)] *m/f* examinador(a) *m/f*
Prüfling ['pry:flɪŋ] *m* examinando *m,* candidato *m*
Prüfung ['pry:fuŋ] *f* examen *m,* prueba *f,* test *m*
Prüfungsausschuss ['pr:fuŋsausʃus] *m* comisión examinadora *f,* tribunal examinador *m*
Prügel ['pry:gəl] *m 1.* palo *m,* bastón *m; pl 2.* paliza *f,* tunda *f*
prügeln ['pry:gəln] *v 1. jdn ~* pegar a alguien, golpear a alguien; *Man hat ihn zu Tode geprügelt.* Le han roto el alma. *2. sich mit jdm ~* golpearse con alguien, pegarse con alguien
prunkvoll ['pruŋkfɔl] *adj 1.* pomposo; *adv 2.* pomposamente
Psalm [psalm] *m REL* salmo *m*

Pseudonym [psɔydo'nyːm] *n* seudónimo *m*
Psyche ['psyːçə] *f* alma *f/el,* psique *f*
Psychiater(in) [psyçi'aːtər(ɪn)] *m/f* (p)siquiatra *m/f*
psychisch ['psyːçɪʃ] *adj 1.* (p)síquico; *adv 2.* (p)síquicamente
Psychoanalyse [psyçoana'lyːzə] *f* (p)sicoanálisis *m*
Psychologie [psyçolo'giː] *f* (p)sicología *f*
psychologisch [psyço'loːgɪʃ] *adj 1.* (p)sicológico; *adv 2.* (p)sicológicamente
Psychopath(in) [psyço'paːt(ɪn)] *m/f* (p)sicópata *m/f*
Psychopharmaka [psyço'faːrmaka] *pl* (p)scofármaco *m*
psychosomatisch [psyçozo'maːtɪʃ] *adj* (p)sicosomático
Psychotherapeut(in) [psyçotera'pɔyt(ɪn)] *m/f* (p)sicoterapeuta *m/f*
pubertär [pubɛr'tɛːr] *adj* de la pubertad, púber
Pubertät [pubɛr'tɛːt] *f* pubertad *f*
Publikation [publika'tsjoːn] *f* publicación *f*
Publikum ['publɪkum] *n* público *m*
Publikumserfolg ['publɪkumsɛrfɔlk] *m* éxito de público *m*
publizieren [publi'tsiːrən] *v* publicar
Pudding ['pudɪŋ] *m GAST* budín *m,* pudín *m; ~ in den Armen und Beinen haben* tener los brazos y las piernas de blandie blue
Pudel ['puːdəl] *m ZOOL* perro de aguas *m; wie ein begossener ~ dastehen* estar como un tonto en vísperas/estar como un niño con zapatos nuevos
Puder ['puːdər] *m* polvos *m/pl*
Puderzucker ['puːdərtsukər] *m GAST* azúcar en polvo *m*
Pullover [pu'loːvər] *m* jersey *m,* suéter *m,* chompa *f* (en Perú)
Puls [puls] *m* pulso *m; jdm auf den ~ fühlen* indagar sobre alguien
pulsieren [pul'ziːrən] *v* pulsar, latir
Pulsschlag ['pulsʃlaːg] *m* pulsación *f,* pulso *m; Der ~ ist erhöht.* El pulso está acelerado.
Pulver ['pulvər] *n* polvo *m; sein ~ verschossen haben* haberse quedado sin fuerzas
Pulverfass ['pulvərfas] *n fig* polvorín *m*
pulverig ['pulvərɪç] *adj* polvoriento
Pulverkaffee ['pulvərkafeː] *m GAST* café en polvo *m*
Pulverschnee ['pulvərʃneː] *m* nieve en polvo *f*
pummelig ['pumɛlɪç] *adj* rechoncho, rollizo
pumpen ['pumpən] *v 1.* bombear; *2. (fig: leihen) sich von jdm etw ~* pedir prestado algo a alguien; *3. (fig: verleihen) jdm etw ~* prestar algo a alguien
Punkt [puŋkt] *m* punto *m; den wunden ~ treffen* poner el dedo en la llaga/tocar el punto sensible; *einen ~ machen* terminar; *der springende ~ sein* ser el quid de la cuestión; *etw auf den ~ bringen* precisar algo
Punktion [puŋts'joːn] *f MED* punción *f*
pünktlich ['pyŋktlɪç] *adj 1.* puntual; *Pünktlich um zwölf gehen wir zum Mittagessen.* A las doce en punto vamos a almorzar. *~ wie die Maurer* puntual como un reloj; *adv 2.* puntualmente
Pünktlichkeit ['pyŋktlɪçkaɪt] *f* puntualidad *f*
Pupille [pu'pɪlə] *f ANAT* pupila *f*
Puppe ['pupə] *f 1. (Spielzeug)* muñeca *f,* marioneta *f; die ~n tanzen lassen (fig)* celebrar con desenfreno; *bis in die ~n* hasta las mil; *2. ZOOL* crisálida *f*
Puppenspieler(in) ['pupənʃpiːlər(ɪn)] *m/f* titiritero/titiritera *m/f,* marionetista *m/f*
Puppenstube ['pupənʃtuːbə] *f* casa de muñecas *f*
pur [puːr] *adj 1.* puro; *Wir wollen den Wein ~ genießen.* Queremos el vino tal y como está. *adv 2.* puramente
Püree [py'reː] *n GAST* puré *m*
puritanisch [puri'taːnɪʃ] *adj* puritano
Purzelbaum ['purtsəlbaum] *m* voltereta *f,* volantín *m*
purzeln ['purtsəln] *v* dar volteretas, darse volantines
Puste ['puːstə] *f* aliento *m; Da geht mir die ~ aus.* Ya no puedo más.
Putsch [putʃ] *m POL* golpe de estado *m*
Putz [puts] *m 1. (Zierputz)* adorno *m,* ornamento *m; 2. (Mörtel)* revoque *m,* enlucido *m; auf den ~ hauen (fig)* celebrar muy alegremente
putzen ['putsən] *v* limpiar, fregar
Putzfrau ['putsfrau] *f* mujer de la limpieza *f*
putzig ['putsɪç] *adj* gracioso, mono
Putzmittel ['putsmɪtəl] *n* detergente *m,* producto de limpieza *m*
Pyjama [py'dʒaːma] *m* pijama *m*
Pyramide [pyra'miːdə] *f* pirámide *f*

Q

Quacksalber ['kvakzalbər] *m (fam)* charlatán *m,* curandero *m*
Quadrat [kva'dra:t] *n* cuadrado *m; im ~ springen* ponerse frenético
quadratisch [kva'dra:tɪʃ] *adj* cuadrado
Quadratmeter [kva'dra:tme:tər] *m* metro cuadrado *m*
quaken ['kva:kən] *v 1. (Frosch)* croar; *2. (Ente)* graznar
Qual [kva:l] *f* pena *f,* tormento *m,* martirio *m,* tortura *f*
quälen ['kvɛ:lən] *v* atormentar, martirizar, torturar
Quälerei [kvɛlə'raɪ] *f 1.* tortura *f,* tormento *m,* martirio *m; 2. (fig: mühsame Arbeit)* trabajo moroso *m,* trabajo pesado *m*
Quälgeist ['kvɛ:lgaɪst] *m* hombre importuno *m,* pesado *m,* pelma *m*
Qualifikation [kvalifika'tsjo:n] *f* calificación *f*
qualifizieren [kvalifi'tsi:rən] *v sich ~ für* calificarse para
Qualität [kvali'tɛ:t] *f* calidad *f*
qualitativ [kvalita'ti:f] *adj 1.* cualitativo, de calidad; *adv 2.* cualitativamente, en cuanto a la calidad
Qualitätsbezeichnung [kvali'tɛ:tsbətsaɪçnuŋ] *f* signo de calidad *m*
Qualle ['kvalə] *f ZOOL* medusa *f*
Qualm [kvalm] *m* humo espeso *m,* humareda *f*
qualmen ['kvalmən] *v (fam)* fumar como una chimenea
Quantität [kvanti'tɛ:t] *f* cantidad *f*
quantitativ [kvantita'ti:f] *adj 1.* cuantitativo; *adv 2.* cuanto a la cantidad
Quantum ['kvantum] *n* cantidad *f*
Quarantäne [karan'tɛ:nə] *f* cuarentena *f*
Quark [kvark] *m GAST* requesón *m,* queso fresco *m*
Quartal [kvar'ta:l] *n* trimestre *m*
Quartett [kvar'tɛt] *n 1. (Kartenspiel)* cuarteto *m; 2. MUS* cuarteto *m*
Quartier [kvar'ti:r] *n* alojamiento *m,* albergue *m,* barrio *m,* cuartel *m*
quasseln ['kvasəln] *v (fam)* charlatanear, hablar por hablar
Quaste ['kvastə] *f* borla *f*
Quatsch [kvatʃ] *m (fam)* tonterías *f/pl,* bobadas *f/pl*
quatschen ['kvatʃən] *v (fam)* hablar bobadas, hablar por hablar
Quecksilber ['kvɛkzɪlbər] *n CHEM* mercurio *m*
Quelle ['kvɛlə] *f 1.* fuente *f,* manantial *m; an der ~ sitzen (fig)* beber en la fuente; *2. (fig)* fuente de información *f*
quellen ['kvɛlən] *v irr 1. (hervor~)* brotar, manar; *2. (anschwellen)* hincharse
Quellenangabe ['kvɛlənanga:bə] *f* indicación de las fuentes *f*
quengeln ['kvɛŋəln] *v (fam)* lloriquear
quer [kve:r] *adv* transversalmente, al través; *~ durch* a través/atravesando; *~ schießen (fam)* contrariar los planes
Quere ['kve:rə] *f* dirección transversal *f*
querfeldein ['kve:rfɛltaɪn] *adv* a campo traviesa
Querkopf ['kve:rkɔpf] *m (fam)* testarudo *m,* terco *m*
Querschnitt ['kve:rʃnɪt] *m* corte transversal *m*
Querschnittslähmung ['kve:rʃnɪtslɛ:muŋ] *f MED* paraplejia por corte medular *f*
Querstraße ['kve:rʃtra:sə] *f* travesía *f,* calle transversal *f*
Querulant(in) [kveru'lant(ɪn)] *m/f* pleitista *m/f,* litigante *m/f*
Querverbindung ['kve:rfɛrbɪnduŋ] *f* conexión transversal *f*
quetschen ['kvɛtʃən] *v* aplastar, estrujar, machacar
Quetschung ['kvɛtʃuŋ] *f MED* contusión *f*
quicklebendig ['kvɪklebɛndɪç] *adj (fam)* vivito y coleando
quietschen ['kvi:tʃən] *v* chillar
quirlig ['kvɪrlɪç] *adj* muy movido, muy activo
quitt [kvɪt] *adj ~ sein* estar iguales, estar a la par, estar a mano (LA)
Quitte ['kvɪtə] *f BOT* membrillo *m*
quittieren [kvɪ'ti:rən] *v etw ~* dar recibo de algo, extender un recibo por algo
Quittung ['kvɪtuŋ] *f* recibo *m,* comprobante de pago *m*
Quiz [kvɪs] *n* concurso radiofónico *m,* concurso de TV *m*
Quote ['kvo:tə] *f* cuota *f*

R

Rabatt [ra'bat] *m ECO* rebaja *f,* descuento *m*
Rabe ['raːbə] *m ZOOL* cuervo *m*
rabiat [rabi'aːt] *adj* rabioso, furioso
Rache ['raxə] *f* venganza *f,* desagravio *m; an jdm ~ nehmen* vengarse de alguien; *~ ist süß.* La venganza es dulce.
Rachen ['raxən] *m ANAT* faringe *f; jdm den ~ stopfen (fam)* tapar la boca a alguien; *den ~ nicht voll kriegen* no tener suficiente; *jdm etw in den ~ werfen* echar algo a las fauces de alguien; *etw in den falschen ~ bekommen* interpretar algo mal/tomar algo a mal;
rächen ['rɛçən] *v* vengar, desagraviar
Rächer ['rɛçər] *m* vengador *m*
rachsüchtig ['raxzyçtɪç] *adj* sediento de venganza
Rad [raːt] *n 1.* rueda *f; das fünfte ~ am Wagen sein (fig)* estar de más; *ein ~ abhaben* estar loco; *unter die Räder kommen* sufrir el suplicio de la rueda; *2. (Fahrrad)* bicicleta *f; ~ fahren* ir en bicicleta, andar en bicicleta
Radar [ra'daːr] *m* radar *m*
Radau [ra'dau] *m* alboroto *m,* escándalo *m*
radebrechen ['raːdəbrɛçən] *v* chapurrear
Radfahrer(in) ['raːtfaːrər(ɪn)] *m/f* ciclista *m/f*
radieren [ra'diːrən] *v* borrar, tachar
Radiergummi [ra'diːrgumi] *m* goma de borrar *f,* borrador *m* (LA)
Radierung [ra'diːruŋ] *f ART* aguafuerte *f*
Radieschen [ra'diːsçən] *n BOT* rabanito *m*
radikal [radi'kaːl] *adj 1.* radical; *adv 2.* radicalmente
Radio ['raːdjo] *n* radio *f*
radioaktiv [raːdjoak'tiːf] *adj PHYS* radiactivo
Radioaktivität [raːdjoaktivi'tɛːt] *f PHYS* radioactividad *f*
Radius ['radjus] *m* radio *m*
Radrennen ['raːtrɛnən] *n* carrera ciclista *f*
Raffinerie [rafinə'riː] *f* refinería *f*
raffiniert [rafi'niːrt] *adj 1. (verfeinert)* refinado; *2. (schlau)* astuto, perspicaz; *3. (außergewöhnlich)* sofisticado, refinado; *adv 4.* refinadamente, astutamente
Rage ['raːʒə] *f in ~ sein* estar furioso, estar exasperado
ragen ['raːgən] *v* elevarse, alzarse
Rahm [raːm] *m GAST* nata *f,* crema *f; den ~ abschöpfen (fig)* llevarse la mejor parte
rahmen ['raːmən] *v* encuadrar
Rahmen ['raːmən] *m 1. (Fensterrahmen)* marco *m; 2. (Bilderrahmen)* marco *m,* recuadro *m; 3. (fig)* marco *m,* telón de fondo *m; aus dem ~ fallen* salir(se) de lo corriente; *nicht in den ~ passen* desentonar en el ambiente; *im ~ bleiben* mantener el margen
Rakete [ra'keːtə] *f* cohete *m*
rammen ['ramən] *v* embestir
Rampe ['rampə] *f 1. (Laderampe)* rampa de carga *f; 2. (Bühnenrampe) THEAT* proscenio *m*
Rampenlicht ['rampənlɪçt] *n THEAT* candilejas *f/pl; im ~ stehen* ser el centro de atención del interés público
ramponieren [rampo'niːrən] *v* deteriorar, estropear
Ramsch [ramʃ] *m* cachivaches *m/pl,* trastos *m/pl*
Rand [rant] *m* borde *m,* margen *m; außer ~ und Band* fuera de sí/fuera de sus casillas; *mit etw zu ~e kommen* acabar con algo; *am ~e erwähnen* anotar entre paréntesis
randalieren [randa'liːrən] *v* alborotar, hacer escándalo
Randgebiet ['rantgəbiːt] *n* alrededores *m/pl,* afueras *f/pl,* zona periférica *f*
Randgruppe ['rantgrupə] *f* grupo marginal *m*
Rang [raŋ] *m 1. (Stand)* clase *f,* rango *m,* abolengo *m; jdm den ~ ablaufen* desbancar a alguien; *2. (Qualität)* calidad *f,* categoría *f; 3. THEAT* piso *m*
rangieren [rãŋ'ʒiːrən] *v* maniobrar
Rangordnung ['raŋɔrdnuŋ] *f* jerarquía *f,* orden de colocación *m*
ranken ['raŋkən] *v* trepar
Ranzen ['rantsən] *m* mochila *f,* maletín *m*
ranzig ['rantsɪç] *adj* rancio
rapid [ra'piːt] *adj 1.* rápido, veloz; *adv 2.* rápidamente, velozmente
rar [raːr] *adj* raro, extraño, escaso; *sich ~ machen* dejarse ver muy raramente
Rarität [rari'tɛːt] *f* rareza *f*
rasant [ra'zant] *adj 1.* veloz, rasante; *adv 2.* velozmente
rasch [raʃ] *adj 1.* rápido, veloz; *adv 2.* rápidamente, velozmente

rascheln ['raʃəln] *v* crujir
rasen ['raːzən] *v (mit dem Auto)* ir a toda velocidad
Rasen ['raːzən] *m BOT* césped *m; jdn unter den ~ bringen (fig)* llevar a alguien a la tumba
rasend ['raːzənt] *adj 1. (sehr schnell)* vertiginoso, velocísimo; *2. (sehr stark)* fuertísimo; *3. (wütend)* furioso, rabioso, enfurecido; *adv 4. (sehr stark)* muy fuerte; *5. (wütend)* furiosamente, con furia
Rasierapparat [ra'ziːraparaːt] *m* máquina de afeitar *f,* rasurador *m,* afeitadora *f*
rasieren [ra'ziːrən] *v* rasurar, afeitar
Rasiermesser [ra'ziːrmɛsər] *n* navaja de afeitar *f*
Rasierschaum [ra'ziːrʃaum] *m* espuma de afeitar *f*
Räson [rɛ'zɔ̃ː] *f zur ~ kommen* entrar en razón; *jdn zur ~ bringen* hacer entrar en razón a alguien
Raspel ['raspəl] *f* lima gruesa *f,* escofina *f*
Rasse ['rasə] *f* raza *f*
rassig ['rasɪç] *adj* pasional
Rassismus [ra'sɪsmus] *m* racismo *m*
Rassist(in) [ra'sɪst(ɪn)] *m/f* racista *m/f*
Rast [rast] *f* descanso *m,* pausa *f*
rasten ['rastən] *v* descansar, hacer una pausa
Rasthaus ['rasthaus] *n* albergue de carretera *m*
rastlos ['rastloːs] *adj 1. (pausenlos)* incesante; *2. (ruhelos)* infatigable, incansable; *adv 3. (pausenlos)* incesantemente
Rastplatz ['rastplats] *m* lugar de descanso *m*
Rasur [ra'zuːr] *f* afeitado *m*
Rat [raːt] *m 1. (~schlag)* consejo *m; mit sich zu ~e gehen* deliberar para entre sí/entrar en cuenta consigo/consultar con la almohada (fam); *jdn zu ~e ziehen* pedir el consejo de alguien; *jdm mit ~ und Tat zur Seite stehen* ayudar a alguien con sus consejos y su apoyo; *2. (Titel)* consejero *m,* consejal *m; 3. (Kollegium)* consejo *m,* colegio *m*
Rate ['raːtə] *f ECO* cuota *f,* pago parcial *m,* plazo *m*
raten ['raːtən] *v irr 1. (er~)* adivinar, acertar; *2. (empfehlen)* recomendar; *3. (Rat geben)* aconsejar, dar consejos
Ratenzahlung ['raːtəntsaːluŋ] *f ECO* pago a plazos *m*
Rathaus ['raːthaus] *n* ayuntamiento *m,* municipalidad *f* (LA)
ratifizieren [ratifi'tsiːrən] *v POL* ratificar
Ration [ra'tsjoːn] *f* ración *f,* porción *f; die eiserne ~* la ración de reserva *f*
rational [ratsjo'naːl] *adj 1.* racional; *adv 2.* racionalmente
rationalisieren [ratsjonali'ziːrən] *v* racionalizar
rationell [ratsjo'nɛl] *adj 1.* racional; *adv 2.* racionalmente, con la razón
rationieren [ratsjo'niːrən] *v* racionar
ratlos ['raːtloːs] *adj 1.* perplejo, desconcertado, confuso; *adv 2.* desconcertadamente, confusamente
ratsam ['raːtzːam] *adj* aconsejable, recomendable
Ratschlag ['raːtʃlaːk] *m* consejo *m*
Rätsel ['rɛːtsəl] *n* adivinanza *f,* acertijo *m; jdm ein ~ sein* ser un misterio para alguien; *jdm ein ~ aufgeben* encerrar un misterio para alguien/constituir un problema para alguien; *in ~n sprechen* hablar en jeroglífico; *vor einem ~ stehen* enfrentarse a un misterio
rätselhaft ['rɛːtsəlhaft] *adj* enigmático, misterioso; *Das ist ~.* Esto es un enigma.
rätseln ['rɛːtsəln] *v* especular, adivinar
Ratte ['ratə] *f ZOOL* rata *f*
rau [rau] *adj 1. (nicht glatt)* áspero, rasposo, rugoso; *2. (grob)* tosco, rudo, burdo; *3. (~er Hals)* ronco; *4. (fig: barsch)* rudo, áspero, seco; *adv 5.* con rudeza, ásperamente
Raub [raup] *m 1. (Diebstahl)* robo *m,* hurto *m; 2. (Entführung)* rapto *m,* secuestro *m*
Raubbau ['raupbau] *m* explotación abusiva *f,* explotación exagerada *f*
rauben ['raubən] *v 1. (stehlen)* robar, hurtar; *2. (entführen)* raptar, secuestrar
Räuber ['rɔybər] *m* ladrón *m,* ratero *m*
Raubkopie ['raupkopiː] *f INFORM* copia pirata *f*
Raubtier ['rauptiːr] *n ZOOL* animal de rapiña *m*
Rauch [raux] *m* humo *m; in ~ und Flammen aufgehen* arder en llamas; *sich in ~ auflösen* esfumarse
rauchen ['rauxən] *v* fumar, humear; *Ich habe mir abgewöhnt zu ~.* He dejado de fumar; *Rauchen verboten!* ¡Se prohibe fumar!
Raucher(in) ['rauxər(ɪn)] *m/f* fumador(a) *m/f*
räuchern ['rɔyçərn] *v* ahumar
Rauchverbot ['rauxfɛrboːt] *n* prohibición de fumar *f*
Raufbold ['raufbɔlt] *m* camorrista *m,* pendenciero *m,* matón *m*

Rauferei [raufə'raɪ] *f* riña *f,* pelea *f*

Raum [raum] *m* *1. (Zimmer)* cuarto *m,* habitación *f,* pieza *f; 2. (Platz)* lugar *m,* sitio *m; 3. (Gebiet)* zona *f,* área *f/el,* región *f; 4. (fig) etw in den ~ stellen* someter algo a discusión; *im ~ stehen* estar pendiente/estar por solucionar; *etw im ~ stehen lassen* dejar algo sin solucionar

räumen ['rɔymən] *v* *1. (verlassen)* abandonar, dejar; *2. (evakuieren)* evacuar, desocupar; *3. (entfernen)* retirar, quitar

Raumfähre ['raumfɛːrə] *f* lanzadera espacial *f,* transbordador espacial *m*

Raumfahrt ['raumfaːrt] *f* astronáutica *f*

räumlich ['rɔymlɪç] *adj* *1.* espacial, del espacio; *adv 2.* espacialmente, en el espacio

Räumlichkeiten ['rɔymlɪçkaɪtən] *pl* habitaciones *f/pl,* cuartos *m/pl,* piezas *f/pl*

Raumpflegerin ['raumpfleːgərɪn] *f* mujer de limpieza *f,* mucama *f* (LA)

Raumschiff ['raumʃɪf] *n* nave espacial *f*

Räumung ['rɔymuŋ] *f* *1. (Verlassen)* abandono *m; 2. (Evakuierung)* evacuación *f,* desocupación *f,* desalojo *m; 3. (Entfernung)* retiro *m*

Raupe ['raupə] *f* *1. TECH* oruga *f; 2. ZOOL* oruga *f*

Raureif ['rauraɪf] *m* escarcha *f*

Rausch [rauʃ] *m* *1. (Alkoholrausch)* borrachera *f,* ebriedad *f,* embriaguez *f; seinen ~ ausschlafen* dormir la mona; *2. (Begeisterungsrausch)* entusiasmo *m,* emoción *f,* fervor *m*

rauschen ['rauʃən] *v* *1. (Blätter)* susurrar; *2. (Bach)* murmurar

Rauschgift ['rauʃgɪft] *n* estupefaciente *m,* droga *f*

Rauschgifthandel ['rauʃgɪfthandəl] *m* tráfico de estupefacientes *m,* tráfico de drogas *m*

rauschgiftsüchtig ['rauʃgɪftzyçtɪç] *adj* toxicómano, drogadicto

räuspern ['rɔyspərn] *v sich ~* carraspear

Razzia ['ratsia] *f* batida *f,* redada *f*

Reagenzglas [rea'gɛntsglaːs] *n* probeta *f,* tubo de ensayo *m*

reagieren [rea'giːrən] *v* reaccionar

Reaktion [reak'tsjoːn] *f* reacción *f*

reaktionär [reaktsjo'nɛːr] *adj POL* reaccionario, ultraconservador

Reaktor [re'aktɔr] *m* reactor *m,* central nuclear *f*

real [re'aːl] *adj* *1.* real; *adv 2.* realmente, efectivamente

realisieren [reali'ziːrən] *v* realizar, ejecutar

Realisierung [reali'ziːruŋ] *f* realización *f,* ejecución *f*

Realismus [rea'lɪsmus] *m* realismo *m*

Realist(in) [rea'lɪst(ɪn)] *m/f* realista *m/f*

realistisch [rea'lɪstɪʃ] *adj* *1.* realista; *adv 2.* realistamente, con realismo

Realität [reali'tɛːt] *f* realidad *f; Er muss die Dinge so sehen, wie sie in der ~ sind.* Él tiene que abrir los ojos a la realidad.

Rebe ['reːbə] *f BOT* vid *f*

Rebell(in) [re'bɛl(ɪn)] *m/f* rebelde *m/f,* sublevado *m,* insurrecto/insurrecta *m/f*

rebellieren [rebɛ'liːrən] *v* rebelarse, sublevarse

Rebellion [rebɛ'ljoːn] *f* rebelión *f,* sublevación *f,* insurrección *f*

rebellisch [re'bɛlɪʃ] *adj* *1.* rebelde, insurrecto; *adv 2.* con rebeldía

Rebhuhn ['reːphuːn] *n ZOOL* perdiz *f*

Rechen ['rɛçən] *m* rastrillo *m*

Rechenschaft ['rɛçənʃaft] *f* justificación *f,* cuenta *f,* explicación *f; ~ über etw ablegen* dar cuentas de algo; *~ verlangen* pedir cuentas; *jdn zur ~ ziehen* pedir cuentas a alguien

Recherche [re'ʃɛrʃə] *f* averiguación *f,* investigación *f*

recherchieren [reʃɛr'ʃiːrən] *v* averiguar, investigar

rechnen ['rɛçnən] *v* calcular, computar

Rechner ['rɛçnər] *m* calculadora *f*

Rechnung ['rɛçnuŋ] *f* *1. ECO* cuenta *f,* factura *f,* nota *f; Die ~ bitte!* ¡La cuenta, por favor! *die ~ ohne den Wirt machen (fig)* no contar con el huésped; *mit jdm eine ~ begleichen* arreglar las cuentas con alguien; *einer Sache ~ tragen* tener en cuenta algo; *Diese ~ geht nicht auf!* ¡La cuenta no sale! *2. MATH* cálculo *m,* operación aritmética *f*

recht [rɛçt] *adj* justo, recto; *Ist es ~ so?* ¿Le parece bien así? *alles, was ~ ist* hay que ser justo/justicia ante todo; *jdm etw ~ machen* contentar a alguien

Recht [rɛçt] *n* *1.* derecho *m; Es ist sein gutes ~.* Está en su derecho. *~ sprechen* administrar la justicia; *seine ~e fordern* reclamar sus derechos; *zu ~* con razón; *2. (Erlaubnis)* autorización *f; 3. ~ haben* tener razón; *~ behalten* tener razón; *jdm ~ geben* darle la razón a alguien

rechte(r,s) ['rɛçtə(r,s)] *adj* derecho

rechteckig ['rɛçtɛkɪç] *adj* rectangular

rechtfertigen ['rɛçtfɛrtɪgən] *v* justificar
Rechtfertigung ['rɛçtfɛrtɪguŋ] *f* justificación *f*
rechthaberisch ['rɛçthaːbərɪʃ] *adj* ergotista; ~ *sein* querer siempre tener razón
rechtlich ['rɛçtlɪç] *adj 1. JUR* jurídico; *adv 2. JUR* jurídicamente, por vía jurídica
rechtmäßig ['rɛçtmɛːsɪç] *adj 1.* legítimo, legal; *adv 2.* legítimamente
rechts [rɛçts] *adv* a la derecha, por la derecha; *weder ~ noch links schauen* no mirar ni a derecha ni a izquierda
Rechtsanwalt ['rɛçtsanvalt] *m JUR* abogado *m*
rechtschaffen ['rɛçtʃafən] *adj 1.* honrado, honesto, íntegro, justo; *adv 2.* como es debido, honestamente
Rechtschreibreform ['rɛçtʃraɪbrefɔrm] *f* reforma ortográfica *f*
Rechtschreibung ['rɛçtʃraɪbuŋ] *f* ortografía *f*
Rechtsextremist(in) ['rɛçtsɛkstremɪst(ɪn)] *m/f POL* ultraderechista *m/f,* reaccionario *m,* ultra *m/f*
Rechtshänder(in) ['rɛçtshɛndər(ɪn)] *m/f* persona que escribe con la diestra *f,* diestro *m*
rechtskräftig ['rɛçtskrɛːftɪç] *adj JUR* válido, legal
Rechtsmittel ['rɛçtsmɪtəl] *n JUR* recurso *m*
Rechtsprechung ['rɛçtʃprɛçuŋ] *f JUR* jurisprudencia *f*
Rechtsstaat ['rɛçtsʃtaːt] *m* Estado constitucional *m,* Estado de derecho *m*
Rechtsweg ['rɛçtsveːk] *m JUR* vía judicial *f*
rechtswidrig ['rɛçtsviːdrɪç] *adj 1. JUR* ilegal; *adv 2. JUR* ilegalmente
rechtwinklig ['rɛçtvɪŋklɪç] *adj* rectangular
rechtzeitig ['rɛçttsaɪtɪç] *adj 1.* oportuno; *adv 2.* a tiempo, oportunamente
recken ['rɛkən] *v sich ~* estirarse
Recycling [ri'zaɪklɪŋ] *n* reciclaje *m,* reciclado *m,* recuperación del material usado *f*
Redakteur(in) [redak'tøːr(ɪn)] *m/f* redactor(a) *m/f*
Redaktion [redak'tsjoːn] *f* redacción *f*
Rede ['reːdə] *f* discurso *m,* alocución *f,* mensaje *m; jdm ~ und Antwort stehen* rendir cuentas a alguien; *jdm in die ~ fallen* interrumpir a alguien; *jdn zur ~ stellen* pedir explicaciones a alguien; *Davon kann keine ~ sein!* ¡No puede tratarse de eso!
reden ['reːdən] *v* hablar, pronunciar un discurso; *mit sich ~ lassen* ser tratable; *von sich ~ machen* llamar mucho la atención/dar lugar a comentarios/levantar mucho polvo (fam); *~ wie ein Buch* hablar como un sacamuelas
Redensart ['reːdənsart] *f* locución *f,* modo de hablar *m*
Redewendung ['reːdəvɛnduŋ] *f* giro *m,* locución *f,* expresión idiomática *f*
redlich ['reːtlɪç] *adj 1. (anständig)* honrado, honesto, recto, de buena fe; *2. (viel)* mucho; *adv 3. (sehr)* mucho
Redlichkeit ['reːtlɪçkaɪt] *f* honradez *f,* honestidad *f,* rectitud *f,* buena fe *f*
Redner(in) ['reːdnər(ɪn)] *m/f* orador(a) *m/f*
Rednerpult ['reːdnərpult] *n* púlpito de oradores *m*
reduzieren [redu'tsiːrən] *v* reducir, acortar, disminuir
Reederei [reːdə'raɪ] *f* compañía naviera *f*
reell [re'ɛl] *adj 1.* real; *adv 2.* realmente
Referat [refe'raːt] *n* informe *m,* exposición *f,* ponencia *f*
Referendar(in) [referɛn'daːr(ɪn)] *m/f JUR* pasante de abogado *m,* licenciado en derecho/licenciada en derecho *m/f*
Referendum [refe'rɛndum] *n POL* referéndum *m*
Referent(in) [refe'rɛnt(ɪn)] *m/f 1. (im Parlament)* ponente *m/f; 3. (Vortragende(r))* relator(a) *m/f,* informante *m/f*
Referenz [refe'rɛnts] *f* referencia *f*
reflektieren [reflɛk'tiːrən] *v 1. (zurückstrahlen)* reflejar, reflectar; *2. (nachdenken)* reflexionar, meditar, cavilar
Reflex [re'flɛks] *m* reflejo *m,* reflexión *f*
Reform [re'fɔrm] *f* reforma *f*
Reformation [refɔrma'tsjoːn] *f REL* reforma *f*
Reformhaus [re'fɔrmhaus] *n* tienda de productos de régimen *f*
reformieren [refɔr'miːrən] *v* reformar
Regal [re'gaːl] *n* estante *m,* estantería *f,* anaquel *m*
rege ['reːgə] *adj 1.* activo, animado; *adv 2.* activamente
Regel ['reːgəl] *f 1.* regla *f; nach allen ~n der Kunst* como es debido; *2. (Menstruation)* regla *f,* menstruación *f,* período *m*
regelmäßig ['reːgəlmɛːsɪç] *adj 1.* regular; *adv 2.* regularmente, con regularidad
regeln ['reːgəln] *v* regular

regelrecht ['reːgəlrɛçt] *adj (fam)* casi; *Das war ein ~es Kunststück.* Por poco es una obra de arte.
Regelung ['reːgəluŋ] *f* regularización *f,* regulación *f,* reglamentación *f*
regen ['reːgən] *v sich ~* moverse, realizar un movimiento
Regen ['reːgən] *m* lluvia *f; jdn im ~ stehen lassen (fig)* dejar a alguien en la estacada; *vom ~ in die Traufe kommen* ir de mal en peor
Regenbogen ['reːgənboːgən] *m* arco iris *m*
Regenbogenpresse ['reːgənboːgənprɛsə] *f* prensa del corazón *f*
Regenmantel ['reːgənmantəl] *m* impermeable *m*
Regenschirm ['reːgənʃɪrm] *m* paraguas *m*
Regenwald ['reːgənvalt] *m* pluviselva *f,* selva tropical *f*
Regenzeit ['reːgəntsaɪt] *f* estación de las lluvias *f,* tiempo de lluvias *m*
Regie [re'ʒiː] *f CINE* dirección *f*
regieren [re'giːrən] *v 1. (Kanzler) POL* gobernar; *2. (König) POL* reinar
Regierung [re'giːruŋ] *f POL* gobierno *m,* administración *f*
Regierungssprecher [re'giːruŋsʃprɛçər] *m POL* portavoz gubernamental *m*
Regime [re'ʒiːm] *n POL* régimen *m*
Regiment [regi'mɛnt] *n MIL* regimiento *m; das ~ führen* llevar la batuda/ejercer el mando
Region [re'gjoːn] *f* región *f,* zona *f*
regional [regjo'naːl] *adj* regional
Regisseur(in) [reʒi'søːr(ɪn)] *m/f CINE* director(a) de cine *m/f*
Register [re'gɪstər] *n* registro *m,* asiento *m*
registrieren [regɪs'triːrən] *v* registrar
Regler ['reːglər] *m TECH* regulador *m*
regnen ['reːgnən] *v* llover; *Es regnet in Strömen.* Llueve a cántaros.; *wie aus Kübeln ~* llover a cántaros
Regress [re'grɛs] *m JUR* recurso *m*
regulär [regu'lɛːr] *adj 1.* regular, ajustar; *adv 2.* regularmente
Regulierung [regu'liːruŋ] *f* regulación *f*
Regung ['reːguŋ] *f 1. (Bewegung)* movimiento *m; 2. (Gefühlsregung)* sentimiento *m*
regungslos ['reːguŋsloːs] *adj* inmóvil, inerte
Reh [reː] *n ZOOL* corzo *m*
Rehabilitation [rehabilita'tsjoːn] *f* rehabilitación *f*
rehabilitieren [rehabili'tiːrən] *v* rehabilitar
Rehrücken ['reːrykən] *m GAST* lomo de corzo *m*
reiben ['raɪbən] *v irr 1.* frotar, sobar, restregar; *v irr 2. (zerkleinern)* rallar
Reibung ['raɪbuŋ] *f* frotación *f,* fricción *f*
reich [raɪç] *adj* rico
Reich [raɪç] *n* imperio *m*
reichen ['raɪçən] *v 1. (geben)* dar, pasar, alcanzar; *2. (aus~)* alcanzar, ser suficiente, bastar; *Ich weiß nicht, ob das Geld reicht.* No sé si me alcanza el dinero. *Mir reicht es!* ¡Ya no lo soporto más!¡Ya estoy harto! *3. (sich erstrecken)* extenderse
reichlich ['raɪçlɪç] *adj 1.* abundante, copioso; *adv 2.* abundantemente
Reichtum ['raɪçtuːm] *m* riqueza *f*
Reichweite ['raɪçvaɪtə] *f* alcance *m*
reif ['raɪf] *adj* maduro; *für etw ~ sein* merecerse algo
Reife ['raɪfə] *f 1. (von Obst)* sazón *f; 2. (fig)* madurez *f*
reifen ['raɪfən] *v* madurar, sazonar
Reifen ['raɪfən] *m* neumático *m,* rueda *f,* llanta *f* (LA)
Reifenpanne ['raɪfənpanə] *f* pinchazo *m,* reventón *m* (LA)
reiflich ['raɪflɪç] *adj 1.* maduro; *adv 2.* con madurez, maduramente
Reihe ['raɪə] *f 1. (von Dingen)* hilera *f; etw auf die ~ bringen* poner algo en orden; *jdn aus der ~ bringen* confundir a alguien; *außer der ~* fuera de turno; *der ~ nach* por turnos/por orden/por partes; *an die ~ kommen* tocar el turno; *2. (von Menschen)* fila *f,* cola *f; in Reih und Glied* en fila; *aus der ~ tanzen* salirse de lo común/salirse de lo corriente; *3. (Serie)* serie *f*
Reihenfolge ['raɪənfɔlgə] *f* serie *f,* sucesión *f,* orden de sucesión *m*
Reim [raɪm] *m LIT* rima *f; sich keinen ~ auf etw machen* no poder entender algo
rein[1] [raɪn] *adj 1. (sauber)* limpio, pulcro, aseado; *mit jdm ins Reine kommen* ponerse en claro con alguien/arreglarse con alguien; *etw ins Reine schreiben* escribir algo a limpio; *2. (unverfälscht)* puro, genuino, verdadero; *3. (echt)* legítimo, auténtico; *4. (klar)* claro
rein[2] *(siehe „herein", „hinein")*
reinigen ['raɪnɪgən] *v* limpiar, purificar
Reinigung ['raɪnɪguŋ] *f 1. (Reinigen)* limpieza *f,* purificación *f; 2. (Geschäft)* tintorería *f*

Reinigungsmittel ['raɪnɪguŋsmɪtəl] *n* detergente *m,* producto de limpieza *m*
reinlich ['raɪnlɪç] *adj* limpio, aseado
Reis [raɪs] *m BOT* arroz *m*
Reise ['raɪzə] *f* viaje *m; seine letzte ~ antreten (fig)* hacer su último viaje
Reisebüro ['raɪzəbyroː] *n* agencia de viajes *f*
Reiseführer ['raɪzəfyːrər] *m (Buch)* guía *f*
Reiseführer(in) ['raɪzəfyːrər(ɪn)] *m/f (Person)* guía *m/f*
reisen ['raɪzən] *v ~ nach* viajar a, hacer un viaje a
Reisende(r) ['raɪzəndə(r)] *m/f* viajero/viajera *m/f*
Reisepass ['raɪzəpas] *m* pasaporte *m*
Reiseroute ['raɪzəruːtə] *f* itinerario *m*
reißen ['raɪsən] *v irr 1. (zer~)* romper, rasgar, desgarrar; *2. (ziehen)* tirar de, jalar (LA)
Reißverschluss ['raɪsfɛrʃlus] *m* cremallera *f,* cierre *m* (LA)
Reißzwecke ['raɪstsvɛkə] *f* chincheta *f*
reiten ['raɪtən] *v irr* cabalgar, montar a caballo
Reiter(in) ['raɪtər(ɪn)] *m/f* jinete *m*
Reiz [raɪts] *m 1. (ung)* irritación *f; 2. (Anreiz)* estímulo *m,* aliciente *m,* incentivo *m; 3. (Anmut)* gracia *f,* atractivo *m,* encanto *m*
reizbar ['raɪtsbaːr] *adj* exitable, irritable
reizen ['raɪtsən] *v 1. (irritieren)* irritar; *2. (anregen)* estimular, incentivar; *3. (herausfordern)* retar, desafiar
reizend ['raɪtsənt] *adj 1.* encantador, atractivo, bonito; *adv 2.* atractivamente
reizlos ['raɪtsloːs] *adj* sin atractivo, sin gracia
reizvoll ['raɪtsfɔl] *adj* lleno de atractivos, encantador, seductor
Reklamation [reklama'tsjoːn] *f* reclamación *f*
Reklame [re'klaːmə] *f* publicidad *f,* réclame *m* (LA)
reklamieren [rekla'miːrən] *v* reclamar
rekonstruieren [rekɔnstru'iːrən] *v* reconstruir
Rekord [re'kɔrt] *m* récord *m,* marca *f*
Rekrut [re'kruːt] *m MIL* recluta *m*
Rektor(in) ['rɛktɔr/rɛk'toːrɪn] *m/f* rector(a) *m/f*
relativ [rela'tiːf] *adj 1.* relativo; *adv 2.* relativamente
Relief [rɛl'jɛf] *n ART* relieve *m*
religiös [reli'gjøːs] *adj* religioso
Religion [reli'gjoːn] *f* religión *f*
Religionsfreiheit [reli'gjoːnsfraɪhaɪt] *f* libertad de culto *f,* libertad de religión *f*
Renaissance [rənɛ'sɑ̃ːs] *f HIST* Renacimiento *m*
Rendezvous [rɑ̃de'vuː] *n* cita *f*
Rennbahn ['rɛnbaːn] *f 1. (Pferderennbahn)* hipódromo *m; 2. (Autorennbahn)* autódromo *m; 3. (Radrennbahn)* velódromo *m*
rennen ['rɛnən] *v irr* correr, trotar
Rennen ['rɛnən] *n* carrera *f; das ~ machen* salir ganador/ganar la carrera
Rennfahrer(in) ['rɛnfaːrər(ɪn)] *m/f* corredor(a) *m/f,* piloto de carrera *m*
Rennrad ['rɛnraːt] *n* bicicleta de carrera *f*
Rennwagen ['rɛnvaːgən] *m* coche de carrera *m,* auto de carrera *m*
renommiert [renɔ'miːrt] *adj* afamado, renombrado, famoso, célebre
renovieren [renɔ'viːrən] *v* renovar, restaurar
Renovierung [renɔ'viːruŋ] *f* renovación *f,* restauración *f*
rentabel [rɛn'taːbəl] *adj* rentable
Rentabilität [rɛntabili'tɛːt] *f ECO* rentabilidad *f,* productividad *f*
Rente ['rɛntə] *f* pensión de vejez *f,* jubilación *f*
Rentenversicherung ['rɛntənfɛrzɪçəruŋ] *f* seguro de pensiones *m*
rentieren [rɛn'tiːrən] *v sich ~* ser rentable, valer la pena *(fam)*
Rentner(in) ['rɛntnər(ɪn)] *m/f* pensionista *m/f*
Reparatur [repara'tuːr] *f* reparación *f,* compostura *f*
Reparaturwerkstatt [repara'tuːrvɛrkʃtat] *f* taller de reparaciones *m*
reparieren [repa'riːrən] *v* reparar, arreglar
Reportage [repɔr'taːʒə] *f* reportaje *m*
Reporter(in) [re'pɔrtər(ɪn)] *m/f* reportero/reportera *m/f*
repräsentieren [reprɛzɛn'tiːrən] *v* representar
Reproduktion [reproduk'tsjoːn] *f* reproducción *f*
Republik [repu'bliːk] *f* república *f*
Requisiten [rekvi'ziːtən] *pl* requisitos *m/pl*
Reserve [re'zɛrvə] *f 1. (Rücklage)* reserva *f; stille ~n* reservas ocultas *f/pl; 2. (Zurückhaltung)* cautela *f,* discreción *f; jdn aus der ~ locken* sacar de la reserva a alguien
Reservereifen [re'zɛrvəraɪfən] *m (eines Autos)* ruedas de repuesto *f/pl,* llantas de repuesto *f/pl* (LA)

reservieren [rezɛr'vi:rən] *v* reservar
Resignation [rezɪgna'tsjo:n] *f* resignación *f*
resignieren [rezɪg'ni:rən] *v* resignarse
resolut [rezo'lu:t] *adj 1.* resoluto, enérgico, decidido; *adv 2.* enérgicamente, con resolución
Respekt [rɛ'spɛkt] *m* respeto *m,* deferencia *f,* veneración *f*
respektieren [rɛspɛk'ti:rən] *v* respetar, venerar
respektlos [rɛs'pɛktlo:s] *adj 1.* irrespetuoso, sin respeto; *adv 2.* irrespetuosamente
respektvoll [rɛs'pɛktfɔl] *adj 1.* respetuoso; *adv 2.* respetuosamente
Rest [rɛst] *m* resto *m; der ~ der Welt* el resto del mundo *m*
Restaurant [rɛsto'rɑ̃:] *n* restaurante *m*
restaurieren [rɛstau'ri:rən] *v* restaurar
restlich ['rɛstlɪç] *adj* restante
restlos ['rɛstlo:s] *adj 1.* entero, completo, total; *adv 2.* completamente, totalmente
Resultat [rezul'ta:t] *n* resultado *m,* efecto *m*
resultieren [rezul'ti:rən] *v* resultar
Retorte [re'tɔrtə] *f* retorta *f*
Retrospektive [retrospɛk'ti:və] *f* retrospectiva *f*
retten ['rɛtən] *v* salvar, poner a salvo; *noch zu ~ sein* estar chiflado/estar loco de remate
Retter(in) ['rɛtər(ɪn)] *m/f* salvador(a) *m/f*
Rettung ['rɛtuŋ] *f* salvación *f,* salvamento *m,* auxilio *m*
Rettungsboot ['rɛtuŋsbo:t] *n* bote salvavidas *m*
Rettungswagen ['rɛtuŋsva:gən] *m* ambulancia *f*
Reue ['rɔyə] *f* arrepentimiento *m*
reumütig ['rɔymy:tɪç] *adj 1.* arrepentido; *adv 2.* con arrepentimiento, muy arrepentido
Revanche [re'vɑ̃:ʃ] *f* desquite *m,* revancha *f,* venganza *f*
revanchieren [revɑ̃'ʃi:rən] *v 1. sich ~ für (sich rächen)* desquitarse de, vengarse de; *2. sich ~ (erwidern)* corresponder a, devolver
Revier [re'vi:r] *n 1. (Gebiet)* territorio *m,* zona *f; 2. (Polizeirevier)* distrito de policía *m,* comisaría *f*
Revision [revi'zjo:n] *f* revisión *f,* chequeo *m,* control *m*
Revolution [revɔlu'tsjo:n] *f* revolución *f,* movimiento revolucionario *m*
revolutionär [revɔlutsjo'nɛ:r] *adj* revolucionario
Revolver [re'vɔlvər] *m* revólver *m*
Revue [re'vy] *f etw ~ passieren lassen* pasar revista a algo
Rezept [re'tsɛpt] *n 1. GAST* receta *f; 2. MED* receta *f,* prescripción médica *f*
rezeptpflichtig [re'tsɛptpflɪçtɪç] *adj* de prescripción obligatoria
Rezession [retsɛ'sjo:n] *f ECO* recesión *f*
Rhein [raɪn] *m GEO* Rin *m*
Rhesusfaktor ['re:zusfaktɔr] *m MED* factor Rhesus *m,* factor Rh *m*
Rheuma ['rɔyma] *n MED* reuma *m*
Rhythmus ['rytmus] *m* ritmo *m*
richten ['rɪçtən] *v 1. (in Ordnung bringen)* ordenar, arreglar; *2. (her~)* disponer, preparar; *3. (urteilen)* juzgar; *4. (wenden an)* dirigirse a
Richter(in) ['rɪçtər(ɪn)] *m/f JUR* juez *m/f*
richtig ['rɪçtɪç] *adj 1.* correcto, preciso, exacto, justo, bueno; *nicht ganz ~ sein* no ser normal del todo/no estar muy bien de la cabeza; *adv 2.* correctamente; *~ stellen* rectificar, corregir
Richtigkeit ['rɪçtɪçkaɪt] *f* rectitud *f,* corrección *f; seine ~ haben* ser cierto/estar en regla/estar en orden
Richtung ['rɪçtuŋ] *f* dirección *f*
Richtwert ['rɪçtve:rt] *m* valor indicativo *m*
riechen ['ri:çən] *v irr 1. an etw ~* oler algo; *jdn nicht ~ können* no poder ver a alguien *2. ~ nach* oler a, despedir un olor a
Riegel ['ri:gəl] *m* cerrojo *m; etw einen ~ vorschieben (fig)* poner fin a algo
Riemen ['ri:mən] *m* correa *f; sich am ~ reißen* hacer un esfuerzo; *sich in die ~ legen (fig)* esforzarse; *den ~ enger schnallen* apretarse el cinturón
Riese ['ri:zə] *m* gigante *m,* coloso *m*
rieseln ['ri:zəln] *v 1. (Wasser)* correr, fluir; *2. (Sand)* pasar
riesengroß ['ri:zəngro:s] *adj* gigantesco, enorme, colosal
riesig ['ri:zɪç] *adj* gigantesco
Riff [rɪf] *n* arrecife *m*
rigoros [rigo'ro:s] *adj 1.* riguroso, severo; *adv 2.* rigurosamente, severamente
Rille ['rilə] *f* ranura *f,* estría *f*
Rind ['rint] *n ZOOL* vacuno *m,* res vacuna *f*
Rinde ['rɪndə] *f 1. (Kruste)* corteza *f; 2. BOT* corteza *f*
Rinderwahnsinn ['rɪndərva:nzɪn] *m MED* enfermedad de la vaca loca *f*
Rindfleisch ['rɪntflaɪʃ] *n GAST* carne de vaca *f,* carne de res *f*

Ring [rɪŋ] *m 1. (Schmuck)* anillo *m,* sortija *f; 2. (Kreis)* círculo *m; 3. (Straßenring)* carretera de circunvalación *f,* circunvalación *f*
ringen ['rɪŋən] *v irr SPORT* luchar
ringsherum ['rɪŋshɛrum] *adv* entorno, alrededor, en derredor
Rinne ['rɪnə] *f 1. (Rille)* surco *m; 2. (Bewässerung)* reguera *f*
rinnen ['rɪnən] *v irr* correr, fluir
Rinnsal ['rɪnza:l] *n* arroyuelo *m*
Rinnstein ['rɪnʃtaɪn] *m* arroyo *m,* acequia *f*
Rippe ['rɪpə] *f 1. ANAT* costilla *f; sich etw nicht aus den ~n schneiden können (fig)* no poder sacrarse algo de las costillas; *2. GAST* chuleta *f*
Risiko ['ri:ziko] *n* riesgo *m*
riskant [rɪs'kant] *adj* peligroso, arriesgado, aventurado
riskieren [rɪs'ki:rən] *v* arriesgar, exponer, exponerse
Riss [rɪs] *m* rotura *f,* grieta *f*
rissig ['rɪsɪç] *adj* agrietado, rajado
Ritt [rɪt] *m* paseo a caballo *m,* cabalgata *f*
Ritter ['rɪtər] *m* caballero *m*
ritterlich ['rɪtərlɪç] *adj 1.* caballeresco; *adv 2.* con caballerosidad
Ritual [ritu'a:l] *n* ritual *m*
Ritze ['rɪtsə] *f* hendidura *f,* rendija *f*
Rivale [ri'va:lə] *m* rival *m*
Rivalin [ri'va:lɪn] *f* rival *f*
Rivalität [rivali'tɛ:t] *f* rivalidad *f*
Robbe ['rɔbə] *f ZOOL* foca *f*
Robe ['ro:bə] *f 1. (Abendrobe)* vestido de noche *m,* vestido de gala *m; 2. (Amtsrobe)* toga *f*
Roboter ['rɔbɔtər] *m* robot *m,* autómata *m*
robust [ro'bust] *adj* robusto
Rock [rɔk] *m* falda *f,* pollera *f* (LA)
rodeln ['ro:dəln] *v SPORT* lugear
Roggen ['rɔgən] *m BOT* centeno *m*
roh [ro:] *adj 1. (nicht gekocht)* crudo; *2. (nicht bearbeitet)* bruto; *3. (fig)* inculto; *adv 4.* en bruto
Rohr [ro:r] *n 1. (Leitung)* tubería *f,* cañería *f; 2. BOT* caña *f*
Röhre ['rø:rə] *f 1. (Rohr)* tubería *f,* cañería *f; 2. (Backröhre)* horno *m*
Rohstoff ['ro:ʃtɔf] *m* materias primas *f/pl*
Rolle ['rɔlə] *f 1.* rollo *m; von der ~ sein* estar fuera de juego/no poder competir; *2. THEAT* papel *m,* rol *m; aus der ~ fallen* dar el cante (fam); *sich in jds ~ hineinversetzen* ponerse en el lugar de alguien
rollen ['rɔlən] *v* rodar, hacer girar; *ins Rollen kommen* marchar/ponerse en movimiento; *etw ins Rollen bringen* poner en marcha algo
Roller ['rɔlər] *m 1. (Motorroller)* scooter *m; 2. (Kinderroller)* patinete *m*
Rollladen ['rɔlla:dən] *m* persiana *f*
Rollschuh ['rɔlʃu:] *m SPORT* patín *m*
Rollstuhl ['rɔlʃtu:l] *m* sillón de ruedas *m,* silla de ruedas *f* (LA)
Rollstuhlfahrer(in) ['rɔlʃtu:lfa:rər(ɪn)] *m/f* inválido/inválida *m/f,* paralítico/paralítica *m/f*
Rolltreppe ['rɔltrɛpə] *f* escalera mecánica *f*
Roman [ro'ma:n] *m* novela *f*
romanisch [ro'ma:nɪʃ] *adj ART* románico
Romantik [ro'mantɪk] *f* romanticismo *m*
romantisch [ro'mantɪʃ] *adj 1.* romántico; *adv 2.* románticamente
Romanze [ro'mantsə] *f* romance *m*
römisch ['rø:mɪʃ] *adj* romano
röntgen ['rœntgən] *v MED* radiografiar
Röntgenstrahlen ['rœntgənʃtra:lən] *pl MED* rayos X *m/pl*
rosa ['ro:za] *adj* rosado, rosa, de color rosa
Rose ['ro:zə] *f BOT* rosa *f; nicht auf ~n gebettet sein (fig)* no nadar en la abundancia
Rosenkranz ['ro:zənkrants] *m REL* rosario *m*
rosig ['ro:zɪç] *adj* rosado, rosa
Rosine [ro'zi:nə] *f* pasa *f; ~n im Kopf haben (fig)* tener pajaritos en la cabeza; *sich die größten ~n herauspicken* llevarse la mejor parte
Rosmarin ['ro:smari:n] *m BOT* romero *m*
Ross [rɔs] *n* caballo *m; von seinem hohen ~ herunterkommen (fig)* bajarse del pedestal
Rost[1] [rɔst] *m (Bratrost)* parrilla *f*
Rost[2] [rɔst] *m CHEM* herrumbre *f,* óxido *m*
rosten ['rɔstən] *v* oxidarse; *nicht ~d* inoxidable
rösten ['rœstən] *v* tostar, asar a la parilla
rostfrei ['rɔstfraɪ] *adj* inoxidable
rostig ['rɔstɪç] *adj* oxidado
rot [ro:t] *adj* rojo, colorado; *der ~e Faden (fig)* el hilo principal *m*
Röte ['rø:tə] *f* color rojo *m,* rojez *f*
Röteln ['rø:təln] *f MED* rubéola *f*
rotieren [ro'ti:rən] *v 1. (fam)* afanarse, trabajar exageradamente; *2. TECH* girar
Rotwein ['ro:tvaɪn] *m* vino tinto *m*
Roulade [ru'la:də] *f GAST* rollo de carne *m,* filete relleno *m*

Route ['ruːtə] *f* ruta *f,* itinerario *m*
Routine [ru'tiːnə] *f* rutina *f,* monotonía *f*
routiniert [ruti'niːrt] *adj* experimentado, versado, ducho
Rübe ['ryːbə] *f 1. BOT* remolacha *f; 2. (weiß) BOT* nabo *m; eins auf die ~ bekommen (fam)* recibir una en la mollera
Rubel ['ruːbəl] *m* rublo *m; Der ~ rollt.* Se mueve mucho dinero.
Rubrik [ru'briːk] *f* rúbrica *f,* firma *f*
ruckartig ['rukaːrtɪç] *adj 1.* brusco; *adv 2.* bruscamente, de golpe
Rückblende ['rykblɛndə] *f 1.* retrospectiva *f; 2. (im Kino)* flash-back *m*
rückblickend ['rykblɪkənt] *adj* retrospectivo
rücken ['rykən] *v* mover, empujar, correr
Rücken ['rykən] *m ANAT* espalda *f; mit dem ~ zur Wand stehen* estar entre la espalda y la pared; *sich den ~ frei halten* declinar la responsabilidad; *jdm den ~ stärken* cubrirle a alguien las espaldas/respaldar a alguien; *jdm den ~ kehren* volver la espalda a alguien; *hinter jds ~* a espaldas de alguien
Rückenschmerzen ['rykənʃmɛrtsən] *pl MED* dolores de espalda *m/pl*
rückerstatten ['rykɛrʃtatən] *v* restituir, devolver
rückfällig ['rykfɛlɪç] *adj 1. JUR* reincidente; *2. MED* recidivante
Rückfahrkarte ['rykfaːrkartə] *f* billete de ida y vuelta *m*
Rückfahrt ['rykfaːrt] *f* viaje de vuelta *m,* viaje de regreso *m*
Rückfall ['rykfal] *m MED* recaída *f,* recidiva *f*
Rückgabe ['rykgaːbə] *f* devolución *f,* restitución *f,* vuelta *f*
Rückgang ['rykgaŋ] *m* disminución *f,* retroceso *m,* descenso *m,* baja *f*
rückgängig ['rykgɛŋɪç] *adj ~ machen* anular, rescindir
Rückgrat ['rykgraːt] *n ANAT* columna vertebral *f,* espina dorsal *f; ~ haben (fig)* tener agallas (fam)
Rückhalt ['rykhalt] *m* respaldo *m,* apoyo *m,* sostén *m*
rückhaltlos ['rykhaltloːs] *adj 1.* sin reserva, franco, incondicional; *adv 2.* sin reservas, francamente, incondicionalmente
Rückkehr ['rykkeːr] *f* regreso *m,* vuelta *f*
rückläufig ['rykləyfɪç] *adj* retrógrado, regresivo
Rücklicht ['ryklɪçt] *n* luz trasera *f*
Rücknahme ['ryknaːmə] *f* recogida *f,* retirada *f*
Rucksack ['rukzak] *m* mochila *f*
Rückschlag ['rykʃlaːk] *m* contragolpe *m*
Rückseite ['rykzaɪtə] *f* parte posterior *f,* parte trasera *f,* parte de atrás *f*
Rücksicht ['rykzɪçt] *f* consideración *f,* deferencia *f; ohne ~ auf Verluste* sin consideración de pérdidas/sin tener en cuenta; *auf jdn ~ nehmen* tener consideración con alguien
rücksichtslos ['rykzɪçtsloːs] *adj 1.* inconsiderado, desconsiderado; *adv 2.* inconsideradamente, sin consideración
rücksichtsvoll ['rykzɪçtsfɔl] *adj 1.* considerado, atento; *adv 2.* con consideración, consideradamente
Rücksitz ['rykzɪts] *m (im Auto)* asiento trasero *m*
Rücksprache ['rykʃpraːxə] *f* consulta *f; mit jdm ~ halten* ponerse al habla con alguien/consultarse con alguien
Rückstand ['rykʃtant] *m 1. (Rest)* remanente *m,* resto *m; 2. (Abfallprodukt)* residuo *m,* restos *m/pl*
rückständig ['rykʃtɛndiç] *adj 1. (Zahlung)* atrasado, pendiente; *2. (fig: überholt)* anticuado, pasado de moda
Rücktritt ['ryktrɪt] *m 1. (Amtsniederlegung)* dimisión *f,* renuncia *f; 2. (beim Fahrrad)* contrapedal *m*
rückwärts ['rykvɛrts] *adv* para atrás, hacia atrás
rückwirkend ['rykvɪrkənt] *adj* retroactivo
Rückzahlung ['ryktsaːluŋ] *f* reembolso *m,* reintegro *m*
Rückzug ['ryktsuːk] *m* retirada *f,* repliegue *m*
Rudel ['ruːdəl] *n* manada *f*
Ruder ['ruːdər] *n 1. (Riemen)* remo *m; 2. (Steuerruder)* timón *m; ans ~ kommen (fig)* llegar a gobernar/subir al poder; *am ~ sein* estar gobernando
Ruderboot ['ruːdərboːt] *n* bote de remos *m*
rudern ['ruːdərn] *v* remar
Ruf [ruːf] *m 1.* grito *m,* llamada *f; 2. (Ansehen)* fama *f,* reputación *f; 3. (Aufforderung)* exhortación *f*
rufen ['ruːfən] *v irr jdn ~* llamar a alguien; *wie ge~ kommen* venir como anillo al dedo
Rufname ['ruːfnaːmə] *m* nombre de pila *m*
Rufnummer ['ruːfnumər] *f* número de teléfono *m*

Rüge ['ry:gə] *f* reprimenda *f*, reprensión *f*
rügen ['ry:gən] *v* reprender a alguien, reñir a alguien
Ruhe ['ru:ə] *f* 1. *(Stille)* calma *f*, tranquilidad *f*, quietud *f*; *die ~ vor dem Sturm* la calma que precede a la tempestad *f*; *die ~ selbst sein* ser la tranquilidad personificada; *jdn aus der ~ bringen* hacer perder la calma a alguien; *~ geben* estar callado/estar tranquilo; *seine ~ haben wollen* querer estar a solo; *in aller ~* con toda calma/con toda tranquilidad; 2. *(Ausruhen)* descanso *m*, reposo *m*; *(Bewegungslosigkeit)* inmovilidad *f*, inercia *f*, inacción *f*; 4. *(Frieden)* paz *f*; *Lass mich in ~!* ¡Déjame en paz! 5. *jdn zur letzten ~ geleiten* acompañar a uno en su entierro; 6. *sich zur ~ setzen* jubilarse
ruhen ['ru:ən] *v* 1. *(aus~)* descansar, reposar; 2. *(stillstehen)* no moverse, estar inmóvil; 3. *(lasten)* recaer sobre, pesar sobre
Ruhestand ['ru:əʃtant] *m* jubilación *f*, retiro *m*
Ruhestätte ['ru:əʃtɛtə] *f* sitio de reposo *m*, lugar de descanso *m*
Ruhetag ['ru:əta:k] *m* día de descanso *m*
ruhig ['ruːɪç] *adj* 1. *(still)* calmo, tranquilo, quieto; 2. *(bewegungslos)* inmóvil, inerte; 3. *(friedvoll)* apacible, pacífico
Ruhm [ru:m] *m* gloria *f*
rühmen ['ry:mən] *v* elogiar, alabar, glorificar
ruhmreich ['ru:mraɪç] *adj* glorioso
Rührei [ry:raɪ] *n* *GAST* huevos revueltos *m/pl*
rühren ['ry:rən] *v* 1. *(bewegen)* mover; *sich kaum ~ können* no poderse ni mover; 2. *(um~)* remover, agitar; 3. *(fig)* conmover, llegar al alma, enternecer
rührend ['ry:rənt] *adj* 1. conmovedor, que llega al alma, enternecedor; *Das ist ~ von dir.* Es muy amable de tu parte. *adv* 2. muy conmovedor
rührig ['ry:rɪç] *adj* activo, dinámico
rührselig ['ry:rze:lɪç] *adj* sentimental
Rührung ['ry:ruŋ] *f* emoción *f*, enternecimiento *m*
Ruin [ru'i:n] *m* ruina *f*, perdición *f*, decadencia *f*
Ruine [ru'i:nə] *f* ruina *f*
ruinieren [rui'ni:rən] *v* arruinar, echar a perder
rülpsen ['rylpsən] *v* eructar, regoldar, erutar
Rumäne [ru'mɛ:nə] *m* rumano *m*
Rumänien [ru'mɛ:njən] *n* *GEO* Rumanía *f*
rumänisch [ru'mɛ:nɪʃ] *adj* rumano
Rummel ['ruməl] *m* 1. *(Lärm)* jaleo *m*, follón *m*; 2. *(Jahrmarkt)* feria *f*
rumoren [ru'mo:rən] *v* hacer ruido
Rumpf [rumpf] *m* 1. *(Schiffsrumpf)* casco *m*; 2. *(Flugzeugrumpf)* fuselaje *m*; 3. *ANAT* tronco *m*
rund [runt] *adj* 1. redondo; 2. *(circa)* aproximado
Runde ['rundə] *f* 1. *(Wettkampf)* asalto *m*, round *m*; 2. *(Gesellschaft)* tertulia *f*; 3. *(fig) die ~ machen* rondar/circular; *eine ~ schmeißen* sacar una ronda; *über die ~n bringen* acabar bien; *über die ~n kommen* arreglarse
Rundfahrt ['runtfa:rt] *f* vuelta en coche *f*, paseo en coche *m*, circuito *m*
Rundfunk ['runtfuŋk] *m* 1. *(Übertragung)* radiodifusión *f*, retransmisión radiofónica *f*, radio *f*; 2. *(Anstalt)* sociedad radiofónica *f*, estación de radiodifusión *f*
Rundfunkgerät ['runtfuŋkgərɛ:t] *n* radioreceptor *m*, radio *f*
Rundgang ['runtgaŋ] *m* vuelta *f*, ronda *f*
rundherum ['runthɛrum] *adv* alrededor, en torno
rundlich ['runtlɪç] *adj* redondeado
Rundschreiben ['runtʃraɪbən] *n* circular *f*
runzelig ['runtsɛlɪç] *adj* arrugado
runzeln ['runtsəln] *v* arrugar
rüpelhaft ['ry:pəlhaft] *adj* 1. mal educado, grosero; *adv* 2. groseramente
ruppig ['rupɪç] *adj* 1. grosero, rudo, mal educado; *adv* 2. groseramente, rudamente
Ruß [ru:s] *m* hollín *m*
Russe ['rusə] *m* ruso *m*
Rüssel ['rysəl] *m* *ZOOL* trompa *f*
Russin ['rusɪn] *f* rusa *f*
russisch ['rusɪʃ] *adj* ruso
Russland ['ruslant] *n* *GEO* Rusia *f*
rüstig ['rystɪç] *adj* vigoroso, fuerte
rustikal [rusti'ka:l] *adj* rústico, agreste
Rüstung ['rystuŋ] *f* 1. *(Ritterrüstung)* armadura *f*; 2. *(Bewaffnung) MIL* armamento *m*
Rute ['ru:tə] *f* 1. *(Zweig)* vara *f*, varilla *f*; 2. *(Angelrute)* caña de pescar *f*
Rutschbahn ['rutʃba:n] *f* deslizadero *m*, tobogán *m*
rutschen ['rutʃən] *v* deslizarse, resbalarse
rutschig ['rutʃɪç] *adj* resbaladizo
rütteln ['rytəln] *v* sacudir, agitar

S

Saal [zaːl] *m* sala *f*
Saat [zaːt] *f* siembra *f*, sementera *f*
Sabotage [zabo'taːʒə] *f* sabotaje *m*
sabotieren [zabo'tiːrən] *v* sabotear
Sachanlagen ['zaxanlaːgən] *pl ECO* inversión real *f*
Sachbearbeiter(in) ['zaxbəarbaɪtər(ɪn)] *m/f ECO* especialista *m/f*, persona competente *f*
Sachbeschädigung ['zaxbəʃɛːdɪguŋ] *f* daños materiales *m/pl*
Sachbuch ['zaxbuːx] *n* libro especializado *m*
sachdienlich ['zaxdiːnlɪç] *adj* pertinente
Sache ['zaxə] *f 1. (Gegenstand)* cosa *f*, objeto *m; 2. (Angelegenheit)* asunto *m; zur ~ kommen* ir al grano; *nicht jedermanns ~ sein* no ser algo que guste a todo el mundo; *sich seiner ~ sicher sein* estar seguro de lo suyo; *bei der ~ sein* prestar atención; *nichts zur ~ tun* no hacer al caso; *3. JUR* causa *f*
sachgemäß ['zaxgəmɛːs] *adj 1.* apropiado, adecuado; *adv 2.* apropiadamente, adecuadamente
sachkundig ['zaxkundɪç] *adj* experto *m*
sachlich ['zaxlɪç] *adj 1.* objetivo; *adv 2.* objetivamente
Sachlichkeit ['zaxlɪçkaɪt] *f* objetividad *f*, realismo *m*
Sachverhalt ['zaxfɛrhalt] *m* hechos *m/pl*, estado de las cosas *m*
Sachverständige(r) ['zaxfɛrʃtɛndɪgə(r)] *m/f* experto/experta *m/f*, perito/perita *m/f*
Sack [zak] *m* saco *m; jdn in den ~ stecken (fig)* metér a uno en el bolsillo; *etw im ~ haben* tener algo en la mano/tener algo en el bote; *mit ~ und Pack* con todos los trastos/con toda la familia
Sackgasse ['zakgasə] *f* callejón sin salida *m*
Sadist(in) [za'dɪst(ɪn)] *m/f* sadista *m/f*
säen ['zɛːən] *v* sembrar
Safari [za'faːri] *f* safari *m*
Safe [seɪf] *m* caja fuerte *f*
Saft [zaft] *m 1. (Obstsaft)* zumo *m*, jugo *m* (LA); *2. (Bratensaft)* jugo del asado *m; 3. ohne ~ und Kraft (fig)* sin energía
saftig ['zaftɪç] *adj 1.* jugoso; *2. (fig)* picante; *3. (Witz)* verde
Sage ['zaːgə] *f* leyenda *f*
Säge ['zɛːgə] *f TECH* sierra *f*
sagen ['zaːgən] *v* decir, manifestar, expresar; *Er hat nicht das Geringste zu ~.* Él no tiene ni voz ni voto. *sage und schreibe* la friolera de; *sich nichts mehr zu ~ haben* no tener nada más que decirse; *sich etw nicht zweimal ~ lassen* no hacer falta que le repitan algo; *etw zu ~ haben* tener algo que decir; *sich von jdm nichts ~ lassen* no dejarse decir nada por alguien/no aceptar ninguna crítica de alguien; *Das ist nicht gesagt.* Eso no puede decirse./Eso no está tan claro. *Das ist zu viel gesagt.* Eso ya es mucho decir.
sägen ['zɛːgən] *v* (a)serrar
sagenhaft ['zaːgənhaft] *adj 1.* fantástico, digno de ser contado; *2. (legendär)* legendario
Sahne ['zaːnə] *f GAST* crema *f*, nata *f*
sahnig ['zaːnɪç] *adj* cremoso
Saison [zɛ'zɔŋ] *f* temporada *f*
Sakrament [zakra'mɛnt] *n REL* sacramento *m*
Sakristei [zakrɪ'staɪ] *f REL* sacristía *f*
Salat [za'laːt] *m* ensalada *f; Da haben wir den ~!* ¡Pues si que estamos frescos!/¡Menuda la tenemos!
Salatsoße [za'laːtzoːsə] *f GAST* salsa de ensalada *f*
Salbe ['zalbə] *f* pomada *f*
Salbei ['zalbaɪ] *m BOT* salvia *f*
Saldo ['zaldo] *m ECO* saldo *m*, diferencia *f*
Salmonellen [zalmo'nɛlən] *pl BIO* salmonela *f*
salopp [za'lɔp] *adj 1.* desenvuelto, despreocupado; *adv 2.* a la ligera
Salz [zalts] *n* sal *f; jdm nicht das ~ in der Suppe gönnen (fig)* no permitir a alguien hacer nada/no dejar a alguien ni salir a la puerta de la calle; *~ auf jds Wunden streuen* poner a alguien el dedo en la llaga
salzen ['zaltsən] *v irr* salar
salzig ['zaltsɪç] *adj* salado
Salzstange ['zaltsʃtaŋə] *f GAST* palito salado *m*
Salzstreuer ['zaltsʃtrɔyər] *m* salero *m*
Salzwasser ['zaltsvasər] *n* agua salada *f/el*, agua de mar *f/el*
Samen ['zaːmən] *m 1. (Saat)* simiente *f; 2. BIO* semen *m*, esperma *m*

sammeln ['zaməln] *v* *1.* recoger, juntar; *2.* *(Geld)* recolectar; *3.* *(Briefmarken)* coleccionar; *4.* *(fig) sich ~* reunirse, juntarse
Sammler(in) ['zamlər(ɪn)] *m/f* coleccionista *m/f*
Sammlung ['zamluŋ] *f* *1.* colección *f;* *2.* *(fig: Konzentration)* concentración *f,* agrupación *f*
Samstag ['zamsta:k] *m* sábado *m*
samstags ['zamsta:ks] *adv* los sábados
Samt [zamt] *m* terciopelo *m*
sämtlich ['zɛmtlɪç] *adj* todo, entero, completo
Sanatorium [zana'to:rjum] *n* sanatorio *m*
Sand [zant] *m* arena *f;* *wie ~ am Meer* como arena en la playa; *auf ~ gebaut haben* haber edificado sobre arena; *etw in den ~ setzen* no lograr algo
Sandale [zan'da:lə] *f* sandalia *f*
Sandbank ['zantbaŋk] *f* banco de arena *m*
sandig ['zandɪç] *adj* arenoso
Sandkasten ['zantkastən] *m* cajón de arena *m*
Sandmännchen ['zantmɛnçən] *n* hombrecillo del sueño *m*
Sandstrand ['zantʃtrant] *m* playa de arena *f*
Sanduhr ['zantu:r] *f* reloj de arena *m/f*
Sandwich ['zɛntvɪtʃ] *n GAST* bocadillo *m,* sandwich *m,* emparedado *m*
sanft [zanft] *adj* suave
sanftmütig ['zanftmy:tɪç] *adj* dulce; *Er ist ein ~er Mensch.* Él es un alma de Dios.
Sänger(in) ['zɛŋər(ɪn)] *m/f* cantante *m/f*
sanieren [za'ni:rən] *v* sanear, arreglar
Sanierung [za'ni:ruŋ] *f* saneamiento *m*
Sanitäter(in) [zani'tɛ:tər(ɪn)] *m/f* sanitario/sanitaria *m/f,* enfermero/enfermera *m/f*
Sanktion [zaŋk'tsjo:n] *f* sanción *f*
Sardelle [zar'dɛlə] *f ZOOL* anchoa *f*
Sardine [zar'di:nə] *f ZOOL* sardina *f;* *wie ~n in der Büchse* como sardinas en lata
Sarg [zark] *m* ataúd *m,* féretro *m,* cajón de muerto *m* (LA)
Sarkasmus [zar'kasmus] *m* sarcasmo *m*
sarkastisch [zar'kastɪʃ] *adj* sarcástico
Satan ['za:tan] *m* Satán *m,* Satanás *m*
Satellit [zatə'li:t] *m* satélite *m*
Satin [za'tɛ̃:] *m* satén *m,* raso *m*
Satire [za'ti:rə] *f LIT* sátira *f*
satt [zat] *adj* satisfecho, lleno, harto; *Ich bin ~.* Estoy satisfecho. *etw ~ haben* estar harto de algo

Sattel ['zatəl] *m* silla de montar *f;* *jdn aus dem ~ heben (fig)* desbancar a alguien/quitarle el puesto a alguien; *fest im ~ sitzen* tener su posición bien asegurada
satteln ['zatəln] *v* ensillar
sättigen ['zɛtɪgən] *v* *1.* saciar, hartar, satisfacer; *2.* *CHEM* saturar
sättigend ['zɛtɪgənt] *adj* que causa saciedad
Sättigung ['zɛtɪguŋ] *f* *1.* saciedad *f;* *2.* *CHEM* saturación *f;* *3.* *ECO* saturación *f*
Satz [zats] *m* *1.* *GRAMM* oración *f;* *2.* *(Druck)* composición *f;* *3.* *(Menge)* contingente *m,* lote *m;* *4.* *SPORT* set *m*
Satzung ['zatsuŋ] *f* estatuto *m,* reglamento *m*
Satzzeichen ['zatstsaɪçən] *n* signo de puntuación *m*
Sau [zau] *f* *1.* *ZOOL* cerda *f,* marrana *f,* puerca *f,* chancha *f* (LA); *2.* *(fam)* cerdo *m,* guarro *m,* puerco *m,* cochino *m;* *die ~ rauslassen* dejarse llevar; *jdn zur ~ machen* poner a parir a alguien; *unter aller ~ sein* ser de lo peorcito
sauber ['zaubər] *adj* *1.* limpio; *~ machen* limpiar, asear; *2.* *(Person)* aseado, pulcro
Sauberkeit ['zaubərkaɪt] *f* limpieza *f,* aseo *m*
Saudi-Arabien [zaudia'ra:bjən] *n GEO* Arabia Saudita *f*
sauer ['zauər] *adj* *1.* ácido; *jdm Saures geben (fig)* pegar una paliza a alguien; *2.* *(fig: Person)* enojoso, enfadado
Sauerei [zauə'raɪ] *f (fam)* marranada *f,* cochinada *f*
Sauerkraut ['zauərkraut] *n GAST* col fermentada *f*
Sauerstoff ['zauərʃtɔf] *m CHEM* oxígeno *m*
saufen ['zaufən] *v irr* *1.* *(Tier)* beber, tomar agua; *2.* *(fam)* emborracharse, embriagarse
Säufer(in) ['zɔyfər(ɪn)] *m/f* borracho/borracha *m/f*
saugen ['zaugən] *v irr* *1.* chupar, succionar; *2.* *(Staub ~)* aspirar
Säugetier ['zɔygəti:r] *n ZOOL* mamífero *m*
Säugling ['zɔyklɪŋ] *m* lactante *m,* niño de pecho *m*
Säule ['zɔylə] *f* columna *f*
Saum [zaum] *m* dobladillo *m,* bastilla *f*
säumig ['zɔymɪç] *adj* lento, tardío
Sauna ['zauna] *f* sauna *f*
Säure ['zɔyrə] *f CHEM* ácido *m*

Schabernack ['ʃa:bərnak] *m* travesura *f*
schäbig ['ʃɛ:bɪç] *adj 1. (armselig)* miserable, desgraciado; *2. (abgetragen)* raído, gastado, muy usado, andrajoso; *3. (fig: mies)* malo, malvado, desgraciado (LA)
Schablone [ʃa'blo:nə] *f* patrón *m,* modelo *m*
Schach [ʃax] *n* ajedrez *m*
schachmatt [ʃax'mat] *adj jdn ~ setzen* poner a alguien en jaque mate
Schacht [ʃaxt] *m* galería *f,* túnel *m*
Schachtel ['ʃaxtəl] *f* caja *f*
schade ['ʃa:də] *adj* lastimoso, lamentable; *Es ist ~, dass ...* Es una lástima que ... *Schade!* ¡Qué lástima!/¡Qué pena!
Schädel ['ʃɛ:dəl] *m* cráneo *m; sich den ~ einrennen* darse de cabeza contra la pared; *Ihm brummt der ~.* Le duele la cabeza./Tiene la cabeza como un bombo. (fam)
schaden ['ʃa:dən] *v* dañar, perjudicar, hacer daño
Schaden ['ʃa:dən] *m* daño *m,* perjuicio *m; zu ~ kommen* sufrir daños
Schadenersatz ['ʃa:dənɛrzats] *m* indemnización por daños y perjuicios *f*
schadenfroh ['ʃa:dənfro:] *adj* malicioso, malo; *~ sein* alegrarse del mal ajeno
schadhaft ['ʃa:thaft] *adj* defectuoso, deteriorado
schädigen ['ʃɛ:dɪgən] *v* dañar, perjudicar
schädlich ['ʃɛ:tlɪç] *adj* nocivo, dañino, perjudicial
Schädling ['ʃɛ:tlɪŋ] *m* animal dañino *m,* plaga *f,* parásito *m*
Schadstoff ['ʃa:tʃtɔf] *m* sustancia nociva *f,* sustancia nociva *f,* sustancia tóxica *f*
Schaf [ʃa:f] *n ZOOL* oveja *f; das schwarze ~ sein (fig)* ser la oveja negra
Schäfchen ['ʃɛ:fçən] *n* pequeña oveja *f; seine ~ ins Trockene bringen* hacer su negocio
Schäfer ['ʃɛ:fər] *m* pastor *m*
Schäferstündchen ['ʃɛ:fərʃtyntçən] *n* hora del amor *f,* hora de la ternura *f*
schaffen[1] ['ʃafən] *v irr (schöpfen)* crear, engendrar, hacer; *für etw wie ge~ sein* parecer estar hecho para algo
schaffen[2] ['ʃafən] *v 1. (fertig bringen)* lograr, conseguir; *2. (arbeiten)* trabajar; *sich an etw zu ~ machen* ponerse a hacer algo; *Damit hat er nichts zu ~.* No tiene nada que ver en ello./No tiene ninguna relación con ello.
Schaffner(in) ['ʃafnər(ɪn)] *m/f* revisor(a) *m/f,* controlador(a) de boletos *m/f* (LA)
Schafskäse ['ʃa:fskɛ:zə] *m GAST* queso de oveja *m*
Schafwolle ['ʃa:fvɔlə] *f* lana de oveja *f*
Schal [ʃa:l] *m* chal *m,* bufanda *f*
Schale ['ʃa:lə] *f 1. (Schüssel)* fuente *f,* tazón *m; 2. (Umhüllung)* piel *f,* cáscara *f* (LA); *sich in ~ werfen* ponerse de gala; *3. (Eierschale)* cáscara *f*
schälen ['ʃɛ:lən] *v* pelar, descascarar
Schalk [ʃalk] *m* pícaro *m*
Schall [ʃal] *m* sonido *m; ~ und Rauch sein* ser como el humo
schalldicht ['ʃaldɪçt] *adj* insonoro, insonorizado
schalten ['ʃaltən] *v 1. (ein-, ausschalten)* maniobrar, accionar; *2. (Auto)* cambiar de marcha, cambiar de velocidad; *3. (fig: begreifen)* caer en la cuenta, darse cuenta
Schalter ['ʃaltər] *m 1. (Vorrichtung)* interruptor *m; 2. (Bankschalter)* ventanilla *f*
Schalterhalle ['ʃaltərhalə] *f* sala de ventanillas *f*
Schaltgetriebe ['ʃaltgətri:bə] *n TECH* caja de cambios *f*
Schalthebel ['ʃalthe:bəl] *m (beim Auto)* palanca de cambio de marchas *f,* palanca de cambios de velocidades *f*
Schaltjahr ['ʃaltja:r] *n* año bisiesto *m*
Scham [ʃa:m] *f (~haftigkeit)* vergüenza *f,* pudor *m; vor ~ im Erdboden versinken* caérsele a uno la cara de vergüenza
schämen ['ʃɛ:mən] *v sich ~* avergonzarse, tener vergüenza
schamhaft ['ʃa:mhaft] *adj 1.* púdico, pudoroso, vergonzoso; *adv 2.* púdicamente, pudorosamente, con vergüenza
schamlos ['ʃa:mlo:s] *adj 1.* impúdico, desvergonzado, sinvergüenza, descarado; *adv 2.* desvergonzadamente, sin vergüenza; *sich ~ benehmen (fam)* portarse como un sinvergüenza
Schande ['ʃandə] *f 1.* vergüenza *f; Armut ist keine ~.* Pobreza no es vileza. *2. (Entehrung)* deshonra *f*
Schandfleck ['ʃantflɛk] *m* mancilla *f,* deshonra *f,* mancha *f*
schändlich ['ʃɛndlɪç] *adj 1.* vergonzoso, deshonroso, infame, vil; *adv 2.* vergonzosamente, infamemente, vilmente
Schandtat ['ʃantta:t] *f* vileza *f,* infamia *f; zu jeder ~ bereit sein* estar dispuesto a todo
Schändung ['ʃɛnduŋ] *f 1. (Entweihung)* profanación *f; 2. (Vergewaltigung)* violación *f,* estupro *m*

Schar [ʃaːr] *f* *1. eine ~ von* un grupo grande de *m;* *2. (Vogelschar)* bandada *f*
scharenweise [ˈʃaːrənvaɪzə] *adv* en grupos, en masa
scharf [ʃarf] *adj* *1. (Messer)* afilado, cortante; *2. (Gewürz)* picante
schärfen [ˈʃɛrfən] *v* afilar, amolar, aguzar
Scharfschütze [ˈʃarfʃytsə] *m* tirador de precisión *m,* francotirador *m*
Scharfsinn [ˈʃarfzɪn] *m* perspicacia *f,* sutileza *f*
scharfsinnig [ˈʃarfzɪnɪç] *adj* sutil, perspicaz
Scharnier [ʃarˈniːr] *n* *TECH* bisagra *f,* charnela *f*
Schaschlik [ˈʃaʃlɪk] *m* *GAST* brocheta *f*
Schatten [ˈʃatən] *m* sombra *f;* *nicht über seinen ~ springen können (fig)* mantenerse en sus trece; *nur noch der ~ seiner selbst sein* ser apenas una sombra de lo que fue; *einen ~ auf etw werfen* ensombrecer algo; *in jds ~ stehen* ser ignorado por alguien; *sich vor seinem eigenem ~ fürchten* tener miedo de su propia sombra
Schattierung [ʃaˈtiːruŋ] *f* sombreado *m,* matiz *m*
schattig [ˈʃatɪç] *adj* sombreado, sombrío
Schatz [ʃats] *m* *1. (Kostbarkeit)* tesoro *m;* *2. (Kosewort)* tesoro *m,* (mi) vida *f,* (mi) amor *m,* cielo *m*
Schatzbrief [ˈʃatsbriːf] *m* *ECO* bono del Tesoro *m*
schätzen [ˈʃɛtsən] *v* *1. (ungefähr berechnen)* calcular, estimar, tasar; *2. (annehmen)* suponer; *3. (hoch achten)* apreciar, estimar, respetar
Schätzung [ˈʃɛtsuŋ] *f* *1. (ungefähre Berechnung)* cálculo *m,* estimación *f;* *2. (Annahme)* suposición *f;* *3. (Hochachtung)* aprecio *m,* estima *f,* respeto *m*
schätzungsweise [ˈʃɛtsuŋsvaɪzə] *adv* aproximadamente
Schau [ʃau] *f* aspecto *m,* vista *f;* *jdm die ~ stehlen* fastidiar a alguien la función; *eine ~ abziehen* montar un número (fam); *etw zur ~ stellen* exhibir algo
schauderhaft [ˈʃaudərhaft] *adj* horrible, espantoso
schauen [ˈʃauən] *v* mirar, contemplar
Schauer [ˈʃauər] *m* *1. (Regen)* chubasco *m;* *2. (Frösteln)* escalofrío *m;* *3. (Schreck)* susto *m,* estremecimiento *m*
Schauergeschichte [ˈʃauərgəʃɪçtə] *f* cuento horripilante *m,* historias de horror *f/pl*
Schaufel [ˈʃaufəl] *f* pala *f*
Schaufenster [ˈʃaufɛnstər] *n* escaparate *m,* vidriera *f* (LA)
Schaufensterbummel [ˈʃaufɛnstərbuməl] *m* paseo para mirar escaparates *m*
Schaufensterpuppe [ˈʃaufɛnstərpupə] *f* maniquí *m*
Schaukel [ˈʃaukəl] *f* columpio *m*
schaukeln [ˈʃaukəln] *v* columpiar, columpiarse
Schaukelpferd [ˈʃaukəlpfeːrt] *n* caballo de columpio *m*
Schaukelstuhl [ˈʃaukəlʃtuːl] *m* mecedora *f*
Schaulustige(r) [ˈʃaulustɪgə(r)] *m/f* curioso/curiosa *m/f,* indiscreto/indiscreta *m/f*
Schaum [ʃaum] *m* espuma *f*
Schaumbad [ˈʃaumbaːt] *n* baño de espuma *m*
schäumen [ˈʃɔymən] *v* espumar, hacer espuma
schäumend [ˈʃɔymənt] *adj* espumoso
Schaumgummi [ˈʃaumgumi] *m* goma espuma *f*
Schaumkrone [ˈʃaumkroːnə] *f* cresta de espuma *f*
Schaumschläger [ˈʃaumʃlɛːgər] *m* *(fig)* charlatán *m,* cuentista *m*
Schaumwein [ˈʃaumvaɪn] *m* vino espumoso *m*
Schauplatz [ˈʃauplats] *m* escenario *m*
schaurig [ˈʃaurɪç] *adj* horrible, espantoso
Schauspiel [ˈʃauʃpiːl] *n* espectáculo *m*
Schauspieler(in) [ˈʃauʃpiːlər(ɪn)] *m/f* actor/actriz *m/f*
Schauspielhaus [ˈʃauʃpiːlhaus] *n* teatro *m*
Schausteller(in) [ˈʃauʃtɛlər(ɪn)] *m/f* expositor(a) *m/f*
Scheck [ʃɛk] *m* cheque *m*
Scheckbuch [ˈʃɛkbuːx] *n* talonario de cheques *m,* chequera *f* (LA)
Scheckkarte [ˈʃɛkkartə] *f* tarjeta cheque *f*
Scheibe [ˈʃaɪbə] *f* *1.* disco *m;* *2. (Wurstscheibe)* rodaja *f,* rebanada *f;* *sich von jdm eine ~ abschneiden können (fig)* poder tomar ejemplo de alguien; *3. (Fensterscheibe)* cristal *m,* vidrio *m*
Scheibenwischer [ˈʃaɪbənvɪʃər] *m* *(eines Autos)* limpiaparabrisas *m*
Scheich [ʃaɪç] *m* jeque *m*
Scheide [ˈʃaɪdə] *f* *1. (Messerscheide)* vaina *f;* *2. ANAT* vagina *f*

scheiden ['ʃaɪdən] *v irr* 1. separar, dividir; 2. *(Ehe)* divorciar
Scheidung ['ʃaɪduŋ] *f* divorcio *m*
Schein [ʃaɪn] *m* 1. *(Licht)* luz *f*, brillo *m*, resplandor *m*; 2. *(Banknote)* billete *m*, papel moneda *m*; 3. *(Bescheinigung)* certificado *m*; 4. *(fig: Anschein)* aspecto *m*, apariencia *f*; *den ~ wahren* salvar las apariencia; *Der ~ trügt.* Las apariencias engañan. *zum ~* en apariencia
scheinbar ['ʃaɪnbaːr] *adj* 1. aparente; *adv* 2. aparentemente, según parece
Scheinehe ['ʃaɪneːə] *f* matrimonio ficticio *m*, matrimonio aparente *m*
scheinen ['ʃaɪnən] *v irr* 1. *(leuchten)* brillar, resplandecer; 2. *(fig: Anschein haben)* parecer; *Es scheint bald zu regnen.* Parece que va a llover.
scheinheilig ['ʃaɪnhaɪlɪç] *adj* beato, santurrón, mojigato
Scheinheiligkeit ['ʃaɪnhaɪlɪçkaɪt] *f* mojigatería *f*, santurronería *f*
Scheinwerfer ['ʃaɪnvɛrfər] *m* 1. *(eines Autos)* faro *m*; 2. *CINE* reflector *m*, foco *m*
Scheiße ['ʃaɪsə] *f* *(fam)* mierda *f*
Scheitel ['ʃaɪtəl] *m* 1. *MATH* vértice *m*; 2. *(im Haar)* raya *f*; *vom ~ bis zur Sohle* de la cabeza a los pies
scheitern ['ʃaɪtərn] *v* fracasar
Schelm [ʃɛlm] *m* pícaro *m*
schelmisch ['ʃɛlmɪʃ] *adj* 1. pícaro, picaresco; *adv* 2. pícaramente
schelten ['ʃɛltən] *v irr* reprender, reñir, regañar
Schema ['ʃeːma] *n* esquema *m*; *nach ~ F* de forma rutinaria
schematisch [ʃe'maːtɪʃ] *adj* 1. esquemático; *adv* 2. esquemáticamente, de manera esquemática
Schemel ['ʃeːməl] *m* taburete *m*
schemenhaft ['ʃeːmənhaft] *adj* espectral, fantasmal
schenken ['ʃɛŋkən] *v* regalar, obsequiar, donar; *halb geschenkt sein* ser medio regalado; *sich nichts ~* no dispensarse de nada/no pasarse nada por alto
Schenkung ['ʃɛŋkuŋ] *f* *JUR* donación *f*
Scherbe ['ʃɛrbə] *f* fragmento *m*, pedazo *m*
Scherbenhaufen ['ʃɛrbənhaufən] *m* añicos *m/pl*
Schere ['ʃeːrə] *f* tijera *f*, tijeras *f/pl*
Schererei [ʃeːrə'raɪ] *f* molestia *f*, fastidio *m*
Scherz [ʃɛrts] *m* broma *f*, chanceo *m*
scherzen ['ʃɛrtsən] *v* bromear, chancear
scherzhaft ['ʃɛrtshaft] *adj* 1. de broma, bromista; *adv* 2. en broma
scheu [ʃɔy] *adj* esquivo, arisco, chúcaro (LA), huraño
Scheu [ʃɔy] *f* esquivez *f*, timidez *f*
scheuen ['ʃɔyən] *v* 1. *(Pferd)* espantarse, desbocarse; 2. *(meiden)* rehuir, evitar
Scheuerlappen ['ʃɔyərlapən] *m* fregador *m*, estropajo *m*
scheuern ['ʃɔyərn] *v* fregar; *jdm eine ~ (fam)* soltar una a alguien
Scheuklappen ['ʃɔyklapən] *pl* anteojera *f*
Scheune ['ʃɔynə] *f* granero *m*
Scheusal ['ʃɔyzaːl] *n* monstruo *m*
scheußlich ['ʃɔyslɪç] *adj* 1. horrible, terrible, monstruoso; *adv* 2. sumamente terrible, horrible
Schicht [ʃɪçt] *f* 1. capa *f*; 2. *(Klasse)* clase *f*; 3. *(Arbeitsschicht)* turno *m*
Schichtwechsel ['ʃɪçtvɛksəl] *m* cambio de turno *m*, relevo *m*
schick [ʃɪk] *adj* 1. elegante, chic; *adv* 2. elegantemente, muy chic
schicken ['ʃɪkən] *v* enviar, mandar; *Können Sie mir die Sachen ins Hotel ~?* ¿Me puede mandar las cosas al hotel?
schicklich ['ʃɪklɪç] *adj* 1. conveniente, apropiado; *adv* 2. apropiadamente, convenientemente
Schicksal ['ʃɪkzaːl] *n* destino *m*, suerte *f*; *jdn seinem ~ überlassen* dejar de preocuparse por alguien; *~ spielen* provocar una situación
schicksalhaft ['ʃikzaːlhaft] *adj* fatal
Schicksalsschlag ['ʃɪkzaːlsʃlaːk] *m* golpe del destino *m*
Schiebedach ['ʃiːbədax] *n* *(eines Autos)* techo corredizo *m*
schieben ['ʃiːbən] *v irr* empujar, mover empujando
Schiebetür ['ʃiːbətyːr] *f* puerta corrediza *f*
Schiebung ['ʃiːbuŋ] *f* empuje *m*
Schiedsgericht ['ʃiːtsgərɪçt] *n* *JUR* tribunal arbitral *m*
Schiedsrichter(in) ['ʃiːtsrɪçtər(ɪn)] *m/f* *SPORT* árbitro *m/f*
schief [ʃiːf] *adj* 1. oblicuo, inclinado; *jdn ~ ansehen* mirar a alguien por encima del hombro/mirar a alguien de reojo/mirar a alguien mal; 2. *~ gehen (fig)* salir mal, malograrse; *v* 3. *sich ~ lachen* desternillarse de risa, morirse de risa

schielen ['ʃiːlən] *v* bizcar, ser bizco
Schiene ['ʃiːnə] *f* 1. *(Bahnschiene)* carril *m*, rail *m*, riel *m*; 2. *MED* tablilla *f*, férula *f*
Schienenverkehr ['ʃiːnənfɛrkeːr] *m* tráfico ferroviario *m*
schießen ['ʃiːsən] *v irr* 1. *(Waffe)* disparar, hacer fuego; 2. *(Ball)* tirar; 3. *zum Schießen sein (fam)* para mondarse de la risa
Schießerei [ʃiːsə'raɪ] *f* tiroteo *m*
Schiff [ʃɪf] *n* barco *m*, buque *m*, nave *f*; *mit etw klar ~ machen* aclarar algo
Schiffbau ['ʃɪfbau] *m* construcción naval *f*
Schiffbruch ['ʃɪfbrux] *m* naufragio *m*; *~ mit etw erleiden* fracasar con algo
Schiffbrüchige(r) ['ʃɪfbryçɪgə(r)] *m/f* náufrago/náufraga *m/f*
Schifffahrt ['ʃɪffaːrt] *f* navegación *f*
Schikane [ʃi'kaːnə] *f* traba *f*, obstáculo *m*, chicana *f*; *Das ist reine ~.* Son solo ganas de joder. *mit allen ~n* por todo lo alto
schikanieren [ʃika'niːrən] *v* poner trabas, obstaculizar, chicanear
Schild [ʃɪlt] *n* 1. *(Schutzschild)* escudo *m*; *etw im ~e führen* tramar algo; 2. *(Türschild)* letrero *m*, placa *f*; 3. *(Straßenschild)* letrero de la calle *m*
schildern ['ʃɪldərn] *v* describir, reseñar, explicar
Schilderung ['ʃɪldəruŋ] *f* descripción *f*, reseña *f*, explicación *f*
Schildkröte ['ʃɪltkrøːtə] *f ZOOL* tortuga *f*
schillern ['ʃɪlərn] *v* tornasolar
Schimmel ['ʃɪməl] *m* 1. *BOT* moho *m*; 2. *(Pferd) ZOOL* caballo blanco *m*
schimmeln ['ʃɪməln] *v* enmohecer
Schimmer ['ʃɪmər] *m* luz tenue *f*, brillo débil *m*, vislumbre *f*; *keinen ~ von etw haben* no tener ni idea de algo
schimpfen ['ʃɪmpfən] *v* insultar, injuriar; *über jdn ~* echar pestes contra alguien
Schimpfwort ['ʃɪmpfvɔrt] *n* 1. insulto *m*, injuria *f*, improperio *m*; 2. *(Fluchwort)* blasfemia *f*
Schinderei [ʃɪndə'raɪ] *f (Plage)* trabajo durísimo *m*; *Das ist eine ~.* Es un trabajo de negros.
Schinken ['ʃɪŋkən] *m GAST* jamón *m*
Schippe ['ʃɪpə] *f* pala *f*; *jdn auf die ~ nehmen (fig)* tomar el pelo a alguien
Schirm [ʃɪrm] *m* 1. *(Regenschirm)* paraguas *m*; 2. *(Sonnenschirm)* sombrilla *f*
Schirmherr(in) ['ʃɪrmhɛr(ɪn)] *m/f* protector(a) *m/f*, patrón/patrona *m/f*, patrocinador(a) *m/f*
Schirmherrschaft ['ʃɪrmhɛrʃaft] *f* patronato *m*, patrocinio *m*
Schirmständer ['ʃɪrmʃtɛndər] *m* paragüero *m*
Schlacht [ʃlaxt] *f* batalla *f*; *Wir haben eine ~ verloren, aber nicht den Krieg.* Hemos perdido una batalla, pero no la guerra.
schlachten ['ʃlaxtən] *v* matar, degollar
Schlaf [ʃlaːf] *m* sueño *m*; *jdm den ~ rauben* quitar el sueño a alguien; *den ~ des Gerechten schlafen* dormir como un tronco; *etw im ~ können* saber hacer algo con los ojos cerrados; *jdn um den ~ bringen* quitar a alguien el sueño
Schlafanzug ['ʃlaːfantsuːk] *m* pijama *m*
Schläfe ['ʃlɛːfə] *f ANAT* sien *f*
schlafen ['ʃlaːfən] *v irr* dormir; *wie ein Stein ~* dormir como un tronco
schlaff [ʃlaf] *adj* flojo, suelto, flácido
schlaflos ['ʃlaːfloːs] *adj* insomne; *eine ~e Nacht verbringen* pasar la noche en vela
Schlaflosigkeit ['ʃlaːfloːzɪçkaɪt] *f* insomnio *m*
schläfrig ['ʃlɛːfrɪç] *adj* soñoliento, adormitado, medio dormido
Schlafsack ['ʃlaːfzak] *m* saco de dormir *m*
schlaftrunken ['ʃlaːftruŋkən] *adj* 1. soñoliento; *adv* 2. medio dormido
Schlafwagen ['ʃlaːfvaːgən] *m* coche-cama *m*, coche dormitorio *m* (LA), coche litera *m*
Schlafwandeln ['ʃlaːfvandəln] *n* sonambulismo *m*
Schlafzimmer ['ʃlaːftsɪmər] *n* dormitorio *m*, alcoba *f*
Schlag [ʃlaːk] *m* 1. *(Hieb)* golpe *m*; 2. *(Pochen)* latido *m*; 3. *(elektrischer ~)* descarga eléctrica *f*; 4. *(fig: schwerer ~)* golpe tremendo *m*, golpe muy duro *m*; *einen vernichtenden ~ gegen jdn führen* derrotar a alguien; *jdm einen ~ versetzen* suponer un duro golpe para alguien; *~ auf ~* uno tras otro/sin cesar/sin interrupción; *keinen ~ tun* no dar ni golpe; *auf einen ~* de golpe; *wie vom ~ getroffen* petrificado
Schlaganfall ['ʃlaːkanfal] *m MED* ataque de apoplejía *m*
schlagartig ['ʃlaːkartɪç] *adj* 1. brusco, repentino; *adv* 2. bruscamente, de golpe, repentinamente
schlagen ['ʃlaːgən] *v irr* 1. *(hauen)* golpear, pegar; 2. *(Uhr)* dar la hora; 3. *(fig: siegen)* vencer, derrotar; 4. *(Herz)* palpitar, latir
Schlägerei [ʃlɛːgə'raɪ] *f* pelea *f*, riña *f*

schlagfertig ['ʃla:kfɛrtɪç] *adj* de réplica inmediata y aguda, que tiene buenas salidas
Schlagfertigkeit ['ʃla:kfɛrtɪçkaɪt] *f* capacidad de réplica *f*
schlagkräftig ['ʃla:kkrɛftɪç] *adj (fig)* contundente
Schlagloch ['ʃla:klɔx] *n* bache *m*
Schlagsahne ['ʃla:kza:nə] *f GAST* nata montada *f*
Schlagseite ['ʃla:kzaɪtə] *f 1. NAUT* escora *f; ~ haben* tener una mona; *2. ~ haben (fig)* pillar una borrachera, pegarse una bomba (LA)
Schlagwort ['ʃla:kvɔrt] *n* frase hecha *f*
Schlagzeile ['ʃla:ktsaɪlə] *f* titular *m,* título *m; ~n machen* ser noticia/salir en los titulares
Schlagzeug ['ʃla:ktsɔyk] *n MUS* batería *f*
Schlamassel [ʃla'masəl] *m (fam)* mala pata *f,* lío *m; im ~ sitzen* tener mala pata/tener mala suerte
Schlamm [ʃlam] *m* lodo *m,* fango *m,* barro *m*
schlammig ['ʃlamɪç] *adj* lodoso, fangoso
Schlamperei [ʃlampə'raɪ] *f* desorden *m,* descuido *m,* dejadez *f*
schlampig ['ʃlampɪç] *adj* desordenado, descuidado
Schlange ['ʃlaŋə] *f 1. ZOOL* culebra *f,* serpiente *f; 2. (Menschenschlange)* cola *f,* fila *f; ~ stehen* hacer la cola
schlängeln ['ʃlɛŋəln] *v sich ~* serpentear
schlank [ʃlaŋk] *adj* delgado, esbelto
schlapp [ʃlap] *adj* flojo, laxo
Schlappe ['ʃlapə] *f (fam)* revés *m,* contrariedad *f*
schlappmachen ['ʃlapmaxən] *v (fam)* desmayarse, flaquear
Schlaraffenland [ʃla'rafənlant] *n* país de las mil maravillas *m,* jauja *f*
schlau [ʃlau] *adj* listo, astuto, pillo; *zu ~ sein* pasarse de listo; *aus jdm nicht ~ werden* no llegar a comprender a alguien; *sich ~ machen* enterarse de
Schlauberger ['ʃlaubɛrgər] *m (fam)* vivo *m,* cuco *m,* pillo *m*
Schlauch [ʃlaux] *m* manguera *f,* manguerilla *f; auf dem ~ stehen* ser corto de entendederas
Schlauchboot ['ʃlauxbo:t] *n* bote neumático *m*
Schläue ['ʃlɔyə] *f* astucia *f,* cuquería *f,* viveza *f*
Schlaufe ['ʃlaufə] *f* lazo *m*
Schlawiner [ʃla'vi:nər] *m (fam)* pillo *m*
schlecht [ʃlɛçt] *adj 1.* malo, mal; *adv 2.* mal; *Mir wird ~.* Me siento mal. *Er staunte nicht ~.* Se admiró mucho. *Ich kann ~ nein sagen.* Se me lo hace difícil decir no. *~ gehen* ir mal; *jdn ~ machen* hablar mal de alguien/hacer quedar mal a alguien
Schleckerei [ʃlɛkə'raɪ] *f* golosina *f*
schleichen ['ʃlaɪçən] *v* ir despacio y silenciosamente
schleichend ['ʃlaɪçənt] *adj* furtivo
Schleichwerbung ['ʃlaɪçvɛrbuŋ] *f* publicidad encubierta *f*
schleierhaft ['ʃlaɪərhaft] *adj* misterioso, enigmático
Schleife ['ʃlaɪfə] *f* lazo *m*
schleifen[1] ['ʃlaɪfən] *v irr (schärfen)* afilar, amolar
schleifen[2] ['ʃlaɪfən] *v (schleppen)* arrastrar
schleimig ['ʃlaɪmɪç] *adj 1.* mucoso; *2. (fig)* rastrero, adulador, sobón (LA)
schlemmen ['ʃlɛmən] *v* comer opíparamente, banquetear, banquetearse
schlendern ['ʃlɛndərn] *v* pasear lentamente
Schlendrian ['ʃlɛndria:n] *m* rutina *f*
schleppen ['ʃlɛpən] *v 1. (schwer tragen)* llevar a rastras; *2. (ab~)* remolcar
schleppend ['ʃlɛpənt] *adj 1.* lento; *adv 2.* lentamente, a rastras
Schlepptau ['ʃlɛptau] *n* cable de remolque *m; jdn ins ~ nehmen* llevar a alguien a rastras
schleudern ['ʃlɔydərn] *v 1. (Wäsche)* centrifugar; *2. (mit dem Auto)* resbalar, patinar, derrapar; *3. (werfen)* lanzar, arrojar
Schleuderpreis ['ʃlɔydərpraɪs] *m ECO* precio ruinoso *m,* precio irrisorio *m*
schleunigst ['ʃlɔynɪgst] *adv* prontamente, cuanto antes, lo antes posible
schlicht [ʃlɪçt] *adj 1.* simple, sencillo; *adv 2.* simplemente
schlichten ['ʃlɪçtən] *v 1. (Holz)* alisar, allanar; *2. (Streit)* arreglar, zanjar
schließen ['ʃli:sən] *v irr 1. (zumachen)* cerrar; *2. (Vertrag)* concluir, concertar, cerrar; *3. (beenden)* terminar, acabar, concluir; *4. (folgern)* deducir, concluir
Schließfach ['ʃli:sfax] *n* apartado de correos *m,* casilla de correos *f* (LA)
schließlich ['ʃli:slɪç] *adv* finalmente, por último, para finalizar, por fin
schlimm [ʃlɪm] *adj* malo

schlimmstenfalls ['ʃlɪmstənfals] *adv* en el peor de los casos
Schlinge ['ʃlɪŋə] *f* lazo *m; jdm die ~ um den Hals legen (fig)* poner a alguien la soga al cuello
Schlips [ʃlɪps] *m* corbata *f; jdm auf den ~ treten (fig)* ofender a alguien; *sich auf den ~ getreten fühlen* sentirse ofendido
Schlitten ['ʃlɪtən] *m* trineo *m; mit jdm ~ fahren (fig)* explotar a alguien
Schlittenfahrt ['ʃlɪtənfa:rt] *f* paseo en trineo *m*
Schlittschuh ['ʃlɪtʃu:] *m* patín de cuchillas *m*
Schlittschuhlaufen ['ʃlɪtʃu:laufən] *n* patinaje sobre hielo *m*
Schlitz ['ʃlɪts] *m 1.* abertura estrecha *f,* rendija *f; 2. (Hosenschlitz)* bragueta *f*
Schloss [ʃlɔs] *n 1. (Verschluss)* cerradura *f,* cerrojo *m; hinter ~ und Riegel* a la sombra/en chirona; *2. (Gebäude)* castillo *m,* palacio *m*
Schlosser ['ʃlɔsər] *m* cerrajero *m*
Schlot [ʃlo:t] *m* chimenea *f*
schlottern ['ʃlɔtərn] *v 1. (zittern)* temblar, tiritar, estremecerse; *2. (zu große Kleidung)* quedar demasiado suelto
Schlucht [ʃluxt] *f* garganta *f,* quebrada *f,* desfiladero *m,* paso *m*
schluchzen ['ʃluxtsən] *v* sollozar
Schluckauf ['ʃlukauf] *m* hipo *m*
schlucken ['ʃlukən] *v* tragar
Schlucker ['ʃlukər] *m ein armer ~ (fam)* un pobre hombre *m,* un desgraciado *m*
Schluckimpfung ['ʃlukɪmpfuŋ] *f MED* vacuna por vía oral *f*
schlummern ['ʃlumərn] *v* dormitar
schlüpfen ['ʃlypfən] *v 1. (anziehen)* ponerse la ropa, vestirse; *2. ZOOL* salir del huevo, eclosionar
Schlüpfer ['ʃlypfər] *m* braga *f,* calzón *m* (LA)
Schlupfwinkel ['ʃlupfvɪŋkəl] *m* escondrijo *m,* guarida *f*
schlürfen ['ʃlyrfən] *v* sorber, beber a sorbos
Schluss [ʃlus] *m* fin *m,* final *m,* término *m,* conclusión *f*
Schlüssel ['ʃlysəl] *m* llave *f*
Schlüsselbund ['ʃlysəlbunt] *m* llavero *m*
schlussfolgern ['ʃlusfɔlgərn] *v ~ aus* concluir de, sacar conclusiones de
Schlussfolgerung ['ʃlusfɔlgəruŋ] *f* conclusión *f*
schlüssig ['ʃlysɪç] *adj* concluyente
Schlussstrich ['ʃlusʃtrɪç] *m* finalización *f; einen ~ ziehen* hacer borrón y cuenta nueva
Schlussverkauf ['ʃlusfɛrkauf] *m ECO* venta de liquidación *f*
schmächtig ['ʃmɛçtɪç] *adj* flaco
schmackhaft ['ʃmakhaft] *adj 1.* sabroso, apetitoso; *adv 2.* apetecible, deseable; *jdm etw ~ machen* saber presentar algo a alguien
schmal [ʃma:l] *adj* estrecho, angosto
schmälern ['ʃmɛ:lərn] *v* reducir, disminuir
schmarotzen ['ʃmarɔtsən] *v (fam)* gorrear, vivir a costa ajena
Schmarotzer [ʃma'rɔtsər] *m (fam)* gorrón *m,* zángano *m*
schmatzen ['ʃmatsən] *v* comer ruidosamente, hacer ruido al comer
schmecken ['ʃmɛkən] *v 1. ~ nach* saber a, tener gusto a; *2. gut ~* tener buen sabor, saber bien
Schmeichelei [ʃmaɪçə'laɪ] *f* halago *m,* zalamería *f,* lisonja *f*
schmeichelhaft ['ʃmaɪçəlhaft] *adj* lisonjero, zalamero
schmeicheln ['ʃmaɪçəln] *v* alagar, lisonjear
Schmeichler(in) ['ʃmaɪçlər(ɪn)] *m/f* lisonjero/lisonjera *m/f,* zalamero/zalamera *m/f*
schmelzen ['ʃmɛltsən] *v irr 1.* fundirse, derretirse; *2. (fig)* ablandarse, derretirse
Schmerz [ʃmɛrts] *m* dolor *m; Geben Sie mir bitte etw gegen die ~en.* Por favor, déme algo contra el dolor.
schmerzempfindlich ['ʃmɛrtsɛmpfɪntlɪç] *adj* sensible al dolor
schmerzen ['ʃmɛrtsən] *v* doler
Schmerzensgeld ['ʃmɛrtsənsgɛlt] *n* indemnización por daño personal *f*
schmerzfrei ['ʃmɛrtsfraɪ] *adj* sin dolor
schmerzhaft ['ʃmɛrtshaft] *adj* doloroso
schmerzlich ['ʃmɛrtslɪç] *adj 1.* doloroso; *adv 2.* dolorosamente, con dolor
schmerzlindernd ['ʃmɛrtslɪndərnt] *adj* calmante, analgésico, sedativo
Schmetterling ['ʃmɛtərlɪŋ] *m ZOOL* mariposa *f*
Schmied [ʃmi:t] *m* herrero *m*
Schmiede ['ʃmi:də] *f* herrería *f*
schmieden ['ʃmi:dən] *v* forjar
schmiegsam ['ʃmi:kza:m] *adj* flexible, plegable
Schmiere ['ʃmi:rə] *f ~ stehen* hacer estar de vigía, hacer guardia

schmieren ['ʃmi:rən] *v 1. (bestreichen)* untar; *2. (einfetten)* engrasar, lubricar; *3. (fam: bestechen)* sobornar, untar; *4. (kritzeln)* garabatear, emborronar; *5. jdm eine ~ (fam)* soltar a alguien una

schmierig ['ʃmi:rıç] *adj 1. (fettig)* grasoso, grasiento; *2. (fig)* adulador, sobón (LA)

Schminke ['ʃmıŋkə] *f* maquillaje *m*

schminken ['ʃmıŋkən] *v* pintar la cara, maquillar

Schmöker ['ʃmø:kər] *m* novelón *m,* libraco *m*

schmökern ['ʃmø:kərn] *v* leer mucho, leer detenidamente

Schmuck [ʃmuk] *m* joyas *f/pl,* alhajas *f/pl,* adorno *m*

schmücken ['ʃmykən] *v* adornar

schmuggeln ['ʃmugəln] *v* hacer contrabando, contrabandear

schmunzeln ['ʃmuntsəln] *v* sonreír satisfecho, sonreírse satisfecho

schmusen ['ʃmu:zən] *v* acariciarse, besuquearse

Schmutz [ʃmuts] *m* suciedad *f,* inmundicia *f*

Schmutzfink ['ʃmutsfıŋk] *m (fam)* puerco *m,* marrano *m,* cochino *m*

schmutzig ['ʃmutsıç] *adj* sucio, inmundo, cochino, asqueroso

Schnabel ['ʃna:bəl] *m* pico *m; den ~ halten (fam)* cerrar el pico; *reden, wie einem der ~ gewachsen ist* hablar sin tener pelos en la lengua; *sich den ~ verbrennen (fig)* hacer una plancha

schnappen ['ʃnapən] *v 1. (zu~)* cerrarse de golpe; *2. (erwischen)* atrapar, coger (nicht in Argentinien!); *3. (beißen)* dar un mordisco

Schnaps [ʃnaps] *m* aguardiente *m*

schnarchen ['ʃnarçən] *v* roncar

schnaufen ['ʃnaufən] *v* resollar, jadear

Schnauze ['ʃnautsə] *f* hocico *m; die ~ voll haben (fig)* estar hasta las narices; *die ~ halten* cerrar el pico; *eine große ~ haben* ser un bocazas/tener la lengua muy larga

schnäuzen ['ʃnɔytsən] *v sich ~* sonarse la nariz

Schnauzer ['ʃnautsər] *m 1. (Bart)* mostacho *m,* bigote *m; 2. ZOOL* grifón *m*

Schnecke ['ʃnɛkə] *f ZOOL* caracol *m*

Schnee [ʃne:] *m* nieve *f; ~ von gestern sein* ser aqua pasada

Schneeball ['ʃne:bal] *m* bola de nieve *f*

Schneeflocke ['ʃne:flɔkə] *f* copo de nieve *m*

Schneemann ['ʃne:man] *m* hombre de nieve *m,* muñeco de nieve *m*

schneiden ['ʃnaıdən] *v irr 1.* cortar; *2. (fig: Kurve)* acortar; *3. (fig) jdn ~* hacer el vacío a alguien, cortar a alguien

Schneider(in) ['ʃnaıdər(ın)] *m/f* sastre/ sastra *m/f; aus dem ~ sein* tener los treinta años cumplidos

schneien ['ʃnaıən] *v* nevar

schnell [ʃnɛl] *adj 1.* rápido, veloz; *adv 2.* rápidamente, velozmente

Schnelligkeit ['ʃnɛlıçkaıt] *f* rapidez *f,* velocidad *f*

Schnellimbiss ['ʃnɛlımbıs] *m* snack-bar *m,* tentempié *m*

schnellstens ['ʃnɛlstəns] *adv* lo más rápido

Schnellstraße ['ʃnɛlʃtra:sə] *f* vía rápida *f,* carretera de circulación rápida *f*

Schnellzug ['ʃnɛltsu:k] *m* expreso *m*

schnippisch ['ʃnıpıʃ] *adj 1.* impertinente; *adv 2.* impertinentemente

Schnitt [ʃnıt] *m* corte *m*

schnittig ['ʃnıtıç] *adj 1.* de línea elegante, de elegantes formas; *adv 2.* con elegancia de líneas, con elegantes formas

Schnittlauch ['ʃnıtlaux] *m BOT* cebolleta *f,* cebollino *m*

Schnitzel ['ʃnıtsəl] *n 1. (Papierschnitzel)* pedacito *m; 2. GAST* filete empanado *m,* escalope *m*

schnitzen ['ʃnıtsən] *v* tallar, esculpir en madera

Schnorchel ['ʃnɔrçəl] *m* esnórquel *m*

schnüffeln ['ʃnyfəln] *v 1. (schnuppern)* oliscar, olfatear, olisquear; *2. (fig)* husmear

Schnüffler(in) ['ʃnyflər(ın)] *m/f* husmeador(a) *m/f*

Schnulze ['ʃnultsə] *f 1. (Lied)* canción sentimental *f; 2. (Film)* película sentimental *f*

Schnupfen ['ʃnupfən] *m* resfriado *m*

schnuppern ['ʃnupərn] *v* olisquear, oliscar, olfatear

Schnur [ʃnu:r] *f* cordón *m,* cuerda *f*

Schnürchen ['ʃny:rçən] *n wie am ~ gehen* marchar a pedir de boca (fam), ir como la seda (fam)

schnüren ['ʃny:rən] *v* atar, liar

Schnurrbart ['ʃnurbart] *m* bigote *m,* mostacho *m*

schnurren ['ʃnurən] *v* hacer ruido bronco

Schock [ʃɔk] *m* choque *m,* shock *m*

schockieren [ʃɔk'i:rən] *v* chocar

Schöffe ['ʃœfə] *m JUR* escabino *m*

Schokolade [ʃoko'la:də] *f 1. Tafel ~* tableta de chocolate *f; 2. heiße ~* chocolate caliente *m*

Scholle ['ʃɔlə] *f 1. (Erdscholle)* terrón *m; 2. (Eisscholle)* témpano *m; 3. ZOOL* platija *f,* acedía *f*

schon [ʃo:n] *adv* ya; *heute ~ hoy mismo; Ich komme ~! ¡Ya voy!*

schön [ʃø:n] *adj 1.* bello, hermoso, delicado; *adv 2.* bien, muy bien; *Danke ~!* ¡Muchas gracias!

schonen ['ʃo:nən] *v 1. jdn ~* tener consideración con alguien; *2. etw ~* conservar bien algo, cuidar de algo; *3. sich ~* cuidarse

Schönfärberei ['ʃø:nfɛrbəraɪ] *f (fig)* idealización *f*

Schönheit ['ʃø:nhaɪt] *f* belleza *f,* hermosura *f*

Schonkost ['ʃo:nkɔst] *f* comida de régimen *f*

schonungslos ['ʃo:nuŋslo:s] *adj 1.* desconsiderado, sin consideración; *adv 2.* desconsideradamente, sin miramientos

schöpfen[1] ['ʃœpfən] *v 1. (Flüssigkeit)* sacar; *2. (Mut)* cobrar; *3. Atem ~* respirar

schöpfen[2] ['ʃœpfən] *v irr* crear

Schöpfer(in) ['ʃœpfər(ɪn)] *m/f* creador(a) *m/f*

schöpferisch ['ʃœpfərɪʃ] *adj* creativo

Schöpflöffel ['ʃœpflœfəl] *m* cazo *m,* cucharón *m*

Schöpfung ['ʃœpfuŋ] *f* creación *f*

Schornstein ['ʃɔrnʃtaɪn] *m* chimenea *f*

Schornsteinfeger ['ʃɔrnʃtaɪnfe:gər] *m* deshollinador *m,* limpiachimeneas *m*

Schoß [ʃo:s] *m* regazo *m,* seno *m; in den ~ fallen (fig)* caer del cielo/llover del cielo

Schotte ['ʃɔtə] *m* escocés *m*

Schottin ['ʃɔtɪn] *f* escocesa *f*

Schottland ['ʃɔtlant] *n GEO* Escocia *f*

schräg [ʃrɛ:k] *adj 1.* oblicuo; *adv 2.* oblicuamente, al sesgo

Schräge ['ʃrɛ:gə] *f* oblicuidad *f*

Schramme ['ʃramə] *f* arañazo *m,* rasguño *m*

Schrank [ʃraŋk] *m* armario *m*

Schranke ['ʃraŋkə] *f* barrera *f,* barra *f; jdn in seine ~n verweisen* poner a alguien a raya; *Dem sind ~n gesetzt.* Le han puesto a raya.

Schraube ['ʃraubə] *f 1.* tornillo *m; die ~ überdrehen* pasarse de rosca; *eine ~ ohne Ende* el cuento de nunca acabar; *Bei dir ist doch eine ~ locker!* ¡Tú tienes un tornillo flojo! *2. (Schiffsschraube)* hélice *f*

schrauben ['ʃraubən] *v* entornillar, atornillar

Schraubenzieher ['ʃraubəntsi:ər] *m TECH* destornillador *m*

Schreck [ʃrɛk] *m* susto *m; einen ~en einjagen* pegar un susto; *Ach du ~!* ¡Ay, concho! (fam)/¡Ay, joder! (fam)

schreckensbleich ['ʃrɛkənsblaɪç] *adj* pálido del susto, lívido de espanto

Schreckensbotschaft ['ʃrɛkənsbo:tʃaft] *f* noticia alarmante *f*

schreckhaft ['ʃrɛkhaft] *adj* asustadizo, espantadizo, miedoso, temeroso

schrecklich ['ʃrɛklɪç] *adj* terrible, espantoso, horrible, horroroso

Schrei [ʃraɪ] *m* grito *m; der letzte ~* el último grito *m*

schreiben ['ʃraɪbən] *v irr* escribir; *ein paar Zeilen ~* escribir unas cuantas líneas

schreibfaul ['ʃraɪpfaul] *adj* perezoso para escribir

Schreibkraft ['ʃraɪpkraft] *f* mecanógrafo *m*

Schreibmaschine ['ʃraɪpmaʃi:nə] *f* máquina de escribir *f*

Schreibtisch ['ʃraɪptɪʃ] *m* mesa de despacho *f,* escritorio *m*

Schreibwaren ['ʃraɪpva:rən] *pl* artículos de escritorio *m/pl*

schreien ['ʃraɪən] *v irr* gritar, chillar

Schreiner ['ʃraɪnər] *m* carpintero *m*

Schrift [ʃrɪft] *f* escritura *f*

Schriftführer(in) ['ʃrɪftfy:rər(ɪn)] *m/f* secretario/secretaria *m/f*

schriftlich ['ʃrɪftlɪç] *adj 1.* escrito; *adv 2.* por escrito

Schriftsteller(in) ['ʃrɪftʃtɛlər(ɪn)] *m/f* escritor(a) *m/f*

Schriftstück ['ʃrɪftʃtyk] *n* escritura *f,* escrito *m*

Schriftverkehr ['ʃrɪftfɛrke:r] *m* correspondencia *f*

schrill [ʃrɪl] *adj 1.* agudo, penetrante; *adv 2.* agudamente

Schritt [ʃrɪt] *m 1. (Gangart)* paso *m; mit jdm ~ halten* poder con alguien/dar abasto a alguien; *einen ~ zu weit gehen* pasarse de la raya; *~ für ~* paso a paso/poco a poco; *den ersten ~ tun* dar el primer paso; *2. (fig)* gestión *f,* paso *m*

Schritttempo ['ʃrɪttɛmpo] *n* paso de marcha, velocidad de marcha

schrittweise ['ʃrɪtvaɪzə] *adv* poco a poco, paso a paso

schroff [ʃrɔf] *adj 1. (Felsen)* escarpado, abrupto, escabroso; *2. (fig: kurz angebunden)* brusco, cortante; *adv 3.* abruptamente; *4. (fig: kurz angebunden)* bruscamente, de manera cortante

Schrott [ʃrɔt] *m* chatarra *f*

schrubben ['ʃrubən] *v* fregar

schrumpfen ['ʃrumpfən] *v 1. (eingehen)* encogerse; *2. (fig: vermindern)* reducirse, disminuir

Schub [ʃu:p] *m 1.* empujón *m,* empellón *m; (~kraft) PHYS* empuje *m*

Schubkarre ['ʃu:pkarə] *f* carretilla *f*

schüchtern ['ʃyçtərn] *adj* tímido

Schüchternheit ['ʃyçtərnhaɪt] *f* timidez *f*

Schuft [ʃuft] *m* canalla *m,* bribón *m,* granuja *m*

schuften ['ʃuftən] *v* trabajar como una mula, matarse trabajando

Schuh [ʃu:] *m* zapato *m; sich die ~e nach etw ablaufen* desollarse los pies buscando algo; *Umgekehrt wird ein ~ draus!* ¡Al revés!/¡Al contrario! *Da zieht es einem ja die ~e aus! (fig)* ¡Es algo insoportable!

Schuhband ['ʃu:bant] *n* cordón de zapato *m,* pasador *m* (LA)

Schuhcreme ['ʃu:kre:m] *f* crema para el calzado *f,* betún *m*

Schuhgeschäft ['ʃu:gəʃɛ:ft] *n* zapatería *f*

Schuhgröße ['ʃu:grø:sə] *f* tamaño de calzado *m,* número de calzado *m*

Schuhmacher ['ʃu:maxər] *m* zapatero *m*

Schulanfang ['ʃu:lanfaŋ] *m* comienzo del curso escolar *m*

Schulanfänger(in) ['ʃu:lanfɛŋər(ɪn)] *m/f* principiante/principianta *m/f*

Schulbank ['ʃu:lbank] *f die ~ drücken (fam)* ir al colegio

Schulbildung ['ʃu:lbɪlduŋ] *f* formación escolar *f,* instrucción *f*

schuld [ʃult] *adj ~ sein* ser culpable

Schuld [ʃult] *f 1. (Geldschuld) ECO* deuda *f,* débito *m,* obligación *f; tief in jds ~ stehen* quedar deudor de alguien/deber mucho a alguien; *2. JUR* culpa *f,* culpabilidad *f; ~ haben* tener la culpa; *3. ~en pl ECO* deudas *f/pl,* débito *m*

schuldbewusst ['ʃultbəvust] *adj* consciente de su culpabilidad

schulden ['ʃuldən] *v jdm etw ~* deber algo a alguien, adeudar algo a alguien

schuldenfrei ['ʃuldənfraɪ] *adj* libre de deudas, exento de deudas

Schuldfrage ['ʃultfra:gə] *f JUR* cuestión de culpabilidad *f*

Schuldgefühl ['ʃultgəfy:l] *n* sentimiento de culpabilidad *m*

schuldig ['ʃuldɪç] *adj 1. (Geld) ECO* debido; *2. JUR* culpable

schuldlos ['ʃultlo:s] *adj 1.* inocente, sin culpa; *adv 2.* inocentemente, sin culpa

Schuldner(in) ['ʃultnər(ɪn)] *m/f ECO* deudor(a) *m/f*

Schuldschein ['ʃultʃaɪn] *m ECO* pagaré *m,* título de deuda *m*

Schule ['ʃu:lə] *f* escuela *f,* colegio *m,* instituto *m; die ~ schwänzen* hacer novillos/estar de pire (fam); *aus der ~ plaudern* irse de la lengua; *~ machen* hacer escuela

Schüler(in) ['ʃy:lər(ɪn)] *m/f* escolar *m/f,* alumno/alumna *m/f,* colegial *m/f*

Schüleraustausch ['ʃy:ləraustaʊʃ] *m* intercambio de alumnos *m*

Schülerausweis ['ʃy:lərausvaɪs] *m* carnet escolar *m*

Schulferien ['ʃu:lfe:rjən] *pl* vacaciones escolares *f/pl*

schulfrei ['ʃu:lfraɪ] *adj* sin clases, de asueto, libre

Schulfreund(in) ['ʃu:lfrɔynt/'ʃu:lfrɔyndɪn] *m/f* compañero de clase/compañera de clase *m/f*

Schuljahr ['ʃu:lja:r] *n* año escolar *m*

schulpflichtig ['ʃu:lpflɪçtɪç] *adj* sujeto a la enseñanza obligatoria

schulreif ['ʃu:lraɪf] *adj* en edad escolar

Schulstunde ['ʃu:lʃtundə] *f* hora de clase *f*

Schulter ['ʃultər] *f ANAT* hombro *m; etw auf die leichte ~ nehmen (fig)* tomar algo a la ligera; *etw auf seine ~n nehmen* cargar con algo/cargar algo sobre sus espaldas

Schulung ['ʃu:luŋ] *f* formación *f,* instrucción *f,* entrenamiento *m*

Schulzeugnis ['ʃu:ltsɔyknɪs] *n* hoja de calificaciones *f,* libreta de notas *f* (LA), certificado de examen final *m,* boletín *m*

Schund [ʃunt] *m* baratija *f*

Schuppe ['ʃupə] *f 1. (Haarschuppe)* caspa *f; Es fiel ihm wie ~n von den Augen.* Se le cayó la venda de los ojos. (fam)/Vió de repente todo claro. *2. (Fischschuppe) ZOOL* escama *f*

Schuppen ['ʃupən] *m (Gebäude)* cobertizo *m*

Schurke ['ʃurkə] *m* canalla *m,* desgraciado *m* (LA)

Schürze ['ʃyrtsə] *f* delantal *m,* mandil *m,* faldar *m*
Schürzenjäger ['ʃyrtsənjɛːgər] *m* mujeriego *m,* aficionado a las faldas *m*
Schuss [ʃus] *m* tiro *m,* disparo *m; Der ~ ging nach hinten los.* El tiro salió por la culata. *weitab vom ~* fuera de peligro; *ein ~ in den Ofen sein* ser un fracaso; *ein ~ ins Schwarze* un pleno acierto *m; etw in ~ bringen* arreglar una cosa/componer una cosa; *einen ~ haben* tener vena de loco
Schüssel ['ʃysəl] *f* fuente *f,* plato hondo *m,* tazón *m*
schusselig ['ʃusəlɪç] *adj* atolondrado, distraído, despistado
Schusslinie ['ʃusliːnjə] *f (fig)* frente de ataque *m,* blanco de los ataques *m,* línea de ataque *f*
Schusswaffe ['ʃusvafə] *f* arma de fuego *f/el*
Schuster ['ʃuːstər] *m* zapatero *m; ~ bleib bei deinen Leisten.* Zapatero a tus zapatos. *auf ~s Rappen* a pata (fam)
Schutt [ʃut] *m* escombros *m/pl,* cascote *m,* desecho *m*
Schüttelfrost ['ʃytəlfrɔst] *m MED* escalofríos *m/pl*
schütteln ['ʃytəln] *v* sacudir, agitar
schütten ['ʃytən] *v* echar al suelo, verter
Schutz [ʃuts] *m* protección *f,* amparo *m; jdn in ~ nehmen* defender a alguien
Schutzblech ['ʃutsblɛç] *n* guardabarros *m,* guardafangos *m* (LA)
schützen ['ʃytsən] *v* proteger, amparar
Schutzengel ['ʃutsɛŋəl] *m* ángel custodio *m,* ángel de la guarda *m*
Schutzimpfung ['ʃutsɪmpfuŋ] *f MED* vacunación preventiva *f*
Schützling ['ʃytslɪŋ] *m* protegido *m*
schutzlos ['ʃutsloːs] *adj* desamparado, indefenso
Schutzpatron ['ʃutspatroːn] *m REL* santo *m,* patrono *m*
schwach [ʃvax] *adj 1.* débil, endeble, debilitado; *2. (Licht)* tenue
Schwäche ['ʃvɛçə] *f* debilidad *f,* flaqueza *f; momentane ~* momento de debilidad *m*
Schwächeanfall ['ʃvɛçəanfal] *m MED* desvanecimiento *m,* desfallecimiento *m*
schwächlich ['ʃvɛçlɪç] *adj* débil, debilitado, decaído, desfallecido
Schwächling ['ʃvɛçlɪŋ] *m* hombre débil *m*
Schwachsinn ['ʃvaxzɪn] *m* debilidad mental *f,* imbecilidad *f*
Schwachstelle ['ʃvaxʃtɛlə] *f* parte débil *f*
Schwager ['ʃvaːgər] *m* cuñado *m,* hermano político *m*
Schwägerin ['ʃvɛgərɪn] *f* cuñada *f,* hermana politica *f*
Schwalbe ['ʃvalbə] *f ZOOL* golondrina *f*
Schwamm [ʃvam] *m* esponja *f; ~ drüber!* ¡No se hable más de ello!/¡Lo pasado, pasado!
Schwan [ʃvaːn] *m ZOOL* cisne *m; Mein lieber ~!* ¡Por Dios!
schwanger ['ʃvaŋər] *adj* embarazada, encinta, preñada, en estado
Schwangerschaft ['ʃvaŋərʃaft] *f* embarazo *m,* gestación *f,* gravidez *f*
schwanken ['ʃvaŋkən] *v 1. (taumeln)* tambalear, tambalearse; *2. (abweichen)* oscilar, variar; *3. (fig: zaudern)* vacilar, titubear
Schwankung ['ʃvaŋkuŋ] *f (Abweichung)* oscilación *f,* variación *f*
Schwanz [ʃvants] *m* cola *f,* rabo *m; kein ~ (fam)* ni un alma; *jdn auf den ~ treten* ofender a alguien; *den ~ einziehen* meter el rabo entre las piernas
schwänzen ['ʃvɛntsən] *v (fam)* hacer pellas, hacer novillos
Schwarm [ʃvarm] *m 1. (Menschenschwarm)* muchedumbre *f,* gentío *m,* multitud *f; 2. (fig)* pasión *f,* ideal *m,* sueño *m*
schwärmen ['ʃvɛrmən] *v (fig)* soñar, fantasear
schwarz [ʃvarts] *adj* negro; *~ auf weiß* por escrito; *sich ~ ärgern* encolerizarse; *ins Schwarze treffen* dar en el blanco; *Du kannst warten, bis du ~ wirst!* ¡Puedes esperar hasta que te salga barba!/¡Ya puedes esperar sentado!
Schwarzarbeit ['ʃvartsarbaɪt] *f* trabajo clandestino *m,* trabajo no declarado *m*
Schwarze(r) ['ʃvartsə(r)] *m/f* negro/negra *m/f*
Schwarzmarkt ['ʃvartsmarkt] *m* mercado negro *m; etw auf den ~ bringen* vender algo en el mercado negro
schwatzen ['ʃvatsən] *v* hablar demasiado, cotorrear; *ständig ~* tener carrete/hablar hasta por los codos
schweben ['ʃveːbən] *v 1.* flotar; *2. (fig)* estar en suspenso, pender ante/pender de/pender sobre
Schwede ['ʃveːdə] *f* sueco *m*
Schweden ['ʃveːdən] *n GEO* Suecia *f*
Schwedin ['ʃveːdɪn] *f* sueca *f*

Schwefel ['ʃveːfəl] *m CHEM* azufre *m*
Schwefelwasserstoff [ʃveːfəl'vasərʃtɔf] *m CHEM* sulfuro de hidrógeno *m*
schweigen ['ʃvaɪgən] *v irr* callar, guardar silencio; *ganz zu ~ von* (y) que decir de; *~ wie ein Grab* como un muerto
Schweigen ['ʃvaɪgən] *n* silencio *m; jdn zum ~ bringen* hacer callar a alguien/tapar la boca a alguien (fam); *sich in ~ hüllen* quedarse callado/guardar silencio
Schweigepflicht ['ʃvaɪgəpflɪçt] *f* discreción profesional *f,* deber de discreción *m*
schweigsam ['ʃvaɪkzaːm] *adj* silencioso, callado, taciturno, mudo
Schweigsamkeit ['ʃvaɪkzaːmkaɪt] *f* mutismo *m,* silencio *m*
Schwein [ʃvaɪn] *n 1. ZOOL* cerdo *m,* puerco *m,* cochino *m,* chancho *m* (LA); *kein ~* ni un alma; *2. (~efleisch)* carne de cerdo *f; 3. (fig: Glück)* suerte *f*
Schweinerei [ʃvaɪnə'raɪ] *f* porquería *f,* marranada *f*
Schweiß [ʃvaɪs] *m* sudor *m; im ~e meines Angesichts* con el sudor de mi frente
schweißen ['ʃvaɪsən] *v TECH* soldar
Schweiz [ʃvaɪts] *f GEO* Suiza *f*
Schweizer(in) ['ʃvaɪtsər(ɪn)] *m/f* suizo/suiza *m/f*
schweizerisch ['ʃvaɪtsərɪʃ] *adj* suizo
Schwelle ['ʃvɛlə] *f 1. (Eisenbahnschwelle)* traviesa *f; 2. (Übergang)* umbral *m*
Schwellenland ['ʃvɛlənlant] *n ECO* país umbral *m,* nación emergente *f*
schwenken ['ʃvɛŋkən] *v* mover, menear
schwer [ʃveːr] *adj 1.* pesado, plomizo, ponderoso; *2. (schwierig)* difícil, complicado, dificultoso; *Er tut sich ~.* Le cuesta mucho./Le resulta difícil. *~ von Begriff* duro de mollera/corto; *etw ~ machen* poner dificultades a alguien; *~ verdaulich* indigesto, difícil de digerir; *3. (mühsam)* penoso, arduo; *4. (ernst)* serio, grave; *~ wiegend* grave, de gravedad; *5. ein ~er Junge (fam)* un pájaro de cuenta *m; ~ erziehbar* inadaptado, difícil de educar; *adv 6. (schwierig)* difícilmente; *7. (mühsam)* arduamente; *~ beschädigt* gravemente dañado; *~ krank* gravemente enfermo; *8. (ernst)* seriamente, gravemente
Schwerarbeit ['ʃveːrarbaɪt] *f* trabajo duro *m,* trabajo rudo *m,* trabajo penoso *m*
Schwere ['ʃveːrə] *f (fig)* pesadez *f*
schwerelos ['ʃveːrəloːs] *adj* ingrávido
Schwerelosigkeit ['ʃveːrəloːzɪçkaɪt] *f* ingravidez *f*
schwerhörig ['ʃveːrhøːrɪç] *adj MED* sordo
Schwerindustrie ['ʃveːrɪndustriː] *f* industria pesada *f*
Schwerkraft ['ʃveːrkraft] *f PHYS* fuerza de gravedad *f,* gravitación *f*
Schwermut ['ʃveːrmuːt] *f* melancolía *f*
schwermütig ['ʃveːrmyːtɪç] *adj* melancólico
Schwerpunkt ['ʃveːrpuŋkt] *m* centro de gravedad *m*
Schwert ['ʃveːrt] *n* espada *f*
Schwerverbrecher ['ʃveːrfɛrbrɛçər] *m* criminal peligroso *m*
Schwerverletzte(r) ['ʃveːrfɛrlɛtstə(r)] *m/f* herido grave/herida grave *m/f,* herido de gravedad/herida de gravedad *m/f*
Schwester ['ʃvɛstər] *f 1.* hermana *f; 2. (Krankenschwester)* enfermera *f*
Schwiegereltern ['ʃviːgərɛltərn] *pl* suegros *m/pl,* padres políticos *m/pl*
Schwiegermutter ['ʃviːgərmutər] *f* suegra *f,* madre política *m*
Schwiegersohn ['ʃviːgərzoːn] *m* yerno *m,* hijo político *m*
Schwiegertochter ['ʃviːgərtɔxtər] *f* nuera *f,* hija política *f*
Schwiegervater ['ʃviːgərfaːtər] *m* suegro *m,* padre político *m*
schwierig ['ʃviːrɪç] *adj* difícil, penoso, dificultoso
Schwierigkeit ['ʃviːrɪçkaɪt] *f* dificultad *f,* complejidad *f,* problema *m*
Schwimmbad ['ʃvɪmbaːt] *n* piscina *f*
schwimmen ['ʃvɪmən] *v irr* nadar
Schwimmen ['ʃvɪmən] *n SPORT* natación *f*
Schwimmweste ['ʃvɪmvɛstə] *f* chaleco salvavidas *m*
Schwindel ['ʃvɪndəl] *m 1. (Lüge)* fraude *m,* embuste *m,* estafa *f; ~ erregend* vertiginoso; *2. MED* mareo *m,* vértigo *m,* vahído *m*
schwindelfrei ['ʃvɪndəlfraɪ] *adj* libre de vértigo
schwindeln ['ʃvɪndəln] *v 1.* tener mareos; *2. (fig)* mentir, estafar
schwindlig ['ʃvɪndlɪç] *adj* mareado
Schwingung ['ʃvɪŋuŋ] *f* vibración *f,* oscilación *f*
Schwips ['ʃvɪps] *m (fam)* chispa *f*
schwitzen ['ʃvɪtsən] *v* sudar, transpirar; *ins ~ kommen* sudar la gota gorda
schwören ['ʃvøːrən] *v irr* jurar; *bei Gott ~* jurar por Dios

schwul [ʃvuːl] *adj (fam)* homosexual
schwül [ʃvyːl] *adj* sofocante, bochornoso; *Es ist ~.* El tiempo es sofocante.
Schwung [ʃvuŋ] *m 1.* oscilación *f; 2. (fig: Tatkraft)* impulso *m,* energía *f; etw in ~ bringen* dar impulso a algo/poner en marcha algo; *in ~ kommen* prosperar/hacer progresos; *in ~ sein* prosperar/estar en marcha
schwungvoll ['ʃvuŋfɔl] *adj 1.* lleno de vitalidad, dinámico, activo; *adv 2.* muy dinámico
Schwur [ʃvuːr] *m* juramento *m*
sechs [zɛks] *num* seis
sechste(r,s) ['zɛkstə(r,s)] *adj* sexto
sechzehn ['zɛçtseːn] *num* dieciséis
sechzig ['zɛçtsɪç] *num* sesenta
See [zeː] *m 1.* lago *m; f 2. (poetisch)* mar *m/f; in ~ stechen* hacerse a la mar; *zur ~ fahren* ser marino
Seefahrt ['zeːfaːrt] *f 1.* navegación *f; 2. (Seereise)* viaje marítimo *m,* viaje por mar *m*
seekrank ['zeːkraŋk] *adj* mareado
Seele ['zeːlə] *f* alma *f/el; ein Herz und eine ~ sein* ser uña y carne; *sich die ~ aus dem Leib reden* desgañitarse/hablar a grito pelado; *jdm auf der ~ brennen* quemar a alguien el paladar (fig); *jdm aus der ~ sprechen* decir exactamente lo que alguien pensaba; *eine ~ von einem Menschen sein* ser un alma de Dios; *aus tiefster ~* de todo corazón/desde el fondo del alma; *mit ganzer ~* de todo corazón
seelenruhig ['zeːlənruːɪç] *adj 1.* calmado; *adv 2.* calmadamente, con calma
seelisch ['zeːlɪʃ] *adj* (p)síquico, anímico
Seelsorge ['zeːlzɔrgə] *f 1. (Pflicht) REL* deberes de un párroco *m/pl; 2. REL* cura de almas *f,* cura espiritual *f*
Seelsorger ['zeːlzɔrgər] *m REL* padre espiritual *m,* cura *m,* párroco *m,* pastor *m*
Seemann ['zeːman] *m* marino *m,* marinero *m*
Seenot ['zeːnoːt] *f* emergencia marítima *f,* peligro de zozobra *m*
Seezunge ['zeːtsuŋə] *f GAST* lenguado *m*
Segel ['zeːgəl] *n* vela *f; mit vollen ~n* a toda vela
Segelboot ['zeːgəlboːt] *n* velero *m*
Segelflugzeug ['zeːgəlfluːktsɔyk] *n* planeador *m*
segeln ['zeːgəln] *v* navegar a vela
Segen ['zeːgən] *m 1. (Glück)* suerte *f; 2. REL* bendición *f; seinen ~ zu etw geben* dar su bendición a algo
Segment [zɛk'mɛnt] *n* segmento *m*
segnen ['zeːgnən] *v* bendecir, dar la bendición
sehen ['zeːən] *v irr 1.* ver; *Wir werden es ~.* Ya veremos. *etw nicht mehr ~ können* ya no poder ver algo; *2. (bemerken)* observar, notar; *3. (unterscheiden)* distinguir; *4. (wahrnehmen)* percibir, darse cuenta; *5. (~ lassen)* mostrar, dejar ver, dar a ver; *Er kann sich ruhig ~ lassen.* No tiene por qué esconderse. *Lass ~!* ¡A ver!
sehenswert ['zeːənsveːrt] *adj* digno de verse
Sehenswürdigkeit ['zeːənsvyrdɪçkaɪt] *f* curiosidades turísticas *f/pl*
Sehne ['zeːnə] *f ANAT* tendón *m*
sehnen ['zeːnən] *v sich ~ nach* anhelar, añorar, ansiar
Sehnsucht ['zeːnzuçt] *f* anhelo *m,* añoranza *f*
sehr [zeːr] *adv* muy, mucho, bien
seicht [zaɪçt] *adj 1. (nicht tief)* de bajo fondo, de poca profundidad; *2. (fig: Unterhaltung)* trivial, superficial
Seide ['zaɪdə] *f* seda *f*
Seife ['zaɪfə] *f* jabón *m*
Seil [zaɪl] *n* cuerda *f,* soga *f; wie ein Tanz auf dem ~* como jugar con fuego
Seilbahn ['zaɪlbaːn] *f* funicular *m,* teleférico *m*
Seiltänzer ['zaɪltɛntsər] *m* funámbulo *m,* equilibrista *m/f,* alambrista *m/f*
sein [zaɪn] *v irr 1. (Eigenschaft)* ser; *Ich bin Spanierin.* Soy española. *Ich bin zwanzig Jahre alt.* Tengo veinte años. *wie dem auch sei* sea como fuere; *es sei denn, dass ...* a no ser que ... *Mir ist, als ob ...* me siento como si ... *Mir ist nicht danach.* No me apetece. *Sei doch nicht so!* ¡No seas así! *2. (Zustand)* estar; *Ich bin krank.* Estoy enfermo. *Ich bin seit einer Woche in Madrid.* Desde hace una semana estoy en Madrid. *Ich bin heute angekommen.* He llegado hoy.
sein(e) [zaɪn(ə)] *pron* su, suyo; *Ist das sein ~ Heft?* ¿Es éste su cuaderno? *Das Heft ist seines.* El cuaderno es suyo.
seinetwegen [zaɪnət'veːgən] *adv* por su causa, por él
seit [zaɪt] *prep 1.* desde, a partir de, desde hace; *~ zwei Jahren.* Desde hace dos años. *konj 2.* desde que; *Seit er krank ist, raucht er nicht mehr.* Desde que está enfermo, ya no fuma.
seitdem [zaɪt'deːm] *adv 1.* desde entonces, desde aquel tiempo; *konj 2.* desde que

Seite ['zaɪtə] *f 1. (Vorderseite)* envés *m,* lado anterior *m; etw auf der ~ haben* tener algo ahorrado; *jdm nicht von der ~ weichen* no separarse de alguien/no apartarse de alguien; *auf jds ~ stehen* estar de parte de alguien; *sich von seiner besten ~ zeigen* presentar su lado bueno/mostrar sus mejores cualidades; *jdm zur ~ stehen* apoyar a alguien/estar de parte de alguien; *etw von der leichten ~ nehmen* tomar algo por el lado bueno; *f 2. (Rückseite)* revés *m,* lado posterior *m; f 3. (Buchseite)* página *f; 4. (fig: Aspekt)* aspecto *m*

seitenlang ['zaɪtənlaŋ] *adj* de muchas páginas

seitens ['zaɪtəns] *prep* de parte de

Seitenscheitel ['zaɪtənʃaɪtəl] *m Mit ~ bitte!* ¡Con raya al costado, por favor!

Seitensprung ['zaɪtənʃpruŋ] *m (fig)* escapada matrimonial *f,* infidelidad matrimonial *f*

Seitenstraße ['zaɪtənʃtraːsə] *f* calle lateral *f*

seitenverkehrt ['zaɪtənfɛrkeːrt] *adj 1.* de lados invertidos; *adv 2.* inversamente

seitlich ['zaɪtlɪç] *adj 1.* lateral, de lado; *adv 2.* lateralmente

Sekretär [zekre'tɛːr] *m (Schreibtisch)* secreter *m*

Sekretär(in) [zekre'tɛːr(ɪn)] *m/f (Person)* secretario/secretaria *m/f*

Sekretariat [zekreta'rjaːt] *n* secretaría *f,* secretariado *m*

Sekt [zɛkt] *m 1.* vino espumoso *m; 2. (spanischer ~)* cava *m; 3. (aus der Champagne)* champán *m,* champaña *m*

Sekte ['zɛktə] *f REL* secta *f*

Sektor ['zɛktɔr] *m* sector *m*

sekundär [zekun'dɛːr] *adj* secundario

Sekunde [ze'kundə] *f* segundo *m*

selbst [zɛlpst] *pron* mismo

Selbstachtung ['zɛlpstaxtuŋ] *f* aprecio de sí mismo *m,* respeto de sí mismo *m*

Selbstbedienung ['zɛlpstbədiːnuŋ] *f* autoservicio *m*

Selbstbefriedigung ['zɛlpstbəfriːdɪguŋ] *f* masturbación *f,* onanismo *m*

Selbstbetrug ['zɛlpstbətruːk] *m* autoengaño *m,* ilusión *f*

selbstbewusst ['zɛlpstbəvust] *adj* seguro de sí mismo, consciente de sí mismo

Selbstbewusstsein ['zɛlpstbəvustzaɪn] *n* seguridad de sí mismo *f,* consciencia de sí mismo *f*

Selbsterkenntnis ['zɛlpstɛrkɛntnɪs] *f* conocimiento de sí mismo *m*

selbstgefällig ['zɛlpstgəfɛlɪç] *adj* vanidoso, ufano, engreído, presumido

Selbstgespräch ['zɛlpstgəʃprɛːç] *n* monólogo *m,* soliloquio *m*

selbstherrlich ['zɛlpsthɛrlɪç] *adj* autoritario, arbitrario

selbstklebend ['zɛlpstkleːbənt] *adj* autoadhesivo

Selbstlob ['zɛlpstloːp] *n* alabanza propia *f,* elogio de sí mismo *m*

selbstlos ['zɛlpstloːs] *adj 1.* desinteresado, altruista; *adv 2.* desinteresadamente

Selbstmord ['zɛlpstmɔrt] *m* suicidio *m*

selbstredend ['zɛlpstreːdənt] *adj (fam)* evidente, obvio

selbstsicher ['zɛlpstzɪçər] *adj* seguro de sí mismo

Selbstsicherheit ['zɛlpstzɪçərhaɪt] *f* seguridad de sí mismo *f*

selbstständig ['zɛlpstʃtɛndɪç] *adj 1.* independiente; *Er macht sich ~.* Empieza a trabajar por su cuenta. *adv 2.* independientemente

Selbstständigkeit ['zɛlpstʃtɛndɪçkaɪt] *f* independencia *f*

Selbstsucht ['zɛlpstzuxt] *f* egoísmo *m*

selbstsüchtig ['zɛlpstzyçtɪç] *adj* egoísta

selbstvergessen ['zɛlpstfɛrgɛsən] *adj* ensimismado

selbstverständlich ['zɛlpstfɛrʃtɛntlɪç] *adj 1.* evidente, lógico, obvio; *Das ist doch ~.* Eso cae por su propio peso. *adv 2.* por supuesto, desde luego, lógicamente

Selbstverständlichkeit ['zɛlpsfɛrʃtɛntlɪçkaɪt] *f* evidencia *f*

Selbstvertrauen ['zɛlpstfɛrtrauən] *n* confianza en sí mismo *f*

Selbstverwaltung ['zɛlpstfɛrvaltuŋ] *f POL* autonomía administrativa *f*

selig ['zeːlɪç] *adj 1.* feliz, dichoso, gozoso; *2. REL* bienaventurado; *~ sprechen* beatificar

Seligkeit ['zeːlɪçkaɪt] *f 1.* felicidad *f,* dicha *f,* gozo *m; 2. REL* bienaventuranza *f*

Sellerie ['zɛləriː] *m BOT* apio *m*

selten ['zɛltən] *adj 1.* raro, escaso, extraordinario; *adv 2.* raramente, raras veces

Seltenheit ['zɛltənhaɪt] *f* rareza *f*

seltsam ['zɛltzaːm] *adj* singular, raro, curioso, extraño

seltsamerweise [zɛltzaːmər'vaɪzə] *adv* curiosamente

Semester [ze'mɛstər] *n* semestre *m*

Seminar [zemi'naːr] *n* seminario *m*
Semmel ['zɛməl] *f* panecillo *m,* pan francés *m* (Peru)
Senat [ze'naːt] *m POL* senado *m*
Senator [ze'naːtɔr] *m POL* senador *m*
senden ['zɛndən] *v irr 1. (Brief)* enviar, remitir, mandar; *2. (Rundfunk)* emitir, transmitir
Sender ['zɛndər] *m (Rundfunk)* emisora *f*
Sendung ['zɛnduŋ] *f 1. (Versandsendung)* envío *m,* remesa *f,* despacho *m; 2. (Rundfunksendung)* emisión *f; auf ~ sein* estar en el aire
Senf [zɛnf] *m* mostaza *f; seinen ~ dazugeben (fig)* meter (su) baza
senil [ze'niːl] *adj* senil
Senior(in) ['zeːnjɔr/zen'joːrɪn] *m/f* anciano/anciana *m/f,* viejo/vieja *m/f*
senken ['zɛŋkən] *v 1.* bajar, descender; *2. (Kopf)* inclinar, agachar
senkrecht ['zɛŋkrɛçt] *adj* vertical
Sensation [zɛnza'tsjoːn] *f* sensación *f*
sensationell [zɛnzatsjo'nɛl] *adj* sensacional
sensibel [zɛn'ziːbəl] *adj* sensible
Sensibilität [zɛnzibɪli'tɛːt] *f* sensibilidad *f*
Sensor ['zɛnzor] *m TECH* sensor *m,* órgano sensorio *m*
sentimental [zɛntimɛn'taːl] *adj* sentimental
Sentimentalität [zɛntimɛntali'tɛːt] *f* sentimentalismo *m*
separat [zepa'raːt] *adj 1.* separado, apartado; *adv 2.* por separado, aparte
Separatismus [zepara'tɪsmus] *m POL* separatismo *m*
September [zɛp'tɛmbər] *m* septiembre *m*
Sequenz [ze'kvɛnts] *f* secuencia *f*
Serie ['zeːrjə] *f* serie *f*
serienmäßig ['zeːrjənmɛːsɪç] *adj 1.* de serie; *adv 2.* en serie
seriös [zeː'rjøːs] *adj 1.* serio, formal; *adv 2.* con seriedad, seriamente
Serpentine [zɛrpən'tiːnə] *f* serpentina *f*
Serum ['zeːrum] *n BIO* suero *m*
Server ['sœːvər] *m INFORM* servidor *m*
Service [zɛr'viːs] *n 1. (Geschirr)* juego de mesa *m;* ['sœːvɪs] *m 2. (Kundendienst)* asistencia técnica *f*
servieren [zɛr'viːrən] *v* servir, atender
Serviette [zɛr'vjɛtə] *f* servilleta *f*
Sessel ['zɛsəl] *m* sillón *m*
Sessellift ['zɛsəllɪft] *m* telesilla *f*
setzen ['zɛtsən] *v 1. sich ~ auf* sentarse en; *2. (Text)* componer; *3. Gleich setzt es was!* ¡Aquí va a haber palos!/¡Aquí va a haber más que palabras!
Setzer ['zɛtsər] *m* linotipista *m*
Setzerei [zɛtsə'raɪ] *f* taller de composición *m*
Seuche ['zɔyçə] *f MED* epidemia *f*
seufzen ['zɔyftsən] *v* suspirar
Seufzer ['zɔyftsər] *m* suspiro *m*
Sex [zɛks] *m* sexo *m*
Sexualerziehung [zɛksu'alɛrtsiːuŋ] *f* educación sexual *f*
Sexualität [zeksuali'tɛːt] *f* sexualidad *f*
Sexualverbrechen [zɛksu'aːlfɛrbrɛçən] *n* delito sexual *m*
sexuell [zɛksu'ɛl] *adj 1.* sexual; *adv 2.* sexualmente
sezieren [ze'tsiːrən] *v MED* hacer la autopsia
Shampoo [ʃam'puː] *n* champú *m*
Shorts [ʃɔːrts] *pl* pantalones cortos *m/pl,* shorts *m/pl*
Show [ʃəʊ] *f* espectáculo *m,* show *m*
sich [zɪç] *pron 1.* se; *prep 2.* sí; *Er erzählte von ~.* Habló de sí mismo.
sicher ['zɪçər] *adj 1. (zweifellos)* indudable, seguro, innegable; *2. (gefahrlos)* seguro; *adv 3. (zweifellos)* indudablemente, sin duda; *4. (gefahrlos)* seguro, sin peligro
Sicherheit ['zɪçərhaɪt] *f 1. (Gewissheit)* certidumbre *f,* certeza *f; 2. (Schutz)* seguridad *f; in ~ bringen* poner a salvo; *sich in ~ wiegen* creerse seguro; *3. (Gewähr) ECO* garantía *f,* seguridad *f,* fianza *f*
Sicherheitsgurt ['zɪçərhaɪtsgurt] *m (beim Auto)* cinturón de seguridad *m*
sicherheitshalber ['zɪçərhaɪtshalbər] *adv* para mayor seguridad, por si acaso
Sicherheitsmaßnahmen ['zɪçərhaɪtsmaːsnaːmən] *f/pl* medidas de seguridad *f/pl*
Sicherheitsnadel ['zɪçərhaɪtsnaːdəl] *f* imperdible *m,* prendedor *m*
sicherlich ['zɪçərlɪç] *adv* seguramente
sichern ['zɪçərn] *v* asegurar
sicherstellen ['zɪçərʃtɛlən] *v 1. (sichern)* asegurar, poner en seguridad; *2. (beschlagnahmen)* confiscar, embargar
Sicherung ['zɪçəruŋ] *f 1. (Sichern)* aseguramiento *m,* seguro *m; f 2. (Riegel)* pasador *m,* cerrojo *m; f 3. (Schmelzsicherung) TECH* fusible *m; Die ~ ist durchgebrannt.* El fusible se ha fundido. *Bei ihm ist die ~ durchgebrannt.* Se le han cruzado los cables.

Sicht [zɪçt] *f* vista *f*, punto de vista *m*; *auf lange ~* a largo plazo
sichtbar ['zɪçtbaːr] *adj* visible
Sichtverhältnisse ['zɪçtfɛrhɛltnɪsə] *pl* visibilidad *f*
Sichtvermerk ['zɪçtfɛrmɛrk] *m* visado *m*
Sichtweite ['zɪçtvaɪtə] *f* alcance de la vista *m*
sickern ['zɪkərn] *v* rezumar, filtrarse
sie [ziː] *pron 1.* ella; *2. (feminin Plural)* ellas; *3. (maskulin Plural)* ellos
Sie [ziː] *pron 1. (Höflichkeitsform)* usted; *2. (Plural)* ustedes
Sieb ['ziːp] *n* criba *f*, tamiz *m*, pasador *m*, colador *m*
sieben¹ ['ziːbən] *num* siete
sieben² ['ziːbən] *v* cribar, tamizar, pasar, colar
siebte(r,s) ['ziːptə(r,s)] *adj* sé(p)timo
siebzehn ['ziːptseːn] *num* diecisiete
siebzehnte(r,s) ['ziːptseːntə(r,s)] *adj* decimosé(p)timo
siebzig ['ziːptsɪç] *num* setenta
siebzigste(r,s) ['ziːptsɪçstə(r,s)] *adj* septuagésimo
sieden ['ziːdən] *v* hervir
Siedepunkt ['ziːdəpuŋkt] *m* punto de ebullición *m*
Siedler(in) ['ziːdlər(ɪn)] *m/f* colono *m*
Siedlung ['ziːdluŋ] *f* colonización *f*, asentamiento *m*
Sieg [ziːk] *m* victoria *f*, triunfo *m*
Siegel ['ziːgəl] *n* sello *m*
Siegelring ['ziːgəlrɪŋ] *m* anillo de sello *m*
Siegelwachs ['ziːgəlvaks] *m* cera para sellar *f*, lacre *m*
siegen ['ziːgən] *v* vencer, triunfar
Sieger(in) ['ziːgər(ɪn)] *m/f* vencedor(a) *m/f*, triunfador(a) *m/f*
siegessicher ['ziːgəszɪçər] *adj 1.* seguro de la victoria, seguro del triunfo; *adv 2.* con la seguridad de la victoria
siegreich ['ziːkraɪç] *adj* victorioso, triunfante
siezen ['ziːtsən] *v* tratar de usted
Signal [zɪg'naːl] *n* señal *f*
signalisieren [zɪgnali'ziːrən] *v* señalizar, señalar
signieren [zɪg'niːrən] *v* firmar, rubricar
Silbe ['zɪlbə] *f* sílaba *f*
Silber ['zɪlbər] *n* plata *f*
Silberhochzeit ['zɪlbərhɔçtsaɪt] *f* bodas de plata *f/pl*
silbern ['zɪlbərn] *adj* de plata
Silhouette [zilu'ɛtə] *f* silueta *f*
Silvester [zɪl'vɛstər] *n* víspera de Año Nuevo *f*, Noche Vieja *f*
simpel ['zɪmpəl] *adj* simple, sencillo
Sims [zɪms] *n* moldura *f*
Simulant(in) [zimu'lant(ɪn)] *m/f* simulador(a) *m/f*
simulieren [zimu'liːrən] *v* simular
simultan [zimul'taːn] *adj* simultáneo
Sinfonie [zɪnfo'niː] *f MUS* sinfonía *f*
singen ['zɪŋən] *v irr* cantar
Singen ['zɪŋən] *n* canto *m*
Singular ['zɪŋgulaːr] *m GRAMM* singular *m*
Singvogel ['zɪŋfoːgəl] *m ZOOL* pájaro cantor *m*
sinken ['zɪŋkən] *v irr 1.* caer, descender; *2. (Preise)* bajar, caer; *3. (Schiff)* hundirse, irse a pique; *4. (fig)* decaer
Sinn [zɪn] *m 1. (Empfinden)* sentido *m*; *der sechste ~* el sexto sentido *m*; *seine fünf ~e nicht beisammen haben* no estar en sus cabales; *jdm nicht aus dem ~ gehen* no poder írsele de la cabeza de alguien; *jdm in den ~ kommen* ocurrírsele a alguien/venírsele a alguien a la mente; *nicht im ~ des Erfinders sein* no ser la intención del que lo inventó; *wie von ~en* como un loco/fuera de sí; *Danach steht mir nicht der ~.* Eso no me apetece. *2. (Empfänglichkeit)* sensibilidad *f*; *3. (Bedeutung)* significado *m*, significación *f*, sentido *m*; *der ~ des Lebens* el sentido de la vida *m*
Sinnbild ['zɪnbɪlt] *n* símbolo *m*
sinnbildlich ['zɪnbɪltlɪç] *adj 1.* simbólico; *adv 2.* simbólicamente
Sinnesorgan ['zɪnəsɔrgaːn] *n* órgano sensorial *m*, sentidos *m/pl*
Sinnestäuschung ['zɪnəstɔyʃuŋ] *f* alucinación *f*, ilusión de los sentidos *f*
sinngemäß ['zɪngəmɛːs] *adj 1.* conforme al sentido; *adv 2.* en cuanto al sentido
sinnieren [zi'niːrən] *v* cavilar, rumiar
sinnlich ['zɪnlɪç] *adj* sensual
Sinnlichkeit ['zɪnlɪçkaɪt] *f* sensualidad *f*
sinnlos ['zɪnloːs] *adj* inútil, sin sentido, absurdo
Sinnlosigkeit ['zɪnloːzɪçkaɪt] *f* falta de sentido *f*, absurdo *m*
sinnvoll ['zɪnfɔl] *adj* que tiene sentido, razonable
Sintflut ['zɪntfluːt] *f REL* diluvio *m*
Siphon ['zifoŋ] *m* sifón *m*
Sippe ['zɪpə] *f* estirpe *f*, clan *m*

Sirene [zi'reːnə] *f* sirena *f*
Sirup ['ziːrup] *m* jarabe *m*
Sitte ['zɪtə] *f* 1. *(Brauch)* costumbre *f,* tradición *f;* 2. *(Sittlichkeit)* moral *f*
sittenwidrig ['zɪtənviːdrɪç] *adj* inmoral; *~ sein* ir contra las buenas costumbres
Sittlichkeitsverbrecher ['zɪtlɪçkaɪtsfɛrbrɛçər] *m* delincuente sexual *m*
sittsam ['zɪtzaːm] *adj* 1. honesto, decente, recatado; *adv* 2. honestamente, decentemente, con decencia
Situation [zɪtua'tsjoːn] *f* situación *f*
situiert [zitu'iːrt] *adj* situado; *gut ~ sein* tener una posición acomodada
Sitz [zɪts] *m* 1. *(Platz)* lugar *m,* sitio *m;* 2. *(Wohnsitz)* domicilio *m,* residencia *f;* 3. *(Firmensitz) ECO* domicilio social *m*
sitzen ['zɪtsən] *v irr* 1. estar sentado; *einen ~ haben* tener una mona (fam); 2. *(Schule) ~ bleiben* repetir curso, repetir año (LA)
Sitzplatz ['zɪtsplats] *m* asiento *m*
Sitzung ['zɪtsuŋ] *f* sesión *f,* reunión *f,* asamblea *f*
Skala ['skaːla] *f* escala *f*
Skalpell [skal'pɛl] *n MED* escalpelo *m,* bisturí *m*
Skandal [skan'daːl] *m* escándalo *m; ein großer ~* un escándalo padre *m; ~ machen* dar un espectáculo/hacer escándalo
skandalös [skanda'løːs] *adj* escandaloso
Skandinavien [skandi'naːvjən] *n GEO* Escandinavia *f,* Países Escandinavos *m/pl*
Skelett [ske'lɛt] *n ANAT* esqueleto *m*
Skepsis ['skɛpsɪs] *f* escepticismo *m*
skeptisch ['skɛptɪʃ] *adj* escéptico
Ski [ʃiː] *m* esquí *m; ~ fahren* esquiar
Skianzug ['ʃiːantsuːk] *m* traje de esquiar *m*
Skifahrer(in) ['ʃiːfaːrər(ɪn)] *m/f* esquiador(a) *m/f*
Skigebiet ['ʃiːgəbiːt] *n* zona de esquí *f*
Skilift ['ʃiːlɪft] *m* telesquí *m*
Skirennen ['ʃiːrɛnən] *n* carrera de esquí *f*
Skischuh ['ʃiːʃuː] *m* bota de esquiar *f*
Skizze ['skitsə] *f* bosquejo *m,* croquis *m*
Sklave ['sklaːvə] *m* esclavo *m*
Sklaverei [sklaːvə'raɪ] *f* esclavitud *f*
Skonto ['skɔnto] *n/m ECO* descuento *m*
Skorpion ['skɔr'pjoːn] *m* escorpión *m*
Skrupel ['skruːpəl] *m* escrúpulo *m*
skrupellos ['skruːpəlloːs] *adj* 1. sin escrúpulos, cruel; *adv* 2. sin escrúpulos, desaprensivamente
Skulptur [skulp'tuːr] *f ART* escultura *f*
skurril [sku'riːl] *adj* 1. grotesco, bufón, burlesco; *adv* 2. burlescamente, grotescamente
Slalom ['slaːlɔm] *m SPORT* eslálom *m*
Smaragd [sma'rakt] *m MIN* esmeralda *f*
Smog [smɔk] *m* nube de humo y gases *f,* smog *m*
Smoking ['smoːkɪŋ] *m* esmoquin *m*
Snowboard ['snəubɔːd] *m SPORT* snowboard *m*
so [zoː] *pron* 1. tal; *konj* 2. así que, de modo que, de manera que; *adv* 3. así, de este modo, de esta manera; *Mir ist es ~, als ob ...* Me siento como si ... *Na ~ was!* ¡Pero que increíble!/¡Parece mentira! *nicht ~ ganz* no del todo; *~ genannt* llamado; 4. *~ viel* tanto, demasiado; *Sie haben ~ viel getrunken, dass sie am nächsten Tag Kopfschmerzen hatten.* Bebieron tanto que, al día siguiente, tuvieron dolores de cabeza. 5. *~ weit* en cuanto; 6. *~ weit für* preparado para, dispuesto para
sobald [zo'balt] *konj* tan pronto como, en cuanto
Socke ['zɔkə] *f* calcetín *m; sich auf die ~n machen (fam)* ahuecar el ala; *von den ~n sein* estar alucinado/quedarse pasmado
Sodbrennen ['zoːtbrɛnən] *n MED* acidez estomacal *f,* pirosis *f*
soeben [zo'eːbən] *adv* ahora mismo, en este instante; *Er hat ~ den Brief abgeschickt.* Él acaba de enviar la carta.
Sofa ['zoːfa] *n* sofá *m*
sofern [zo'fɛrn] *konj* en tanto que, siempre que, si es que
sofort [zo'fɔrt] *adv* enseguida, inmediatamente, al instante
sofortig [zo'fɔrtɪç] *adj* inmediato, instantáneo
Software ['sɔftwɛə] *f INFORM* soporte lógico *m,* software *m*
Sog [zoːk] *m* succión *f*
sogar [zo'gaːr] *adv* hasta, y aun
Sohle ['zoːlə] *f (Schuhsohle)* suela *f; auf leisen ~n* de puntillas/sigilosamente; *eine kesse ~ aufs Parkett legen (fam)* echarse un baile; *sich an jds ~n heften* pegarse a los talones de alguien
Sohn [zoːn] *m* hijo *m; wie der Vater so der ~* de tal padre, tal hijo; *der verlorene ~* el hijo pródigo *m*
solange [zo'laŋə] *konj* mientras, en tanto que
Solarenergie [zo'laːrenɛrgiː] *f TECH* energía solar *f*

solche ['zɔlçə] *pron 1.* tal, semejante; *adj 2.* tal, semejante
Soldat(in) [zɔl'da:t(ɪn)] *m/f* soldado *m*
solidarisch [zoli'da:rɪʃ] *adj 1.* solidario; *adv 2.* solidariamente; *sich mit jdm ~ erklären* hacer causa común con alguien
Solidarität [zolidari'tɛ:t] *f* solidaridad *f*
Solidaritätszuschlag [zolidari'tɛ:ts-tsu:ʃla:k] *m POL* impuesto de solidaridad a la ex RDA *m*
solide [zo'li:də] *adj* sólido, duradero
sollen ['zɔlən] *v irr (Pflicht)* deber; *Du sollst deinen Nächsten lieben, wie dich selbst.* Debes amar a tu prójimo como a ti mismo. *Du solltest nicht rauchen.* No deberías fumar.
somit [zo'mɪt] *konj* así pues, por consiguiente
Sommer ['zɔmər] *m* verano *m; Eine Schwalbe macht noch keinen ~.* Una golondrina no hace verano.
Sommerferien ['zɔmərfe:rjən] *pl* vacaciones de verano *f/pl*
sommerlich ['zɔmərlɪç] *adj* veraniego, de verano
Sommersprosse ['zɔmərʃprɔsə] *f* peca *f*
Sommerzeit ['zɔmərtsaɪt] *f* hora de verano *f*
Sonate [zo'na:tə] *f MUS* sonata *f*
Sonde ['zɔndə] *f TECH* sonda *f*
Sonderangebot ['zɔndərangəbo:t] *n* oferta especial *f,* oferta extraordinaria *f*
sonderbar ['zɔndərba:r] *adj 1.* extraordinario, singular; *adv 2.* singularmente, de manera particular
Sonderfall ['zɔndərfal] *m* caso especial *m,* caso extraordinario *m*
Sonderling ['zɔndərlɪŋ] *m* estrafalario *m*
sondern ['zɔndərn] *konj* sino; *Der Zug fährt nicht heute, ~ morgen.* El tren no parte hoy, sino mañana.
Sonnabend ['zɔna:bənt] *m* sábado *m*
Sonne ['zɔnə] *f* sol *m*
sonnen ['zɔnən] *v sich ~* tomar el sol, asolearse (LA)
Sonnenaufgang ['zɔnənaufgaŋ] *m* salida del sol *f*
Sonnenblume ['zɔnənblu:mə] *f BOT* girasol *m*
Sonnenbrand ['zɔnənbrant] *m* quemadura del sol *f*
Sonnenbrille ['zɔnənbrɪlə] *f* gafas de sol *f/pl,* lentes de sol *m/pl* (LA)
Sonnenenergie ['zɔnənenɛrgi:] *f TECH* energía solar *f*
sonnenklar ['zɔnənkla:r] *adj (fig)* evidente, obvio; *Das ist ~.* Eso es claro como el agua.
Sonnenkollektor ['zɔnənkɔlɛktɔr] *m TECH* panel solar *m,* colector solar *m*
Sonnenschein ['zɔnənʃaɪn] *m* rayo de sol *m*
Sonnenschirm ['zɔnənʃɪrm] *m* sombrilla *f*
Sonnenstich ['zɔnənʃtɪç] *m MED* insolación *f*
Sonnenuhr ['zɔnənu:r] *f* reloj de sol *m*
Sonnenuntergang ['zɔnənuntərgaŋ] *m* puesta del sol *f,* ocaso *m*
sonnig ['zɔnɪç] *adj 1.* soleado; *2. (fig)* risueño, radiante
Sonntag ['zɔnta:k] *m* domingo *m*
sonst [zɔnst] *adv* (de lo) contrario, si no, de otro modo, sinó (LA)
sonstig ['zɔnstɪç] *adj* otro
sooft [zo'ɔft] *konj* siempre que, cada vez que
Sorge ['zɔrgə] *f 1. (Kummer)* pena *f,* preocupación *f; seine ~n vertreiben* ahogar las penas; *2. (Pflege)* solicitud *f,* cuidado *m*
sorgen ['zɔrgən] *v 1. sich ~ um jdn* preocuparse por alguien; *2. ~ für jdn* atender a alguien, cuidar a alguien, cuidar de alguien; *3. ~ für etw* procurar algo, proporcionar algo
sorgenvoll ['zɔrgənfɔl] *adj 1.* lleno de preocupaciones; *adv 2.* muy preocupado
Sorgerecht ['zɔrgərɛçt] *n JUR* custodia de los hijos *f,* derecho de guarda *m*
Sorgfalt ['zɔrkfalt] *f* cuidado *m*
sorgfältig ['zɔrkfɛltɪç] *adj 1.* cuidadoso; *adv 2.* cuidadosamente, con cuidado
sorglos ['zɔrklo:s] *adj 1.* despreocupado, descuidado, negligente; *adv 2.* despreocupadamente
Sorglosigkeit ['zɔrklo:zigkeit] *f* descuido *m,* despreocupación *f,* negligencia *f*
sorgsam ['zɔrkza:m] *adj 1.* cuidadoso; *adv 2.* cuidadosamente, con cuidado
Sorte ['zɔrtə] *f* clase *f,* especie *f,* género *m*
Sorten ['zɔrtən] *pl FIN* monedas extranjeras *f/pl*
Sortenkurs ['zɔrtənkurs] *m FIN* cambio de monedas extranjeras *m,* cotización de monedas extranjeras *f*
sortieren [zɔr'ti:rən] *v* separar, escoger
Sortiment [zɔrti'mɛnt] *n* surtido *m*
sosehr [zo'ze:r] *konj* por más que, por mucho que
Soße ['zo:sə] *f GAST* salsa *f*

Souvenir [zuvə'niːr] *n* recuerdo *m*
souverän [suːvə'rɛːn] *adj 1.* soberano; *adv 2.* soberanamente
Souveränität [suːvərɛːni'tɛːt] *f POL* soberanía *f*
soweit [zo'vaɪt] *konj 1.* en cuanto; *adv 2.* preparado para, dispuesto a
sowie [zo'viː] *konj* así como
sowieso [zovi'zoː] *adv* en todo caso, de todas maneras, de todos modos
Sowjetunion [sɔ'vjɛtunjoːn] *f HIST* Unión Soviética *f*
sowohl [zo'voːl] *konj ~ als auch* tanto ... como, no sólo ... sino también; *Es ist warm, ~ in Sevilla, als auch in Barcelona.* Hace calor tanto en Sevilla como en Barcelona.
sozial [zo'tsjaːl] *adj 1.* social; *adv 2.* socialmente
Sozialabgaben [zo'tsjaːlapgaːbən] *pl* cargas sociales *f/pl*
Sozialamt [zo'tsjaːlamt] *n* oficina de asistencia social *f*
Sozialarbeiter [zo'tsjaːlarbaɪtər] *m* asistente social *m*
Sozialdemokratie [zo'tsjaːldemokratiː] *f POL* socialdemocracia *f*
Sozialhilfe [zo'tsjaːlhɪlfə] *f* asistencia social *f*
Sozialismus [zo'tsjalɪsmus] *m POL* socialismo *m*
Sozialist(in) [zotsja'lɪst(ɪn)] *m/f POL* socialista *m/f*
sozialkritisch [zo'tsjaːlkritɪʃ] *adj* de crítica social
Sozialpolitik [zo'tsjaːlpolitiːk] *f POL* política social *f*
Sozialprodukt [zo'tsjaːlprɔdukt] *n ECO* producto nacional *m*
Sozialstaat [zo'tsjaːlʃtaːt] *m POL* Estado social *m*
Sozialversicherung [zo'tsjaːlfɛrzɪçəruŋ] *f* seguro social *m,* seguridad social *f*
Soziologie [zotsjolo'giː] *f* sociología *f*
Sozius ['zotsjus] *m ECO* socio *m,* asociado *m*
sozusagen ['zoːtsuzaːgən] *adv* por decirlo así, por así decir
Spalt [ʃpalt] *m* hendidura *f,* hendedura *f*
Spalte ['ʃpaltə] *m 1. (Gletscherspalte)* grieta *f; 2. (Zeitungsspalte)* columna *f*
spalten ['ʃpaltən] *v irr 1. (auseinander brechen)* partir en dos, romper en dos, quebrar; *2. (fig: teilen)* dividir, desunir, separar; *3. PHYS* desintegrar, fisionar
Spaltung ['ʃpaltuŋ] *f 1. (Auseinanderbrechen)* rompimiento *m,* quebrantamiento *m; 2. (fig: Teilung)* división *f; 3. PHYS* fisión *m,* desintegración *f*
Spange ['ʃpaŋə] *f 1. (Haarspange)* pasador *m; 2. (Schließe)* hebilla *f*
Spanien ['ʃpaːnjən] *n GEO* España *f*
Spanier(in) ['ʃpaːnjər(ɪn)] *m/f* español(a) *m/f*
spanisch ['ʃpaːnɪʃ] *adj* español; *Das kommt mir ~ vor.* Me suena a ruso./No entiendo nada.
Spanisch ['ʃpaːnɪʃ] *n* español *m*
Spanne ['ʃpanə] *f 1. (Zeitraum)* lapso *m,* período *m,* tiempo *m; 2. (Unterschied)* diferencia *f; 3. (Preisspanne) ECO* margen *m*
spannen ['ʃpanən] *v* tender, tirar
spannend ['ʃpanənt] *adj* emocionante, de suspense
Spannung ['ʃpanuŋ] *f 1. (fig)* expectación *f; 2. TECH* tensión *f; Wie hoch ist die elektrische ~ hier?* ¿Qué voltaje hay aquí?
Spannweite ['ʃpanvaɪtə] *f* envergadura *f*
Sparbuch ['ʃpaːrbuːx] *n* libreta de ahorro *f*
sparen ['ʃpaːrən] *v* ahorrar, economizar
Spargel ['ʃpargəl] *m BOT* espárrago *m*
Sparkasse ['ʃpaːrkasə] *f* caja de ahorros *f*
spärlich ['ʃpɛrlɪç] *adj 1.* escaso, exiguo, pobre; *adv 2.* escasamente, pobremente
Sparmaßnahme ['ʃparmaːsnaːmə] *f* medidas económicas *f/pl,* medidas de austeridad *f/pl*
sparsam ['ʃparzaːm] *adj 1.* ahorrativo, económico; *adv 2.* ahorrativamente, económicamente
Sparsamkeit ['ʃparzaːmkaɪt] *f* economía *f,* austeridad *f*
spartanisch [ʃpar'taːnɪʃ] *adj 1.* espartano; *adv 2.* a modo espartano
Sparte ['ʃpartə] *f 1.* sector *m,* rama *f; 2. (in der Zeitung)* sección *f*
Sparvertrag ['ʃparfɛrtraːk] *m* contrato de ahorro *m*
Spaß [ʃpaːs] *m 1. (Witz)* chiste *m; ~ verstehen* tener correa; *2. (Vergnügen)* diversión *f; ein teuerer ~ sein* ser un vicio muy caro; *sich einen ~ daraus machen* divertirse/pasárselo bien; *seinen ~ mit jdm treiben* divertirse a costa de alguien; *Da hört aber der ~ auf!* ¡Eso ya no tiene gracia!
spaßen ['ʃpaːsən] *v* bromear, chancear; *Damit ist nicht zu ~!* ¡Con eso no se juega!

spaßeshalber ['ʃpa:səshalbər] *adv* en broma
spaßig ['ʃpa:sɪç] *adj* divertido, chistoso
Spaßvogel ['ʃpa:sfo:gəl] *m* bromista *m*
spät [ʃpɛ:t] *adj 1.* tardío; *adv 2.* tarde
Spaten ['ʃpa:tən] *m* pala *f,* laya *f* (LA)
später ['ʃpɛ:tər] *adv* más tarde
spätestens ['ʃpɛ:təstəns] *adv* a más tardar
Spätschicht ['ʃpɛ:tʃɪçt] *f* turno de la tarde *m*
Spatz [ʃpats] *m ZOOL* gorrión *m; essen wie ein ~* comer como un pajarito
spazieren [ʃpa'tsi:rən] *v* pasear, dar un paseo; *~ gehen* ir a pasear, salir a pasear
Spazierfahrt [ʃpa'tsi:rfa:rt] *f* paseo en coche *m,* paseo en un vehículo *m*
Spaziergang [ʃpa'tsi:rgaŋ] *m* paseo *m,* vuelta *f; einen ~ machen* dar un paseo
Speck [ʃpɛk] *m GAST* tocino *m; sich fühlen wie die Made im ~* estar a sus anchas
Spediteur [ʃpedi'tø:r] *m* agente de transportes *m,* transportista *m,* comisionista *m*
Speer [ʃpe:r] *m* lanza *f*
Speichel ['ʃpaɪçəl] *m* saliva *f*
Speicher ['ʃpaɪçər] *m 1. (Lager)* depósito *m,* almacén *m; 2. (Dachboden)* desván *m; 3. INFORM* memoria *f*
speichern ['ʃpaɪçərn] *v 1. (einlagern)* almacenar, depositar; *2. INFORM* memorizar
speien ['ʃpaɪən] *v irr 1. (spucken)* escupir, esputar, espectorar; *2. (erbrechen)* vomitar
Speise ['ʃpaɪzə] *f* alimento *m,* comida *f*
Speisekammer ['ʃpaɪzəkamər] *f* despensa *f*
Speisekarte ['ʃpaɪzəkartə] *f* lista de platos *f,* menú *m*
speisen ['ʃpaɪzən] *v 1. (essen)* comer; *2. (zuführen)* alimentar con
Speisesaal ['ʃpaɪzəza:l] *m* comedor *m*
Speisewagen ['ʃpaɪzəva:gən] *m* coche restaurante *m,* vagón restaurante *m*
spektakulär [ʃpɛktaku'lɛ:r] *adj* espectacular
Spektrum ['ʃpɛktrum] *n (fig)* espectro *m,* gama *f*
Spekulant(in) [ʃpɛku'lant(ɪn)] *m/f FIN* especulador(a) *m/f*
Spekulation [ʃpɛkula'tsjo:n] *f* especulación *f*
spekulieren [ʃpɛku'li:rən] *v FIN* especular
spendabel [ʃpɛn'da:bəl] *adj* liberal, generoso
Spende ['ʃpɛndə] *f* donativo *m,* dádiva *f,* óbolo *m,* donación *f*
spenden ['ʃpɛndən] *v* donar, dar
spendieren [ʃpɛn'di:rən] *v* regalar, ofrecer
Sperma ['ʃpɛrma] *n BIO* esperma *m*
Sperrbezirk ['ʃpɛrbətsɪrk] *m* zona prohibida *f*
Sperre ['ʃpɛrə] *f 1. (Vorrichtung)* barrera *f,* cierre *m; 2. (Verbot)* prohibición *f; 3. (Embargo) POL* embargo *m*
sperren ['ʃpɛrən] *v 1. (abriegeln)* acordonar; *2. (verbieten)* prohibir, vedar, impedir; *3. (Konto) ECO* congelar, bloquear
Sperrgebiet ['ʃpɛrgəbi:t] *n* zona prohibida *f*
Sperrgut ['ʃpɛrgu:t] *n* mercancías de gran bulto *f/pl,* mercancías voluminosas *f/pl*
sperrig ['ʃpɛrɪç] *adj* voluminoso, de mucho bulto
Sperrkonto ['ʃpɛrkɔnto] *n ECO* cuenta bloqueada *f*
Sperrmüll ['ʃpɛrmyl] *m* residuos de mucho bulto *m/pl,* artículos del hogar en desuso *m/pl*
Sperrstunde ['ʃpɛrʃtundə] *f* hora de cierre *f*
Spesen ['ʃpe:zən] *pl* costes *m/pl,* comisión *f,* gastos *m/pl*
spezial [ʃpe'tsja:l] *adj* especial, particular
spezialisieren [ʃpetsjali'zi:rən] *v sich ~* especializarse
Spezialisierung [ʃpetsjali'zi:ruŋ] *f* especialización *f*
Spezialist(in) [ʃpetsja'lɪst(ɪn)] *m/f* especialista *m/f*
Spezialität [ʃpetsjali'tɛ:t] *f* especialidad *f*
speziell [ʃpe'tsjɛl] *adj 1.* especial, particular; *adv 2.* especialmente, en especial
spezifisch [ʃpe'tsi:fɪʃ] *adj* específico
Sphäre ['sfɛ:rə] *f 1. ASTR* esfera *f; 2. (fig)* ámbito *m,* entorno *m,* círculo *m*
spicken ['ʃpɪkən] *v 1. (abschreiben)* copiar, plagiar; *2. GAST* mechar
Spiegel ['ʃpi:gəl] *m* espejo *m; jdm den ~ vorhalten (fig)* enseñarle a uno su verdadero yo/poner a alguien en frente de su propia realidad
Spiegelbild ['ʃpi:gəlbɪlt] *n* imagen invertida *f,* imagen reflejada *f*
Spiegelei ['ʃpi:gəlaɪ] *n GAST* huevo frito *m*
spiegeln ['ʃpi:gəln] *v sich ~* reflejarse

Spiegelung ['ʃpiːgəluŋ] *f* reflejo *m*, reflexión *f*
Spiel [ʃpiːl] *n* *1.* juego *m*; *ein ~ mit dem Feuer sein* ser un juego arriesgado/ser como jugar con fuego; *mit jdm leichtes ~ haben* tener un juego facíl con alguien; *das ~ zu weit treiben* ir demasiado lejos; *etw auf's ~ setzen* poner en juego algo/jugarse algo; *auf dem ~ stehen* estar en juego; *jdn aus dem ~ lassen* dejar a alguien fuera de juego; *jdn ins ~ bringen* meter a alguien en el juego; *mit im ~ sein* estar implicado en el juego; *2. SPORT* partido *m*, partida *f*, encuentro *m*; *Wie steht das ~?* ¿Cómo van?
Spielbank ['ʃpiːlbaŋk] *f* casino *m*
Spieldose ['ʃpiːldoːzə] *f* caja de música *f*
spielen ['ʃpiːlən] *v* *1.* jugar a; *2. (Instrument)* tocar; *3. SPORT* jugar, practicar un deporte; *4. THEAT* representar
Spieler ['ʃpiːlər] *m* *1. (Glücksspieler)* jugador *m*, golfo *m*; *2. SPORT* deportista *m*, jugador *m*
Spielfeld ['ʃpiːlfɛlt] *n* *SPORT* campo *m*, cancha *f* (LA)
Spielfilm ['ʃpiːlfɪlm] *m* *CINE* película de largo metraje *f*, largometraje *m*
Spielplatz ['ʃpiːlplats] *m* parque de juegos *m*
Spielraum ['ʃpiːlraum] *m* *1. (fig)* margen *m*, libertad de movimiento *f*; *2. TECH* juego *m*
Spielregeln ['ʃpiːlreːgəln] *pl* reglas de juego *f/pl*
Spielverderber(in) ['ʃpiːlfɛrdɛrbər(ɪn)] *m/f* aguafiestas *m/f*
Spielzeug ['ʃpiːltsɔyk] *n* juguete *m*
Spieß [ʃpiːs] *m* *1. (Speer)* lanza *f*; *den ~ umdrehen* dar la vuelta a la tortilla; *2. (Bratspieß)* asador *m*
spießig ['ʃpiːsɪç] *adj* aburguesado
Spinat [ʃpi'naːt] *m* *BOT* espinaca *f*
Spinne ['ʃpɪnə] *f* *ZOOL* araña *f*
spinnen ['ʃpɪnən] *v irr* *1.* hilar; *2. (fig)* estar chiflado, estar loco
Spinnennetz ['ʃpɪnənnɛts] *n* telaraña *f*
Spion(in) [ʃpi'oːn(ɪn)] *m/f* espía *m/f*
Spionage [ʃpio'naːɢə] *f* espionaje *m*
spionieren [ʃpio'niːrən] *v* espiar
Spirale [ʃpi'raːlə] *f* espiral *f*
Spirituosen [ʃpiritu'oːzən] *pl* bebidas espirituosas *f/pl*, bebidas alcohólicas *f/pl*
Spiritus ['ʃpiːritus] *m* *CHEM* alcohol *m*
spitz [ʃpɪts] *adj* *1.* puntiagudo, afilado, agudo; *2. (fig)* mordaz, picante
Spitzbube ['ʃpɪtsbuːbə] *m* *1. (Gauner)* pillo *m*, truhán *m*; *2. (Schelm)* pícaro *m*
Spitze ['ʃpɪtsə] *f* *1.* punta *f*; *etw an die ~ treiben* llevar algo hasta el extremo; *2. (Bergspitze)* cima *f*, cumbre *f*, pico *m*; *3. (Stoff)* encaje *m*; *4. (fig)* cumbre *f*, cabeza *f*; *an der ~ liegen* estar a la cabeza
Spitzel ['ʃpɪtsəl] *m* agente de la policía secreta *m*, espía *m/f*, soplón *m*
spitzen ['ʃpɪtsən] *v* aguzar, afilar, sacar punta a
Spitzengeschwindigkeit ['ʃpɪtsəngəʃvɪndɪçkaɪt] *f* velocidad máxima *f*
Spitzenleistung ['ʃpɪtsənlaɪstuŋ] *f* récord *m*, rendimiento máximo *m*
Spitzenlohn ['ʃpɪtsənloːn] *m* salario máximo *m*
Spitzenposition ['ʃpɪtsənpozitsjoːn] *f* posición excelente *f*
Spitzenreiter ['ʃpɪtsənraɪtər] *m* favorito *m*
Spitzer ['ʃpɪtsər] *m* sacapuntas *m*, afilalápices *m*
spitzfindig ['ʃpɪtsfɪndɪç] *adj* sutil
Spitzname ['ʃpɪtsnaːmə] *m* apodo *m*, mote *m*, alias *m*, sobrenombre *m*
Splitter ['ʃplɪtər] *m* *1. (Holzsplitter)* astilla *f*; *2. (Glassplitter)* esquirla *f*
splittern ['ʃplɪtərn] *v* romperse en pedazos, estrellarse
splitternackt ['ʃplɪtərnakt] *adj* completamente desnudo, en cueros
sponsern ['ʃpɔnzərn] *v* patrocinar
Sponsor ['ʃpɔnzoːr] *m* patrocinador *m*
spontan [ʃpɔn'taːn] *adj* *1.* espontáneo; *adv 2.* espontáneamente
Spontaneität [ʃpɔntanei'tɛːt] *f* espontaneidad *f*
sporadisch [ʃpo'raːdɪʃ] *adj* *1.* esporádico; *adv 2.* esporádicamente, de tiempo en tiempo, de vez en cuando
Sport [ʃpɔrt] *m* deporte *m*; *Welchen ~ treiben Sie?* ¿Qué deporte practica usted?
Sportartikel ['ʃpɔrtartɪkəl] *m* artículos de deporte *m/pl*
Sportgeist ['ʃpɔrtgaɪst] *m* espíritu deportivo *m*
Sportler(in) ['ʃpɔrtlər(ɪn)] *m/f* deportista *m/f*
sportlich ['ʃpɔrtlɪç] *adj* deportivo
Sportplatz ['ʃpɔrtplats] *m* campo de deportes *m*
Sportreporter ['ʃpɔrtrepɔrtər] *m* reportero deportivo *m*

Sportveranstaltung ['ʃpɔrtfɛranʃtaltuŋ] *v* concurso deportivo *m,* competición *f,* torneo deportivo *m*
Sportverein ['ʃpɔrtfɛraɪn] *m* asociación deportiva *f,* sociedad deportiva *f*
Spott [ʃpɔt] *m* burla *f,* mofa *f,* guasa *f*
spottbillig ['ʃpɔt'bɪlɪç] *adj* baratísimo, regalado, tirado
spotten ['ʃpɔtən] *v ~ über* burlarse de
spöttisch ['ʃpœtɪʃ] *adj 1.* burlón; *adv 2.* burlonamente
Sprache ['ʃpraːxə] *f 1.* idioma *m,* lengua *f; die ~ auf etw bringen* hacer recaer la conversación sobre algo; *mit der ~ herausrücken* atreverse a hablar/explicarse; *zur ~ kommen* entrar en discusión; *die gleiche ~ sprechen* hablar el mismo idioma; *eine deutliche ~ sprechen* hablar claro/hablar en cristiano; *Raus mit der ~!* ¡Habla!/¡Explícate! *Da verschlug es ihm die ~.* Se quedó sin habla. *2. (Fachsprache)* lenguaje especializado *m,* lenguaje técnico *m*
Sprachenschule ['ʃpraːxənʃuːlə] *f* escuela de idiomas *f*
Sprachfehler ['ʃpraːxfeːlər] *m 1. LING* defecto del habla *m,* lapsus linguae *m; 2. GRAMM* solecismo *m,* falta gramatical *f*
sprachgewandt ['ʃpraːxgəvant] *adj* elocuente
Sprachkenntnisse ['ʃpraːxkɛntnɪsə] *pl* conocimientos lingüísticos *m/pl,* grado de dominio de idiomas *m*
sprachlos ['ʃpraːxloːs] *adj (fig)* atónito
Spray ['ʃpreɪ] *n* spray *m*
Sprechanlage ['ʃprɛçanlaːgə] *f* interfono *m*
sprechen ['ʃprɛçən] *v irr* hablar, expresar, darse a entender, decir; *~ Sie bitte etw langsamer!* ¡Hable un poco más despacio, por favor! *~ Sie Spanisch?* ¿Habla usted español? *für sich selbst ~* hablar consigo mismo; *auf jdn nicht gut zu ~ sein* no quererse hablar con alguien; *Wir ~ uns noch!* ¡Ya hablaremos!
Sprecher ['ʃprɛçər] *m 1. (Ansager)* locutor *m; 2. (Wortführer)* portavoz *m,* vocero *m*
Sprechstunde ['ʃprɛçʃtundə] *f* hora de consulta *f*
Sprechstundenhilfe ['ʃprɛçʃtundənhɪlfə] *f* auxiliar de médico *m/f*
Sprechzimmer ['ʃprɛçtsɪmər] *n* sala de consulta *f,* consultorio *m*
sprengen ['ʃprɛŋən] *v* explosionar, volar, hacer saltar, hacer estallar
Sprengkörper ['ʃprɛŋkœrpər] *m* explosivo *m,* petardo *m*
Sprengstoff ['ʃprɛŋʃtɔf] *m* explosivo *m*
Sprengstoffattentat ['ʃprɛŋʃtɔfatəntaːt] *n* atentado con explosivos *m*
Sprengung ['ʃprɛŋuŋ] *f* explosión *f,* voladura *f*
Sprichwort ['ʃprɪçvɔrt] *n* refrán *m,* proverbio *m*
sprichwörtlich ['ʃprɪçvœrtlɪç] *adj* proverbial
Springbrunnen ['ʃprɪŋbrunən] *m* surtidor *m,* fuente *f*
springen ['ʃprɪŋən] *v irr 1. (hüpfen)* saltar, brincar; *2. (fig: bersten)* reventar, estallar
Springseil ['ʃprɪŋzaɪl] *n* cuerda parasaltar *f*
Spritze ['ʃprɪtsə] *f 1.* jeringa *f; 2. MED* inyección *f,* jeringuilla *f*
spritzen ['ʃprɪtsən] *v 1.* regar, salpicar; *2. MED* inyectar
Spritztour ['ʃprɪtstuːr] *f* pequeña excursión *f*
spröde ['ʃprøːdə] *adj 1. (Material)* quebradizo; *2. (fig: abweisend)* esquivo, reservado
Sprössling ['ʃprœslɪŋ] *m (fig)* vástago *m,* retoño *m*
Spruch [ʃprux] *m 1. (Wahlspruch)* lema *m,* divisa *f; 2. JUR* sentencia *f,* fallo *m; 3. große Sprüche klopfen* hacer alardes, decir fanfarronadas
sprudeln ['ʃpruːdəln] *v* brotar a borbotones, surtir
sprühen ['ʃpryːən] *v 1.* chispear, echar chispas; *2. (fig)* centellear
Sprühregen ['ʃpryːreːgən] *m* llovizna *f*
Sprung [ʃpruŋ] *m 1. (springen)* salto *m; ein ~ ins kalte Wasser sein* ser como un jarrón de agua fría; *auf dem ~ sein* estar a un punto de/estar pronto para; *nur auf einen ~* un rato solamente *m; keine großen Sprünge machen können* no poder gastar mucho dinero/no poder cometer excesos; *jdm auf die Sprünge helfen* ayudar a alguien; *2. (fig: Riss)* grieta *f; einen ~ in der Schüssel haben* tener un tornillo flojo
Sprungfeder ['ʃpruŋfeːdər] *f* resorte *m,* muelle *m*
sprunghaft ['ʃpruŋhaft] *adj* inconstante, voluble, veleidoso, caprichoso
Sprungschanze ['ʃpruŋʃantsə] *f SPORT* trampolín de saltos *m*
Sprungtuch ['ʃpruŋtuːx] *n* tela salvavidas *f,* paño de salvamento *m*

Spucke ['ʃpukə] *f* saliva *f,* esputo *m,* escupitajo *m,* gargajo *m; Da bleibt einem ja die ~ weg!* ¡De quitarle a uno el habla!/¡De quitarle a uno la respiración!
spucken ['ʃpukən] *v* escupir, esputar
Spuk [ʃpu:k] *m* fantasma *m,* espectro *m*
spuken ['ʃpu:kən] *v (poltern)* trasegar; *Es spukt im Hause.* Andan duendes en la casa.
Spülbecken ['ʃpy:lbɛkən] *n* fregadero *m*
Spule ['ʃpu:lə] *f 1.* carrete *m; 2. TECH* bobina *f*
spülen ['ʃpy:lən] *v* lavar, fregar
Spülmaschine ['ʃpy:lmaʃi:nə] *f* lavavajillas *m,* lavaplatos *m*
Spülmittel ['ʃpy:lmɪtəl] *n* detergente *m*
Spülung ['ʃpy:luŋ] *f 1. (Toilettenspülung)* enjuague *m; 2. MED* lavado *m*
Spur [ʃpu:r] *f 1. (Abdruck)* huella *f; eine heiße ~* una buena pista *f; jdm auf die ~ kommen* descubrir las intenciones de alguien; *jdm auf der ~ bleiben* seguir la pista a alguien; *in jds ~en treten* seguir el ejemplo de alguien; *nicht die ~* no en absoluto; *2. (Fahrspur)* carril *m; 3. (fig: kleine Menge)* rastro *m; Er hat keine ~ Humor.* No tiene un ápice de comicidad.
spürbar ['ʃpy:rba:r] *adj 1.* sensible, perceptible, palpable, visible; *adv 2.* perceptiblemente, visiblemente
spüren ['ʃpy:rən] *v* sentir, percibir, palpar
Spurenelemente ['ʃpu:rənelemɛntə] *pl BIO* oligoelemento *m,* elemento-traza *m*
spurlos ['ʃpu:rlo:s] *adj 1.* sin huellas, sin rastro; *adv 2.* sin dejar huella, sin dejar rastro; *Es ist ~ verschwunden.* Se ha hecho humo.
Spürsinn ['ʃpy:rzɪn] *m* buen olfato *m*
Staat [ʃta:t] *m* Estado *m; mit etw keinen ~ machen können* no poder impresionar con algo/no poder imponer con algo
staatenlos ['ʃta:tənlo:s] *adj* apátrida, sin nacionalidad
staatlich ['ʃta:tlɪç] *adj 1.* estatal, gubernamental, público, oficial; *adv 2.* oficialmente
Staatsakt ['ʃta:tsakt] *m POL* ceremonia oficial *f*
Staatsangehörigkeit ['ʃta:tsangəhørɪçkaɪt] *f* nacionalidad *f*
Staatsanwalt ['ʃta:tsanvalt] *m JUR* fiscal *m*
Staatsbeamte(r) ['ʃta:tsbəamtə(r)] *m/f* funcionario público/funcionario pública *m/f*
Staatsbesuch ['ʃta:tsbəzu:x] *m* visita oficial *f*
Staatsbürger(in) ['ʃta:tsbyrgər(ɪn)] *m/f* ciudadano/ciudadana *m/f*
Staatsdienst ['ʃta:tsdi:nst] *m* servicio público *m*
Staatseigentum ['ʃta:tsaɪgəntum] *n* bienes nacionales *m/pl,* patrimonio nacional *m,* propiedad del Estado *f*
Staatsgewalt ['ʃta:tsgəvalt] *f* poder del Estado *m*
Staatshaushalt ['ʃta:tshaushalt] *m* presupuesto del Estado *m*
Staatsmann ['ʃta:tsman] *m* estadista *m*
Staatsoberhaupt ['ʃta:tso:bərhaupt] *n* jefe de Estado *m*
Staatssekretär ['ʃta:tszekretɛ:r] *m* secretario de Estado *m*
Staatsstreich ['ʃta:tsʃtraɪç] *m* golpe de Estado *m*
Stab [ʃta:p] *m 1. (Stock)* bastón *m; über jdn den ~ brechen* condenar la conducta de alguien; *2. (fig: Führungsstab)* Estado Mayor *m*
Stabhochsprung ['ʃta:pho:xʃpruŋ] *m SPORT* salto de pértiga *m*
stabil [ʃta'bi:l] *adj 1. (robust)* robusto, macizo; *2. (konstant)* estable, constante
stabilisieren [ʃtabili'zi:rən] *v* estabilizar
Stabilität [ʃtabili'tɛ:t] *f* estabilidad *f*
Stachel ['ʃtaxəl] *m 1. BOT* espina *f; 2. ZOOL* aguijón *m,* púa *f*
Stacheldraht ['ʃtaxəldra:t] *m* alambre de púas *m*
stachelig ['ʃtaxəlɪç] *adj 1. (kratzig)* áspero, erizado; *2. (dornig)* espinoso
Stadion ['ʃta:djɔn] *n* estadio *m*
Stadium ['ʃta:djum] *n* estado *m,* estadio *m*
Stadt [ʃtat] *f* ciudad *f*
Stadtbummel ['ʃtatbuməl] *m* callejeo *m*
städtisch ['ʃtɛtɪʃ] *adj* urbano, municipal, ciudadano
Stadtmauer ['ʃtatmauər] *f* muralla de la ciudad *f*
Stadtplan ['ʃtatpla:n] *m* plano de la ciudad *m*
Stadtrand ['ʃtatrant] *m* afueras *f/pl,* periferia *f*
Stadtrat ['ʃtatra:t] *m POL* Ayuntamiento *m,* concejo municipal *m*
Stadtverwaltung ['ʃtatfɛrvaltuŋ] *f* administración municipal *f,* Ayuntamiento *m,* Municipalidad *f* (LA)
Stadtviertel ['ʃtatfɪrtəl] *n* barrio *m*
Staffelei [ʃtafə'laɪ] *f* caballete *m*
Staffelung ['ʃtafəluŋ] *f* escalonamiento *m*

Stagnation [ʃtagna'tsjo:n] *f ECO* estancamiento *m*, paralización *f*
stagnieren [ʃtag'ni:rən] *v ECO* estancar, paralizar
Stahl [ʃta:l] *m* acero *m*
Stahlindustrie ['ʃta:lɪndustri:] *f* industria del acero *f*
Stahlwolle ['ʃta:lvɔlə] *f* lana de acero *f*
Stall [ʃtal] *m* establo *m*
Stamm [ʃtam] *m 1. (Baumstamm)* tronco *m; 2. (Volksstamm)* tribu *f*
Stammaktie ['ʃtamaktsjə] *f ECO* acción ordinaria *f*
Stammbaum ['ʃtambaum] *m 1.* árbol genealógico *m; 2. (Tier)* pedigrí *m*
stammen ['ʃtamən] *v* descender de, proceder de, provenir de
Stammgast ['ʃtamgast] *m* cliente habitual *m*, parroquiano *m*
Stammhalter ['ʃtamhaltər] *m* primogénito *m*
stämmig ['ʃtɛmɪç] *adj* robusto, fornido, macizo
Stammkapital ['ʃtamkapita:l] *n ECO* capital social *m*
Stammkunde ['ʃtamkundə] *m* cliente habitual *m*, cliente fijo *m*
Stand [ʃtant] *m 1. (Stehen)* posición de pie *f; 2. (Messestand)* puesto *m*, stand *m; 3. (Situation)* situación *f*, estado *m; bei jdm einen guten ~ haben* tener buenas relaciones con alguien; *4. (Rang)* rango *m*, condición *f*
Standard ['ʃtandart] *m* norma *f*, patrón *m*, standard *m*
Standbild ['ʃtantbɪlt] *n* estatua *f*
Ständchen ['ʃtɛntçən] *n* serenata *f*
Ständer ['ʃtɛndər] *m* soporte *m*
Standesamt ['ʃtandəsamt] *n* registro civil *m*
Standesbeamte(r) ['ʃtandəsbəamtə(r)] *m/f* oficial(a) del registro civil *m/f*, empleado del registro civil/empleada del registro civil *m/f*
standesgemäß ['ʃtandəsgəmɛ:s] *adj 1.* en conformidad con su posición social, en conformidad con su rango; *adv 2.* en conformidad con su posición social, conforme a su rango
standhaft ['ʃtanthaft] *adj 1.* constante, firme; *adv 2.* con firmeza
Standhaftigkeit ['ʃtanthaftɪçkaɪt] *f* constancia *f*, firmeza *f*
standhalten ['ʃtanthaltən] *v* resistir, mantenerse firme
ständig ['ʃtɛndɪç] *adj 1. (fest)* fijo, permanente; *2. (ununterbrochen)* constante, ininterrumpido; *adv 3.* constantemente, permanentemente
Standlicht ['ʃtantlɪçt] *n (beim Auto)* luz de estacionamiento *f*
Standort ['ʃtantɔrt] *m* emplazamiento *m*, ubicación *f* (LA)
Standpunkt ['ʃtantpuŋkt] *m (fig)* punto de vista *m*
Standspur ['ʃtantʃpu:r] *f* carril de aparcamiento *m*, carril para parar en emergencia *m*
Standuhr ['ʃtantu:r] *f* reloj vertical *m*
Stange ['ʃtaŋə] *f* palo *m*, vara *f; jdn bei ~ halten* tomar el partido de alguien; *bei der ~ bleiben (fig)* no tirar la toalla; *von der ~* de confección *f; eine ~ Geld* un dineral *m;* un ojo de la cara *m*
Stängel ['ʃtɛŋəl] *m BOT* tallo *m; fast vom ~ fallen (fam)* caerse casi de la silla
stanzen ['ʃtantsən] *v* estampar
Stapel ['ʃta:pəl] *m* montón *m*, pila *f; vom ~ laufen* lanzar al agua/botar un barco; *etw vom ~ lassen* presentar algo
stapeln ['ʃta:pəln] *v* amontonar, apilar
Star[1] [ʃta:r] *m MED* catarata *f*
Star[2] [ʃta:r] *m ZOOL* estornino *m*
Star[3] [ʃta:r] *m (Filmstar)* estrella de cine *f*
stark [ʃtark] *adj* fuerte, vigoroso; *das ~e Geschlecht* el sexo fuerte *m*
Stärke ['ʃtɛrkə] *f 1.* fuerza *f*, vigor *m; 2. (Wäschestärke)* almidón *m; 3. GAST* almidón *m*, fécula *f*
stärken ['ʃtɛrkən] *v 1.* fortalecer, fortificar; *2. (Wäsche)* almidonar
Stärkung ['ʃtɛrkuŋ] *f 1. (Festigung)* fortalecimiento *m; 2. (Erfrischung)* refrigerio *m*
starr [ʃtar] *adj 1.* rígido, tieso; *adv 2.* rígidamente; *adj 3. (fig)* fijo; *adv 4. (fig)* fijamente
starren ['ʃtarən] *v* mirar fijamente
starrköpfig ['ʃtarkœpfɪç] *adj* obstinado
Starrsinn ['ʃtarzɪn] *m* obstinación *f*, terquedad *f*, testarudez *f*
Start [ʃtart] *m 1. (Flugzeug)* despegue *m; 2. (fig)* inicio *m*, comienzo *m; 3. SPORT* partida *f*
starten ['ʃtartən] *v 1. (abreisen)* partir (de viaje); *2. (Auto)* arrancar; *3. (aktivieren)* activar, poner en marcha
Station [ʃta'tsjo:n] *f 1. (Haltestelle)* parada *f; ~ machen* hacer una parada; *2. (Abteilung)* sección *f*, departamento *m*

Statistik [ʃta'tɪstɪk] *f* estadística *f*
statistisch [ʃta'tɪstɪʃ] *adj 1.* estadístico; *adv 2.* estadísticamente
statt [ʃtat] *prep* en vez de, en lugar de
Stätte ['ʃtɛtə] *f* lugar *m,* sitio *m*
stattfinden ['ʃtatfɪndən] *v* tener lugar, llevarse a cabo en, celebrarse; *Wann findet die Hochzeit von Rosita statt?* ¿Cuándo se celebra la boda de Rosita?
stattlich ['ʃtatlɪç] *adj 1. (ansehnlich)* magnífico, espléndido; *2. (zahlreich)* numeroso
Statue ['ʃta:tuə] *f* estatua *f*
Statur [ʃta'tu:r] *f* estatura *f,* talla *f*
Status ['ʃta:tus] *m* estado *m,* status *m*
Statussymbol ['ʃta:tuszymbo:l] *n* símbolo de posición social *m*
Statut [ʃta'tu:t] *n* estatuto *m*
Stau [ʃtau] *m* atasco *m,* congestión de tráfico *m*
Staub [ʃtaup] *m* polvo *m; ~ aufwirbeln (fig)* levantar polvo; *sich aus dem ~ machen* poner los pies en polvorosa
Staubsauger ['ʃtaupzaugər] *m* aspiradora *f*
Staudamm ['ʃtaudam] *m* presa *f*
staunen ['ʃtaunən] *v* asombrarse, admirarse, maravillarse
Staunen ['ʃtaunən] *n* asombro *m,* admiración *f*
Steak [ʃte:k] *n GAST* bistec *m,* bife *m* (LA)
stechen ['ʃtɛçən] *v irr* pinchar, punzar; *in die Augen ~* entrar por los ojos
Stechuhr ['ʃtɛçu:r] *f* reloj de control *m*
Steckbrief ['ʃtɛkbri:f] *m* carta requisitoria *f,* requisitoria *f*
Steckdose ['ʃtɛkdo:zə] *f* enchufe *m,* tomacorriente *m*
stecken ['ʃtɛkən] *v 1. (hinein~)* introducir, meter; *jdm etw ~* reprochar a alguien algo/llamar la atención a alguien sobre algo; *2. (an~)* prender, sujetar (con alfileres); *3. ~ bleiben* atascarse, quedarse detenido
Steckenpferd ['ʃtɛkənpfert] *n (fig)* afición *f*
Stecker ['ʃtɛkər] *m* enchufe *m*
Stecknadel ['ʃtɛkna:dəl] *f* alfiler *m; eine ~ im Heuhaufen suchen* buscar una aguja en un pajar
Stegreif ['ʃte:kraɪf] *m (fig)* improvisación *f; aus dem ~* improvisando
stehen ['ʃte:ən] *v irr (aufrecht ~)* estar de pie, estar derecho; *~ bleiben* quedarse parado, detenerse
stehlen ['ʃte:lən] *v irr* robar, hurtar
steif [ʃtaɪf] *adj 1.* rígido, tieso; *2. (fig)* formal, ceremonioso, tieso
steigen ['ʃtaɪgən] *v* ascender, alzarse, subir
steigend ['ʃtaɪgənt] *adj* ascendente, alcista
steigern ['ʃtaɪgərn] *v 1. (sich ~)* superarse, mejorarse; *2. (erhöhen)* alzar, elevar, aumentar; *3. GRAMM* formar el comparativo y/o el superlativo; *4. (ersteigern)* hacer una oferta
Steigerung ['ʃtaɪgəruŋ] *f 1. (Erhöhung)* alza *f/el,* elevación *f,* aumento *m; 2. GRAMM* comparación *f*
Steigung ['ʃtaɪguŋ] *f* elevación *f*
steil [ʃtaɪl] *adj 1.* escarpado, empinado; *adv 2.* de forma empinada, de forma escarpada
Steilküste ['ʃtaɪlkystə] *f* acantilado *m*
Stein [ʃtaɪn] *m* piedra *f; der ~ des Anstoßes* la piedra del escándalo *f; den ~ ins Rollen bringen* poner en marcha algo; *bei jdm einen ~ im Brett haben* ser muy estimado por alguien; *keinen ~ auf dem anderen lassen* no dejar piedra sobre piedra; *den ersten ~ auf jdn werfen* tirar la primera piedra a alguien *(fig); jdm ~e in den Weg legen* poner trabas a alguien; *Da fällt mir ein ~ vom Herzen!* ¡Se me quitado un gran peso de encima!
Steinbruch ['ʃtaɪnbrux] *m* cantera *f*
steinig ['ʃtaɪnɪç] *adj* pedregoso
Steinmetz ['ʃtaɪnmɛts] *m* picapedrero *m,* tallista de piedra *m*
Steinschlag ['ʃtaɪnʃla:k] *m 1.* desprendimiento de piedras *m; 2. (Schotter)* cascajo *m*
Steinzeit ['ʃtaɪntsaɪt] *f HIST* Edad de Piedra *f*
Stelle ['ʃtɛlə] *f 1. (Ort)* lugar *m,* sitio *m; auf der ~ treten* no adelantar; *2. (Anstellung)* puesto *m,* empleo *m; 3. (Dienststelle)* servicio *m,* centro oficial *m,* oficina *f,* despacho *m*
stellen ['ʃtɛlən] *v* poner, colocar; *sich gut mit jdm ~* ponerse a bien con alguien; *auf sich gestellt sein* depender de sí mismo
Stellenangebot ['ʃtɛlənangəbo:t] *n* oferta de colocación *f,* oferta de empleo *f*
Stellengesuch ['ʃtɛləngəzu:x] *n* demanda de colocación *f,* demanda de empleo *f*
Stellenwert ['ʃtɛlənvɛrt] *m* importancia *f,* rango *m*
Stellung ['ʃtɛluŋ] *f 1. (Haltung)* postura *f,* actitud *f; zu etw ~ nehmen* tomar cartas en el asunto; *die ~ halten* mantener el sitio/mantener la posición; *2. (Anstellung)* colocación *f,* empleo *m*

Stellungnahme ['ʃtɛluŋnaːmə] *f* opinión *f*, parecer *m*
stellvertretend ['ʃtɛlfɛrtreːtənt] *adj* suplente
Stellvertreter(in) ['ʃtɛlfɛrtreːtər(ɪn)] *m/f* suplente *m/f*, sustituto/sustituta *m/f*
Stempel ['ʃtɛmpəl] *m* sello *m*; *einer Sache seinen ~ aufdrücken* imprimir su carácter a algo; *den ~ von jdm tragen* llevar el sello de alguien
Stempelkissen ['ʃtɛmpəlkɪsən] *n* tampón para sellos *m*, cojín de tinta *m*
stempeln ['ʃtɛmpəln] *v* sellar; *~ gehen* ir a cobrar el paro
Stenografie [ʃtenogra'fiː] *f (Kurzschrift)* taquigrafía *f*
Stenotypistin [ʃtenoty'pɪstɪn] *f* taquimecanógrafa *f*
Steppe ['ʃtɛpə] *f GEO* estepa *f*
Sterbefall ['ʃtɛrbəfal] *m* caso de fallecimiento *m*, defunción *f*
sterben ['ʃtɛrbən] *v irr* morir, fallecer, expirar; *verrecken* estirar la pata; *wie die Fliegen ~* caer como moscas; *für jdn gestorben sein* haber muerto para alguien
Sterbesakramente ['ʃtɛrbəzakramɛntə] *pl REL* viático *m*, extremaunción *f*
Sterbeurkunde ['ʃtɛrbəuːrkundə] *f* partida de defunción *f*
sterblich ['ʃtɛrblɪç] *adj* mortal, perecedero
Stereoanlage ['ʃtereoanlaːgə] *f* equipo estéreo *m*
stereotyp [ʃtereo'tyːp] *adj 1.* estereotipado; *adv 2.* de forma estereotipada
steril [ʃte'riːl] *adj* estéril
sterilisieren [ʃterili'ziːrən] *v* esterilizar
Stern [ʃtɛrn] *m* estrella *f*, astro *m*; *~e sehen (fig)* ver las estrellas; *für jdn die ~e vom Himmel holen* hacer lo imposible por alguien; *nach den ~en greifen* querer la luna/querer lo imposible; *in den ~en geschrieben stehen* ser todavía muy incierto; *unter einem denkbar guten ~* al parecer con buena estrella
Sternbild ['ʃtɛrnbɪlt] *n* constelación *f*
sternenklar ['ʃtɛrnənklaːr] *adj* estrellado
Sternschnuppe ['ʃtɛrnʃnupə] *f* estrella fugaz *f*
Sternwarte ['ʃtɛrnvartə] *f* observatorio *m*
stets [ʃteːts] *adv* siempre, continuamente, constantemente
Steuer ['ʃtɔyər] *f 1.* impuesto *m*, contribución *f*, tributo *m*, gravamen *m*; *n 2.* timón *m*, volante *m*
Steueraufkommen ['ʃtɔyəraufkɔmən] *n* recaudación fiscal *f*, total de impuestos *m*
Steuerberater ['ʃtɔyərbəraːtər] *m* asesor fiscal *m*, perito en leyes fiscales *m*
steuerbord ['ʃtɔyərbɔrt] *adv* a estribor
Steuererklärung ['ʃtɔyərɛrklɛːruŋ] *f* declaración de impuestos *f*
Steuerermäßigung ['ʃtɔyərɛrmɛːsiguŋ] *f* reducción de impuestos *f*
steuerfrei ['ʃtɔyərfraɪ] *adj* libre de impuestos, exento de impuestos
Steuerhinterziehung ['ʃtɔyərhɪntərtsiːuŋ] *f* fraude fiscal *m*, defraudación de impuestos *f*
steuerlich ['ʃtɔyərlɪç] *adj 1.* fiscal, tributario, relativo a los impuestos; *adv 2.* en materia fiscal, en materia tributaria, en relación a los impuestos
Steuermann ['ʃtɔyərman] *m* timonel *m*
steuern ['ʃtɔyərn] *v 1. (Schiff) NAUT* gobernar, timonear, dirigir; *~ nach* navegar rumbo a; *2. (regulieren)* maniobrar, regular, ajustar; *3. (Auto)* conducir, guiar; *4. (Flug)* pilotar
Steuerung ['ʃtɔyəruŋ] *f* navegación *f*, pilotaje *m*, conducción *f*, control *m*
Steuerzahler(in) ['ʃtɔyərtsaːlər(ɪn)] *m/f* contribuyente *m/f*
Steward(ess) ['stuːart/'stuːardes] *m/f* auxiliar de vuelo *m/f*, asistente de vuelo *m/f*, azafata *f*, aeromoza *f* (LA)
Stich [ʃtɪç] *m 1. (Wespenstich)* picadura *f*; *2. (Nähstich)* puntada *f*; *3. (Messerstich)* cuchillada *f*; *4. ART* grabado *m*; *5. einen ~ haben* tener un tornillo suelto
sticheln ['ʃtɪçəln] *v (fig)* echar indirectas, hincar
stichhaltig ['ʃtɪçhaltɪç] *adj* sólido, fundado, plausible
Stichprobe ['ʃtɪçproːbə] *f* muestra sacada al azar *f*
Stichtag ['ʃtɪçtaːk] *m* día fijado *m*, día de referencia *m*, fecha clave *f*
Stichwahl ['ʃtɪçvaːl] *f POL* votación de desempate *f*, segunda vuelta *f* (LA)
Stichwort ['ʃtɪçvɔrt] *n* voz guía *f*
sticken ['ʃtɪkən] *v* bordar
stickig ['ʃtɪkɪç] *adj* sofocante, asfixiante
Stickstoff ['ʃtɪkʃtɔf] *m CHEM* nitrógeno *m*
Stiefel ['ʃtiːfəl] *m* bota *f*; *jdm die ~ lecken (fig)* lamer el culo de alguien; *Das sind zwei paar ~.* Eso son dos cosas muy diferentes.
Stiefmutter ['ʃtiːfmutər] *f* madrastra *f*

Stiefvater ['ʃti:ffa:tər] *m* padrastro *m*
Stiel [ʃti:l] *m* mango *m*, manivela *f*
Stier [ʃti:r] *m* *ZOOL* toro *m*; *den ~ bei den Hörnern packen* coger al toro por los cuernos
Stierkampf ['ʃti:rkampf] *m* corrida de toros *f*, lidia *f*, fiesta taurina *f*, tauromaquia *f*
Stift[1] [ʃtɪft] *m* *1. (Nagel ohne Kopf)* punta *f*; *2. (Bleistift)* lápiz *m*
Stift[2] [ʃtɪft] *n* convento *m*
stiften ['ʃtɪftən] *v* *1. (schenken)* donar; *2. (gründen)* fundar, establecer; *3. (fig: verursachen)* causar, ocasionar
Stifter ['ʃtɪftər] *m* *1. (Gründer)* donador *m*, fundador *m*; *2. (Täter)* autor *m*, causante *m*
Stiftung ['ʃtɪftuŋ] *f* *1. (Schenkung)* donación *f*; *2. (Gründung)* fundación *f*
Stil [ʃti:l] *m* estilo *m*
still [ʃtɪl] *adj* *1. (geräuschlos)* silencioso; *2. (friedlich)* pacífico, apacible; *3. (ruhig)* tranquilo, quieto; *adv* *4. (geräuschlos)* silenciosamente, en silencio; *5. (friedlich)* apaciblemente, en paz; *6. (ruhig)* tranquilamente
Stille ['ʃtɪlə] *f* *1. (Geräuschlosigkeit)* silencio *m*; *2. (Frieden)* paz *f*; *3. (Ruhe)* tranquilidad *f*, quietud *f*
stillen ['ʃtɪlən] *v* *1. (Kind)* lactar (a un bebé), amamantar, dar el pecho; *2. (Bedürfnis)* satisfacer, saciar
stilllegen ['ʃtɪlle:gən] *v* *1.* parar, cesar; *2. ECO* paralizar, parar
stillschweigend ['ʃtɪlʃvaɪgənt] *adj* *1.* callado, mudo; *adv* *2.* calladamente
Stillstand ['ʃtɪlʃtant] *m* parada *f*, paro *m*, paralización *f*
stilvoll ['ʃti:lfɔl] *adj* *1.* artístico, de buen gusto; *adv* *2.* artísticamente, con buen gusto
Stimmbruch ['ʃtɪmbrux] *m* cambio de voz *m*
Stimme ['ʃtɪmə] *f* *1.* voz *f*; *2. (Wahlstimme) POL* voto *m*, sufragio *m*
stimmen ['ʃtɪmən] *v* *1. (wahr sein)* ser cierto, estar bien; *Mit der Rechnung scheint etw nicht zu ~.* En la cuenta parece que algo no está bien. *2. (Instrument)* afinar, templar
Stimmenmehrheit ['ʃtɪmənme:rhaɪt] *f* mayoría de votos *f*
Stimmenthaltung ['ʃtɪmɛnthaltuŋ] *f* abstención *f*
Stimmrecht ['ʃtɪmrɛçt] *n* *ECO* derecho de voto *m*
Stimmung ['ʃtɪmuŋ] *f* estado de ánimo *m*
stinken ['ʃtɪŋkən] *v* *irr* apestar, oler mal, despedir mal olor, heder
Stipendium [ʃtɪ'pɛndjum] *n* beca *f*
Stirn [ʃtɪrn] *f* *ANAT* frente *f*; *jdm die ~ bieten* enfrentarse con alguien; *sich an die ~ fassen* llevarse las manos a la cabeza; *jdm auf der ~ geschrieben stehen* llevar escrito en la frente
Stock [ʃtɔk] *m* *1. (Stab)* bastón *m*; *am ~ gehen* estar a dos velas; *über ~ und Stein* a golpe tentido *m*; *2. (Etage)* piso *m*, planta *f*
stockend ['ʃtɔkənt] *adj* *1.* entrecortado; *adv* *2.* entrecortadamente
Stockwerk ['ʃtɔkvɛrk] *n* piso *m*, planta *f*
Stoff [ʃtɔf] *m* *1. (Textil)* tela *f*, tejido *m*; *2. (Materie)* materia *f*, sustancia *f*, substancia *f*; *3. (fam: Rauschgift)* costo *m*, chocolate *m*
Stoffwechsel ['ʃtɔfvɛksəl] *m* *BIO* metabolismo *m*
stöhnen ['ʃtø:nən] *v* gemir
stolpern ['ʃtɔlpərn] *v* tropezar, topar
stolz [ʃtɔlts] *adj* *1.* orgulloso; *adv* *2.* con orgullo, orgullosamente
Stolz [ʃtɔlts] *m* orgullo *m*; *den ~ beugen* bajar los humos; *keinen ~ besitzen* no tener amor propio
stopfen ['ʃtɔpfən] *v* *1. (füllen)* llenar, rellenar; *2. (flicken)* repasar, zurcir
stoppen ['ʃtɔpən] *v* *1. (anhalten)* parar, detener(se); *2. (messen)* cronometrar
Stoppuhr ['ʃtɔpu:r] *f* cronómetro *m*
Stöpsel ['ʃtœpzəl] *m* tapón *m*
Storch [ʃtɔrç] *m* *ZOOL* cigüeña *f*
stören ['ʃtø:rən] *v* molestar, fastidiar, importunar, perturbar
störend ['ʃtø:rənt] *adj* molesto, fastidioso
Störenfried ['ʃtørənfri:t] *m* perturbador *m*
Störfaktor ['ʃtø:rfaktɔr] *m* factor de interferencias *m*
stornieren [ʃtɔr'ni:rən] *v* *(Auftrag)* anular, cancelar
Storno ['ʃtɔrno] *m* anulación *f*
störrisch ['ʃtœrɪʃ] *adj* *1.* obstinado, terco, testarudo; *adv* *2.* obstinadamente
Störung ['ʃtø:ruŋ] *f* perturbación *f*
Stoß [ʃto:s] *m* empujón *m*, empellón *m*
Stoßdämpfer ['ʃto:sdɛmpfər] *m* *TECH* amortiguador *m*
stoßen ['ʃto:sən] *v* *irr* empujar, dar empujones
stoßfest ['ʃto:sfɛst] *adj* resistente a choques, antichoque
Stoßstange ['ʃto:sʃtaŋə] *f* *(beim Auto)* parachoques *m*
stottern ['ʃtɔtərn] *v* tartamudear
Strafanstalt ['ʃtra:fanʃtalt] *f* *JUR* penitenciaría *f*, penal *m*

strafbar ['ʃtraːfbaːr] *adj JUR* punible, sancionable, penable

Strafe ['ʃtraːfə] *f 1.* castigo *m,* punición *f; 2. JUR* pena *f,* condena *f*

strafen ['ʃtraːfən] *v* castigar, sancionar, penar

Straferlass ['ʃtraːfɛrlas] *m 1. POL* amnistía *f; 2. JUR* remisión de la pena *f,* condonación *f*

straff [ʃtraf] *adj 1. (gespannt)* tenso, tirante; *2. (streng)* riguroso, severo; *3. (kurz)* conciso, breve

Strafgefangene(r) ['ʃtrafgəfaŋənə(r)] *m/f* preso/presa *m/f,* recluso/reclusa *m/f,* presidiario *m*

Strafgesetzbuch ['ʃtraːfgəzɛtsbuːx] *n JUR* código penal *m*

sträflich ['ʃtrɛːflɪç] *adj (fig)* reprensible, censurable

Strafprozess ['ʃtraːfprotsɛs] *m JUR* proceso penal *m*

Strafrecht ['ʃtraːfrɛçt] *n JUR* derecho penal *m*

Strafstoss ['ʃtraːfʃtoːs] *m SPORT* penalty *m,* penal *m* (LA)

Straftat ['ʃtraːftaːt] *f JUR* delito *m,* hecho punible *m,* acto penal *m*

Strahl [ʃtraːl] *m 1. (Sonnenstrahl)* rayo de sol *m; 2. (Wasserstrahl)* chorro *m*

strahlen ['ʃtraːlən] *v* radiar, emitir rayos

Strahlenbelastung ['ʃtraːlənbəlastuŋ] *f* exposición a radiaciones *f*

Strahlung ['ʃtraːluŋ] *f PHYS* radiación *f*

Strand [ʃtrant] *m* playa *f*

Strang [ʃtraŋ] *m* cuerda *f,* soga *f; am gleichen ~ ziehen* tirar de la misma cuerda; *über die Stränge schlagen* pasar de castaño oscuro/pasarse de la rosca; *wenn alle Stränge reißen* cuando se rompa la cuerda (fig)/en último recurso

Strapaze [ʃtra'paːtsə] *f* fatiga *f,* cansancio *m,* agotamiento *m*

strapazieren [ʃtrapa'tsiːrən] *v 1.* fatigar, cansar mucho, agotarse; *2. (Sache)* usar continuamente, gastar

strapazierfähig [ʃtrapa'tsiːrfɛːɪç] *adj* resistente al uso continuo

Straße ['ʃtraːsə] *f* calle *f; Wie ist die ~ nach Madrid?* ¿Cuál es el estado de la carretera a Madrid? *Ist das die ~ nach Barcelona?* ¿Es ésta la carretera a Barcelona? *jdn auf die ~ werfen* echar a la calle a alguien; *auf der ~ liegen* estar en la calle; *auf die ~ gehen* salir a la calle

Straßenbahn ['ʃtraːsənbaːn] *f* tranvía *m*

Straßenbau ['ʃtraːsənbau] *m* construcción de carreteras *f*

Straßengraben ['ʃtraːsəngraːbən] *m* cuneta *f*

Straßenhändler ['ʃtraːsənhɛndlər] *m* vendedor ambulante *m*

Straßenverkehr ['ʃtraːsənfɛrkeːr] *m* tráfico *m,* circulación de automóviles *f*

Straßenverkehrsordnung ['ʃtraːsənfɛrkeːrsɔrdnuŋ] *f* código de la circulación *m*

Strategie [ʃtrate'giː] *f* estrategia *f*

sträuben ['ʃtrɔybən] *v 1. (Haare) sich ~* erizarse, ponerse de punta; *2. (fig) sich ~* resistirse, negarse, oponerse

Strauch [ʃtraux] *m* arbusto *m,* mata *f*

Strauß¹ [ʃtraus] *m BOT* ramo *m*

Strauß² [ʃtraus] *m ZOOL* avestruz *f*

Streber(in) ['ʃtreːbər(ɪn)] *m/f* empollón(a) *m/f*

strebsam ['ʃtreːpzam] *adj* aplicado, dedicado, concentrado

Strecke ['ʃtrɛkə] *f* trayecto *m,* distancia *f; jdn zur ~ bringen* capturar a alguien/cepillarse a alguien

strecken ['ʃtrɛkən] *v* estirar, extender

Streich ['ʃtraɪç] *m* golpe *m; auf einen ~* de golpe; *jdm einen ~ spielen* jugar una mala pasada a alguien

streichen ['ʃtraɪçən] *v irr 1. (berühren)* tocar, palpar; *2. (auf~)* untar; *3. (an~)* pintar; *4. (durch~)* tachar; *5. (annullieren)* anular

Streichholz ['ʃtraɪçhɔlts] *n* cerilla *f,* fósforo *m*

Streichmusik ['ʃtraɪçmuziːk] *f* música para cuerda *f*

Streife ['ʃtraɪfə] *f (Polizei)* patrulla *f*

Streifen ['ʃtraɪfən] *m 1. (Band)* cinta *f,* banda *f; 2. (Linie)* línea *f*

Streifenwagen ['ʃtraɪfənvaːgən] *m* coche patrulla *m,* patrullero *m* (LA)

Streifzug ['ʃtraɪftsuːk] *m* correría *f*

Streik [ʃtraɪk] *m* huelga *f*

streiken ['ʃtraɪkən] *v* declararse en huelga

Streit [ʃtraɪt] *m* pelea *f,* riña *f,* querella *f,* disputa *f*

streitbar ['ʃtraɪtbaːr] *adj* disputable, peleable

streiten ['ʃtraɪtən] *v irr* disputar, pelear, reñir; *sich mit jdm anlegen* meterse con alguin

Streitfrage ['ʃtraɪtfraːgə] *f* objeto de controversia *m,* punto litigioso *m*

Streitgespräch ['ʃtraɪtgəʃprɛːç] *n* disputa *f,* discusión *f*
streitsüchtig ['ʃtraɪtzyçtɪç] *adj* disputador, pendenciero
Streitwert ['ʃtraɪtvɛrt] *m JUR* cuantía del litigio *f*
streng [ʃtrɛŋ] *adj 1.* severo, riguroso, estricto; *adv 2.* severamente, rigurosamente
Stress [ʃtrɛs] *m* stress *m,* estrés *m*
streuen ['ʃtrɔyən] *v 1.* esparcir, echar, diseminar; *2. PHYS* dispersar
Streuung ['ʃtrɔyuŋ] *f 1.* diseminación *f,* esparcimiento *m; 2. PHYS* dispersión *f*
Strich [ʃtrɪç] *m 1.* trazo *m,* raya *f,* línea *f; einen ~ unter etw ziehen* terminar con algo/poner fin a algo; *jdm gegen den ~ gehen* venir a alguien a contrapelo; *nach ~ und Faden* a conciencia; *2. (Pinselstrich)* pincelada *f; 3. (Prostitution)* prostitución callejera *f*
Strichpunkt ['ʃtrɪçpuŋkt] *m* punto y coma *m*
Strick [ʃtrɪk] *m* cuerda *f,* soga *f; wenn alle ~e reißen* cuando se rompa la cuerda (fig)/en el peor de los casos; *jdm einen ~ drehen* tender un lazo a alguien
stricken ['ʃtrɪkən] *v* hacer labores de punto, tricotar, tejer (LA)
strikt [ʃtrɪkt] *adj 1.* estricto; *adv 2.* estrictamente
strittig ['ʃtrɪtɪç] *adj* disputable, discutible, controvertido
Stroh [ʃtroː] *n* paja *f; ~ im Kopf haben (fig)* tener la cabeza llena de paja
Strohhalm ['ʃtroːhalm] *m* pajita *f,* pajita para beber *f; sich an einen ~ klammern (fig)* agarrarse a un clavo ardiendo
Strohmann ['ʃtroːman] *m (fig)* testaferro *m,* hombre de paja *m*
Strom [ʃtroːm] *m 1. (Fluss)* río *m; 2. elektrischer ~* corriente eléctrica *f; 3. (Strömung)* corriente *f; mit dem ~ schwimen* nadar con la corriente (fig)
strömen ['ʃtrøːmən] *v* correr, fluir
Stromkreis ['ʃtroːmkraɪs] *m* circuito eléctrico *m*
stromlinienförmig ['ʃtroːmliːnjənfœrmɪç] *adj* aerodinámico
Strömung ['ʃtrøːmuŋ] *f* corriente *f*
Stromverbrauch ['ʃtroːmfɛrbraux] *m* consumo de electricidad *m*
Stromzähler ['stroːmtsɛːlər] *m* contador de corriente *m*
Strophe ['ʃtroːfə] *f* estrofa *f*
Struktur [ʃtruk'tuːr] *f* estructura *f*
strukturell [ʃtruktu'rɛl] *adj 1.* estructural; *adv 2.* estructuralmente
strukturieren [ʃtruktu'riːrən] *v* estructurar
Strukturkrise [ʃtruk'tuːrkrɪzə] *f* crisis estructural *f*
Strumpf [ʃtrumpf] *m* media *f*
Strumpfhose ['ʃtrumpfhoːzə] *f* leotardos *m/pl,* panty *f*
Stube ['ʃtuːbə] *f* habitación *f,* cuarto *m,* pieza *f*
Stück [ʃtyk] *n 1. (Teil)* pieza *f,* trozo *m,* pedazo *m; Können Sie mich ein ~ mitnehmen?* ¿Puede llevarme un trecho? *große ~e auf jdn halten* tener en mucho aprecio a alguien; *2. (Teilstück)* parte *f; 3. THEAT* pieza *f*
stückweise ['ʃtykvaɪzə] *adv* por piezas, a trozos
Stückzahl ['ʃtyktsaːl] *f* número de piezas *m,* número de bultos *m*
Student(in) [ʃtu'dɛnt(ɪn)] *m/f* estudiante universitario/estudiante universitaria *m/f*
Studie ['ʃtuːdjə] *f* estudio *m,* análisis *m*
Studienplatz ['ʃtuːdjənplats] *m* plaza disponible de estudio *f,* vacante de estudio *f*
Studienrat ['ʃtuːdjɔnraːt] *m* catedrático de Instituto *m*
studieren [ʃtu'diːrən] *v* estudiar una carrera universitaria, estudiar en la universidad
Studio ['ʃtuːdjo] *n* estudios *m,* taller *m*
Studium ['ʃtuːdjum] *n* estudios *m/pl,* carrera universitaria *f*
Stufe ['ʃtuːfə] *f 1. (Treppenstufe)* peldaño *m,* grada *f; 2. (Phase)* fase *f,* período *m*
stufenweise ['ʃtuːfənvaɪzə] *adv* gradualmente, por etapas, progresivamente
Stuhl [ʃtuːl] *m* silla *f; fast vom ~ fallen (fig)* caerse casi de la silla; *jdm nicht vom ~ reißen* no impresionar a alguien; *zwischen zwei Stühlen sitzen (fig)* nadar entre dos aguas
Stuhlgang ['ʃtuːlgaŋ] *m* defecación *f,* deposición *f*
stumm [ʃtum] *adj* mudo
stümperhaft ['ʃtympərhaft] *adj 1.* chapucero, defectuoso, mal hecho; *adv 2.* defectuosamente, muy mal hecho
stumpf [ʃtumpf] *adj 1. (nicht scharf)* desafilado, romo, chato; *2. (fig: glanzlos)* torpe, estúpido; *3. (fig: teilnahmslos)* apático, indiferente
Stunde ['ʃtundə] *f 1.* hora *f; die ~ der Wahrheit* la hora de la verdad *f; Seine letzte ~ hat geschlagen.* Ha llegado su hora. *2. (Schulstunde)* lección *f,* clase *f*

stunden ['ʃtundən] *v* *ECO* aplazar un pago, conceder una moratoria
Stundenkilometer ['ʃtundənkiːlomeː-tər] *m* kilómetro por hora *m*
stundenlang ['ʃtundənlaŋ] *adj 1.* durante horas, interminable; *adv 2.* horas y horas
Stundenlohn ['ʃtundənloːn] *m* salario por horas *m*
Stundenplan ['ʃtundənplan] *m* horario de clases *m*
stündlich ['ʃtyntlɪç] *adj 1.* de cada hora, horario; *adv 2.* a cada hora
stur [ʃtuːr] *adj 1.* testarudo, terco, porfiado; *adv 2.* tercamente, porfiadamente
Sturm [ʃturm] *m* tempestad *f,* tormenta *f*
Sturmflut ['ʃturmfluːt] *f* marea viva *f*
stürmisch ['ʃtyrmɪʃ] *adj 1. (Wetter)* tempestuoso, tormentoso; *2. (fig)* impetuoso, fogoso, apasionado
Sturz [ʃturts] *m* caída *f*
stürzen ['ʃtyrtsən] *v* caer, caerse, sufrir una caída
Sturzhelm ['ʃturtshɛlm] *m* casco protector *m*
Stütze ['ʃtytsə] *f 1.* apoyo *m,* soporte *m; 2. (fig: Unterstützung)* sostén *m,* apoyo *m*
stützen ['ʃtytsən] *v 1. (halten)* apoyar, sostener, apuntalar; *2. (fig: unter~)* respaldar
stutzig ['ʃtutsɪç] *adj 1.* sorprendido, desconcertado, perplejo; *adv 2.* perplejo, desconcertante
Subjekt [zup'jɛkt] *n* sujeto *m*
subjektiv [zupjɛk'tiːf] *adj 1.* subjetivo; *adv 2.* subjetivamente
Substantiv ['zupstantiːf] *n* *GRAMM* sustantivo *m*
Substanz [zup'stants] *f* substancia *f*
Subvention [zupvɛn'tsjoːn] *f* *ECO* subvención *f*
Suche ['zuːxə] *f* búsqueda *f,* pesquisa *f,* indagación *f*
suchen ['zuːxən] *v* buscar, indagar; *die Stecknadel im Heuhaufen ~* buscar una aguja en un pajar
Sucht [zuxt] *f* *MED* adicción *f*
süchtig [zyçtɪç] *adj MED* adicto *m,* toxicómano *m*
Südafrika [zyːt'afrɪka] *n* *GEO* Sudáfrica *f,* República de Sudáfrica *f*
Südamerika [zyːta'meːrɪka] *n* *GEO* Sudamérica *f,* América del Sur *f*
Süden ['zyːdən] *m* sur *m*
südlich ['zyːdlɪç] *adj 1.* del sur, meridional; *adv 2.* al sur
Südpol ['zyːtpoːl] *m* *GEO* Polo Sur *m,* Antártico *m*
Sühne ['zyːnə] *f* expiación *f*
Summe ['zumə] *f* suma *f,* total *m,* cantidad *f,* importe *m*
summen ['zumən] *v* zumbar
summieren [zu'miːrən] *v* sumar, adicionar
Sumpf [zumpf] *m* pantano *m*
Sünde ['zyndə] *f* pecado *m*
Sündenbock ['zyndənbɔk] *m* chivo expiatorio *m,* cabeza de turco *f*
Sünder ['zyndər] *m* pecador *m*
sündigen ['zyndɪgən] *v* pecar
Superlativ [zupərla'tiːf] *m* *GRAMM* superlativo *m*
Supermarkt ['zuːpɛrmarkt] *m* supermercado *m*
Suppe ['zupə] *f* *GAST* sopa *f; jdm die ~ versalzen (fig)* aguar la fiesta a alguien; *sich eine schöne ~ einbrocken* meterse en un buen lío; *Du musst die ~ auslöffeln, die du dir eingebrockt hast.* Tú tienes que pagar los platos rotos.
Suppenlöffel ['zupənlœfəl] *m* cuchara sopera *f*
surfen ['sœːrfən] *v 1. SPORT* practicar el surf; *2. ~ im Internet* surfear en la Internet
süß [zyːs] *adj 1. (Geschmack)* dulce; *2. (niedlich)* precioso, bonito, lindo, bello
Süßigkeiten ['zyːsɪçkaɪtən] *f/pl* golosinas *f/pl,* dulces *m/pl*
süßsauer [zys'zauər] *adj* agridulce
Süßspeise ['zyːsʃpaɪzə] *f* *GAST* dulce *m*
Süßwasser ['syːsvasər] *n* agua dulce *f/el,* agua de río *f/el*
Symbol [zym'boːl] *n* símbolo *m*
symbolisch [zym'boːlɪʃ] *adj 1.* simbólico; *adv 2.* simbólicamente
symmetrisch [zy'meːtrɪʃ] *adj 1.* simétrico; *adv 2.* simétricamente
Sympathie [zympa'tiː] *f* simpatía *f,* agrado *m,* inclinación *f*
Sympathisant(in) [zympati'zant(ɪn)] *m/f* simpatizante *m/f*
sympathisch [zym'paːtɪʃ] *adj* simpático
Symptom [zymp'toːm] *n* síntoma *m*
synchron [zyn'kroːn] *adj 1.* sincrónico; *adv 2.* sincrónicamente
System [zys'teːm] *n* sistema *m*
systematisch [zyste'maːtɪʃ] *adj 1.* sistemático; *adv 2.* sistemáticamente
Szene ['stseːnə] *f 1. CINE* secuencia *f; 2. (Streit)* escena *f,* escándalo *m*

T

Tabak ['tabak] *m* tabaco *m*
Tabakwaren ['tabakva:rən] *pl* tabacos *m/pl*
tabellarisch [tabɛ'la:rɪʃ] *adj* sinóptico
Tabelle [ta'bɛlə] *f* tabla *f*, cuadro sinóptico *m*
Tabernakel [tabɛr'na:kəl] *m REL* tabernáculo *m*
Tablett [ta'blɛt] *n* bandeja *f*
Tablette [ta'blɛtə] *f MED* tableta *f*, pastilla *f*
Tabu [ta'bu:] *n* tabú *m*
Tachometer [taxo'me:tər] *m (beim Auto)* velocímetro *m*, tacómetro *m*
Tadel ['ta:dəl] *m* crítica *f*, desaprobación *f*
tadellos ['ta:dəllo:s] *adj 1.* impecable, irreprochable, perfecto, intachable; *adv 2.* impecablemente, perfectamente
tadeln ['ta:dəln] *v* criticar, desaprobar
Tafel ['ta:fəl] *f 1. (Schultafel)* pizarra *f; 2. (Schalttafel)* tablero de distribución *m; 3. (gedeckter Tisch)* mesa puesta *f*, mesa de banquete *m; 4. (Schokoladentafel)* tableta *f*, tablilla de chocolate *f*
tafeln ['ta:fəln] *v* comer bien
Täfelung ['tɛ:fəluŋ] *f* revestimiento de madera *m*
Taft [taft] *m* tafetán *m*
Tag [ta:k] *m* día *m; Morgen ist auch noch ein ~.* Mañana será otro día. *Guten ~! (am Vormittag)* ¡Buenos días! *Guten ~! (am Nachmittag)* ¡Buenas tardes! *etw an den ~ legen* hacer patente algo; *an den ~ kommen* salir a la luz del día; *unter ~e* subterráneo; *in den ~ hineinleben* vivir día a día; *~ und Nacht* día y noche; *den lieben langen~* todo el santo día
Tagebuch ['ta:gəbu:x] *n* diario *m*
tagelang ['ta:gəlaŋ] *adj 1.* durante días; *adv 2.* días y días, días enteros
tagen ['ta:gən] *v* celebrar una reunión, conferenciar
Tagesanbruch ['ta:gəsanbrux] *m* madrugada *f*, amanecer *m*
Tageslicht ['ta:gəslɪçt] *n* luz del día *f; das ~ scheuen* evitar la luz del día; *ans ~ kommen* salir a la luz
Tagesordnung ['ta:gəsɔrdnuŋ] *f* orden del día *m*, asuntos a tratar en el día *m/pl; zur ~ übergehen* pasar al orden del día
Tageszeitung ['ta:gəstsaɪtuŋ] *f* diario *m*
tageweise ['ta:gəvaɪzə] *adv* por día, al día
täglich ['tɛ:klɪç] *adj 1.* diario, cotidiano, de cada día, diurno; *adv 2.* diariamente, todos los días, a diario
tagsüber ['ta:ksy:bər] *adv* de día, durante el día
Tagung ['ta:guŋ] *f* reunión *f*, sesión *f*, conferencia *f*, congreso *m*
Taille ['taljə] *f* talle *m*, cintura *f*
Takt [takt] *m 1. (Feingefühl)* tacto *m*, delicadeza *f; 2. MUS* compás *m; den ~ angeben* llevar la batuta/llevar la voz cantante; *aus dem ~ kommen* quedar desconcertado; *jdn aus dem ~ bringen* desconcertar a alguien
Taktik ['taktɪk] *f* táctica *f*
taktisch ['taktɪʃ] *adj 1.* táctico; *adv 2.* tácticamente
taktlos ['taktlo:s] *adj* rudo, sin tacto
Taktlosigkeit ['taktlo:zɪçkaɪt] *f* falta de tacto *f*, falta de delicadeza *f*
taktvoll ['taktfɔl] *adj 1.* delicado, con tacto; *adv 2.* con tacto, con delicadeza
Tal [ta:l] *n* valle *m*
Talar [ta'la:r] *m REL* sotana *f*
Talent [ta'lɛnt] *n* talento *m*
talentiert [talɛn'ti:rt] *adj* talentoso
Talisman ['ta:lɪsman] *m* talismán *m*
Talsohle ['ta:lzo:lə] *f 1.* fondo del valle *m; 2. (fig)* depresión *f*, período bajísimo *m*
Tampon ['tampɔ̃] *m* tapón *m*, tampón *m*
Tank [taŋk] *m* cisterna *f*, depósito *m*, tanque *m*
tanken ['taŋkən] *v* echar gasolina
Tanker ['taŋkər] *m* petrolero *m*, buque cisterna *m*
Tankstelle ['taŋkʃtɛlə] *f* gasolinera *f; Wo ist die nächste ~?* ¿Dónde está la gasolinera más cercana?
Tankwart ['taŋkvart] *m* gasolinero *m*
Tanne ['tanə] *f BOT* abeto *m*
Tannenzapfen ['tanəntsapfən] *m BOT* piña de abeto *f*
Tante ['tantə] *f* tía *f; die ~ da (fam)* esta tía acá
Tanz [tants] *m* baile *m*, danza *f*
tanzen ['tantsən] *v* bailar, danzar; *Wollen wir ~?* ¿Bailamos?
Tänzer(in) ['tɛntsər(ɪn)] *m/f* bailarín(a) *m/f*, bailador(a) *m/f*

Tanzfläche ['tantsflɛçə] *f* pista de baile *f*
Tapete [ta'peːtə] *f* *1.* papel de empapelar *m*; *die ~n wechseln (fig)* renovarse/cambiar de aspecto/mudarse; *2. (Stoff)* tapiz *m*
tapezieren [tapə'tsiːrən] *v* empapelar
tapfer ['tapfər] *adj* *1.* valiente, valeroso, gallardo; *adv* *2.* valerosamente, con valentía, gallardamente
Tapferkeit ['tapfərkaɪt] *f* valentía *f*, gallardía *f*
Tarif [ta'riːf] *m* tarifa *f*
Tariflohn [ta'riːfloːn] *m* salario según tarifa *m*, salario según convenio colectivo *m*
Tarifvertrag [ta'riːffɛrtraːk] *m* convenio colectivo *m*
tarnen ['tarnən] *v* *1.* enmascarar, encubrir, camuflar, disimular; *2. (fig: verschleiern)* ocultar, tapar, cubrir
Tarnung ['tarnuŋ] *f* enmascaramiento *m*, camuflaje *m*
Tasche ['taʃə] *f* *1. (Handtasche)* bolso *m*, cartera *f* (LA); *2. (Aktentasche)* cartera *f*; *3. (Kleidung)* bolsillo *m*; *jdn in die ~ stecken* meterse a alguien en el bolsillo (fig); *jdm auf der ~ liegen* vivir a expensas de alguien; *tief in die ~ greifen müssen* tener que desemobolsar un dineral; *etw aus eigener ~ bezahlen* pagar algo de su propio bolsillo; *jdm Geld aus der ~ ziehen* sacarle a uno el dinero; *etw in die eigene ~ stecken* meterse algo en su propio bolsillo
Taschenbuch ['taʃənbuːx] *n* libro de bolsillo *m*
Taschendieb ['taʃəndiːp] *m* carterista *m*
Taschengeld ['taʃəngɛlt] *n* dinero para gastos menudos *m*, paga *f*
Taschenlampe ['taʃənlampə] *f* linterna de bolsillo *f*
Taschentuch ['taʃəntuːx] *n* pañuelo *m*
Tasse ['tasə] *f* taza *f*; *nicht alle ~n im Schrank haben (fig)* no tener dos dedos de frente
Tastatur [tasta'tuːr] *f* teclado *m*
Taste ['tastə] *f* tecla *f*
tasten ['tastən] *v* *nach etw ~* tocar algo, tentar algo, palpar algo
Tastenzwang ['tastəntsvaŋ] *m* *INFORM* fuerza de la tecla *f*
Tat [taːt] *f* *1. (Handlung)* hecho *m*, acción *f*; *Zwischen Worten und ~en besteht ein großer Unterschied.* Del dicho al hecho hay mucho trecho. *2. (Straftat)* crimen *m*, delito *m*
Tatbestand ['taːtbəʃtant] *m* estado de las cosas *m*, hechos *m/pl*
tatenlos ['taːtənloːs] *adv* sin hacer nada, con los brazos cruzados
Täter(in) ['tɛːtər(ɪn)] *m/f* autor(a) *m/f*, ejecutor(a) de un delito *m/f*
tätig ['tɛːtɪç] *adj* activo
Tätigkeit ['tɛːtɪçkaɪt] *f* actividad *f*, acción *f*, ocupación *f*
Tatkraft ['taːtkraft] *f* energía *f*
tatkräftig ['taːtkrɛftɪç] *adj* *1.* enérgico, activo; *adv* *2.* enérgicamente
Tätlichkeit ['tɛːtlɪçkaɪt] *f* acto de violencia *m*
Tatort ['taːtɔrt] *m* lugar de los hechos *m*, lugar del crimen *m*, lugar del delito *m*
tätowieren [tɛːto'viːrən] *v* tatuar
Tätowierung [tɛːto'viːruŋ] *f* tatuaje *m*
Tatsache ['taːtzaxə] *f* hecho *m*; *jdn vor vollendete ~n stellen* poner a uno ante un hecho consumado; *vollendete ~ schaffen* lograr hechos consumados
tatsächlich ['taːtzɛçlɪç] *adj* *1.* real, verdadero, auténtico, verídico; *adv* *2.* realmente, de hecho
Tatze ['tatsə] *f* *ZOOL* zarpa *f*, garra *f*
Tau[1] [tau] *m* rocío *m*
Tau[2] [tau] *n* cuerda *f*, cable *m*, cabo *m*
taub [taup] *adj* sordo
Taube ['taubə] *f* *ZOOL* paloma *f*
Taubheit ['tauphaɪt] *f* *MED* sordera *f*
taubstumm ['taupʃtum] *adj* sordomudo
tauchen ['tauxən] *v* sumergir, zambullir
Taucher(in) ['tauxər(ɪn)] *m/f* buceador(a) *m/f*, buzo *m*
tauen ['tauən] *v* deshelarse
Taufbecken ['taufbɛkən] *n* *REL* pila bautismal *f*
Taufe ['taufə] *f* *1.* bautismo *m*; *etw aus der ~ heben* crear algo/fundar algo; *2. REL* bautizo *m*
taufen ['taufən] *v* *REL* bautizar
Taufpate ['taufpaːtə] *m* *REL* padrino *m*
Taufschein ['taufʃaɪn] *m* *REL* partida de bautismo *f*
taugen ['taugən] *v* valer, servir, ser útil
Taugenichts ['taugənɪçts] *m* inútil *m*
tauglich ['tauklɪç] *adj* útil, bueno para, apropiado
taumeln ['tauməln] *v* tambalearse, dar traspiés
Tausch [tauʃ] *m* cambio *m*, trueque *m*, intercambio *m*
tauschen ['tauʃən] *v* cambiar, intercambiar, trocar; *Können wir bitte die Plätze ~?* ¿Podemos cambiar de asiento, por favor?

täuschen ['tɔyʃən] *v* *1. jdn ~* engañar a alguien, embaucar a alguien; *2. sich ~* engañarse, equivocarse
Täuschung ['tɔyʃuŋ] *f* engaño *m*, ilusión *f*, equivocación *f*
tausend ['tauzənt] *num* mil
tausendste(r,s) ['tauzəntstə(r,s)] *adj* milésimo; *zum tausendsten Male* por enésima vez
Tauwetter ['tauvɛtər] *n* deshielo *m*
Taxi ['taksi] *n* taxi *m*; *Wo bekomme ich ein ~?* ¿Dónde puedo conseguir un taxi?
Taxistand ['taksiʃtant] *m* parada de taxis *f*
Teamarbeit ['ti:marbaɪt] *f* trabajo en equipo *m*
Technik ['tɛçnɪk] *f* técnica *f*
Techniker(in) ['tɛçnɪkər(ɪn)] *m/f* técnico/técnica *m/f*
technisch ['tɛçnɪʃ] *adj 1.* técnico; *adv 2.* técnicamente, por medio de la técnica
Technologie [tɛçnolo'gi:] *f* tecnología *f*
technologisch [tɛçno'lo:gɪʃ] *adj 1.* tecnológico; *adv 2.* tecnológicamente, por medio de la tecnología
Tee [te:] *m* té *m*
Teekanne ['te:kanə] *f* tetera *f*
Teelöffel ['te:lœfəl] *m* cucharilla de té *f*, cucharita de té *f* (LA)
Teer [te:r] *m* brea líquida *f*, alquitrán *m*
teeren ['te:rən] *v* embrear
Teich [taɪç] *m* estanque *m*
Teig [taɪk] *m* masa *f*, pasta *f*
Teigwaren ['taɪkva:rən] *pl* pastas *f/pl*
Teil [taɪl] *m* parte *f*, pieza *f*; *sich seinen ~ denken* pensarse su parte/pensarse lo suyo; *für meinen ~* por mí/por mi parte; *seinen ~ kriegen* recibir su parte (fig)/recibir su merecido; *seinen ~ weghaben* perder su parte
teilbar ['taɪlba:r] *adj* divisible
Teilbetrag ['taɪlbətra:k] *m* suma parcial *f*, importe parcial *m*
teilen ['taɪlən] *v 1. (trennen)* dividir, separar; *2. (fig: etw mit jdm gemeinsam haben)* compartir algo con alguien, tener algo en común con alguien
teilhaben ['taɪlha:bən] *v* participar, tener parte en
Teilhaber(in) ['taɪlha:bər(ɪn)] *m/f ECO* socio/socia *m/f*, copropietario/copropietaria *m/f*, asociado/asociada *m/f*
Teilnahme ['taɪlna:mə] *f* participación *f*
teilnahmslos ['taɪlna:mslo:s] *adj 1.* desinteresado, indiferente; *adv 2.* indiferentemente, sin interés
teilnehmen ['taɪlne:mən] *v* participar, tomar parte en
Teilnehmer ['taɪlne:mər] *m TEL* abonado *m*
Teilnehmer(in) ['taɪlne:mər(ɪn)] *m/f* participante *m/f*
Teilung ['taɪluŋ] *f* división *f*, partición *f*
teilweise ['taɪlvaɪzə] *adv* parcialmente, en parte
Teilzahlung ['taɪltsa:luŋ] *f* pago parcial *m*, pago a plazos *m*
Teilzeitbeschäftigung ['taɪltsaɪtbəʃɛftɪguŋ] *f* trabajo a tiempo parcial *m*
Teint [tɛ̃] *m* color del rostro *m*
Telefax ['telefaks] *n* telefax *m*
Telefon [tele'fo:n] *n* teléfono *m*
Telefonanruf [tele'fo:nanru:f] *m* llamada telefónica *f*
Telefonbuch [tele'fo:nbu:x] *n* guía telefónica *f*
Telefongespräch [tele'fo:ngəʃprɛ:ç] *n* conversación telefónica *f*
telefonieren [telefo'ni:rən] *v* telefonear, hablar por teléfono, llamar por teléfono; *Kann ich bitte bei Ihnen ~?* ¿Puedo telefonear por favor?
telefonisch [tele'fo:nɪʃ] *adj 1.* telefónico; *adv 2.* telefónicamente, por teléfono
Telefonnummer [tele'fo:nnumər] *f* número de teléfono *m*
Telefonzelle [tele'fo:ntsɛlə] *f* cabina telefónica *f*
telegrafieren [telegra'fi:rən] *v* telegrafiar
Telegramm [tele'gram] *n* telegrama *m*
Teleskop [teles'ko:p] *n* telescopio *m*
Telex ['telɛks] *n* télex *m*
Teller ['tɛlər] *m 1. (flach)* plato llano *m*, plato tendido *m* (LA); *2. (tief)* plato sopero *m*, plato hondo *m*; *3. (Dessertteller)* platillo de postre *m*, plato de postre *m*
Tempel ['tɛmpəl] *m* templo *m*
Temperament [tempera'mɛnt] *n* temperamento *m*
temperamentvoll [tempera'mɛntfɔl] *adj* temperamental, vehemente
Temperatur [tempera'tu:r] *f* temperatura *f*
Tempo ['tɛmpo] *n* ritmo *m*; *~ machen* darse prisa
Tempolimit ['tɛmpo:lɪmɪt] *n* limitación de la velocidad *f*
Tendenz [tɛn'dɛnts] *f* tendencia *f*
tendenziös [tɛndɛn'tsjø:s] *adj* tendencioso

tendieren [tɛn'diːrən] *v* tender, inclinarse
Tennis ['tɛnɪs] *n SPORT* tenis *m*
Tenor [te'noːr] *m MUS* tenor *m*
Teppich ['tɛpɪç] *m* alfombra *f; etw unter den ~ kehren* encubrir algo; *auf dem ~ bleiben* pisar tierra
Teppichboden ['tɛpɪçboːdən] *m* moqueta *f,* alfombrado *m* (LA)
Termin [tɛr'miːn] *m 1. (Datum)* fecha *f,* data *f; 2. (Frist)* plazo *m; 3. (Verabredung)* cita *f; 4. (Verhandlung) JUR* vista *f*
termingerecht [tɛr'miːngərɛçt] *adj 1.* conforme a la fecha fijada; *adv 2.* a tiempo, según la fecha fijada
Terminkalender [tɛr'miːnkalɛndər] *m* agenda *f,* calendario *m*
Terminologie [tɛrmɪnolo'giː] *f* terminología *f*
Terpentin [tɛrpɛn'tiːn] *n* trementina *f*
Terrasse [tɛ'rasə] *f* terraza *f*
Terrine [tɛ'rinə] *f* sopera *f*
Territorium [tɛri'toːrjum] *n* territorio *m*
Terror ['tɛrɔr] *m* terror *m*
Terrorismus [tɛrɔ'rɪsmus] *m* terrorismo *m*
Terrorist(in) [tɛrɔ'rɪst(ɪn)] *m/f* terrorista *m/f*
Test [tɛst] *m* test *m,* prueba *f*
Testament [tɛsta'mɛnt] *n* testamento *m; sein ~ machen können* poder preparar su testamento
testamentarisch [tɛstamɛn'taːrɪʃ] *adj 1.* testamentario; *adv 2.* por testamento, según testamento
testen ['tɛstən] *v* probar, someter a un test
Testpilot ['tɛstpɪloːt] *m* piloto de pruebas *m*
Teststrecke ['tɛstʃtrɛkə] *f 1.* trecho de prueba *m; 2. (Bahn)* línea de prueba *f*
Tetanus ['teːtanus] *m MED* tétanos *m*
Tetanusimpfung ['teːtanusɪmpfuŋ] *f MED* vacuna antitetánica *f*
teuer ['tɔyər] *adj* caro, costoso; *Das wird dir ~ zu stehen kommen!* ¡Esto te va a salir muy caro!
Teuerungsrate ['tɔyəruŋsraːtə] *f* tasa de carestía *f,* índice de encarecimiento *m*
Teufel ['tɔyfəl] *m* diablo *m,* demonio *m; Wenn man vom ~ spricht, so kommt er.* Hablando del rey de Roma y él que se asoma. *Scher dich zum ~!* ¡Vete al diablo!/¡Vete a freír espárragos! *den ~ an die Wand malen* ser aforero; *sich den ~ um etw scheren* no ocuparse en absoluto de algo; *in ~s Küche kommen* meterse en un lío; *auf ~ komm raus* con todas las fuerzas; *jdn zum ~ schicken* mandar a alguien al diablo; *Da ist der ~ los.* Allí haybronca. *Pfui ~!* ¡Qué asco!
teuflisch ['tɔyflɪʃ] *adj* diabólico, infernal, satánico
Text [tɛkst] *m* texto *m*
Textilien [tɛks'tiːljən] *pl* tejidos *m/pl,* productos textiles *m/pl*
Textilindustrie [tɛks'tiːlɪndustriː] *f* industria textil *f*
Thailand ['taɪlant] *n GEO* Tailandia *f*
Theater [te'aːtər] *n 1. (Schauspielhaus)* teatro *m; 2. (fig: Aufregung)* espectáculo *m,* aspavientos *m/pl; ~ spielen* hacer teatro
Theaterbesucher(in) [te'aːtərbəzuçər(ɪn)] *m/f* espectador(a) *m/f*
Theaterkasse [te'aːtərkasə] *f* taquilla *f,* despacho de localidades *m*
Theaterstück [te'aːtərʃtyk] *n* pieza teatral *f,* pieza de teatro *f*
theatralisch [tea'traːlɪʃ] *adj 1. (fig)* teatral; *adv 2. (fig)* teatralmente, con teatro, con aspavientos
Theke ['teːkə] *f* mostrador *m,* barra *f*
Thema ['teːma] *n* tema *m*
Thematik [te'maːtɪk] *f* temática *f*
Theologe [teo'loːgə] *m* teólogo *m*
Theologie [teolo'giː] *f* teología *f*
Theologin [teo'loːgɪn] *f* teóloga *f*
theoretisch [teo'reːtɪʃ] *adj 1.* teórico; *adv 2.* teóricamente, en teoría
Theorie [teo'riː] *f* teoría *f*
Therapeut(in) [tera'pɔyt(ɪn)] *m/f* terapeuta *m/f*
Therapie [tera'piː] *f* terapia *f*
Thermalbad ['tɛrmalbaːt] *n* baño termal *m*
Thermometer [tɛrmo'meːtər] *n* termómetro *m*
Thermostat ['tɛrmostaːt] *m* termostato *m*
These ['teːzə] *f* tesis *f,* disertación *f*
Thron [troːn] *m* trono *m; von seinem ~ herabsteigen* bajar del pedestal; *jdn vom ~ stoßen* destronar a alguien; *Sein ~ wackelt gewaltig.* Peligra su posición.
Thronfolger ['troːnfɔlgər] *m* sucesor al trono *m*
Thunfisch ['tuːnfɪʃ] *m ZOOL* atún *m*
Thymian ['tyːmjaːn] *m BOT* tomillo *m*
Tick [tɪk] *m* tic nervioso *m*
ticken ['tɪkən] *v (Uhr)* hacer tictac; *nicht mehr ganz richtig ~* no estar bien de la cabeza

tief [ti:f] *adj 1. (Abgrund)* profundo, abismal; *~er Schnee* nieve alta *f; ~ schürfend* exhaustivo, profundo; *2. (Temperatur)* bajo; *adv 3. (stark)* profundamente, hondamente

Tiefe ['ti:fə] *f* profundidad *f,* fondo *m,* hondura *f,* abismo *m*

Tiefflug ['ti:fflu:k] *m* vuelo rasante *m,* vuelo de baja altura *m,* vuelo bajo *m* (LA)

Tiefgarage ['ti:fgara:ʒə] *f* garaje subterráneo *m,* aparcamiento subterráneo *m*

Tiefkühlfach ['ti:fky:lfax] *n* congelador *m,* compartimiento de congelación *m*

Tiefkühlkost ['ti:fky:lkɔst] *f* alimentos congelados *m/pl,* comida congelada *f*

Tiefpunkt ['ti:fpuŋkt] *m* punto más bajo *m*

Tier [ti:r] *n* animal *m; ein hohes ~ sein* ser un pez gordo

Tierarzt ['ti:rartst] *m* veterinario *m*

Tiergarten ['ti:rgartən] *m* parque zoológico *m*

Tierheim ['ti:rhaɪm] *n 1.* asilo para animales *m; 2. (für Hunde)* residencia canina *f*

Tierkreiszeichen ['ti:rkraɪstsaɪçən] *n* signo del zodíaco *m*

Tierquälerei [ti:rkvɛ:lə'raɪ] *f* maltrato a los animales *m,* crueldad con los animales *f*

Tierversuch ['ti:rfɛrzu:x] *m* experimento con animales *m*

Tiger ['ti:gər] *m ZOOL* tigre *m*

tilgen ['tɪlgən] *v ECO* amortizar, reembolsar

Tilgung ['tɪlguŋ] *f ECO* amortización *f,* reembolso *m*

Tinte ['tɪntə] *f* tinta *f; in der ~ sitzen (fig)* estar en apuros

Tintenfisch ['tɪntənfɪʃ] *m ZOOL* calamar *m*

tippen ['tɪpən] *v 1. (berühren)* tocar algo ligeramente, palpar con la punta de los dedos; *2. (Maschine schreiben)* escribir a máquina; *3. (vermuten)* suponer, conjeturar; *4. (wetten)* apostar

Tippfehler ['tɪpfe:lər] *m* error mecanográfico *m*

Tisch [tɪʃ] *m* mesa *f; am runden ~* en la mesa de negociaciones; *jdn über den ~ ziehen (fig)* perjudicar a alguien; *unter den ~ fallen* pasar inadvertido; *bei ~* durante la comida/durante el almuerzo/en la mesa

Tischdecke ['tɪʃdekə] *f* mantel *m,* carpeta *f*

Tischler ['tɪʃlər] *m* carpintero *m*

Tischtennis ['tɪʃtɛnɪs] *n SPORT* tenis de mesa *m,* ping-pong *m*

Titel ['ti:təl] *m 1. (Überschrift)* título *m,* cabecera *f; 2. (akademischer ~, Standesbezeichnung)* título *m*

Titelbild ['ti:təlbɪlt] *n* portada *f*

Titelseite ['ti:təlzaɪtə] *f* primera plana *f,* portada *f*

Toast [to:st] *m 1. (Brot)* tostada *f; 2. (Trinkspruch)* brindis *m; einen ~ auf jdn ausbringen* hacer un brindis a la salud de alguien

Toaster ['to:stər] *m* tostador *m,* tostadora *f*

toben ['to:bən] *v 1. (tollen)* retozar, alborotar; *2. (stürmen)* desencadenarse; *3. (wütend sein)* rabiar, estar furioso

Tochter ['tɔxtər] *f* hija *f*

Tochtergesellschaft ['tɔxtərgəzɛlʃaft] *f ECO* sucursal *f,* filial *f*

Tod [to:t] *m* muerte *f,* defunción *f,* fallecimiento *m; tausend ~e sterben* estar absolutamente angustiado; *jdn auf den ~ nicht leiden können* odiar a alguien a muerte; *mit dem ~e ringen* luchar con la muerte/agonizar; *zu ~e kommen* morir

todernst ['to:tɛrnst] *adj 1.* muy serio; *adv 2.* muy en serio

Todesangst ['to:dəsaŋst] *f* angustia mortal *f*

Todesanzeige ['to:dəsantsaɪgə] *f* anuncio de defunción *m*

Todesfall ['to:dəsfal] *m* caso de muerte *m,* muerte *f,* defunción *f,* fallecimiemto *m*

Todeskampf ['to:dəskampf] *m* agonía *f,* lucha contra la muerte *f*

Todesstrafe ['to:dəsʃtra:fə] *f JUR* pena de muerte *f,* pena capital *f*

Todesursache ['to:dəsu:rsaxə] *f* causa de la muerte *f*

todkrank ['to:tkraŋk] *adj* mortal

tödlich ['tø:tlɪç] *adj 1.* mortal; *adv 2.* mortalmente, de muerte; *Er hat ihn ~ verletzt.* Le hirió de muerte.

Todsünde ['to:tzyndə] *f REL* pecado mortal *m*

Toilette [toa'lɛtə] *f* retrete *m,* lavabo *m,* servicios *m/pl,* baño *m* (LA)

Toilettenartikel [toa'lɛtənartɪkəl] *pl* artículos de tocador *m/pl*

Toilettenpapier [toa'lɛtənpapi:ər] *n* papel higiénico *m*

toi, toi, toi [toi] *interj* ¡Suerte!/¡Toda la suerte del mundo!

tolerant [tɔlə'rant] *adj* tolerante

Toleranz [tɔlə'rants] *f* tolerancia *f*

tolerieren [tɔlə'ri:rən] *v* tolerar

toll [tɔl] *adj 1. (verrückt)* loco; *2. (fam: super)* formidable, estupendo, fabuloso, super; *adv 3. (verrückt)* locamente; *4. (fam: super)* formidablemente, super
tollen ['tɔlən] *v* alborotar, hacer bulla
tollkühn ['tɔlky:n] *adj 1.* temerario; *adv 2.* con temeridad
tollpatschig ['tɔlpatʃɪç] *adj* torpe
Tollwut ['tɔlvu:t] *f MED* rabia *f,* hidrofobia *f*
Tollwutgefahr ['tɔlvu:tgəfa:r] *f* peligro de rabia *m*
Tölpel ['tœlpəl] *m* zopenco *m,* patán *m*
Tomate [to'ma:tə] *f BOT* tomate *m*
Tomatensoße [to'ma:tənzo:sə] *f GAST* salsa de tomate *f*
Tombola ['tɔmbola] *f* tómbola *f*
Tomografie [tomogra'fi:] *f MED* tomografía *f*
Ton[1] [to:n] *m 1. (Laut)* sonido *m; jdn in den höchsten Tönen loben* poner a alguien por las nubes/hacer grandes elogios de alguien; *2. (Umgangston)* tono *m; einen anderen ~ anschlagen* emplear otro tono; *sich im ~ vergreifen* equivocarse de tono; *3. MUS* tono *m,* nota *f; den ~ angeben* llevar la batuta/llevar la voz cantante; *den ~ angeben (fig)* dar el tono
Ton[2] [to:n] *m (Lehm)* arcilla *f*
tonangebend ['to:nange:bənt] *adj* que da el tono
Tonart ['to:nart] *f eine andere ~ anschlagen* utilizar otro tono
Tonband ['to:nbant] *n* cinta magnetofónica *f*
Tonbandgerät ['tɔnbantgərɛ:t] *n* magnetófono *m,* magnetofón *m*
tönen ['tø:nən] *v 1. (klingen)* sonar; *2. (färben)* teñir; *3. (fig: prahlen)* fanfarronear, alardear
Tonfall ['to:nfal] *m* cadencia *f,* entonación *f,* acentuación *f,* deje *m*
Tonne ['tɔnə] *f 1. (Maßeinheit)* tonelada *f; 2. (Gefäß)* barril *m*
Tönung ['tø:nuŋ] *f* colorido *m*
Topf [tɔpf] *m 1. (irdener)* pote *m,* tarro *m; 2. (Kochtopf)* olla *f; alles in einen ~ werfen* medir todo por el mismo rasero/meter todo en la misma olla; *wie ~ und Deckel zusammenpassen* armonizar a la perfección
Töpferhandwerk ['tœpfərhantvɛrk] *n* alfarería *f*
Tor [to:r] *n 1. (Tür)* portal *m,* puerta *f; 2. (Treffer)* gol *m; 3. SPORT* portería *f*
Torf [tɔrf] *m* turba *f*
Torheit ['to:rhaɪt] *f* tontería *f,* necedad *f,* estupidez *f*
töricht ['tø:rɪçt] *adj 1.* tonto, necio, estúpido; *adv 2.* tontamente, neciamente, estúpidamente
torkeln ['tɔrkəln] *v* tambalearse
torpedieren [tɔrpe'di:rən] *v (fig)* estorbar, obstaculizar
Torte ['tɔrtə] *f GAST* torta *f*
Tortur [tɔr'tu:r] *f* tortura *f,* suplicio *m,* tormento *m,* martirio *m*
Torwart ['to:rvart] *m SPORT* portero *m,* arquero *m* (LA)
tosen ['to:zən] *v* bramar, rugir
tot [to:t] *adj* muerto, difunto, fallecido, finado; *mehr ~ als lebendig sein* estar más muerto que vivo
total [to'ta:l] *adj 1.* total, completo; *adv 2.* totalmente, completamente, por completo
totalitär [totali'tɛ:r] *adj 1.* totalitario; *adv 2.* totalitariamente, de forma totalitarista
Totalschaden [to'ta:lʃa:dən] *m* daño total *m,* siniestro total *m*
Tote ['to:tə] *m/f* muerto *m,* difunto *m,* fallecido *m*
töten ['tø:tən] *v* matar, dar muerte a
Totenbett ['to:tənbɛt] *n* lecho mortuorio *m,* lecho de muerte *m*
Totenkopf ['to:tənkɔpf] *m* calavera *f*
Totenmesse ['to:tənmɛsə] *f REL* misa de réquiem *f,* misa de difuntos *f*
Totenschein ['to:tənʃaɪn] *m* certificado de defunción *m,* partida de defunción *f*
Totensonntag ['to:tənzɔnta:k] *m REL* día de difuntos *m*
Totenstille ['to:tən'ʃtɪlə] *f* silencio mortal *m*
Totenwache ['to:tənvaxə] *f* velatorio *m*
Totschlag ['to:tʃla:k] *m JUR* homicidio *m*
Toupet [tu'pe:] *n* bisoñé *m*
Tour [tu:r] *f 1.* vuelta *f; jdn auf ~en bringen* animar a alguien; *eine krumme ~* una mentira *f*/un engaño *m; in einer ~* sin interrupción/de un tirón; *2. (fig)* truco *m,* maña *f*
Tourismus [tu'rɪsmus] *m* turismo *m*
Tourist(in) [tu'rɪst(ɪn)] *m/f* turista *m/f*
Touristenklasse [tu'rɪstənklasə] *f* clase turista *f*
Tournee [tur'ne:] *f* gira *f*
Trab [tra:p] *m* trote *m; jdn auf ~ bringen* hacer sudar a alguien (fig); *auf ~ sein* estar al trote; *jdn in ~ halten* no dejar descansar a alguien

Trabantenstadt [tra'bantənʃtat] *f* ciudad satélite *f*
Trabrennen ['traːprɛnən] *n SPORT* carrera al trote *f*
Tracht [traxt] *f* vestimenta *f*
trachten ['traxtən] *v 1. nach etw ~* aspirar a algo, pretender algo; *2. ~ etw zu tun* tratar de hacer algo
Trachtenumzug ['traxtənumtsuːk] *m* desfile folclórico *m*
trächtig ['trɛçtɪç] *adj ZOOL* preñada
Tradition [tradi'tsjoːn] *f* tradición *f*
traditionell [traditsjoː'nɛl] *adj 1.* tradicional; *adv 2.* tradicionalmente, por tradición
Tragbahre ['traːkbaːrə] *f* camilla *f*
tragbar ['traːkbaːr] *adj 1. (Apparat)* portátil, portable; *2. (Mode)* de moda; *3. (fig)* aceptable, razonable
träge ['trɛːgə] *adj 1.* perezoso; *2. PHYS* inerte
tragen ['traːgən] *v irr 1.* llevar, cargar (LA); *2. (fig: ertragen)* soportar, aguantar, resistir
Träger ['trɛːgər] *m 1. (Person)* portador *m; 2. (Stütze)* soporte *m; 3. (an Kleidung)* tirante *m*
Tragfläche ['traːkflɛçə] *f* superficie de apoyo *f*
Tragflächenboot ['traːkflɛçənboːt] *n* aguaplano *m,* hidroala *f/el*
Trägheit ['trɛːkhaɪt] *f 1.* pereza *f,* holgazanería *f; 2. PHYS* inercia *f*
Tragik ['traːgɪk] *f* tragedia *f,* hecho trágico *m*
tragisch ['traːgɪʃ] *adj 1.* trágico; *adv 2.* trágicamente
Tragödie [tra'gøːdjə] *f* tragedia *f*
Tragweite ['traːkvaɪtə] *f* alcance *m*
Trainer(in) ['trɛːɪnər(ɪn)] *m/f* entrenador(a) *m/f*
trainieren [trɛː'niːrən] *v* entrenar(se)
Training ['trɛːnɪŋ] *n* entrenamiento *m*
Trainingsanzug ['trɛːnɪŋsantsuːk] *m* traje de entrenamiento *m,* chándal *m*
traktieren [trak'tiːrən] *v* tratar
Traktor ['traktɔr] *m AGR* tractor *m*
trällern ['trɛlərn] *v* tararear
trampeln ['trampəln] *v* patear, zapatear
trampen ['trɛmpən] *v* hacer autostop, hacer dedo
Tramper(in) ['trɛmpər(ɪn)] *m/f* autostopista *m/f,* persona que tira dedo *f* (LA)
Tran [traːn] *m* aceite de ballena *m,* aceite de pescado *m,* aceite de hígado de bacalao *m; im ~ sein* estar medio dormido/estar en la higuera/estar borracho
Trance [trɑ̃s] *f* trance *m*
tranchieren [trɑ̃n'ʃiːrən] *v* trinchar
Träne ['trɛːnə] *f* lágrima *f; die ~n trocknen* enjugarse las lágrimas
tränen ['trɛːnən] *v* lagrimear
tränken ['trɛŋkən] *v 1. (Tiere)* dar de beber a; *2. (imprägnieren)* impregnar
Transaktion [tranzak'tsjoːn] *f* transacción *f*
Transfer ['transfeːr] *m* transferencia *f*
Transformator [transfɔr'maːtɔr] *m TECH* transformador *m*
Transfusion [transfu'zjoːn] *f MED* transfusión *f*
Transistorradio [tran'zɪstoːrraːdjo] *n* radio transistor *m*
Transit ['tranzɪt] *m* tránsito *m*
Transitverkehr ['tranzɪtfɛrkeːr] *m* tráfico de tránsito *m*
transparent [transpa'rɛnt] *adj* transparente
Transparent [transpa'rɛnt] *n* pancarta *f*
Transparenz [transpa'rɛnts] *f* transparencia *f*
Transplantation [transplanta'tsjoːn] *f MED* trasplante *m,* injerto *m*
Transport [trans'pɔrt] *m* transporte *m*
transportfähig [trans'pɔrtfɛːɪç] *adj* transportable
transportieren [transpor'tiːrən] *v* transportar
Transportkosten [trans'portkɔstən] *pl* costes de transporte *m/pl*
Transportmittel [trans'portmɪtəl] *n* medios de transporte *m/pl*
Transportunternehmen [trans'port-untərneːmən] *n* empresa de transportes *f,* compañía de transportes *f*
Trapez [tra'peːts] *n* trapecio *m*
Tratsch [traːtʃ] *m (fam)* chismorreo *m,* chismes *m/pl*
tratschen ['traːtʃən] *v (fam)* chismorrear
Traualtar ['traualtaːr] *m* altar nupcial *m*
Traube ['traubə] *f BOT* uva *f*
Traubenzucker ['traubəntsukər] *m* glucosa *f*
trauen ['trauən] *v 1. (verheiraten)* casar, desposar; *2. (ver~)* confiar en alguien, fiarse de alguien; *3. sich ~ zu* atreverse a, osar
Trauer ['trauər] *f* tristeza *f,* aflicción *f*
Trauerfall ['trauərfal] *m* caso de defunción *m,* defunción *f*

trauern [trauərn] *v* afligirse, sufrir por, llorar la muerte de

Traum [traum] *m* sueño *m; Träume zerstören* truncar las ilusiones; *nicht im ~* ni soñarlo; *Aus der ~!* ¡Todo mi gozo en un pozo!/¡Adiós, sueño dorado!

Trauma ['trauma] *n MED* trauma *m*

träumen ['trɔymən] *v ~ von* soñar con; *Ich habe von ihm geträumt.* He soñado con él. *sich etw nicht ~ lassen* no poder imaginarse algo nunca

Träumer(in) ['trɔymər(ɪn)] *m/f* soñador(a) *m/f*

traumhaft ['traumhaft] *adj 1. (fig)* de sueños, de ensueño, maravilloso; *adv 2. (fig)* increíblemente, maravillosamente

traurig ['traurɪç] *adj 1.* triste, afligido; *adv 2.* tristemente, con tristeza

Traurigkeit ['traurɪçkaɪt] *f* tristeza *f*

Trauring ['traurɪŋ] *m* anillo de boda *m,* aro de matrimonio *m* (LA)

Trauschein ['trauʃaɪn] *m* acta de matrimonio *f/el,* partida de matrimonio *f*

Trauung ['trauuŋ] *f 1. (kirchlich)* matrimonio religioso *m; 2. (standesamtlich)* matrimonio civil *m*

Trauzeuge ['trautsɔygə] *m* testigo de matrimonio *m*

treffen ['trɛfən] *v 1.* alcanzar, llegar; *2. (begegnen)* encontrarse con alguien, coincidir; *3. (fig: berühren)* tocar

treffend ['trɛfənt] *adj* acertado, exacto, preciso, justo

Treffer ['trɛfər] *m 1.* golpe certero *m; 2. (fig)* gran éxito *m*

Treffpunkt ['trɛfpuŋkt] *m* punto de reunión *m,* lugar de la cita *m*

treiben ['traɪbən] *v 1. (antreiben)* impulsar, accionar; *2. (fig: ausüben)* ejercitar, practicar, hacer, dedicarse a; *Sport ~* hacer deporte/practicar deporte; *3. etw zu weit ~* llevar algo al extremo

Treibhaus ['traɪphaus] *n* invernáculo *m,* invernadero *m*

Treibhauseffekt ['traɪphausefɛkt] *m* efecto de invernadero *m*

Treibjagd ['traɪpja:kt] *f* caza *f,* cetrería *f*

Treibstoff ['traɪpʃtɔf] *m* combustible carburante *m*

Trend [trɛnt] *m* tendencia *f*

trennen ['trɛnən] *v* separar, desunir

Trennung ['trɛnuŋ] *f* separación *f*

Treppe ['trɛpə] *f* escalera *f; die ~ hinauffallen* ascender (en la carrera)

Treppengeländer ['trɛpəngəlɛndər] *n* barandilla *f,* pasamanos *m*

Treppenhaus ['trɛpənhaus] *n* escalera en un edificio *f*

Tresor [tre'zo:r] *m* caja de caudales *f,* caja fuerte *f,* cámara acorazada *f*

Tretboot ['tre:tbo:t] *n* bote de pedales *m*

treten ['tre:tən] *v 1. (gehen)* ir, caminar, andar; *in die Fußstapfen von jdm ~* seguir las huellas de alguien; *2. (Fußtritt geben)* patear, dar un puntapié

treu [trɔy] *adj 1.* fiel, leal; *adv 2.* fielmente, con lealtad

Treue ['trɔyə] *f* fidelidad *f,* lealtad *f*

Treuhandgesellschaft ['trɔyhantgəzɛlʃaft] *f ECO* sociedad fiduciaria *f*

treuherzig ['trɔyhɛrtsɪç] *adj 1.* sincero, franco; *adv 2.* sinceramente, francamente

treulos ['trɔylo:s] *adj 1.* infiel, desleal; *adv 2.* infielmente, sin fidelidad

Tribüne [tri'by:nə] *f* tribuna *f*

Trichter ['trɪçtər] *m* embudo *m; auf den richtigen ~ kommen* dar con la solución; *jdn auf den richtigen ~ bringen* ayudar a alguien a encontrar la solución

Trick [trɪk] *m* truco *m,* artimaña *f; ~ siebzehn (fam)* el truco del almendruco

Trickfilm ['trɪkfɪlm] *m CINE* dibujos animados *m/pl*

Trieb [tri:p] *m 1.* instinto *m; 2. BOT* brote *m,* retoño *m*

triebhaft ['tri:phaft] *adj 1.* instintivo; *adv 2.* instintivamente

Triebkraft ['tri:pkraft] *f* fuerza motriz *f*

triefen ['tri:fən] *v* chorrear

triftig ['trɪftɪç] *adj* sólido, plausible, concluyente

Trikot [trɪ'ko:] *n* malla *f,* tricot *m,* maillot *m*

Trillerpfeife ['trɪlərpfaɪfə] *f* pito *m*

trinkbar ['trɪŋkba:r] *adj* potable

trinken ['trɪŋkən] *v irr* tomar, beber; *einen ~* tomar una copa

Trinkgeld ['trɪŋkgɛlt] *n* propina *f*

Trinkspruch ['trɪŋkʃprux] *m* brindis *m; Auf dein Wohl!* ¡A tu salud!

Trinkwasser ['trɪŋkvasər] *n* agua potable *f/el*

trippeln ['trɪpəln] *v* caminar a pasitos cortos

Tritt [trɪt] *m 1.* paso *m; 2. (Fußtritt)* puntapié *m,* patada *f*

Trittbrett ['trɪtbrɛt] *n* estribo *m*

Triumph [tri'umf] *m* triunfo *m*

triumphal [trium'fa:l] *adj* triunfal

triumphieren [trium'fiːrən] *v* triunfar, vencer
Trivialliteratur [tri'vjallitəratuːr] *f* literatura trivial *f,* literatura banal *f*
trocken ['trɔkən] *adj 1. (nicht nass)* seco; *auf dem Trocknen sitzen* estar sin blanca; *2. (dürr)* árido, estéril; *3. (herb)* áspero, seco; *ein ~er Wein* un vino seco
Trockenfutter ['trɔkənfutər] *n* forraje seco *m*
Trockenheit ['trɔkənhaɪt] *f 1.* sequedad *f; 2. (anhaltende)* sequía *f*
trockenlegen ['trɔkənleːgən] *v 1. (Land)* desaguar, avenar, drenar; *2. (Säugling)* cambiar los pañales
trocknen ['trɔknən] *v* secar(se)
Trödel ['trøːdəl] *m* trastos viejos *m/pl,* cachivaches *m/pl*
Trödelmarkt ['trøːdəlmarkt] *m* mercadillo *m,* rastro *m* (Madrid), mercado de pulgas *m* (LA)
trödeln ['trøːdəln] *v* hacer algo lentamente, perder el tiempo inútilmente
Trödler(in) ['trøːdlər(ɪn)] *m/f* ropavejero/ropavejera *m/f,* baratillero/baratillera *m/f*
Trog [troːk] *m* artesa *f,* amasadero *m*
Trommel ['trɔməl] *f MUS* tambor *m*
Trommelfell ['trɔməlfɛl] *n ANAT* tímpano *m*
Trompete [trɔm'peːtə] *f MUS* trompeta *f*
Tropen ['troːpən] *pl GEO* trópicos *m/pl,* países tropicales *m/pl*
Tropf [trɔpf] *m 1. (Dummkopf)* tonto *m,* bobo *m; 2. MED* suero *m*
tropfen ['trɔpfən] *v* gotear, rezumar
Tropfen ['trɔpfən] *m* gota *f; ein ~ auf dem heißen Stein sein (fig)* ser (como) gota en el mar
Trophäe [tro'fɛːə] *f* trofeo *m*
tropisch ['troːpɪʃ] *adj* tropical
Trost [troːst] *m* consuelo *m,* consolación *f,* confortación *f; nicht ganz bei ~ sein* no estar en sus cabales
trösten ['trøːstən] *v* consolar, confortar
tröstlich ['trøːstlɪç] *adj* consolador, confortador
trostlos ['troːstloːs] *adj* desconsolado, inconsolable
Trostlosigkeit ['troːstloːzɪçkaɪt] *f* desconsuelo *m*
Trott [trɔt] *m (fig)* rutina *f*
Trottel ['trɔtəl] *m (fam)* imbécil *m,* idiota *m*
Trottoir [trɔ'toaːr] *n* acera *f*
trotz [trɔts] *prep* a pesar de, pese a
Trotz [trɔts] *m* obstinación *f,* terquedad *f,* testarudez *f,* porfía *f*
trotzdem ['trɔtsdeːm] *konj* a pesar de que, aunque; *adv* a pesar de ello, no obstante, sin embargo
trotzen ['trɔtsən] *v 1. (widerstehen)* resistirse a, oponerse; *2. (schmollen)* estar de morros, poner el hocico
trotzig ['trɔtsɪç] *adj 1.* terco, obstinado, porfiado, testarudo; *adv 2.* tercamente, obstinadamente
Trotzkopf ['trɔtskɔpf] *m* terco *m*
trüb [tryːp] *adj 1. (undurchsichtig)* turbio; *2. (matt)* deslustrado, deslucido, mate; *3. (regnerisch)* nublado
Trubel ['truːbəl] *m* bulla *f,* trajín *m*
trüben ['tryːbən] *v 1. (Flüssigkeit)* enturbiar; *2. (fig: Stimmung)* turbar, empañar
Trübsal ['tryːpzaːl] *f* aflicción *f,* tribulación *f; ~ blasen* estar triste
trübselig ['tryːpzeːlɪç] *adj* triste, afligido, melancólico
Trübsinn ['tryːpzɪn] *m* tristeza *f,* melancolía *f*
trübsinnig ['tryːpzɪnɪç] *adj* triste, melancólico
Trüffel ['tryfəl] *m BOT* trufa *f*
Trugbild ['truːkbɪlt] *n* visión *f,* espejismo *m,* alucinación *f*
trügen ['tryːgən] *v irr* engañar, ser engañoso
trügerisch ['tryːgərɪʃ] *adj* engañoso
Trugschluss ['truːkʃlus] *m* conclusión errónea *f,* conclusión falsa *f*
Truhe ['truːə] *f* arca *f/el*
Trümmer ['trymər] *pl* escombros *m/pl,* ruinas *f/pl; in ~ sinken* caer en ruinas; *in ~n liegen* estar en ruinas
Trumpf [trumpf] *m (fig)* ventaja *f; ~ sein* ser un triunfo/ser un éxito; *einen ~ ausspielen* echar un triunfo; *die Trümpfe aus der Hand geben* sacar todos los triunfos (fig)
Trunkenheit ['truŋkənhaɪt] *f* embriaguez *f; Er wurde wegen ~ von der Polizei angehalten.* A causa de la borrachera le paró la policía.
Trunksucht ['truŋkzuxt] *f MED* alcoholismo *m*
Truppe ['trupə] *f 1. MIL* tropa *f; von der schnellen ~ sein* ser de los rápidos; *2. THEAT* compañía *f,* elenco *m*
Truthahn ['truːthaːn] *m ZOOL* pavo *m*
tschüss [tʃyːs] *interj* ¡Adiós!/¡Hasta luego!/¡Chao! (LA)

T-Shirt ['tiːʃœːt] *n* camiseta *f*
Tube ['tuːbə] *f* tubo *m; auf die ~ drücken* apretar el acelerador
Tuch [tuːx] *n 1. (Lappen)* trapo *m,* estropajo *m; Er wirkt wie ein rotes ~ auf ihn.* No le puede ver ni en pintura. *2. (Stoff)* tela *f,* paño *m; 3. (Halstuch)* pañuelo *m*
tüchtig ['tyçtɪç] *adj 1.* eficiente, trabajador; *adv 2. (fam)* muy, mucho
Tüchtigkeit ['tyçtɪçkaɪt] *f* eficiencia *f,* habilidad *f,* aptitud *f*
Tücke ['tykə] *f* malicia *f*
tückisch ['tykɪʃ] *adj 1.* malicioso, malintencionado; *adv 2.* maliciosamente, con mala intención
Tugend ['tuːgənt] *f* virtud *f*
tugendhaft ['tuːgənthaft] *adj 1.* virtuoso; *adv 2.* de modo virtuoso
Tugendhaftigkeit ['tuːgənthaftɪçkaɪt] *f* virtuosidad *f*
Tüll [tyl] *m* tul *m*
Tulpe ['tulpə] *f BOT* tulipán *m*
Tumor ['tuːmor] *m MED* tumor *m*
Tümpel ['tympəl] *m* charco *m; über den großen Teich fahren* cruzar el charco
Tumult [tu'mult] *m* tumulto *m*
tun [tuːn] *v irr* hacer, obrar; *Er hat mit dem Mord zu ~.* Él tiene que ver con el asesinato. *Es mit jdm zu tun bekommen* vérselas con alguien; *mit jdn nichts mehr zu tun haben wollen* no querer saber nada más de alguien; *Tu, was du nicht lassen kannst!* ¡Haz lo que quisas! *Damit ist es noch nicht getan!* ¡Con eso no basta!
Tun [tuːn] *n* modo de obrar *m*
Tunke ['tuŋkə] *f GAST* salsa *f*
tunken ['tuŋkən] *v* untar
Tunnel ['tunəl] *m* túnel *m*
Tupfen ['tupfən] *m* mancha *f,* punto *m,* lunar *m*
tupfen ['tupfən] *v* tocar ligeramente, rozar
Tür [tyːr] *f* puerta *f; offene ~en einrennen* aceptar la propuesta de alguien con los brazos abiertos; *jdm eine ~ öffnen (fig)* abrir una puerta a alguien; *jdm die ~ vor der Nase zuschlagen* darle a alguien con la puerta en la nariz; *jdn vor die ~ setzen* poner a alguien en la calle/darle puerta a alguien (fam)
Turbine [tur'biːnə] *f* turbina *f*
turbulent [turbu'lɛnt] *adj* turbulento
Türglocke ['tyːrglɔkə] *f* campanilla de la puerta *f,* timbre *m* (LA)
Türke ['tyrkə] *m* turco *m*
Türkei [tyr'kaɪ] *f GEO* Turquía *f*
Türkin ['tyrkɪn] *f* turca *f*
türkis [tyr'kiːs] *adj* turquesa
türkisch ['tyrkɪʃ] *adj* turco
Türklinke ['tyːrklɪŋkə] *f* picaporte *m,* pasador *m,* manija *f* (LA)
Turm [turm] *m 1.* torre *f; 2. (Kirchturm)* campanario *m,* torre de la iglesia *f*
türmen ['tyrmən] *v 1. (schichten)* apilar, amontonar; *2. (fig: ausreißen)* largarse, escaparse
turnen ['turnən] *v SPORT* hacer gimnasia
Turnen ['turnən] *n SPORT* gimnasia *f*
Turner(in) ['turnər(ɪn)] *m/f SPORT* gimnasta *m/f*
Turnier [tur'niːr] *n SPORT* torneo *m*
Turnschuh ['turnʃuː] *m SPORT* zapatilla de deporte *f*
Türöffner ['tyːrœfnər] *m* portero automático *m,* abrepuertas *m*
Türschloss ['tyːrʃlɔs] *n* cerradura *f,* cerrojo *m*
Türschlüssel ['tyːrʃlysəl] *m* llave de la puerta *f*
turteln ['turtəln] *v* estar como dos tórtolos
Tusche ['tuʃə] *f* tinta china *f*
tuscheln ['tuʃəln] *v* cuchichear, secretear
Tüte ['tyːtə] *f 1.* bolsa *f; 2. (Eistüte)* cucurucho *m,* barquillo *m* (LA); *3. (Tragtüte)* bolsa de compras *f*
tuten ['tuːtən] *v* tocar la bocina
Typ [tyːp] *m* tipo *m*
Type ['tyːpə] *f 1. (Druckbuchstabe)* letra de molde *f,* tipo de imprenta *m; 2. (fam)* tío *m,* tipo *m*
typisch ['tyːpɪʃ] *adj* típico
Typologie [typolo'giː] *f* tipología *f*
Tyrann [ty'ran] *m* tirano *m*
tyrannisch [ty'ranɪʃ] *adj* tiránico
tyrannisieren [tyrani'ziːrən] *v* tiranizar

U

U-Bahn ['uːbaːn] *f* metropolitano *m,* metro *m*

übel ['yːbəl] *adj 1.* malo; *adv 2.* mal; *~ gelaunt* malhumorado, de mal humor; *~ nehmen* tomar a mal; *~ riechend* maloliente, apestoso

Übel ['yːbəl] *n* mal *m; das kleinere ~* el mal menor; *ein notwendiges ~ sein* ser un mal necesario; *zu allem ~* para colmo/para rematarlo

Übelkeit ['yːbəlkaɪt] *f* náuseas *f/pl*

Übeltäter(in) ['yːbəltɛːtər(ɪn)] *m/f* malhechor(a) *m/f,* maleante *m/f,* delincuente *m/f*

üben ['yːbən] *v* practicar, ejercitar, ejercer

über ['yːbər] *prep 1. (örtlich)* sobre, encima, vía; *~ Buenos Aires* vía Buenos Aires; *~ Hamburg fahren* viajar (pasando) por Hamburg; ~ jdm stehen ser superior a alguien/estar por encima de alguien; *~ der Arbeit einschlafen* ser muy lento trabajando; *2. (zeitlich)* durante, más allá de, más de, en; *~ zwei Stunden* más de dos horas; *~ Ostern* en pascua/durante los días de Pascua; *3. (fig: wegen)* acerca de, a propósito de, sobre, por, de; *sich ~ etw freuen* alegrarse por algo; *4. (fig: von)* sobre, acerca de, de, referente a; *Wir reden ~ Weltpolitik.* Hablamos sobre la política mundial. *Ich habe das langsam ~!* ¡Estoy comenzando a hartarme! *5. ~ und ~* totalmente, completamente; *6. etw ~ sich bringen* decidirse a hacer algo; *7. ~ jdn etw bekommen* recibir algo por mediación de alguien; *8. Das geht mir ~ alles.* Lo prefiero a todo lo demás.

überall ['yːbəral] *adv* en todas partes, por todas partes

Überangebot ['yːbərangəboːt] *n* oferta excesiva *f,* exceso de oferta *m*

überanstrengen [yːbər'anʃtrɛŋən] *v* esforzarse excesivamente

überarbeiten [yːbər'arbaɪtən] *v 1. etw ~* retocar algo, perfeccionar algo, repasar algo; *2. sich ~* trabajar demasiado, matarse a trabajar

Überarbeitung [yːbər'arbaɪtuŋ] *f 1. (nochmalige Bearbeitung)* perfeccionamiento *m,* revisión *f; 2. (Überanstrengung)* exceso de trabajo *m,* agotamiento *m*

überaus ['yːbəraus] *adv* sumamente, extremadamente

überbeanspruchen ['yːbərbəanʃpruxən] *v* someter a un esfuerzo excesivo, sobrecargar

überbewerten ['yːbərbəvertən] *v* sobrevalorar, supervalorar

überbieten [yːbər'biːtən] *v irr 1. (Preis)* sobrepujar; *2. (Leistung)* superar

Überbleibsel ['yːbərblaɪpsəl] *n* resto *m,* residuo *m*

Überblick ['yːbərblɪk] *m 1. (Aussicht)* vista panorámica *f; 2. (Zusammenfassung)* resumen *m,* sinopsis *f,* síntesis *f; 3. (fig)* panorama *m,* idea general *f*

überblicken [yːbər'blɪkən] *v 1.* abarcar con la vista; *2. (fig: Lage)* darse cuenta de la situación, estimar la situación

überbringen [yːbər'brɪŋən] *v 1. (aushändigen)* entregar, dar; *2. (ausrichten)* transmitir, dar; *Ich werde ihr deine Glückwünsche ~.* Le saludaré de tu parte.

überbrücken [yːbər'brykən] *v (fig)* superar momentáneamente

Überbrückung [yːbər'brykuŋ] *f (fig)* solución transitoria *f*

Überdachung [yːbər'daːxuŋ] *f 1. ARCH* alero de un tejado *m; 2. (Dach)* techo *m; 3. (über Balkonen)* sobradillo *m,* cornisa *f*

überdenken [yːbər'dɛŋkən] *v irr* reflexionar, recapacitar

überdies [yːbər'diːs] *adv* además, aparte de eso

Überdosis ['yːbərdoːzɪs] *f* sobredosis *f*

Überdruck ['yːbərdruk] *m TECH* sobrepresión *f*

Überdruss ['yːbərdrus] *m* fastidio *m,* aburrimiento *m*

überdrüssig ['yːbərdrysɪç] *adj* harto de

überdurchschnittlich ['yːbərdurçʃnɪtlɪç] *adj* superior al promedio, por encima del promedio

Übereifer ['yːbəraɪfər] *m* exceso de celo *m,* exceso de empeño *m*

übereignen [yːbər'aɪknən] *v 1.* transferir; *2. (Geschäft)* traspasar

übereinander ['yːbəraɪnandər] *adv* uno sobre otro, superpuestos; *~ legen* superponer, poner uno sobre otro

übereinkommen [yːbər'aɪnkɔmən] *v* ponerse de acuerdo sobre, llegar a un acuerdo sobre

Übereinkunft [yːbər'aɪnkunft] *f* acuerdo *m*, convenio *m*, arreglo *m*
übereinstimmen [yːbər'aɪnʃtɪmən] *v* *1. (einig sein)* estar de acuerdo con alguien, coincidir; *2. (gleich sein)* ser igual
Übereinstimmung [yːbər'aɪnʃtɪmuŋ] *f* *1. (Einigkeit)* concordancia *f*, coincidencia *f*; *2. (Gleichheit)* igualdad *f*, analogía *f*
überempfindlich ['yːbərɛmpfɪndlɪç] *adj* hipersensible, demasiado susceptible
Überempfindlichkeit ['yːbərɛmpfɪntlɪçkaɪt] *f* hipersensibilidad *f*, hipersusceptibilidad *f*
überfahren [yːbər'faːrən] *v irr* atropellar, arrollar
Überfahrt ['yːbərfaːrt] *f* travesía *f*
Überfall ['yːbərfal] *m* asalto *m*, atraco *m*, ataque sorpresivo *m*; *Hände hoch! Dies ist ein ~!* ¡Manos arriba! ¡Esto es un atraco!
überfallen [yːbər'falən] *v irr* asaltar, atacar sorpresivamente
überfällig ['yːbərfɛlɪç] *adj* *1. (zu spät)* atrasado, retrasado; *2. (abgelaufen)* vencido, caducado
überfliegen [yːbər'fliːgən] *v irr* *1.* sobrevolar; *2. (fig)* repasar, leer por encima
überflügeln [yːbər'flyːgəln] *v (fig)* superar, aventajar
Überfluss ['yːbərflus] *m* abundancia *f*, excedente *m*; *im ~ leben* vivir como un rey; *zu allem ~* para colmo de la desgracia
überflüssig ['yːbərflysɪç] *adj* superfluo
Überflutung [yːbər'flutuŋ] *f* inundación *f*
überfordern [yːbər'fɔrdərn] *v* hacer trabajar excesivamente a, exigir demasiado de alguien
überfragt [yːbər'fragt] *adj* *~ sein* no saber que contestar
überführen [yːbər'fyːrən] *v* *1. (transportieren)* trasladar, transportar; *2. (Schuld nachweisen)* probar la culpabilidad de alguien
Überführung [yːbər'fyːruŋ] *f* *1. (Transport)* transporte *m*; *2. (Schuldnachweis)* prueba de la culpabilidad *f*
überfüllt [yːbər'fylt] *adj* repleto, demasiado lleno, relleno
Übergabe ['yːbərgaːbə] *f* transferencia *f*, entrega *f*
Übergang ['yːbərgaŋ] *m* *1.* paso *m*, cruce *m*; *2. (fig)* transición *f*
übergeben [yːbər'geːbən] *v irr* *1. etw ~* entregar, dar; *2. sich ~* vomitar, arrojar
übergeordnet ['yːbərgəɔrdnət] *adj* superior
Übergewicht ['yːbərgəvɪçt] *n* *1.* sobrepeso *m*; *2. (fig)* superioridad *f*
überglücklich ['yːbərglyklɪç] *adj* felicísimo, contentísimo
Übergriff ['yːbərgrɪf] *m* extralimitación *f*, abuso *m*
überhand [yːbər'hant] *v* *~ nehmen* aumentar demasiado, ir en aumento
überhäufen [yːbər'hɔyfən] *v* colmar, atiborrar
überhaupt [yːbər'haupt] *adv* *1. ~ nicht* de ninguna manera, de ningún modo; *2. (im Allgemeinen)* en general, generalmente; *3. (eigentlich)* en realidad, realmente
überheblich [yːbər'heːplɪç] *adj* *1.* arrogante, soberbio, altanero; *adv* *2.* con arrogancia, arrogantemente
Überheblichkeit [yːbər'heːplɪçkaɪt] *f* arrogancia *f*, soberbia *f*, altivez *f*
überhöht [yːbər'høːt] *adj* *1.* excesivo; *2. (Preise)* prohibitivo
überholen [yːbər'hoːlən] *v* *1. (vorbeifahren)* adelantar, pasar; *~ verboten!* ¡Prohibido adelantar! *2. (überprüfen)* revisar, repasar, controlar, examinar
überholt [yːbər'hoːlt] *adj* anticuado, obsoleto
Überholverbot [yːbər'hoːlfɛrboːt] *n* prohibición de adelantar *f*
überkochen ['yːbərkɔxən] *v* rebosar al hervir
Überlagerung [yːbər'laːgəruŋ] *f* superposición *f*
Überlänge ['yːbərlɛŋə] *f* exceso de longitud *m*
überlassen [yːbər'lasən] *v irr* *1.* dejar; *2. (verkaufen)* vender a; *3. (anvertrauen)* confiar a
Überlastung [yːbər'lastuŋ] *f* sobrecarga *f*
Überlauf ['yːbərlauf] *m* rebosadero *m*, rebose *m*
überlaufen ['yːbərlaufən] *v* *1. (Gefäß)* rebosar, desbordarse; *2. (fig: zum Gegner)* pasarse al lado del enemigo, desertar; *adj* *3. (überfüllt)* repleto, pleno, lleno
Überläufer(in) ['yːbərlɔyfər(ɪn)] *m/f* desertor(a) *m/f*, traidor(a) *m/f*
überleben [yːbər'leːbən] *v* sobrevivir
Überlebende(r) [yːbər'leːbəndə(r)] *m/f* sobreviviente *m/f*, superviviente *m*
überlegen [yːbər'leːgən] *v* *1. sich etw ~* reflexionar sobre algo, pensar sobre algo, considerar algo; *adj* *2. jdm ~ sein* ser superior a alguien

Überlegenheit [yːbər'leːgənhaɪt] *f* superioridad *f*, supremacía *f*
Überlegung [yːbər'leːguŋ] *f* reflexión *f*, consideración *f*
überliefern [yːbər'liːfərn] *v 1. (der Nachwelt)* legar a la posteridad, transmitir; *Das wurde von Generation zu Generation überliefert.* Ha sido transmitido de generación en generación. *2. (erzählen)* contar, narrar; *3.* entregar, depositar en manos de
Überlieferung [yːbər'liːfəruŋ] *f* tradición *f*, crónica *f*
überlisten [yːbər'lɪstən] *v* ser más astuto que alguien, vencer en astucia
Übermacht ['yːbərmaxt] *f* fuerza superior *f*, poder superior *m*
übermächtig ['yːbərmɛçtɪç] *adj* superpoderoso, demasiado fuerte
übermäßig ['yːbərmɛːsɪç] *adj 1.* excesivo, exagerado; *adv 2.* demasiado, excesivamente, con exageración
übermenschlich ['yːbərmɛnʃlɪç] *adj 1.* sobrehumano; *adv 2.* sobrehumanamente, de manera sobrehumana
übermitteln [yːbər'mɪtəln] *v* transmitir, enviar
Übermittlung [yːbər'mɪtluŋ] *f* transmisión *f*, envío *m*
übermorgen ['yːbərmɔrgən] *adv* pasado mañana
übermüdet [yːbər'myːdət] *adj* cansadísimo, muerto de cansancio, agotado
Übermüdung [yːbər'myːduŋ] *f* cansancio excesivo *m*, agotamiento *m*
Übermut ['yːbərmuːt] *m 1. (Mutwille)* travesura *f*; *2. (Anmaßung)* arrogancia *f*, petulancia *f*
übermütig ['yːbərmyːtɪç] *adj 1. (mutwillig)* travieso; *2. (arrogant)* arrogante, petulante; *adj 3. (anmaßend)* arrogante, petulante; *adv 4. (arrogant)* con arrogancia, con petulancia; *5. (mutwillig)* traviesamente
übernachten [yːbər'naxtən] *v* trasnochar, pernoctar, pasar la noche en, dormir en
übernächtigt [yːbər'nɛçtɪçt] *adj* trasnochado
Übernachtung [yːbər'naxtuŋ] *f* pernoctación *f*
Übernahme ['yːbərnaːmə] *f 1. (Entgegennehmen)* recepción *f*, aceptación *f*; *2. (Amtsübernahme)* toma de posesión de un cargo *f*, entrada en funciones *f*
übernatürlich ['yːbərnatyːrlɪç] *adj* sobrenatural
übernehmen [yːbər'neːmən] *v 1. (entgegennehmen)* recibir, aceptar; *2. (Amt)* tomar posesión de un cargo, entrar en funciones; *3. sich ~* excederse
überparteilich ['yːbərpartaɪlɪç] *adj* suprapartidista, por encima de los partidos
Überproduktion ['yːbərprɔduktsjoːn] *f* sobreproducción *f*, superproducción *f*, exceso de producción *m*
überprüfen [yːbər'pryːfən] *v* revisar, examinar, controlar, repasar
überqueren [yːbər'kveːrən] *v* cruzar, atravesar
überragen [yːbər'raːgən] *v 1.* ser más alto que; *2. (fig)* sobresalir, resaltar, destacar
überragend [yːbər'raːgənt] *adj (ausgezeichnet)* sobresaliente, excelente
überraschen [yːbər'raʃən] *v* sorprender, coger de sorpresa, tomar de sorpresa
überraschend [yːbər'raʃənt] *adj 1.* sorprendente, sorpresivo (LA); *adv 2.* de sorpresa, sorpresivamente, de improvisto
überrascht [yːbər'raʃt] *adj* sorprendido; *sehr ~ sein* caerse de espaldas
Überraschung [yːbər'raʃuŋ] *f* sorpresa *f*; *Wir haben ihm mit dem Fest eine ~ bereitet.* Le dimos una fiesta sorpresa.
überreden [yːbər'reːdən] *v* persuadir, convencer
überreichen [yːbər'raɪçən] *v* hacer entrega de, entregar, dar
Überrest ['yːbərɛst] *m* resto *m*
überrumpeln [yːbər'rumpəln] *v* sorprender, coger desprevenido, sobresaltar
überrunden [yːbər'rundən] *v SPORT* sacar una vuelta de ventaja, adelantar a
übersättigt [yːbər'zɛtɪçt] *adj 1. CHEM* sobresaturado; *2. (Person)* harto
Übersättigung [yːbər'zɛtɪguŋ] *f 1. (Person)* hartazgo *m*; *2. CHEM* sobresaturación *f*
überschatten [yːbər'ʃatən] *v (fig)* eclipsar, ensombrecer
überschätzen [yːbər'ʃɛtsən] *v* sobreestimar, atribuir un valor exagerado
überschaubar [yːbər'ʃaubaːr] *adj* al alcance de la vista, visible
überschauen [yːbər'ʃauən] *v (fig)* ver más allá, darse cuenta de
Überschlag ['yːbərʃlaːk] *m ECO* estimación *f*, evaluación aproximativa *f*
überschlagen [yːbər'ʃlaːgən] *v irr 1. (Kosten)* calcular, hacer un cálculo aproximado; *2. (Auto)* volcar, dar vueltas de campana; *3. (Buchseite)* saltarse páginas

überschneiden [yːbər'ʃnaɪdən] *v irr* *1. sich ~ (kreuzen)* cruzarse; *2. sich ~ (zusammentreffen)* coincidir

Überschneidung [yːbər'ʃnaɪduŋ] *f* *1. (Kreuzung)* cruce *m,* intersección *f;* *2. (Zusammentreffen)* coincidencia *f*

überschreiben [yːbər'ʃraɪbən] *v irr* *1. (betiteln)* titular; *2. INFORM* recubrir; *3. JUR* transferir

überschreiten [yːbər'ʃraɪtən] *v* *1. (überqueren)* cruzar, atravesar; *2. (fig: übertreten)* violar, infringir, transgredir

Überschrift ['yːbərʃrɪft] *f* título *m,* encabezamiento *m,* titular *m*

Überschuss ['yːbərʃus] *m* excedente *m,* sobrante *m,* superávit *m*

überschüssig ['yːbərʃysɪç] *adj* excedente, sobrante

Überschwang ['yːbərʃvaŋ] *m* exhuberancia *f*

überschwänglich ['yːbərʃvɛŋlɪç] *adj* *1.* exaltado, excesivo, exagerado; *adv 2.* exaltadamente

überschwemmen [yːbər'ʃvɛmən] *v* inundar

Überschwemmung [yːbər'ʃvɛmuŋ] *f* inundación *f*

Übersee ['yːbərzeː] *f* ultramar *m*

übersehen [yːbər'zeːən] *v* *1. (überschauen)* abarcar con la vista, dominar con la mirada; *2. (nicht sehen)* no ver, dejar pasar; *3. (absichtlich)* pasar por alto; *etw absichtlich ~* hacerse la vista gorda (fam)

übersenden [yːbər'zɛndən] *v irr* enviar, mandar, remitir

übersetzen ['yːbərzɛtsən] *v* *1. (Gewässer)* pasar a la otra orilla, cruzar; [yːbər'zɛtsən] *2. (Sprache)* traducir; *Können Sie mir das ins Spanische ~?* ¿Podría traducírmelo al español?

Übersetzer(in) [yːbər'zɛtsər(ɪn)] *m/f* traductor(a) *m/f*

Übersetzung [yːbər'zɛtsuŋ] *f* *1. (Sprache)* traducción *f;* *2. TECH* transmisión *f*

Übersicht ['yːbərzɪçt] *f* *1. (Zusammenfassung)* resumen *m,* extracto *m,* síntesis *f;* *2. (fig)* impresión general *f,* orientación *f*

übersichtlich ['yːbərzɪçtlɪç] *adj* *1.* claro, preciso; *adv 2.* claramente

übersiedeln ['yːbərziːdəln] *v* transmigrar, emigrar a, trasladarse de un país a otro

Übersiedelung [yːbər'ziːdəluŋ] *f* transmigración *f,* emigración *f,* traslado de un país a otro *m*

überspannt [yːbər'ʃpant] *adj* *1. (Situation)* exagerado; *2. (fig: Person)* exaltado

überspielen [yːbər'ʃpiːlən] *v* *1. (Musik)* regrabar, doblar; *2. (fig)* disimular

überspringen [yːbər'ʃprɪŋən] *v irr* *1.* saltar; *2. (fig)* saltarse

überstehen [yːbər'ʃteːən] *v irr (fig)* vencer, resistir, aguantar

überstimmen [yːbər'ʃtɪmən] *v* vencer por mayoría de votos

Überstunde ['yːbərʃtundə] *f* hora extraordinaria *f,* hora adicional de trabajo *f*

überstürzen [yːbər'ʃtyrtsən] *v* precipitar, apresurar

Überteuerung [yːbər'tɔyəruŋ] *f* encarecimiento excesivo *m,* carestía *f*

übertragbar [yːbər'traːkbaːr] *adj* *1. (Papiere) ECO* transferible, negociable; *2. (ansteckend) MED* transmisible, contagioso

übertragen [yːbər'traːgən] *v irr* *1. (Auftrag)* encomendar, encargar; *2. (Rundfunk)* transmitir; *3. (Papiere) ECO* transferir; *4. (anstecken) MED* transmitir, contagiar

Übertragung [yːbər'traːguŋ] *f* *1. (Auftrag)* encargo *m;* *2. (im Rundfunk)* transmisión *f;* *3. ECO* transferencia *f;* *4. MED* transmisión *f,* contagio *m*

übertreffen [yːbər'trɛfən] *v* exceder, superar

übertreiben [yːbər'traɪbən] *v* exagerar

Übertreibung [yːbər'traɪbuŋ] *f* exageración *f*

übertreten [yːbər'treːtən] *v* contravenir, infringir, transgredir, violar

Übertretung [yːbər'treːtuŋ] *f* contravención *f,* infracción *f,* transgresión *f,* violación *f*

übertrieben [yːbər'triːbən] *adj* *1.* exagerado; *adv 2.* exageradamente, con exageración

Übertritt ['yːbərtrɪt] *m (fig)* conversión *f*

übervorteilen [yːbər'foːrtaɪlən] *v* explotar a alguien, engañar a alguien

überwachen [yːbər'vaxən] *v* vigilar, inspeccionar, controlar, supervisar

Überwachung [yːbər'vaxuŋ] *f* vigilancia *f,* inspección *f,* control *m,* supervisión *f*

überwältigen [yːbər'vɛltɪgən] *v* vencer, derrotar, doblegar

überwältigend [yːbər'vɛltɪgənt] *adj* avasallador, arrollador

überweisen [yːbər'vaɪzən] *v irr* *1. (Patient)* mandar a un especialista, ordenar el ingreso en un hospital; *2. ECO* girar, transferir

Überweisung [yːbər'vaɪzuŋ] *f 1. (eines Patienten)* orden para ir a un especialista *f,* orden de ingreso en un hospital *f; 2. ECO* giro *m,* transferencia *f*
überwiegen [yːbər'viːgən] *v irr* preponderar, predominar, primar sobre
überwiegend ['yːbərviːgənt] *adj 1.* preponderante, predominante; *adv 2.* mayormente, en su mayoría, en su mayor parte
überwinden [yːbər'vɪndən] *v irr 1.* vencer, salvar, allanar; *2. sich ~* dominarse, vencerse a sí mismo, sobreponerse
Überwindung [yːbər'vɪnduŋ] *f* vencimiento *m,* fuerza de voluntad *f*
überwintern [yːbər'vɪntərn] *v* invernar
überwuchern [yːbər'vuçərn] *v* invadir, cubrir completamente
Überzahl ['yːbərtsaːl] *f* superioridad numérica *f*
überzeugen [yːbər'tsɔygən] *v* convencer, persuadir
überzeugend [yːbər'tsɔygənt] *adj 1.* convincente; *adv 2.* convincentemente, de manera convincente
Überzeugung [yːbər'tsɔyguŋ] *f* convicción *f*
Überzeugungskraft [yːbər'tsɔyguŋskraft] *f* fuerza de convicción *f,* fuerza persuasiva *f*
überziehen ['yːbərtsiːən] *v 1. (anziehen)* ponerse; [yːbər'tsiːən] *2. (Konto) ECO* dejar en descubierto, rebasar
üblich ['yːplɪç] *adj* usual, acostumbrado
üblicherweise [yːplɪçər'vaɪzə] *adv* usualmente, de modo acostumbrado
übrig ['yːbrɪç] *adj 1.* sobrante, de sobra; *für jdn etw ~ haben* tener interés en alguien; *im ~en* por lo demás; *v 2. ~ bleiben* sobrar, quedar de sobra; *3. ~ lassen* dejar de sobra
übrigens ['yːbrɪgəns] *adv* por lo demás
Übung ['yːbuŋ] *f* ejercicio *m,* práctica *f,* entrenamiento *m*
Übungsplatz ['yːbuŋsplats] *m* campo de entrenamiento *m*
Ufer ['uːfər] *n* orilla *f*
Uferböschung ['uːfərbœʃuŋ] *f* talud de orilla *m,* pendiente de orilla *m*
uferlos ['uːfərloːs] *adj* ilimitado, sin límites; *ins Uferlose gehen* irse de los límites
Uhr [uːr] *f* reloj *m*
Uhrmacher ['uːrmaxər] *m* relojero *m*
Uhrzeiger ['uːrtsaɪgər] *m* manecilla del reloj *f,* aguja del reloj *f*
Uhrzeit ['uːrtsaɪt] *f* hora *f*
Uhu ['uːhuː] *m ZOOL* búho *m*
Ulk [ulk] *m* broma *f*
ulkig ['ulkɪç] *adj 1.* cómico, chistoso, gracioso; *adv 2.* con comicidad
Ultimatum [ulti'maːtum] *n* ultimátum *m*
Ultraschall ['ultraʃal] *m* ultrasonido .m
ultraviolett ['ultraviolɛt] *adj* ultravioleta
um [um] *prep 1. (örtlich)* alrededor de, en torno a; *~ das Haus* alrededor de la casa; *~ sich greifen* propagarse/extenderse; *2. (zeitlich)* a, a las, sobre, a eso de; *~ neun Uhr* a eso de las nueve; *3. Es steht schlecht ~ ihn.* Le va mal. *Es geht ~ Geld.* Se trata de dinero. *~ und ~* de todas partes/por todos lados/totalmente; *4. ~ 10 DM teurer* 10 marcos más caro; *konj 5.* para, con el fin de; *Ich bin gekommen, ~ dich zu sehen.* He venido para verte. *~ ... Willen* por el amor de ... *adv 6. (ungefähr)* aproximadamente, alrededor de
umändern ['umɛndərn] *v* modificar, alterar, variar, transformar
umarmen [um'armən] *v* abrazar, dar un abrazo
Umarmung [um'armuŋ] *f* abrazo *m*
umbenennen ['umbənɛnən] *v irr* renombrar, cambiar de nombre, nombrar de nuevo
umblättern ['umblɛtərn] *v* hojear, volver la hoja
umbringen ['umbrɪŋən] *v irr* matar, quitar la vida, asesinar
umbuchen ['umbuːxən] *v 1. (Konto)* pasar de una cuenta a otra; *2. (Reservierung)* modificar la reserva
Umbuchung ['umbuːxuŋ] *f 1. (vom Konto)* traslado a otra cuenta *m; 2. (Reservierung)* modificación de la reserva *f*
umdenken ['umdɛŋkən] *v irr* cambiar de opinión, cambiar la manera de pensar
umdisponieren ['umdɪsponiːrən] *v* disponer de otro modo
umdrehen ['umdreːən] *v* volver, dar la vuelta
Umdrehung [um'dreːuŋ] *f* vuelta *f*
umfallen ['umfalən] *v irr* desplomarse, caerse
Umfang ['umfaŋ] *m 1. (Flächeninhalt)* volumen *m; 2. (fig: Ausmaß)* dimensión *f,* extensión *f*
umfangreich ['umfaŋraɪç] *adj* voluminoso, extenso, amplio
umfassen [um'fasən] *v (enthalten)* contener
umfassend [um'fasənt] *adj* amplio, extenso

Umfeld ['umfɛlt] *n* medio social *m*, entorno *m*
Umfrage ['umfraːgə] *f* encuesta *f*, sondeo de opinión *m*
Umgang ['umgaŋ] *m* ronda *f*, vuelta *f*
umgänglich ['umgɛŋlɪç] *adj* tratable, afable, de trato agradable
Umgangsformen ['umgaŋsfɔrmən] *pl* modales *m/pl*
Umgangssprache ['umgaŋsʃpraːxə] *f* lenguaje coloquial *m*, lenguaje familiar *m*
umgarnen [um'garnən] *v* enredar, seducir
umgeben [um'geːbən] *v irr* rodear, circundar, cercar
Umgebung [um'geːbuŋ] *f* *1. (einer Stadt)* inmediaciones *f/pl*, alrededores *m/pl*, cercanías *f/pl*; *2. (eines Menschen)* ambiente *m*, entorno *m*, medio social *m*; *in seiner ~* en su propia salsa
umgehen [um'geːən] *v irr* *1. (im Umlauf sein)* circular, correr; ['umgeːən] *v irr* *2. (behandeln)* tratar, manejar, usar; *3. (vermeiden)* evitar, eludir
umgehend ['umgeːənt] *adj* *1.* inmediato; *adv* *2.* inmediatamente
umgekehrt ['umgəkeːrt] *adj* *1.* invertido, opuesto, contrario; *adv* *2.* al revés, por el contrario
umgucken ['umgukən] *v* *Du wirst dich noch ~!* ¡Ya te arrepentirás!
Umhang ['umhaŋ] *m* capa *f*, capote *m*
umhängen ['umhɛŋən] *v irr* *sich etw ~* ponerse algo, colgarse algo
umher [um'heːr] *adv* por todas partes, de acá para allá, alrededor de
umherirren [um'heːrɪrən] *v* errar, vagar sin rumbo
umherreisen [um'heːrraɪzən] *v* viajar de un lugar a otro, viajar por todos lados
umherschlendern [um'heːrʃlɛndərn] *v* callejear
umhören ['umhøːrən] *v* *sich ~* enterarse, informarse, oír
Umhüllung [um'hyluŋ] *f* envoltura *f*, revestimiento *m*
umkämpft [um'kɛmpft] *adj* reñido, peleado, luchado
Umkehr ['umkeːr] *f* vuelta *f*, regreso *m*
umkehren ['umkeːrən] *v* volver, regresar
umkippen ['umkɪpən] *v* *1.* volcar, tumbar; *2. (Gewässer)* perecer, morir; *3. (fig: ohnmächtig werden)* desmayarse; *4. (fig: Meinung ändern)* cambiar de parecer, cambiar de opinión
Umkleidekabine ['umklaɪdəkabiːnə] *f* vestuario *m*
umkleiden ['umklaɪdən] *v* cambiarse de ropa
umknicken ['umknɪkən] *v* *1. (Papier)* plegar, doblar; *2. (Fuß)* torcerse el pie
umkommen ['umkɔmən] *v irr* morir, perecer, sucumbir
Umkreis ['umkraɪs] *m* círculo *m*
umkreisen [um'kraɪzən] *v* circular, girar alrededor de
umkrempeln ['umkrɛmpəln] *v* *1. (Ärmel)* arremangar; *2. (fig: ändern)* cambiar radicalmente
umladen ['umlaːdən] *v irr* transbordar
Umlauf ['umlauf] *m* *in ~* en circulación; *etw in ~ bringen* poner en circulación; *in ~ kommen* entrar en circulación
Umlaut ['umlaut] *m* metafonía *f*, cambio de tono *f*
umleiten ['umlaɪtən] *v* *1. (Verkehr)* desviar el tráfico; *2. (fig)* hacer cambiar de opinión
Umleitung ['umlaɪtuŋ] *f* desviación *f*, desvío *m*
Umorganisierung ['umɔrganiziːruŋ] *f* reorganización *f*
Umrahmung [um'raːmuŋ] *f* marco *m*
umrechnen ['umrɛçnən] *v* *(Brüche) MATH* convertir
Umrechnung ['umrɛçnuŋ] *f* conversión *f*
Umrechnungskurs ['umrɛçnuŋskurs] *m* tipo de cambio *m*, tipo de conversión *m*
umreißen ['umraɪsən] *v irr* *1. (niederreißen)* derribar, demoler, echar abajo; [um'raɪsən] *2. (fig: kurz schildern)* esbozar, contar a grandes rasgos
Umriss ['umrɪs] *m* contorno *m*, esbozo *m*
umrühren ['umryːrən] *v* remover, revolver, agitar
umrüsten ['umrystən] *v* *1. MIL* rearmar, reorganizar el armamento; *2. TECH* reorganizar el equipamiento, modernizar las instalaciones
ums *(= um das) (siehe „um")*
umsatteln ['umzatəln] *v* *(fig)* cambiar de profesión
Umsatz ['umzats] *m* *ECO* facturación *f*, volumen de negocios *m*; *~ machen* facturar
Umsatzsteuer ['umzatsʃtɔyər] *f* *ECO* impuesto sobre las ventas *m*, impuesto sobre el tráfico de empresas *m* (Spanien), impuesto sobre la cifra de negocios *m*
umschalten ['umʃaltən] *v* *1. (fig)* desconectarse; *2. TECH* conmutar

umschichten ['umʃɪçtən] *v* apilar de nuevo, reagrupar
Umschlag ['umʃlaːk] *m 1. (Schutzhülle)* envoltura *f; 2. (Briefumschlag)* sobre *m; 3. (Umladung)* transbordo *m; 5. MED* compresa *f*
umschlagen ['umʃlaːgən] *v irr 1. (umblättern)* volver la página; *2. (umladen)* transbordar; *3. (fig: wechseln)* cambiar repentinamente
umschmeißen ['umʃmaɪsən] *v irr* derribar, tumbar
umschreiben ['umʃraɪbən] *v irr 1. (ändern)* escribir de nuevo; [um'ʃraɪbən] *irr 2. (anders ausdrücken)* expresarse con sinónimos, expresarse en otros términos; *3. JUR* transferir
Umschuldung ['umʃulduŋ] *f ECO* reconversión de una deuda *f*
umschulen ['umʃuːlən] *v* reeducar, readaptarse profesionalmente
Umschulung ['umʃuːluŋ] *f* reeducación *f,* readaptación profesional *f*
umschwärmen [um'ʃvɛrmən] *v* revolotear alrededor de
Umschweife ['umʃvaɪfə] *pl ohne ~* sin preámbulos*m/pl,* sin rodeos *m/pl*
Umschwung ['umʃvuŋ] *m (fig)* cambio brusco *m*
umsehen ['umzeːən] *v irr sich ~* mirar alrededor
umsetzen ['umzɛtsən] *v 1. sich ~* cambiarse de sitio; *2. (verwandeln)* transformar, convertir; *3. (verkaufen)* vender, comercializar, colocar
Umsicht ['umzɪçt] *f* circunspección *f*
umsichtig ['umzɪçtɪç] *adj 1.* circunspecto; *adv 2.* con mesura, con prudencia
umsonst [um'zɔnst] *adv 1. (unentgeltlich)* gratis, gratuitamente; *2. (vergeblich)* en vano, para nada, por gusto
Umstände ['umʃtɛndə] *pl 1.* circunstancias *f/pl; keine ~ machen* no ocasionar molestia; *unter keinen ~n* de ninguna manera/bajo ningún concepto; *2. andere ~* embarazo *m*
umständlich ['umʃtɛndlɪç] *adj* complicado, molesto, incómodo
umsteigen ['umʃtaɪgən] *v irr* cambiar de bus/cambiar de tren/cambiar de metro, hacer transbordo; *Müssen wir ~?* ¿Tenemos que hacer transbordo?
umstellen ['umʃtɛlən] *v 1. (Möbel)* cambiar de lugar, disponer de otro modo; *2. (umorganisieren)* reorganizar; *3. (anpassen)* readaptarse
Umstellung ['umʃtɛluŋ] *f 1. (Umorganisierung)* reorganización *f; 2. (Anpassung)* readaptación *f*
umstimmen ['umʃtɪmən] *v (fig) jdn ~* hacer cambiar de opinión a alguien
umstoßen ['umʃtɔsən] *v irr 1.* volcar, tumbar, derribar; *2. (für ungültig erklären)* anular, declarar nulo, invalidar, cancelar; *3. (fig: den Plan)* echar a perder
umstritten [um'ʃtrɪtən] *adj* discutido, controvertido
Umstrukturierung ['umʃtrukturiːruŋ] *f* reestructuración *f*
Umsturz ['umʃturts] *m* cambio de régimen *m,* derrocamiento *m*
Umtausch ['umtauʃ] *m* cambio *m,* trueque *m,* canje *m*
umtauschen ['umtauʃən] *v* cambiar, canjear
Umtrunk ['umtruŋk] *m* ronda de tragos *f*
umwandeln ['umvandəln] *v* transformar, cambiar
umwechseln ['umvɛksəln] *v* cambiar dinero
Umweg ['umveːk] *m* rodeo *m,* vuelta *f*
Umwelt ['umvɛlt] *f* medio ambiente *m,* ambiente *m,* medio *m,* entorno *m*
umweltfreundlich ['umvɛltfrɔyndlɪç] *adj* no contaminante, protector del medio ambiente
Umweltschutz ['umvɛltʃuts] *m* protección del medio ambiente *f*
Umweltverschmutzung ['umvɛltfɛrʃmutsuŋ] *f* contaminación ambiental *f*
Umweltverträglichkeit ['umvɛltfɛrtrɛːklɪçkaɪt] *f* compatibilidad ambiental *f*
umwerben [um'vɛrbən] *v irr* cortejar, galantear, rondar
umwickeln [um'vɪkəln] *v* envolver, recubrir de
umzäunen [um'tsɔynən] *v* cercar, vallar, estacar
Umzäunung [um'tsɔynuŋ] *f* cerca *f,* vallado *m,* estacada *f*
umziehen ['umtsiːən] *v irr 1. (umkleiden)* cambiarse de ropa, mudarse de ropa; *2. (Wohnung wechseln)* mudarse de casa, trasladarse a otra casa
umzingeln [um'tsɪŋəln] *v* rodear, cercar
Umzug ['umtsuːk] *m 1. (Wohnungswechsel)* traslado *m,* mudanza *f; 2. (Festzug)* desfile *m*

unabänderlich [unap'ɛnderlɪç] *adj* invariable, inalterable
unabdingbar ['unapdɪŋbaːr] *adj* indispensable, necesario
unabhängig ['unaphɛŋɪç] *adj 1.* independiente; *adv 2.* independientemente
Unabhängigkeit ['unaphɛŋɪçkaɪt] *f* independencia *f*
unabkömmlich ['unapkœmlɪç] *adj* insustituible, insubstituible, irremplazable
unabsehbar [unap'zeːbaːr] *adj* imprevisible
unabsichtlich ['unapzɪçtlɪç] *adj 1.* impremeditado, sin intención; *adv 2.* de casualidad, sin intención
unabwendbar [unap'vɛntbaːr] *adj* inevitable
unachtsam ['unaxtzaːm] *adj 1.* desatento, distraído; *adv 2.* sin atención
Unachtsamkeit ['unaxtzaːmkaɪt] *f* falta de atención *f*, distracción *f*
unanfechtbar [unan'fɛçtbaːr] *adj* inapelable
unangebracht ['unangəbraxt] *adj* inoportuno, fuera de lugar
unangemeldet ['unangəmɛldət] *adj 1.* imprevisto; *adv 2.* sin previo aviso
unangemessen ['unangəmɛsən] *adj 1.* inadecuado, inapropiado; *adv 2.* inadecuadamente, inapropiadamente
unangenehm ['unangəneːm] *adj 1.* desagradable, molesto; *die ~e Aufgabe haben, jdm etw mitzuteilen* tener el ingrato deber de informar a alguien; *adv 2.* desagradablemente, con desagrado
unannehmbar ['unanneːmbaːr] *adj* inaceptable, inadmisible
Unannehmlichkeit ['unanneːmlɪçkaɪt] *f* contrariedad *f*, molestia *f*, inconveniente *m*, disgusto *m*
unansehnlich ['unanzeːnlɪç] *adj* poco vistoso
unanständig ['unanʃtɛndɪç] *adj 1.* indecente; *adv 2.* indecentemente, con indecencia
unantastbar ['unantastbaːr] *adj* intangible
unappetitlich ['unapetiːtlɪç] *adj* poco apetitoso
Unart ['unaːrt] *f* mala costumbre *f*, malas maneras *f/pl*
unartig ['unaːrtɪç] *adj 1.* grosero, consentido; *adv 2.* groseramente, de malas maneras
unaufdringlich ['unaufdrɪŋlɪç] *adj 1.* discreto; *adv 2.* discretamente
unauffällig ['unauffɛlɪç] *adj 1.* poco llamativo, desapercibido, inadvertido; *adv 2.* sin llamar la atención
unaufgefordert ['unaufgəfɔrdərt] *adj 1.* espontáneo; *adv 2.* espontáneamente, sin ser requerido
unaufhaltsam ['unaufhaltzam] *adj 1.* incontenible, irrefrenable, imparable; *adv 2.* de modo incontenible
unaufhörlich ['unaufhøːrlɪç] *adj 1.* incesante, continuo; *adv 2.* sin cesar, continuamente
unaufmerksam ['unaufmɛrkzam] *adj 1.* desatento, distraído; *adv 2.* sin atención
Unaufmerksamkeit ['unaufmɛrkzamkaɪt] *f* desatención *f*, distracción *f*
Unaufrichtigkeit ['unaufrɪçtɪçkaɪt] *f* insinceridad *f*, falsedad *f*
unaufschiebbar [unauf'ʃiːpbaːr] *adj* inaplazable, impostergable, improrrogable
unausgeglichen ['unausgəglɪçən] *adj* desequilibrado
Unausgeglichenheit ['unausgəglɪçənhaɪt] *f* desequilibrio *m*
unausstehlich ['unausʃteːlɪç] *adj* insoportable, pesado
unbändig ['unbɛndɪç] *adj 1.* indomable, indómito; *adv 2.* indómitamente, desenfrenadamente
unbarmherzig ['unbarmhɛrtsɪç] *adj 1.* despiadado, cruel, malo, impío; *adv 2.* despiadadamente, cruelmente, impíamente
Unbarmherzigkeit ['unbarmhɛrtsɪçkaɪt] *f* crueldad *f*, impiedad *f*
unbeabsichtigt ['unbəapzɪçtɪçt] *adj 1.* involuntario, impremeditado, impensado; *adv 2.* involuntariamente, sin intención
unbeachtet ['unbəaxtət] *adj* inadvertido
unbedacht ['unbədaxt] *adj 1.* irreflexivo, impulsivo; *adv 2.* irreflexivamente, impulsivamente
unbedenklich ['unbədɛŋklɪç] *adj 1.* inofensivo, inocuo; *adv 2.* sin inconveniente
unbedeutend ['unbədɔytənt] *adj* insignificante; *eine ~e Person sein* ser el último mono
unbedingt ['unbədɪŋt] *adj 1.* incondicional, absoluto; *adv 2.* incondicionalmente, sin reserva
unbefangen ['unbəfaŋən] *adj 1.* natural, espontáneo; *adv 2.* naturalmente, espontáneamente
Unbefangenheit ['unbəfaŋənhaɪt] *f* naturalidad *f*, espontaneidad *f*

unbefriedigend ['unbəfri:dɪgənt] *adj* insuficiente, no satisfactorio
unbefriedigt ['unbəfri:dɪçt] *adj* insatisfecho
unbefristet ['unbəfrɪstət] *adj* ilimitado, sin plazo señalado
unbefugt ['unbəfu:kt] *adj* desautorizado, no autorizado
Unbefugte(r) ['unbəfu:ktə(r)] *m/f* persona no autorizada *f*
unbegabt ['unbəga:pt] *adj* sin talento, torpe
unbegreiflich ['unbəgraɪflɪç] *adj* inconcebible, inexplicable; *Das ist mir ~.* No me lo explico.
unbegrenzt ['unbəgrɛntst] *adj* ilimitado, infinito
unbegründet ['unbəgryndət] *adj* infundado, injustificado
unbehaglich ['unbəha:klɪç] *adj* desagradable, molesto
unbeherrscht ['unbəhɛrʃt] *adj* incontrolado
unbeholfen ['unbəhɔlfən] *adj 1.* torpe, poco hábil; *adv 2.* torpemente, de modo poco hábil
unbekannt ['unbəkant] *adj* desconocido, extraño
unbekümmert ['unbəkymərt] *adj 1.* despreocupado; *adv 2.* despreocupadamente
unbelehrbar ['unbəle:rba:r] *adj* incorregible, terco
unbeliebt ['unbəli:pt] *adj* mal visto, antipático, impopular
Unbeliebtheit ['unbəli:pthaɪt] *f* impopularidad *f*
unbemerkt ['unbəmɛrkt] *adj 1.* inadvertido, desapercibido; *adv 2.* inadvertidamente
unbequem ['unbəkve:m] *adj* incómodo
unberechenbar ['unbərɛçənba:r] *adj* incalculable, inapreciable
unbescheiden ['unbəʃaɪdən] *adj* inmodesto, creído, engreído, vanidoso
unbeschränkt ['unbəʃrɛŋkt] *adj 1.* ilimitado, sin límites; *adv 2.* sin restricción
unbeschreiblich ['unbəʃraɪplɪç] *adj* indescriptible; *eine ~e Tat* una fechoría sin nombre *f*
unbeschwert ['unbəʃvɛrt] *adj 1.* libre de toda preocupación, despreocupado; *adv 2.* sin remordimientos, sin preocupaciones
unbesonnen ['unbəzɔnən] *adj 1.* irreflexivo, imprudente; *adv 2.* imprudentemente
unbesorgt ['unbəzɔrgt] *adj 1.* despreocupado, tranquilo; *adv 2.* con tranquilidad
unbeständig ['unbəʃtɛndɪç] *adj 1. (veränderlich)* variable; *2. (wankelmütig)* inconstante, veleidoso, voluble
unbestechlich ['unbəʃtɛçlɪç] *adj* incorruptible, insobornable
unbestimmt ['unbəʃtɪmt] *adj* indeterminado
unbeteiligt ['unbətaɪlɪçt] *adj ~ an* ajeno a, no participante de
unbeugsam ['unbɔykza:m] *adj* inflexible, rígido
unbeweglich ['unbəve:klɪç] *adj* inmóvil, inerte
unbewohnt ['unbəvo:nt] *adj* inhabitado, deshabitado
unbewusst ['unbəvust] *adj 1.* inconsciente; *adv 2.* sin darse cuenta, sin querer
unbrauchbar ['unbrauxba:r] *adj* inservible, inútil
unbürokratisch ['unbyrɔkratɪʃ] *adj* no burocrático
und [unt] *konj 1.* y; *Frankreich ~ Spanien* Francia y España; *2. (vor nicht diphthongiertem I/hI)* e; *Argentinien ~ Italien* Argentina e Italia
undankbar ['undaŋkba:r] *adj* desagradecido, ingrato
undenkbar [un'dɛŋkba:r] *adj* impensable, imposible
undeutlich ['undɔytlɪç] *adj 1.* vago, confuso, poco preciso; *adv 2.* de manera vaga, sin precisar
undicht ['undɪçt] *adj* permeable
Unding ['undɪŋ] *n* absurdo *m*
undiszipliniert ['undɪstsiplini:rt] *adj 1.* indisciplinado; *adv 2.* sin disciplina
undurchdringlich ['undurçdrɪŋlɪç] *adj* impenetrable, inaccesible
undurchlässig ['undurçlɛsɪç] *adj* impermeable
undurchsichtig ['undurçzɪçtɪç] *adj 1.* opaco; *2. (fig)* confuso, impreciso
Unebenheit ['une:bənhaɪt] *f* desigualdad *f*, aspereza *f*
unecht ['unɛçt] *adj* falso
unehelich ['une:əlɪç] *adj* ilegítimo, natural; *~es Kind* un hijo ilegítimo *m*
unehrlich ['une:rlɪç] *adj* insincero, falso
uneigennützig ['unaɪgənnytsɪç] *adj 1.* abnegado, desinteresado; *adv 2.* con abnegación
uneingeschränkt ['unaɪngəʃrɛŋkt] *adj* absoluto, ilimitado

uneinig ['unaɪnɪç] *adj* desunido, desavenido
Uneinigkeit ['unaɪnɪçkaɪt] *f* desunión *f*, desavenencia *f*
unempfindlich ['unɛmpfɪndlɪç] *adj* insensible
unendlich [un'ɛntlɪç] *adj 1.* infinito; *adv 2.* infinitamente
Unendlichkeit [un'ɛntliçkaɪt] *f 1. MATH* infinito *m*, carácter infinito *m; 2.* infinidad *f*, inmensidad *f*
unentbehrlich ['unɛntbe:rlɪç] *adj* indispensable
unentgeltlich ['unɛntgɛltlɪç] *adj 1.* gratuito; *adv 2.* gratis, gratuitamente
unentschieden ['unɛntʃi:dən] *adj 1.* indeciso, dudoso, inseguro; *2. SPORT* empatado
unentschlossen ['unɛntʃlɔsən] *adj* irresoluto, indeciso
unentwegt ['unɛntve:kt] *adj 1.* firme, impertubable; *adv 2.* sin parar
unerbittlich ['unɛrbɪtlɪç] *adj 1.* implacable, duro; *adv 2.* sin compasión
unerfahren ['unɛrfa:rən] *adj* inexperto
unerfreulich ['unɛrfrɔylɪç] *adj* desagradable, poco agradable
unerhört ['unɛrhø:rt] *adv 1.* descaradamente, desvergonzadamente; *adj 2. (fig)* escandaloso, inaudito
unerklärlich ['unɛrklɛrlɪç] *adj* inexplicable, incomprensible
unerlaubt ['unɛrlaupt] *adj* prohibido, vedado
unermesslich ['unɛrmɛslɪç] *adj 1.* inmenso, enorme; *adv 2.* muy, inmensamente
unerschrocken ['unɛrʃrɔkən] *adj 1.* intrépido, arrojado; *adv 2.* con audacia, con arrojo
unerschütterlich ['unɛrʃytərlɪç] *adj 1. (Person)* impávido, impasible, imperturbable; *2. (Beziehung)* inalterable; *adv 3.* con serenidad, impasiblemente
unerschwinglich ['unɛrʃvɪŋlɪç] *adj 1.* exorbitante, excesivo; *~ sein* estar por las nubes; *adv 2.* muy caro
unerträglich ['unɛrtrɛ:klɪç] *adj* insoportable, inaguantable
unerwartet ['unɛrvartət] *adj 1.* inesperado, impensado, imprevisto; *adv 2.* sin previo aviso
unerwünscht ['unɛrvynʃt] *adj* indeseable
unfähig ['unfɛ:ɪç] *adj* incapaz, inepto
Unfähigkeit ['unfɛ:ɪçkaɪt] *f* incapacidad *f*, ineptitud *f*
unfair ['unfɛ:r] *adj 1.* desleal, poco correcto; *adv 2.* sucio, de manera desleal; *~ spielen* jugar sucio
Unfall ['unfal] *m* accidente *m; Auf dem Weg hierher habe ich einen ~ gehabt.* En el camino hacia aquí he tenido un accidente.
Unfallstation ['unfalʃtatsjo:n] *f* puesto de socorro *m*, casa de socorro *f*
unfassbar [un'fasba:r] *adj* inconcebible, inimaginable
unfolgsam ['unfɔlkza:m] *adj* desobediente, terco
unfreiwillig ['unfraɪvɪlɪç] *adj 1.* involuntario; *adv 2.* involuntariamente, en contra de su voluntad
unfreundlich ['unfrɔyndlɪç] *adj 1.* descortés, desatento, poco amable; *adv 2.* descortésmente, sin amabilidad
unfruchtbar ['unfruxtba:r] *adj* estéril, infecundo
Unfug ['unfu:k] *m* travesura *f*
Ungarn ['uŋgarn] *n GEO* Hungría *f*
ungeachtet ['ungəaxtət] *prep* no obstante, a pesar de
ungebildet ['ungəbɪldət] *adj* inculto
ungedeckt ['ungədɛkt] *adj* sin provisión, sin fondos, sin cobertura, al descubierto
Ungeduld ['ungədult] *f* impaciencia *f*
ungeduldig ['ungəduldɪç] *adj 1.* impaciente; *adv 2.* impacientemente
ungeeignet ['ungəaɪgnət] *adj* inapropiado, inadecuado
ungefähr ['ungəfɛ:r] *adj 1.* aproximado; *adv 2.* aproximadamente
ungefährlich ['ungəfɛ:rlɪç] *adj* no peligroso, nada peligroso
ungehalten ['ungəhaltən] *adj* disgustado, enfadado
Ungeheuer ['ungəhɔyər] *n* monstruo *m*
Ungehorsam ['ungəho:rza:m] *m* insubordinación *f*, desobediencia *f*
ungeklärt ['ungəklɛ:rt] *adj 1. (unklar)* no aclarado, no esclarecido; *2. (nicht gereinigt)* no clarificado
ungelegen ['ungəle:gən] *adj 1.* inoportuno; *adv 2.* inoportunamente
ungelernt ['ungəlɛrnt] *adj* no calificado
ungemein ['ungəmaɪn] *adj 1.* poco común, extraordinario; *adv 2.* muy, extremadamente
ungemütlich ['ungəmy:tlɪç] *adj* incómodo, desagradable

ungenau ['ungənau] *adj 1.* inexacto, erróneo, falso; *adv 2.* con inexactitud

Ungenauigkeit ['ungənauɪçkaɪt] *f* inexactitud *f*

ungenießbar ['ungəni:sba:r] *adj 1. (nicht essbar)* incomible; *2. (unerträglich)* insoportable, pesado

ungenügend ['ungənygənt] *adj* insuficiente

ungepflegt ['ungəpfle:kt] *adj* descuidado, desaseado

ungerade ['ungəra:də] *adj* impar

ungerecht ['ungərɛçt] *adj 1.* injusto; *adv 2.* injustamente

ungerechtfertigt ['ungərɛçtfɛrtɪçt] *adj* injustificable

Ungerechtigkeit ['ungərɛçtɪçkaɪt] *f* injusticia *f,* iniquidad *f*

ungern ['ungɛrn] *adv* de mala gana

ungeschickt ['ungəʃɪkt] *adj 1.* torpe, poco hábil; *adv 2.* con torpeza, sin habilidad

ungeschoren ['ungəʃorən] *adj jdn ~ davonkommen lassen* no tocarle a alguien ni un pelo (fam)

ungeschrieben ['ungəʃrɪ:bən] *adj ein ~es Gesetz sein* ser un convenio tácito

ungesetzlich ['ungəzɛtslɪç] *adj* ilegal

ungestört ['ungəʃtø:rt] *adj 1.* tranquilo, imperturbable; *adv 2.* tranquilamente, en paz

ungestüm ['ungəʃty:m] *adj 1.* impetuoso, fogoso; *adv 2.* con ímpetu

ungesund ['ungəzunt] *adj 1. (nicht gesund)* no saludable; *2. (schädlich)* dañino, malsano

ungewiss ['ungəvɪs] *adj* incierto, inseguro

Ungewissheit ['ungəvɪshaɪt] *f* incertidumbre *f*

ungewöhnlich ['ungəvø:nlɪç] *adj 1.* poco común, extraordinario; *adv 2.* fuera de lo común, extraordinariamente

ungewohnt ['ungəvo:nt] *adj* desacostumbrado, extraño, no usual

Ungeziefer ['ungətsi:fər] *n ZOOL* bichos *m/pl*

ungezogen ['ungətso:gən] *adj 1.* mal educado, consentido; *adv 2.* de mala manera, sin buenos modales, sin educación

ungezwungen ['ungətsvuŋən] *adj 1. (fig)* espontáneo; *adv 2. (fig)* espontáneamente

unglaublich ['unglauplɪç] *adj* increíble, inverosímil; *Das ist ~!* ¡Qué barbaridad!

unglaubwürdig ['unglaupvyrdɪç] *adj* inverosímil, no digno de crédito

Unglaubwürdigkeit ['unglaupvyrdɪçkaɪt] *f* inverosimilitud *f*

ungleichmäßig ['unglaɪçmɛ:sɪç] *adj* irregular, no uniforme

Unglück ['unglyk] *n 1. (Missgeschick)* desgracia *f,* desdicha *f; jdn ins ~ stürzen* llevar a la ruina a alguien; *ins ~ rennen* meterse en líos; *zu allem ~* para colmo de la desgracia; *2. (Pech)* mala suerte *f; 3. (Unfall)* accidente *m*

unglücklich ['unglyklɪç] *adj 1. (nicht glücklich)* desgraciado, infeliz; *2. (kein Glück haben)* desafortunado

unglücklicherweise ['unglyklɪçərvaɪzə] *adv* desgraciadamente, por desgracia, desafortunadamente

Ungnade ['ungna:də] *f* desgracia *f,* pérdida del favor *f; bei jdn in ~ fallen* caer en (la) desgracia de alguien

ungültig ['ungyltɪç] *adj* no válido, nulo, caduco, inválido

Ungunst ['ungunst] *f zu jds ~en* en perjuicio de alguien

ungünstig ['ungynstɪç] *adj 1.* desfavorable; *adv 2.* poco prometedor, no muy favorable

unhandlich ['unhantlɪç] *adj* inmanejable, de difícil manejo

Unheil ['unhaɪl] *n* mal *m,* desgracia *f,* desastre *m*

unheilbar ['unhaɪlba:r] *adj 1.* incurable; *adv 2.* demasiado, incurablemente; *Er ist ~ krank.* Está muy enfermo.

unheilvoll ['unhaɪlfɔl] *adj* funesto, fatal, siniestro, contraproducente

unheimlich ['unhaɪmlɪç] *adj 1.* inquietante; *adv 2. (sehr)* muy, muchísimo

unhöflich ['unhø:flɪç] *adj 1.* descortés, desatento, poco amable; *adv 2.* descortésmente, sin amabilidad

Unhöflichkeit ['unhø:flɪçkaɪt] *f* descortesía *f,* desatención *f*

unhygienisch ['unhygje:nɪʃ] *adj* antihigiénico

Uniform ['unifɔrm] *f* uniforme *m*

Union [un'jo:n] *f* unión *f; Europäische ~* Unión Europea *f*

universal [univɛr'za:l] *adj* universal

Universität [univɛrzi'tɛ:t] *f* universidad *f*

Universitätsklinik [univɛrzi'tɛ:tsklɪnɪk] *f* clínica de la universidad *f*

Universum [uni'vɛrzum] *n* universo *m*

unkenntlich ['unkɛntlɪç] *adj* irreconocible, desfigurado

Unkenntlichkeit ['unkɛntlɪçkaɪt] *f* desfiguración *f*
Unkenntnis ['unkɛntnɪs] *f* desconocimiento *m*
unklar ['unkla:r] *adj 1.* poco claro, confuso; *adv 2.* confusamente, de manera poco clara
Unklarheit ['unkla:rhaɪt] *f* falta de claridad *f*, confusión *f*
unkompliziert ['unklɔmplitsi:rt] *adj* poco complicado
Unkosten ['unkɔstən] *pl* gastos *m/pl; sich in ~ stürzen* meterse en gastos
Unkraut ['unkraut] *n* mala hierba *f; ~ vergeht nicht.* Hierba mala nunca muere.
Unkrautvertilgung ['unkrautfɛrtɪlguŋ] *f* herbicida *m*
unkündbar [un'kyntba:r] *adj* irrevocable, irrescindible
unlängst ['unlɛŋst] *adv* recientemente, hace poco, recién
unlauter ['unlautər] *adj* sucio, ilícito
unleserlich ['unle:zərlɪç] *adj* ilegible
unlogisch ['unlo:gɪʃ] *adj* ilógico
unlösbar ['unlø:sba:r] *adj* insoluble
unmäßig ['unmɛ:sɪç] *adj 1.* inmoderado; *adv 2.* desmesuradamente
Unmensch ['unmɛnʃ] *m* monstruo *m; kein ~ sein* no ser un monstruo/no ser un bárbaro/no ser insensible
unmenschlich ['unmɛnʃlɪç] *adj* inhumano
unmerklich ['unmɛrklɪç] *adj 1.* imperceptible; *adv 2.* imperceptiblemente, sin dejarse notar
unmissverständlich ['unmɪsfɛrʃtɛndlɪç] *adj 1.* inequívoco, claro; *adv 2.* sin lugar a dudas
unmittelbar ['unmɪtəlba:r] *adj 1.* inmediato; *adv 2.* inmediatamente
unmodern ['unmɔdɛrn] *adj* anticuado
unmöglich [un'mø:klɪç] *adj* imposible; *jdn ~ machen* desacreditar a alguien
unmoralisch ['unmora:lɪʃ] *adj* inmoral
unmündig ['unmyndɪç] *adj* menor de edad
unnachgiebig ['unnaxgi:bɪç] *adj (fig)* inflexible, rígido
unnachsichtig ['unnaxzɪçtɪç] *adj 1.* riguroso, severo; *adv 2.* rigurosamente, con toda severidad
unnötig ['unnø:tɪç] *adj* innecesario
unnützerweise [unnytsər'vaɪzə] *adv* inútilmente
unordentlich ['unɔrdəntlɪç] *adj* desordenado
Unordnung ['unɔrdnuŋ] *f* desorden *m*
unparteiisch ['unpartaɪɪʃ] *adj 1.* imparcial; *adv 2.* con imparcialidad, imparcialmente
unpassend ['unpasənt] *adj* impropio, inoportuno
unpersönlich ['unpɛrzø:nlɪç] *adj* impersonal, que no es personal
unpraktisch ['unpraktɪʃ] *adj 1. (Person)* poco hábil; *2. (Sache)* poco práctico
unpünktlich ['unpyŋktlɪç] *adj 1.* poco puntual, impuntual; *adv 2.* sin puntualidad
unrecht ['unrɛçt] *adj 1.* injusto; *adv 2.* injustamente
Unrecht ['unrɛçt] *n* injusticia *f; jdn ins ~ setzen* descalificar a alguien/desacreditar a alguien; *jdm ~ geben* llevar la contraria a alguien
unrechtmäßig ['unrɛçtmɛ:sɪç] *adj 1.* ilegal, ilegítimo; *adv 2.* ilegalmente, ilegítimamente
unregelmäßig ['unre:gəlmɛ:sɪç] *adj 1.* irregular; *adv 2.* irregularmente
Unregelmäßigkeit ['unre:gəlmɛ:sɪçkaɪt] *f* irregularidad *f*
unreif ['unraɪf] *adj 1. (Person)* inmaduro; *2. (Obst)* verde, no maduro
Unruhe ['unru:ə] *f 1. POL* inestabilidad *f; 2. (Störung)* molestia *f; 3. (Besorgnis)* preocupación *f*
unruhig ['unru:ɪç] *adj 1. (ruhelos)* intranquilo, inquieto; *2. (besorgt)* preocupado
uns [uns] *pron* nos, a nosotros; *unter ~* entre nosotros
unsachgemäß ['unzaxgəmɛ:s] *adj* inadecuado
unsachlich ['unzaxlɪç] *adj 1.* que no concuerda con los hechos, subjetivo; *~ sein* irse por las ramas; *adv 2.* subjetivamente
unschädlich ['unʃɛ:tlɪç] *adj* inofensivo; *jdn ~ machen* hacer inofensivo a alguien/quitar las mañas a alguien (fam)
unscheinbar ['unʃaɪnba:r] *adj* poco vistoso
unschlüssig ['unʃlysɪç] *adj 1.* vacilante, irresoluto; *adv 2.* sin resolución, de manera vacilante
Unschuld ['unʃult] *f 1. (Schuldlosigkeit)* inocencia *f; 2. (Keuschheit)* castidad *f*, pureza *f*
unschuldig ['unʃuldɪç] *adj* inocente, casto, puro

unselbstständig ['unzɛlpʃtɛndɪç] *adj* dependiente de
unsere(r,s) ['unzərə(r,s)] *pron* nuestro, de nosotros
unsicher ['unzɪçər] *adj 1.* inseguro; *einen Ort ~ machen* infestar un lugar; *2. (zweifelhaft)* dudoso
unsichtbar ['unzɪçtba:r] *adj* invisible; *sich ~ machen* hacerse (el) invisible
Unsinn ['unzɪn] *m* absurdo *m,* disparate *m,* desatino *m*
Unsitte ['unzɪtə] *f* mala costumbre *f*
unsolide ['unzoli:də] *adj 1. (Person)* poco serio, informal; *2. (Sache)* poco sólido
unsterblich ['unʃtɛrplɪç] *adj 1.* inmortal, eterno; *adv 2.* eternamente
Unsterblichkeit ['unʃtɛrplɪçkaɪt] *f* inmortalidad *f*
Unstimmigkeit ['unʃtɪmɪçkaɪt] *f* desacuerdo *m,* disconformidad *f,* desaveniencia *f,* discrepancia *f*
unstreitig ['unʃtraɪtɪç] *adj* indiscutible, indisputable
unsympathisch ['unzympa:tɪʃ] *adj* antipático; *jdm ~ sein* caer gordo a alguien
Untat ['unta:t] *f* crimen atroz *m*
untätig ['untɛ:tɪç] *adj 1.* inactivo, pasivo; *adv 2.* sin hacer nada; *~ zuschauen* mirar con los brazos cruzados
untauglich ['untauklɪç] *adj 1.* inservible, inútil; *2. MIL* inepto
unten ['untən] *adv* abajo, en la parte inferior, debajo
unter ['untər] *prep 1. (örtlich)* debajo de, abajo de; *~ dem Tisch* debajo de la mesa; *~ uns* entre nosotros/en confianza; *Das bleibt ~ uns.* Esto queda entre nosotros. *~ der Telefonnummer...* en el número de teléfono...; *~ großer Anstrengung* con mucho esfuerzo; *2. (zwischen)* entre; *Er befindet sich ~ Frauen.* Se encuentra entre mujeres. *3. (weniger als)* menos de, por debajo de; *~ dem Durchschnitt* por debajo del promedio
unterbesetzt ['untərbəzɛtst] *adj* con insuficiencia de personal, con menos personal del necesario
unterbewerten ['untərbəvɛrtən] *v* infravalorar, subvalorar
Unterbewusstsein ['untərbəvustzaɪn] *n* subconsciente *m*
unterbinden [untər'bɪndən] *v irr (fig)* impedir, prohibir
unterbrechen [untər'brɛçən] *v irr* interrumpir, cortar, parar
unterbreiten [untər'braɪtən] *v* extender por debajo, poner debajo
unterbringen ['untərbrɪŋən] *v irr* colocar, acomodar
Unterdruck ['untərdruk] *m TECH* depresión *f,* baja presión *f*
unterdrücken [untər'drykən] *v 1. (etw ~)* suprimir, eliminar; *2. jdn ~* reprimir a alguien, someter a alguien, oprimir a alguien
Unterdrückung [untər'drykuŋ] *f 1. (Aufhebung)* supresión *f,* eliminación *f; f 2. (Zurückhaltung)* contención *f,* opresión *f*
untere(r,s) ['untərə(r,s)] *adj* inferior, de abajo, bajo
untereinander ['untəraɪnandər] *adv* entre sí
Unterernährung ['untərɛrnɛ:ruŋ] *f* desnutrición *f,* subalimentación *f*
Unterfangen [untər'faŋən] *n* empresa audaz *f*
Unterführung [untər'fy:ruŋ] *f* paso subterráneo *m*
Untergang ['untərgaŋ] *m 1. (Zusammenbruch)* derrumbamiento *m,* caída *f; 2. (Sinken)* hundimiento *m; 3. (Niedergang)* decadencia *f,* ruina *f; 4. (der Sonne, des Mondes)* puesta *f,* ocaso *m*
Untergebene(r) [untər'ge:bənə(r)] *m/f* subordinado/subordinada *m/f,* subalterno/subalterna *m/f*
untergehen ['untərge:ən] *v irr 1. (zusammenbrechen)* derrumbarse, caerse; *2. (im Wasser versinken)* sumergirse, hundirse; *3. (niedergehen)* decaer, arruinarse; *4. (Sonne, Mond)* ponerse
Untergeschoss ['untərgəʃɔs] *n* piso bajo *m,* bajos *m/pl*
Untergewicht ['untərgəvɪçt] *n* falta de peso *f,* peso insuficiente *m*
untergliedern [untər'gli:dərn] *v* subdividir
Untergrund ['untərgrunt] *m* subsuelo *m; Der Widerstand operiert vom ~ aus.* La oposición opera desde la clandestinidad.
Untergrundbewegung ['untərgruntbəve:guŋ] *f* movimiento clandestino *m*
unterhalb ['untərhalp] *prep* por debajo de, debajo de
Unterhalt ['untərhalt] *m* sustento *m,* mantenimiento *m,* manutención *f,* alimento *m*
unterhalten [untər'haltən] *v irr 1. (versorgen)* mantener, sostener económicamente; *2. sich ~ (vergnügen)* divertirse, entretenerse; *3. sich ~ (plaudern)* platicar, conversar

unterhaltend [untər'haltənt] *adj* entretenido, divertido
Unterhaltung [untər'haltuŋ] *f 1. (Versorgung)* mantenimiento *m,* sostenimiento *m,* manutención *f; 2. (Vergnügen)* diversión *f,* distracción *f; 3. (plaudern)* plática *f,* conversación *f,* charla *f*
Unterhaltungsmusik [untər'haltuŋsmuzi:k] *f* música ligera *f*
Unterhose ['untərho:zə] *f 1. (Männerunterhose)* calzoncillo *m; 2. (Frauenunterhose)* braga *f,* calzón *m* (LA)
unterkommen ['untərkɔmən] *v irr 1. (Unterkunft finden)* hallar alojamiento, alojarse en; *2. (Stellung finden)* colocarse, encontrar trabajo (LA)
Unterkunft ['untərkunft] *f* alojamiento *m*
Unterlage ['untərla:gə] *f 1.* base *f; 2. (Dokument)* documento *m*
Unterlass ['untərlas] *m ohne ~* sin interrupción, sin cesar
unterlassen [untər'lasən] *v irr* omitir, eliminar, quitar
unterliegen [untər'li:gən] *v irr 1. (besiegt werden)* ser vencido por, ser derrotado por; *2. (betroffen sein)* estar sujeto a, estar afectado por
untermauern [untər'mauərn] *v (fig)* corroborar, respaldar
untermengen ['untərmɛŋən] *v* entremezclar
Untermiete ['untərmi:tə] *f* subarriendo *m*
Untermieter ['untərmi:tər] *m* subinquilino *m*
untermischen ['untərmɪʃən] *v* entremezclar
unternehmen [untər'ne:mən] *v irr* emprender, iniciar
Unternehmen [untər'ne:mən] *n 1. (Firma)* empresa *f; 2. (Vorhaben)* proyecto *m,* plan *m*
Unternehmer(in) [untər'ne:mər(ɪn)] *m/f* empresario/empresaria *m/f*
unternehmungslustig [untər'ne:muŋslustɪç] *adj* emprendedor
unterordnen ['untərɔrdnən] *v* subordinar
Unterredung [untər're:duŋ] *f* conferencia *f,* conversación *f*
Unterricht ['untərrɪçt] *m* instrucción *f,* enseñanza *f,* clase *f*
unterrichten [untər'rɪçtən] *v 1. (lehren)* instruir, enseñar; *2. (informieren)* informar
Unterrichtsstunde ['untərrɪçtsʃtundə] *f* lección *f,* clase *f*
Unterrock ['untərrɔk] *m* enaguas *f/pl*
untersagen [untər'za:gən] *v* prohibir, vedar
unterschätzen [untər'ʃɛtsən] *v* subestimar
unterscheiden [untər'ʃaɪdən] *v irr* distinguir, diferenciar, discernir
Unterschenkel ['untərʃɛŋkəl] *m* pantorilla *f*
Unterschied ['untərʃi:t] *m* distinción *f,* diferencia *f; ein ~ wie Tag und Nacht* una diferencia como de la noche a la mañana *f*
unterschiedlich ['untərʃi:tlɪç] *adj 1.* distinto, diferente; *adv 2.* de modo distinto, diferenciadamente
unterschlagen [untər'ʃla:gən] *v irr* estafar
Unterschlagung [untər'ʃla:guŋ] *f* desfalco *m,* malversación de fondos *f*
Unterschlupf ['untərʃlupf] *m* abrigo *m,* cobijo *m*
unterschreiben [untər'ʃraɪbən] *v irr* firmar, rubricar
Unterschrift ['untərʃrɪft] *f* firma *f,* rúbrica *f*
unterste(r,s) ['untərstə(r,s)] *adj* inferior, el más bajo; *das Unterste zu oberst kehren* entreversarlo todo, trasformarlo todo, poner todo patas arriba (fam)
Unterstellung [untər'ʃtɛluŋ] *f* suposición *f,* imputación infundada *f*
unterstreichen [untər'ʃtraɪçən] *v irr* subrayar
unterstützen [untər'ʃtytsən] *v* apoyar, sostener
Unterstützung [untər'ʃtytsuŋ] *f* apoyo *m*
untersuchen [untər'zu:xən] *v 1.* examinar, revisar; *2. MED* reconocer, examinar; *Wir müssen den Urin ~.* Es necesario hacer un análisis de orina.
Untersuchung [untər'zu:xuŋ] *f 1.* examen *m,* revisión *f; 2. MED* reconocimiento médico *m,* examen médico *m*
Untersuchungsergebnis [untər'zu:xuŋsɛrge:pnɪs] *n* resultado de la investigación *m*
Untersuchungshaft [untər'zu:xuŋshaft] *f JUR* prisión preventiva *f,* prisión provisional *f*
Untertasse ['untərtasə] *f* platillo *m,* platito *m* (LA)
untertauchen ['untərtauxən] *v 1. (eintauchen)* sumergirse; *2. (fig: verschwinden)* desaparecer, esconderse

Unterteil ['untərtaıl] *n* parte inferior *f*
unterteilen [untər'taılən] *v* subdividir, desglosar
Unterteilung [untər'taıluŋ] *f* subdivisión *f*, desglose *m*
Untertitel ['untərtıtəl] *m* subtítulo *m*
Untertreibung [untər'traıbuŋ] *f* discreción *f*, moderación *f*; *untertreiben* pecar de modesto
untervermieten ['untərfɛrmi:tən] *v* subarrendar
Unterwäsche ['untərvɛʃə] *f* ropa interior *f*
unterwegs [untər've:ks] *adv* en el camino, en camino, durante el viaje
unterweisen [untər'vaızən] *v irr* instruir, aleccionar
Unterwelt ['untərvɛlt] *f* mundo bajo *m*, mundo del hampa *m*
unterwürfig ['untərvyrfıç] *adj* servil
unterzeichnen [untər'tsaıçnən] *v* firmar, rubricar
untragbar ['untra:kba:r] *adj* intolerable, insoportable
untreu ['untrɔy] *adj* infiel
Untreue ['untrɔyə] *f* infidelidad *f*
untröstlich ['untrø:stlıç] *adj 1.* desconsolado, inconsolable; *adv 2.* desconsoladamente, sin consuelo
Untugend ['untu:gənt] *f* vicio *m*, mala costumbre *f*
unüberlegt ['uny:bərle:kt] *adj 1.* irreflexivo; *adv 2.* irreflexivamente
unübersichtlich ['uny:bərzıçtlıç] *adj 1. (ohne Sicht)* de visibilidad reducida; *2. (verworren)* confuso, complejo
unumgänglich ['unumgɛŋlıç] *adj* ineludible, inevitable, indispensable
unumwunden ['unumvundən] *adj 1.* franco; *adv 2.* con toda franqueza
ununterbrochen ['ununtərbrɔxən] *adj 1.* ininterrumpido, continuo, incesante; *adv 2.* ininterrumpidamente, continuamente
unveränderlich [unfɛr'ɛndərlıç] *adj* invariable, inalterable
unverantwortlich [unfɛr'antvɔrtlıç] *adj 1.* irresponsable; *adv 2.* irresponsablemente
unverbesserlich [unfɛr'bɛsərlıç] *adj* incorregible
unverbindlich ['unfɛrbıntlıç] *adj 1.* no obligatorio; *adv 2.* sin compromiso, sin obligación; *adj 3. (Preise)* sujeto a variación
unvereinbar [unfɛr'aınba:r] *adj* inconciliable, incompatible
Unvereinbarkeit [unfɛr'aınba:rkaıt] *f* incompatibilidad *f*
Unverfrorenheit ['unfɛrfro:rənhaıt] *f* insolencia *f*, descaro *m*, desvergüenza *f*
unvergesslich [unfɛr'gɛslıç] *adj* inolvidable
unverheiratet ['unfɛrhaıra:tət] *adj* soltero
unverhofft ['unfɛrhɔft] *adj 1.* inesperado, impensado; *ganz ~* de la noche a la mañana; *adv 2.* inesperadamente, cuando menos se esperaba, de improviso
unverkäuflich ['unfɛrkɔyflıç] *adj* invendible
unverkennbar [unfɛr'kɛnba:r] *adj* inconfundible, inequívoco
unvermeidlich ['unfɛrmaıdlıç] *adj* inevitable, ineludible
unvermittelt ['unfɛrmıtəlt] *adj* directo
unvermutet ['unfɛrmu:tət] *adj* inesperado, imprevisto
Unvernunft ['unfɛrnunft] *f* insensatez *f*
unvernünftig ['unfɛrnynftıç] *adj* insensato, imprudente
unverschämt ['unfɛrʃɛ:mt] *adj 1.* desvergonzado, descarado, insolente; *adv 2.* desvergonzadamente, con descaro
Unverschämtheit ['unfɛrʃɛ:mthaıt] *f* desvergüenza *f*, descaro *m*, insolencia *f*
unversehrt ['unfɛrze:rt] *adj* ileso, sano y salvo
unversöhnlich ['unfɛrzø:nlıç] *adj* irreconciliable, intransigente
unverständlich ['unfɛrʃtɛntlıç] *adj* incomprensible, inexplicable, inconcebible
unverwüstlich ['unfɛrvy:stlıç] *adj* indestructible, superresistente
unverzeihlich ['unfɛrtsaılıç] *adj* imperdonable
unverzüglich ['unfɛrtsy:klıç] *adj 1.* inmediato; *adv 2.* inmediatamente, sin demora, en el acto
unvollkommen ['unfɔlkɔmən] *adj 1.* imperfecto, defectuoso; *adv 2.* defectuosamente
unvollständig ['unfɔlʃtɛndıç] *adj* incompleto
unvorbereitet ['unfo:rbəraıtət] *adj 1.* improvisado, no preparado; *adv 2.* improvisadamente, sin estar preparado
unvorhergesehen ['unfo:rhe:rgəze:ən] *adj* imprevisto, impensado
unvorsichtig ['unfo:rzıçtıç] *adj 1.* imprudente, insensato; *adv 2.* imprudentemente

unvorstellbar ['unfoːrʃtɛlbaːr] *adj* inimaginable
unvorteilhaft ['unfoːrtaɪlhaft] *adj* desventajoso, desfavorable
unwahr ['unvaːr] *adj* falso
Unwahrheit ['unvaːrhaɪt] *f* falsedad *f*, mentira *f*
unwahrscheinlich ['unvaːrʃaɪnlɪç] *adj* *1.* improbable; *adv 2.* poco probable; *Es ist ~, dass er die Prüfung bestanden hat.* Es difícil que haya aprobado el examen.
unweigerlich ['unvaɪgərlɪç] *adj 1.* inevitable, seguro; *adv 2.* en todo caso, seguramente, sin falta
Unwesen ['unveːzən] *n sein ~ treiben* hacer de las suyas (fam)
Unwetter ['unvɛtər] *n* temporal *m*
unwichtig ['unvɪçtɪç] *adj* sin importancia
unwiderruflich ['unviːdərruflɪç] *adj* irrevocable, definitivo, firme
unwiderstehlich ['unviːdərʃteːlɪç] *adj* irresistible
unwillig ['unvɪlɪç] *adj 1.* indignado, enojado; *adv 2.* de mala gana
unwillkürlich ['unvɪlkyːrlɪç] *adj 1.* involuntario, instintivo automático; *adv 2.* sin querer, involuntariamente, instintivamente
unwirksam ['unvɪrkzaːm] *adj* ineficaz, inefectivo, inoperante
unwissend ['unvɪsənt] *adj* ignorante, desconocedor
Unwissenheit ['unvɪsənhaɪt] *f* ignorancia *f*, desconocimiento *m*
unwohl ['unvoːl] *adv* indispuesto, mal
unwürdig ['unvyrdɪç] *adj 1.* indigno; *adv 2.* indignamente
unzählig ['untsɛːlɪç] *adj* incontable, innumerable
unzerbrechlich [untsɛr'brɛçlɪç] *adj* irrompible, inquebrantable
unzertrennlich [untsɛr'trɛnlɪç] *adj* inseparable
Unzucht ['untsuxt] *f* impudicia *f*, lujuria *f*, lascivia *f*, fornicación *f*
unzufrieden ['untsufriːdən] *adj* descontento, insatisfecho
unzugänglich ['untsugɛŋlɪç] *adj 1.* inaccesible; *2. (fig: verschlossen)* reservado, hermético
unzulänglich ['untsulɛŋlɪç] *adj* insuficiente
unzulässig ['untsulɛsɪç] *adj* inadmisible, improcedente
unzumutbar ['untsumuːtbaːr] *adj* inexigible, inaceptable
unzurechnungsfähig ['untsurɛçnuŋsfɛːɪç] *adj 1.* no responsable de sus actos; *2. JUR* inimputable
unzuverlässig ['untsufɛrlɛsɪç] *adj 1.* poco seguro, inseguro; *2. (Person)* poco formal, que no merece confianza
unzweckmäßig ['untsvɛkmɛːsɪç] *adj* inadecuado, poco indicado
üppig ['ypɪç] *adj 1.* exuberante, excesivo, exagerado; *adv 2.* con exuberancia
Urahnen ['uraːnən] *pl* antepasados *m/pl*
uralt ['uːralt] *adj* viejísimo, antiquísimo
Uran [u'raːn] *m CHEM* uranio *m*
Uraufführung ['uːrauffyːruŋ] *f THEAT* estreno absoluto *m*, avant premiere *f* (LA)
Ureinwohner(in) ['uːraɪnvoːnər(ɪn)] *m/f* aborigen *m/f*, habitante autóctono *m*
Urenkel ['uːrɛŋkəl] *m* bisnieto *m*
Urgroßeltern ['uːrgroːsɛltərn] *pl* bisabuelos *m/pl*
Urheber ['uːrheːbər] *m* autor *m*
Urin [u'riːn] *m* orina *f*
Urkunde ['uːrkundə] *f* título *m*, carta *f*, acta *f/el*, documento *m*
urkundlich ['uːrkuntlɪç] *adj 1.* documental, documentado; *adv 2.* a base de documentos
Urlaub ['uːrlaup] *m* vacaciones *f/pl*
Urlauber(in) ['uːrlaubər(ɪn)] *m/f* vacacionista *m/f*
Urlaubsort ['uːrlaupsɔrt] *m* sitio de vacaciones *m*, centro vacacional *m*
Urlaubszeit ['uːrlaupstsaɪt] *f* tiempo de vacaciones *m*
Urne ['urnə] *f* urna *f*
Urologe [uro'loːgə] *m MED* urólogo *m*
Ursache ['uːrzaxə] *f* causa *f*, razón *f*, origen *m*, motivo *m*
Ursprung ['uːrʃpruŋ] *m* origen *m*, procedencia *f*
ursprünglich ['urʃpryŋlɪç] *adj 1.* originario, original, procedente; *adv 2.* originalmente, originariamente
Urteil ['urtaɪl] *n 1.* juicio *m; 2. JUR* sentencia *f*, fallo *m*
urteilen ['urtaɪlən] *v 1.* juzgar; *2. JUR* sentenciar, fallar
Urteilsvermögen ['urtaɪlsfɛrmøːgən] *n* discernimiento *m*, juicio *m*
Urwald ['uːrvalt] *m GEO* selva virgen *f*
Utensilien [utɛn'ziːljən] *pl* utensilios *m/pl*, enseres *m/pl*, útiles *m/pl*

V

vagabundieren [vagabun'diːrən] *v* vagabundear
vage ['vaːgə] *adj 1.* vago; *adv 2.* vagamente
Vagina [va'giːna] *f ANAT* vagina *f*
Vakuum ['vaːkuum] *n* vacío *m*
Valuta [va'luːta] *f ECO* plazo valedero de pago en divisa *m,* valor de divisa en fecha fijada *m,* divisa *f*
Vampir [vam'piːr] *m* vampiro *m*
Vandalismus [vanda'lɪsmus] *m* vandalismo *m*
Vanille [va'nɪlə] *f BOT* vainilla *f*
variabel [vari'aːbəl] *adj* variable
Variante [vari'antə] *f* variante *f*
variieren [vari'iːrən] *v* variar
Vase ['vaːzə] *f* jarrón *m,* florero *m*
Vater ['faːtər] *m* padre *m; ~ Staat* Padre Estado *m; der himmlische ~* el Padre Eterno *m; zu seinen Vätern heimgehen* irse con sus antepasados
Vaterland ['faːtərlant] *n* madre patria *f,* país natal *m*
väterlich ['fɛːtərlɪç] *adj 1.* paternal, paterno; *adv 2.* de manera paternal, paternalmente
Vaterunser [faːtər'unzər] *n REL* Padre Nuestro *m*
Vatikan [vatɪ'kaːn] *m* Vaticano *m*
Vegetarier(in) [vege'taːriːər(ɪn)] *m/f* vegetariano/vegetariana *m/f*
vegetarisch [vege'taːrɪʃ] *adj* vegetariano
Vegetation [vegeta'tsjoːn] *f* vegetación *f*
vehement [vehə'mɛnt] *adj 1.* vehemente; *adv 2.* con vehemencia; *etw ~ verteidigen* defender algo a capa y espada
Vene ['veːnə] *f ANAT* vena *f*
Ventil [vɛn'tiːl] *n TECH* válvula *f*
Ventilator [vɛnti'laːtɔr] *m* ventilador *m*
verabreden [fɛr'apreːdən] *v 1.* convenir, concertar; *2. sich ~* citarse con alguien
Verabredung [fɛr'apreːduŋ] *f 1. (Abmachung)* convenio *m,* concertación *f; 2. (Treffen)* cita *f,* entrevista *f,* encuentro *m*
verabscheuen [fɛr'apʃɔyən] *v* detestar, aborrecer, odiar
verabschieden [fɛr'apʃiːdən] *v 1.* despedir, decir adiós; *2. (Gesetz)* aprobar, admitir
Verabschiedung [fɛr'apʃiːduŋ] *f 1.* despedida *f; 2. (Gesetz)* aprobación *f*
verachten [fɛr'axtən] *v* despreciar, menospreciar; *nicht zu ~ sein* no ser menospreciable/no ser moco de pavo (fam)
verächtlich [fɛr'ɛçtlɪç] *adj 1.* despreciable, digno de desprecio; *adv 2.* con desprecio
Verachtung [fɛr'axtuŋ] *f* desprecio *m,* menosprecio *m; jdn mit ~ strafen* castigar a alguien no haciéndole aprecio
verallgemeinern [fɛralgə'maɪnərn] *v* generalizar
Verallgemeinerung [fɛralgə'maɪnəruŋ] *f* generalización *f*
veraltet [fɛr'altət] *adj* envejecido, anticuado
Veranda [ve'randa] *f* veranda *f*
veränderlich [fɛr'ɛndərlɪç] *adj* variable, alterable
verändern [fɛr'ɛndərn] *v* variar, alterar, cambiar
Veränderung [fɛr'ɛndəruŋ] *f* variación *f,* alteración *f,* cambio *m*
verängstigt [fɛr'ɛŋstɪçt] *adj* asustado
Veranlagung [fɛr'anlaːguŋ] *f* predisposición *f,* propensión *f*
veranlassen [fɛr'anlasən] *v* causar, originar, ocasionar, dar lugar a
Veranlassung [fɛr'anlasuŋ] *f* causa *f*
veranschaulichen [fɛr'anʃaulɪçən] *v* ilustrar, explicar por medio de ejemplos
veranschlagen [fɛr'anʃlaːgən] *v* evaluar, estimar, tasar
veranstalten [fɛr'anʃtaltən] *v* organizar, celebrar, dar
Veranstalter(in) [fɛr'anʃtaltər(ɪn)] *m/f* organizador(a) *m/f*
Veranstaltung [fɛr'anʃtaltuŋ] *f* organización *f,* acto *m*
verantworten [fɛr'antvɔrtən] *v* responder, ser responsable de
verantwortlich [fɛr'antvɔrtlɪç] *adj* responsable
Verantwortung [fɛr'antvɔrtuŋ] *f* responsabilidad *f; jdn für etw zur ~ ziehen* hacer responsable de algo a alguien
verantwortungslos [fɛr'antvɔrtuŋsloːs] *adj 1.* irresponsable; *adv 2.* irresponsablemente
verantwortungsvoll [fɛr'antvɔrtuŋsfɔl] *adj 1.* de gran responsabilidad; *adv 2.* con gran responsabilidad

verarbeiten [fɛr'arbaɪtən] *v 1. (bearbeiten) etw ~* trabajar algo, modificar algo mejorándolo; *2. (fig)* asimilar; *3. (Daten) INFORM* elaborar

Verarbeitung [fɛr'arbaɪtuŋ] *f 1. (Bearbeitung)* trabajo *m,* modificación *f; 2. (von Daten) INFORM* elaboración *f*

verärgern [fɛr'ɛrgərn] *v* disgustar, enfadar

verärgert [fɛr'ɛrgərt] *adj* disgustado, enfadado

verarzten [fɛr'artstən] *v* tratar, curar, atender clínicamente

verausgaben [fɛr'ausgaːbən] *v 1. sich finanziell ~* gastar todo su dinero; *2. sich körperlich ~* agotar todas sus fuerzas

veräußern [fɛr'ɔysərn] *v* enajenar, vender

Verb [vɛrp] *n GRAMM* verbo *m*

verbal [vɛr'baːl] *adj 1.* verbal, oral; *adv 2.* verbalmente

Verband [fɛr'bant] *m 1. (Vereinigung)* asociación *f,* gremio *m,* unión *f; 2. MED* vendaje *m,* apósito *m*

verbannen [fɛr'banən] *v* desterrar, exiliar, expatriar, deportar

Verbannung [fɛr'banuŋ] *f* destierro *m,* exilio *m,* deportación *f*

verbeißen [fɛr'baɪsən] *v irr 1. sich in etw ~* obstinarse en algo; *2. sich etw ~* callarse algo, reservarse algo

verbergen [fɛr'bɛrgən] *v irr* ocultar, esconder

verbessern [fɛr'bɛsərn] *v 1.* mejorar, perfeccionar; *2. (korrigieren)* corregir, rectificar

Verbesserung [fɛr'bɛsəruŋ] *f 1.* mejora *f,* perfeccionamiento *m; 2. (Korrektur)* corrección *f,* rectificación *f*

verbeugen [fɛr'bɔygən] *v sich ~* inclinarse, hacer una reverencia

Verbeugung [fɛr'bɔyguŋ] *f* inclinación *f,* reverencia *f*

verbiegen [fɛr'biːgən] *v irr* torcer, doblar, deformar

verbieten [fɛr'biːtən] *v irr* prohibir, vedar

verbinden [fɛr'bɪndən] *v irr 1. (zusammenfügen)* unir, reunir, juntar; *2. MED* vendar; *3. ~ mit TEL* comunicar con, poner con; *Verbinden Sie mich bitte mit der Polizei!* ¡Haga el favor de ponerme con la policía!

verbindlich [fɛr'bɪntlɪç] *adj 1. (verpflichtend)* obligatorio, vinculante; *2. (höflich)* amable, servicial, cortés

Verbindlichkeit [fɛr'bɪntlɪçkaɪt] *f 1. (Verpflichtung)* obligación *f; 2. (Höflichkeit)* amabilidad *f,* cortesía *f*

Verbindung [fɛr'bɪnduŋ] *f 1. (Zusammenfügung)* unión *f,* reunión *f; 2. (Zugverbindung)* empalme *m,* enlace *m,* conexión *f* (LA); *Existiert eine direkte Flug~ nach Lima?* ¿Hay un vuelo directo a Lima? *3. (Beziehung)* relación *f,* contacto *m; sich mit jdm in ~ setzen* ponerse en contacto con alguien; *5. TEL* comunicación *f*

verbissen [fɛr'bɪsən] *adj (fig)* encarnizado, reñido, porfiado, ensañado; *etw nicht ~ sehen* no tomar algo tan en serio

verbittert [fɛr'bɪtərt] *adj (fig)* amargado, resentido, desengañado, desilusionado

Verbitterung [fɛr'bɪtəruŋ] *f* amargura *f,* desengaño *m,* desilusión *f*

verblassen [fɛr'blasən] *v* palidecer

verbleit [fɛr'blaɪt] *adj* emplomado

verblendet [fɛr'blɛndət] *adj* cegado, deslumbrado

verblüffend [fɛr'blyfənt] *adj 1.* desconcertante, asombroso, que causa estupefacción; *adv 2.* perplejamente

Verblüffung [fɛr'blyfuŋ] *f* estupefacción *f*

verblühen [fɛr'blyːən] *v* marchitarse

verbluten [fɛr'bluːtən] *v MED* desangrarse, perder mucha sangre

verbohrt [fɛr'boːrt] *adj (fig)* obstinado

verborgen [fɛr'bɔrgən] *adj* oculto, escondido

Verborgenheit [fɛr'bɔrgənhaɪt] *f* retiro *m,* abrigo *m,* refugio *m*

Verbot [fɛr'boːt] *n* prohibición *f,* veda *f*

verboten [fɛr'boːtən] *adj* prohibido, vedado; *Das sieht einfach ~ aus!* ¡Es verdaderamente impresentable!

Verbrauch [fɛr'braux] *m* consumo *m*

verbrauchen [fɛr'brauxən] *v* consumir

Verbraucher(in) [fɛr'brauxər(ɪn)] *m/f* consumidor(a) *m/f*

Verbrauchsgüter [fɛr'brauxsgyːtər] *pl ECO* bienes de consumo *m/pl*

verbrechen [fɛr'brɛçən] *v irr* cometer un crimen, perpetrar un acto criminal

Verbrechen [fɛr'brɛçən] *n* crimen *m,* acto criminal *m,* delito *m*

Verbrecher(in) [fɛr'brɛçər(ɪn)] *m/f* criminal *m/f,* delincuente *m/f*

verbrecherisch [fɛr'brɛçərɪʃ] *adj 1.* criminal; *adv 2.* criminalmente

verbreiten [fɛr'braɪtən] *v 1. (ausdehnen, ausstreuen)* extender, diseminar, esparcir; *2. (Krankheit)* propagar, contagiar; *3. (Nachricht)* difundir, divulgar; *4. (Geruch)* despedir, expandirse

verbreitern [fɛr'braɪtərn] *v* ensanchar, ampliar
Verbreiterung [fɛr'braɪtəruŋ] *f* ensanche *m,* ampliación *f*
Verbreitung [fɛr'braɪtuŋ] *f* divulgación *f,* propagación *f,* difusión *f; ~ finden* llegar a extenderse
verbrennen [fɛr'brɛnən] *v irr* quemar, incinerar
Verbrennung [fɛr'brɛnuŋ] *f 1. (Müllverbrennung)* incineración *f; 2. (Einäscherung)* cremación *f,* incineración *f; 3. MED* quemadura *f; 4. (beim Motor) TECH* combustión *f*
Verbrennungsmotor [fɛr'brɛnuŋsmoːtɔr] *m (beim Auto)* motor de combustión interna *m*
verbringen [fɛr'brɪŋən] *v irr* pasar
verbrühen [fɛr'bryːən] *v sich ~* escaldarse, quemarse
verbuchen [fɛr'buːxən] *v* contabilizar
Verbund [fɛr'bunt] *m* sistema combinado *m*
verbünden [fɛr'byndən] *v sich ~* unirse, aliarse
Verbundenheit [fɛr'bundənhaɪt] *f* solidaridad *f,* adhesión *f,* unión *f*
Verbündete(r) [fɛr'byndətə(r)] *m/f* aliado/aliada *m/f*
verbürgen [fɛr'byrgən] *v sich ~* responder de/responder por, salir garante por
verbüßen [fɛr'byːsən] *v* cumplir, purgar, expiar
Verdacht [fɛr'daxt] *m* sospecha *f, über jeden ~ erhaben sein* estar libre de toda sospecha; *auf ~* por el supuesto; *~ schöpfen* concebir sospechas
verdächtig [fɛr'dɛçtɪç] *adj* sospechoso
Verdächtige(r) [fɛr'dɛçtɪgə(r)] *m/f* sospechoso/sospechosa *m/f*
verdächtigen [fɛr'dɛçtɪgən] *v* sospechar de, recelar
Verdächtigung [fɛr'dɛçtɪguŋ] *f* declaración de sospecha contra alguien *f,* manifestación de desconfianza *f*
verdammen [fɛr'damən] *v* maldecir, condenar
verdammungswürdig [fɛr'damuŋsvyrdɪç] *adj* condenado, maldito, digno de condena
verdampfen [fɛr'dampfən] *v* evaporar
verdanken [fɛr'daŋkən] *v jdm etw ~* deberle algo a alguien/tener que agradecer algo a alguien
verdauen [fɛr'dauən] *v* digerir
verdaulich [fɛr'daulɪç] *adj* digestible, digerible
Verdauung [fɛr'dauuŋ] *f* digestión *f*
Verdauungsstörung [fɛr'dauŋsʃtøːruŋ] *f MED* trastorno digestivo *m,* indigestión *f*
Verdeck [fɛr'dɛk] *n 1. (beim Auto)* capota *f; 2. (eines Schiffes)* puente *m,* cubierta *f*
verdecken [fɛr'dɛkən] *v 1. (zudecken)* cubrir, tapar; *2. (verbergen)* encubrir, ocultar
verderben [fɛr'dɛrbən] *v irr 1. (zerstören)* deteriorarse, estropearse, malograrse; *es sich mit jdm ~* desavenirse con alguien/enemistarse con alguien; *2. (schlecht werden)* pudrirse; *3. (fig: schlecht beeinflussen)* corromper
verderblich [fɛr'dɛrplɪç] *adj 1. (Person)* corruptible; *2. (Sache: leicht verderbend)* perecedero; *Obst ist leicht ~.* La fruta se echa a perder fácilmente. *3. (schädlich)* nocivo, dañino, destructor
verdeutlichen [fɛr'dɔytlɪçən] *v* dilucidar, poner en claro, explicar, aclarar
verdichten [fɛr'dɪçtən] *v 1. TECH* condensar, densificar; *2. (fig)* concentrarse, acumularse
verdienen [fɛr'diːnən] *v 1. (Geld)* ganar; *2. (Lob)* merecer, ser digno; *es nicht anders ~* no merecer otra cosa
Verdienst [fɛr'diːnst] *m 1.* ganancia *f,* beneficio *m; n 2.* mérito *m*
verdoppeln [fɛr'dɔpəln] *v* doblar, duplicar
Verdoppelung [fɛr'dɔpəluŋ] *f* duplicación *f*
verdorben [fɛr'dɔrbən] *adj 1. (ungenießbar)* podrido, estropeado; *2. (fig)* corrupto, pervertido, corrompido, depravado
verdrängen [fɛr'drɛŋən] *v 1.* empujar, expulsar, echar; *2. (fig)* reprimir, contener, refrenar
Verdrängung [fɛr'drɛŋuŋ] *f 1.* expulsión *f; 2. (fig)* represión *f*
verdrehen [fɛr'dreːən] *v 1.* torcer, retorcer; *2. (fig)* tergiversar, falsear, deformar, falsificar
verdreifachen [fɛr'draɪfaxən] *v* triplicar
verdrießlich [fɛr'driːslɪç] *adj* malhumorado, indispuesto, molesto
Verdrossenheit [fɛr'drɔsənhaɪt] *f* tedio *m,* aburrimiento *m*
Verdruss [fɛr'drus] *m* disgusto *m,* contrariedad *f*
verdunkeln [fɛr'duŋkəln] *v 1. (abdunkeln)* oscurecer, apagar todas las luces; *2. (fig: verschleiern)* encubrir, ocultar

Verdunkelung [fɛr'duŋkəluŋ] *f* 1. *(Abdunkeln)* oscurecimiento *m;* 2. *(fig: Verschleierung)* encubrimiento *m*
verdünnen [fɛr'dynən] *v* diluir, disolver, deshacer
verdunsten [fɛr'dunstən] *v* evaporarse
verdursten [fɛ'durstən] *v* morirse de sed, tener mucha sed
verdutzt [fɛr'dutst] *adj* desconcertado, perplejo, atónito
veredeln [fɛr'eːdəln] *v* ennoblecer
verehren [fɛr'eːrən] *v* venerar, adorar, admirar con exageración
Verehrer [fɛr'eːrər] *m* admirador *m,* adorador *m*
Verehrung [fɛr'eːruŋ] *f* veneración *f,* admiración *f,* adoración *f*
vereidigen [fɛr'aɪdɪgən] *v jdn* tomar juramento a alguien, juramentar a alguien
Vereidigung [fɛr'aɪdɪguŋ] *f* prestación de juramento *f,* toma de juramento *f*
Verein [fɛr'aɪn] *m* unión *f,* sociedad *f,* asociación *f,* club *m*
vereinbaren [fɛr'aɪnbaːrən] *v* convenir, concertar algo, ponerse de acuerdo sobre algo
Vereinbarkeit [fɛr'aɪnbaːrkaɪt] *f* compatibilidad *f*
Vereinbarung [fɛr'aɪnbaːruŋ] *f* acuerdo *m,* convenio *m,* arreglo *m*
vereinbarungsgemäß [fɛr'aɪnbaːruŋsgəmɛs] *adv* según acuerdo, según lo convenido
vereinen [fɛr'aɪnən] *v sich ~* unirse, juntarse
vereinfachen [fɛr'aɪnfaxən] *v* simplificar, facilitar
vereinheitlichen [fɛr'aɪnhaɪtlɪçən] *v* unificar, uniformar
vereinigen [fɛr'aɪnɪgən] *v* unir, reunir
Vereinigte Staaten [fɛr'aɪnɪçtə 'ʃtaːtən] *pl GEO* Estados Unidos *m/pl*
Vereinigung [fɛr'aɪnɪguŋ] *f* 1. unión *f,* reunión *f;* 2. *POL* unificación *f,* confederación *f,* alianza *f,* coalición *f*
vereinnahmen [fɛr'aɪnnaːmən] *v* cobrar
vereinsamen [fɛr'aɪnzamən] *v* quedar aislado, quedarse solo
Vereinte Nationen [fɛr'aɪntə nats'joːnən] *pl* Naciones Unidas *f/pl*
vereinzelt [fɛr'aɪntsəlt] *adj* 1. aislado, suelto; *adv* 2. aisladamente, por separado
vereiteln [fɛr'aɪtəln] *v* hacer fracasar, malograr, frustrar
vereitert [fɛr'aɪtərt] *adj MED* supurado, con pus
verenden [fɛr'ɛndən] *v* morir, perecer
verengen [fɛr'ɛŋən] *v* estrechar, angostar
Verengung [fɛr'ɛŋuŋ] *f* estrechamiento *m,* constricción *f*
vererben [fɛr'ɛrbən] *v* 1. *(Güter)* legar, dejar en herencia; 2. *BIO* transmitirse hereditariamente, transmitir
vererblich [fɛr'ɛrplɪç] *adj* 1. *(Güter)* heredado, legado; 2. *BIO* hereditario
Vererbung [fɛr'ɛrbuŋ] *f* 1. *(von Gütern)* herencia *f;* 2. *BIO* transmisión hereditaria *f*
verewigen [fɛr'eːvɪgən] *v* perpetuar, eternizar, inmortalizar
verfahren [fɛr'faːrən] *v irr* 1. *(vorgehen)* proceder, obrar, actuar; 2. *sich ~* extraviarse, perderse del camino
Verfahren [fɛr'faːrən] *n* 1. *(Vorgehen)* proceso *m,* procedimiento *m;* 2. *(Methode)* método *m;* 3. *JUR* proceso *m*
Verfahrensweise [fɛr'faːrənsvaɪzə] *f* modo de procedimiento *m*
Verfall [fɛr'fal] *m* 1. *(eines Gebäudes)* desmoronamiento *m,* derrumbamiento *m;* 2. *(Fristablauf)* vencimiento *m,* caducidad *f;* 3. *(Untergang)* decadencia *f*
verfallen [fɛr'falən] *v irr* 1. *(Gebäude)* desmoronarse, derruirse, derrumbarse; 2. *(ungültig werden)* vencer, caducar; 3. *(hörig werden)* ser el esclavo de
Verfallsdatum [fɛr'falsdaːtum] *n* fecha de vencimiento *f,* fecha de caducidad *f*
verfälschen [fɛr'fɛlʃən] *v* falsificar
Verfälschung [fɛr'fɛlʃuŋ] *f* 1. falsificación *f;* 2. *(von Lebensmitteln)* adulteración *f*
verfänglich [fɛr'fɛŋlɪç] *adj* 1. *(Frage)* capcioso; 2. *(Lage)* embarazoso
verfassen [fɛr'fasən] *v* componer, redactar, escribir
Verfasser(in) [fɛr'fasər(ɪn)] *m/f* autor(a) *m/f*
Verfassung [fɛr'fasuŋ] *f* 1. disposición *f,* estado de ánimo *m; Ich bin nicht in der ~, um auf diese Party zu gehen.* No estoy en condiciones para asistir a esa fiesta. 2. *(Zustand)* estado *m,* condición *f;* 3. *(Grundgesetz) POL* constitución *f*
Verfassungsgericht [fɛr'fasuŋsgərɪçt] *n* tribunal constitucional *m*
verfassungswidrig [fɛr'fasuŋsviːdrɪç] *adj* anticonstitucional, inconstitucional
verfaulen [fɛr'faulən] *v* pudrirse, descomponerse, echarse a perder

verfechten [fɛr'fɛçtən] *v irr* propugnar, abogar por, defender una idea
Verfechter(in) [fɛr'fɛçtər(ɪn)] *m/f* defensor(a) *m/f*
verfehlen [fɛr'feːlən] *v* desacertar, errar, fallar
Verfehlung [fɛr'feːluŋ] *f* falta *f,* infracción *f*
verfeindet [fɛr'faɪndət] *adj* enemistado
verfeinern [fɛr'faɪnərn] *v* refinar
Verfeinerung [fɛr'faɪnəruŋ] *f* refinación *f*
Verflechtung [fɛr'flɛçtuŋ] *f* entrelazamiento *m,* entretejimiento *m*
verfliegen [fɛr'fliːgən] *v irr 1. (Zeit)* volar, pasar volando; *2. (Duft)* volatilizarse, evaporarse
Verflossene(r) [fɛr'flɔsənə(r)] *m/f* ex *m/f,* ex novio/a *m/f,* ex marido *m,* ex mujer *f*
verfluchen [fɛr'fluːxən] *v* maldecir, renegar; *Ich verfluche den Tag, an dem ich dich kennen gelernt habe.* Maldito sea el día en que te conocí.
verfolgen [fɛr'fɔlgən] *v* perseguir, cazar; *Dieser Mann verfolgt mich seit einer Stunde.* Ese hombre me persigue desde hace una hora.
Verfolgte(r) [fɛr'fɔlktə(r)] *m/f* perseguido/perseguida *m/f*
Verfolgung [fɛr'fɔːlguŋ] *f* persecución *f,* caza *f*
verformen [fɛr'fɔrmən] *v* deformar
Verformung [fɛr'fɔrmuŋ] *f* deformación *f*
verfrachten [fɛr'fraxtən] *v* fletar
verfrüht [fɛr'fryːt] *adj* prematuro
verfügbar [fɛr'fyːkbaːr] *adj* disponible
Verfügbarkeit [fɛr'fyːkbaːrkaɪt] *f* disponibilidad *f*
verfügen [fɛr'fyːgən] *v 1. (anordnen)* ordenar, disponer, decretar; *2. (über)* disponer de, tener; *Über wie viel Zeit verfüge ich?* ¿De cuánto tiempo libre dispongo?
Verfügung [fɛr'fyːguŋ] *f JUR* disposición *f,* orden *f; sich zur ~ stellen* ponerse a disposición; *etw zur ~ haben* tener algo a disposición
verführen [fɛr'fyːrən] *v* seducir, tentar, inducir
verführerisch [fɛr'fyːrərɪʃ] *adj 1.* seductor; *adv 2.* seductoramente
Verführung [fɛr'fyːruŋ] *f* seducción *f,* tentación *f*
Vergabe [fɛr'gaːbə] *f* adjudicación *f,* concesión *f*
vergammeln [fɛr'gaməln] *v* echarse a perder, malograrse
vergangen [fɛr'gaŋən] *adj* pasado, pasada; *~es Jahr* el año pasado
Vergangenheit [fɛr'gaŋənhaɪt] *f 1.* pasado *m; hin ist hin* lo pasado pasado está; *2. GRAMM* preterito *m*
vergänglich [fɛr'gɛŋglɪç] *adj* pasajero, efímero, fugaz
Vergänglichkeit [fɛr'gɛŋlɪçkaɪt] *f* carácter efímero *m,* fugacidad *f*
Vergaser [fɛr'gaːzər] *m (beim Auto)* carburador *m*
vergeben [fɛr'geːbən] *v irr 1. (verzeihen)* perdonar, dispensar, excusar; *2. (Auftrag)* adjudicar
vergeblich [fɛr'geːblɪç] *adj 1.* vano, inútil; *adv 2.* en vano, inútilmente; *etw ~ tun* hacer algo en vano
Vergebung [fɛr'geːbuŋ] *f (Verzeihung)* perdón *m,* dispensa *f*
vergegenwärtigen [fɛrgeːgən'vɛrtɪgən] *v sich ~* imaginarse, figurarse, tener presente, acordarse
vergehen [fɛr'geːən] *v irr 1. (Zeit)* pasar, transcurrir; *2. (Schmerz)* disminuir, ceder; *3. sich ~ an* abusar de alguien, extralimitarse con alguien
Vergehen [fɛr'geːən] *n JUR* delito *m*
vergelten [fɛr'gɛltən] *v irr* devolver, retribuir, corresponder; *Gott möge es Ihnen ~!* ¡Dios se lo pague! *Gleiches mit Gleichem ~* pagar con la misma moneda
Vergeltung [fɛr'gɛltuŋ] *f* devolución *f,* retribución *f*
vergessen [fɛr'gɛsən] *v irr* olvidar algo, no acordarse de; *Das vergesse ich dir nie! (negativ)* ¡Esto me lo pagarás!; *(positiv)* ¡Nunca olvidaré lo que hiciste por mí!
Vergessenheit [fɛr'gɛsənhaɪt] *f* olvido *m; in ~ geraten* pasar al olvido
vergesslich [fɛr'gɛslɪç] *adj* olvidadizo; *Du bist ~, wenn es dir paßt.* Tienes poca memoria cuando te conviene.
Vergesslichkeit [fɛr'gɛslɪçkaɪt] *f* falta de memoria *f*
vergeuden [fɛr'gɔydən] *v* derrochar, desperdiciar
vergewaltigen [fɛrgə'valtɪgən] *v* violar, abusar de
Vergewaltigung [fɛrgə'valtɪguŋ] *f* violación *f,* estupro *m*
vergewissern [fɛrgə'vɪsərn] *v sich ~* cerciorarse, asegurarse

vergießen [fɛr'giːsən] *v irr* verter, derramar
vergiften [fɛr'gɪftən] *v* envenenar, intoxicar
Vergiftung [fɛr'gɪftuŋ] *f MED* envenenamiento *m*, intoxicación *f*
vergittern [fɛr'gɪtərn] *v* enrejar
verglasen [fɛr'glaːzən] *v* poner vidrio
Vergleich [fɛr'glaɪç] *m 1.* comparación *f*; *2. JUR* arreglo *m*, acuerdo *m*, conciliación *f*
vergleichbar [fɛr'glaɪçbaːr] *adj* comparable
vergleichen [fɛr'glaɪçən] *v irr* comparar, igualar
Vergleichsjahr [fɛr'glaɪçsjaːr] *n* año de referencia *m*
vergleichsweise [fɛr'glaɪçsvaɪzə] *adv* comparativamente, a modo de comparación
verglühen [fɛr'glyːən] *v* extinguir
Vergnügen [fɛr'gnyːgən] *n* diversión *f*, placer *m*, gusto *m*; *jdn um sein ~ bringen* aguarle la fiesta a alguien; *Viel ~!* ¡Que te diviertas! *ein teueres ~* un vicio muy caro *m*
vergnügen [fɛr'gnyːgən] *v sich ~* divertirse, distraerse
vergnügt [fɛr'gnyːkt] *adj* divertido, contento
Vergnügungspark [fɛr'gnyːguŋspark] *m* parque de atracciones *m*, parque de diversiones *m* (LA)
Vergnügungssucht [fɛr'gnyːguŋszuçt] *f* afán de placer *m*, avidez de placeres *f*
vergolden [fɛr'gɔldən] *v* dorar
vergöttern [fɛr'gœtərn] *v* deificar, endiosar, divinizar
vergraben [fɛr'graːbən] *v irr* enterrar, soterrar
vergriffen [fɛr'grɪfən] *adj* agotado
vergrößern [fɛr'grøːsərn] *v* agrandar, ampliar
Vergrößerung [fɛr'grøːsəruŋ] *f* agrandamiento *m*, ampliación *f*
Vergrößerungsglas [fɛr'grøːsəruŋsglaːs] *n* lente de aumento *m*, cristal de aumento *m*, lupa *f*
Vergünstigung [fɛr'gynstiguŋ] *f* ventaja *f*, privilegio *m*
vergüten [fɛr'gyːtən] *v* recompensar, remunerar, reembolsar, reintegrar
Vergütung [fɛr'gyːtuŋ] *f* recompensa *f*, remuneración *f*, reembolso *m*, reintegro *m*
verhaften [fɛr'haftən] *v* detener, arrestar
Verhaftung [fɛr'haftuŋ] *f* detención *f*, arresto *m*
verhalten [fɛr'haltən] *v 1. sich ~* comportarse, conducirse, portarse; *adj 2.* contenido
Verhalten [fɛr'haltən] *n* conducta *f*, comportamiento *m*
Verhältnis [fɛr'hɛltnɪs] *n 1. (Proportion)* proporción *f*, relación *f*; *2. (Beziehung)* relación *f*; *3. (Umstand)* situación *f*, condición *f*; *über seine ~se leben* vivir por encima de sus posibilidades
verhältnismäßig [fɛr'hɛltnɪsmɛːsɪç] *adv* proporcional, relativo
Verhältniswahlrecht [fɛr'hɛltnɪsvaːlrɛçt] *n POL* derecho de elección proporcional *m*
verhandeln [fɛr'handəln] *v* negociar
Verhandlung [fɛr'handluŋ] *f 1.* negociación *f*; *2. JUR* vista *f*, juicio *m*
Verhandlungspartner [fɛr'handluŋspartnər] *pl* partes negociadoras *f/pl*
verhängen [fɛr'hɛŋən] *v 1. (verhüllen)* cubrir, tapar; *2. (fig: Strafe)* imponer, infligir
Verhängnis [fɛr'hɛŋnɪs] *n* fatalidad *f*
verhängnisvoll [fɛr'hɛŋnɪsfɔl] *adj* fatal
verharmlosen [fɛr'harmloːzən] *v* restar importancia, banalizar, trivializar, minimizar
Verharmlosung [fɛr'harmloːzuŋ] *f* minimización *f*
verharren [fɛr'harən] *v* persistir, perseverar
verhaspeln [fɛr'haspəln] *v (fam) sich ~* atascarse
verhasst [fɛr'hast] *adj* odiado, odioso
verhätscheln [fɛr'hɛːtʃəln] *v* mimar, consentir, engreír (LA)
verheerend [fɛr'heːrənt] *adj* desolador, devastador
Verheerung [fɛr'heːruŋ] *f* desolación *f*, devastación *f*
verhehlen [fɛr'heːlən] *v* encubrir, disimular, ocultar
verheilen [fɛr'haɪlən] *v* sanar, curarse
verheimlichen [fɛr'haɪmlɪçən] *v* ocultar, esconder, mantener en secreto, encubrir
Verheimlichung [fɛr'haɪmlɪçuŋ] *f* ocultación *f*, encubrimiento *m*
verheiratet [fɛr'haɪraːtət] *adj* casado
verheißen [fɛr'haɪsən] *v irr* prometer
Verheißung [fɛr'haɪsuŋ] *f* promesa *f*
verheißungsvoll [fɛr'haɪsuŋsfɔl] *adj* muy prometedor
verherrlichen [fɛr'hɛrlɪçən] *v* glorificar, ensalzar, endiosar
Verherrlichung [fɛr'hɛrlɪçuŋ] *f* glorificación *f*, ensalzamiento *m*, endiosamiento *m*

verhexen [fɛr'hɛksən] *v* *Das ist ja wie verhext.* Esto ya es cosa de brujas.
verhindern [fɛr'hɪndərn] *v* impedir, imposibilitar, obstruir
verhindert [fɛr'hɪndərt] *adj* impedido, imposibilitado
Verhinderung [fɛr'hɪndəruŋ] *f* impedimento *m,* obstrucción *f*
verhöhnen [fɛr'hø:nən] *v* burlarse de
Verhör [fɛr'hø:r] *n* *JUR* interrogatorio *m; jdn ins ~ nehmen* interrogar a alguien
verhören [fɛr'hø:rən] *v* *1. sich ~* oír mal; *2. JUR* interrogar
verhüllen [fɛr'hylən] *v* cubrir, tapar, velar
verhungern [fɛr'huŋərn] *v* morirse de hambre, perecer de hambre
verhüten [fɛr'hy:tən] *v* prevenir, evitar, impedir, precaver
Verhütung [fɛr'hy:tuŋ] *f* prevención *f*
Verhütungsmittel [fɛr'hy:tuŋsmɪtəl] *n* *MED* anticonceptivo *m,* preservativo *m,* profilactico *m*
verirren [fɛr'ɪrən] *v* *sich ~* extraviarse, perderse, perder la brújula
Verirrung [fɛr'ɪruŋ] *f* *1.* extravío *m; 2. (fig)* apartamiento del buen camino *m*
verjagen [fɛr'ja:gən] *v* ahuyentar, espantar, asustar
Verjährung [fɛr'jɛ:ruŋ] *f* *JUR* prescripción *f*
verkabeln [fɛr'ka:bəln] *v* cablear
Verkabelung [fɛr'ka:bəluŋ] *f* *TEL* instalación de red de cables *f*
verkalken [fɛr'kalkən] *v* *1. MED* ponerse escleroso, ponerse esclerótico; *2. TECH* calcificarse
Verkalkung [fɛr'kalkuŋ] *f* *1. MED* esclerosis *f; 2. TECH* calcificación *f*
Verkauf [fɛr'kauf] *m* venta *f,* colocación *f*
verkaufen [fɛr'kaufən] *v* vender
Verkäufer(in) [fɛr'kɔyfər(ɪn)] *m/f* vendedor(a) *m/f*
verkäuflich [fɛr'kɔyflɪç] *adj* vendible
Verkaufsleiter(in) [fɛr'kaufslaɪtər(ɪn)] *m/f* jefe de ventas/jefa de ventas *m/f*
Verkaufspreis [fɛr'kaufspraɪs] *m* precio de venta *m*
Verkehr [fɛr'ke:r] *m* tráfico *m,* tránsito *m,* circulación *f; jdn aus dem ~ ziehen* quitar a alguien del medio (fam)
Verkehrsader [fɛr'ke:rsa:dər] *f* arteria de tráfico *f*
Verkehrsampel [fɛr'ke:rsampəl] *f* semáforo *m*
Verkehrsbüro [fɛr'ke:rsbyro:] *n* oficina de turismo *f*
Verkehrschaos [fɛr'ke:rska:ɔs] *n* caos de la circulación *m,* caos circulatorio *m*
Verkehrsdelikt [fɛr'ke:rsdelɪkt] *n* delito de la circulación *m,* infracción de tránsito *f* (LA)
Verkehrsflugzeug [fɛr'ke:rsflu:ktsɔyk] *n* avión comercial *m*
Verkehrsinsel [fɛr'ke:rsɪnzəl] *f* burladero *m,* descanso peatonal *m* (LA)
Verkehrsministerium [fɛr'ke:rsministerjum] *n* *POL* Ministerio de Transportes *m*
Verkehrsmittel [fɛr'ke:rsmɪtəl] *pl* medios de transporte *m/pl*
Verkehrspolizei [fɛr'ke:rspolitsaɪ] *f* policía de tráfico *m*
Verkehrspolizist [fɛr'ke:rspolɪtsɪst] *m* policía de tráfico *m,* agente de tráfico *m,* policía de tránsito *m* (LA)
Verkehrsregel [fɛr'ke:rsre:gəl] *f* norma de circulación *f*
Verkehrsteilnehmer(in) [fɛr'ke:rstaɪlne:mər(ɪn)] *m/f* usuario de la vía pública/usuaria de la vía pública *m/f*
Verkehrsunfall [fɛr'ke:rsunfal] *m* accidente de circulación *m,* accidente de tráfico *m,* accidente de tránsito *m* (LA)
Verkehrszeichen [fɛr'ke:rstsaɪçən] *n* señal de tráfico *f,* señal de tránsito *f* (LA)
verkehrt [fɛr'ke:rt] *adj* *1. ~ herum* invertido, al revés; *2. (falsch)* equivocado, erróneo, falso
verkennen [fɛr'kɛnən] *v irr* desconocer, ignorar
verklagen [fɛr'kla:gən] *v* *JUR* demandar a alguien, entablar demanda contra alguien
verklappen [fɛr'klapən] *v* descargar en el mar
verkleben [fɛr'kle:bən] *v* pegar, encolar, engomar
verkleiden [fɛr'klaɪdən] *v* *1. (maskieren)* disfrazarse; *2. (überziehen)* revestir, cubrir
Verkleidung [fɛr'klaɪduŋ] *f* *1. (Maskierung)* disfraz *m; 2. (Überzug) TECH* revestimiento *m*
verkleinern [fɛr'klaɪnərn] *v* empequeñecer, achicar, reducir
Verkleinerung [fɛr'klaɪnəruŋ] *f* empequeñecimiento *m,* reducción *f*
verklemmt [fɛr'klɛmt] *adj* *1.* atascado, atorado; *2. (fig)* reprimido, inhibido
verknacksen [fɛr'knakzən] *v* *(Gelenk)* torcerse

verknallen [fɛr'knalən] *v (fam) sich ~* enamorarse locamente de alguien/chalarse por alguien
Verknappung [fɛr'knapuŋ] *f* escasez *f*
verkneifen [fɛr'knaɪfən] *v irr sich etw ~* reprimirse de algo, aguantarse de algo, comerse las ganas
verknittern [fɛr'knɪtərn] *v* arrugar
verknoten [fɛr'kno:tən] *v* anudar
verknüpfen [fɛr'knypfən] *v 1. (verknoten)* ligar, atar; *2. (fig)* vincular, relacionar
Verknüpfung [fɛr'knypfuŋ] *f (fig)* vinculación *f,* asociación *f*
verkohlen [fɛr'ko:lən] *v 1.* carbonizar, reducir a carbón; *2. (fig)* embromar, tomar el pelo a alguien
verkommen [fɛr'kɔmən] *v irr 1.* decaer, echarse a perder; *2. (Person)* degenerar, degradar
Verkommenheit [fɛr'kɔmənhaɪt] *f* degradación *f,* perversión *f,* envilecimiento *m*
verkorksen [fɛr'kɔrkzən] *v (fam)* estropear, echar a perder
verkörpern [fɛr'kœrpərn] *v* personificar, encarnar
Verkörperung [fɛr'kœrpəruŋ] *f* personificación *f,* encarnación *f*
verkraften [fɛr'kraftən] *v* resistir, soportar, aguantar
verkrampfen [fɛr'krampfən] *v sich ~* crisparse, ponerse duro, contraerse
verkriechen [fɛr'kri:çən] *v irr sich ~* esconderse arrastrándose
verkrüppelt [fɛr'krypəlt] *adj MED* mutilado, lisiado, deforme, tullido
Verkrüppelung [fɛr'krypəluŋ] *f MED* mutilación *f,* deformidad *f*
verkümmern [fɛr'kymərn] *v* desmedrar, estropear, deteriorar
verkünden [fɛr'kyndən] *v* anunciar, publicar, proclamar, comunicar
Verkündigung [fɛr'kyndɪguŋ] *f 1.* publicación *f,* anuncio *m,* comunicación *f; 2. REL* Anunciación *f*
verkuppeln [fɛr'kupəln] *v (fig)* alcahuetear
verkürzen [fɛr'kyrtsən] *v* acortar, abreviar
Verkürzung [fɛr'kyrtsuŋ] *f* acortamiento *m,* abreviación *f*
verladen [fɛr'la:dən] *v irr* cargar
Verladeplatz [fɛr'la:dəplats] *m* cargadero *m*
Verladung [fɛr'la:duŋ] *f* carga *f*
Verlag [fɛr'la:k] *m* editorial *f,* casa editora *f*
verlagern [fɛr'la:gərn] *v* cambiar de sitio, almacenar en otro lugar, desplazar
Verlagswesen [fɛr'la:ksve:zən] *n* edición *f*
verlangen [fɛr'laŋən] *v* pedir, exigir
Verlangen [fɛr'laŋən] *n* deseo *m,* anhelo *m*
verlängern [fɛr'lɛŋərn] *v 1.* alargar, extender; *2. (zeitlich)* prolongar; *3. (verdünnen)* aguar, aumentar, bautizar
Verlängerung [fɛr'lɛŋəruŋ] *f 1.* alargamiento *m; 2. (zeitlich)* prolongación *f*
Verlängerungskabel [fɛr'lɛŋəruŋska:bəl] *n* extensión *f*
verlangsamen [fɛr'laŋgzamən] *v* retardar, desacelerar
Verlangsamung [fɛr'laŋgzamuŋ] *f* retardación *f,* desaceleración *f*
Verlass [fɛr'las] *m* confianza en alguien *f,* fiabilidad *f; Auf ihn ist kein ~.* No es de fiar.
verlassen [fɛr'lasən] *v irr 1.* dejar, abandonar, ceder; *adj irr 2.* abandonado
verlässlich [fɛr'lɛslɪç] *adj* seguro, fiable, digno de confianza, formal
Verlässlichkeit [fɛr'lɛslɪçkaɪt] *f* seguridad *f,* fiabilidad *f,* formalidad *f*
Verlauf [fɛr'lauf] *m 1. (Ablauf)* curso *m,* transcurso *m; im ~* en el transcurso; *2. (Entwicklung)* desarrollo *m,* evolución *f; einen guten ~ nehmen* seguir buen curso
verlaufen [fɛr'laufən] *v irr 1. (ablaufen)* pasar, transcurrir; *2. (sich entwickeln)* desarrollarse, evolucionar; *3. sich ~* extraviarse, perderse
Verlautbarung [fɛr'lautba:ruŋ] *f* publicación *f,* notificación *f*
verlauten [fɛr'lautən] *v* correr la voz de que, saberse que
verleben [fɛr'le:bən] *v* pasar
verlebt [fɛr'le:pt] *adj (fig)* desgastado, decrépito
verlegen [fɛr'le:gən] *v 1. (Wohnsitz)* trasladar; *2. (Buch)* editar, publicar; *3. (Termin)* aplazar, postergar; *4. (verlieren)* extraviar, perder; *5. (Kabel) TECH* tender, colocar; *adj 6.* tímido, cohibido, vergonzoso, confundido; *um etw nie ~ sein* no estar nunca falto de algo
Verlegenheit [fɛr'le:gənhaɪt] *f* timidez *f,* confusión *f*
Verleger(in) [fɛr'le:gər(ɪn)] *m/f* editor(a) *m/f*
Verlegung [fɛr'le:guŋ] *f 1. (des Wohnsitzes)* traslado *m; 2. (eines Buches)* edición

f, publicación *f; 3. (eines Termins)* aplazamiento *m,* postergación *f; 4. (etw verlieren)* extravío *m,* pérdida *f; 5. (von Kabeln) TECH* tendido *m,* colocación *f*

Verleih [fɛr'laɪ] *m* servicio de préstamo *m*

verleihen [fɛr'laɪən] *v irr 1. (borgen)* prestar; *2. (vermieten)* alquilar; *3. (Preis)* conceder, otorgar

Verleihung [fɛr'laɪuŋ] *f (Preisverleihung)* entrega *f,* otorgamiento *m; die Oscar ~* la entrega del Oscar *f*

verleiten [fɛr'laɪtən] *v* inducir, instigar

verlernen [fɛr'lɛrnən] *v* desaprender, olvidar lo aprendido, perder la práctica

verletzbar [fɛr'lɛtsbaːr] *adj* vulnerable, susceptible

Verletzbarkeit [fɛr'lɛtsbaːrkaɪt] *f* vulnerabilidad *f,* susceptibilidad *f*

verletzen [fɛr'lɛtsən] *v 1. (verwunden)* herir, lesionar; *2. (fig: kränken)* ofender, humillar, herir; *3. (fig: übertreten)* infringir, faltar a, violar

Verletzung [fɛr'lɛtsuŋ] *f 1. (Wunde)* herida *f,* lesión *f; 2. (fig: Kränkung)* ofensa *f; 3. (fig: Übertretung)* infracción *f,* falta *f*

verleugnen [fɛr'lɔygnən] *v* negar, rechazar, rebatir; *sich ~ lassen* mandar decir que uno no está en casa

verleumden [fɛr'lɔymdən] *v* calumniar, difamar

Verleumdung [fɛr'lɔymduŋ] *f* calumnia *f,* difamación *f*

verlieben [fɛr'liːbən] *v sich ~* enamorarse

verliebt [fɛr'liːpt] *adj* enamorado

Verliebte(r) [fɛr'liːptə(r)] *m/f* enamorado/enamorada *m/f*

verlieren [fɛr'liːrən] *v irr* perder, extraviar; *Wir haben unsere Dokumente verloren.* Hemos perdido nuestros papeles. *die Orientierung ~* perder la brújula; *nichts zu ~ haben* no tener nada que perder

Verlierer(in) [fɛr'liːrər(ɪn)] *m/f* perdedor(a) *m/f*

verloben [fɛr'loːbən] *v sich ~* comprometerse

Verlobte(r) [fɛr'loːptə(r)] *m/f* prometido/prometida *m/f*

Verlobung [fɛr'loːbuŋ] *f* compromiso matrimonial *m*

verlocken [fɛr'lɔkən] *v* seducir, tentar

verlockend [fɛr'lɔkənt] *adj* seductor, tentador

Verlockung [fɛr'lɔkuŋ] *f* seducción *f,* tentación *f*

Verlogenheit [fɛr'loːgənhaɪt] *f* carácter mentiroso *m,* mendacidad *f*

verlosen [fɛr'loːzən] *v* sortear, rifar

Verlosung [fɛr'loːzuŋ] *f* sorteo *m,* rifa *f*

Verlust [fɛr'lust] *m* pérdida *f*

vermachen [fɛr'maxən] *v* legar

Vermächtnis [fɛr'mɛçtnɪs] *n* legado *m*

Vermählung [fɛr'mɛːluŋ] *f* casamiento *m*

vermarkten [fɛr'marktən] *v* comercializar

vermehren [fɛr'meːrən] *v 1.* aumentar, incrementar, acrecentar, engrosar, multiplicar; *2. (fortpflanzen)* propagarse, reproducirse, multiplicarse

Vermehrung [fɛr'meːruŋ] *f 1.* aumento *m,* incremento *m; 2. (Fortpflanzung)* propagación *f,* reproducción *f*

vermeidbar [fɛr'maɪtbaːr] *adj* evitable, eludible

vermeiden [fɛr'maɪdən] *v irr* evitar, eludir

Vermeidung [fɛr'maɪduŋ] *f* evitación *f*

vermeintlich [fɛr'maɪntlɪç] *adj* supuesto, presunto

vermengen [fɛr'mɛŋən] *v* mezclar

Vermerk [fɛr'mɛrk] *m* nota *f,* anotación *f,* observación *f,* apunte *m*

vermerken [fɛr'mɛrkən] *v* anotar, observar, apuntar

vermessen [fɛr'mɛsən] *v irr 1.* medir; *adj 2.* audaz, osado, temerario

Vermessenheit [fɛr'mɛsənhaɪt] *f* audacia *f,* osadía *f,* temeridad *f*

Vermessung [fɛr'mɛsuŋ] *f* medición *f*

vermieten [fɛr'miːtən] *v* dejar en alquiler, dejar en arriendo, alquilar

Vermieter(in) [fɛr'miːtər(ɪn)] *m/f* alquilador(a) *m/f,* dueño/dueña *m/f*

Vermietung [fɛr'miːtuŋ] *f* alquiler *m,* arriendo *m*

vermindern [fɛr'mɪndərn] *v* disminuir, reducir, aminorar

Verminderung [fɛr'mɪndəruŋ] *f* disminución *f,* reducción *f*

vermischen [fɛr'mɪʃən] *v* mezclar, combinar

vermissen [fɛr'mɪsən] *v* echar de menos, sentir la falta de, extrañar (LA)

vermitteln [fɛr'mɪtəln] *v* procurar, proporcionar, facilitar

Vermittler(in) [fɛr'mɪtlər(ɪn)] *m/f* mediador(a) *m/f,* intermediario/intermediaria *m/f*

Vermittlung [fɛr'mɪtluŋ] *f 1. (Vermitteln)* mediación *f,* intercesión *f; 2. Telefonvermittlung* central telefónica *f; 3. Stellenvermittlung* agencia de colocaciones *f,* bolsa de trabajo *f*

Vermittlungsstelle [fɛr'mɪtluŋsʃtɛlə] *f* centro de mediación *m*
vermodern [fɛr'mo:dərn] *v* pudrirse, corromperse, descomponerse
vermögen [fɛr'mø:gən] *v* poder, estar en condiciones de
Vermögen [fɛr'mø:gən] *n 1. (Können)* poder *m,* capacidad *f,* facultad *f; 2. (Besitz)* fortuna *f,* bienes *m/pl,* patrimonio *m*
vermögend [fɛr'mø:gənt] *adj* adinerado, pudiente, rico, platudo (LA)
Vermögensbildung [fɛr'mø:gənsbɪlduŋ] *f* formación de capital *f*
Vermögenssteuer [fɛr'mø:gənsʃtɔyər] *f* impuestos sobre el patrimonio *m/pl,* contribución sobre la propiedad *f*
Vermögensverhältnisse [fɛr'mø:gənsfɛrhɛltnɪsə] *n/pl* situación económica *f,* situación patrimonial *f,* situación financiera *f*
vermuten [fɛr'mu:tən] *v* presumir, conjeturar, suponer
vermutlich [fɛr'mu:tlɪç] *adj 1.* presumible, presunto, supuesto, probable; *adv 2.* probablemente
Vermutung [fɛr'mu:tuŋ] *f* presunción *f,* suposición *f,* supuesto *m*
vernachlässigen [fɛr'na:xlɛsɪgən] *v* descuidar, desatender
Vernachlässigung [fɛr'naxlɛsɪguŋ] *f* descuido *m,* negligencia *f*
vernageln [vɛr'nagəln] *v wie vernagelt sein* ser corto, ser estúpido
vernarben [fɛr'narbən] *v MED* cicatrizar(se)
vernehmbar [fɛr'ne:mba:r] *adj* perceptible, audible
vernehmen [fɛr'ne:mən] *v irr 1. (hören)* percibir, oír; *2. (verhören) JUR* interrogar, tomar declaración
Vernehmen [fɛr'ne:mən] *n dem ~ nach* según dicen
Vernehmung [fɛr'ne:muŋ] *f JUR* interrogatorio *m,* toma de declaración *f*
vernehmungsfähig [fɛr'ne:muŋsfɛ:ɪç] *adj JUR* en estado de declarar
Vernehmungsprotokoll [fɛr'ne:muŋsprotokɔl] *n JUR* acta de interrogatorio *f/el*
verneigen [fɛr'naɪgən] *v sich ~* inclinarse, hacer una reverencia
Verneigung [fɛr'naɪguŋ] *f* inclinación *f,* reverencia *f*
verneinen [fɛr'naɪnən] *v 1. (Nein sagen)* negar, decir que no; *2. (ablehnen)* denegar, rechazar
Verneinung [fɛr'naɪnuŋ] *f 1. (Neinsagen)* negación *f,* negativa *f; 2. (Ablehnung)* denegación *f,* rechazo *m*
vernetzen [fer'nɛtsən] *v INFORM* conectar a la red
vernichten [fɛr'nɪçtən] *v* destruir, aniquilar
vernichtend [fɛr'nɪçtənt] *adj* destructivo, destructor, aniquilador
Vernichtung [fɛr'nɪçtuŋ] *f* destrucción *f,* aniquilamiento *m*
verniedlichen [fɛr'ni:dlɪçən] *v* minimizar, trivializar
Vernunft [fɛr'nunft] *f* razón *f,* cordura *f; ~ annehmen* entrar en razón; *zur ~ kommen* entrar en razón
vernünftig [fɛr'nynftɪç] *adj* razonable, cuerdo
vernünftigerweise [fɛr'nynftɪgərvaɪzə] *adv* razonablemente
veröden [fɛr'ø:dən] *v 1. (Landschaft)* dejar desierto, devastar; *2. (Venen) MED* obliterar
veröffentlichen [fɛr'œfəntlɪçən] *v* publicar
Veröffentlichung [fɛr'œfəntlɪçuŋ] *f* publicación *f*
verordnen [fɛr'ɔrdnən] *v 1. (bestimmen)* mandar, ordenar; *2. MED* prescribir, recetar
Verordnung [fɛr'ɔrdnuŋ] *f 1. (Bestimmung)* mandato *m,* orden *f; 2. MED* prescripción *f,* receta *f*
verpachten [fɛr'paxtən] *v* arrendar, dar en arriendo
Verpächter(in) [fɛr'pɛçtər(ɪn)] *m/f* arrendador de áreas de cultivo/arrendadora de áreas de cultivo *m/f*
verpacken [fɛr'pakən] *v* embalar, envasar, empaquetar
Verpackung [fɛr'pakuŋ] *f* embalaje *m,* envase *m,* empaque *m*
verpassen [fɛr'pasən] *v 1. (versäumen)* perder, dejar pasar; *Ich habe den Zug verpasst.* Perdí el tren. *2. (fam: geben)* dar golpes a alguien, pegar a alguien, asestar un golpe a alguien; *jdm eine ~* dar a alguien un bofetón
verpfänden [fɛr'pfɛndən] *v* empeñar, pignorar
verpflanzen [fɛr'pflantsən] *v 1.* trasplantar; *2. MED* injertar
verpflegen [fɛr'pfle:gən] *v* alimentar, dar de comer, abastecer
Verpflegung [fɛr'pfle:guŋ] *f* alimentación *f,* comida *f,* abastecimiento *m*

verpflichten [fɛr'pflɪçtən] *v* obligar, comprometer
verpflichtend [fɛr'pflɪçtənt] *adj* obligatorio
Verpflichtung [fɛr'pflɪçtuŋ] *f* obligación *f*, compromiso *m*
verpfuschen [fɛr'pfuʃən] *v (fam)* chapucear, hacer un trabajo a lo loco
verplappern [fɛr'plapərn] *v (fam) sich ~* irse de la lengua, hablar de más
verplempern [fɛr'plɛmpərn] *v (fam)* despilfarrar
verpönt [fɛr'pø:nt] *adj* mal visto
verprügeln [fɛr'pry:gəln] *v* dar una paliza, moler a palos, apalear
Verputz [fɛr'puts] *m* enlucido *m*, revoque *m*
verputzen [fɛr'putsən] *v 1. (Mauer)* enlucir, revocar; *2. (fam: essen)* comer demasiado
Verrat [fɛr'ra:t] *m* traición *f*
verraten [fɛr'ra:tən] *v irr* traicionar; *jdn ~* dar una puñalada en la espalda; *~ und verkauft sein* estar solo y abandonado
Verräter(in) [fɛr'rɛ:tər(ɪn)] *m/f* traidor(a) *m/f*; *ein ~ sein* ser un Judas
verräterisch [fɛr'rɛ:tərɪʃ] *adj* traidor, traicionero
verrechnen [fɛr'rɛçnən] *v 1.* saldar, liquidar, abonar en cuenta; *2. sich ~* equivocarse en el cálculo
Verrechnungsscheck [fɛr'rɛçnuŋsʃɛk] *m* cheque cruzado *m*, cheque para abonar en cuenta *m*, cheque de compensación *m*
verreisen [fɛr'raɪzən] *v* irse de viaje, hacer un viaje
verrenken [fɛr'rɛŋkən] *v* luxar, torcer
Verrenkung [fɛr'rɛŋkuŋ] *f* luxación *f*, torcedura *f*
verrichten [fɛr'rɪçtən] *v* hacer, realizar
verriegeln [fɛr'ri:gəln] *v* cerrar con cerrojo, echar el cerrojo, bloquear
verringern [fɛr'rɪŋərn] *v* disminuir, aminorar, reducir
Verringerung [fɛr'rɪŋəruŋ] *f* disminución *f*, reducción *f*
verrosten [fɛr'rɔstən] *v* oxidarse
verrucht [fɛr'ru:xt] *adj* infame, malvado
verrückt [fɛr'rykt] *adj 1.* loco, demente; *sich ~ benehmen* hacer el indio; *~ sein* faltarle a uno un tornillo/estar loco; *wie ~* como un loco (fam); *auf etw ~ sein* estar loco por algo/andar loco por algo; *~ spielen* volverse loco; *adv 2.* locamente, como loco
Verruf [fɛr'ru:f] *m* descrédito *m*, mala reputación *f*, mala fama *f*; *in ~ kommen* coger mala fama; *jdn in ~ bringen* poner mala fama a alguien
verrufen [fɛr'ru:fən] *adj* desacreditado, de mala reputación, de mala fama
Vers [fɛrs] *m* verso *m*; *sich auf etw keinen ~ machen können* no poder explicarse algo de ninguna manera; *~e schmieden* escribir versos/hacer poesía
versagen [fɛr'za:gən] *v 1. (verweigern)* rehusar, denegar; *2. (scheitern)* fallar, no funcionar, fracasar; *3. (verzichten)* renunciar a, privarse de
Versagen [fɛr'za:gən] *n* fallo *m*
Versager(in) [fɛr'za:gər(ɪn)] *m/f (Person)* fracasado/fracasada *m/f*
versammeln [fɛr'zaməln] *v* juntar, reunir
Versammlung [fɛr'zamluŋ] *f* junta *f*, asamblea *f*, reunión *f*
Versand [fɛr'zant] *m* envío *m*, expedición *f*, despacho *m*
Versandhaus [fɛr'zanthaus] *n* empresa de ventas por correo *f*
versäumen [fɛr'zɔymən] *v* faltar a, perder, desaprovechar; *Du hast nichts versäumt.* No has perdido nada.
Versäumnis [fɛr'zɔymnɪs] *n 1. (Unterlassung)* omisión *f*; *2. (Verspätung)* tardanza *f*, demora *f*
verschaffen [fɛr'ʃafən] *v* procurar, proporcionar, facilitar
verschandeln [fɛr'ʃandəln] *v* estropear, maltratar, deteriorar
Verschandelung [fɛr'ʃandəluŋ] *f* estropeo *m*, deterioro *m*
verschärfen [fɛr'ʃɛrfən] *v* agravar, agudizar, intensificar
Verschärfung [fɛr'ʃɛrfuŋ] *f* agravación *f*, agudización *f*
verschätzen [fɛr'ʃɛtsən] *v sich ~* equivocarse en la estimación
verschenken [fɛr'ʃɛŋkən] *v* dar, regalar, obsequiar
verscheuchen [fɛr'ʃɔyçən] *v* ahuyentar, espantar
verschicken [fɛr'ʃɪkən] *v* enviar, mandar, expedir, remitir
verschieben [fɛr'ʃi:bən] *v irr 1. (verrücken)* cambiar de lugar, cambiar de sitio; *2. (aufschieben)* aplazar, dejar para después, postergar
verschieden [fɛr'ʃi:dən] *adj* diferente, distinto, variado

Verschiedenheit [fɛr'ʃi:dənhaɪt] *f* diferencia *f*, diversidad *f*
verschiedentlich [fɛr'ʃi:dəntlɪç] *adj 1.* diferente; *adv 2.* repetidas veces, en diferentes ocasiones
verschiffen [fɛr'ʃɪfən] *v* embarcar
verschlafen [fɛr'ʃla:fən] *v irr 1.* dormir excesivamente, quedarse dormido; *Sie hat ~.* A ella se le pegaron las sábanas. *adj 2.* medio dormido, soñoliento
Verschlag [fɛr'ʃla:k] *m* barraca *f*, cobertizo *m*, choza *f*
Verschlagenheit [fɛr'ʃla:gənhaɪt] *f* astucia *f*, maña *f*
verschlampen [fɛr'ʃlampən] *v (fam)* descuidar(se), dejarse ir
verschlechtern [fɛr'ʃlɛçtərn] *v* empeorar, desmejorar, agravar; *Die Lage verschlechtert sich immer mehr.* La situación va de mal en peor.
Verschlechterung [fɛr'ʃlɛçtəruŋ] *f* empeoramiento *m*
verschleiern [fɛr'ʃlaɪərn] *v* velar, cubrir con un velo
Verschleiß [fɛr'ʃlaɪs] *m* desgaste *m*, deterioro *m*, fricción *f*
verschleißen [fɛr'ʃlaɪsən] *v* desgastar, usar en exceso
verschließen [fɛr'ʃli:sən] *v irr* cerrar
verschlimmern [fɛr'ʃlɪmərn] *v 1. etw ~* empeorar algo, agravar algo, desmejorar algo; *2. sich ~* empeorarse, agravarse
Verschlimmerung [fɛr'ʃlɪməruŋ] *f* empeoramiento *m*, agravamiento *m*
verschlossen [fɛr'ʃlɔsən] *adj (fig)* reservado, taciturno, poco comunicativo
verschlucken [fɛr'ʃlukən] *v 1. (etw ~)* tragar, ingerir, deglutir, pasar de largo; *2. sich ~* atragantarse, atorarse
Verschluss [fɛr'ʃlus] *m* cierre *m*
verschlüsseln [fɛr'ʃlysəln] *v* cifrar, codificar
verschmähen [fɛr'ʃmɛ:ən] *v* rechazar
verschmelzen [fɛr'ʃmɛltsən] *v* fundir
verschmitzt [fɛr'ʃmɪtst] *adv 1.* pícaramente, con picardía; *adj 2.* pícaro, socarrón
verschmutzen [fɛr'ʃmutsən] *v* ensuciar, contaminar
Verschmutzung [fɛr'ʃmutsuŋ] *f* contaminación *f*, ensuciamiento *m*
verschollen [fɛr'ʃɔlən] *adj* desaparecido
verschonen [fɛr'ʃo:nən] *v* librar de, preservar de, salvar de, no exponer a ningún peligro
verschönern [fɛr'ʃø:nərn] *v* embellecer, hermosear
Verschönerung [fɛr'ʃø:nəruŋ] *f* embellecimiento *m*, hermoseamiento *m*
Verschonung [fɛr'ʃo:nuŋ] *f* preservación *f*
verschreiben [fɛr'ʃraɪbən] *v irr 1. (verordnen)* prescribir, recetar; *2. sich ~* equivocarse al escribir; *3. (fig: widmen) sich ~* entregarse, consagrarse
verschrotten [fɛr'ʃrɔtən] *v* desguazar, echar al hierro viejo
verschüchtert [fɛr'ʃyçtərt] *adj* tímido, intimidado
verschulden [fɛr'ʃuldən] *v 1. (verursachen)* causar, tener la culpa de, ser el causante; *2. ECO* endeudarse, contraer deudas
Verschuldung [fɛr'ʃulduŋ] *f ECO* deudas *f/pl*, endeudamiento *m*
verschütten [fɛr'ʃytən] *v* derramar, verter, echar (LA)
verschwägert [fɛr'ʃvɛ:gərt] *adj* ser cuñado de alguien
verschweigen [fɛr'ʃvaɪgən] *v irr* callar, guardar silencio
verschwenden [fɛr'ʃvɛndən] *v* prodigar, derrochar, despilfarrar; *Geld ~* echar la casa por la ventana
Verschwender(in) [fɛr'ʃvɛndər(ɪn)] *m/f* pródigo/pródiga *m/f*, derrochador(a) *m/f*
verschwenderisch [fɛr'ʃvɛndərɪʃ] *adj* pródigo, derrochador
Verschwendung [fɛr'ʃvɛnduŋ] *f* prodigalidad *f*, derroche *m*, despilfarro *m*
verschwiegen [fɛr'ʃvi:gən] *adj* discreto, reservado
Verschwiegenheit [fɛr'ʃvi:gənhaɪt] *f* discreción *f*, reserva *f*
verschwinden [fɛr'ʃvɪndən] *v irr* desaparecer, esfumarse
verschwommen [fɛr'ʃvɔmən] *adj* borroso, difuminado, nebuloso
verschwören [fɛr'ʃvø:rən] *v irr sich ~* conspirar, conjurar
Verschwörer(in) [fɛr'ʃvø:rər(ɪn)] *m/f* conspirador(a) *m/f*
Verschwörung [fɛr'ʃvø:ruŋ] *f* conspiración *f*, conjuración *f*
Versehen [fɛr'ze:ən] *n* inadvertencia *f*, descuido *m*
versehentlich [fɛr'ze:əntlɪç] *adv* por descuido, por inadvertencia
versenden [fɛr'zɛndən] *v* enviar, remitir, expedir, despachar

Versendung [fɛr'zɛnduŋ] *f* envío *m*, expedición *f*, despacho *m*
versenken [fɛr'zɛŋkən] *v 1. (Schiff)* hundir, echar a pique; *2. (fig: sich ~ in etw)* enfrascarse en, sumergirse en
Versenkung [fɛr'zɛŋkuŋ] *f 1. (eines Schiffes)* hundimiento *m*; *2. (fig: ~ in etw)* enfrascamiento *m*; *in der ~ verschwinden* desaparecer sin dejar rastro
versessen [fɛr'zɛsən] *adj* loco, encaprichado
versetzen [fɛr'zɛtsən] *v 1. (Beamter) ~ nach* trasladar, destinar a, destacar (LA); *2. (Schüler)* hacer pasar al curso siguiente; *3. (verpfänden)* empeñar, pignorar; *4. (fig) jdn ~* dar un plantón a alguien, dejar plantado
Versetzung [fɛr'zɛtsuŋ] *f 1. (Beamtenversetzung)* traslado *m*; *2. (Schülerversetzung)* paso al curso siguiente *m*; *3. (Verpfändung)* empeño *m*, pignoración *f*
verseuchen [fɛr'zɔyçən] *v* infestar, contaminar
Verseuchung [fɛr'zɔyçuŋ] *f* infestación *f*, contaminación *f*
versichern [fɛr'zɪçərn] *v* asegurar
Versicherung [fɛr'zɪçəruŋ] *f* seguro *m*
Versicherungsagent [fɛr'zɪçəruŋsagɛnt] *m* agente de seguros *m*
Versicherungsfall [fɛr'zɪçəruŋsfal] *m* ocurrencia del riesgo *f*
Versicherungsnehmer(in) [fɛr'zɪçəruŋsneːmər(ɪn)] *m/f* asegurado/asegurada *m/f*
Versicherungspolice [fɛr'zɪçəruŋspɔliːsə] *f* póliza de seguros *f*
Versicherungsschutz [fɛr'zɪçəruŋsʃuts] *m* cobertura de seguro *f*, seguro *m*, protección de seguro *f*
versickern [fɛr'zɪkərn] *v* rezumar(se), filtrarse
versiegeln [fɛr'ziːgəln] *v 1.* sellar; *2. (mit Siegellack)* lacrar
versiert [vɛr'ziːrt] *adj* versado
versinken [fɛr'zɪŋkən] *v irr 1. (unterm Wasserspiegel)* hundirse, sumergirse; *2. (Schiff)* naufragar, irse a pique, zozobrar, hundirse; *3. (fig)* abandonarse por completo a, enfrascarse en, sumergirse en; *in Gedanken ~* ensimismarse
Version [vɛr'zjoːn] *f* versión *f*
versöhnen [fɛr'zøːnən] *v 1. (Gegner)* reconciliar(se), amistarse; *2. (sich ~ mit)* hacer las paces (con); *3. (besänftigen)* desenojar, sosegar
versöhnlich [fɛr'zøːnlɪç] *adj 1.* conciliante, conciliador; *adv 2.* conciliadoramente
Versöhnung [fɛr'zøːnuŋ] *f* reconciliación *f*
versorgen [fɛr'zɔrgən] *v 1. (unterhalten)* mantener, sustentar; *2. (beschaffen)* abastecer, proveer, aprovisionar; *3. (pflegen)* cuidar de, atender a, ocuparse de
Versorgung [fɛr'zɔrguŋ] *f 1. (Unterhalt)* sustento *m*, manutención *f*; *2. (Beschaffung)* provisión *f*, abastecimiento *m*, aprovisionamiento *m*; *3. (Pflege)* cuidados *m/pl*
verspäten [fɛr'ʃpɛːtən] *v sich ~* retrasarse, atrasarse, llegar tarde
Verspätung [fɛr'ʃpɛːtuŋ] *f* retraso *m*; *Hat die Maschine ~?* ¿Tiene retraso el avión?
versperren [fɛr'ʃpɛrən] *v 1.* obstruir, bloquear, cortar; *2. (Aussicht)* quitar la vista, estorbar; *3. jdm den Weg ~* cerrar el paso a alguien
verspotten [fɛr'spɔtən] *v* burlarse, mofarse
Verspottung [fɛr'ʃpɔtuŋ] *f* burla *f*, mofa *f*
versprechen [fɛr'ʃprɛçən] *v 1. (sein Wort geben)* prometer, dar la palabra; *2. sich ~* equivocarse al hablar, cometer un lapsus linguae
Versprechen [fɛr'ʃprɛçən] *n* promesa *f*
Versprechung [fɛr'ʃprɛçuŋ] *f* promesa *f*, aseguramiento *m*, gran promesa *f*
Verstaatlichung [fɛr'ʃtaːtlɪçuŋ] *f POL* nacionalización *f*, estatificación *f*
Verstand [fɛr'ʃtant] *m* inteligencia *f*, entendimiento *m*, intelecto *m*; *Das geht über meinen ~!* ¡No lo comprendo!/¡No me entra! *jdm den ~ rauben* hacer perder a alguien la razón
verständig [fɛr'ʃtɛndɪç] *adj 1.* razonable, sensato, juicioso; *adv 2.* razonablemente, con sensatez, inteligentemente
verständigen [fɛr'ʃtɛndɪgən] *v* avisar a alguien, informar a alguien, hacer saber algo a alguien; *sich mit Händen und Füßen ~* hablar con manos y pies
Verständigung [fɛr'ʃtɛndɪguŋ] *f* aviso *m*, información *f*
verständlich [fɛr'ʃtɛntlɪç] *adj 1.* comprensible, claro, fácil de comprender; *adv 2.* de modo claro, claramente
Verständnis [fɛr'ʃtɛntnɪs] *n* comprensión *f*
verständnislos [fɛr'ʃtɛntnɪsloːs] *adj 1.* incomprensivo; *adv 2.* sin comprensión, incomprensivamente

verständnisvoll [fɛrˈʃtɛntnɪsfɔl] *adj* *1.* comprensivo, lleno de comprensión; *adv* *2.* muy comprensivo, con mucha comprensión
verstärken [fɛrˈʃtɛrkən] *v* *1.* reforzar, fortalecer; *2.* *(fig)* aumentar, acrecentar
Verstärker [fɛrˈʃtɛrkər] *m* *TECH* amplificador *m*, reforzador *m*
Verstärkung [fɛrˈʃtɛrkuŋ] *f* refuerzo *m*, incremento *m*
verstauchen [fɛrˈʃtauxən] *v* *(Gelenk)* torcerse, dislocarse
Verstauchung [fɛrˈʃtauxuŋ] *f* *MED* torcedura *f*, dislocación *f*
verstauen [fɛrˈʃtauən] *v* colocar, arrumar, amontonar
Versteck [fɛrˈʃtɛk] *n* escondite *m*, escondrijo *m*, guarida *f*; *~ spielen* ocultar las intenciones
verstecken [fɛrˈʃtɛkən] *v* esconder, ocultar; *sich neben jdm ~ müssen* no poder compararse con alguien; *sich vor jdm nicht zu ~ brauchen* poder compararse con alguien
Versteckspiel [fɛrˈʃtɛkʃpiːl] *n* juego del escondite *m*, escondidas *f/pl* (LA)
verstehen [fɛrˈʃteːən] *v* *irr* entender, comprender; *Ich kann nicht ~, dass sie so grausam sein kann.* No me cabe en la cabeza que ella pueda ser tan cruel. *jdm etw zu ~ geben* dar a entender algo a alguien
versteigern [fɛrˈʃtaɪgərn] *v* subastar, vender en subasta pública, rematar (LA)
Versteigerung [fɛrˈʃtaɪgəruŋ] *f* subasta *f*, remate *m* (LA)
versteinert [fɛrˈʃtaɪnərt] *adj* *1.* petrificado; *2.* *(fig)* petrificado, atónito, helado
verstellbar [fɛrˈʃtɛlbaːr] *adj* graduable, ajustable, regulable
verstellen [fɛrˈʃtɛlən] *v* *1.* cambiar de sitio, trasladar; *2.* *(regulieren)* regular, ajustar, graduar; *3.* *(fig) sich ~* disimular, simular, fingir
versteuern [fɛrˈʃtɔyərn] *v* *1.* *(Steuerzahler)* pagar impuestos por; *2.* *(Staat)* gravar con impuesto, poner un impuesto sobre
verstimmt [fɛrˈʃtɪmt] *adj* *1.* *MUS* desafinado, destemplado; *2.* *(fig)* disgustado, malhumorado
verstohlen [fɛrˈʃtoːlən] *adj* *1.* furtivo, clandestino, disimulado; *adv* *2.* furtivamente, a hurtadillas, de soslayo
verstopft [fɛrˈʃtɔpft] *adj* obstruido, obturado, atorado
Verstopfung [fɛrˈʃtɔpfuŋ] *f* *1.* obstrucción *f*, atoro *m*; *2.* *MED* estreñimiento *m*
Verstorbene(r) [fɛrˈʃtɔrbənə(r)] *m/f* difunto/difunta *m/f*, finado/finada *m/f*, muerto/muerta *m/f*
verstört [fɛrˈʃtøːrt] *adj* turbado, conturbado, aturdido
Verstoß [fɛrˈʃtoːs] *m* falta *f*, infracción *f*, violación *f*
verstoßen [fɛrˈʃtoːsən] *v* *1.* *(verjagen)* expulsar, echar; *2.* *(zuwiderhandeln)* faltar a, contravenir a, infringir algo
verstreuen [fɛrˈʃtrɔyən] *v* dispersar, diseminar, desparramar, esparcir
verstümmeln [fɛrˈʃtyməln] *v* mutilar
Verstümmelung [fɛrˈʃtyməluŋ] *f* mutilación *f*, cercenación *f*
Versuch [fɛrˈzuːx] *m* *1.* ensayo *m*, prueba *f*, intento *m*; *Beim nächsten ~ klappt es bestimmt.* A la tercera va la vencida. *2.* *(Experiment)* experimento *m*
versuchen [fɛrˈzuːxən] *v* *1.* tratar de, probar, intentar, ensayar; *2.* *(kosten)* probar, saborear
versuchsweise [fɛrˈzuːxsvaɪzə] *adv* a modo de prueba, experimentalmente
Versuchung [fɛrˈzuːxuŋ] *f* tentación *f*; *einer ~ nicht widerstehen können* no poder resistir una tentación
Versündigung [fɛrˈzyndɪguŋ] *f* pecado *m*, ofensa a Dios *f*
versunken [fɛrˈzuŋkən] *adj* *(fig)* absorto en, abstraído en, ensimismado
vertagen [fɛrˈtaːgən] *v* aplazar, postergar
vertauschen [fɛrˈtauʃən] *v* cambiar, sustituir
verteidigen [fɛrˈtaɪdɪgən] *v* defender, asumir la defensa
Verteidiger(in) [fɛrˈtaɪdɪgər(ɪn)] *m/f* *JUR* defensor(a) *m/f*, abogado defensor/abogada defensor *m/f*
Verteidigung [fɛrˈtaɪdɪguŋ] *f* defensa *f*, justificación *f*
verteilen [fɛrˈtaɪlən] *v* *1.* *(austeilen)* distribuir, repartir, dar; *2.* *(aufteilen)* repartir proporcionalmente
Verteiler [fɛrˈtaɪlər] *m* *1.* *(beim Auto)* distribuidor *m*; *2.* *(von Zeitschriften)* repartidor *m*
Verteilung [fɛrˈtaɪluŋ] *f* *1.* *(Austeilen)* distribución *f*; *2.* *(Verteilen)* reparto *m*, repartición *f*
Verteuerung [fɛrˈtɔyəruŋ] *f* encarecimiento *m*
vertiefen [fɛrˈtiːfən] *v* *1.* ahondar, profundizar; *2.* *(Wissen)* intensificar, profundizar

vertikal [vɛrtɪ'kaːl] *adj 1.* vertical; *adv 2.* verticalmente
vertilgen [fɛr'tɪlgən] *v 1. (vernichten)* exterminar, destruir, extinguir; *2. (fig: essen)* comerse todo
Vertrag [fɛr'traːk] *m 1. ECO* contrato *m; 2. POL* tratado *m,* pacto *m,* convenio *m*
vertragen [fɛr'traːgən] *v irr 1. etw ~* tolerar, resistir; *2. sich ~* entenderse bien, congeniar, vivir en armonía
vertraglich [fɛr'traːklɪç] *adj 1.* contractual; *adv 2.* contractualmente, por contrato
verträglich [fɛr'trɛːklɪç] *adj 1. (umgänglich)* tratable, sociable, asequible; *2. (bekömmlich)* digerible, digestible, tolerable
Verträglichkeit [fɛr'trɛːklɪçkaɪt] *f 1. (Umgänglichkeit)* trato afable *m,* sociabilidad *f; 2. (Bekömmlichkeit)* tolerancia *f*
Vertragsabschluss [fɛr'traːksapʃlus] *m ECO* conclusión del contrato *f*
Vertragsbruch [fɛr'traːksbrux] *m JUR* ruptura de contrato *f,* violación de contrato *f*
Vertragsgegenstand [fɛr'traːksgeːgənʃtant] *m ECO* objeto del contrato *m*
Vertragspartner [fɛr'traːkspartnər] *m ECO* contratante *m,* parte contratante *f*
vertrauen [fɛr'trauən] *v* confiar, tener confianza en; *jdm ~* fiarse de alguien
Vertrauen [fɛr'trauən] *n* confianza *f; ~ erweckend* que inspira confianza, confiable
Vertrauensfrage [fɛr'trauənsfraːgə] *f POL* cuestión de confianza *f*
vertrauensvoll [fɛr'trauənsfɔl] *adj* confiado, lleno de confianza
vertrauenswürdig [fɛr'trauənsvyrdɪç] *adj* digno de confianza
vertraulich [fɛr'traulɪç] *adj* confidencial
Vertraulichkeit [fɛr'traulɪçkaɪt] *f* confidencia *f,* carácter confidencial *m*
verträumt [fɛr'trɔymt] *adj* soñador
vertraut [fɛr'traut] *adj* familiar, íntimo
Vertrautheit [fɛr'trauthaɪt] *f* familiaridad *f,* intimidad *f*
vertreiben [fɛr'traɪbən] *v 1. (verjagen)* echar de, expulsar de; *2. (Zeit)* pasar el tiempo, distraerse; *3. (verkaufen) ECO* vender, distribuir
vertretbar [fɛr'treːtbaːr] *adj* justificable
vertreten [fɛr'treːtən] *v 1. (repräsentieren)* representar; *2. (ersetzen)* sustituir, reemplazar, suplir; *3.* defender, sustentar, salvaguardar
Vertreter(in) [fɛr'treːtər(ɪn)] *m/f 1. (Stellvertreter(in))* sustituto *m/f,* suplente *m/f; 2. (Verfechter(in))* defensor(a) *m/f; 3. (Repräsentant(in))* representante *m/f*
Vertretung [fɛr'treːtuŋ] *f 1. (Repräsentanz)* representación *f; 2. (Stellvertretung)* sustitución *f,* suplencia *f; 3. (Vertreten)* sustentación *f*
Vertrieb [fɛr'triːp] *m ECO* venta *f,* distribución *f*
Vertriebsgesellschaft [fɛr'triːpsgəzɛlʃaft] *f ECO* compañía distribuidora *f*
vertrösten [fɛr'trøːstən] *v* dar esperanzas a alguien, consolar dando esperanzas
vertuschen [fɛr'tuʃən] *v* disimular, ocultar, encubrir, tapar
verübeln [fɛr'yːbəln] *v* tomar a mal
verüben [fɛr'yːbən] *v 1.* cometer, hacer; *Perico hat Selbstmord verübt.* Perico se suicidó. *2. (Verbrechen)* perpetrar, cometer un delito; *3. (Attentat)* atentar; *Die Terroristen haben ein Attentat auf den Minister verübt.* Los terroristas atentaron contra el ministro.
verunglücken [fɛr'unglykən] *v* sufrir un accidente, ser víctima de un accidente
Verunglückte(r) [fɛr'unglyktə(r)] *m/f* víctima de un accidente *f,* accidentado/accidentada *m/f*
verunreinigen [fɛr'unraɪnɪgən] *v* manchar, ensuciar
Verunreinigung [fɛr'unraɪnɪguŋ] *f* suciedad *f,* impureza *f,* ensuciamiento *m*
verunsichern [fɛr'unzɪçərn] *v* confundir, desconcertar, hacer inseguro
Verunsicherung [fɛr'unzɪçəruŋ] *f* confusión *f,* desconcierto *m,* inseguridad *f*
verunstalten [fɛr'unʃtaltən] *v* desfigurar, deformar, afear
veruntreuen [fɛr'untrɔyən] *v* desfalcar, malversar, defraudar
Veruntreuung [fɛr'untrɔyuŋ] *f* desfalco *m,* malversación de fondos *f,* defraudación *f*
verursachen [fɛr'uːrzaxən] *v* causar, motivar, originar, ocasionar
Verursacher(in) [fɛr'uːrzaxər(ɪn)] *m/f* causante *m/f,* autor(a) *m/f*
verurteilen [fɛr'urtaɪlən] *v* condenar, sentenciar
Verurteilte(r) [fɛr'urtaɪltə(r)] *m/f JUR* reo convicto/rea convicta *m/f,* procesado/procesada *m/f,* condenado/condenada *m/f*
Verurteilung [fɛr'urtaɪluŋ] *f* condena *f*
vervielfältigen [fɛr'fiːlfɛltɪgən] *v* reproducir, copiar
Vervielfältigung [fɛr'fiːlfɛltɪguŋ] *f* reproducción *f*

vervollkommnen [fɛr'fɔlkɔmnən] *v* perfeccionar, mejorar
vervollständigen [fɛr'fɔlʃtɛndɪgən] *f* completar, complementar, rematar
verwahren [fɛr'vaːrən] *v* guardar, custodiar
verwahrlost [fɛr'vaːrloːst] *adj* abandonado, descuidado
Verwahrung [fɛr'vaːruŋ] *f* custodia *f*, depósito *m*; *etw in ~ nehmen* tomar algo en custodia/tomar algo en depósito
verwalten [fɛr'valtən] *v* administrar
Verwalter(in) [fɛr'valtər(ɪn)] *m/f* administrador(a) *m/f*
Verwaltung [fɛr'valtuŋ] *f* administración *f*
Verwaltungsrat [fɛr'valtuŋsraːt] *m ECO* consejo de administración *m*, consejo administrativo *m*
verwandeln [fɛr'vandəln] *v* cambiar, transformar, convertir, metamorfosear
Verwandlung [fɛr'vandluŋ] *f* *1.* transformación *f*, cambio *m*, conversión *f*; *2. (der Hostie) REL* consagración *f*; *3. ZOOL* metamorfosis *f*
verwandt [fɛr'vant] *adj (mit)* pariente, emparentado
Verwandte(r) [fɛr'vantə(r)] *m/f* pariente *m/f*, familiar *m/f*
Verwandtschaft [fɛr'vantʃaft] *f* *1. (Familie)* parentesco *m*, parentela *f*; *2. (Ähnlichkeit)* analogía *f*, semejanza *f*, similitud *f*
verwarnen [fɛr'varnən] *v* amonestar
Verwarnung [fɛr'varnuŋ] *f* amonestación *f*, admonición *f*
verwechseln [fɛr'vɛksəln] *v* confundir, tomar por
Verwechslung [fɛr'vɛksluŋ] *f* confusión *f*, equivocación *f*
verwegen [fɛr'veːgən] *adj* *1.* temerario, audaz, osado; *adv* *2.* audazmente
verwehren [fɛr'veːrən] *v jdm etw ~* impedir a alguien hacer algo
verweigern [fɛr'vaɪgərn] *v* rehusar, negar, denegar
Verweigerung [fɛr'vaɪgəruŋ] *f* negación *f*, denegación *f*
Verweis [fɛr'vaɪs] *m* *1. (Rüge)* reprimenda *f*, reprensión *f*; *2. (Hinweis)* referencia *f*
verweisen [fɛr'vaɪzən] *v* *1. ~ auf/~ an* remitir a; *2. (des Landes ~)* expulsar, desterrar, deportar, expatriar; *3. jdn ~* censurar a alguien
verwelken [fɛr'vɛlkən] *v* marchitarse
verwendbar [fɛr'vɛntbaːr] *adj* utilizable, aprovechable
verwenden [fɛr'vɛndən] *v* emplear, usar, aplicar
Verwendung [fɛr'vɛnduŋ] *f* empleo *m*, uso *m*, utilización *f*, aplicación *f*; *für etw ~ finden* encontrar aplicación a algo
Verwendungszweck [fɛr'vɛnduŋstsvɛk] *m* uso previsto *m*
verwerflich [fɛr'vɛrflɪç] *adj* reprochable, reprensible, condenable
verwerten [fɛr'veːrtən] *v* *1. (benutzen)* utilizar, emplear, usar; *2. (wieder~)* reciclar, recuperar; *3. (auswerten)* explotar
Verwertung [fɛr'veːrtuŋ] *f* *1. (Benutzung)* utilización *f*, empleo *m*; *2. (Wiederverwertung)* reciclaje *m*; *3. (Auswertung)* aprovechamiento *m*, explotación *f*
verwickeln [fɛr'vɪkəln] *v (fig)* complicar, dificultar
Verwicklung [fɛr'vɪkluŋ] *f (fig)* complicación *f*, embrollo *m*, lío *m*
verwirklichen [fɛr'vɪrklɪçən] *v* realizar, llevar a cabo, poner en práctica
Verwirklichung [fɛr'vɪrklɪçuŋ] *f* realización *f*, puesta en práctica *f*
verwirren [fɛr'vɪrən] *v* confundir, entreverar (LA)
verwirrt [fɛr'vɪrt] *adj* confuso
Verwirrung [fɛr'vɪruŋ] *f* confusión *f*, desorientation *f*
verwitwet [fɛr'vɪtvət] *adj* viudo *m*, viuda *f*
verwöhnen [fɛr'vøːnən] *v* mimar, engreír (LA)
verworren [fɛr'vɔrən] *adj* enredado, confuso
verwundbar [fɛr'vuntbaːr] *adj* vulnerable
verwunderlich [fɛr'vuŋdərlɪç] *adj* sorprendente, extraño, raro
Verwunderung [fɛr'vundəruŋ] *f* sorpresa *f*, asombro *m*
Verwundung [fɛr'vunduŋ] *f* herida *f*, lesión *f*
verwüsten [fɛr'vyːstən] *v* devastar, desolar, asolar
Verwüstung [fɛr'vyːstuŋ] *f* devastación *f*, desolación *f*, asolamiento *m*
verzagen [fɛr'tsaːgən] *v* desalentarse, desanimarse
verzählen [fɛr'tsɛːlən] *v sich ~* equivocarse al contar, contar mal
verzaubern [fɛr'tsaubərn] *v* encantar, embrujar, hechizar
Verzehr [fɛr'tseːr] *m* consumo *m*

verzehren [fɛr'tseːrən] *v 1. (essen)* comer; *2. (aufbrauchen)* consumir; *3. (fig) sich ~* suspirar por, morirse de añoranza por
verzeichnen [fɛr'tsaɪçnən] *v* anotar, apuntar, registrar
Verzeichnis [fɛr'tsaɪçnɪs] *n* lista *f*, registro *m*
verzeihen [fɛr'tsaɪən] *v irr* perdonar, disculpar, dispensar
verzeihlich [fɛr'tsaɪlɪç] *adj* perdonable
Verzeihung [fɛr'tsaɪuŋ] *f 1.* perdón *m*, disculpa *f*; *Ich bitte Sie um ~.* Le pido perdón. *interj 2. ~!* ¡Perdón!/¡Dispense!
Verzicht [fɛr'tsɪçt] *m* renuncia *f*
verzichten [fɛr'tsɪçtən] *v* renunciar
verzieren [fɛr'tsiːrən] *v* adornar, decorar, ornamentar
Verzierung [fɛr'tsiːruŋ] *f* adorno *m*, decoración *f*, ornamento *m*
verzinsen [fɛr'tsɪnzən] *v ECO* pagar intereses
Verzinsung [fɛr'tsɪnzuŋ] *f ECO* interés *m*, intereses *m/pl*
verzögern [fɛr'tsøːgərn] *v* retardar, demorar, retrasar
Verzögerung [fɛr'tsøːgəruŋ] *f* retardo *m*, demora *f*, retraso *m*, tardanza *f*
verzollen [fɛr'tsɔlən] *v* aduanar, registrar en la aduana, declarar; *Haben Sie etw zu ~?* ¿Tiene usted algo que declarar?
Verzug [fɛr'tsuːk] *m* retraso *m*, retardo *m*, demora *f*, tardanza *f*; *mit etw in ~ geraten* tener un retraso con algo; *mit etw in ~ sein* estar en retraso con algo; *Es ist Gefahr im ~.* El peligro es inminente.
verzweifeln [fɛr'tsvaɪfəln] *v* desesperar, desesperarse
verzweifelt [fɛr'tsvaɪfəlt] *adj 1.* desesperado; *adv 2.* desesperadamente, con desesperación
Verzweiflung [fɛr'tsvaɪfluŋ] *f* desesperación *f*
verzwickt [fɛr'tsvɪkt] *adj* complicado, enredado, embrollado
Vetter ['fɛtər] *m* primo *m*
Vetternwirtschaft ['fɛtərnvɪrtʃaft] *f* nepotismo *m*
Vibration [vibra'tsjoːn] *f* vibración *f*
Videofilm ['videofɪlm] *m* película de video *f*, video *m*
Videokassette ['videokasɛːtə] *f* cassette *f*
Videorekorder ['videorekɔrdər] *m* vídeocassette *m*, grabadora *f*, vídeo *m*
Vieh [fiː] *n* ganado *m*
viel ['fiːl] *adv 1.* muy; *~ sagend* muy expresivo, muy significativo; *2. ~ versprechend* muy prometedor
viel(e) ['fiːl(ə)] *adj 1.* mucho; *adv 2.* muchísimo, mucho mayor; *pron 3.* muchos
vielfach ['fiːlfax] *adj 1.* múltiple, de muchas clases; *adv 2.* reiteradamente, a menudo; *adj 3. (wiederholt)* repetido, reiterado; *4. (häufig)* frecuente
Vielfalt ['fiːlfalt] *f* multiplicidad *f*, variedad *f*, diversidad *f*
vielfältig ['fiːlfɛltɪç] *adj* múltiple, variado
vielleicht [fi'laɪçt] *adv 1. (größere Wahrscheinlichkeit)* quizás, quizá, tal vez; *2. (geringere Wahrscheinlichkeit, Zufall)* acaso, por casualidad
vielmals ['fiːlmaːls] *adv* muchas veces
vielseitig ['fiːlzaɪtɪç] *adj 1.* de muchas caras, polifacético; *adv 2.* diversamente
Vielzahl ['fiːltsaːl] *f* multitud *f*, gran número *m*
vier [fiːr] *num* cuatro; *alle ~e von sich strecken* estirarse de manos y pies; *auf allen ~en* a cuatro patas/a gatas
viereckig ['fiːrɛkɪç] *adj* cuadrangular
vierte(r,s) ['fɪrtə(r,s)] *adj* cuarto
Viertel ['fɪrtəl] *n 1. (Stadtteil)* barrio *m*; *2. MATH* cuarto *m*
vierteljährlich ['fɪrtəljɛːrlɪç] *adj 1.* trimestral; *adv 2.* cada tres meses
Viertelstunde ['fɪrtəlʃtundə] *f* cuarto de hora *m*
vierzehn ['fɪrtseːn] *num* catorce
vierzig ['fɪrtsɪç] *num* cuarenta
violett [vio'lɛt] *adj* violeta, violáceo
Violine [vio'liːnə] *f MUS* violín *m*
Virus ['viːrus] *n MED* virus *m*
Vision [vi'zjoːn] *f* visión *f*
Visite [vi'ziːtə] *f* visita *f*
Visitenkarte [vi'ziːtənkartə] *f* tarjeta de visita *f*
Visum ['viːzum] *n* visado *m*, visa *f* (LA)
vital [vi'taːl] *adj* vital
Vitamin [vita'miːn] *n* vitamina *f*
Vizepräsident ['fiːtsəprɛzɪdɛnt] *m* vicepresidente *m*
Vogel ['foːgəl] *m ZOOL* pájaro *m*; *den ~ abschießen (fig)* cortar el bacalao; *einen ~ haben* tener pajaros en la cabeza; *jdm den ~ zeigen* hacer el gesto a alguien de que está loco
Vogelscheuche ['foːgəlʃɔyçə] *f* espantajo *m*, espantapájaros *m*

Vokabel [vo'ka:bəl] *f* vocablo *m*
Vokabular [voka:bu'la:r] *n* vocabulario *m*
Vokal [vo'ka:l] *m* vocal *f*
Volk [fɔlk] *n* pueblo *m; fahrendes ~* pueblo errante *m,* pueblo nómada *m*
Völkerkunde ['fœlkərkundə] *f* etnología *f*
Völkerrecht ['fœlkərrɛçt] *n* derecho internacional *m*
Volksabstimmung ['fɔlksapʃtɪmuŋ] *f POL* plebiscito *m,* referéndum *m*
Volkseinkommen ['fɔlksaɪnkɔmən] *n* renta nacional *f*
Volkshochschule ['fɔlksho:xʃu:lə] *f* universidad popular *f*
Volksrepublik ['fɔlksrɛpubli:k] *f* República Popular *f*
volkstümlich ['fɔlksty:mlɪç] *adj* popular
Volkswirtschaft ['fɔlksvɪrtʃaft] *f* economía política *f*
voll [fɔl] *adj 1.* lleno; *jdn nicht für ~nehmen* no tomarle a uno en serio; *aus dem Vollen schöpfen* vivir en la abundancia; *in die Vollen gehen* ir a por todas; *Voll tanken bitte!* ¡Llene el depósito, por favor! *adv 2.* enteramente, completamente; *sich ~ laufen lassen (fam)* emborracharse; *sich den Bauch ~ schlagen* hartarse de comer/ponerse las botas de comer
Vollbart ['fɔlbart] *m* barba corrida *f*
vollbringen [fɔl'brɪŋən] *v irr* terminar, acabar, concluir, llevar a cabo
vollenden [fɔl'ɛndən] *v* terminar, acabar, ultimar, concluir
Vollendung [fɔl'ɛnduŋ] *f* conclusión *f,* acabamiento *m,* terminación *f,* finalización *f*
völlig ['fœlɪç] *adj 1.* entero, total; *adv 2.* enteramente, totalmente
volljährig ['fɔljɛ:rɪç] *adj* mayor de edad
Volljährigkeit ['fɔljɛ:rɪçkaɪt] *f* mayoría de edad *f*
vollkommen [fɔl'kɔmən] *adj 1.* perfecto; ['fɔlkɔmən] *adv 2.* totalmente, enteramente, completamente
Vollkommenheit [fɔl'kɔmənhaɪt] *f* perfección *f*
Vollmacht ['fɔlmaxt] *f* poder *m,* autorización *f,* plenos poderes *m/pl*
Vollmilch ['fɔlmɪlç] *f GAST* leche entera *f*
Vollmond ['fɔlmo:nt] *m* luna llena *f,* plenilunio *m*
vollständig ['fɔlʃtɛndɪç] *adj 1.* completo, entero, total, íntegro; *adv 2.* completamente, enteramente, totalmente
Vollständigkeit ['fɔlʃtɛndɪçkaɪt] *f* integridad *f,* totalidad *f*
vollstrecken [fɔl'ʃtrɛkən] *v JUR* ejecutar
Vollstreckung [fɔl'ʃtrɛkuŋ] *f JUR* ejecución *f*
Vollversammlung ['fɔlfɛrzamluŋ] *f* asamblea plenaria *f,* pleno *m*
Vollwertkost ['fɔlvɛrtkɔst] *f GAST* comida integral *f*
vollzählig ['fɔltsɛ:lɪç] *adj 1.* completo; *adv 2.* al completo, completamente
vollziehen [fɔl'tsi:ən] *v irr* ejecutar, realizar, efectuar
Volontariat [volɔnta'ria:t] *n* prácticas *f/pl,* voluntariado *m*
Volt [vɔlt] *n* voltio *m*
Volumen [vo'lu:mən] *n* volumen *m*
vom *(= von dem) (siehe „von")*
von [fɔn] *prep 1. (örtlich)* de, por; *zwei Meter vom Haus entfernt* a dos metros de la casa; *2. (zeitlich)* de, desde, a partir de; *~ zwei bis drei Uhr nachmittags* de dos a tres de la tarde; *~ diesem Tag an* a partir de ese día; *~ jeher* de siempre/desde siempre; *3. (Herkunft)* de, por; *ein Geschenk ~ ihm* un regalo de él; *Er kam direkt ~ Rom hierher.* Él vino directamente de Roma. *4. (über)* sobre, de; *Wir redeten vom Wetter.* Hablamos sobre el tiempo. *5. ~ mir aus* por mí
vor [fo:r] *prep 1. (örtlich)* ante, delante de; *~ dem Haus* delante de la casa; *2. (zeitlich)* antes de, hace; *~ den Mahlzeiten* antes de las comidas; *etw ~ sich haben* tener algo (por) delante; *3. (kausal)* de, por; *Er erblasste ~ Angst.* Palideció de miedo. *~ Freude* de alegría; *4. ~ allen Dingen* sobre todo, ante todo
vorab [fo:r'ap] *adv* ante todo, primeramente
Vorabend ['fo:ra:bənt] *m* víspera *f*
Vorahnung ['fo:ra:nuŋ] *f* presentimiento *m,* premonición *f,* corazonada *f*
vorangehen [fo'range:ən] *v irr* ir delante, adelantar
vorankommen [fo'rankɔmən] *v irr* adelantar, avanzar
voraus [fo'raus] *adv 1. (örtlich)* hacia adelante; ['foraus] *2. (zeitlich)* con anticipación, con antelación
vorausgehen [fo'rausge:ən] *v irr* ir delante, adelantarse
voraussagen [fo'rausza:gən] *v* predecir, pronosticar, augurar, vaticinar
voraussehen [fo'rausze:ən] *v irr* prever, ver venir

voraussetzen [fo'rauszɛtsən] *v* presuponer; *vorausgesetzt, dass* suponiendo que/en el supuesto que

Voraussetzung [fo'rauszɛtsuŋ] *f 1.* suposición *f,* presuposición *f; 2. (Vorbedingung)* condición previa *f,* requisito previo *m*

Voraussicht [fo'rauszıçt] *f aller ~ nach* según todos los indicios

voraussichtlich [fo'rauszıçtlıç] *adj 1.* probable, previsible; *adv 2.* probablemente

Vorauszahlung [fo'raustsa:luŋ] *f* pago adelantado *m,* pago por adelantado *m*

Vorbedacht ['fo:rbədaxt] *m mit ~* con premeditación, deliberadamente

Vorbehalt ['fo:rbəhalt] *m* reserva *f,* restricción *f,* salvedad *f*

vorbehalten ['fo:rbəhaltən] *v irr* reservar, reservarse; *jdm ~ bleiben* estar reservado para alguien

vorbehaltlich ['fo:rbəhaltlıç] *prep* salvo, a reserva de, excepto; *~ Fälle höherer Gewalt* salvo casos de fuerza mayor

vorbei [for'baı] *adv 1. (örtlich)* por delante, delante de, junto a, cerca de; *2. (zeitlich)* pasado, acabado; *Die guten Zeiten sind ~.* Los buenos tiempos han pasado. *~ ist vorbei.* Lo pasado, pasado está.

vorbeifahren [for'baıfa:rən] *v irr* pasar en un vehículo por delante de

vorbeigehen [for'baıge:ən] *v irr 1. (entlanggehen)* pasar por delante de; *Er ist einfach an mir vorbeigegangen, ohne mich zu grüßen.* Pasó de largo sin saludarme. *2. (verg*[illegible]*)* pasar, transcurrir

vorbeikommen [for'baıkɔmən] *v irr ~ an/~ bei* pasar por/pasar delante de

vorbelastet ['fo:rbəlastət] *adj* que tiene antecedentes, con antecedentes

vorbereiten ['fo:rbəraıtən] *v* preparar, arreglar

Vorbereitung ['fo:rbəraıtuŋ] *f* preparación *f*

vorbestellen ['fo:rbəʃtɛlən] *v* encargar con anticipación, encargar con antelación

Vorbestellung ['fo:rbəʃtɛluŋ] *f* encargo anticipado *m*

vorbestraft ['fo:rbəʃtra:ft] *adj JUR* con antecedentes penales

Vorbestrafte(r) ['fo:rbəʃtra:ftə(r)] *m/f JUR* persona con antecedentes penales *f*

vorbeugen ['fo:rbɔygən] *v 1.* prevenir, precaver; *2. sich ~* inclinarse hacia adelante

vorbeugend ['fo:rbɔygənt] *adj 1.* preventivo; *2. MED* profiláctico

Vorbeugung ['fo:rbɔyguŋ] *f 1.* prevención *f; 2. MED* profilaxis *f*

Vorbild ['fo:rbılt] *n* modelo *m,* ejemplo *m*

vorbildlich ['fo:rbıltlıç] *adj 1.* ejemplar, modelo, ideal; *adv 2.* ejemplarmente

Vorbote ['fo:rbo:tə] *m* señal *f,* indicio *m,* anuncio *m*

vorbringen ['fo:rbrıŋən] *v irr* manifestar, exponer, expresar, formular

vordere(r,s) ['fɔrdərə(r,s)] *adj* delantero, anterior

Vorderfront ['fɔrdərfrɔnt] *f* fachada *f*

Vordergrund ['fɔrdərgrunt] *m* primer plano *m,* primer término *m; etw in den ~ stellen* poner algo de relieve

vordergründig ['fɔrdərgryndıç] *adj* ostensible, manifiesto, visible, evidente

Vorderseite ['fɔrdərzaıtə] *f* lado anterior/lado delantero *m,* fachada anterior *f*

Vorderteil ['fɔrdərtaıl] *n* parte anterior *f,* parte delantera *f*

vordrängen ['fo:rdrɛŋən] *v sich ~* abrirse paso

vordringen ['fo:rdrıŋən] *v irr* avanzar, ganar terreno

vordringlich ['fo:rdrıŋlıç] *adj 1.* urgente, de alta prioridad, de suma urgencia, *adv 2.* muy urgente, sumamente urgente

Vordruck ['fo:rdruk] *m 1. (amtlicher ~)* impreso *m; 2. (zum Ausfüllen)* formulario *m*

voreilig ['fo:raılıç] *adj 1.* apresurado, precipitado; *adv 2.* apresuradamente, precipitadamente, con prisas

voreingenommen ['fo:raıngənɔmən] *adj 1.* predispuesto, preinformado, con prejuicios; *adv 2.* con parcialidad, con prejuicios; *~ sein* estar prevenido en favor de/estar prevenido en contra de

Voreingenommenheit ['fo:raıngənɔmənhaıt] *f* prejuicio *m,* predisposición *f,* inclinación *f,* parcialidad *f*

vorenthalten ['fo:rɛnthaltən] *v irr* retener sin derecho

Vorentscheidung ['fo:rɛntʃaıduŋ] *f* decisión previa *f,* resolución previa *f*

vorerst ['fo:rerst] *adv* por lo pronto, de momento, por el momento

Vorfahr(e) ['fo:rfa:r] *m/f* antepasado/antepasada *m/f,* antecesor(a) *m/f*

Vorfahrt ['fo:rfa:rt] *f* prioridad de paso *f,* preferencia *f; ~ beachten!* ¡Ceda el paso!

Vorfahrtstraße ['fo:rfa:rtʃtra:sə] *f* calle de prioridad *f,* calle preferencial *f*

Vorfall ['fo:rfal] *m* suceso *m,* incidente *m*

Vorfeld ['foːrfɛlt] *n im ~* en la etapa preliminar
vorfinden ['foːrfɪndən] *v irr* encontrar al llegar
Vorfreude ['foːrfrɔydə] *f* alegría prematura *f,* alegría anticipada *f*
vorführen ['foːrfyːrən] *v 1. (präsentieren)* presentar, exhibir; *2. (Angeklagten)* llevar ante el juez, comparecer; *3. (Film)* proyectar, pasar
Vorführung ['foːrfyːruŋ] *f 1. (Präsentation)* presentación *f,* exhibición *f; 2. (eines Angeklagten)* comparecencia *f; 3. (eines Films)* proyección *f*
Vorgang ['foːrgaŋ] *m 1. (Geschehen)* suceso *m,* acontecimiento *m; 2. (Akte)* expediente *m,* acta *f/el*
Vorgänger(in) ['foːrgɛŋər(ɪn)] *m/f* antecesor(a) *m/f,* predecesor(a) *m/f*
vorgeben ['foːrgeːbən] *v irr (fig)* fingir, aparentar
vorgehen ['foːrgeːən] *v irr 1. (handeln)* actuar, obrar, proceder; *2. (vorausgehen)* adelantarse, ir por delante; *3. (wichtiger sein)* tener preferencia, venir primero, ser importante; *4. (Uhr)* adelantarse, ir adelantado
Vorgehen ['foːrgeːən] *n* proceder *m,* procedimiento *m*
Vorgesetzte(r) ['foːrgəzɛtstə(r)] *m/f* superior(a) *m/f,* jefe/jefa *m/f*
vorgestern ['foːrgɛstərn] *adv* anteayer
vorgreifen ['foːrgraɪfən] *v irr einer Sache ~* anticiparse a algo, adelantarse a algo
vorhaben ['foːrhaːbən] *v irr* pensar hacer, planear, tener planeado; *Haben Sie für heute Abend schon etw vor?* ¿Tiene ya un compromiso para esta noche?
Vorhaben ['foːrhaːbən] *n* intención *f,* propósito *m,* plan *m,* proyecto *m*
vorhalten ['foːrhaltən] *v irr (fig)* reprochar algo a alguien; *Ich habe ihm sein schlechtes Benehmen vorgehalten.* Le he echado en cara su pésima conducta.
vorhanden [for'handən] *adj* existente, presente, disponible
Vorhang ['foːrhaŋ] *m* cortina *f; der eiserne ~* la cortina de hierro *f,* el telón de acero *m*
vorher ['foːrheːr] *adv* antes, previamente
vorhergehend [foːr'heːrgeːənt] *adj* precedente, anterior
vorherig [foːr'heːrɪç] *adj* anterior, precedente, previo
Vorherrschaft ['foːrhɛrʃaft] *f* predominio *m,* supremacía *f,* preponderancia *f*
vorherrschen ['foːrhɛrʃən] *v* predominar, preponderar
Vorhersage [foːr'heːrzaːgə] *f* predicción *f,* pronóstico *m*
vorhersagen [foːr'heːrzaːgən] *v* predecir, pronosticar, vaticinar
vorhersehbar [foːr'heːrzeːbaːr] *adj* previsible
vorhin [foːr'hɪn] *adv* hace un momento, hace un rato, ahorita (LA)
vorig ['foːrɪç] *adj 1. (vergangen)* pasado, último; *2. (vorhergegangen)* anterior, precedente
Vorjahr ['voːrjaːr] *n* año anterior *m,* año pasado *m*
Vorkämpfer(in) ['foːrkɛmpfər(ɪn)] *m/f* pionero/pionera *m/f,* adalid *m*
Vorkehrung ['foːrkeːruŋ] *f* precaución *f,* medida preventiva *f; ~en treffen* tomar precauciones
Vorkenntnisse ['foːrkɛntnɪsə] *pl* conocimientos previos *m/pl,* nociones preliminares *f/pl*
vorkommen ['foːrkɔmən] *v irr 1. (erscheinen)* aparecer, parecer; *Das Wort kommt häufig im Spanischen vor.* Es una palabra corriente en español. *Das kommt mir Spanisch vor.* Eso me suena a chino. *2. (geschehen)* ocurrir, suceder, pasar; *3. (vorhanden sein)* existir, estar disponible, haber
Vorkommen ['foːrkɔmən] *n (Vorhandensein)* existencia *f,* presencia *f*
Vorkommnis ['foːrkɔmnɪs] *n* suceso *m,* acontecimiento *m,* acaecimiento *m*
Vorkriegszeit ['foːrkriːkstsaɪt] *f* época de preguerra *f,* anteguerra *f*
vorladen ['foːrlaːdən] *v irr JUR* citar
Vorladung ['foːrlaːduŋ] *f JUR* citación *f*
Vorlage ['foːrlaːgə] *f 1. (Vorlegen)* presentación *f; 2. (Muster)* modelo *m,* muestra *f; 3. (Entwurf)* diseño *m,* bosquejo *m,* croquis *m; 4. (eines Gesetzes)* proyecto de Ley *m*
Vorläufer(in) ['foːrlɔyfər(ɪn)] *m/f* precursor(a) *m/f*
vorläufig ['foːrlɔyfɪç] *adj 1.* provisional, temporal; *adv 2.* provisionalmente, mientras tanto
vorlaut ['foːrlaut] *adj* petulante, resabido
vorlesen ['foːrleːzən] *v irr etw jdm ~* leer algo a alguien
Vorlesung ['foːrleːzuŋ] *f* lectura *f,* lección *f,* clase *f*
vorletzte(r,s) ['foːrlɛtstə(r,s)] *adj* penúltimo

vorlieb ['foːrliːp] *adv* ~ *nehmen mit* contentarse con, darse por satisfecho con
Vorliebe ['foːrliːbə] *f* predilección *f*, preferencia *f*
vorliegend ['foːrliːgənt] *adj* presente, en cuestión
vormachen ['foːrmaxən] *v (fig)* engañar a alguien, hacer creer algo a alguien
Vormachtstellung ['foːrmaxtʃtɛluŋ] *f* preponderancia *f*, supremacía *f*, hegemonía *f*
vormerken ['foːrmɛrkən] *v* anotar, apuntar, tomar nota
Vormittag ['foːrmɪtaːk] *m* mañana *f*; *am* ~ por la mañana
vormittags ['foːrmɪtaːks] *adv* por la mañana
Vormund ['foːrmunt] *m* tutor *m*
Vormundschaft ['foːrmuntʃaft] *f* tutela *f*, tutoría *f*
vorn(e) [fɔrn(ə)] *adv* delante, adelante, por delante, al frente; *von vorn bis hinten* de cabo a rabo (fam); *von ~ (von neuem)* de nuevo
Vorname ['foːrnaːmə] *m* nombre *m*
vornehm ['foːrneːm] *adj 1.* distinguido, elegante, bien educado; *adv 2.* con distinción, con elegancia
vornehmen ['foːrneːmən] *v irr 1. (tun)* hacer, efectuar, practicar; *2. sich etw ~* proponerse algo, procurar algo; *3. sich jdn ~* reprender a alguien, sermonear a alguien
Vorort ['foːrɔrt] *m* suburbio *m*, arrabal *m*
Vorrang ['foːrraŋ] *m* primacía *f*, preferencia *f*, precedencia *f*
vorrangig ['foːrraŋɪç] *adj 1.* prioritario; *adv 2.* con prioridad
Vorrat ['foːrraːt] *m* provisión *f*, reserva *f*
vorrätig ['foːrrɛːtɪç] *adj 1. ECO* en stock, en almacén; *2.* disponible
Vorratskammer ['foːrraːtskamər] *f* despensa *f*
Vorrecht ['foːrrɛçt] *n* privilegio *m*
Vorrichtung ['foːrrɪçtuŋ] *f* dispositivo *m*, aparato *m*, mecanismo *m*
Vorruhestand ['foːrruːəʃtant] *m* prejubilación *f*, jubilación anticipada *f*
Vorsaison ['foːrsɛzɔŋ] *f* temporada baja *f*
Vorsatz ['foːrzats] *m* premeditación *f*
vorsätzlich ['foːrzɛtslɪç] *adj 1.* premeditado; *adv 2.* premeditadamente, a propósito
Vorschau ['foːrʃau] *f* previsión *f*
Vorschlag ['foːrʃlaːk] *m* propuesta *f*, proposición *f*
vorschlagen ['foːrʃlaːgən] *v irr* proponer
vorschreiben ['foːrʃraɪbən] *v irr (fig)* prescribir, ordenar
Vorschrift ['foːrʃrɪft] *f* prescripción *f*, precepto *m*
vorschriftsmäßig ['foːrʃrɪftsmɛːsɪç] *adj 1.* reglamentario, de reglamento; *adv 2.* según lo prescrito, conforme a lo prescrito
Vorschule ['foːrʃuːlə] *f* escuela preparatoria *f*
Vorschuss ['foːrʃus] *m* anticipo *m*, adelanto *m*
vorsehen ['foːrzeːən] *v irr 1.* prever; *2. sich ~* precaverse, guardarse
Vorsehung ['foːrzeːuŋ] *f REL* Divina Providencia *f*
Vorsicht ['foːrzɪçt] *f* precaución *f*, cautela *f*, cuidado *m*; *~!* ¡Cuidado!
vorsichtig ['foːrzɪçtɪç] *adj 1.* prudente, precavido, cauto, cuidadoso; *~ gehen* ir pisando huevos (fam); *adv 2.* con cuidado, cautelosamente
Vorsichtigkeit ['foːrzɪçtɪçkaɪt] *f* conducta cuidadosa *f*, carácter cauteloso *m*
vorsichtshalber ['foːrzɪçtshalbər] *adv 1.* por precaución, por si acaso; *adv 2. (fam)* por si las moscas
Vorsichtsmaßnahme ['foːrzɪçtsmasnaːmə] *f* medida de precaución *f*
Vorsitz ['foːrzɪts] *m* presidencia *f*
Vorsitzende(r) ['foːrzɪtsəndə(r)] *m/f* presidente *m/f*
Vorsorge ['foːrzɔrgə] *f* previsión *f*, prevención *f*, precaución *f*
vorsorgen ['foːrzɔrgən] *v* tomar precauciones, tomar las medidas necesarias
vorsorglich ['foːrzɔrklɪç] *adj 1.* previsor; *adv 2.* por precaución
Vorspeise ['foːrʃpaɪzə] *f GAST* entrada *f*, entremeses *m/pl*
vorspiegeln ['foːrʃpiːgəln] *v* aparentar, fingir, simular
Vorspiegelung ['foːrʃpiːgəluŋ] *f* simulación *f*, fingimiento *m*; *~ falscher Tatsachen* fingimiento *m*
Vorsprung ['foːrʃpruŋ] *m 1. (Felsvorsprung)* roca saliente *f*, saledizo *m*; *2. (Hausvorsprung)* resalto *m*, vuelo *m*, saledizo *m*, saliente *m*; *3. (fig)* ventaja *f*
Vorstadt ['foːrʃtat] *f* suburbio *m*, arrabal *m*, barrio periférico *m*
Vorstand ['foːrʃtant] *m ECO* junta directiva *f*, consejo de dirección *m*
Vorstandsmitglied ['foːrʃtantsmɪtgliːt] *n ECO* miembro de la junta directiva *m*

vorstehen ['fo:rʃte:ən] *v irr 1. (vorspringen)* resaltar, sobresalir; *2. (leiten)* presidir

vorstellen ['fo:rʃtɛlən] *v 1. sich ~* presentarse; *(fig) sich etw ~* imaginarse algo, figurarse algo, fantasear algo

Vorstellung ['fo:rʃtɛluŋ] *f 1. (Bekanntmachen)* presentación *f; 2. (Gedanke)* idea *f,* pensamiento *m,* imaginación *f; 3. THEAT* representación *f,* función *f; Wie lange dauert die ~?* ¿Cuánto dura la función?

Vorstoß ['fo:rʃto:s] *m (fig)* intento *m,* iniciativa *f*

Vorstrafe ['fo:rʃtra:fə] *f JUR* antecedente penal *m*

Vortag ['fo:rta:k] *m* día anterior *m*

vortäuschen ['fo:rtɔyʃən] *v* fingir, aparentar, simular; *Stefan täuscht Wissen vor.* Esteban se las da de sabio.

Vortäuschung ['fo:rtɔyʃuŋ] *f* simulación *f,* fingimiento *m*

Vorteil ['fɔ:rtaɪl] *m* ventaja *f; seinen ~ wahren* cuidar de sus intereses

vorteilhaft ['fɔ:rtaɪlhaft] *adj 1.* ventajoso, provechoso; *adv 2.* ventajosamente, provechosamente

Vortrag ['fo:rtra:k] *m* conferencia *f,* exposición *f,* coloquio *m,* discurso *m*

vortragen ['fo:rtra:gən] *v irr (fig)* exponer, presentar un informe

vortrefflich [fo:r'trɛflɪç] *adj 1.* excelente, exquisito, perfecto, magnífico; *adv 2.* perfectamente, a la perfección, maravillosamente

vortreten ['fo:rtre:tən] *v irr* adelantarse, preceder

Vortritt ['fo:rtrɪt] *m* precedencia *f, jdm den ~ lassen* ceder el paso a alguien/dar la preferencia a alguien

vorüber [fo'ry:bər] *adv 1. (örtlich)* delante; *2. (zeitlich)* pasado

vorübergehen [fo'ry:bərge:ən] *v irr* pasar delante

vorübergehend [fo'ry:bərge:ənt] *adj 1.* pasajero, provisional; *adv 2.* de paso, temporalmente

Vorurteil ['fo:rurtaɪl] *n* prejuicio *m; ohne ~e* sin prejuicios

Vorverkauf ['fo:rfɛrkauf] *m* venta anticipada *f; Gibt es einen Kartenvorverkauf?* ¿Hay venta anticipada de localidades?

Vorwahl ['fo:rva:l] *f TEL* prefijo *m,* código territorial *m; Wie ist die ~nummer von Madrid?* ¿Cuál es el prefijo de Madrid?

Vorwand ['fo:rvant] *m* pretexto *m,* excusa *f,* subterfugio *m*

Vorwarnung ['fo:rvarnuŋ] *f* alarma preventiva *f*

vorwärts ['fɔrvɛrts] *adv* hacia adelante

Vorwärtsgang ['fɔrvɛrtsgaŋ] *m (beim Auto)* marcha adelante *f*

vorwärtskommen ['fɔrvɛrtskɔmən] *v irr* progresar, hacer progresos, adelantar, avanzar

vorwegnehmen [for'vɛkne:mən] *v irr* anticipar

vorweisen ['fo:rvaɪzən] *v irr* enseñar, exhibir, presentar

vorwerfen ['fo:rvɛrfən] *v irr (fig) jdm etw ~* reprochar algo a alguien, recriminar algo a alguien, echar a alguien algo en cara

vorwiegend ['fo:rvi:gənt] *adj 1.* predominante, preponderante; *adv 2.* predominantemente, en su mayoría

Vorwort ['fo:rvɔrt] *n* prólogo *m,* prefacio *m*

Vorwurf ['fo:rvurf] *m* reproche *m,* recriminación *f; jdm einen ~ machen* hacer un reproche a alguien

vorwurfsvoll ['fo:rvurfsfɔl] *adj 1.* lleno de reproches; *adv 2.* con mirada de reproche, con reproche

Vorzeichen ['fo:rtsaɪçən] *n 1. (fig)* presagio *m,* augurio *m; 2. MATH* signo *m; mit umgekehrten ~* con signo opuesto

vorzeigen ['fo:rtsaɪgən] *v* mostrar, enseñar, dejar ver

vorzeitig ['fo:rtsaɪtɪç] *adj 1.* anticipado, prematuro; *adv 2.* con anticipación, prematuramente

vorziehen ['fo:rtsi:ən] *v irr 1.* tirar hacia adelante; *2. (fig)* preferir, dar la preferencia a

Vorzimmer ['fo:rtsɪmər] *n* antesala *f,* antedespacho *m,* recibidor *m*

Vorzug ['fo:rtsu:k] *m 1. (Vorteil)* ventaja *f; 2. (Vorrang)* preferencia *f,* prioridad *f; jdm den ~ geben* dar la preferencia a alguien; *3. (gute Eigenschaft)* virtud *f*

vorzüglich [fo:r'tsy:klɪç] *adj 1.* superior, excelente, exquisito; *adv 2.* de preferencia, sobre todo, especialmente; *Das Essen hat ~ geschmeckt.* La comida estuvo deliciosa.

vorzugsweise ['fo:rtsu:ksvaɪzə] *adv* de preferencia, preferentemente

vulgär [vul'gɛ:r] *adj 1.* vulgar, ordinario; *adv 2.* vulgarmente

Vulkan [vul'ka:n] *m GEO* volcán *m; wie ein Tanz auf dem ~* como jugar con fuego

Vulkanausbruch [vul'ka:nausbrux] *m* erupción volcánica *f*

W

Waage ['va:gə] *f* balanza *f; sich gegenseitig die ~ halten* equilibrarse/igualarse
waagrecht ['va:krεçt] *adj 1.* horizontal; *adv 2.* horizontalmente
Waagschale ['va:kʃa:lə] *f 1.* platillo de la balanza *m; 2. (fig)* balanza *f; etw in die ~ werfen* inclinar el fiel de la balanza
wach [vax] *adj* despierto
Wache ['vaxə] *f* guardia *m,* centinela *m; ~ stehen* estar de guardia
wachen ['vaxən] *v* velar, cuidar
wachhalten ['vaxhaltən] *v irr 1.* mantener despierto; *2. (fig)* conservar vivo
Wachmann ['vaxman] *m* guarda *m,* conserje *m,* guardián *m,* vigilante *m*
Wacholderbeere [va'xɔldərbe:rə] *f BOT* enebrina *f*
Wachs [vaks] *n* cera *f*
wachsam ['vaxza:m] *adj* vigilante, alerta
Wachsamkeit ['vaxza:mkaıt] *f* vigilancıa *f,* atención *f*
wachsen[1] ['vaksən] *v irr 1.* crecer; *2. (zunehmen)* aumentar, acrecentarse, incrementarse
wachsen[2] ['vaksən] *v (polieren)* encerar
wachsend ['vaksənt] *adj* creciente
Wachstum ['vakstu:m] *n* crecimiento *m*
Wächter(in) ['vεçtər(ın)] *m/f 1. (Schutzmann)* guarda *m,* vigilante *m/f,* guardián(a) *m/f; 2. (Museumswächter(in))* celador(a) *m/f,* guardián(a) *m/f,* vigilante *m/f*
wackelig ['vakəlıç] *adj* tambaleante
wackeln ['vakəln] *v* tambalearse
Wade ['va:də] *f ANAT* pantorrilla *f*
Waffe ['vafə] *f* arma *f/el; die ~n strecken* tirar las armas; *jdn zu den ~ rufen* llamar a alguien a las armas
Waffel ['vafəl] *f GAST* barquillo *m,* waffle *m* (LA); *einen an der ~ haben* tener un tornillo suelto
Waffengewalt ['vafəngəvalt] *f* fuerza de las armas *f*
Waffenschein ['vafənʃaın] *m* licencia de armas *f*
Waffenstillstand ['vafənʃtılʃtant] *m* armisticio *m,* tregua *f*
wagemutig ['va:gəmu:tıç] *adj* temerario, audaz, osado, arrojado
wagen ['va:gən] *v 1. (sich getrauen)* atreverse, osar; *2. (riskieren)* arriesgar, aventurar
Wagen ['va:gən] *m 1. (Auto)* coche *m,* auto *m,* carro *m* (LA); *2. (Kinderwagen)* cochecito de niño *m; 3. (Leiterwagen)* carreta *f; 4. sich nicht vor jds ~ spannen lassen* no defender los intereses de alguien
Waggon [va'gɔŋ] *m* vagón *m*
waghalsig ['va:khalzıç] *adj 1.* temerario, aventurado, arriesgado; *adv 2.* con temeridad, con audacia
Wagnis ['va:knıs] *n* empresa arriesgada *f*
Wahl [va:l] *f 1. (Auswahl)* selección *f; erste ~* primera calidad *f; 2. POL* elección *f,* comicios *m/pl*
wählbar ['vε:lba:r] *adj* elegible
wahlberechtigt ['va:lbərεçtıçt] *adj* con derecho a votar, con derecho a voto
Wahlbeteiligung ['va:lbətaılıguŋ] *f POL* participación electoral *f*
wählen ['vε:lən] *v 1. (auswählen)* seleccionar, escoger; *2. Nummer ~* marcar el número; *3. POL* elegir, votar por
Wähler(in) ['vε:lər(ın)] *m/f POL* elector(a) *m/f*
Wahlergebnis ['va:lεrgəpnıs] *n POL* resultado de las elecciones *m*
wählerisch ['vε:lərıʃ] *adj* exigente, difícil de contentar
Wahlkampf ['va:lkampf] *m POL* lucha electoral *f,* pugna electoral *f*
Wahlkreis ['va:lkraıs] *m POL* distrito electoral *m*
Wahllokal ['va:lloka:l] *n POL* colegio electoral *m*
wahllos ['va:llo:s] *adj 1.* desordenado, sin escoger; *adv 2.* al azar
Wahlrecht ['va:lrεçt] *n POL* derecho de sufragio *m,* derecho electoral *m*
Wahlspruch ['va:lʃprux] *m* lema *m,* divisa *f*
wahlweise ['va:lvaızə] *adv* a elección, facultativamente
Wahnsinn ['va:nzın] *m* locura *f,* demencia *f,* enajenación *f*
wahnsinnig ['va:nzınıç] *adj 1.* loco, demente, enajenado; *2. (fam: furchtbar)* terrible, de locura; *adv 3.* locamente; *4. (fam: sehr)* muy, muchísimo
wahr [va:r] *adj* verdadero; *sein ~es Gesicht zeigen* quitarse la careta; *Das darf doch nicht ~ sein!* ¡Eso no puede ser verdad!

wahren ['va:rən] *v 1. (schützen)* guardar, velar por, cuidar de; *2. (bewahren)* conservar, mantener
während ['vɛ:rənt] *prep 1.* durante, en el transcurso de; *~ des Semesters* durante el semestre; *konj 2.* mientras, mientras que; *~ ich arbeite, trinke ich gerne Kaffee.* Mientras trabajo, me gusta mucho tomar café.
wahrhaben ['va:rhabən] *v etw nicht ~ wollen* no querer reconocer algo/no querer convencerse de algo
Wahrheit ['va:rhaɪt] *f* verdad *f; unverblümt die ~ sagen* no tener pelos en la lengua; *die Stunde der ~* la hora de la verdad *f; in ~* en verdad; *die nackte ~* la cruda realidad *f*
wahrheitsgetreu ['va:rhaɪtsgətrɔy] *adj* conforme a la verdad, verídico
wahrnehmen ['va:rne:mən] *v 1. (bemerken)* notar, observar, percibir; *2. (nutzen)* aprovechar
Wahrnehmung ['va:rne:muŋ] *f* percepción *f,* observación *f*
wahrsagen ['va:rza:gən] *v* decir la buenaventura, adivinar el futuro (LA)
Wahrsager(in) ['va:rza:gər(ɪn)] *m/f* adivino/adivina *m/f*
wahrscheinlich [va:r'ʃaɪnlɪç] *adj 1.* probable; *adv 2.* probablemente
Wahrscheinlichkeit [va:r'ʃaɪnlɪçkaɪt] *f* probabilidad *f*
Wahrung ['va:ruŋ] *f 1. (Schutz)* protección *f,* defensa *f; 2. (Bewahrung)* preservación *f,* conservación *f*
Währung ['vɛ:ruŋ] *f* moneda *f,* valor monetario *m,* divisa *f*
Währungsunion ['vɛ:ruŋsunjo:n] *f* unión monetaria *f*
Wahrzeichen ['va:rtsaɪçən] *n* marca característica *f,* monumento característico *m,* símbolo *m*
Waise ['vaɪzə] *f* huérfano *m/f*
Waisenhaus ['vaɪzənhaus] *n* orfanato *m*
Wal [va:l] *m ZOOL* ballena *f*
Wald [valt] *m* bosque *m,* monte *m; den ~ vor lauter Bäumen nicht sehen* estar en la aldea y no ver las casas
Waldsterben ['valtʃtɛrbən] *n* muerte lenta de bosques *f*
Wall [val] *m 1.* muralla *f; 2. (Pfahlwerk)* valla *f,* vallado *m,* cerca *f*
wallend ['valənt] *adj (Gewänder, Haare)* ondeante, ondeado
Wallfahrer(in) ['valfa:rər(ɪn)] *m/f REL* peregrino/peregrina *m/f*
Wallfahrt ['valfa:rt] *f REL* peregrinación *f*
Walnuss ['va:lnus] *f BOT* nuez *f*
Walross ['va:lrɔs] *n ZOOL* morsa *f*
Walze ['valtsə] *f 1. (Dampfwalze) TECH* cilindro apisonador *m,* apisonadora *f; 2. (Blechwalze) TECH* cilindro *m,* rodillo *m*
wälzen ['vɛltsən] *v 1. (rollen)* hacer rodar, arrollar; *2. (nachschlagen)* consultar; *3. (nachdenken)* dar vueltas; *4. sich ~* revolcarse
Walzer ['valtsər] *m MUS* vals *m*
Wand [vant] *f* pared *f; jdn vor die ~ stellen* llevar a alguien al paredón; *in seinen vier eigenen Wänden* entre sus cuatro paredes; *gegen die ~ reden* hablar con la pared; *jdn an die ~ spielen* poner fuera de juego a alguien; *die eigenen vier Wände* su propia casa *f,* las cuatro paredes propia; *f/pl Wände haben keine Ohren.* Las paredes no oyen.
Wandel ['vandəl] *m* cambio *m*
wandeln ['vandəln] *v 1. (ändern)* cambiar, mudar; *2. (gehen)* andar, caminar
Wanderer ['vandərər] *m* caminante *m,* excursionista *m*
wandern ['vandərn] *v* caminar, hacer excursiones
Wanderung ['vandəruŋ] *f* excursión a pie *f,* caminata *f*
Wandlung ['vandluŋ] *f 1.* cambio *m,* transformación *f,* metamorfosis *f; 2. JUR* redhibición *f; 3. REL* transubstanciación *f*
Wange ['vaŋə] *f ANAT* mejilla *f*
wankelmütig ['vaŋkəlmy:tɪç] *adj* voluble, inconstante
wanken ['vaŋkən] *v 1. (taumeln)* vacilar, tambalearse, oscilar, menearse; *2. (fig)* flaquear, desmoralizar, desanimar; *jdn ins Wanken bringen* hacer perder el equilibrio a alguien *(fig)*
wann [van] *adv* cuándo; *Wann?* ¿Cuándo? *Bis ~?* ¿Hasta cuándo?
Wanne ['vanə] *f* tina *f,* cuba *f*
Wanze ['vantsə] *f ZOOL* chinche *m*
Wappen ['vapən] *n* armas *f/pl*
wappnen ['vapnən] *v sich ~* armarse de
Ware ['va:rə] *f* mercancía *f,* mercadería *f* (LA)
Warenhaus ['va:rənhaus] *n* grandes almacenes *m/pl,* emporio *m* (LA)
Warenzeichen ['va:rəntsaɪxən] *n* marca de fábrica *f*
warm [varm] *adj* caliente; *~ halten* conservar caliente; *mit jdm ~ werden* tomar confianza con alguien

Wärme ['vɛrmə] *f* calor *m*
Wärmedämmung ['vɛrmədɛmuŋ] *f* aislamiento térmico *m*
wärmen ['vɛrmən] *v* calentar
Wärmflasche ['vɛrmflaʃə] *f* calentador *m*, bolsa de agua caliente *f*
warmherzig ['varmhɛrtsɪç] *adj 1.* caluroso, efusivo; *adv 2.* calurosamente, efusivamente
warnen ['varnən] *v* advertir, prevenir, avisar
Warnsignal ['varnzɪkna:l] *n* señal de aviso *f*
Warnstreik ['varnʃtraɪk] *m* huelga de advertencia *f*, huelga de aviso *f*
Warnung ['varnuŋ] *f* advertencia *f*, aviso *m*
Warte ['vartə] *f von meiner ~ aus* desde mi punto de vista
warten ['vartən] *v 1. ~ auf* esperar a, aguardar; *2. (in Stand halten)* mantener, conservar en buen estado, cuidar
Wärter(in) ['vɛrtər(ɪn)] *m/f* guarda *m*, guardián(a) *m/f*, vigilante *m/f*
Wartesaal ['vartəza:l] *m* sala de espera *f*
Wartezimmer ['vartətsɪmər] *n* sala de espera *f*
Wartung ['vartuŋ] *f TECH* entretenimiento *m*, mantenimiento *m*
warum [va'rum] *adv* ¿Por qué?, ¿Por qué motivo?, ¿Por qué razón?, ¿Para qué? *Ich weiß nicht ~.* No sé por qué.
Warze ['vartsə] *f MED* verruga *f*
was [vas] *pron 1. (interr)* Qué; *Was ist los?* ¿Qué pasa? *2. (rel)* que, lo que
Waschbecken ['vaʃbɛkən] *n* lavabo *m*
Wäsche ['vɛʃə] *f 1. (Waschen)* colada *f*; *2. (Gewaschenes)* ropa lavada *f*; *dumm aus der ~ schauen* quedarse con las ganas; *3. (Unterwäsche)* ropa interior *f*
waschecht ['vaʃɛçt] *adj 1.* lavable, resistente al lavado; *2. (fig)* de pura cepa, castizo
Wäscheklammer ['vɛʃəklamər] *f* pinza para la ropa *f*, gancho para colgar *m* (LA)
waschen ['vaʃən] *v irr 1.* lavar, asear; *2. sich ~* lavarse, asearse; *sich ge~ haben* no olvidarse
Wäscherei [vɛʃə'raɪ] *f* lavandería *f*
Wäschetrockner ['vɛʃətrɔknər] *m 1. (Elektrogerät)* secadora *f*; *2. (Gestell)* tendedero *m*
Waschmaschine ['vaʃmaʃi:nə] *f* máquina lavadora *f*
Waschmittel ['vaʃmɪtəl] *n* detergente *m*
Wasser ['vasər] *n* agua *f/el*; *sich selbst das ~ abgraben* cavarse su propia tumba; *ins ~ fallen* aguarse, fracasar; *jdm das ~ nicht reichen können* no llegar a alguien ni a la suela del zapato; *mit allen ~n gewaschen sein* ser un pillo
wasserdicht ['vasərdɪçt] *adj* impermeable
Wasserfall ['vasərfal] *m 1. (groß)* catarata *f*; *2. (klein)* cascada *f*, paso de agua *m*
Wasserhahn ['vasərha:n] *m* grifo de agua *m*, canilla *f* (LA), caño *m* (LA)
Wassermelone ['vasərmelo:nə] *f BOT* sandía *f*
Wasserski ['vasərʃi:] *m SPORT* esquí acuático *m*
Wasserstoff ['vasərʃtɔf] *m CHEM* hidrógeno *m*
Wasserwerk ['vasərvɛrk] *n* central abastecedora de agua *f*, servicio de aguas corrientes *m*
Watt[1] [vat] *n 1. (~enmeer)* aguas bajas de la costa *f/pl*
Watt[2] [vat] *n PHYS* vatio *m*
Watte ['vatə] *f 1. MED* algodón hidrófilo *m*; *2.* algodón *m*, guata *f*
Wattebausch ['vatəbauʃ] *m* tapón de algodón *m*
Wattestäbchen ['vatəʃtɛ:pçən] *n* bastoncillo de algodón *m*
weben ['ve:bən] *v* tejer
Weberei [ve:bə'raɪ] *f* tejeduría *f*, fábrica de tejidos *f*
Web-Seite ['webzaɪtə] *f INFORM* página Web *f*
Wechsel ['vɛksəl] *m 1. (Änderung)* cambio *m*, muda *f*; *2. (Geldwechsel) ECO* cambio *m*; *3. (Zahlungsmittel) ECO* letra de cambio *f*, efecto de comercio *m*
Wechselgeld ['vɛksəlgɛlt] *n 1. (herausgegebenes)* vuelto/a *m/f*; *2. (Kleingeld)* cambio *m*
wechselhaft ['vɛksəlhaft] *adj* cambiante, variable
Wechseljahre ['vɛksəlja:rə] *f MED* menopausia *f*, climaterio *m*
Wechselkurs ['vɛksəlkurs] *m FIN* tipo de cambio *m*; *Wie ist der ~?* ¿A cuánto está el cambio?
wechseln ['vɛksəln] *v* cambiar, mudar, variar; *häufig den Partner ~* cambiar de pareja a menudo
Wechselwirkung ['vɛksəlvɪrkuŋ] *f* acción recíproca *f*, interacción *f*

wecken ['vɛkən] *v 1. (aufwecken)* despertar a alguien; *2. (hervorrufen)* evocar, recordar

Wecker ['vɛkər] *m* despertador *m; jdm auf den ~ fallen* poner a alguien de mal humor

weder ['veːdər] *konj ~ ... noch* ni ... ni

weg [vɛk] *adv* ausente, fuera, perdido, extraviado; *hin und ~ sein* estar entusiasmado; *über etw ~ sein* estar lejos de algo/haber superado algo; *in einem ~* sin cesar

Weg [veːk] *m 1.* camino *m; aus dem ~ gehen* quitarse de en medio; *den ~ des geringsten Widerstandes gehen* elegir el camino más fácil; *eigene ~e gehen* seguir su propio camino; *jdm den ~ ebnen* dar facilidades a alguien (fig); *jdn aus dem ~ räumen* quitarse a alguien de en medio (fam); *jdn auf den rechten ~ führen* conducir a alguien por el buen camino; *jdm etw mit auf den ~ geben* dar algo a alguien por el camino; *etw in die ~e leiten* poner en marcha algo; *sich auf den ~ machen* ponerse en camino/ponerse en marcha; *2. (Strecke)* trayecto *m,* recorrido *m,* itinerario *m,* viaje *m; 3. (fig: Art und Weise)* modo *m,* manera *f*

Wegbereiter ['veːkbəraɪtər] *m* precursor *m,* pionero *m*

wegbleiben ['vɛkblaɪbən] *v irr* no acudir

wegbringen ['vɛkbrɪŋən] *v irr 1. (fortbringen)* llevar, conducir, trasladar; *2. (entfernen)* alejar, apartar, quitar

wegen ['veːgən] *prep* por causa de, a causa de; *Wegen des schlechten Wetters konnten wir nicht fliegen.* A causa del mal tiempo no pudimos volar.

wegfallen ['vɛkfalən] *v irr 1.* cesar, acabar, quitar; *2. (ungültig werden)* caducar

weggehen ['vɛkgeːən] *v irr* irse, marcharse

weglassen ['vɛklasən] *v irr 1. (auslassen)* omitir, eliminar, suprimir; *2. (gehen lassen)* dejar salir, dejar ir

weglaufen ['vɛklaufən] *v irr* irse corriendo

wegnehmen ['vɛkneːmən] *v irr* quitar, retirar

wegräumen ['vɛkrɔymən] *v* recoger, guardar, quitar del camino

wegschicken ['vɛkʃɪkən] *v 1. (fortschicken)* despedir, despachar; *2. (aufgeben)* enviar, expedir

Wegweiser ['veːkvaɪzər] *m 1. (Person)* guía *m; 2. (Buch)* guía *f; 3. (Tafel)* indicador de caminos *m,* señal turística *f*

wegwerfen ['vɛkvɛrfən] *v irr* tirar

weh [veː] *adj 1.* malo, dolorido, doloroso; *adv 2.* mal; *Wo tut es Ihnen ~?* ¿Dónde le duele? *Es tut mir ~, dass er weg ist.* Me duele en el alma que se haya ido. *interj 3.* ay, ay de, pobre de

wehen ['veːən] *v 1.* soplar; *2. (flattern)* flotear, ondear, flamear

Wehen ['veːən] *pl MED* dolores de parto *m/pl,* contracciones uterinas *f/pl*

wehleidig ['veːlaɪdɪç] *adj* quejumbroso

Wehleidigkeit ['veːlaɪdɪçkaɪt] *f* quejumbre *f*

Wehmut ['veːmut] *f* melancolía *f,* nostalgia *f*

wehmütig ['veːmyːtɪç] *adj 1.* melancólico, nostálgico; *adv 2.* con melancolía, con nostalgia, melancólicamente

Wehrdienst ['veːrdiːnst] *m MIL* servicio militar *m*

wehren ['veːrən] *v sich ~* defenderse

wehrlos ['veːrloːs] *adj* indefenso, sin defensa

Wehrpflicht ['veːrpflɪçt] *f MIL* servicio militar obligatorio *m*

Weib [vaɪp] *n* mujer *f,* hembra *f*

weiblich ['vaɪplɪç] *adj* femenino

weich [vaɪç] *adj 1.* blando; *2. (fig)* sensible, tierno

Weiche[1] ['vaɪçə] *f* flanco *m*

Weiche[2] ['vaɪçə] *f TECH* aguja *f; die ~n für etw stellen (fig)* sentar las bases de algo

weichen ['vaɪçən] *v irr* remojar, poner en remojo

weichherzig ['vaɪçhɛrtsɪç] *adj* blando de corazón

Weichspüler ['vaɪçʃpyːlər] *m* suavizante *m*

Weide ['vaɪdə] *f 1. (Baum) BOT* sauce *m; 2. (Wiese) BOT* pasto *m,* pastizal *m*

weigern ['vaɪgərn] *v sich ~* negarse a

Weigerung ['vaɪgəruŋ] *f* negativa *f*

weihen ['vaɪən] *v REL* consagrar, bendecir

Weiher ['vaɪər] *m* estanque *m*

Weihnachten ['vaɪnaxtən] *n* Navidad *f; Frohe ~!* Feliz Navidad!

weihnachtlich ['vaɪnaxtlɪç] *adj* navideño

Weihnachtsabend ['vaɪnaxtsaːbənt] *m* Nochebuena *f,* Noche Buena *f*

Weihnachtsbaum ['vaɪnaxtsbaum] *m* árbol de Navidad *m*

Weihnachtsmann ['vaɪnaxtsman] *m* Papá Noel *m*

Weihrauch ['vaɪraux] *m REL* incienso *m*

Weihwasser ['vaɪvasər] *n REL* agua bendita *f/el*
weil [vaɪl] *konj* porque, como, ya que, puesto que; *Beatriz kann nicht kommen, ~ sie krank ist.* Beatriz no puede venir porque está enferma.
Weile ['vaɪlə] *f* lapso *m,* rato *m*
Wein [vaɪn] *m 1.* vino *m; jdm reinen ~ einschenken* decirle la verdad a alguien; *2. BOT* vid *f*
Weinberg ['vaɪnbɛrk] *m* viña *f,* viñedo *m*
Weinbrand ['vaɪnbrant] *m* brandy *m*
weinen ['vaɪnən] *v* llorar
Weingut ['vaɪnguːt] *n* viñedo *m,* viña *f*
Weinlese ['vaɪnleːzə] *f* vendimia *f*
Weintraube ['vaɪntraubə] *f BOT* uva *f,* racimo de uvas *m*
weise ['vaɪzə] *adj 1.* sabio; *adv 2.* sabiamente, con sabiduría
Weise ['vaɪzə] *f 1. (Art und ~)* manera *f,* modo *m,* forma *f; in keiner ~* de ninguna manera
Weise(r) ['vaɪzə(r)] *m/f* sabio/sabia *m/f*
Weisheit ['vaɪshaɪt] *f* sabiduría *f,* saber *m; der ~ letzter Schluss* la solución ideal *f; mit seiner ~ am Ende sein* ya no saber qué dedir o qué hacer
weiß [vaɪs] *adj* blanco
Weißbier ['vaɪsbiːr] *n* cerveza de trigo *f*
Weißbrot ['vaɪsbroːt] *n GAST* pan blanco *m*
Weißwein ['vaɪsvaɪn] *m* vino blanco *m*
Weisung ['vaɪzuŋ] *f* instrucción *f,* orden *f*
weit [vaɪt] *adj 1. (breit)* ancho, extenso, amplio; *2. (lang)* largo; *3. (fern)* lejano, alejado, distante; *das Weite suchen* tomar las de Villadiego; *adv 4. ~ entfernt* lejos, alejado, lejano; *~ und breit* en toda su extensión/a lo largo y a lo ancho; *zu ~ gehen* ir demasiado lejos; *bei ~em nicht* ni comparación; *~ reichend* extenso, de gran alcance; *~ verbreitet* por doquier, muy extendido
weitaus ['vaɪtaus] *adv* con mucho
Weitblick ['vaɪtblɪk] *m* amplitud de miras *f,* visión de futuro *f*
Weite ['vaɪtə] *f 1. (Breite)* ancho *m,* anchura *f; 2. (Länge)* largo *m; 3. (Entfernung)* distancia *f*
weiter ['vaɪtər] *adj 1. (Komparativ von weit)* más lejano; *2. (zusätzlich)* adicional, suplementario; *adv 3. ~ weg* más lejos; *4. (außerdem)* además
weiterarbeiten ['vaɪtərarbaɪtən] *v* seguir trabajando
Weiterbildung ['vaɪtərbɪlduŋ] *f* perfeccionamiento *m,* ampliación de estudios *f*
weiterführen ['vaɪtərfyːrən] *v* continuar, seguir
weitergeben ['vaɪtərgeːbən] *v irr ~ an* pasar a, hacer circular
weitergehen ['vaɪtərgeːən] *v irr* avanzar, seguir su camino
weiterleiten ['vaɪtərlaɪtən] *v* transmitir
weitermachen ['vaɪtərmaxən] *v* seguir, continuar
weitgehend ['vaɪtgeːənt] *adv* en gran parte
weitläufig ['vaɪtlɔyfɪç] *adj 1.* amplio, extenso, vasto; *2. (fig: ausführlich)* detallado; *3. (fig: entfernt)* lejano; *adv 4.* ampliamente; *5. (fig: ausführlich)* detalladamente, con todo detalle; *6. (fig: entfernt)* muy lejano
weitsichtig ['vaɪtzɪçtɪç] *adj 1. MED* hipermétrope; *2. (fig)* previsor
Weizen ['vaɪtsən] *m BOT* trigo *m*
welch [vɛlç] *pron (ausrufend)* qué; *Welch ein Vergnügen!* ¡Qué placer!
welche(r,s) ['vɛlçə(r,s)] *pron 1. (rel)* el cual, la cual, lo cual; *2. (interr)* qué, cuál; *Welches Buch gefällt dir besser?* ¿Cuál de los libros te gusta más?
welken ['vɛlkən] *v 1. (verblühen)* marchitarse, ajarse; *2. (erschlaffen)* ponerse flácido
Welle ['vɛlə] *f* ola *f,* onda *f*
Wellenlänge ['vɛlənlɛŋə] *f 1. PHYS* longitud de onda *f; 2. (fig)* intereses comunes *m/pl; die gleiche ~ haben* tener la misma onda
Wellensittich ['vɛlənzɪtɪç] *m ZOOL* periquito *m*
Welpe ['vɛlpə] *m ZOOL* cachorro *m*
Welt [vɛlt] *f* mundo *m; die ganze ~* el mundo entero *m; nicht die ~ kosten* no costar un ojo de la cara; *nicht die ~ sein* no ser para tanto; *etw in die ~ setzen* hacer correr por el mundo; *mit sich und der ~ zufrieden sein* estar plenamente satisfecho
Weltall ['vɛltal] *n* universo *m*
Weltbank ['vɛltbaŋk] *f ECO* Banco Mundial *m*
weltbekannt ['vɛltbəkant] *adj* conocido mundialmente
weltbewegend ['vɛltbəveːgənt] *adj* revolucionario
Weltenbummler ['vɛltənbumlər] *m* trotamundos *m*
weltfremd ['vɛltfrɛmt] *adj* de poco mundo, ajeno al mundo

Welthandel ['vɛlthandəl] *m ECO* comercio mundial *m,* comercio internacional *m*
Weltkrieg ['vɛltkriːk] *m HIST* guerra mundial *f*
weltlich ['vɛltlɪç] *adj 1.* del mundo, mundano, terrenal; *2. (nicht kirchlich)* profano, seglar
Weltmacht ['vɛltmaxt] *f* potencia mundial *f*
Weltmeisterschaft ['vɛltmaɪstərʃaft] *f SPORT* campeonato mundial *m*
Weltreise ['vɛltraɪzə] *f* vuelta al mundo *f,* viaje alrededor del mundo *m*
Weltrekord ['vɛltrekɔrt] *m SPORT* marca mundial *f,* récord mundial *m*
Weltsprache ['vɛltʃpraːxə] *f* lengua universal *f*
Weltuntergang ['vɛltuntərgaŋ] *m* fin del mundo *m*
weltweit ['vɛltvaɪt] *adj 1.* universal; *adv 2.* universalmente
Weltwirtschaft ['vɛltvɪrtʃaft] *f ECO* economía mundial *f*
wem [veːm] *pron 1. (interr)* a quién; *Von ~?* ¿De quién? *2. (rel)* a quien
wen [veːn] *pron 1. (interr)* a quién; *~ frage ich?* ¿A quién le pregunto? *2. (rel)* a quien
Wende ['vɛndə] *f* vuelta *f*
Wendeltreppe ['vɛndəltrɛpə] *f* escalera de caracol *f*
wenden ['vɛndən] *v irr sich an jdn ~* dirigirse a alguien
wendig ['vɛndɪç] *adj 1.* manejable, fácil de manejar; *2. (flink)* ágil, ligero, flexible
wenig ['veːnɪç] *adj* poco, limitado
wenige ['veːnɪgə] *adj* pocos, pocas; *pron* pocos, pocas
weniger ['veːnɪgər] *adv* menos
Wenigkeit ['veːnɪçkaɪt] *f meine ~* un servidor *m*
wenigstens ['veːnɪçstəns] *adv* por lo menos, al menos
wenn [vɛn] *konj 1. (konditional)* si, en caso de que; *~ ich kommen kann, rufe ich dich an.* Si puedo venir, te llamo. *2. (zeitlich)* cuando
wer [veːr] *pron 1. (interr)* Quién; *2. (rel)* quien
Werbeagentur ['vɛrbəagəntuːr] *f* agencia de publicidad *f*
Werbefernsehen ['vɛrbəfɛrnzeːən] *n* publicidad televisiva *f*
werben ['vɛrbən] *v* hacer publicidad; *um jdn ~* hacer la corte a alguien
Werbung ['vɛrbuŋ] *f* publicidad *f*
Werdegang ['vɛːrdəgaŋ] *m* desarrollo *m,* evolución *f*
werden ['vɛːrdən] *v irr 1.* llegar a ser; *Er wird Arzt wie sein Vater.* Llegará a ser médico como su padre. *2. (Passiv)* ser, quedar; *Er ist sehr vom Leben enttäuscht worden.* Él ha sido muy golpeado por la vida. *Die Schlacht wurde gewonnen.* La batalla fue ganada. *3. (Futur)* ir a, llegar a; *Es wird gleich regnen.* Va a llover de un momento a otro. *Wir ~ nach Paris fahren.* Viajaremos a París.
werfen ['vɛrfən] *v irr* tirar, echar; *mit Geld um sich ~* tirar el dinero por la ventana
Werft [vɛrft] *f* astilleros *m/pl*
Werk [vɛrk] *n 1. (Fabrik)* fábrica *f,* factoría *f; 2. (Kunstwerk)* obra de arte *f*
Werkstatt ['vɛrkʃtat] *f* taller *m; Wo ist die nächste Autowerkstatt?* ¿Dónde se encuentra el taller de coches más cercano?
Werkstoff ['vɛrkʃtɔf] *m* material *m*
Werkstück ['vɛrkʃtyk] *n* pieza de trabajo *f*
Werktag ['vɛrktaːk] *m* día de trabajo *m,* día laborable *m*
werktags ['vɛrktaːks] *adv* los días laborables, en días laborables
Werkzeug ['vɛrktsɔyk] *n* herramienta *f*
Werkzeugkasten ['vɛrktsɔykkastən] *m* caja de herramientas *f*
Werkzeugmaschine ['vɛrktsɔykmaʃiːnə] *f* máquina-herramienta *f*
wert [veːrt] *adj 1.* estimado, apreciado; *2. (würdig)* digno, merecedor; *3. (lieb)* caro, amado
Wert [veːrt] *m* valor *m*
werten ['veːrtən] *v* estimar, evaluar, valorar
Wertgegenstand ['veːrtgeːgənʃtant] *m* objeto de valor *m*
wertlos ['veːrtloːs] *adj* sin valor, nulo
Wertpapier ['vɛrtpapiːr] *n FIN* valor *m,* efecto negociable *m,* título *m*
Wertschätzung ['veːrtʃɛtsuŋ] *f* aprecio *m,* estima *f,* estimación *f*
Wertung ['veːrtuŋ] *f* valoración *f,* evaluación *f*
wertvoll ['veːrtfɔl] *adj* valioso, precioso
Wesen ['veːzən] *n 1. (Charakter)* carácter *m; 2. (Lebewesen)* ser *m*
wesentlich ['veːzəntlɪç] *adj 1.* esencial, sustancial; *adv 2.* esencialmente
weshalb [vɛs'halp] *adv 1.* ¿Por qué?, ¿Por qué razón?, ¿Por qué motivo? *konj 2.* por lo que, por lo cual

Wespe ['vɛspə] *f ZOOL* avispa *f*
wessen ['vɛsən] *pron 1. (rel)* cuyo; *2. (interr)* de quién; *Wessen Haus ist das?* ¿De quién es esta casa?
Weste ['vɛstə] *f* chaleco *m; eine weiße ~ haben (fig)* tener buena reputación
Westen ['vɛstən] *m* oeste *m*
Westeuropa ['vɛstɔyroːpa] *n GEO* Europa Occidental *f*
westlich ['vɛstlɪç] *adj 1.* occidental; *adv 2.* al oeste
Wettbewerb ['vɛtbəvɛrp] *m* concurso *m*
wettbewerbsfähig ['vɛtbəvɛrpsfɛːɪç] *adj* capaz de competir, competitivo
Wette ['vɛtə] *f* apuesta *f*
wetteifern ['vɛtaɪfərn] *v* rivalizar, emular
wetten ['vɛtən] *v* apostar
Wetter ['vɛtər] *n* tiempo *m; schlechtes ~/gutes ~* mal tiempo/buen tiempo *m; Wie wird das ~?* ¿Qué tiempo hará?
Wetterbericht ['vɛtərbərɪçt] *m* boletín meteorológico *m,* parte meteorológico *m; Was meldet der ~?* ¿Qué anuncia el parte meteorológico?
wetterbeständig ['vɛtərbəʃtɛndɪç] *adj* resistente a la intemperie
Wettervorhersage ['vɛtərfoːrheːrzaːgə] *f* pronóstico del tiempo *m*
Wettkampf ['vɛtkampf] *m SPORT* competición *f*
Wettkämpfer(in) ['vɛtkɛmpfər(ɪn)] *m/f SPORT* competidor(a) *m/f,* atleta *m/f*
wettmachen ['vɛtmaxən] *v* reparar, compensar
Wettrüsten ['vɛtrystən] *n POL* carrera armamentista *f*
Wettstreit ['vɛtʃtraɪt] *m* lucha *f,* concurso *m*
wichtig ['vɪçtɪç] *adj 1.* importante, de importancia; *adv 2.* con importancia
Wichtigkeit ['vɪçtɪçkaɪt] *f* importancia *f,* trascendencia *f*
Wichtigtuer(in) ['vɪçtɪçtuər(ɪn)] *m/f* presumido/presumida *m/f,* presuntuoso/presuntuosa *m/f,* creído/creída *m/f*
wickeln ['vɪkəln] *v 1.* arrollar, enrollar; *2. (Baby)* envolver en pañales, cambiar los pañales
wider ['viːdər] *prep* contra
widerfahren [viːdər'faːrən] *v irr* pasar, ocurrir, suceder
widerlegen [viːdər'leːgən] *v* refutar, rebatir
widerlich ['viːdərlɪç] *adj 1.* repugnante, repulsivo, asqueroso; *adv 2.* con repugnancia, repulsivamente
widerrechtlich ['viːdərrɛçtlɪç] *adj 1.* contrario a la ley, ilegal, ilegítimo, ilícito; *adv 2.* ilegalmente, ilícitamente
Widerrede ['viːdərreːdə] *f* réplica *f*
widerrufen [viːdər'ruːfən] *v irr 1. (zurücknehmen)* revocar, retractarse, desdecirse; *2. (dementieren)* desmentir, impugnar, rebatir
Widersacher(in) ['viːdərzaxər(ɪn)] *m/f* adversario/adversaria *m/f,* antagonista *m/f*
widersetzen [viːdər'zɛtsən] *v sich ~* oponerse a, resistir a, resistirse contra
widerspenstig ['viːdərʃpɛnstɪç] *adj 1.* porfiado, reacio; *adv 2.* con porfía
widerspiegeln ['viːdərʃpiːgəln] *v* reflejar, reflectar
widersprechen [viːdər'ʃprɛçən] *v irr* contradecir, llevar la contraria
Widerspruch ['viːdərʃprux] *m* contradicción *f; keinen ~ dulden* no hay pero que valga
widersprüchlich ['viːdərʃpryçlɪç] *adj 1.* contradictorio; *adv 2.* contradictoriamente
widerspruchslos ['viːdərʃpruxsloːs] *adv* sin réplica, sin objeción
Widerstand ['viːdərʃtant] *m* resistencia *f,* oposición *f; jdm ~ leisten* oponer resistencia a alguien
widerstandsfähig ['viːdərʃtantsfɛːɪç] *adj* resistente
widerstehen [viːdər'ʃteːən] *v irr* resistir, oponer resistencia
widerwärtig ['viːdərvɛrtɪç] *adj* enojoso, fastidioso
Widerwille ['viːdərvɪlə] *m* repugnancia *f,* aversión *f*
widerwillig ['viːdərvɪlɪç] *adj 1.* repugnante; *adv 2.* con repugnancia, a disgusto; *Er verrichtet seine Arbeit nur ~.* Él hace su trabajo a regañadientes.
widmen ['vɪtmən] *v 1.* dedicar, ofrecer; *2. sich einer Sache ~* dedicarse a algo, consagrarse a algo
Widmung ['vɪtmuŋ] *f* dedicatoria *f*
wie [viː] *adv 1. (interr)* cómo, de qué manera; *Wie geht es Ihnen?* ¿Cómo está usted? *Wie bitte?* ¿Cómo? *2. ~ viel* cuánto; *Wie viel kosten die Äpfel?* ¿Cuánto cuestan las manzanas? *3. ~ viele (Menge)* cuántos/cuántas; *Wie viele Personen kommen?* ¿Cuántas personas vienen? *konj 4. (Vergleich)* como; *Er denkt genauso ~ du.* Él piensa exactamente como tú.

wieder ['viːdər] *adv* nuevamente, de nuevo, otra vez; ~ *aufarbeiten* reciclar, reprocesar; ~ *beleben* reactivar, relanzar, reavivar, reanimar; ~ *erkennen* reconocer; *Er ist nicht mehr wieder zu erkennen.* Está desconocido. ~ *finden* volver a encontrar, hallar, reencontrar; ~ *gutmachen* reparar, compensar; ~ *sehen* volver a ver, ver de nuevo

Wiederaufbau [viːdər'aufbau] *m* reconstrucción *f*, reedificación *f*

Wiederbelebung ['viːdərbəleːbuŋ] *f* *1.* reactivación *f*, relanzamiento *m*; *2. MED* reanimación *f*

wiedererlangen ['viːdərɛrlaŋən] *v* recobrar, recuperar

Wiedergabe ['viːdərgaːbə] *f* *1. (Rückgabe)* devolución *f*, restitución *f*; *2. (Darstellung)* interpretación *f*, ejecución *f*

wiedergeben ['viːdərgeːbən] *v irr 1. (zurückgeben)* devolver, restituir; *2. (darstellen)* interpretar, ejecutar

Wiedergutmachung [viːdər'guːtmaxuŋ] *f* reparación *f*, compensación *f*

wiederherstellen [viːdər'herʃtɛlən] *v* restablecer, reponer

wiederholen [viːdər'hoːlən] *v* repetir, reiterar

Wiederholung [viːdər'hoːluŋ] *f* repetición *f*, reiteración *f*

Wiederhören ['viːdərhøːrən] *n Auf ~!* ¡Adiós!/¡Hasta luego!/¡Hasta pronto!

wiederkommen ['viːdərkɔmən] *v irr* volver, regresar

Wiedersehen ['viːdərzeːən] *n* reencuentro *m*; *Auf ~!* ¡Hasta la vista!

Wiedervereinigung ['viːdərfɛraɪnɪguŋ] *f POL* reunificación *f*; *die deutsche ~* la reunificación alemana *f*

Wiederverwertung ['viːdərfɛrvːertuŋ] *f* recuperación *f*, reciclado *m*, reciclaje *m*

Wiederwahl ['viːdərvaːl] *f POL* reelección *f*

Wiege ['viːgə] *f* cuna *f*; *Das ist ihm schon in die ~ gelegt worden.* Se lo pusieron en la cuna.

wiegen[1] ['viːgən] *v (Gewicht)* pesar

wiegen[2] ['viːgən] *v (schaukeln)* mecer, balancear

Wien [viːn] *n GEO* Viena *f*

Wiese ['viːzə] *f* prado *m*, pradera *f*

wieso [vi'zoː] *adv* ¿Cómo?

wild [vɪlt] *adj 1.* salvaje, indómito; *halb so ~ sein* no ser para tanto; *2. (Tiere)* silvestre; *3. (fig: wütend)* furioso, rabioso

Wild [vɪlt] *n ZOOL* caza *f*

Wildleder ['vɪltleːdər] *n* piel de gamuza *f*

Wildnis ['vɪltnɪs] *f* desierto *m*, región despoblada *f*

Wille ['vɪlə] *m* voluntad *f*; *mit eisernem ~n* con una voluntad inquebrantable

willenlos ['vɪlənloːs] *adj 1.* sin voluntad; *adv 2.* involuntariamente

willensschwach ['vɪlənsʃvax] *adj* débil, abúlico

willkommen [vɪl'kɔmən] *adj* bienvenido

Willkür ['vɪlkyːr] *f* arbitrariedad *f*

willkürlich ['vɪlkyːrlɪç] *adj 1.* arbitrario; *adv 2.* con arbitrariedad

Wimper ['vɪmpər] *f* pestaña *f*; *ohne mit der ~ zu zucken* sin pestañear

Wind [vɪnt] *m* viento *m*; *Der ~ hat sich gelegt.* El viento ha amainado. ~ *von etw bekommen (fig)* no recibir algo en cambio; *etw in den ~ schlagen* despreciar algo/no hacer caso de algo; *jdm den ~ aus den Segeln nehmen* cortar las alas a alguien; *etw in den ~ schreiben* dar algo por perdido; ~ *machen* exagerar; *mit dem ~ segeln* seguir la corriente; *Er weiß, woher der ~ weht.* Ya sabe por dónde vienen los tiros.

Windel ['vɪndəl] *f* pañal *m*

windig ['vɪndɪç] *adj* ventoso

Windjacke ['vɪntjakə] *f* cazadora *f*

Windmühle ['vɪntmyːlə] *f* molino de viento *m*

Windpocken ['vɪntpɔkən] *pl MED* varicela *f*

Windstärke ['vɪntʃtɛrkə] *f* fuerza del viento *f*

Windstille ['vɪntʃtɪlə] *f* calma *f*

Wink [vɪŋk] *m 1.* seña *f*, señal *f*; *2. (fig)* indicación *f*, advertencia *f*

Winkel ['vɪŋkəl] *m 1. (fig: Plätzchen)* rinconcito *m*; *2. MATH* ángulo *m*

winken ['vɪŋkən] *v* hacer señas con la mano

Winter ['vɪntər] *m* invierno *m*

winterlich ['vɪntərlɪç] *adj* invernal, de invierno

Winterschlaf ['vɪntərʃlaːf] *m ZOOL* hibernación *f*

Wintersport ['vɪntərʃpɔrt] *m* deporte de invierno *m*

Winzer(in) ['vɪntsər(ɪn)] *m/f* viñador *m*, viticultor(a) *m/f*

winzig ['vɪntsɪç] *adj* diminuto, minúsculo, chiquitito (fam)

wir [viːr] *pron* nosotros

Wirbel ['vɪrbəl] *m* *1. ANAT* vértebra *f*; *2. (Luftwirbel)* remolino *m*
Wirbelsäule ['vɪrbəlzɔylə] *f* *ANAT* columna vertebral *f*
wirken ['vɪrkən] *v* *1. (tätig sein)* obrar, hacer; *2. (wirksam sein)* ser eficaz, producir efecto; *3. (Eindruck erwecken)* causar impresión
wirklich ['vɪrklɪç] *adj* *1.* real; *adv* *2.* realmente
Wirklichkeit ['vɪrklɪçkaɪt] *f* realidad *f*
wirksam ['vɪrkza:m] *adj* *1.* efectivo; *adv* *2.* efectivamente
Wirksamkeit ['vɪrkza:mkaɪt] *f* eficacia *f*, eficiencia *f*
Wirkung ['vɪrkuŋ] *f* efecto *m*, acción *f*
wirkungslos ['vɪrkuŋslo:s] *adj* *1.* ineficaz, sin efecto; *adv* *2.* ineficazmente
wirkungsvoll ['vɪrkuŋsfɔl] *adj* *1.* eficaz; *adv* *2.* muy eficaz, con eficacia
Wirsing ['vɪrzɪŋ] *m* *BOT* col rizada *f*
Wirt(in) [vɪrt/'vɪrtɪn] *m/f* dueño/dueña *m/f*, tabernero/tabernera *m/f*, hospedero/hospedera *m/f*
Wirtschaft ['vɪrtʃaft] *f* *1. (Gasthaus)* restaurante *m*, taberna *f*; *2. ECO* economía *f*
wirtschaftlich ['vɪrtʃaftlɪç] *adj* *1.* económico; *adv* *2.* económicamente
Wirtschaftlichkeit ['vɪrtʃaftlɪçkaɪt] *f* rentabilidad *f*, eficiencia económica *f*
Wirtschaftskrise ['vɪrtʃaftskri:zə] *f* *ECO* crisis económica *f*
Wirtshaus ['vɪrtshaus] *n* restaurante *m*, taberna *f*, cervecería *f*, fonda *f*
wischen ['vɪʃən] *v* fregar
wispern ['vɪspərn] *v* cuchichear, secretear
wissbegierig ['vɪsbəgi:rɪç] *adj* ávido de saber, ávido de aprender
wissen ['vɪsən] *v irr* saber, conocer; *von jdm nichts ~ wollen* no querer saber nada de alguien; *es ~ wollen* querer saberlo
Wissen ['vɪsən] *n* saber *m*, conocimientos *m/pl*
Wissenschaft ['vɪsənʃaft] *f* ciencia *f*
Wissenschaftler(in) ['vɪsənʃaftlər(ɪn)] *m/f* científico/científica *m/f*
wissenschaftlich ['vɪsənʃaftlɪç] *adj* *1.* científico; *adv* *2.* científicamente
wissenswert ['vɪsənsve:rt] *adj* digno de saberse, interesante
wissentlich ['vɪsəntlɪç] *adj* *1.* premeditado, deliberado; *adv* *2.* con conocimiento de causa, deliberadamente
wittern ['vɪtərn] *v* husmear, olfatear
Witterung ['vɪtəruŋ] *f* *1. (Wetter)* tiempo *m*; *2. (Wittern)* husmeo *m*
Witwe ['vɪtvə] *f* viuda *f*
Witwenrente ['vɪtvənrɛntə] *f* pensión de viudedad *f*
Witwer ['vɪtvər] *m* viudo *m*
Witz [vɪts] *m* *1. (Geschichte)* chiste *m*, cuento gracioso *m*; *2. (Scherz)* broma *f*; *~e reißen* contar chistes; *Mach keine ~e!* ¡No hagas bromas!
witzig ['vɪtsɪç] *adj* *1.* chistoso, gracioso; *adv* *2.* con gracia
wo [vo:] *adv* *1. (interr)* dónde; *2. (rel)* donde; *Das ist das Land, ~ immer die Sonne scheint.* Este es el país donde siempre brilla el sol.
woanders [vo'andərs] *adv* en otro sitio, de otra parte
Woche ['vɔxə] *f* semana *f*
Wochenblatt ['vɔxənblat] *n* semanario *m*
Wochenende ['vɔxənɛndə] *n* fin de semana *m*
wochenlang ['vɔxənlaŋ] *adj* *1.* de semanas de duración; *adv* *2.* durante semanas, semanas enteras
Wochenmarkt ['vɔxənmarkt] *m* mercado semanal *m*
Wochentag ['vɔxənta:k] *m* día de semana *m*
wochentags ['vɔxənta:ks] *adv* días de semana, en días laborales
wöchentlich ['vœçəntlɪç] *adj* *1.* semanal, de cada semana; *adv* *2.* semanalmente
wodurch [vo'durç] *adv* *1. (interr)* por medio de qué, cómo; *2. (rel)* por lo cual, por lo que
wofür [vo'fy:r] *adv* *1. (interr)* para qué; *2. (rel)* para lo cual, por lo cual; *~ (Amtsstil)* a cuyo efecto
Woge ['vo:gə] *f* *(Welle)* ola *f*, onda *f*
wogegen [vo'ge:gən] *adv* *1. (rel)* contra lo cual, a cambio; *2. (interr)* contra qué, contra cuál
woher [vo'he:r] *adv* *1. (interr)* de dónde, de qué parte; *2. (rel)* de ello, de donde
wohin [vo'hɪn] *adv* *1. (interr)* a dónde, hacia dónde, para dónde; *2. (rel)* adonde
wohl [vo:l] *adv* *1. (gut)* bien; *~ tuend* que hace bien, benéfico, agradable; *~ wollend* benévolo; *2. (etwa)* algo, muy, unos, por los; *Es sind ~ an die fünf Gäste zur Party erschienen.* Han llegado unos cinco invitados. *3. (wahrscheinlich)* probablemente, tal vez; *Er wird ~ schon angekommen sein.* Probablemente ya ha llegado. *4. (sicher)* seguramente

Wohl [vo:l] *n* bien *m*
Wohlbefinden ['vo:lbəfɪndən] *n* bienestar *m,* buen estado de salud *m*
wohlerzogen ['vo:lɛrtso:gən] *adj* bien educado
Wohlfahrt ['vo:lfa:rt] *f* prosperidad *f*
Wohlgefallen ['vo:lgəfalən] *n* placer *m,* agrado *m,* complacencia *f*
wohlgemerkt ['vo:lgəmɛrkt] *adv* bien entendido
wohlgesinnt ['vo:lgəzɪnt] *adj* bien intencionado
wohlhabend ['vo:lha:bənt] *adj* acomodado, pudiente
wohlig ['vo:lɪç] *adj* agradable, cómodo
wohlschmeckend ['vo:lʃmɛkənt] *adj* sabroso, rico (LA)
Wohlstand ['vo:lʃtant] *m* bienestar *m,* prosperidad económica *f,* opulencia *f*
Wohltat ['vo:lta:t] *f* beneficio *m,* buena acción *f,* obra de caridad *f*
Wohltäter(in) ['vo:ltɛ:tər(ɪn)] *m/f* bienhechor(a) *m/f,* benefactor(a) *m/f*
Wohltätigkeitsveranstaltung ['vo:ltɛ:tɪçkaɪtsfɛranʃtaltuŋ] *f* función benéfica *f,* función de beneficiencia *f*
Wohlwollen ['vo:lvɔlən] *n* benevolencia *f,* deseo bueno *m*
wohnen ['vo:nən] *v* habitar, vivir en
Wohngemeinschaft ['vo:ngəmaɪnʃaft] *f* piso compartido *m,* comuna *f*
wohnhaft ['vo:nhaft] *adv ~ in* domiciliado en, residente en
wohnlich ['vo:nlɪç] *adj 1.* cómodo, confortable, acogedor; *adv 2.* acogedoramente
Wohnmobil ['vo:nmobi:l] *n* vehículo-vivienda *m,* autocaravana *f*
Wohnort ['vo:nɔrt] *m* lugar de residencia *m,* domicilio *m*
Wohnung ['vo:nuŋ] *f* vivienda *f,* casa *f,* piso *m,* apartamento *m*
Wohnviertel ['vo:nfɪrtəl] *n* barrio residencial *m*
Wohnwagen ['vo:nva:gən] *m* caravana *f,* roulotte *f*
Wohnzimmer ['vo:ntsɪmər] *n* salón *m,* sala de estar *f,* cuarto de estar *m,* living *m*
Wolf [vɔlf] *m 1. ZOOL* lobo *m; ein ~ im Schafspelz* un lobo disfrazado *m; 2. jdn durch den ~ drehen* acosar a alguien
Wolke ['vɔlkə] *f* nube *f; aus allen ~n fallen (fig)* caerse de la nube; *über allen ~ schweben* vivir en las nubes; *auf ~ sieben schweben* estar en el séptimo cielo
Wolkenkratzer ['vɔlkənkratsər] *m* rascacielos *m*
wolkenlos ['vɔlkənlo:s] *adj* despejado, sin nubes
wolkig ['vɔlkɪç] *adj* nuboso, nublado, cubierto de nubes
Wolle ['vɔlə] *f* lana *f; sich in die ~ kriegen* pelearse
wollen ['vɔlən] *v irr 1. (wünschen)* querer, desear; *Ich will nicht.* No me da la gana. *Wie du willst.* Como quieras. *~ Sie ihn heiraten? Ja, ich will.* ¿Quiere casarse con él? Sí, quiero. *Ich will für dich nur das Beste.* Sólo deseo lo mejor para ti. *2. (verlangen)* exigir, pedir; *Koste, was es wolle.* Cueste lo que cueste. *Ich will den Chef sprechen.* Quiero hablar con el jefe. *3. (vorgeben)* desear, pretender; *Sie will es gehört haben.* Ella pretende haberlo oído.
womit [vo'mɪt] *adv 1. (interr)* con qué; *2. (rel)* según lo cual, con lo que, con que
wonach [vo'na:x] *adv 1. (interr)* según qué, a qué; *2. (rel)* según lo que, lo que
woran [vo'ran] *adv 1. (interr)* en qué, a qué; *2. (rel)* en que, a que
worauf [vo'rauf] *adv 1. (interr)* sobre qué, a qué; *2. (rel)* a lo que, sobre lo que
woraus [vo'raus] *adv 1. (interr)* de qué, de dónde; *2. (rel)* de lo cual, de donde
worin [vo'rɪn] *adv 1. (interr)* en qué, dónde; *2. (rel)* en que, donde
World Wide Web [wœ:ld waɪd web] *n INFORM* servicio Web *m*
Wort [vɔrt] *n* palabra *f,* término *m,* vocablo *m; das ~ haben* tener la palabra; *das letzte ~ haben* tener la última palabra; *im wahrsten Sinne des ~es* en el sentido propio de la palabra; *das ~ ergreifen* tomar la palabra; *jdm das ~ erteilen* dar la palabra a alguien; *jdm das ~ entziehen* quitar la palabra a alguien; *jdm das ~ verbieten* prohibir a alguien la palabra; *für jdn ein gutes ~ einlegen* decir algo en favor de alguien; *jdm das ~ aus dem Munde nehmen* quitar a alguien la palabra de la boca; *jdm das ~ im Munde umdrehen* dar la vuelta a las palabras de alguien; *kein ~ über etw verlieren* dejar de hablar de algo; *jdm ins ~ fallen* interrumpir a alguien; *sich zu ~ melden* pedir la palabra; *um das ~ bitten* pedir la palabra
Wörterbuch ['vœrtərbu:x] *n* diccionario *m*
Wortführer(in) ['vɔrtfy:rər(ɪn)] *m/f 1.* portavoz *m/f,* vocero *m; 2. (im Gespräch)* interlocutor(a) *m/f*

wortgewandt ['vɔrtgəvant] *adj* locuaz, elocuente
wortkarg ['vɔrtkark] *adj* lacónico, parco en palabras
Wortlaut ['vɔrtlaut] *m* texto *m,* tenor *m*
wörtlich ['vœrtlɪç] *adj 1.* literal, textual; *adv 2.* literalmente, textualmente, al pie de la letra, palabra por palabra
wortlos ['vɔrtlo:s] *adj 1.* mudo, silencioso; *adv 2.* en silencio, sin decir una palabra
Wortschatz ['vɔrtʃats] *m* léxico *m,* vocabulario *m*
Wortwechsel ['vɔrtvɛksəl] *m* discusión acalorada *f,* disputa *f,* altercado *m*
worüber [vo'ry:bər] *adv 1. (interr)* de qué, sobre qué; *2. (rel)* sobre el que, sobre lo cual
worum [vo'rum] *adv 1. (interr)* de qué, sobre qué; *2. (rel)* de que, de lo que
worunter [vo'runtər] *adv 1. (interr)* debajo de qué, entre qué; *2. (rel)* entre los que, bajo lo cual
wovon [vo'fɔn] *adv 1. (interr)* de qué, de dónde; *2. (rel)* de lo que, de donde
wovor [vo'fo:r] *adv 1. (interr)* delante de qué, ante qué; *2. (rel)* ante el que, delante del cual
wozu [vo'tsu:] *adv 1. (interr)* para qué, por qué; *2. (rel)* para que, a lo cual
Wrack [vrak] *n* barco naufragado *m*
Wucher ['vu:xər] *m* usura *f*
wuchern ['vu:xərn] *v* multiplicarse rápidamente
Wuchs [vu:ks] *m 1. (Wachsen)* crecimiento *m; 2. (Körperbau)* talla *f,* estatura *f*
Wucht [vuxt] *f* ímpetu *m,* pujanza *f,* empuje *m*
wühlen ['vy:lən] *v 1. (graben)* excavar, desenterrar; *2. (suchen)* hurgar, revolver
wund [vunt] *adj 1.* herido, lastimado, lesionado; *2. (fig)* débil, delicado, debilitado
Wunde ['vundə] *f* herida *f,* llaga *f*
Wunder ['vundər] *n* milagro *m,* maravilla *f,* prodigio *m; Er blieb wie durch ein ~ am Leben.* Se salvó de milagro. *sein blaues ~ erleben* quedar pasmado
wunderbar ['vundərba:r] *adj 1.* milagroso, maravilloso, prodigioso; *adv 2.* maravillosamente, a las mil maravillas
wunderlich ['vundərlɪç] *adj 1.* singular, raro, extravagante, extraño; *adv 2.* singularmente, de manera extravagante
wundern ['vundərn] *v sich ~ über* sorprenderse de, quedar sorprendido, maravillarse de
wundervoll ['vundərfɔl] *adj 1.* maravilloso, magnífico, admirable; *adv 2.* maravillosamente, de maravillas
Wunsch [vunʃ] *m 1.* deseo *m,* anhelo *m; 2. Glückwunsch* felicitación *f,* enhorabuena *f,* buenos deseos *m/pl,* parabién *m*
Wunschbild ['vunʃbɪlt] *n* ideal *m*
wünschen ['vynʃən] *v* desear, anhelar; *Was ~ Sie?* ¿Qué desea usted?
Würde ['vyrdə] *f 1.* dignidad *f; 2. (Titel)* título *m*
würdig ['vyrdɪç] *adj* digno, merecedor de
würdigen ['vyrdɪgən] *v* apreciar, valorar
Würfel ['vyrfəl] *m 1.* dado *m; Die ~ sind gefallen.* Las cartas están echadas. *2. MATH* cubo *m*
würgen ['vyrgən] *v* ahogar, sofocar, estrangular
Wurm [vurm] *m ZOOL* gusano *m*
Wurst [vurst] *f GAST* embutido *m; Das ist mir ~. (fam)* Me importa un rábano.
Würze ['vyrtsə] *f* condimento *m,* especia *f,* aliño *m,* aderezo *m*
Wurzel ['vurtsəl] *f* raíz *f*
wurzeln ['vurtsəln] *v* arraigar, echar raíces, radicar
würzen ['vyrtsən] *v* condimentar, sazonar, aliñar, aderezar
würzig ['vyrtsɪç] *adj* bien condimentado, sabroso
wüst [vy:st] *adj 1. (öde)* desierto, despoblado, desolado; *2. (ausschweifend)* licencioso, inmoral, libertino, indecente; *3. (widerwärtig)* antipático, rudo
Wüste ['vy:stə] *f* desierto *m*
Wüstling ['vy:stlɪŋ] *m* libertino *m*
Wut [vu:t] *f* furia *f,* rabia *f,* ira *f,* furor *m*
wütend ['vy:tənt] *adj 1.* furioso, enfurecido, rabioso, encolerizado; *Es macht mich ~, wenn ich daran denke.* ¡Qué rabia me da, cuando me acuerdo de ello! *adv 2.* furiosamente, con furia, rabiosamente

X/Y/Z

x-Achse ['ɪksaksə] *f* *MATH* eje de las abscisas *m*
X-Beine ['ɪksbaɪnə] *pl* piernas en forma de X *f/pl*
x-beliebig ['ɪksbəliːbɪç] *adj* cualquier
Xenophobie [ksenofo'biː] *f* xenofobia *f*
x-fach ['ɪksfax] *adj* 1. múltiple; *adv* 2. repetidas veces, continuamente
x-mal [ɪks'maːl] *adv* infinidad de veces, mil veces; *Ich habe es dir ~ gesagt.* Te lo dije por enésima vez.
X-Strahlen ['ɪksʃtraːlən] *pl* *PHYS* rayos X *m/pl*
y-Achse ['ypsilɔnaksə] *f* *MATH* eje de las ordenadas *m*
Yacht [jaxt] *f* yate *m*
Ypsilon ['ypzilɔn] *n* ípsilon *f,* i griega *f*
Yuppie ['jupiː] *m* profesional joven de éxito *m,* yuppie *m*
Zacke ['tsakə] *f* punta *f*
zaghaft ['tsaːkhaft] *adj* 1. vacilante, titubeante; *adv* 2. temblando
zäh [tsɛː] *adj* resistente, duro
zähflüssig ['tsɛːflysɪç] *adj* viscoso, pegajoso
Zahl [tsaːl] *f* número *m; rote ~en schreiben* estar en números rojos; *schwarze ~en schreiben* tener ganancias
zahlbar ['tsaːlbaːr] *adj* pagadero
zahlen ['tsaːlən] *v* pagar, abonar; *Ich möchte ~!* ¡Quisiera pagar! *Ich zahle alles zusammen.* Pago todo junto.
zählen ['tsɛːlən] *v* contar
Zähler ['tsɛːlər] *m* 1. *MATH* numerador *m;* 2. *TECH* contador *m*
zahlreich ['tsaːlraɪç] *adj* 1. numeroso, cuantioso; *adv* 2. en gran número, en abundancia
Zahlung ['tsaːluŋ] *f* pago *m*
zahlungsfähig ['tsaːluŋsfɛːɪç] *adj* *ECO* solvente
zahlungsunfähig ['tsaːluŋsunfɛːɪç] *adj* *ECO* insolvente
Zahlungsunfähigkeit ['tsaːluŋsunfɛːɪçkaɪt] *f* *ECO* imposibilidad de pago *f,* insolvencia *f*
zahm [tsaːm] *adj* 1. doméstico, manso; *adv* 2. mansamente
zähmen ['tsɛːmən] *v* domesticar, amansar, domar, amaestrar
Zahn [tsaːn] *m* 1. *ANAT* diente *m; Wir müssen Ihnen einen ~ ziehen.* Tenemos que extraerle un diente. *jdm auf den ~ fühlen* dar un tiento a alguien/sondear a alguien; *jdm den ~ ziehen (fig)* quitar la ilusión a alguien; *einen ~ zulegen* apretar el acelerador; *die Zähne zusammenbeißen* morderse la lengua; *sich an jdm die Zähne ausbeißen* no acabar con alguien/no arreglárselas con alguien; 2. *(Backenzahn) ANAT* muela *f*
Zahnarzt ['tsaːnartst] *m* dentista *m,* odontólogo *m; Ich muss zum ~ gehen.* Tengo que ir al dentista.
Zahnbürste ['tsaːnbyrstə] *f* cepillo de dientes *m*
Zahnpasta ['tsaːnpasta] *f* pasta dentífrica *f,* dentrífico *m*
Zahnrad ['tsaːnraːt] *n* *TECH* rueda dentada *f,* piñón *m*
Zahnschmerzen ['tsaːnʃmɛrtsən] *pl* dolores de muelas *m/pl*
Zahnstocher ['tsaːnʃtɔxər] *m* mondadientes *m/pl*
Zange ['tsaŋə] *f* tenazas *f/pl,* alicates *m/pl; jdn in die ~ nehmen (fig)* poner a alguien en un aprieto
Zank [tsaŋk] *m* disputa *f,* altercado *m*
zanken ['tsaŋkən] *v* disputar, reñir con
zappeln ['tsapəln] *v* agitarse, tratar de soltarse de algo; *jdn ~ lassen* hacer esperar a alguien
zart [tsart] *adj* 1. tierno, delicado, dulce; *adv* 2. tiernamente, delicadamente, con ternura
zärtlich ['tsɛrtlɪç] *adj* 1. tierno, afectuoso, cariñoso, dulce; *adv* 2. con ternura, cariñosamente, con dulzura
Zärtlichkeit ['tsɛrtlɪçkaɪt] *f* ternura *f,* dulzura *f,* cariño *m*
Zauber ['tsaubər] *m* 1. *(Magie)* hechizo *m,* embrujo *m,* encantamiento *m; ein fauler ~* un truco malo *m,* un embuste *m,* un engaño *m;* 2. *(fig)* atractivo *m,* encanto *m*
Zauberer ['tsaubərər] *m* mago *m,* hechicero *m*
zauberhaft ['tsaubərhaft] *adj* 1. *(fig)* encantador; *adv* 2. maravillosamente
zaubern ['tsaubərn] *v* hacer brujerías, practicar la magia
zaudern ['tsaudərn] *v* vacilar, titubear

Zaum [tsaum] *m sich im ~ halten* contenerse, echarse el freno (fam)
Zaun [tsaun] *m* valla *f,* cercado *m,* cerca *f,* vallado *m; einen Streit vom ~ brechen* comenzar una discusión por nada
Zaunpfahl ['tsaunzpfa:l] *m ein Wink mit dem ~* una indirecta *f*
Zebra ['tse:bra] *n ZOOL* cebra *f*
Zebrastreifen ['tse:braʃtraɪfən] *m* paso de peatones *m,* paso de cebra *m*
Zeche ['tsɛçə] *f 1.* mira; *2. die ~ bezahlen müssen* tener que pagar el pato; *die ~ prellen* marcharse sin pagar
Zecke [tsɛkə] *f ZOOL* garrapata *f*
Zehe ['tse:ə] *f* dedo del pie *m*
zehn [tse:n] *num* diez
zehnte(r,s) ['tse:nte(r,s)] *adj* décimo
Zeichen ['tsaɪçən] *n* signo *m,* señal *f; ein ~ setzen* dar una señal; *die ~ der Zeit* los aspectos del tiempo *m/pl*
zeichnen ['tsaɪçnən] *v 1.* dibujar, trazar; *2. (markieren)* marcar; *3. (unterschreiben)* firmar, rubricar; *4. (fig)* condenar, marcar
Zeichnung ['tsaɪçnuŋ] *f* dibujo *m*
Zeigefinger ['tsaɪgəfɪŋər] *m ANAT* dedo índice *m*
zeigen ['tsaɪgən] *v* mostrar, enseñar, indicar
Zeiger ['tsaɪgər] *m (einer Uhr)* manecilla *f*
Zeile ['tsaɪlə] *f* línea *f,* renglón *m; zwischen den ~n lesen (fig)* leer entre líneas
Zeit [tsaɪt] *f 1.* tiempo *m, die ~ totschlagen* matar el tiempo; *Wir haben ~ im Überfluss.* Tenemos tiempo de sobra. *Von ~ zu ~ höre ich Radio.* De vez en cuando escucho la radio. *sich mit etw die ~ vertreiben* pasar el tiempo haciendo algo; *jdm ~ lassen* dar tiempo a alguien; *sich für etw ~ nehmen* tomarse el tiempo para algo; *Das hat ~.* Eso puede esperar. *Es ist allerhöchste ~.* Ya es hora. *Ach du liebe ~!* ¡Jesus!/¡Ay coño! (fam); *2. (Epoche)* época *f,* edad *f; mit der ~ gehen* ir al compás del tiempo; *3. (Uhrzeit)* hora *f*
Zeitalter ['tsaɪtaltər] *n* edad *f,* época *f,* era *f,* siglo *m; das goldene ~* el Siglo de Oro *m*
Zeitarbeit ['tsaɪtarbaɪt] *f* trabajo por tiempo determinado *m,* trabajo temporal *m*
zeitgemäß ['tsaɪtgəmɛ:s] *adj* conforme a la época, actual, de actualidad
Zeitgenosse ['tsaɪtgənɔsə] *m* contemporáneo *m,* coetáneo *m*
zeitgenössisch ['tsaɪtgənœsɪʃ] *adj* contemporáneo, coetáneo
zeitig ['tsaɪtɪç] *adj* temprano, oportuno
zeitlich ['tsaɪtlɪç] *adj* temporal, pasajero, transitorio; *das Zeitliche segnen* abandonar esta vida
zeitlos ['tsaɪtlo:s] *adj 1. (ewig)* eterno, inmortal; *2. (klassisch)* clásico, independiente de la moda
Zeitlupe ['tsaɪtlu:pə] *f CINE* ralenti *m,* cámara lenta *f*
Zeitpunkt ['tsaɪtpuŋkt] *m* fecha *f,* momento *m*
Zeitraum ['tsaɪtraum] *m* espacio de tiempo *m,* lapso de tiempo *m*
Zeitschrift ['tsaɪtʃrɪft] *f* revista *f*
Zeitung ['tsaɪtuŋ] *f* periódico *m,* diario *m*
Zeitvertreib ['tsaɪtfɛrtraɪp] *m* pasatiempo *m*
zeitweilig ['tsaɪtvaɪlɪç] *adj 1.* temporal; *adv 2.* temporalmente
Zelle ['tsɛlə] *f 1. (Gefängniszelle)* celda *f; 2. BIO* célula *f*
Zelt [tsɛlt] *n 1. (Campingzelt)* tienda *f,* carpa *f; seine ~e abbrechen* levantar el campo; *die ~e irgendwo aufschlagen* montar la tienda en algún sitio (fig); *2. (Bierzelt)* carpa de cerveza *f; 3. (Zirkuszelt)* carpa del circo *f*
zelten ['tsɛltən] *v* hacer camping, acampar
Zeltplatz ['tsɛltplats] *m* terreno de camping *m*
Zement [tse'mɛnt] *m* cemento *m*
zementieren [tsemɛn'ti:rən] *v* edificar, cementar, construir
zensieren [tsɛn'zi:rən] *v 1. (Schule)* calificar, poner notas; *2. POL* censurar
Zensur [tsɛn'zu:r] *f 1. (in der Schule)* calificación *f,* nota *f; 2. POL* censura *f*
Zentimeter ['tsɛntime:tər] *m* centímetro *m*
Zentner ['tsɛntnər] *m* medio quintal *m*
zentral [tsɛn'tra:l] *adj 1.* central, céntrico; *adv 2.* centralmente
Zentralbank [tsɛn'tra:lbaŋk] *f ECO* banco central *m*
Zentrale [tsɛn'tra:lə] *f* central *f,* oficina central *f*
Zentralheizung [tsɛn'tra:lhaɪtsuŋ] *f* calefacción central *f*
zentrieren [tsɛn'tri:rən] *v* centrar
Zentrum ['tsɛntrum] *n* centro *m*
zerbrechen [tsɛr'brɛçən] *v irr 1.* romper, quebrar; *2. (fig)* hacer pedazos, destrozar
zerbrechlich [tsɛr'brɛçlɪç] *adj* quebradizo, rompible
zerdrücken [tsɛr'drykən] *v* aplastar
Zeremonie [tseremo'ni:] *f* ceremonia *f*

Zerfall [tsɛr'fal] *m* ruina *f,* decadencia *f*
zerfallen [tsɛr'falən] *v irr* arruinarse, quedarse en ruinas, desmoronarse
zergehen [tsɛr'geːən] *v irr* deshacerse, derretirse, fundirse; *im Munde ~ lassen* dejar disolver en la boca
zerkleinern [tsɛr'klaɪnərn] *v* desmenuzar, moler, triturar
zerknirscht [tsɛr'knɪrʃt] *adj* contrito, compungido
zerknittern [tsɛr'knɪtərn] *v* arrugar, ajar
zerlegen [tsɛr'leːgən] *v* descomponer, desarmar, desmontar
zermürbend [tsɛr'myrbənt] *adj* cansado, fatigoso, agotador
zerreißen [tsɛr'raɪsən] *v irr* romper, despedazar, desgarrar
zerren ['tsɛrən] *v* tirar violentamente, arrastrar
zerrinnen [tsɛr'rɪnən] *v irr* deshacerse, derretirse, fundirse
Zerrissenheit [tsɛr'rɪsənhaɪt] *f* descontento *m,* discordia *f*
Zerrung ['tsɛruŋ] *f MED* distensión *f,* distorsión *f,* tirón *m*
zerschlagen [tsɛr'ʃlaːgən] *v 1.* romper a golpes; *2. (erschöpft sein)* estar hecho pedazos, estar molido; *~ sein* estar hecho un trapo; *3. (Pläne) sich ~* desbaratarse, fracasar, no llegar a realizarse
zerschmettert [tsɛr'ʃmɛtərt] *adj (fig)* aniquilado
zerspringen [tsɛr'ʃprɪŋən] *v* romperse, quebrarse, rajarse
zerstören [tsɛr'ʃtøːrən] *v* destruir, devastar, aniquilar
Zerstörung [tsɛr'ʃtøːruŋ] *f* destrucción *f,* devastación *f*
zerstreuen [tsɛr'ʃtrɔyən] *v 1.* dispersar, esparcir; *2. (fig)* distraer, divertir a alguien
zerstreut [tsɛr'ʃtrɔyt] *adj 1.* disperso, diseminado, esparcido; *2. (fig)* distraído
Zerstreuung [tsɛr'ʃtrɔyuŋ] *f 1.* dispersión *f,* diseminación *f; 2. (fig)* distracción *f*
zertrampeln [tsɛr'trampəln] *v* pisotear
Zerwürfnis [tsɛr'vyrfnɪs] *n* desavenencia *f,* disensión *f,* conflicto *m*
Zettel ['tsɛtəl] *m* pedazo de papel *m,* papelito *m,* hoja de un bloc *f*
Zeug [tsɔyk] *n* cosas *f/pl,* objetos *m/pl; sich ins ~ legen* ponerse manos a la obra
Zeuge ['tsɔygə] *m* testigo *m; Können Sie ~ meines Unfalls sein?* ¿Puede servirme como testigo de mi accidente?
zeugen ['tsɔygən] *v 1. (aussagen)* declarar, deponer; *2. (Kind)* procrear, engendrar
Zeugenaussage ['tsɔygənauszaːgə] *f JUR* declaración del testigo *f*
Zeugnis ['tsɔyknɪs] *n 1. (Schulzeugnis)* certificado *m; 3. ~ ablegen von* dar testimonio de, dar fe de; *2. (Bescheinigung)* certificado *m,* atestado *m*
Zeugung ['tsɔyguŋ] *f* generación *f,* procreación *f,* engendramiento *m*
Ziege ['tsiːgə] *f ZOOL* cabra *f*
Ziegel ['tsiːgəl] *m 1. (Backstein)* ladrillo *m; 2. (Dachziegel)* teja *f*
ziehen ['tsiːən] *v irr* tirar, arrastrar
Ziehung ['tsiːuŋ] *f* sorteo *m,* rifa *f*
Ziel [tsiːl] *n 1. (örtlich)* lugar de destino *m,* meta *f; über das ~ hinausschießen* pasarse de la raya (fam); *2. (fig: Absicht)* propósito *m,* intención *f; 4. SPORT* meta *f*
zielbewusst ['tsiːlbəvust] *adj 1.* consciente de su propósito, consecuente; *adv 2.* con resolución, consecuentemente
zielen ['tsiːlən] *v* apuntar a
ziellos ['tsiːlloːs] *adj* vago, indeciso, sin meta
Zielscheibe ['tsiːlʃaɪbə] *f* blanco *m*
zielstrebig ['tsiːlʃtreːbɪç] *adj 1.* perseverante; *adv 2.* con perseverancia
ziemlich ['tsiːmlɪç] *adj 1.* bastante grande, considerable; *adv 2.* bastante, considerablemente, más o menos
Zierde ['tsiːrdə] *f* adorno *m,* ornamento *m*
zieren ['tsiːrən] *v sich ~* hacer remilgos, hacer melindres
zierlich ['tsiːrlɪç] *adj* grácil, delicado
Zierlichkeit ['tsiːrlɪçkaɪt] *f* gracilidad *f,* gracia *f,* delicadeza *f*
Ziffer ['tsɪfər] *f* cifra *f,* guarismo *m*
Zifferblatt ['tsɪfərblat] *n* esfera *f*
Zigarette [tsiga'rɛtə] *f* cigarrillo *m*
Zigarettenpackung [tsiga'rɛtənpakuŋ] *f (Schachtel)* cajetilla *f,* paquete *m*
Zigarre [tsi'garə] *f* cigarro *m,* puro *m*
Zigeuner(in) [tsi'gɔynər(ɪn)] *m/f* gitano/gitana *m/f,* cíngaro/cíngara *m/f*
Zimmer ['tsɪmər] *n* habitación *f,* cuarto *m,* pieza *f; Wie viel kostet ein ~ mit Dusche und Vollpension pro Tag?* ¿Cuánto cuesta una habitación con ducha y pensión completa por día?
Zimmermädchen ['tsɪmərmɛːtçən] *n* camarera *f*
Zimmermann ['tsɪmərman] *m* obrero de construcción *m,* albañil *m*

zimmern ['tsɪmərn] *v* construir
zimperlich ['tsɪmpərlɪç] *adj 1.* mimoso, afectado, melindroso; *adv 2.* con melindres
Zimt [tsɪmt] *m* canela *f*
Zink [tsɪŋk] *m CHEM* cinc *m,* zinc *m*
Zinn [tsɪn] *m CHEM* estaño *m*
Zinsen ['tsɪnzən] *pl ECO* intereses *m/pl,* rédito *m,* renta *f*
zinslos ['tsɪnsloːs] *adj ECO* sin intereses, exento de interés
Zinssatz ['tsɪnszats] *m ECO* tipo de interés *m*
Zirkel ['tsɪrkəl] *m* círculo *m*
Zirkus ['tsɪrkus] *m* circo *m*
zischen ['tsɪʃən] *v 1.* sisear, abuchear, pitar; *2. (Schlange)* silbar
Zisterne [tsɪs'tɛrnə] *f* cisterna *f*
Zitat [tsi'taːt] *n* cita *f,* mención *f*
zitieren [tsi'tiːrən] *v* citar, mencionar
Zitrone [tsi'troːnə] *f* limón *m; jdn ausquetschen wie eine ~* exprimir a alguien como a un limón (fig)
Zitrusfrüchte ['tsiːtrusfryçtə] *pl* agrios *m/pl,* cítricos *m/pl*
zitterig ['tsɪtərɪç] *adj* tembloroso, temblón
zittern ['tsɪtərn] *v* temblar, tiritar; *um jdn ~* temblar por alguien; *~ wie Espenlaub* temblar como una hoja
zivil [tsi'viːl] *adj* civil
Zivilcourage [tsi'viːlkuraːʒə] *f* coraje civil *m,* valor cívico *m*
Zivildienst [tsi'viːldiːnst] *m* servicio civil *m*
Zivilisation [tsiviliza'tsjoːn] *f* civilización *f*
zivilisiert [tsivili'ziːrt] *adj* civilizado
Zivilrecht [tsi'viːlrɛçt] *n JUR* derecho civil *m*
zögern ['tsøːgərn] *v* titubear, vacilar
zögernd ['tsøːgərnt] *adj 1.* titubeante, vacilante; *adv 2.* con vacilación
Zölibat [tsøːli'baːt] *n REL* celibato *m*
Zoll¹ [tsɔl] *m 1. (Behörde)* aduana *f; 2. (Gebühr)* derechos de aduana *m/pl*
Zoll² [tsɔl] *m (Maßeinheit)* pulgada *f*
Zollabfertigung ['tsɔlapfɛrtɪguŋ] *f* despacho aduanero *m*
Zollbeamte(r) ['tsɔlbəamtə(r)] *m/f* funcionario de aduanas/funcionaria de aduanas *m/f,* aduanero/aduanera *m/f*
Zollerklärung ['tsɔlɛrklɛːruŋ] *f* declaración de aduana *f*
zollfrei ['tsɔlfraɪ] *adj* exento de derechos aduaneros, en franquicia aduanera
Zollkontrolle ['tsɔlkontrɔlə] *f* control aduanero *m,* inspección aduanera *f*
zollpflichtig ['tsɔlpflɪçtɪç] *adj* sujeto a aduana
Zollstock ['tsɔlʃtɔk] *m* metro pegable *m,* metro de carpintero *m*
Zone ['tsoːnə] *f* zona *f*
Zoo [tsoː] *m* zoo *m,* zoológico *m*
Zopf [tsɔpf] *m* trenza *f*
Zorn [tsɔrn] *m* cólera *f,* ira *f*
zornig ['tsɔrnɪç] *adj 1.* encolerizado, colérico, airado; *adv 2.* con ira, con cólera
zu [tsuː] *prep 1. (Zielsetzung)* a, para; *zum Geburtstag* para el cumpleaños; *Ich gehe zu dir.* Me voy a tu casa. *der Dom ~ Köln* la catedral de Colonia *f; ~ Tisch* en la comida; *~m Monatsende kündigen* rescindir (el contrato) para finales de mes; *~r Beruhigung* para calmar; *~m Glück* por suerte; ~ Hilfe kommen venir a ayudar; *~r Belohnung* como recompensa; *2. (zeitlich)* a, en, por; *~ Weihnachten* en Navidades/por Navidades; *~ Beginn* al principio/comienzo; *3. (verschlossen)* cerrado; *Mach die Tür ~!* ¡Cierra la puerta! *adv 4.* demasiado; *~ teuer* demasiado caro; *~ viel* muchísimo, uno de más, demasiado, *Er arbeitet ~.* Él trabaja demasiado. *pron 5. ~ wenig* poquísimos
Zubehör ['tsuːbəhøːr] *n* accesorios *m/pl*
zubereiten ['tsuːbəraɪtən] *v* preparar
Zubereitung ['tsuːbəraɪtuŋ] *f* preparación *f,* aderezo *m*
zubilligen ['tsuːbɪlɪgən] *v* conceder, autorizar
zubinden ['tsuːbɪndən] *v irr* ligar, atar
Zucht [tsuxt] *f 1. (Tierzucht)* cría *f; 2. (Pflanzenzucht)* cultivo *m; 3. (Disziplin)* disciplina *f*
züchten ['tsyçtən] *v 1. (Tiere)* criar; *2. (Pflanzen)* cultivar
Züchter ['tsyçtər] *m 1. (Tierzüchter)* criador *m; 2. (Pflanzenzüchter)* cultivador *m*
Zuchthaus ['tsuxthaus] *n* presidio *m*
zucken ['tsukən] *v* hacer un movimiento brusco, convulsionar
Zucker ['tsukər] *m* azúcar *m/f*
Zuckerkrankheit ['tsuːkərkraŋkhaɪt] *f MED* diabetes *f*
zuckern ['tsukərn] *v* azucarar
Zudecke ['tsuːdɛkə] *f* manta *f,* frazada *f*
zudecken ['tsuːdɛkən] *v* cubrir, tapar
zudem ['tsudeːm] *adv* además, a parte de eso, fuera de eso
zudrehen ['tsuːdreːən] *v* cerrar

zudringlich ['tsu:drɪŋlɪç] *adj 1.* importuno, impertinente, entrometido; *adv 2.* importunamente, impertinentemente
zueinander [tsuaɪn'andər] *adv* uno(s) con otro(s), uno(s) a otro(s)
zuerkennen ['tsu:ɛrkɛnən] *v irr jdm etw ~* atribuir algo a alguien, otorgar algo a alguien, reconocer algo a alguien
zuerst [tsu'erst] *adv* primero, primeramente, en primer lugar
Zufahrt ['tsu:fa:rt] *f* acceso *m,* entrada *f*
Zufahrtstraße ['tsufa:rtʃtra:sə] *f* vía de acceso *f*
Zufall ['tsu:fal] *m* casualidad *f,* azar *m*
zufällig ['tsu:fɛlɪç] *adj 1.* casual, accidental, fortuito; *adv 2.* por casualidad, casualmente, fortuitamente
Zuflucht ['tsu:fluxt] *f* refugio *m*
Zufluss ['tsu:flus] *m* afluencia *f*
zufrieden [tsu'fri:dən] *adj* contento, satisfecho con; *sich ~ geben mit* contentarse con, darse por satisfecho con; *~ stellen* satisfacer, contentar
Zufriedenheit [tsu'fri:dənhaɪt] *f* contento *m,* satisfacción *f*
zufrieren ['tsu:fri:rən] *v irr* helarse
zufügen ['tsu:fy:gən] *v* añadir, agregar
Zufuhr ['tsu:fu:r] *f* abastecimiento *m,* suministro *m,* aprovisionamiento *m*
Zug [tsu:k] *m 1. (Eisenbahn)* tren *m; im falschen ~ sitzen* estar equivocado; *Dieser ~ ist abgefahren.* Ese tren ha salido ya. *2. (Umzug)* desfile *m; 3. (Luftzug)* corriente *f; 4. (Wesenszug)* rasgo característico *m; 5. zum ~ kommen* tocar el turno; *etw in vollen Zügen genießen* disfrutar algo plenamente
Zugabe ['tsu:ga:bə] *f 1.* añadidura *f,* aditamento *m,* suplemento *m; 2. (Konzertzugabe)* adición al programa *f,* bis *m*
Zugabteil ['tsu:kaptaɪl] *n* compartimento *m,* compartimiento *m*
Zugang ['tsu:gaŋ] *m 1. (Eingang)* entrada *f; 2. (Zutritt)* acceso *m,* admisión *f; 3. (Warenzugang) ECO* llegada de mercancías *f,* entrada de mercancías *f*
zugänglich ['tsu:gɛŋlɪç] *adj 1. (erreichbar)* alcanzable, accesible; *2. (verfügbar)* disponible; *3. (fig)* tratable, afable
zugeben ['tsu:ge:bən] *v irr (einräumen)* conceder, admitir
zugegen [tsu'ge:gən] *v ~ sein bei* estar presente en, asistir a
zugehörig ['tsu:gəhø:rɪç] *adj* que pertenece a, perteneciente a
Zugehörigkeit ['tsu:gəhø:rɪçkaɪt] *f* pertenencia *f,* propiedad *f*
Zügel ['tsy:gəl] *m* rienda *f; die ~ fest in der Hand haben* llevar las riendas bien sujetas (fig); *die ~ straffer ziehen* apretar las clavijas (fig)/meter en cintura (fig); *die ~ schleifen lassen* soltar las riendas (fig)
zügellos ['tsy:gəllo:s] *adj (fig)* desenfrenado
zügeln ['tsy:gəln] *v (fig)* refrenar, contener
Zugeständnis ['tsu:gəʃtɛntnɪs] *n* concesión *f*
zugestehen ['tsugəʃte:ən] *v irr* conceder
Zugführer ['tsu:kfy:rər] *m* jefe de tren *m*
zugig ['tsu:gɪç] *adj* expuesto a las corrientes de aire
zügig ['tsy:gɪç] *adj 1.* rápido; *adv 2.* rápidamente, de prisa
zugleich [tsu'glaɪç] *adv* al mismo tiempo, a la vez, simultáneamente
zugrunde [tsu'grundə] *adv 1. ~ gehen* perecer, sucumbir; *2. ~ legen* basar, tomar por base; *3. ~ liegen* basarse en; *4. ~ richten* arruinar, destruir
Zugunglück ['tsu:kunglyk] *n* accidente ferroviario *m*
zugunsten [tsu'gunstən] *prep ~ von* en favor de, a favor de, en beneficio de
Zugverbindung ['tsu:kfɛrbinduŋ] *f* comunicación ferroviaria *f,* enlace *m*
zuhalten ['tsu:haltən] *v irr* mantener cerrado, tener cerrado
Zuhälter ['tsu:hɛltər] *m* proxeneta *m,* rufián *m,* chulo de las putas *m* (fam)
Zuhause [tsu'hauzə] *n* hogar *m,* morada *f*
zuhören ['tsu:hø:rən] *v* oír con atención, escuchar con atención
Zuhörer(in) ['tsu:hø:rər(ɪn)] *m/f* oyente *m/f*
zuknöpfen ['tsu:knœpfən] *v* abotonar, abrochar
Zukunft ['tsu:kunft] *f* futuro *m*
zukünftig ['tsu:kynftɪç] *adj 1.* futuro; *adv 2.* en el futuro, de ahora en adelante
Zulage ['tsu:la:gə] *f* suplemento *m,* plus *m,* extra *m,* prima *f*
zulassen ['tsu:lasən] *v irr 1. (geschlossen lassen)* dejar cerrado; *2. (gestatten)* permitir, consentir, autorizar; *3. (Auto)* autorizar la circulación
zulässig ['tsu:lɛsɪç] *adj* admisible, permitido, lícito, autorizado
Zulässigkeit ['tsu:lɛsɪçkaɪt] *f* admisibilidad *f*

Zulassung ['tsu:lasuŋ] *f 1. (Erlaubnis)* autorización *f,* permiso *m; 2. (eines Autos)* permiso de circulación *m*
Zuleitung ['tsu:laɪtuŋ] *f* conducción *f,* distribucion *f*
zuletzt [tsu'lɛtst] *adv* en último lugar, finalmente
zuliebe [tsu'li:bə] *adv* por amor a, por amor de; *Dir ~.* Por amor a ti.
Zulieferung ['tsu:li:fəruŋ] *f* abastecimiento *m,* suministro *m*
zum *(= zu dem) (siehe „zu")*
zumachen ['tsu:maxən] *v* cerrar
zumal [tsu'ma:l] *adv 1.* sobre todo, especialmente; *konj 2.* sobre todo, especialmente porque
zumeist [tsu'maɪst] *adv* las más de las veces, en la mayoría de los casos
zumindest [tsu'mindəst] *adv* por lo menos, al menos
zumutbar ['tsu:mu:tba:r] *adj* que se puede exigir, razonable
zumuten ['tsu:mu:tən] *v* exigir demasiado
Zumutung ['tsu:mu:tuŋ] *f* exigencia desconsiderada *f,* exigencia exagerada *f*
zunächst [tsu'nɛ:çst] *adv* ante todo, primero, en primer lugar
Zunahme ['tsu:na:mə] *f* aumento *m,* incremento *m,* crecimiento *m*
Zuname ['tsu:na:mə] *m* apellido *m*
zünden ['tsyndən] *v* prender, encenderse
Zündholz ['tsyntholts] *n* cerilla *f,* fósforo *m*
Zündkerze ['tsyntkɛrtsə] *f (beim Auto)* bujía *f*
Zündschlüssel ['tsyndʃlysəl] *m (eines Autos)* llave de contacto *f*
Zündung ['tsynduŋ] *f (beim Auto)* encendido *m*
zunehmen ['tsu:ne:mən] *v irr 1.* aumentar, acrecentarse, ir en aumento; *2. (an Gewicht)* engordar, aumentar de peso
Zuneigung ['tsu:naɪguŋ] *f* inclinación *f,* afecto *m,* simpatía *f*
Zunge ['tsuŋə] *f ANAT* lengua *f; Es liegt mir auf der ~.* Lo tengo en la punta de la lengua. *die ~ im Zaum halten* refrenar la lengua; *jdm die ~ lösen* destrabar la lengua a alguien; *sich auf die ~ beißen (fig)* morderse la lengua; *auf der ~ brennen* tener en el paladar
zunichte [tsu'nɪçtə] *adv ~ machen* aniquilar, destruir, devastar, asolar
zunutze [tsu'nutsə] *adv sich ~ machen* aprovecharse, sacar provecho
zuordnen ['tsu:ɔrdnən] *v* agregar ordenadamente, coordinar
zur *(= zu der) (siehe „zu")*
zurechtfinden [tsu'rɛçtfɪndən] *v irr sich ~* orientarse
zurechtmachen [tsu'rɛçtmaxən] *v* preparar, arreglar, disponer
zurechtweisen [tsu'rɛçtvaɪzən] *v irr* reprender a alguien, sermonear a alguien
zürnen ['tsyrnən] *v* estar enojado con alguien, tener rabia a alguien
zurück [tsu'ryk] *adv* atrás, hacia atrás; *Ich bin zum Abendessen wieder ~.* Estoy de regreso para la cena.
zurückbezahlen [tsu'rykbətsa:lən] *v* reembolsar, reintegrar
zurückbilden [tsu'rykbɪldən] *v sich ~* retroceder en su desarrollo, evolucionar regresivamente
zurückbringen [tsu'rykbrɪŋən] *v irr* devolver, restituir; *Ist jemand da, wenn ich die Sachen zurückbringe?* ¿Habrá alguien aquí cuando devuelva las cosas?
zurückdrängen [tsu'rykdrɛŋən] *v* hacer retroceder, contener
zurückerhalten [tsu'rykɛrhaltən] *v irr* recobrar, recuperar
zurückerstatten [tsu'rykɛrʃtatən] *v* devolver, restituir, reembolsar
zurückfahren [tsu'rykfa:rən] *v irr* volver
zurückführen [tsu'rykfy:rən] *v 1.* llevar, acompañar; *2. (fig) ~ auf* deberse a, radicar en
zurückgeben [tsu'rykge:bən] *v irr* devolver, restituir
zurückgeblieben [tsu'rykgəbli:bən] *adj* rezagado, retrasado
zurückgehen [tsu'rykge:ən] *v irr 1.* volver al punto de partida; *2. (sinken)* bajar, descender; *3. (fig) ~ auf* basarse en, fundarse en, tener sus orígenes en
zurückgezogen [tsu'rykgətso:gən] *adj 1.* retirado, retraído, solitario; *adv 2.* retiradamente, reservadamente, solitariamente
zurückhalten [tsu'rykhaltən] *v irr 1. (etw)* retener, detener; *2. sich ~* contenerse
zurückhaltend [tsu'rykhaltənt] *adj 1.* reservado, retraído; *adv 2.* con moderación
Zurückhaltung [tsu'rykhaltuŋ] *f 1. MED* retención *f; 2.* reserva *f,* actitud reservada *f,* recato *m,* discreción *f*
zurückkommen [tsu'rykkɔmən] *v irr* regresar, volver; *Um noch einmal auf die Sache zurückzukommen ...* Volviendo al tema ...

zurücklassen [tsu'ryklasən] *v irr* dejar, dejar tras de sí
zurücklegen [tsu'rykle:gən] *v 1.* volver a poner en su sitio; *2. (sparen)* ahorrar; *3. (reservieren)* reservar
zurücknehmen [tsu'rykne:mən] *v irr 1.* recoger, volver a tomar; *2. (widerrufen)* revocar
zurücksenden [tsu'rykzɛndən] *v* devolver
zurückstecken [tsu'rykʃtɛkən] *v (fig)* moderarse, bajar velas
zurücktreten [tsu'ryktre:tən] *v irr 1.* retroceder; *2. (Rücktritt erklären)* dimitir, renunciar; *3. (fig: Vertrag)* rescindir
zurückweisen [tsu'rykvaɪzən] *v irr* rechazar
zurückzahlen [tsu'ryktsa:lən] *v* reembolsar, saldar, pagar
Zurückzahlung [tsu'ryktsa:luŋ] *f* reembolso *m,* pago *m*
zurückziehen [tsu'ryktsi:ən] *v irr 1.* retirar; *2. sich ~* retirarse, replegarse
zurufen ['tsu:ru:fən] *v irr jdm ~* gritar a alguien
zurzeit [tsu:r'tsaɪt] *adv* de momento
Zusage ['tsu:za:gə] *f* promesa *f,* palabra *f,* contestación afirmativa *f*
zusagen ['tsu:za:gən] *v 1.* prometer, dar la palabra; *2. (fig: gefallen)* agradar, gustar
zusammen [tsu'zamən] *adv 1. (gemeinsam)* juntos, conjuntamente; *2. (insgesamt)* total, en conjunto
Zusammenarbeit [tsu'zamənarbaɪt] *f* colaboración *f,* cooperación *f*
zusammenarbeiten [tsu'zamənarbaɪtən] *v* trabajar juntos, colaborar
Zusammenbau [tsu'zamənbau] *m* montaje *m,* ensamblaje *m*
zusammenbrechen [tsu'zamənbrɛçən] *v irr* derrumbarse, venirse abajo, desplomarse; *Seine letzte Hoffnung ist wie ein Kartenhaus zusammengebrochen.* Su última ilusión se desmoronó como un castillo de naipes.
Zusammenbruch [tsu'zamənbrux] *m 1.* derrumbamiento *m,* desplome *m; 2. MED* colapso *m*
zusammenfallen [tsu'zamənfalən] *v irr 1.* derrumbarse, venirse abajo, hundirse; *2. (fig: zeitlich)* coincidir
zusammenfassen [tsu'zamənfasən] *v 1. (fig: sammeln)* reunir, aunar, agrupar; *2. (Gesetze)* recopilar; *3. (organisatorisch)* coordinar; *4. (kurz ~)* hacer un resumen de, resumir, sintetizar
zusammenfassend [tsu'zamənfasənt] *adj 1.* resumido, conciso; *adv 2.* sumariamente, en resumen
Zusammenfassung [tsu'zamənfasuŋ] *f 1.* unión *f,* agrupación *f; 2. (kurze ~)* resumen *m,* síntesis *f*
zusammenfügen [tsu'zamənfy:gən] *v* unir, reunir, juntar
zusammengehören [tsu'zaməngəhø:rən] *v* pertenecer al mismo grupo, formar un conjunto
zusammengesetzt [tsu'zaməngəzɛtst] *adj* compuesto
Zusammenhalt [tsu'zamənhalt] *m* consistencia *f*
zusammenhalten [tsu'zamənhaltən] *v irr* mantener juntos, mantener unidos
Zusammenhang [tsu'zamənhaŋ] *m (fig)* asociación *f,* relación *f; Zusammenhänge herstellen* atar cabos
zusammenhängen [tsu'zamənhɛŋən] *v irr (fig)* estar relacionado
zusammenhangslos [tsu'zamənhaŋslo:s] *adj* incoherente, sin relación
zusammenklappbar [tsu'zamənklapba:r] *adj* plegable
Zusammenkunft [tsu'zamənkunft] *f* reunión *f,* asamblea *f*
zusammenlegen [tsu'zamənle:gən] *v 1. (vereinigen)* unir, reunir; *2. (falten)* plegar, doblar
zusammennehmen [tsu'zamənne:mən] *v irr sich ~* hacer un esfuerzo, controlarse
zusammenpassen [tsu'zamənpasən] *v* congeniar, cuadrar, encajar con; *gut ~* hacer juego
zusammenschließen [tsu'zamənʃli:sən] *v irr sich ~* unirse, agruparse, asociarse
Zusammenschluss [tsu'zamənʃlus] *m 1.* reunión *f,* unión *f,* asociación *f; 2. (von Firmen)* fusión *f*
Zusammensetzung [tsu'zamənzɛtsuŋ] *f* composición *f*
Zusammenstoß [tsu'zamənʃto:s] *m* colisión *f,* choque *m*
zusammenstoßen [tsu'zamənʃto:sən] *v irr* colisionar, chocar, entrar en colisión
zusammentreffen [tsu'zaməntrɛfən] *v irr* encontrarse con alguien, entrevistarse con alguien
Zusammentreffen [tsu'zaməntrɛfən] *n* encuentro *m,* entrevista *f*

zusammenzählen [tsu'zaməntsɛːlən] *v* sumar, totalizar
zusammenziehen [tsu'zaməntsiːən] *v irr* *1.* contraer; *2.* *(zusammenzählen)* sumar, totalizar, adicionar
Zusatz ['tsuːzats] *m* *1.* adición *f,* aditamento *m,* añadidura *f;* *2.* *CHEM* agregado *m*
zusätzlich ['tsuːzɛtslɪç] *adj* *1.* adicional, complementario, suplementario; *adv* *2.* además, por añadidura
zuschauen ['tsuːʃauən] *v* estar mirando, presenciar, ser espectador
Zuschauer(in) ['tsuːʃauər(ɪn)] *m/f* espectador(a) *m/f*
zuschicken ['tsuːʃɪkən] *v* enviar, mandar, remitir
Zuschlag ['tsuːʃlaːk] *m* suplemento *m,* recargo *m*
zuschlagpflichtig ['tsuːʃlaːkspflɪçtɪç] *adj* sujeto a sobretasa
zuschließen ['tsuːʃliːsən] *v irr* cerrar con llave, cerrar
Zuschrift ['tsuːʃrɪft] *f* carta *f,* comunicación *f*
Zuschuss ['tsuːʃus] *m* subvención *f,* subsidio *m,* ayuda financiera *f*
zusehen ['tsuːzeːən] *v irr* estar mirando, ser espectador, mirar con atención
zusehends ['tsuːzeːənts] *adv* visiblemente, a la vista
zusichern ['tsuːzɪçərn] *v* asegurar
zusperren [tsu'ʃpərən] *v* *(Tür)* echar el cerrojo, cerrar
Zuspruch ['tsuːʃprux] *m* *1.* *(Trost)* consuelo *m;* *2.* *(Erfolg)* éxito *m,* afluencia *f*
Zustand ['tsuːʃtant] *m* estado *m,* situación *f;* *Zustände kriegen* volverse loco
Zustandekommen ['tsuːʃtandəkɔmən] *n* realización *f,* puesta en práctica *f*
zuständig ['tsuːʃtɛndɪç] *adj* competente para, que está a cargo de, encargado de
Zuständigkeit ['tsuːʃtɛndɪçkaɪt] *f* competencia *f,* incumbencia *f*
zustellen ['tsuːʃtɛlən] *v* *1.* cubrir, tapar; *2.* *(liefern)* entregar, hacer entrega
Zustellung ['tsuːʃtɛluŋ] *f* entrega *f,* envío *m,* reparto *m*
zustimmen ['tsuːʃtɪmən] *v* estar de acuerdo con alguien
Zustimmung ['tsuːʃtɪmuŋ] *f* aprobación *f,* consentimiento *m,* conformidad *f;* *Wir hoffen, dass es ihre ~ findet.* Esperamos sea de su conformidad. *Schweigen wird als ~ gedeutet.* Quien calla otorga.
zustoßen ['tsuːʃtoːsən] *v irr* *(fig: geschehen)* suceder, pasar, ocurrir
Zutaten ['tsuːtaːtən] *pl* ingredientes *m/pl*
Zuteilung ['tsuːtaɪluŋ] *f* distribución *f,* reparto *m*
zutrauen ['tsuːtrauən] *v* *jdm etw ~* creer a alguien capaz de hacer algo
Zutrauen ['tsuːtrauən] *n ~ zu* confianza en
zutraulich ['tsuːtraulɪç] *adj* lleno de confianza
zutreffen ['tsuːtrɛfən] *v irr* ser justo, ser exacto, ser verdad
Zutritt ['tsuːtrɪt] *m* acceso *m,* entrada *f,* admisión *f*
zuverlässig ['tsuːfɛrlɛsɪç] *adj* seguro, formal, de confianza
Zuverlässigkeit ['tsuːfɛrlɛsɪçkaɪt] *f* seguridad *f,* formalidad *f,* fiabilidad *f*
Zuversicht ['tsuːfɛrzɪçt] *f* absoluta confianza *f*
zuversichtlich ['tsuːfɛrzɪçtlɪç] *adj* *1.* confiado; *adv* *2.* con toda confianza
zuvor [tsu'foːr] *adv* antes, previamente
zuvorkommen [tsu'foːrkɔmən] *v irr* *jdm ~* adelantarse a alguien, anticiparse a alguien
zuvorkommend [tsu'foːrkɔmənt] *adj* *1.* complaciente, cortés, atento, solícito; *adv* *2.* solícitamente, con mucha atención
Zuwachs ['tsuːvaks] *m* *1.* *(fam: Baby)* aumento de la familia *m,* retoño *m;* *2.* *ECO* aumento *m,* incremento *m*
Zuwachsrate ['tsuːvaksraːtə] *f* *ECO* tasa de incremento *f*
zuweilen [tsuː'vaɪlən] *adv* a veces, de vez en cuando
zuweisen ['tsuːvaɪzən] *v irr* asignar, señalar
Zuweisung ['tsuːvaɪzuŋ] *f* asignación *f*
zuwenden ['tsuːvɛndən] *v irr* volver hacia, dirigir a
Zuwendung ['tsuːvɛnduŋ] *f* *1.* *(Geld)* donativo *f,* donación *f;* *2.* *(Gefühl)* afición *f*
zuwider [tsu'viːdər] *adv* *1.* repugnante, desagradable; *prep* *2.* opuesto a, en contra de; *Er handelte der Anordnung ~.* Actuó en contra de la prohibición.
zuzüglich ['tsutsyːklɪç] *prep* más, con añadidura de
Zwang [tsvaŋ] *m* violencia *f,* fuerza *f,* presión *f,* obligación *f;* *unter ~* bajo coacción
zwanglos ['tsvaŋloːs] *adj* *1.* voluntario, natural; *adv* *2.* voluntariamente, sin compromiso

Zwangslage ['tsvaŋsla:gə] *f* situación forzosa *f*, situación violenta *f*
zwangsläufig ['tsvaŋslɔyfɪç] *adj 1.* inevitable, forzoso, obligatorio; *adv 2.* inevitablemente, forzosamente
Zwangsmaßnahme ['tsvaŋsma:sna:mə] *f* medida coercitiva *f*, medida rigurosa *f*
zwanzig ['tsvantsɪç] *num* veinte
zwanzigste(r,s) ['tsvantsɪçstə(r,s)] *adj* vigésimo
zwar [tsva:r] *konj* en verdad, a decir verdad, pues, o sea; *Der Wein ist ~ billig, aber gut.* Aunque el vino es barato, es bueno. *und ~* a saber/es decir
Zweck [tsvɛk] *m* fin *m*, propósito *m*, finalidad *f*; *Der ~ heiligt die Mittel.* El fin justifica los medios.
zweckentfremdet ['tsvɛkənfrɛmdət] *adj* usado para fines extraños
zwecklos ['tsvɛklo:s] *adj 1.* inútil; *adv 2.* sin objeto, sin razón de ser
zweckmäßig ['tsvɛkmɛ:sɪç] *adj* conveniente, adecuado
zwecks [tsvɛks] *prep* con el fin de, con el objeto de, con la finalidad de
zwei [tsvaɪ] *num* dos
zweideutig ['tsvaɪdɔytɪç] *adj* ambiguo, de doble sentido
zweifach ['tsvaɪfax] *adj* doble, duplicado
Zweifel ['tsvaɪfəl] *m* duda *f*; *die eigenen ~ beseitigen* sacarse el clavo
zweifelhaft ['tsvaɪfəlhaft] *adj* dudoso, incierto, discutible
zweifellos ['tsvaɪfəllo:s] *adj* indudable; *Er ist ~ ein Betrüger.* No cabe duda de que él es un estafador.
zweifeln ['tsvaɪfəln] *v* dudar, desconfiar
Zweig [tsvaɪk] *m 1. (fig)* ramo *m*, especialidad *f*; *2. BOT* rama *f*, gajo *m*; *auf keinen grünen ~ kommen* no prosperar
Zweigstelle ['tsvaɪkʃtɛlə] *f* sucursal *f*, agencia *f*, filial *f*
Zweikampf ['tsvaɪkampf] *m SPORT* duelo *m*, desafío *m*
zweimal ['tsvaɪma:l] *adv* dos veces
Zweisitzer ['tsvaɪzɪtsər] *m (Auto)* coche de dos asientos *m*, cupé *m*
zweisprachig ['tsvaɪʃpra:xɪç] *adj* bilingüe, compuesto en dos idiomas
zweispurig ['tsvaɪʃpu:rɪç] *adj* de doble vía, de doble carril
zweite(r,s) ['tsvaɪtə(r,s)] *adj* segundo
zweitrangig ['tsvaɪtraŋɪç] *adj* secundario, de segunda categoría
Zwerg [tsvɛrk] *m* enano *m*, duende *m*
Zwetschge ['tsvɛtʃkə] *f BOT* ciruela *f*
zwicken ['tsvɪkən] *v* pellizcar
Zwickmühle ['tsvɪkmy:lə] *f (fig)* dilema *m*, apuro *m*, lío *m*; *in eine ~ geraten* estar acorralado
Zwieback ['tsvɪ:bak] *m* bizcocho *m*, tostada *f*
Zwiebel ['tsvi:bəl] *f 1.* cebolla *f*; *2. BOT* bulbo *m*
Zwielicht ['tsvi:lɪçt] *n* luz crepuscular *f*, media luz *f*
zwielichtig ['tsvi:lɪçtɪç] *adj* dudoso, sospechoso
Zwiespalt ['tsvi:ʃpalt] *m* discrepancia *f*, disonancia *f*
zwiespältig ['tsvi:ʃpɛltɪç] *adj* desunido, discrepante, disonante
Zwietracht ['tsvi:traxt] *f* discordia *f*
Zwilling ['tsvɪlɪŋ] *m* gemelo *m*, mellizo *m*; *eineiige ~e* univitelinos *m/pl*
zwingen ['tsvɪŋən] *v irr* obligar, forzar
zwingend ['tsvɪŋənt] *adj* obligatorio, forzoso, coercitivo
zwinkern ['tsvɪŋkərn] *v* pestañear, parpadear
Zwirn [tsvɪrn] *m* hilo torcido *m*
zwischen ['tsvɪʃən] *prep* entre, en medio de; *~ zwei Stühlen sitzen (fig)* querer estar bien con Dios y con el diablo
zwischendurch ['tsvɪʃəndurç] *adv 1. (zeitlich)* de vez en cuando, a ratos; *2. (örtlich)* de parte a parte
Zwischenfall ['tsvɪʃənfal] *m* incidente *m*
Zwischenlandung ['tsvɪʃənlandUŋ] *f* escala *f*
Zwischenraum ['tsvɪʃənraum] *m* espacio *m*, espacio intermedio *m*
Zwischenzeit ['tsvɪʃəntsaɪt] *f* intervalo *m*, tiempo intermedio *m*
Zwist [tsvɪst] *m* discordia *f*, desavenencia *f*, controversia *f*
zwitschern ['tsvɪtʃərn] *v* gorjear, trinar
zwölf [tsvœlf] *num* doce
zwölfte(r,s) ['tsvœlftə(r,s)] *adj* duodécimo
Zyklus ['tsy:klus] *m* ciclo *m*
Zylinder [tsy'lɪndər] *m 1. (Hut)* sombrero de copa *m*; *2. TECH* cilindro *m*
zynisch ['tsy:nɪʃ] *adj 1.* cínico; *adv 2.* cínicamente
Zypresse [tsy'prɛsə] *f BOT* ciprés *m*
Zyste ['tsystə] *f MED* quiste *m*

Spanische Grammatik

Das Adjektiv

Das Adjektiv richtet sich in Zahl und Geschlecht nach dem Substantiv, zu dem es gehört. *(He comprado un coche barato.* Ich habe ein billiges Auto gekauft.)
Die weibliche Form der meisten Adjektive wird mit der Endung *-a* gebildet *(antiguo/antigua).* Bei Adjektiven auf *-e, -a, -ior, -tal, -z* sind die maskuline und die feminine Form gleich. *(El vestido es muy elegante.* Das Kleid ist sehr elegant. *La falda es muy elegante.* Der Rock ist sehr elegant.)

Die Pluralbildung des Adjektivs
Der Plural des Adjektivs wird durch Anhängen der Endung *-s* an die männliche oder weibliche Form gebildet.

Die Stellung des Adjektivs
Adjektive stehen im Allgemeinen nach dem Substantiv, manche Adjektive können jedoch auch vorangestellt werden. Dabei ändert sich aber der Aussagewert des Adjektivs.

Die Steigerung des Adjektivs

Grundform	Komparativ	Superlativ
bonito/a	*más bonito/a*	*el/la más bonito/a*

Nur einige Adjektive besitzen eigene Steigerungsformen:

Grundform	Komparativ	Superlativ
mucho	*más*	
poco	*menos*	
bueno	*mejor*	*el/la mejor*
malo	*peor*	*el/la peor*
grande	*mayor*	*el/la mayor*
	más grande	*el/la más grande*
pequeño	*menor*	*el/la menor*
	más pequeño	*el/la más pequeño/a*

Das Adverb

Man leitet ein Adverb von einem Adjektiv ab, indem man die weibliche Form die Endung *-mente* anhängt *(seria – seriamente* ernst; *bonita – bonitamente* hübsch).

Der Artikel

Der bestimmte Artikel
Der bestimmte Artikel lautet im Singular maskulin *el,* feminin *la,* im Plural maskulin *los* und feminin *las.*
Feminine Substantive, die mit betontem *a* und *ha* beginnen, haben im Singular den Artikel *el,* im Plural *las (el agua* das Wasser; *el hacha* die Axt; *el hambre* der Hunger).

Der unbestimmte Artikel

Der unbestimmte Artikel lautet maskulin *un*, feminin *una*. Im Plural heißt er maskulin *unos*, feminin *unas*.

	maskulin	feminin
Singular	*un libro*	*una casa*
Plural	*unos libros*	*unas casas*

Der Plural des unbestimmten Artikels steht besonders bei Substantiven, die nur im Plural gebraucht werden. *(La ciudad tiene unos alrededores feos.* Die Stadt hat eine hässliche Umgebung.) Weibliche Substantive, die mit betontem *a-* oder *ha-* beginnen, bilden im Singular den Artikel *un*, im Plural *unas*.

Das Possessivpronomen

Das unbetonte Possessivpronomen

Das unbetonte Possessivpronomen richtet sich im Numerus nach dem Substantiv, zu dem es gehört.

Singular	Plural
mi libro	*mis libros*
tu libro	*tus libros*
su libro	*sus libros*
nuestro libro	*nuestros libros*
nuestra casa	*nuestras casas*
vuestro libro	*vuestros libros*
vuestra casa	*vuestras casas*
su libro	*sus libros*

Mit Ausnahme von *vuestro/a* und *nuestro/a* hat das unbetonte Possesivpronomen die gleiche Form im Maskulinum und Femininum.

Das betonte Possessivpronomen

mío	mein	*el mío*	der meine/meinige
tuyo	dein		
suyo	sein		
nuestro	unser		
vuestro	euer		
suyo	ihr		
suyo	Ihr		

Die betonten Possessivpronomen haben im Maskulinum und im Femininum verschiedene Endungen: *mío/mía* usw. *Ser* in Verbindung mit dem betonten Possessivpronomen ist gleichbedeutend mit 'gehören'. *(Este libro es tuyo.* Dieses Buch gehört dir.)

Das betonte Possessivpronomen steht in Verbindung mit dem unbestimmten Artikel immer nach dem Substantiv.

Der Satzbau

Die Wortstellung

Die Wortstellung ist im Spanischen relativ frei. Allerdings werden selbstständige Personalpronomen vor dem Verb weggelassen, da das Subjekt durch die Verbform angegeben wird.

Das Substantiv

Das Geschlecht des Substantivs

Das Spanische hat zwei grammatikalische Geschlechter: männlich und weiblich *(el libro, la casa).*

Männlich sind Substantive auf:

-o:	*el libro*
-or:	*el tenedor*
-ón:	*el bastón*
-án:	*el alquitrán*
-aje:	*el garaje*

Weiblich sind Substantive auf:

-a:	*la casa*
-ción:	*la acción*
-dad:	*la fraternidad*
-tad:	*la libertad*
-tud:	*la juventud*
-umbre:	*la muchedumbre*
-ie:	*la serie*
-triz:	*la actriz*

Enden Länder- oder Städtenamen auf *-a,* so sind sie feminin – die übrigen meist maskulin. Ausnahme: Bezeichnet der Städtename die Gesamtzahl der Bewohner, so wird er maskulinisch verwendet. *(Todo Zaragoza está en la Feria del Pilar.)*

Die Pluralbildung

Substantive, die auf Vokal enden, bilden den Plural auf *-s (el libro, los libros).* Ausnahmen sind Substantive, die auf betontem *-í* enden.

Substantive, die auf einen Konsonant enden, bilden den Plural auf *-es,* wobei *-z* zu *-ces* wird *(el árbol, los árboles; la nuez, las nueces).*

Substantive, die auf der vorletzten oder drittletzten Silbe betont werden und auf *-s* enden, werden im Plural nicht verändert *(la crisis, las crisis).*

Bei Substantiven, die im Singular und Plural auf der gleichen Silbe betont werden, kann der Akzent entweder wegfallen oder erforderlich werden, damit die richtige Aussprache erhalten bleibt *(la solución, las soluciones; el examen, los exámenes).*

Die Deklination des Substantivs

Der Genitiv wird mit *de,* der Dativ mit *a* gebildet.

maskulin:	Singular	Plural
Genitiv	*del coche*	*de los coches*
Dativ	*al coche*	*a los coches*

feminin:	Singular	Plural
Genitiv	*de la casa*	*de las casas*
Dativ	*a la casa*	*a las casas*

Ausnahmen:

Bei Personenbezeichnungen (einschließlich Tieren, zu denen ein persönliches Verhältnis besteht) und Personifizierungen wird der Akkusativ mit *a* gebraucht. *Saludo al señor Agudo.* (Ich begrüße Herrn Agudo.) *Tengo que dejar al perro en casa.* (Ich muss den Hund zu Hause lassen.)

Die Uhrzeiten

Die Uhrzeit wird im Spanischen immer mit dem Verb *ser* im Plural gebraucht (außer: *Es la una.* Es ist 1 Uhr.):

Son las cuatro.	Es ist 16.00 Uhr.
Son las cuatro y cinco.	Es ist 16.05 Uhr.

Bis zur vollen halben Stunde werden die Minuten mit *y* an die Stundenzahl angehängt. *(Son las cuatro y cuarto.* Es ist 16.15 Uhr.) Ab der vollen halben Stunde werden Minuten mit *menos* angehängt. *(Son las cinco menos cuarto.* Es ist 16.45 Uhr.) Eine halbe Stunde wird mit *una media hora* bezeichnet. *(Son las seis y media.* Es ist 18.30 Uhr.)

Das Verb

Die Hilfsverben *haber* (haben), *ser* und *estar* (sein)

Indikativ

Präsens	Imperfekt
he	*había*
has	*habías*
ha (unpersönlich *hay)*	*había*
hemos	*habíamos*
habéis	*habíais*
han	*habían*

Futur	Konditional
habré	*habría*
habrás	*habrías*
habrá	*habría*
habremos	*habríamos*
habréis	*habríais*
habrán	*habrían*

Perfekt	Plusquamperfekt
he habido	*había habido*
has habido	*habías habido*
ha habido	*había habido*
hemos habido	*habíamos habido*
habéis habido	*habíais habido*
han habido	*habían habido*

Konjunktiv (subjuntivo)

Präsens	Imperfekt
haya	*hubiera/hubiese*
Partizip Perfekt	*habido*
Imperativ Präsens	*hayamos* (haben wir!)
	habed (habt!)

Historische Vergangenheit (indefinido)
hube, hubiste, hubo, hubimos, hubisteis, hubeiren

Der Gebrauch von *ser* und *estar*

Im Spanischen gibt es zwei Verben für das deutsche Hilfsverb sein: *ser* und *estar*. *Estar* wird zur Angabe des Ortes, des Zustandes (+ Adjektiv) z.B. einer Person, der Stellung oder Lage verwendet. *Ser* hingegen dient dazu, Dinge oder Personen zu identifizieren oder zu definieren. Weiterhin werden mit *ser* +Adjektiv Qualitäten bzw. Eigenschaften angegeben, die als wesentliches Erkennungsmerkmal gelten.

Indikativ

Präsens

soy	*estoy*
eres	*estás*
es	*está*
somos	*estamos*
sois	*estáis*
son	*están*

Imperfekt

era	*estaba*
eras	*estabas*
era	*estaba*
éramos	*estábamos*
erais	*estabais*
eran	*estaban*

Historische Vergangenheit (indefinido)

fui	*estuve*
fuiste	*estuviste*
fue	*estuvo*
fuimos	*estuvimos*
fuisteis	*estuvieron*
fueron	*estuvisteis*

Futur

seré	*estaré*
serás	*estarás*
será	*estará*
seremos	*estaremos*
seréis	*estaréis*
serán	*estarán*

Konditional

sería	*estaría*
serías	*estarías*
sería	*estaría*
seríamos	*estaríamos*
seríais	*estaríais*
serían	*estarían*

Partizip Perfekt	*sido*	*estado*
Imperativ Präsens	*sé* (sei!)	*está* (sei!)
	seamos (seien wir!)	*estemos* (seien wir!)
	sed (seid!)	*estad* (seid!)

Konjunktiv (subjuntivo)
Präsens

sea	*esté*

Imperfekt

fuera/fuese	*estuviera/estuviese*

Die Vollverben

Die regelmäßige Konjugation

Im Spanischen werden drei Konjugationen unterschieden: Verben auf *-ar*, Verben auf *-er* und Verben auf *-ir*.

Verben auf *-ar*

Indikativ

Präsens	Imperfekt
amo	*amaba*
amas	*amabas*
ama	*amaba*
amamos	*amábamos*
amáis	*amabais*
aman	*amaban*

Futur	Konditional
amaré	*amaría*
amarás	*amarías*
amará	*amaría*
amaremos	*amaríamos*
amaréis	*amaríais*
amarán	*amarían*

Konjunktiv (subjuntivo)

Präsens	Imperfekt
ame	*amara/amase*
Partizip Perfekt	*amado*

Imperativ Präsens	*ama (liebe!)*
	amemos (lieben wir!)
	amad (liebt!)

Historische Vergangenheit (indefinido)
amé, amaste, amó, amamos, amasteis, amaron

Verben auf *-er*

Indikativ

Präsens	Imperfekt
bebo	*bebía*
bebes	*bebías*
bebe	*bebía*
bebemos	*bebíamos*
bebéis	*bebíais*
beben	*bebían*

Futur	Konditional
beberé	*bebería*
beberás	*beberías*
beberá	*bebería*
beberemos	*beberíamos*
beberéis	*beberíais*
beberán	*beberían*

Historische Vergangenheit (indefinido)
bebí *bebiste* *bebió* *bebimos* *bebisteis* *bebieron*

Konjunktiv (subjuntivo)

Präsens	Imperfekt
beba	*bebiera/bebiese*

Partizip Perfekt	*bebido*
Imperativ Präsens	*bebe* (trinke!) *bebamos* (trinken wir!) *bebed* (trinkt!)

Verben auf *-ir*
Indikativ

Präsens	Imperfekt
vivo	*vivía*
vives	*vivías*
vive	*vivía*
vivimos	*vivíamos*
vivís	*vivíais*
viven	*vivían*

Futur	Konditional
viviré	*viviría*
vivirás	*viviríais*
vivirá	*viviría*
viviremos	*viviríamos*
viviréis	*viviríais*
vivirán	*vivirían*

Konjunktiv (subjuntivo)

Präsens	Imperfekt
viva	*viviera/viviese*
Partizip Perfekt	*vivido*
Imperativ Präsens	*vive* (lebe!) *viva* (er, sie, es lebe!) *vivamos* (leben wir!) *vivid* (lebt!)

Historische Vergangenheit (indefinido)
viví, viviste, vivió, vivimos, vivisteis, vivieren

Die Verwendung des Subjuntivo

Im Hauptsatz steht der Subjuntivo in fast allen Formen des Imperativs. Weiterhin steht er zum Ausdruck eines Wunsches. Im Nebensatz steht der Subjuntivo nach Vergeben und Ausdrücken der Empfehlung, der Empfindung, des Wunsches, des Befehls, des Erlaubens, der Absicht, der Verpflichtung und des Erstaunens.

Das Zahlwort

Die Kardinalzahlen

0	*cero*	10	*diez*	20	*veinte*
1	*uno*	11	*once*	21	*veintiuno*
2	*dos*	12	*doce*	22	*veintidós*
3	*tres*	13	*trece*	23	*veintitrés*
4	*cuatro*	14	*catorce*	24	*veinticuatro*
5	*cinco*	15	*quince*	25	*veinticinco*
6	*seis*	16	*dieciséis*	26	*veintiséis*
7	*siete*	17	*diecisiete*	27	*veintisiete*
8	*ocho*	18	*dieciocho*	28	*veintiocho*
9	*nueve*	19	*diecinueve*	29	*veintinueve*
30	*treinta*	40	*cuarenta*	50	*cincuenta*
60	*sesenta*	70	*setenta*	80	*ochenta*
90	*noventa*	100	*cien/ciento*	110	*ciento diez*
200	*doscientos/as*	201	*doscientos y uno*	210	*doscientoy diez*
289	*doscientos ochenta y nueve*				
1.001	*mil y uno*				
1.238	*mil doscientos treinta y ocho*				
1.000.000	*un millón*				
2.240.792	*dos millones doscientos cuarenta mil setecientos noventa y dos*				
1.000.000.000	*mil millones*				

Die Ordnungzahlen

1. *primero*	2. *segundo*
3. *tercero*	4. *cuarto*
20. *vigésimo*	80. *octogésimo*
90. *nonagésimo*	100. *centésimo*
200. *ducentésimo*	1.000. *milésimo*

Unregelmäßige Verben im Spanischen

In der Auflistung werden folgende Abkürzungen verwendet:
Presente = *P;* Futuro = *F;* Subjuntivo Presente = *SPr;* Subjuntivo Imperfecto = *SImp;* Gerundio = *G;* Indefinido = *Indef;* Participio Perfecto = *PP;* Imperativo = *Imper*

andar ando, anda, andamos, andan *P;* andaré *F;* ande, andemos *SPr;* andara/andase *SImp;* andando *G;* anduve, anduvo, anduvimos, anduvieron *Indef;* andado *PP;* anda, andemos, andad *Imper*

caber quepo, cabe, cabemos, caben *P;* cabré *F;* quepa, quepamos *SPr;* cupiera/cupiese *SImp;* cabiendo *G;* cupe, cupo, cupimos, cupieron *Indef;* cabido *PP;* cabe, quepamos, cabed *Imper*

caer caigo, cae, caemos, caen *P;* caeré *F;* caiga, caigamos *SPr;* caera/caese *SImp;* cayendo *G;* caí, cayó, caíamos, cayeron, *Indef;* caído *PP;* cae, cayamos, caed *Imper*

conducir conduzco, conduce, conducimos, conducen *P;* conduciré *F;* conduzca, conduzcamos *SPr;* condujera/condujese *SImp;* conduciendo *G;* conduje, condujo, condujimos, condujeron *Indef;* conducido *PP;* conduce, conduzcamos, conducid *Imper*

conocer conozco, conoce, conocemos, conocen *P;* conoceré *F;* conozca, conozcamos *SPr;* conociera/conociese *SImp;* conociendo *G;* conocí, conoció, conocimos, conocieron *Indef;* conocido *PP;* conoce, conozcamos, conoced *Imper*

construir construyo, construye, construimos, construyen *P;* construiré *F;* construya, construyamos *SPr;* construyera/construyese *SImp;* construyendo *G;* construí, construyó, construimos, construieron *Indef;* construido *PP;* construye, construyamos, construid *Imper*

dar doy, da, damos, dan *P;* daré *F;* dé, demos *SPr;* diera/diese *SImp;* dando *G;* di, dio, dimos, dieron *Indef;* dado *PP;* da, demos, dad *Imper*

decir digo, dice, decimos, dicen *P;* diré *F;* diga, digamos *SPr;* dijera/dijese *SImp;* diciendo *G;* dije, dijo, dijimos, dijeron *Indef;* dicho *PP;* di, digamos, decid *Imper*

dormir duermo, duerme, dormimos, duermen *P;* dormiré *F;* duerma, durmamos *SPr;* durmiera/durmiese *SImp;* durmiendo *G;* dormí, durmió, durmimos, durmieron *Indef;* dormido *PP;* duerme, durmamos, dormid *Imper*

estar estoy, está, estamos, están *P;* estaré *F;* esté, estemos *SPr;* estuviera/estuviese *SImp;* estando *G;* estuve, estuvo, estuvimos, estuvieron *Indef;* estado *PP;* está, estemos, estad *Imper*

haber he, ha, hemos, han *P;* habré *F;* haya, hayamos *SPr;* hubiera/hubiese *SImp;* habiendo *G;* hube, hubo, hubimos, hubieron *Indef;* habido *PP;* haya, hayamos, habed *Imper*

hacer hago, hace, hacemos, hacen *P;* haré *F;* haga, hagamos *SPr;* hiciera/hiciese *SImp;* haciendo *G;* hice, hizo, hicimos, hicieron *Indef;* hecho *PP;* haz, hagamos, haced *Imper*

ir voy, va, vamos, van *P;* iré *F;* vaya, vayamos *SPr;* fuera/fuese *SImp;* yendo *G;* fui, fue, fuimos, fueron *Indef;* ido *PP;* ve, vayamos, id *Imper*

medir mido, mide, medimos, miden *P;* mediré *F;* mida, midamos *SPr;* midiera/midiese *SImp;* midiendo *G;* medí, midió, medimos, midieron *Indef;* medido *PP;* mide, midamos, medid *Imper*

mover muevo, mueve, movemos, mueven *P;* moveré *F;* mueva, movamos *SPr;* moviera/moviese *SImp;* moviendo *G;* moví, movimos, movieron *Indef;* movido *PP;* mueve, movemos, moved *Imper*

nacer nazco, nace, nacemos, nacen *P;* naceré *F;* nazca, nazcamos *SPr;* naciera/naciese *SImp;* naciendo *G;* nací, nació, nacimos, nacieron *Indef;* nacido *PP;* nace, nazcamos, naced *Imper*

ofrecer ofrezco, ofrece, ofrecemos, ofrecen *P;* ofreceré *F;* ofrezca, ofrezcamos *SPr;* ofreciera/ofreciese *SImp;* ofreciendo *G;* ofrecí, ofreció, ofrecimos, ofrecieron *Indef;* ofrecido *PP;* ofrece, ofrezcamos, ofreced *Imper*

oír oigo, oye, oímos, oyen *P;* oiré *F;* oiga, oigamos *SPr;* oyera/oyese *SImp;* oyendo *G;* oí, oyó, oímos, oyeron *Indef;* oído *PP;* oye, oigamos, oíd *Imper*

oler huelo, huele, olemos, huelen *P;* oleré *F;* huela, olamos *SPr;* oliera/oliese *SImp;* oliendo *G;* olí, olió, olimos, olieron *Indef;* olido *PP;* huele, olamos, oled *Imper*

pedir pido, pide, pedimos, piden *P;* pediré *F;* pida, pidamos *SPr;* pidiera/pidiese *SImp;* pidiendo *G;* pedí, pidió, pedimos, pidieron *Indef;* pedido *PP;* pide, pidamos, pedid *Imper*

pensar pienso, piensa, pensamos, piensan *P;* pensaré *F;* piense, pensemos *SPr;* pensara/pensase *SImp;* pensando *G;* pensé, pensó, pensamos, pensaron *Indef;* pensado *PP;* piensa, pensemos, pensad *Imper*

perder pierdo, pierde, perdemos, pierden *P;* perderé *F;* pierda, perdamos *SPr;* perdiera/perdiese *SImp;* perdiendo *G;* perdí, perdió, perdimos, perdieron *Indef;* perdido *PP;* pierde, perdamos, perded *Imper*

poder puedo, puede, podemos, pueden *P;* podré *F;* pueda, podamos *SPr;* pudiera/pudiese *SImp;* pudiendo *G;* pude, pudo, pudimos, pudieron *Indef;* podido *PP;* puede, podamos, poded *Imper*

poner pongo, pone, ponemos, ponen *P;* pondré *F;* ponga, pongamos *SPr;* pusiera/pusiese *SImp;* poniendo *G;* puse, puso, pusimos, pusieron *Indef;* puesto *PP;* pon, pongamos, poned *Imper*

probar pruebo, prueba, probamos, prueban *P;* probaré *F;* pruebe, probemos *SPr;* probara/probase *SImp;* probando *G;* probé, probó, probamos, probaron *Indef;* probado *PP;* prueba, probemos, probad *Imper*

querer quiero, quiere, queremos, quieren *P;* querré *F;* quiera, queramos *SPr;* quisiera/quisiese *SImp;* queriendo *G;* quise, quiso, quisimos, quisieron *Indef;* querido *PP;* quiere, queramos, quered *Imper*

referir refiero, refiere, referimos, refieren *P;* referiré *F;* refiera, referamos *SPr;* refe-riera/referiese *SImp;* refiriendo *G;* referí, referió, referimos, referieron *Indef;* referido *PP;* refiere, referamos, referid *Imper*

reír río, ríe, reímos, ríen *P;* reiré *F;* ría, riamos *SPr;* riera/riese *SImp;* riendo *G;* reí, rió, reímos, rieron *Indef;* reído *PP;* ríe, riamos, reíd *Imper*

repetir repito, repite, repetimos, repiten *P;* repetiré *F;* repita, repitamos *SPr;* repetiera/repetiese *SImp;* repetiendo *G;* repetí, repitió, repetimos, repetieron *Indef;* repetido *PP;* repite, repitamos, repetid *Imper*

saber sé, sabe, sabemos, saben *P;* sabré *F;* sepa, sepamos *SPr;* supiera/supiese *SImp;* sabiendo *G;* supe, supo, supimas, supieron *Indef;* sabido *PP;* sabe, sepamos, sabed *Imper*

salir salgo, sale, salimos, salen *P;* saldré *F;* salga, salgamos *SPr;* saliera/saliese *SImp;* saliendo *G;* supe, supo, supimos, salieron *Indef;* salido *PP;* sal, salgamos, salid *Imper*

sentir siento, siente, sentimos, sienten *P;* sentiré *F;* sienta, sintamos *SPr;* sintiera/sintiese *SImp;* sintiendo *G;* sentí, sintió, sentimos, sintieron *Indef;* sentido *PP;* siente, sintamos, sentid *Imper*

ser soy, eres, es, somos, sois, son *P;* seré *F;* sea, seamos *SPr;* fuera/fuese *SImp;* siendo *G;* fui, fue, fuimos, fueron *Indef;* sido *PP;* sé, seamos, sed *Imper*

servir sirvo, servimos, sirven *P;* serviré *F;* sirva, sirvamos *SPr;* sirviera/sirviese *SImp;* sirviendo *G;* serví, sirvió, servimos, sirvieron *Indef;* servido *PP;* sirve, sirvamos, servid *Imper*

tener tengo, tiene, tenemos, tienen *P;* tendré *F;* tenga, tengamos *SPr;* tuviera/tuviese *SImp;* teniendo *G;* tuve, tuvo, tuvimos, tuvieron *Indef;* tenido *PP;* ten, tengamos, tened *Imper*

traer traigo, trae, traemos, traen *P;* traeré *F;* traiga, traigamos *SPr;* trajera/trajese *SImp;* trayendo *G;* traje, trajo, trajimos, trajeron *Indef;* traído *PP;* trae, traigamos, traed *Imper*

valer valgo, vale, valemos, valen *P;* valdré *F;* valga, valgamos *SPr;* valiera/valiese *SImp;* valiendo *G;* valí, valió, valimos, valieron *Indef;* valido *PP;* vale, valgamos, valed *Imper*

venir vengo, viene, venimos, vienen *P;* vendré *F;* venga, vengamos *SPr;* viniera/viniese *SImp;* viniendo *G;* vine, vino, vinimos, vinieron *Indef;* venido *PP;* ven, vengamos, venid *Imper*

ver veo, ve, vemos, ven *P;* veré *F;* vea, veamos *SPr;* viera/viese *SImp;* viendo *G;* vi, vio, vimos, vieron *Indef;* visto *PP;* ve, veamos, ved *Imper*

vestir visto, viste, vestimos, visten *P;* vestiré *F;* vista, vistamos *SPr;* vistiera/vistiese *SImp;* vistiendo *G;* vestí, vistió, vestimos, vistieron *Indef;* vestido *PP;* viste, vistamos, vestid *Imper*

volver vuelvo, volvemos, vuelven *P;* volveré *F;* vuelva, volvamos *SPr;* volviera/volviese *SImp;* volviendo *G;* volví, volvió, volvimos, volvieron *Indef;* vuelto *PP;* vuelve, volvamos, volved *Imper*

Gramática alemana

Adjetivo

El uso del adjetivo

Cuando se utiliza el adjetivo como atributo, es decir para describir detalladamente al sustantivo, éste deberá concordar en género, número y caso con el sustantivo en cuestión.
Al ser empleado como predicativo o como adverbio, no sufre ninguna alteración. *(Die neuen Fahrräder* (neutro, plural, nominativo) *waren wegen ihres niedrigen Preises* (masculino, singular, genitivo) *schnell verkauft. Diese Fahrräder sind neu und preiswert.)*

La declinación del adjetivo

Se distinguen dos tipos de declinaciones del adjetivo. Un adjetivo se declina fuertemente, cuando aparece solo y precede a un sustantivo, cuando sigue a un artículo indeterminado o a un pronombre *(kleiner Mann, ein kleiner Mann, ihr kleiner Mann).*

singular	nominativo	genitivo	dativo	acusativo
		trotz	*mit*	*gegen*
masculino	*neuer Hut*	*neuen Hutes*	*neuem Hut(e)*	*neuen Hut*
femenino	*neue Frau*	*neuer Frau*	*neuer Frau*	*neue Frau*
neutro	*neues Auto*	*neuen Autos*	*neuem Auto*	*neues Auto*
plural	*neue*	*neuer*	*neuen*	*neue*
masculino	*Hüte*	*Hüte*	*Hüten*	*Hüte*
femenino	*Frauen*	*Frauen*	*Frauen*	*Frauen*
neutro	*Autos*	*Autos*	*Autos*	*Autos*

Un adjetivo se declina débilmente, cuando se encuentra después de un artículo determinado o después de un pronombre declinado *(der kleine Mann; dieser kleine Mann; welcher große Junge?).*

singular	nominativo	genitivo	dativo	acusativo
masculino	*neue Hut*	*neuen Hutes*	*neuen Hut(e)*	*neuen Hut*
femenino	*neue Frau*	*neuen Frau*	*neuen Frau*	*neue Frau*
neutro	*neue Auto*	*neuen Autos*	*neuen Auto*	*neue Auto*
plural	*neuen*	*neuen*	*neuen*	*neuen*
masculino	*Hüte*	*Hüte*	*Hüten*	*Hüte*

Grados de comparación

La comparación se forma añadiendo al positivo una *-er.* La inflexión de la vocal tónica *(Umlaut)* seguida de la terminación *-er* también se utiliza para construir la comparación.
El superlativo se forma adheriendo la terminación *-est* o *-st* al positivo. En caso de que el superlativo no se encuentre calificando a un sustantivo, se utiliza *am (weit, lang, alt; weiter, länger, älter; weiteste(r,s), längste(r,s), älteste(r,s). Er lief am weitesten.).*

Adverbio

Los adverbios que derivan de un adjetivo permanecen en su forma original. *(Das hast du gut gemacht!)* La comparación de los adverbios equivale a la de los adjetivos, es decir no hay terminaciones.

Artículo

El artículo determinado

número	caso	masculino	femenino	neutro
singular	nominativo	*der*	*die*	*das*
	genitivo	*des*	*der*	*des*
	dativo	*dem*	*der*	*dem*
	acusativo	*den*	*die*	*das*
plural	nominativo	*die*	*die*	*die*
	genitivo	*der*	*der*	*der*
	dativo	*den*	*den*	*den*
	acusativo	*die*	*die*	*die*

El artículo indeterminado

número	caso	masculino	femenino	neutro
singular	nominativo	*ein*	*eine*	*eines*
	genitivo	*eines*	*einer*	*eines*
	dativo	*einem*	*einer*	*einem*
	acusativo	*einen*	*eine*	*ein*

Pronombres

El pronombre personal

número	caso	1. persona	2. persona	3. persona
singular	nominativo	*ich*	*du*	*er, sie, es*
	genitivo	*meiner*	*deiner*	*seiner, ihrer, seiner*
	dativo	*mir*	*dir*	*ihm, ihr, ihm*
	acusativo	*mich*	*dich*	*ihn, sie, es*
plural	nominativo	*wir*	*ihr*	*sie*
	genitivo	*unser*	*euer*	*ihrer*
	dativo	*uns*	*euch*	*ihnen*
	acusativo	*uns*	*euch*	*sie*

El pronombre posesivo

posesión	singular			plural
posesor	masculino	femenino	neutro	m.f.n.
1. pers. sing.	*mein*	*meine*	*mein*	*meine*
2. pers. sing.	*dein*	*deine*	*dein*	*deine*
3. pers. sing.	*sein*	*seine*	*sein*	*seine*
	ihr	*ihre*	*ihr*	*ihre*
	sein	*seine*	*sein*	*seine*
1. pers. pl.	*unser*	*uns(e)re*	*unser*	*uns(e)re*
2. pers. pl.	*euer*	*eu(e)re*	*euer*	*eu(e)re*
3. pers. pl.	*ihr*	*ihre*	*ihr*	*ihre*

La declinación del pronombre posesivo

caso	masculino	femenino	neutro
nominativo singular	*mein Sohn*	*meine Tochter*	*mein Haus*
genitivo	*meines Sohnes*	*meiner Tochter*	*meines Hauses*
dativo	*meinem Sohn*	*meiner Tochter*	*meinem Haus*
acusativo	*meinen Sohn*	*meine Tochter*	*mein Haus*
nominativo plural	*meine Söhne*	*meine Töchter*	*meine Häuser*
genitivo	*meiner Söhne*	*meiner Töchter*	*meiner Häuser*
dativo	*meinen Söhnen*	*meinen Töchtern*	*meinen Häusern*
acusativo	*meine Söhne*	*meine Töchter*	*meine Häuser*

El pronombre posesivo se rige en género, número y caso por el sustantivo.
(Das ist mein Buch. Er war der Chef seiner Firma.)

El pronombre relativo

Los pronombres relativos *der, die, das, welcher, welche, welches* introducen la frase relativa y concuerdan con ésta en género y número, más no en el caso. El caso se rige por la función de la frase relativa, no por la palabra a la que se refiere. *(Die Theaterbesucher, denen die Inszenierung nicht gefiel, verließen protestierend den Saal.)*

Sustantivo

El género

Existen tres géneros de sustantivos. Normalmente coincide el género gramatical con el natural *(der Mann, die Frau, das Haus)*.

Las desinencias regulares del sustantivo en alemán

masculino	femenino		neutro
-ant	*-ade*	*-ine*	*-at*
-ar	*-anz*	*-ion*	*-chen*
-är	*-atte*	*-ive*	*-ium*
-ent	*-ei*	*-keit*	*-lein*
-eur	*-elle*	*-schaft*	*-menz*
-ist	*-enz*	*-tät*	*-nis*
-ius	*-ette*	*-ung*	*-sel*
-ling	*-eurin*	*-ur*	*-tiv*
-mus	*-euse*		
-nom	*-heit*		
-rich	*-ie*		
-tiv	*-ik*		
-tor	*-in*		

El caso del sustantivo

Existen tres clases de declinaciones en el sustantivo: fuerte, débil y mixta.
La declinación fuerte se presenta en masculino, femenino y neutro.

singular	masculino	femenino	neutro
nominativo	*der Raum*	*die Wand*	*das Auto*
genitivo	*des Raum(e)s*	*der Wand*	*des Autos*
dativo	*dem Raum(e)*	*der Wand*	*des Autos*
acusativo	*den Raum*	*die Wand*	*das Auto*

plural	masculino	femenino	neutro
nominativo	*die Räume*	*die Wände*	*die Autos*
genitivo	*der Räume*	*der Wände*	*der Autos*
dativo	*den Räumen*	*den Wänden*	*den Autos*
acusativo	*die Räume*	*die Wände*	*die Autos*

La declinación débil se presenta solamente en sustantivos masculinos.

singular	masculino	femenino
nominativo	*der Held*	*die Katze*
genitivo	*des Helden*	*der Katze*
dativo	*dem Helden*	*der Katze*
acusativo	*den Helden*	*die Katze*

plural	masculino	femenino
nominativo	*die Helden*	*die Katzen*
genitivo	*der Helden*	*der Katzen*
dativo	*den Helden*	*den Katzen*
acusativo	*die Helden*	*die Katzen*

La declinación mixta se presenta solamente en sustantivos masculinos y neutros.

singular	masculino	neutro
nominativo	*der Schmerz*	*das Ohr*
genitivo	*des Schmerzes*	*des Ohr(e)s*
dativo	*dem Schmerz*	*dem Ohr*
acusativo	*den Schmerz*	*das Ohr*

plural	masculino	neutro
nominativo	*die Schmerzen*	*die Ohren*
genitivo	*der Schmerzen*	*der Ohren*
dativo	*den Schmerzen*	*den Ohren*
acusativo	*die Schmerzen*	*die Ohren*

El uso del caso

El genitivo determina pertenencia, origen, calidad y posesión. *(Die Studenten der Münchener Universität streiken. Die Früchte südlicher Zonen sind aromatisch. Die Qualität der Aufnahme ist unbestritten. Das ist das Haus des Direktors.)* El objeto dativo indica la persona o la cosa a la que le sucede algo, vive un proceso o un acontecimiento. *(Sie gibt/schenkt dem Mann ...)*
El objeto directo u objeto acusativo se utiliza, cuando alguien o algo es afectado directamente por una acción o un acontecimiento. El objeto acusativo es la meta de una acción. *(Sie sieht ihn.)*

Verbos

La conjugación de los verbos enteros

Los verbos enteros forman 3 grupos según su tipo de conjugación: Los verbos irregulares, los verbos regulares, los verbos mixtos.
Análogamente a esta clasificación, existe una conjugación irregular, regular y mixta respectivamente. El tipo de conjugación es determinado por el verbo en su forma natural (infinitivo, imperfecto, participio II).

infinitivo	imperfecto	participio perfecto
singen	*sang*	*gesungen*
lachen	*lachte*	*gelacht*
bringen	*brachte*	*gebracht*

La conjugación regular

Modelo de conjugación: Voz activa

tiempo	número	indicativo	subjuntivo I	subjuntivo II
presente	singular	*ich stelle*	*ich stelle*	
		du stellst	*du stellest*	
		er/sie/es stellt	*er/sie/es stelle*	
	plural	*wir stellen*	*wir stellen*	
		ihr stellt	*ihr stellet*	
		sie stellen	*sie stellen*	
pretérito	singular	ich stellte	ich stellte	
		du stelltest	*du stelltest*	
		er/sie/es stellte	*er/sie/es stellte*	
	plural	*wir stellten*	*wir stellten*	
		ihr stelltet	*ihr stelltet*	
		sie stellten	*sie stellten*	
futuro I	singular	*ich werde stellen*	*ich werde stellen*	*ich würde stellen*
perfecto		*ich habe gestellt, du hast gestellt...*		
		ich bin gefahren, du bist gefahren...		
subjuntivo I del pasado		*ich habe gestellt, du habest gestellt...*		
		ich sei gefahren, du seist gefahren...		
pluscuamperfecto		*ich hatte gestellt, du hattest gestellt...*		
		ich war gefahren, du warst gefahren...		
infinitivo presente		*stellen/fahren*		
infinitivo perfecto		*gestellt haben/gefahren sein*		
participio presento		*stellend/fahrend*		
participio perfecto		*gestellt/gefahren*		
imperativo singular		*stelle/fahre!*		
imperativo plural		*stellt/fahrt!*		

La conjugación irregular

tiempo	número	indicativo	subjuntivo
presente	singular	*ich nehme*	*ich nehme*
		du nimmst	*du nehmest*
		er/sie/es nimmt	*er/sie/es nehme*
	plural	*wir nehmen*	*wir nehmen*
		ihr nehmt	*ihr nehmet*
		sie nehmen	*sie nehmen*
pretérito	singular	*ich nahm*	*ich nähme*
		du nahmst	*du nähmest*
		er/sie/es nahm	*er/sie/es nähme*

	plural	*wir nahmen*	*wir nähmen*
		ihr nahmt	*ihr nähm(e)t*
		sie nahmen	*sie nähmen*

infinito presente	*nehmen*
participio presente	*nehmend*
participio perfecto	*genommen*
imperativo singular	*nimm!*
imperativo plural	*nehmt!*

Los verbos auxiliares

A este grupo pertenecen: *sein* y *haben*. Con su ayuda se pueden construir los tiempos compuestos de los verbos enteros.

Los verbos auxiliares *sein* y *haben*

tiempo presente	*ich bin*	*ich habe*
	du bist	*du hast*
	er/sie/es ist	*er/sie/es hat*
	wir sind	*wir haben*
	ihr seid	*ihr habt*
	sie sind	*sie haben*
imperfecto	*ich war*	*ich hatte*
	du warst	*du hattest*
	er/sie/es war	*er/sie/es hatte*
	wir waren	*wir hatten*
	ihr wart	*ihr hattet*
	sie waren	*sie hatten*
perfecto	*ich bin gewesen*	*ich habe gehabt*
pluscuamperfecto	*ich war gewesen*	*ich hatte gehabt*
futuro I	*ich werde sein*	*ich werde haben*
	du wirst sein	*du wirst haben*
	er/sie/es wird sein	*er/sie/es wird haben*
	wir werden sein	*wir werden haben*
	ihr werdet sein	*ihr werdet haben*
	sie werden sein	*sie werden haben*
futuro II	*ich werde gewesen sein*	*ich werde gehabt haben*
infinitivo	*sein*	*haben*
participio perfecto	*gewesen sein*	*gehabt haben*
imperativo		
singular	*sei!*	*habe!*
plural	*seid!*	*habt!*

Hora

Los minutos se escriben ya sea separados por un punto o más pequeños arriba *9.30 Uhr.* Se utilizan sólamente números cardinales. Al preguntar la hora se dice: *Wie viel Uhr ist es? Wie spät ist es?* Se contesta: *Es ist.../Wir haben...*

12.00 Uhr zwölf Uhr (mittags)
12.15 Uhr zwölf Uhr fünfzehn/Viertel nach zwölf
12.30 Uhr zwölf Uhr dreißig/halb eins
12.45 Uhr zwölf Uhr fünfundvierzig/Viertel vor eins
13.00 Uhr dreizehn Uhr/ein Uhr mittags
15.00 Uhr fünfzehn Uhr/drei Uhr nachmittags
23.00 Uhr dreiundzwanzig Uhr/elf Uhr nachts
24.00 Uhr vierundzwanzig Uhr/Mitternacht

Números

números cardinales

0	null
1	eins
2	zwei
3	drei
4	vier
5	fünf
6	sechs
7	sieben
8	acht
9	neun
10	zehn
11	clf
12	zwölf
13	dreizehn
14	vierzehn
15	fünfzehn
16	sechzehn
17	siebzehn
18	achtzehn
19	neunzehn
20	zwanzig
21	einundzwanzig
22	zweiundzwanzig
23	dreiundzwanzig
30	dreißig
40	vierzig
50	fünfzig
60	sechzig
70	siebzig
80	achtzig
90	neunzig
100	(ein)hundert
101	hundert(und)eins
230	zweihundert(und)dreißig
1 000	(ein)tausend
10 000	zehntausend
100 000	(ein)hunderttausend
1 000 000	eine Million

números ordinales

1.	erste
2.	zweite
3.	dritte
4.	vierte
5.	fünfte
6.	sechste
7.	sieb(en)te
8.	achte
9.	neunte
10.	zehnte
11.	elfte
12.	zwölfte
13.	dreizehnte
14.	vierzehnte
15.	fünfzehnte
16.	sechzehnte
17.	siebzehnte
18.	achtzehnte
19.	neunzehnte
20.	zwanzigste
21.	einundzwanzigste
22.	zweiundzwanzigste
23.	dreiundzwanzigste
24.	vierundzwanzigste
25.	fünfundzwanzigste
26.	sechsundzwanzigste
27.	siebenundzwanzigste
28.	achtundzwanzigste
29.	neunundzwanzigste
30.	dreißigste
40.	vierzigste
50.	fünfzigste
60.	sechzigste
70.	siebzigste
80.	achtzigste
90.	neunzigste
100.	(ein)hundertste
1 000.	(ein)tausendste

El 0 se enuncia siempre *null.*
Números y numerales menores a un millón se escriben juntos.

Los verbos irregulares del alemán

infinitivo	imperfecto	participio perfecto	presente
backen	backte	gebacken	ich backe, du bäckst
befehlen	befahl	befohlen	ich befehle, du befiehlst
beginnen	begann	begonnen	ich beginne, du beginnst
beißen	biss	gebissen	ich beiße, du beißt
bergen	barg	geborgen	ich berge, du birgst
bersten	barst	geborsten	ich berste, du birst
biegen	bog	gebogen	ich biege, du biegst
bieten	bot	geboten	ich biete, du bietest
binden	band	gebunden	ich binde, du bindest
bitten	bat	gebeten	ich bitte, du bittest
blasen	blies	geblasen	ich blase, du bläst
bleiben	blieb	geblieben	ich bleibe, du bleibst
braten	briet	gebraten	ich brate, du brätst
brechen	brach	gebrochen	ich breche, du brichst
brennen	brannte	gebrannt	ich brenne, du brennst
bringen	brachte	gebracht	ich bringe, du bringst
denken	dachte	gedacht	ich denke, du denkst
dreschen	drosch	gedroschen	ich dresche, du drischst
dringen	drang	gedrungen	ich dringe, du dringst
dürfen	durfte	gedurft	ich darf, du darfst
empfangen	empfing	empfangen	ich empfange, du empfängst
empfehlen	empfahl	empfohlen	ich empfehle, du empfiehlst
empfinden	empfand	empfunden	ich empfinde, du empfindest
erlöschen	erlosch	erloschen	er erlischt
essen	aß	gegessen	ich esse, du isst
fahren	fuhr	gefahren	ich fahre, du fährst
fallen	fiel	gefallen	ich falle, du fällst
fangen	fing	gefangen	ich fange, du fängst
fechten	focht	gefochten	ich fechte, du fich(t)st
finden	fand	gefunden	ich finde,du findest
flechten	flocht	geflochten	ich flechte, du flich(t)st
fliegen	flog	geflogen	ich fliege, du fliegst
fliehen	floh	geflohen	ich fliehe, du fliehst
fließen	floss	geflossen	ich fließe, du fließt
fressen	fraß	gefressen	ich fresse, du frisst
frieren	fror	gefroren	ich friere, du frierst
gären	gor	gegoren	es gärt
gebären	gebar	geboren	ich gebäre, du gebärst/gebierst
geben	gab	gegeben	ich gebe, du gibst
gedeihen	gedieh	gediehen	ich gedeihe, du gedeihst
gehen	ging	gegangen	ich gehe, du gehst
gelingen	gelang	gelungen	es gelingt
gelten	galt	gegolten	ich gelte, du giltst
genießen	genoss	genossen	ich genieße, du genießt
geschehen	es geschah	geschehen	es geschieht
gewinnen	gewann	gewonnen	ich gewinne, du gewinnst
gießen	goss	gegossen	ich gieße, du gießt
gleichen	glich	geglichen	ich gleiche, du gleichst

gleiten	glitt	geglitten	ich gleite, du gleitest
graben	grub	gegraben	ich grabe, du gräbst
greifen	griff	gegriffen	ich greife, du greifst
haben	hatte	gehabt	ich habe, du hast
halten	hielt	gehalten	ich halte, du hältst
hängen	hing	gehangen	ich hänge, du hängst
hauen	hieb/haute	gehauen	ich haue, du haust
heben	hob	gehoben	ich hebe, du hebst
heißen	hieß	geheißen	ich heiße, du heißt
helfen	half	geholfen	ich helfe, du hilfst
kennen	kannte	gekannt	ich kenne, du kennst
klingen	klang	geklungen	ich klinge, du klingst
kneifen	kniff	gekniffen	ich kneife, du kneifst
kommen	kam	gekommen	ich komme, du kommst
können	konnte	gekonnt	ich kann, du kannst
kriechen	kroch	gekrochen	ich krieche, du kriechst
laden	lud	geladen	ich lade, du lädst
lassen	ließ	gelassen	ich lasse, du lässt
laufen	lief	gelaufen	ich laufe, du läufst
leiden	litt	gelitten	ich leide, du leidest
leihen	lieh	geliehen	ich leihe, du leihst
lesen	las	gelesen	ich lese, du liest
liegen	lag	gelegen	ich liege, du liegst
lügen	log	gelogen	ich lüge, du lügst
mahlen	mahlte	gemahlt	ich mahle, du mahlst
meiden	mied	gemieden	ich meide, du meidest
melken	molk	gemolken/gemelkt	ich melke, du melkst
messen	maß	gemessen	ich messe, du mißt
misslingen	es misslang	misslungen	es misslingt
mögen	mochte	gemocht	ich mag, du magst
müssen	musste	gemusst	ich muss, du musst
nehmen	nahm	genommen	ich nehme, du nimmst
nennen	nannte	genannt	ich nenne, du nennst
pfeifen	pfiff	gepfiffen	ich pfeife, du pfeifst
preisen	pries	gepriesen	ich preise, du preist
quellen	quoll	gequollen	ich quelle, du quillst
raten	riet	geraten	ich rate, du rätst
reiben	rieb	gerieben	ich reibe, du reibst
reißen	riss	gerissen	ich reiße, du reißt
reiten	ritt	geritten	ich reite, du reitest
rennen	rannte	gerannt	ich renne, du rennst
riechen	roch	gerochen	ich rieche, du riechst
ringen	rang	gerungen	ich ringe, du ringst
rinnen	rann	geronnen	es rinnt
rufen	rief	gerufen	ich rufe, du rufst
salzen	salzte	gesalzen	ich salze, du salzt
saufen	soff	gesoffen	ich saufe, du säufst
saugen	sog	gesogen	ich sauge, du saugst
schaffen (schöpfen)	schuf	geschaffen	ich schaffe, du schaffst
scheiden	schied	geschieden	ich scheide, du scheidest
scheinen	schien	geschienen	ich scheine, du scheinst
schelten	schalt	gescholten	ich schelte, du schiltst

schieben	schob	geschoben	ich schiebe, du schiebst
schießen	schoss	geschossen	ich schieße, du schießt
schlafen	schlief	geschlafen	ich schlafe, du schläfst
schlagen	schlug	geschlagen	ich schlage, du schlägst
schleichen	schlich	geschlichen	ich schleiche, du schleichst
schleifen (schärfen)	schliff	geschliffen	ich schleife, du schleifst
schließen	schloss	geschlossen	ich schließe, du schließt
schmeißen	schmiss	geschmissen	ich schmeiße, du schmeißt
schmelzen (intransitiv)	schmolz	geschmolzen	ich schmelze, du schmilzt
schneiden	schnitt	geschnitten	ich schneide, du schneidest
schreiben	schrieb	geschrieben	ich schreibe, du schreibst
schreien	schrie	geschrien	ich schreie, du schreist
schweigen	schwieg	geschwiegen	ich schweige, du schweigst
schwellen	schwoll	geschwollen	ich schwelle, du schwillst
schwimmen	schwamm	geschwommen	ich schwimme, du schwimmst
schwinden	schwand	geschwunden	ich schwinde, du schwindest
schwören	schwur	geschworen	ich schwöre, du schwörst
sehen	sah	gesehen	ich sehe, du siehst
sein	war	gewesen	ich bin, du bist
senden	sandte	gesandt	ich sende, du sendest
sieden	sott/siedete	gesotten/ gesiedet	ich siede, du siedest
singen	sang	gesungen	ich singe, du singst
sinken	sank	gesunken	ich sinke, du sinkst
sinnen	sann	gesonnen	ich sinne, du sinnst
sitzen	saß	gesessen	ich sitze, du sitzt
spalten	spaltete	gespalten	ich spalte, du spaltest
speien	spie	gespien	ich speie, du speist
spinnen	spann	gesponnen	ich spinne, du spinnst
sprechen	sprach	gesprochen	ich spreche, du sprichst
springen	sprang	gesprungen	ich springe, du springst
stechen	stach	gestochen	ich steche, du stichst
stecken (intransitiv)	stak	gesteckt	ich stecke, du steckst
stehen	stand	gestanden	ich stehe, du stehst
stehlen	stahl	gestohlen	ich stehle, du stiehlst
steigen	stieg	gestiegen	ich steige, du steigst
sterben	starb	gestorben	ich sterbe, du stirbst
stinken	stank	gestunken	ich stinke, du stinkst
stoßen	stieß	gestoßen	ich stoße, du stößt
streichen	strich	gestrichen	ich streiche, du streichst
streiten	stritt	gestritten	ich streite, du streitest
tragen	trug	getragen	ich trage, du trägst
treffen	traf	getroffen	ich treffe, du triffst
treiben	trieb	getrieben	ich treibe, du treibst
treten	trat	getreten	ich trete, du trittst
trinken	trank	getrunken	ich trinke, du trinkst
trügen	trog	getrogen	ich trüge, du trügst
tun	tat	getan	ich tu(e), du tust
verderben	verdarb	verdorben	ich verderbe, du verdirbst
verdrießen	verdross	verdrossen	ich verdrieße, du verdrießt

vergessen	vergaß	vergessen	ich vergesse, du vergisst
verlieren	verlor	verloren	ich verliere, du verlierst
verzeihen	verzieh	verziehen	ich verzeihe, du verzeihst
wachsen	wuchs	gewachsen	ich wachse, du wächst
wägen	wog	gewogen	ich wäge, du wägst
waschen	wusch	gewaschen	ich wasche, du wäschst
weichen (nachgeben)	wich	gewichen	ich weiche, du weichst
weisen	wies	gewiesen	ich weise, du weist
wenden	wandte/ wendete	gewandt/ gewendet	ich wende, du wendest
werben	warb	geworben	ich werbe, du wirbst
werden	wurde/ward	geworden	ich werde, du wirst
werfen	warf	geworfen	ich werfe, du wirfst
wiegen	wog	gewogen	ich wiege, du wiegst
winden	wand	gewunden	ich winde, du windest
wissen	wusste	gewusst	ich weiß, du weißt
wollen	wollte	gewollt	ich will, du willst
ziehen	zog	gezogen	ich ziehe, du ziehst
zwingen	zwang	gezwungen	ich zwinge, du zwingst

Wichtige Abkürzungen

a.C.	*antes de Cristo*	vor Christus v.Chr.
a.c.	*año corriente*	laufendes Jahr
a./c.	*a cargo*	zu Lasten
Adm(on).	*Administración*	Verwaltung
AELC	*Asociación Europea de Libre Comercio*	Europäische Freihandelsvereinigung
atte.	*atentamente*	hochachtungsvoll
BUP	*Bachillerato Unificado Polivalente*	Abitur
C.	*Calle*	Straße Str.
c.a.	*corriente alterna*	Wechselstrom
c/c	*cuenta corriente*	laufendes Konto
CC.	*Código Civil*	Bürgerliches Gesetzbuch BGB
C.E.E.	*Comunidad Económica Europea*	Europäische Wirtschaftsgemeinschaft EWG
cía	*Compañía*	Gesellschaft Ges.
COI	*Comité Olímpico Internacional*	Internationales Olympisches Komitee IOC
CV	*Caballo de Vapor*	Pferdestärke PS
D.	*Don*	Anrede vor männlichen Vornamen
Da.	*Doña*	Anrede vor weiblichen Vornamen
d.C.	*después de Cristo*	nach Christus n.Chr.
Dr.	*Doctor*	Doktor Dr.
E.E.U.U. USA	*Estados Unidos*	Vereinigte Staaten von Amerika
€	*euro*	Euro
ETA	*Euskadi Ta Askatasuna*	baskische Untergrundorganisation ETA
f/c	*ferrocarril*	Eisenbahn
Hnos.	*Hermanos*	Gebrüder
IEM	*Instituto de Enseñanza Media*	Gymnasium
Ing.	*Ingeniero*	Ingenieur Ing.
IVA	*Impuesto sobre el Valor Añadido*	Mehrwertsteuer MwSt.
J.J.O.O.	*Juegos Olímpicos*	Olympische Spiele
núm.	*Número*	Nummer Nr.
ONU.	*Organización de las Naciones Unidas*	Organisation der Vereinten Nationen UNO
OPEP	*Organización de Países Exportadores de Petróleo*	Organisation Erdöl exportieren der Länder OPEC
OTAN	*Organización del Tratado del Atlántico Norte*	Nordatlantikpakt-Organisation NATO
OVNI	*Objeto Volante No Identificado*	unbekanntes Flugobjekt UFO
p.ej.	*por ejemplo*	zum Beispiel z.B.
PP	*Partido Popular*	Konservative Volkspartei
PSOE	*Partido Socialista Obrero Español*	Sozialistische Arbeiterpartei
Pza.	*Plaza*	Platz
P.V.P.	*Precio de Venta al Público*	Verkaufspreis
ref.	*Referencia*	Betreff
r.p.m.	*revoluciones por minuto*	Umdrehungen pro Minute
s.	*siglo*	Jahrhundert Jh.
Sr.	*Señor*	Herr Hr.
Sra.	*Señora*	Frau Fr.
Srta.	*Señorita*	Fräulein Frl.
V.B.	*Visto Bueno*	gesehen und genehmigt
Vd.	*Usted*	Sie (Singular)
Vds.	*Ustedes*	Sie (Plural)

Abreviaturas importantes

Abs.	*Absender*	remitente
AG	*Aktiengesellschaft*	sociedad anónima S.A.
a. d.	*an der/an dem (Fluss)*	del
AZUBI	*Auszubildender*	aprendiz
BLZ	*Bankleitzahl*	número de la cuenta bancaria
b. w.	*bitte wenden*	véase al dorso
bzw.	*beziehungsweise*	respectivamente
ca.	*circa*	aproximadamente
CDU	*Christlich-Demokratische Union*	Unión Cristiano Demócrata
CSU	*Christlich-Soziale Union*	Unión Social Cristiana
Dipl.-Ing.	*Diplomingenieur*	ingeniero diplomado
Dipl.-Kfm.	*Diplomkaufmann*	comerciante diplomado
Dr.	*Doktor*	doctor/doctora Dr.
EDV	*Elektronische Datenverarbeitung*	proceso electrónico de datos
EU	*Europäische Union*	Unión Europea UE
€	*Euro*	euro
evtl.	*eventuell*	eventualmente
FDP	*Freie Demokratische Partei*	Partido Liberal-Demócrata
Fr.	*Frau*	Señora Sra.
Frl.	*Fräulein*	Señorita Srta.
geb.	*geboren*	nacido
GmbH	*Gesellschaft mit beschränkter Haftung*	sociedad de responsabilidad limitada
Hbf.	*Hauptbahnhof*	estación central
Hr.	*Herr*	Señor Sr.
inkl.	*inklusive*	inclusive
Kfz	*Kraftfahrzeug*	automóvil
KG	*Kommanditgesellschaft*	Sociedad en Comandita
Kripo	*Kriminalpolizei*	policía de investigación criminal
Kto.	*Konto*	cuenta
Lkw	*Lastkraftwagen*	camión
MEZ	*Mitteleuropäische Zeit*	hora de la Europa Central
MwSt.	*Mehrwertsteuer*	impuesto sobre el valor añadido IVA
n. Chr.	*nach Christus*	después de Cristo d.C.
Nr.	*Nummer*	número núm.
PDS	*Partei des demokratischen Sozialismus*	Partido Democrático Socialista
Pkw	*Personenkraftwagen*	automóvil
PLZ	*Postleitzahl*	código postal
PS	*Pferdestärke*	caballo de vapor CV
SPD	*Sozialdemokratische Partei Deutschlands*	Partido Socialdemócrata de Alemania
Str.	*Straße*	Calle C.
TÜV	*Technischer Überwachungsverein*	Inspección Técnica de Vehiculos
u.	*und*	y
usw.	*und so weiter*	etcétera
v. Chr.	*vor Christus*	antes de Cristo a.C.
vgl.	*vergleiche*	compárese
z. B.	*zum Beispiel*	por ejemplo p.ej.
z. H.	*zu Händen*	a la atención de
z. T.	*zum Teil*	en parte